新譯漢書（九）傳（五）

吳榮曾
劉華祝 等 注譯

三民書局

國家圖書館出版品預行編目資料

新譯漢書(九)傳㈤／吳榮曾,劉華祝等注譯.——初版
二刷.——臺北市：三民，2021
面； 公分.——（古籍今注新譯叢書）

ISBN 978-957-14-5670-6 （全套:精裝）
1. 漢書 2. 注譯

622.101 101007749

新譯漢書(九)傳㈤

注譯者 吳榮曾 劉華祝等
發行人 劉振強
出版者 三民書局股份有限公司
地　址 臺北市復興北路386號(復北門市)
臺北市重慶南路一段61號(重南門市)
電　話 (02)25006600
網　址 三民網路書店 https://www.sanmin.com.tw

出版日期 初版一刷 2013年6月
初版二刷 2021年12月
ISBN 978-957-14-5670-6
全套不分售

新譯漢書 目次

第九冊

卷八十二

王商史丹傅喜傳第五十二

【題解】本卷是王商、史丹、傅喜三人的合傳。他們三人的共同特點是：都是外戚身分，但並不都是以外戚的原因而取得高官顯位的。他們各自有自己的智慧和才能，也有自己的行事原則。王商剛毅不阿，史丹博學善謀，傅喜守節持正，這些優秀品質，在西漢末年腐朽的政治環境下，都是不可多得的。與《漢書》中的其他傳主相較，他們並不特別出色，但他們卻是外戚中少數有作為的賢者。所以班固將他們單獨列傳，而不入〈外戚傳〉中。

1 王商，字子威，涿郡❶蠡吾人也，徙杜陵❷。商父武，武兄無故，皆以宣帝舅封❸。無故為平昌侯❹，武為樂昌侯❺。語在外戚傳❻。

2 商少為太子中庶子❼，以肅敬敦厚❽稱。父薨，商嗣為侯，推財❾以分異母諸弟，身無所受，居喪❿哀戚⓫。於是大臣薦商行⓬可以厲⓭群臣，義足以厚風俗⓮，宜備近臣⑮。繇是擢為諸曹⑯侍中⑰中郎將⑱。元帝⑲時，至右將軍⑳、光祿大夫㉑。是時，定陶共王㉒愛幸㉓，幾代太子。商為外戚㉔重臣㉕輔政㉖，擁佑㉗太子，頗有力焉。

3 元帝崩，成帝即位，甚敬重商，徙為左將軍㉘。而帝元舅㉙大司馬㉚大將軍王鳳㉛顓權㉜，行多驕僭㉝。商論議不能平㉞鳳，鳳知之，亦疏商。建始三年㉟秋，京師民無故相驚，言大水至，百姓奔走相蹂躪，老弱號呼，長安㊱中大亂。天子親御㊲前殿㊳，召公卿議。大將軍鳳以為太后㊴與上及後宮㊵可御㊶船，令吏民上長安城以避水。群臣皆從鳳議。左將軍商獨曰：「自古無道之國㊷，水猶不冒㊸城郭。今政治和平，世無兵革㊹，上下相安，何因當有大水一日暴㊺至？此必訛言㊻也，不宜令上城，重驚百姓㊼。」上迺止。有頃㊽，長安中稍定，問之，果訛言。上於是美壯㊾商之固守㊿，數稱其議。而鳳大慙，自恨失言(51)。

4 明年(52)，商代匡衡(53)為丞相，益封千戶(54)，天子甚尊任(55)之。為人多質(56)有威重(57)，長八尺餘(58)，身體鴻大(59)，容貌(60)甚過絕(61)人。河平(62)四年，單于來朝(63)，引見(64)白虎殿(65)。丞相商坐未央廷(66)中，單于前，拜謁(67)商。商起，離席(68)與言，單于仰視商貌，大畏之，遷延(69)卻退。天子聞而歎曰：「此真漢相矣！」

5 初，大將軍鳳連昏[70]楊肜[71]為琅邪[72]太守[73]，其郡有災害十四已上[74]。商部屬按問[75]，鳳以曉商曰：「災異天事[76]，非人力[77]所為。肜素善吏，宜以為後[78]。」商不聽，竟奏免肜，奏果寢[79]不下。鳳重以是怨商，陰求其短[80]，使人上書言商閨門內事[81]。天子以為暗昧之過[82]，不足以傷[83]大臣，鳳固爭[84]，下其事司隸[85]。

6 先是皇太后嘗詔問[86]商女，欲以備後宮。時女病，商意亦難[87]之，以病對，不入。及商以閨門事見考[88]，自知為鳳所中[89]，惶怖[90]，更欲內女為援[91]，迺因新幸[92]李婕妤[93]家白見[94]其女。

7 會日有蝕之，大中大夫[95]蜀郡[96]張匡[97]，其人佞巧[98]，上書願對近臣陳日蝕咎[99]。下朝者[100]左將軍丹[101]等問匡，對曰：「竊見丞相商作威作福[102]，從外制中[103]，取必於上[104]，性殘賊不仁[105]，遣票輕吏[106]微求[107]人罪，欲以立威[108]，天下患苦[109]之。前頻陽[110]耿定[111]上書言商與父傅[112]通，及女弟[113]淫亂，奴殺其私夫[114]，疑商教使。章下有司[115]，商私怨懟[116]。商子俊欲上書告商[117]，俊妻左將軍丹女，持其書以示丹，丹惡其父子乖迕[118]，為女求去。商不盡忠納善以輔至德[119]，知聖主[120]崇孝[121]，遠別不親，後庭之事[122]皆受命[123]皇太后。太后前聞商有女，欲以備後宮，商言有固疾[124]，後有耿定事，更詭道[125]因李貴人[126]家內女[127]。執左道[128]以亂政，誣罔[129]誖[130]大臣節[131]，

8

故應(132)是而日蝕。周書(133)曰：『以左道事君者誅。』易曰：『日中見昧，則折其右肱。』(134)往者丞相周勃(135)再建大功(136)，及孝文(137)時纖介怨恨，而日為之蝕，於是退勃使就國(138)，卒無怵惕(139)憂。今商無尺寸之功，而有三世(140)之寵，身位三公(141)，宗族為列侯(142)、吏二千石(143)、侍中諸曹，給事禁門內(144)，連昏諸侯王，權寵至盛。審(145)有內亂(146)殺人怨懟之端(147)，宜窮竟考問(148)。臣聞秦丞相呂不韋見王無子(149)，意欲有秦國，即求好女以為妻，陰知其有身而獻之王，產始皇帝。及楚相春申君亦見王無子(150)，心利楚國，即獻有身妻而產懷王。自漢興幾(151)遭呂、霍之患(152)，今商有不仁之性(153)，迺因怨以內女，其姦謀未可測度(154)。前孝景(155)世七國反(156)，將軍周亞夫(157)以為即得雒陽劇孟(158)，關東(159)非漢之有。今商宗族權勢，合貲鉅萬(160)計，私奴以千數，非特劇孟匹夫(161)之徒也。且失道之至，親戚畔之，閨門內亂，父子相訐(162)，而欲使之宣明聖化(163)，調和海內(164)，豈不繆哉？商視事五年，官職陵夷(165)而大惡(166)著於百姓，甚虧損盛德(167)，有鼎折足(168)之凶。臣愚以為聖主富於春秋(169)，即位以來，未有懲姦(170)之威(171)，加以繼嗣未立，大異並見(172)，尤宜誅討不忠，以遏未然(173)。行之一人，則海內震動，百姦(174)之路塞(175)矣。」

於是左將軍丹等奏：「商位三公，爵列侯，親受詔策為天下師(176)，不遵法度以翼[177]國家，而回辟下媚[178]以進其私[179]，執左道以亂政，為臣不忠，罔上不道[180]，甫刑之辟，皆為上戮[181]，罪名明白。臣請詔謁者[182]召商詣[183]若盧[184]詔獄[185]。」上素重商，知匡言多險[186]，制[187]曰「勿治」。鳳固爭之，於是制詔御史[188]：「蓋丞相以德輔翼[189]國家[190]，典領[191]百寮[192]，協和萬國[193]，為職任[194]莫重[195]焉。今樂昌侯商為丞相，出入五年，未聞忠言嘉謀[196]，而有不忠執左道之辜[197]，陷于大辟[198]。前商女弟內行不脩[199]，奴賊殺[200]人，疑商教使，為商重臣，故抑而不窮[201]。今或言商不以自悔而反怨懟，朕甚傷之[202]。惟商與先帝[203]有外親，未忍致于理[204]。其赦商罪。使者收丞相印綬[205]。」

9 商免相三日，發病歐血[206]薨，諡曰戾[207]侯。而商子弟親屬為駙馬都尉[208]、侍中、中常侍[209]、諸曹大夫[210]郎吏[211]者，皆出補吏[212]，莫得留給事宿衛[213]者。有司奏商罪過未決[214]，請除國邑[215]。有詔長子安嗣爵為樂昌侯，至長樂衛尉[216]、光祿勳[217]。

10 商死後，連年日蝕地震，直臣京兆尹[218]王章[219]上封事[220]召見，訟[221]商忠直無罪，言鳳顓權蔽主[222]。鳳竟以法誅章，語在元后傳[223]。至元始[224]中，王莽為安漢公，誅不附己者，樂昌侯安見[225]被[226]以罪，自殺，國除[227]。

【章　旨】以上為〈王商傳〉。敘述王商出身外戚，年少為太子屬官，因為嚴肅莊重、誠信忠厚被皇帝與朝臣讚許，歷官侍中、中郎將、左右將軍至丞相，終因得罪專權的大司馬大將軍王鳳，加上私生活糜爛而被中傷，遭免官後嘔血而死。其嗣子也因不歸附王莽而被廢除。

【注　釋】❶涿郡　郡名。治涿縣（今河北涿州）。蠡吾，縣名，在今河北高陽西南。一說蠡吾疑作廣望。〈外戚傳〉中記王商祖母王媪，嫁為廣望王迺始婦。廣望在今高陽西，其南為蠡吾。❷杜陵　縣名，在今西安東南。❸商父武三句　王武、王無故見本書卷九十七上〈外戚傳上・史皇孫王夫人〉。宣帝，漢宣帝，見本書卷八〈宣帝紀〉。史皇孫王夫人為宣帝母，王媪為宣帝外祖母，故王武、王無故都為宣帝的舅父。❹平昌侯　爵名。平昌縣在今山東商河縣西北。❺樂昌侯　爵名。樂昌縣在今河南南樂西北。❻外戚傳　專述帝王外戚事跡，分上下兩篇，見本書卷九十七上、下〈外戚傳上、下〉。❼太子中庶子　官名，太子官屬。❽肅敬敦厚　嚴肅莊敬，為人誠實忠厚。❾推財　推讓財產。❿居喪　為死者守孝。⓫慽　哀傷。⓬行品行。⓭厲　同「勵」。勉勵；激勵。⓮厚風俗　使風俗淳厚。風俗，為社會上形成的風尚、習慣、禮節等。⓯備近臣　充任皇帝身邊親近的臣子。備，充任。⓰諸曹　加官名，受理尚書事的官員。⓱侍中　加官名，得此加官可以出入禁中，即宮中。⓲中郎將　官名，執掌宮廷門戶，出充車騎，有五官、左、右三將，屬郎中令（光祿勳）。王商為中郎將，加諸曹，可受尚書事，加侍中可以出入禁中。⓳元帝　漢元帝劉奭，西元前四十九至前三十三年在位。見本書卷九〈元帝紀〉。⓴右將軍　武將名，位上卿，主征伐。㉑光祿大夫　官名，掌議論，屬光祿勳。㉒定陶共王　封國王名，即劉康，見本書卷八十〈宣元六王傳〉。定陶，封國名，治定陶縣（今山東定陶西北）。㉓愛幸　受喜愛和寵幸。㉔外戚　皇帝的母族、妻族。㉕重臣　位高權重的大臣。㉖輔政　輔助皇帝處理政事。㉗擁佑　擁戴和護佑。㉘左將軍　武官名。位次、職掌同右將軍。㉙元舅　即大舅，長舅。㉚大司馬　武官名。漢武帝省太尉，置大司馬，掌全國武事。大將軍，武官名，為將軍中最高稱號。㉛王鳳　漢成帝母親王太后的弟弟。見本書卷九十八〈元后傳〉。㉜顓權　獨攬大權。顓，通「專」。㉝驕僭　驕橫且超越本官職權以皇帝名義做事。㉞平　公平；公正。㉟建始三年　西元前三十年。建始，漢成帝第一個年號（西元前三二―前二九年）。㊱長安　西漢國都，位於今西安西北郊。㊲御　皇帝親臨。㊳前殿　正殿。此指漢長安未央宮正殿。㊴太后　皇帝的母親。此指漢成帝母王政君。㊵後宮　帝王妃嬪所居住的宮室。㊶御　駕御。㊷無道之國　帝王荒淫暴虐，濫徵苛捐雜稅，不愛民的朝代。國，指朝代。㊸冒　漫溢。㊹兵革　戰爭。兵，兵器。革，盔甲，古時多用皮革做盔甲。㊺暴　突然。㊻訛言　謠言。

47重驚百姓　更加驚擾百姓。48有頃　不長時間；一會兒。49美壯　讚美其莊重。50固守　堅守不動。51失言　說話不當；說錯了話。52明年　第二年，即漢成帝建始四年（西元前二九年）。53匡衡　見本書卷八十一〈匡衡張禹孔光馬宮傳〉之〈匡衡傳〉。54益封千戶　增加封地一千戶。即增加一千戶的租稅供給他享用。55尊任　尊重信任。56多質　重在質樸，不務浮飾。57威重　威嚴而莊重。58長八尺餘　身高八尺多。漢尺約為今二十三點一公分，即身高一點八四八公尺。59鴻大　壯實高大。鴻，通「洪」。60容貌　儀態相貌。在內為容，在外為貌。61過絕　遠遠超過。此言王商莊重而威嚴，遠遠超過其他人。62河平　漢成帝第二個年號。河平四年為西元前二十五年。63單于來朝　匈奴君主來朝見。單于，匈奴君主的稱號。64引見　引導入見。65白虎殿　未央宮殿名。未央宮為漢長安城內宮殿，遺址在今西安市西北郊漢長安城遺址西南角。66未央廷　未央宮的一個廳堂。67拜謁　行禮晉見。68離席　離開座席，即站起來。古人席地而坐，離席即站起來。69遷延　退卻的樣子；向後退步。70連昏　通婚，猶今之謂親家。昏，通「婚」。71楊肜　人名。肜、融古字通。72琅邪　郡名，郡治在東武（今山東諸城）。73太守　官名，郡的最高行政長官。74十四已上　面積達十分之四以上。已，通「以」。75按問　審查訊問；查究。76天事　上天的事情。77人力　人的力量；人的能力。78宜以為後　適宜放在以後再說，即現在且不追究。79寢　扣押在上面；擱置起來。80陰求其短　暗中祕密尋找他的缺點。81閨門內事　婦女們所居住房內的事，即隱私。此事見下文所述。82暗昧之過　曖昧的過失；個人隱私類的過失。83傷　傷害。84固爭　堅持爭辯。85司隸　官名，即司隸校尉，察舉三輔、三河及弘農七郡官員。86詔問　下詔詢問。皇帝包括太后所下的命令或文告稱詔。87難　為難；不便。88見考　受到訊問。89中　中傷；誣陷。90惶怖　驚惶害怕。91內女為援　進獻女兒以為援手。內，通「納」。92新幸　新近得到皇帝寵幸。93李婕妤　名李平，見本書卷九十七下〈外戚傳下〉。婕妤，宮中女官名，位視上卿，秩比列侯。94白見　告白使其引見。95大中大夫　官名。掌議論，屬光祿勳。96蜀郡　郡名。治成都縣（今四川成都內）。97張匡　人名，為弘農太守，坐贓百萬。本書卷九十五〈西南夷兩粵朝鮮傳〉記其持節和解西南夷；卷七十〈傅常鄭甘陳段傳〉，記他貪贓事。98佞巧　奸諂巧詐。99咎　災禍。100下朝者　交付正入朝者平議。此指近臣官員。101丹　史丹，見本傳。102作威作福　獨斷專橫，濫施賞罰。103從外制中　以外朝控制中朝。漢時朝官有外朝、中朝（內朝）。大體丞相系統的官員稱外朝官，君主近臣官員稱內朝官。王商是丞相，掌控外朝官；他的宗族中有侍中諸曹、給事禁門內，又欲納女入宮，故稱他從外制中。104取必於上　欲取必果。向皇上取得的絕對必須得到。意為把自己的意思強加給皇上。105殘賊不仁　破壞道義毀壞仁義，沒有仁愛之心。106票輕吏　迅速輕銳之吏。107微求　暗中搜求。108立威　樹立權威。109天下患苦　全國的人都感到痛苦。110頻陽　縣名，在今陝西富平東北。111耿

定　人名。112父傳　父親的婢女，即傳婢。113女弟　妹。114私夫　與女弟私通的人。115章下有司　奏章交付主管機關。116怨懟　埋怨忿恨。117告商　揭發王商。118乖迕　違逆；相抵觸。119至德　最高的德行，指皇帝。120聖主　聖明的君主。121崇孝　崇尚孝道。122後庭之事　後宮之事。123受命　聽命。124固疾　長期治不好的病。固，通「痼」。125詭道　詐偽的方法。126李貴人　即李婕妤。後漢以妃妾稱貴人，從此開始。127內女　獻女兒入後宮。128左道　邪門外道。非正統的方法，如方術、神仙、巫蠱之類。129誣罔　虛構事實誣衊或欺騙他人。130誖　違背。131節　節操。132應　感應。133周書　《尚書》之一部分。此處所引的句子為已經散逸的〈周書〉中的話。而《禮記・王制》中有「執左道以亂政，殺」。134易曰三句　易，書名。即《周易》，也稱《易經》，是儒家《五經》中之一。文中引文為《周易・豐卦》九三的爻辭。「日中見昧」是日至中天而出現昏暗。「折其右肱」，折掉右臂。古人認為，日代表皇帝，日至中天應該是最盛的時候，而出現昏暗，即日食，則感應到地上的人事。所謂折右臂，指殺掉皇帝大臣中相當右臂的大臣，以回應上天的警示。實際是影射應該除去（殺）王商。135周勃　人名。見本書卷四十〈張陳王周傳〉之〈周勃傳〉。136再建大功　指周勃助漢高祖劉邦創建漢朝，劉邦死後又與陳平等誅諸呂，再次安定漢室。137孝文　漢文帝劉恆，見本書卷四〈文帝紀〉。138退勃使就國　免除周勃相職，讓他回到封國去。按本書〈周勃傳〉、〈天文志〉、〈五行志〉並無周勃因怨恨就國，也無日食記載。古人認為這是張匡妄言以害王商。139怵悐　驚恐。140三世　指宣帝、元帝、平帝三代。141三公　秦漢以丞相（大司徒）、太尉（大司馬）、御史大夫（大司空）為三公。142列侯　爵位名，秦漢爵位分為二十級，徹侯最高，後為避武帝諱改徹侯為通侯，也稱列侯。143吏二千石　官位名。漢代九卿郎將、郡守、郡尉年俸都為二千石（月俸穀一二〇斛）。此指九卿、郡守級的官吏。144禁門內　皇帝宮中門內。皇帝宮門有守衛者，非侍衛及通籍之臣是禁止入內的。145審　果真。146內亂　家內有亂倫行為，指王商與父傳通姦。147端　頭緒；苗頭。148窮竟考問　徹底清查考察訊問。149秦丞相呂不韋句　秦丞相呂不韋是戰國時大商人。呂不韋在趙國邯鄲見到了秦國在趙做人質的秦國公子異人，幫助他取得父親信任，立為太子，並將自己已懷孕的愛姬，送給異人，生下秦始皇。秦始皇即秦王位後，呂不韋為相，稱仲父。150楚相春申君句　戰國時楚國令尹（丞相）黃歇，被封為春申君。他聽了李園的計謀，將有孕女子獻給楚王，生楚幽王熊悍（不是張匡所說的懷王）。151幾　幾乎。152呂霍之患　指西漢高祖劉邦死後，皇后呂雉娘家諸呂想篡漢之事，見本書卷三〈高后紀〉，以及漢宣帝皇后霍皇后陰謀篡漢奪權之事，見本書卷六十八〈霍光傳〉。153不仁之性　沒有仁愛之心的本性。154測度　推測度量。意謂極深。155孝景　帝號名。漢景帝劉啟，見本書卷三〈景帝紀〉。156七國反　七國反叛漢朝中央。漢景帝三年（西元前五四年），七個封國吳、楚、趙、膠西、濟南、菑川、膠東的王謀反，史稱「七國之亂」，後被擊敗。

見本書卷三十五〈吳王劉濞傳〉。157周亞夫　周勃之子，景帝時任太尉，平「七國之亂」有功。見本書卷四十〈周勃傳〉附子〈周亞夫〉。158劇孟　洛陽人，游俠。在河南勢力很大。周亞夫知道「七國之亂」沒有聯繫劇孟，便認為他們成不了事。見本書卷九十二〈游俠傳〉之〈劇孟〉。159關東　地區名，函谷關以東。函谷關秦時在今河南靈寶北，漢時移在今新安東北。160貲鉅萬　聚合起資產達萬萬。貲，通「資」。161匹夫　一個平常的人。162相訐　互相揭發隱私。163宣明聖化　顯揚皇帝聖明的教化。164調和海內　調理全國和諧融洽。165陵夷　衰敗。166大惡　大罪惡；大惡行。167盛德　崇高的品德。168鼎折足　鼎足折斷。此語見於《周易・鼎卦》九四爻辭。其有句「覆公餗，其形渥，凶」，意思是鼎足折斷，倒翻了鼎中所烹王公的美味食物，是重刑，凶象。指大臣才能薄弱，品行不好，敗壞國事，宜加重刑。鼎，古代烹食物的器具，後指代皇帝的江山社稷。一般是三足，折一足則鼎傾倒。餗，鼎中所烹食物。形，通「刑」。渥，通「剭」。古時大臣有死罪，在屋內受刑，不露於外。169富於春秋　年齡正在少壯時期。春秋，指年歲。170懲姦　懲處奸臣。171威　威勢。172大異並見　非常奇異的自然現象和嚴重的自然災害，一起出現，如天災、水患、日食等。173未然　還未出現的事；未形成的事實。174百姦　各種奸邪和罪惡。175塞堵塞。176天下師　全國人的師表。177翼　助；輔佐。178回辟下媚　邪曲不正，用諂媚的方式去討好他人。辟，通「僻」。179以進其私　用以進納他的私親。此指納女。180罔上不道　欺矇皇上，犯有不道之罪。不道，刑律名。指犯有殘忍不人道，違背做臣子的原則，犯者處死。181甫刑之辟二句　按〈甫刑〉的處罰，都是重刑。甫刑，《尚書》的一篇，周穆王時有關刑罰的文告，由呂侯頒布，故也稱〈呂刑〉，呂侯之後封為甫侯，故又稱〈甫刑〉。辟，法；罰。上戮，最重的刑罰。182謁者　官名。為國君掌管傳達之事，始置於春秋，秦漢時屬光祿勳，掌管賓贊受事。183詣　前往；去。184若盧　官署名。少府屬官，有令有丞，主治庫兵，又掌詔獄，主審將相大臣，為黃門內寺。185詔獄　奉皇帝詔令關押犯人的監獄。186多險　暗藏很多陰險。187制　制書，皇帝詔書之一。命為制，令為詔。188御史　官名。御史大夫的省稱，戰國已有，秦設三公，御史大夫為其中之一，職副丞相，管文書記事及司法。189輔翼　輔佐。190國家　指皇帝、朝廷。191典領　主持領導；主管。192百寮　百官。寮，通「僚」。193協和萬國　協調對外關係，與各國和諧相處。194職任　職務及責任。195莫重　沒有重於此者，言很重要。196忠言嘉謀　忠誠的語言，好的謀劃。197辜　罪。198大辟　死刑。古代五刑之一。199內行不脩　平日家居中不修養操守。200賊殺殺害。201抑而不窮　壓下案件而不徹底追究。202傷之　傷心；傷感。203先帝　當朝帝王已逝的父親或前輩。此指宣帝。王商與宣帝是表兄弟，故說是外親。204理　法官。205印綬　官印。印為官印，綬為繫印的絲帶。206歐血　吐血。歐，通「嘔」。207戾　諡法解為「不悔前過」。208駙馬都尉　官名，掌副車之馬。武帝時置，多以宗室、外戚及諸公子的子孫擔任，秩比二千石。209中常侍　加官名，可以入禁中。210大夫　官名，掌議論，屬光祿勳。211郎吏　泛指郎官，如議郎、中郎、侍郎、郎中等。屬光祿勳。212皆出補吏　都調出禁中補充外任官吏缺額。213宿衛　在宮中擔任警衛值勤。214未決　沒有結束。215請除國邑　請求取消列侯封地。216長樂衛尉　官名。長樂宮衛尉。長樂宮，宮名，在今西安市西北漢長安城遺址東南部。衛尉，九卿之一，掌宮門警衛屯兵。217光祿勳　官名，掌宮殿掖庭門戶，九卿之一。218京兆尹　官名，漢京城地區行政區域的行政長官，為三輔之一，在今西安市以東至華陰十二縣。219王章　人名。見本書卷七十六〈趙尹韓張兩王傳〉之〈王章傳〉。220封事　密封的奏章。古時上書，為防洩密，用黑色布囊封緘，為封事。221訟　為人辯冤。222顓權蔽主　獨攬大權，蒙蔽君主。223元后傳　漢元帝皇后的傳，見本書卷九十八。224元始　漢平帝年號，西元一至五年。225見　被。226被　加。227國除　國被廢除、取消。

【語譯】王商，字子威，涿郡蠡吾縣人，後遷徙到了杜陵縣。王商的父親叫王武，王武的哥哥叫王無故，都因為是宣帝的舅父而被封侯。王無故被封為平昌侯，王武被封為樂昌侯。這些事記載在〈外戚傳〉中。

2 王商少年時任太子中庶子，以嚴肅莊敬誠實忠厚為朝臣所稱道。父親去世，王商繼承侯位，推讓財產，將財產分給同父異母的弟弟們，自己什麼也不要，為父守孝時哀傷悲痛。於是大臣薦舉王商，指出他的品行可以勉勵群臣，他的義行足以使風俗淳厚，適宜擔任皇帝身邊親近的大臣。因此皇帝提拔王商為諸曹侍中中郎將。元帝時，官至右將軍、光祿大夫。這個時候，定陶共王受到皇帝的寵愛，幾乎要取代太子。王商以外戚重臣的身分輔助皇帝處理政事，擁戴和護佑著太子，很有功勞。

3 元帝去世，成帝即皇帝位，很敬重王商，調任為左將軍。但是成帝的大舅大司馬大將軍王鳳專權，行事驕橫，經常超越自己的權限做事。王商在議論中認為王鳳做事不公正，王鳳知道王商的議論，也疏遠了王商。建始三年秋天，京城裡的民眾無故互相驚恐，說大水就要到了，百姓奔走，互相踐踏，老年人及身體衰弱的人大聲哭喊，長安城內大亂。皇帝親臨前殿，召三公九卿商議解決辦法。大將軍王鳳認為太后和皇帝以及後宮妃嬪可以乘船，讓官吏和民眾上長安城城牆藉以躲避大水。群臣都聽從王鳳的建議。左將軍王商獨自說：「自古以來，無道的朝代，大水也沒有淹沒城郭的事。現今政治平和，世上也沒有戰爭，上下安定，有什麼原因使大水一日之間便到了呢？這必然是謠言，不宜命令官民上城，更加驚擾百姓。」皇帝便制止了這一做法。不久之後，長安城中稍微安定了，查問以後，果然是謠言。皇帝於是很欣賞王商的莊重堅守不動，多次稱讚他的議論。王鳳非常慚愧，很後悔說錯了話。

4 第二年，王商接替匡衡之職為丞相，增加封邑一千戶，皇帝十分尊重和信任他。王商為人注重質樸，威嚴莊重，身高八尺多，身體魁偉，容貌超過一般人。河平四年，匈奴單于來朝，由官員引導去未央宮白虎殿。丞相王商坐在未央宮廳堂中，單于上前，行禮晉見。王商起來，離開座席與單于說話，單于仰頭看到王商的相貌，十分畏怯，慢慢後退才告別。皇帝聽到這種情況後感歎地說：「這才真正是漢朝的丞相哩！」

5 起初，大將軍王鳳的姻親楊彤為琅邪太守，他的郡內發生災害占到郡面積十分之四以上。王商安排屬官去查究，王鳳告訴王商說：「災害變異是上天的行事，不是人力所能有作為的。楊彤一貫善於做官，宜於以後再說，暫且不要查究。」王商不聽從，終究向皇帝上奏請求免去楊彤的太守職務，奏章結果被擱置起來沒有下文。王鳳由於這件事更加怨恨王商，祕密尋找王商的過失，指使他人向皇帝上奏章，說王商家中的隱私。皇帝認為隱私之類的過失，不值得傷害大臣，王鳳堅持爭辯，皇帝將其事交付司隸校尉去辦。

6 在此事以前，皇太后曾下詔詢問王商女兒的情況，想將他的女兒納為成帝的妃嬪。當時，女兒有病，王商的意下也感到為難，便以女兒有病回覆，女兒便未入宮。到了王商因為閨門的事受到訊問，自己知道被王鳳所中傷，驚惶害怕，改變想法想進獻女兒以為援助，便通過新近得到皇帝寵幸的李婕妤家告白此事，使之引見其女。

7 恰好這時發生日食，太中大夫蜀郡人張匡，這個人奸佞巧詐，向皇帝上書願意對近臣們陳述日食災禍。皇帝交付朝中的左將軍史丹等詢問張匡。張匡回答說：「我私下裡見丞相王商作威作福，用外朝控制內朝，將自己的想法強加於皇上，本性殘賊沒有仁愛之心，派遣輕裝快捷的官吏暗中搜求他人的罪過，想以此來樹立個人權威，全天下的人都感到痛苦。前次，頻陽人耿定上書朝廷，說王商與父親的侍婢通姦，以及他的妹妹與人淫亂，家中奴僕殺死了那個與他妹妹私通的姦夫，懷疑是王商教唆支使的。皇帝將耿定的奏書交付有關機關處理，王商心中怨恨。王商的兒子王俊想上書告發王商，王俊的妻子左將軍史丹的女兒帶著王俊所寫的揭發書信給史丹看，史丹厭惡他們父子的違逆行為，為女兒請求脫離王家。王商不竭盡忠誠接納善言以輔佐皇帝，知道聖明的皇帝崇尚孝道，遠離後宮，不親自處理妃嬪的事情，都聽從皇太后。王商有女兒，想以她來充任後宮妃嬪，王商卻說女兒有久治不癒的疾病，後來出現了耿定上書的事，又用詐偽的方法通過李貴人家來進獻女兒。採取邪門外道來擾亂國政，虛構事實以欺騙皇上，違背了大臣應有的節操，所以上天感應而有日食。〈周書〉說：『用邪門外道侍奉君主的人，殺。』《易經》說：『太陽升在中天，出現昏暗現象，感應在國家政事上則是折其右肱大臣。』過去，丞相周勃兩次建立大功，到孝文皇帝時因極微小的怨忿，而發生日食，於是孝文帝免了周勃的丞相，讓他回到自己的封地，終於使國家沒有了使人戒懼的憂患。現在，王商沒有一尺一寸的功勞，而享有三世受到恩寵，自己地位居於三公之列，宗族中當列侯、二千石官吏，加官侍中、諸曹，在宮禁內做事，與諸侯王聯婚，權勢恩寵極為興盛。如果真有家內亂倫殺死人命怨恨皇帝的苗頭，應該追根尋底考察訊問。臣聽說過去秦國丞相呂不韋見到秦王沒有兒子，心中想擁有秦國，便尋找了一位漂亮女子為妻，暗中知道她有了身孕便獻給秦王，生下了始皇帝。還有楚國丞相春申君也見到楚王沒有兒子，心中貪圖楚國，便奉獻自己已有身孕的妻子而生下楚懷王。自從漢興以來，幾乎遭到呂氏、霍氏的禍患，現在王商有不仁慈的本性，竟因為怨恨皇帝而進獻女兒，他的奸詐陰謀深不可測。從前孝景皇帝時代七國反叛，將軍周亞夫認為他們如果得到雒陽劇孟的合作，關東地區便不是漢朝所有的了。現在王商家族的權勢，資產聚合起來達到萬萬，私養家奴以千來計數，不只是像劇孟那樣一個平常人了。並且他喪失道義達到極點，連親戚也背叛他，閨門之內混亂，父子互相揭發，而想讓他來宣揚聖明的教化，調度國內萬民和諧融洽，那不是很荒謬的嗎？王商任職主事五年，官吏職事衰頹，而他的巨大罪惡顯著流傳在百姓之中，極為虧損皇上的盛德，有鼎折斷足的凶兆。臣愚昧地認為，聖明的皇上年齡正在少壯之時，即位以來，沒有懲處奸邪的威嚴，加以繼承帝位的太子沒有確立，重大的災異一起出現，尤其應該懲罰聲討不忠的臣子，以遏制尚未來得及發動的禍害。對一個人執行懲罰，那麼全國都會震動，各種奸邪的行徑便都堵塞住了。」

8　於是，左將軍史丹向皇帝上奏說：「王商位居三公，爵封列侯，親身受到皇帝詔書冊封為天下人的師表，不能遵守法律制度來輔助皇帝治理國家，卻邪曲不正，以諂媚的方式討好他人，以便進納他的私親，採用邪門外道來擾亂國家政事，作為大臣他不忠誠，欺矇皇帝犯不道罪，按〈甫刑〉的法來說，都是最重的刑罰，罪名是清楚的。臣請示皇上令謁者召王商去若盧獄。」皇上平常器重王商，深知張匡所說的話過於陰險，下令說「不要治罪」。王鳳固執地爭辯此事，於是皇帝下詔書給御史大夫說：「本來，丞相是以自己的德行來輔助國家，主管群臣，使萬國和諧，從職務和責任來說沒有比這更重要的了。如今樂昌侯王商擔任丞相，出入朝廷已經五年，沒有聽到他進獻過什麼忠誠的言語，好的謀略，反而有不忠誠持邪道的罪過，陷於死刑大罪。前王商的妹妹內行不修，他家中的奴僕殺人，懷疑王商指使，因為王商是朝廷重臣，所以壓下來不去徹底追究。現在有人說王商不因此自我懺悔，反而怨恨，我很傷心。考慮到王商與先朝皇帝有外親關係，不忍心送交法官處理。可赦免王商的罪刑。使者收繳王商的丞相印綬。」

9　王商免相後三天，生病吐血而死，諡號為戾侯。王商的子弟親屬當駙馬都尉、侍中、中常侍、諸曹大夫郎吏的，都調出禁中補充外官缺員，不讓他們留在宮中擔任警衛值勤的工作。負責官員上奏說王商的罪過處理還沒有結束，請求取消侯爵的封邑。有詔下來，令王商長子王安繼承爵位做樂昌侯，王安後來官升到長樂衛尉、光祿勳。

10　王商死後，接連幾年都發生了日食、地震，正直的大臣京兆尹王章上密封的奏章而被皇上召見時，為王商辯冤說他忠誠正直沒有罪，是王鳳獨攬大權蒙蔽主上。王鳳知道後竟然利用法律處死王章，記載在〈元后傳〉。到了元始年間，王莽做了安漢公，誅殺那些不依附自己的人，樂昌侯王安被加以罪名，自殺，封國被廢除。

1　史(ㄕˇ)丹(ㄉㄢ)，字(ㄗˋ)君(ㄐㄩㄣ)仲(ㄓㄨㄥˋ)，魯(ㄌㄨˇ)國(ㄍㄨㄛˊ)❶人(ㄖㄣˊ)也(ㄧㄝˇ)，徙(ㄒㄧˇ)杜(ㄉㄨˋ)陵(ㄌㄧㄥˊ)❷。祖(ㄗㄨˇ)父(ㄈㄨˋ)恭(ㄍㄨㄥ)有(ㄧㄡˇ)女(ㄋㄩˇ)弟(ㄉㄧˋ)，武(ㄨˇ)帝(ㄉㄧˋ)❸時(ㄕˊ)為(ㄨㄟˋ)衛(ㄨㄟˋ)太(ㄊㄞˋ)子(ㄗˇ)❹

良娣❺，產悼皇考。皇考者，孝宣帝父也。宣帝微時❻依倚❼史氏❽。語在史良娣傳。及宣帝即位，恭已死，三子，高、曾、玄。曾、玄皆以外屬❾舊恩❿封，曾為將陵侯⓫，玄為平臺侯⓬。高侍中⓭貴幸，以發舉⓮反者大司馬霍禹⓯功封樂陵侯⓰。宣帝疾病，拜高為大司馬車騎將軍⓱，領尚書事⓲。帝崩，太子襲⓳尊號，是為孝元帝。高輔政五年，乞骸骨⓴，賜安車㉑駟馬㉒黃金，罷就第㉓。薨，諡曰安侯。

2 自元帝為太子時，丹以父高任㉔為中庶子，侍從十餘年。元帝即位，為駙馬都尉侍中，出常驂乘㉕，甚有寵。上以丹舊臣，皇考㉖外屬，親信之，詔丹護太子㉗家。是時，傅昭儀㉘子定陶共王有材藝，子母俱愛幸，而太子頗有酒色㉙之失，母王皇后㉚無寵。

3 建昭㉛之間，元帝被疾，不親政事，留好㉜音樂。或置鼙鼓㉝殿下，天子自臨軒檻㉞上，隤㉟銅丸以擿㊱鼓，聲中嚴鼓㊲之節㊳。後宮及左右習知音者莫能為，而定陶王亦能之，上數稱㊴其材。丹進曰：「凡所謂材者，敏而好學㊵，溫故知新㊶，皇太子是也。若迺㊷器㊸人於絲竹㊹鼓鼙之間，則是陳惠、李微㊺高於匡衡㊻，可相國㊼也。」於是上嘿然㊽而笑。其後，中山哀王㊾薨，太子前弔。哀王者，帝之少弟[50]，與太子游學[51]相[52]長大。上望見太子，感念哀王，悲不能自止。太子既至前，不哀。上大恨[53]曰：「安有[54]人不慈仁而可奉宗廟[55]為民父母者乎？」上以責謂[56]丹。丹免冠[57]謝[58]上曰：「臣誠見陛下哀痛中山王，至以感損[59]。向者[60]太子當進見，臣竊戒屬[61]毋涕泣，感傷陛下。罪迺在臣，當死[62]。」上以為然，意迺解[63]。丹之輔相[64]，皆此類也。

4 竟寧[65]元年，上寢疾[66]，傅昭儀及定陶王常在左右[67]，而皇太子希[68]得進見。上疾稍侵[69]，意忽忽[70]不平[71]，數問尚書以景帝[72]時立膠東王[73]故事[74]。是時，太子長舅陽平侯[75]王鳳為衛尉、侍中，與皇太子皆憂，不知所出[76]。丹以親密臣得侍視疾[77]，候上間獨寢時[78]，丹直入臥內[79]，頓首[80]伏青蒲[81]上，涕泣言曰：「皇太子以適長立，積十餘年，名號繫於百姓，天下莫不歸心[82]臣子[83]。見定陶王雅素[84]愛幸，今者道路流言[85]，為國生意[86]，以為太子有動搖之議。審[87]若此，公卿以下必以死爭[88]，不奉詔[89]。臣願先賜死[90]以示群臣！」天子素仁[91]，不忍見丹涕泣，言又切至[92]，上意大感，喟然[93]太息[94]曰：「吾日困劣[95]，而太子、兩王幼少，意中戀戀，亦[96]何不念乎？然無有此議。且皇后謹慎，先帝[97]又愛太子，吾豈可違指[98]！駙馬都尉安所受此語[99]？」丹即卻[100]，頓首曰：「愚臣妄聞[101]，罪當死！」

上因納[102]，謂丹曰：「吾病寖加[103]，恐不能自還[104]。善輔道太子，毋違我意。」丹噓唏[105]而起。太子由是遂為嗣矣。

5 元帝竟崩，成帝初即位，擢丹為長樂衛尉，遷右將軍，賜爵關內侯[106]，食邑[107]三百戶，給事中[108]，後徙左將軍，光祿大夫。鴻嘉[109]元年，上遂下詔曰：「夫褒有德[110]，賞元功[111]，古今通義[112]也。左將軍丹往時導朕以中正，秉義[113]醇壹[114]，舊德[115]茂[116]焉。其封丹為武陽侯[117]，國[118]東海[119]郯之武彊[120]聚[121]，戶千一百。」

6 丹為人足知[122]，愷弟[123]愛人，貌若儻蕩[124]不備[125]，然心甚謹密，故尤得信於上。丹兄[126]嗣父爵為侯，讓不受分。丹盡得父財，身又食大國邑，重以舊恩，數見褒賞，賞賜累千金，僮奴[127]以百數[128]，後房[129]妻妾數十人，內奢淫[130]，好飲酒，極[131]滋味聲色[132]之樂。為將軍前後十六年，永始中[133]病乞骸骨，上賜策曰：「左將軍寢病不衰[134]，願歸治疾，朕愍[135]以官職之事久留將軍，使躬不瘳[136]。使光祿勳賜將軍黃金五十斤，安車駟馬，其上將軍印綬。宜專精神，務近醫藥，以輔不衰[137]。」

7 丹歸第數月薨，諡曰頃侯。有子男女二十人，九男皆以丹任並為侍中諸曹，親近在左右。史氏凡四人侯[138]，至卿[139]大夫二千石[140]者十餘人，皆訖[141]王莽迺絕，唯將陵侯曾無子，絕於身[142]云。

【章　旨】以上為〈史丹傳〉。敘述史丹出身外戚，於漢宣帝時任太子屬官，侍從十餘年。元帝即位，史丹任駙馬都尉、侍中，出則陪乘，很得皇帝寵幸。其後又受詔監護太子，為保太子儲君之位有功，在成帝朝先後為左、右將軍、光祿大夫，並被封為五陽侯。最後因病退職而死。

【注　釋】❶魯國　封國名，都魯（今山東曲阜）。❷杜陵　縣名，在今西安東南。❸武帝　漢武帝劉徹，西元前一四〇—前八十七年在位。見本書卷六〈武帝紀〉。❹衛太子　劉據，其母為衛皇后。見本書卷六十三〈武五子傳〉之〈戾太子劉據〉。❺良娣　內官名。太子之妻有妃、良娣、孺子凡三等。❻微時　沒有顯達成名時。❼依倚　依靠；依傍。❽史氏　史家。見本書卷九十七上〈外戚傳上・衛太子史良娣〉。❾外屬　外家親屬，即外戚。❿舊恩　過去的恩德。指宣帝不顯達時，受其恩惠。⓫將陵侯　爵名。將陵，縣名，在今山東陵縣東南。⓬平臺侯　爵名。平臺，縣名，在今河北平鄉東北。⓭侍中　加官，在宮中入侍天子。⓮發舉　揭發檢舉。⓯霍禹　人名。霍光的兒子。霍光死後繼承爵位為博陸侯，謀反未遂。見本書卷六十八〈霍光傳〉。⓰樂陵侯　爵名。樂陵，縣名，在今山東樂陵東南。⓱車騎將軍　武將名，掌兵馬，位比三公。⓲領尚書事　兼管尚書事。領，兼管。尚書，官名，在皇帝身邊，掌管文書奏章。⓳襲　沿襲；繼承。⓴乞骸骨　請求退職，使骸骨得歸故鄉。㉑安車　車名。一種可以坐乘的車子。古時，大夫七十後退休，皇帝賜給安車，以供乘坐。㉒駟馬　四匹馬駕車。駟馬駕乘安車可參見秦始皇帝陵出土的銅車馬中的二號車。㉓罷就第　免職後回到自己家中養老。㉔任　任子。漢制二千石以上官吏，任滿三年，可保舉一子為郎，叫任子。㉕驂乘　陪乘。皇帝乘車時居於車左，自己居於車右陪乘。古時乘車，車上三人，尊者居左，馭手居中，陪乘的居右，保持車身平衡並以備防衛。驂的意思是三，取三人為名。㉖皇考　悼皇考，即劉進，元帝祖父。㉗太子　此為元帝太子劉驁，後為成帝。㉘傅昭儀　河內溫縣（今河南溫縣西南）人，元帝倢伃，生子劉康封為定陶共王。見本書卷八十〈宣元六王傳〉之〈定陶王劉康〉及卷九十七下〈外戚傳下・孝元傅昭儀〉。昭儀，女官，在倢伃上，位比丞相，爵比諸侯王。㉙酒色　酒與女色。㉚王皇后　元帝皇后王政君。見本書卷九十八〈元后傳〉。㉛建昭　元帝年號，為西元前三十八到前三十四年。㉜留好　沉湎。意為把愛好留滯在某件事。㉝鼙鼓　軍用小鼓，也用於騎兵馬上敲擊。㉞軒檻　殿前欄杆。㉟隤　投下。㊱擿　投擲。㊲嚴鼓　莊嚴的鼓聲。㊳節　節拍。㊴數稱　多次稱道。㊵敏而好學　聰明敏銳而且愛好學習。這是《論語・公冶長》的句子。原文為：「敏而好學，不恥下問，是以謂之文也。」㊶溫故知新　學習中能時時溫習舊聞，而每有新得。此為《論語・為政》的句子。原文為：「子曰：溫故而知新，可以為師矣。」溫，尋繹的意思。㊷若迺　如果。㊸器　器重。㊹絲竹　指絃樂器和管樂器。㊺陳惠李微　二人名，當時管鼓吹的樂官。㊻匡衡　當時丞相。見本書卷八十一〈匡張孔馬傳〉之〈匡衡傳〉。㊼相國　丞相。㊽嘿然　沉默的樣子。㊾中山哀王　封國王名。宣帝子，戎倢伃生，名劉竟。見本書卷八十〈宣元六王傳〉之〈中山哀王劉竟〉。㊿少弟　最小的弟弟。(51)游學　遊戲學習。(52)相　一起。(53)大恨　深切的忿恨。(54)安有　哪裡有。(55)宗廟　祖宗的廟堂。用於皇室，有時指代江山社稷。(56)責謂　指責並告訴。(57)免冠　脫下帽子。(58)謝　請罪。(59)感損　由於心中感傷而損害身體。(60)向者　前此；之前。(61)戒屬　勸誡囑咐。屬，通「囑」。(62)當死　應當處死。(63)解　化除。(64)輔相　輔導；佐助。(65)竟寧　元帝年號，僅元年一年，為西元前三十三年。(66)寑疾　臥病。寑，同「寢」。(67)左右　身邊。(68)希　稀少。希，通「稀」。(69)稍侵　漸漸加重。(70)忽忽　恍忽；迷惑。(71)不平　不平和；煩躁。(72)景帝　名劉啟，西元前一五六—前一四一年在位。見本書卷五〈景帝紀〉。(73)膠東王　封國王名，即劉徹。景帝初立栗姬子劉榮為太子，後因栗姬心性妒忌，與景帝姊姊不和，故廢了太子，另立膠東王劉徹為子，即後來的漢武帝。其母也被立為皇后。見本書卷九十七上〈外戚傳上‧孝景王皇后〉。(74)故事　過去的事；先例。(75)陽平侯　爵名。陽平，縣名，今山東莘縣。(76)不知所出　不知道該怎麼辦。(77)侍視疾　侍候看護人病。(78)候上間獨寑時　等候皇上獨睡這個空檔。(79)臥內　臥室內。(80)頓首　叩首。(81)青蒲　青色的蒲團或蒲度。今人陳直認為：《居延漢簡釋文》卷三，第十六頁有簡文云：「三尺五寸蒲復青布緣二，直三百。」可證蒲席用青布緣，稱為青蒲，貴賤皆用之，特帝王以之覆地，一般人民以之鋪床，所施不同。(82)歸心　從心底歸附。(83)臣子　為臣為子。(84)雅素　平素。(85)流言　流布傳言。(86)生意　此處為產生想法。(87)審　果真。(88)爭　諫諍。爭，通「諍」。諍，直言規勸，阻止人的失誤。諫是直言不用則去，諍是直言不用則死。(89)不奉詔　不接受皇帝的詔命。(90)賜死　皇帝令臣下自殺。(91)素仁　素來仁慈。素，往常；本始。(92)切至　懇切備至；懇切周至。(93)喟然　歎息之狀。(94)太息　大聲長歎。(95)困劣　虛弱。(96)亦　又。(97)先帝　指漢宣帝。(98)違指　違背意指。(99)安所受此語　從哪兒得到這些話。安所，從哪裡。受，得到。(100)卻　退。(101)妄聞　胡亂聽到。(102)納　接納。接受了史丹的話。另有認為納為訥之誤，意為元帝病危氣促，不能成語的狀態。訥，語言遲鈍。(103)寑加　逐漸加重。(104)自還　自然回轉。還，通「旋」。指病體康復。(105)噓唏　哽咽；抽噎。(106)關內侯　爵名，僅次於列侯之下的侯爵，沒有封邑，居住在長安，以關內部分租稅供其享用。(107)食邑　封邑。(108)給事中　加官，供職於禁中，掌顧問應對。(109)鴻嘉　成帝第四個年號，元年為西元前二十年。(110)褒有德　褒獎有德行的人。(111)賞元功　封賞建立首功的人。(112)通義　通行的原則。(113)秉義　秉持道義。秉，操持。(114)醇壹　質樸專一。(115)舊德　過去的恩德。(116)茂　盛美。(117)武陽侯　爵名。武陽，縣名，在今山東郯城境內。(118)國　列侯所食邑為國。

(119)東海　郡名，治郯縣，今山東郯城北。(120)武彊　鄉聚名。(121)聚　鄉所在地。(122)足知　多智；富於智謀。知，通「智」。(123)愷弟　和樂簡易。愷，樂。弟，通「悌」。簡。(124)儻蕩　放任隨便。(125)不備　不檢點。(126)丹兄　史丹的哥哥史術，繼承了父親史高的樂陵侯爵位。(127)僮奴　奴隸。(128)以百數　用百為單位計數。(129)後房　姬妾的住處在後院房中，故以此稱姬妾。(130)奢淫　奢侈淫逸。(131)極　極盡。(132)滋味聲色　滋補美味和歌舞女色。(133)永始中　永始年間。永始為成帝第五個年號，共四年（西元前一六—前一三年）。(134)寖病不衰　臥病在床，病不衰弱，即不見好。(135)愍　哀憐。(136)瘳　痊癒。(137)以輔不衰　用以輔助身體不衰弱。(138)四人侯　四人封侯。指史高、史曾、史玄、史丹。(139)卿　九卿。(140)二千石　二千石的官員。(141)訖　至；到。訖，通「迄」。(142)絕於身　斷絕於自己本身。

【語　譯】史丹，字君仲，原籍魯國人，遷家到杜陵。他的祖父史恭有位妹妹，在漢武帝時為衛太子的良娣，生了悼皇考。悼皇考此人是漢宣帝的父親。宣帝在卑微時依傍史家，此事記載在〈史良娣傳〉。到了宣帝即皇帝位，史恭已死，三個兒子是史高、史曾、史玄。史曾、史玄都以外戚舊恩而封侯，史曾為將陵侯，史玄為平臺侯。史高為侍中，受到皇帝恩寵尊貴，因為檢舉揭發造反的大司馬霍禹有功而封為樂陵侯。宣帝病時，任命史高為大司馬車騎將軍，兼管尚書事。宣帝死後，太子繼承皇帝之位，這便是孝元帝。史高輔佐政事五年，申請退休，皇帝賜給他安車駟馬及黃金，免去官職回到家中。死後，謚號安侯。

2 自從元帝當太子時候起，史丹便因父親史高的保舉而做了中庶子，侍奉隨從十多年。元帝即位，史丹擔任駙馬都尉，加官侍中，皇帝車駕出行，他常陪乘，很得皇帝寵幸。皇上因為史丹是舊臣，又是祖父的外家親屬，親近信任他，下詔讓史丹監護太子。這時，傅昭儀生的兒子定陶共王有才智技能，兒子和母親都受到皇帝的寵愛，而太子在飲酒和女色方面頗有過失，他的母親王皇后也不受寵幸。

3 建昭年間，元帝有病，不親自處理政事，沉醉於音樂之中。有時把鼙鼓安置在宮殿臺階下面，皇帝自己走到殿前欄杆旁邊，投下銅丸去擊鼓，發出十分莊嚴的鼓聲節奏。後宮及身邊熟習音樂的人沒有人能做到，而定陶王也會這一手，皇上多次稱讚他的才能。史丹進言說：「凡是所謂才能，在於聰敏而好學習，溫故知新，皇太子就是這樣的人。至於器重在絲竹鼙鼓之間的人，那麼黃門鼓吹中的陳惠、李微便是高於匡衡，可以幫助治理國家了。」皇上聽了之後默默地笑笑。在此以後，中山哀王去世，太子前去弔唁。哀王是皇帝最小的弟弟，跟太子遊戲學習，一塊兒長大的。皇上望到太子走來，便想到哀王，悲痛得不能自己控制。太子既走到跟前，不傷心。皇上非常忿恨地說：「怎麼有為人不慈仁而可以奉承宗廟做人民父母呢？」皇上以此責備並告訴史丹。史丹脫帽向皇上請罪說：「臣實在是因為看到陛下哀痛中山王，擔心陛下因心中感念而傷損身體。之前太子正當進見皇上時，臣便私下勸誡囑咐他不要啼哭流淚，以免引起陛下感傷。罪過都在於臣，應當處死。」皇上明白原來是這麼一回事，對太子的不滿才化解了。史丹對太子的輔導扶助，都類似這種情況。

4 竟寧元年，皇帝臥病在床，傅昭儀及定陶王經常在身邊，而皇太子很少能夠進見。皇上的病漸漸加重，意識恍忽，心情煩躁，多次以景帝時立膠東王的先例詢問尚書。這個時候，太子的大舅父陽平侯王鳳是衛尉、侍中，與皇太子都很擔憂，不知道該怎麼辦。史丹由於是皇帝親近密切的大臣，可以侍奉皇上看護疾病，等到皇上一個人睡在病床上的空檔時，史丹直接進入臥室內，叩頭伏在青蒲席上，流著眼淚說：「皇太子是以嫡長子的身分確立的，到現在已經十多年了，太子的名號早已維繫在百姓心中，天下人沒有不從心底歸附太子而願做臣子的。聽說定陶王平素受到皇上疼愛寵幸，現在路上的人流傳著一些說法，對皇上產生猜忌，以為太子的位置將有動搖。如果真是這樣，公卿以下大臣必然會以死來直言勸諫，不接受皇帝的詔命。臣願請皇上先賜死，做為群臣的示範！」天子本來生性仁慈，不忍心看到史丹哭泣，他的話又懇切備至，皇上心中大受感動，長長地歎息後說：「我一天一天地虛弱，但是太子、兩王還幼小，心中留戀，怎麼能不掛念呢？但並沒有你所說的這個議論。而且皇后謹慎，先帝又愛太子，我怎麼能違背他的意旨！駙馬都尉從哪兒得到這些說法？」史丹即退步向後，叩頭說：「愚臣胡亂聽到的，罪應處死！」皇上因此而採納他的話，對史丹說：「我的病逐漸加重，恐怕沒有回轉的餘地了。好好輔佐太子，不要違背我的意思。」史丹哽咽著起來。太子因此終於成了帝位的繼承人了。

5 元帝最終駕崩，成帝剛即位，提拔史丹為長樂衛尉，升為右將軍，賜爵關內侯，食邑三百戶，給事中，後調為左將軍，光祿大夫。鴻嘉元年，皇上便下詔說：「褒揚恩德，獎賞首功，這是從古到今通行的準則。左將軍史丹過去以忠誠正直輔助我，主持道義，質樸專一，舊日的德行盛美。茲封史丹為武陽侯，以東海郡郯縣的武彊聚為食邑，食一千一百戶。」

6　史丹為人富有智謀，和樂簡易，對人友愛，表面看好像放任隨意不大檢點，然而心思很謹慎細緻，因此特別得到皇上的信任。史丹的哥哥繼承了父親的爵位為侯，推讓不接受自己應得的一份家財。史丹得到父親留下的全部財產，自己又有大國食邑的收入，加上以舊時的恩德，多次被褒揚獎勵，賞賜的錢累計千金，家中奴僕以百計數，後院閨房的妻妾達數十人，內心奢侈淫逸，喜好飲酒，享盡了滋補美味和歌舞女色的快樂。當將軍前後十六年，永始年間因病請求退職，皇上賜給他的策書說：「左將軍臥病不見好轉，希望歸家治病，我痛惜因為官職事務久留將軍，致使身體不能痊癒。今命光祿勳賜黃金五十斤，安車駟馬，可上交將軍印信。要專心集中精神，務必親近醫藥，以求身體不衰弱。」

7　史丹退職回到家中幾個月便去世了，諡號為頃侯，有兒子女兒二十人，九個兒子都以史丹保舉任為侍中、諸曹，親近在皇帝身邊。史氏家族共有四人封侯，官做到九卿、大夫、二千石的十多人，都到王莽時才斷絕，只有將陵侯史曾因沒有兒子，在他自己死後就斷絕了。

1　傅喜，字稚游，河內❶溫❷人也，哀帝❸祖母定陶傅太后❹從父弟❺。少好學問，有志行❻。哀帝立為太子，成帝選喜為太子庶子❼。哀帝初即位，以喜為衛尉，遷右將軍。是時，王莽為大司馬，乞骸骨，避帝外家❽。上既聽莽退，眾庶❾歸望❿於喜。喜從弟孔鄉侯⓫晏親與喜等，而女為皇后⓬；又帝舅陽安侯⓭丁明⓮

皆親[15]以外屬封[16]。喜執謙稱疾[17]。傅太后始與[18]政事，喜數諫之，由是傅太后不欲令喜輔政。上於是用左將軍師丹[19]代王莽為大司馬，賜喜黃金百斤，上[20]將軍印綬，以光祿大夫養病。

2 大司空[21]何武[22]、尚書令[23]唐林[24]皆上書言：「喜行義修絜[25]，忠誠憂國，內輔[26]之臣也。今以寑病，一旦遣歸，眾庶失望，皆曰傅氏賢子，以論議不合於定陶太后故退，百寮莫不為國恨之[27]。忠臣，社稷之衛。魯[28]以季友[29]治亂，楚[30]以子玉[31]輕重，魏[32]以無忌[33]折衝[34]，項[35]以范增[36]存亡。故楚跨有南土，帶甲百萬[37]，鄰國不以為難[38]；子玉為將[39]，則文公側席而坐[40]，及其死也，君臣相慶[41]。百萬之眾，不如一賢，故秦行千金以間廉頗[42]，漢散萬金以疏亞父[43]。喜立於朝，陛下之光輝[44]，傅氏之廢興[45]也。」上亦自重之[46]。明年正月[47]，迺徙師丹為大司空，而拜喜為大司馬，封高武侯[48]。

3 丁、傅[49]驕奢[50]，皆嫉[51]喜之恭儉[52]。又傅太后欲求稱尊號[53]，與成帝母[54]齊尊[55]，喜與丞相孔光[56]、大司空師丹共執正議[57]。傅太后大怒，上不得已[58]，先免師丹以感動[59]喜，喜終不順[60]。後數月[61]，遂策免喜曰：「君輔政出入三年，未有昭然匡朕不逮[62]，而本朝大臣[63]遂[64]其姦心，咎由君焉。其上大司馬印綬，就第。」

傅太后又自詔丞相[65]御史[66]曰：「高武侯喜無功而封，內懷不忠，附下罔上，與故大司空丹同心背畔[67]，放命圮族[68]，虧損德化[69]，罪惡雖在赦前[70]，不宜奉朝請[71]，其遣就國[72]。」後又欲奪喜侯，上亦不聽。

4 喜在國三歲餘，哀帝崩，平帝[73]即位，王莽用事[74]，免傅氏官爵歸故郡，晏將[75]妻子徙[76]合浦[77]。莽白太后[78]下詔曰：「高武侯喜姿性端慤[79]，論議忠直，雖與故定陶太后有屬，終不順指從邪，介然[80]守節[81]，以故斥逐就國。傳[82]不云乎？『歲寒然後知松柏之後凋也[83]。』其還喜長安，以故高安侯[84]莫府[85]賜喜，位特進[86]，奉朝請。」喜雖外見[87]襃賞，孤立憂懼，後復遣就國，以壽終[88]。莽賜謚曰貞侯。子嗣，莽敗迺絕。

【章　旨】以上為〈傅喜傳〉。敘述傅喜出身外戚，初為太子屬官，哀帝即位後官至三公，封高武侯。因他為人好學謙恭，行義修潔，忠誠憂國，執守正義，反對其堂姐傅太后干政，故得到皇帝與大臣的稱頌。平帝即位，王莽用事，他還能保有「位特進、奉朝請」的地位，以年老去世。

【注　釋】❶河內　郡名，治懷縣（今河南武陟西南）。❷溫　縣名，今河南溫縣西南。❸哀帝　名劉欣。見本書卷十一〈哀帝紀〉。❹定陶傅太后　人名。元帝之昭儀，生子劉康，即定陶王。見本書卷九十七下〈外戚傳下・孝元傅昭儀〉。❺從父弟　從弟，堂弟。從父，父親的哥哥或弟弟，自己的伯父或叔父。❻志行　志向和操守。❼太子庶子　官名，低於太子中庶子，職如中郎。❽帝外家　哀帝母親丁皇后及皇后傅皇后的娘家人。❾眾庶　眾庶民。❿歸望　寄希望。⓫孔鄉侯　爵名。孔鄉，縣名，在今安徽泗縣境內。⑫皇后　傅皇后，哀帝皇后。見本書卷九十七下〈外戚傳下・孝哀傅皇后〉。⑬陽安侯　爵名。陽安，縣名，在今河南確山縣北。⑭丁明　哀帝母丁太后（丁姬）的哥哥。見本書卷九十七下〈外戚傳下・定陶丁姬〉。⑮親　當作新（劉攽說）。⑯以外屬封　以外戚而得封。⑰稱疾　託病請假。⑱與　參與。⑲師丹　本書卷八十六有傳。⑳上　交還；上交。㉑大司空　官名，即御史大夫，位上卿，掌副丞相，祿比丞相，掌圖籍，外督察刺史，內領侍御史，受公卿奏事。㉒何武　見本書卷八十六〈何武王嘉師丹傳〉。㉓尚書令　官名，尚書官員的長官。㉔唐林　沛郡（治相縣，今安徽淮北）人，以明經入仕，仕王莽封侯，歷公卿。㉕行義修絜　品行高尚純潔。義，同「誼」。㉖內輔　在朝廷內輔佐皇帝。㉗為國恨之　為國家感到遺憾。恨，遺憾。㉘魯　國名，周時分封的諸侯國，都曲阜（今山東曲阜）。㉙季友　人名，魯莊公的季子（小兒子），魯慶公的弟弟，名友，號成季，故曰季友。平慶父之亂，立魯僖公，為魯上卿。㉚楚　春秋國名，都郢（今湖北江陵西北之紀南城）。㉛子玉　人名，楚威王的令尹。㉜魏　戰國國名，戰國七雄之一，初都安邑（今山西夏縣西北），後都大梁（今河南開封）。㉝無忌　人名，魏安釐王之弟，即信陵君，秦圍趙都邯鄲，無忌率軍救趙，打敗秦軍。後為上將軍，曾率五國兵打敗秦將蒙驁，名震當世。㉞折衝　挫折敵軍戰車。指挫敗強敵。衝，戰車的一種。㉟項　即項籍。㊱范增　項籍謀士。見本書卷三十一〈陳勝項籍傳〉。㊲帶甲百萬　身穿鎧甲的士兵百萬，形容軍力強大。㊳難　危難。㊴為將　擔任將軍。㊵側席而坐　不正坐在席上，指不能安心坐著。㊶君臣相慶　君臣互相慶賀，即同慶。君指晉文公。楚晉相戰時，子玉戰敗於城濮，自殺，晉文公得到消息後大喜。㊷秦行千金以間廉頗　西元前二六〇年，秦昭王派將攻趙，趙將廉頗守城，秦軍久攻不破，於是派人向趙王大臣行賄，說秦國最怕的是趙將趙括。趙王派趙括代替廉頗，而秦也用白起為主將，攻克邯鄲，趙軍四十萬人投降，結果被坑，這便是著名的秦趙長平之戰。㊸漢散萬金以疏亞父　漢高祖劉邦給陳平四萬金，用以離間項籍與范增的關係，使項籍疏遠范增。見本書卷三十一〈項籍傳〉及卷四十〈陳平傳〉。亞父，項籍對范增的尊稱。㊹光輝　光榮；榮耀。㊺廢興　廢棄或興盛。這裡重點在於興盛。㊻自重之　自己也看重他。㊼明年正月　第二年正月。此句疑有誤。本書卷十一〈百官公卿表〉為四月丁酉。師丹為大司空，在哀帝即位的綏和二年（西元前七年）尚未改元。㊽高武侯　爵名。高武，地名，在今河南南陽西南。㊾丁傅　指哀帝母丁姬的娘家人和祖母傅太后的娘家人。㊿驕奢　驕橫奢侈。(51)嫉　妒忌；忌恨。(52)恭儉　謙恭節儉。(53)尊號　尊稱皇帝、皇后等的稱號。(54)成帝母　元帝皇后王政君，見本書卷九十八〈元后傳〉。(55)齊尊　同等尊貴。(56)孔光　本書卷八十一有傳。(57)正議　公正的議論。(58)不得已　無可奈何；由不得自己。(59)感動　觸動。(60)建平元年（西元前六年）十月免師丹以觸動傅喜。(61)後數月　建平二年（西元前五年）二月，距師丹免職前後四個月。62不逮　不足；過失。63大臣　指師丹。64遂　成就。65丞相　此時是朱博。66御史　此時為趙玄。67背畔　背叛。畔，通「叛」。68放命圮族　放棄教命，毀滅宗族。69德化　道德教化。70赦前　大赦以前。赦，皇帝免罪。建平元年正月，哀帝頒詔，大赦天下。71奉朝請　定期參加朝會。漢諸侯春季朝見皇帝為朝，秋季朝見叫請。當時退職的大臣、將軍可以參加朝請。72遣就國　遣送回到他的封邑中去。73平帝　名劉衎，西元一—五年在位，見本書卷十二〈平帝紀〉。74用事　當權；掌權。75將　帶著。76徙　流放。77合浦　郡名，在今廣西合浦東北。78太后　此為太皇太后的簡稱，為元帝皇后王政君。79姿性端愨　品行端正誠實。80介然　耿介。81守節　保守氣節。82傳　指《論語》，引文在〈子罕〉。83歲寒句　天氣寒冷才知道松柏樹是最後落葉凋零的。84高安侯　董賢的爵名。董賢曾任大司馬，見本書卷九十三〈佞幸傳・董賢〉。85莫府　將帥出征時的帳幕稱幕府，後以之稱將帥的官署。董賢曾為大司馬，故稱其在京的官署為幕府。莫，通「幕」。86特進　官名。漢制，列侯功德優異，群臣敬重的，賜特進，位在三公下。87見　被；受到。88壽終　壽滿。指自然去世。

【語譯】傅喜，字稚游，河內溫縣人，漢哀帝祖母定陶傅太后的堂弟。少年時期喜好學問，有志向有操守。哀帝立為太子後，成帝擇傅喜為太子庶子。哀帝即位後，便任命傅喜為衛尉，升為右將軍。這個時候，王莽是大司馬，請求退職，為的是迴避哀帝的母族和妻族這些外家親戚。皇上既已讓王莽退職，眾庶民寄希望於傅喜。傅喜的堂弟孔鄉侯傅晏的親屬關係與傅喜相等，而女兒是皇后；另外哀帝的舅舅陽安侯丁明都是新近因為是外戚而封了侯。傅喜保持謙遜，託病請假。傅太后開始干預政事，傅喜多次勸諫她，由於這個原因，傅太后不想讓傅喜輔佐朝政。皇上於是任命左將軍師丹代替王莽為大司馬，賜給傅喜黃金一百斤，要他交回將軍印，以光祿大夫的身分在家養病。

2 大司空何武、尚書令唐林都上奏章說：「傅喜品行高尚純潔，盡忠竭誠，憂心國事，是輔佐皇帝的良臣。如今因為臥病在床，一旦使他免官回家，將會讓廣大庶民失望，都會說傅氏中的賢良人物，由於議論不附合於定陶太后的原因而被貶退，百官沒有不為國家失去人才而遺憾的。忠臣，是國家的衛士。魯國因為有季友而國內太平，楚國因為有子玉而受到鄰國的尊重，魏國因為有無忌而挫敗強敵，項籍因為失去范增而滅亡。所以楚國占有南部中國，有精兵百萬，鄰國不認為會有危難；但子玉為將，則讓晉文公坐臥不安，到他死了，晉國君臣互相慶賀。百萬之多的士兵，不如一位賢人，所以秦國使用千金用以離間廉頗，漢高祖不惜萬金讓項籍疏遠范增。能有傅喜立在朝堂，這是皇上的榮耀，傅氏一族興盛的希望。」皇上自己也看重傅喜。第二年正月，便調任師丹為大司空，而任命傅喜為大司馬，封為高武侯。

3 丁氏和傅氏家族驕橫奢侈，都忌恨傅喜行事的謙恭儉約，加之傅太后想要求稱尊號，與成帝的母親同樣尊貴，傅喜和丞相孔光、大司空師丹共同堅持公正的議論。傅太后大怒，皇上無可奈何，先免去師丹的職務，希望能感化打動傅喜，傅喜始終不順從。過了幾個月，皇帝便發下策書罷免傅喜說：「您輔佐朝政，出入朝廷已經三年了，沒有明確地匡正過朕的不足，而使朝廷大臣順遂了他的奸邪心理，錯誤都在於您。著交上大司馬印信，回家去。」傅太后自己下詔給丞相、御史大夫說：「高武侯傅喜沒有功勞而得到封官封侯，內心懷著不忠，附和下級，欺矇皇上，與前大司空師丹同心背叛，放棄教命，毀滅宗族，虧損德行教化，罪惡雖然在大赦以前，但也不適宜參加朝請，可遣送他回到封國去。」後來又想剝奪傅喜的侯爵，皇上並沒有聽從。

4 傅喜在他的封邑三年多，哀帝去世，平帝即位，王莽掌權，免去了傅氏宗族人員的官爵，讓他們回到原來的郡縣去，傅晏帶領妻子流放到了合浦縣。王莽稟告太皇太后下發詔書說：「高武侯傅喜品行端正誠實，議論朝政忠誠正直，雖然同原來的定陶太后有親屬關係，始終沒有順其指意服從邪惡，耿介守節，因這個原因而被貶斥驅逐回到封國。《論語》不是說嗎？『天氣寒冷才知道松柏是最後落葉凋零的。』可讓傅喜回到長安，以原來高安侯的官署賜給傅喜，位特進，參與朝請。」傅喜雖然表面上受到褒獎和賞賜，內心卻感到孤獨憂傷和恐懼，後來又被遣送回封邑，年老去世。王莽賜給他諡號為貞侯。兒子繼承了他的爵位，王莽失敗後便斷絕了。

贊曰：自宣、元、成、哀外戚興者，許❶、史❷、三王❸、丁❹、傅❺之家，皆重侯累將❻，窮貴極富❼，見其位矣，未見其人也❽。陽平之王❾多有材能，好事慕名⑩，其勢尤盛，曠貴⑪最久。然至於莽，亦以覆國⑫。王商有剛毅節⑬，廢黜⑭以憂死，非其罪也。史丹父子相繼，高以重厚⑮，位至三公。丹之輔道副主⑯，掩惡揚美，傅會⑰善意，雖宿儒⑱達士⑲無以加焉。及其歷房闥⑳，入臥內，推至誠，犯顏色㉑，動寤萬乘㉒，轉移大謀，卒成㉓太子，安母后之位。「無言不讎㉔」，終獲忠貞㉕之報。傅喜守節不傾，亦蒙後凋之賞。哀、平際會㉖，禍福速哉！

【章旨】以上是班固所寫的評論。首先指出了從漢宣帝以後外戚興盛，出現了許、史、王、丁、傅這些家族，極貴極富，也有一些值得稱道的。其後便分別對王商、史丹、傅喜作出了簡短而中肯的評論。

【注釋】❶許　宣帝皇后許皇后許平君生元帝。許氏侯者三人。見本書卷九十七上〈外戚傳上・孝宣許皇后〉。❷史　宣帝祖母史良娣，生劉進，號史皇孫，為宣帝之父，史氏侯者四人，見本書卷九十七上〈外戚傳上・史皇孫王夫人〉。❸三王　孝宣王皇后，無子，撫養了元帝，此王氏侯者二人，見〈外戚傳上・孝宣王皇后〉；孝元王皇后即王政君，家族十侯五大司馬，其中王莽立其女為孝平王皇后，又封其二子為侯，見本書卷九十八〈元后傳〉及卷九十七下〈外戚傳下・孝平王皇后〉。❹丁　定陶丁姬，哀帝母，見〈外戚傳下・定陶丁姬〉。❺傅　元帝傅昭儀及哀帝傅皇后。傅昭儀，哀帝祖母，史稱傅太后，見〈外戚傳下・孝元傅昭儀〉、〈孝哀傅皇后〉。❻重侯累將　一個族中有幾個侯幾個將。❼窮貴極富　極貴極富。❽見其位矣二句　看見他們的職位，沒有看見他們的人。意思是說他們只知爭官爭位，沒有顯現出什麼有材有德忠於王事的人物。❾陽平之王　陽平侯王禁及其繼位者王鳳這一族人。❿好事慕名　愛興事端，羨慕名聲。或喜歡多事，追求虛名。⓫曠貴　空為顯貴，意為居高位而才德不能勝任。⓬覆國　亡國。即顛覆侯國。⓭剛毅節　剛強果決的節操。⓮廢黜　廢棄罷黜。⓯重厚　持重厚道。⓰輔道副主　輔導太子。道，通「導」。副主，太子。⓱傅會　強加附和。⓲宿儒　素來有修養的儒士。⓳達士　通達的士人。⓴房闥　房門。㉑犯顏色　冒犯皇帝的威嚴。㉒動寤萬乘　感動醒悟皇帝。寤，通「悟」。萬乘指皇帝。周制，王畿方千里，兵車萬乘，故言。㉓成　成全；保全。㉔無言不讎　沒有什麼話不被採納。讎，應答；採納。此句出《詩・大雅‧抑》：「無言不讎，無德不報。」㉕忠貞　忠誠正直。㉖際會　交接匯合。指此時期為變革際會之時。

【語　譯】史官評議說：自從宣帝、元帝、成帝、哀帝以來，外戚興盛的有許氏、史氏、三家王氏、丁氏、傅氏這些家族，每族都有多個侯多個將軍，極貴極富，看見他們的官位了，卻沒有看到他們中有什麼傑出人物。陽平的王家很多人都有才能，愛興事端，羨慕虛榮，他們的勢力更盛，身居高位卻沒有什麼作為，時間最長。然而到了王莽，也因此而亡國。王商有剛正果決的節操，遭廢棄罷黜憂忿而死，這不是他的罪過。史丹父子相繼封侯，史高因為穩重敦厚，職位到了三公。史丹輔導太子，掩飾他的醜惡，宣揚他的美德，就事解釋，比附善意，即使是修養有素的儒士，通達敏銳的士人也沒有可以超過他的。到他經過房門，直入內室，表達最誠摯的忠心，冒犯皇帝的威嚴，扭轉重大的圖謀，終於保全了太子，穩定了皇后的地位。「沒有什麼話不被採納」，終於得到了忠貞的報答。傅喜堅守節操不傾向邪惡，也受到松柏後凋這樣的激賞。在哀帝、平帝交接變革之際，禍福的變化也是很迅速的啊！

【研　析】西漢哀、平之際是西漢末期的關鍵時期，即外戚掌權愈演愈烈，以至於到西元六年王莽攝政，西元九年王莽稱帝建立新朝，達十五年。所以，哀、平這十一年（西元前六—西元五年）是過渡時期。本卷傳主則是這個時期外戚中的另類。

外戚掌權是西漢後期歷史上的一個特異現象，所以班固特別在《漢書》中列出了〈外戚傳〉。外戚們「重侯累將」，但「見其位矣，未見其人」。然而其中也有較有才德者，所以，班書中將本卷傳主王商、史丹、傅喜單列出來敘述，以別於其他外戚。傳中寫出了王商的剛毅，史丹的多智，傅喜的守節不傾。

班固為這三人作傳的寫法值得注意。第一，除了開頭按例敘述傳主的姓氏籍貫等概括介紹後，從傳主的行事和經歷中採摭幾件能代表傳主基本性格的事例加以細化，如寫史丹保太子，先向元帝否定定陶王會投銅丸擊鼓不算才能，後將太子在中山哀王死後無悲戚狀的原因歸到自己的安排，到元帝病重的危機時刻大膽進入臥內，陳以利害，以堅元帝之心，通過細節描寫，展示史丹既有智，也有勇。這也是史丹所做的最重要的一件事，傳中也突出了這一件事。第二，對傳主的評價，作者極少著墨，而是盡量用白描的事實來體現。如寫傳喜，本與傳太后有親屬關係，卻因諫諍，讓太后賜退了，復起後又執正議，且不受師丹免相的影響，仍不順從，便具體體現了他的守節不傾。第三，用烘托的方法寫人物的特點。如寫王商身材偉岸，性格肅敬敦厚，多質威嚴。先是寫他推財以分異母諸弟，又寫他在長安發大水的謠言出現時比他位高權重的王鳳已有安排的形勢下，他挺身而出，言正辭義，足以服人，使謠言遁形，臣民大安。寫他的像貌和氣質，客觀地說了他的身體壯實高大，容貌過人，而具體的用單于見了他仰面而視，心生畏懼，卻步而退，生動而形象地烘托出他的威嚴。各個人物優點或缺點，從他人的評論中說出。王商的氣質由皇帝說「此真漢相矣」，傳喜在朝廷中的重要價值由何武等說出「內輔之臣也」、「百萬之眾，不如一賢」等。這些都是作者充分占有材料，選材得當，布局精巧，使文字波浪起伏，引人入勝。

最後的贊語，言簡意賅，句句實指，切中時弊，入木三分，給人啟迪，回味無窮。

卷八十三

薛宣朱博傳第五十三

【題解】本卷是高級文官薛宣、朱博的合傳。薛宣從書佐起家，朱博從亭長發跡。兩人皆經察廉科選拔逐次升遷，其間又同樣經過大將軍王鳳的舉薦而任長安令。之後，升任中央監察官員。薛宣任丞相時，因社會政治不穩，終被罷歸鄉里。朱博任丞相時，因巴結外戚勢力，最後竟然遭受殺身之禍。

1

薛宣，字贛君，東海郯❶人也。少為廷尉書佐、都船獄吏。後以大司農斗食屬❷察廉❸，補不其丞❹。琅邪❺太守趙貢行❻縣，見宣，甚說其能。從宣❼歷行屬縣，還至府，令妻子與相見，戒曰：「贛君至丞相，我兩子亦中❽丞相史。」察宣廉，遷樂浪都尉丞❾。幽州刺史舉茂材，為宛句令❿。大將軍王鳳⓫聞其能，薦宣為長安⓬令，治果有名，以明習文法⓭詔補御史中丞。

2

是時，成帝初即位，宣為中丞，執法殿中⓮，外總部刺史，上疏⓯曰：「陛下至德仁厚⑯，哀閔元元⑰，躬有日仄之勞，而亡佚豫之樂⑱，允執聖道，刑罰惟中⑲，然而嘉氣尚凝⑳，陰陽不和㉑，是臣下未稱㉒，而聖化㉓獨有不洽者也㉔。臣竊伏思其一端㉕，殆㉖吏多苛政，政教煩碎㉗，大率㉘咎在部刺史。或不循守條職㉙，舉錯各以其意，多與郡縣事㉚，至開私門，聽讒佞㉛，以求㉜吏民過失，譴呵㉝及細微，責義不量力㉞。郡縣相迫㉟促，亦內相刻㊱，流至眾庶。是故鄉黨闕於嘉賓之懽㊲，九族㊳忘其親親㊴之恩，飲食周急之厚彌衰㊵，送往勞來㊶之禮不行。夫人道㊷不通，則陰陽否鬲㊸，和氣不興，未必不由此也。詩云：『民之失德，乾餱以愆㊹。』鄙語㊺曰：『苛政不親，煩苦傷恩㊻。』方㊼刺史奏事時，宜明申敕㊽，使昭然㊾知本朝之要務。臣愚㊿不知治道，唯明主察焉(51)。」上嘉納之(52)。

3 宣數言政事便宜(53)，舉奏(54)部刺史郡國二千石，所貶退稱進，白黑分明(55)，繇是知名。出為臨淮(56)太守，政教大行(57)。會陳留郡有大賊廢亂(58)，上徙宣為陳留太守，盜賊禁止，吏民敬其威信。入守左馮翊(59)，滿歲稱職為真(60)。

【章旨】以上為〈薛宣傳〉的第一部分，敘述薛宣從廷尉書佐開始，逐級升遷為御史中丞。因政績突出，由是知名。

【注釋】❶東海郯　即東海郯縣。東海，郡名。治郯縣，在今山東郯城西北。❷大司農斗食屬　大司農所屬的斗食小吏。

斗食，顏師古曰：「斗食者，祿少，一歲不滿百石，計日以斗為數也。」❸察廉　考核。察，考核；選拔。廉，考察；查訪。❹補不其丞　委任為不其縣丞。補，委任官職。不其，縣名。在今山東即墨西南。❺琅邪　郡名。治東武，在今山東諸城。❻行　巡視。❼從宣　謂讓薛宣隨從。❽中　符合；合格。❾察宣廉二句　謂趙貢考察薛宣為官廉正，升遷為樂浪都尉丞。樂浪，郡名。治朝鮮縣，在今朝鮮平壤南。❿幽州刺史二句　顏師古曰：「樂浪屬幽州。故為刺史所舉也。」幽州，州名。治所不詳。茂材，漢代察舉科目之一。初稱秀才，後改為茂材。宛句，又作「冤句」。縣名，在今山東菏澤西南。⓫王鳳　字孝卿，西漢魏郡元城（今河北大名）人。元帝皇后王政君之兄。成帝即位後，任大司馬大將軍領尚書事，專擅朝政，王氏專權自此始。⓬長安　西漢國都。在今陝西西安西北。⓭明習文法　西漢察舉科目之一。又稱「明習法令」。明，通曉。習，通曉；熟悉。文法，法制；法令條文。⓮執法殿中　在朝廷中執行法令。⓯上疏　以書面向皇帝陳述政見。疏，分條陳述。⓰至德仁厚　最高尚的道德和深厚的仁愛之心。厚，大；深。⓱哀閔元元　哀憐百姓。閔，憐恤；哀傷。元元，百姓。⓲躬有日仄二句　謂有整天親自操持政務之勞，而無安逸之樂。躬，親自。豫，安樂；娛樂。⓳允執聖道二句　謂誠信執行聖王之道，刑罰正確。允，誠信。惟，是；正確。中，正。⓴嘉氣尚凝　吉祥之氣還不通順。嘉，吉慶；幸福。尚，還。凝，不通。㉑陰陽不和　謂天地萬物不協調。㉒稱　稱職。㉓聖化　聖王之道的教化。㉔獨有不洽者也　王先謙曰：「獨疑猶字之誤。」洽，周遍；廣博。㉕臣竊伏思其一端　謂我私下裡恭敬地思考其中的部分原因。竊，私下。伏，必恭必敬地。端，一方面；一部分。㉖殆　大概。㉗政教煩碎　刑賞與教化煩瑣。政教，指刑賞與教化。碎，瑣屑。㉘大率　大都。㉙或不循守條職　謂有些人不遵守六條問事的職責。或，有些人。循，遵守。條職，六條問事的職責。顏師古曰：「刺史所察，本有六條，今則逾越故事，信意舉劾，妄為苛刻也。」㉚舉錯各以其意二句　謂各自以主觀意志採取措施，過多干預郡縣事務。舉錯，即「舉措」。措施。與，干預。㉛讒佞　佞人的讒言。讒，說別人的壞話。佞，花言巧語，阿諛奉承。㉜求　尋找。㉝譴呵　責問；責備。㉞責義不量力　謂勸勉從善苛求於人。責義，責善。即勸勉從善。㉟迫　催促。㊱相刻　互相侵害。刻，侵害。㊲是故鄉黨句　謂因此鄉里缺少迎送賓客的歡樂。是故，因此；所以。鄉黨，猶鄉里。闕，同「缺」。嘉賓，貴客。懽，同「歡」。㊳九族　一說為同姓親族。謂從自己算起，上至高祖，下至玄孫。㊴親親　親戚。㊵飲食周急之厚彌衰　謂飲食救急之深厚情義益衰。周，救濟。厚，多；深。彌，益；更加。㊶勞來　勸勉。㊷人道　謂人與人之間的道德規範。㊸陰陽否鬲　謂天地萬物閉塞阻隔。陰陽，天地萬物。否鬲，閉塞阻隔。㊹民之失德二句　謂百姓失去德義，因為吝惜乾糧的小事而被責備。餱，乾糧。以，因為；由於。愆，罪過；過失。見〈小雅・伐木〉。㊺鄙語　猶俗語。㊻苛政不親二句　謂有苛政就無法親民，百姓有煩苦就會傷害對官吏的恩情。㊼方 當。㊽申敕 告誡。㊾昭然 明白。㊿愚 自稱的謙詞。51唯明主察焉 謂請聖明的皇帝加以考察。52上嘉納之 謂成帝讚美並採納他的意見。53便宜 指對國家適宜並應及時辦的事。便，適宜；立即。宜，合適；應當。54舉奏 上奏推舉或揭發。55所貶退稱進二句 謂所貶退或舉進，白黑分明。稱，舉。白黑猶言清濁。56臨淮 郡名。治徐縣，在今江蘇泗洪南。57大行 普遍推進。58會陳留郡句 謂恰巧陳留郡有大賊作亂而政教失序。會，恰巧；正好。陳留，郡名。治陳留，在今河南開封東南。廢，損害。59入守左馮翊 謂入左馮翊試職。守，試用官職。左馮翊，政區名。長官左輔都尉，治高陵，在今陝西高陵。60真 實授官職。

【語譯】薛宣，字贛君，是東海郡郯縣人。年輕時做過廷尉書佐和都船獄吏。後來以大司農所屬的斗食小吏經過考核，被委任為不其縣丞。琅邪太守趙貢到縣裡來巡視，見到薛宣，十分賞識他的才能。讓薛宣隨從巡視經過所屬各縣，回到府宅，讓夫人、兒子和他相見，告誡說：「贛君是丞相之才，我的兩個兒子也符合丞相史的條件。」趙貢考察薛宣為官廉正，升遷為樂浪都尉丞。幽州刺史推舉他參加茂材科的考試，他被委任為宛句縣令。大將軍王鳳聽到他的才能，薦舉他為長安令，治理果然有名，因參加明習文法科考試合格被委任為御史中丞。

2 這時，漢成帝初即位，薛宣擔任御史中丞，在朝廷中執行法令，對外總管部刺史，他以書面向皇帝陳述政見說：「陛下有最高尚的道德和深厚的仁愛之心，哀憐百姓，有整天親自操持政務之勞，而無安逸之樂，誠信執行聖王之道，刑罰正確，然而吉祥之氣還不通順，天地萬物不協調，這是由於臣下不稱職，而聖王之道的教化還不夠普及的緣故。我私下裡恭敬地思考其中的部分原因，大概是官吏苛政繁多，刑賞與教化煩瑣，這些大都在於部刺史的罪過。有些人不遵守六條問事的職責，各自以主觀之意採取措施，過多干預郡縣事務，甚至大開行私請託的門路，聽信佞人的讒言，憑藉它來尋找官吏和百姓的過失，連細小的事也加以責問，勸勉從善苛求於人。郡縣官吏互相催促，官員之間互相侵害，其流毒影響到百姓之間。因此，鄉里缺少迎送賓客的歡樂，同姓親族忘記親戚之間的恩情，飲食救急的深厚情義更加衰微，送往勸勉的禮節不能實行。人與人之間的道德規範不通順，使天地萬物閉塞阻隔，和協順從之氣不能興旺，未必不由此造成的。《詩經》說：

『百姓失去德義，因為吝惜乾糧的小事而被責備。』俗語說：『有苛政就無法親民，百姓有煩苦就會損傷朝廷的恩情。』當刺史向朝廷奏事時，應當明確告誡他們，讓他們明白了解朝廷當前的主要任務。臣下我愚昧不通曉治國之道，請聖明的皇帝加以考察。」成帝讚美並採納他的意見。

3 薛宣多次進言對國家適宜並應及時辦理的政事，上奏推舉或揭發部刺史、郡國二千石官吏，所貶退或舉進，白黑分明，由此而聞名。外調出任臨淮太守，刑賞與教化能夠普遍推行。恰巧陳留郡有大賊作亂而政教失序，成帝又調薛宣擔任陳留太守，盜賊得以禁止，官吏和百姓都敬重他的威信。調入左馮翊試職，滿一年後因稱職被命為正式官職。

1 始高陵❶令楊湛、櫟陽❷令謝游皆貪猾不遜❸，持郡短長❹，前二千石數案不能竟❺。及宣視事❻，詣府謁❼，宣設酒飯與相對，接待甚備。已而陰求其罪臧❽，具❾得所受取。宣察湛有改節敬宣之效，迺手自牒書❿，條其姦臧，封與湛曰：「吏民條言君如牒，或議以為疑於主守盜⓫。馮翊敬重令，又念十金法重⓬，不忍相暴章⓭。故密以手書相曉，欲君自圖進退，可復伸眉於後⓮。即無其事，復封還記，得為君分明之⓯。」湛自知罪臧皆應記⓰，而宣辭語溫潤，無傷害意。湛即時解印綬⓱付吏，為記謝宣，終無怨言。而櫟陽令游自以大儒⓲有名，輕宣。宣獨移書⓳顯責之曰：「告櫟陽令：吏民言令治行煩苛，適罰作使千人以上⓴；賊㉑取錢財數十萬，給為非法；賣買聽任富吏，賈㉒數不可知。證驗以㉓明白，欲遣吏考案㉔，恐負舉者，恥辱儒士㉕，故使掾平鐫令㉖。孔子曰：『陳力就列，不能者止㉗。』令詳思之，方調守㉘。」游得檄㉙，亦解印綬去。

2 又頻陽㉚縣北當上郡㉛、西河㉜，為數郡湊，多盜賊。其令平陵㉝薛恭本縣孝者，功次稍遷㉞，未嘗治民，職㉟不辦。而粟邑㊱縣小，辟㊲在山中，民謹樸易治。令鉅鹿㊳尹賞㊴久郡用事㊵吏，為樓煩㊶長，舉茂材㊷，遷在粟。宣即以令㊸奏賞與恭換縣。二人視事數月，而㊹兩縣皆治。宣因移書勞勉之曰：「昔孟公綽優於趙魏而不宜滕薛㊺，故或以德顯，或以功舉，『君子之道，焉可憮也㊻！』屬縣各有賢君，馮翊垂拱蒙成㊼。願勉所職㊽，卒功業㊾。」

3 宣得郡中吏民罪名，輒召告其縣長吏㊿，使自行罰(51)。曉(52)曰：「府(53)所以不自發舉(54)者，不欲代縣治，奪賢令長名也。」長吏莫不喜懼，免冠(55)謝宣歸恩受戒(56)者。

4 宣為吏(57)賞罰明，用法平而必行，所居皆有條教可紀(58)，多仁恕愛利(59)。池陽(60)令舉廉吏(61)獄掾王立，府未及召，聞立受因家(62)錢。宣責讓(63)縣，縣案驗(64)獄掾，迺(65)其妻獨受繫者(66)錢萬六千，受之再宿(67)，獄掾實不知。掾慙恐自殺。宣聞之，移書池陽曰：「縣所舉廉吏獄掾王立，家私受賕(68)，而立不知，殺身以自明。立誠[69]廉士，甚可閔[70]惜！其以[71]府決曹掾書立之柩[72]，以顯其魂[73]。府掾史素與立相知者，皆予[74]送葬。」

5 及日至休吏[75]，賊曹掾張扶獨不肯休，坐曹治事。宣出教曰：「蓋禮貴和，人道尚通[76]。日至，吏以令休，所繇來久。曹雖有公職事，家亦望私恩意[77]。掾宜從眾，歸對[78]妻子，設酒肴，請鄰里，壹笑相樂[79]，斯[80]亦可矣！」扶慚愧。官屬善之[81]。

6 宣為人好威儀[82]，進止雍容[83]，甚可觀也。性密靜有思[84]，思省吏職，求其便安[85]。下至財用筆研[86]，皆為設方略[87]，利用而省費[88]。吏民稱[89]之，郡中清靜。遷為少府，共張職辦[90]。

【章旨】以上為〈薛宣傳〉的第二部分，敘述薛宣為吏賞罰分明，執法公平而必行。他以軟硬並用的手法對付貪官，讓地方縣令發揮各自的特長，取得除惡揚善的良好效果。

【注釋】❶高陵　縣名。在今陝西高陵。❷櫟陽　縣名。在今陝西富平東南。❸不遜　不謙虛。❹持郡短長　謂抓住郡守的是非不放。持，握住。郡，郡守。實指左馮翊長官左輔都尉。短長，是非。❺數案不能竟　案，考察；審問。竟，追究到底。❻視事　治事；任職。❼詣府謁　到官府拜見。❽已而陰求其罪臧　謂過後再暗地裡調查他們的罪狀和贓證。已而，過後。陰，暗地裡。求，調查。臧，通「贓」。收受賄賂。❾具　都；完全。❿牒書　寫在簡牒之上。牒，書札。書，寫。⓫主守盜　謂主管者把公家財物據為己有。守，掌管。⓬十金法重　顏師古曰：「依當時律條，臧直十金，則至重罪。」十金，十斤黃金。⑬相暴章　謂公開揭露。相，共；交互。暴章，揭露。⑭伸眉於後　謂可在今後重新做官。伸眉，揚眉吐氣。⑮復封還記二句　謂再封好書札退還給我，以便為你分清是非。⑯應記　與宣之書記相當。⑰印綬　官印和繫印的絲帶。⑱儒儒士。即信奉孔子學說的人。⑲移書　移送文書。⑳適罰作使千人以上　謂讓千人以上因犯輕罪罰作苦工。適，通「謫」、「讁」。過失。罰作，秦漢時犯輕罪者罰以苦工稱罰作。使，讓。㉑賊　《漢書補注》引宋祁曰：「賊字浙本作賦字。」王念孫曰：「浙本是也。」㉒賈　通「價」。㉓以　通「已」。㉔考案　審查；審問。㉕恐負舉者二句　謂恐怕對不起薦舉你的人，使身為儒士的你感到恥辱。㉖故使掾平鐫令　謂所以讓屬吏平督責櫟陽縣令。使，讓。掾，屬吏。平，掾之名。鐫，督責；曉說。令，櫟陽縣令。㉗陳力就列二句　《論語》載孔子之答冉有、季路之言。列，次也。謂自在職位上盡力施展才力，不能則退去。陳力，施展才力。就列，達到官位等次。止，停止；退去。㉘方調守　謂即將換人來試任官職。方，即將；就要。調，對換。守，試用官職。㉙檄　官府文書。㉚頻陽　縣名。在今陝西富平東北。㉛上郡　郡名。治膚施，在今陝西榆林東南。㉜西河　郡名。治平定，在今內蒙古準噶爾旗西南。㉝平陵　西漢昭帝陵墓。後在此置縣。在今陝西咸陽西北。㉞功次稍遷　謂憑功勞次第逐漸升遷。功次，功勞次第。稍，逐漸。遷，升遷。㉟職　官事。㊱粟邑　縣名。在今陝西白水西北。㊲辟　通「僻」。偏僻。㊳鉅鹿　郡名。治鉅鹿，在今河北平鄉西南。㊴尹賞　本書卷九十有其傳。㊵用事　行事。多指行祭祀之事。行，出巡。㊶樓煩　縣名。在今山西寧武。㊷茂材　漢代察舉科目之一。西漢稱秀才，東漢避光武帝劉秀諱，改為茂才，或稱茂材。㊸令　法令條文。㊹而　竟然。㊺昔孟公綽句　謂以前孟公綽在趙、魏才力有餘卻不適合做滕、薛的大夫。孟公綽曾任趙魏的家臣。㊻君子之道二句　見《論語・子張》。焉，怎麼；哪裡。憮，《論語》作「誣」。指欺誣，欺騙蒙蔽。《漢書補注》王先謙曰：「官本《考證》引蕭該曰：『《學林》云，此傳直用憮字，以當誣字耳。憮有空之義，可借與誣字通用。』」㊼馮翊垂拱蒙成　謂我垂衣拱手接受成功。垂拱，垂衣拱手。形容無所事事，不費力氣。蒙，受。㊽願勉所職　謂希望努力做好本職政務。㊾卒功業　謂成就功勳事業。㊿輒召告其縣長吏　謂立即通知該縣縣令。輒，總是。召告，通知。長吏，此指縣令、長。(51)使自行罰　謂讓他們自己執行處罰。(52)曉　告訴。(53)府　官署的通稱。此指郡府。(54)發舉　揭發檢舉。(55)免冠　脫去頭上之冠以謝罪。(56)歸恩受戒　謂接受恩典和勸誡。(57)為吏　做官。(58)所居皆有條教可紀　所居，所到之處。條教，教令。紀，通「記」。記誦，即默記背誦。(59)多仁恕愛利　謂富於仁愛寬容以利於民。多，看重。仁，愛人。恕，寬容。(60)池陽　縣名。在今陝西涇陽西北。(61)廉吏　不貪贓枉法的官吏。(62)因家　罪犯家屬。(63)責讓　責問。責，責問。讓，以辭相責。(64)案驗　審查。案，查驗。驗，考察；審問。(65)迺　就是。(66)繫者　在押的囚犯。(67)再宿　加以窩藏。宿，留住。(68)賕　賄賂。69誠　果然；確實。70閔　憐恤；哀傷。71其以　可由。72書立之柩　謂寫死者王立的旗幡立於柩前。旗幡，旗幟。柩，已裝屍體的棺材。73以顯其魂　謂以頌揚他的精神。74予　通「與」。參與。75及日至休吏　謂到日至官吏休假的時候。日至，冬至、夏至之日。76禮貴和二句　謂禮以和為貴，人道以通順為要。禮，規定社會行為的法則、規範、儀式的總稱。人道，人與人之間的道德規範。尚，貴。77私恩意　謂私人的恩惠和情意。78對　應答；向著。79壹关相樂　謂一起歡樂。顏師古曰：「壹关，謂一為歡关耳。关，古笑字也。」相，共。80斯　這。81善之　讚賞這個教令。82威儀　禮儀細節。83雍容　容儀溫文。84密靜有思　謂安靜而善於思考。密，靜寂；安定。85思省吏職二句　謂思慮和視察官吏任職情況，為求他們能夠安適任職。省，視察。便，安適。86研　通「硯」。87方略　計謀策略。此指計劃安排。88利用而省費　便於用而減於費。利，便也。省，減也。89稱　頌揚。90共張職辦　謂親自掌管供具張設之事。共張，也作「供張」、「供帳」。供應設置各種器物。職，主持；掌管。

【語　譯】最初高陵縣令楊湛、櫟陽縣令謝游都貪贓狡猾又狂妄自大，抓住郡守的是非不放，前任郡守雖然多次想追究查考，但都沒有結果。等到薛宣上任，他們到官府拜見，薛宣設酒飯與他們相對，接待很周到。過後再暗地裡調查他們的罪狀和贓證，全部掌握了他們所接受贓物的證據。薛宣觀察楊湛有悔改和敬重自己的表現，於是親自寫了書札，分條列出他私自侵吞的贓物，封好交給楊湛說：「官吏和百姓分條揭發你的問題都寫在書札上面，有的議論認為是犯有主管者把公家財物據為己有的嫌疑。我作為左馮翊長官敬重你，又考慮到貪汙十金就要罰以重罪，不忍心公開揭露。所以祕密用書札告訴你，想要讓你自己謀劃進退的辦法，可在今後重新做官。若沒有那些事，再封好書札退還給我，以便為你分清是非。」楊湛自知罪狀和贓物都與書札相吻合，而薛宣言語溫和，沒有傷害之意。楊湛立即解下印綬交給郡吏，寫了書信感謝薛宣，始終沒有怨言。而櫟陽縣令謝游自以為是有名的大儒士，輕視薛宣。薛宣單獨移送文書嚴加譴責說：「警告櫟陽縣令：官吏和百姓都說你治理政務煩雜苛刻，讓千人以上因犯輕罪罰作苦工；收取賦稅計有錢財數十萬，以供給非法之用；聽任富商和官吏控制貿易，價款數目多少不加以了解。我查考檢驗已明白，想要派遣官吏對你進行審查，恐怕對不起薦舉你的人，使身為儒士的你感到恥辱，所以讓屬吏平去督責你。孔子說：『在職位上盡力施展才力，不能則退去。』你詳細思考這個道理，我即將換人來試職。」謝游接到官府文書，也解下了印綬離去。

2 又頻陽縣北邊面對上郡、西河，為數郡會合之地，盜賊很多。頻陽縣令是平陵人薛恭，他是本縣的孝子，靠著功勞次第逐漸升遷，不曾治理百姓，該做的官事沒有辦理好。而粟邑是一個小縣，僻處山中，百姓恭謹樸實容易治理。粟邑縣令是鉅鹿人尹賞，他長期在郡府擔任出巡之事的小吏，之後任樓煩縣長，察舉茂材時，遷往粟邑縣。薛宣就按照法令條文奏請把尹賞和薛恭互換所治之縣。二人任職數月，竟然兩縣都治理好。薛宣於是移送文書慰勞勉勵他們說：「以前孟公綽在趙、魏才力有餘卻不適合做滕、薛的大夫，所以有人以德高而著名，有人以功勞大而被選用，『君子做事各有所長，怎麼可以被蒙蔽啊！』所屬各縣都有德才兼備的人，我垂衣拱手接受成功，希望你們努力做好本職政務，成就功勳事業。」

3 薛宣只要得到郡中官吏或百姓的犯罪情況，立即通知該縣縣令，讓他們自己執行處罰。告訴縣令說：「郡府之所以不親自揭發檢舉，是不想代替縣令治罪，奪取賢明的縣令、縣長的美名。」那些縣令、縣長沒有不既喜悅又害怕，紛紛脫冠感謝薛宣並表示接受恩惠和勸誡。

4 薛宣做官賞罰分明，用法公平而且堅決做到，住所都有教令可供記誦，富於仁愛寬容以利於民。池陽縣令薦舉廉吏獄掾王立，郡府還未下達召見通知，就聽說王立收受罪犯家屬的金錢。薛宣責問縣令，縣令審查獄掾，原來是他的妻子私自接受在押的囚犯一萬六千錢，收受之後又加以窩藏，獄掾確實不知情。獄掾既羞愧又恐懼而自殺了。薛宣知道後，移送文書給池陽縣令說：「你所薦舉的廉吏獄掾王立，家屬私自接受賄賂，可是王立本人並不知道，他為了證明自己的清白而捨棄生命。王立確實是一位清白高潔的人，非常值得憐惜啊！可由郡府決曹掾寫死者王立的旗幡立於柩前，以頌揚他的精神。郡府掾史平常和王立認識了解的人，都要參與送葬。」

5 到日至官吏休假的時候，唯獨賊曹掾張扶不肯休假，在官署辦事。薛宣就出示教令說：「禮以和為貴，人道以通順為要。日至，官吏按照法令規定休假，由來已久。官署雖然有公家職事，家裡也希望享有私人的恩惠和情意。你應該跟大家一樣，回家善待自己的妻子兒女，擺設美酒佳餚，邀請鄉里好友，一起歡樂，這也是應該的啊！」張扶聽了感到慚愧。下屬官吏都很讚賞這個教令。

6 薛宣做人講究禮儀細節，進退舉止容儀溫文，很有可觀之處。性格安靜而善於思考，關心和視察官吏任職情況，只求他們能夠安適任職。下到節用筆硯，都要制定計劃安排，既便於使用又節省經費。官吏和百姓都頌揚他，郡中清靜無事。之後提升為少府，他親自掌管供具張設之事。

1 月餘，御史大夫于永卒，谷永❶上疏曰：「帝王之德莫大於知人❷，知人則百僚任職，天工不曠❸。故皋陶❹曰：『知人則哲，能官人❺。』御史大夫內承本朝之風化❻，外佐丞相統理天下❼，任重職大，非庸材所能堪❽。今當選於群卿，以充其缺。得其人則萬姓欣喜，百僚說服❾；不得其人則大職墮斁❿，王功不興。虞帝⓫之明，在茲⓬壹舉，可不致詳⓭！竊見少府宣，材茂⓮行絜，達於從政⓯，前為御史中丞，執憲轂下⓰，不吐剛茹柔⓱，舉錯時當⓲；出守臨淮、陳留，二郡稱治；為左馮翊，崇教養善，威德並行，眾職脩理⓳，姦軌絕息⓴，辭訟㉑者歷年不至丞相府，赦後餘盜賊什分三輔之一㉒。功效卓爾㉓，自左內史初置以來未嘗有也㉔。孔子曰：『如有所譽，其有所試㉕。』宣考績功課，簡在兩府㉖，不敢過稱以奸欺誣之辜㉗。臣聞賢材莫大於治人，宣已有效。其法律任廷尉有餘，經術文雅(28)足以謀王體(29)，斷國論(30)；身兼數器(31)，有『退食自公(32)』之節。宣無私黨游說之助，臣恐陛下忽於羔羊之詩，舍公實之臣，任華虛之譽，是用(33)越職，陳宣行能(34)，唯(35)陛下留神考察。」上然之(36)，遂以(37)宣為御史大夫。

2 數月，代張禹為丞相，封高陽(38)侯，食邑(39)千戶。宣除(40)趙貢兩子為史。貢者，趙廣漢(41)之兄子也，為吏亦有能名。宣為相，府辭訟例(42)不滿萬錢不為移書，後皆遵用薛侯故事(43)。然官屬譏其煩碎無大體(44)，不稱賢也。時天子好儒雅(45)，宣經術又淺，上亦輕焉。

3 久之，廣漢(46)郡盜賊群起，丞相御史(47)遣掾史逐捕不能克(48)。上迺拜河東都尉趙護為廣漢太守，以軍法從事(49)。數月，斬其渠(50)帥鄭躬，降者數千人，迺平。會邛成太后崩(51)，喪事倉卒(52)，吏賦斂以趨辦(53)。其後上聞之，以過(54)丞相御史，遂冊免(55)宣曰：「君為丞相，出入六年，忠孝之行，率先百僚，朕無聞焉。朕既不明(56)，變異(57)數見，歲比不登(58)，倉廩(59)空虛，百姓饑饉(60)，流離道路，疾疫死者以萬數，人至相食，盜賊並興(61)，群職曠廢(62)，是朕之不德而股肱(63)不良也。迺者(64)廣漢群盜橫恣(65)，殘賊(66)吏民，朕惻然(67)傷之，數以問君，君對輒(68)不如其實。西州鬲絕(69)，幾不為(70)郡。三輔賦斂無度，酷吏並緣為姦(71)，侵擾百姓，詔君案驗，復無欲得事實之意。九卿以下，咸承風指(72)，同時陷于謾欺之辜(73)，咎繇君焉！有司法君領職解嫚(74)，開謾欺之路，傷薄(75)風化，無以帥示四方(76)。不忍致君于理(77)，其(78)上丞相高陽侯印綬，罷歸(79)。」

4 初，宣為丞相，而翟方進(80)為司直。宣知方進名儒，有宰相器(81)，深結厚焉。後方進竟(82)代為丞相，思宣舊恩，宣免後二歲，薦宣明習文法(83)，練(84)國制度，前所坐過薄(85)，可復進用。上徵宣(86)，復爵高陽侯，加寵特進(87)，位次師安昌侯(88)，給事中，視尚書事(89)。宣復尊重。任政數年，後坐善定陵侯淳于長罷就第(90)。

5 初，宣有兩弟，明、脩。明至南陽(91)太守。脩歷郡守、京兆尹、少府，善交接(92)，得州里(93)之稱。後母常從脩居官。宣為丞相時，脩為臨菑(94)令，宣迎後母，脩不遣。後母病死，脩去官持服(95)。宣謂脩三年服少能行之者(96)，兄弟相駮不可(97)，脩遂竟服(98)，繇是兄弟不和。

6 久之，哀帝(99)初即位，博士申咸給事中，亦東海人也，毀宣不供養行喪服，薄於骨肉，前以不忠孝免，不宜復列(100)封侯在朝省(101)。宣子況為右曹侍郎，數聞其語，賕(102)客楊明，欲令創(103)咸面目，使不居位。會司隸缺，況恐咸為之，遂令明遮斫(104)咸宮門外，斷鼻脣，身八創。

7 事下有司，御史中丞眾等奏：「況朝臣，父故宰相，再封列侯，不相敕丞化[105]，而骨肉相疑，疑咸受脩言以謗毀宣。咸所言皆宣行迹，眾人所共見，公家[106]所宜聞。況知咸給事中，恐為司隸舉奏宣，而公令明等迫切宮闕[107]，要遮[108]創戮近臣於大道人眾中，欲以鬲塞聰明，杜絕論議之端。桀黠[109]無所畏忌，萬眾讙譁[110]，流聞四方，不與凡民忿怒[111]爭鬭者同。臣聞敬近臣，為近主也。禮，下公門，式路馬[112]，君畜產[113]且猶敬之。春秋之義，意惡功遂，不免於誅[114]，上浸[115]之源不可長也。況首為惡，明手傷，功意俱惡，皆大不敬[116]。明當以重論，及況皆棄市。」廷尉直以為「律曰『鬭以刃傷人，完為城旦[117]，其賊[118]加罪一等，與謀者同罪』。詔書無以詆欺[119]成罪。傳曰：『遇人不以義而見疻者，與痏人之罪鈞，惡不直也[120]。』咸厚善脩，而數稱宣惡，流聞不誼，不可謂直[121]。況以故[122]傷咸，計謀已定，後聞置司隸，因前謀而趣[123]明，非以恐咸為司隸故造謀也。本爭私變[124]，雖於掖門[125]外傷咸道中，與凡民爭鬭無異。殺人者死，傷人者刑，古今之通道[126]，三代所不易也[127]。孔子曰：『必也正名[128]。』名不正，則至於刑罰不中[129]；刑罰不中，而民無所錯手足[130]。今以況為首惡，明手傷為大不敬，公私無差[131]。春秋之義，原心定罪[132]。原況以父見謗發忿怒，無它大惡。加詆欺，輯[133]小過成大辟[134]，陷死刑，違明詔，恐非法意，不可施行。聖王不以怒增刑。明當以賊傷人不直，況與謀者皆爵減完為城旦[135]。」上以問[136]公卿議臣。丞相孔光、大司空師丹以中丞議是，自將軍以下至博士議郎皆是廷尉。況竟減罪一等[137]，徙敦煌[138]。宣坐免為庶人[139]，歸故郡，卒[140]於家。

8 宣子惠亦至二千石。始惠為彭城[141]令，宣從臨淮遷至陳留，過其縣，橋梁郵亭[142]不脩。宣心知惠不能，留彭城數日，案行[143]舍中，處置什器[144]，觀視園菜，終不問惠以吏事。惠自知治縣不稱宣意[145]，遣門下掾送宣至陳留，令掾進見，自從其所問[146]宣不教戒惠吏職之意。宣笑曰：「吏道[147]以法令為師，可問而知。及能與不能，自有資材，何可學也？」眾人傳稱[148]，以宣言為然[149]。

9 初，宣後[150]封為侯時，妻死，而敬武長公主[151]寡居，上令宣尚焉[152]。及宣免歸故郡，公主留京師。後宣卒，主上書願還宣葬延陵[153]，奏可。況私從敦煌歸長安，會赦，因留與主私亂[154]。哀帝外家丁、傅貴，主附事之[155]，而疏王氏[156]。元始[157]中，莽[158]自尊為安漢公，主又出言非莽。而況與呂寬相善，及寬事覺時，莽并治況，發揚[159]其罪，使使者以太皇太后[160]詔賜主藥。主怒曰：「劉氏孤弱，王氏擅朝，排擠宗室[161]，且嫂何與取妹披抉其閨門而殺之[162]？」使者迫守[163]主，遂[164]飲藥死。

況梟首[165]於市。白太后云主暴病薨[166]。太后欲臨其喪，莽固爭[167]，乃止[168]。

【章　旨】以上為〈薛宣傳〉的第三部分，敘述薛宣在擔任丞相期間因社會動蕩不安而被免職，以及受其子教唆殺人的牽累而被免爵的經過。

【注　釋】❶谷永　本書卷八十五有其傳。❷知人　謂能識別人的賢愚善惡。❸知人則百僚二句　謂知人便百官稱職，百官不會有空缺。則，就；便。百僚，百官。任，勝。天工，泛指百官。曠，空。❹皋陶　又稱咎繇。傳說為虞舜之臣，掌管刑獄之事。❺知人則哲二句　顏師古曰：「〈虞書・皋陶謨〉之辭也。哲，智也。無所不知，故能官人也。」官人，授人以官職。❻風化　風俗教化。❼統理天下　謂總領全國。❽堪　勝任。❾說服　心悅誠服。說，通「悅」。❿大職墮斁　謂大事毀壞。職，事。墮，毀壞。斁，敗壞。⓫虞帝　虞舜。傳說中的五帝之一。⓬茲　此。⓭可不致詳　謂豈可不詳加考慮啊。致，盡；極。⓮茂　優秀。⓯達於從政　謂能精通掌管政務。⓰執憲轂下　謂在京城執行法令。執憲，執行法令。轂下，皇帝輦轂之下。謂京城。⓱不吐剛茹柔　不欺軟怕硬。顏師古曰：「〈大雅・烝民〉之詩云『惟仲山甫，柔亦不茹，剛亦不吐』，言其平正也。茹，食也。」⓲舉錯時當　措施適時又恰當。舉錯，同「舉措」。措施。⓳眾職脩理　各部門修整有條理。⓴姦軌絕息　為非作歹的人滅絕。姦軌，又作「奸宄」。為非作歹的人。絕，斷絕。息，滅。㉑辭訟　去官府告狀。㉒什分三輔之一　文穎曰：「減三輔之賊什九也。」三輔，指京兆尹、左馮翊、右扶風，漢代政區名。㉓卓爾　特異。㉔自左內史句　馮翊本左內史之地。㉕如有所譽二句　謂如果有值得稱讚，他一定有好的考績。譽，稱人之美。試，考績。見《論語・衛靈公》。㉖宣考績功課二句　謂薛宣考核官吏的政績，寫在丞相府和御史府的簡牒裡。考績，考核官吏的政績。功課，考核官吏的成績。簡，簡牒。兩府，丞相府和御史府。㉗不敢過稱句　謂不敢言過其實稱讚他以致犯欺騙蒙蔽之罪。奸，犯。欺誣，欺騙蒙蔽。㉘經術文雅　謂經學、典籍和禮樂知識。㉙王體　帝王實現統治的辦法。㉚國論　國事的計議。㉛器　才能；本領。㉜退食自公　謂減退膳食從官府開始的節操。〈召南・羔羊〉曰：「退食自公，委蛇委蛇。」言卿大夫履行清潔，減退膳食，應當從官府開始。㉝是用　因此；所以。㉞行能　品行和才能。㉟唯　希望。㊱上然之　謂成帝認為他說得對。㊲遂以　於是任用。㊳高陽　縣名。在今山東莒縣東南。㊴食邑　漢代列侯受封的封地。依照地位高低，食邑戶數多少不等。食，收取租稅以享用。邑，封地。㊵除　拜官授職。㊶趙廣漢　本書卷七十六有其傳。㊷辭訟例　訴訟的案例。㊸薛侯故事　謂薛宣制定的制度。故事，舊日的典章制度。(44)大體　本質；要點。(45)儒雅　博學的儒士。(46)廣漢　郡名。治乘鄉，一作繩鄉。在今四川金堂東。(47)御史　此指御史大夫。(48)克　制勝。(49)上迺拜河東二句　謂成帝便任命河東都尉趙護為廣漢太守，按照軍法處理事務。上，成帝。拜，授官。河東，郡名。治安邑，在今山西夏縣西北禹王城。從事，處理事務。(50)渠　大。(51)會邛成太后崩　恰巧邛成太后去世。會，恰巧；正好。邛成太后，漢元帝養母。本書卷九十七有其傳。崩，去世。(52)倉卒　倉猝。卒，通「猝」。(53)吏賦斂以趨辦　謂官吏額外收聚賦錢以便迅速辦理。賦，人口稅。斂，收聚。趨，急速。(54)過　責備。(55)冊免　下詔書罷免。冊，詔書。(56)不明　德性不顯明。(57)變異　災異。舊指自然災害和反常的自然現象。(58)歲比不登　謂年年糧食歉收。比，頻。登，成；年穀不成。(59)倉廩　儲藏米穀的倉庫。(60)饑饉　荒年。穀不熟為饑，蔬不熟為饉。連用時饑饉無別。(61)並興　一起興起。(62)群職曠廢　眾多職能部門都不能正常行使權力。曠廢，荒廢；耽誤。(63)股肱　輔佐大臣。股肱本是大腿和胳膊。常用以比喻輔佐帝王的大臣。(64)迺者　從前；往日。(65)橫恣　橫暴恣肆。恣，放縱；聽任。(66)殘賊　殘酷殺害。賊，傷害；殺害。(67)惻然　傷痛的樣子。(68)輒　往往；總是。(69)西州鬲絕　謂西州與朝廷隔絕。西州，益州。約包括今四川、雲南、貴州、廣西等地。鬲，同「隔」。(70)為　成為；算作。(71)酷吏並緣為姦　嚴酷的官吏相互勾結為非作歹。酷吏，用刑嚴酷的官吏。並，一起；一併。緣，通「傍」。依附；接近。(72)咸承風指　謂都聽從你錯誤的指示。咸，都；全。承，順從；接受。風，通「諷」。不用正言，託辭婉言勸說。指，指示。(73)謾欺之辜　謂詐騙之罪。謾欺，詐騙。(74)有司法君領職解嫚　謂有關部門依法彈劾你總領政務懈怠鬆散。法，據法彈劾。(75)傷薄　傷害與輕視。(76)無以帥示四方　謂不能在全國各地起帶領示範作用。無以，不能。帥，帶領。示，表示。四方，全國各地。(77)不忍致君于理　謂不忍心把你交給司法官去查辦。致，交給。理，司法官。(78)其　可。(79)罷歸　免職回家。罷，免職。(80)翟方進　本書卷八十四有其傳。(81)器　才能；本領。(82)竟　終於。(83)明習文法　通曉法令條文。明，明白。習，通曉；熟悉。文法，法令條文。(84)練　熟習；熟練。(85)前所坐過薄　謂以前所犯的罪過較輕。坐，犯罪。過，過錯。(86)上徵宣　謂成帝徵召薛宣。(87)加寵特進　尊加特進官銜。寵，尊崇。特進，官名。始置於西漢末期，以賜列侯中有特殊地位者。(88)位次師安昌侯　爵級的等次低於成帝的師傅安昌侯張禹。位，爵級的等次。次，低於。師，成帝的師傅。安昌侯，張禹，本書卷八十一有其傳。安昌，縣名。在今河南確山西。(89)視尚書事　兼任尚書事務。視，漢代官制。謂兼任他官職事。(90)後坐善定陵侯淳于長罷就第　謂後來因為他和定陵侯淳于長友善而受牽連，免職回家。定陵侯淳于長，本書卷九十三有其傳。定陵，縣名。在今河南平頂山東。就，歸於。第，住宅。(91)南陽　郡名。治宛縣，在今河南南陽。(92)善交接　擅長和別人交往。交接，人與人之間的交往。(93)州里　鄉里。(94)臨菑　縣名。在今山東臨淄北。(95)脩

去官持服　謂薛脩辭去官職在家守孝。去官，免除官職。持服，穿喪服；守孝。(96)少能行之者　謂能夠做到的人很少。(97)相駮不可　謂各自看法不同又無法調和。駮，論列是非，提出異議。(98)脩遂竟服　謂薛脩終於守了三年孝。王先謙曰：「竟服終三年。」遂，於是。竟，終於。(99)哀帝　漢哀帝劉欣，西元前七—前一年在位。詳見本書〈哀帝紀〉。(100)列　列次；次第。(101)省　視事；任職。(102)賕　賄賂。(103)創　毀傷。漢制，面目被創，不能做官。(104)遮斫　攔路而砍。遮，阻攔；攔路。斫，用刀斧砍。(105)不相敕丞化　不能互相告誡宣承教化。敕，告誡。丞，通「承」。(106)公家　政府。(107)迫切宮闕　靠近宮闕。宮闕，宮門外左右兩個樓臺。(108)要遮　攔截；阻留。(109)桀黠　兇暴狡詐。(110)讙譁　喧譁。(111)凡民忿怒　謂平常的人憤怒。凡民，平常的人。忿，憤怒；怨恨。(112)下公門二句　顏師古曰：「過公門則下車，見路馬則撫式，蓋崇敬也。式，車前橫木。」公門，君主之門。路馬，古代天子、諸侯所乘路車之馬。撫式，以手按式，稍俯身，表示致敬。(113)畜產　家畜禽獸。(114)意惡功遂二句　謂舉意不善，雖有成功猶加誅。(115)上浸　言傷戮大臣，有所逼近。浸，近。(116)況首為惡四句　謂薛況為首作惡，楊明親手傷人，主謀和兇手同樣罪大惡極，都犯了大不敬之罪。(117)完為城旦　完即完刑，指剃去鬢毛留下頭髮。完為城旦，即指先受完刑之後服城旦徒刑。城旦徒刑主要是服勞役。(118)賊　殺害。(119)詆欺　誣衊和欺騙。(120)遇人不以義三句　謂不用善意對待別人而被人打傷的，和打傷人的人同罪，憎恨他為人不正直。《漢書補注》引王念孫云：「案正文之痏人本作疻人。」遇人，對待別人。義，善。見，被。疻、痏，毆傷。輕傷為疻，重傷為痏。漢律，毆人腫起無創痕者為疻，皮破血流者為痏。痏人，打傷人的人。鈞，通「均」。同等。惡，憎恨。不直，不正直。(121)流聞不誼二句　謂傳聞不義之事，不能說是正直的。流聞，傳聞。誼，通「義」。情理。(122)以故　因此。(123)趣　催促。(124)本爭私變　謂本來是互相之間權力的爭鬥，演變為陰謀陷害。私，暗中活動之事。(125)掖門　謂宮中的旁門。(126)通道　謂通行的常道。(127)三代所不易也　謂夏、商、周都是不改變的。三代，指夏、商、周三個朝代。易，改變。(128)必也正名　謂一定要辨正名分。見《論語・子路》。(129)則至於刑罰不中　謂就會造成刑罰不適當。則，就；便。不中，不適當。(130)而民無所錯手足　謂老百姓便無所適從。而，便。錯，通「措」。安置；安放。(131)公私無差　謂對反對政府和私人恩怨之爭的處罰就沒有差別了。公，政府。(132)原心定罪　謂追究最初的犯罪動機來定罪。原心，追究初意。(133)輯　同「集」。(134)大辟　死刑。(135)況與謀者句　謂薛況和同謀的楊明都因有爵位可減罪服完為城旦的徒刑。(136)上以問　謂哀帝根據這兩種不同的意見詢問。(137)況竟減罪一等　謂薛況終於減罪一等。宋祁曰：「罪字上當有死字。」(138)徙敦煌　謂流放到敦煌。敦煌，郡名。治敦煌，在今甘肅敦煌西南。(139)庶人　泛指無官爵的平民、百姓。(140)卒　死。(141)彭城　縣名。在今江蘇徐州。(142)郵亭　漢代供傳送文書的人住宿的館舍。(143)案行　巡視。(144)處置什器　謂購買安放日常生活用具。處，安。置，安放；購買。什器，日常生活用具。(145)不稱宣意　不合薛宣心意。稱意，正合人之心意。(146)自從其所問　謂假裝由他自己問。自，自己。從，由；自。其，他。(147)吏道　做官的思想和方法。(148)傳稱　宣揚稱讚。(149)以宣言為然　認為薛宣說的是對的。以，認為。為，是。然，對。(150)後　當作「復」（楊樹達說）。(151)敬武長公主　漢宣帝的女兒，元帝的妹妹。本來嫁給張臨，臨死後，公主寡居。敬武，封號。長公主，皇帝姊妹之稱呼。(152)上令宣尚焉　謂成帝讓薛宣娶長公主為妻。上，成帝。令，使；讓。尚，奉事；匹配。後專指娶帝王之女。焉，代詞。指敬武長公主。(153)延陵　西漢成帝劉驁陵墓。位於今陝西咸陽東北。(154)私亂　謂發生不正當的男女關係。(155)主附事之　謂敬武長公主歸附侍奉他們。主，敬武長公主。附，歸附。事，侍奉。(156)王氏　指元帝皇后王政君以王鳳為首的六個兄弟。(157)元始　漢平帝劉衎年號。西元一—五年。(158)莽　王莽。王政君的姪子。本書卷九十九有其傳。(159)發揚　宣揚。(160)太皇太后　指元帝皇后王政君。(161)宗室　指劉姓皇族子弟。(162)且嫂何與句　謂嫂子為什麼要干預此事，撬開我的內室之門捉拿並且殺害我。敬武公主，宣帝女，故謂元后為嫂。且，語氣詞。取，捕取。妹，敬武公主。披抉，撬開。闈門，內室之門。(163)迫守　嚴加看守並且逼迫。(164)遂　終於。(165)梟首　刑名。死刑的一種，即斬首後，懸首示眾。(166)白太后云主暴病薨　謂稟告太后說敬武長公主突然病故。白，稟告。太后，太皇太后王政君。主，敬武長公主。暴，突然。薨，死亡。(167)莽固爭　謂王莽固執地爭辯。(168)乃止　於是太后沒有去成。

【語　譯】一個多月後，御史大夫于永去世，谷永向成帝上書說：「帝王的道德恩惠沒有比能識別人的賢愚善惡更重大，知人便百官稱職，各種職位不會有空缺。所以皋陶說：『知人就明智，所以能授人以官職。』御史大夫對內能秉承本朝的風俗教化，在外能輔佐丞相總領全國，任務重，職權大，不是一般庸才所能勝任的。現在應當從朝廷大官中選拔，用來彌補這個空缺。得到這個合適的人選就人民欣喜，百官心悅誠服；不能得到這個合適的人選就使國家大事遭到毀壞，帝王的功業不能興旺發達。虞帝的聖明，在此一舉，豈可不詳加考慮啊！我所見到的少府薛宣，才能優秀，品行高潔，能精通掌管政務，以前擔任御史中丞時，在京城執行法令，不欺軟怕硬，措施適時又恰當；出任臨淮、陳留郡太守期間，兩郡都稱讚治理得好；任左馮翊時，崇尚教化，培養善良品德，刑罰與恩惠並行，各部門修整有條理，為非作歹的人滅絕，去官府告狀的人多年不到丞相府，三輔地區赦免後剩下的盜賊只有原來的十分之一。功效特異，自左內史初置以來不曾有。孔子說：

『如果有值得稱讚，他一定有好的考績。』薛宣擔任官吏的政績，寫在丞相府和御史府的簡牒裡，臣不敢言過其實稱讚他以致犯欺騙蒙蔽之罪。我聽說賢良有才能的人沒有比治理人民更重要，薛宣已經有成效。他所掌握的法律知識擔任廷尉綽綽有餘，他的有關經學、典籍和禮樂知識足夠用來謀劃帝王實現統治的辦法，決斷國事的計議；身兼多種本領，有『減退膳食從官府開始』的節操。薛宣沒有私結黨與遊說的幫助，我擔心皇帝陛下忽略〈羔羊〉之詩所讚美的節操，捨棄公正實在之臣，任用華而不實、虛有其名的人，因此超越我的職權範圍，向您陳述薛宣的品行和才能，希望皇帝陛下留神考察。」成帝認為他說得對，於是任用薛宣為御史大夫。

2 幾個月後，薛宣接替張禹擔任丞相，封為高陽侯，食邑一千戶。薛宣任用趙貢的兩個兒子為史官。趙貢是趙廣漢的姪子，做官也因有才能而聞名。薛宣任丞相時，到丞相府訴訟的案例不滿一萬錢的不給移送文書，後來都遵循薛宣制定的制度。然而，下屬官吏譏笑他煩瑣而不重視本質的東西，不能稱為賢明。當時成帝喜愛博學的儒士，薛宣的經學功底又不深厚，成帝也就輕視他了。

3 過了一段時日之後，廣漢郡盜賊群起為亂，丞相和御史大夫派遣掾史追捕不能制勝。成帝便任命河東都尉趙護為廣漢郡太守，按照軍法處理。幾個月後，斬殺他們的大頭目鄭躬，幾千人投降，亂事才平息。恰巧邛成太后去世，喪事倉促，官吏額外收聚賦錢以便迅速辦理。在這之後成帝知道了，以此責備丞相和御史大夫，於是下詔書罷免薛宣說：「你做丞相，出入朝廷六年，有關忠孝的傳布，以做為百官的表率，朕沒有聽說過。朕已經因為德性不顯明，災異多次出現，年年糧食歉收，儲藏米穀的倉庫空虛，百姓遭遇荒年，流離於道路，疾病瘟疫使數以萬計的人死亡，甚至出現人吃人的現象，盜賊一起興起，百官眾多職能部門都不能正常行使權力，這都是由於朕的德行不好而輔佐大臣不良的緣故。前些日子廣漢郡眾多盜賊橫暴恣肆，殘酷殺害官吏百姓，朕對此感到傷心，因此多次問你，你總是不能如實地回答。西州與朝廷隔絕，幾乎不成為郡。三輔地區無限度地收聚賦錢，嚴酷的官吏相互勾結為非作歹，侵害騷擾百姓，朕下詔讓你加以審查，你又沒有想要察明事實的意願。九卿以下的官吏都聽從你錯誤的指示，同時陷入詐騙之罪，他們的罪過是由你而引起的啊！有關部門依法彈劾你總領政務懈怠鬆散，為詐騙開了路，傷害了風俗和教化，不能在全國各地起帶領示範作用。不忍心把你交給司法官去查辦，可交上丞相高陽侯印綬，免職回家。」

4 起初，薛宣擔任丞相，而翟方進擔任司直。薛宣知道翟方進是有名的儒生，有宰相的才能，與他結交深厚。後來翟方進終於代替他擔任了丞相，想到薛宣過去的恩情，在薛宣免職兩年後，就薦舉薛宣通曉法令條文，熟悉國家制度，以前所犯的罪過較輕，可以重新進用。成帝徵召薛宣，恢復高陽侯的爵位，尊加特進官銜，爵級的等次低於成帝的師傅安昌侯張禹，擔任給事中加官，兼任尚書事務。薛宣重新得到尊重。管理政務數年，後來因為他和定陵侯淳于長友善而受牽連，免職回家。

5 薛宣本來有兩個弟弟，即薛明和薛脩。薛明做官升到南陽郡太守。薛脩歷任郡守、京兆尹、少府等職，擅長和別人交往，得到鄉里親朋好友的稱讚。薛宣的後母經常隨從薛脩住在官府宿舍。薛宣任丞相時，薛脩任臨菑縣令，薛宣準備迎接後母，薛脩不肯讓後母去。後母病死後，薛脩辭去官職在家守孝。薛宣告訴薛脩能夠做到守孝三年的人很少，兄弟各自看法不同又無法調和，薛脩終於守了三年孝，從此兄弟不和。

6 過了些日子，哀帝即位之初，博士申咸任給事中，他也是東海郡人，誹謗薛宣不供養後母不穿喪服，輕視骨肉之親情，加上以前因為忠孝的傳布不力免職，不應該重新列次封侯在朝廷任職。薛宣的兒子薛況任右曹侍郎，多次聽到申咸誹謗的話，便賄賂門客楊明，想叫他毀傷申咸的面容，使申咸不能在朝廷做官。恰巧這時司隸缺位，薛況害怕申咸擔任這個官職，於是叫楊明在宮門外攔路砍傷申咸，砍斷鼻梁和嘴唇，身上也傷了八處。

7 案情下達有關部門，御史中丞眾等奏說：「薛況是朝廷官吏，他的父親是前丞相，重新封為列侯，不能互相告誡宣承教化，而骨肉之間互相猜疑，懷疑申咸聽了薛脩的話來誹謗薛宣。申咸所說的都是薛宣所作所為，大家都看見的，政府是應當了解的。薛況知道申咸擔任給事中，害怕他擔任司隸校尉後會檢舉上奏薛宣的問題，便明目張膽指使楊明等人靠近宮闕，當眾攔截砍傷朝廷近臣於大道中，想要堵塞聰明智慧，杜絕論議朝政的開端。兇暴狡詐，無所畏忌，萬眾譁然，流傳到全國各地，這與一般平常的人因憤怒引起爭鬥是不同的。我聽說尊敬皇帝左右親近之臣，這是親近皇帝的表現。按照禮的規定，經過公門要下車，遇到天子的路馬要俯身用手按式，對君主的牲口尚且表示致敬。《春秋》的要旨提到，雖然有成就但用意不善，也免不了要受懲罰，傷害皇帝近臣的毒苗不可助長。薛況為首作惡，楊明親手傷人，主謀和兇手同樣罪大惡極，都犯了大不敬之罪。楊明應當從重論處，包括薛況都應棄屍鬧市以示眾。」廷尉直認為「法律說『鬥毆時用刀傷人，服城旦徒刑的一種，如果殺害則罪加一等，參與謀劃的人同罪』，詔書不能把誣衊和欺騙定成罪名。傳言說：『不用善意對待別人而被人打傷的，和打傷人的人同罪，憎恨他為人不正直。』申咸雖然對薛脩很友善，卻多次說薛宣的壞話，傳聞不義之事，不能說是正直的。薛況因此想要傷害申咸，計謀已定，後來聽說朝廷要補設司隸校尉，按照以前的計謀而催促楊明，並非怕申咸升任司隸校尉所以匆促謀劃的。本來是互相之間權力的爭鬥，演變成陰謀陷害。雖然在宮中旁門外的道路上殺傷了申咸，與平常人之間互相爭鬥沒有差別。殺人的人要判處死罪，傷人的人要處以刑罰，是從古至今通行的常道，夏、商、周都是不改變的。孔子說：『一定要辨正名分。』名分不正，就會造成刑罰不適當；刑罰不適當，老百姓便無所適從。現在以薛況為首惡，楊明動手傷人為大不敬，對反對政府和私人恩怨之爭的處罰就沒有差別了。《春秋》的要旨，追究最初的犯罪動機來定罪。最初薛況因父親被誹謗而突發憤怒情緒，並沒有其他大罪惡。加上誣衊和欺騙，把小過錯合成死刑，使薛況陷入死刑，違背聖明的詔令，恐怕不是法律的本意，不可施行。聖明的君主不因自己的憤怒增加刑罰。楊明應當以殺傷人不正直治罪，薛況和同謀的楊明都因有爵位可減罪服完為城旦的徒刑」。哀帝根據這兩種不同的意見詢問公卿議臣。丞相孔光、大司空師丹認為御史中丞的意見是對的，而從將軍以下至博士議郎都同意廷尉的看法。薛況終於減罪一等，流放到敦煌。薛宣受牽連免職為平民，回歸故郡，死於家中。

8 薛宣的兒子薛惠也做到二千石的官。開始時薛惠任彭城縣令，薛宣從臨淮郡調去陳留郡，經過彭城縣時，發現橋梁和郵亭都沒有整治。薛宣心裡知道薛惠沒有才能，在彭城逗留幾天，巡視縣府裡的館舍，購買安放日常生活用具，察看菜園，始終不詢問薛惠擔任縣令的事。薛惠自己知道治理縣事不合父親心意，派遣門下掾送薛宣至陳留郡，讓門下掾進見薛宣，假裝是由門下掾自己去問薛宣不教戒薛惠吏職的本意。薛宣笑說：「做官的思想和方法以法令為老師，可以問得到。至於能不能做到，自有天生的資質，怎麼可以學到呢？」大家都加以宣揚和稱讚，認為薛宣說的是對的。

9 起初，薛宣再次封為列侯時，妻子死了，而敬武長公主守寡獨居，成帝讓薛宣娶長公主為妻。到薛宣免職回歸故郡的時候，公主留在國都。薛宣死後，公主上書哀帝希望把薛宣的遺體還回延陵安葬，上書得到許可。這時薛況私自從敦煌回長安，恰好遇上大赦，於是留下來和長公主私通淫亂。哀帝外戚丁氏、傅氏兩家都很尊貴，長公主歸附侍奉他們，卻和王氏家族疏遠。漢平帝元始年間，王莽自加尊號為安漢公，長公主又說出一些誹謗王莽的話。因薛況和呂寬關係很好，到呂寬所犯事情被發覺的時候，王莽一起懲處薛況，宣揚他的罪行，派遣使者用太皇太后的名義下詔賜長公主毒藥。長公主憤怒地說：「劉氏皇族勢單力弱，王氏家族獨攬朝政，排擠劉姓皇族子弟，嫂子為什麼要干預此事，撬開我的內室之門捉拿並且殺害我？」使者嚴加看守並且逼迫長公主，長公主終於飲毒藥而死。薛況在鬧市中被斬首示眾。王莽稟告太后說敬武長公主突然病故。太后想要親自去給長公主料理喪事，王莽固執地爭辯，於是太后沒有去成。

朱博，字子元，杜陵❶人也。家貧，少時給事❷縣為亭長，好客少年，捕搏敢行❸。稍❹遷為功曹，伉俠❺好交，隨從士大夫，不避風雨。是時，前將軍望之❻子蕭育❼、御史大夫萬年❽子陳咸❾以公卿子著材知名，博皆友之矣。時諸陵縣❿屬太常，博以太常掾察廉⓫，補安陵丞⓬。後去官入京兆⓭，歷曹史列掾⓮，出為督郵書掾，所部職辦，郡中稱之⓯。

而陳咸為御史中丞，坐漏泄省中語⑯下獄。博去吏⑰，間步至廷尉中⑱，候伺⑲咸事。咸掠治困篤⑳，博詐㉑得為醫入獄，得見咸，具㉒知其所坐罪。博出獄，又變姓名，為咸驗治數百㉓，卒㉔免咸死罪。咸得論㉕出，而博以此顯名，為郡功曹。

久之，成帝即位，大將軍王鳳秉政，奏請陳咸為長史。咸薦蕭育、朱博除莫府㉖屬，鳳甚奇之，舉博櫟陽令，徙雲陽㉗、平陵㉘二縣，以高第入為長安令㉙。京師治理㉚，遷冀州㉛刺史。

【章　旨】以上為〈朱博傳〉的第一部分，敘述朱博身世、成長經歷及仗義解救陳咸之事。

【注　釋】❶杜陵　縣名。在今陝西西安東南。❷給事　供職。❸好客少年二句　顏師古曰：「好賓客及少年而追捕擊搏無所避也。」《漢書補注》引錢大昕曰：「捕搏當為蒲博之誤。師古解為追捕擊博非也。」王文彬曰：「好客少年，好結少年為客也，不當分釋，若客屬賓客則下好交為複文矣。」❹稍　逐漸。❺伉俠　剛直仗義。❻望之　即蕭望之。本書卷七十八有其傳。❼蕭育　〈蕭望之傳〉附其傳。❽萬年　即陳萬年。本書卷六十六有其傳。❾陳咸　〈陳萬年傳〉附其傳。❿陵縣　指諸皇帝陵墓所屬縣。⓫博以太常掾察廉　謂朱博以太常掾的資格參加察廉科考試。太常掾，太常屬官。察廉，漢代察舉科目之一。⓬補安陵丞　被委任為安陵縣丞。補，委任官職。安陵，縣名。在今陝西咸陽東北。⓭京兆　即京兆尹。漢代政區名。三輔之一。治長安，在今陝西西安。⓮歷曹史列掾　謂先後擔任曹署的掾和史。列，位次。⓯所部職辦二句　謂所在衙署辦事稱職，郡中百姓頌揚他。部，衙署。稱，頌揚。⓰省中語　宮中官員談話的內容。省中，宮禁之內。⓱去吏　自動離職。⓲間步至廷尉中　祕密步行到廷尉府裡。顏師古曰：「間步，謂步行而伺間隙以去。」王念孫曰：「案候伺在下文，則此非伺間隙之謂也。間者私也。謂私步至廷尉中也。古謂私為間。」⓳候伺　伺機探聽。⓴咸掠治困篤　謂陳咸被拷打訊問直至病重垂危。掠治，拷打訊問。困篤，病重垂危。㉑詐　假裝。㉒具　通「俱」。都；全。㉓為咸驗治數百　謂替陳咸作證他被拷打數百下。笞，用竹板或荊條打人背部或臀部。㉔卒　終於。㉕論　定罪。㉖莫府　即幕府。古代軍隊出征，將軍以帳幕為辦事之府署，故稱幕府。後來成為將軍府或將軍的代稱。㉗雲陽　縣名。在今陝西淳化西北。㉘平陵　縣名。在今陝西咸陽西北。㉙以高第人為長安令　憑藉品第高調入任長安縣令。長安，國都。在今陝西西安西北。㉚京師治理　國都長安得到治理。㉛冀州　州名。治所不詳。轄境約在今河北西、南部。

【語譯】朱博，字子元，杜陵縣人。家境貧寒，年輕時在縣裡供職當亭長，對年輕人甚為好客，對壞人敢於追捕、搏擊。逐漸升遷為功曹，剛直仗義喜好結交朋友，跟隨上級官員，不避風雨。這時，前將軍蕭望之的兒子蕭育、御史大夫陳萬年的兒子陳咸因是公卿子弟又有顯著才能而聞名於世，朱博都和他們結為朋友。當時各陵縣由太常管轄，朱博以太常掾的資格參加察廉科考試，被委任為安陵縣丞。後來辭去官職到京兆尹，先後擔任曹署的掾和史，出任督郵書掾，所在衙署辦事稱職，郡中百姓頌揚他。

而陳咸擔任御史中丞時，因洩漏宮中官員談話的內容被關進牢獄。朱博自動離職，私下步行到廷尉府裡，伺機探聽陳咸犯罪之事。陳咸被拷打訊問直至病重垂危，朱博假裝能為人醫治進入牢獄，得以見到陳咸，全部了解他所犯罪的情況。朱博從獄中出來後，又改變姓名，替陳咸驗證他被拷打數百下，終於免除了陳咸的死罪。陳咸得以定罪出獄，朱博因此而顯揚名聲，做了郡府的功曹。

過了些日子，成帝登位，大將軍王鳳掌握朝廷大權，他向成帝進言請求委任陳咸為長史。陳咸舉薦蕭育、朱博任將軍府屬員，王鳳很器重朱博的才能，舉薦朱博任櫟陽縣令，調任雲陽、平陵二縣，憑藉品第高調入任長安縣令。國都長安得到治理，提升為冀州刺史。

1 博本武吏，不更文法❶，及為刺史行部❷，吏民數百人遮道自言，官寺❸盡滿。從事白請且留此縣錄見諸自言者❹，事畢迺發❺，欲以觀試博。博心知之，告外趣駕❻。既白駕辦❼，博出就車❽見自言者，使從事明敕❾告吏民：「欲言縣丞尉者，刺史不察黃綬❿，各自詣郡。欲言二千石⓫墨綬長吏⓬者，使者行部還，詣治所⓭。其⓮民為吏所冤，及言盜賊辭訟事，各使屬其部從事⓯。」博駐車決遣⓰，四五百人皆罷⓱去，如神⓲。吏民大驚，不意博應事變迺至於此⓳。後博徐問⓴，果老從事教㉑民聚會。博殺此吏，州郡畏博威嚴。徙為并州㉒刺史、護漕都尉，遷琅邪㉓太守。

2 齊郡舒緩養名㉔，博新視事，右曹掾史皆移病㉕臥。博問其故，對言：「惶恐㉖！故事㉗二千石新到，輒遣吏存問致意㉘，迺敢起就職㉙。」博奮髯抵几㉚曰：「觀齊兒欲以此為俗邪？」迺㉛召見諸曹史書佐及縣大吏㉜，選視㉝其可用者，出教置之㉞。皆斥罷諸病吏，白巾㉟走出府門。郡中大驚。頃之㊱，門下掾贛遂耆老㊲大儒，教授數百人，拜起舒遲。博出教主簿：「贛老生不習吏禮，主簿且㊳教拜起，閑習迺止㊴。」又敕功曹：「官屬多褒衣大袑㊵，不中節度㊶，自今掾史衣皆令去地㊷三寸。」博尤不愛諸生，所至郡輒罷去㊸議曹，曰：「豈可復置謀曹邪？」文學儒吏時有奏記稱說云云㊹，博見謂曰：「如㊺太守漢吏，奉三尺律令以從事耳㊻，亡奈㊼生所言聖人道何也！且持此道歸，堯舜君出，為陳說之。」其折逆㊽

人如此。視事數年，大改其俗，掾史禮節如楚、趙吏。

3 博治郡，常令屬縣各用其豪桀[49]以為大吏，文武從宜[50]。縣有劇賊[51]及它非常，博輒移書以詭責[52]之。其盡力有效，必加厚賞；懷詐不稱，誅罰輒行[53]。以是豪強執服[54]。姑幕縣有群輩八人報仇廷中，皆不得[55]。長吏自繫書言府[56]，賊曹掾史自白請至姑幕。事留不出。功曹諸掾即皆自白，復不出。於是府丞詣閤[57]，博迺見丞掾曰：「以為縣自有長吏，府未嘗與也[58]，丞掾謂府當與之邪？」閤下[59]書佐入，博口占檄文[60]曰：「府告姑幕令丞：言賊發不得，有書。檄到，令丞就職，游徼王卿力有餘，如律令[61]！」王卿得敕惶怖[62]，親屬失色，晝夜馳騖[63]，十餘日間捕得五人。博復移書曰：「王卿憂公甚效！檄到，齎伐閱詣府[64]。部掾[65]以下亦可用，漸盡其餘矣。」其操持下，皆此類也。

4 以高第入守左馮翊，滿歲為真[66]。其治左馮翊，文理[67]聰明殊[68]不及薛宣，而多武譎[69]，網絡[70]張設，少愛利[71]，敢誅殺。然亦縱舍，時有大貸[72]，下吏以此為盡力。

5 長陵大姓尚方禁少時嘗盜人妻，見斫，創著其頰[73]。府功曹受賂，白除禁調守尉[74]。博聞知，以它事召見，視其面，果有瘢[75]。博辟[76]左右問禁：「是何等[77]

創也？」禁自知情得[78]，叩頭服狀。博笑曰：「大丈夫固時有是[79]。馮翊欲洒卿恥，拔拭用禁，能自效不[80]？」禁且喜且懼，對曰：「必死[81]！」博因敕禁：「毋得泄語，有便宜，輒記言[82]。」因[83]親信之以為耳目[84]。禁晨夜發起部中盜賊及它伏姦[85]，有功效。博擢[86]禁連守縣令。久之，召見功曹，閉閤數責以禁等事[87]，與筆札[88]使自記，「積受取一錢以上，無得有所匿[89]。欺謾半言[90]，斷頭矣！」功曹惶怖，具自疏姦臧[91]，大小不敢隱。博知其對以[92]實，迺令就席[93]，受敕自改而已。投刀使削所記，遣出就職。功曹後常戰栗[94]，不敢蹉跌[95]，博遂成就之[96]。

6 遷為大司農。歲餘，坐小法，左遷[97]犍為[98]太守。先是南蠻若兒[99]數為寇盜[100]，博厚結其昆弟[101]，使為反間[102]，襲殺之，郡中清[103]。

7 徙為山陽[104]太守，病免官。復徵為光祿大夫，遷廷尉，職典決疑[105]，當讞[106]平天下獄[107]。博恐為官屬所誣[108]，視事，召見正監典法掾史[109]，謂曰：「廷尉本起於武吏，不通法律，幸有眾賢，亦何憂！然廷尉治郡斷獄以來且二十年，亦獨耳剽日久[110]，三尺律令，人事出其中。掾史試與正監共撰前世決事吏議難知者數十事，持以問廷尉，得為諸君覆意之[111]。」正監以為博苟強[112]，意未必能然[113]，即共條白[114]焉。博皆召掾史，並坐而問[115]，為平處[116]其輕重，十中八九。官屬咸服博之疏略[117]，材過人也。每遷徙易官，所到輒出奇譎(118)如此，以明示下(119)為不可欺者。

8　久之，遷後將軍，與紅陽侯立(120)相善。立有罪就國(121)，有司奏立黨友(122)，博坐免。後歲餘，哀帝即位，以博名臣，召見，起家(123)復為光祿大夫，遷為京兆尹，數月超(124)為大司空。

【章旨】以上為〈朱博傳〉的第二部分，敘述朱博任冀州刺史、左馮翊、廷尉等職時，應變能力極強，賞罰分明，整頓吏治成效顯著，不記前嫌寬免並重用尚方禁及府功曹之事。

【注釋】❶不更文法　謂沒有親自處理過有關法律條文的事務。更，經歷。❷及為刺史行部　謂等到擔任刺史巡視部屬時。及，等到。行部，巡視部屬。❸官寺　指官署、衙門。❹從事白請且留此縣句　謂從事稟告說請他暫時停留在這個縣接見並記錄那些自發告狀者的意見。從事，官名。且，暫且。錄見，接見和記錄。自言者，自發告狀的人。❺迺發　便出發。❻趣駕　謂趕快備好車馬。趣，催促；從速。❼既白駕辦　謂官員稟告車馬準備好了以後。既，以後。白，稟告。駕辦，車馬準備好了。❽就車　登車。❾敕　告誡。❿黃綬　此指縣丞、尉等官員。⓫二千石　此指郡太守。⓬墨綬長吏　此指郡丞、長史、都尉丞等。⓭詣治所　謂往刺史處理政務的地方。⓮其　倘若。⓯各使屬其部從事　謂各自可委託部從事處理。各，各自。使，讓。屬，委託。部從事，官名。刺史的屬吏。⓰博駐車決遣　謂朱博停住車馬判案發落。駐，車馬停住。決遣，判案發落。⓱罷　散。⓲如神　好像神靈一樣。⓳不意博應事變迺至於此　謂沒有想到朱博居然這樣會應付事變。不意，意料之外。迺，竟然；居然。至，到。⓴徐問　慢慢地查問。徐，緩慢。㉑教　教唆。即慫恿、指使他人做壞事。㉒并州　州名。治所不詳。西漢末年轄區約在今山西大部、河北及內蒙古部分地區。㉓琅邪　郡名。治東武，在今山東諸城。㉔齊郡舒緩養名　顏師古曰：「言齊人之俗，其性遲緩，多自高大以養名聲。」齊郡，郡名。治臨淄，在今山東淄博東北。舒緩，形容從容不迫。舒，遲緩。緩，遲緩。㉕移病　顏師古曰：「移病，謂移書言病也，一曰以病而移居也。」㉖惶恐　謂懼怕新太守之威。㉗故事　先例。㉘輒遣吏存問致意　謂往往要派遣官吏前去問候並表示致意。輒，往往；總是。存問，慰問；問候。㉙迺

敢起就職　謂才敢起家前往就職。起，起家。謂起之於家而出任官職。㉚奮髯抵几　激憤得抖動兩頰的長鬚捶擊桌子。髯，兩頰的長鬚。抵，擊。几，几案。泛指桌子。㉛迺　便；於是。㉜縣大吏　指縣令（長）、丞、尉等官員。㉝視　審察。㉞置之　顏師古曰：「皆新補置，以代移病者。」㉟白巾　白色頭巾。㊱頃之　不多久。㊲耆老　受人尊重的老人。㊳且　姑且；暫且。㊴閑習迺止　謂熟練為止。閑，熟練。習，熟悉。迺，才。止，停止。㊵褒衣大袑　寬大的衣服和褲子。褒衣，寬大的衣服。大袑，寬大的褲子。袑，褲襠。㊶不中節度　不合規則。不中，不適合。節度，規則；分寸。㊷去地　距離地面。去，距離。㊸罷去　罷省。即減除。㊹奏記稱說云云　上書陳說如此等等。奏記，上書。稱說，陳說。云云，如此等等。㊺如像。㊻奉三尺律令以從事耳　謂奉行三尺律令以便辦事而已。三尺律令，指法律。古時把法律條文寫在三尺長的竹簡上，故稱三尺律令或三尺法。簡稱三尺。以，以便。從事，辦事；處理事務。㊼亡奈　無可奈何。亡，通「無」。㊽折逆　拒絕。折，折斷。逆，拒。㊾桀　通「傑」。㊿文武從宜　顏師古曰：「各因其材而任之。」從宜，順應他所適宜。51劇賊　勢力強大的盜賊。52詭責　督促。詭，責成。責，督促。53懷詐不稱二句　謂懷藏欺詐不稱職，立即實行懲罰。誅，懲罰。輒，立即。54以是豪強慹服　謂因此豪強懾服。以是，因此；所以。慹服，因畏懼而屈服。慹，懼怕。55姑幕縣有群輩二句　謂姑幕縣有同門友八人在縣廷之中報仇殺人，都沒有捕捉到。姑幕，縣名。在今山東諸城西北。群輩，同門友人。56長吏自繫書言府　謂縣長吏自己繫帛書上報郡府。繫書，即繫帛書。謂作帛書結於雁足以傳音信。帛書，在縑帛上寫的文字。言，上報。府，郡府。57詣閤　到郡太守辦事處。58府未嘗與也　郡府不曾干預。未嘗，不曾；沒有。與，預；干預。59閤下　辦事處臺階下面。60博口占檄文　謂朱博口授文告。口占，不用起草而隨口成文。檄文，文告。61如律令　按法令執行。62惶怖　恐懼。63馳騖　奔走。64齎伐閱詣府　帶著記功簿和閱歷證明來郡府。齎，帶著。伐，功勞。閱，所經歷。詣，往；到。65部掾　所部之掾。部，衙署。66以高第入守左馮翊二句　謂憑政績優秀進京試任左馮翊，期滿一年轉為正式官職。守，即試守。期限一年，滿歲轉正為「真」。左馮翊，西漢京畿三輔之一。長官左輔都尉，治高陵，在今陝西高陵。67文理　禮儀制度。68殊很；非常。69武譎　謂勇猛和欺詐。70網絡　即網羅。比喻法律。71少愛利　顏師古曰：「言少仁愛而不能便利於人。」72然亦縱舍二句　謂但是也有施捨，時常有重大的寬免措施。73長陵大姓尚方禁三句　長陵，縣名。在今陝西咸陽東北。大姓，世家大族。尚方禁，姓尚方，名禁。嘗，曾經。盜人妻，與別人的妻子私通。見斫，被刀斧砍傷。創著其頰，傷著了他的臉頰。74白除禁調守尉　謂稟告調任尚方禁為試用縣尉。白，稟告。除，拜官授職。75瘢　疤痕。76辟　通「避」。躲避。77何等　什麼。78禁自知情得　謂尚方禁自己知道朱博已經知道實情。79大丈夫固時有是　謂男子漢本就有時會有這種事。顏師古曰：「言情欲之事，人所不免。」固，本來。(80)馮翊欲洒卿恥三句　謂我想要洗雪你的恥辱，擦去汙點起用你，你自己能不能為我效力呢。洒，通「洗」。洗雪。卿，古代對人的敬稱。抆拭，擦。(81)必死　顏師古曰：「言盡死力也。」(82)毋得泄語三句　毋得泄語，謂不得洩漏談話的內容。便宜，指對國家適宜並應及時辦的事。輒，立即；馬上。(83)因　於是。(84)以為耳目　把他作為刺探消息的人。(85)禁晨夜發起句　謂尚方禁從早到晚不停地揭發部中盜賊以及其他潛伏的壞人壞事。發起，揭發。部，古時區域單位。伏姦，潛伏未露的壞人壞事。(86)擢　提拔。(87)以禁等事　王先謙曰：「如受禁賂之類。」(88)筆札　謂筆和札。札，木簡。(89)無得有所匿　顏師古曰：「積累前後受取之事。」匿，隱藏。(90)欺謾半言　謂有半句欺騙的話。欺謾，欺騙。半言，半句話。(91)具自疏姦臧　謂自己全部列出受賄得到的贓物清單。具，通「俱」。都；全。疏，陳列。臧，通「贓」。賄賂之物。(92)以　已經。(93)迺令就席　謂於是讓他回到席位上就坐。迺，於是。令，讓。就，歸於。席，古代席地而坐，故稱坐次或席位為席。(94)戰栗　恐懼；發抖。(95)蹉跌　失足。比喻失誤。(96)博遂成就之　謂朱博終於讓他做出成績。遂，終於。成就，做出成績。(97)左遷　降職。(98)犍為　郡名。治武陽，在今四川彭山東。(99)南蠻若兒　南蠻酋長若兒。南蠻，指南方少數民族的通稱。若兒，有勢力之酋長的名字。(100)寇盜　侵擾掠奪。寇，劫掠；侵犯。(101)昆弟　兄弟。(102)反間　離間敵方內部使其上當。離間，挑撥彼此關係。(103)清　太平。(104)山陽　郡名。治昌邑，在今山東巨野南。(105)職典決疑　職責是掌管疑難問題的決斷。典，掌管。王先謙曰：「典，主也。言其職固如此。」(106)讞　議罪。(107)獄　訴訟案件。(108)誣　欺騙。(109)正監典法掾史　廷尉正、廷尉左監、廷尉右監及掌管法律的掾史。(110)然廷尉治郡斷獄二句　謂我治理郡縣審理和判決案件以來將近二十年，也暗自聽聞很長時間。斷獄，審理和判決案件。且，將近。獨，暗自。耳剽，憑聽聞所得的情況。(111)掾史試與正監三句　謂掾史們和廷尉左、右監可共同嘗試著選擇前代獄吏判案中議論難以了解的數十件，拿來試問我，可以為各位再行臆斷這些案例。撰，選擇。前世，過去的時代。決事，獄吏判斷獄訟的案例。得，可以。覆意，再行臆斷。(112)苟強　隨意逞強。(113)然　謂符合案情。(114)條白　分條陳述。(115)並坐而問　謂平列坐著而問朱博。(116)平處　評定。平，評定；評斷。處，定。(117)疏略　謂分析問題幹練簡略。(118)譎　奇異。(119)以明示下　謂以便明白告訴下屬。示，以事告人。(120)紅陽侯立　紅陽侯王立。他是元帝皇后王政君的庶弟。紅陽，縣名。在今河南葉縣南。(121)就國　回封國去。(122)黨友　謂關係密切。(123)起家　從家中出任官職。(124)超　超遷。

【語　譯】朱博本來是武官，沒有親自處理有關法律條文的事務，等到擔任刺史巡視部屬時，官吏和百姓數百人阻攔在路上自發告狀，官署裡擠得滿滿的。從事稟告說請他暫時停留在這個縣接見並記錄那些自發告狀者的意見，事情完畢便出發，想用來觀察試探朱博。朱博心裡明白他們的意圖，通知負責外勤官員趕快備好車馬。官員稟告車馬準備好了以後，朱博便出來登車接見自發告狀的人，讓從事明白告誡官吏和百姓說：「要告發縣丞縣尉的，刺史不督察黃綬級別的官員，各自到郡府去。要告發郡太守和墨綬級長吏的，等刺史巡視部屬回去，往刺史處理政務的地方。倘若百姓被官吏所冤枉，以及有關盜賊和爭訟的事，各自可委託部從事處理。」朱博停住車馬判案發落，四五百人一時都散去，好像神靈一樣。官吏和百姓都大為吃驚，沒有想到朱博居然這樣會應付事變。後來朱博慢慢地查問，果然是有個老從事教唆百姓聚會。朱博殺了這個老從事，州郡的官吏和百姓都畏懼朱博的威嚴。朱博又被調去當并州刺史、護漕都尉，調任琅邪郡太守。

2 齊地之人性格從容不迫用來保持名聲，朱博新任職，右曹署的掾史官員都送交文書稱病臥床。朱博問其中緣故，回答說：「是因為恐懼啊！按照先例郡太守新到任，往往要等派遣官吏前去問候並表示致意，他們才敢起家前往就職。」朱博抖動兩頰的長鬚捶擊桌子生氣地說：「眼看齊地兒輩想把這種先例作為習俗嗎？」於是召見各曹署史、書佐及縣大吏，選拔審察那些可以任用的人，讓他們出來補充官位。斥責並全部罷免那些稱病的官吏，讓他們裹著白色頭巾走出府門。郡中的人大為震驚。不多久，門下掾贛遂是一個耆老大儒，教授弟子有數百人，他行拜起禮動作遲緩。朱博讓主簿出來並對他說：「贛老生不熟悉官吏禮儀，主簿暫且去教他行拜起之禮，到熟練為止。」又告誡功曹說：「官府屬員大都穿寬大的衣服和褲子，不合規則，從現在起掾史的衣服都要距離地面三寸。」朱博尤其不喜歡那些儒生，所到郡縣往往罷省議曹，說：「難道可以再設置謀議之曹署嗎？」文學儒吏經常有上書陳說如此等等，朱博見了就對他們說：「我作為太守和一般漢朝官吏是一樣的，奉行三尺律令以便辦事而已，對儒生所說的聖人之道無可奈何啊！暫且把這個聖人之道帶回家去，等堯舜那樣的君主出現，再向他們訴說吧。」他就是這樣拒絕人的。任職數年，大大地改變了當地的風俗習慣，掾史屬吏的禮節像楚、趙兩地的官吏一樣。

3 朱博治理郡，經常讓所屬各縣任用當地的豪傑做縣裡的大吏，按照各自才能任用文武官員。縣裡有勢力強大的盜賊以及出現非常情況，朱博往往發文書去督責他們。如果盡力辦事又有成效，必定增加賞賜；懷藏欺詐不稱職的話，立即實行懲罰。因此豪強慴服。姑幕縣有同門友八人在縣廷之中報仇殺人，都沒有捕捉到。縣長吏自己繫帛書上報郡府，賊曹掾史自動提出請求去姑幕縣，此事被朱博否決不讓出行。功曹諸掾屬也都立刻自動提出請求，還是不讓出行。於是府丞到郡太守辦事處，朱博才接見丞掾說：「我以為縣裡自己有長吏，郡府不曾干預，丞掾認為郡府應當干預這件事嗎？」書佐從辦事處臺階下面進來，朱博向他口授文告說：「郡府告誡姑幕縣令、縣丞：你們上報發生殺傷人命的案件，但兇手尚未抓到，文書已經收到。郡府的文告到後，縣令、縣丞留守縣府處理政務，游徼王卿能力有餘，可按照法令執行！」王卿接到文告後感到恐懼，親屬們也驚恐失色，晝夜奔走，十幾天內捕到五人。朱博再次下發文書說：「王卿為公事憂勞收效顯著！文告一到，帶著記功簿和閱歷證明來郡府。縣府掾屬以下的人員也可用，可逐漸捕獲其餘兇手。」朱博控制下屬的辦法，都是這樣的。

4 朱博憑政績優秀進京試任左馮翊，期滿一年轉為正式官職。他治理左馮翊，對禮儀制度的了解和聰明才智很不及薛宣，卻富於勇猛和欺詐，張設法網，少有仁愛利民，敢於誅殺罪犯。但是也有施捨，時常有重大的寬免措施，屬下官吏因此替朱博盡力。

5 長陵縣世家大族尚方禁年輕時曾經與別人的妻子私通，被刀斧砍傷，傷著了他的臉頰。府署的功曹接受他的賄賂，稟告調任尚方禁為試用縣尉。朱博知道這件事後，藉其他事由召見尚方禁，看了他的臉面，果然有疤痕。朱博讓左右避開後問尚方禁說：「這是什麼時候受的傷？」尚方禁自己知道朱博已經知道實情，叩頭承認情狀。朱博笑著說：「男子漢本來有時會有這種事。我想要洗雪你的恥辱，擦去汙點起用你，你自己能不能為我效力呢？」尚方禁又高興又害怕，回答說：「願意以死相報答！」朱博於是告誡尚方禁說：「不得洩露談話的內容，有發現任何應辦的事，應立即記下來並及時上報。」於是親近信任他並把他作為刺探消息的人。尚方禁日夜不停地揭發部中盜賊以及其他潛伏的壞人壞事，很有功效。朱博提拔尚方禁連續試任縣令。過了些日子，朱博召見功曹，關上大門數次責問功曹接受尚方禁賄賂之事，給功曹筆和木簡讓他自己作記錄，「收受賄賂一錢以上前後積累多少，不得有所隱瞞。有半句欺騙的話，就要殺頭！」功曹恐懼，自己全部列出受賄得到的贓物清單，不論大小都不敢隱瞞。朱博知道他已據實回答，於是讓他回到席位上就坐，接受告誡要他自己改正罷了。扔刀讓他削掉所記的贓物清單，派遣出去擔任職務。功曹在事後經常感到恐懼，不敢失誤，朱博終於讓他做出成績。

6 朱博升任大司農。一年多後，因為輕微地觸犯法律，降職任犍為郡太守。以前這裡的南蠻豪長若兒多次侵擾掠奪，朱博深入結交他的兄弟，讓他挑撥敵方內部彼此的關係，乘機突然進攻殺死若兒，郡中太平。

7 朱博調任山陽郡太守，因病罷免官職。又被徵召任光祿大夫，升任廷尉，職責是掌管疑難問題的決斷，必須評議全國各地的訴訟案件。朱博擔心被下屬官員所欺騙，上任後，便召見廷尉正、廷尉左監、廷尉右監及掌管法律的掾史，告訴大家說：「我原本出身武官，不精通法律，幸虧有眾多賢士，又有什麼可憂慮的呢！然而我治理郡縣審理和判決案件以來將近二十年，也暗自聽聞很長時間，三尺法令，各種人事都在其中。掾史們和廷尉左、右監可共同嘗試著選擇前代獄吏判案中議論難以了解的數十件，拿來試問我，可以為各位再行臆斷這些案例。」廷尉正和廷尉左、右監以為這是朱博隨意逞強，主觀臆斷未必能夠符合案情，便共同分條陳述這些案例。朱博都召見掾史，讓他們平列坐著發問，朱博便給這些案例評定量刑的輕重，十之八九都符合實際。下屬官員都佩服朱博分析問題幹練簡略，才能超過常人。朱博每次調動改變官職，所到之處往往做出這樣奇異的舉動，以便明白告訴下屬自己是不可欺騙的人。

8 過了些日子，朱博調任為後將軍，與紅陽侯王立互相友善。王立有罪回封國去，有關官員上奏說朱博和王立關係密切，朱博因此受牽連被免職。一年多後，哀帝即位，因為朱博是名臣，召見了他，又從家中出任光祿大夫，調任京兆尹，幾個月後超格升遷為大司空。

初，漢興襲❶秦官，置丞相、御史大夫、太尉。至武帝罷太尉，始置大司馬以冠將軍之號❷，非有印綬官屬也。及❸成帝時，何武為九卿，建言❹「古者民樸事約❺，國之輔佐必得賢聖❻，然猶則天三光，備三公官，各有分職❼。今末俗❽之弊，政事煩多，宰相之材不能及❾古，而丞相獨兼三公之事，所以久廢而不治也❿。宜建三公官，定卿大夫之任，分職授政，以考功效」。其後上以問師安昌侯張禹，禹以為然。時曲陽⓫侯王根為大司馬票騎將軍，而何武為御史大夫。於是上賜曲陽侯根大司馬印綬，置官屬，罷⓬票騎將軍官，以御史大夫何武為大司空，封列侯，皆增奉⓭如丞相，以備三公官焉。議者多以為古今異制，漢自天子之號下至佐史皆不同於古，而獨改三公，職事難分明，無益於治亂。是時御史府吏舍百餘區⓮井水皆竭；又其府中列柏樹，常有野烏⓯數千棲宿其上，晨去暮來，號曰「朝夕烏」，烏去不來者數月，長老異之⓰。後二歲餘，朱博為大司空，奏言：「帝王之道不必相襲，各繇時務⓱。高皇帝以聖德受命⓲，建立鴻業⓳，置御史大夫，位次丞相，典正法度⓴，以職相參㉑，總領百官，上下相監臨㉒，歷載二百年，天下安寧。今更為大司空，與丞相同位，未獲嘉祐㉓。故事㉔，選郡國守相高第為中二千石，選中二千石為御史大夫，任職者為丞相，位次有序，所以尊聖德，重國相也。今中二千石未更㉕御史大夫而為丞相，權輕，非所以重國政也。

臣愚以為大司空官可罷，復置御史大夫，遵奉舊制。臣願盡力，以御史大夫為百僚率。」哀帝從之，迺更拜博為御史大夫。會大司馬喜免[26]，以陽安[27]侯丁明為大司馬衛將軍，置官屬，大司馬冠號如故事。後四歲，哀帝遂[28]改丞相為大司徒，復置大司空、大司馬焉。

初，何武[29]為大司空，又與丞相方進共奏言：「古選諸侯賢者以為州伯[30]，書曰『咨十有二牧』[31]，所以廣聰明，燭幽隱也[32]。今部刺史居牧伯之位，秉一州之統[33]，選第大吏[34]，所薦位高至九卿，所惡[35]立退，任重職大。春秋[36]之義，用貴治賤，不以卑臨[37]尊。刺史位下大夫，而臨二千石，輕重不相準，失位次之序。臣請罷刺史，更置州牧，以應古制。」奏可。及博奏復御史大夫官[38]，又奏言：「漢家至德溥[39]大，宇內萬里，立置郡縣。部刺史奉使典州，督察郡國，吏民安寧。故事，居部九歲舉為守相，其有異材功效著者輒登擢，秩卑而賞厚，咸勸功[40]樂進。前丞相方進奏罷刺史，更置州牧，秩真二千石，位次九卿。九卿缺，以高第補，其中材則苟自守而已，恐功效陵夷[41]，姦軌[42]不禁。臣請罷州牧，置刺史如故。」奏可。

【章　旨】以上為〈朱博傳〉的第三部分，敘述朱博任大司空時，向哀帝建議罷大司空，恢復御史大夫；請求廢州牧，設置刺史等舊制。

【注　釋】❶襲　繼承；因襲。❷以冠將軍之號　謂又加上將軍的名稱。以，又；而且。冠，戴上；加上。❸及　到。❹建言　建議。❺約　簡單；簡略。❻必得賢聖　謂一定是德才兼備的人。❼然猶則天三光三句　謂然而還要以天上日月星為法，具備三公官，各有職務的分工。則，法。三光，日、月、星。則天，以天為法。備，具備。❽末俗　末世的衰敗習俗。❾及　趕上。❿久廢而不治也　長期衰敗而政治不穩。廢，衰敗。治，特指政治安定。⓫曲陽　縣名。在今江蘇沭陽東南。⓬罷　廢除。⓭奉　通「俸」。俸祿。⓮區　小屋。⓯烏　烏鴉。⓰長老異之　謂年紀大的老人對這件事感到怪異。長老，年高者的通稱。異，怪異。⓱各繇時務　各自按當世的要事來決定。繇，通「由」。自；從。時務，當世的要事。⓲以聖德受命　憑聖明德行受命於天。以，憑藉。聖德，至高無上的德行。受命，接受上天的命令。⓳鴻業　大業，多指帝王的大業。⓴典正法度　掌管整頓法令制度。典，掌管。正，整頓。法度，法令制度。㉑以職相參　根據職權參與輔佐。職，職權。相，輔助。參，參與政事。㉒監臨　監察。臨，視察。㉓嘉祐　讚美和佑助。祐，也作「佑」。指神明的佑助。㉔故事　舊日的典章制度。㉕更　經歷。㉖會大司馬喜免　恰巧大司馬傅喜被免職。《漢書補注》引宋祁曰：「喜字上當有傅字。」㉗陽安　縣名。在今河南確山北。㉘遂　終於。㉙何武　本書卷八十六有其傳。㉚伯　古代管領一方的長官。㉛書曰句　語見《尚書・虞書・舜典》：「徵詢十二牧。」咨，徵詢。有，又。牧，同「伯」。一州的長官。㉜所以廣聰明二句　謂以達到擴大聰明才智，明察隱蔽角落的目的。廣，擴大。燭，照；明察。幽，隱蔽。㉝秉一州之統　總領一州的大權。秉，權柄。統，總領。㉞選第大吏　依次挑選大臣。第，次序。大吏，大臣。㉟惡　憎恨；討厭。㊱春秋　古籍名。為編年體史書，相傳孔子據魯國史修訂而成。㊲臨　統管；治理。㊳及博奏復御史大夫官　《漢書補注》引宋祁曰：「復字下當有置字。」㊴溥　通「普」。廣大。㊵勸功　自勸勉而立功。㊶陵夷　沒落；衰敗。㊷姦軌　為非作歹的人。

【語　譯】起初，西漢王朝興起時繼承秦朝官制，設置丞相、御史大夫、太尉。至武帝時廢除太尉一職，開始設置大司馬又加上將軍的名稱，沒有印綬和屬官。到成帝時，何武任九卿官，建議說「古時候人民質樸政事簡略，國家的輔佐大臣一定是德才兼備的人，然而還要以天上日月星為法，具備三公官，各有職務的分工。

如今存在末世衰敗習俗的弊病，政事紛繁複雜，宰相的才能趕不上古人，而丞相一人卻獨兼三公的政事，所以長期衰敗而政治不穩。應該設置三公官，規定卿大夫的職責，根據職務的分工給予政務，以便考核功勞和政績」。在這之後成帝根據何武的建議問老師安昌侯張禹，張禹認為對。當時曲陽侯王根任大司馬驃騎將軍，而何武任御史大夫。於是成帝賜曲陽侯王根大司馬印綬，設置屬官，廢除驃騎將軍官銜，任命御史大夫何武為大司空，封為列侯，都增加俸祿如同丞相級別，以便完善三公官職。參加廷議的官員多數認為古今制度不同，漢朝從天子的稱號下至佐史都和古代不同，卻單獨改變三公官職，職位所規定的任務難以分明，不利於治理當前紛繁複雜的局面。這時御史府吏員宿舍一百多間小屋井水都枯竭；又在御史府中的許多柏樹，經常有幾千隻野烏鴉棲息在樹上，早晨飛去晚上飛來，號稱「朝夕烏」，而烏鴉飛去後有幾個月不來了，年紀大的老人對這件事感到怪異。過了兩年多，朱博任大司空，上奏說：「帝王的治國方法不必相互繼承，應各自按當世的要事來決定。高皇帝憑聖明德行受命於天，建立帝王的大業，設置御史大夫，地位次於丞相，掌管整頓法令制度，根據職權參與輔佐，總領百官，上下互相監察，經過二百年，全國安定。如今改為大司空，與丞相地位相同，卻沒有得到神明的讚美和佑助。舊日的典章制度，選拔郡太守和王國相中政績優秀的擔任中二千石秩位的九卿官，選拔中二千石擔任御史大夫，勝任這個職務的擔任丞相，官位次第有秩序，以表示尊崇聖德，重視國家的丞相。如今中二千石未經歷御史大夫而升任丞相，權威不夠，不能體現重視國家政務。臣下我認為大司空官應該廢除，再設置御史大夫，遵奉舊有制度。臣願盡力，憑藉御史大夫的地位做百官的表率。」哀帝同意朱博的意見，於是改任朱博為御史大夫。恰巧大司馬傅喜被免職，便以陽安侯丁明為大司馬衛將軍，設置屬官，大司馬加上將軍的名稱和舊制一樣。四年之後，哀帝終於改丞相為大司徒，再設置大司空、大司馬。

起初，何武擔任大司空，又和丞相翟方進一起上書說：「古時候從諸侯中選拔賢能的人擔任州伯，《尚書》說『徵詢十二牧』，以達到擴大聰明才智，明察隱蔽角落的目的。如今部刺史處於牧伯的地位，總領一州的大權。依次挑選大臣，所薦舉官位高達九卿，所憎恨的官吏可以立即解除職務，責任重職權大。《春秋》的道理，用地位尊貴的人去管理地位卑賤的人，不用地位卑微的官吏去統管地位尊貴的官吏。刺史官位在下大夫，卻統管二千石，輕重不合標準，有失官位的正常次序。我請求廢除刺史，改設州牧，以符合古代的制度。」所奏書得到許可。等到朱博上書恢復設置御史大夫官，朱博又在奏書中說：「漢朝至大的恩德廣大無比，在全國萬里之內，都設置了郡縣。部刺史奉命掌管各州，督察郡縣王國使官吏和百姓得到安寧，按照舊制，刺史任職九年即推舉為郡太守或王國相，如果有特殊才能並有顯著政績的立即提升，秩位卑微而賞賜豐厚，大都能自勉立功樂於進取。前丞相翟方進上書廢除刺史，改設州牧，秩祿為真二千石，地位僅次於九卿。假如九卿缺員，就用政績優異的州牧補充，那些中等才能的人就只能自己保住官位而已，恐怕功績會衰敗，為非作歹的人禁止不了。我請求廢除州牧，和過去一樣設置刺史。」所奏書得到許可。

博為人廉儉，不好酒色游宴❶。自微賤至富貴，食不重味❷，案上不過三桮❸。夜寢早起，妻希❹見其面。有一女，無男。然好樂❺士大夫，為郡守九卿，賓客滿門，欲仕宦❻者薦舉之，欲報仇怨者解劍以帶之。其趨事❼待士如是❽，博以此自立❾，然終用敗❿。

初，哀帝祖母定陶太后⓫欲求稱尊號，太后從弟⓬高武侯傅喜為大司馬，與丞相孔光⓭、大司空師丹⓮共持正議⓯。孔鄉侯傅晏亦太后從弟，諂諛欲順指⓰，會博新徵用為京兆尹，與交結，謀成尊號，以廣孝道⓱。繇是師丹先免，博代為大司空。數燕見奏封事⓲，言「丞相光志在自守，不能憂國；大司馬喜至尊至親⓳，阿黨[20]大臣，無益政治」。上遂罷喜遣就國，免光為庶人，以博代光為丞相，封陽鄉[21]侯，食邑二千戶。博上書讓[22]曰：「故事封丞相不滿千戶，而獨臣過制，誠慙懼，願還千戶。」上許焉。傅太后怨傅喜不已[23]，使孔鄉侯晏風[24]丞相，令奏免喜侯。博受詔，與御史大夫趙玄議，玄言：「事已前決，得無[25]不宜？」博曰：「已許孔鄉侯有指。匹夫相要，尚相得死，何況至尊？博唯有死耳[26]！」玄即許可。博惡[27]獨斥[28]奏喜，以故大司空氾鄉侯何武前亦坐過免就國，事與喜相似，即并奏：「喜、武前在位，皆無益於治，雖已退免，爵土[29]之封非所當得也。請皆免為庶人。」上知傅太后素常怨喜，疑博、玄承指，即召玄詣尚書問狀。玄辭服[30]，有[31]詔左將軍彭宣與中朝者雜問[32]。宣等劾奏[33]：「博宰相，玄上卿，晏以外親封位特進，股肱[34]大臣，上所信任，不思竭誠奉公，務廣恩化，為百寮先；皆知喜、武前已蒙恩詔決，事更三赦[35]，博執左道[36]，虧損上恩，以結信貴戚，背君鄉[37]臣，傾[38]亂政治，姦人之雄[39]，附下罔上[40]，為臣不忠不道[41]；玄知博所言非法，枉義附從[42]，大不敬；晏與博議免喜，失禮不敬。臣請詔謁者召博、玄、晏詣廷尉詔獄[43]。」制曰：「將軍、中二千石、二千石、諸大夫、博士、議郎議。」右將軍蟜望等四十四人以為「如宣等言，可許」。諫大夫龔勝等十四人以為「春秋之義，姦以事君，常刑不舍[44]。魯大夫叔孫僑如欲顛[45]公室[46]，譖其族兄[47]季孫行父於晉，晉執囚[48]行父以亂魯國，春秋重而書之[49]。今晏放命圮族[50]，干亂朝政，要大臣以罔上，本造計謀[51]，職為亂階[52]，宜與博、玄同罪，罪皆不道[53]」。上減玄死罪三等，削晏戶四分之一，假謁者節[54]召丞相詣廷尉詔獄。博自殺，國除。

初博以御史為丞相，封陽鄉侯，玄以少府為御史大夫，並拜於前殿[55]，延登受策[56]，有音如鍾聲。語在五行志[57]。

【章　旨】以上為〈朱博傳〉的第四部分，敘述朱博任丞相時，為討好定陶傅太后，欲加害高武侯傅喜，被哀帝察覺，朱博自殺。

【注　釋】❶游宴　也作「游燕」。遊玩宴樂。❷重味　多種菜餚。❸棓　盤盞之屬。❹希　通「稀」。少。❺樂　喜悅。❻仕宦　做官。❼趨事　辦事。❽如是　如此；這樣。❾自立　謂憑自力有所建樹。❿然終用敗　然而終於因此失敗。用，因此。⓫定陶太后　元帝昭儀，即傅昭儀。哀帝祖母。哀帝即位，先後被尊為恭皇太后、帝太太后、皇太太后。定陶，縣名。在今山東定陶西北。宋祁曰：「陶字下當有傅字。」⓬從弟　堂弟。⓭孔光　本書卷八十一有其傳。⓮師丹　本書卷八十六有其傳。⓯共持正議　共同主持公道加以商議。持正，主持公道，無所偏倚。議，商議；謀慮。⓰諂諛欲順指　諂媚奉承想要順從太后意旨。諂，卑順奉承。諛，諂媚奉承。指，通「旨」。意旨；意向。⓱以廣孝道　以便推廣孝道。孝道，舊稱奉養父母的準則。⓲數燕見奏封事　多次在內廷向哀帝呈上密封的章奏。燕見，臣下在皇帝內廷朝見，以別於朝會。封事，密封的章奏。⓳至尊至親　最尊貴的地位和最近之親。⓴阿黨　循私；偏袒。㉑陽鄉　縣名。在今河北固安西北。王先謙曰：「官本考證云，案表作楊鄉。又下文『願還千戶』，表作還千五十戶。」㉒讓　推辭。㉓不已　不能完成尊號之事。㉔風　通「諷」。微言勸告。微言，密謀。㉕得無　或許；應該。㉖匹夫相要四句　謂平民互相約定，尚且能夠以死相助，何況是最尊貴的人呢？我只有不顧生死去做啊。匹夫，平民。要，約。尚，尚且；還。得，能夠；可以。唯有，只有。王念孫曰：「尚相得死，文不成義。當依《漢紀・孝哀紀》作『尚得相死』。」㉗惡　憎恨；討厭。㉘斥　斥責。㉙爵土　爵位和封地。㉚辭服　口供承認逢迎意旨。辭，口供。服，順從。㉛有　又。㉜雜問　共問。㉝劾奏　向皇帝檢舉彈劾別人的罪狀。㉞股肱　輔佐皇帝的大臣。㉟蒙恩詔決二句　顏師古曰：「詔已罷官，事又經三赦也。」王先謙曰：「詔決即上文所稱事已前決也。」㊱執左道　堅持邪門旁道。㊲鄉　通「嚮」。趨向；向著。㊳傾　陰謀。㊴雄　首領。㊵附下罔上　附和臣下欺騙皇帝。㊶不忠不道　不效忠，不走正道。㊷枉義附從　違背忠君道理隨意附和順從。枉，違背。義，道理。㊸詔獄　奉皇帝詔令關押犯人的牢獄。㊹舍　通「赦」。赦免。㊺顓　通「專」。專擅。㊻公室　謂春秋戰國時諸侯國的家族及其政權。㊼譖其族兄　誣陷他的同族兄。譖，誣陷。族兄，同高祖昆弟的兄輩。泛指同族之兄。㊽執囚　拘禁；拘捕。㊾春秋重而書之　謂《春秋》鄭重地記載了這件事。見〈成公十六年〉。書，記載。㊿放命圮族　拋棄使命毀壞宗族。放，拋棄。命，差使。圮，毀滅；斷絕。族，宗族。(51)本造計謀　自己策劃計謀。本，自己。(52)職為亂階　親自為亂造勢。此引自《詩・小雅・巧言》其注：「職，主也。此人主為亂作階，言亂由之來也。」(53)不道　刑律名。(54)假謁者節　授予謁者符節。假，授予。節，符節。(55)前殿　未央宮前殿。(56)延登受策　謂由官員引進接受策書。延，引進。登，進。策，策書。(57)有音如鍾聲二句　本書卷二十七中之下〈五行志〉曰：「臨延登受策，有大聲如鐘鳴，殿中郎吏陛者皆聞焉。」陛者，謂執兵列於陛側。

【語　譯】朱博為人廉潔儉樸，不好酒色遊玩宴樂。他從卑微貧賤直至富貴，每次用餐不擺多種菜餚，案上不超過三盤。晚睡早起，妻子很少見到他。有一個女兒，沒有兒子。然而他喜好和士大夫交往，擔任郡太守和九卿官時，賓客滿門，想做官的就薦舉他，想報仇怨的就解下劍來佩帶在他身上。朱博這樣辦事待士人，憑自己的力量在事業上有所建樹，然而終於因此失敗。

　起初，哀帝祖母定陶傅太后想責求稱尊號，傅太后的堂弟高武侯傅喜擔任大司馬，與丞相孔光、大司空師丹共同主持公道加以議定否決。孔鄉侯傅晏也是傅太后的堂弟，諂媚奉承想要順從太后意旨，恰巧朱博剛剛被徵用為京兆尹，傅晏與他結交，謀求成就尊號，以便推廣孝道。因此師丹先被免除職務，朱博更替為大司空，多次在內廷向哀帝呈上密封的章奏，說「丞相孔光的志向只在安守本分，不能憂念國事；大司馬傅喜處於最尊貴的地位和最近之親，偏袒大臣，對政事的治理沒有什麼益處」。哀帝就罷免傅喜官職遣返回封國，罷免孔光官職降為平民，由朱博更替孔光擔任丞相，封為陽鄉侯，食邑二千戶。朱博上書推辭說：「舊日的典制封給丞相不滿千戶，可是唯獨我超過規定，實在深感慚愧又恐懼，希望退還一千戶。」哀帝表示贊同。傅太后抱怨傅喜不能完成尊號之事，讓孔鄉侯傅晏暗地裡和丞相密謀，讓他上奏免除傅喜的侯爵封號。朱博接受詔令，與御史大夫趙玄商議，趙玄說：「此事在以前已經解決了，這麼做或許不合適吧？」朱博說：「已經答應孔鄉侯奉命之事。平民互相約定，尚且能夠以死相助，何況是最尊貴的人呢？我只有不顧生死去做啊！」趙玄立即答應。朱博不想單獨斥責奏免傅喜，因為原大司空汜鄉侯何武在以前也因犯過失免職回封國，事情和傅喜相似，就合併上書說：「傅喜、何武以前在位時，對政事的治理都沒有什麼益處，雖然已經免職回家，爵位和封地的封賞不是他們應當得到的。請求都除去他們的爵位和封地降為平民。」哀帝知道傅太后一向怨恨傅喜，懷疑朱博、趙玄逢迎意旨，立刻叫趙玄到尚書官署接受審訊。趙玄口供承認逢迎意旨，哀帝又下詔令左將軍彭宣和中朝官共同訊問。彭宣等人上書檢舉彈劾說：「朱博雖然是宰相，趙玄是上卿，傅晏憑外親封侯加特進官位，都是輔佐皇帝的大臣，為皇上所信任，不考慮忠誠為朝廷效勞，致力推廣恩德教化，做百官的表率；明明知道傅喜、何武以前已經蒙受皇恩罷官回封國，事後又經過三次赦免，朱博卻堅持邪門旁道，虧損皇上的恩德，而且結交貴戚並得到寵信，背叛皇上向著逆臣，陰謀擾亂政事，是陰險狡詐的禍首，附和臣下欺騙皇帝，做臣子不效忠朝廷，不走正道；趙玄知道朱博所說的違反國法，違背忠君之道隨意附和順從，犯了不敬皇帝的罪名；傅晏和朱博商議罷免傅喜，同樣犯了不敬皇帝的罪名。臣等請求下詔令給謁者通知朱博、趙玄、傅晏到廷尉府的牢獄去。」皇帝下命令文告說：「將軍、中二千石、二千石、諸大夫、博士、議郎共同商議。」右將軍蟜望等四十四人認為「像彭宣等人所說的，可以同意」。諫大夫龔勝等十四人認為「《春秋》的道理，用陰謀手段來侍奉君王，必須用制定的刑罰而不能赦免。魯國大夫叔孫僑如想要專擅魯國大權，到晉國去誣陷他的同族兄季孫行父，晉國拘禁了季孫行父從而搞亂了魯國，《春秋》鄭重地記載了這件事。現在傅晏拋棄使命毀壞宗族，擾亂朝政，邀約大臣去欺騙皇上，自己策劃計謀，親自為亂政造勢，應該和朱博、趙玄同罪，罪名都是不道」。哀帝給趙玄的死罪減輕三等，削減傅晏所食邑戶數的四分之一，授予謁者符節通知丞相至廷尉府的牢獄去。朱博自殺，封國被廢除。

當初朱博憑御史大夫的身分升任丞相，封陽鄉侯，趙玄憑少府的身分升任御史大夫，同在未央宮前殿接受授官儀式，當由官員引進接受策書時，突然響起鐘鳴般聲音。此事記載在本書〈五行志〉裡。

贊曰：薛宣、朱博皆起佐史，歷位以登❶宰相。宣所在而治❷，為世吏❸師，及居大位，以苛察❹失名，器誠有極❺也。博馳騁❻進取，不思道德，已亡可言❼，又見孝成之世委任大臣，假借用權❽。世主已更❾，好惡異前，復附丁、傅，稱順❿孔鄉。事發見詰⓫，遂陷誣罔，辭窮情得⓬，仰藥飲鴆⓭。孔子曰：「久矣哉，由之行詐也⓮！」博亦然哉！

【章　旨】以上為作者的論贊。文中一方面肯定薛宣、朱博的從政才能；另一方面也指出他們各自的弱點，尤其對朱博的「行詐」給予應有的譴責。

【注　釋】❶登　升任。❷而治　謂能夠治理。❸世吏　世代為吏的人。此指當時官吏。❹苛察　謂苛刻煩瑣，顯示精明。❺器誠有極　才能確實有極限。❻馳騁　奔走。❼已亡可言　顏師古曰：「言其事行不足可道也。」亡，通「無」。❽假借用權　設法玩弄權術。假借，借助。用權，玩弄權術。❾世主已更　皇帝已經改換。世主，國君。此指皇帝。❿稱順　符其所求而順其意也。⓫見詰　被責問。⓬情得　真情顯露。⓭仰藥飲鴆　仰頭飲毒藥而死。鴆，傳說中有毒的鳥。此指毒酒。⓮久矣哉二句　顏師古曰：「《論語》云子疾病，子路欲使門人為臣。子曰：『久矣哉，由之行詐也！無臣而為有臣，吾誰欺？欺天乎？』故贊引之。」此語引自《論語・子罕》。子，孔子。由，仲由，字子路。孔子弟子。詐，欺。

【語　譯】史官評議說：薛宣、朱博都起自佐史，歷經各種職位以至升任宰相。薛宣所在地區都能夠治理，成為當時官吏效法的榜樣，等到身居高位，卻因苛刻煩瑣顯示精明而失去名聲，說明才能確實是有極限的。朱博到處奔走進取，不重視道德修養，他的言行沒有什麼可稱道的，又看到成帝之時委任大臣，他便設法玩弄權術。皇帝已經改換，好惡和以前不同，朱博又附和丁、傅兩家貴戚，順從孔鄉侯傅晏的心意。事情暴露後被責問，便身陷欺騙皇帝的罪名，在事實面前無話可說，於是仰頭飲毒藥而死。孔子說：「仲由愛做欺騙人的事，已經很久了！」朱博也是這樣啊！

【研　析】本篇是薛宣、朱博二人的合傳。通過篇中對二人仕途經歷、為政方式以及均不得善終的分析，可以了解西漢後期政治文化的激烈轉型。茲據篇中記錄的相關史實，予以申說。

薛宣早年歷廷尉書佐、都船獄史、大司農斗食屬，這些都是算不得官的基層辦事員。朱博少時給事縣為亭長，也只不過是一個基層治安人員。漢承秦制，重律法吏治，給那些精通法律條文、辦事能力強的基層人員躋身政治高層，提供了很大的空間。二人雖均從基層一步步晉升，卻有相當的差異。薛宣以「明習文法」升至御史中丞，負責監察，他不以儒學知名，但亦有相當的修養，谷永在舉薦他任御史大夫的文書中說他「法律任廷尉有餘，經術文雅足以謀王體，斷國論」，終至丞相；朱博則聰明過人，靠其敢做敢為的性格，加上混跡官場學得的經驗與應對能力，善於操控屬下官吏，歷任縣令、郡守，均有優秀的政績，雖「不更文法」、「不通法律」，卻能當上「職典決疑」的廷尉，「讞平天下獄」，最終成為大司空，位居高級官員之列。

漢武帝「獨尊儒術」後，越來越多的儒生進入官僚體系，他們高舉「德治」的大旗，對「以法令為師」的「吏道」的批評也越來越強烈，但按秦朝制度構建的中央集權國家，不可能拋棄法律規範，必須嚴格執行辦事章程，儒生出身的官僚，也還沒有將法令規章當成自己必須掌握的為官技能。一定時期內，按法令與制度章程一絲不苟辦事的「文法吏」，與講求原則、以道義為己任的儒生官僚之間，矛盾衝突在所難免。漢武帝晚年，衛太子劉據與漢武帝之間的政治衝突，這種矛盾便已隱隱存在。漢宣帝主張「霸王道雜之」，才是漢帝國的治國原則，亦反映政治高層對這種矛盾的態度。「霸道」即自秦朝沿襲而來的法令控制，「王道」即儒家主張的教化仁政。朱博在齊郡太守任上，郡中「文學儒吏」想就政事發表意見，他嚴辭斥責：「如太守漢吏，奉三尺律令以從事耳，亡奈生所言聖人道何也！且持此道歸，堯舜君出，為陳說之。」正是這種矛盾的典型事例。朱博對儒學持完全排斥的態度，毫不顧忌「獨尊儒術」的政治路線，表明「霸道」政治退出歷史舞臺尚需時日。薛宣「為吏賞罰明，用法平而必行，所居皆有條教可紀，多仁恕愛利」，是一個「吏道」精深的官員。任職左馮翊時，屬下官員在假日仍堅持在衙門辦公，他不僅不予表揚，反而指責這名官員不「貴和」、不「尚通」，不懂禮教的本義、不人道，表明他堅持規章制度，反對在制度之外突出個人品行。這位受批評的官員或者並非儒生，但這一故事，仍可視作文吏與儒生在行為方式上的衝突。薛宣在母親死後不行三年之喪，亦是他不按儒者說法行事的表現，儒家倡導的三年之喪，在當時雖然還沒有成為常制，畢竟已漸成風氣。

漢元帝、漢成帝時，皇帝對儒學有著實實在在的熱情，不只是將其當做掩飾「霸道」的外衣，儒生官僚在中央層面取得了絕對的發言權。以「吏道」出身的薛宣，在漢成帝時為相，雖身為丞相，卻因自己屬下翟方進為「名儒」，「有宰相器」，而「深結厚焉」。他本人則被認為並不稱職：「煩碎無大體，不稱賢也。時天子好儒雅，宣經術又淺，上亦輕焉。」終被罷相。只是他「好威儀，進止雍容」，頗類儒生官僚行為，他對儒學的了解雖不深，畢竟不加排斥，因而不久又被召至京城任職，發揮他「明習文法，練國制度」的長處。

朱博一直堅持對儒學的排斥態度。漢成帝時，一度罷丞相，置三公，改刺史為州牧，這實質上是儒者呼籲以所謂周制，改革漢所承秦制的結果。而身任大司空的朱博，本是「三公」之一，卻對這一制度變革加以批評，主張「尊奉舊制」，將大司空改回原來的御史大夫，並表示自己甘願擔任地位低於大司空的御史大夫，「為百僚率」，給大家做個榜樣。同時「請罷州牧，置刺史如故」。朱博以其類於俠者的行為方式，堅持舊制，否定制度變更，無疑會觸及太多人的利益。

同樣是以「吏道」躋身高層政治，但對儒術的不同態度，在某種程度上決定了二人的不同歸宿。薛宣之子薛況召募殺手，在皇宮外重傷皇帝近臣博士申咸；朱博以丞相身份，出於意氣，為給元帝妃陶氏正名分，聯絡同道，排除異己。二人同樣犯罪失職，按儒者堅持的《春秋》大義，都當死罪，而薛宣之罪甚於朱博。但實際處理中，對在皇宮外殺人，這一完全可以無限上綱的事件，定為「與凡民爭鬭無異」，為薛況曲加辯護，結果薛況由「棄市」改判為流放，薛宣因此免受更多的牽連，「免為庶人，歸故郡」，終得善終。而對朱博，則眾口惡辭相加，主張嚴懲，迫使其自殺。

卷八十四

翟方進傳第五十四

【題解】〈翟方進傳〉敘述了西漢末期的宰相翟方進及其子翟宣、翟義的生平。翟方進沒有顯赫的背景，伴隨著繼母進入京師長安，在政府擔任小職員還常受到責備，後經名師指點，學習《春秋》，學業有成，逐步升職，最後做了丞相。他做事敢作敢為，不怕權貴，群臣都怕他，是一位很有能力和材幹的官員。他有兩個兒子，長子翟宣，官至南郡太守。次子翟義，繼承了父親的勇敢精神，歷任太守和州牧。王莽篡漢，翟義時任東郡太守，舉起反莽大旗，組織起一支十萬人的反莽大軍，後失敗被殺。在這篇傳記中，突出了翟方進耿介抗直，打擊權貴，及翟義義勇奮發，欲誅王莽以衛漢室的忠勇精神，悲歎其因時機不巧而失身隕宗。

翟方進，字子威，汝南❶上蔡❷人也。家世❸微賤❹，至方進父翟公，好學，為郡文學❺。方進年十二三，失父❻孤學❼，給事❽太守府❾為小史❿，號⓫遲頓⓬不及事⓭，數為掾史⓮所詈辱⓯。方進自傷，迺從汝南蔡父⓰相問己能所宜⓱。蔡父大奇⓲其形貌，謂曰：「小史有封侯骨⓳，當以經術⓴進，努力㉑為諸生㉒學問。」

方進既厭為小史，聞蔡父言，心喜，因病歸家，辭其後母，欲西至京師㉓受經㉔。母憐其幼，隨之長安㉕，織屨㉖以給方進讀。經博士㉗受春秋㉘，積十餘年，經學明習㉙，徒眾㉚日廣㉛，諸儒稱㉜之。以射策甲科㉝為郎㉞。二三歲，舉明經㉟，遷議郎㊱。

是時宿儒㊲有清河㊳胡常，與方進同經㊴。常為先進㊵，名譽出方進下，心害㊶其能，論議不右㊷方進。方進知之，候伺常大都授㊸時，遣門下諸生至常所問大義㊹疑難，因記其說。如是者久之，常知方進之宗讓㊺己，內不自得㊻。其後居士大夫之間未嘗不稱述方進，遂相親友。

【章旨】以上為第一部分，敘述翟方進家世卑微，年十二三為郡小吏，因所學不多、辦事遲鈍遭責罵，在高人指點後赴京發奮習經，歷十餘年而為學者讚許的經過。

【注釋】❶汝南　郡名。漢汝南郡相當於今天的河南、安徽交界處的地方，在蔡縣西南。❷上蔡　縣名，治今河南上蔡西南。❸家世　指家族世代相傳或家族的世系。❹微賤　卑微；低賤。概指小戶人家。❺郡文學　郡，行政區劃名。郡作為地方行政區劃，始於春秋，起初，郡小於縣，到戰國後期，郡大於縣，郡下可轄若干個縣。秦始皇帝統一六國後，在全國通行郡縣制，分全國為三十六郡，後增至四十八郡，郡下設縣。郡、縣長官都由中央任免。這一制度有利於加強君主政治下的中央集權制。漢、唐沿此制度，惟郡的大小有所不同。文學，官名。漢代州郡及王國都設置文學，大略相當於後世的教官。其名或叫文學掾，或文學史。❻失父　即喪失父親，父親去世的意思。❼孤學　有二種解釋：一是無父獨學，沒有父親教導獨學沒有太大的成就；二是棄學。總之是說他學問淺陋。❽給事　供職。❾太守府　太守的府署。太守，即郡守，一郡的最高行政長官。❿小史　官名。《周禮》春官的屬官有小史，掌管邦國的志紀譜系。以後稱官府中的小吏為小史。⓫號　宣稱；揚言。⓬遲頓　頓，通「鈍」。遲鈍；不靈敏。⓭不及事　及，達到。不及事指辦不好事。⓮掾史　分曹辦事的屬吏，掾本為佐助之意。漢代在中央及各郡州縣都設置掾史。⓯詈辱　責罵和汙辱。詈，斥責。⓰蔡父　蔡姓老者，生平不詳，應是當時該郡一位姓蔡的較有名氣的面相家。父是對年長男子的一種稱呼。⓱問己能所宜　問自己從事哪種術業可以上進。宜，適宜。⓲大奇　奇，特異。在此處用作動詞，以他的形貌為很特異。古代相書認為，有奇貌者必有奇行。⓳封侯骨　有封侯的骨相。侯，古代五等爵位的第二等，《禮記・王制》：「王者之制祿爵：公、侯、伯、子、男」。秦爵共二十級，最高的二十級爵是列侯，十九級爵為關內侯。漢代同秦制。⓴經術　指經學，儒家的經典著作。漢武帝時立《五經》博士。《五經》即《易》、《詩》、《書》、《禮》、《春秋》。㉑努力　勉力；用力。㉒諸生　眾儒生。㉓京師　首都。㉔受經　學習儒家經典。㉕長安　地名。今陝西西安西北三橋鎮一帶。西漢建國後，以長安為首都。㉖織屨　編織麻鞋。織，編織。屨，麻鞋。㉗博士　官名。博士一名，起於戰國。秦統一後，設博士，掌通古今，備問對，秩比六百石。漢沿襲而不改。漢武帝建元五年（西元前一三六年）始設《五經》博士，通《五經》之一的可以為博士，至此，博士便專以儒家學術為對象。㉘春秋　孔子依據春秋時期魯國史書編撰的一部編年體歷史著作。對《春秋》解讀的有左丘明的《春秋左氏傳》、公羊高的《春秋公羊傳》、穀梁赤的《春秋穀梁傳》，號稱《春秋》三傳，被列為儒家的重要經典。據卷八十八〈儒林傳〉，方進受《穀梁春秋》於尹更始，又學《左氏春秋》。㉙明習　明白通曉。㉚徒眾　門徒眾多。㉛日廣　一日多於一日。㉜稱　稱讚。㉝射策甲科　漢代取士分對策、射策之制。射策是由主試者出題，寫在簡策上，置於几案。應試者隨意取答。主試者按題目的難易和所答內容來區分優劣。上者為甲，次者為乙。甲科即為上者。甲科乙科各取若干人。射，向靶投射之意。對策是應詔陳說政治主張。射策探事而獻說，言中理準，就是射中了靶。㉞郎　官名，始於戰國，秦漢時值宿衛，帝王的侍從官的通稱，有侍郎、郎中，屬郎中令管，列於大夫之下。㉟舉明經　薦舉為通曉經術的人。舉，薦舉。明經，通曉經術的人。㊱遷議郎　升遷為議郎。遷，官位遷徙。有升有降。議郎，官名。秦置。漢時秩比六百石，是郎官中俸祿最高的。㊲宿儒　久有成就的博學的讀書人。宿，久；舊。㊳清河　郡名。今河北清河東南。㊴同經　同學習某一經。㊵先進　先輩。按〈儒林傳〉所述，在學《穀梁春秋》上來說，胡常是方進的先輩。㊶害　妒忌。㊷不右　不稱道。古以右為尊，所以稱重視的人為右。㊸大都授　集合諸生大講授，猶今之大班上課。都，聚集；集中。王引之說「大」字為衍字。㊹大義　要旨；重要的意義。㊺宗讓　尊崇與謙讓。㊻自得　自感得意。

【語譯】翟方進，字子威，汝南郡上蔡縣人。翟氏家世微賤，到方進的父親翟公，喜愛學習，做了汝南郡的文學掾。方進十二三歲時，因父親去世而失學，在太守府做一名小史，被稱為遲鈍辦不好事，屢次遭受到上級長官的責備和辱罵。翟方進自卑而傷感，就到汝南姓蔡的一位會看相的老者那裡去求教，問自己從事哪種術業比較合適。姓蔡老者一看他的形貌大為驚奇，對他說：「從骨相來看，小史你有封侯的骨相，應該以經術作進身之階，你要努力地去做儒生的學問。」方進原本就討厭做小史這種事，聽了蔡姓老者的話，心裡自喜，趁病回到家裡，向繼母告辭，想西去到京城學習經學。繼母憐愛他年齡尚小，跟隨他一塊到了長安，以織麻鞋賺錢來供他學習和生活。方進跟著他的博士老師學習經學，攻讀《春秋》，經過十多年的研習，他熟悉地掌握了經學內容，門徒一天天的多起來，得到了學者們的稱讚。後來，他參加射策考試，以甲科的優異成績被選拔為郎官。二三年後，他又被舉薦為通曉經術的人，升遷擔任議郎。

這個時候，有一位博學的學者清河郡胡常，與方進同樣也是研修《春秋經》的。胡常是先輩，但名聲卻在方進之下，心中忌妒方進的才能，議論經義時並不推崇方進。翟方進知道胡常的心思，等到胡常集合弟子講授經義的時候，派自己的門生前去聽講，向胡常請教經文的意義，請胡常解答疑問，並記下胡常的說法。時間長了，胡常知道這是翟方進對自己推崇和謙讓，心中不安。以後，胡常在與官員及文人們交往中，沒有不稱說翟方進的，兩人便像朋友一樣親密起來。

1 河平❶中，方進轉為博士。數年，遷朔方刺史❷，居官不煩苛，所察應條❸輒舉，甚有威名。再三奏事，遷為丞相司直❹。從上甘泉❺，行馳道❻中，司隸校尉❼陳慶❽劾奏方進，沒入車馬。既至甘泉宮，會殿中，慶與廷尉❾范延壽❿語。時慶有章劾⓫，自道：「行事⓬以贖論，今尚書⓭持我事來，當於此決。前我為尚書時，嘗有所奏事，忽忘之，留月餘。」方進於是舉劾慶，曰：「案慶奉使刺舉大臣，故為尚書，知機事⑭周密壹統⑮，明主躬親不解⑯。慶有罪未伏誅⑰，無恐懼心，豫⑱自設⑲不坐之比⑳，又暴揚尚書事，言遲疾㉑無所在，虧損聖德之聰明，奉詔不謹㉒，皆不敬。臣謹以劾。」慶坐免官。

2 會北地㉓浩商為義渠㉔長㉕所捕，亡。長取其母，與豭豬㉖連繫都亭㉗下。商兄弟會賓客，自稱司隸掾、長安縣尉㉘，殺義渠長妻子六人，亡。丞相、御史請遣掾史與司隸校尉、部刺史并力逐捕㉙，察無狀㉚者。奏可。司隸校尉涓勳㉛奏言：「春秋之義，王人微者序乎諸侯之上，尊王命也㉜。臣幸得奉使，以督察公卿㉝以下為職，今丞相宣㉞請遣掾史，以宰士督察天子奉使命大夫㉟，甚誖㊱逆順之理㊲。宣本不師受經術，因事以立姦威㊳。案浩商所犯，一家之禍耳，而宣欲專權作威，乃害於乃國㊴，不可之大者。願下中朝㊵特進㊶列侯、將軍㊷以下，正國法度。」議者以為丞相掾不宜移書督趣㊸司隸。會浩商捕得伏誅，家屬徙合浦㊹。

3 故事㊺，司隸校尉位在司直下，初除㊻，謁兩府㊼，其有所會，居中二千石㊽前，與司直並迎丞相、御史。初，方進新視事㊾，而涓勳亦初拜為司隸，不肯謁㊿丞相、御史大夫，後朝會相見，禮節又倨(51)。方進陰察之，勳私過光祿勳(52)辛慶忌(53)，又出逢帝舅成都侯商(54)道路，下車立，須(55)過，迺就車。於是方進舉奏其狀，因曰：「臣聞國家之興，尊尊(56)而敬長，爵位上下之禮，王道(57)綱紀(58)。春秋之義，尊上公謂之宰(59)，海內無不統焉。丞相進見聖主，御坐為起，在輿為下(60)。群臣宜皆承順聖化，以視(61)四方。勳吏二千石，幸得奉使，不遵禮儀，輕謾宰相，賤易上卿(62)，而又詘節(63)失度，邪讇(64)無常，色厲內荏(65)。墮(66)國體，亂朝廷之序(67)，不宜處位。臣請下丞相免勳。」

4 時大中大夫(68)平當(69)給事中(70)，奏言：「方進國之司直，不自敕正(71)以先(72)群下，前親犯令行馳道中，司隸慶平心(73)舉劾，方進不自責悔而內挾私恨，伺記慶之從容(74)語言，以詆欺(75)成罪。後丞相宣以一不道賊(76)，請遣掾督趣司隸校尉，司隸校尉勳自奏暴於朝廷。今方進復舉奏勳。議者以為方進不以道德輔正(77)丞相，苟阿助大臣，欲必勝立威(78)，宜抑絕其原(79)。勳素行公直，姦人所惡，可少寬假(80)，使遂其功名。」上以方進所舉應科(81)，不得用逆詐廢正法(82)，遂貶勳為昌陵令(83)。方進旬歲(84)間免兩司隸，朝廷由是(85)憚(86)之。丞相宣甚器重焉，常誡(87)掾史：「謹事司直，翟君必在相位，不久(88)。」

5 是時起昌陵(89)，營作陵邑，貴戚近臣子弟賓客多辜榷(90)為姦利者。方進部掾史覆案[91]，發[92]大姦臧數千萬。上以為任公卿[93]，欲試以治民，徙方進為京兆尹[94]。搏擊豪彊[95]，京師畏之。時胡常為青州[96]刺史，聞之，與方進書曰：「竊聞政令[97]甚明，為京兆能[98]，則恐有所不宜[99]。」方進心知所謂，其後少弛[100]威嚴。

【章　旨】以上為第二部分，敘述翟方進歷任博士、刺史、丞相司直、司隸校尉的過程，重點介紹他奏免陳慶、涓勳二司隸校尉，與自己為司隸校尉後先威嚴後寬弛的情況。

【注　釋】❶河平　漢成帝劉驁的年號，共四年（西元前二八－前二五年）。❷朔方刺史　官名。漢武帝時設十三刺史，朔方為十三刺史之一。刺史的任務是巡視所屬州郡官員有無不法之事。朔方轄區當今陝西北部、內蒙古陰山南北、河套地區及山西等地。❸條　詔條。皇帝頒發的刺史監察官員的有六條規定項目，違反科條的便向皇帝檢舉奏報。❹丞相司直　官名。幫助丞相檢舉不法，位在司隸校尉之上。此時薛宣為丞相。❺甘泉　宮名。甘泉宮在今陝西淳化北，秦時始建，漢沿而不改。❻馳道　專供皇帝行走的道路。翟方進的車在馳道中行走，是違犯制度的。❼司隸校尉　官名。掌監察京師百官及三輔等郡官員。❽陳慶　人名，字君卿。❾廷尉　官名，中央執掌刑獄司法的官員。❿范延壽　人名。字子路，安成人。河平二年為廷尉，八年卒。⓫章劾　寫奏章揭發罪狀。章，奏章。劾，揭發罪狀。⓬行事　漢代人所說的行事，指已成的事。⓭尚書　官名。少府屬官，皇帝身邊掌管文書、章奏的官員。⓮機事　機密的軍政大事。⓯壹統　統一。壹，同「一」。⓰解　通「懈」。鬆懈。⓱伏誅　受到懲罰處分。誅，殺。此指懲罰。⓲豫　通「預」。⓳自設　自己籌劃；自己設置。⓴比　例；成例。㉑遲疾　遲，慢。疾，快。㉒奉詔不謹　對皇帝的詔書不恭謹。㉓北地　郡名，治馬嶺（今甘肅慶陽西北）。㉔義渠　縣名，在今甘肅寧縣西北。㉕長　縣長。秦漢時，縣內萬戶以上稱令，萬戶以下稱長。㉖豭豬　公豬。㉗都亭　城郭邊的亭舍。㉘長安縣尉　長安縣官名。長安，地名。漢長安舊址，在今西安西。縣尉，縣中的軍事長官。大縣設二人，小縣一人。㉙丞相句　丞相，官名。秦始設丞相，稱相邦，漢設丞相，稱相國。掌丞天子助理萬機。御史，官名，也叫御史大夫，掌副丞相。管監察、執法及重要文書圖籍。丞相、御史、太尉被稱作三公。㉚無狀　無善行；行為不良。㉛涓勳　人名。㉜春秋之義三句　漢武帝以後重視經學，官員奏事往往引用經義來闡述自己的觀點，以示權威。漢朝時甚至以經義斷獄，可見經義的影響。此處所引「王人」句，在《春秋公羊傳》及《春秋穀梁傳》僖公八年都有記述。《公羊傳》原文為：「八年春，王正月，公會王人、齊侯……。王人者何？微者也。曷為序乎諸侯之上？先王命也。」王人，是周天子的下士，所以在諸侯前是微小的，但排序在前，是因為他身負天子之命，王命應在先，所以排序在前，表示尊王之意。㉝公卿　三公九卿的統稱。秦時中央設三公九卿，漢因而行之。三公，丞相、御史、太尉。九卿，太常、光祿勳、衛尉、太僕、廷尉、少府、宗正等中央官員。㉞丞相宣　丞相薛宣。見本書卷八十三〈薛宣傳〉。㉟奉使命大夫　天子所派的大夫。㊱詩　違背。㊲逆順之理　尊卑上下的道理。㊳姦威　自己的權威。姦，自私；詐偽。㊴乃害於乃國　如此損害自己的國家。前邊的乃字作如此講，後邊的乃字作代詞講。㊵中朝　指內朝。漢武帝以後有內朝（中朝）和外朝。丞相所領導的各機構官員為外朝。在宮內的為內朝，原為周制，也稱燕朝。㊶特進　加官名。西漢末設置，授給有特殊貢獻的人一種特殊的列侯地位。㊷將軍　武官名。漢置大將軍、驃騎將軍，位次丞相；衛將軍，車騎將軍，前、後、左、右將軍，位次上卿；打仗時所加將軍名號不一，不常設。㊸督趣　督促。趣，通「促」。㊹合浦　郡名。治合浦（今廣西合浦東北）。㊺故事　過去的事。引申為慣例、舊制。㊻除　授職。㊼兩府　丞相府與御史大夫府，此處指代丞相與御史大夫。㊽中二千石　官名。秦、漢官吏職位以俸祿計算，從萬石到百石逐級遞減。二千石的官有九卿、郎將、太守、都尉。二千石又分四等：中二千石，月得一百八十斛；真二千石，月得一百五十斛；二千石，月得一百二十斛；比二千石，月得一百斛。百石以下是縣的佐史之類，稱斗食，月得八斛。三公為萬石，月得三百五十斛穀。㊾視事　就職辦公事。㊿謁　拜見。(51)倨　傲慢；不敬。(52)光祿勳　官名。秦時置郎中令，執掌宮殿掖門戶，九卿之一，有丞。漢武帝太初元年（西元前一〇四年）改名為光祿勳。屬官有大夫、郎、謁者及期門、羽林。(53)辛慶忌　狄道縣人，見本書卷六十九〈辛慶忌傳〉。(54)成都侯商　成都侯王商，漢成帝的舅父。見本書卷九十八〈元后傳〉。(55)頭　等待。(56)尊尊　尊敬尊貴者。(57)王道　先王之道，主要指孔子所尊奉的周王的治國之道，即禮制。(58)綱紀　大綱要領。孔子所講的禮制，主要是君臣之禮，父子之禮，夫婦之禮。尊卑之禮，必須嚴守。(59)尊上公謂之宰　尊奉上公為他的家宰。上公，周制，三公（太師、太傅、太保）為八命，出封時加一命，為上公。漢制，太傅位在三公（大司馬、大司徒、大司空）之上，稱上公。宰，家宰，指丞相。此句中，翟方進引用《春秋穀梁傳．僖公九年》中「天子之宰，通于四海」。(60)丞相進見三句　此三句見於《漢舊儀》：「皇帝見丞相，起，謁者贊稱曰：皇帝為丞相起。起立乃坐。皇帝在道，丞相迎謁，謁者贊稱曰：皇帝為丞相下輿。立乃升車。」(61)視　通「示」。昭示。(62)上卿　官名。高級官員的通稱。此指丞相、御史。(63)詘節　降低身分。(64)邪讇　奸邪諂媚。指私過辛慶忌，見王商下車。(65)色厲內荏　外表很嚴厲而內心怯懦。(66)墮　毀壞。(67)序　次序。(68)大中大夫　官名。

光祿勳的屬官，掌議論，秩比千石。(69)平當　人名，平陵（今陝西咸陽）人。見本書卷七十一〈平當傳〉。(70)給事中　加官名。秦時設，漢因而不改，給事殿中，備顧問應對，議論時事。(71)敕正　言行謹慎，行為方正。(72)先　先導；表率。(73)平心　公平正直之心。(74)從容　隨意。(75)詆欺　誣衊；毀謗。按：詆欺疑作詆諆。詆諆，誣衊毀謗。卷五十一〈枚皋傳〉：「故其賦有詆諆東方朔，又自詆諆。」備考。(76)不道賊　犯不道罪的罪犯。不道，刑律名。凡殺一家三人，支解人，毒藥殺人，藉鬼神殺人，都屬不道。此指浩商。(77)輔正　幫助糾正。(78)苟阿助二句　以不正當手段幫助人。苟，苟且；不正當。阿，曲從；迎合。必勝，強行取勝。(79)原　根源。此指互相劾舉以取勝的風氣。(80)寬假　寬容。(81)應科　符合科條。(82)正法　正當的法則。(83)昌陵令　昌陵縣令。昌陵，縣名。在今陝西西安與臨潼區交界處。(84)旬歲　滿歲。即滿一年。(85)由是　因此。(86)憚　畏懼；害怕。(87)誡　告誡。(88)不久　時間不會太久。謂很快就會看到。(89)起昌陵　興建昌陵。漢成帝在建始二年（西元前三一年）初春，開始在渭城延陵亭部為自己建壽陵，即陵墓，稱延陵，位於今陝西咸陽周陵鄉嚴家窯村（可能原為延家窯，後延訛為嚴）。鴻嘉元年（西元前二〇年），成帝又想另建壽陵，改在長安以東的步昌亭，名曰昌陵。位置在今西安灞橋區與臨潼區之間交界處。這裡現存一片三平方公里的夯土臺，臺上有約一百平方公尺的巨大土坑，坑深二十公尺，當地群眾叫「八角琉璃井」。此地漢時屬新豐縣。因為要建帝陵所以劃出昌陵設縣為昌陵縣。昌陵施工五年，主體尚未完成，引起社會強烈不滿，成帝停止昌陵工程，繼續修建延陵，昌陵縣也就廢了。(90)辜榷　壟斷；獨占；統括財利。(91)覆案　反覆案驗審查。(92)發　揭發出。(93)任公卿　勝任公卿一類大官。(94)京兆尹　官名。漢首都長安的行政長官。秦時置內史，掌治京師。漢景帝分左右內史。漢武帝改右內史為京兆尹，治長安。(95)豪彊　地方上有權勢的人。(96)青州　漢十三州部之一，轄境約當今山東北部及山東西北與河北北部交界處。(97)政令　施政的命令。(98)能　能幹。(99)不宜　不利；不便。指京城貴冑們毀謗。(100)弛　鬆懈；減弱。

【語　譯】漢成帝河平年間，方進轉升為博士。幾年後，又升為朔方刺史，在任期間，沒有繁瑣苛細的政令，考察官吏均能按科條舉奏，很有威望和名聲。他年年按規定奏事，後升為丞相司直。有一次，他隨漢成帝去甘泉宮，因為在馳道中行駛，司隸校尉陳慶舉奏他違犯制度，沒收了他的車馬。到甘泉宮後，在殿堂中聚會時，陳慶同廷尉范延壽說話。當時有奏章揭發陳慶，陳慶向范延壽說：「我的錯誤，按例可以以贖罪處理，現在讓尚書把我的問題拿來，在這裡便可以了結了。過去我做尚書時，曾經有要奏明的事，忽然忘記了，遲留了一個多月。」翟方進於是彈劾陳慶，說：「查陳慶奉命監察揭發大臣的錯誤事實，過去做尚書，知道機密的事情統一於朝廷，英明的君主身體力行從不懈怠。陳慶有罪沒有受到處分，他沒有恐懼的心理，預先給自己設置不受處罰的成例作為理由，又暴露尚書要辦的事，語言中又表現出他對辦事效率的無所謂態度，傷損了聖上明察的美德，執行詔令不恭謹，都是屬於不敬皇上的罪行。臣下謹以這些來彈劾他。」陳慶受到免官的處分。

2 適逢此時，北地郡浩商因被義渠縣長追捕，而逃跑了。義渠縣長便抓了浩商的母親，與公豬一起捆綁在都亭旁。浩商兄弟們聯合了一些朋友和親屬，自稱司隸校尉的部下和長安縣尉，殺了義渠縣長的妻兒共六人後逃跑。丞相、御史大夫奏請派遣掾史與司隸校尉、州部刺史合力追捕逃犯，查清犯罪事實。他們的奏章被批准了。司隸校尉涓勳上奏說：「《春秋》經義指出：周王派來的小官排序在諸侯之上，這是尊王命的表示。我有幸奉皇上的使命，以督察公卿以下的官員為職責，現在丞相薛宣奏請派遣掾史，以丞相屬官的身分來督察皇帝所任命的大夫，非常違背尊卑上下的道理。薛宣本來沒有從師學習經術，藉事來樹立個人權威。按說浩商所犯的罪行，僅是一家人受害罷了，而薛宣想專權作威，如此損害國家，是最大的不合法。願請皇上將此事交中朝的特進列侯、將軍以下去議處，以匡正國家的法度。」參與議論的官員也認為，丞相掾向司隸校尉傳達文書和進行督促是不合適的。正在這時，浩商被捕處死，家屬也被流放到了合浦。

3 以往的慣例，司隸校尉的官位在司直以下，初任職時應該拜見丞相和御史大夫，聚會時，排在中二千石官員的前面，與司直一同迎接丞相和御史大夫。起初，翟方進新任職司直辦公，涓勳也剛任司隸校尉，不肯去拜見丞相、御史大夫，以後在朝會上見面，禮節又傲慢。翟方進從暗中觀察，發現涓勳私下裡拜訪光祿勳辛慶忌，又出門時在路上遇到成帝的舅舅成都侯王商，下車立在車旁，等王商過去後才上車。於是，翟方進向皇帝舉奏這種狀況，因之說道：「臣聽說，國家的興盛，要尊敬尊者，敬重長輩，爵位上下的禮儀，這是帝王之道的綱領和法紀。《春秋》經義，尊稱上公為冢宰，四海之內，沒有他不統管的。丞相進見皇上的時候，皇上坐著時要起立，在車上時要下車。大臣們理應遵照皇上身體力行的聖明教化，將這點昭示天下各處。涓動身為二千石的官吏，有幸得到皇上的使命，卻不遵守禮儀，輕視慢待宰相，鄙薄國家高級官長，而又降低身分，失去常態，奸邪諂媚，變化無常，表面莊嚴而內心怯懦。損毀國家體制，搞亂朝廷尊卑次序，不宜處在司隸校尉的位子上。我請求皇帝給丞相下旨罷免涓勳的司隸校尉職務。」

4 當時，大中大夫平當加官為給事中，向皇帝奏請，說：「翟方進擔任國家的司直，不能自我約束，謹言慎行，端正自己，給下屬官員作出表率，前次犯令在馳道中行走，司隸校尉陳慶出於公正之心予以檢舉，翟方進不能檢查自己，責備悔改，反而心懷私恨，伺機記下陳慶隨意說的話，用以詆毀而構成罪過。以後，丞相薛宣以一個犯不道的罪犯，請求派遣掾吏督促司隸校尉。司隸校尉涓勳自己上奏，將此事在朝廷上予以揭露。現在翟方進又檢舉揭發涓勳。議事的官員們認為，翟方進不以道德來輔助和端正丞相，而以苟且曲從的方式幫助大臣，想用強行取勝的辦法樹立權威，應該壓抑和杜絕這種以互相檢舉揭發來取勝的風氣。涓勳一貫行事公平正直，為奸邪的人所憎惡，可稍微給予寬容，以成就他的功績和聲名。」皇帝認為，翟方進所檢舉的事都符合科條，不能用懷疑別人欺詐而廢除了正常的法則，便將涓勳降職為昌陵縣令。翟方進一年之內罷免了兩位司隸校尉，朝廷的大臣因此而畏懼他。丞相薛宣很器重他，曾經告誡自己的屬下：「嚴謹地為司直做事，翟君必然會當上丞相的，時間不會太久。」

5 這時，正在興建昌陵，營建昌陵陵邑，皇帝的內外親屬、身邊臣子的子弟及貴族官僚所養的食客們壟斷工程，非法牟利。翟方進部署掾史反覆查驗，揭發出巨大貪贓達數千萬。皇帝以此認為翟方進能勝任公卿大任，想試用他來治理百姓，便調翟方進去做京兆尹。他在京兆上任後，嚴厲打擊豪強勢力，京城裡的權貴們都很畏懼他。當時，胡常擔任青州刺史，聽到了他在京兆的一些情況，便寫信給翟方進，說：「我私下聽到你在京兆政令嚴明，作為京兆尹號為能幹，然而恐怕這些是不合時宜的。」翟方進心中明白胡常信中所說的意思，在此以後便稍微減少了嚴厲手段。

1 居官三歲，永始二年❶遷御史大夫。數月，會丞相薛宣坐廣漢❷盜賊群起及太皇太后❸喪時三輔❹吏並徵發為姦，免為庶人。方進亦坐為京兆尹時奉喪事❺煩擾百姓，左遷❻執金吾❼。二十餘日，丞相官缺。群臣多舉方進，上亦器其能❽，遂擢❾方進為丞相，封高陵侯❿，食邑⓫千戶。身既富貴，而後母尚在，方進內行修飭⓬，供養甚篤⓭。及後母終，既葬三十六日，除服⓮起視事。以為身備漢相，不敢踰國家之制⓯。為相公絜，請託不行郡國⓰。持法刻深⓱，舉奏牧守⓲九卿，峻文深詆⓳，中傷者尤多。如陳咸、朱博、蕭育、逢信、孫閎之屬⓴，皆京師世家，以材能少歷牧守列卿，知名當世，而方進特立後起㉑，十餘年間至宰相，據法以彈㉒咸等，皆罷退之。

2 初，咸最先進，自元帝㉓初為御史中丞㉔顯名朝廷矣。成帝㉕初即位，擢為部刺史，歷楚國㉖、北海㉗、東郡㉘太守。陽朔㉙中，京兆尹王章㉚譏切大臣，而薦琅邪㉛太守馮野王㉜可代大將軍㉝王鳳㉞輔政㉟，東郡太守陳咸可御史大夫。是時方進甫㊱從博士為刺史云㊲。後方進為京兆尹，咸從南陽太守㊳入為少府㊴，與方進厚善。先是逢信已從高第㊵郡守歷京兆、太僕㊶為衛尉㊷矣，官簿㊸皆在方進之右。及御史大夫缺，三人皆名卿，俱在選中，而方進得之。會丞相宣有事與方進相連，上使五二千石雜問[44]丞相、御史。咸詰責[45]方進，冀[46]得其處[47]，方進心恨。初大將軍鳳奏除[48]陳湯[49]為中郎[50]，與從事[51]，鳳薨[52]後，從弟[53]車騎將軍[54]音[55]代鳳輔政，亦厚湯。逢信、陳咸皆與湯善，湯數稱[56]之於鳳、音所。久之，音薨，鳳弟成都侯商[57]復為大司馬[58]衛將軍輔政。商素憎陳湯，白[59]其罪過，下有司[60]案驗[61]，遂免湯，徙敦煌[62]。時方進新為丞相，陳咸內懼不安，迺令小冠杜子夏[63]往觀其意，微[64]自解說[65]。子夏既過方進，揣[66]知其指[67]，不敢發言。居亡何[68]，方進奏咸與逢信「邪枉貪汙，營私多欲。皆知陳湯姦佞傾覆[69]，利口不軌[70]，而親交賂遺[71]，以求薦舉。後為少府，數饋遺湯。信、咸幸得備[72]九卿，不思盡忠正身[73]，內自知行辟[74]亡功效，而官媚[75]邪臣，欲以徼幸[76]，苟得[77]亡恥。孔子曰：『鄙夫可與事君也與哉[78]？』咸、信之謂也[79]。過惡暴見[80]，不宜處位，臣請免以示[81]天下」。奏可[82]。

3 後二歲餘，詔舉[83]方正直言[84]之士。紅陽[85]侯立[86]舉咸對策[87]，拜為光祿大夫給事中[88]。方進復奏：「咸前為九卿，坐為貪邪免，自知罪惡暴陳[89]，依託紅陽侯立徼幸，有司莫敢舉奏。冒濁苟容[90]，不顧恥辱，不當蒙[91]方正舉，備內朝臣。」并劾紅陽侯立選舉故不以實。有詔免咸，勿劾立。

4 後數年，皇太后[92]姊子侍中[93]衛尉定陵侯淳于長[94]有罪，上以太后故，免官勿治罪。有司奏請遣長就國[95]，長以金錢與立，立上封事[96]為長求留曰：「陛下既託文[97]以皇太后故，誠不可更有它計[98]。」後長陰事[99]發，遂下獄。方進劾立「懷姦邪，亂朝政，欲傾誤[100]要[101]主上，狡猾不道，請下獄」。上曰：「紅陽侯，朕之舅，不忍致法，遣就國。」於是方進復奏立黨友[102]曰：「立素行積[103]為不善，眾人所共知。邪臣自結，附託為黨，庶幾[104]立與[105]政事，欲獲其利。今立斥逐[106]就國，所交結尤著者[107]，不宜備大臣，為郡守。案後將軍[108]朱博、鉅鹿[109]太守孫閎、故光祿大夫陳咸與立交通[110]厚善，相與為腹心[111]，有背公死黨[112]之信，欲相攀援[113]，死而後已[114]。皆內有不仁[115]之性，而外有儁材，過絕於人倫；勇猛果敢，處事不疑，所居皆尚殘賊[116]酷虐[117]，苛刻慘毒以立威，而亡纖介[118]愛利[119]之風。天下所共知，愚者猶惑[120]。孔子曰：『人而不仁，如禮何！人而不仁，如樂何！』[121]言不仁之人，亡所施用。不仁而多材[122]，國之患也。此三人皆內懷姦猾，國之所患，而深相與結，信於貴戚姦臣，此國家大憂，大臣所宜沒身而爭[123]也。昔季孫行父[124]有言曰：『見有善於君者愛之，若孝子之養父母也；見不善者誅之，若鷹鸇[125]之逐鳥爵也。』翅翼雖傷，不避也。貴戚彊黨之眾誠[126]難犯[127]，犯之，眾敵並怨[128]，善惡相冒[129]。臣幸得備宰相，不敢不盡死[130]。請免博、閎、咸歸故郡，以銷姦雄[131]之黨，絕群邪之望。」奏可。咸既廢錮[132]，復徙故郡，以憂發疾而死。

方進知能[133]有餘，兼通文法[134]吏事[135]，以儒雅[136]緣飭[137]法律，號為通明相[138]，天子甚器重之，奏事亡不當意，內求人主微指[139]以固其位。初，定陵侯淳于長雖外戚[140]，然以能謀議[141]為九卿。新用事，方進獨與長交，稱薦之。及長坐大逆[142]誅，諸所厚善皆坐長免，上以方進大臣，又素重之，為隱諱。方進內慙，上疏[143]謝罪乞骸骨[144]。上報[145]曰：「定陵侯長已伏其辜[146]，君雖交通，傳[147]不云乎：朝過夕改[148]，君子與之[149]。君何疑焉？其專心壹[150]意毋怠[151]，近醫藥[152]以自持[153]。」方進迺起視事。條奏[154]長所厚善京兆尹孫寶[155]、右扶風[156]蕭育[157]，刺史二千石以上免二十餘人。其見任[158]如此。

【章　旨】以上為第三部分，敘述翟方進歷任司隸校尉、御史大夫、執金吾、丞相，並封高陵侯。他因具有較高的智慧與能力，通曉經學、法律與做官的原則，加上得到漢成帝的器重，故能秉公彈劾王立、陳咸、朱博等世卿大臣數十人。

【注　釋】❶永始二年　西元前一五年。永始，西漢成帝第五個年號。❷廣漢　郡名。轄地約為今四川北部及川、甘、陝交界地區。郡治為梓潼（今四川梓潼）。❸太皇太后　皇帝的祖母稱太皇太后。此指成帝祖母邛成太后。❹三輔　指陝西關中地區。西漢治理京師的三個地區。漢以長安為首都，長安附近為京畿地區，稱內史地。漢景帝時分左右內史及都尉，便有三輔的說法。漢武帝太初元年改右內史為京兆尹，治長安以東十二縣；左內史為左馮翊，治長陵以北二十四縣；都尉為右扶風，治渭城以西二十一縣。❺奉喪事　辦理喪事。❻左遷　降職。古時崇右卑左，故稱降職為左遷。翟方進由御史而降為執金吾，故為左遷。❼執金吾　官名。秦時巡邏京師地區以防盜賊的官員為中尉。漢武帝時改為執金吾，屬官有中壘、寺互、武庫、都船四令丞。金吾是一種可以避不祥的鳥，天子出行，職主先導，因以為名。執金吾秩中二千石。❽上亦器其能　皇帝也器重他的才幹。能，本領；才幹。❾擢　提拔。❿高陵侯　爵名。高陵，縣名，治今陝西高陵。高陵侯是一種封號。⓫食邑　采邑。古代王、諸侯賞賜給卿、大夫的領地，稱封邑。卿、大夫在封邑內有統治權。秦漢以後所封食邑，僅可收取食邑中賦稅，且按戶收取。翟方進為千戶之賦。⓬修飭　有道德修養，遵守禮義。飭，修治。⓭篤　豐厚。⓮除服　除去喪服。指守喪期滿。⓯不敢踰國家之制　不敢逾越國家（指漢朝廷）的制度。古時父母喪後，子女服三年之喪。漢文帝遺詔提出以日易月。三年為三十六月，服喪期為三十六天。所以翟方進服喪三十六日便起視事。⓰請託不行郡國　不以私事託於四方郡、國。⓱刻深　苛刻嚴峻。⓲牧守　州牧、太守。成帝時改刺史為州牧。⓳峻文深詆　援引法律文書苛細嚴峻，極力尋求其根源。詆有詆毀之意，但詆也通柢，即根柢。此處宜以根源講，較合文意。⓴陳咸句　陳咸，沛郡相縣（今安徽濉溪）人，官至少府。見本書卷六十六〈陳萬年傳〉附〈陳咸傳〉。朱博，杜陵（今陝西西安）人，官至丞相，後自殺。見本書卷八十三〈朱博傳〉。蕭育，東海郡蘭陵縣（今山東蒼山縣）人，官至大鴻臚。見本書卷七十八〈蕭望之傳〉附〈蕭育傳〉。逢信，字少子，平陵縣（今陝西咸陽）人。孫閎，人名。㉑特立後起　才能出眾，成功興起在後。㉒彈　彈劾。㉓元帝　劉奭（西元前七六—前三三年），從西元前四十九至前三十三年在位。見本書卷九〈元帝紀〉。㉔御史中丞　官名。御史大夫下設兩丞之一，秩千石，在殿中蘭臺，掌管圖籍祕書，外督察部刺史，內領侍御史員十五人，受公卿奏事，按章程檢舉揭發。㉕成帝　劉驁（西元前五一—前七年），西元前三十三至前七年在位。見本書卷十〈成帝紀〉。㉖楚國　漢封國名。在今江蘇、安徽、山東交界處，治彭城（今江蘇徐州）。王國無太守，此指陳咸為楚內史。本書卷六十六〈陳萬年傳〉附〈陳咸傳〉陳咸為楚內史。㉗北海　郡名。轄境約為今山東，治營陵（今山東濰坊西南）。㉘東郡　郡名。轄境約為今山東、河南之間，郡治在濮陽（今河南濮陽西南）。㉙陽朔　漢成帝第三個年號（西元前二四—前二一年），共四年。㉚王章　泰山鉅平（今山東寧陽）人，見本書卷七十六〈王章傳〉。㉛琅邪　郡名。轄境約為今山東東南，郡治在東武（今山東諸城）。㉜馮野王　馮奉世的兒子。見本書卷七十九〈馮奉世傳〉附〈馮野王傳〉。㉝大將軍　武官名。戰國楚有大將軍。漢時高祖曾以韓信為大將軍，武帝以衛青為大將軍，統兵打仗，職務較高，是將軍中最高稱號。㉞王鳳　漢元帝皇后王政君之弟。王政君姊妹四人，王君俠、王政君、王君弟、王君力，弟八人，王鳳字孝卿，王曼字元卿，王譚字子元，王崇字少子，王商字子夏，王立字子叔，王根字稚卿，王逢時字季卿。而只有王鳳、王崇與王政君為同一母親所生。王政君為元帝皇后，王氏勢力逐漸擴張，王鳳為成帝之舅，後為大司馬大將軍，王家有九位封侯，五位大司馬。見本書卷九十八〈元后傳〉。㉟輔政　輔佐皇帝處理政事。㊱甫　開始。㊲云　此處作語尾助詞。㊳南陽太守　官名。南陽，郡名。轄境約為今河南、湖北交界處，郡治為宛縣（今河南南陽）。㊴少府　官名。九卿之一，掌管全國山海地澤稅收及皇室的供養。㊵高第　即高等，指考查後名次居於高等之列。㊶太僕　官名。九卿之一，掌管皇帝車馬和馬政。㊷衛尉　武官名。原秦官。掌管宮門衛屯兵，衛尉機關在宮內。㊸官簿　顏師古注：簿，伐閱也。秦漢功有五品：勳、勞、功、伐、閱。明其等曰伐，積日曰閱。依此，官簿應是記錄官員功績和資歷的冊子。㊹雜問　共同追究、訊問。這句話，晉灼注中說：大臣獄重，故以五名二千石詰責之。㊺詰責　追究問責。㊻冀　希望。㊼其處　其所處的位置。具體為翟方進的御史大夫的職位。㊽除　授官職。㊾陳湯　山陽瑕丘（今山東兗州）人。見本書卷七十〈陳湯傳〉。㊿中郎　官名。屬郎中令。中郎秩比二千石，又稱中郎將，掌守宮殿門戶。(51)與從事　顏師古注：每有政事皆與謀之而行也。(52)薨　諸侯死稱薨。(53)從弟　堂弟。王先謙補注：「宋祁曰，邵本無從字。」(54)車騎將軍　將軍的名號，漢文帝始設，以後時設時無。(55)音　曾任御史大夫、大司馬車騎將軍。本書卷八十五〈谷永傳〉亦云王音為王鳳從弟。又見〈元后傳〉。(56)稱　稱頌；讚揚。(57)商　王鳳之弟，孝元皇后弟。見本書卷九十八〈元后傳〉。(58)大司馬　武官名號。掌武事。漢武帝元狩四年（西元前一一九年）初置大司馬，冠於將軍號前。漢成帝綏和元年（西元前八年）初賜大司馬，金印，去將軍，秩比丞相。哀帝建平二年（西元前五年）復冠將軍如故。管全國武事，位列三公。(59)白　報告；說。(60)有司　專管某事的官吏。(61)案驗　查明犯罪事實定罪。(62)敦煌　郡名。轄境約為今甘肅西部，郡治敦煌（今甘肅敦煌西）。(63)小冠杜子夏　即杜欽，杜周之孫。茂陵杜鄴與杜欽的字都為子夏，才能都稱於京師，所以士大夫稱杜欽為「盲杜子夏」，因為杜欽一目盲。杜欽不願因身體上的殘疾而讓人詆毀，所以做了一頂小帽，以示區別，後來人們稱杜欽為「小冠杜子夏」，稱杜鄴為「大冠杜子夏」。見本書卷六十〈杜周傳〉附〈杜欽傳〉。(64)微　稍微。(65)解說　解釋說明。(66)揣　猜度。(67)指　意旨；意向。(68)亡何　不久。(69)姦佞傾覆　奸邪不正，反覆無常。(70)利口不軌　口齒伶利善辯，不守法度。(71)賂遺　給人送財物。(72)備　充任。(73)盡忠正身　為國盡忠，正己修身。(74)行辟　行為不正。辟，同「僻」。邪僻。(75)官媚　公然獻媚。官，公開；公然。(76)徼幸　希圖偶然成功。(77)苟得　苟且得到。(78)孔子二句　所引為《論語‧陽貨》中的話。其意為：難道說可以與鄙夫一同來侍奉君王嗎。鄙夫，平庸淺陋頑劣的人。(79)咸信之謂也　這說的就是陳咸、逢信啊。省去了主語「此」。(80)暴見　暴露顯現。見，同「現」。(81)示　彰顯。

(82)可　皇帝對臣下奏章表示同意時簽署「可」字。(83)詔舉　皇帝下詔，讓舉薦人才。(84)方正直言　為人正派，敢說真話。漢文帝時，為了了解政治得失，下詔舉賢良方正能直言極諫者，中選者授予官職，以後舉賢良方正便成為漢代選拔人才的科目之一。(85)紅陽　縣名，在今河南葉縣南。(86)立　王立。孝元后王政君的弟弟，成帝的舅舅，封紅陽侯。見本書卷九十八〈元后傳〉。(87)對策　漢代以後考試方法之一，即將有關政事、經義的問題，寫在簡策上，讓應試者回答。也有應詔陳政事的，即回答皇帝提出有關政事的問題。(88)光祿大夫給事中　官名。光祿大夫為光祿勳的屬官。漢武帝時改光祿勳屬官為光祿大夫，秩比二千石。掌管議論、問對。給事中為加官，因執事殿中，故名。(89)暴陳　暴露於外。陳，陳列。(90)冒濁苟容　看不見汙濁的東西而苟且容身於世。冒，以物蔽目而前。(91)蒙　受。(92)皇太后　秦稱皇帝的母親為皇太后，此指元帝皇后王政君。(93)侍中　加官。在原官上加侍中，可以出入宮禁，侍從皇帝。(94)淳于長　人名。淳于為複姓，長為名，魏郡元城（今河北大名）人。見本書卷九十三〈淳于長傳〉。(95)就國　遣送出京城，回到封國。當時列侯一般住在京城，不在封國。(96)封事　密封的奏章。(97)託文　託於詔文。(98)它計　其他的計議。指令淳于長就國。(99)陰事　隱祕的事。指淳于長戲侮成帝廢后許皇后。事見本書卷九十三〈佞幸傳〉之〈淳于長傳〉。(100)傾誤　錯誤。傾有偏側意，偏側於誤則更誤。(101)要　要挾。(102)黨友　黨徒。(103)積多。(104)庶幾　但願。(105)與　參與。(106)斥逐　驅逐。(107)尤著者　特別明顯的人。(108)後將軍　武官名。前後左右將軍，皆周官，秦沿用不改，位上卿。漢不常置，或有前將軍、後將軍，或有左將軍、右將軍。掌管軍事。(109)鉅鹿　郡名。轄境約當今河北南部及河北、山東交界地區，郡治鉅鹿（今河北平鄉西南）。(110)交通　交往；勾結。(111)腹心　心腹。(112)死黨　同夥之間互盡死力。(113)攀援　互相牽引援手。(114)死而後已　死了才罷休。(115)不仁　沒有仁愛之心。(116)殘賊　兇殘狠毒。(117)酷虐　殘酷暴虐。(118)纖介　亦作「纖芥」。細微。(119)愛利　仁愛而施利於人。(120)惑　迷亂。(121)孔子曰五句　孔子說：「人如果不仁，講禮又有什麼用呢？人如果不仁，講樂又有什麼用呢？」此語出孔子《論語・八佾》。是說用了不仁的人，則禮樂廢壞。(122)不仁而多材　沒有仁愛之心而才能多。(123)沒身而爭　捨身諫諍；誓死諫諍。(124)季孫行父　季文子，魯國大夫。(125)鷹鸇　猛禽名。此句見《左傳・文公十八年》。原文為：「見有禮于其君者事之，如孝子之養父母也；見無禮于其君者誅之，如鷹鸇之逐鳥雀也。」鸇，猛禽，即晨風，鷂類。(126)誠　確實。(127)犯　觸犯；得罪。(128)並怨　一起怨恨。(129)善惡相冒　好的壞的相遮蔽在一起，不易區別。(130)盡死　效死；竭力拼命至死。(131)姦雄　奸臣梟雄。指弄權欺世以謀取高位的權臣。(132)廢錮　革職以後永不敘用。(133)知能　智慧才能。知，通「智」。(134)文法　法律條文。(135)吏事　做官吏的辦事程序和遵守的原則。(136)儒雅　儒術。指儒家的思想和政治主張。(137)緣飾　文飾，即今之所謂包裝。指用儒家思想為法律找到理論根據。(138)通明相　通達明理的宰相。(139)微指隱蔽未能明說的想法。指，通「旨」。140外戚　指皇帝的外家親屬，如母族、妻族。淳于長是成帝的姨表兄弟，屬於外戚。141謀議　策劃；謀略。142大逆　罪大惡極。古代一般稱弒君、謀反、不敬皇帝、掘帝陵、不孝等為大逆罪。淳于長戲侮廢皇后自然也屬大逆。143疏　奏章之一種稱呼，分條列舉意旨。144乞骸骨　自請退休。145報　回答；答覆；報告。146伏其辜　即罪責已受到了懲罰。辜，罪。147傳　古代書籍的泛稱。148朝過夕改　早上的過錯晚上就改掉了。形容迅速改正了錯誤。149與之　讚許他。150壹　通「一」。151毋怠　不要懈怠。152近醫藥　好好吃藥看病。153自持　自己把握自己。154條奏　逐條上奏。155孫寶　人名。見本書卷七十七〈孫寶傳〉。156右扶風　官名。轄渭城以西二十一縣。約當今西安市西北，為首都長安三輔之一。157蕭育　人名。見本書卷七十八〈蕭望之傳〉附〈蕭育傳〉。158見任　被信任。

【語　譯】翟方進在京兆尹任上三年，於永始二年升為御史大夫。過了幾個月，遇到丞相薛宣因廣漢郡盜賊起事，成群作案，以及在舉辦太皇太后喪事期間，三輔官員濫徵亂派，違法犯禁，被罷去職務，免為普通百姓。翟方進也因為任京兆尹時辦理太皇太后喪事煩擾百姓，降職為執金吾。二十多天中，丞相官位空缺。群臣大多舉薦翟方進，皇帝也器重他的才能，便提拔翟方進為丞相，賜封高陵侯，食邑一千戶。他自己已經富裕並且顯貴，而繼母還健在，翟方進在家言行謹慎，遵守禮儀，對繼母生活供養豐厚。等到繼母去世，安葬三十六天後，他除去喪服，到職辦事。他認為自己身為漢朝丞相，不敢逾越朝廷的制度。他當丞相，公正廉潔，從不讓郡國官員為自己辦私事。他執行法令苛細嚴峻，舉奏州牧、太守、九卿大臣，援引法律政令文書苛細嚴峻，深追根源，被他追究而受到查處的官員很多。如陳咸、朱博、蕭育、逢信、孫閎等一夥人，都是京城世代做官的人家，憑藉才能年輕時便擔任州牧、太守、九卿，在當時很有名氣，而翟方進才能出眾，崛起在後，十多年才位至宰相，依據法律彈劾陳咸等人，把他們都罷免驅逐出了官場。

2　先前，陳咸最早發跡，從元帝初年當上御史中丞，就在朝廷中揚名了。成帝剛即位，便提拔他做部刺史，先後任楚內史、北海太守、東郡太守。陽朔年間，京兆尹王章非議大臣，而舉薦琅邪太守馮野王可以代替大將軍王鳳輔佐皇帝處理朝政，東郡太守陳咸可以做御史大夫。這時，翟方進才從博士任刺史。後來，翟方進當了京兆尹，陳咸也從南陽太守入朝做了少府，與翟方進交情深厚，關係也好。在此之前，逢信已經從郡守中的優秀者歷任京兆尹、太僕，做了衛尉了，業績和閱歷記錄都在翟方進之上。等到御史大夫職位空缺，三人都是當時有名聲的高官，都在備選之中，而最後翟方進得到了這個職位，當了御史大夫。恰好，丞相薛宣犯罪的事情牽連到翟方進，皇上派了五位二千石級的官員一道查問丞相、御史大夫。陳咸追究翟方進的責任，目的是希望自己能得到御史大夫這個職位，翟方進心中忌恨陳咸。當初，大將軍王鳳向皇上奏請命陳湯為中郎，朝廷政事與陳湯商量，王鳳死後，他的堂弟車騎將軍王音代替王鳳輔佐皇帝處理朝廷政事，也厚待陳湯。逢信、陳咸都同陳湯關係密切，陳湯多次在王鳳、王音面前讚揚這兩個人。過了很長一段日子，王音死了，王鳳的另一個弟弟成都侯王商又以大司馬衛將軍的身分接替王音輔助皇帝處理朝廷政事。王商一向憎惡陳湯，便向皇帝報告陳湯的罪過，交有關機關訊問確實，於是免去了陳湯的職務，流放到敦煌。這時，翟方進新當上丞相，陳咸感到害怕和不安，便讓小冠杜子夏到翟方進那裡去，觀察翟方進的意圖，從中稍微作些解釋。杜子夏到了翟方進那裡，猜測到翟方進的想法，不敢替陳咸說話。過不了幾天，翟方進向皇帝報告陳咸與逢信「奸邪枉法，貪汙腐敗，營私舞弊，利欲薰心。他們都知道陳湯是一個心術不正，反覆無常，口齒伶利，巧言善辯，不守法度的人，卻又同他親密來往，贈送財物，以求陳湯推薦。後來做了少府，多次給陳湯送東西。陳咸和逢信有幸充任九卿職務，不想著為朝廷盡忠，潔身自愛，心裡知道自己行為不正進身無門，而公然諂媚奸臣，企圖僥倖，苟且求榮，行為無恥。孔子說：『難道能與平庸淺陋而又頑劣的人同在一個朝廷中奉侍君王嗎？』這說的就是陳咸、逢信這一類人啊。他們的錯誤和罪惡已經明顯暴露，不宜繼續待在那個職位上。臣請罷免他們，以昭示天下臣民」。奏章被批准。

3 兩年多以後，皇帝下詔天下，舉薦為人正派敢說實話的士人。紅陽侯王立舉薦陳咸參加對策考試，陳咸被授予光祿大夫給事中。翟方進再次舉奏，說：「陳咸以前做九卿時，因為貪汙奸邪而被免官，他自己知道罪惡已經暴露，便依附於紅陽侯王立，希望意外獲得成功，有關的官員沒有人敢檢舉上奏。陳咸眼睛被權勢所蒙蔽，看不見汙濁，苟且容身於世，不顧恥辱，不應當作為方正選拔上來，充當內朝大臣。」並檢舉揭發紅陽侯王立舉薦中有意隱瞞事實。皇帝的詔書是，免去陳咸的光祿大夫職務，不追究王立。

4 以後幾年，皇太后姊姊的兒子侍中衛尉定陵侯淳于長有罪，皇上因太后的原因，免了淳于長的官，不予治罪。主管此案的官員奏請將淳于長遣送到他的封國去，為此淳于長送金錢給王立，王立向皇帝上祕奏請求將淳于長留在京城，說：「陛下既因為皇太后的緣故，下了詔書，實在不必再有其他計議了。」後來淳于長的隱密事被揭發，便被關進獄中。翟方進檢舉王立「心懷奸邪，擾亂朝廷政令，想以錯誤之事要挾皇上，奸猾不道德，請將他下獄論罪」。皇帝說：「紅陽侯是我的舅舅，不忍依法治罪，遣送他回到他的封國去吧。」於是，翟方進再奏王立的黨徒說：「王立一貫行為不良，多做壞事，眾人所共知。邪臣們自相交結，相互依附成為朋黨，希望王立參與政事，想從中謀求利益。現在王立被驅逐回到封國，他所交結特別明顯的人，不適合當大臣、做太守。查後將軍朱博、鉅鹿太守孫閎、前光祿大夫陳咸與王立交情深厚，相互為心腹，有背叛朝廷為同黨盡死的信念，想互相牽引援助，至死才罷休。他們都是內心沒有仁愛的德性，表面卻有卓越的才能，超過一般的人；勇猛果斷，處理事情不猶豫，所管轄的範圍，都習尚兇殘狠毒殘酷暴虐，用苛刻慘毒來樹立威望，沒有一點仁愛利民的風氣。天下人都知道，而愚昧的人被矇騙迷惑。孔子說：『一個人沒有了仁愛之心，禮又有什麼用呢！一個人沒有了仁愛之心，樂又有什麼用呢！』這話是說不講仁愛的人，是沒有什麼可以用的。不講仁愛而又有才能的人，是國家的禍患啊。這三個人都是心裡懷著奸詐和狡猾，為國家的禍患，而又互相暗中深深勾結，得到貴戚奸臣們的信賴，這是國家很大的隱患，身為大臣應該捨身為此諫諍啊。過去，魯國大夫季孫行父曾說過：『看見有利於君主的人要愛他，就像孝順兒子侍奉父母一樣；看見有害於君主的人要懲罰他，就像鷹鸇逐捕鳥雀一樣。』鷹鸇捕鳥，翅膀雖會受傷，也不迴避。貴戚強黨這夥人很多，確實很難觸犯的，觸犯了他們，就會招來很多敵人的怨恨，好壞遮掩在一起，很難分清。但是，臣我有幸得到皇帝的恩寵，擔任宰相，不敢不竭力拼命來舉奏。我請求免去朱博、孫閎、陳咸的職務，並將他們遣回老家，藉以消除奸雄的黨羽，斷絕奸臣們的期望。」皇帝批准了他的奏章。陳咸既被革職，永不能當官，又遣送回老家，因而憂鬱，生病死去。

5 翟方進的智慧才能有餘，同時精通法律文書和官場辦事的程序及原則，用儒家的學說為法律作出理論解釋，號稱通達明理的宰相。皇帝很器重他，他所奏請的事沒有不稱心的，他也在心裡揣摩皇帝的意圖做事，以便鞏固自己的地位。先前，定陵侯淳于長雖然是外戚，然而以能深思熟慮、善於謀劃、提出好的建議而做了九卿。他開始掌權，翟方進也只和他交往，向皇帝稱讚和推薦他。到淳于長因犯大逆罪被處死，那些與淳于長交情深厚的人都因此被免官，皇上認為翟方進是朝廷重要大臣，又一貫器重他，替他隱瞞了。翟方進內心感到慚愧，於是向皇帝上疏認錯，並請求退休。皇帝回答說：「定陵侯淳于長已經為他所犯的罪而受到了懲處，你雖然和他有交往，但是古書不是說過：早上犯了錯誤晚上就改正，君子也是讚許的。你還猶豫什麼呢？應當專心一意去工作，不要懈怠，同時好好吃藥治病，自己保重。」翟方進便復職繼續為皇帝工作。他逐條舉奏與淳于長關係密切的京兆尹孫寶、右扶風蕭育，以及刺史、二千石以上的官員二十餘人，都被解除職務。他就是這樣被皇帝信任。

1 方進雖受穀梁，然好左氏傳、天文星曆❶，其左氏則國師❷劉歆❸，星曆則長安令田終術師也❹。厚李尋❺，以為議曹❻。為相九歲，綏和❼二年春熒惑守心❽。尋奏記❾言：「應變❿之權⓫，君侯⓬所自明。往者數白，三光垂象⓭，變動見端⓮；山川水泉，反理視患⓯；民人訛謠，斥事感名⓰。三者既效⓱，可為寒心⓲。今提揚眉，矢貫中⓳；狼奮角，弓且張⓴；金歷庫，土逆度㉑；輔湛沒，火守舍㉒。萬歲之期，近慎朝暮㉓。上無惻怛㉔濟世之功，下無推讓避賢㉕之效，欲當大位，為具臣㉖以全身，難矣。大責㉗日加，安得但保斥逐之戮㉘？闔府㉙三百餘人，唯君侯擇其中，與盡節[30]轉凶[31]。」

2 方進憂之，不知所出[32]。會郎[33]賁麗善為星[34]，言[35]大臣宜當之[36]。上乃召見方進。還歸，未及引決[37]，上遂賜冊[38]曰：「皇帝問丞相：君有孔子之慮[39]，孟賁[40]之勇，朕嘉[41]與君同心一意，庶幾[42]有成。惟君登位，於今十年，災害並臻[43]，民被[44]飢餓，加以疾疫[45]溺[46]死，關門牡開[47]，失國守備[48]，盜賊黨輩[49]。吏民殘賊[50]，毆殺良民，斷獄[51]歲歲多前。上書言事，交錯[52]道路，懷姦朋黨[53]，相為隱蔽，皆亡忠慮[54]。群下兇兇[55]，更相嫉妒，其咎[56]安在？觀君之治，無欲輔朕富民便安元元[57]之念。間者郡國[58]穀雖頗孰[59]，百姓不足者尚眾，前去城郭[60]，未能盡還，夙夜[61]未嘗忘焉。朕惟往時之用[62]，與今一[63]也，百僚[64]用度各有數。君不量多少，一聽[65]群下言，用度不足，奏請一切[66]增賦[67]，稅城郭堧[68]及園田，過更[69]，算馬牛羊[70]，增益鹽鐵[71]，變更無常。朕既不明，隨奏許可。後議者以為不便，制詔下君，君云賣酒醪[72]，後請止。未盡月，復奏議[73]令賣酒醪。朕誠怪君，何持容容[74]之計，無忠固[75]意，將何以輔朕帥道[76]群下？而欲久蒙顯尊之位，豈不難哉！傳曰：『高而不危，所以長守貴也。』[77]欲退君位，尚未忍。君其孰念詳計[78]，塞絕姦原[79]，憂國如家，務使百姓以輔朕。朕既已改[80]，君其自思，強食慎職[81]。

使尚書令(82)賜君上尊酒(83)十石(84)，養牛(85)一，君審處焉。」

3 方進即日(86)自殺。上祕之(87)，遣九卿冊贈(88)以丞相高陵侯印綬(89)，賜乘輿祕器(90)，少府供張(91)，柱檻皆衣素(92)。天子親臨弔者數至，禮賜異於它相故事(93)。諡曰恭(94)侯。長子宣嗣。

4 宣字太伯，亦明經篤行(95)，君子人(96)也。及方進在，為關都尉(97)、南郡(98)太守。

【章　旨】以上為第四部分，敘述翟方進為相九年後，因「熒惑守心」之故，成帝下詔以天下亂象責問丞相，翟方進成為代罪羔羊，自殺而亡。成帝對此祕而不宣，以冊書贈印綬，親臨弔祭，讓其長子翟宣繼嗣侯爵。

【注　釋】❶天文星曆　天文星象及曆數。❷國師　官名，王莽設置。❸劉歆　西漢經學古文派的開創者，任王莽國師。見本書卷三十六〈楚元王傳〉附〈劉歆傳〉。❹星曆句　長安縣令田終術跟他學星曆。❺李尋　平陵（今陝西咸陽）人。見本書卷七十五〈李尋傳〉。❻議曹　官名。丞相府屬吏。❼綏和　漢成帝第七個年號，計二年（西元前八—前七年）。❽熒惑守心　天文現象。熒惑，火星。因為隱現不定，使人迷惑，故名熒惑。過去人說，朝廷禮失，則熒惑罰出，出則有兵災，入則兵散。守，停留。指天空中某一星辰進入其他星辰的區域之中。心，星名。心宿，二十八宿之一，蒼龍七宿的第五宿，有星三顆，其主星叫商星，也叫鶉火、大火、大辰。古人以為，心宿三星，天之正位，象徵地上人君的位置。熒惑守心，即火星停在心星的星域。❾奏記　漢代朝官對三公、州郡百姓或下屬對長官的書面報告。❿應變　應付事變。⓫權　謀略；計謀。⓬君侯　古時稱列侯為君侯。秦漢以後多以列侯為丞相，所以其他人稱丞相為君侯。以後轉為對尊貴者的敬稱。⓭三光垂象　日月星顯示的徵兆。三光，指日月星。古人認為自然現象的變化，預示著社會人事的吉凶。⓮端　兆頭。這是指翟方進擔任宰相九年中，發生了三次日食，月底西方不見月朓，彗星進入熒惑東井這些天文現象。⓯山川水泉二句　山川水泉反於常理而顯示禍患。視，同「示」。這是指成帝元延三年（西元前一〇年）蜀郡岷山崩，壅江，江水逆流。山倒水逆流，反於常理。⑯民人訛謠二句　民間的歌謠，預測出井水將溢，並感應出趙飛燕的名字。具體指元帝時童謠：「井水溢，滅灶烟，灌玉堂，流金門。」到成帝建始二年（西元前三一年）三月，北宮中井泉稍上，溢出南流。這時民謠：「燕燕尾涎涎，張公子，時相見。」後來便出現了成帝微行出遊，與富平侯張放過陽阿主家作樂，見舞者趙飛燕而幸之，故曰「燕燕尾涎涎」。涎涎，美好的樣子。斥，探測。感，感應。以上均見本書卷二十七〈五行志〉。⑰既效　既然已經應驗。⑱寒心　心生恐懼。⑲提揚眉二句　攝提星揚其芒角，枉矢星貫穿其中。攝提，星名。大角星，屬亢宿，天王帝廷。其兩旁各有三星，鼎角相勾。左三星為左攝提，右三星為右攝提。矢，星名，枉矢星。枉矢星為大流星，蛇行而黑，望之如有羽毛。這是指綏和元年（西元前八年）正月，枉矢從東南入北斗攝提，與北斗杓建寅貫穿攝提。流星貫穿天王帝廷，自然也是天象示警了。⑳狼奮角二句　星象術語。狼，星名，天狼星，在參宿東南。奮角，光芒掃射。古人認為，狼星有芒角則盜賊起。弓，星名，天弓星，又稱弧矢，有星九顆。張，強盛。此指明亮。古人認為，天弓星不應明亮，明亮則是天示戰爭之兆。㉑金歷庫二句　星象術語。金，星名，金星，又叫太白、啟明、長庚。庫，星名，武庫，即奎宿，也叫天豕、封豕。二十八宿之一，有星十六顆。金星歷庫星，古人認為是兵起的天象。土，星名，土星。又稱填星，鎮星。逆度，逆行。㉒輔湛沒二句　星象術語。輔，星名，靠近開陽星的伴星。湛沒，沉沒。湛，通「沉」。火守舍，火星停留在心宿天區，也有說就是熒惑守心。㉓萬歲之期二句　死期近在早晚之間。萬歲之期，死也。古人諱言死，故委婉說出。是說天象之變，皇帝當之，皇帝可將此轉移於大臣身上。近，最近。慎，小心。朝暮，早晚之間。形容時間很短。㉔惻怛　憂傷。㉕避賢　讓賢。㉖具臣　備臣數而不能有所作為。㉗大責　事件責任重大。㉘勠　羞辱。㉙闔府　整個丞相府。㉚盡節　盡心竭力保持節操，一般指赴義捐生，即死節。㉛轉凶　扭轉凶象；轉凶為吉。㉜不知所出　不知計之所出，即不知採取什麼樣的對策。㉝郎　官名。光祿勳的屬官，為帝王的侍從官。㉞星　占星術。指以星象變化來推算吉凶的方術。㉟言　賁麗為皇上（成帝）說。事在綏和二年（西元前七年）二月。三月方進自殺。㊱大臣宜當之　天象示凶，宜由大臣承擔罪責。㊲引決　自殺。㊳冊　皇帝的冊命詔書。㊴慮　思慮；謀劃。㊵孟賁　又叫孟說。齊國人，戰國勇士，能從牛頭上拔下牛角。秦武王有力好勇，孟賁又到了秦國，為秦三勇士之一。㊶嘉　讚美。㊷庶幾　也許可以。㊸臻　至；到。㊹被　受；遭受。㊺疾疫　疾病瘟疫。㊻溺　淹沒。㊼牡開　門閂自開。牡，門閂。這是指成帝元延元年（西元前一二年）正月，長安章城門門閂不見了，函谷關次門門閂也不見了。㊽守備　防守用的設施、器械。㊾黨輩　同夥那些人。黨，同夥。㊿吏民殘賊　官府屬吏及地方豪強殘害（百姓）。吏，官府中的屬吏。民，地方豪強。殘賊，殘害。

(51)斷獄　審判案件。(52)交錯　交叉錯雜。(53)朋黨　以利勾結起來，排斥異己的同黨。(54)忠慮　竭盡忠心的思想。(55)兇兇　騷動不安。(56)咎　錯誤。(57)元元　百姓。(58)郡國　漢代建立後，實行郡縣制與封建制雙軌制。郡縣制指設郡縣，封建制指封王國。郡國指國內的郡和國，即指天下。(59)孰　通「熟」。(60)前去城郭　百姓前往城市中謀求生存。城郭，城市。(61)夙夜　早上晚上。夙，早晨。(62)用　財用。(63)一　一樣。(64)百僚　百官。(65)一聽　完全聽從。(66)一切　權宜；暫時。(67)賦　田地稅。(68)稅城郭堧　向城郭邊及園田增稅，園田收入多則增加稅收。堧，城郭旁地。(69)過更　秦漢時所收的一種以錢代更役的賦稅。應服役的人向官府交錢，由官府雇人代替服役。一個人一月二千。(70)算馬牛羊　計算馬牛羊數交稅。稅率為千分之二十。(71)增益鹽鐵　增加煮鹽和冶鐵的稅率。秦漢時是鹽鐵專賣的。(72)賣酒醪　由官府賣酒。(73)復奏議　又有奏議。奏議，文體名。臣下上奏帝王章奏的統稱。(74)容容　隨著眾人上下，即沒有主意，附合眾人之意。(75)固　專一。(76)帥道　帶領；引導。道，通「導」。(77)傳曰三句　在高位而不驕，才會沒有危險，這樣才守得住你的位子。此語見《孝經·諸侯章》，原話是：「在上不驕，高而不危；制節謹度，滿而不溢。高而不危，所以常守貴也。」(78)孰念詳計　考慮成熟，計劃周詳。(79)姦原　詐偽邪惡的源頭。原，通「源」。(80)已改　已經改變。(81)強食慎職　努力吃飯，謹慎辦事。(82)尚書令　官名。少府的屬官，掌章奏文書。(83)上尊酒　上等酒。(84)石　量詞。十斗為一石。(85)養牛　御廄飼養的牛。(86)即日　當天。按照《漢舊儀》的記載：天地有大變，天下有大過錯的時候，皇帝讓侍中持著符節，乘四匹白馬駕的車子，帶著皇帝所賜贈的好酒十斛、牛一頭，策告災害。使者走到半路上，丞相便上奏稱有病。使者回去，還沒有報告，尚書便以丞相有病不能工作向皇帝報告。從這種例行規定來看，漢成帝是沿舊例來做的，讓丞相翟方進承擔自己在位期間天災人禍的罪責。(87)祕之　意思是將翟方進被迫自殺隱祕起來，而以病死公開。(88)冊贈　以冊書對翟方進封贈。(89)印綬　高陵侯的印信及繫印的絲帶。列侯印為金印紫綬。(90)祕器　棺材及陪葬器物。(91)少府供張　由少府供應。漢制，大臣死，皇帝賜以東園祕器。東園屬少府，專管製作皇帝的葬具和陪葬器物。(92)柱檻皆衣素　屋裡的柱子，屋外廊窗戶上的欄板都用白綾包起來。柱，屋柱。檻，欄杆、欄板。素，白色。(93)異於它相故事　不同於過去其他丞相的慣例。《漢舊儀》說：丞相有疾，皇帝乘法駕親去問病，從西門進去。死了以後，移到丞相府第，皇帝的車駕前往弔唁，贈棺材、殮具，賜錢、葬地。葬日，公卿以下會葬。這次，皇帝親臨弔唁了好幾次，所以說禮賜與過去成例不同。(94)恭　這是對翟方進的諡號，因為他封了侯，所以叫恭侯。按照張守節的《史記正義》〈諡法解〉，諡「恭」有九種評判語。其中有「敬事供上」、「尊賢貴義」、「既過能改」等。此處的諡義應為「敬事供上」。(95)篤行　行為篤實淳厚，為人厚道。(96)君子人　德行出眾的人。(97)關都尉　官名。秦置，漢沿而不改，掌收貨物稅，稽查往來旅客，主要設在函谷關。

⑱南郡　郡名。轄境約今湖北中西部，郡治江陵（今湖北江陵）。

【語　譯】翟方進雖然學的是《穀梁傳》，但喜好《左傳》及天文星曆，在《左傳》方面他是國師劉歆的老師，星曆則是長安令田終術的老師。他厚待李尋，用李尋做議郎。翟方進當了九年丞相，綏和二年春天，火星停留在心宿天區。李尋給翟方進送了一份報告，說：「應付這種變故的計劃，你自己是明明白白的。過去我幾次給你報告過，日月星辰顯示出了徵兆，人事變化已有了兆端；山崩水倒流，違反常規的事顯示著禍患；民間流傳的歌謠，推測的事件和感應的人名都有了應驗。這三件事都已成了事實，讓人心中擔憂。現在攝提星光芒搖曳，枉矢星貫穿其中；天狼星光芒掃射，天弓星將放光明；金星經過武庫星座，土星逆向運行；輔星沉沒，火星進入心宿天空。死亡的日子臨近了，不過是早晚而已。對上沒有憂傷濟世的功績，對下沒有謙遜讓賢的成效，想承當高位，而又作為一般官員來保全自己，是很難的了。事件責任重大而又一天天地加重，怎麼能只求得只是受到被斥責驅逐的羞辱呢？整個丞相府三百多名官員屬吏，希望你從中選擇，一起盡心竭力保持大臣的節操，以扭轉凶象。」

2　翟方進對這件事十分發愁，不知採取什麼對策才能解決目前的困境。正在這時，善以星象推斷吉凶的郎官賁麗，向皇上說，大臣應該承擔這些災殃。皇上便召見了翟方進。翟方進回到丞相府，還沒有來得及自殺，皇帝便賜給他詔書，說：「皇帝問丞相：你有孔子的思慮，孟賁的勇敢，我讚賞和你同心一意，希望能有所成就。但你當上丞相到現在已經十年，災害齊至，人民遭受飢餓，加上疾病、瘟疫、水淹，關門的門閂無故不見，失去國家用於防禦的器物，盜賊眾多。官吏和豪強任意毆打和殺害善良的老百姓，審判的刑事案件年年都超過上一年。你上書報告工作，交叉錯雜，懷著奸邪之心，勾結同黨，為他們隱瞞罪責，完全沒有忠誠的心思。百姓騷動不安，更加互相妒忌，造成這種狀況，錯在什麼地方呢？我看你治理國家，沒有想輔佐我讓人民富足，使老百姓安居樂業的想法。近年，雖然天下糧食豐收，但是百姓中吃不飽的人還很多，他們流浪到城市去，還沒有完全回去，我日夜都忘記不了。我想，過去國家的財政開支，與現在是一樣的，百官的用度都是有規定數目的。你不計算多少，完全聽從下級的話，開支不夠，便奏請臨時增加賦稅，對城郭邊地及園田加徵代役稅，馬牛羊按頭數計算徵稅，增加鹽、鐵業的稅收，變化更改無常。我不清楚這些事，隨著你的奏章批准執行。以後，議事的官員以為不合適，就把詔書下發給你，你說，讓官府賣酒，後來又奏請停止。不到一個月，你又奏請讓官府賣酒。我確實對你感到奇怪，為什麼採取隨眾附合的辦法，而沒有忠實堅定的主意，這樣的話你將怎麼幫助我引導百官？又想長久地保有顯赫尊貴的地位，那不是很難的嗎！古書說：『身處高位而沒有倒塌的危險，才能長期保持尊貴。』我想解除你的職位，還不忍心。你應該深思熟慮，周詳計劃，去堵住奸邪的根源，憂慮國家的治理，就像考慮你家裡的事情一樣，務必輔佐我使百姓安居樂業。我既然已經改變了想法，你也該自己思考一下，努力增加餐飯，謹慎履行職責。我讓尚書令賜給你好酒十石、牛一頭，你審慎處理吧。」

3 翟方進接到成帝詔書的當天便自殺了。皇帝將翟方進自殺而死的事祕而不宣，向外公開宣布翟方進病逝，派遣九卿將丞相高陵侯的印信及印綬賜給翟方進，還賜有車馬、棺材及陪葬器，由少府供給，屋柱、欄杆、欄板都用白綾包上。皇帝親臨弔唁達數次，禮賜不同於對過去其他丞相的成例。給翟方進的諡號為恭侯。翟方進的長子翟宣繼承侯爵爵位。

4 翟宣，字太伯，也通曉經術，行為淳厚篤實，屬於君子一類人物。翟方進在世時，已做了關都尉、南郡太守。

1 少子曰義。義字文仲，少以父任為郎❶，稍遷諸曹❷，年二十出❸為南陽都尉❹。宛❺令劉立與曲陽侯❻為婚，又素著名州郡，輕義年少。義行太守事❼，行縣至宛，丞相史❽在傳舍❾。立持酒肴謁丞相史，對飲未訖，會義亦往，外吏❿白都尉方至，立語言自若⑪。須臾⑫義至，內謁⑬徑入，立迺走下。義既還，大怒，陽⑭以它事召立至，以主守盜十金⑮，賊殺不辜⑯，部掾⑰夏恢等收縛立，傳送鄧獄⑱。恢亦以宛大縣，恐見篡奪⑲，白義可因隨後行縣⑳送鄧。義曰：「欲令都尉自送，則如勿收邪㉑！」載環宛市㉒迺送，吏民不敢動，威震南陽。

2 立家輕騎馳從武關㉓入語曲陽侯，曲陽侯白成帝，帝以問丞相。方進遣吏敕㉔義出宛令。宛令已出，吏還白狀。方進曰：「小兒㉕未知為吏㉖也。其意以為入獄當輒死矣。」

3 後義坐法免，起家而為弘農㉗太守，遷河內㉘太守，青州㉙牧。所居著名，有父風烈。徙為東郡㉚太守。

4 數歲，平帝崩，王莽居攝㉛，義心惡之，乃謂姊子上蔡㉜陳豐曰：「新都侯攝天子位，號令天下，故擇宗室幼稚者以為孺子㉝，依託周公㉞輔成王之義，且以觀望。必代漢家，其漸㉟可見。方今宗室衰弱，外無彊蕃㊱，天下傾首㊲服從，莫能亢扞㊳國難。吾幸得備宰相子，身守大郡，父子受漢厚恩，義當為國討賊，以安社稷㊴。欲舉兵西誅不當攝㊵者，選宗室子孫輔而立之。設令時命不成㊶，死國埋名㊷，猶可以不慙於先帝。今欲發之，乃㊸肯從我乎？」豐年十八，勇壯，許諾。

義遂與東郡都尉劉宇、嚴鄉侯劉信、信弟武平侯劉璜㊹結謀。及東郡王孫慶㊺素有勇略，以明兵法，徵㊻在京師，義迺詐移書㊼以重罪傳逮㊽慶。於是以九月都試日㊾斬觀㊿令，因勒其車騎(51)材官(52)士(53)，募郡中勇敢，部署(54)將帥。嚴鄉侯信者，東平王雲(55)子也。雲誅死(56)，信兄開明嗣為王(57)，薨，無子，而信子匡復立為王，故義舉兵并(58)東平，立信為天子。義自號大司馬柱天大將軍，以東平王傅蘇隆(59)為丞相，中尉(60)皋丹(61)為御史大夫，移檄(62)郡國，言莽鴆殺(63)孝平(64)皇帝，矯攝尊號，今天子已立，共行天罰(65)。郡國皆震，比至山陽(66)，眾十餘萬。

【章旨】以上為第五部分，敘述翟方進少子翟義有乃父之風，任東郡太守時，王莽鴆殺平帝，立孺子嬰而自為攝皇帝，翟義於是擁立漢宗室劉信為天子，移檄郡國，起兵討伐王莽，響應的部眾有十多萬人。

【注釋】❶以父任為郎　因為父親翟方進為丞相所以任為郎。郎由郎中令管。❷諸曹　各部門。曹，古時分職治事的官署或部門，猶今之司、局、處等。漢時設尚書，在皇帝跟前辦事，分四曹（四個部門），掌管文書章奏，成帝時分為五曹（五個部門）。❸出　由京官到地方任職。❹都尉　官名。秦於郡設郡尉，漢初沿而不改。漢景帝時改為郡都尉，秩比二千石，執掌全郡武事，典兵馬，捕盜賊，鋤抑豪強。❺宛　縣名，治今河南南陽。❻曲陽侯　加官名。此指王根，孝元皇后王政君之弟，封曲陽侯，成帝時任大司馬，輔政五年。曲陽，地名，在今安徽淮南東。❼行太守事　代行太守之職事。❽丞相史　丞相的官佐。❾傳舍　官府所設置的供來往官吏在道路停宿吃飯的地方，也可接待路途行人。❿外吏　在外邊值勤的官吏。⓫自若　自己仍然是原來那樣，如故。⓬須臾　一會兒；時間不長。⓭內謁　進內通報姓名，拜見。⓮陽　假裝。陽，通「佯」。⓯主

守盜十金　主持盜取官銀十金。主守盜，監守自盜。秦以黃金一鎰為一金，漢以黃金一斤為一金。漢法：官吏貪贓十金便是死罪。⑯不幸　沒有犯罪的人。⑰部掾　分派掾史。部，安排布置。⑱鄧獄　鄧縣監獄。鄧，縣名。治今湖北襄樊北，為南陽郡尉治所。⑲簒奪　搶奪。⑳隨後行縣　讓劉立跟隨在後面巡視各縣。㉑欲令都尉自送二句　意思是：你想讓都尉我自送犯人，那不如不收押呀。如，將。王念孫說，古如與將同義。㉒環宛市　繞著宛縣市區，即令之遊街示眾。㉓武關　關名，在今陝西商南丹江北。㉔敕　命令。㉕小兒　對兒子的謙稱。㉖未知為吏　不懂得怎麼做官。暗指翟義不懂官場規則，即人有後臺的話可脫罪。㉗弘農　郡名，轄境約為今河南和陝西交界地區，郡治在弘農（今河南靈寶北）。㉘河內　郡名，轄境約為今河南黃河以北地區，郡治懷縣（今河南武陟西南）。㉙青州　漢十三刺史部之一，轄境約當今山東大部地區，州治青州（今山東益都）。㉚東郡　郡名，轄境約為今山東、河南交界處，郡治濮陽（今河南濮陽西南）。㉛居攝　皇帝年幼不能處理政務，由大臣居處其位處理政事。㉜上蔡　地名，今河南上蔡西南。㉝孺子　小孩子。此處指漢宣帝的玄孫劉嬰，被稱作孺子嬰，二歲時被王莽立為皇帝。㉞周公　人名，名姬旦，周文王的兒子，周武王的弟弟。其封邑在周（陝西岐山縣北），故稱周公。姬旦助武王伐紂建國。武王死後，武王之子姬誦年幼，為成王，由周公攝政，史稱周公輔成王。周公制禮作樂，對中國古代儒學影響很大。孔子主張從周禮。㉟漸　跡象。㊱彊蕃　強大的蕃國。蕃國，即藩國，古代分封的或臣服的國家稱藩國。這裡應該是專指漢代分封的同姓王國。蕃，蕃屏。《左傳．昭公九年》：「文武成康之建母弟，以蕃屏周。」是以血親關係作為王朝的保護屏障。㊲傾首　低頭，表示服從。㊳亢扞　捍衛；抗禦。此處為挽救。㊴社稷　代稱國家。古代帝王所祭的土地神稱社神，稷為穀物，故以社稷稱國家。㊵不當攝　不應當攝政的人。指王莽。㊶時命不成　命運不好而未能成功。㊷死國埋名　為國家而死，埋沒姓名。㊸乃　人稱代詞，你。㊹劉璜　人名。劉信弟，漢劉氏宗室，後兵敗被殺。㊺王孫慶　人名。隨翟義反王莽，兵敗被殺。㊻徵　徵調。㊼移書　發布傳遞文書。㊽傳遽　遞解。㊾都試日　講武日。漢代常在立秋後舉行都試，集中操練演武。㊿觀　縣名，今河南豐縣東南。(51)車騎　輕車騎士，指車兵、騎兵。(52)材官　勇敢武猛，能使用強弓硬弩的士兵。(53)士　士卒。(54)部署　安排。此指任命。(55)東平王雲　東平，封國名，轄境約在今山東中部，都無鹽（今山東東平東）。雲，劉雲，漢宣帝公孫倢伃生。劉宇死後，劉雲繼東平王位。建平三年（西元前四年），因罪國除，劉雲自殺。見本書卷八十〈宣元六王傳．東平思王傳〉。(56)雲誅死　劉雲因信巫術有罪自殺。(57)開明嗣為王　漢哀帝建平三年（西元前四年），劉雲有罪國除。平帝元始元年（西元一年），王莽居攝，改哀帝所為，復東平王國，立劉雲子開明為東平王。開明立三年，薨，無子。復立開明兄嚴鄉侯信子匡為東平王，奉開明後。(58)并　兼併；併吞。(59)蘇隆　東平王的師傅。(60)中尉　官名。漢諸侯王國設中尉，掌軍事，其地位相當於郡都尉。61皋丹　中尉之名。62移檄　傳送檄文。檄，古代寫在木板上用來徵召、曉諭或聲討的文字。以後紙上寫的這類文字也稱檄。此處為聲討王莽罪惡的文字。63鴆殺　用鴆鳥的毒加入酒中毒死人。64孝平　漢平帝。漢代以孝治天下，故在帝號前加孝字。65共行天罰　恭敬地執行上天的懲罰。共，通「恭」。66山陽　郡名，轄境約為今山東西南部，郡治昌邑（今山東金鄉西北）。

【語　譯】小兒子名叫義。翟義字文仲，少年時期便因父親的原因而當上了郎，以後調任諸曹，二十歲時便出京擔任了南陽郡郡都尉。南陽郡所屬的宛縣縣令劉立與曲陽侯王根是兒女親家，平時在州郡中也有名聲，看不起年輕的翟義。翟義代理著太守的職務，到各縣巡視時到了宛縣，丞相史住在傳舍。劉立帶著酒肉拜見丞相史，二人喝酒，恰好翟義也來了，外面值勤的人說郡都尉到了，劉立談笑如故，不予理睬。不久翟義到了，向傳舍內通名後徑直進去，劉立馬上走了出去。翟義回去以後，對劉立的無禮非常生氣，假裝以其他事把劉立叫來，便以劉立監守自盜十金及殘殺無辜的罪名，安排下屬吏員夏恢等，將劉立逮捕，傳遞解送到都尉府所在地鄧縣的監獄。夏恢認為，宛縣是個大縣，擔心劉立被人劫走，給翟義建議，巡視各縣時讓劉立跟在後邊，順便送到鄧縣。翟義說：「想叫都尉親自送他，那就不如不逮捕他呀！」將劉立載到車上，繞行宛縣城市區後送到鄧縣。宛縣官吏民眾不敢輕舉妄動，威勢震動了南陽郡。

2　劉立的家人輕裝快馬，從武關進入，飛奔長安，把這件事報告給曲陽侯，曲陽侯報告給了成帝，成帝便詢問丞相。翟方進派員下令讓翟義釋放了宛縣縣令。宛縣縣令被放出後，官員回來彙報了事情經過。翟方進說：「小孩子還不知道怎樣做官。他的想法以為罪犯入了獄就會被判罪立刻處死了。」

3　翟義後來因為犯法而被免官，重新被起用便當了弘農太守，後調任河內太守、青州牧。他在所任過職的地方都有顯著的名聲，有父親的果敢作風和業績。再後來，調任東郡太守。

4　幾年後，平帝逝世，王莽居於攝政的地位，翟義心中很厭惡。他對外甥上蔡人陳豐說：「新都侯代理天子的地位，號令全國，故意選擇漢家宗室中年齡幼小的人作為孺子，託故依照周公輔成王的原則，先看看國內臣民的態度。他必然想取代漢家天下，現在已經出現了苗頭。如今宗室衰弱，外邊又沒有強大的蕃屏，天下人都低頭服從，沒有人能起來抗禦國家的災難。我有幸身為宰相的兒子，自己又掌管著一個大郡的職權，父子同受漢家的深厚恩澤，按理說有義務為國家討伐奸賊，以安定國家。我想起兵西向長安征討不應當攝政的人，選擇漢家宗室中的子孫，輔佐他並且立他為皇帝。假使命運不好未能成功，為國家而死，埋沒姓名，可以毫無慚愧地面對先帝於地下。現在我想起兵舉事，你願意跟從我嗎？」陳豐這時已滿十八歲，生得勇敢而健壯，滿口答應。

翟義便與東郡都尉劉宇、嚴鄉侯劉信及劉信的弟弟武平侯劉璜共同謀劃。另有東郡人王孫慶，有勇有謀，精通兵法，被徵召在京師長安，翟義便傳出假文書，以重罪的名義逮捕王孫慶來一起舉事。於是藉著九月郡中大演武的日子，殺了觀縣縣令，統率他的騎兵、步兵，招募郡中勇士，任命將帥。嚴鄉侯劉信是東平王劉雲的兒子。劉雲被殺後，劉信哥哥的兒子劉開明繼承了東平王位，劉開明死後，沒有兒子，劉信的獨生子劉匡被立為東平王，所以翟義起兵後兼併了東平，立劉信為皇帝。翟義自稱大司馬柱天大將軍，以東平王的師傅蘇隆為丞相，中尉皋丹為御史大夫，向各郡國發出文告聲討王莽，說王莽毒死了漢平帝，偽稱代理皇帝處理朝廷政事，現在皇帝已經登位，將恭敬地行使上天的懲罰。全國震驚，等到了山陽郡，響應的部眾已有十多萬人了。

莽聞之，大懼，迺拜其黨親❶輕車將軍❷成武❸侯孫建❹為奮武將軍❺，光祿勳成都❻侯王邑❼為虎牙將軍，明義侯❽王駿❾為彊弩將軍，春王城門校尉王況❿為震威將軍，宗伯⓫忠孝侯劉宏為奮衝將軍，中少府⓬建威侯王昌⓭為中堅將軍，中郎將⓮震羌侯竇兄⓯為奮威將軍，凡七人，自擇除⓰關西⓱人為校尉⓲軍吏⓳，將⓴

關東㉑甲卒，發奔命㉒以擊義焉。復以太僕㉓武讓為積弩將軍屯函谷關㉔，將作大匠㉕蒙鄉侯逯並為橫壄將軍屯武關，羲和㉖紅休侯劉歆㉗為揚武將軍屯宛，大保後丞㉘丞陽侯甄邯為大將軍屯霸上㉙，常鄉侯王惲為車騎將軍屯平樂館㉚，騎都尉㉛王晏為建威將軍屯城北，城門校尉趙恢為城門將軍，皆勒兵自備。

2 莽日抱孺子㉜會群臣而稱曰：「昔成王幼，周公攝政，而管蔡挾祿父㉝以畔，今翟義亦挾劉信而作亂。自古大聖㉞猶懼此，況臣莽之斗筲㉟！」群臣皆曰：「不遭此變，不章㊱聖德。」莽於是依周書㊲作大誥，曰：

3 「惟㊳居攝二年㊴十月甲子㊵，攝皇帝若曰㊶：大誥㊷道㊸諸侯王、三公、列侯于㊹汝卿大夫、元士㊺御事㊻。不弔㊼，天降喪于趙、傅、丁、董㊽。洪惟㊾我幼沖㊿孺子，當承繼嗣(51)無疆大歷(52)服事(53)。予(54)未遭其明悊(55)能道(56)民於安，況其能往(57)知天命！熙(58)！我念孺子，若涉淵(59)水，予惟往求朕(60)所濟度(61)，奔走(62)以傅近(63)奉承(64)高皇帝(65)所受命(66)。予豈敢自比於前人乎！天降威明(67)，用(68)寧(69)帝室(70)，遺我居攝寶龜(71)。太皇太后(72)以丹石(73)之符(74)，迺紹(75)天明意，詔予即命居攝踐阼(76)，如周公故事。

4 「反虜故東郡太守翟義擅興師動眾，曰『有大難于西土(77)，西土人亦不靖(78)』。

於是動[79]嚴鄉侯信，誕敢犯祖亂宗之序[80]。天降威遺我寶龜，固知我國有呰災[81]，使民不安，是天反復[82]右[83]我漢國也。粵[84]其聞日，宗室之儁[85]有四百人，民獻儀[86]九萬夫，予敬以終於此謀繼嗣圖功[87]。我有大事[88]，休[89]，予卜并吉，故我出大將告郡太守、諸侯相、令、長曰：『予得吉卜，予惟以汝于伐東郡嚴鄉逋播[90]臣。』爾國君或者無不反曰：『難大，民亦不靜，亦惟在帝宮諸侯宗室[91]，於小子族父[92]，敬不可征[93]。』帝不違卜[94]，故予為沖人[95]長思厥難，曰：『烏虖！義、信所犯，誠動鰥寡[96]，哀哉！』予遭天役遺[97]，大解難於予身，以為孺子，不身自卹[98]。

5 「予義彼國君泉陵侯[99]上書[100]曰：『成王幼弱，周公踐天子位以治天下，六年，朝諸侯於明堂[101]，制禮樂[102]，班[103]度量，而天下大服。太皇太后承順天心，成居攝之義。皇太子[104]為孝平皇帝子，年在襁褓[105]，宜且為子[106]，知為人子道[107]，令皇太后得加慈母恩。畜養成就，加元服[108]，然後復子明辟[109]。』

6 「熙！為我孺子之故，予惟趙、傅、丁、董之亂，遏絕繼嗣[110]，變剝適庶[111]，危亂漢朝，以成三阸[112]，隊極厥命[113]。烏虖！害[114]其可不旅力[115]同心戒之哉！予不敢僭[116]上帝命。天休[117]於安帝室，興我漢國，惟卜用克綏[118]受茲命。今天其相民[119]，況亦惟卜用！

7 「太皇太后肇有元城沙鹿之右[120]，陰精女主[121]聖明之祥，配元生成，以興我天下之符，遂獲西王母之應[122]，神靈之徵，以祐我帝室，以安我大宗[123]，以紹[124]我後嗣[125]，以繼我漢功。厥害適統不宗元緒者[126]，辟[127]不違親，辜[128]不避戚。夫豈不愛[129]？亦惟帝室。是以廣立王侯，並建曾玄，俾[130]屏[131]我京師，綏撫宇內；博徵儒生，講道於廷，論序乖繆，制禮作樂，同律度量[132]，混壹風俗；正天地之位[133]，昭郊宗之禮[134]，定五畤[135]廟祧[136]，咸秩亡文[137]；建靈臺[138]，立明堂[139]，設辟雍[140]，張太學[141]，尊中宗、高宗之號[142]。昔我高宗崇德建武[143]，克綏西域[144]，以受白虎威勝之瑞[145]，天地判合，乾坤序德[146]。太皇太后臨政，有龜龍麟鳳之應[147]，五德嘉符[148]，相因而備。河圖雒書[149]遠自昆侖[150]，出於重壄[151]。古讖[152]著言，肆今享實[153]。此迺皇天上帝所以安我帝室，俾我成就洪烈[154]也。烏虖！天明威輔漢始而大大矣[155]。爾有惟舊人[156]泉陵侯之言，爾不克遠省[157]，爾豈知太皇太后若此勤哉！

8 「天毖勞我成功所[158]，予不敢不極[159]卒[160]安皇帝之所圖事。肆[161]予告我諸侯王公列侯卿大夫元士御事：天輔誠辭[162]，天其累[163]我以民，予害敢不於祖宗安人圖功[164]所終？天亦惟勞我民，若有疾，予害敢不於祖宗所受休輔[165]？予聞孝子善繼人之意，忠臣善成人之事。予思若考作室，厥子堂而構之[166]；厥父菑[167]，厥子播而獲之。予害敢不於身撫[168]祖宗之所受大命？若祖宗迺有效湯[169]武[170]伐厥子，民長[171]其勸弗救？烏虖肆哉[172]！諸侯王公列侯卿大夫元士御事，其勉助國道明[173]！亦惟宗室之俊，民之表儀[174]，迪知[175]上帝命。粵天輔誠[176]，爾不得易定[177]！況今天降定于漢國，惟大囏人[178]翟義、劉信大逆，欲相伐於厥室[179]，豈亦知命之不易[180]乎？予永念曰天惟喪翟義、劉信，若嗇夫[181]，予害敢不終予畮？天亦惟休於祖宗，予害其極卜[182]，害敢不于從[183]？率寧人[184]有旨[185]疆土，況今卜并吉！故予大以爾東征，命不僭差[186]，兆陳[187]惟若此。」

9 乃遣大夫桓譚[188]等班[189]行諭告當反[190]位孺子之意。還，封譚為明告里附城[191]。

10 諸將東至陳留[192]菑[193]，與義會戰，破之，斬劉璜首。莽大喜，復下詔曰：「太皇太后遭家不造[194]，國統三絕[195]，絕輒復續，恩莫厚焉，信[196]莫立[197]焉。孝平皇帝短命蚤崩[198]，幼嗣孺沖[199]，詔予居攝。予承明詔，奉社稷之任，持大宗之重，養六尺之託[200]，受天下之寄，戰戰兢兢，不敢安息[201]。伏念太皇太后惟經埶分析，王道[202]離散，漢家制作之業獨未成就，故博徵儒士，大興典制[203]，備物致用，立功成器，以為天下利。王道粲然[204]，基業[205]既著[206]，千載之廢，百世之遺，於今迺成，道德庶幾於唐虞[207]，功列比齊於殷周[208]。今翟義、劉信等謀反大逆，流言惑眾，欲以篡位，賊害[209]我孺子，罪深於管蔡，惡甚於禽獸。信父故東平王雲，不孝不謹，親毒殺其父思王[210]，名曰鉅鼠[211]，後雲竟坐大逆誅死。義父故丞相方進，險詖陰賊[212]，兄宣靜言令色[213]，外巧內嫉[214]，所殺鄉邑[215]汝南者數十人。今積惡二家，迷惑相得[216]，此時命當殄[217]，天所滅也。義始發兵，上書言宇、信等與東平相輔[218]謀反，執捕械繫[219]，欲以威民，先自相被以反逆大惡[220]，轉相捕械，此其破殄之明證也。已捕斬斷信二子穀鄉侯[221]章、德廣侯[222]鮪，義母練、兄宣、親屬二十四人皆磔[223]暴于長安都市四通之衢[224]。當其斬時，觀者重疊[225]，天氣和清，可謂當矣。命遣大將軍[226]共行[227]皇天之罰，討海內[228]之讎，功效著焉，予甚嘉之。司馬法[229]不云乎？『賞不踰時[230]。』欲民速覩為善之利也。今先封車騎都尉孫賢等五十五人皆為列侯[231]，戶邑[232]之數別下[233]。遣使者持黃金印、赤韍縌[234]、朱輪車[235]，即軍中拜授[236]。」因大赦天下。

11 於是吏士精銳遂攻圍義於圉城[237]，破之，義與劉信棄軍庸亡[238]。至固始[239]界中捕得義，尸磔陳都市。卒不得信[240]。

【章 旨】以上為第六部分，敘述王莽在翟義起兵後甚為恐懼，一邊調大批精銳部隊前往鎮壓，並駐兵屯衛長安，一邊安撫群臣，諭告地方，仿《周書》作〈大誥〉，偽稱自己乃如周公輔成王，日後會讓孺子返皇位。因兵力懸殊，翟義最後兵敗被殺。

【注　釋】❶黨親　黨與和親族。❷輕車將軍　武官名。輕車部隊本為漢代一個兵種，武帝後改為儀仗隊。❸成武　縣名。今山東成武。❹孫建　王莽黨與。王莽立國後任立國將軍。❺奮武將軍　武官名。將軍前所加奮武均為一種稱號。下面的虎牙、震威、中堅、奮威、積弩等同此義。❻成都　縣名，又叫城都，在今山東鄄城東南。❼王邑　人名，王商的兒子，王莽的同宗。王莽建國後任大司空，後隨王莽敗死。❽明義侯　封號。❾王駿　人名，王莽同宗。❿春王城門校尉王況　春王，門名。春王門為漢長安城東出北第一城門名，本為宣平門，王莽改為春王門。城門校尉，武官名，掌京師城門屯兵。原城門校尉管京師十二城門，王莽改為各門均有校尉。王況，人名，王莽同宗。⓫宗伯　官名，管宗室之事。原名宗正，王莽改為宗伯。⓬中少府　即長樂少府，皇后官，因駐在宮中故稱中少府。⓭王昌　人名，王莽同宗。⓮中郎將　官名。秦置中郎。西漢分五官、左、右三署，各置中郎將以領皇帝侍衛，屬光祿勳。平帝時又設虎賁中郎將，領虎賁郎。⓯竇兄　人名，應作竇況。班固書中況多作兄，是避班況的諱。班況為班固遠祖，見本書卷一百〈敘傳〉上。⓰自擇除　自己挑選任命。⓱關西　地區名，函谷關以西地區。⓲校尉　軍職的稱呼，位次於將軍。⓳軍吏　校尉以下的軍官。⓴將　率領。㉑關東　地區名，函谷關以東地區。㉒奔命　軍種名。漢代郡國應急的部隊。㉓太僕　官名，秦官，漢沿而不改，管皇帝的車馬和馬政。㉔函谷關　關名。古函谷關在今河南靈寶東北，漢武帝時徙於新安（今河南新安東），距故關三百里。㉕將作大匠　官名。掌宮室、宗廟、陵寢的修建。秦時稱將作少府，漢景帝時改稱將作大匠。㉖羲和　官名。掌管天文，王莽新設的官，相當於太史。㉗紅休侯劉歆　紅休，地名。紅，即虹縣（今安徽五河西北）。休，鄉名，在今山東滕州境。劉歆，劉向的兒子。見本書卷三十六〈楚元王傳〉附〈劉歆傳〉。劉歆五世祖劉富在景帝時封休侯，後又改封紅侯，後誤合為紅休侯，劉歆襲此爵位。㉘大保後丞　官名，掌管輔導太子。王莽新設官。㉙灞上　地名，在今西安東灞河邊。㉚平樂館　宮觀名，在漢長安西上林苑。㉛騎都尉　武官名，與奉車都尉、駙馬都尉合稱三都尉，皇帝的侍從官。㉜孺子　即孺子嬰。漢宣帝玄孫，王莽偽稱其面相最好，選其繼漢平帝位，時年二歲，由王莽居攝，史稱居攝時期（西元六—八年），計三年。西元九年，王莽建新朝，稱始建國元年（西元九年），西漢結束。㉝管蔡挾祿父　管叔、蔡叔挾持祿父叛亂。此事指周武王死後，周成王年幼，周公輔政，三監（周武王之弟管叔、蔡叔、霍叔）不服，聯合殷紂王之子武庚（字祿父）及東夷叛亂，被周公平定。㉞大聖　指周公。㉟斗筲　比喻才能和知識極少。斗，容十升。筲為盛飯竹器，容一斗二升。㊱章　通「彰」。彰明。㊲周書　儒家經典《尚書》的一部分。

〈大誥〉為〈周書〉中的一篇，是周公在三監及武庚、東夷叛時，出兵征討前發布的文告。此處王莽自比周公。㊳惟 發語詞。㊴居攝二年 西元七年。㊵十月甲子 古人以十天干（甲乙丙丁戊己庚辛壬癸）與十二地支（子丑寅卯辰巳午未申酉戌亥）搭配，以紀年、紀月、紀日。居攝二年十月甲子為夏曆西元七年十月十五日。㊶攝皇帝若曰 攝皇帝，代理皇帝。若，這樣。曰，說。〈周書·大誥〉第一句是「王若曰」，王莽文為「攝皇帝若曰」，句式口氣完全模仿〈周書〉。㊷大誥 遍告。誥，上對下叫誥。㊸道 大道理，即聖王之道，聖王之規則。㊹于 與。㊺元士 官名，天子之士曰元士。㊻御事 主事。㊼不弔 不為天所垂憐。弔，哀憐。㊽趙傅丁董 趙皇后、傅太后、丁太后、董賢四人。漢成帝皇后趙飛燕，專寵十年，曾殺死成帝與宮女及許美人所生的兩個男嬰。平帝即位後，被廢為庶人，自殺。傅太后，漢元帝妾，生定陶王劉康，哀帝即位後被封為太皇太后。丁太后，定陶恭王妃，生哀帝。哀帝死後被尊為太后。董賢，哀帝幸臣，平帝即位被免職自殺。見本書卷九十七下〈外戚傳下〉各傳及卷九十三〈佞幸傳〉之〈董賢傳〉。㊾洪惟 深思。洪，大。惟，思。㊿幼沖 幼稚。(51)承繼嗣 繼承君位。指漢家君位。(52)大歷 重大的命運。(53)服事 執行政事。(54)予 我。自稱。(55)明悊 明智。(56)道 導；引導。(57)往 預先。(58)熙 同「嘻」。感歎詞。(59)涉淵 徒步走進深淵。(60)朕 我。秦始皇帝後成為皇帝自稱的專用字。(61)濟度 渡過。(62)奔走 盡力以赴，不辭勞苦。(63)傅近 接近。(64)奉承 恭敬地接受。(65)高皇帝 漢高祖劉邦。見本書卷一〈高帝紀〉。(66)受命 受天命。(67)威明 明威。(68)用 以。(69)寧 安寧。(70)帝室 皇家。(71)寶龜 有靈性的烏龜。千年烏龜為寶龜。(72)太皇太后 皇帝的祖母。此指孝元皇后王政君。(73)丹石 此指元始五年（西元五年）十二月有人偽造丹書白石，稱武功縣縣長孟通在水井中挖出一塊白玉石，上有「告安漢公莽為皇帝」的朱紅色文字。(74)符 符命；天命的憑證。(75)紹 繼承。(76)踐阼 登上皇帝的寶座。(77)西土 西部土地，指長安。長安在西部。(78)靖 安定。(79)動 蠢動。(80)誕敢犯祖亂宗之序 膽敢犯亂祖宗之秩序。誕，大。序，秩序。(81)眚災 病害；災害。指天知道國家將有災病，翟義、劉信當反，天下不安，所以才降威遺龜。眚，疵。(82)反復 再三。(83)右 同「祐」。保護。(84)粵 發語詞，無義。(85)儁 才智之人。(86)儀 賢能者。王引之說，正文本作「民儀九萬夫」。儀與獻通。(87)圖功 圖謀成功。(88)大事 兵戎之事，即戰事。(89)休 美善。(90)逋播 逃亡。(91)帝宮諸侯宗室 出於皇帝宗室的諸侯。指劉信為宣帝曾孫。(92)小子族父 劉信按輩分算是孺子的族父。(93)敬不可征 應該加以禮敬，不可征討。(94)不違卜 占卜得吉，是天命，不能違背。(95)沖人 幼童。(96)鰥寡 無妻無夫的人。無妻為鰥，無夫為寡。此指苦難的人們。(97)予遭天役遺 天將漢家的事交給我。役，事。(98)不身自卹 不自卹身，不自己顧惜自己。身，身體。此指自己的人身。此句為賓語前置。(99)泉陵侯 劉慶，漢景帝玄孫，封泉陵。泉陵，縣名，在今湖南零陵。(100)上書劉慶向皇太后上書，令王莽代行天子事。(101)明堂　古代天子宣明政教的地方，許多大典都在這裡舉行。(102)制禮樂　制定禮儀及樂教。(103)班　同「頒」。頒布。(104)皇太子　即孺子嬰。(105)襁褓　背負嬰兒的背帶、布兜。(106)宜且為子　合宜為國君的繼承人，嗣君。(107)子道　兒女對父母應遵循的規則。(108)元服　冠；帽子。古時加冠以示成年。(109)復子明辟　把明君的權力交給孺子。(110)遏絕繼嗣　遏止斷絕了繼承人。指趙飛燕殺死了賈宮人和許美人所生的兩個男嬰。(111)變剝適庶　改變剝奪了嫡子繼承，而由庶子繼位。此指成帝、哀帝、平帝均無親子繼承皇位，而由庶子繼位。(112)三戹　三朝厄難。指成、哀、平三帝無子繼位而造成的危機。戹，同「阨」。(113)隊極厥命　它的命運已降落到了盡頭。隊，通「墜」。降落。厥，其。(114)害　通「曷」。何。(115)旅力　眾力。(116)僭　越分；過分。(117)休　嘉惠。(118)克綏　能夠安全平安。克，能。綏，安。(119)天其相民　天道當思助人。(120)肇有元城沙鹿之右　（皇太后）應驗了元城沙鹿崩塌的先兆。肇，初始。元城，縣名，治今河北大名北。沙鹿，古山名，在元城境內。《左傳·僖公十四年》八月沙鹿崩。本書卷九十八〈元后傳〉說，晉國史官以為，沙鹿崩乃「陰為陽雄，土火相勝」之象，六百四十五年後當有聖女出璣。影射元后。(121)陰精女主　指元后母懷元后時，夢月入懷。月為陰精，主女人，陰精為女主。(122)西王母之應　應驗了哀帝時民間關於孝元后是西王母，將為天下母的傳說。西王母，古代傳說中的神仙，也稱金母、王母、西姥，長生不老，曾將三千年結一次果的蟠桃獻給漢武帝。(123)大宗　封建時代以嫡長子為大宗，其他為小宗，意指漢成帝為漢宣帝、元帝後的大宗。(124)紹　繼承。(125)後嗣　後代；子孫。(126)厥害適統句　那些危害正統的。厥，其。適統，正統。適，通「嫡」。宗，尊從。元緒，大業，即帝王之業。(127)辟　法；刑辟。(128)辜　罪。(129)夫豈不愛　怎麼能不愛。夫，發語詞。(130)俾　使。(131)屏　屏障；保護。(132)同律度量　統一樂律和度量衡制度。(133)正天地之位　端正天地的位置。指王莽改制時改建郊祀的壇址，分京城為前煇光和後承烈兩郡，改十二州名，劃定郡國界域。(134)昭郊宗之禮　昭明郊祀、宗祀的禮儀。王莽於元始四年（西元四年）春，祭祀天地，讓漢高帝配享皇天；祭祀祖宗，讓漢文帝配享上帝。(135)五時　秦漢祭天的處所，在今陝西西部寶雞一帶。從秦文公時起，秦建四時，分別祭白、赤、青、黃四帝。漢高祖建北時，祭黑帝，合稱五時。漢成帝罷五時，在長安南郊祀皇天上帝。(136)廟祧　祖廟。(137)咸秩亡文　所有廢祀沒有文獻記載的都予以祭祀。(138)靈臺　臺名，在漢長安西北，為觀測天象的高臺建築。(139)明堂　古代帝王宣明政教的地方。凡朝會、祭祀、慶賞、選士、養老、教學等大典都在這裡舉行。以後宮室漸備，便在都城東南近郊建明堂，以存古制。(140)辟雍　周王朝為貴族所設的太學。取四周有水、形如璧環為名。太學有五，四方各有名，中間的叫辟雍。(141)太學　古學校名，即國學。周叫辟雍，漢武帝時始置太學，立《五經》博士。(142)中宗高宗句　古代稱一代王朝的創始者為高祖或太祖，而一定時期的重要皇帝為高宗、中宗或太宗。表示特殊的尊稱。王莽曾建議尊漢宣帝廟為中宗，元帝廟為高宗。143崇德建武　尊崇德政，建立武功。144克綏西域　能夠安撫西域。指漢元帝建昭三年（西元前三六年），西域都護甘延壽、副校尉陳湯攻克郅支單于事。克，能。綏，安撫。西域，漢時稱玉門關以西的廣大地區，即西部疆域。145白虎威勝之瑞　漢元帝破郅支單于，有人獻白虎，以示威遠勝猛，代表了祥瑞。146天地判合二句　判合，配合；兩半相合。指兩性結合。乾坤序德，陽陰順著威德之序。《易》中，〈乾〉為陽、為天、為男，〈坤〉為陰、為地、為女。二句指漢元帝與孝元后王政君是天地配合，陽陰相感，夫妻相接，順理契合。147龜龍麟鳳之應　龜龍麟鳳之瑞應。龜，古人視為靈物，長壽且先知。龍，古人心中的神物，身體像巨蟒，有鱗有鬚，能伸能縮，能升天，能入海，會興雲布雨。麟，麒麟，古代的靈獸。體像鹿，頂有一角，全身有鱗，尾像牛。鳳，鳳凰，頭像雞，咀像燕，頸像蛇，背像龜，尾像魚，羽毛為五彩顏色，高六尺。這四種動物被古人看作是神物，也稱四靈。牠們一出現，表示祥瑞。148五德嘉符　五德的好徵兆。五德，古人將金、木、水、火、土視為五德。戰國鄒衍將五德與朝代興替結合起來，一個朝代代表一德。五德循環相代，所以朝代也循環相替。如，周為火德，火德後為水德，秦為水德，所以代替了周；水後為土德，漢為土德，所以代秦，依次循環。149河圖雒書　關於《周易》八卦來源的傳說。《易・繫辭上》說：「河出圖，洛出書，聖人則之。」150崑侖　山名，即崑崙山。在青海、西藏和新疆之間，古人以為黃河發源於崑崙山。151重壄　地名。洛河的發源地。152讖　預言吉凶的文字、圖記。153肆今享實　所以現在來承受其結果。肆，故。享，承受；當。154洪烈　偉大功業。155天明威句　上天降下明威，漢室會因此難而更加強大了。156舊人　舊臣；老臣。157省　省識；反省。158天毖勞我成功所　皇天已經告誡了我們成功的辦法。毖勞，勸勉。成功所，成功的所在；成功的方法。159極　極力。160卒　終；完成。161肆　故。162天輔誠辭　有至誠之辭則為天所輔助。163累　託。164安人圖功　安撫人民，謀求功業。165天亦惟勞我民三句　天欲撫勞我的民眾，民眾若有疾苦，我何能不順祖宗之意，使他們休養生息並輔助之。166若考作室二句　父有作室之意，子當築堂而構。此「予聞孝子」以下語句，由《中庸》意化解而來：「子曰：武王、周公，其達孝矣乎！夫孝者，善繼人之志，善述人之事者也。」考，父親。堂，基礎。構，架木造屋。167菑　挖土；鋤草。168撫　依從。169湯　商湯，商朝的開國君王，滅夏而建商朝。170武　周武王，周朝開國君王。171民長　人民的長官。172肆哉　盡力吧。173助國道明　明智而幫助國家。174表儀　表率、儀範。175迪知　遵道而知。迪，道理。176粵天輔誠　上天幫助的是那些誠信的人。177易定　改變上天已經決定了的。178大囏人　發大難的罪人。179相伐於厥室　同室操戈，自相殘殺。180命之不易　天命不能改變。181嗇夫　農夫。嗇，同「穡」。182極卜　深入探求占卜卦象。183不于從　不是從，即不從是。倒裝句。意不從這個。此指占卜結果。184寧人　安民；安定民眾。185旨　美好。(186)僭差　僭越失度。(187)兆陳　占卜所顯示的預兆。(188)桓譚　（西元？—五六年），字君山，沛國相縣（今安徽濉溪）人。經學家、哲學家，時任諫大夫，著《新論》，已佚，有清人嚴可均等輯本行世。(189)班　通「頒」。(190)反　通「返」。(191)明告里附城　王莽所設的爵位。明告里，鄉里地名。明告里附城，猶如古時的附庸。(192)陳留　郡名，轄境約為今河南中部，郡治陳留（今河南開封東南）。(193)菑　縣名，約今河南民權東北。(194)不造　不幸。(195)國統三絕　國家一脈相傳的政權系統三次斷絕。指成帝、哀帝、平帝都無親子。(196)信　誠信。(197)立　樹立。(198)蚤崩　早死。蚤，通「早」。皇帝死曰崩。(199)孺沖　幼小的兒童。(200)六尺之託　將未成年的君主託付給大臣。漢一尺約為〇・二三公尺，六尺為一・三八公尺。古代一般稱人生七尺軀。六尺則還未成年。(201)安息　安逸。(202)王道　儒家提出的以仁義治天下的政治主張。(203)典制　典章制度。(204)粲然　燦爛輝煌。(205)基業　作為根基的事業。(206)著　定。(207)唐虞　傳說時代的兩個時期，陶唐氏和有虞氏。唐，唐堯，名放勳，遠古部族領袖。虞，虞舜，名重華，唐堯後來讓位於虞舜。(208)殷周　古代兩個王朝。殷王朝為西元前一六〇〇—前一三〇〇年。周王朝為西元前一〇四六—前二二一年。分為兩個時代：西周（西元前一〇四六—前七七一年），東周（西元前七七〇—前四七六年的春秋和西元前四七五—前二二一年的戰國兩個時期）。(209)賊害　傷害；殺害。(210)思王　劉宇，宣帝子，封東平王，在位三十二年。(211)鉅鼠　大老鼠。王莽誣稱劉雲。(212)險詖陰賊　奸險殘忍。險詖，奸險不正。詖，邪僻。陰賊，陰險殘忍。(213)靜言令色　猶巧言令色，花言巧語，偽裝和善。靜言，言詞巧飾。令色，滿面堆笑，阿諛奉承。(214)外巧內嫉　外表乖巧，心地刻忌。(215)鄉邑　古代的基層區域單位。此指祖籍，即鄉里。(216)迷惑相得　謂臭味相投。迷惑，迷亂。相得，互相投合。(217)時命當殄　命運使之應該滅亡。殄，盡；滅亡。(218)相輔　東平相名輔。王先謙認為，翟義發兵時，東平相為蘇隆，此輔未喻。或者為傳聲之謂。宋祁說，前云東平王傳，蘇隆為丞相。(219)執捕械繫　拘捕後戴上刑具。械，刑具。指枷、銬。繫，繩索捆綁。(220)被以反逆大惡　加上造反大罪。(221)穀鄉侯　爵名。劉信兒子劉章的封爵。(222)德廣侯　爵名，劉信兒子劉鮪的爵名。(223)磔　分裂肢體，古時酷刑之一。(224)衢　四通八達的道路。(225)重疊　一層又一層。(226)大將軍　王莽所派征討翟義等人物。(227)共行　恭行。(228)海內　四海之內。即全國境內。(229)司馬法　古兵書。傳說為春秋司馬穰苴撰，三卷。為齊威王時諸臣追輯而成，稱為《司馬兵法》，原為一百五十五篇，今存五篇三千餘字。(230)踰時　越過時期。此句見《司馬法・天子之義第二》：「賞不踰時，欲民速得為善之利也。」(231)列侯　爵名。秦爵為二十等，列侯最高，又稱徹侯、通侯。漢因而不改。(232)戶邑　封邑中的民戶。(233)別下　另外下達。(234)赤韍縌　朱紅色繫印的絲帶。韍，繫印的絲帶。縌，繫也。(235)朱輪車　王侯所乘的車子，因車輪塗為紅色，故稱。(236)拜授　朝拜後授予。即通過授予儀式。(237)圉城　縣名。今河南杞縣西南。(238)庸亡　扮作傭人逃跑。庸，同「傭」。

(239)固始　縣名。今河南太康南。(240)卒不得信　當時沒有逮到劉信。據本書卷九十九〈王莽傳〉，劉信於天鳳三年（西元一六年）被捕，而遭刳剝（挖心剝皮）。

【語　譯】王莽聽到翟義起兵的消息後，十分恐懼，就任命他的黨與和同宗輕車將軍成武侯孫建為奮武將軍，光祿勳成都侯王邑為虎牙將軍，明義侯王駿為強弩將軍，春王城門校尉王況為震威將軍，宗伯忠孝侯劉宏為奮衝將軍，中少府建威侯王昌為中堅將軍，中郎將震羌侯竇況為奮威將軍，共七人，自己挑選關西人任命為校尉軍吏，率領關東士兵，徵發郡國的應急部隊去攻打翟義。又以太僕武讓為積弩將軍屯軍函谷關，將作大將蒙鄉侯逯並為橫壄將軍屯軍武關，羲和紅休侯劉歆為揚武將軍屯軍宛縣，太保後丞丞陽侯甄邯為大將軍屯軍灞上，常鄉侯王惲為車騎將軍屯軍平樂館，騎都尉王晏為建威將軍屯軍長安城北，城門校尉趙恢為城門將軍，都統率軍隊各自防備。

2 王莽每天抱著孺子會集群臣，他聲稱說：「過去，周成王年幼，周公統管朝廷政事，而管叔、蔡叔挾持祿父叛亂，現在翟義也挾持劉信來作亂。自古大聖人還害怕這事，何況我王莽這樣才能淺薄的人！」各個大臣都說：「不經過這個變故，不能彰顯聖人的才德。」王莽於是仿照〈周書〉作〈大誥〉，說：

3 「居攝二年十月十五日，代理皇帝這樣說：遍告諸侯王、三公、列侯與你們這些卿大夫、元士主事大臣。上天不庇護，讓趙皇后、傅太后、丁太后、董賢他們死了。深思我這個幼稚的孺子，當繼承祖先無邊偉大的事業，執行政事。我沒有遇到明哲的人能引導人民安居樂業，何況預知天命！唉！我想到孺子承繼大業，就像徒步走進深淵，我只有尋求渡過河的辦法，全力向前，不辭辛勞，以接近我所恭敬接受的高皇帝所承受的天命。我怎麼敢自比於前人周公、高皇帝呢！上天降下明威，讓皇室得到安寧，還給了我居位攝政的寶龜。太皇太后因為丹石的符命，才順從上天明白的意旨，下詔命我居皇帝的位，代行朝政，如周公成例。

4 「反虜前東郡太守翟義擅自興師動眾，還說『在西部有大災難，西部人也不安寧』。於是嚴鄉侯劉信也蠢動了起來，大膽竟敢犯亂祖宗所定的秩序。皇天降下威明，將寶龜留給我，原就知道我們國家有災害疾病，使人民不得安寧，這是皇天再三護祐我漢國呢。我聽說，宗室中的才智之士有四百人，人民中賢能之人有九萬名，我恭敬地以這些人共同謀劃完成承繼國統的功業。我們將有戰事，美好呀，我占卜的結果都是吉卦，所以我派出大將告知各郡太守、各諸侯國相、各縣令長說：『我占卜得到吉卦，我想與你們去討伐東郡嚴鄉叛亂的罪臣。』你們有些諸侯國君或許沒有不反對的，說：『困難很大，人民也不安靜，也考慮到他們是出於皇帝宮室的宗室諸侯，在孺子來說是族父一輩的人，應予禮敬，不可征討。』帝王不能違背占卜，所以我替年幼人長久地思考他的艱難，說：『唉呀！翟義、劉信所犯的罪行，確實驚擾了苦難的人們，痛心呀！』我受上天的役使，將解脫災難的重擔擔在我身上，為了孺子，我不能顧惜自己。

5 「我讚賞那位國君泉陵侯給皇太后上書中說的：『周成王年幼弱小，周公居於天子的地位來治理天下，六年的時間，使諸侯在明堂朝見君王，制禮作樂，頒布度量制度，因而天下心悅誠服。太皇太后順承了皇天的心願，成就了居位攝政的原則。皇太子是平帝的兒子，還在嬰孩時期，適宜於作為嗣君，使他知道做兒子的道德規範，讓皇太后給予他慈母的恩惠。等到撫養造就成人，長大加冠，然後恢復他明君的地位。』

6 「嘻！因為我們孺子的緣故，我想到趙飛燕、傅氏、丁氏、董賢的禍亂，斷絕了繼嗣，改變了嫡庶制度，危害和擾亂了漢朝，造成了三朝的皇位危機，漢家的命數已經降到了極點。唉呀！怎麼能不協力同心警戒這樣的事呀！我不敢違背上帝之命。皇天嘉惠使帝室安寧，復興我漢國，從占卜便看出能夠平安地接受這天命。現在，天道想著幫助人，何況還使用了占卜呢！

7 「太皇太后早先就有元城沙鹿崩陷的護佑，月宮女皇入懷聖明的祥瑞，得配元帝生下成帝，是來振興我們國家的符命，於是獲得西王母將為天下母的應驗，神靈的徵兆，來保佑我們的皇室，安定我們的長房，我們的後繼有人，來繼承我大漢功業。那些危害嫡統不尊奉帝王大業的，應依法嚴懲，不避親戚。其實，怎麼能說不愛他們呢？這也是為了帝室。所以要廣泛設立王侯，並且分封曾孫玄孫，以便屏障我們的京城，安撫全國；廣博地徵集通曉經術的人，在朝廷講道，評敘謬誤，制定禮法，創作樂教，統一法律和度量衡，統一風俗；正確設定祭天祭地的地址，明確郊祀宗祀的禮儀，確定祭天帝的五時和祭祖先的宗廟，已經荒廢沒有文獻記錄的也都重新祭祀；創建靈臺，興立明堂，設置國學，擴大太學，尊奉中宗、高宗的廟號。過去，我們的高宗崇尚德教，重視武功，安定西域，因而有人獻白虎的祥瑞，天地配合，〈乾〉〈坤〉順德。太皇太后臨朝統政以來，有靈龜、神龍、麒麟、鳳凰出現的應驗，五德美好的徵兆，這些都一個接著一個出現。河圖和雒書來自遙遠的昆侖山，而出現於重壄。古人讖書中的預言，如今得到應驗。所有這些，都是皇天上帝用來安定我們帝室，使我們成就偉大的事業的。啊喲！皇天顯示威嚴，輔佑漢朝，經過這次劫難後將更加強大。你們想一下老臣泉陵侯的話，你們不能往遠處想想過去，怎麼能知道太皇太后為了國家，這樣的勤勞啊！

8 「上天告誡了我成功的辦法，我不敢不迅速完成皇帝安定國家的事業。所以，我要告訴我們的諸侯王、公、列侯、卿大夫、元士等主事大臣：皇天幫助誠信的人，把百姓委託給我們，我怎麼敢不完成祖宗讓百姓安居樂業的功業呢？皇天也想安撫我們的老百姓，老百姓若有疾苦，我怎麼敢不順從祖宗的意願去幫助他們呢？我聽說孝子善於繼承先人的意志，忠臣善於成就帝王的事業。我想，如同父親要建房子，他的兒子便會先建地基，架木造屋；父親挖土鋤草開墾土地，兒子便應該播種、收穫。我怎麼敢不親自去完成祖宗所交付的偉大使命？這樣，在漢家祖宗面前，還有人仿效商湯、周武王那樣，去攻伐他的子孫，作為百姓長官的人難道能互相勸阻而不去救援嗎？啊！努力呀！諸侯王、公、列侯、卿大夫、元士等主事臣子，要明白道理，努力地幫助國家避免災難！還有那些皇室中的才俊之士，百姓中的賢德者，遵循道理，知道天命的人。皇天幫助誠信的人，你們不能改變天命的決定！何況皇天已經將定命降給了漢國，只有大罪人翟義、劉信違背天命，要使同室操戈，他們怎麼能知道天命不可改變呢？我長時間想著：天想要滅翟義、劉信，就像農夫要鋤去田間雜草一樣，我怎麼敢不去田裡完成鋤草的任務呢？天要降福於漢家祖宗，我何需窮究占卜的卦象，怎麼敢不服從占卜顯示的吉凶去做呢？遵循安定人民，治理美好疆土的事業，何況現在占卜的卦象也都是吉卦！所以我大規模率領你們去東征，天命不會僭越失度，占卜所表示的就是這樣的。」

9 王莽派遣大夫桓譚等向全國頒發諭告，說明自己將把權力歸還給孺子嬰的意向。桓譚等回京後，封桓譚為明告里附城。

10 將軍們東征翟義到陳留郡菑縣，與翟義交戰，打敗了翟義，劉璜被斬首。王莽大喜，又下了詔書，說：「太皇太后遭遇皇室不順利，皇位傳序三次斷絕，斷絕後又重新延續，施予的恩惠沒有比這更厚重的了，建立的威信沒有比這更高的了。孝平皇帝短命早死，幼年繼位的孺子年齡很小，下詔令我居位攝政。我秉承著太皇太后明白的詔令，奉命行使治理國家的重任，負有擁戴嫡系長房的重擔，撫養六尺之孤的重託，承受著全國的寄託，戰戰兢兢，不敢安逸。低頭思念太皇太后思慮經術解釋分歧，王道精神離散，漢家朝廷的典章制度還沒有完成，所以廣泛徵召精通儒學的士人，大力制定典章制度，準備物資，盡其所用，興建工程，製作器物，為國家謀利益。王道燦爛，政權鞏固，上千年被廢棄的事情，百代以來被遺忘的東西，到現在才完成，國人的道德修養差不多趕上了堯舜時期，功業與殷周相同。現在翟義、劉信等陰謀反叛，大逆無道，散布流言，迷惑民眾，想要篡奪皇位，傷害我們的孺子，罪行比管叔蔡叔還深，惡性比禽獸還重。劉信之父前東平王劉雲，不孝敬父母，不謹慎行為，親自用毒殺害了自己的父親思王，綽號叫大老鼠，後來劉雲終究因大逆罪被殺。翟義的父親前丞相翟方進，奸邪不正，陰毒殘忍；他的哥哥翟宣，偽裝和善，花言巧語，外貌乖巧，內心刻忌，被他殺害的汝南郡人便有幾十個人。現在，作惡已久的兩家，臭味相投的走到了一起，這是運命到了該滅亡的時候了，皇天要滅亡他們了。翟義剛起兵的時候，向上報告說劉宇、劉信與名叫輔的東平王相謀反，拘捕捆綁，戴上鐐銬，想威脅老百姓，先自己相互加上反叛謀逆的大罪，互相逮捕加戴上刑具，這是他們破滅的顯明證據。已經逮捕和斬決了劉信的兩個兒子穀鄉侯劉章、德廣侯劉鮪，翟義的母親練、哥哥翟宣、親屬計二十四人，都分屍後陳屍於長安都市的交通要道。當他們被斬決時，看行刑的人一層又一層，天氣晴朗和祥，可以說是很恰當的。派遣大將軍遵命行使皇天對叛逆的懲罰，討伐國家的仇敵，功效很顯著呀，我很嘉獎他們。《司馬法》中不是說過嗎？『賞賜不能超過時間。』是要讓老百姓知道立功的好處。現在，封車騎都尉孫賢等五十五人為列侯，封邑中的戶數另外下達。派遣使者帶上黃金印、朱紅色印帶、朱紅色車輪的車子，立即在軍隊駐地舉行授獎儀式。」於是，在全國實行大赦。

11 這時精銳的軍隊官兵便在圉城縣城攻打翟義，打敗了翟義軍隊，翟義和劉信扮作僕人隻身逃亡。到固始縣邊界，捕獲翟義，分屍後陳屍於縣城市內要道。卻沒有逮到劉信。

1 初，三輔❶聞翟義起，自茂陵❷以西至汧❸二十三縣盜賊並發，趙明、霍鴻等自稱將軍，攻燒官寺❹，殺右輔❺都尉及斄❻令，劫略吏民，眾十餘萬，火見未央宮❼前殿。莽晝夜抱孺子禱❽宗廟❾。復拜衛尉王級❿為虎賁將軍，大鴻臚⓫望鄉侯閻遷為折衝將軍，與甄邯、王晏西擊趙明等。正月⓬，虎牙將軍王邑等自關東還，便引兵西。彊弩將軍王駿以無功免，揚武將軍劉歆歸故官。復以邑弟侍中王奇⓭為揚武將軍，城門將軍趙恢為彊弩將軍，中郎將李棽為厭難將軍，復將兵西。二月，明等殄滅，諸縣悉平，還師振旅⓮。莽乃置酒白虎殿⓯，勞饗將帥，大封拜。先是益州蠻夷及金城塞外羌反畔⓰，時州郡擊破之。莽迺并錄⓱，以小大為差⓲，封侯伯子男⓳凡三百九十五人，曰「皆以奮怒⓴，東指西擊㉑，羌寇蠻盜，反虜逆賊，不得旋踵㉒，應時殄滅，天下咸服」之功封云。莽於是自謂大得天人之助，至其年十二月，遂即真㉓矣。

2 初，義所收宛令劉立聞義舉兵，上書願備軍吏㉔為國討賊，內報私怨。莽擢㉕立為陳留太守，封明德侯。

3 始，義兄宣居長安，先義未發，家數有怪㉖，夜聞哭聲，聽之不知所在。宣教授諸生滿堂，有狗從外入，齧㉗其中庭㉘群鴈㉙數十，比㉚驚㉛救之，已皆斷頭。狗走出門，求不知處。宣大惡㉜之，謂後母曰：「東郡太守文仲㉝素俶儻㉞，今數有惡怪㉟，恐有妄為㊱而大禍至也。太夫人㊲可歸，為棄去宣家㊳者以避害。」母不肯去，後數月敗。

4 莽盡壞義第宅㊴，汙池之㊵。發父方進及先祖㊶冢在汝南者，燒其棺柩㊷，夷滅㊸三族㊹，誅及種嗣㊺，至皆同坑，以棘㊻五毒㊼并葬之。而下詔曰：「蓋聞古者伐不敬㊽，取其鯨鯢㊾築武軍㊿，封以為大戮(51)，於是乎有京觀(52)以懲淫慝(53)。迺者反虜劉信、翟義誖逆作亂於東，而芒竹(54)群盜趙明、霍鴻造逆(55)西土，遣武將征討，咸伏其辜(56)。惟信、義等始發自濮陽(57)，結姦無鹽(58)，殄滅於圉。趙明依阻槐里環隄(59)，霍鴻負倚盩厔(60)芒竹，咸用破碎(61)，亡有餘類。其(62)取反虜逆賊之鯨鯢，聚之通路之旁，濮陽、無鹽、圉、槐里、盩厔凡五所，各方六丈，高六尺，築為武軍，封以為大戮，薦樹(63)之棘。建表木(64)，高丈六尺，書曰『反虜逆賊鯨鯢』。在所長吏(65)常以秋循行(66)，勿令壞敗，以懲淫慝焉。」

5 初，汝南舊有鴻隙大陂(67)，郡以為饒(68)，成帝時，關東數水，陂溢為害。方進為相，與御史大夫孔光(69)共遣掾行視，以為決去陂水，其地肥美，省隄防費而無水憂，遂奏罷(70)之。及翟氏滅，鄉里歸惡，言方進請陂下良田不得而奏罷陂云。王莽時常枯旱，郡中追怨(71)方進，童謠(72)曰：「壞陂誰？翟子威。飯我豆食羹芋魁(73)。反乎覆，陂當復(74)。誰云者？兩黃鵠(75)。」

【章　旨】以上為第七部分，敘述受翟義討伐王莽的影響，茂陵以西二十三縣盜賊並發，趙明等人自稱將軍，聚眾十餘萬，最後被王莽派大軍剿滅。之後王莽封侯爵近四百人，並於年底正式廢漢稱帝，建立新朝。王莽又毀壞翟義住宅，發掘其父翟方進及祖先墳墓，燒毀棺柩，誅滅其三族與後人，想以此懲戒所謂奸邪。

【注　釋】❶三輔　漢治理京師的三個行政區域，即京兆尹（治長安以東十二縣）、左馮翊（治長陵以北二十四縣）、右扶風（治渭城以西二十一縣）。❷茂陵　縣名。因漢武帝陵在此而設。在今陝西興平東北。❸汧　縣名，因汧河而得名，在今陝西寶雞汧陽。❹官寺　官署。寺，官府所在地稱寺。❺右輔　即右扶風，三輔之右。❻斄　即「郃」。縣名，在今陝西武功西南。❼未央宮　宮殿名，由前殿、東闕、北闕、武庫、太倉等組成，在漢長安城內西南隅。舊址在今西安市西北。❽禱　祈禱。❾宗廟　天子、諸侯祭祀祖宗的地方。❿王級　人名。王莽建國後封五威前關將軍。⓫大鴻臚　官名。秦設典客，漢武帝改大鴻臚，執掌賓客接待及主持儀式。⓬正月　此指居攝三年（西元八年）的正月。⓭王奇　人名。王商的兒子。王莽時曾封掌威侯。⓮振旅　整頓軍隊。⓯白虎殿　殿名，在未央宮。⓰益州蠻夷句　益州蠻夷及塞外羌人反叛。益州，漢武帝置十三刺史部之一，轄境約為今四川、雲南、貴州大部及川、陝、甘、湖北交界處。蠻夷，古稱中原華夏族以外南方的少數民族。金城，郡名，轄境約為今甘肅蘭州以西和甘肅青海交界處。郡治允吾（甘肅永清西北）。塞外，古指長城以外，即邊塞以外。羌，民族名，活動於青海、甘肅一帶。此處羌人反，指居攝元年（西元六年）西羌龐恬等反，攻西海郡，被護羌校尉竇況擊敗。畔，通「叛」。⓱并錄　一塊兒記錄。⓲差　區別等級。⓳侯伯子男　爵位等次名稱。⓴奮怒　盛怒。㉑東指西擊向東攻滅翟義、劉信，西面平趙明等之亂及益州蠻夷、金城西羌之叛。㉒旋踵　轉動腳後跟。意思是說很快、迅速。㉓即真　即皇帝位，稱帝。西元五年（漢平帝元始五年）漢平帝死。西元六年（居攝元年），孺子嬰被立為皇帝，王莽代行政事，稱居攝元年。西元九年，王莽廢漢建立新朝，正式稱帝，為始建國元年。㉔軍吏　校尉以下的軍官。㉕擢　提拔；提升。㉖怪　怪異的事。㉗齧　咬。㉘中庭　庭院之中。㉙鴈　指鵝。古人謂鵝為鴈（見王引之《經義述聞・周官器用六牲下》）。㉚比　等到。㉛驚　驚慌。㉜惡　厭惡；忌諱。㉝文仲　翟義的字。㉞俶儻　豪爽灑脫，無所顧忌。㉟惡怪　不祥的怪異。㊱妄為　任意而為，不守本分。㊲太夫人　大官母親的尊稱。㊳棄去宣家　與翟宣家脫離關係，回到娘家，以免株連。㊴第宅　府第宅院。指大官的住宅。㊵汙池之　將翟義家的住宅掘毀，使它成為聚積汙水的池沼。㊶先祖　祖先。指已故祖父到高祖父。㊷棺柩　裝著屍體的棺材。㊸夷滅　殺滅；消滅。㊹三族　指父母、兄弟、妻子。另一說三族指父族、母族、妻族。㊺種嗣　後代。翟宣女翟習齊也被捕殺。㊻棘　荊棘，有刺灌木。㊼五毒　一說為一種草名，即五毒草；一說為五種毒蟲，即蠍子、蛇、蜈蚣、壁虎、蟾蜍。㊽伐不敬　討伐不敬君王的人。此語見於《左傳・宣公十二年》：「古者明王伐不敬，取其鯨鯢而封之，以為大戮，于是乎有京觀以懲淫慝。」㊾鱷鯢　本為海中大魚，雄曰鱷，雌曰鯢。比喻兇險的人。㊿武軍　古時戰爭，勝者積敵屍封土為壘，稱武軍。作用是克敵必示子孫，不忘武功。同見於《左傳・宣公十二年》。(51)大戮　殺而陳屍於眾。(52)京觀　積屍封土其上，稱京觀，也稱京丘。(53)淫慝　邪惡的人。(54)芒竹　地名，一名司竹園，在今陝西周至東南，因芒水流經其地，且又多竹而得名。(55)造逆　作亂。(56)辜　罪。(57)濮陽　地名，東郡郡治。(58)無鹽　地名，東平王國治所。(59)槐里環隄　槐里縣環曲的河堤。(60)盩厔　縣名，今簡化為周至，在西安西南。(61)咸用破碎　都被粉碎。(62)其　表示命令的語氣。(63)薦樹　重重樹立。薦，重重。(64)表木　標誌性的木建築。(65)長吏　縣級四百石至二百石官吏。(66)循行　巡行視察。(67)鴻隙大陂　陂塘名，即鴻隙陂，舊址在今河南汝南東南。陂，大型池塘。(68)饒　豐饒。陂地中多產魚鱉等水產，又可灌溉，所以富饒，郡中多財用之利。(69)孔光　人名。魯國魯縣（今山東曲阜）人，歷任御史大夫、丞相。本書卷八十一有〈孔光傳〉。(70)罷　取消。(71)追怨　回想埋怨。(72)童謠　兒歌。(73)飯我豆食句　使我們吃豆類做的飯，芋頭做的湯。羹，湯。芋魁，芋頭。(74)反乎覆二句　事物反覆無常，池塘應當恢復。(75)黃鵠　黃天鵝。鵠，天鵝。假託神仙所說。

【語　譯】最初，三輔地區聽到翟義起兵反對王莽的消息時，從茂陵以西到汧縣二十三縣盜賊同時發生，趙明、霍鴻等自稱將軍，攻占焚燒官府，殺了右扶風都尉及斄縣縣令，搶劫掠奪官吏和民眾，其人數達十多萬，未央宮前殿都能看見焚燒的火光。王莽白天晚上都抱著孺子在宗廟中祈禱。王莽又任命衛尉王級為虎賁將軍、大鴻臚望鄉侯閻遷為折衝將軍，與甄邯、王晏帶兵西進攻打趙明等。正月，虎牙將軍王邑等從關東回到長安，便帶兵西進。彊弩將軍王駿因為東征沒有什麼功績，被免去職務，揚武將軍劉歆則仍擔任他原來的官職。又以王邑的弟弟侍中王奇為揚武將軍、城門將軍趙恢為彊弩將軍、中郎將李棽為厭難將軍，再帶領軍隊西征。二月，趙明等被消滅，各縣戰事都已平息，回到長安，整頓軍隊。王莽便在白虎殿設置酒宴，慰勞招待將領們，大量封官拜爵。先前，益州蠻夷及金城塞外羌人反叛，當時各州、郡官員都打敗並平定了這些叛亂。王莽把這些也一起記錄下來，以功勞從小到大為等級，給他們封以侯、伯、子、男各類爵位共計三百九十五人，說「都是憑著震怒，東討西征，羌人的寇賊，蠻夷的盜賊，反叛朝廷的逆賊，不等到移動腳跟，及時都被消滅，全國上下都服從」的功勞封賞的。王莽於是自以為大得上天和全國人的幫助，到這年十二月，便稱帝了。

2 當初，曾經被翟義收捕的宛縣縣令劉立聽到翟義舉兵，上書說願充當一名軍官為國家征討叛賊，內心想報自己的私仇。王莽提拔劉立當了陳留太守，並封為明德侯。

3 當初，翟義的哥哥翟宣居住在長安，在翟義沒有起兵以前，家中多次發生怪異的事情，半夜聽到有哭聲，仔細聽又不知在什麼地方。有一天翟宣給學生講課，學生滿堂，有一隻狗從外面進來，咬翟宣庭院中數十隻鵝，等到人們驚慌地去救鵝時，都已經斷了頭。這隻狗跑出門，尋找時也找不到狗的去向。翟宣很忌諱這件事，對繼母說：「東郡太守文仲，一貫做事無所顧忌，現在多次發生不祥的怪異事件，恐怕他有不守本分的事而有大禍降臨。太夫人可以回到娘家去，與宣家斷絕關係以避免受害。」母親不肯離去，幾個月過後，翟家便蒙受了災禍。

4 王莽盡行破壞翟義的府第住宅，將它掘成蓄積汙水的池塘。發掘翟義父親翟方進及先祖在汝南的墳墓，燒毀他們的棺柩，誅滅三族，連累到後代。將誅殺的人放在一個坑裡，把荊棘、五毒丟進坑裡一併掩埋。而後下詔說：「聽說古時討伐不尊敬皇帝的人，取意於他們像鱷鯢一樣兇險，築成土丘表示陳屍示眾，於是有京觀以懲戒邪惡的人這樣的做法。近來反賊劉信、翟義悖義反叛作亂於東部，而芒竹群盜趙明、霍鴻造反於西部，派遣武將征討後，都已伏罪。劉信、翟義等開始發難在濮陽，勾結奸黨在無鹽，被殲滅於圉縣。趙明依靠槐里環曲的堤壩險阻，霍鴻倚靠盩厔芒竹，都被粉碎，沒有留下殘餘勢力。著令收取反虜逆賊的屍體，聚集在交通要道的旁邊，在濮陽、無鹽、圉縣、槐里、盩厔共五處地方，築成各方六丈，高六尺的武軍，堆成土丘表示陳屍示眾，周圍樹立荊棘，建立標誌性的木牌，高一丈六尺，寫上『反虜逆賊鱷鯢』。這些地方的長吏要在每年秋季巡行視察，不要讓其毀壞，用來懲戒奸邪的人。」

5 當初，汝南郡原先有個叫鴻隙的大池陂，郡裡因這個大池陂而富饒。漢成帝年間，關東地區多次發生水災，陂池水滿溢出使該地遭受災害。翟方進當丞相，與御史大夫孔光共同派掾吏下去巡行視察。視察者認為將陂堤挖開，讓陂池中的水流乾，它的土地肥沃，又省去了保護陂堤的費用，而且沒有了水災，便奏報朝廷廢棄了鴻隙陂。到了翟家破滅，同鄉人又將這事歸咎於翟方進，說翟方進想占有陂下的良田沒有得到而奏請朝廷廢棄了鴻隙陂。王莽當政時，常常有旱災，郡中人回過頭來又抱怨翟方進，編了兒歌說：「毀壞了鴻隙陂的是誰？是翟子威。使我吃的是豆類飯，湯裡煮的是芋魁。世事反覆又反覆，鴻隙陂要恢復。誰說的？兩隻黃天鵝。」

司徒掾❶班彪❷曰：「丞相方進以孤童攜老母，羈旅❸入京師，身為儒宗，致位宰相，盛矣❹。當莽之起，蓋乘天威❺，雖有賁育❻，奚益於敵❼？義不量力，懷忠憤發，以隕其宗❽，悲夫！」

【章　旨】以上是班彪所作的評論。他盛讚翟方進以幼童之年，由老母伴隨入京求學，沒有什麼背景，卻能成為一代儒宗，並當上了丞相，位極人臣。他歎惜翟義雖有忠義之志，但不能審時度勢，結果失敗，使翟氏滅宗。

【注釋】❶司徒掾 班彪時任職為司徒的屬官掾吏。司徒是周時設置，為六卿之一，管理國家土地及人民的教化。漢哀帝時改丞相為大司徒，東漢稱司徒。❷班彪 (西元三—五四年)，扶風安陵(今陝西咸陽)人。東漢史學家，曾作《史記》的續篇，稱後傳，共六十五篇。他死後其子班固、女班昭及馬續完成其書，即《漢書》。❸羈旅 寄居作客。❹盛矣 很顯赫了。❺天威 帝王的威嚴、聲威。❻賁育 孟賁、夏育，都是戰國時著名的勇士。❼奚益於敵 怎麼能有利於同王莽對敵。❽以隕其宗 因之滅亡了他的宗族。

【語譯】司徒掾班彪評說：「丞相翟方進以一個孤兒的身分帶著老母親，一路寄居客店來到京城，自己成為儒者們的宗師，官至宰相，很是顯赫哩。王莽的興起，原是藉著皇帝的威嚴，這時雖然你像孟賁、夏育一樣的勇武，怎麼能有利於同他作對呢？翟義不能估量自己的力量，懷著忠心，忿怒發動，以致毀滅他的家族，悲痛呀！」

【研析】衰世顯忠良。翟方進一生約五十餘年，當西漢成帝之時。其子翟宣、翟義當西漢哀帝、平帝之世。這一時期外戚勢力日隆，十三年後王莽篡漢，建立新朝。由秦以後，中國的王朝為君主專制政治，皇帝代表著國家。王莽篡漢，所建立的也是君主專制政體，且更加神化了王權，不但沒有穩定國家，給人民帶來安定的生活，卻引起了國內更大的混亂，給人民帶來了痛苦，所以爆發了農民起義。在這種背景下來讀〈翟方進傳〉，有以下幾點可以關注：

一、翟方進打擊的重點是外戚勢力及與外戚勾結挾勢作奸犯科的大官重臣。他的目的是忠於漢劉王朝。《全唐文》卷七百三十二所收長孫僇〈漢故丞相翟公重建碑表〉對他的評價是「茂德洪業，輝焯于漢庭」，「端肅莊厲守位以威嚴稱」。在西漢末期是一位難得的忠於朝廷的能臣，最後仍以身代成帝受過，慷慨赴死。其子翟義更是直面外戚篡權，奮發抗擊王莽謀逆，雖死留名。東漢王符《潛夫論．本政篇》說：「自成帝以降至于莽，公卿列侯下訖令尉，大小之官且十萬人，皆自漢所謂賢明忠正貴寵之臣也。莽之篡位，惟安眾侯劉崇、東郡太守翟義，思事君之禮，義勇奮發，欲誅莽。功雖不成，志節可紀。」所以，班彪在傳後所歎「悲夫」，不為翟義悲，而是漢帝漢臣之可悲。

二、翟方進之所以痛恨外戚權臣之不法，應與他出身微寒，知民間疾苦有關，所以他更厭惡權臣挾勢弄權，枉法貪瀆，欺壓弱民的行徑。

三、文章用了不少追敘、補敘的方法，使傳主的事跡更加豐富，人物的形象更加顯明，社會百態更為形象。如翟義起兵後，在王莽的詔告及發兵進攻翟義後，補敘茂陵趙明等的響應，反映了翟義起兵的得人心；平息翟義及趙明，王莽向有功者授封後，補敘劉立僅因請纓而得為太守並封侯，反映王莽窮於應付，招降納叛的心態；最後追敘鴻隙大陂事，不惜誣言翟方進欲得陂下良田而罷陂，反映人心趨勢之惡的一面，以見世態之一斑。

四、白居易在詩作〈放言〉五首第二首中有「周公恐懼流言日，王莽謙恭未篡時。向使當初身便死，一生真偽復誰知」句。傳中將王莽的詔文全文或節略大量引用出來，辭嚴義正，對劉漢忠心，對民恤憫，謙謙君子，可佩可敬。但是，接著又敘他很快於十二月「即真」，當了皇帝，建了新朝。他對翟義等人的分屍，對翟氏滅族，連死後也不放過，挖祖先墓，埋荊棘五毒，做武軍，其行事之詐偽，心地之毒辣，也是少見的。可見，觀人不能僅聽其言，亦應看其行。

五、傳中未言翟氏後人之有無。上引長孫修〈碑表〉中說，劫後翟氏，有後人由汝南逃到猗氏（今山西臨猗）安家，出了不少人才。此亦堪慰讀者。

卷八十五

谷永杜鄴傳第五十五

【題解】本傳敘述谷永、杜鄴二人的言行。這是一篇趨附權貴而附會天人的人物合傳。谷永，博學經書，漢成帝時，日食、地震俱發，議事官員多歸咎於大將軍王鳳秉政。谷永上書為之辯說，因此擢升為光祿大夫。後歷任安定太守、涼州刺史、太中大夫、光祿大夫給事中、北地太守、大司農等職。善說災異。皇太后及王氏諸舅見成帝經常微服出宮，趙飛燕姊妹專寵後宮，遂暗中指使谷永藉災異切諫。成帝因其黨附王氏，不甚親信。後以病免，卒於家。杜鄴，以孝廉為郎，與外戚車騎將軍王音、成都侯王商親善。王商為大司馬衛將軍時，任命杜鄴為主簿，舉任侍御史。哀帝即位，遷涼州刺史，後以病免。當時外戚丁、傅用事，杜鄴對策指斥「諸外家昆弟無賢不肖，並侍帷幄，布在列位」之弊。後病卒。贊語肯定谷永、杜鄴的博學多聞，批評他們缺乏正直、誠信的品德。

1 谷永，字子雲，長安❶人也。父吉，為衛司馬❷，使送❸郅支單于❹侍子❺，為郅支所殺，語在陳湯傳。永少為長安小史❻，後博學經書。建昭❼中，御史大夫[8]繁延壽[9]聞其有茂材[10]，除[11]補[12]屬[13]，舉為太常丞[14]，數上疏言得失。

2 建始三年[15]冬，日食地震同日俱發，詔舉方正直言極諫[16]之士，太常陽城侯劉慶忌舉永待詔公車[17]。對[18]曰：

3 「陛下[19]秉[20]至聖之純德，懼天地之戒異[21]，飭身[22]修政[23]，納問[24]公卿。又下明詔，帥舉[25]直言，燕見[26]紬繹[27]，以求咎愆[28]，使臣等得造[29]明朝[30]，承聖問[31]。臣材朽學淺，不通政事。竊[32]聞明王[33]即位，正五事[34]，建大中[35]，以承[36]天心[37]，則庶徵[38]序[39]於下，日月理[40]於上；如人君淫溺[41]後宮，般樂[42]游田[43]，五事失於躬[44]，大中之道不立，則咎徵[45]降而六極[46]至。凡災異[47]之發，各象[48]過失，以類[49]告人。乃[50]十二月朔戊申[51]，日食婺女[52]之分，地震蕭牆[53]之內，二者同日俱發，以丁寧[54]陛下，厥[55]咎不遠，宜厚[56]求諸[57]身。意[58]豈陛下志在閨門[59]，未卹[60]政事，不慎舉錯[61]，婁失中與[62]？內寵太盛[63]，女不遵道[64]，嫉妒專上[65]，妨繼嗣[66]與？古之王者廢五事之中[67]，失夫婦之紀[68]，妻妾得意，謁行於內[69]，勢行於外[70]，至[71]覆傾[72]國家，或亂[73]陰陽。昔褒姒用國，宗周以喪[74]；閻妻驕扇，日以不臧[75]。此其效[76]也。經曰：『皇極，皇建其有極[77]。』傳曰：『皇之不極，是謂不建，時則有日月亂行。』」[78]

4 「陛下踐至尊之祚[79]為天下主，奉帝王之職以統群生，方內[80]之治亂，在陛下所執。誠[81]留意於正身[82]，勉強於力行，損[83]燕私[84]之閒以勞[85]天下，放去[86]淫溺之樂，罷歸倡優[87]之笑[88]，絕卻[89]不享之義[90]，慎節游田之虞[91]，起居有常，循禮而動，躬親政事，致[92]行無倦，安服若性[93]。經曰：『繼自今嗣王，其毋淫于酒，毋逸于游田，惟正之共[94]。』未有身治正而臣下邪者也。

5 「夫妻之際，王事綱紀，安危之機，聖王所致慎也[95]。昔舜飭正二女，以崇至德[96]；楚莊忍絕丹姬，以成伯功[97]；幽王惑於褒姒，周德降亡；魯桓脅於齊女，社稷以傾[98]。誠修後宮之政，明尊卑之序，貴者不得嫉妬專寵，以絕驕嫚[99]之端[100]，抑褒閻之亂，賤者咸得秩進[101]，各得厥[102]職，以廣繼嗣之統[103]，息白華[104]之怨。後宮親屬，饒[105]之以財，勿與[106]政事，以遠皇父[107]之類，損妻黨之權。未有閨門治而天下亂者也。

6 「治遠自近始，習善在左右。昔龍[108]筦[109]納言[110]，而帝[111]命惟[112]允[113]；四輔[114]既備，成王[115]靡[116]有過事[117]。誠敕正左右[118]齊栗[119]之臣，戴金貂[120]之飾執常伯[121]之職者，皆使學先王之道，知君臣之義，濟濟謹孚[122]，無敖戲[123]驕恣[124]之過，則左右肅艾[125]，群僚仰法[126]，化流[127]四方。經曰：『亦惟先正克左右[128]。』未有左右正而百官枉[129]

者也。

7 「治天下者尊賢考功[130]則治，簡賢[131]違功則亂。誠[132]審思[133]治人之術，歡樂得賢之福，論材選士，必試於職，明度量[134]以程能[135]，考功實以定德，無用比周[136]之虛譽[137]，毋聽寖潤[138]之譖愬[139]，則抱功修職[140]之吏無蔽傷之憂，比周邪偽之徒不得即工[141]，小人日銷，俊艾[142]日隆。經曰：『三載考績，三考黜陟幽明[143]。』又曰：『九德咸事，俊艾在官[144]。』未有功賞得於前眾賢布於官而不治者也。

8 「堯遭洪水之災，天下分絕為十二州[145]，制遠之道[146]微[147]而無乖畔[148]之難者，德厚恩深，無怨於下[149]也。秦居平土[150]，一夫[151]大呼而海內崩析[152]者，刑罰深酷，吏行殘賊[153]也。夫違天害德，為上取怨於下，莫甚乎殘賊之吏。誠放退[154]殘賊酷暴之吏錮廢[155]勿用，益[156]選溫良上德[157]之士以親萬姓[158]，平刑[159]釋冤[160]以理民命，務省繇[161]役，毋[162]奪民時[163]，薄收賦稅，毋殫[164]民財，使天下黎元[165]咸安家樂業，不苦踰時之役[166]，不患苛暴[167]之政，不疾[168]酷烈之吏，雖[169]有唐堯之大災[170]，民無離上[171]之心。經曰：『懷保小人，惠于鰥寡[172]。』未有德厚吏良而民畔者也。

9 「臣聞災異，皇天[173]所以[174]譴告人君過失，猶嚴父[175]之明誡[176]。畏懼敬[177]改，則禍銷福降；忽然[178]簡易，則咎罰[179]不除。經曰：『饗用五福，畏用六極[180]。』傳曰[181]：『六沴作見[182]，若不共御[183]，六罰既侵[184]，六極其[185]下。』今三年之間，災異鋒起[186]，小大畢具，所行不享上帝[187]，上帝不豫[188]，炳然[189]甚著。不求之身，無所改正，疏[190]舉廣謀[191]，又不用其言，是循不享之迹[192]，無謝過[193]之實也，天責愈深。此五者[194]，王事之綱紀，南面[195]之急務，唯[196]陛下留神[197]。」

10 對奏[198]，天子異焉[199]，特召見永。

11 其夏，皆令諸方正對策[200]，語在杜欽傳[201]。永對畢，因[202]曰：「臣前幸得條對[203]災異之效[204]，禍亂所極，言關[205]於聖聰[206]。書陳於前，陛下委棄[207]不納，而更使方正對策，背可懼之大異，問不急之常論，廢承天[208]之至言[209]，角[210]無用之虛文，欲末殺[211]災異，滿讕[212]誣[213]天，是故皇天勃然發怒，甲己之間[214]暴風三溱[215]，拔樹折木，此天至明[216]不可欺之效也。」上特復問永，永對曰：「日食地震，皇后貴妾專寵所致。」語在五行志。

【章旨】以上為〈谷永傳〉的第一部分。簡介谷永身世，收錄了他建始三年的舉方正對策，他運用災異譴告的理論，指出「正身」、「治閨門」、「正左右」、「尊賢考功」和「平刑薄賦」是國家政事的綱領，帝王的急務，日食地震是皇后貴妾專寵所致。

【注釋】❶長安　縣名。在今陝西西安西北。❷衛司馬　官名。衛尉屬官。❸使送　以使者身分護送。❹郅支單于　匈奴單于之一。詳見卷九十四〈匈奴傳〉。❺侍子　古時諸侯或屬國遣王子入侍皇帝，稱侍子。❻小史　漢以後為尚書令史或地方官一般屬吏之稱。❼建昭　漢元帝的年號，西元前三八—前三四年。❽御史大夫　官名。秦置。漢因之，掌管彈劾糾察及圖籍祕書。與丞相（大司徒）、太尉（大司馬）合稱三公。❾繁延壽　即李延壽。建昭三年，由衛尉為御史大夫。❿茂材　才德優異。⓫除　拜官；授職。⓬補　謂官有缺位，選員補充。⓭屬　屬吏；下屬。⓮太常丞　官名。太常的主要屬官。⓯建始三年　西元前三〇年。建始，漢成帝的年號，西元前三二—前二九年。⓰方正直言極諫　又稱賢良方正，漢代選舉科目之一。或作「方正直言」，或省作「方正」、「直言」。⓱太常句　太常，官名。掌宗廟禮儀，兼掌選試博士。九卿之一。秩中二千石。劉慶忌，劉德之孫。待詔公車，在公車署等待詔命。待詔，本指應皇帝徵召隨時待命，以備諮詢顧問。以其處所不同，又有待詔公車、待詔金馬門等名目。後遂成為官名，凡具一技之長而備諮詢顧問者。公車，漢代官署名。設公車令，掌管宮殿中司馬門的警衛，並接待上書的臣民。⓲對　奏對；對策。文體的一種。以下為谷永建始三年舉方正對策。⓳陛下　本義帝王宮殿的臺階之下。此指對帝王的尊稱。⓴秉　通「稟」。承受。㉑戒異　警告性的變異。㉒飭身　警飭己身，使自己的思想言行謹嚴合禮。㉓修政　修明政教。㉔納問　徵求並採納意見或建議。㉕帥舉　猶言悉舉。顏師古注曰：「帥舉，謂公卿守相皆令舉也。帥字或作師。師，眾也。」帥，通「率」。盡；都。㉖燕見　古代帝王退朝閒居時召見或接見臣子。㉗紬繹　理出頭緒。引申為闡述。㉘咎愆　過失。㉙造　至。㉚明朝　聖明的朝廷。後世詩文中常稱本朝為「明朝」。㉛聖問　帝王的垂詢。㉜竊　私下；私自。多用作謙詞。㉝明王　聖明的君主。㉞五事　貌、言、視、聽、思。指古代統治者修身的五件事，貌恭、言從、視明、聽聰、思睿。㉟大中　顏師古注曰：「即皇極也。」帝王統治天下的準則。指無過與不及的中正之道。㊱承　順從；迎合。㊲天心　猶天意。㊳庶徵　各種徵候、徵兆。庶，眾。㊴序　按次序區分、排列。㊵理　整理；使有條理。㊶淫溺　迷戀沉溺。多指酒色。㊷般樂　遊樂；玩樂。㊸游田　亦作「遊畋」。出遊打獵。田，通「畋」。㊹躬　自身；躬行。㊺咎徵　過失的報應；災禍應驗。㊻六極　六種極兇惡之事。《尚書・洪範》：「六極：一曰凶短折，二曰疾，三曰憂，四曰貧，五曰惡，六曰弱。」㊼災異　指自然災害或某些異常的自然現象。㊽象　象徵。㊾類　類比；比附。㊿乃　此。(51)十二月朔戊申　建始三年（西元前三〇年）夏曆十二月初一。朔，夏曆每月的第一天。戊申，六十甲子之一。這裡用於紀日，初一。(52)婺女　星宿名，即女宿。又名須女、務女。二十八宿之一，玄武七宿之第三宿，有星四顆。(53)蕭牆　門屏，宮室用以分隔內外的當門小牆。(54)丁寧　謂再三告示。亦作「叮嚀」。(55)厥　其；那。(56)厚　深；深刻。(57)諸　「之於」的合音。(58)意　猜測。(59)志在閨門　謂留心於女色。閨門，婦女所居之處。借指婦女、妻子。(60)卹　憂勞；憂慮。(61)舉錯　亦作「舉厝」、「舉措」。舉動；行為。62婁失中與　屢屢不合準則嗎。婁，「屢」的古字。下同。失中，不合準則。與，通「歟」。表疑問。63內寵太盛　寵愛妻妾太過分。內寵，即女寵。指帝王寵愛女子。64遵道　遵循正道。亦以比喻遵循法度。道，準則；規範。65專上　謂獨自占有皇上的寵幸。66繼嗣　特指帝王的繼位者。67中　正；中正之道。68紀　綱紀；準則。69謁行於內　謂在內宮所請必行。謁，請。70勢行於外　謂在外廷專擅權力。71至　通「致」。致使；引起。72覆傾　傾覆。73或亂　昏亂；惑亂。或，通「惑」。74褒姒用國二句　周幽王寵愛褒人所獻之女褒姒，廢申后和太子，立褒姒為后。引起朝政混亂，諸侯叛離。申后之父聯合犬戎攻殺幽王，西周滅亡。用國，參與國事。宗周，指周王朝。因周為所封諸侯國之宗主國，故稱。75閻妻驕扇二句　美貌的妻妾驕橫猖獗，太陽因此出現日食。概括引自《詩經・小雅・十月之交》。詩義有兩說，一說刺周厲王寵「閻妻」，一說刺周幽王寵褒姒。閻妻，美貌的妻子。驕扇，驕橫猖獗。扇，熾。臧，善。76效　驗證。77皇極二句　引自《尚書・周書・洪範》。意謂君王的準則，君王建功立業有他的準則。78傳曰四句　意謂君王沒有準則，這就是說不想建功立業，這時就發生日月不按規律運行的情形。傳，對經文的解說、注釋。79祚　皇位。80方內　四方之內。猶國家。81誠　確實。82正身　端正自身；修身。83損　減少。84燕私　泛指宴飲。85勞　憂；憂勞。86放去　拋棄；丟開。87倡優　以音樂歌舞或雜技戲謔娛人的藝人。88关　「笑」的古字。89卻　退。90不享之義　不應當接受的貢獻。91虞　通「娛」。92致　至；盡力。93安服若性　安心習慣地去做，猶如天性一樣自然。94繼自今嗣王四句　引自《尚書・周書・無逸》。是說以後繼位的君王，不能過量飲酒，不能放蕩遊獵，只宜嚴格要求自己。共，通「恭」。95夫妻之際四句　意謂夫妻之間的關係，是帝王政事的原則問題，是國家安危的關鍵，是聖明的帝王最應慎重處理的。綱紀，大綱要領。機，關鍵。96昔舜飭正二女二句　相傳堯把兩個女兒嫁給了舜，觀其治家，欲使治國，而舜整飭己身對待二女，其德益崇，遂受堯禪。飭正，調整飭己身使行為謹嚴合禮。97楚莊忍絕丹姬二句　意謂楚莊王不迷戀於丹姬，終於成就了霸業。或說「丹姬」乃「夏姬」之誤。夏姬，鄭穆公之女，陳大夫御史叔之妻，美而淫媚。楚莊王得丹姬，三月不聽朝。申公巫臣諫，忍絕不復見，乃勤政事，遂成霸業。伯，通「霸」。98魯桓脅於齊女二句　魯桓公被齊女脅迫，因而傾覆了政權。魯桓公娶姜氏為夫人，而姜氏與齊侯私通，齊侯派人刺殺了桓公。99驕嫚　亦作「驕慢」。驕傲怠慢。100端　始。101秩進　按次序進御皇上。秩，次。102厥　其；他們的。103繼嗣之統　皇位繼承人的血統。104白華　《詩經・小雅》篇名。周幽王惑於褒姒而廢黜申后和太子；國人作了這詩諷刺他。谷永言此，暗譏成帝專寵趙昭儀。105饒　使豐饒。106與　參與；干預。107皇父　人名。周幽王（一說周厲王）的誤國寵臣。因嬖寵而為卿士，總管王朝政事。108龍　舜臣之名。109筦　主管。110納言　官名。主出納王命。即在帝王身邊負責上傳下達。

111帝　舜帝。112惟　只。113允　信。114四輔　官名。天子身邊的四個輔佐大臣。謂左輔、右弼、前疑、後丞。115成王　周成王姬誦。116靡　無。117過事　過錯；錯事。118左右　指尚書。119齊栗　指尚書等近臣要整理群臣的所有奏章，上傳下達，位卑而權重，經常戰慄謹敬的樣子。120金貂　皇帝左右侍臣的冠飾。漢始，侍中、中常侍之冠，於武冠上加黃金璫，附蟬為文，貂尾為飾，謂之趙惠文冠。121常伯　指侍中。伯，長。常使長事者。122濟濟謹孚　威嚴莊重而謹慎誠實。123敖戲　嬉戲。124驕恣　驕傲放縱。125肅艾　敬謹鎮定。肅，敬。艾，通「乂」。治；治理。126仰法　依從仿效。127化流　德化傳布。128亦惟先正克左右　見《尚書・周書・文侯之命》。意謂君主先正，官賢臣能。129枉　曲；不正直。130考功　按一定標準考核官吏的政績。131簡賢　輕慢賢能。簡，輕慢。132誠　如果；果真。133審思　慎重考慮。134度量　規格；標準。135程能　衡量才能。程，測定；計算。136比周　結黨營私。137虛譽　虛名。此指徒有虛名的人。138寖潤　逐漸滲透。引申為積久而發生作用。139譖愬　讒毀攻訐。140修職　盡職。141即工　得到官職。即，就。工，官。142俊艾　亦作「俊乂」。才德出眾的人。143三載考績二句　見《尚書・虞書・舜典》。三載，三年。考績，按一定標準考核官吏的成績。黜陟幽明，言退其幽暗無功者，升其昭明有功者。144九德咸事二句　見《尚書・虞書・皋陶謨》。九德，具有九方面道德修養的人，即：寬而栗，柔而立，愿而恭，亂而敬，擾而毅，直而溫，簡而廉，剛而塞，強而義。事，用事。145十二州　謂冀、兗、豫、青、徐、荊、揚、雍、梁、幽、并、營。146制遠之道　控制邊遠地區的方法。147微　少。148乖畔　反叛。畔，通「叛」。149無怨於下　沒有結怨於下民。150平土　指平原之地。151一夫　一人。152崩析　分裂瓦解。153殘賊　殘忍暴虐。154放退　免職；退職。155錮廢　禁錮棄除。錮，禁。156益　增。157上德　崇尚德行。上，通「尚」。158萬姓　萬民。159平刑　公平地處理案件；斷案。160釋冤　釋放無罪被冤之人。161繇　通「徭」。162毋　通「無」。163時　農忙時節。164殫　盡；竭盡。165黎元　黎民百姓。166踰時之役　指延長服役時間。167苛暴　暴虐。168疢　憂慮。169雖　即使。170大災　指洪水之災。171離上　背離君上。172懷保小人二句　見《尚書・周書・無逸》。懷保，安撫保護；撫養。小人，平民百姓。惠，仁愛。鰥寡，老而無妻或無夫的人。引申指老弱孤苦者。173皇天　對天及天神的尊稱。174所以　用來。175嚴父　父親。舊謂父嚴母慈，故多稱父為「嚴父」。176明誡　亦作「明戒」。明白告誡；明訓。177敬　慎；認真。178忽然　不經心；忽略。179咎罰　對罪過的懲罰。180嚮用五福二句　見《尚書・周書・洪範》。意思是說，要用五種幸福勸人為善，要用六種懲罰戒人作惡。五福，一曰壽，二曰富，三曰康寧，四曰攸好德，五曰考終命。181傳曰　引自〈洪範〉之傳。182六沴作見　六種災氣發生並呈現。沴，災氣；災難。183共御　謂恭肅己身以抵禦不祥。共，通「恭」。184侵　漸進。185其　將要。186鋒起　喻紛紛發生。鋒，通「蜂」。187不享上帝　不合上帝心意。享，當。188豫　悅；喜悅；

歡快。189炳然　明顯貌；明白貌。190疏　遠。191廣謀　廣泛諮詢。192不享之迹　不合天意的路。193謝過　承認錯誤，表示歉意。194此五者　指上文所說「正身」、「治閨門」、「正左右」、「尊賢考功」、「平刑薄賦」五件事。195南面　古代以坐北朝南為尊位，故帝王諸侯見群臣，或卿大夫見僚屬，皆面向南而坐，因用以指居帝王或諸侯、卿大夫之位。196唯　表示希望、祈請。197留神　注意；當心。198對奏　對策呈上。199異焉　異於是。對此感到特別。焉，介詞「於」與代詞「是」的兼詞。200對策　亦作「對冊」。古時就政事、經義等設問，由應試者對答，稱為對策。自漢代起作為取士考試的一種形式。201杜欽傳　見卷六十〈杜周傳〉附〈杜欽傳〉。杜欽，乃杜周之孫。202因　趁機；順勢。203條對　逐條對答天子的垂詢。204效　災異的驗證。205關　稟告。206聖聽　帝王的聽覺。敬詞。207委棄　棄置；捨棄。208承天　奉承天道。209至言　最高超的言論；極其高明的言論。210角　爭競。211末殺　掃滅；抹殺。末，通「抹」。212滿讕　欺罔；欺騙。213誣　欺騙。214甲己之間　自甲至己，凡六日。215溱　通「臻」。至。216至明　極賢明、精明。

【語　譯】谷永，字子雲，長安縣人。父親谷吉，做衛司馬，作為使者護送郅支單于的侍子回匈奴，被郅支單于殺害，這件事記載在〈陳湯傳〉中。谷永年輕時做長安縣的小史，後來廣泛學習經書。建昭年間，御史大夫繁延壽聽說他有優秀的才能，聘用他為自己的屬吏，後來推薦他做了太常丞，他多次上奏疏議論朝政得失。

2 建始三年冬季，日食和地震同一天發生，皇上命令推薦方正直言敢於盡力勸諫的士人，太常陽城侯劉慶忌推薦谷永到公車署待詔。谷永的奏對說：

3 「陛下具有最神聖的純正美德，憂懼天地發出的警告性奇異景象，整飭自身修明政事，徵詢並採納公卿大臣的建議。又頒下聖明的詔令，讓中央和地方官吏推薦敢直言的人，在不上朝時抽空召見他們，來探究引發災變的過失所在，使臣等得以來到聖明的朝堂，接受聖上的垂問。我才力不佳學識淺薄，不懂國家大事。私下聽說英明的帝王即位，要端正貌、言、視、聽、思這五件事，建立帝王統治天下的準則，來順從天意，那麼種種吉祥的徵兆才會有序地在世間顯現，日月才會按規律在天上運行；如果君王過分地沉溺在後宮，安於享樂和出遊打獵，自己喪失對五事的修正，治理國家的原則不能確立，那麼上天就降下災禍的徵兆而象徵懲罰的六種災異現象就會到來。凡是災異發生，都各自象徵著過失，以類別警告世人。這次十二月初一戊申，日食發生在女宿天區，地震發生在宮殿裡面，兩件事同一天發生，是上天用來再三告誡陛下，那些過失並不在遠處，應當深刻地在自身上尋找原因。難道是由於陛下的心思只在女人身上，不憂勞政事，舉措不慎重，屢屢不符合中正的準則嗎？陛下寵愛女子太過度，而妻妾們又不遵規範，相互妒嫉而想獨享皇上的寵幸，這難道不是妨礙皇儲的生養嗎？古代有的君王背棄了五事的中正，喪失了夫妻生活的準則，妻妾受到寵愛，在內宮請求什麼肯定獲得允許，在外朝肆意弄權作威，導致國家滅亡，陰陽混亂。從前褒姒參與國事，周朝因此覆滅；豔美的妻妾驕橫霸道，因此出現日食。這些就是怪異天象的應驗呢。經書上說：『帝王統治的準則，就是君王要建立統治的準則。』經傳上的解釋說：『統治準則不中正，這就是說不想建功立業，這時就會出現日月運行混亂的現象。』

4 「陛下登上最崇高的皇位成為天下的主宰，接受帝王的職責來統率百姓，國家的安定與動亂，都在陛下的掌握之中。確實應該注意修身養性，勤奮努力做事，減少個人宴飲的時間來操勞國家大事，拋棄酒色逸樂，遣散專供笑樂的倡優藝人，拒絕不應當接受的貢獻，節制出遊打獵的玩樂，起居作息要有規律，遵循禮法規定做事，親自處理政事，勤勉力行不要倦怠，安心習慣地去做就像天性一樣自然。經書上說：『從今以後繼位的君王，不能過量飲酒，不能放蕩遊獵，只宜嚴格要求自己。』沒有君王自身修治中正而臣下奸邪的。

5 「夫婦之間的關係，是帝王政事的原則問題，國家安危的關鍵，是聖明的帝王最應該慎重處理的。從前虞舜以修養本身品性對待唐堯的兩個女兒，使自己的品德更加高尚；楚莊王忍心拒絕丹姬，因此成就了霸主的功業；周幽王被褒姒迷惑，周朝的命運衰敗以至滅亡；魯桓公被齊女脅迫，國家因此傾覆。確實應該整頓後宮的管理，明確高貴與卑賤的次序，位尊的不能因嫉妒而獨享寵愛，以此杜絕驕橫輕慢的苗頭，抑制褒姒豔妻之類的禍亂；卑微的都能夠按次序侍宿皇上，每個人都能盡到自己的職責，這樣就可以擴大皇位繼承人的延續，平息像〈白華〉詩中所寫的那種怨恨。後宮的親屬可以多給他們財物，不要讓他們參與政事，以此疏遠皇父之類恃寵誤國的人，削弱妻黨的權力。沒有閨門整肅而天下混亂的。

6 「治理遠方需從治理近處開始，修習善行要從身邊的人著手。從前龍主管納言，而虞舜的命令就很真誠允當；四位輔佐大臣已經妥善配備，周成王便沒有犯什麼過失。果真能整飭管理好身邊處理日常事務的臣子，戴著金貂飾品、擔負宮廷侍衛職事的官員，都讓他們學習先王之道，懂得君臣關係的大義，威嚴莊重而謹慎誠實，不犯嬉戲玩樂驕橫放縱的錯誤，那麼左右近臣就會莊重謹慎，百官遵循效法，德化就會傳布到四方。經書上說：『要先整飭制約左右近臣。』沒有左右近臣正直而百官邪曲的。

7 「治理天下的人尊重賢能考核功績就太平，輕慢賢能不講功績社會就混亂。果真能慎重考慮管理民眾的方法，為有得到賢才的福分而喜悅，論才能選拔士人，一定要給他職事來試用，明確規定考核標準來衡量德才，不用結黨營私虛妄吹捧的人，不聽信日積月累的讒毀攻訐，那麼立志建功盡心盡職的官吏就沒有被壓制、受中傷的憂慮，結黨營私奸邪偽詐之徒就得不到官位，小人一天天減少，賢士一天天增多。經書上說：『三年考核一次官吏的功績，經過三次考核，就罷免昏庸無功的人，提拔政績突出的人。』又說：『具有九種品德的人都得到任用，俊傑治能之士都有了官職。』沒有論功行賞擺在眼前，眾多賢才遍布官位而天下不太平的。

8 「堯遭受洪水災害，天下分隔成十二個州，控制遠方的方法少，卻沒有背逆反叛的災難，這是因為堯的德行淳厚、恩澤深廣，沒有跟百姓結怨啊。秦朝處在廣大的平原上，一個男子奮起大呼而國家崩潰瓦解，是因為刑罰深重殘酷，官吏的行為殘忍暴虐啊。違背天意敗壞道德，替皇上結怨於百姓的，沒有比殘忍暴虐的官吏更厲害的。果真能罷免兇狠毒辣殘忍暴虐的官吏，禁錮廢棄不用，增選溫厚善良品德高尚的人來親和百姓，公平地處理案件，釋放無罪被冤枉的人，以此對待民眾的生命，致力於減少徭役，不侵占農時，減輕賦稅，不用盡百姓的財力，讓天下黎民都能安居樂業，不愁苦於超期服勞役，不憂慮暴虐的政令，不擔心殘酷的官吏，即使遇上唐堯時的大災害，百姓也不會有背離君上的想法。經書上說：『安撫保護百姓，仁愛施予鰥寡孤苦的人。』沒有君主德行敦厚官吏賢良而百姓反叛的。

9 「臣聽說災異是上天用來譴責警告人君過失的，就像嚴厲的父親的明白告誡。畏懼並認真改正，就會災禍消失，福佑降臨；忽視輕慢上天的告誡，那麼災禍的懲罰就不會消除。經書上說：『要用五種幸福勸人為善，要用六種懲罰戒人作惡。』經傳上說：『六種災氣萌生顯現，如果不恭敬修德來抵禦災害，六種懲罰就會到來，六種凶險的事就會發生。』現在三年之間，災異紛紛發生，大的小的全出現了，這是行事不合天帝心意，天帝不高興，昭示得很明白。不在自己身上找原因，就無法改正，從遠處選舉來士人，廣泛徵求意見，又不採納他們的建議，這是繼續走不合天意的路，沒有告罪認錯的實際行動啊，天帝的責罰會更重。這五件事，是帝王政事的綱領，是南面治國的緊急要務，希望陛下注意。」

10 對策呈上，天子認為不同尋常，特意召見谷永。

11 這一年夏天，朝廷命令各位方正都來對答皇上的策問，這件事記載在〈杜欽傳〉裡。谷永對答完畢，乘機說：「臣先前有幸得以逐條陳奏災異的應驗，禍亂的嚴重後果，意見稟告了皇上。奏書呈送在面前，陛下扔在一旁不採納，卻又讓方正來對策，不顧可怕的大災異，詢問不緊急的一般問題，廢棄承合天意的至理明言，競相呈奏無用的空話，想以此抹殺災異，欺騙上天，因此天帝勃然發怒，從甲日至己日的六天裡暴風三次肆虐，拔起折斷樹木，這是上天極其聖明不欺瞞的應驗啊。」皇上特意又詢問谷永，谷永對答說：「日食地震，是皇后貴妾獨占寵幸造成的。」這件事記載在〈五行志〉中。

1 是時，上❶初即位，謙讓委政❷元舅❸大將軍❹王鳳❺，議者多歸咎❻焉❼。永知鳳方見柄用❽，陰❾欲自託❿，乃復曰：

2 「方今四夷⓫賓服⓬，皆為臣妾⓭，北無薰粥⓮冒頓⓯之患，南無趙佗⓰、呂嘉⓱之難，三垂⓲晏然⓳，靡⓴有兵革㉑之警。諸侯大者乃㉒食數縣，漢吏制其權柄，不得有為㉓，亡吳、楚㉔、燕㉕、梁㉖之勢。百官盤互㉗，親疏相錯㉘，骨肉大臣有申伯[29]之忠，洞洞屬屬[30]，小心畏忌，無重合[31]、安陽[32]、博陸[33]之亂。三者[34]無毛髮之辜，不可歸咎諸舅。此[35]欲以政事過差[36]丞相父子[37]、中尚書宦官，檻塞大異[38]，皆瞽說[39]欺天者也。竊恐陛下舍[40]昭昭之白過[41]，忽天地之明戒，聽晻昧[42]之瞽說，歸咎乎無辜，倚異乎政事[43]，重失天心，不可之大者[44]也。

3 「陛下即位，委任遵舊[45]，未有過政[46]。元年[47]正月，白氣較然起乎東方[48]，至其四月，黃濁四塞，覆冒京師[49]，申以大水[50]，著[51]以震蝕。各有占應[52]，相為表裡[53]，百官庶士無所歸倚[54]，陛下獨[55]不怪與[56]？白氣起東方，賤人將興之表也；黃濁冒京師，王道微絕[57]之應也。夫賤人當起而京師道微，二者已[58]醜[59]。陛下誠深察愚臣之言，致懼天地之異，長思宗廟之計[60]，改往反過[61]，抗[62]湛溺[63]之意，解偏駁[64]之愛，奮乾剛[65]之威，平[66]天覆[67]之施，使列妾得人人更[68]進[69]，猶尚未足也，急復益納宜子婦人[70]，毋擇好醜，毋避嘗字[71]，毋論年齒。推法言之，陛下得繼嗣於微賤之間，乃反為福。得繼嗣而已，母非有賤[72]也。後宮女史[73]使令有直意[74]者，廣求於微賤之間，以遇天所開右[75]，慰釋皇太后之憂慍，解謝上帝之譴怒，則繼嗣蕃滋[76]，災異訖息[77]。陛下則[78]不深察愚臣之言，忽於天地之戒，咎根不除，水雨之災，山石之異，將發不久[79]；發則災異已極，天變成形，臣雖欲捐身[80]關策[81]，不及事[82]已。

4 「疏賤之臣，至[83]敢直陳天意，斥譏[84]帷幄之私[85]，欲間離貴后盛妾，自知忤心逆耳，必不免於湯鑊[86]之誅。此天保右[87]漢家，使臣敢直言也。三上封事[88]，然後得召；待詔一旬[89]，然後得見。夫由疏賤納[90]至忠，甚苦[91]；由至尊聞天意，甚難。語不可露，願具[92]書所言，因[93]侍中[94]奏陛下，以示腹心大臣[95]。腹心大臣以為非天意，臣當伏妄言之誅；即[96]以為誠天意也，奈何忘國家大本[97]，背天意而從欲[98]！唯陛下省察[99]熟念，厚為宗廟計。」

5 時對者數十人，永與杜欽為上第[100]焉。上皆以其書示後宮。後上嘗賜許皇后書，采永言以責之，語在外戚傳。

【章　旨】以上為〈谷永傳〉的第二部分。議事官員認為災異是因大將軍王鳳專權所致，谷永想依附王鳳，再次上書論災異之變，為王鳳辯護，勸成帝憂懼天地變異，以皇室繼嗣為重，改正偏頗的寵愛，廣納宜子婦人，平息天帝的譴責憤怒，消除錯誤的根源。

【注　釋】❶上　指漢成帝。❷委政　付以政柄。❸元舅　大舅。❹大將軍　漢代高級武官名號。西漢初年，大將軍即統兵軍帥之號，非固定官職。武帝臨終前以霍光為大司馬大將軍，輔佐幼主。由此非將帥之文臣亦得居此位。❺王鳳　（西元前？—前二二年），字孝卿，魏郡元城（今河北大名）人。元帝皇后王政君之兄。成帝即位後，任大司馬大將軍領尚書事，專擅朝政，王氏專權自此始。❻歸咎　歸罪。❼焉　於是。❽方見柄用　正被重用。見，被。柄用，謂被信任而掌權。亦謂被任用。❾陰暗中。❿自託　自己有所依託。⓫四夷　古代華夏族對四方少數民族的統稱。含有輕蔑之意。亦泛指外族。⓬賓服　歸順；服從。⓭臣妾　古時對奴隸的稱謂。男曰臣，女曰妾，後亦泛指統治者所役使的民眾和藩屬。⓮薰粥　古匈奴族名。⓯冒頓（西元前？—前一七四年），姓攣鞮氏。著名的匈奴單于。約西元前二〇九—前一七四年在位。詳見卷九十四〈匈奴傳〉。⓰趙佗（西元前？—前一三七年），真定（今河北正定）人。秦時為南海郡龍川縣令，後行南海尉事。秦亡後，兼併桂林、象郡，自立為南越武王。⓱呂嘉　西漢時南粵丞相。曾相南粵王三世，宗族任職長吏者七十餘人，威權重於王。漢武帝元鼎年間舉兵反。詳見卷九十五〈南粵傳〉。⓲三垂　猶三邊。指東、西、南三方邊疆。垂，通「陲」。邊疆。⓳晏然　安寧；安定。⓴靡無。㉑兵革　兵器和甲冑的總稱。此指代戰爭。㉒乃　僅；才。㉓有為　指不軌行為。㉔吳楚　皆西漢諸侯王國。吳王劉濞（西元前二一五—前一五四年），高祖姪。詳見卷三十五〈荊燕吳傳〉。劉戊（西元前？—前一五四年），西漢宗室。楚元王劉交之孫。詳見卷三十六〈楚元王傳〉。漢景帝前元三年（西元前一五四年）吳楚等七國聯合發動叛亂，史稱「吳楚七國之亂」。㉕燕　西漢諸侯王國名。燕剌王劉旦（西元前？—前八〇年），武帝子。昭帝時謀反未遂自殺。詳見卷六十三〈燕王劉旦傳〉。㉖梁　西漢諸侯王國名。梁王劉武（西元前？—前一四四年），景帝同母兄弟。因謀嗣帝位，刺殺大臣獲罪。詳見卷四十七〈梁孝王劉武傳〉。㉗盤互　盤結交錯。㉘錯　間雜；交錯。㉙申伯　西周申后之父，宣王之舅。谷永用他暗喻王鳳。㉚洞洞屬屬　嚴敬之貌。洞洞，驚肅。屬屬，專謹。㉛重合　指重合侯馬通（西元前？—前八八年），即莽通。因與其弟馬何羅矯制發兵謀反。事敗，皆被處死。重合，縣名。在今山東樂陵西。㉜安陽　安陽侯上官桀（西元前？—前八〇年），字少叔，隴西上邽（今甘肅天水）人。與霍光爭權，父子謀反被族滅。安陽，縣名。在今河南安陽。㉝博陸　博陸侯霍禹（西元前？—前六六年），河東平陽（今山西臨汾）人。霍光之子，承父爵為侯，因謀反遭族滅。詳見卷六十八〈霍光金日磾傳〉、卷九十七〈外戚傳〉。㉞三者　指上文所言「四夷」、「百官」、「諸侯」三個方面。㉟此　疑作「及」。李慈銘曰：「『此』字疑當為『及』字之誤。㊱過差　找差錯。用作動詞。㊲丞相父子　指王商父子間的糾葛。詳見卷八十二〈王商傳〉。㊳檻塞大異　搪塞重大的災變。檻塞，閉塞；搪塞。檻，閉。㊴瞽說　猶今言瞎說。㊵舍　拋棄。㊶白過　顯著的過錯。㊷晻昧　昏暗不明。此指難以明確的隱情祕事。指張匡以私生活攻訐王商。詳見〈王商傳〉。晻，通「暗」。㊸倚異乎政事　把災異歸結到政事上。㊹不可之大者　不可之中最大的。即大不可。㊺逶任遵舊　委任官吏，遵循舊法。逶，通「委」。託付。㊻過政　錯誤的政治措施。㊼元年　建始元年（西元前三二年）。㊽白氣較然起乎東方　卷二十七下〈五行志下〉載：「成帝建始元年正月，有星孛于營室，青白色，長六七丈，廣尺餘。」較然，明亮貌。㊾黃濁四塞二句　〈五行志下〉載：「成帝建始元年四月辛丑夜，西北有如火光。壬寅晨，大風從西北起，雲氣赤黃，四塞天下，終日夜下著地者，黃土塵也。」覆冒，蒙蓋；掩蔽。50中以大水　卷二十七上〈五行志上〉載：「成帝建始三年夏，大水，三輔霖雨三十餘日，郡國十九雨，山谷水出，凡殺四千餘人，壞官寺民舍八萬三千餘所。」中，重。51著　明；明示。52占應　占卜顯現的徵兆及其驗證。53表裡　表面現象和內在實質。54歸倚　歸向，依附。55獨　副詞。豈；難道。56與　通「歟」。語氣助詞。57王道微絕　帝王的道衰微斷絕。針對成帝未有子嗣而言。58已　甚；非常。59醜　惡；不好。60宗廟之計　指後嗣奉祀宗廟的大事。61反過　猶悔過。62抗　舉；振作。63湛溺　沉溺；沉迷。湛，通「沉」。64偏駁　亦作「偏駮」。不周遍。65乾剛　帝王的剛健決斷。66平　均分。67天覆　上天覆被萬物。68更　交替；輪流。69進　進御。指為君王所御幸。70宜子婦人　適合生兒子的女人。71毋避嘗字　王鳳把已經生育過的妻妹張美人獻給成帝，京兆尹王章上書彈劾，坐死。谷永言此，為王鳳辯護。詳見卷九十八〈元后傳〉。嘗字，曾經生育。字，懷孕；生育。72母非有賤　意謂不論其母貴賤。73女史　女官名。以知書婦女充任。掌管有關王后禮儀等事。或為世婦下屬，掌管書寫文件等事。74直意　順心；如意。75開右　引導扶助。開，即「啟」，避景帝諱而改。右，通「佑」。76蓄滋　繁殖增益。77訖息　止息。78則　與「若」同。王念孫說。79將發不久　言不久將發。80捐身　捨棄生命。81關策　言向皇帝獻策。82不及事　言禍敗既成，補救已不可及。83至　副詞。表示出乎意料。猶竟。84斥譏　指責譏刺。85帷幄之私　床笫間的男女祕事。86湯鑊　煮著滾水的大鍋。古代常作刑具，用來烹煮罪人。87保右　亦作「保佑」、「保祐」。保護幫助。多指神力的護衛幫助。88封事　密封的奏章。古時臣下上書奏事，防有洩漏，用皁囊封緘，故稱。89一旬　十天。90納　獻。91苦　勞苦；艱難。92具　詳細。93因　通過。94侍中　官名。秦始置，兩漢沿置，為正規官職外的加官之一。因侍從皇帝左右，出入宮廷，與聞朝政，逐漸變為親信貴重之職。95腹心大臣　指王鳳。96即　假如。97大本　根本；事物的基礎。98從欲　放縱私欲，不加克制。從，通「縱」。99省察　審察；仔細考察。100上第　上等。

【語　譯】這時，皇上剛即位，謙遜退讓，把政事委託給大舅大將軍王鳳，議事官員大多把過錯歸在王鳳身上。谷永知道王鳳正受重用，暗中想依附他，於是又對答說：

2 「現在四方外族歸附，都成為陛下的臣屬，北方沒有葷粥冒頓的禍患，南邊沒有趙佗、呂嘉的變亂，三面邊境安寧，沒有戰爭的警報。大的諸侯王的食邑才幾個縣，朝廷官吏控制著他們的權力，使他們不可能有什麼作為，沒有了吳、楚、燕、梁謀反的勢力。百官盤根錯節，關係親近者和疏遠者相互間雜，至親大臣有申伯那樣的忠心，謙恭敬業，小心謹慎，沒有重合侯馬通、安陽侯上官桀、博陸侯霍禹之類的叛亂。以上三個方面都沒有絲毫的過錯，不能把發生災異的責任歸在舅舅身上。這些和想從政事上找丞相父子、中尚書宦官的過錯，來搪塞重大災變的議論，都是欺騙天帝的瞎說呀。臣私下裡擔心陛下撇開自己顯著的過錯，忽視天地清楚的告誡，聽信昏昧糊塗的謬論，歸罪於無辜的人，把災異發生的原因歸結到政事上，嚴重背離了天帝的心意，這是最大的失誤呀。

3 「陛下即位，委任官吏遵循舊制，沒有錯誤的政事。建始元年正月，白氣明晃晃地從東方升起，到了這年四月，黃色沙塵充塞天地，覆蓋了京師，又發生了大水災，加上地震日食。各自都有顯現的徵兆及其驗證，互為表面現象和內在原因，可是從百官和庶民裡找不到災異的歸向、依附，陛下難道不奇怪嗎？白氣從東方升起，是卑賤的人將要興起的徵象啊；黃色沙塵覆蓋京師，是帝王道統衰微斷絕的應驗啊。卑賤的人即將興起而京師帝王道統衰微，這兩種徵驗很不好。陛下果真能深入思考愚臣的話，致力於憂懼天地的變異，考慮奉祀宗廟的長遠大計，改變以往糾正過失，振作沉溺於酒色的精神，消除偏頗的寵愛，振奮帝王剛健決斷的威勢，平分天帝覆被萬物的恩惠，使妃妾們能夠人人輪流侍宿，這好像還不夠，急需再增選適宜生兒子的女人，不必挑揀漂亮不漂亮，不必迴避曾經生育，不要考慮年齡大小。按這些做法來推論，陛下能夠從微賤的女人中間得到繼嗣，還反而是福分呢。只要皇上得到繼嗣就行了，不必計較孩子母親的貴賤。派後宮女史婢女中有適合皇上心意的，廣泛地在卑賤的女人中尋找，以遇合上天的引導保佑，寬慰排解皇太后的擔憂怨恨，平息天帝的譴責憤怒，那麼繼嗣就會繁衍生育，災異止息。陛下如果不深刻思考愚臣的話，忽視天地的警告，錯誤的根源不消除，洪水淫雨的災害，山崩石裂的異象，不久將會發生；一旦發生，那麼災異就到了極點，天象的變異已經形成，臣即使想捨棄生命出謀獻策，也無濟於事了。

4 「疏遠卑賤的小臣，竟敢直率地陳述天意，指責譏諷宮帷隱私，要離間尊貴的皇后和受寵的妃妾，自知語言刺耳不合皇上心意，一定免不了受到湯鑊之刑的誅罰。這是天帝保佑漢室，讓臣敢於直言啊。三次呈奏密封奏章，然後受到徵召；等待詔命十天，然後得以進見。從疏遠卑賤的地位進獻最忠直的勸諫，很苦；從最尊貴的地位聞知上天的旨意，很難。這些話不能洩露，希望詳細寫下來，通過侍中上奏陛下，把它拿給心腹大臣過目。心腹大臣認為不是天意，臣甘願接受妄言罪的處罰；假如認為確實是天意，為什麼要忘掉國家的根本，違背天意來放縱私欲！請陛下認真審察仔細考慮，多為宗廟祭祀著想。」

5 當時參加對策的有幾十個人，谷永和杜欽列在上等。皇上把他們的對策都拿給後宮妃妾看。後來皇上曾賜給許皇后書信，引用谷永的話責備她，這件事記載在〈外戚傳〉裡。

1 永既陰為大將軍鳳說❶矣，能實❷最高，由是擢為光祿大夫❸。永奏書謝鳳曰：「永斗筲❹之材，質薄學朽，無一日之雅❺，左右之介❻，將軍說其狂言，擢之皁衣❼之吏，廁❽之爭臣❾之末，不聽浸潤之譖，不食❿膚受之愬⓫，雖齊桓⓬晉文⓭用士篤密，察父⓮悊兄⓯覆育⓰子弟，誠無以加！昔豫子吞炭壞形以奉見異⓱，齊客隕首公門以報恩施⓲，知氏⓳、孟嘗⓴猶有死士㉑，何況將軍之門！」鳳遂厚之。

2 數年，出㉒為安定㉓太守。時上諸舅皆修㉔經書，任㉕政事。平阿㉖侯譚㉗年次㉘當繼大將軍鳳輔政，尤與永善。陽朔㉙中，鳳薨。鳳病困㉚，薦從弟㉛御史大夫音㉜以自代。上從之，以音為大司馬車騎將軍㉝，領尚書事㉞，而平阿侯譚位特進㉟，領城門兵。永聞之，與譚書曰：「君侯㊱躬周㊲召㊳之德，執管㊴晏㊵之操，敬賢下士，樂善不倦，宜在上將久矣，以大將軍在，故抑鬱於家，不得舒憤(41)。今大將軍不幸蚤(42)薨，絫親疏(43)，序(44)材能，宜在君侯。拜吏之日，京師士大夫悵然失望。此皆永等愚劣，不能褒揚萬分(45)。屬(46)聞以特進領城門兵，是則車騎將軍(47)秉政雍容(48)于內，而至戚賢舅執管籥(49)於外也。愚竊不為君侯喜。宜深(50)辭職，自陳淺薄不足以固城門之守，收太伯(51)之讓，保謙謙之路，闔門(52)高枕，為知者首。願君侯與博覽者參之(53)，小子(54)為君侯安此。」譚得其書大感，遂辭讓不受領城門職。由是譚、音相與(55)不平。

3 永遠為郡吏，恐為音所危，病滿三月免(56)。音奏請永補營軍司馬(57)，永數謝罪自陳，得轉為長史(58)。

4 音用(59)從舅(60)越親(61)輔政，威權損於鳳時。永復說音曰：「將軍履上將之位，食膏腴之都(62)，任周召之職，擁(63)天下之樞(64)，可謂富貴之極，人臣無二，天下之責(65)四面至矣，將何以居之？宜夙夜(66)孳孳(67)，執伊尹(68)之彊德，以守職(69)匡上(70)，誅惡不避親愛，舉善不避仇讎(71)，以章(72)至公(73)；立信四方。篤行(74)三者，乃(75)可以長堪(76)重任，久享盛寵。太白(77)出西方六十日，法當參天(78)，今已過期(79)，尚在桑榆之間(80)，質弱而行遲，形小而光微(81)。熒惑(82)角怒明大(83)，逆行守尾(84)。其逆，常也；守尾，變也。意(85)豈(86)將軍忘湛漸(87)之義，委曲從順，所執不彊，不廣用士，尚有好惡之忌，蕩蕩(88)之德未純，方與將相大臣乖離(89)之萌也？何故始襲司馬之號，俄而(90)金火並有此變？上天至明，不虛見異，唯將軍畏之慎之，深思其故，改求其路，以享(91)天意。」音猶不平(92)，薦永為護苑使者(93)。

【章旨】以上為〈谷永傳〉的第三部分。寫谷永因暗中為大將軍王鳳遊說，得到王鳳的提拔重用，出任安定郡太守。王鳳死後，王音越親輔政。谷永與平阿侯王譚交好，為他鳴不平，造成王譚與王音不和。谷永遭到王音的忌恨排擠，多次告罪認錯，得以自保。

【注釋】❶說　遊說。❷能實　才能和實績。❸光祿大夫　官名。屬光祿勳。秩比二千石，執掌論議，備顧問，在大夫中地位最尊。❹斗筲　斗與筲。斗容十升；筲，竹器，容一斗二升，皆量小的容器。喻人的才識短淺。❺雅　素；故交。❻介　推介；介紹。❼皂衣　黑色衣服。漢代官吏上朝時穿。❽廁　置。❾爭臣　諫諍之臣。爭，通「諍」。❿食　猶「受納」。⓫膚受之愬　指讒言。膚受，入膚至骨，言其深。⓬齊桓　齊桓公姜小白（西元前？—前六四三年），春秋時齊國國君。任用管仲為相，進行改革，國力富強。成為春秋時第一個霸主。⓭晉文　晉文公重耳（西元前六九七—前六二八年），晉國國君，繼齊桓公為霸主。⓮察父　明察的父親。察，明。⓯悊兄　睿智的兄長。對兄長的敬稱。悊，智。⓰覆育　撫養；養育。⓱昔豫子句　豫讓是春秋戰國間晉人。為晉卿智瑤家臣。晉出公二十二年（西元前四五三年）趙、韓、魏共滅智氏。豫讓漆身滅鬚毀容，吞炭變啞，謀刺趙襄子，未遂被捕。臨死時，求得趙襄子衣服，拔劍擊斬其衣，以示為主復仇，然後伏劍自殺。奉，報答。見異，特殊看待；優遇。⓲齊客隕首句　戰國時孟嘗君喜士，舍人魏子三收邑入，不交給孟嘗君，而借給賢者。齊湣王聽信讒言，加害孟嘗君，孟嘗君出奔。魏子與受粟者到齊湣王宮前自剄，以證明孟嘗君無罪。恩施，恩惠。⓳知氏　智伯。知，通「智」。⓴孟嘗　孟嘗君田文。㉑死士　敢死的勇士。㉒出　出京；外放。㉓安定　郡名。治高平，今寧夏固原。㉔修　習。㉕任　擔任；勝任。㉖平阿　侯國名。治今安徽懷遠西南。㉗譚　王譚（西元前？—前一七年），字子元，魏郡元城（今河北大名）人。元帝皇后王政君庶弟。詳見卷九十八〈元后傳〉。㉘年次　年齡的順序。㉙陽朔　漢成帝的年號，西元前二四—前二一年。㉚病困　病危。㉛從弟　堂弟。㉜音　王音（西元前？—前一五年）。輔政八年，卒於官。㉝車騎將軍　將軍名號。僅次於大將軍、驃騎將軍的軍銜。大司馬是加銜。㉞領尚書事　官名。即以他官兼領尚書政事。始於西漢昭帝時。㉟特進　官名。始置於西漢末期。賜給有特殊地位的列侯。㊱君侯　秦漢時稱列侯而為丞相者。㊲周　周公，姓姬名旦，也稱叔旦。西周初期政治家。文王子，武王弟，成王叔。輔武王滅商。武王崩，成王幼，周公攝政。㊳召　召公奭。燕國的始祖，佐武王滅商，封於燕。㊴管　管仲（西元前？—前六四五年）。春秋初期著名政治家，佐齊桓公稱霸。㊵晏　晏嬰（西元前？—前五〇〇年）。齊景公的輔佐大臣。㊶舒憤　抒發憤懣。㊷蚤　通「早」。㊸絫親疏　按親疏關係依次計算。絫，古「累」字。㊹序　排列。㊺萬分　言萬分之一。㊻屬　近。㊼車騎將軍　指王音。㊽雍容　從容灑脫。㊾管籥　鑰匙。籥，通「鑰」。㊿深　深切；堅決。(51)太伯　周先祖太王的長子。相傳太王欲傳位於季歷，太伯與弟避居江南，為吳之先祖，有謙讓之名。(52)闔門　閉門。(53)參之　參謀其事。(54)小子　自謙之稱。(55)相與　互相；交相。(56)病滿三月免　漢律規定，二千石官吏病假滿三個月，免職。如果皇帝施予特恩，優賜其假，准其帶印綬僚屬歸家治病，稱「賜告」。(57)營軍司馬　軍官名。《續漢書·百官志》將軍條下，屬官有軍司馬，無營軍司馬。漢制，大將軍營五部，每部有軍司馬一人。秩比千石。(58)長史　官名。漢丞相、太尉、司徒、司空、將軍府等各有長史。相當今祕書長一職。(59)用　以；憑。(60)從舅　堂舅。(61)越親　越過近親。(62)膏腴之都　指王音的封邑安陽。膏腴，謂土地肥沃。(63)擁　持。(64)樞　樞紐；關鍵。代指相位。(65)責　責難。(66)夙夜　朝夕；日夜。(67)孳孳　同「孜孜」。勤勉的樣子。(68)伊尹　商湯大臣，名伊，一名摯，尹是官名。相傳生於伊水，故名。是湯妻陪嫁的奴隸，後助湯伐夏桀，被尊為阿衡。(69)守職　忠於職守。(70)匡上　匡助皇上。(71)仇讎　仇人；冤家對頭。(72)章　通「彰」。顯示；表明。(73)至公　最公正；極公正。(74)篤行　切實履行；專心實行。(75)乃　才。(76)堪　勝任。(77)太白　金星。太陽系九大行星之一。(78)法當參天　按太白星的運行規律應當在天空的三分之一。參天，天空的三分之一。參，通「三」。(79)已過期　太白星運行慢了，應當在戌亥之間。服虔說。(80)桑榆之間　《史記·天官書》有太白「出而留桑榆間，疾其下國」之說。桑榆，日落時光照桑榆樹端，因以指日暮。此指日落處，距離地平線不遠。(81)質弱而行遲二句　顏師古注引如淳曰：「言其行遲象王音也。永見音為司馬，以疏間親，自以位過，故以太白喻司馬，司馬主兵故也。是永之佞曲從苟合也。」(82)熒惑　火星。(83)角怒明大　火星的芒角刺眼。(84)尾　星宿名。二十八宿之一。(85)意　猜測；猜想。(86)豈　難道。(87)湛漸　沉密潛深。湛，通「沉」。漸，通「潛」。(88)蕩蕩　平坦寬廣貌，指胸懷寬廣。(89)乖離　背離。(90)俄而　不久；突然間。(91)享　當；迎合。

92不平　憤慨；不滿。93護菀使者　陳直《漢書新證》云，臨時之官，故不見於〈百官表〉。護菀，謂典護太僕屬官邊郡六牧師菀令丞，非指上林菀而言。菀，通「苑」。苑囿。

【語譯】 谷永已經暗中替大將軍王鳳遊說了，王鳳認為他能力實績最優秀，因此提拔他為光祿大夫。谷永寫信感謝王鳳說：「我只有像斗筲一樣小的才能，資質淺薄學識淺陋，跟將軍沒有一天交往，也沒有親近的介紹，將軍喜歡我的狂言，把我提拔為穿朝服的官吏，置於諫諍之臣的末尾，不聽從日益深入的誣陷，不聽信讒言，即使齊桓公、晉文公任用士人篤信親密，明察的父親和睿智的兄長養育愛護兒子、弟弟，實在也比不過啊！從前豫讓吞炭毀容來報答優待他的人，齊國門客在公門自殺來酬報孟嘗君的恩惠，智伯、孟嘗君尚且有為他們而死的勇士，何況將軍的門下呢！」王鳳於是厚待谷永。

2 幾年以後，谷永出京城做了安定郡太守。當時皇上的幾個舅舅都學習經書，掌管政務。按照年齡順序，平阿侯王譚應當接替大將軍王鳳輔佐政事，他與谷永特別友好。陽朔年間，王鳳去世。王鳳病危時，向皇上推薦堂弟御史大夫王音來接替自己。皇上聽從了他的建議，任命王音為大司馬車騎將軍，領尚書事，而平阿侯王譚加特進銜，統率守衛城門的軍隊。谷永聽說這件事，給王譚寫信說：「君侯本身擁有周公、召公的美德，具備管仲、晏嬰的操守，尊敬賢士並屈身相待，愛做善事而不知疲倦，早就應該位居上將了，因為有大將軍在，所以抑鬱在家，不能抒發憤懣。現在大將軍不幸早逝，計算親疏次序，排列才能高下，都應該輪到君侯了。拜官那天，京城士大夫悵然失望。這都是因為我們這些人愚笨低能，不能褒揚您才德的萬分之一。近日聽說您以特進身分兼管守衛城門的軍隊，這乃是車騎將軍從容瀟灑地在朝廷執政，而皇上最親近賢明的舅舅在朝廷外面掌管城門鑰匙呀。我私下裡為您感到不高興。您應該堅決要求辭職，就說自己才識淺薄，不能牢固地守住城門，這樣能獲得太伯那樣的謙讓美名，保留謙遜的路，關上門高枕而臥，做聰明人的首領。希望君侯與見識廣博的人參詳此事，小子替君侯這樣謀劃。」王譚看了他的信大為感慨，便推辭謙讓不接受領城門兵的職務。從此王譚和王音相互間就不和睦了。

3 谷永在邊遠地區做地方官，害怕遭到王音傷害，稱病三個月被免職。王音奏請皇上，任命谷永為營軍司馬，谷永多次向王音告罪認錯為自己陳述，得以轉任長史。

4 王音以堂舅身分逾越親舅輔佐政事，威信權力比王鳳時減弱了。谷永又遊說王音說：「將軍處在上將的地位，食邑封在土地肥沃的大城，擔當著周公、召公一樣的職位，掌握著天下的機要，可以說是富貴到極點了，人臣中沒有第二個，天下的責難就會從四面到來了，您打算靠什麼鞏固這種地位呢？您應該早晚孜孜不倦，保持伊尹那樣堅毅的德行，忠於職守，盡心輔助皇上，誅除惡人不迴避親戚朋友，舉薦賢能不迴避冤家對頭，來顯示您最公正，在四方樹立信譽。切實履行這三條，才能夠長期承擔重任，長久享受深厚的恩寵。太白星出現在西方六十天，按常規應當處在天空三分之一的位置，現在已經過了日期，還在樹梢的高度，本體虛弱而運行遲緩，形狀細小而光亮微弱。火星光芒閃耀，大而明亮，逆向運行，停在尾宿。火星逆行，符合常規；它停在尾宿，就是異變了。猜想難道是指將軍忘記了深沉隱伏的道理，委曲阿從，做事的原則不強，不廣泛任用士人，仍有好惡的忌諱，坦蕩的品德不純正，這是將要跟將相大臣背離的開端嗎？為什麼您剛剛繼承了大司馬的名號，很快金星、火星都發生了這樣的變異呢？上天最聖明，不會憑白無故顯示異變，希望將軍敬畏它、慎重應對它，深入思考變異的緣故，改變探求執政的方法，來承合天意。」王音還是忿忿不平，推薦谷永做了護菀使者。

1 音薨，成都侯商❶代為大司馬衛將軍❷，永乃遷為涼州刺史❸。奏事京師訖，當之❹部❺，時有黑龍見東萊❻，上使尚書❼問永，受所欲言❽。永對曰：

2 「臣聞王❾天下有國家者，患在上有危亡之事，而危亡之言不得上聞；如使危亡之言輒❿上聞，則商周不易姓而迭興，三正⓫不變改而更用。夏商之將亡也，行道之人[12]皆知之，晏然自以若天有日莫能危[13]，是故惡日廣而不自知，大命[14]傾而不寤[15]。易曰：『危者有其安者也，亡者保其存者也[16]。』陛下誠垂寬明之聽，無忌諱之誅，使芻蕘之臣[17]得盡所聞於前，不懼於後患，直言之路開，則四方眾賢不遠千里，輻湊[18]陳忠，群臣之上願，社稷之長福也。

3 「漢家行夏正，夏正色黑，黑龍，同姓之象也[19]。龍陽德[20]，由小之[21]大，故為王者瑞應[22]。未知同姓有見本朝無繼嗣之慶，多危殆之隙，欲因[23]擾亂舉兵而起者邪？將動心冀[24]為後者，殘賊[25]不仁，若廣陵[26]、昌邑[27]之類？臣愚不能處[28]也。元年[29]九月黑龍見，其晦[30]，日有食之。今年二月己未[31]夜星隕，乙酉[32]，日有食之。六月之間，大異四發，二而同月[33]，三代[34]之末，春秋之亂，未嘗有也。臣聞三代所以隕社稷喪宗廟者，皆由婦人與群惡沉湎於酒。書曰：『乃用婦人之言，自絕于天[35]。』『四方之逋逃多罪，是宗是長，是信是使[36]。』詩云：『燎之方陽，寧或滅之？赫赫宗周，褒姒威之[37]！』易曰：『濡其首，有孚失是[38]。』秦所以二世十六年[39]而亡者，養生[40]泰[41]奢，奉終[42]泰厚也。二者陛下兼而有之，臣請略陳其效。

4 「易曰『在中饋，無攸遂[43]』，言婦人不得與[44]事也。詩曰：『懿厥哲婦，為梟為鴟。』『匪降自天，生自婦人(45)。』建始、河平(46)之際，許(47)、班(48)之貴，頃動(49)前朝，熏灼(50)四方，賞賜無量，空虛內臧(51)，女寵至極，不可上(52)矣；今之後起(53)，天所不饗，什倍於前。廢先帝法度，聽用其言，官秩不當(54)，縱釋王誅(55)，驕其親屬，假之威權，從(56)橫亂政，刺舉之吏(57)，莫敢奉憲(58)。又以掖庭獄(59)大為亂阱(60)，榜箠(61)瘠(62)於炮烙(63)，絕滅人命，主為趙、李報德復怨，反除白罪(64)，建治正吏(65)，多繫無辜，掠立迫恐(66)，至為人起責，分利受謝(67)。生入死出者，不可勝數。是以日食再既(68)，以昭其辜(69)。

5 「王者必先自絕，然後天絕之。陛下棄萬乘(70)之至貴，樂家人(71)之賤事(72)，厭高美之尊號，好匹夫之卑字(73)，崇聚(74)僄輕(75)無義小人(76)以為私客(77)，數離深宮之固，挺身晨夜，與群小相隨，烏集雜會，飲醉(78)吏民之家，亂服共坐，流湎(79)媟嫚(80)，溷殽(81)無別，閔免(82)遁樂(83)，晝夜在路。典門戶奉宿衛之臣執干戈而守空宮，公卿百僚不知陛下所在，積數年矣。

6 「王者以民為基，民以財為本，財竭則下畔，下畔則上亡。是以明王愛養基本，不敢窮極，使民如承(84)大祭(85)。今陛下輕奪民財，不愛民力，聽邪臣之計，去高敞初陵(86)，捐十年功緒(87)，改作昌陵(88)，反天地之性，因下為高(89)，積土為山，發徒起邑[90]，並治宮館，大興繇役，重增賦斂，徵發如雨[91]，役百乾谿[92]，費疑驪山[93]，靡敝[94]天下，五年不成而後反故[95]。又廣旴[96]營表[97]，發人冢墓，斷截骸骨，暴揚尸柩。百姓財竭力盡，愁恨感天，災異婁降，饑饉[98]仍[99]臻。流散冗食[100]，餧[101]死於道，以百萬數。公家[102]無一年之畜[103]，百姓無旬日之儲，上下俱匱[104]，無以相救。詩云：『殷監不遠，在夏后之世[105]。』願陛下追觀[106]夏、商、周、秦所以[107]失之，以鏡考[108]己行。有不合者，臣當伏妄言之誅。

7 「漢興九世[109]，百九十餘載，繼體之主七[110]，皆承天[111]順道[112]，遵先祖法度，或以中興[113]，或以治安。至於陛下，獨違道縱欲，輕身[114]妄行[115]，當盛壯之隆，無繼嗣之福，有危亡之憂，積失[116]君道，不合天意，亦已多矣。為人後嗣，守人功業，如此，豈不負哉！方今社稷宗廟禍福安危之機在於陛下，陛下誠肯發明聖之德，昭然遠寤，畏此上天之威怒，深懼危亡之徵兆，蕩滌邪辟[117]之惡志，厲精[118]致政，專心反道[119]，絕群小之私客，免不正之詔除[120]，悉罷北宮[121]私奴車馬媠出[122]之具，克己復禮[123]，毋貳[124]微行出飲之過，以防迫切[125]之禍，深惟日食再既之意，抑損[126]椒房玉堂[127]之盛寵，毋聽後宮之請謁[128]，除掖庭之亂獄，出炮烙之陷阱，誅戮佞邪之臣及左右執左道[129]以事上者，以塞天下之望[130]，且寢[131]初陵之作，止諸繕治宮室，闕更(132)減賦，盡休力役，存恤振救(133)困乏之人，以弭(134)遠方，厲崇(135)忠直，放退殘賊，無使素餐(136)之吏久尸(137)厚祿，以次貫行(138)，固執無違(139)，夙夜孳孳，婁省(140)無怠，舊愆(141)畢(142)改，新德既章(143)，纖介(144)之邪不復載心，則赫赫大異庶幾(145)可銷，天命去就(146)庶幾可復，社稷宗廟庶幾可保。唯陛下留神反覆(147)，熟省(148)臣言。臣幸得備(149)邊部之吏，不知本朝失得，瞽言(150)觸忌諱，罪當萬死。」

8 成帝性寬而好文辭，又久無繼嗣，數為微行，多近幸(151)小臣，趙、李從微賤專寵，皆皇太后與諸舅夙夜所常憂。至親難數(152)言，故推永等使因天變而切諫，勸上納用之。永自知有內應，展(153)意無所依違(154)，每言事輒(155)見(156)荅禮(157)。至上此對，上大怒。衛將軍商密擿(158)永令發去。上使侍御史(159)收(160)永，敕過交道廄(161)者勿追。御史不及(162)永，還，上意亦解(163)，自悔。明年，徵永為大中大夫(164)，遷光祿大夫(165)給事中(166)。

【章旨】以上為〈谷永傳〉的第四部分。寫谷永永始二年上「黑龍見東萊對」。成帝多次微服出行，親幸小臣，趙飛燕姊妹、李平專寵，引起皇太后和諸舅不安，礙於至親不便責備，推舉谷永等藉災異切諫，谷永知道自己有內應，盡情批評成帝的種種過失。這封奏書揭露了西漢後期政治腐敗的真實情況。

【注釋】❶商　王商（西元前？—前一二年），王鳳之弟。王商於永始二年（西元前一五年）為大司馬衛將軍。輔政四年。

❷衛將軍　官名。西漢初為將軍稱號之一。文帝時成為重要武職。地位次於車騎將軍。❸涼州刺史　漢十三刺史部之一。轄區約當今甘肅及內蒙古、寧夏部分地區。刺史，官名。漢武帝元封五年（西元前一〇六年）始置。將全國分為十三州部，每州部置刺史一人，秩六百石。無治所，奉詔巡行諸郡，以六條問事，省察治政，黜陟能否，斷理冤獄。❹之　往。❺部　監察區域。此指涼州。❻東萊　郡名。治掖縣，今山東掖縣。❼尚書　官名。始置於戰國時，或稱掌書，尚即執掌之意。秦為少府屬官，漢武帝提高皇權，因尚書在皇帝左右辦事，掌管文書奏章，地位逐漸重要。漢成帝時設尚書五人，開始分曹辦事。❽受所欲言　謂記受其所欲言。❾王　稱王；統治。❿輒　即；及時。⓫三正　謂曆法建子、建丑、建寅。夏代建寅，陰曆正月一日為一年之始；殷代建丑，以陰曆十二月為正；周代建子，以陰曆十一月為正月。這裡代指曆法。⓬行道之人　言道路行人。⓭晏然自以句　謂自己如日在天而不能有所傷危。以，認為。若，好像。⓮大命　天命。上天賦予的權力和使命。泛指國家政權。⓯寤　通「悟」。⓰危者有其安者也二句　見《易・繫辭下》。今《易》文是：「危者，安其位者也。亡者，保其存者也。」意謂安必思危，存不忘亡，才能保其安存。⓱芻蕘之臣　小臣。亦指草野之人。芻蕘，割草採薪。⓲輻湊　也作「輻輳」。集中；聚集。形容人或物聚集像車輻集中於車轂一樣。⓳漢家行夏正四句　漢代董仲舒有三統說，即黑統、白統、赤統，也稱三正。三統循環，夏正黑統，殷正白統，周正赤統。漢初採納張蒼建議，用秦《顓頊曆》，以二月為歲首，崇尚黑色。武帝時改用《太初曆》，以正月為歲首。象，象徵；表現。⓴陽德　陽氣。㉑之　到。㉒瑞應　吉祥的應驗。古代以為帝王修德，時世清平，天就降祥瑞以應之，謂之瑞應。㉓因　趁；趁機。㉔冀　希望；期望。㉕殘賊　殘忍暴虐。亦指兇殘暴虐的人。㉖廣陵　廣陵王劉胥（西元前？—前五四年）。漢武帝子。㉗昌邑　昌邑王劉賀（西元前？—前五九年）。漢武帝孫。詳見卷六十三〈武五子傳〉。㉘處　決斷。㉙元年　永始元年（西元前一六年）。㉚晦　夏曆每月的最後一天。㉛今年二月己未　永始二年（西元前一五年）夏曆二月初四。〈成帝紀〉和〈五行志〉均作「癸未」，則是夏曆二月二十八日。㉜乙酉　永始二年夏曆二月三十日。㉝二而同月　前兩次和後兩次都是同一個月發生。即黑龍見和日食發生在永始「元年九月」，「今年二月」又發生了星隕和日食。㉞三代　指夏、商、周。㉟乃用婦人之言二句　見《尚書・周書・泰誓》。意謂商紂王信用妲己之言，自取滅亡。乃，竟然；居然。㊱四方之逋逃多罪三句　亦見於《尚書・周書・泰誓》。意思是說，商紂王對四方許多逃亡的罪人崇敬、提拔、信任、使用。逋逃，逃亡的罪人；流亡者。㊲燎之方陽四句　見《詩經・小雅・正月》。陽，又作「揚」。盛。寧，難道。或，有人。赫赫，顯赫盛大貌。㊳濡其首二句　見《易・未濟》。言飲酒之人大醉把酒淋在自己頭上，信用誠實也失去了。濡，溼。孚，信用；誠信。㊴十六年　實際上是十五年。西元前二二一—前二〇七年。㊵養生　保

養生命；維持生計。【41】泰　太；過甚。【42】奉終　猶送終。辦理喪事。【43】在中餽二句　見《易‧家人》六二爻卦辭。原文為「無攸遂，在中饋，貞吉。」意謂婦女在家中料理家務，安排膳食，沒有失誤，這是吉利之象。遂，借為墜，意為失誤。中饋即內饋，即家庭膳食。餽，準備膳食以招待人。【44】與　參與。【45】懿厥悊婦四句　見《詩經‧大雅‧瞻卬》。原文為「懿厥哲婦，為梟為鴟。婦有長舌，維厲之階。亂匪降自天，生自婦人。」意思是「噫，這聰明女人，如梟如鴟惡聲遠聞。這婦人多嘴長舌，就是禍亂的根源。禍亂不是從天而降，是起源於這個婦人。」懿，通「噫」。歎息聲。悊婦，指褒姒。梟，相傳為食母的惡鳥。鴟，貓頭鷹。匪，非。【46】建始河平　都是漢成帝的年號。建始，西元前三二—前二九年。河平，西元前二八—前二五年。【47】許　指成帝的第一個皇后，許皇后（西元前？—前一〇年），西漢昌邑（今山東巨野）人。其父平恩侯嘉，為元帝母許皇后堂弟。【48】班　班婕妤。成帝妃。始為少使，進位婕妤。進止有禮。後為趙飛燕誣陷，自求供養太后長信宮。詳見卷九十七下〈外戚傳下〉。【49】頃動　震動；轟動。頃，通「傾」。【50】熏灼　喻聲威氣勢逼人。亦喻指逼人的聲威氣勢。【51】內臧　國庫。臧，通「藏」。【52】上　猶「加」。【53】今之後起　顏師古注引如淳曰：「謂趙、李本從卑賤起也。」趙、李，指趙飛燕姊妹和李平。【54】官秩不當　官職俸祿授給不適宜的人。官秩，官吏的職位或依品級而定的俸祿。【55】縱釋王誅　釋放按王法當誅的罪犯。【56】從　通「縱」。【57】刺舉之吏　檢察官。刺舉，檢舉。【58】奉憲　奉行法令；奉命。【59】掖庭獄　漢代宮中的祕獄。掖庭，宮中旁舍，妃嬪住處。【60】亂阱　關押亂捕人犯的坑阱。【61】榜箠　鞭笞拷打。【62】⿸疒朁　通「慘」。【63】炮烙　殷紂王所用的酷刑。用炭燒熱銅柱，令人爬行柱上，即墮炭上燒死。【64】反除白罪　平反任命罪行確鑿的人。【65】建治正吏　顏師古注曰：「吏之公正者，建議劾治也。」《漢書補注》引王念孫說：「建」，「逮」之誤。逮治正吏，言吏之公正者，則逮而治之。【66】掠立迫恐　掠笞威嚇，立其罪名。【67】至為人起責二句　顏師古注曰：「言富賈有錢，假託其名，代之為主，放與它人，以取利息而共分之，或受報謝，別取財物。」責，通「債」。【68】日食再既　兩次發生日全食。既，食盡；日全食。【69】昭其辜　顯示其罪過。【70】萬乘　萬輛兵車。古時一車四馬為一乘。引申為帝王、帝位。【71】家人　普通人家。【72】賤事　指私自畜奴婢置田產財物等事。【73】卑字　卑賤的名。【74】崇聚　聚合；聚集。【75】僄輕　敏捷輕浮。【76】小人　〈五行志〉作「之人」。【77】以為私客　此句下疑脫「置私田于民間，畜私奴婢車馬北宮」二句。參考〈成帝紀〉及《漢紀》。【78】飲醉　〈五行志〉作「醉飽」。【79】流湎　放縱無度。【80】媟嫚　輕薄；不莊重。【81】溷殽　同「混淆」。混亂；雜亂。【82】閔免　猶黽勉，盡力。【83】遁樂　猶言淫縱逸樂。【84】承　辦理。【85】大祭　古代重大祭祀之稱。包括天地之祭、禘祫之祭等。【86】初陵　皇帝在位時為自己修建的陵寢。【87】功緒　事功。緒，功作的開端。【88】昌陵　在今陝西臨潼東。【89】因下為高　就著低窪處壘築高丘。【90】發徒起邑　徵發服役者修建城邑。【91】如雨　極言其多。92役百乾谿　勞役百倍於楚靈王修建乾谿臺。乾谿，地名。春秋時楚地，在今安徽亳縣東南。93費疑驪山　耗費財物可以跟秦始皇修築驪山墓相比。驪山，山名。在今陝西臨潼東南。秦始皇墓在山的北面。疑，通「擬」。比擬。94靡敝　破壞；敗壞。95反故　指又營建初陵。反，通「返」。96廣盱　擴大。盱，大；擴大。97營表　古代建造宮室時測量地基，立表以確定位置，謂之「營表」。表，標記。98饑饉　災荒。莊稼收成很差或顆粒無收。99仍　頻。100冗食　謂由公家供給廩食。冗，散。101餧　餓。102公家　指朝廷、國家或官府。103畜　通「蓄」。104匱　缺乏。105殷監不遠二句　見《詩經‧大雅‧蕩》。監，通「鑑」。借鑑；鑑戒。夏后，禹建立的夏王朝。亦稱夏后氏、夏氏。《史記‧夏本紀》：「國號曰夏后，姓姒氏。」106追觀　回顧。107所以　為什麼；原因。108鏡考　對照檢查。考，考校。109漢興九世　漢朝興起已有九代。即高帝、惠、文、景、武、昭、宣、元、成九代。110繼體之主七　以嫡子身分繼承帝位的七個。九代帝王，繼位君主八個，昭帝無子，宣帝是昭帝的姪兒，所以說「繼體之主七」。111承天　承奉天道。112順道　順從道義。113中興　中途振興；轉衰為盛。114輕身　謂不尊重自身。115妄行　隨便行動。116積失　屢次喪失；長期喪失。117邪辟　乖謬不正。辟，通「僻」。118厲精　振奮精神。119反道　還歸正道。反，通「返」。猶「還」。120詔除　詔命拜官授職。121北宮　宮名。在未央宮之北。122媠出　耦出，共乘而出。媠，「娟」的訛字。顏師古注曰：「媠亦惰字耳。媠出，惰遊也。」《漢書補注》引王念孫曰：「『媠出』二字，義不相屬，師古強訓為惰遊，非也。當依蕭該本作『娟出』。《說文》：娟，耦也……娟與媠字相似，世人多見媠少見娟，故娟訛為媠矣。」123克己復禮　約束自我，使言行合乎先王之禮。124毋貳　謂不要再犯。貳，重複；再。125迫切　逼近；緊急。126抑損　限制；減省。127椒房玉堂　皆后妃的住處。借指寵妃。128請謁　請求；干求。129左道　邪門旁道。多指非正統的巫蠱、方術等。130望　怨恨；責怪。131寑　止息。132闕更　減少更賦。闕，削減。更，更賦，漢代以納錢代更役的賦稅。男子年二十三至五十六，按規定輪番戍邊服兵役，稱為更。不能行者，得出錢入官，雇役以代。133捄　古「救」字。134弭　安。135厲崇　勉勵推重。136素餐　白吃閒飯。謂無功受祿，不勞而食。137尸　在其位而無所作為。138以次貫行　逐條貫徹執行。139固執無違　堅決執行而不違背。140婁省　經常反思。141愆　罪過；過失。142畢　全。143章　通「彰」。144纖介　亦作「纖芥」。細微。145庶幾　也許；或許；差不多。146去就　失得，謂由失天命而為受天命。147反覆　亦作「反復」。重複再三；翻來覆去。148孰省　周密地審察。149備　充任；充當。常用作謙詞。150瞽言　不明事理的言論。謙詞。151近幸　寵愛。152數　數落；責備。153展　申；放開；盡情。154依違　遲疑。155輒　總是。156見　被。157荅禮　回禮；還禮。此指有禮貌地答覆。158擿　指使。159侍御史　官名。御史大夫屬官。行監察等職，或奉使執行指定任務。160收　收捕。161交道廄　廄名。離長安六十里，靠近延陵。

⑯不及 沒有追上。⑯解 紓解；消解。⑯大中大夫 官名。西漢初隸郎中令，後改隸光祿勳。掌議論。秩比千石。⑯光祿大夫 官名。秩比二千石，執掌論議，備顧問，在大夫中地位最尊。光祿勳屬官。⑯給事中 官名。漢承秦置。為加官。給事中即給事禁中之意。凡加此官者，即可侍從皇帝。三公、將軍、九卿等亦或加此官。

【語 譯】王音去世，成都侯王商接替他輔政，任職大司馬衛將軍，谷永才升遷為涼州刺史。他在京城奏事完畢，正要回到州部去，這時有黑龍出現在東萊縣，皇上派尚書詢問谷永，聽取他想說的話。谷永對答說：

2 「臣聽說統治天下擁有國家的人，憂患在於他有危身亡國的行為，而告誡危亡的話不能讓他聽到；如果讓告誡危亡的話及時上傳給他聽，那麼商朝和周朝就不會改變姓氏而相繼興起，三正也不會改變而更相使用。夏朝、商朝即將滅亡的時候，道路上的行人都知道，君主卻安然地認為像太陽在天上一樣沒有誰能危害他，因此惡行日益擴大而自己卻沒有覺察，國家即將傾覆卻不醒悟。《周易》上說：『能夠考慮到危險的才能保有安定，能夠想到滅亡的才能夠存在。』陛下果真能垂聽寬廣明白的意見，沒有觸犯忌諱的誅罰，讓芻蕘小臣也能在您面前盡情陳述全部見聞，不害怕有後患，直言的路徑打開了，那麼四方眾多賢士就會不遠千里，像車輻集中到車軸心一樣向朝廷陳述忠言，這是群臣的最大心願，國家的長久幸福啊。

3 「漢朝實行夏曆，夏曆崇尚黑色，黑龍，是同姓的象徵。龍屬於陽德，從小到大，所以是帝王的祥瑞應驗。不知是不是同姓中有人看到皇上沒有繼嗣的福慶，又有許多危險的可乘之機，想趁著混亂局面舉兵而起呢？還是動心思希望做繼嗣君主，殘暴不仁，像廣陵王、昌邑王之類的人一樣？臣愚鈍不能決斷。永始元年九月黑龍出現，九月的最後一天，又發生了日食。今年二月初四己未日夜裡有流星隕落，二月三十乙酉日，又發生日食。六個月之內，大變異四次出現兩個月份中，兩次同月，三代的末年，春秋的亂世，這種現象也不曾有過啊。臣聽說三代之所以國家傾覆宗廟毀亡，都是由於婦人和惡人們沉湎於酒。〈周書〉上說：『竟然只聽信婦人之言，是自絕於天。』『收容天下許多有罪逃亡的人，尊崇他們，提拔他們，信任他們，使用他們。』《詩經》上說：『大火燎原正熾烈，有誰能把它撲滅？威名赫赫的西周，竟被褒姒毀滅！』《周易》上說：『無節制地飲酒，把頭都浸溼了，誠信因此也丟掉了。』秦朝之所以兩代十六年就滅亡了，是因為養生過分奢侈，辦理喪事太浪費啊。這兩種情況陛下兼而有之，臣請求大致地陳述一下它們的效驗。

4 「《周易》說『在家中料理家務，安排膳食，沒有失誤』，是說婦人不能參與政事。《詩經》上說：『美麗聰明的女人，就是那貓頭鷹、鴟鷹。』『禍亂不是從天而降，而是來自那個婦人。』建始、河平年間，許皇后、班婕妤兩家的尊貴，震動前朝，氣焰熏灼四方，賞賜多得無法計算，致使內庫空虛，寵幸女人達到了頂點，不能再超過了；現在後起的受寵者，上天不賜福給她們，比以前更勝十倍。廢棄先帝的法令制度，聽信採用她們的話，官職俸祿授給不適宜的人，釋放王法當殺的罪人，驕縱她們的親屬，給予她們威勢權力，恣意橫行擾亂政事，主管檢舉監督的官吏沒有敢依法查處的。又在掖庭獄大肆設置坑阱，鞭笞拷打比炮烙還痛苦，絕滅人的性命，主要是替趙飛燕姊妹、李平報答恩德報復仇怨，平反任命罪行確鑿的人，逮捕整治公正的官吏，大量拘捕無辜的人，拷打恐嚇逼其屈服來定罪名，直至替人放債，分取利息接受酬謝。活著進監獄死了才出來的人不計其數。因此日食兩次出現，來顯明他們的罪過。

5 「帝王一定是先自取滅絕，然後上天才滅絕他。陛下拋棄帝王的最尊貴地位，喜好普通人家的卑賤之事，厭惡高尚美好的尊號，愛好庶民的卑字，聚集輕浮狡黠沒有道義的小人做私人門客，多次離開守衛牢固的深宮，晝夜冒險外出，跟一群小人混在一起，像烏鵲一樣亂糟糟聚會，喝酒醉在官吏百姓家中，服裝雜亂共坐一處，放縱無度舉止輕薄，尊卑混淆沒有區別，盡情淫縱逸樂，白天晚上都在路上跑。主管門戶負責值宿守衛的大臣手持兵器守護空宮，公卿百官不知道陛下在哪裡，如此已有多年了。

6 「帝王以百姓為基礎，百姓以財產為根本，財源枯竭了下民就會叛亂，下民叛亂國家就會滅亡。因此聖明的君主愛惜養護基礎和根本，不敢讓它們窮盡，使用民力像承辦重大祭祀一樣慎重。現在陛下隨意奪取百姓的財物，不愛惜民力，聽從奸臣的計謀，扔下高大寬敞的初陵，拋棄建設了十年的前期工程，改建昌陵，違反天地的本性，依著低下的地方來壘成高地，堆積土壤築為高山，徵發服勞役的人興建城邑，同時修建殿堂宮館，大興徭役，大量增加賦稅，徵發名目多得像雨點一樣，勞役百倍於楚靈王修建乾谿臺，耗費財物可以跟秦始皇修築驪山墓相比，敗壞疲敝天下，昌陵五年沒修成然後又回頭接著建原來的初陵。又擴大陵園面積，樹立測量標誌，挖掘人家的墳墓，截斷死者骸骨，暴露散揚別人的屍體棺材。百姓財盡力竭，愁苦怨憤感動天帝，災禍怪異多次降臨，災荒頻頻到來。人們四處流浪，靠官府供給廩食，餓死在路上的人，以百萬計。國家沒有一年的積蓄，百姓沒有十天的儲藏，上下都極其匱乏，沒辦法賑濟救助。《詩經》上說：『殷朝的借鑑不遠，就在夏王朝的末世。』希望陛下能回顧一下夏、商、周、秦四朝滅亡的原因，來對照檢查自己的行為。所說有不相符的地方，我甘願接受妄言的處罰。

7 「漢朝興起已經九代，一百九十多年了，以嫡子身分繼承帝位的君主有七個，都承奉天道順從道義，遵循先祖的法令制度，有的因此而復興漢室，有的因此而使天下太平。到了陛下，偏偏違背天道放縱私欲，輕賤自身胡行妄為，正當壯年精力旺盛，沒有繼嗣的福氣，卻有危亡的憂患，長期喪失為君之道，不合上天的心意，實在已經很多了。做人家的後代，守護人家的功業，像這樣，豈不是辜負了先祖嗎！現在國家宗廟禍福安危的關鍵都在陛下，陛下果真願意發揚聖明的德行，明顯而深刻地醒悟，畏懼上天這些震怒，深深地戒懼危亡的徵兆，清除邪惡怪僻的壞心思，振奮精神致力於政事，一心一意還歸正道，斷絕與庸俗卑下的私客交往，避免不公正地任用官員，全部罷除北宮的私奴車馬和共乘而出的設備，約束自我，使言行合乎先王之禮，不再犯微行出宮飲宴的過失，來防止逼近的災禍，深刻思考兩次日全食的寓意，減少對皇后妃妾的過度寵幸，不要聽從後宮的請求索取，廢除掖庭不合法的牢獄，取消炮烙般殘酷的陷阱，誅殺奸邪諂媚的小臣以及用邪門歪道來討好皇上的近臣，以消除天下人的怨望，暫時停止初陵的建造，停止各種修繕宮室的工程，削減更賦減少賦稅，全面停止徵用民力，慰問撫恤賑救貧困的人，以安定邊遠地區，勉勵推崇忠誠正直的人，放逐斥退兇狠暴虐的人，不要讓白吃飯的官吏長期占據俸祿優厚的官位，上述措施按順序連續實行，堅決執行而不違背，晝夜孜孜不倦，經常反思而不懈怠，舊的過錯全都改掉，新的德行已經顯著，細小的邪念也不再裝在心裡，那麼顯赫盛大的災異也許可以消除，天命的去留也許可以恢復，社稷宗廟也許可以保全。希望陛下留意不要重犯過失，周密審察我的話。我有幸得以充任邊遠部州的官吏，不了解朝廷的得失，胡言亂語觸犯忌諱，罪該萬死。」

8 成帝生性寬厚而且喜歡文章，又長時間沒有繼承人，多次微服出行，寵幸的大多是無德小臣，趙飛燕姊妹、李平從微賤地位而得以獨占寵幸，這些都是皇太后和舅舅們日夜經常憂慮的。他們礙於至親不便數落責備，因此推舉谷永等讓他們趁著天象變異來直言極諫，勸說皇上採納他們的意見。谷永知道自己有內應，盡情陳述意見沒有一點遲疑，每次奏事成帝總是有禮貌地答覆。到皇上這封奏書，皇上大怒。衛將軍王商祕密指使谷永，要他離京赴任。皇上派侍御史追捕谷永，命令如果谷永過了交道廄就不要追了。御史沒有追上谷永，就回來了，皇上的怒氣也消了，自己很懊悔。第二年，徵召谷永做太中大夫，升任光祿大夫給事中。

1 元延元年❶，為北地❷太守。時災異尤數❸，永當之官，上使衛尉❹淳于長❺受永所欲言。永對曰：

2 「臣永幸得以愚朽之材為太中大夫，備❻拾遺❼之臣，從朝者之後，進不能盡思納忠輔宣聖德，退無被❽堅執銳討不義之功，猥蒙❾厚恩，仍遷至北地太守。絕命隕首❿，身膏⓫野草，不足以報塞⓬萬分。陛下聖德寬仁，不遺易忘⓭之臣，垂周文⓮之聽，下及芻蕘之愚，有詔使衛尉受臣永所欲言。臣聞事君之義，有言責⓯者盡其忠，有官守⓰者修其職。臣永幸得免於言責之幸，有官守之任，當畢力遵職⓱，養綏⓲百姓而已，不宜復關⓳得失之辭。忠臣之於上，志在過厚，是故遠不違君，死不忘國。昔史魚既沒，餘忠未訖，委柩後寢，以屍達誠⓴；汲黯身外思內，發憤舒憂，遺言李息㉑。經曰：『雖爾身在外，乃心無不在王室㉒。』臣永幸得給事中出入三年，雖執干戈守邊垂㉓，思慕之心常存於省闥㉔，是以敢越郡吏之職，陳累年之憂。

3 「臣聞天生蒸民㉕，不能相治，為立王者以統理㉖之，方制㉗海內非為天子，列土封疆非為諸侯，皆以為民也。垂三統㉘，列三正，去無道，開㉙有德，不私㉚一姓，明天下迺天下之天下，非一人之天下也。王者躬行道德，承順天地，博愛仁恕，恩及行葦㉛，籍稅㉜取民不過常法，宮室車服不踰制度，事節財足㉝，黎庶和睦，則卦氣㉞理效，五徵㉟時序，百姓壽考㊱，庶屮㊲蕃滋，符瑞並降，以昭保右㊳。失道妄行，逆天暴物㊴，窮奢極欲，湛湎㊵荒淫，婦言是從，誅逐仁賢，離逖㊶骨肉，群小用事㊷，峻刑重賦，百姓愁怨，則卦氣悖亂㊸，咎徵著郵㊹，上天震怒，災異婁降，日月薄食㊺，五星㊻失行㊼，山崩川潰，水泉踊出，妖孽㊽並見，茀星㊾耀光，饑饉荐臻㊿，百姓短折(51)，萬物夭傷。終不改寤，惡洽(52)變備，不復譴告，更命(53)有德。詩云：『乃眷西顧，此惟予宅(54)。』

4 「夫去惡奪弱，遷命賢聖，天地之常經(55)，百王(56)之所同也。加以功德有厚薄，期質(57)有修短，時世有中季(58)，天道有盛衰。陛下承八世(59)之功業，當陽數之標季[60]，涉三七之節紀[61]，遭无妄[62]之卦運，直[63]百六之災阸[64]。三難[65]異科[66]，雜焉同會。建始元年以來二十載間，群災大異，交錯鋒起，多於春秋所書。八世著記，久不塞除[67]，重[68]以今年正月己亥[69]朔[70]日有食之，三朝[71]之會，四月丁酉[72]四方眾星白晝流隕[73]，七月辛未[74]彗星橫天。乘三難之際會[75]，畜[76]眾多之災異，因[77]之以饑饉，接之以不贍[78]。彗星，極異也，土精[79]所生，流隕之應出於饑變之後，兵亂[80]作[81]矣，厥[82]期不久，隆德積善，懼不克濟[83]。內則為深宮後庭將有驕臣悍妾醉酒狂悖卒[84]起之敗[85]，北宮苑囿街巷之中臣妾之家幽閒之處徵舒、崔杼之亂[86]；外則為諸夏[87]下土將有樊並、蘇令[88]、陳勝、項梁[89]奮臂之禍。內亂朝暮[90]，日戒諸夏[91]，舉兵以火角[92]為期。安危之分界，宗廟之至憂，臣永所以破膽寒心[93]，豫言[94]之累年。下有其萌，然後變見於上，可不致慎！

「禍起細微，姦生所易[95]。願陛下正君臣之義，無復與群小媟黷[96]燕飲[97]；中黃門[98]後庭[99]素驕慢[100]不謹嘗以醉酒失臣禮者，悉出勿留。動三綱[101]之嚴，修後宮之政，抑遠驕妒之寵，崇近婉順之行，加惠失志之人，懷柔怨恨之心。保至尊之重，秉帝王之威，朝覲[102]法出而後駕[103]，陳兵[104]清道[105]而後行，無復輕身獨出，飲食臣妾之家。三者[106]既除，內亂之路塞矣。

6

「諸夏舉兵，萌在民饑饉而吏不卹，興於百姓困而賦斂重，發於下怨離(107)而上不知。易曰：『屯其膏，小貞吉，大貞凶(108)。』傳曰：『飢而不損茲謂泰，厥災水，厥咎亡(109)。』訞辭曰：『關動牡飛，辟為無道，臣為非，厥咎亂臣謀篡。』(110)王者遭衰難之世，有飢饉之災，不損用而大自潤(111)，故凶；百姓困貧無以共求(112)，愁悲怨恨，故水；城關守國之固，固將去焉，故牡飛。往年郡國二十一傷於水災，禾黍不入。今年蠶麥咸惡。百川沸騰，江河(113)溢決，大水泛濫郡國十五(114)有餘。比年(115)喪稼，時過(116)無宿麥(117)。百姓失業流散，群輩守關(118)。大異較炳(119)如彼，水災浩浩，黎庶窮困如此，宜損常稅小自潤(120)之時，而有司奏請加賦，甚繆(121)經義，逆於民心，布怨趨禍之道也。牡飛之狀，殆為此發。古者穀不登(122)虧膳(123)，災婁至損服(124)，凶年不塈(125)塗，明王之制也。詩云：『凡民有喪，扶服救之(126)。』論語曰：『百姓不足，君孰予足(127)？』臣願陛下勿許加賦之奏，益減大官(128)、導官(129)、中御府(130)、均官(131)、掌畜(132)、廩犧(133)用度，止尚方(134)、織室(135)、京師郡國工服官(136)發輸造作(137)，以助大司農(138)。流恩廣施，振贍困乏，開關梁(139)，內(140)流民，恣(141)所欲之(142)，以救其急。立春，遣使者循行風俗(143)，宣布聖德，存卹孤寡，問民所苦，勞(144)二千石(145)，敕(146)勸(147)耕桑，毋奪農時，以慰綏(148)元元(149)之心，防塞大姦之隙。諸夏之亂，庶幾可息。

7 「臣聞上主可與為善而不可與為惡，下主可與為惡而不可與為善。陛下天然之性150，疏通151聰敏，上主之姿152也。少153省154愚臣之言，感寤三難，深畏大異，定心為善，捐忘邪志，毋貳舊愆，厲精致政，至誠應天155，則積異塞於上，禍亂伏於下，何憂患之有？竊恐陛下公志未專，私好頗存，尚愛群小，不肯為耳！」

8 對奏，天子甚感其言。

【章　旨】以上為〈谷永傳〉的第五部分。寫谷永元延元年上災異對。對策中說成帝遭遇「陽九」、「三七」、「百六」這三大厄運聚會，眾災畢至，百姓饑饉，兵亂將作；彌災祈福的方法是正君臣之義，改正自己的過失，節用救荒，賑濟窮困，發展農業生產。

【注　釋】❶元延元年　西元前一二年。元延，漢成帝的年號，西元前一二—前九年。❷北地　郡名。治馬嶺，今甘肅慶陽西北。❸尤數　特別頻繁。❹衛尉　官名。掌守衛皇宮。秩中二千石，列位九卿。❺淳于長　（西元前？—前八年），複姓淳于，名長，魏郡元城（今河北大名）人。成帝的姨表兄弟。詳見卷九十三〈佞幸傳〉。❻備　充任；充當。常用作謙詞。❼拾遺　補正別人的缺點過失。此指糾正帝王的過失。❽被　通「披」。❾猥蒙　謙詞。猶辱蒙。❿隕首　猶言肝腦塗地。⓫膏　猶沾溉。借指赴死或受死。⓬報塞　猶報答、報效。⓭易忘　意謂微賤不足牢記。⓮周文　周文王。⓯言責　進言勸諫的責任。⓰官守　官位職守；官吏的職責。⓱遵職　遵守職分。⓲綏　安撫。⓳關　稟告。⓴昔史魚既沒四句　春秋時衛國大夫史魚，以正直敢諫著名。他死前勸說衛靈公黜退彌子瑕，重用蘧伯玉。靈公不聽。史魚遺命將遺體停放在後房，以此進行屍諫。按照當時的禮制，大夫的靈柩應置於正室。㉑汲黯身外思內三句　汲黯（西元前？—前一一二年），字長孺，濮陽（今河南濮陽）人。漢武帝時直臣，出任濮陽太守時，曾向大行令李息揭發御史大夫張湯詐忠。李畏湯，不敢揭發，後張湯獲罪，李息抵罪。詳見卷五十〈汲黯傳〉。李息，西漢北地郁郅（今甘肅慶陽）人。㉒雖爾身在外二句　見《尚書·周書·康王之誥》。意思是說，雖然你的身子在外藩，可是你的心思無時無刻不在王室。爾，你；你的。乃，你；你的。㉓邊垂　邊境。垂，通「陲」。㉔省闥　禁中；宮中。㉕蒸民　眾民；百姓。蒸，眾。㉖統理　統轄治理。㉗方制　謂方始制定疆域。㉘三統　指夏、商、周三代的正朔。夏正建寅為人統，商正建丑為地統，周正建子為天統。亦謂之三正。㉙開　開發；啟發。㉚私　偏私；偏愛。㉛恩及行葦　《詩經·大雅·行葦》有「敦彼行葦，牛羊勿踐履」的詩句，意謂行仁明道，即使卑微如草，也不殘傷之。行葦，路邊的葦草。㉜籍稅　按戶籍收稅。㉝事節財足　辦事節儉財用充足。㉞卦氣　以《易》六十四卦與四時、月令、氣候等相配之法。相傳文王序《易》，以〈坎〉、〈離〉、〈震〉、〈兌〉為四時卦，其二十四爻分主二十四節氣。以〈復〉、〈臨〉、〈泰〉、〈大壯〉、〈夬〉、〈乾〉、〈姤〉、〈遯〉、〈否〉、〈觀〉、〈剝〉、〈坤〉配十二地支，為十二月消息卦，其七十二爻分主七十二候。其餘四十八卦，分布十二月，每月加消息卦共五卦，分配君臣等位，其三十爻，以配一月日數。凡此，統稱之為卦氣。其說出自漢代孟喜、京房等。㉟五徵　古人以雨、暘、寒、煖、風五者是否適時作為吉凶的徵驗，稱為「五徵」。時序，按時而有序。㊱壽考　年高；長壽。㊲庶中　眾草；百草。㊳保右　保佑。右，通「佑」。㊴暴物　殘害萬物。㊵湛湎　沉湎。湛，通「沉」。㊶離逖　亦作「離逷」。疏遠。逖，遠。㊷用事　掌權；當權。㊸悖亂　惑亂；混亂。㊹咎徵著郵　《漢書補注》王先謙引胡《注》云：「〈洪範〉之常雨、常燠、常寒、常風，為咎徵著明也。天現咎徵，以有著人君之過也。」咎徵，過失的報應；災禍應驗。郵，通「尤」。過。㊺薄食　指日月相掩食。㊻五星　金、木、水、火、土星。㊼失行　運行失序。㊽妖孽　指物類反常的現象，古人以為是不祥之兆。草木之異謂之妖，蟲豸之異謂之孽。㊾茀星　孛星，即彗星。㊿荐臻　接連到來；屢次降臨。荐，通「洊」。(51)短折　夭折；早死。(52)洽　周遍。(53)更命　更改天命。(54)乃眷西顧二句　引詩見《詩經·大雅·皇矣》。意謂上天認為殷紂王做惡不改，於是回首西望，而授命於周文王，說這裡就是你居住興起的地方。眷，回視；返顧。惟，助詞。用於句中以調整音節。予，給。(55)常經　永恆的規律。(56)百王　歷代帝王。(57)期質　壽命。(58)中季　猶言興廢盛衰。季，指末世。中，通「仲」。(59)八世　指高帝、惠帝、文帝、景帝、武帝、昭帝、宣帝、元帝。(60)當陽數之標季　正當陽數的末尾。陽數，奇數。成帝是漢代第九位皇帝，當「陽九」之數。標季，末季；末期。顏師古注引孟康曰：「陽九之末季也。」「陽九」之說有二：一、以四千六百一十七歲為一元，初入元一百零六歲，內有旱災九年，謂之「陽九」。二、太乙數。以四百五十六年為一「陽九」。古代術數家稱「陽九」為厄運。(61)涉三七之節紀　進入三七二百一十歲厄運的節紀。西漢建立（西元前二〇六年）至谷永上書（西元前一二年）已歷一百九十五年。節紀，猶節期。紀為紀年的單位，若干年循環一次為一紀。62无妄　《易》卦名。顏師古注引應劭曰：「无妄者，无所望也。萬物无所望于天，災異之最大者也。」63直　當。64百六之災阸　古代以為厄運。古謂一百零六歲為陽九之厄。65三難　指「陽九」、「三七」、「百六」之厄。66異科　不同類別。67塞除　用祭祀去消除。塞，塞禱；酬神。68重　增。69今年正月己亥　元延元年（西元前一二年）夏曆正月初一。70朔　每月的初一。71三朝　正月初一是歲、月、日三者之始，稱三朝。72四月丁酉　元延元年夏曆四月初一。73流隕　墜落。74七月辛未　元延元年夏曆七月初六。75際會　聚首；聚會。76畜　通「蓄」。累積。77因　順；順著。78不贍　不足。79土精　指土星。80兵亂　因戰爭而造成的騷擾和災害。81作　起。82厥　其。83克濟　謂能成就。84卒　通「猝」。突然。85敗　危害；禍亂。86徵舒崔杼之亂　春秋時，陳國夏徵舒弒其君陳靈公媯平國，齊國崔杼弒其君齊莊公田光。87諸夏　指中國。亦泛指中原地區。88樊並蘇令　永始三年（西元前一四年）率平民起義。陳勝，即陳涉，字勝。秦末農民起義領袖。詳見卷三十一〈陳勝傳〉。89項梁　（西元前？—前二〇八年），秦下相（今江蘇宿遷）人。項羽叔父。詳見卷三十一〈項梁傳〉。90內亂朝暮　內亂之禍朝夕之間都可能發生。91日戒諸夏　時時警戒諸夏起兵。92火角　火星的芒角。93破膽寒心　言極為恐懼。94豫言　即預言。預先推論。95易　輕視；忽視。96媟黷　褻狎；輕慢。97燕飲　聚會在一起吃喝。燕，通「宴」。98中黃門　指在宮廷中服役的宦官。屬少府。99後庭　指後宮妃嬪。100驕慢　亦作「驕嫚」。驕傲怠慢。101三綱　指君臣、父子、夫婦關係，君為臣綱、父為子綱、夫為婦綱。102朝覲　臣子朝見君主。103法出而後駕　《漢書補注》引王念孫說：當作「法駕而後出」，謂法駕既具而後出。參考〈成帝紀〉與《漢紀》。104陳兵　陳列士兵。105清道　又稱淨街。清除道路，驅散行人。106三者　指輕身獨行、燕飲群小、驕寵後宮。107怨離　因怨恨而背離。108屯其膏三句　見《易・屯卦》九五爻辭。意謂屯積肥肉，不以予人，非常吝嗇。以此占問小事則吉，因其不須他人輔助；占問大事則凶，因無他人輔助。屯，屯積。膏，肥肉。貞，問。109飢而不損茲謂泰三句　此引京房《易傳》之文，據卷二十七中之上〈五行志中之上〉。〈五行志〉「厥咎牡亡」，此傳脫「牡」字。意思是說，百姓遭受饑荒卻不減損賦役，這就叫奢侈，它的災禍是大水，它的懲罰是敗亡。泰，奢侈。110訞辭曰五句　此引《易訞占》之辭。《隋書・經籍志》子部云：《周易訞占》十二卷，京房撰。沈欽韓曰：《御覽・咎徵部》多引京氏《訞占》。意思是說，城關的門動了，門閂不翼而飛，表明君主無道，臣下為非作歹，它的禍害是將有亂臣陰謀篡逆。訞，同「妖」。牡，門閂；鎖簧。辟，君主。111自潤　自己得到好處。112共求　供上之所求。共，通「供」。113江河　長江黃河。114十五　疑作「五十」。宋祁曰：「姚本作『五十』」。楊樹達曰：「景祐本作『五十』。『十五』不得云『有餘』，作『五十』者是也。」但言五十餘郡國大水氾濫，似為誇張之辭。115比年　每年；連年。比，頻。116時過　謂誤了耕種時間。117宿麥　隔年才成熟的麥。118守關　災民在關外，欲入關求食。關，據〈成帝紀〉指函谷、天井、壺口、五阮等關口。119較炳　明顯。120小自潤　減少潤益自己的財用。121繆　通「謬」。錯誤；乖誤。122不登　歉收。123虧膳　減少飲食。124損服　減少或降低所用衣服、車馬的規格，以示儉約。125塈　以泥塗屋。126凡民有喪二句　見《詩經・邶風・谷風》。若是他人遇到災難，想方設法幫助他。凡民，普通百姓；一般民眾。喪，災難；難事。扶服，即「匍匐」。伏地爬行。形容急遽，竭力。捄，古「救」字。127百姓不足二句　見《論語・顏淵》。意謂如果百姓的用度不夠，您又怎麼會夠呢。128大官　即太官。官名。秦有太官令、丞，屬少府。兩漢因之。掌皇帝膳食及燕享之事。129導官　官名。掌御用和祭祀的米食乾糒。漢置，少府屬官。130中御府　亦稱御府。官署名。皇宮內收藏皇帝衣物財寶的機構。屬少府。131均官　官名。太常（奉常）、少府屬官都有均官長、丞。主管皇帝陵園林木事宜。132掌畜　官名。掌畜牧。133廩犧　漢官名。屬左馮翊。廩主藏穀，犧主養牲，以供祭祀。134尚方　官署名。長官為尚方令丞，屬少府。主造皇室所用兵器及玩好器物。135織室　官署名。長官為織室令丞，屬少府。掌皇室絲帛的染織。136工服官　工官和服官。工官，官署名。主製造兵器、日用器物和手工藝品。服官，官署名。因主織造，供宮廷服用，故名。137造作　陳直《漢書新證》云：「大司農主管鹽鐵及度量衡，所謂造作也。」138大司農　官名。漢武帝太初元年（西元前一〇四年）改大農令為大司農，簡稱大農。秩中二千石，列位九卿。執掌全國租賦和財政收支。139關梁　關口和橋梁。泛指水陸交通必經之處。這些地方往往設防戍守或設卡徵稅。140內　通「納」。使入；放進。141恣　任憑；聽任。142之　往。143循行風俗　巡視社會民情。循行，巡視；巡行。循，通「巡」。144勞　慰勉。145二千石　漢制，郡守俸祿為二千石，即月俸一百二十斛。因稱郡守與諸侯國相為「二千石」。146敕　漢時凡尊長告誡後輩或下屬皆稱敕。南北朝以後特指皇帝的詔書。147勸　獎勵。148慰綏　慰安。綏，安。149元元　百姓；庶民。元，善，民之類善故稱元。150天然之性　指天性、本性。151疏通　通達；爽朗。152姿　資質；才幹。153少　稍；稍微。154省　視；察看。155應天　順應天命。

【語譯】元延元年，谷永做了北地郡太守。當時災異更加頻繁，谷永應當赴任時，皇上派衛尉淳于長聽取谷永要說的話。谷永對答道：

2 「臣谷永有幸能憑藉愚昧衰朽的資質擔任太中大夫，充任拾遺之臣，跟隨在朝廷大臣後面，進不能竭盡心力貢獻忠誠輔佐宣揚聖德，退沒有身披鎧甲手持利器討伐不義的功勞，辱蒙皇上厚恩，還升遷到北地郡太守。獻出生命肝腦塗地，以身體滋潤野草，也不能報答萬分之一。陛下聖德寬厚仁愛，不忽略微賤易忘的臣子，像周文王一樣注意傾聽意見，下及割草打柴的愚民，有詔令讓衛尉聽取臣谷永要說的話。臣聽說侍奉君主的原則，有進言勸諫職責的人要竭盡他的忠誠，有官位職守的人要盡到他的職責。臣谷永有幸得以免除直言勸諫的懲處，負有為官守職的責任，應當全力遵守職分，養護安撫百姓就是了，不應該再來稟奏朝政得失的言論。忠臣對於皇上，志在盡量奉獻自己的忠心，因此雖然遠離朝廷也不會背叛君主，至死不會忘記國家。從前史魚死了以後，餘存的忠誠還沒有終止，遺命把靈柩放在後堂，用屍體表達忠誠；汲黯身在外地而心裡仍掛念朝廷，抒發憤懣和憂慮，留言給李息。經書上說：『雖然你身在外藩，你的心無時不在王室。』臣谷永有幸擔任給事中出入宮廷三年，雖然現在操持干戈守衛邊境，思念的心還經常在宮中，因此敢於超越郡守的職責，陳述多年的憂慮。

3　「臣聽說上天生育百姓，他們不能自相管理，就給他們設立帝王去統轄治理他們，把全國劃分為一個個區域不是為了天子，分封土地劃分疆界也不是為了諸侯，都是為了百姓啊。垂布三統循環，排列三正的次序，拋棄暴虐無道，擴展仁厚有德，不偏愛一姓，明確天下是天下所有人的天下，不是一個人的天下。帝王親自施行道義仁德，承合順應天地，博愛寬厚，恩澤惠及像路邊蘆葦一樣微賤的人，收納賦稅取用民財不超過正常的規定，宮室車馬服用不逾越制度，做事節儉財用富足，百姓和睦，就會卦氣和順，五種自然現象按順序出現，百姓長壽，草木生長繁茂，祥瑞的徵兆一起降臨，來顯示上天的保佑。無道而胡作非為，違逆天意殘害萬物，窮奢極欲，沉湎酒色荒廢政事，對女人言聽計從，殺戮放逐仁厚賢能的人，疏遠骨肉親人，讓一群小人當權，嚴刑峻法加重賦稅，百姓愁苦怨恨，就會卦氣混亂，災禍的徵兆顯示過失，上天盛怒，災禍異象屢屢降臨，日月相掩而食，五星失去正常的運行，山陵崩塌江河潰決，泉水湧溢，妖孽同時出現，彗星放出刺眼的光芒，災荒接連到來，百姓短命，萬物夭亡。如果最終仍不改悔醒悟，惡行廣布變異備具，上天就不再譴責告誡，而改立有德的人。《詩經》上說：『上天於是回首西望，給予他居住發展的地方。』

4　「去除邪惡，剝奪懦弱無能者的權力，把使命轉交給賢能聖明的人，是天地永恆的規律，歷代帝王都是如此。再加上功業德行有大小，壽命有長短，時代有興廢，天道有盛衰。陛下繼承八代的功業，正遇上陽數的末尾，進入三七二百一十歲厄運的節期，遭逢〈无妄〉的卦運，正當百六的災厄。三種厄運不同類，亂糟糟地會聚在一起。建始元年以來二十年間，各種災害和大的變異，交相到來紛然並起，比《春秋》上記載的還多。八代以來記載的災異，長期以來沒有祭祀攘除，尤其是今年正月己亥朔日，日食正值三朝之會這一天發生，四月丁酉日四面八方很多流星在白天墜落，七月辛未日彗星橫掃天空。趁著『陽九』、『三七』、『百六』這三難的聚會，積聚了眾多的災異，接著是災荒，然後是困乏不足。彗星，是罕見的大異象，是由土星引發的，流星墜落的應驗出現在饑荒變亂之後，戰亂要興起了，它為期不會太久，修德積善，恐怕也難以補救。就是說，在朝廷內深宮後庭將有驕臣悍妾因醉酒而狂妄背理突然發動的變亂，北宮園林街巷之中臣妾之家的清靜閒適之處將有像夏徵舒、崔杼之流的叛亂；在朝廷外地方郡國可能有像樊並、蘇令、陳勝、項梁那樣振臂而起的禍患。內亂在朝夕之間都有可能發生，地方的禍患每天都要警惕，兵亂以火星發出強烈光芒為期。安定與危亡的分界，宗廟的最大憂患，是臣子谷永破膽寒心預言了多年的問題。下面有禍亂的端倪，然後變異出現在天上，怎麼能不高度謹慎呢！

5 「災禍興起於細微，邪惡發生於輕視。希望陛下端正君臣大義，不要再和那些小人褻狎遊樂宴飲；中黃門和後庭平日驕橫傲慢不敬慎的、曾因醉酒喪失為臣之禮的，全部趕出宮一個不留。努力維護三綱的威嚴，整頓後宮的事務，抑制遠離驕縱嫉妒的寵愛，推崇親近溫柔順從的品行，施恩給失意的宮人，安慰撫恤怨恨的心靈。保持至尊的重位，把握帝王的威嚴，會見臣下應等待儀仗先備好然後再起駕，陳列衛兵清理道路之後再出行，不要再輕賤自身私自外出，到臣妾家中飲酒作樂。以上三方面的過失改正了，內亂的路就堵塞了。

6 「地方舉兵造反，萌發在百姓飢餓而官吏不撫恤之時，興起在百姓困頓而賦斂沉重之際，爆發在百姓怨憤背離而君主沒有覺察的時期。《周易》中說：『屯積膏脂，占問小事吉，占問大事凶。』經傳中說：『百姓遭受饑荒卻不減損賦役，這就叫奢侈，它的災禍是大水，它的懲罰是敗亡。』《訞辭》中說：『門閂鬆動鎖簧丟失，表明君主暴虐無德，大臣行為有失，它的禍害是將有亂臣陰謀篡逆。』君主遭遇衰敗艱難的時代，有饑荒的災害，不減少用度卻加大潤益自己，因此出現凶象；百姓困頓貧乏沒有用來供給君主所需的賦稅，愁苦悲怨滋生，因此發生水災；城門保衛國家的穩固，穩固將要失去了，因此門閂不翼而飛。往年二十一個郡國因水災而遭受損失，莊稼沒有收成。今年蠶繭麥子都歉收。河流洶湧澎湃，長江黃河漫溢潰決，洪水氾濫超過十五個郡國。連年莊稼受損，農時錯過沒有種上冬小麥。百姓失掉謀生的產業流離飄散，官吏把守關門不讓災民進入。大災異這樣明顯，水災浩浩蕩蕩，黎民如此貧窮困頓，正是應當減少正常稅收和削減潤益自己費用的時候，而有關官員卻奏請增加賦稅，極其背謬經書義理，違逆百姓心意，這是播灑怨恨趨向禍患的行徑啊。門閂失落的情形，大概就是為此發生的。古時候糧食歉收就減少飯食，災禍屢屢發生就減少服用，凶年不修繕房屋，這是賢明君王的制度啊。《詩經》中說：『若是他人遇到災難，想方設法幫助他。』《論語》中說：『百姓的用度不夠，您又怎麼會夠呢？』臣希望陛下不要批准增加賦稅的奏請，還要減少大官、導官、中御府、均官、掌畜、廩犧等官署的費用，停止尚方、織室、京師郡國工服官的運輸製作，來幫助大司農解決財政困難。流布仁德廣施恩惠，賑濟救助窮困貧乏的人，打開關門津梁，接納流亡的百姓，聽任他們到自己想去的地方，以此救助他們的急難。立春時節，派遣使者巡視民情風俗，宣揚傳布皇上的恩德，慰問撫恤孤寡老弱，詢問百姓疾苦，勉勵地方官吏，告誡他們獎勸農耕植桑，不要侵占農耕的時間，來慰勞安撫民心，防止阻塞重大奸邪產生的空隙。地方郡縣的騷亂，差不多就可以平息了。

7 「臣聽說上等君主可以跟他一起做好事而不能與他一起幹壞事，下等君主可以跟他一起幹壞事而不能與他一起做好事。陛下天性通達聰慧，是上等君主的資質。只要能稍稍省察一下愚臣的話，感悟三種厄運，深深憂懼特大災異，堅定心意推行善政，拋棄忘掉邪惡的心思，不要再犯從前的過失，振奮精神致力於政事，用最大的誠意順應天命，那麼長期積聚的災異就會消止在天上，禍亂就會降伏於地下，還有什麼憂患呢？臣私下擔心陛下為公的志向沒有專一，私人的愛好有很大保留，還愛戀那群小人，不肯這樣做呀！」

8 奏對呈上，天子很為他的話感動。

永於經書，氾❶為疏達❷，與杜欽❸、杜鄴略等❹，不能洽浹❺如劉向父子❻及揚雄❼也。其於天官❽、京氏易❾最密，故善言災異，前後所上四十餘事，略相反覆，專攻上身與後宮❿而已。黨⓫於王氏，上亦知之，不甚親信也。

永所居任職⓬，為北地太守歲餘，衛將軍商薨，曲陽⓭侯根⓮為票騎將軍⓯，薦永，徵入為大司農⓰。歲餘，永病，三月，有司奏請免。故事⓱，公卿病，輒賜告⓲，至永獨即時⓳免。數月，卒於家。本名並，以尉氏⓴樊並反，更名永云㉑。

【章旨】以上為〈谷永傳〉的第六部分。寫谷永對經學有廣泛的了解，善言災異，專攻皇上與后妃，依附外戚王氏，因而不為成帝所重。後因病免官，在家中去世。

【注釋】❶氾　一般。❷疏達　通曉。❸杜欽　字子夏，西漢南陽杜衍（今河南南陽）人。杜延年之子，杜周之孫。詳見卷六十〈杜周傳附杜欽傳〉。❹略等　差不多；大約相等。❺洽浹　廣博通達。❻劉向父子　劉向（約西元前七七—前六年）與其子劉歆（西元前？—二三年）。兩人都是漢代著名經學家。詳見卷三十六〈劉向傳〉、〈劉歆傳〉。❼揚雄　（西元前五三—一八年），一作楊雄，字子雲，西漢蜀郡成都（今屬四川）人。漢代著名思想家、文學家。詳見卷八十七〈揚雄傳〉。❽天官　天文星象。❾京氏易　即《京氏易傳》。西漢京房著。京房（西元前七七—前三七年），字君明，東郡頓丘（今河南清豐）人。詳見卷七十五〈京房傳〉和卷八十八〈儒林傳〉。❿專攻上身與後宮　謂谷永專攻成帝與後宮，絃外之音是不言王氏專權之事。攻，指責過失。上身，指漢成帝。⓫黨　結黨；依附。⓬所居任職　所做之官都稱職。⓭曲陽　縣名。西漢置，治今江蘇沭陽東南。⓮根　王根。成帝舅父。⓯票騎將軍　漢代將軍名號。漢武帝時始置，官秩與大將軍同。票，通「驃」。⓰為大司農　時在元延四年（西元前九年），據〈公卿表〉。⓱故事　先例；舊日的典章制度。⓲賜告　見前第三部分注58。⓳即時　當時。⓴尉氏　縣名。即今河南尉氏。㉑云　助詞。用於句末，無義。

【語譯】谷永對於經書，能夠廣泛地通曉，與杜欽、杜鄴大致相當，但不能像劉向父子和揚雄一樣廣博貫通。他對天文星象、《京氏易》最精通，所以善於議論災變異象，前後上奏四十多件事，大體上互相有重複，專門指責皇上本人和後宮嬪妃而已。依附於外戚王氏，皇上也知道，不很親近信賴他。

谷永所任之官都很稱職，擔任北地郡太守一年多，衛將軍王商去世，曲陽侯王根做了驃騎將軍，推薦谷永，徵召入京任大司農。過了一年多，谷永生病，病假滿三個月，有關官員奏請免去谷永的職務。先例：公卿大臣病假滿三個月，皇上就再賜給病假。只有到谷永時，馬上就免職。幾個月後，谷永死在家中。他本名叫谷並，因為尉氏縣人樊並造反，改名為谷永。

杜鄴，字子夏，本魏郡❶繁陽❷人也。祖父及父積功勞皆至郡守，武帝時徙茂陵❸。鄴少孤，其母張敞❹女。鄴壯❺，從敞子吉學問❻，得其家書。以孝廉❼為郎❽。

與車騎將軍王音善❾。平阿侯譚不受城門職，後薨，上閔悔❿之，乃復令譚弟成都侯商位特進，領城門兵，得舉吏如將軍府⓫。鄴見音前與平阿有隙，即說音曰：「鄴聞人情，恩深者其養謹，愛至者其求詳⓬。夫戚⓭而不見殊⓮，孰能無怨？此棠棣、角弓⓯之詩所為作也。昔秦伯有千乘之國，而不能容其母弟，春秋亦書而譏焉⓰。周召則不然⓱，忠以相輔，義以相匡，同己之親，等己之尊，不以聖德獨兼國寵，又不為長專受榮任，分職於陝⓲，並為弼疑⓳。故內無感恨⓴之隙，外無侵侮㉑之羞，俱享天祐，兩荷㉒高名者，蓋以此也。竊見成都侯以特進領城門兵，復有詔得舉吏如五府㉓，此明詔所欲寵也。將軍宜承順聖意，加異往時，每事凡議，必與及之，指㉔為誠發，出於將軍，則孰㉕敢不說諭？昔文侯寤大鴈之獻而父子益親㉖，陳平共壹飯之籑而將相加驩㉗，所接雖在楹階㉘俎豆㉙之間，其於為國折衝㉚厭㉛難，豈不遠㉜哉！竊慕倉唐㉝、陸子㉞之義，所白奧內㉟，唯深察焉。」音甚嘉其言，由是與成都侯商親密，二人皆重鄴。後以病去郎。商為大司馬衛將軍，除㊱鄴主簿㊲，以為腹心，舉侍御史。哀帝即位，遷為涼州刺史㊳。鄴居職寬舒㊴，少威嚴，數年以病免。

【章　旨】以上為〈杜鄴傳〉的第一部分。簡介杜鄴生平，寫他上書車騎將軍王音，勸他與成都侯王商捐棄前嫌，和睦相處。建議被採納，王音和王商都很看重他。哀帝時，他官至刺史，因病免官。

【注　釋】❶魏郡　郡名。治鄴縣，今河北臨漳西南。❷繁陽　縣名。在今河南內黃西北。❸茂陵　漢武帝陵，又縣名。在今陝西興平東北。❹張敞　（西元前？—前四七年），字子高，河東平陽（今山西臨汾）人。其家先徙茂陵，後徙杜陵（今陝西長安東北）。官至京兆尹。詳見卷七十六〈張敞傳〉。❺壯　此指少壯。年輕，未滿二十歲。❻學問　學習和詢問（知識、技能等）。❼孝廉　漢代選舉官吏的科目名。孝，指孝悌者。廉，清廉之士。後往往合為一科。亦指被推選的士人。❽郎　官名。郎官的泛稱。❾善　友好。❿閔悔　憐恤而悔念。閔，通「憫」。⓫得舉吏如將軍府　漢制，列將軍置幕府，可以自行聘用屬吏，即有任用僚屬的自主權。⓬詳　盡。⓭戚　近；近親。⓮殊　特殊。⓯棠棣角弓　皆《詩經・小雅》篇名。〈棠棣〉讚美兄弟互相友愛。〈角弓〉諷刺兄弟親戚間爭權奪利。⓰昔秦伯三句　秦景公的同母弟公子鍼受其父景公寵愛。景公立，鍼懼而出奔晉國。《春秋・昭公元年》記為「秦伯之弟鍼出奔晉」。《公羊傳》曰：「有千乘之國，而不能容其母弟，故君子謂之出奔也。」《左傳》的評論是「罪秦伯也」。⓱周召則不然　言周公旦、召公奭無私怨，兩兄弟和睦共事。⓲分職於陝　謂自陝以東，周公主之；自陝以西，召公主之。陝，地名。今河南陝縣。⓳弼疑　輔佐君王之臣。語出《尚書大傳》卷二：「古者天子必有四鄰：前曰疑，後曰丞，左曰輔，右曰弼。天子有問無以對責之疑，可志而不志責之丞，可正而不正責之輔，可揚而不揚責之弼。」⓴感恨　怨恨；不滿。感，通「憾」。㉑侵侮　侵犯輕慢；侵害欺侮。㉒荷　承受；承蒙。㉓五府　西漢以丞相、御史大夫、車騎將軍、前將軍、後將軍為五府。㉔指　通「旨」。意旨。㉕孰　誰。㉖昔文侯句　戰國時，魏文侯廢太子擊，封之於中山，而立擊弟訢，父子三年不相往來。擊臣趙倉唐進大雁（一說犬雁）於文侯，應對以禮，文侯感悟，復立擊為太子，父子更親近。寤，通「悟」。㉗陳平共壹飯句　陳平用陸賈計，以五百金為周勃具食，請周勃赴家宴，於是太尉周勃和丞相陳平和好。共，通「供」。饔，通「饌」。食物；菜餚。㉘楹階　堂上。楹，堂廳前的柱子。階，臺階。㉙俎豆　俎和豆。古代祭祀、宴饗時盛食物用的兩種禮器。亦泛指各種禮器。此指餐具。㉚折衝　使敵人的戰車後撤。即制敵取勝。衝，衝車。戰車的一種。㉛厭　通「壓」。鎮壓。㉜遠　意謂意義遠大。㉝倉唐　趙倉唐。㉞陸子　陸賈，西漢楚人。有辯才，常遊說諸侯。詳見卷四十三〈陸賈傳〉。㉟奧內　隱奧。顏師古注：「奧內，室中隱奧之處也。」王先謙補注引王念孫曰：「奧亦內也。奧內猶隱奧也。謂所言隱奧，唯將軍深察之，非謂室中隱奧之處也。」㊱除　拜官。㊲主簿　官名。漢代中央及郡縣官署多置之。其職責為主管文書，辦理事務，掌管印鑑，為掾史之首。㊳涼州刺史　見〈谷永傳〉注。㊴寬舒　寬厚平和。

【語譯】杜鄴，字子夏，原本是魏郡繁陽縣人。祖父和父親積累功勞都官至郡太守，武帝時遷居茂陵。杜鄴幼年喪父，他的母親是張敞的女兒。杜鄴年輕時，跟隨張敞的兒子張吉學習請教，得到張家的藏書。被舉薦為孝廉並以此做了郎官。

杜鄴跟車騎將軍王音友好。平阿侯王譚不接受統領城門兵的官職，他去世後，皇上哀傷懊悔這件事，於是又任命王譚的弟弟成都侯王商加特進銜，統率城門兵，可以像將軍府一樣舉薦屬吏。杜鄴見王音以前與平阿侯有怨隙，就勸王音說：「我聽說人之常情，對待恩情深厚的人奉養謹厚，對待摯愛的人有求必應。是親戚卻不被特殊對待，誰能沒有怨氣？這是〈棠棣〉、〈角弓〉之類詩的創作宗旨呀。從前秦景公擁有千輛兵車的國家，卻不能容納他同母胞弟，《春秋》也記載並譏刺他。周公、召公就不是這樣，他們忠誠地相互輔助，遵循道義相互匡正，同樣對待自己的親屬，同等對待自己的地位，不憑藉聖德獨占國家的尊寵，也不因年長獨自承擔榮耀的職位，以陝縣為界劃分職責，共同輔政。因此內心沒有怨恨不滿的裂痕，外表沒有遭受侵害欺侮的恥辱，都享有上天的庇佑，兩人榮獲崇高名聲的原因，大概就是因為這些。我私下裡見成都侯以特進領城門兵，又有詔令得以像五府一樣舉薦屬吏，這是皇上明詔要寵幸他呀。將軍應該奉承順從皇上的心意，比以前更加突出，每件事凡是需要商議的，一定要讓他參與，主意是從心裡誠懇發出的，由將軍提出來，那麼誰敢不高興地領會呢？從前魏文侯感悟趙倉唐進獻大雁而父子更加親近，陳平供給絳侯周勃一頓酒食而將相更加和悅，接觸雖然是在堂階餐具之間，它對於為國家戰勝敵人抑制禍患，難道意義不遠大嗎！我私下很敬慕趙倉唐、陸賈的謀略和行為，說的這些話有些含蓄深奧，請您仔細思考。」王音很讚賞他的話，從此與成都侯王商親密起來，兩個人都很看重杜鄴。後來杜鄴因病免去郎官。王商擔任大司馬衛將軍，聘用杜鄴做主簿，當作心腹，推薦他做了侍御史。哀帝即位，升任他為涼州刺史。杜鄴居官寬厚平和，缺少威嚴，幾年以後因病免官。

1 是時，帝祖母定陶傅太后❶稱皇太太后，帝母丁姬❷稱帝太后，而皇后❸即傅太后從弟子也。傅氏侯者三人❹，丁氏侯者二人❺。又封傅太后同母弟子鄭業為陽信侯❻。傅太后尤與❼政專權。元壽元年❽正月朔，上以皇后父孔鄉❾侯傅晏為大司馬衛將軍，而帝舅陽安❿侯丁明⓫為大司馬票騎將軍。臨拜，日食，詔舉方正直言。扶陽⓬侯韋育⓭舉鄴方正，鄴對曰：

2 「臣聞禽息憂國，碎首不恨⑭；卞和獻寶，刖足願之⑮。臣幸得奉直言之詔，無二者之危，敢不極陳！臣聞陽尊陰卑，卑者隨尊，尊者兼卑，天之道也。是以男雖賤，各為其家陽；女雖貴，猶為其國陰。故禮明三從之義⑯，雖有文母⑰之德，必繫於子⑱。春秋不書紀侯之母，陰義殺也⑲。昔鄭伯隨姜氏之欲，終有叔段篡國之禍⑳；周襄王內迫惠后之難，而遭居鄭之危㉑。漢興，呂太后㉒權私親屬，又以外孫為孝惠后㉓，是時繼嗣不明，凡事多晻㉔，晝昏冬雷之變，不可勝㉕載。竊見陛下行不偏之政，每事約儉，非禮不動，誠欲正身與天下更始㉖也。然嘉瑞未應，而日食地震，民訛言行籌，傳相驚恐㉗。案㉘春秋災異，以指象為言語㉙，故在於得一類而達㉚之也。日食，明陽為陰所臨，坤卦乘離，明夷之象也㉛。坤以法地，為土為母，以安靜為德。震，不陰之效也㉜。占象甚明，臣敢不直言其事！

3 「昔曾子㉝問從令之義㉞，孔子曰：『是何言與㉟！』善閔子騫守禮不苟，從親所行，無非理者，故無可間也㊱。前大司馬新都㊲侯莽㊳退伏第家，以詔策決㊴，復遣就國。高昌侯宏去蕃自絕，猶受封土㊵。制書㊶侍中駙馬都尉㊷遷㊸不忠巧佞㊹，免歸故郡，間㊺未旬月㊻，則㊼有詔還，大臣㊽奏正其罰，卒㊾不得遣，而反兼官奉使，顯寵過故。及陽信(50)侯業(51)，皆緣私君國，非功義所止(52)。諸外家(53)昆弟無賢不肖(54)，並侍帷幄(55)，布在列位(56)，或典兵衛，或將軍屯(57)，寵意并於一家，積貴之勢，世所希(58)見所希聞也。至乃(59)並置大司馬將軍之官。皇甫(60)雖盛，三桓(61)雖隆，魯為作三軍(62)，無以甚此(63)。當拜之日，晻然日食。不在前後，臨事而發者，明陛下謙遜無專，承指非一(64)，所言輒聽，所欲輒隨，有罪惡者不坐辜罰，無功能者畢受官爵，流漸(65)積猥(66)，正尤在是(67)，欲令昭昭以覺聖朝(68)。昔詩人所刺，春秋所譏，指象如此，殆(69)不在它。由後視前，忿邑非之(70)，逮身所行(71)，不自鏡見(72)，則以為可，計之過(73)者。疏賤(74)獨偏見(75)，疑內亦有此類(76)。天變不空，保右(77)世主(78)如此之至(79)，奈何不應(80)！

4 「臣聞野雞著怪，高宗深動(81)；大風暴過，成王怛然(82)。願陛下加致精誠，思承始初，事稽(83)諸(84)古，以厭(85)下心，則黎庶群生無不說喜，上帝百神收還威怒，禎祥福祿何嫌(86)不報(87)！」

5 鄴未拜，病卒。鄴言民訛言行籌，及谷永言王者買私田(88)，彗星隕石(89)，牡飛之占，語在五行志。

6 初，鄴從張吉學，吉子竦又幼孤，從鄴學問，亦著(90)於世，尤長小學(91)。鄴子林92，清靜93好古，亦有雅材94，建武95中歷位列卿96，至大司空97。其正文字98過於鄴、竦，故世言小學者由杜公99。

【章旨】以上為〈杜鄴傳〉的第二部分。記元壽元年日食杜鄴舉方正對策。杜鄴藉日食譏刺外戚傅氏、丁氏專擅朝政，勸哀帝重視上天的告誡，修正自己的德行。段末附記了杜鄴之子杜林的簡況。

【注釋】❶傅太后 （西元前？—前二年），河內郡溫縣（今屬河南）人。哀帝祖母。生子定陶恭王。成帝立，隨王歸國，稱定陶太后。哀帝即位，先後被尊為恭皇太后、帝太太后、皇太太后。詳見卷九十七〈外戚傳〉。❷丁姬 （西元前？—前五年），山陽瑕丘（今山東兗州）人。初為定陶恭王姬。河平四年（西元前二五年）生子劉欣（即哀帝）。及哀帝即位，尊為帝太后。詳見卷九十七〈外戚傳〉。❸皇后 （西元前？—前一年），河內郡溫縣（今屬河南）人。定陶傅太后堂弟的女兒。哀帝為定陶恭王時，太后欲親上加親，娶以配王。及哀帝即位，立為皇后。哀帝卒，廢為庶人，旋自殺。❹傅氏侯者三人 傅太后的堂弟傅喜、傅晏、傅商，分別被封為高武侯、孔鄉侯、汝昌侯。❺丁氏侯者二人 丁姬的二哥丁明為陽安侯，長兄之子丁滿為平周侯。❻鄭業為陽信侯 傅太后之父早死，母親改嫁鄭翁，生子惲，惲生子業。陽信，縣名，在今山東無棣東北。❼與 參與；干預。❽元壽元年 西元前二年。元壽，漢哀帝的年號，西元前二—前一年。❾孔鄉 鄉名，屬夏丘縣，夏丘在今安徽泗縣。❿陽安 縣名。在今河南確山縣東北。⓫丁明 （西元前？—一年），定陶（今山東定陶）人。因對丞相王嘉下獄致死一事表示同情，被冊免就第。後為王莽所殺。⓬扶陽 縣名。在今安徽蕭縣西南。⓭韋育 元帝丞相韋玄成孫，成帝元延元年承襲扶陽侯爵位。⓮禽息憂國二句 春秋時，秦國大夫禽息薦百里奚而不見納，當秦穆公外出時，擋車叩頭，腦漿迸出，曰：「臣生無補于國而不如死也！」穆公感悟，重用百里奚，秦以大治。恨，遺憾。⓯卞和獻寶二句 春秋時，楚國人卞和發現了一塊璞玉，先後獻給厲王、武王，都被誤認為欺詐，被刖去雙足。後來楚文王派人刻璞加工，果得美玉，稱和氏璧。刖，古代酷刑。砍掉腳或腳趾。⓰三從之義 謂婦女在家從父，既嫁從夫，夫死從子。⓱文母 周文王的王妃太姒。太姒生周武王。⓲子 指周武王。⓳春秋不書紀侯之母二句 《春秋・隱公二年》載，紀侯派大夫裂繻到魯迎娶隱公的女兒伯姬。《公羊傳》曰：「然則紀有母乎？有。有則何以不稱母？母不通也。」殺，減降。⓴昔鄭伯隨姜氏之欲二句 《左傳・

隱公元年》載，鄭莊公滿足母親武姜的欲望，封其弟共叔段於京。共叔段勢力強大後陰謀篡國，被莊公鎮壓。鄭伯，鄭莊公。隨，依從。㉑周襄王內迫惠后之難二句　《左傳·僖公二十四年》載，周襄王之母惠后寵愛襄王弟叔帶，欲使其為王，未遂。叔帶勾結狄人攻襄王，襄王被迫出奔鄭國，依靠晉文公平定了叛亂。㉒呂太后　即呂雉（西元前？—前一八〇年），字娥姁，單父（今山東單縣）人。漢高祖皇后，又稱高皇后、高后。詳見卷三〈高后紀〉。㉓以外孫為孝惠后　惠帝張皇后的母親是魯元公主，魯元公主是惠帝的親姊姊。外孫，外孫女。㉔是時繼嗣不明二句　惠帝與張皇后無子，呂后讓張皇后假裝懷孕，取後宮美人子名為皇后子，立為太子，殺其母。詳見卷九十七〈外戚傳〉。晻，通「暗」。㉕勝　盡。㉖更始　重新開始；除舊布新。㉗民訛言行籌二句　哀帝建平四年（西元前三年），關東百姓謠傳西王母手持籌策（計算用具）巡視天下，相互傳告驚恐不安。㉘案　通「按」。查考；考核。㉙以指象為言語　天用景象作為言語告喻人。指象，天以景象示意。㉚達　通曉；明白。㉛坤卦乘離二句　〈坤〉卦在〈離〉卦之上，就是〈明夷〉卦的卦象。〈坤〉、〈離〉、〈明夷〉皆《易》篇名。顏師古注引應劭曰：「〈明夷〉之卦：『上六，不明晦，初登于天，後入于地。』明夷者，明傷也。初登于天者，初為天子，言以善聞于天也。後入于地者，傷賢害仁，佞惡在朝，必以惡終入于地也。」㉜震二句　顏師古注曰：「言地當安靜而今乃震，是為不遵陰道也。」地，地震。不陰，不遵陰道；不守陰德。㉝曾子　姓曾名參，字子輿，魯國人。是被魯國滅亡了的鄫國貴族的後代。孔子的得意門生，以孝子聞名。據說《孝經》就是他撰寫的。㉞從令之義　服從父親命令的含義。引語出自《孝經·諫諍章》，曾子問孔子：「從父之令，可謂孝乎？」孔子表示否定。㉟是何言與　這是什麼話。與，通「歟」。語氣詞。表示反問。㊱善閔子騫四句　語出《論語·先進》，孔子曰：「孝哉閔子騫！人不間于其父母昆弟之言。」閔子騫，姓閔名損，字子騫，魯國人。孔子的學生，比孔子小十五歲。間，非難；批評；挑剔。㊲新都　縣名。在今河南新野東南。㊳莽　即王莽（西元前四五—二三年），字巨君，魏郡元城（今河北大名）人。新朝皇帝。漢元帝皇后王政君之姪。詳見卷九十九〈王莽傳〉。㊴以詔策決　已經下詔書決定。以，通「已」。已經。詔策，詔書。㊵高昌侯宏去蕃二句　傅太后欲求尊號，董宏承旨上書議立傅太后為皇太后。為大司馬王莽等劾奏非所宜言，大不道，免為庶人。及哀帝尊定陶太后為恭皇太后與皇太后，得復爵。高昌，侯國名。在今山東博興西南。宏，董宏（西元前？—前三年）。去蕃，被免去封爵。蕃，通「藩」。西漢分封的諸侯國。㊶制書　古代皇帝命令的一種。漢蔡邕《獨斷》：「其（皇帝）命令：一曰策書，二曰制書，三曰詔書，四曰戒書。」㊷駙馬都尉　官名。執掌皇帝從車。漢武帝初置，秩比二千石。多以皇帝親近之人充任。㊸遷　傅遷。傅太后堂姪。㊹巧佞　奸詐機巧，阿諛奉承。㊺間　相隔。㊻旬月　一個月。或指十天至一個月。這裡用指較短的時間。㊼則　與「即」同。㊽大臣指孔光、師丹等。事詳卷八十一〈孔光傳〉。㊾卒　終於。㊿陽信　縣名。西漢置，治今山東無棣北。51業　鄭業。52皆緣私君國二句　顏師古注曰：「謂緣私恩而得封爵為一國之君耳，非有功而侯也。」君國，謂居君位而御其國。功，與「公」同。公私對文。53外家　指母親和妻子的娘家，也泛指外戚。54無賢不肖　不論是賢才還是無才無德。不肖，不成材；不正派。55帷幄　指帝王。天子居處必設帷幄，故稱。56列位　爵位；官位。57軍屯　指駐屯的軍隊。58希　少；罕有。59至乃　甚至。60皇甫　即皇父。見前注。此謂周以皇甫為卿士。61三桓　春秋時魯國大夫孟孫（仲孫）、叔孫、季孫都是魯桓公的後代，故稱「三桓」。62魯為作三軍　魯國季武子夙執政，分公室二軍為三軍，使三桓各領一軍。63無以甚此　意謂比不過外戚丁氏、傅氏之盛。64承指非一　不要只承奉（傅太后）一個人的旨意。承指，亦作「承旨」。逢迎意旨。65流漸　流浸。謂逐漸擴展。66積猥　積習深重。67正尤在是　言過錯正在於此。尤，過錯。68覺聖朝　使皇上醒悟。聖朝，皇帝的代稱。69殆　恐怕。70忿邑非之　忿忿不平地指責它。忿邑，憤恨憂鬱。71逮身所行　等到親自這樣做。逮，及；到。72不自鏡見　不能照見自己。鏡見，照鏡而見。謂鑑察。73過　錯誤。74疏賤　指關係疏遠、地位低下的人。杜鄴自謙之詞。75偏見　旁觀；從旁邊看到。76疑內亦有此類　猜想宮中也有這種事。謂後宮嬖幸非理寵遇，亦有如傅遷、鄭業等妄受恩賞者。77保右　保佑。78世主　國君。79至　深切。80應　意謂應天戒而修德。81野雞著怪二句　高宗祭祀祖先成湯時，有隻野雞飛到鼎耳上鳴叫，高宗憂懼。事詳《史記》卷三〈殷本紀〉。野雞，指雉。呂后名雉，臣下諱雉，故曰野雞。高宗，商王武丁。82大風暴過二句　周公死時，周成王信流言而疑周公，天乃風雷，偃禾拔木，成王打開周公留下的金縢之書，發現當年周公自願替武王受讒的誓書，悔而信周公。於是出郊祭天，天災止息。怛然，驚懼貌。83稽　查考。84諸　「之於」的合音。85厭　滿足。86嫌　疑。87報　答覆；回報。88谷永言王者買私田　本傳未記此事。卷二十七〈五行志〉云：成帝「置私田于民間」。89隕石　疑為「星隕」之誤。楊樹達《漢書窺管》曰：「隕石〈志〉無永說。『隕石』疑是『星隕』二字之誤。」90著　顯著。引申為著名，出名。91小學　謂文字之學。92林　杜林。《後漢書》有其傳。93清靜　指心性純正恬靜。94雅材　不同尋常的才智。95建武　東漢光武帝的年號，西元二五—五六年。96列卿　指九卿。97大司空　官名。成帝綏和元年（西元前八年）改御史大夫置。與丞相、大司馬並為三公。哀帝時復為御史大夫，後又名大司空，始成定制。東漢初年因之。建武二十七年（西元五一年）去大字，為司空。掌管水土之事。98正文字　正確解釋字形字義。99世言小學者由杜公　《說文》有引杜林之說。

【語　譯】這時，哀帝的祖母定陶傅太后尊稱皇太太后，哀帝母親丁姬尊稱帝太后，而皇后就是傅太后堂弟的女兒。傅氏封侯的有三人，丁氏封侯的有兩人。又封傅太后同母異父弟弟的兒子鄭業為陽信侯。傅太后尤其愛參與政事獨攬大權。元壽元年正月初一，皇上任命皇后的父親孔鄉侯傅晏做大司馬衛將軍，任命舅舅陽安侯丁明做大司馬驃騎將軍。到授官時，發生了日食，皇上下詔推舉方正直言的士人。扶陽侯韋育舉薦杜鄴為方正，杜鄴對奏說：

2 「臣聽說秦國大夫禽息為國憂慮，碰碎了頭也不遺憾；楚人卞和進獻寶玉，被砍去雙足也心甘情願。臣有幸得以承奉直言的詔令，沒有他們兩人那樣的危險，怎敢不盡力陳奏！臣聽說陽者尊貴陰者卑賤，卑賤者跟隨尊貴者，尊貴者兼管卑賤者，這是上天的規律。因此男子雖然卑賤，也各自是他家的陽者；女子雖然尊貴，仍是她國家中的陰者。因此禮法明確了三從的原則，即使有文母那樣高尚的品德，也一定要依隨於兒子周武王。《春秋》不寫『紀侯的母親』，是要抑制陰氣啊。從前鄭莊公依從母親姜氏的欲望，終於發生了共叔段篡國的禍亂；周襄王在京師受母親惠后逼迫，因而遭到出奔鄭國的危難。漢朝興起，呂太后專權偏愛親屬，又讓外孫女做孝惠帝的皇后，那時皇位繼承人的身分不清不楚，很多事隱晦不明，白天昏暗冬季打雷之類的變異，多得不能全部記載。臣私下看到陛下施行不偏不倚的政策，辦每件事都節約儉省，不合禮制就不做，確實是想端正自身與天下一起除舊布新。然而祥瑞沒有應驗，卻發生了日食地震，百姓謠傳西王母手持籌策巡視天下，相互傳告驚惶不安。考查《春秋》記載的災異，天用景象作為言語告誡人，因此在於獲知一類事物的喻意來類推其他的事。日食，表明陽被陰所覆蓋，〈坤卦〉在〈離卦〉之上，是〈明夷卦〉的卦象。〈坤卦〉用來效法地，象徵土，象徵母，以安靜為德。地震，是不守陰德的效驗。占卜的卦象非常清楚，臣怎麼敢不直率地陳述這些事呢！

3 「從前曾子請教聽從父母之命的含義，孔子說：『這是什麼話！』孔子讚揚閔子騫嚴格遵守禮法，聽從父母之命做事，沒有不合理的，因此人們對於他的家人稱讚他的話無可挑剔。前大司馬新都侯王莽罷官閒居家中，已經下詔書決定了，又命他返回封國。高昌侯董宏被免去封爵，與朝廷斷絕關係，不久又恢復爵位享有封土。詔書命令：侍中駙馬都尉傅遷巧言諂媚不忠誠，免官遣歸故郡，間隔不到一個月，就又下詔讓他回京，大臣們上奏堅持對他的公正處罰，可最終還是沒有遣送回去，反而讓他兼任官職奉命出使，顯要榮寵超過了從前。還有陽信侯鄭業，都是靠著私情成為侯國之君，並不是憑功勞封為侯爵的。各外家兄弟不論有沒有才能，都在宮中侍奉，布列在官位，有的掌管禁軍，有的統率駐屯軍隊，寵幸的心意集中在一家，累積顯貴的權勢，是歷代很少看到很少聽說的。甚至並列設置大司馬將軍的職位。周朝的皇甫雖然貴盛，春秋三桓雖然興隆，魯國因此分設三軍，也無法與現在相比。正當給他們授官的日子，天空昏暗出現日食。日食不前不後，臨到授官之日才發生的原因，是告誡陛下要謙遜不要專制，不要只承奉一個人旨意，她說的就聽從，她要的就依從，有罪惡的不判罪處罰，沒有功勞才能的都授官封爵，逐漸擴展積累，過失就在這裡，上天想用明白的告誡使皇上醒悟。從前詩人批評的，《春秋》譏諷的，景象的意旨就是這樣，恐怕不在別的方面。由後來看以前的過失，都會忿忿不平地指責它，等到親自去做，不能鑑察自己的行為，就認為是對的，這是計策的失誤。疏遠卑賤的臣只是從旁邊觀察，懷疑宮內也有這種情況。上天顯現變異不是空泛的，保佑君主如此深切，陛下怎能不順應上天告誡修正德行呢！

4「臣聽說野雞顯出怪異，商高宗深受觸動；大風兇猛颳過，周成王因此憂慮不安。希望陛下加倍獻出真誠，思慮要承繼當初，凡事考查古例，來滿足百姓的心願，那麼黎民百姓就沒有不高興的，上帝百神收回盛怒，哪兒還用憂慮禎祥福祿不來回報呢！」

5 杜鄴沒有再做官，因病去世。杜鄴談論百姓傳布謠言行籌占卜的事，以及谷永說成帝買私田，彗星、隕石、門閂丟失的占驗，都記載在〈五行志〉中。

6 當初，杜鄴跟隨張吉學習，張吉的兒子張竦又幼年喪父，跟隨杜鄴研習學問，在當時也很有名，尤其擅長文字學。杜鄴的兒子杜林，心性純正恬靜，愛好古籍，也有不同尋常的才智，建武年間歷位列卿，官至大司空。他考定文字的水平超過杜鄴和張竦，因此世人說研究文字之學由杜公開始。

贊曰：孝成之世，委政外家，諸舅持權，重於丁、傅在孝哀時。故杜鄴敢譏丁、傅，而欽、永不敢言王氏，其勢然也。及欽欲挹損❶鳳權，而鄴附會❷音、商。永陳三七之戒，斯為忠焉，至其引申伯以阿鳳，隙平阿於車騎❸，指金火以求合❹，可謂諒❺不足而談❻有餘者。孔子稱「友多聞」，三人近之矣❼。

【章旨】以上是班固的贊語，讚揚谷永、杜鄴、杜欽三人博學多聞，批評他們缺乏正直、誠信的品德。

【注釋】❶挹損　減少；貶抑。❷附會　依附。❸隙平阿於車騎　此謂勸平阿侯王譚不受城門之職。隙，使生嫌隙。❹指金火以求合　此謂陳述金星、火星變異，說王音「蕩蕩之德未純」。希望王音忘記舊怨而親信自己。指，指陳。求合，謀求親和。❺諒　誠信；誠實。❻談　言談。❼孔子稱二句　見《論語・季氏》，孔子曰：「友直，友諒，友多聞，益矣。」班固讚揚杜鄴、杜欽、谷永三人「多聞」，但缺乏正直、信實之德。

【語譯】史官評議說：孝成帝時代，把政權委託給外戚之家，各位舅舅把持政權，權勢比外戚丁氏、傅氏在孝哀帝時還隆盛。所以杜鄴敢於譏刺丁氏、傅氏，而杜欽、谷永不敢議論王氏，這是形勢使得他們那樣做啊。還有杜欽想要抑制削弱王鳳的權力，杜鄴依附王音和王商，也是如此。谷永陳述「三七」厄運的警戒，這表現出他的忠誠，至於他引用申伯的事來諂媚王鳳，挑撥平阿侯與車騎將軍的關係，指陳金星、火星的變異來謀求親和王音，可以說是誠信不足而言談有餘了。孔子說「結交博學多聞的朋友」，這三個人接近這個說法了。

【研析】谷永一生所上奏疏，只有建始三年舉方正對策最為可觀。此時他剛剛進入朝廷，無所依附，所以奏書內容正直無欺。他運用災異譴告學說，提出「正身」、「治閨門」、「正左右」、「尊賢考功」和「平刑薄賦」是國家政事的綱領，帝王的急務；日食地震是皇后貴妾專寵所致。此後，上疏內容便有了偏頗。谷永知道王鳳正受成帝寵信，「陰欲自託」，上書論災異之變，為王鳳辯護，向他獻媚；勸成帝憂懼天地變異，以皇室繼嗣為重，改正偏頗的寵愛，廣納適宜生兒子的婦人，平息上天的譴責憤怒，消除錯誤的根源。谷永投桃，王鳳報李，任命他為安定郡太守。王鳳死後，王音越親輔政。谷永與平阿侯王譚交好，為他鳴不平，導致王譚與王音不和。遭到王音的忌恨排擠後，谷永轉而討好王音，多次向王音告罪認錯，求得自保。成帝多次微服出行，親幸佞臣，趙飛燕姊妹專寵後宮，引起皇太后和諸舅不安，礙於至親不便責備，推舉谷永等藉災異切諫，谷永知道自己有內應，於永始二年上「黑龍見東萊對」，盡情批評成帝的種種過失，言語之激切為《漢書》中所少見。一向性情寬厚的漢成帝也怒氣難忍，派人收捕問罪，在衛將軍王商的庇護下，谷永離京赴任避禍。元延元年又上災異對，認為彌災祈福的方法是正君臣之義，改正自己的過失，節用救荒，賑濟窮困，發展農業生產。

谷永對經學廣泛通曉，善言災異，「前後所上四十餘事，略相反覆」，專門批評皇上與后妃，依附外戚王氏。谷永一生與王氏相終始，先後諂媚討好王鳳、王譚、王音。也因此不為成帝所重。谷永批評成帝，指摘後宮，將其作為向外戚王氏獻媚的工具，因其有恃而無恐，所以他的奏書揭露了西漢後期政治腐敗的真實情況。

杜鄴依附外戚王氏與谷永相同，而事跡有輕重之分，故敘述有詳略之異。杜鄴與車騎將軍王音關係密切，勸他與成都侯王商捐棄前嫌，和睦相處。受到王音和王商器重，正見其為王氏效忠；杜鄴藉日食譏刺外戚傅氏、丁氏專擅朝政，勸哀帝重視上天的告誡，修正自己的德行，不免有為王氏吐氣之嫌。

班固寫此傳，意在諷刺。贊語譏諷谷永、杜鄴二人假天以文奸，誠信不足而言談有餘，可以說刺到了無行士人的痛處。歷史上有種文人，時發憤世嫉俗之言，似乎什麼也看不慣，實際上阿附權貴，滿身俗氣。忠心為國者，必不如此。不過，谷、杜二人與那些一味阿諛奉承之徒還是有所不同的，以指斥皇帝討好外戚王氏畢竟要冒一定的風險，似不應全盤否定。

卷八十六

何武王嘉師丹傳第五十六

【題　解】本傳敘述何武、王嘉、師丹三人的事跡。何武，官至御史大夫、大司空，封氾鄉侯。任刺史時，必先了解政事得失、墾田頃畝、五穀美惡，然後見二千石。與丞相翟方進共奏罷刺史，更置州牧，後皆復舊。又奏請改革王國相職權如太守，內史如都尉，被採納施行。與丞相孔光議限民名田及奴婢，因外戚丁、傅用事，遂寢不行。因反對王莽為大司馬而免官。王莽藉呂寬之獄誣陷，憤而自殺。王嘉，官至御史大夫、丞相，封新甫侯。見哀帝欲封寵臣董賢，數上封事切諫，並封還詔書。哀帝藉故責以欺君罔上，召詣廷尉詔獄，遂絕食嘔血而死。師丹，成帝時官至九卿，為太子太傅。哀帝即位，為左將軍，領尚書事，代王莽為大司馬，封高樂侯，徙為大司空。見貧富懸殊，乃建議限民名田及奴婢。因反對立哀帝祖母傅太后尊號忤旨，為外戚丁、傅誣陷，免官，貶爵為關內侯，廢歸鄉里。平帝即位，王莽秉政，徵詣公車，封義陽侯。班固以此三人皆忠鯁切諫，而終於獲禍，故合為一傳。

1 何武，字君公，蜀郡❶郫縣❷人也。宣帝時❸，天下和平，四夷❹賓服❺，神爵、五鳳❻之間婁❼蒙瑞應❽。而益州❾刺史❿王襄使辯士⓫王褒⓬頌漢德，作中和、樂職、宣布[13]詩三篇。武年十四五，與成都楊覆眾等共習歌[14]之。是時，宣帝循[15]武帝故事[16]，求通達茂異[17]士，召見武等於宣室[18]。上曰：「此盛德之事，吾何足以當[19]之哉！」以褒為待詔[20]，武等賜帛罷。

2 武詣[21]博士[22]受業[23]，治[24]易[25]。以射策甲科[26]為郎[27]，與翟方進[28]交志[29]相友。光祿勳[30]舉四行[31]，遷為鄠[32]令，坐[33]法免歸。

3 武兄弟五人，皆為郡吏[34]，郡縣敬憚[35]之。武弟顯[36]家有市籍[37]，租常不入[38]，縣數負其課[39]。市嗇夫[40]求商[41]捕辱[42]顯家，顯怒，欲以吏事[43]中[44]商。武曰：「以[45]吾家租賦繇役不為眾先，奉公[46]吏不亦宜乎！」武卒白[47]太守[48]，召商為卒吏[49]，州里[50]聞之皆服焉。

4 久之，太僕[51]王音[52]舉武賢良方正[53]，徵[54]對策[55]，拜為諫大夫[56]，遷揚州[57]刺史。所舉奏[58]二千石[59]長吏[60]必先露章[61]，服罪者為虧除[62]，免[63]之而已；不服[64]，極法[65]奏之，抵罪[66]或至死。

5 九江[67]太守戴聖[68]，禮經[69]號小戴者也，行治[70]多不法[71]，前刺史以其大儒，優容[72]之。及武為刺史，行部[73]錄囚徒[74]，有所舉以屬[75]郡。聖曰：「後進生[76]何知，迺欲亂人治[77]！」皆無所決[78]。武使從事[79]廉[80]得其罪，聖懼，自免[81]。後為博士，毀[82]武於朝廷。武聞之，終不揚其惡。而聖子賓客[83]為群盜，得[84]，繫[85]廬江[86]，聖自以子必死。武平心[87]決之，卒得不死。自是後，聖慚服[88]。武每奏事至京師[89]，聖未嘗不造門[90]謝恩。

6 武為刺史，二千石有罪，應時[91]舉奏，其餘賢與不肖[92]敬之如一，是以郡國各重其守相[93]，州中清平[94]。行部必先即[95]學宮[96]見諸生[97]，試其誦論，問以得失，然後入傳舍[98]，出記[99]問墾田頃畝[100]，五穀美惡，已[101]迺見二千石，以為常[102]。

7 初，武為郡吏時，事[103]太守何壽[104]。壽知武有宰相[105]器[106]，以其同姓故厚[107]之。後壽為大司農[108]，其兄子為廬江長史[109]。時武奏事在邸[110]，壽兄子適[111]在長安[112]，壽為具[113]召武弟顯及故人楊覆眾等，酒酣，見[114]其兄子，曰：「此子揚州長史[115]，材能駑下[116]，未嘗省見[117]。」顯等甚慚，退以謂武，武曰：「刺史古之方伯[118]，上所委任，一州表率也，職在進善退惡。吏治行[119]有茂異[120]，民有隱逸[121]，迺當召見，不可有所私問[122]。」顯、覆眾強之，不得已召見，賜卮酒[123]。歲中，廬江太守舉之[124]。其守法見[125]憚[126]如此。

【章旨】以上為〈何武傳〉的第一部分，簡介何武生平，他擔任揚州刺史期間，不徇私情，不庇弟顯，不仇戴聖，不受何壽之囑，秉公執法，待人賢否皆敬，行部以教養為先，贏得吏民敬畏。

【注　釋】❶蜀郡　郡名。戰國秦置。治成都，今四川成都。❷郫縣　縣名。故城在今四川郫縣北。❸宣帝時　宣帝劉詢，西元前七四—前四九年在位。❹四夷　古代華夏族對四方少數民族的統稱。含有輕蔑之意。❺賓服　歸順；服從。❻神爵五鳳　皆漢宣帝年號。神爵共四年，西元前六一—前五八年。爵，通「雀」。五鳳共四年，西元前五七—前五四年。❼婁　通「屢」。❽瑞應　古代以為帝王修德，時世清平，天就降祥瑞以應之，謂之瑞應。❾益州　州名。漢十三刺史部之一。監察區域相當於今四川、雲南、貴州、湖北、陝西、甘肅六省部分地區。❿刺史　官名。漢武帝元封五年（西元前一〇六年）始置。將全國分為十三州部，每州部置刺史一人，秩六百石。無治所，奉詔巡行諸郡。⓫辯士　才辯之士。⓬王褒　字子淵，犍為郡資中縣（今四川資陽）人。以辭賦著稱。宣帝時任諫大夫。詳見卷六十四下〈王褒傳〉。⓭中和樂職宣布　王褒所作三篇詩的篇名。顏師古注曰：「中和者，言政治和平也。樂職者，言百官各得其職也。宣布者，風化普洽，無所不被。」⓮習歌　頌詩寫成後，王襄組織人根據〈鹿鳴〉之曲歌唱。詳見〈王褒傳〉。⓯循　遵從。⓰故事　先例；舊日的典章制度。⓱茂異　茂才異等的簡稱。指才德出眾的人。⓲宣室　殿名。未央宮前正室。⓳當　相稱；相當。⓴待詔　官名。本指待詔於金馬門。後來亦稱由地方推薦在中央任職之人。㉑詣　前往；到。㉒博士　學官名。六國時有博士，秦因之，諸子、詩賦、術數、方伎皆立博士。漢文帝置一經博士，武帝時置《五經》博士，職責是教授、課試，或奉使、議政。㉓受業　從師學習。㉔治　研習；攻讀。㉕易　書名。古代卜筮之書。有《連山》、《歸藏》、《周易》三種，合稱三《易》，今僅存《周易》，簡稱《易》。㉖射策甲科　漢代考試取士方法之一。試題寫在竹、木簡上，分甲乙丙三科，置於案上，應試者隨意取答。主試者按題目和答題優劣定等級名次。上等為甲，其次為乙、為丙。射，投射。㉗郎　官名。戰國時已有，秦漢時沿置，有議郎、中郎、侍郎、郎中等，員額無定。均屬於郎中令（後改為光祿勳）。其職責為護衛陪從，隨時建議、備顧問及差遣。㉘翟方進　（西元前？—前七年），字子威，汝南上蔡（今河南上蔡）人。官至御史大夫、丞相，封高陵侯。詳見卷八十四〈翟方進傳〉。㉙交志　《易・泰》：「上下交而其志同也。」後以「交志」謂情投意合。㉚光祿勳　官名。本名郎中令，漢承秦置。執掌宮殿門戶宿衛。漢武帝太初元年（西元前一〇四年）更名光祿勳，秩中二千石，位列九卿。職司範圍有所擴大。㉛四行　即四科。漢代以德行舉士的四條標準。元帝永光元年（西元前四三年）詔舉質樸、敦厚、遜讓、有行義者各一人。後又令光祿勳以此科考察現有郎官，確定等級。㉜鄠　縣名。故城在今陝西戶縣。㉝坐　犯罪；判罪。㉞郡吏　郡守的屬官。㉟敬憚　敬畏。㊱顯　何顯。官至潁川郡太守。㊲市籍　商賈的戶籍。西漢前期施行「重農抑商」政策，凡在籍的商賈及其子孫，與罪吏、亡命等同樣看待，都要服役。又規定凡有市籍的商賈不得坐車和穿絲綢衣服，其子孫不得做官。後來禁令逐漸放寬。㊳租常

不入　經常不交市租。(39)縣數負其課　縣裡多次無法完成徵稅任務，考核時名次排在後面。課，考核；考查。(40)市嗇夫　官名。掌管市（特定商業區）內商賈交易和徵收租稅。據《曹全碑》碑陰題名，市嗇夫當屬於縣吏市掾下屬。(41)求商　人名。姓求名商。(42)捕辱　逮捕羞辱。(43)吏事　政事；官務。(44)中　中傷。(45)以　因。(46)奉公　執行公務。(47)白　報告；稟告。(48)太守　官名。秦置郡守，漢景帝時改名太守，為一郡最高的行政長官。(49)卒吏　當作「卒史」。《漢書補注》引周壽昌曰：「太守有卒史，無卒吏。」卒史，漢代官府屬吏。武帝時左、右內史、大行及郡太守皆有卒史各二人。通常秩為百石，又稱「百石卒史」。唯三輔郡卒史秩二百石。(50)州里　古代二千五百家為州，二十五家為里。本為行政建制，後泛指鄉里或本土。(51)太僕　官名。秦置，漢因之。執掌皇帝專用車馬，遇皇帝出行，則為之駕車。秩中二千石，列位九卿。因與皇帝關係密切，故多由皇帝親信任職。兼管官府牧畜業。(52)王音　（西元前？—前一五年），王鳳的堂弟，王莽的堂叔。官至大司馬車騎將軍，輔政八年，卒於官。(53)賢良方正　漢代察舉科目之一。始於文帝二年（西元前一七八年）。雖非歲舉，但兩漢諸帝大都頒布過察舉賢良的詔令，諸侯王公卿守相均得依詔令規定察舉。詔舉賢良常與方正、文學、能直言極諫者聯在一起。故賢良或稱賢良方正、賢良文學。(54)徵　徵召。(55)對策　亦作「對冊」。古時就政事、經義等設問，由應試者對答，稱為對策。自漢起作為取士考試的一種形式。(56)諫大夫　官名。掌議論。屬郎中令（後改光祿勳）。(57)揚州　州名。漢十三刺史部之一。轄境相當今安徽淮水和江蘇長江以南及江西、浙江、福建三省，湖北、河南等省的部分地區。(58)舉奏　上奏章檢舉。(59)二千石　漢制，郡守俸祿為二千石，即月俸一百二十斛。世因稱郡守為「二千石」。(60)長吏　秦漢時地位較高的官吏。本書卷五〈景帝紀〉中元六年（西元前一四四年）詔曰：「吏六百石以上，皆長吏也。」(61)露章　公開彈劾的奏章。(62)虧除　減除其罪狀。虧，減。(63)免　罷官。(64)不服　不認罪。(65)極法　從重從嚴援引法律。(66)抵罪　因犯罪而受到相應的處罰。(67)九江　郡名。治壽春，今安徽壽縣。(68)戴聖　字次君，梁國（今河南商丘）人。早年與叔父戴德同時向后蒼學禮。曾參加石渠閣會議評定《五經》同異，刪定《禮記》四十九篇，即今《禮記》。世稱「小戴」。(69)禮經　這裡指《禮記》，也叫《小戴記》或《小戴禮記》，儒家經典之一。(70)行治　行誼治績。指行為和理政的成績。(71)不法　不合法度；違法。(72)優容　寬待；寬容。(73)行部　巡行所屬監察區，考核政績。(74)錄囚徒　審查並記錄囚犯的罪狀。(75)屬　通「囑」。託付；委託。(76)後進生　指入仕不久的後輩。(77)人治　謂以人倫關係、道德觀念和其他意識形態準則約束人民，治理國家。(78)決　判決。(79)從事　官名。漢以後三公及州郡長官皆自辟僚屬，多以從事為稱。(80)廉　察。(81)自免　自請免職。(82)毀　詆毀；誹謗。(83)賓客　貴族的門客、策士等。(84)得　捉住。(85)繫　拘禁。(86)廬江　郡名。治舒縣，今安徽廬江縣西南。(87)平心　謂用心公平、態度公正。(88)慙服　羞愧而心服。

(89)奏事至京師　漢代刺史每年年終返回京師奏事。(90)造門　上門；到別人家去。(91)應時　隨時；即刻。(92)不肖　不成材；不正派。(93)守相　郡守（太守）和國相。(94)清平　太平。(95)即　就。(96)學宮　學舍；學校。(97)諸生　眾有知識學問之士；眾儒生。(98)傳舍　驛舍。(99)記　指文書、記事簿等。(100)頃畝　頃和畝。泛指土地面積。百畝為頃。(101)已　然後。(102)常　指常規、活動規律。(103)事　侍奉；服侍。(104)何壽　扶風平陵（今陝西咸陽）人。歷任郡守、廷尉、大司農等。(105)宰相　本為掌握政權的大官的泛稱，後來用以指歷代輔助皇帝、統領群僚、總攬政務的最高行政長官。如秦漢之丞相、相國、三公等。(106)器　才能；氣度。(107)厚　看重；優待。(108)大司農　官名。漢武帝太初元年（西元前一〇四年）改大農令為大司農，簡稱大農。秩中二千石，列位九卿。執掌全國租賦和財政收支。(109)長史　官名。郡太守的屬官。漢時邊郡有長史，廬江的長史，可能是暫置之官。(110)邸　州部設在京城的辦事處。(111)適　正；正好。(112)長安　漢都城。漢高帝五年（西元前二〇二年）置縣，七年定都於此。漢城築於惠帝時，在今西安市西北，周圍二十五公里。(113)具　謂酒食之具。(114)見　通「現」。介紹；引見。(115)揚州長史　謂揚州部內長史，廬江郡屬揚州刺史部。(116)駑下　資質駑鈍，才能低下。(117)未嘗省見　意謂尚未為何武所識拔。省，視。(118)方伯　古代一方諸侯之長。後泛稱地方長官。(119)治行　為政的成績。亦指為政有成績。(120)茂異　才德出眾。(121)隱逸　隱居之士。(122)私問　私下請問或詢問。(123)巵酒　猶言杯酒。巵，古代一種酒器。圓形。容量四升。(124)廬江太守舉之　顏注以為，此句意謂終於得到何武的幫助。舉，推薦。(125)見　被。(126)憚　懼。

【語譯】何武，字君公，是蜀郡郫縣人。宣帝時，天下太平，四方外族歸服，神爵、五鳳年間多次蒙受天降祥瑞。益州刺史王襄派辯士王褒頌揚漢朝功德，創作了〈中和〉、〈樂職〉、〈宣布〉三篇頌詩。何武當時十四五歲，與成都郡的楊覆眾等人一起學習歌唱這些詩。當時，宣帝遵循武帝舊例，選拔博學通達才德出眾的士人，在未央宮宣室殿召見何武等人。皇上說：「這是有盛德才做的事，我哪裡能承受它啊！」任命王褒做待詔，何武等人賜給絲帛罷退。

2 何武到博士那裡拜師學習，研習《周易》。參加射策考試中甲科而做了郎官，與翟方進是心志相投的好友。光祿勳以質樸、敦厚、遜讓、有行義這四條標準推舉官吏，何武升任鄠縣縣令，因犯法被免職回家。

3 何武兄弟五人，都是郡中的官吏，郡縣的人都敬畏他們。何武的弟弟何顯家有商人戶籍，經常不交市租，縣裡多次因此無法完成徵稅任務，檢查時名次落後。負責收稅的市嗇夫求商逮捕何顯家的人加以羞辱，何顯大怒，想利用官府公事中傷求商。何武說：「求商這麼做是因為我們家交租賦服役不比眾人早，執行公務的官吏難道不應該這樣嗎！」何武最終報告太守，太守徵調求商做了卒史，當地人聽說這件事都很敬佩他。

4 過了很久，太僕王音推舉何武為賢良方正，朝廷徵召他參加對策，授官諫議大夫，升任揚州刺史。他上奏章檢舉二千石級官吏前一定先把彈劾奏章給他們看，認罪的就替他們減除罪狀，最重的處罰不過免官而已；不認罪的，從重從嚴援引法律，按罪定刑，有的甚至定為死罪。

5 九江太守戴聖，就是治《禮經》號稱小戴的那個人，行事施政多不遵守法令，前任刺史因為他是儒學大師，寬容他。等到何武做刺史，巡行所屬監察區審查記錄囚犯的罪狀，有要複審的案件交給郡裡處理。戴聖說：「後進小輩知道什麼，竟想擾亂別人治理！」最終都沒有重新審理。何武派從事查出戴聖的罪行，戴聖害怕，自己請求辭職。後來戴聖做了博士，在朝廷上誹謗何武。何武知道後，始終沒有宣揚戴聖的惡行。後來戴聖兒子的賓客結夥為寇，被抓獲，拘禁在廬江，戴聖認為兒子一定會被判死罪。何武公平判決此案，戴聖的兒子最終沒有判死罪。從此以後，戴聖對何武既慚愧又佩服。何武每次奏事到京師，戴聖沒有不登門謝恩的。

6 何武做刺史，二千石級官吏有罪，隨時檢舉上報，對其他賢能與不賢能的官吏都一視同仁，因此各郡國都敬重他們的郡守、國相，州中太平。何武巡行所屬郡國一定要先到學校接見學生們，考查他們誦讀講解經書的情況，詢問他們對地方政事得失的看法，然後進入驛舍，拿出記事簿詢問墾種田地的數量，農作物好壞，之後才去會見郡守、國相，這成為他監察工作的常規。

7 當初，何武做郡吏時，奉事太守何壽。何壽看出何武有宰相之才，因為與自己同姓，所以厚待他。後來何壽做了大司農，他哥哥的兒子做廬江長史。當時何武到京師奏事住在揚州在京官邸，何壽哥哥的兒子恰好在長安，何壽備下酒宴請來何武的弟弟何顯和老朋友楊覆眾等人，酒喝到暢快時，引見他哥哥的兒子，說：「這孩子是揚州長史，才能低下，不曾得到賞識提拔。」何顯等人十分慚愧，回來把這件事告訴了何武，何武說：「刺史就是古代的方伯，是皇上委任的，乃一州的表率呀，職責在於推薦善人罷黜惡人。官吏治理政務成績卓越出眾，百姓有隱居的賢能智士，才應當召見，不能有什麼私下關照。」何顯、楊覆眾強求他，不得已召見了何壽的姪兒，只賜給他一杯酒。年中，廬江太守舉薦了何壽的姪兒。何武就是這樣遵守法令使人忌憚。

為刺史五歲，入為丞相司直❶，丞相❷薛宣❸敬重之。出為清河❹太守，數歲，坐郡中被❺災害什四❻以上免。久之，大司馬❼曲陽侯王根❽薦武，徵為諫大夫。遷兗州❾刺史，入為司隸校尉❿，徙京兆尹⓫。二歲，坐舉方正所舉者召見槃辟⓬雅拜⓭，有司⓮以為詭⓯眾虛偽。武坐左遷⓰楚⓱內史⓲，遷沛郡⓳太守，復入為廷尉⓴。綏和元年㉑，御史大夫㉒孔光㉓左遷廷尉，武為御史大夫。成帝欲脩辟雍㉔，通㉕三公㉖官，即㉗改御史大夫為大司空。武更為大司空，封汜鄉㉘侯，食邑㉙千戶。汜鄉在琅邪㉚不其㉛，哀帝初即位，褒賞大臣，更以南陽㉜犨㉝之博望鄉為汜鄉侯國，增邑千戶。

武為人仁厚，好進㉞士，獎稱㉟人之善。為楚內史厚兩龔㊱，在沛郡厚兩唐㊲，及為公卿㊳，薦之朝廷。此人㊴顯於世者，何侯㊵力也，世以此多㊶焉。然疾㊷朋黨㊸，問㊹文吏㊺必於儒者，問儒者必於文吏，以相參檢㊻。欲除吏㊼，先為科例㊽

以防請託[49]。其所居亦無赫赫[50]名，去後常見[51]思。

【章　旨】以上為〈何武傳〉的第二部分，寫何武由刺史升任御史大夫所歷官職，「武為人」一段，點出他「仁厚」的品德，以束上而起下。

【注　釋】[1]丞相司直　官名。丞相高級屬員。漢武帝元狩五年（西元前一一八年）始置，秩比二千石，佐助丞相督錄州郡和糾舉不法。[2]丞相　漢代輔佐君主的最高行政長官。[3]薛宣　字贛君，東海郡郯縣（今山東郯城）人。詳見卷八十三〈薛宣傳〉。[4]清河　郡名。治清陽，今河北清河東南。[5]被　遭；受。[6]什四　十分之四。什，十；十成。[7]大司馬　官名。漢武帝元狩四年（西元前一一九年）始置。初為加於將軍之前的一種官號。獲此稱號者均為功勳卓著的將帥，武帝臨終，以霍光為大司馬大將軍，輔弼少主，是為大司馬秉政之始。[8]曲陽侯王根　王根，（西元前？—前六年），字稚卿。王莽的叔父。成帝時，任大司馬驃騎將軍，輔政五年。曲陽，縣名。在今安徽淮南東南。[9]兗州　漢代十三刺史部之一。轄區約當今山東西南部及河南東部。[10]司隸校尉　官名。漢武帝征和四年（西元前八九年）因巫蠱之獄始置。督察百官及三輔（京兆、左馮翊、右扶風）、三河（河東、河內、河南）、弘農七郡，秩二千石。[11]京兆尹　官名，西漢京畿地方行政長官之一。武帝太初元年（西元前一〇四年），改右內史置，職掌如郡太守。因其地屬京畿，為「三輔」之一，故不稱郡。秩中二千石（一說秩二千石），地位較一般郡守高，位列九卿。[12]槃辟　盤旋進退。古代行禮時的動作姿勢。[13]雅拜　古代九種跪拜儀式之一。跪拜時先屈一膝，再屈一膝。[14]有司　官吏。古代設官分職，各有專司，故稱。[15]詭　違。[16]左遷　降官；貶職。漢代尊右卑左，故稱貶職為左遷。[17]楚　諸侯王國名。治彭城，今江蘇徐州。[18]內史　官名。掌王國民政。成帝綏和元年（西元前八年）省，更令相治民，如郡太守。[19]沛郡　郡名。治相縣，今安徽淮北西北。[20]廷尉　官名。漢承秦置。主管全國刑獄。秩中二千石，列位九卿。[21]綏和元年　西元前八年。綏和，漢成帝的年號，西元前八—前七年。[22]御史大夫　官名。秦置。漢因之，地位僅次於丞相，掌管彈劾糾察及圖籍祕書。[23]孔光　（西元前六五—五年），字子夏，魯國魯縣（今山東曲阜）人。詳見卷八十一〈孔光傳〉。[24]辟雍　古時為貴族子弟所設的大學。[25]通　「建」字之誤。顏師古注：「通，開也，謂更開置之。」楊樹達《漢書窺管》說：「通字無義，字當作建，形近誤也。」從楊說。[26]三公　西漢以丞相（大司徒）、太尉（大司馬）、御史大夫（大司空）為三公。[27]即　就。[28]氾鄉　鄉名。在不其縣境（今山東嶗山縣西北）。[29]食邑　古代君主賜予臣下作為世祿的封地。㉚琅邪　郡名。治東武，今山東諸城。㉛不其　縣名。在今山東嶗山縣西北。㉜南陽　郡名。治宛縣，今河南南陽。㉝犨　縣名。故城在今河南魯山縣西南。㉞進　引進；舉薦。㉟獎稱　勸勉，讚揚。㊱兩龔　龔勝、龔舍。龔勝，字君賓，彭城（今江蘇徐州）人。歷任諫大夫、丞相司直、光祿大夫、郡太守等職。龔舍（西元前六〇—七年），字君倩，武原（今江蘇邳州）人。歷任諫大夫郡太守。詳見卷七十二〈兩龔傳〉。㊲兩唐　唐林、唐尊。唐林，沛郡人，新莽時，任保成師友祭酒，封建德侯。詳見卷七十二〈鮑宣附傳〉。唐尊，莽時任太傅，封平化侯。㊳公卿　三公九卿的簡稱。亦泛指高官。㊴此人　當作「此四人」，指兩龔、兩唐。㊵何侯　汜鄉侯何武的略稱。㊶多　稱讚。㊷疾　憎恨；厭惡。㊸朋黨　指同類的人以惡相濟而結成的集團。後指因政見不同而形成的相互傾軋的宗派。㊹問　考察。㊺文吏　文職官吏。亦指文法之吏、執法吏。㊻參檢　參考驗證。㊼除吏　辟除屬吏。㊽科例　條例。㊾請託　謂以私事相囑託。走門路，通關節。㊿赫赫　顯赫。51見　被。

【語譯】何武做了五年刺史，進京擔任丞相司直，丞相薛宣敬重他。後來出任清河郡太守，幾年後，因郡中十分之四以上地區遭受災害獲罪免官。過了很久，大司馬曲陽侯王根推薦何武，徵召他為諫大夫。後升任兗州刺史，入京任司隸校尉，又調任京兆尹。過了兩年，何武推舉方正，他舉薦的人在被召見時盤旋進退行跪拜禮，有關官員認為他的動作譁眾取寵虛偽做作，何武因此獲罪。他被貶為楚國內史，後升任沛郡太守，又入京任廷尉。綏和元年，御史大夫孔光降職為廷尉，何武升任御史大夫。成帝準備修治辟雍，改置三公官職，就將原來的御史大夫改為大司空。何武改任大司空，封汜鄉侯，食邑一千戶。汜鄉在琅邪郡不其縣境內，哀帝剛即位，褒賞大臣，將南陽郡犨縣的博望鄉改為汜鄉侯國，增加食邑一千戶。

何武為人仁愛寬厚，喜歡推薦人才，鼓勵讚揚別人的優點。做楚國內史時看重兩龔，任沛郡太守時賞識兩唐，到他做了公卿，就向朝廷推薦了他們。這些人能在當時出名，何武起了重要作用，世人因此稱讚他。可是他忌恨結黨拉派，考察文職官吏一定找通曉儒學的士人，考察儒學人士一定找文職官吏，用來互相參照驗證。要辟除屬吏，先制定出條例，以防止私下找關係，走門路。何武所任官職也沒有顯赫的名聲，但離去以後往往受到人們的懷念。

1 及為御史大夫司空❶，與丞相方進共奏言：「往者諸侯王斷獄❷治政，內史典獄事❸，相❹總綱紀❺輔王，中尉❻備盜賊。今王不斷獄與❼政，中尉官罷，職并內史，郡國守相委任，所以壹統❽信，安百姓也。今內史位卑而權重，威職相踰❾，不統尊者，難以為治。臣請相如太守，內史如都尉❿，以順尊卑之序，平輕重之權。」制⓫曰：「可。」以內史為中尉。初武為九卿⓬時，奏言宜置三公官，又與方進共奏罷刺史，更置州牧⓭，後皆復復故⓮，語在朱博傳。唯內史事施行。

2 多所舉奏，號為煩碎⓯，不稱賢公⓰。功名略比薛宣，其材⓱不及也，而經術⓲正直過之。武後母在郡，遣吏歸迎。會成帝崩，吏恐道路有盜賊，後母留止，左右⓳或⓴譏武事親不篤㉑。哀帝亦欲改易大臣，遂策免㉒武曰：「君舉錯㉓煩苛㉔，不合眾心，孝聲不聞，惡名流行，無以率示㉕四方。其上大司空印綬㉖，罷歸㉗就國㉘。」後五歲，諫大夫鮑宣㉙數稱㉚冤之，天子感丞相王嘉㉛之對㉜，而高安侯董賢㉝亦薦武，武由是復徵為御史大夫。月餘，徙為前將軍㉞。

3 先是，新都㉟侯王莽㊱就國㊲，數年，上以太皇太后㊳故徵莽還京師。莽從弟㊴成都侯王邑㊵為侍中㊶，矯㊷稱太皇太后指白哀帝，為莽求特進㊸給事中㊹。哀帝復請之，事[45]發覺。太后為謝[46]，上以太后故不忍誅之，左遷邑為西河[47]屬國都尉[48]，削千戶。後有詔舉太常[49]，莽私從[50]武求舉，武不敢舉。後數月，哀帝崩，太后即日引[51]莽入，收大司馬董賢印綬，詔有司舉可[52]大司馬者。莽故大司馬，辭位[53]辟[54]丁、傅[55]，眾庶稱以為賢，又太后近親，自大司徒[56]孔光以下舉朝皆舉莽。武為前將軍，素與左將軍[57]公孫祿[58]相善，二人獨謀，以為往時孝惠[59]、孝昭[60]少主之世，外戚呂、霍、上官[61]持權，幾危社稷，今孝成、孝哀比[62]世無嗣[63]，方當選立親近[64]輔幼主，不宜令異姓大臣持權[65]，親[66]疏[67]相錯[68]，為國計便。於是武舉公孫祿可大司馬，而祿亦舉武。太后竟自用莽為大司馬。莽風[69]有司劾奏[70]武、公孫祿互相稱舉，皆免。

4 武就國後，莽寖[71]盛，為宰衡[72]，陰誅不附己者。元始三年[73]，呂寬等事[74]起。時大司空甄豐[75]承莽風指[76]，遣使者乘傳[77]案治[78]黨與，連引[79]諸所欲誅，上黨[80]鮑宣，南陽[81]彭偉[82]、杜公子[83]，郡國豪桀[84]坐死者數百人。武在見[85]誣中，大理正[86]檻車[87]徵武，武自殺。眾人多冤武[88]者，莽欲厭[89]眾意，令武子況嗣為侯，諡武曰刺侯。莽篡位，免況為庶人。

【章　旨】以上為〈何武傳〉的第三部分，寫何武奏請改革王國相職權如太守，內史如都尉，被採納施行。哀帝時被免職又重新起用，他不應王莽之求，反對外戚王氏專權，從中可見其謀國之遠，慮患之深。竟因此遭王莽藉呂寬之獄誣陷，自殺。

【注　釋】❶御史大夫司空　《漢書補注》引周壽昌曰：「武為御史大夫，旋詔改大司空，傳已敘明，此不容以御史大夫司空兼說。且漢制無司空官，明衍『御史夫』三字，而『大』字宜加于司空上也。」❷斷獄　審理和判決案件。❸典獄事　主管刑獄之事。典，掌管；主持。❹相　官名。漢時諸侯王國的實際執政者，地位相當於郡太守。侯國相相當於縣令或縣長。❺綱紀　法度；綱常。❻中尉　官名。戰國時趙置，負責選任官吏。秦漢時為武職，掌管京師治安。漢武帝時更名執金吾，漢諸王國皆置中尉。❼與　參與。❽壹統　一統；統一。❾威職相踰　權威與職位不相稱。❿都尉　官名。漢景帝時改秦之郡尉為都尉，輔佐郡守並掌全郡的軍事。⓫制　指帝王的命令。制書，帝王制度之命。其文曰「制」。⓬九卿　中央政府的九個高級官職。漢以太常、光祿勳、衛尉、太僕、廷尉、大鴻臚、宗正、司農、少府為九卿。⓭州牧　漢成帝時改刺史為州牧。後廢置不常。⓮復復故　又恢復原樣。⓯煩碎　繁雜瑣碎。⓰公　謂三公官。⓱材　才能；才幹。⓲經術　經學。⓳左右　指皇帝的近臣、侍從。⓴或　有的。㉑篤　深厚；純一。㉒策免　帝王以策書免官。㉓舉錯　措置；措施。錯，通「措」。㉔煩苛　繁雜苛細。㉕率示　示範；作為榜樣。㉖印綬　印信和繫印信的絲帶。古人印信上繫有絲帶，佩帶在身。㉗罷歸　免官歸里。㉘就國　到封國去。㉙鮑宣　（西元前？—三年），字子都，西漢勃海郡高城（今河北鹽山縣）人。詳見卷七十二〈鮑宣傳〉。㉚稱　申訴。㉛王嘉　見本傳後文。㉜對　對策。就政事、經義等設問，由應試者對答。㉝董賢　（西元前二三—前一年），馮翊雲陽（今陝西淳化）人。哀帝寵臣。詳見卷九十三〈董賢傳〉。㉞前將軍　將軍名號。漢代設前、後、左、右將軍，均位比九卿。㉟新都　縣名。在今河南新野東南。㊱王莽　（西元前四五—二三年），字巨君，魏郡元城（今河北大名）人。新朝皇帝。漢元帝皇后王政君之姪。詳見卷九十九〈王莽傳〉。㊲就國　建平二年（西元前五年），王莽因反對給哀帝祖母定陶傅太后、母丁姬上尊號，被逐回封國。㊳太皇太后　王莽的姑母孝元皇后王政君。㊴從弟　堂弟。㊵王邑　（西元前？—二三年），孝元皇后弟王商的兒子，襲爵成都侯。王莽建國後任大司空，封隆新公。後隨王莽敗死。㊶侍中　官名。秦始置，兩漢沿置，為正規官職外的加官之一。因侍從皇帝左右，出入宮廷，與聞朝政，逐漸變為親信貴重之職。㊷矯　假託；詐稱。㊸特進　官名。始置於西漢末期。賜給有特殊地位的列侯。㊹給事中　官名。漢承秦置。為加官。給事中即給事禁中之意。凡加此官者，即可侍從皇帝。三公、將軍、九卿等亦或加此官。㊺事　指王邑矯旨事。㊻謝　道歉；請罪。㊼西河　郡名。治平定，今內蒙古準噶爾旗西南。㊽屬國都尉　官名。掌屬國少數民族聚居區事務。㊾太常　官名。漢承秦置。本名奉常，後改名太常。掌管宗廟禮儀和陵墓事務。秩中二千石，列位九卿。㊿從　向。51引　召。52可　適合。用作動詞。適合擔任之意。53辭位　指綏和二年（西元前七年）王莽被免去大司馬。54辟　通「避」。55丁傅　指哀帝生母丁姬及祖母傅太后的家族貴戚。56大司徒　官名。漢哀帝時罷丞相之職，置大司徒，與大司馬、大司空，並稱三公。57左將軍　見上頁「前將軍」注。58公孫祿　潁川（今河南禹州）人。曾任五官中郎將、執金吾、右將軍、左將軍。59孝惠　孝惠帝劉盈。西元前一九五—前一八八年在位。60孝昭　孝昭帝劉弗陵。西元前八七—前七四年在位。61呂霍上官　指呂產、呂祿、霍光、上官桀等。62比　接連。63無嗣　沒有繼承的人；沒有後代。64親近　指劉氏宗親在朝的大臣。65不宜令異姓大臣持權　顏師古注曰：「異姓，謂非宗室及外戚。」王先謙《漢書補注》認為，「不」字係後人所加，「異姓」指非宗室及外戚。從後說。66親　謂外戚。67疏　謂異姓。68錯　謂摻雜。69風　通「諷」。暗示。70劾奏　向皇帝檢舉官吏的過失或罪行。71寖　漸。72宰衡　漢平帝加王莽之號。相傳商湯時伊尹為阿衡，周武王時周公為太宰。王莽號宰衡，意謂可媲美伊、周。73元始三年　西元三年。元始，漢平帝的年號，西元一—五年。74呂寬等事　呂寬（西元前？—三年），西漢末年人。王莽長子宇妻兄。宇以莽隔絕平帝外家衛氏，恐日後受禍，指使其夜持血灑莽第宅，詐為變怪而驚懼之。事發，宇下獄飲藥死。莽藉此興獄窮治之，盡滅衛氏家屬，株連郡國豪傑不親附者，死者以百數。詳見卷九十九〈王莽傳〉。75甄豐　（西元前？—一〇年），曾任左將軍光祿勳、少傅。莽居攝，為太阿右拂大司空。因畏漢宗室反對，不欲莽稱帝，被貶為更始將軍、廣新公。後受其子甄錄牽連自殺。76風指　旨意；意圖。77乘傳　乘坐驛車。傳，驛站的馬車。78案治　查辦。79連引　牽連；引及。80上黨　郡名。西漢治長子，今陝西長子西。當時鮑宣因不敬罪流放上黨。81南陽　郡名。戰國秦昭王三十五年（西元前二七二年）置。治宛縣，今河南南陽。82彭偉　《後漢書・彭寵傳》云：「父宏，為漁陽太守，與何武、鮑宣并遇害。」此「宏」，即偉，而名互異。83杜公子　人名。84桀　通「傑」。85見　被。86大理正　大理，官名。典掌全國刑獄。西漢景帝中六年（西元前一四四年）更名廷尉為大理。武帝建元四年（西元前一三七年）復舊名。哀帝元壽二年（西元前一年）又稱大理。大理正，與左右堅同為大理的佐官。87檻車　用柵欄封閉的車。用於囚禁犯人或裝載猛獸。88冤武　認為何武冤枉。89厭　滿足。

【語　譯】到他擔任大司空，與丞相翟方進共同奏言：「過去諸侯王審判案件處理政事，內史掌管刑獄事宜，國相總攬法度輔佐國王，中尉防備盜賊。現在諸侯國王不審理案件不參與政事，中尉官取消了，職責合併到內史，郡國的守、相由朝廷任命，用他們來統一信義，安撫百姓。現在內史官位低而權力大，權威與職位不相稱，不能統理職高位尊的人，難以進行治理。我們建議，相的職權如同太守，內史的職權如同都尉，以便理順尊卑秩序，平衡職位與權力的輕重。」皇上批示說：「可以。」以內史為中尉。當初何武任九卿的時候，上奏說應當設置三公的官位，又與翟方進聯名奏請取消刺史，改設州牧，後來又恢復了舊制。這些話記載在〈朱博傳〉裡。只有內史的事施行了。

2 何武推薦舉報的奏章很多，輿論說他繁雜瑣碎，不能稱為賢能的人。他的功績聲名大致與薛宣相似，才能不如他，但經學和正直超過他。何武的後母住在原籍，他派屬吏回去迎接。碰上成帝駕崩，屬吏害怕道路上有強盜，就讓後母留在了家鄉，皇上的近臣中有人譴責何武侍奉母親不忠厚。哀帝也想改換大臣，於是頒下策書罷免何武說：「您提出的措施繁雜苛細，不合眾人的心意，孝順的聲名沒有聽到，壞名聲到處流傳，無法做四方的表率。上繳大司空印綬，免官回歸封國。」過了五年，諫大夫鮑宣多次申訴說是冤枉了他，天子感悟於丞相王嘉的奏對，而且高安侯董賢也推薦何武，何武因此又被徵召做了御史大夫。過了一個多月，改任前將軍。

3 在此之前，新都侯王莽回歸封國，過了幾年，皇上因為太皇太后的緣故徵召王莽返回京師。王莽的堂弟成都侯王邑任侍中，假稱太皇太后的旨意報告哀帝，替王莽請求特進給事中官職。哀帝又向太皇太后請示，事情敗露。太后替王邑謝罪，皇上因為太后的緣故不忍心殺他，降職調任王邑為西河屬國都尉，削減食邑一千戶。後來有詔令舉薦太常，王莽私下求何武舉薦他，何武不敢舉薦。過了幾個月，哀帝駕崩，太后當天就召王莽入宮，收回大司馬董賢的印綬，命令有關官員推薦適合擔任大司馬的人。王莽原來是大司馬，因迴避丁氏、傅氏辭去官位，眾人稱讚，認為他賢能，又是太后的近親，自大司徒孔光以下滿朝官員都推舉王莽。何武是前將軍，平時與左將軍公孫祿交好，兩人單獨謀劃，認為以前惠帝、昭帝兩個年幼皇帝在位的時候，外戚呂氏、霍氏、上官氏把持朝政，幾乎傾覆了國家，現在成帝、哀帝連續兩代沒有繼承人，正應當挑選任命宗室親近的大臣輔佐幼主，不應讓異姓大臣主持政權，外戚和異姓相間雜，才能替國家謀求福利。於是何武推舉公孫祿可以擔任大司馬，而公孫祿也推舉何武。太后最終自己任命王莽做了大司馬。王莽暗示有關官員上奏章彈劾何武、公孫祿互相稱譽薦舉，二人都被免官。

4 何武回到封國後，王莽的權勢日漸強盛，做了宰衡，暗中誅殺不依附自己的人。元始三年，呂寬事件發生。當時大司空甄豐秉承王莽暗示的旨意，派遣使者乘驛車查辦呂寬的同黨，牽連出那些王莽所要誅殺的人，上黨郡的鮑宣，南陽郡的彭偉、杜公子，郡國豪傑獲罪而死的有幾百人。何武也在被誣陷之列，大理正用檻車徵召何武，何武自殺。眾人大多認為何武是冤枉的，王莽想平息眾人的不滿情緒，讓何武的兒子何況繼承侯爵，議定何武的諡號為刺侯。王莽篡位後，罷免何況為平民。

王嘉，字公仲，平陵❶人也。以明經❷射策甲科為郎，坐戶殿門失闌免❸。光祿勳于永❹除❺為掾❻，察廉❼為南陵❽丞❾，復察廉為長陵❿尉⓫。鴻嘉⓬中，舉敦朴⓭能直言⓮，召見宣室，對⓯政事得失，超遷⓰大中大夫⓱。出為九江、河南⓲太守，治甚有聲⓳。徵入為大鴻臚⓴，徙京兆尹，遷御史大夫。建平三年㉑代平當㉒為丞相，封新甫㉓侯，加食邑千一百戶。

【章　旨】以上為〈王嘉傳〉的第一部分，寫王嘉以射策甲科為郎，及任丞相前所歷官職。

【注　釋】❶平陵　縣名。在今陝西咸陽西北。因漢昭帝陵墓平陵在此而置縣。❷明經　漢代以明經射策取士。❸坐戶殿門失闌免　王嘉守護殿門，未能阻止非法出入宮禁者，因此獲罪免職。戶，阻止；阻攔。失闌，謂守門者未能阻止人員、物品非法出入宮禁。猶言失攔、失禁。❹于永　（西元前？—前二四年），東海郯（今山東郯城）人。于定國之子。以父任為侍中中郎將、長水校尉。後嗣父爵為列侯。歷官至御史大夫，尚宣帝長女館陶公主。❺除　拜官；授職。❻掾　官府中佐助官吏的通稱。❼察廉　猶舉廉。漢朝選用官吏的一種方法，由郡國薦舉廉潔之士，經過考察，任以官職。❽南陵　縣名。在今陝西西安東南。因文帝母薄太后陵墓南陵在此得名。❾丞　佐官名。此指縣丞，位僅次縣令，員額多為一人。秩四百石至二百石，由中央任命。執掌文書及倉獄事宜。❿長陵　縣名。在今陝西咸陽東北。因漢高祖陵墓長陵在此得名。⓫尉　官名。秦漢縣級行政機構佐官之一。大縣二人，小縣一人，秩四百石至二百石。由中央任命，執掌軍事治安事宜。⓬鴻嘉　漢成帝的年號，西元前二〇—前一七年。⓭敦朴　敦厚樸素。漢代選拔人才的「四行」之一。⓮直言　直言敢諫。漢代察舉科目名。⓯對　指臣子面君奏事。⓰超遷　越級升遷。⓱大中大夫　官名。即太中大夫。西漢初隸郎中令，後改隸光祿勳。掌議論。秩比千石。⓲河南　郡名。治洛陽，今河南洛陽東北。⓳有聲　有聲譽；著稱。⓴大鴻臚　官名。秩中二千石，列位九卿。執掌接待少數民族君長及諸侯王事務。㉑建平三年　西元前四年。建平，漢哀帝的年號，西元前六—前三年。㉒平當　（西元前？—前五年），平陵人。詳見卷七十一〈平當傳〉。㉓新甫　侯國名。在河南新野境內。

【語譯】王嘉字公仲，是平陵縣人。參加明經射策考試，中了甲科而做郎官，因守衛殿門失職而獲罪免官。光祿勳于永聘用他為屬吏，舉廉合格擔任南陵縣縣丞，再次憑舉廉合格擔任長陵縣縣尉。鴻嘉年間，朝廷舉薦敦樸能直言的人，皇上在宣室召見王嘉，對答政事得失，越級提拔他擔任太中大夫。出京任九江郡太守、河南郡太守，治政很有名聲。徵召入京任大鴻臚，調任京兆尹，升任御史大夫。建平三年接替平當做丞相，封為新甫侯，加授食邑一千一百戶。

1 嘉為人剛直嚴毅❶有威重❷，上甚敬之。哀帝初立，欲匡❸成帝之政，多所變動，嘉上疏曰：

2 「臣聞聖王❹之功在於得人❺。孔子曰：『材難，不其然與❻！』『故繼世立諸侯，象賢也[7]。』雖不能盡賢，天子為擇臣，立命卿[8]以輔之。居是國也，累世尊重，然後士民[9]之眾附[10]焉，是以教化[11]行而治功[12]立。今之郡守重於古諸侯，往者致選[13]賢材，賢材難得，拔擢[14]可用者，或[15]起[16]於囚徒。昔魏尚坐事繫[17]，文帝感馮唐[18]之言，遣使持節[19]赦其辠，拜為雲中[20]太守，匈奴忌之。武帝[21]擢韓安國[22]於徒[23]中，拜為梁[24]內史，骨肉以安[25]。張敞[26]為京兆尹，有罪當免[27]，黠吏[28]知而犯敞，敞收[29]殺之，其家自冤[30]，使者覆獄[31]，劾敞賊殺人[32]，上逮捕不下[33]，會免[34]，亡命[35]數十日，宣帝徵敞拜為冀州[36]刺史，卒獲其用。前世非私[37]此三人，貪[38]其材器[39]有益於公家[40]也。

3 「孝文時，吏居官者或長子孫[41]，以官為氏[42]，倉氏、庫氏則倉庫吏之後也。其二千石長吏亦安官樂職，然後上下相望[43]，莫有苟且[44]之意。其後稍稍變易，公卿以下傳[45]相促急[46]，又數改更政事，司隸[47]、部刺史[48]察過悉劾[49]，發揚[50]陰私[51]，吏或居官[52]數月而退，送故迎新，交錯[53]道路。中材[54]苟容[55]求全，下材懷危內顧[56]，壹切[57]營私[58]者多。二千石益[59]輕賤[60]，吏民慢易[61]之。或持其微過，增加成辠，言於刺史、司隸，或至上書章下[62]；眾庶知其易危[63]，小[64]失意[65]則有離畔[66]之心。前山陽[67]亡徒[68]蘇令等從橫[69]，吏士[70]臨難[71]，莫肯伏節[72]死義[73]，以守相威權素奪(74)也。孝成皇帝悔之，下詔書，二千石不為縱(75)，遣使者賜金，尉(76)厚其意，誠(77)以為國家有急，取辦(78)於二千石，二千石尊重難危(79)，乃能使下。

「孝宣皇帝愛其良民吏(80)，有章劾，事留中(81)，會赦壹解(82)。故事，尚書(83)希(84)

4 下章，為(85)煩擾百姓，證驗(86)繫治(87)，或死獄中，章文必有『敢告之』字乃下(88)。唯(89)陛下留神(90)於擇賢，記善忘過，容忍(91)臣子，勿責以備(92)。二千石、部刺史、三輔(93)縣令有材任職(94)者，人情(95)不能不有過差，宜可闊略(96)，令盡力者有所勸(97)。此方今急務，國家之利也。前蘇令發(98)，欲遣大夫使逐問狀(99)，時見大夫無可使者(100)，召盩厔(101)令尹逢拜為諫大夫遣之。今諸大夫有材能者甚少，宜豫(102)畜養(103)可成就(104)者，則士(105)赴難不愛(106)其死；臨事倉卒(107)乃求，非所以明(108)朝廷也。」

【章旨】以上為〈王嘉傳〉的第二部分，記王嘉所上〈請養材疏〉。王嘉認為，聖明君王的功績在於得到人才，而賢才難得，朝廷應當事先扶植培養，留心選賢，不必求全責備。

【注釋】❶嚴毅　嚴厲剛毅。❷威重　威嚴持重的神態、氣度。❸匡　正；糾正失誤。❹聖王　英明的帝王。❺得人　謂得到德才兼備的人。亦謂用人得當。❻材難二句　見《論語・泰伯》。意為：人才難得，難道不是這樣嗎。與，通「歟」。❼故繼世立二句　引文見《禮記・郊特牲》。意為：所以繼承前代立為諸侯的，能效法先人的賢德就行了。繼世，繼承先世；子襲父位。象賢，謂能效法先人的賢德。❽命卿　由天子所任命的諸侯之卿。❾士民　士大夫和普通百姓的並稱。亦泛指人民、百姓。❿附　親附；歸附。⓫教化　政教風化。⓬治功　泛指治理國家的政績。⓭致選　盡力挑選。⓮拔擢　選拔提升。⓯或有的。⑯起　出身。⑰魏尚坐事繫　魏尚是槐里（今陝西興平）人。文帝時為雲中守，善治軍，是以士卒皆願效命，匈奴不敢近雲中塞。後坐上功首虜差六級，被削爵罰作。因郎中署長馮唐向文帝進諫，乃得恢復原職。詳見卷五十〈馮唐傳〉。⑱馮唐　安陵（今陝西咸陽）人。文帝時為郎中署長，面折文帝執法太嚴，賞罰不當，並為削爵罰作的原雲中守魏尚辨冤。文帝納其諫，復魏尚之職。唐以此得為車騎都尉，主中尉及郡國車士。詳見卷五十〈馮唐傳〉。⑲節　符節。帝王使者所持的憑證，用竹、木等製成。⑳雲中　郡名。戰國趙武靈王置。治雲中，今內蒙古托克托東北。㉑武帝　當作「景帝」。擢韓安國於徒中，是景帝時事。㉒韓安國　（西元前？—前一二七年），梁國成安（今河南民權）人。詳見卷五十二〈韓安國傳〉。㉓徒　服勞役的犯人。㉔梁　封國名。漢高帝五年（西元前二〇二年）改碭郡為梁國。治睢陽，今河南商丘南。㉕骨肉以安　梁孝王劉武是景帝胞弟，出入遊戲擬於天子，以下犯上。韓安國從中斡旋，梁孝王得以免罪。㉖張敞　（西元前？—前四七年），字子高，河東平陽（今山西臨汾）人。詳見卷七十六〈張敞傳〉。㉗有罪當免　張敞與光祿勳楊惲交厚，楊惲犯大逆罪，張敞受牽連將要免職。㉘黠吏　狡猾的官吏。指京兆賊捕掾絮舜。㉙收　拘禁。㉚自冤　自言其冤。㉛覆獄　複審訟案。㉜劾敞賊殺人　〈張敞傳〉云：「使者奏敞賊殺不辜。」賊殺，殺害。㉝上逮捕不下　言使者上奏請逮捕張敞，而天子不下達逮捕令。㉞會免　會合他事（楊惲案）免職。㉟亡命　謂削除戶籍而逃亡在外。泛指逃亡，流亡。㊱冀州　州名。漢武帝時十三刺史部之一。轄境相當今河北中南部、山東西端及河南北端。㊲私　偏愛。㊳貪　貪愛。㊴材器　才能與器識。㊵公家　指朝廷、國家或官府。㊶長子孫　指生育子孫。長，生育；出生。㊷氏　上古貴族表明宗族的稱號，為姓的分支。漢魏以後，姓與氏合，通稱姓，或兼稱姓氏。㊸相望　互相競爭；爭先。望，比量；比擬。㊹苟且　只顧眼前，得過且過。㊺傳　通「轉」。㊻促急　匆促；匆忙。㊼司隸　官名。漢武帝置司隸校尉，領兵一千二百人，捕巫蠱，督察大奸猾。後罷其兵，改察三輔、三河、弘農七郡。哀帝時稱司隸。㊽部刺史　即刺史。㊾察過悉劾　言事無大小盡皆舉劾，超過規定範圍。㊿發揚　揭發；揭露。(51)陰私　隱祕不可告人的事。(52)居官　擔任官職。(53)交錯　形容往來不斷。(54)中材　中等才能。亦指中等才能的人。(55)苟容　屈從附和以取容於世。(56)懷危內顧　常恐獲罪，每每為個人打算。(57)壹切　暫時；權宜。(58)營私　圖謀私利。(59)益　更加。(60)輕賤　卑下低賤。(61)慢易　怠忽；輕慢；輕視。易，輕。(62)上書章下　依其所上之章，而下令治之。(63)易危　容易傾危。(64)小　稍；略。(65)失意　不遂心；不得志。(66)離畔　離心；背叛。畔，通「叛」。(67)山陽　郡名。治昌邑，今山東金鄉西北。(68)亡徒　脫離戶籍而逃亡在外的人。(69)蘇令等從橫　卷十〈成帝紀〉載：「山陽鐵官徒蘇令等二百二十人攻殺長吏，盜庫兵，自稱將軍，經歷郡國十九，殺東郡太守、汝南都尉。」從橫，恣意橫行。從，通「縱」。(70)吏士　泛指官府屬吏。(71)臨

難　身當危難。常指面臨死亡。(72)伏節　猶言殉節。指為維護某種事物或追求理想而死。(73)死義　為義而死。謂恪守大義。(74)威權素奪　謂平素不假之威權。即平時就喪失了威權。(75)不為縱　不以故縱為罪。(76)尉　通「慰」。安撫；慰問。(77)誠　實在；確實。(78)取辦　辦理。(79)尊重難危　謂其尊貴的地位難以傾危、動搖。尊重，尊貴；顯要。難危，與上文「易危」相對而言。(80)良民吏　善於治理百姓的官吏。良，善。(81)留中　指將臣子上的奏章留置宮禁之中，不交辦。(82)壹解　謂一切皆解除。(83)尚書　官名。始置於戰國時，或稱掌書，尚即執掌之義。漢武帝提高皇權，因尚書在皇帝左右辦事，掌管文書奏章，地位逐漸重要。漢成帝時設尚書五人，開始分曹辦事。(84)希　通「稀」。少。(85)為　因為。(86)證驗　驗證。(87)繫治　拘禁審理。(88)章文必有句　奏章中一定要有「敢告之」三字才批交官吏辦理。敢告之，當時公文用語，表示願意承擔誣告反坐之罪。(89)唯　表示希望、祈請。(90)留神　注意；當心。(91)容忍　寬容；忍耐。(92)勿責以備　不要求全責備。備，全。(93)三輔　漢景帝二年（西元前一五五年）分內史為左、右內史，與主爵中尉（不久改主爵都尉）同治長安城中，所轄皆京畿之地，故合稱「三輔」。武帝太初元年（西元前一〇四年）改左、右內史、主爵都尉為京兆尹、左馮翊、右扶風。轄境相當今陝西中部地區。後世政區分劃雖時有更改，但直至唐，習慣上仍稱這一地區為「三輔」。(94)任職　稱職。(95)人情　人之常情。(96)闊略　指寬恕小罪。(97)勸　慰勉；獎勵。(98)發　舉事；發難。(99)使逐問狀　使之逐盜而問其狀。問狀，查明事件的情狀。(100)時見大夫無可使者　謂當時現有的大夫均不能勝任使命。(101)盩厔　縣名。在今陝西周至東。(102)豫　通「預」。事先；事先有準備。(103)畜養　扶植培養。(104)成就　成材；成器。(105)士　泛稱諸侯臣僚、各級官吏。(106)愛　吝惜。(107)倉卒　突然。卒，通「猝」。(108)明　使英明。用作動詞，使動用法。

【語　譯】王嘉為人剛直嚴厲堅毅有威望，皇上很敬重他。哀帝剛即位，想要匡正成帝朝的政事，多有變動，王嘉上疏說：

2　「我聽說聖明君王的功績在於得到人才。孔子說：『賢才難得，不是這樣嗎！』『所以繼承前代立為諸侯的，能像他們的先人一樣賢能就行了。』即使不能夠全都賢能，天子可以為他們挑選大臣，任命為卿去輔佐他們。在這樣的封國，歷代國君都尊敬士人重視賢才，然後人民才會歸附他，因此教化施行而治理國家的功績建立。現在郡守的地位比古代的諸侯還重要，從前盡力選拔賢才，賢才很難得到，選拔提升可以任用的人，有的甚至出身於囚徒。從前魏尚因事獲罪被拘禁，文帝感悟於馮唐的勸諫，派使者拿著符節赦免魏尚的罪過，任命為雲中郡太守，連匈奴都畏懼他。武帝從罰作勞役的囚徒中提拔了韓安國，任命為梁國的內史，親兄弟之間因此和睦安樂。張敞做京兆尹，有罪應當免官，有狡猾的官吏知道後就故意冒犯張敞，張敞逮捕並殺了他，他的家屬為他申冤，使者複審訟案，彈劾張敞殺害人命，上奏請逮捕張敞，而皇上不批逮捕令，而是會同前案處理將他免職，他逃亡在外數十天，宣帝徵召張敞任命為冀州刺史，終於發揮了他的作用。前代帝王不是偏愛這三個人，而是貪愛他們的才能見識對國家有益處呀。

3 「孝文帝時，有些任官時間長的官吏生育了子孫，就用官名作為姓氏，倉氏、庫氏就是倉庫官吏的後代。那些二千石級的高級官吏也安於官位樂於職守，然後上下互相勉勵，沒有誰懷有得過且過、應付差事的想法。後來漸漸有了變化，公卿以下的官吏相互更遞變動頻繁，又多次改變所負責的政事，司隸、部刺史查到官吏有過失就彈劾，揭發隱私，官吏有的在位幾個月就辭官了，送走舊吏迎來新官，上任與離職的官吏往來於道路。中等才能的人苟且取容謀求保全，下等才能的人心懷恐懼顧全自身，只顧眼前利益謀求私利的人增多了。二千石級官員日益卑下低賤，官吏百姓都輕視怠慢他們。有人掌握了他們微小的過失，添油加醋弄成罪名，報告刺史、司隸，有時朝廷就根據上書中揭發的罪行下令懲治他們；官吏們知道他們容易被鬥垮，稍不如意就產生叛逆的心思。前時山陽郡逃亡的役人蘇令等人恣意橫行，官府屬吏面臨危難，沒有誰願意殉節恪守大義，這都是因為郡守、諸侯相的威權平時就被剝奪了。孝成帝懊悔這種狀況，頒下詔書，二千石官吏不以故意放縱為罪名，派使者賞賜黃金，寬慰他們的心，實在是認為國家有危急，還得依靠二千石官吏辦理，二千石官吏的尊貴地位難以動搖，才能指揮下屬和百姓。

4 「孝宣帝愛護那些善於治理百姓的官吏，有奏章彈劾他們，就把奏章留在宮中，遇有大赦一概解除。舊例，尚書很少批下奏章，因為煩勞驚擾百姓，為了驗證奏章內容而拘禁審理，有的人甚至因此死在監獄中，所以奏章中一定要有『敢告之』三字才批交官吏辦理。希望陛下留心選擇賢才，記住長處忘掉過失，寬容臣子，不要求全責備。二千石官、部刺史、三輔縣令中有才能勝任官職的，人之常情不可能沒有過失差錯，應該能夠寬恕小錯，讓努力奉職的人受到勉勵。這是現在的緊要事情，關係國家的利益呀。先前蘇令發難，想派遣大夫逐捕盜賊查明事件情況，當時現有的大夫沒有能夠勝任使命的，就召見盩厔縣令尹逢，任命為諫大夫派他前往。現在大夫們有才能的很少，應該預先扶植培養可以成材的，那麼各級官吏就會赴救國難而不吝惜死亡；面臨患亂才匆匆忙忙去尋求這樣的人才，這不是使朝廷英明的辦法啊。」

嘉因薦儒者❶公孫光❷、滿昌❸及能吏蕭咸❹、薛脩❺等，皆故二千石有名稱❻。天子納而用之。

會息夫躬❼、孫寵❽等因❾中常侍❿宋弘上書告東平⓫王雲⓬祝詛⓭，又與后舅伍宏謀弒⓮上為逆，雲等伏誅⓯，躬、寵擢為吏二千石。是時，侍中董賢愛幸⓰於上，上欲侯⓱之而未有所緣⓲，傅嘉勸上因⓳東平事以封賢。上於是定⓴躬、寵告東平本章㉑，掇去宋弘㉒，更言因董賢以聞，欲以其功侯之，皆先賜爵關內侯㉓。頃之，欲封賢等，上心憚㉔嘉，乃先使皇后父孔鄉㉕侯傅晏㉖持詔書視㉗丞相御史。於是嘉與御史大夫賈延上封事㉘言：「竊㉙見董賢等三人始賜爵，眾庶匈匈㉚，咸曰賢貴㉛，其餘并蒙恩㉜，至今流言㉝未解。陛下㉞仁恩於賢等不已㉟，宜暴㊱賢等本奏語言，延問㊲公卿大夫博士議郎㊳，考合㊴古今，明正㊵其義，然後乃加爵土㊶；不然，恐大失眾心，海內引領㊷而議。暴下其事，必有言當封者㊸，在陛下所從；天下雖不說，咎㊹有所分，不獨在陛下。前定陵㊺侯淳于長㊻初封，其事亦議。大司農谷永[47]以長當封，眾人歸咎於永，先帝[48]不獨蒙[49]其譏。臣嘉、臣延材駑[50]不稱[51]，死有餘責[52]。知順指[53]不迕[54]，可得容身[55]須臾[56]，所以不敢者，思報厚恩也。」上感其言，止。數月，遂下詔封賢等，因以切責[57]公卿曰：「朕居位以來，寢疾[58]未瘳[59]，反逆之謀，相連不絕，賊亂[60]之臣，近侍[61]帷幄[62]。前東平王雲與后[63]謁[64]祝詛朕，使侍醫[65]伍宏等內侍[66]案脈[67]，幾危社稷，殆[68]莫甚焉！昔楚有子玉得臣，晉文為之側席而坐[69]；近事，汲黯[70]折[71]淮南[72]之謀。今雲等至[73]有圖弒天子逆亂之謀者，是公卿股肱[74]莫能悉心[75]務聰明[76]以銷厭[77]未萌[78]之故。賴宗廟[79]之靈[80]，侍中駙馬都尉[81]賢等發覺以聞，咸伏厥[82]辜。書不云乎？『用德章厥善[83]。』其封賢為高安[84]侯、南陽太守寵為方陽[85]侯、左曹[86]光祿大夫[87]躬為宜陵[88]侯。」

【章　旨】以上為〈王嘉傳〉的第三部分，寫王嘉與御史大夫賈延聯名上封事，反對封寵臣董賢等人為列侯，哀帝感其言，幾個月後才封董賢等人。

【注　釋】❶儒者　尊崇儒學、通習儒家經書的人。❷公孫光　複姓公孫，名光，菑川（今山東壽光）人。精通醫術。❸滿昌　潁川（今河南禹州）人。治《詩》。官至詹事。❹蕭咸　杜陵（今陝西長安）人。蕭望之之子。官至大司農。詳見卷七十八〈蕭望之傳〉附其傳。❺薛脩　薛宣之弟。歷任郡守、京兆尹、少府等職。❻名稱　名聲。❼息夫躬　複姓息夫，名躬，河內河陽（今河南孟縣）人。詳見卷四十五〈息夫躬傳〉。❽孫寵　長安人。為人奸佞，曾任南陽太守。❾因　通過。❿中

常侍　官名。秦置。西漢為加官，無員，或多至數十人。凡列侯、將軍、卿大夫、將、都尉、尚書以至郎中，加此得入禁中，親近皇帝。始稱常侍，元帝以後稱中常侍。⑪東平　封國名。在今山東西部，都無鹽，今山東東平東南。⑫雲　東平王劉宇之子劉雲，宣帝孫。事詳卷八十〈宣元六王傳〉之〈東平王雲傳〉。⑬祝詛　祝告鬼神，使加禍於別人。⑭弒　古代卑幼殺死尊長叫弒。多指臣子殺死君主，子女殺死父母。⑮伏誅　被處死。⑯愛幸　寵愛。⑰侯　封侯。用作動詞，使動用法。⑱緣機遇。⑲因　藉；趁著。⑳定　訂正；修改。㉑本章　奏章。㉒掇去宋弘　謂削去宋弘之名。掇，通「剟」。削；刪除。㉓關內侯　秦漢爵名。二十等爵位的第十九級，位次列侯。無封土，而有封戶，享受徵收租稅之權。㉔憚　敬畏。㉕孔鄉　侯國名，夏丘縣劃置。夏丘，在今安徽泗縣。㉖傅晏　西漢河內溫縣（今屬河南）人。哀帝祖母定陶傅太后堂弟。官至大司馬。㉗視　通「示」。以事或物示人。㉘封事　密封的奏章。古時臣下上書奏事，防有洩漏，用皁囊封緘，故稱。㉙竊　私下。謙詞。㉚匈匈　同「訩訩」。喧譁；吵嚷。㉛賢貴　言董賢以貴寵之故而妄得封。㉜其餘并蒙恩　指息夫躬、孫寵沾董賢的光也一同蒙受皇恩。㉝流言　眾人流傳的話。㉞陛下　帝王宮殿的臺階之下。此為對君主的尊稱。㉟已　止。㊱暴　披布；披露。㊲延問　請教詢問。㊳議郎　官名。漢代設置；為光祿勳所屬郎官之一，掌顧問應對，無常事。秩比六百石。多徵賢良方正之士任之。㊴考合　研究對照。㊵明正　辨明。㊶爵土　官爵和封地。㊷引領　伸頸遠望。㊸必有言當封者　《漢書補注》引宋祁曰：「『言』字上當有『對』字。」㊹咎　過失；錯誤。㊺定陵　縣名。西漢置。治今河南郾城西北。㊻淳于長　（西元前？—前八年），魏郡元城（今河北大名）人。元帝皇后的外甥。詳見卷九十三〈淳于長傳〉。㊼谷永　（西元前？—約前八年），本名並，字子雲，長安（今陝西西安）人。詳見卷八十五〈谷永傳〉。㊽先帝　前代已故的帝王。此指成帝。㊾蒙　遭；受。㊿材駑　才能低下。駑，劣馬。喻低劣無能。(51)不稱　謂不稱職。(52)死有餘責　謂罪責深重，雖死仍不能抵償罪責。(53)順指　順從皇帝旨意。指，通「旨」。(54)迕　逆；違背。(55)容身　保全自身。喻指苟且偷安。(56)須臾　片刻，短時間。(57)切責　嚴詞斥責。(58)寢疾　臥病。(59)瘳　病癒。(60)賊亂　指亂臣賊子。(61)近侍　親近帝王的侍從之人。(62)帷幄　指帝王。天子居處必設帷幄，故稱。(63)后　君王的正妻，皇后。此指東平王劉雲的正妻。(64)謁　人名。東平王后的名。(65)侍毉　為帝王及皇室成員治病的宮廷醫師。毉，同「醫」。(66)內侍　宮廷侍從。(67)案脈　切脈；診脈。(68)殆　危亡；危險。(69)昔楚有子玉得臣二句　《左傳・僖公二十八年》記載：子玉率楚師與晉文公戰於城濮，楚軍大敗。晉軍休整三天，吃楚軍留下的糧食，而文公仍有憂色，曰：「得臣猶在，憂未歇也。」及楚殺子玉，文公才高興起來。子玉，姓成，名得臣。楚成王令尹。側席而坐，不正坐。因憂懼而坐不安穩。(70)汲黯　（西元前？—前一一二年），字長孺，濮陽（今河南濮陽）人。詳見卷五十

〈汲黯傳〉。(71)折　挫敗；阻止。(72)淮南　指淮南王劉安（約西元前一七九—前一二二年），淮南厲王劉長之子，漢高帝孫。因謀反敗露自殺。詳見卷四十四〈淮南王傳〉。(73)至　竟；竟至。(74)股肱　大腿和胳膊。比喻左右輔佐之臣。(75)悉心　盡心。(76)務聰明　致力於視聽。聰明，視聽。(77)銷厭　抑制並消滅。(78)未萌　指事情發生以前。(79)宗廟　帝王、諸侯祭祀祖宗的廟宇。此借指祖宗。(80)靈　神靈。(81)駙馬都尉　官名。執掌皇帝從車。漢武帝初置，秩比二千石。多以皇帝親近之人充任。〈百官公卿表〉顏師古注：「駙，副馬也，非正駕車，皆為副馬。」(82)厥　其；他們的。(83)用德章厥善　語見《尚書・商書・盤庚》。意謂用爵祿賞賜表彰其善行。德，獎賞。行賞是德，故以「德」言賞。章，表彰。(84)高安　今地不詳。(85)方陽　侯國名。龍亢縣劃置。在今安徽蒙城東南。(86)左曹　加官。《漢舊儀》曰：「左曹，日上朝謁，秩二千石。」(87)光祿大夫　官名。秩比二千石，執掌論議，備顧問，在大夫中地位最尊。光祿勳屬官。(88)宜陵　侯國名。杜衍縣劃置，杜衍，在今河南南陽西南。

【語　譯】王嘉於是推薦儒家學者公孫光、滿昌以及能幹的官吏蕭咸、薛脩等人，都是原來二千石官吏中有名聲的。天子都接納任用了他們。

適逢息夫躬、孫寵等人通過中常侍宋弘上書告發東平王劉雲詛咒皇上，又與王后的舅父伍宏謀劃殺死皇上發動叛亂，劉雲等人被處死，息夫躬、孫寵被提升為二千石級官員。此時，侍中董賢受皇上寵幸，皇上想封他為侯但沒有什麼藉口，傅嘉勸皇上藉東平王事件來封賞董賢。皇上於是修改息夫躬、孫寵告發東平王時上呈的奏章，刪掉了宋弘的名字，改稱經由董賢而知道了這件事，想憑這件功勞封他為侯，三個人都先賜爵為關內侯。過了不久，要封賞董賢等人，皇上心裡忌憚王嘉，就先派皇后的父親孔鄉侯傅晏拿著詔書給丞相、御史大夫看。這時王嘉和御史大夫賈延上呈密封的奏書說：「私下裡看見董賢等三人剛剛賜爵，眾人紛紛議論，都說董賢是因為貴寵而輕易得到封賞，其餘二人沾他的光也一同蒙受皇恩，到現在流言沒有消除。陛下的仁愛恩惠施加給董賢等人接連不斷，應該公布董賢等人本來奏章的文字，召見公卿、大夫、博士、議郎，向他們詢問，讓他們考察對照古今事例，辨明它的道義，然後再賜給官爵封地；不然，恐怕會大失人心，天下人伸長脖子議論。能公開評議這件事，一定有說應當封賞的，在陛下來說不過是採納意見；天下人即使不高興，過失也有人分擔，不會只落在陛下一個人身上。以前定陵侯淳于長剛封侯時，這件事也有爭議。大司農谷永認為淳于長應當封侯，眾人歸罪於谷永，先帝沒有獨自蒙受那些譏議。臣王嘉、臣賈延才能低下不稱職，即使死了也難抵罪責。明知順從聖旨不違逆，能夠獲得短期保全，之所以不敢順從，是想報答皇上的厚恩呀。」皇上被他們的話感動了，這件事擱置起來。過了幾個月，終於下詔令封賞董賢等人，順便嚴厲地責備公卿大臣說：「我登上皇位以來，臥病未癒，反叛的陰謀接連不斷，亂臣賊子，親近侍奉在宮中。前東平王劉雲和王后謁詛咒我，派侍醫伍宏等內侍來診脈，幾乎危害了國家，危險沒有比這更大的了！從前楚國有子玉得臣，晉文公為他坐不安席；近代的事情，汲黯挫敗了淮南王的陰謀。現在劉雲等竟至有圖謀殺害天子叛亂的陰謀，是由於公卿大臣沒有能夠盡心擴大視聽把叛亂抑制消滅在沒有發生之前的緣故。依賴祖宗的神靈，侍中駙馬都尉董賢等人發覺並報告了我，亂臣都受到了他們應得的懲罰。《尚書》中不是說嗎？『用爵祿賞賜表彰他們的善行。』所以封董賢為高安侯、南陽太守孫寵為方陽侯、左曹光祿大夫息夫躬為宜陵侯。」

1 後數月，日食❶，舉直言，嘉復奏封事曰：

2 「臣聞咎繇❷戒❸帝舜曰：『亡敖佚欲有國，兢兢業業，一日二日萬幾❹。』箕子❺戒武王曰：『臣無有作威作福，亡有玉食；臣之有作威作福玉食，害于而家，凶于而國，人用側頗辟，民用僭慝❻。』言如此則逆❼尊卑之序❽，亂陰陽❾之統❿，而害及王者，其國極危。國家傾仄⓫不正，民用僭差⓬不壹，此君不由⓭法度⓮，上下失序之敗也。武王躬履⓯此道，隆至成康⓰。自是以後，縱心恣欲⓱，法度陵遲⓲，至於臣弒君，子弒父。父子至親⓳，失禮患生，何況異姓之臣？孔子曰：『道千乘之國，敬事而信，節用而愛人，使民以時⑳。』孝文皇帝備㉑行此道，海內蒙恩，為漢太宗㉒。孝宣皇帝賞罰信明㉓，施與有節，記人之功，忽㉔於小過，以致治平㉕。孝元皇帝奉承㉖大業㉗，溫恭㉘少欲，都內錢㉙四十萬萬，水衡錢㉚二十五萬萬，少府㉛錢十八萬萬。嘗幸上林㉜，後宮㉝馮貴人㉞從臨獸圈，猛獸驚出，貴人前當㉟之，元帝嘉美㊱其義，賜錢五萬㊲。掖庭見親，有加賞賜，屬其人勿眾謝㊳。示平惡偏㊴，重失㊵人心，賞賜節約。是時外戚㊶貲㊷千萬者少耳，故少府水衡見錢㊸多也。雖遭初元、永光㊹凶年㊺饑饉㊻，加有西羌之變㊼，外奉㊽師旅㊾，內振㊿貧民，終無傾危之憂，以府臧(51)內充實也。孝成皇帝時，諫臣多言燕出(52)之害，及女寵專愛(53)，耽(54)於酒色(55)，損德(56)傷年(57)，其言甚切(58)，然終不怨怒(59)也。寵臣淳于長、張放(60)、史育，育數貶退(61)，家貲不滿千萬，放斥逐(62)就國，長榜(63)死於獄。不以私愛(64)害公義(65)，故雖多內譏(66)，朝廷安平，傳業陛下。

3 「陛下在國之時(67)，好詩書，上(68)儉節，徵來所過道上稱誦德美，此天下所以回心(69)也。初即位，易帷帳，去錦繡，乘輿(70)席(71)緣(72)綈繒(73)而已。共皇(74)寢廟(75)比比(76)當作，憂閔(77)元元(78)，惟(79)用度不足，以義割恩(80)，輒(81)且(82)止息，今始作治。而駙馬都尉董賢亦起官寺(83)上林中，又為賢治大第(84)，開門鄉(85)北闕(86)，引王渠(87)

灌園池[88]，使者護作[89]，賞賜吏卒[90]，甚於治宗廟。賢母病，長安廚[91]給祠具[92]，道中過者皆飲食[93]。為賢治器[94]，器成，奏御[95]迺行，或物好，特賜[96]其工，自[97]貢獻[98]宗廟三宮[99]，猶不至此。賢家有賓婚[100]及見親[101]，諸官並共[102]，賜及倉頭[103]奴婢，人十萬錢。使者護視[104]，發取[105]市物[106]，百賈[107]震動，道路讙譁[108]，群臣惶惑[109]。詔書罷苑[110]，而以賜賢二千餘頃，均田之制[111]從此隳壞。奢僭[112]放縱，變亂陰陽，災異[113]眾多，百姓訛言[114]，持籌相驚[115]，被[116]髮徒跣[117]而走[118]，乘馬者馳，天惑[119]其意，不能自止。或以為籌者策失之戒也。陛下素仁智慎事，今而[120]有此大譏[121]。

4 「孔子曰：『危而不持，顛而不扶，則將安用彼相矣[122]！』臣嘉幸得備位[123]，竊內悲傷不能通[124]愚忠[125]之信；身死有益於國，不敢自惜。唯[126]陛下慎己之所獨鄉[127]，察眾人之所共疑。往者寵臣鄧通[128]、韓嫣[129]驕貴失度，逸豫[130]無厭[131]，小人不勝[132]情欲[133]，卒[134]陷罪辜[135]。亂國亡軀，不終其祿[136]，所謂愛之適足以害之者也。宜深覽前世，以節賢寵，全安[137]其命。」

5 於是上寢不說，而愈愛賢，不能自勝[138]。

【章　旨】以上為〈王嘉傳〉的第四部分，記元壽元年王嘉藉日食舉直言復奏封事，勸哀帝以前代為鑑，節制對董賢的寵愛，以保全其性命。哀帝不聽，反而更加寵愛董賢。

【注釋】❶後數月二句　此即元壽元年（西元前二年）正月辛丑朔日食，詔舉直言。參見卷十一〈哀帝紀〉。❷咎繇　即皋陶，偃姓，生於曲阜（今屬山東）。虞舜時賢臣。❸戒　告誡。❹亡敖佚欲有國三句　見《尚書·虞書·皋陶謨》。文字略有出入。意謂保有國家的人不可傲慢和貪圖享樂，要兢兢業業，因為一國之內每天都要發生很多事情。亡，通「無」。敖，通「傲」。佚，通「逸」。一日二日，猶每天每日。萬幾，萬端，指帝王日常處理的紛繁的政務。❺箕子　又稱箕伯、箕仁。名胥餘。商紂的諸父，一說為庶兄（《史記·宋微子世家》司馬貞《索隱》）。任太師。封於箕（今山西太谷東北），故稱。屢諫紂王，紂王不聽，乃披髮佯狂為奴，為紂王所囚。周武王破商後被釋。相傳《尚書·洪範》乃箕子為周武王而作。❻臣無有作威作福七句　見《尚書·周書·洪範》。文字稍有出入。意謂臣下沒有權利給人以幸福和懲罰，吃美好的飯食。假如臣下擅自給人以幸福和懲罰，吃美好的飯食，就會給你的王室帶來危害，給你的國家帶來禍亂，官吏將因此而背離王道，小民也將因此而犯上作亂。玉食，美食。而，汝；你。用，因。頗辟，同「頗僻」。偏邪不正。僭慝，越禮逾制，懷有貳心。❼逆　違背。❽序　次序。❾陰陽　古代指宇宙間貫通物質和人事的兩大對立面。指天地間化生萬物的二氣。❿統　系統。⓫傾仄　亦作「傾側」。偏斜；傾斜。⓬僭差　僭越失度。⓭由　遵從；遵照。⓮法度　法令制度。⓯躬履　親自實行。⓰隆至成康　謂到了成康之世德化至於隆盛。成康，周成王與周康王的並稱。史稱其時天下安寧，刑措不用，故用以稱至治之世。⓱縱心恣欲　放縱私欲，不加克制。恣欲，縱慾。⓲陵遲　即陵夷。由盛到衰。衰頹，衰落。⓳至親　最親近的親戚。⓴道千乘之國四句　見《論語·學而》。意謂治理擁有一千輛兵車的國家，就要嚴謹認真地辦理國家大事而又恪守信用，誠實無欺，節約財政開支而又愛護官吏臣僚，役使百姓要不誤農時。道，一本作「導」，作動詞用，這裡是治理的意思。千乘之國，指擁有一千輛戰車的國家，即諸侯國。乘，輛。這裡指古代軍隊的基層單位。每乘擁有四匹馬拉的兵車一輛。愛人，古代「人」的含義有廣義與狹義的區別。廣義的「人」，指一切人群；狹義的「人」，僅指士大夫以上各個階層的人。此處的「人」與「民」相對而言，可見其用法為狹義。㉑備　盡；全。㉒漢太宗　漢文帝的廟號。開國第二代或重要皇帝稱太宗，以表示特殊的尊敬。㉓信明　誠信嚴明。㉔忽　忘。㉕治平　謂政治清明，社會安定。㉖奉承　繼承。㉗大業　帝業。㉘溫恭　溫良恭儉。㉙都內錢　漢代大司農所藏之錢。都內，為大司農屬官，設令、丞，管理大司農所掌之錢，供官吏俸祿等開支，以區別於供皇室私用的水衡和少府錢。㉚水衡錢　漢代水衡所藏皇室的私錢。武帝元鼎二年（西元前一一五年）置水衡，原以主鹽鐵，楊可告緡後主上林，與少府同掌宮廷財物。據本書卷二十四〈食貨志〉，元鼎四年悉禁郡國鑄錢，專令上林三官鑄，稱三官錢，也叫水衡錢。㉛少府　官名。漢承秦置。秩中二千石，列位九卿。少府執掌山澤陂池市肆之租稅收入，名曰禁錢，供皇室日常生活和祭祀、賞賜開支，為皇帝私府。兼管皇帝衣食器用、醫藥娛樂喪葬等事宜。東漢時禁錢改屬大司農。㉜上林　上林苑。古宮苑名。秦舊苑，漢初荒廢，至漢武帝時重新擴建。故址在今西安市西及周至、戶縣界。㉝後宮　指后妃。㉞貴人　顯貴的人。此指顯貴的嬪妃。卷九十七〈外戚傳〉記同一事云：「左右貴人傅昭儀等皆驚走，馮倢伃直前當熊而立，左右格殺熊。」可證。東漢光武帝始立為女官名，地位次於皇后。㉟當　遮蔽；阻擋。㊱嘉美　稱許；讚美。㊲賜錢五萬　顏師古注曰：「雖嘉其義，而賞亦不多。」㊳掖庭見親三句　顏師古注曰：「掖庭宮人有親戚來見而帝賜之者，屬其家勿使于眾人中謝也。」掖庭，宮中旁舍，妃嬪居住的地方。屬，通「囑」。㊴示平惡偏　顯示均平，厭惡偏心。㊵重失　深怕喪失。㊶外戚　指帝王的母族、妻族。㊷貲　通「資」。貨物；錢財。㊸見錢　現錢。見，通「現」。㊹初元永光　皆漢元帝年號。初元，西元前四八—前四四年。永光，西元前四三—前三九年。㊺凶年　荒年。㊻饑饉　災荒。莊稼收成很差或顆粒無收。㊼西羌之變　指永光二年西羌反，漢遣右將軍馮奉世、太常任千秋平定往擊，三年西羌平。西羌，即羌族，因在中國西部，故稱。㊽奉　供給。㊾師旅　師、旅為古代軍隊編制。五百人為旅，五旅為師。後因用以指軍隊。㊿振　通「賑」。賑濟；救助。(51)府臧　舊時國家儲存文書、財物之所。亦指貯藏的財物。臧，同「藏」。(52)燕出　帝王微服私行。(53)女寵專愛　指成帝對趙飛燕姊妹、李平等的寵愛。女寵，指帝王寵愛的女子。專愛，獨受憐愛。(54)耽　玩樂；沉湎。(55)酒色　酒和女色。亦泛指放縱不檢的生活。(56)德　德行。(57)年　壽命。(58)切　懇切率直。(59)怨怒　猶責備。(60)張放　（西元前？—前七年），杜陵（今陝西長安）人。張湯玄孫。以公主子得幸，為侍中中郎將。常從成帝微行出遊、鬥雞走馬長安中。外戚王氏嫉其得寵，遭大臣彈劾，左遷北地都尉，後免官就國。(61)貶退　貶降；黜退。(62)斥逐　驅逐。(63)榜　古代刑法之一。杖擊或鞭打。(64)私愛　私人的寵愛。亦指私自寵愛的人。(65)公義　亦作「公議」。公正的義理。(66)內讒　好內之讒。即諷刺成帝專寵女色。(67)在國之時　指哀帝在定陶王國（今山東西南部）時。成帝無子，哀帝入嗣為太子。(68)上　通「尚」。崇尚。(69)回心　謂回其擁戴成帝之心而擁戴哀帝。(70)乘輿　特指天子和諸侯所乘坐的車子。亦泛指皇帝用的器物。(71)席　坐墊。(72)緣　邊。用作動詞，鑲邊。(73)綈繒　粗厚的絲織品。(74)共皇　即定陶恭王劉康。哀帝之父。共，通「恭」。(75)寢廟　古代宗廟的正殿稱廟，後殿稱寢，合稱寢廟。(76)比比　頻頻；屢屢。(77)憂閔　亦作「憂憫」。憂慮哀憐。(78)元元　百姓；庶民。(79)惟　思。(80)割恩　棄絕私恩。(81)輒　便；就。(82)且　暫且。(83)官寺　官署；官府。(84)第　大的住宅。(85)鄉　通「向」。(86)北闕　未央宮北面的門樓。(87)王渠　渠名。在長安城東覆盎門外。(88)園池　有池塘的園林。(89)護作　監督工程。(90)吏卒　官吏和士卒。(91)長安廚　即長安廚令。西漢京兆尹屬官，主帝王出巡時有關離宮別館飲食起居事宜。西漢秩比千石。京兆尹屬官。(92)祠具　祭祀時所用的器具。或稱祠器。(93)道中過者皆飲食 過往行人都給飲食。(94)治器 製造器物。(95)奏御 上奏帝王。(96)特賜 皇帝的特別賞賜。(97)自 雖；即使。(98)貢獻 進奉；進貢。(99)三宮 顏師古曰：「三宮，天子、太后、皇后也。」《漢書補注》引胡注云：「蓋謂長信（長信宮太皇太后）、永信（永信宮傅太后）及趙太后宮也。」(100)賓婚 言賓事及婚事，招待賓客與舉行婚禮。(101)見親 親戚相見。(102)諸官並共 言百官各以所掌事及財物就供之。共，通「供」。(103)倉頭 漢代對奴僕的稱呼。漢時奴僕以深青色布包頭，故稱。倉，通「蒼」。(104)護視 護衛照看。(105)發取 取給。(106)市物 貨物；商品。(107)百賈 各種行業的商人。(108)讙譁 喧鬧；大聲說笑或叫喊。(109)惶惑 疑懼；疑惑。(110)菀 通「苑」。苑囿。(111)均田之制 指使用土地的等級制度。顏師古注引孟康曰：「自公卿以下至于吏民名曰均田，皆有頃數，于品制中令均等。今賜賢二千餘頃，則壞其等制也。」(112)奢僭 謂奢侈逾禮，不合法度。僭，超越本分，冒用在上者的職權、名義行事。(113)災異 自然災害或某些異常的自然現象。(114)訛言 虛假、謠傳的話。(115)持籌相驚 哀帝時，關東百姓傳言行西王母籌，持者驚恐。詳見卷十一〈哀帝紀〉。持籌，手持算籌。(116)被 通「披」。(117)徒跣 赤足。(118)走 跑。(119)夭惑 同「妖惑」。以妖言煽惑。(120)而 竟然；卻。(121)大譏 嚴重的譏評。(122)危而不持三句 見《論語・季氏》。意思是說：有了危險不去扶助，跌倒了不去攙扶，那還用輔助的人幹什麼呢。相，攙扶盲人的人，這裡是輔助的意思。(123)備位 居官的自謙之詞。謂愧居其位，不過聊以充數。(124)通 表達。(125)愚忠 愚戇的忠心。指臣民對皇帝盡忠。(126)唯 希望。表祈使。(127)鄉 通「向」。(128)鄧通 南安（今四川樂山縣）人。文帝寵臣，准其自鑄錢，官至上大夫。景帝時被免職，家產盡沒入官，貧困而死。詳見卷九十三〈佞幸傳・鄧通〉。(129)韓嫣 武帝寵臣，官至上大夫，與帝共臥起。皇太后聞其奸事，賜死。詳見卷九十三〈佞幸傳・韓嫣〉。(130)逸豫 安樂。(131)無厭 不滿足；沒有限止。(132)不勝 不任；承受不了。(133)情欲 欲望；欲念。(134)卒 終；竟。(135)罪辜 罪咎；罪孽。(136)祿 福分；福運。(137)全安 保全而使之平安。(138)自勝 克制自己。

【語譯】 此後過了幾個月，發生日食，皇上命令推舉敢於直言的人，王嘉又上呈密封的奏書說：

2 「臣聽說皋陶告誡帝舜說：『保有國家的人不可傲慢和貪圖享樂，要兢兢業業，因為一國之內每天都要發生很多事情。』箕子告誡武王說：『臣下沒有權利給人以幸福和懲罰，吃美好的飯食；假如臣下擅自給人以幸福和懲罰，吃美好的飯食，就會給你的王室帶來危害，給你的國家帶來禍亂，官吏將因此而背離王道，小民也將因此而犯上作亂。』就是說像這樣就會違背尊卑的次序，擾亂陰陽的系統，從而損害到君王，他的國家就非常危險了。國家的治理偏邪不正，百姓因僭越失度而不安分，這是君王不遵守法令制度、上下喪失秩序造成的衰敗呀。周武王親自實行王道，至成、康時代德化達到隆盛。從此以後，放任心意縱容欲望，法令制度衰落，竟至於臣下弒殺君主，兒子弒殺父親。父親和兒子是最親近的，喪失禮制約束禍患都會產生，何況是異姓的臣下呢？孔子說：『治理擁有一千輛兵車的大國，嚴謹認真地辦理國家大事而又恪守信用，誠實無欺，節約財政開支而又愛護官吏臣僚，役使百姓要不誤農時。』文帝完全施行這些措施，天下人都蒙受了恩惠，被尊稱為漢太宗。宣帝賞罰誠信嚴明，施恩有節度，記錄人的功績，忽略小的過失，因而達到了政治清明社會安定。元帝繼承帝王事業，溫良恭儉少有欲望，都內署藏錢四十萬萬，水衡藏錢二十五萬萬，少府藏錢十八萬萬。元帝曾駕臨上林苑，後宮馮貴人跟隨到獸圈，猛獸受驚跑出圈來，馮貴人上前擋在元帝前面，元帝嘉獎她的義行，賜錢五萬。掖庭宮人有親屬來看她們，元帝給予賞賜，囑咐他們不要當眾謝恩。以此顯示公平憎惡偏心，深怕喪失人心，賞賜節約。那時外戚資財上千萬的很少，所以少府、水衡存錢很多。即使遭遇初元、永光年間的災荒，加上西羌的變亂，對外供給軍隊開支，對內賑濟貧民，始終沒有社稷傾覆的憂患，是因為國家儲藏充實啊。成帝時，諫臣大多議論微服出行的害處，以及受寵嬪妃獨占寵愛，皇上沉湎於酒色，損害德行減損壽命，那些言論都很懇切率直，但成帝始終不怨恨斥責。受寵的大臣有淳于長、張放、史育，史育多次被貶職黜退，家中資財不到千萬，張放被驅逐回封國，淳于長受杖刑死在獄中。不因私人的寵愛損害公正的義理，所以雖然有許多專寵女色的譏諷，但朝廷安定太平，把帝業傳給了陛下。

3 「陛下在封國的時候，喜愛《詩經》和《尚書》，崇尚節儉，徵召來京經過的路上人們都稱頌您的品德美好，這是因為全國人民由擁戴成帝轉為擁戴陛下啊。陛下剛即位，更換帷帳，撤掉華麗的絲織品，座車席墊的邊飾只用粗厚的絲織品。共皇的寢廟多次應當建造，您憂恤哀憐百姓，考慮費用不足，為了大義而割捨私恩，就暫時停止了工程，現在才開始建造。可是駙馬都尉董賢也在上林苑中興建了官署，又為董賢修建宏大的住宅，大門開向北闕，引王渠灌注董府的園林，派使者監督工程，賞賜官吏兵卒，規模比修建宗廟還大。董賢的母親病了，讓長安的廚官供給祭祀的飲食，祭祀途中遇到的行人都給予飲食。為董賢製造器物，做好以後，要上報給您通過才送去，有的器物製作精美，就特別賞賜製作工匠，即使貢獻宗廟、太后三宮的器物，還做不到這樣。董賢家宴請賓客、舉行婚禮以及會見親戚等，各官署都供給財物，賞賜直到賤僕奴婢，每人十萬錢。派使者護衛照看，收取市場上的物品，商人震驚，路人喧譁，群臣疑懼。下詔書廢止苑囿，卻又賜給董賢二千多頃土地，按等級占田的均田制度從此被破壞了。奢侈僭越放縱欲望，擾亂陰陽，災害變異眾多，百姓傳播謠言，手持算籌驚惶不安，披頭散髮光著腳奔跑，騎馬的狂奔亂馳，妖言迷亂了他們的意志，使他們無法控制自己。有人認為手持算籌是對政策失誤的告誡。陛下向來仁愛多智做事謹慎，現在卻受到這樣嚴重的譏評。

4 「孔子說：『有了危險不去扶助，跌倒了不去攙扶，那還用輔助的人幹什麼呢！』臣王嘉有幸充位於臣僚，私下裡內心悲傷不能上達忠心誠意；如果臣死了有益於國家，決不敢吝惜自己的生命。希望陛下慎重地對待自己的偏愛，體察眾人共同的疑慮。從前寵臣鄧通、韓嫣因為驕縱貴寵失去了節制，貪圖逸樂沒有滿足，卑賤的人抑制不住心中的欲望，終於陷入罪惡的深淵。惑亂國家丟掉性命，最終不能享受他們的福祿，這就是人們所說的溺愛他正好是害了他啊。應該深刻借鑑前代，來節制對董賢的寵愛，保全他的性命。」

5 如此一來，皇上漸漸不滿意王嘉了，反而更加寵愛董賢，不能控制自己。

會祖母傅太后❶薨，上因託傅太后遺詔，令成帝母王太后❷下丞相御史❸，益封賢二千戶，及賜孔鄉侯❹、汝昌侯❺、陽新侯❻國。嘉封還詔書❼，因奏封事諫上及太后曰：「臣聞爵祿土地，天之有也。書云：『天命有德，五服五章哉❽！』王者代天爵人❾，尤宜慎之。裂地❿而封，不得其宜，則眾庶不服，感動陰陽⓫，其害疾自深[12]。今聖體久不平[13]，此臣嘉所內懼也。高安侯賢，佞幸[14]之臣，陛下傾[15]爵位以貴[16]之，單[17]貨財以富之，損至尊[18]以寵之，主威已黜[19]，府藏已竭，唯恐不足。財皆民力所為，孝文皇帝欲起露臺[20]，惜[21]百金之費，克己[22]不作。今[23]賢散公賦[24]以施私惠，一家至受千金，往古以來貴臣未嘗有，流聞四方，皆同怨之。里諺曰：『千人所指[25]，無病而死。』臣常為之寒心[26]。今太皇太后[27]以[28]永信太后[29]遺詔，詔丞相御史益賢戶，賜三侯國[30]，臣嘉竊惑。山崩地動，日食於三朝[31]，皆陰侵陽之戒也。前賢已再封[32]，晏、商再易邑[33]，業緣私橫求[34]，恩已過厚，求索自恣[35]，不知厭足[36]，甚傷尊尊之義[37]，不可以示天下，為害痛[38]矣！臣驕侵罔[39]，陰陽失節[40]，氣感相動，害及身體。陛下寢疾[41]久不平，繼嗣未立，宜思正萬事，順天人[42]之心，以求福祐，奈何輕身[43]肆意[44]，不念高祖[45]之勤苦垂[46]立制度欲傳之於無窮哉！孝經[47]曰：『天子有爭臣七人，雖無道，不失其天下[48]。』臣謹封上詔書[49]，不敢露見[50]，非愛死[51]而不自法[52]，恐天下聞之，故不敢自劾。愚戇[53]數犯忌諱，唯陛下省察[54]。」

初，廷尉梁相[55]與丞相長史[56]、御史中丞[57]及五二千石雜治[58]東平王雲獄，時冬月[59]未盡二旬[60]，而相心疑雲冤，獄[61]有飾辭[62]，奏欲傳[63]之長安[64]，更下公卿覆治[65]。尚書令[66]鞫譚、僕射[67]宗伯鳳[68]以為可許。天子以相等皆見上體不平，外內[69]顧望[70]，操持兩心[71]，幸雲踰冬[72]，無討賊疾惡[73]主讎之意，制詔[74]免相等皆為庶人[75]。後數月大赦[76]，嘉奏封事薦相等明習[77]治獄[78]，「相計謀深沉[79]，譚頗知雅文[80]，鳳經明行脩[81]，聖王有計功除過[82]，臣竊為朝廷惜此三人。」書奏，上不能平[83]。後二十餘日，嘉封還益董賢戶事，上乃發怒，召嘉詣[84]尚書，責問以「相等前坐在位不盡忠誠，外附[85]諸侯[86]，操持兩心，背人臣之義，今所稱相等材美[87]，足以相計除罪。君以道德，位在三公，以總方略[88]一統萬類[89]分明善惡為職，知相等罪惡陳列，著聞[90]天下，時輒以自劾，今又稱譽[91]相等，云為朝廷惜之。大臣舉錯[92]，恣心自在[93]，迷國罔上[94]，近由君始，將謂遠者何[95]！對狀[96]」。嘉免冠[97]謝罪[98]。

事下將軍[99]中朝[100]者。光祿大夫孔光、左將軍公孫祿、右將軍王安[101]、光祿勳馬宮[102]、光祿大夫龔勝[103]劾嘉迷國罔上不道，請與廷尉雜治。勝獨以為[104]嘉備宰相[105]，諸事並廢，咎由嘉生；嘉坐薦相等，微薄[106]，以應[107]迷國罔上不道[108]，恐不可以示天下。遂可光等奏。

【章 旨】以上為〈王嘉傳〉的第五部分，寫王嘉上封事諫阻增加對哀帝寵臣董賢等人的封賞，藉大赦之機舉薦被貶為平民的梁相、鞫譚、宗伯鳳，因此觸怒了哀帝，詔令公卿大臣議處王嘉。

【注 釋】❶傅太后 （西元前？—前二年），河內溫縣（今河南溫縣）人。元帝妃，生定陶恭王劉康，更號昭儀。成帝立，稱定陶太后。哀帝時，被尊為皇太太后。詳見卷九十七〈外戚傳・孝元傅昭儀〉。❷王太后 （西元前七三—一三年），王政君，魏郡元城（今河北大名）人。元帝皇后，生成帝。詳見卷九十八〈元后傳〉。❸御史 御史大夫的簡稱。❹孔鄉侯 指傅晏。傅太后堂弟，哀帝即位，因其女為皇后，被封為侯。孔鄉，鄉名，屬夏丘縣，夏丘在今安徽泗縣。❺汝昌侯 傅商。傅太后堂弟。汝昌，侯國名，在須昌縣，今山東東平西北。❻陽新侯 鄭業。傅太后同母異父兄弟的兒子。陽新，侯國名，王莽改作「陽信」，新野縣劃置，在今河南新野東南。三人先封侯，未有國邑，今賜之。❼封還詔書 將詔書緘封，退還給皇帝。❽天命有德二句 見《尚書・虞書・皋陶謨》。意思是說：天子任命有德的人，制定了天子、諸侯、卿、大夫、士五等服式制度，以分別表彰他們的不同德行。五服，古代天子、諸侯、卿、大夫、士五等服式。五章，指服裝上的五種不同紋采。用以區別尊卑。❾爵人 授給人爵位。爵，授爵。用作動詞。❿裂地 劃分土地。⓫感動陰陽 陰陽之氣受感應而不和。感動，觸動。⓬其害疾自深 陰陽不和造成的損害使天子自身的疾患加深。⓭不平 不適；欠安。⓮佞幸 因善於諂諛得君主寵幸。⓯傾 盡；竭盡。⓰貴 使尊貴。形容詞用作動詞。使動用法。下句「富」字的用法與此相同。⓱單 通「殫」。竭盡。⓲至尊 至高無上的地位。多指君、后之位。⓳黜 貶降。⓴露臺 在平地上用土、石築起的高臺。一作靈臺。㉑惜 吝惜；捨不得。㉒克己 克制私欲，嚴以律己。㉓今 《漢書窺管》楊樹達按：「『今』字下疑當有『為』字。」㉔散公賦 散發官府的賦稅。㉕千人所指 被眾人指責。㉖寒心 傷心或失望痛心。㉗太皇太后 皇帝的祖母。此指元帝皇后王政君。㉘以 憑；根據。㉙永信太后 傅太后。因居於永信宮，故稱。㉚三侯國 即上文孔鄉侯、汝昌侯、陽新侯國。㉛日食於三朝 指元壽元年正月辛丑朔日發生日食。三朝，正月初一。為歲、月、日之始，故曰三朝。亦作「三始」。㉜賢已再封 指董賢先封關內侯，再封高安侯。㉝晏商再易邑 傅晏先以皇后父封食邑三千戶，後又增加二千戶。傅商先嗣爵崇祖侯，後改封汝昌侯。㉞業緣私橫求 鄭業藉私恩肆意索求。㉟自恣 放縱自己，不受約束。㊱厭足 滿足。㊲尊尊之義 尊敬尊長的原則。㊳痛 甚；非常。㊴侵罔 擅權欺罔。㊵失節 失於調節；不和諧。㊶寢疾 臥病。㊷天人 天和人；天意人心。㊸輕身 不尊重自身。㊹肆意 縱情任意，不受拘束。後多含貶意，謂不顧一切，由著自己的性子。㊺高祖 多為開國之君的廟號。此指漢高帝劉邦（西元前二五六—前一九五年）。西元前二〇二至前一九五年在位。(46)垂　流傳。(47)孝經　儒家經典之一。漢代列入《七經》。論述封建孝道、孝治思想和宗法思想。(48)天子有爭臣七人三句　引語出自《孝經・諫諍》。意思是說：天子設置有三公、四輔七位諫諍大臣，即使天子沒有德政，由於有七位諍臣的匡正，也不致失去天下。爭臣，敢於直言規勸君主的臣下。爭，同「諍」。七人，天子的輔政大臣為三公四輔，合為七人。三公為太師、太保、太傅。四輔為左輔、右弼、前疑、後丞。他們都有匡正天子，輔成政治，使王朝不致危亡的責任。雖，雖然；即使。無道，暴虐，不遵行聖賢之教，不合乎傳統的道德規範，沒有德政。失，喪失；被滅。(49)封上詔書　漢制，詔書如有違既定法令，不便施行，大臣可以陳述不便施行的理由，將詔書緘封歸還。(50)露見　顯現；顯露。(51)愛死　惜死。(52)自法　即自劾。(53)愚戇　愚笨戇直。亦用作自謙之詞。(54)省察　審察；仔細考察。(55)梁相　字子夏，河東（今山西夏縣）人。曾任大司農、廷尉等職。(56)長史　官名。漢丞相、太尉、司徒、司空、將軍府等各有長史。相當今祕書長一職。(57)御史中丞　官名。漢以御史中丞為御史大夫的助理。外督部刺史，內領侍御史，受公卿章奏，糾察百僚，其權頗重。成帝綏和元年（西元前八年），御史大夫更名大司空，以分丞相之任。御史中丞則接替御史大夫成為御史官之主司。(58)雜治　會審。(59)冬月　夏曆十月、十一月、十二月泛稱冬月。亦指冬天。(60)旬　十天。(61)獄　案卷。(62)餙辭　偽飾之辭；不實之言。餙，同「飾」。(63)傳　移動；移交其案件。(64)長安　西漢都城。在今陝西西安西北。(65)覆治　重新審理。(66)尚書令　官名。始於秦，西漢沿置。本為少府屬官，掌章奏文書。漢武帝以後職權漸重。(67)僕射　官名。即尚書僕射。秦置。西漢為尚書令的副職。(68)宗伯鳳　宗伯，複姓。官至少府。(69)外內　外指郡國，東平王劉雲；內指朝廷。(70)顧望　猶豫觀望。(71)兩心　異心；二心。(72)幸雲踰冬　僥倖希望劉雲案拖過冬天可以減死。(73)疾惡　憎惡。(74)制詔　皇帝的命令。(75)免相等皆為庶人　據卷十九〈百官公卿表〉，梁相被貶為東海都尉。(76)後數月大赦　即元壽元年正月辛丑朔日食，大赦天下。參見卷十一〈哀帝紀〉。(77)明習　明瞭熟習。(78)治獄　審理案件。(79)深沉　深刻周密。(80)雅文　雅正的文辭。(81)經明行脩　經義嫻熟品行端正。(82)計功除過　計其功勞而免其罪過。(83)不能平　指心中憤怒。(84)詣　前往。(85)附依附。(86)諸侯　此指東平王劉雲。(87)材美　才能優異。(88)方略　計劃；權謀；策略。(89)一統萬類　《漢書補注》引宋祁曰「或無『萬』字。」劉奉世曰：「多『萬』字。」一統類，統一綱紀和條例。本書卷六十五〈東方朔傳〉：「褒有德，祿賢能，誅惡亂，總遠方，一統類，美風俗，此帝王所由昌也。」(90)著聞　顯露、傳揚。(91)稱譽　稱揚讚美。(92)舉錯　舉用與廢黜。錯，通「措」。(93)恣心自在　隨心任情；放縱無忌。(94)迷國罔上　迷誤朝廷，欺騙君上。迷國，使國家迷亂。(95)近由君始二句　意謂近臣尚且如此，遠者更不必說了。(96)對狀　謂臣子向皇帝陳述事狀。(97)免冠　脫帽。古人用以表示謝罪。(98)謝罪向人認錯，請求原諒。❾❾將軍 武官名。漢代有大將軍、車騎將軍、前將軍、後將軍、左將軍、右將軍等；臨時出征的統帥有別加稱號者，如樓船將軍、材官將軍等。❿⓿中朝 漢代朝官自武帝以後有中朝、外朝之分。中朝即內朝。指大司馬、左右前後將軍、侍中、常侍、散騎、諸吏、左右曹、給事中、尚書諸官。⓫王安 蠡吾（今河北博野）人。封樂昌侯。⓬馬宮字游卿，東海戚（今山東微山縣）人。歷任丞相史司直，汝南、九江太守，光祿勳，右將軍等職。平帝即位，為大司徒，封扶德侯。詳見卷八十一〈馬宮傳〉。⓭光祿大夫龔勝 六字衍。參考卷七十二〈龔勝傳〉及《漢紀》。⓮勝獨以為 顏師古注曰：「孔光以下眾共劾嘉，而勝獨為異議也。」勝當作「光祿大夫龔勝」。王念孫說。參考卷七十二〈龔勝傳〉及《漢紀》。⓯宰相 本為掌握政權的大官的泛稱，後來用以指歷代輔助皇帝、統領群僚、總攬政務的最高行政長官。如秦漢之丞相、相國、三公等。⓰微薄 指過失輕微。⓱應 當；證明。⓲不道 無道；胡作非為。

【語　譯】正逢哀帝祖母傅太后去世，皇上藉機假託傅太后遺詔，讓成帝的母親王太后下旨給丞相和御史大夫，加封董賢二千戶，以及賜給孔鄉侯、汝昌侯、陽新侯封地。王嘉將詔書密封退還，趁機上呈密封奏書勸諫皇上和太后說：「臣聽說官爵、俸祿、土地屬上天所有。《尚書》中說：『皇天任命有德的人，天子任命有德的人，制定了天子、諸侯、卿、大夫、士五等服式制度，以分別表彰他們的不同德行！』君王代表上天授給人臣爵位，尤其應該慎重。劃分土地賜封，做得不恰當，那麼百姓就不信服，進而觸動陰陽之氣，陰陽不和造成的損害使天子自身的疾患加深。現在皇上的身體長期不舒適，這是臣王嘉心中憂懼的事啊。高安侯董賢，是憑善於諂媚而受寵的臣子，陛下傾盡官爵祿位來使他尊貴，竭盡財物來使他富有，折損自己尊貴的身分來使他榮耀，主上的威嚴已經降低了，內府的儲藏已經用盡了，還惟恐不能滿足他。財物都是百姓勞動創造出來的，文帝想要修建一座露臺，捨不得一百斤黃金的花費，克制自己沒有修建。現在為董賢散發國家的賦稅來布施個人的恩惠，一家甚至得到一千金，自古以來尊貴的大臣未曾有過這樣的事，流言傳播四方，百姓都一致怨恨他。鄉里的諺語說：『被眾人指責，沒有病也會死。』臣時常替他感到痛心。現在太皇太后根據永信太后的遺詔，命令丞相、御史大夫增加董賢的封戶，賜給孔鄉、汝昌、陽新三個侯國封地，臣王嘉私下裡很困惑。山崩地動，日食發生在正月初一，這都是陰侵犯陽的告誡啊。以前董賢已經兩次受封，傅晏、傅商兩次變更封地，鄭業藉私恩肆意索求，恩寵已經過於優厚了，而他們仍然求財索位放任自己的欲望，不知滿足，嚴重損害了尊敬尊長的原則，不能夠把這些昭示給天下人，造成的危害太嚴重了！大臣驕縱擅權欺罔，陰陽失於調節，外氣內感相互作用，就會危害身體健康。陛下臥病在床長久不癒，皇位繼承人沒有確立，應該考慮端正各項事務，順應上天和百姓的心意，來求得福佑，為什麼要輕賤自己放縱欲望，不顧念高祖辛辛苦苦創立的制度要把它傳到無窮呢！《孝經》中說：『天子設置有三公、四輔七位諫諍大臣，即使天子沒有德政，由於有七位諍臣的匡正，也不致失去天下。』臣恭謹地將詔書緘封歸還，不敢顯露給人看，不是吝惜性命而不責罰自己，是害怕天下人知道這件事，所以不敢彈劾自己。臣愚笨戇直，多次觸犯忌諱，希望陛下仔細考察。」

當初，廷尉梁相與丞相長史、御史中丞以及五位二千石官吏共同審理東平王劉雲案件，當時冬天再有二十天就過完了，梁相心中懷疑劉雲冤枉，案卷中有不實之詞，上奏書要求把案件轉送長安，再下交給公卿大臣重新審理。尚書令鞠譚、僕射宗伯鳳認為可以批准。天子以梁相等人都是看到皇上身體不好，在東平王劉雲和朝廷之間猶豫觀望，心懷二意，希望劉雲案拖過冬天可以減死，沒有討伐叛逆憎惡主上仇敵的忠心，下詔令罷免梁相等人都為平民。此後過了幾個月大赦天下，王嘉上呈密封的奏章舉薦梁相等人通曉審理案件，「梁相計謀深刻周密，鞠譚擅長寫規範的文書，宗伯鳳精通經學品行端正，聖明的君王應該計算大臣的功勞免除他們的過錯，臣私下裡替朝廷惋惜這三個人。」奏書呈上，皇上很不高興。此後過了二十多天，王嘉封還給董賢增加封戶的詔書，皇上就發怒了，召王嘉到尚書那裡，責問他「梁相等人原先因為在官位不盡忠誠之心，依附諸侯，懷有二心，違背了做人臣的原則，被判有罪，現在你稱讚梁相等人才能優異，足以計算功勞免除罪過。你因為道德修行，官居三公之位，以總籌政策統一綱紀分明善惡作為職責，知道梁相等人的罪惡已經公布，傳聞天下，當時就因此彈劾了自己，現在又稱讚梁相等人，說什麼替朝廷惋惜他們。大臣舉薦、罷黜官吏，任憑自己的心意行事，迷亂國家欺騙皇上，近臣尚且如此，更何況在遠處做官的人呢！說說為什麼」。王嘉摘下官帽向皇上認錯。

事情下交給將軍和內朝官處理。光祿大夫孔光、左將軍公孫祿、右將軍王安、光祿勳馬宮等彈劾王嘉迷亂國家欺騙皇上胡作非為，請求與廷尉共同審理。光祿大夫龔勝個人認為王嘉官居宰相，所有的政事都荒廢了，過失是因王嘉引起的；王嘉因為舉薦梁相等人而定罪，太輕微了，以此證明他迷亂國家欺騙皇上胡作非為，恐怕不能昭示天下。皇上最終同意了孔光等人的奏議。

1 光等請謁者❶召嘉詣廷尉詔獄❷，制曰：「票騎將軍❸、御史大夫、中二千石❹、二千石、諸大夫❺、博士、議郎議。」衛尉❻雲❼等五十人以為「如光等言可許」。議郎龔等以為「嘉言事前後相違，無所執守❽，不任❾宰相之職，宜奪爵土，免為庶人」。永信少府❿猛等十人以為「聖王斷獄⓫，必先原心⓬定罪，探意立情，故死者不抱恨⓭而入地，生者不銜怨⓮而受罪。明主躬⓯聖德，重大臣刑辟⓰，廣延⓱有司議，欲使海內咸服。嘉罪名雖應法⓲，聖王之於大臣，在輿為下，御坐則起⓳，疾病視之無數，死則臨弔之，廢⓴宗廟之祭，進之以禮，退之以義㉑，誅㉒之以行。案㉓嘉本以相等為罪，罪惡雖著，大臣括髮㉔關械㉕、裸躬㉖就笞㉗，非所以重㉘國褒㉙宗廟也。今春月㉚寒氣錯繆㉛，霜露數降，宜示天下以寬和。臣等不知大義，唯陛下察焉」。有詔假謁者節㉜，召丞相詣廷尉詔獄。

2 使者既到府，掾史㉝涕泣，共和藥㉞進嘉，嘉不肯服。主簿㉟曰：「將相不對理陳冤(36)，相踵以為故事(37)，君侯(38)宜引決(39)。」使者危坐府門上(40)。主簿復前進藥，嘉引藥杯以擊地，謂官屬曰：「丞相幸得備位三公，奉職(41)負國，當伏刑(42)都市(43)以示萬眾。丞相豈兒女子(44)邪，何謂咀(45)藥而死！」嘉遂裝出(46)，見使者再拜(47)受詔，乘吏小車，去蓋(48)不冠(49)，隨使者詣廷尉。廷尉收嘉丞相新甫侯印綬，縛嘉載致都船詔獄(50)。

3 上聞嘉生(51)自詣吏，大怒，使將軍以下與五二千石雜治。吏詰問(52)嘉，嘉對曰：「案事(53)者思得實。竊見相等前治東平王獄，不以雲為不當(54)死，欲關(55)公卿示重慎(56)；置驛馬傳囚(57)，勢不得踰冬月，誠(58)不見其外內顧望阿附(59)為雲驗(60)。復幸得蒙大赦，相等皆良善吏，臣竊為國惜賢，不私(61)此三人。」獄吏(62)曰：「苟如此，則君何以為罪猶當(63)？有以(64)負國(65)，不空入獄(66)矣。」吏稍(67)侵辱嘉，嘉喟然(68)卬(69)天歎曰：「幸得充備宰相，不能進賢退不肖(70)，以是負國，死有餘責。」吏問賢不肖主名(71)，嘉曰：「賢，故丞相孔光、故大司空何武，不能進；惡，高安侯董賢父子(72)，邪佞(73)亂朝，而不能退。罪當死，死無所恨(74)。」嘉繫獄二十餘日，不食歐(75)血而死。帝舅大司馬票騎將軍丁明(76)素重嘉而憐(77)之，上遂免明，以董賢代之，語在賢傳(78)。

4

嘉為相三年誅，國除。死後上覽其對而思嘉言，復以孔光代嘉為丞相，徵用何武為御史大夫。元始四年(79)，詔書追錄(80)忠臣，封嘉子崇為新甫侯，追謚嘉為忠(81)侯。

【章　旨】以上為〈王嘉傳〉的第六部分，寫王嘉被判有罪，他認為自己罪不當死，不肯服藥自殺，不遵從將相不對理陳冤的慣例，到廷尉詔獄受審，為自己辯護，憤而絕食，吐血而死，封國被削除。平帝時追錄功臣，其子王崇襲爵為侯。

【注　釋】❶謁者　官名。漢制，郎中令屬官有謁者，少府屬官亦有中書謁者令。❷詔獄　關押欽犯的牢獄。❸票騎將軍　漢代將軍名號。漢武帝時始置，官秩與大將軍同。票，通「驃」。❹中二千石　漢官秩名。月俸百八十斛，一歲得穀二千一百六十石，舉成數言之，故曰中二千石。或亦兼發錢穀。漢制九卿秩皆中二千石，故又用為九卿的代稱。中，滿。❺大夫　官名。原屬郎中令，太初元年（西元前一〇四年）郎中令更名光祿勳後，改隸光祿勳。掌論議，有太中大夫、中大夫、諫大夫，皆無員，多至數十人。侍奉皇帝左右，備顧問應對，多由貴戚大臣、名儒或有軍功者充任，地位甚為尊崇。❻衛尉　官名。掌守衛皇宮。秩中二千石，列位九卿。❼雲　孫雲，河內（今河南武陟）人。曾任執金吾、少府。❽執守　持守；堅持。❾任　指勝任。❿永信少府　官名。掌永信宮事。因傳太后居永信宮暫置，故未收入〈百官表〉。⓫斷獄　審理和判決案件。⓬原心　推究本意。卷八十三〈薛宣傳〉顏師古曰：「原，謂尋其本也。」⓭抱恨　心中存有恨事。⓮銜怨　心懷怨恨。⓯躬本身具有。⓰刑辟　刑法；刑律。⓱廣延　廣泛延請。⓲應法　符合法律規定。⓳在輿為下二句　卷八十四〈翟方進傳〉顏師古注曰：「《漢舊儀》云皇帝見丞相起，謁者贊稱曰『皇帝為丞相起』。起立乃坐。皇帝在道，丞相迎謁，謁者贊稱曰『皇帝為丞相下輿』。立乃升車。」輿，車。御坐，帝王坐在座位上。⓴廢　停止；放棄。㉑義　「儀」的古字。儀制；法度。㉒誄　累述死者功德的文章。猶今之悼詞。㉓案　通「按」。查考。㉔括髮　指因受刑而束髮。括，結。㉕關械　猶貫械。戴上刑具。關，貫。械，枷杻、鐐銬之類的刑具。㉖裸躬　裸露身體。㉗笞　古代的一種刑罰。用荊條或竹板敲打臀、腿或背。為五刑之一。㉘重　尊重。㉙褒　稱讚。㉚春月　春季。㉛錯繆　錯亂。繆，通「謬」。㉜假謁者節　授予謁者符節。假，授予。節，符節。㉝掾史　屬吏名。漢代三公府及其他重要官府，皆置掾史屬，分曹治事。掾為曹長，史、屬為副曹長。故掾史多冠以曹名，如戶曹掾、戶曹史之類。掾史為有職吏，其下還有從掾位、從史位、待事掾、待事史等名目，皆為散吏。㉞和藥　調製藥物；調和藥物。㉟主簿　官名。漢代中央及郡縣官署多置之。其職責為主管文書，辦理事務。㊱將相不對理陳冤　將帥和丞相不對廷尉申訴冤情。將相，將帥和丞相。亦泛指文武大臣。理，大理，即廷尉。掌刑法。秦為廷尉，漢景帝六年更名大理，武帝建元四年復為廷尉。陳冤，申訴冤情。㊲相踵以為故事　相沿已經成了慣例。相踵，足踵相接；相繼；相沿。㊳君侯　秦漢時稱列侯而為丞相者。㊴引決　謂自殺。㊵使者危坐府門上　此為逼促王嘉自殺的行為。危坐，古人以兩膝著地，聳起上身為「危坐」，即正身而跪，表示嚴肅恭敬。後泛指正身而坐。㊶奉職　謂奉行職事。㊷伏刑　被處決。㊸都市　都城中的集市。㊹兒女子　猶言婦孺之輩。㊺咀　嚼。㊻裝出　朝服而出。裝，整理服裝。㊼再拜　拜了又拜，表示恭敬。古代的一種禮節。㊽去蓋　去掉車蓋。漢制，死囚乘露車。㊾不冠　不戴帽子。㊿都船詔獄　據〈百官表〉執金吾屬官有都船令。執掌治水。其部詔獄，即稱都船詔獄。(51)生　活著。(52)詰問　追問；責問。(53)案事　考問情事。(54)當　判罪。(55)關　關聯；涉及。(56)重慎　猶慎重。(57)置驛馬傳囚　安排驛站的車馬解送囚犯。(58)誠　確實；實在。(59)阿附　指阿附藩王法。亦稱附益之法。漢武帝時頒行的法令，內容為懲處朝臣阿附諸侯為其謀利或與諸侯結黨的違法行為。(60)驗　驗證；憑據。(61)私　偏愛。(62)獄吏　掌管訟案、刑獄的官吏。(63)何以為罪猶當　為什麼認為有罪還應當受懲罰。當，判罪。(64)有以　猶有因。(65)負國　指背負皇朝，外附諸侯。(66)不空入獄　意謂入獄有所根據。空，徒然；白白地。(67)稍　漸。(68)喟然　感歎、歎息貌。(69)卬　通「仰」。(70)不肖　小人；不成材；不正派的人。(71)主名　當事者或為首者的姓名。(72)董賢父子　董賢父董恭，曾任光祿大夫、少府、衛尉等職。詳見卷九十三〈佞幸傳・董賢〉。(73)邪佞　奸邪。(74)恨　悔恨。(75)歐　通「嘔」。(76)丁明　（西元前？—一年），定陶（今山東定陶）人。封陽安侯。後為王莽所殺。(77)憐　哀憐；同情。(78)賢傳　本書卷九十三〈佞幸傳・董賢傳〉。(79)元始四年　西元四年。(80)錄　登記以便存查。(81)忠　《逸周書・諡法》：「危身奉上曰忠。」

【語　譯】孔光等請求派謁者傳喚王嘉到廷尉詔獄，皇上命令說：「驃騎將軍、御史大夫、中二千石、二千石、諸大夫、博士、議郎議處。」衛尉孫雲等五十人認為「事實如孔光等人所說的那樣可以批准」。議郎龔等人認為「王嘉論事前後相違背，沒有一定的準則，不勝任宰相職務，應該削奪爵位和封地，免為平民」。永信少府猛等十人認為「聖明的君主審理、判決案件，一定要先推究動機認定罪過，探求本意確立案情，所以死者不會懷著遺恨埋入地下，活著的人不心懷怨憤接受懲罰。英明的君主具有崇高的德行，重視對大臣的處罰，廣泛延請有關官員討論，要讓天下人都信服。王嘉的罪名雖然符合法律，但聖明的君上對待大臣，在車上看見要下車，坐在座位上要起身，大臣病了多次探望他，死了要親自前去弔唁，停止宗廟的祭祀，依據禮儀尊崇他，按照儀制貶抑他，根據他的德行來撰寫祭文。考察王嘉本來是因為梁相等人獲罪，罪惡雖然明顯，可是作為大臣束起頭髮戴著刑具，裸露身體遭受笞刑，這不是敬重國家頌揚宗廟的做法啊。現在正是春季，寒氣錯亂，霜露多次降臨，應該向天下顯示寬厚仁和。我們這些人不懂得大道理，請陛下明察」。有詔令授予謁者符節，傳喚丞相到廷尉詔獄受審。

2 使者到了王嘉府上，掾史哭泣著，共同調配了毒藥遞給王嘉，王嘉不肯喝。主簿說：「將帥和丞相不對廷尉申訴冤情，相沿已經成了慣例，您最好自殺。」使者端坐在丞相府門前。主簿又上前進藥，王嘉接過藥杯摔到地上，對屬吏說：「丞相有幸得以位居三公，奉行職事有負於國家，應當在鬧市受刑來警示世人。丞相難道是婦孺之輩嗎，為什麼要吃毒藥而死呢！」王嘉於是整理服裝出府，見到使者拜了兩拜接受了聖旨，乘坐小吏坐的小車，去掉車上的頂篷，沒有戴冠，跟隨使者去見廷尉。廷尉收回了王嘉的丞相新甫侯印綬，綁縛王嘉用車送到都船詔獄。

3 皇上聽說王嘉活著去見了官吏，非常氣憤，派將軍以下官員和五位二千石官吏共同審理。辦案官吏責問王嘉，王嘉回答說：「考問案情的人希望得到事實。我私下裡看見梁相等人以前審理東平王的案件，並不是認為劉雲不該判死刑，是認為涉及到公卿的處理要顯示慎重；安排驛站的車馬轉送囚犯，勢必不可能超過冬天，的確沒有看見他們內外觀望阿附劉雲的證據。又有幸得以蒙受大赦，梁相等人都是善良的官吏，我私下替國家愛惜賢才，不是偏愛這三個人。」辦案官吏說：「如果是這樣，那麼你為什麼認為有罪仍應受懲罰？一定是有辜負國家的地方，不是無罪而入獄了。」獄吏漸漸淩辱王嘉，王嘉仰天歎息道：「有幸得以充任宰相，不能進用賢才罷退蠢才，因此辜負了國家，就是死了也不能抵償罪責。」獄吏追問賢才與惡人的姓名，王嘉說：「賢才，原丞相孔光、原大司空何武，未能進用；惡人，高安侯董賢父子，諂媚邪惡擾亂朝政，卻不能罷免。我罪該處死，死了也沒什麼悔恨。」王嘉被拘禁在監獄裡二十多天，不吃食物吐血而死。哀帝的舅舅大司馬驃騎將軍丁明素來看重王嘉，同情他，皇上就罷免了丁明，用董賢接替了他的職權，這件事記載在〈董賢傳〉中。

4 王嘉任丞相三年被誅殺，封國被削除。他死後，皇上閱讀他的供辭，思考他說的話，又用孔光接替王嘉做了丞相，徵用何武為御史大夫。元始四年，皇上下詔書追加登記忠臣，封王嘉的兒子王崇為新甫侯，追封王嘉的諡號為忠侯。

師丹，字仲公，琅邪❶東武❷人也。治詩，事❸匡衡❹。舉孝廉❺為郎。元帝末，為博士，免。建始❻中，州舉茂材❼，復補博士，出為東平王太傅❽。丞相方進、御史大夫孔光舉丹議論深博，廉正守道，徵入為光祿大夫、丞相司直。數月，復以光祿大夫給事中，由是為少府、光祿勳、侍中，甚見尊重。成帝末年，立定陶王為皇太子，以丹為太子太傅❾。哀帝即位，為左將軍，賜爵關內侯，食邑，領尚書事❿，遂代王莽為大司馬，封高樂⓫侯。月餘，徙為大司空⓬。

上少在國，見成帝委政⓭外家⓮，王氏⓯僭盛⓰，常內邑邑⓱。即位，多欲有所匡正⓲。封拜丁、傅，奪王氏權。丹自以師傅⓳居三公位，得信於上，上書言：「古者諒闇⓴不言㉑，聽於家宰㉒，三年無改於父之道㉓。前大行㉔尸柩在堂，而官爵臣等以及親屬，赫然皆貴寵。封舅為陽安侯㉕，皇后尊號未定，豫封父為孔鄉侯㉖。出㉗侍中王邑㉘、射聲校尉㉙王邯等。詔書比㉚下，變動政事，卒暴㉛無漸㉜。臣縱不能明陳大義，復曾㉝不能牢讓㉞爵位，相隨空受封侯，增益陛下之過。間者㉟郡國多地動㊱，水出流殺人民，日月不明，五星㊲失行㊳，此皆舉錯失中㊴，號令不定，法度失理㊵，陰陽溷濁㊶之應也。臣伏惟㊷人情無子，年雖六七十，猶博取㊸而廣求。孝成皇帝深見㊹天命㊺，燭㊻知至德㊼，以壯年克己㊽，立陛下為嗣㊾。先帝暴棄㊿天下而陛下繼體(51)，四海安寧，百姓不懼，此先帝聖德當合天人之功也。臣聞天威不違顏咫尺(52)，願陛下深思先帝所以建立(53)陛下之意，且克己躬行(54)以觀群下之從化(55)。天下者，陛下之家也，胏附(56)何患不富貴，不宜倉卒(57)。先帝不量(58)臣愚，以為太傅，陛下以臣託(59)師傅，故亡功德而備(60)鼎足(61)，封大國，加賜黃金，位為三公，職在左右(62)，不能盡忠補過，而令庶人竊議，災異數見，此臣之大罪也。臣不敢言乞骸骨(63)歸於海濱(64)，恐嫌(65)於偽。誠慚負重責，義不得不盡死(66)。」書數十上，多切直(67)之言。

【章旨】以上為〈師丹傳〉的第一部分，先略述師丹所歷官職；哀帝即位後，任用外戚傅氏和丁氏，削奪王氏權力，師丹上書諫阻，勸哀帝應論功行賞，克己循禮，不要急於求成。

【注釋】❶琅邪　郡名。治東武，今山東諸城。❷東武　縣名。今山東諸城。❸事　謂從師求學。❹匡衡　字稚圭，東海郡承縣（今山東蒼山縣西南蘭陵鎮）人。經學家。官至丞相，封樂安侯。詳見卷八十一〈匡衡傳〉。❺孝廉　孝，指孝悌者。廉，清廉之士。分別為選拔人才的科目，始於漢代，後往往合為一科。亦指被推選的士人。❻建始　漢成帝的年號，西元前三二一前二九年。❼茂材　即秀才。漢時選拔人才的科目之一。東漢時因避漢光武帝名諱，改秀為茂。材，通「才」。❽太傅　王國太傅。漢初，置以輔王，成帝時，稱傅。因太傅為王師，地位重要，責任重大，多任以儒生。秩二千石，不豫國政。遇有諸侯王不法，得諫諍或舉奏於朝。❾太子太傅　官名。西漢置。執掌輔導太子，秩二千石，與太子少傅同領太子官屬。❿領尚書事　官名。即以他官兼領尚書政事。始於西漢昭帝時。此職位尊權重。⓫高樂　侯國名。新野縣劃置。在今河南新野東南。⓬月餘二句　師丹徙為大司空，時在建平元年（西元前六年）正月，見卷八十二〈傅喜傳〉。據〈公卿表〉師丹為大司馬，四月徙為大司空。可知其為大司馬當在綏和二年（西元前七年）十月。〈恩澤侯表〉作七月庚午封，「七」乃「十」之誤。故言「月餘」欠妥；〈公卿表〉作「四月徙」，是。參考施之勉《漢書補注辯證》第三一九頁。⓭委政　付以政柄。⓮外家　外戚。泛指皇帝母親和妻子的娘家人。⓯王氏　成帝母親王政君家。⓰僭盛　越禮而囂張。⓱邑邑　憂鬱不樂貌。⓲匡正　扶正；糾正。⓳師傅　老師的通稱。⓴諒闇　亦作「諒陰」。居喪時所住的房子。亦借指居喪。多用於皇帝。㉑不言　不談政事。㉒冢宰　周官名。為六卿之首，亦稱太宰。猶漢時丞相。㉓三年無改於父之道　語出《論語・學而》。孔子曰：「三年無改于父之道，可謂孝矣。」㉔大行　古代稱剛死而尚未定謚號的皇帝、皇后。㉕陽安侯　丁明。見前注。㉖皇后尊號未定二句　《漢書補注》引齊召南曰：「案〈哀帝紀〉，以四月即位，五月丙戌立皇后傅氏，封后父傅晏為孔鄉侯，則封后父時后已正位中宮矣。以〈外戚恩澤侯表〉核之，陽安侯丁明及晏俱以四月壬寅封，在丙戌立后之前四十四日，與此傳正合。蓋帝紀繫史文類，敘不如表為確實也。」皇后，指哀帝皇后，傅太后堂弟傅晏的女兒。豫，事先；預先。㉗出　斥逐。㉘王邑　孝元皇后弟王商的兒子。見前注。㉙射聲校尉　官名。漢武帝初置，為北軍八校尉之一。秩二千石，掌待詔射聲的武士。戍衛京師，兼任征伐。㉚比　頻。㉛卒暴　急促；緊迫。卒，通「猝」。㉜漸　逐漸發展的過程。㉝曾　竟。㉞牢讓　堅決辭讓。㉟間者　近來。㊱地動　地震。㊲五星　指金、木、水、火、土五大行星。㊳失行　不按軌道運行。㊴失中　亦作「失衷」。不合準則。㊵失理　違背道理或事理。㊶溷濁　混亂汙濁。㊷伏惟　亦作「伏維」。下對上的敬詞。多用於奏疏或信函。謂念及，想到。㊸取　通「娶」。㊹深見　深知；透徹地了解。㊺天命　上天之意旨；由天主宰的命運。㊻燭　明。㊼至德　最高尚的道德。此指哀帝。㊽克己　克制自己。㊾為嗣　為皇位繼承人。㊿暴棄　突然離棄。(51)繼體　泛指繼位。(52)天威不

違顏咫尺　語出《左傳・僖公九年》。意謂上天鑑察不遠，威嚴常在顏面之前。不違，不遠。顏，額。咫尺，形容距離近。53建立　古代立國君、皇后、太子，均可稱為建立。54躬行　親身實行。躬，親自；親身。55從化　歸化；歸順。56胏附　同「肺附」。比喻帝王的親屬或親戚。57倉卒　亦作「倉猝」。匆忙急迫。58不量　猶言不嫌棄，看得起。59託　委託。60備　充任；充當。61鼎足　鼎有三足，借指三公之位。62左右　同「佐佑」。輔助；支持。63乞骸骨　古代官吏自請退職，意謂使骸骨得歸葬故鄉。64海濱　師丹家居琅邪東武縣，距海不遠，所以這樣說。65嫌　猜疑；懷疑。66盡死　猶效死、捨命報效。67切直　懇切率直。

【語譯】師丹，字仲公，琅邪郡東武縣人。研習《詩經》，奉匡衡為師。因舉孝廉而做了郎官。元帝末年，做了博士，後來被罷免。成帝建始年間，州裡推舉茂材，又補任博士，出任東平王太傅。丞相翟方進、御史大夫孔光舉薦師丹議論深刻廣博，廉潔正直堅守道義，徵召入京做了光祿大夫、丞相司直。過了幾個月，又以光祿大夫任給事中，從此歷任少府、光祿勳、侍中，很受尊重。成帝末年，冊立定陶王為皇太子，任命師丹為太子太傅。哀帝即位，師丹任左將軍，賜爵關內侯，賞賜食邑，領尚書事，於是代替王莽擔任大司馬，封為高樂侯。一個多月後，調任大司空。

皇上年輕在定陶封國的時候，看見成帝把政權委託給外戚家，王氏越權囂張，內心經常憂鬱不安。即位後，多次嘗試糾正這種局面。封爵授官給丁氏、傅氏來削奪王氏的權力。師丹認為自己是皇帝的老師，又位居三公，深受皇上信任，便上奏書說：「古代帝王居喪期間不處理政事，百官聽命於丞相，三年不改變先父的政策。前些時候先帝的屍柩還在靈堂，而您就給我們以及親屬賜官封爵，都赫然尊貴榮耀起來。封舅父為陽安侯，皇后的尊號還沒有確定，就預先封她的父親為孔鄉侯。又逐出侍中王邑、射聲校尉王邯等人。詔書頻頻下發，變動政策人事，倉猝突然不能循序漸進。臣即便不能明白地陳說大道理，又竟然不能堅決辭讓您賜的爵位，相隨他人憑空接受封侯，增加陛下的過錯。近來郡國多次發生地震，洪水氾濫淹死百姓，太陽月亮不明亮，五大行星不按軌道運行，這都是您的舉止不合準則，號令不穩定，法令制度違背事理，陰陽混亂汙濁的驗證啊。臣想人之常情不能沒有子嗣，年齡即使已經六七十歲了，還多娶姬妾廣求子嗣。成帝十分了解天的意旨，洞察到您崇高的德行，在壯年時就能克制自己，立陛下為皇位繼承人。先帝突然拋棄了天下而陛下承繼了帝位，四海安寧，百姓沒有憂慮，這是先帝聖德符合上天與百姓心意的功勞啊。臣聽說上天的威嚴不遠，離顏面不過咫尺之間，希望陛下深刻思考先帝選立陛下的用意，暫且克制自己，親自遵行禮法，來觀察天下人的歸化。天下，是陛下的家啊，您的親戚何必擔心不能富貴，不應該如此急迫。先帝不嫌棄臣愚鈍，任命臣做太傅，陛下因為臣是先帝委任的老師，所以沒有功德而充任鼎足重臣，賜封大國，加賜黃金，位居三公，職責在於輔助皇上，不能竭盡忠誠彌補您的過失，而使百姓私下議論，災異多次發生，這是臣的大罪過啊。臣不敢提出讓骸骨歸葬家鄉海濱的請求，恐怕被懷疑是虛偽。實在羞愧辜負了重大的職責，按道義不能不以死盡忠。」奏書幾十次上呈，大多是懇切直率的言語。

1 初，哀帝即位，成帝母❶稱太皇太后，成帝趙皇后❷稱皇太后，而上祖母傅太后與母丁后皆在國邸❸，自以定陶共王為稱。高昌❹侯董宏❺上書言：「秦莊襄王❻母本夏氏，而為華陽夫人❼所子❽，及即位後，俱稱太后，宜立定陶共王后為皇太后。」事下有司，時丹以左將軍與大司馬王莽共劾奏宏「知皇太后至尊之號，天下一統，而稱引❾亡秦以為比喻，詿誤❿聖朝⓫，非所宜言，大不道」。上新立，謙讓，納用莽、丹言，免宏為庶人。傅太后大怒，要⓬上欲必稱尊號，上於是追尊定陶共王為共皇帝，尊傅太后為共皇太后，丁后為共皇后。郎中令⓭泠褎⓮、黃門⓯郎段猶等復奏言：「定陶共皇太后、共皇后皆不宜復引定陶蕃國⓰之名以冠⑰大號，車馬衣服宜皆稱皇之意⑱，置吏二千石以下⑲皆供厥⑳職，又宜為共皇立廟京師。」上復下其議，有司皆以為宜如褒、猶言。丹議獨曰：「聖王制禮取法㉑於天，故尊卑之禮明則人倫㉒之序正，人倫之序正則乾坤㉓得其位而陰陽順其節㉔，人主㉕與萬民俱蒙祐福。尊卑者，所以正天地之位，不可亂也。今定陶共皇太后、共皇后以定陶共㉖為號者，母從子妻從夫之義也。欲立官置吏，車服與太皇太后並㉗，非所以明尊卑亡二上㉘之義也。定陶共皇號謚已前定，義不得復改。禮㉙：『父為士，子為天子，祭以天子，其尸服以士服㉚。』子亡爵父㉛之義，尊父母也。為人後㉜者為之子，故為所後服斬衰㉝三年，而降其父母朞㉞，明尊本祖㉟而重正統㊱也。孝成皇帝聖恩深遠，故為共王立後㊲，奉承祭祀，令共皇長為一國太祖㊳，萬世不毀，恩義已備。陛下既繼體先帝，持重㊴大宗㊵，承宗廟天地社稷之祀，義不得復奉定陶共皇祭入其廟。今欲立廟於京師，而使臣下祭之，是無主㊶也。又親盡當毀，空去一國泰祖㊷不墮㊸之祀，而就無主當毀不正之禮，非所以尊厚㊹共皇也。」丹由是浸㊺不合上意。

2 會有上書言古者以龜貝㊻為貨㊼，今以錢㊽易之，民以故㊾貧，宜可改幣。上以問丹，丹對言可改。章下有司議，皆以為行錢以來久，難卒㊿變易。丹老人，忘其前語，後[51]從公卿議。又丹使吏書奏[52]，吏私寫其草[53]，丁、傅子弟聞之，使人上書告丹上封事行道人[54]徧持其書。上以問將軍中朝臣，皆對曰：「忠臣不顯諫[55]，大臣奏事不宜漏泄，令吏民傳寫流聞四方。『臣不密則失身[56]』，宜下廷尉治。」事下廷尉，廷尉劾丹大不敬[57]。事未決，給事中博士申咸[58]、炔欽[59]上書，言：「丹經行[60]無比，自近世大臣能若丹者少。發憤懣[61]，奏封事，不及深思遠慮，使主簿書，漏泄之過不在丹。以此貶黜[62]，恐不厭眾心[63]。」尚書劾咸、欽：「幸得以儒官[64]選擢備腹心[65]，上所折中[66]定疑，知丹社稷重臣，議罪處罰，國之所慎，咸、欽初傅[67]經義[68]以為當治[69]，事以[70]暴列[71]，乃復上書妄稱譽丹，前後相違，不敬[72]。」上貶咸、欽秩[73]各二等，遂策免[74]丹曰：「夫三公者，朕之腹心也，輔善相過[75]，匡率[76]百僚，和合[77]天下者也。朕既不明，委政於公，間者陰陽不調，寒暑失常，變異婁臻[78]，山崩地震，河決泉涌，流殺人民，百姓流連[79]，無所歸心，司空之職尤廢焉。君在位出入三年，未聞忠言嘉謀，而反有朋黨[80]相進不公之名。乃者[81]以挺力田[82]議改幣章示君[83]，君內[84]為朕建[85]可改不疑[86]；以君之言博考[87]朝臣，君乃[88]希[89]眾雷同[90]，外[91]以為不便，令觀聽者歸非[92]於朕。朕隱忍[93]不宣，為君受愆[94]。朕疾[95]夫比周[96]之徒虛偽壞化[97]，寖以成俗，故屢以書飭[98]

君，幾(99)君省過求己(100)，而反不受，退有後言(101)。及君奏封事，傳於道路，布聞(102)朝市(103)，言事者以為大臣不忠，辜(104)陷重辟(105)，獲虛采名(106)，謗譏(107)匈匈(108)，流於四方。腹心如此，謂疏者何(109)？殆(110)謬(111)於二人同心之利(112)焉，將何以率示(113)群下(114)，附親(115)遠方？朕惟(116)君位尊任重，慮不周密，懷諼(117)迷國，進退違命，反覆異言，甚為君恥之，非所以共承(118)天地，永保國家之意。以君嘗託傅位，未忍考於理(119)，已詔有司赦君勿治。其(120)上大司空高樂侯印綬，罷歸。」

3 尚書令唐林(121)上疏曰：「竊見免大司空丹策書，泰(122)深痛切，君子作文，為賢者諱。丹經為世儒宗(123)，德為國黃耇(124)，親傅(125)聖躬(126)，位在三公，所坐者微(127)，海內未見其大過，事既已往，免爵大重(128)，京師識者(129)咸以為宜復丹邑爵(130)，使奉朝請(131)，四方所瞻卬(132)也。惟陛下財覽(133)眾心，有以(134)尉復(135)師傅之臣。」上從林言，下詔賜丹爵關內侯，食邑三百戶。

【章旨】以上為〈師丹傳〉的第二部分，寫師丹上書彈劾董宏，反對在京師為哀帝生父修建共皇廟，引起哀帝不滿，被削奪官爵。尚書令唐林為師丹說情，哀帝減輕對他的處罰，免去大司空職，降為關內侯。

【注釋】❶成帝母　元帝皇后王政君。❷趙皇后　趙飛燕（西元前？—前一年）。原為陽阿公主家歌女，因善舞體輕，故號「飛燕」。詳見卷九十七下〈外戚傳・孝成趙皇后〉。❸國邸　漢諸侯王為朝覲而在京城設立的住所。此指定陶王國邸。❹高昌　縣名。在今山東博興西南。❺董宏　（西元前？—前三年），繼承父爵為高昌侯。❻莊襄王　戰國時秦國國君嬴異人，秦始皇的父親。西元前二四九—前二四七年在位。❼華陽夫人　姓芈。秦孝文王王后。❽所子　收養為子嗣。莊襄王生母是孝文王姬夏氏。❾稱引　援引；稱述。❿詿誤　貽誤；連累。⓫聖朝　封建時代尊稱本朝。亦作為皇帝的代稱。⓬要　要挾。⓭郎中令　官名。秦置。漢初沿置。武帝時改稱光祿勳。《漢書補注》引劉敞曰：「案，是時無郎中令。」王先慎曰：「《漢紀》無『泠』字。案，『令』即『泠』之誤衍。」施之勉持不同意見：「《漢舊儀》，郎中令，主郎中。……獨郎中令，比二千石。《漢官儀》謂之郎中令者，言領諸郎而為之長。是其時有郎中令也。」⓮泠褒　姓泠，名褒。⓯黃門　官名。本秦官，漢因之。因給事黃門，故名。後為非宦者充任的黃門侍郎、給事黃門侍郎等官的簡稱。⓰蕃國　即諸侯國。蕃，通「藩」。⓱冠加在前頭。⓲稱皇之意　謂符合至尊之號。稱，符合；相當。⓳置吏二千石以下　指設置詹事、太僕、少府等眾官。⓴厥其。㉑取法　取以為法則；效法。㉒人倫　人與人之間的關係和應當遵守的行為準則。特指尊卑長幼之間的等級關係。㉓乾坤　《易》的〈乾〉卦和〈坤〉卦。㉔節　節奏。此指規律。㉕人主　人君，君主。㉖定陶共　意謂在「皇太后」、「皇后」前加「定陶共」三字。共，通「恭」。㉗並　並列；相等。㉘明尊卑亡二上　《漢書補注》引王念孫曰：「『卑』字涉上文兩尊卑而衍。此言傅昭儀、丁姬不得與元后并尊，故曰『尊亡二上』，『尊』下不當有『卑』字。」案：有「卑」字也可通，當讀為「明尊卑、亡二上」。「尊卑」可理解為偏義複合詞，偏指「尊」，「卑」無義。㉙禮　此指《禮記》。亦稱《小戴禮》或《小戴禮記》。㉚父為士四句　語出《禮記・喪服小記》。文字稍有出入。意思是說：父親是士人，兒子是天子，按照祭祀天子的喪禮拜祭，被祭者穿士人的衣服。尸，古代祭祀時代死者受祭的人。士服，封建時代士人的服飾。㉛爵父　授給父親爵位。㉜為人後　做別人的繼承人。㉝斬衰　舊時五種喪服中最重要的一種。用粗麻布製成，左右和下邊不縫。服制三年。子及未嫁女為父母，媳為公婆，承重孫為祖父母，妻妾為夫，均服斬衰。先秦諸侯為天子、臣為君亦服斬衰。㉞朞　朞服的簡稱。舊時喪服名。即齊衰一年之服。五服之一。服用粗麻布製成，以其緝邊縫齊，故稱「齊衰」。㉟本祖　指所繼承的祖先。㊱正統　嫡系子孫。㊲為共王立後　綏和元年（西元前八年）二月，成帝立定陶王劉欣為太子，冬十一月，立楚王孫劉景為定陶王，即以劉景為定陶共王的後代。㊳太祖　通稱開國皇帝曰太祖。此指王國的始封之君。㊴持重　謂主持喪祭或宗廟社稷祭祀之事。㊵大宗　宗法社會以嫡系長房為「大宗」，餘子為「小宗」。㊶無主　指無主祭人。㊷泰祖　即太祖。㊸墮　損毀；毀棄。㊹尊厚　尊崇厚待；尊貴優厚。㊺浸　漸。㊻龜貝　龜甲和貝殼。古代用作貨幣，至秦而廢。㊼貨　貨幣。㊽錢　金屬貨幣。特指銅錢。(49)以故 因此。(50)卒 通「猝」。突然。(51)後 《漢書補注》引陳景雲曰：「『後』當作『復』」。(52)書奏 抄寫奏章。書，書寫。(53)草 草稿。(54)行道人 過路人。(55)顯諫 公開諫諍。(56)臣不密則失身 出自《易・繫辭下》。意謂臣下不謹慎保密，就會招來殺身之禍。(57)大不敬 罪名。封建時代重罪之一。謂不敬皇帝。(58)申咸 東海（今山東郯城）人。詳見卷八十三〈薛宣傳〉。(59)炔欽 姓炔，名欽，字幼卿，齊（今山東）人。從許商受《尚書》。(60)經行 經學和品行。(61)憒懣 亦作「憒滿」、「憒悶」。抑鬱煩悶。(62)貶黜 降職；免官。(63)不厭眾心 謂不能使眾人心服。厭，服。(64)儒官 古代掌管學務的官員或官學教師。(65)腹心 肚腹與心臟，皆人體重要器官。比喻賢智策謀之臣。(66)折中 指調和不同意見或爭執。(67)傅 附；附從。(68)經義 經書的義理。(69)治 懲處。(70)以 通「已」。(71)暴列 暴露。暴，彰顯。(72)不敬 漢代罪名之一。(73)秩 俸祿。(74)策免 帝王以策書免官。策，策書。古代書寫帝王任免官員等命令的簡策。(75)相過 幫助改正過錯。相，輔助。(76)匡率 匡正統領。(77)和合 和睦同心。使動用法。(78)臻 至。(79)流連 流離轉徙。(80)朋黨 指同類的人以惡相濟而結成的集團。後指因政見不同而形成的相互傾軋的宗派。(81)乃者 從前；往日。(82)挺力田 有二說。顏師古曰：「挺，引拔也。謂特拔異力田之人，優寵之也。」《漢書補注》引錢大昭曰：「挺，寬也。言優寵力田之人，寬其租賦傜役。」力田，努力耕田。亦泛指勤於農事。(83)示君 給您看。(84)內 內宮。(85)建 建議；陳述。(86)可改不疑 可以改革沒有提出疑議。(87)博考 普遍廣泛地徵求。(88)乃 竟。(89)希 迎合。(90)雷同 隨聲附和。(91)外 外廷。指朝廷。與「內」相對。(92)非 錯誤；過失。(93)隱忍 克制忍耐。(94)愆 過失；罪過。(95)疾 痛恨。(96)比周 結黨營私。(97)壞化 敗壞風氣。(98)飭 命令；告誡。(99)幾 通「冀」。期望；希望。(100)省過求己 言反省自己之過。省過，反省過失。(101)後言 背後非議。(102)布聞 傳布。(103)朝市 朝廷和集市。泛指公共場所。(104)辜 罪。(105)重辟 極刑；死罪。(106)采名 沽名；邀名。(107)謗譏 非議、譏刺。(108)匈匈 同「詾詾」。喧譁；吵嚷。(109)謂疏者何 對疏遠的人又該怎麼辦呢。(110)殆 大概；恐怕。(111)謬 背戾乖違。(112)二人同心之利 《易・繫辭上》有「二人同心，其利斷金」之語。比喻只要兩個人一條心，就能發揮很大的力量。(113)率示 示範；作為榜樣。(114)群下 群臣下民。(115)附親 使之歸附親近。(116)惟 思考。(117)懷諼 心存欺詐。諼，欺詐。(118)共承 恭敬地承奉。共，通「恭」。(119)考於理 交給廷尉審理。理，大理，即廷尉。見前注。(120)其 表示祈使。猶當、可。(121)唐林 字子高，封建德侯。(122)泰 通「太」。(123)儒宗 儒者的宗師。漢以後亦泛指為讀書人所宗仰的學者。(124)黃耇 老人之稱。此指元老。黃，黃髮。耇，老。(125)傅 輔佐；教導。(126)聖躬 猶聖體。臣下稱皇帝的身體。代指皇帝。(127)所坐者微 所犯罪過輕微。(128)大重 太重。大，通「太」。(129)識者 有見識的人。(130)邑爵 封邑和爵位。(131)奉朝請 古代諸侯春季朝見天子叫朝，秋季朝見為請。因稱定期參加朝會為奉朝請。漢代退職大臣、將軍和皇室、外戚多以奉朝請名義參加朝會。[132]瞻卬 仰望；敬視。卬，通「仰」。[133]財覽 裁決審察。財，通「裁」。[134]有以 表示具有某種條件、原因等。[135]尉復 安撫報答。尉，通「慰」。復，報。

【語譯】當初，哀帝即位，成帝的母親尊稱為太皇太后，成帝趙皇后尊稱為皇太后，而皇上的祖母傅太后和母親丁后都住在定陶王國設在京城的官邸，自然根據定陶共王來稱呼她們。高昌侯董宏上書說：「秦莊襄王的母親本來是夏氏，而他被華陽夫人作為兒子撫養，到莊襄王即位後，夏氏和華陽夫人都稱為太后。應該立定陶共王王后為皇太后。」事情下交給有關官員議處，當時師丹以左將軍身分與大司馬王莽共同彈劾董宏「明知皇太后是最尊貴的稱號，天下已經統一，卻稱引滅亡的秦朝來做比喻，欺騙貽誤聖明的朝廷，不是人臣應當說的話，非常不合道義」。皇上剛即位，謙遜退讓，採納了王莽、師丹的意見，將董宏免為平民。傅太后大怒，強迫皇上一定要稱尊號，皇上於是追尊定陶共王為共皇帝，尊稱傅太后為共皇太后，丁后為共皇后。郎中令泠褒、黃門郎段猶等人又上書道：「定陶共皇太后、共皇后都不應該再引用定陶藩國的名稱來加在尊號上，車馬衣服都應該符合『皇』的含義，設置二千石以下官員都履行他們各自的職責，還應該在京師為共皇修建宗廟。」皇上又將這封上書批交臣下討論，有關官員都認為應該像泠褒和段猶說的那樣做。師丹的議論偏偏說：「聖明的君王制定禮儀效法天地，因此尊卑之禮明確了，人與人之間的關係就會端正；人們關係端正了，乾坤就能得到適當的位置而陰陽也順應自己的規律，人君和萬民都蒙受保佑和幸福。尊卑是用來端正天地位置關係的，不能夠擾亂。現在定陶共皇太后、共皇后以『定陶共』作稱號，符合母親隨兒子、妻子隨丈夫的原則。如果要設置官吏，車馬服飾與太皇太后等同，就不能用來明確尊卑和天無二主的原則。定陶共皇的謚號以前已經確定了，按道理不能再更改。《禮記》中說：『父親是士人，兒子是天子，祭祀時使用天子的喪禮，受祭人穿士人的衣服。』兒子沒有給父親封爵的道理，這是為了尊重父母啊。做了別人的繼承人就是做了他的兒子，所以要為所繼承的人穿斬衰孝服三年，而把親生父母的守孝期減為一年，這是表明尊奉本祖而重視正統啊。成帝聖恩深遠，因此替共王立了後嗣，奉承祭祀，讓共皇長久地成為一個王國的太祖，一萬代也不會毀棄祭祀，恩情道義都已完備。陛下已經繼承了先帝的皇位，主持大宗的事務，承繼宗廟天地社稷的祭祀，按道理不應該再主持定陶共皇的祭祀，進入他的祠廟。現在要在京師為共皇修建宗廟，並讓臣下祭祀他，這是沒有主祭人啊。況且，五代人之後親情就盡了，神主應當移入太廟，白白地放棄一個王國的太祖不會移除的祭祀，卻去接受沒有主祭子孫將來會被移除的不正當的禮儀，這不是尊崇厚待共皇的做法啊。」師丹因此漸漸不稱皇上的心意。

2 時逢有人上書說古代用龜貝做貨幣，現在用銅錢替換它，百姓因此貧窮，應該改革幣制。皇上就此事徵詢師丹的意見，師丹回答說可以改。奏書下交給有關部門商議，都認為使用銅錢已經很長時間了，很難馬上改變。師丹人老了，忘了他以前說的話，後來又同意了公卿的意見。還有師丹讓屬吏抄寫奏章，屬吏私自抄了一份草稿，丁、傅二家的子弟聽說了，派人上書控告師丹進奏密封的奏書而行人都持有那份奏書。皇上就這件事詢問將軍和中朝大臣的處理意見，他們都回答說：「忠臣不公開諫諍，大臣上奏政事不應該洩漏，讓官吏百姓傳寫流散四方。『臣下不謹慎保密，就會招來殺身之禍』，應該交給廷尉審理。」事情批交廷尉，廷尉彈劾師丹犯了大不敬罪。事情還沒有裁決，給事中博士申咸、炔欽上書，說：「師丹的經學和品行沒有人可以相比，自近代以來的大臣能像師丹的很少。他抒發憤懣，進呈密封的奏書，來不及深思遠慮，讓主簿書寫，洩露奏章的過錯不在師丹，因此貶黜他，恐怕不能使眾人心服。」尚書彈劾申咸、炔欽說：「有幸得以憑儒官選拔為賢智策謀之臣，皇上聽取他們的意見來綜合考慮決斷疑難，明知師丹是國家重臣，議定罪名進行處罰，是國家特別慎重的，申咸、炔欽當初附合經義認為應當懲處，事情已經顯示出來了，竟又上書胡亂稱讚師丹，前後相違背，犯了不敬罪。」皇上對申咸和炔欽各降俸祿兩級，於是下策書罷免師丹說：「三公，是朕的心腹大臣，輔助善行糾正過失，匡正統領百官，使天下和睦同心的依靠。朕既然不賢明，把政事委託給您，近來陰陽不調，寒暑失常，變異頻繁發生，山崩地震，河水決溢，泉水湧出，淹死民眾，百姓流離轉徙，無處定居安心，司空的職事尤其荒廢。您在司空職位上出入朝廷三年，沒有聽到您的忠誠言論和良好計謀，卻反而有交結朋黨提拔任用不公正的名聲。以前把討論寬減租賦徭役改革幣制的奏章給您看，您在宮內向朕建議可以改革，沒有提出疑議；把您的主張交給朝廷大臣廣泛徵求意見，您竟然迎合眾人隨聲附和，在朝廷上認為改革不適宜，讓觀察聽聞政事的人把過錯歸到朕身上。朕克制忍耐沒有說出來，替您受過。朕痛恨那些結黨營私的人虛情偽詐敗壞風化，漸漸形成習俗，所以多次下詔書告誡您，希望您反省自己的過失，卻反而不接受，回去還有背後非議。到您上呈密封奏書，流傳到行人中間，散布得朝廷市井都知道了，執法官員認為您身為大臣不忠，罪行重大，徒有虛名，以致毀謗之言沸沸揚揚，流傳四方。心腹大臣尚且如此，對疏遠的人又該怎麼辦呢？恐怕違背了『二人同心，其利斷金』吧，又憑什麼做群臣百姓的表率，使遠方歸附親近呢？朕考慮您地位尊貴責任重大，謀慮事情不周密，心懷詭詐迷亂國家，舉止行動違背命令，言論反覆相互矛盾，很是替您羞愧，這不是用來恭敬地承奉天地，永保國家的思慮。因為您曾受託為朕的老師，不忍心交給廷尉審理，已經詔命有關官員寬赦您不予懲處。就上繳大司空高樂侯的印綬，罷官歸家吧。」

3 尚書令唐林上奏疏說：「我私下裡看到罷免大司空師丹的策書，語言太尖銳深切了，君子寫文章，應該替賢者隱諱。師丹在經學上是當代儒者的宗師，德行是國中的長者，親自教授陛下，位居三公，犯的罪很輕微，在海內沒有發現他有大的過錯，事情既然已經過去了，免去爵位的處罰太重了，京師的有識之士都認為應該恢復師丹的封地爵位，讓他奉朝請，這是四方的人期待的啊。希望陛下評判體察眾人的心意，能夠安撫報答作為師傅的大臣。」皇上聽從了唐林的建議，下詔賜給師丹關內侯爵位，食邑三百戶。

丹既免數月，上用朱博❶議，尊傅太后為皇太太后，丁后為帝太后，與太皇太后及皇太后同尊，又為共皇立廟京師，儀❷如孝元皇帝。博遷為丞相，復與御史大夫趙玄奏言：「前高昌侯宏首建❸尊號之議，而為丹所劾奏，免為庶人。時天下衰麤❹，委政於丹。丹不深惟❺褒廣尊親之義❻而妄稱說，抑貶尊號，虧損❼

孝道，不忠莫大焉。陛下聖仁，昭然❽定尊號，宏以忠孝復封高昌侯。丹惡逆❾暴著❿，雖蒙赦令，不宜有爵邑，請免為庶人。」奏可。丹於是⓫廢歸鄉里者數年。

平帝即位，新都侯王莽白太皇太后發掘傅太后、丁太后冢，奪其璽綬⓬，更以民葬之⓭，定陶隳廢⓮共皇廟。諸造議⓯泠褒、段猶等皆徙合浦⓰，復免高昌侯宏⓱為庶人。徵丹詣公車⓲，賜爵關內侯，食故邑。數月，太皇太后詔大司徒、大司空曰：「夫褒⓳有德，賞元功⓴，先聖之制，百王㉑不易之道也。故定陶太后造㉒稱僭號㉓，甚悖㉔義理㉕。關內侯師丹端誠㉖於國，不顧患難，執忠節，據聖法，分明尊卑之制，確然㉗有柱石之固，臨大節而不可奪㉘，可謂社稷之臣㉙矣。有司條奏㉚邪臣建定稱號者已放退㉛，而丹功賞㉜未加，殆繆㉝乎先賞後罰之義，非以章㉞有德報厥㉟功也。其以厚丘㊱之中鄉戶二千一百封丹為義陽侯。」月餘薨，諡曰節㊲侯。子業嗣，王莽敗迺絕。

【章旨】以上為〈師丹傳〉的第三部分，寫哀帝接受朱博之議，給傅太后、丁后上尊號，在京師為共皇立廟，將師丹免為平民。平帝時，又褒獎師丹，封他為義陽侯。

【注釋】❶朱博（西元前？—前五年），字子元，杜陵（今陝西西安）人。官至御史大夫、丞相，封陽鄉侯。詳見卷八十三〈朱博傳〉。❷儀　禮儀。❸首建　首先提議。❹天下衰麤　指時有成帝之喪，天子不便親自處理政事。衰麤，古時以粗麻布製成的喪服，披於胸前。《漢書補注》引宋祁曰：「『天下』，據姚本作『天子』。」❺深惟　深思；深入考慮。❻尊親之義　尊敬父母的原則。指給傅太后、丁后上尊號的事。❼虧損　損害；缺損。❽昭然　明白貌。❾惡逆　奸惡逆亂。❿暴著　顯露；昭著。⓫於是　由於上事而出現某種結果。猶因此。⓬奪其璽綬　收奪傅太后、丁太后安葬時所懷的皇太太后、帝太后印璽。⓭更以民葬之　改按平民身分安葬。⓮隳廢　毀壞廢除。⓯造議　倡議。⓰合浦　郡名。治合浦，今廣西合浦東北。⓱宏　當作「武」。《漢書補注》引宋祁曰：「《通鑑考異》云：案：〈功臣表〉，建平四年（西元前三年）董宏已死，元壽元年（西元前二年），子武坐父為佞邪，免。」⓲公車　漢代官署名。為衛尉的下屬機構，設公車令，掌管宮殿司馬門的警衛。天下上事及徵召等事宜，經由此處受理。後以指此類官署。⓳褒　嘉獎。⓴元功　功臣。㉑百王　歷代帝王。㉒造建立。㉓僭號　超越本分的封號。㉔悖　違反；違背。㉕義理　合於一定的倫理道德的行事準則。㉖端誠　正直真誠。㉗確然　剛強；堅定。㉘臨大節而不可奪　語出《論語・泰伯》。意謂面臨生死存亡的緊急關頭而不動搖屈服。何晏集解：「大節，安國家，定社稷。」即關係存亡安危的大事。㉙社稷之臣　國家的棟梁之臣。㉚條奏　逐條上奏。㉛放退　免職；退職。㉜功賞　立功的獎賞。㉝繆　違背。㉞章　通「彰」。表揚。㉟厥　其。㊱厚丘　縣名。在今江蘇沭陽北。㊲節　《逸周書・謚法》：「好廉自克曰節。」

【語　譯】師丹被免職幾個月以後，皇上又採用朱博的建議，尊稱傅太后為皇太太后，丁后為帝太后，與太皇太后以及皇太后同等尊貴，又為共皇在京師修建祠廟，禮儀同元帝廟一樣。朱博升任丞相，又和御史大夫趙玄上奏說：「前高昌侯董宏首先提出定立尊號的建議，卻被師丹彈劾，免為平民。那時天下有喪事，天子守孝，政事委託給師丹，師丹不仔細考慮褒揚推廣尊敬父母的原則卻胡說八道，貶低尊號，損害孝道，不忠沒有比這更大的了。陛下聖明仁厚，明確地定立尊號，董宏因為忠孝又封為高昌侯。師丹奸惡逆亂罪行昭著，雖然蒙受寬赦命令，也不應該享有爵位和封地，請求免他為平民。」奏議被批准。師丹因此被廢免回歸鄉里好幾年。

平帝即位，新都侯王莽向太皇太后陳請挖掘傅太后、丁太后的墓冢，收奪她們的璽印，改用平民之禮埋葬她們，定陶國也拆毀廢棄了共皇廟。所有建議此事的人如泠褒、段猶等人都流放到合浦，又罷免高昌侯董宏為平民。徵召師丹到公車署，賜爵關內侯，享有原來的封邑。幾個月後，太皇太后詔令大司徒、大司空道：「嘉獎有德的人，賞賜功臣，這是先聖的制度，歷代帝王不變的原則。已故定陶太后建立超越本分的封號，十分違背義理。關內侯師丹對國家正直忠誠，不顧禍患艱難，堅持忠誠節操，依據聖王的法度，分辨明確尊卑的制度，意志堅定有如柱石一樣牢固，面臨生死存亡的緊急關頭而不動搖屈服，可以稱得上國家的棟梁之臣了。有關官員逐條上奏當年建議定稱尊號的奸邪臣子已經罷免，可是師丹立功的獎賞沒有施加，恐怕違背了先賞後罰的原則，不是宣揚有德報答他的功勞的做法啊。就把厚丘縣的中鄉二千一百戶賜給師丹，封他為義陽侯。」一個多月後，師丹去世，謚號稱節侯。他的兒子師業繼承了爵位，王莽敗亡後才斷絕。

贊曰：何武之舉❶，王嘉之爭❷，師丹之議❸，考其禍福，乃效於後❹。當王莽之作❺，外內❻咸服，董賢之愛❼，疑❽於親戚，武、嘉區區❾，以一蕢障江河❿，用⓫沒⓬其身。丹與董宏更受賞罰⓭，哀哉！故曰「依世則廢道，違俗則危殆⓮」，此古人所以難受爵位⓯者也。

【章旨】以上為作者的贊語，對何武、王嘉、師丹遭遇的禍福進行評論，表達了做官險難的觀點。

【注釋】❶何武之舉　指何武舉薦公孫祿為大司馬。❷王嘉之爭　指王嘉反對增加董賢封邑的諫諍。❸師丹之議　指師丹議論傅太后、丁太后不宜稱尊號。❹考其禍福二句　謂後來王莽篡位，董賢遇禍，丁、傅喪敗。考，考察。效，驗證；應驗。❺作　興起。❻外內　指朝廷內外。❼愛　受寵。❽疑　通「擬」。比擬。❾區區　形容微不足道。❿以一蕢障江河　用一筐土堵塞長江黃河。蕢，草編的筐子。一蕢，謂一蕢之土。⓫用　因。⓬沒　淹沒。⓭丹與董宏更受賞罰　師丹與董宏交替受賞受罰。董宏當初建議尊號，為師丹所劾而免爵土。及師丹廢黜，董宏復獲封。至王莽執政，董宏（武）為庶人，師丹受國邑。⑭依世則廢道二句　意謂隨時曲直則廢於正道，違迕流俗則其身不安。⑮所以難受爵位　意謂認為做官險難。難，畏懼；擔心。

【語譯】史官評議說：何武的舉奏，王嘉的諫諍，師丹的議論，考察他們的禍福，都在以後應驗了。當王莽興起，朝廷內外都信服，董賢受到的寵幸，可以同皇親國戚相比，何武、王嘉力量微不足道，他們的作為猶如用一筐土去堵塞江河，因而淹沒了自身。師丹和董宏交替受賞挨罰，悲哀呀！所以說「依隨世俗就會廢棄正道，違逆世俗則將危害自身」，這就是古人戒懼接受爵位的原因啊。

【研　析】西漢自元、成以後，外戚權重，直接影響劉氏政權興亡，也影響社會安亂。外戚憑藉與帝王的特殊關係發展權勢，帝王也借重外戚勢力維繫統治。外戚一旦羽翼豐滿，又與帝王展開殊死之爭。成、哀、平三朝政治舞臺上演的，正是皇家與外戚、外戚與外戚的權力角逐。本傳的三位傳主何武、王嘉、師丹活動在西漢晚期政治衰敗的局面下，以忠直居相位，而皆不免於禍，近乎中流砥柱，故合傳。

〈何武傳〉以「仁厚」、「正直」為主，不庇護弟弟何顯，不忌恨戴勝詆毀之仇，公平決獄，待人以賢，監察地方以教養為先，此皆其「仁厚」處。不受何壽請託，不應王莽之求，此皆其「正直」處。樂於舉薦人才，稱人之善。功名略比薛宣，才能不及，而經術正直過之。奏請改革王國相職權如太守，內史如都尉，被採納施行。為反對外戚王莽專權，與左將軍公孫祿互相稱舉，力主在用人上應親疏相錯，足見其謀國之遠，慮患之深，真是大臣胸襟。而竟因此受誣致死，班氏以「眾人多冤武者」結傳，令人掩卷沉思。

〈王嘉傳〉，敘其大節，所載上書，尤見經國遠圖。〈請養材疏〉認為，聖王之功在於得人，得人則士民歸附，教化行而治功立；但賢才難得，必須事先扶植培養，留心選賢，不可求全責備。「為人剛直嚴毅有威重」句，是一傳總提，以下皆據此寫來。與御史大夫賈延聯名上封事，反對封寵臣董賢等人為侯；藉日食舉直言復奏封事，勸哀帝以前代為鑑，節制對董賢的寵愛，以保全其性命；又上封事諫阻增加對董賢等人的封賞，藉大赦舉薦被貶為平民的梁相、鞫譚、宗伯鳳，因此觸怒哀帝，身陷囹圄。最後寫王嘉不從將相不對理陳冤的慣例，到廷尉詔獄受審，「剛直」精神躍然紙上，令人不堪卒讀。他認為自己罪不當死，不肯服藥自殺，堅持為自己辯護，憤而絕食，吐血而死。他死後，哀帝「覽其對而思嘉言」，重新起用了王嘉大力推薦的孔光和何武，沉痛之情又進一層。

〈師丹傳〉，開首敘丞相翟方進等舉薦師丹之言，稱其「論議深博，廉正守道」，已為傳主一生行事立下基準。哀帝任用外戚傅氏和丁氏，削奪王氏權力，師丹上書諫阻，勸哀帝應論功行賞，克己循禮，不要急於求成。上書彈劾董宏，反對在京師為哀帝生父修建共皇廟。議論推情度理，酌古準今，乃其「論議深博，廉正守道」之切實證據。後來治平諸賢猶引此為濮議之本，可知其言之不謬。師丹以名儒為大臣，能高論而無濟時艱。限田之議，觸及了當時社會的主要矛盾，但稱不上積極改革的良策，哀帝本非銳意改革之主，限田政策流產也就不足為怪了。外戚丁氏、傅氏與王氏互相爭權奪利，有派別之分，但無優劣之別，師丹與董宏依此倚彼，更為勝敗，無足稱道。

傳末評論，西漢末葉，王莽專政，董賢用事，何武、王嘉所為，實是「以一蕢障江河」，必然失敗。當時，「依世廢道」者眾，「違俗」抗爭者寡，二人不隨波逐流，犯顏直諫，為國而不惜死，精神可嘉。所謂「違俗則危殆」，個人之力難挽西漢衰頹大勢，言之成理。「難受爵位」表達了作者對做官險難的感慨，與後世「伴君如伴虎」之說相通。不過，何武、王嘉等堅執善道，又豈是僅僅為了爵位？

卷八十七上

揚雄傳第五十七上

【題　解】揚雄（西元前五三—西元一八年），西漢學者、思想家、辭賦家、語言學家。揚雄好學深思，博覽多識。家貧，不慕富貴。任給事黃門郎，曆成、哀、平「三世不徙官」，官職一直很低微。早年酷好辭賦，崇拜司馬相如，曾模仿司馬相如的〈子虛賦〉、〈上林賦〉，作〈甘泉賦〉、〈羽獵賦〉、〈長楊賦〉，其內容為鋪寫天子祭祀之隆、苑囿之大、田獵之盛，為已處於崩潰前夕的漢王朝粉飾太平、歌功頌德。結尾兼寓諷諫之意。其用詞構思亦華麗壯闊，與司馬相如賦相類，所以後世有「揚馬」之稱。揚雄辭賦多見於《漢書》本傳及《文選》，又有〈蜀都賦〉與〈逐貧賦〉見《古文苑》。晚年對辭賦的看法卻有所轉變。他在《法言・吾子》中認為作賦乃是「童子雕蟲篆刻」，「壯夫不為」；並認為自己早年的賦和司馬相如的賦一樣，都是似諷而實勸。另外還提出「詩人之賦麗以則，辭人之賦麗以淫」的看法，把楚辭和漢賦的優劣得失區別開來。這些認識對後世關於賦的文學批評有一定的影響。他還模擬《易經》做《太玄》，模擬《論語》做《法言》等。在《法言》中，他主張文學應當宗經、徵聖，以儒家著作為典範，這對劉勰的《文心雕龍》頗有影響。揚雄還著有《方言》，為中國最早的方言專著，是研究西漢語言的重要資料。《隋書・經籍志》有《揚雄集》五卷，已散佚。明代張溥輯有《揚侍郎集》，收入《漢魏六朝百三家集》。

揚雄，字子雲，蜀郡❶成都人也。其先出自有周伯僑者❷，以支庶初食采於晉之揚❸，因氏焉❹，不知伯僑周何別❺也。揚在河、汾之間❻，周衰而揚氏或稱侯❼，號曰揚侯。會晉六卿爭權❽，韓、魏、趙興而范、中行、知伯弊❾。當是時，偪揚侯❿，揚侯逃於楚巫山，因家焉⓫。楚漢之興⓬也，揚氏遡江⓭上，處巴江州⓮。而揚季官至廬江⓯太守。漢元鼎⓰間避仇，復遡江上，處嶓山之陽曰郫⓱，有田一壥，有宅一區⓲，世世以農桑為業。自季至雄，五世而傳一子，故雄亡它揚於蜀⓳。

雄少而好學，不為章句⓴，訓詁㉑通而已，博覽無所不見。為人簡易佚蕩㉒，口吃不能劇談㉓，默而好深湛㉔之思，清靜亡為，少耆欲㉕，不汲汲於富貴㉖，不戚戚於貧賤㉗，不修廉隅以徼名當世㉘。家產不過十金㉙，乏無儋石之儲㉚，晏如㉛也。自有大度㉜，非聖哲㉝之書不好也；非其意，雖富貴不事㉞也。顧嘗好辭賦㉟。

【章　旨】以上兩小段，首先敘述揚雄家世及先祖歷次遷居情況，繼而記揚雄的性情、志向。

【注　釋】❶蜀郡　漢郡名。在今四川中西部，治成都（今成都）。❷其先出自有周伯僑者　他的祖先起源於周朝的伯僑。先，祖先。有周，即周朝。有字為名詞詞頭。周，朝代名，西元前一一二二年周武王所建立，建都於鎬（今陝西長安西南），至西元前七七〇年，周平王遷都洛邑（今河南洛陽）。歷史上稱平王東遷以前為西周，以後為東周。東周又可分為春秋和戰國兩個時期。西元前二五六年為秦國所滅亡。伯僑，人名，為周朝王族。❸以支庶初食采於晉之揚　作為庶子，最初得到晉國的揚邑為采邑。支庶，宗法制度下稱嫡長子以外的兒子。采，顏師古曰：「官也。以官受地，謂之采地。」即古代分封制度下貴族的封地。晉，周代封國名。開國君主是周成王之弟姬虞，地處今山西西南部，建都於唐（今翼城西）。後來疆域陸續擴大到今山西大部、河北西南部和河南北部，先後遷都絳（今翼城東南）、新田（今曲沃西北）。西元前四〇三年為韓、趙、魏三家所瓜分。揚，邑名，在今山西洪洞東南。❹因氏焉　因此把「揚」作為姓氏。氏，古代貴族作為宗族系統的稱號，是姓的支系。古代女子稱姓，男子稱氏；貴族才有氏，貧賤者只有名。秦漢以後，姓、氏不分，或稱姓，或稱氏，或兼稱姓氏。這裡用作動詞，意為以「揚」為氏。焉，代詞，指代「揚」。❺周何別　從哪一代周王分出的支系。顏師古曰：「別謂分系緒也。」❻揚在河汾之間　揚邑處在黃河、汾河之間。河，古代黃河的專名。汾，水名。即今山西中部的汾河，發源於寧武管涔山，至河津匯入黃河。❼稱侯　指原為王子封邑，從此躋身諸侯行列。❽晉六卿爭權　春秋後期，晉國的范氏、中行氏、知（智）氏、韓氏、趙氏、魏氏六家世襲為卿，經過長期的兼併鬥爭，范氏、中行氏、知（智）氏先後被消滅，最終韓氏、趙氏、魏氏三家瓜分晉國，分別建國。❾弊　通「斃」。失敗；仆倒。❿偪揚侯　謂六卿逼迫揚侯。晉灼曰：「《漢名臣奏》載張衡說，云晉大夫食采於揚，為揚氏，食我有罪而揚氏滅。無揚侯。有揚侯則非六卿所偪也。」顏師古曰：「晉說是也。雄之自序譜諜蓋為疏謬，范、中行不與知伯同時滅，何得言當是時偪揚侯乎？偪，古『逼』字。」⓫揚侯逃於楚巫山二句　揚侯逃亡到了楚國的巫山，就在那裡安了家。楚，周代封國名。開國君主姓羋，名熊，後世子孫遂以熊為氏。西周初，熊繹受封於周成王，立國於荊山（今湖北南漳西南）一帶，都丹陽（今湖北秭歸東南），後都郢。春秋戰國時國勢強盛，疆域擴大。其後漸弱，屢敗於秦。西元前二二三年，為秦所滅亡。巫山，山名。即今四川、湖北兩省交界處的巫山。⓬楚漢之興　指項羽、劉邦相繼起義反秦及以後的楚漢爭戰。⓭泝江　泝，逆流而上。江，古代長江的專名。⓮處巴江州　居住在巴郡的江州。處，居住。巴，郡名，在今四川東部。江州，縣名，巴郡的治所，在今重慶嘉陵江北岸。⓯廬江　郡名，在今安徽、湖北、河南交界地區，治舒縣（今安徽廬江西南）。⓰元鼎　漢武帝的年號（西元前一一六—前一一一年）。⓱處崏山之陽曰郫　落腳於崏山南面的郫縣。崏山，山名。即今四川北部的岷山，綿延於四川、甘肅邊境。陽，山之南面、水之北面。郫，縣名。即今四川郫縣。⓲有田一壥二句　有田地一頃，有住宅一處。壥，同「廛」。一百畝。晉灼曰：「《周禮》，上地夫一壥，一百畝也。」區，處或所之意。⓳雄亡它揚於蜀　顏師古注曰：「蜀諸姓揚者皆非雄族，故言雄無它揚。」亡，通「無」。它揚，揚姓同族的別支。⓴章句　指以分章析句來解說古書意義。漢人治經，首在分析古書章節句讀，次在標注經文義旨。起初辭義簡要，後則踵事增繁，以蕪累為世詬病。所謂「章句小儒，破碎大道」，揚雄不為章句，大約是不屑於此。㉑訓詁　註釋經文，解釋古書中詞句的意義。以俗釋雅為訓，以今釋古為詁。訓詁與章句不同，訓詁重在詮釋名物，其辭簡略；章句主於疏明經旨大義，文較繁滋。㉒簡易佚蕩　簡慢輕忽，灑脫豪爽。簡，簡略；簡慢。易，輕忽。佚蕩，同「倜儻」。灑脫豪爽；不拘束。晉灼曰：「佚蕩，緩也。」㉓口吃不能劇談　說話結巴不流利。口吃，說話結結巴巴。劇談，說話快而流利。劇，疾；快速。㉔深湛　精深而透徹。湛，通「沉」。㉕清靜亡為二句　清靜無為，嗜好、欲望少。亡，通「無」。耆，通「嗜」。耆欲，即嗜好、欲望。㉖不汲汲於富貴　對富貴不迫切追求。汲汲，心情急切的樣子。顏師古曰：「汲汲，欲速之義，如井汲之為也。」㉗不戚戚於貧賤　對貧賤不憂愁恐懼。戚戚，憂愁恐懼的樣子。㉘不修廉隅以徼名當世　不矯揉造作、裝腔作勢以邀取當時社會的讚譽。廉隅，棱角。比喻品行端正，有志氣，有操守。此處的「修廉隅」含有裝腔作勢、故作正經的意思。徼名，邀取好名聲；博得讚譽。顏師古曰：「徼，要也。徼字或作激。激，發也。」㉙十金　指十斤黃金或十萬銅錢。金，古代計算貨幣的單位。或以一斤為一金，或以一鎰為一金，因時而異，後亦謂銀一兩為一金。《公羊傳・隱公五年》：「百金之魚。」注：「百金，猶百萬也。古者，以金重一斤，若今萬錢矣。」《史記・平準書》：「更令民鑄錢，一黃金一斤。」《索隱》：「秦以一鎰為一金，漢以一斤為一金。」㉚乏無儋石之儲　家中儲藏的糧食不足一擔。乏，缺少；貧窮。儋石，古代量制，十斗為一石，兩石為一儋（通「擔」）。〈蒯通傳〉應劭曰：「齊人名小甖為儋，受二斛。」晉灼曰：「石，斗石也。」師古曰：「或曰，儋者，一人之所負擔也。」儋石之儲，比喻儲存糧食數量很少。㉛晏如　安靜、平靜的樣子。㉜大度　宏偉的抱負；寬宏的氣度。㉝聖哲　道德崇高、才能見識卓越的人。㉞事　從事；追求。㉟顧嘗好辭賦　但是曾經愛好辭賦。顧，但是。辭賦，古代文體名。戰國時楚有屈原〈離騷〉，荀卿有〈賦篇〉，為賦之先河。至漢而賦大盛，遂名屈原等所作為楚辭。辭、賦常並稱。辭賦講求聲調，以抒情為主，注重排比鋪陳。其後，以行文駢、散之異而分為駢賦、文賦。

【語　譯】揚雄字子雲，是蜀郡成都縣人。他的祖先起源於周朝的王族姬伯僑，身為庶子而開始得到晉國的揚作為采邑，因而以「揚」作姓氏，不知道姬伯僑是從哪一代周王分出來的支系。揚邑處在黃河、汾河之間，周朝衰敗後，揚氏有人稱侯，號為揚侯。遇上晉國六卿爭奪權力，韓氏、魏氏、趙氏興起，而范氏、中行氏、知伯失敗。在這個時候，晉國六卿逼迫揚侯，揚侯逃到楚國的巫山，便在那裡安了家。楚漢紛爭的時候，揚氏沿長江而上，定居於巴郡的江州縣。揚季做官做到廬江郡太守。漢朝元鼎年間為了躲避仇人，再次沿長江而上，定居於岷山南面的郫縣，有田地一頃，有住宅一所，世代以種田養蠶作為職業。從揚季到揚雄，五世單傳，所以揚雄在蜀郡沒有旁支親族。

揚雄年少時就好學，不作章句之學，只求解釋字詞並通曉經文就可以了，但廣泛地閱覽書籍，無所不讀。他為人隨意、灑脫，說話結巴不流利，個性沉默而喜愛精深、透徹的思考，清靜無為，嗜好、欲望很少，對富貴不迫切追求，對貧賤不憂愁恐懼，不矯揉造作、裝腔作勢以邀取當時社會的讚譽。家產不超過十萬錢，家中儲藏的糧食不足一擔，可是他心情安然平靜。他有宏偉的氣度，不是聖賢哲人的書就不愛好；不符合他的心意，即便是錢財官爵也不去追求。但他曾經愛好辭賦。

1 先是時，蜀有司馬相如❶，作賦甚弘麗溫雅❷。雄心壯之❸，每作賦，常擬之以為式❹。又怪屈原❺文過相如，至不容，作離騷，自投江而死。悲其文，讀之未嘗不流涕❻也。以為君子得時則大行，不得時則龍蛇❼，遇不遇，命也，何必湛身❽哉！迺作書，往往摭離騷文而反之❾，自崏山投諸江流以弔屈原❿，名曰反離騷⓫；又旁離騷作重一篇⓬，名曰廣騷⓭；又旁惜誦以下至懷沙⓮一卷，名曰畔牢愁⓯。畔牢愁、廣騷文多不載，獨載反離騷，其辭曰：

2 有周氏之蟬嫣⓰兮，或鼻祖於汾隅⓱。靈宗初諜伯僑⓲兮，流于末之揚侯⓳。

淑周楚之豐烈兮，超既離虖皇波⓴。因江潭而淮記兮，欽弔楚之湘纍㉑。

3 惟天軌之不辟兮，何純絜而離紛㉒！紛纍以其淟涊兮，暗纍以其繽紛㉓。

4 漢十世之陽朔兮，招搖紀于周正㉔。正皇天之清則兮，度后土之方貞㉕。

圖纍承彼洪族兮，又覽纍之昌辭㉖。帶鉤矩而佩衡兮，履欃槍以為綦㉗。素初貯厥麗服兮，何文肆而質䶡㉘！資娵娃之珍髢兮，鬻九戎而索賴㉙。

5 鳳皇翔於蓬陼兮，豈駕鵝之能捷㉚！騁驊騮以曲囏兮，驢騾連蹇而齊足㉛。枳棘之榛榛兮，蝯貁擬而不敢下㉜。靈修既信椒、蘭之唼佞兮，吾纍忽焉而不蚤睹㉝？

6 衿芰茄之綠衣兮，被夫容之朱裳；芳酷烈而莫聞兮，不如襞而幽之離房㉞。閨中容競淖約兮，相態以麗佳㉟；知眾嫭之嫉妒兮，何必颺纍之蛾眉㊱？

7 懿神龍之淵潛，竢慶雲而將舉。亡春風之被離兮，孰焉知龍之所處㊲？愍吾纍之眾芬兮，颺爗爗之芳苓；遭季夏之凝霜兮，慶夭顇而喪榮㊳。

8 橫江、湘以南淮兮，云走乎彼蒼吾；馳江潭之汎溢兮，將折衷虖重華㊴。舒中情之煩或兮，恐重華之不纍與；陵陽侯之素波兮，豈吾纍之獨見許㊵？

9 精瓊靡與秋菊兮，將以延夫天年；臨汨羅而自隕兮，恐日薄於西山㊶。解扶桑之總轡兮，縱令之遂奔馳，鸞皇騰而不屬兮，豈獨飛廉與雲師㊷！

10 卷薜芷與若蕙兮，臨湘淵而投之；棍申椒與菌桂兮，赴江湖而漚之㊸。費椒稰以要神兮，又勤索彼瓊茅；違靈氛而不從兮，反湛身於江皋㊹！

11 纍既𠬮夫傅說兮，奚不信而遂行㊺？徒恐鷤搗之將鳴兮，顧先百草為不芳㊻。

12 初纍棄彼虙妃兮，更思瑤臺之逸女㊼，抨雄鴆以作媒兮，何百離而曾不壹耦㊽！乘雲蜺之旖柅兮，望昆侖以樛流，覽四荒而顧懷兮，奚必云女彼高丘㊾？

13 既亡鸞車之幽藹兮，駕八龍之委蛇㊿？臨江瀕而掩涕兮，何有九招與九歌(51)？

14 夫聖哲之遭兮，固時命之所有；雖增欷以於邑兮，吾恐靈修之不纍改(52)。昔仲尼之去魯兮，斐斐遲遲而周邁；終回復於舊都兮，何必湘淵與濤瀨(53)！溷漁父之餔歠兮，絜沐浴之振衣(54)。棄由、聃之所珍兮，蹠彭咸之所遺(55)！

【章　旨】以上載錄揚雄所作的〈反離騷〉全文。〈反離騷〉為憑弔屈原而作，對屈原遭遇充滿同情，但又用老、莊思想指責屈原但慕高潔，不能待時，「棄由、聃之所珍兮，蹠彭咸之所遺」，認為屈原見到事不可為，應早有預見，保身待時。反映了作者明哲保身的思想，而未能正確地評價屈原。

【注　釋】❶司馬相如　（西元前？—前一一七年），字長卿，蜀郡成都（今屬四川）人。西漢辭賦家、散文家。善辭賦。景帝時，以家財多，得拜為郎，為武騎常侍，然非其所好。後稱病免，與枚乘等從梁孝王遊。以辭賦而深得漢武帝賞識，召為郎，曾奉命出使西南夷。後為孝文園令。詳見卷五十七〈司馬相如傳〉。❷弘麗溫雅　弘偉華麗，溫潤典雅。❸壯之　以之為壯。壯，雄壯宏偉。❹擬之以為式　模仿它，把它作為標準、範式。擬，模仿。式，範式；法則。❺屈原　（約西元前三四〇—約前二七八年），字原，名平，又自云正則，字靈均，戰國楚人。初輔佐楚懷王，官左徒、三閭大夫。學識淵博，主張舉賢授能，彰明法度，聯齊抗秦。後遭讒去職，頃襄王時被放逐，長期流浪沅、湘流域。楚都城郢被秦軍攻破後，憤而投汨羅江（湘江支流，在今湖南汨羅）自殺。❻涕　淚水。❼得時則大行二句　碰上好的際遇就要從容施展自己的抱負，不能得到施展才能的機會，就要像潛藏的龍蛇一樣，靜以求動，等待機遇。時，際遇。大行，大行其道。即從容施展自己的抱負。顏師古曰：「大行，安步徐行。」龍蛇，如龍蛇一樣蟄伏隱藏起來，謂暫靜以待動。《周易・繫辭下》曰：「龍蛇之蟄，以存身也。」疏：「龍蛇之蟄以存身者，言靜以求動也。龍蛇初蟄，是靜也；以此存身，是後動也。」❽湛身　謂投水而死。湛，通「沉」。❾往往摭離騷文而反之　往往摘引〈離騷〉的文句而反用其意。往往，猶言處處。摭，拾取；摘取。❿投諸江流以弔屈原　把撰寫好的文章投入江水，來悼念屈原。諸，「之於」的合音字詞。江，這裡指岷江。弔，哀悼；傷痛。⓫反離騷　《文選》李善注引此篇，有三種名稱，曰〈反騷〉、曰〈反離騷〉、曰〈釋愁〉，而以作〈反騷〉者居多。因此，王念孫認為《漢書》正題當作〈反騷〉，作〈反離騷〉者，「離」字涉上下文而衍。王說根據似未充足。古人引書，往往省文以取簡捷，班書作〈反離騷〉，不可視為錯誤。⓬旁離騷作重一篇　依傍〈離騷〉續作一篇。旁，通「傍」。依傍。重，增加；再次。這裡指續〈離騷〉之作。⓭廣騷　意為擴大〈離騷〉的主題和意境。⓮惜誦以下至懷沙　指屈原《九章》中的〈惜誦〉、〈涉江〉、〈哀郢〉、〈抽思〉、〈懷沙〉五篇。⓯畔牢愁　意為反憂愁。畔，通「叛」。反。牢，通「懰」。憂傷。⓰蟬嫣　連綿不絕。此指與姬周有宗族親屬關係。應劭曰：「蟬嫣，連也，言與周氏親連也。」⓱鼻祖於汾隅　始祖居於汾水流域。顏師古曰：「雄自言系出周氏而食采於揚，故云始祖於汾隅也。」鼻祖，始祖。鼻，創始；開端。隅，角落。這裡指水邊。⓲靈宗初諜伯僑　我的威靈神聖的祖宗在家譜上最早從伯僑開始。應劭曰：「言從伯僑以來可得而敘也。」靈宗，揚氏出自姬周，為神靈之後裔，故曰靈宗。諜，通「牒」。譜牒。《隋書・經籍志》有《揚雄家牒》，早佚。⓳流于末之揚侯　後裔子孫有揚侯。流，支流；支派。以上四句是揚雄自述家世。⓴淑周楚之豐烈兮二句　言本善周、楚之王業，先居河汾之間，後居江水旁的巫山，但終於離開那裡，遷到蜀中。淑，善。豐烈，美業。超，遠。謂長途遷徙。離，經歷。皇波，大水。指長江、黃河。皇，大。顏師古曰：「言其先祖所居經河及江也。河江，四瀆之水，故云大波也。」㉑因江潭而淮記兮二句　言在岷江邊投放弔文，敬弔楚國屈原。因，通過；憑依。江，指岷江。潭，水邊。淮，通「往」。送致。記，書記；文書。指本弔文。顏師古曰：「記，書記也，謂弔文也。言因江水之邊而投書記以往弔也。」欽，敬；莊重。湘纍，指屈原。李奇曰：「諸不以罪死曰纍，荀息、仇牧皆是也。屈原赴湘死，故曰湘纍也。」㉒惟天軌之不辟兮二句　謂天道不昭明，使此純善貞潔之人遭此災難。惟，句首助詞。天軌，猶天路，天道。辟，開；明白。純絜，純善貞潔；善良高尚。離，遭遇；遭受。紛，混亂；災難。㉓紛纍以其淟涊兮二句　謂小人以汙濁的東西汙亂屈原，讒慝交加，使之黯然無光。紛，亂。纍，湘纍的簡稱，指屈原。以下同此。淟涊，穢濁。暗，使聲名晦暗。繽紛，交錯雜亂。指對屈原讒慝交加。㉔漢十世之陽朔兮二句　言作此弔文的時間。十世，指漢自高帝、呂后至成帝，共十代。陽朔，成帝年號（西元前二四—前二一年）。招搖，星名，為北斗第七星，在杓柄頂端。它的指向表示月建。紀，標誌；指向。周正，周朝以夏曆十一月為正月。此言招搖正指十一月。蘇林曰：「言己以此時弔屈原也。」㉕正皇天之清則兮二句　此言時值漢世之隆，天清地正，非比舊時。皇天，偉大的天。清則，清明有法則。度，經歷；居留。后土，地神；土神；大地。方貞，方正。貞，正。顏師古曰：「自漢十世以下四句，乃雄自論己心所履行取法天地耳。」㉖圖纍承彼洪族兮二句　此言想到屈原是楚族的後代，觀看他文辭優美的〈離騷〉。圖，思；想。顏師古則曰：「圖，按其本系之圖書也。」認為是案查其譜牒世系之意。承，繼承。洪族，大族。洪，大。屈原與楚王同族，故稱洪族。覽，省視；觀看。昌辭，優美的文辭。指〈離騷〉等篇。昌，美。㉗帶鉤矩而佩衡兮二句　此言屈原身佩方圓平正之物，卻踏著彗星的足跡。比喻屈原品格方正，卻總是遭遇讒言迫害。帶，佩戴。鉤，圓規。矩，矩尺。衡，天平；秤。履，行走；腳踏。欃槍，天欃星、天槍星，都是古人所謂的妖星，實指彗星、流星、隕星之類。這裡用來比喻楚國迫害屈原的當權貴族。綦，路；履跡；腳跡。晉灼曰：「此反屈原雖佩帶方平之行，而蹈惡人跡，以致放退也。」㉘素初貯厥麗服兮二句　此二句以麗服為喻，言麗服花紋繁盛，但質地鬆懈。比喻屈原「好修以為常」，但不能堅韌退居以待時。素初，起始；初始。素，平素。貯，積蓄。厥，其。麗服，美麗的服飾。屈原〈離騷〉中用美麗的服飾來比喻高尚的品行，如「扈江離與辟芷兮，紉秋蘭以為佩」之類。文，花紋。肆，放。質𩯭，質地鬆懈。或認為應作性情狹隘解釋。應劭曰：「𩯭，狹也。」如淳曰：「文肆者，《楚辭》遠遊乘龍之言也。質𩯭者，恨世不用己而自沉也。」㉙資娵娃之珍髢兮二句　此言販運美麗的頭髮到九戎求利，但九戎人皆披髮，所販頭髮雖美，亦無人認購，必不得利。比喻屈原以高行仕楚，如同以假髮賣給九戎，必不得志。資，通「齎」。攜帶。猶言販運。娵娃，皆古之美人。娵，閭娵。韋昭曰：「閭娵，梁王魏嬰之美女。」娃，吳娃，吳地美女。珍髢，珍貴的頭髮。髢，假髮。這裡指斷下的頭髮。鬻，賣。九戎，古代用來泛指戎族，因其部落眾多，故有此稱。相傳其人皆披長髮，所以，斷下的頭髮，即便珍美，也無人求購。索賴，牟取利益。賴，贏；利。顏師古曰：「言屈原以高行仕楚，亦猶資美女之髢賣於九戎而求其利，必不得也。」㉚鳳皇翔於蓬陼兮二句　此言鳳凰飛到亂草洲渚，還不如野鵝敏捷。鳳皇，即鳳凰。古代傳說中的鳥王，形狀美麗，身長五彩羽毛，雄的為鳳，雌的為凰。蓬陼，蓬草雜生的洲渚。陼，通「渚」。水中小沙洲。駕鵝，野鵝。

捷，敏捷；迅速。㉛騁驊騮以曲囏兮二句　此言使駿馬跑在崎嶇曲折的路上，也和驢、騾一樣走不動。騁，奔馳。驊騮，相傳周穆王時的駿馬名，毛色華美，赤身黑鬣。後泛指駿馬。以，於；在。曲囏，彎曲艱險的道路。連蹇，行步艱難的樣子。《易・蹇》：「往蹇來連。」注：「往來皆難，故曰往蹇來連。」後人謂遭遇坎坷為連蹇。齊足，齊步行走；速度相同。㉜枳棘之榛榛兮二句　此言荊棘叢生，連猿猴都不敢下。枳，如橘樹，枝上多刺。棘，荊棘，也多刺。這裡比喻諂佞之人。榛榛，草木叢雜的樣子。蝯，同「猿」。善攀援。狖似猴，黑色而長尾。擬，疑；欲行而止。㉝靈修既信椒蘭之唼佞兮二句　此言楚王既然寵信子椒、子蘭，你為什麼輕忽而沒有早發現呢。靈修，本義為神明遠見的意思。這裡指楚王。〈離騷〉稱楚王為靈修。椒蘭，指令尹子蘭和司馬子椒。唼佞，譖言。唼，通「接」。與捷同。《詩經・小雅・巷伯》：「捷捷幡幡，謀欲譖言。」捷捷，口舌聲。唼佞，指壞人小聲說話。忽，忽略；輕忽。蚤，通「早」。㉞衿芰茄之綠衣兮四句　〈離騷〉云：「製芰荷以為衣兮，集芙蓉以為裳。」此處則略作變動而反之，言以花為衣裳，芳香酷烈，但無人來聞，不如收疊起來深藏於別房。衿，或作「紟」。衣服的結帶。這裡作動詞，結；繫；以帶束衣。芰，菱。茄，荷莖。顏師古曰：「茄亦荷字也，見張揖《古今字譜》。」被，通「披」。夫容，即芙蓉，荷花的別名。裳，下衣；裙子。上為衣，下為裳。芳酷烈，芳香濃烈。莫，沒有人。襞，折疊衣服。離房，別房。㉟閨中容競淖約兮二句　此言閨中眾女憑自己的容貌競爭，相互比賽姿容以超過別人。閨，指婦女居住的內室。容競，憑姿色容貌競爭。淖約，通「綽約」。姿態柔美的樣子。相態，相互比賽姿態。麗佳，佳麗；美麗。顏師古曰：「相態以麗佳，言競為佳麗之態以相傾也。」㊱知眾嫭之嫉妒兮二句　〈離騷〉云：「眾女嫉余之蛾眉兮。」此處反用之，言既然知道眾美女嫉妒你的美貌，何必還揚露蛾眉，更招引眾女嫉妒呢。顏師古曰：「此亦譏屈原自舉蛾眉眾嫉之。」嫭，美貌；美女。颺，通「揚」。顯揚。蛾眉，形容女子長而秀美的眉毛如蠶蛾之狀。用以指女子貌美。這裡比喻屈原出眾的才德。㊲懿神龍之淵潛四句　晉灼曰：「龍俟風雲而後升，士須明君而後進。國無道則愚，誰知其所邪？」顏師古曰：「龍以潛居待雲為美，以譏屈原不能隱德，自取禍也。」〈離騷〉云：「為余駕飛龍兮，雜瑤象以為車。」又曰：「駕八龍之婉婉兮，載雲旗之委蛇。」此處反其意。懿，美。神龍，龍是古代傳說中的神奇動物，體形類似巨蟒，能伸能縮，能大能小，能升空，能入海，興雲作雨。淵潛，潛藏於深淵。竢，通「俟」。等待。慶，楚人發語詞。《漢書補注》引王念孫說，認為「慶」為倒文，當移到句首。下文「慶」字同。舉，升騰。被離，同「披離」。分披；吹拂。孰，誰；哪一個。焉，何；哪裡；怎麼。所處，所居；所在。㊳愍吾纍之眾芬兮四句　此言屈原如芳香的花草，未到秋天就遭霜打而凋落了。晉灼曰：「雄湣屈原光香，奄先秋遇凋，生亦不辰也。」愍，哀憐。眾芬，比喻許多優美的才德。爗爗，光輝盛大的樣子。芳苓，芳香。苓，香草名。季夏，夏季的第三個月；夏末。凝霜，嚴霜；濃霜。遭季夏之凝霜，比喻屈原生不逢時，橫遭厄運。夭顇，即夭悴，受摧折而憔悴。顇，悴之古字。喪榮，喪失事業功名以至於生命。㊴橫江湘以南湝兮四句　〈離騷〉：「濟沅湘以南征兮，就重華而陳詞。」應劭曰：「舜葬蒼梧，在江湘之南，屈原欲啟質聖人，陳己情要也。」顏師古曰：「湝，往也。走，趣也。重華，舜名也。」橫，橫渡；渡過。湘，水名。即今湖南境內的湘江，發源於廣西壯族自治區興安海洋山，東北流至湘陰注入洞庭湖。以，通「而」。連詞。云，句首助詞。走，跑；奔向。乎，於。介詞。蒼吾，即蒼梧。山名。即今湖南寧遠境內的九嶷山，相傳虞舜葬在這裡。《山海經·海內經》：「南方蒼梧之丘，蒼梧之淵，其中有九嶷山，舜之所葬。」汎溢，漲溢；汪洋浩淼。折衷，同「折中」。取其中正，無所偏頗；公正地裁斷。重華，舜名。㊵舒中情之煩或兮四句　此言屈原不能效法虞舜避害全身，反而學陽侯之投江而死，雖欲求舜折衷，未必得到讚許。張晏曰：「舜聖，卒避父害以全身，資於事父以事君，恐不與屈原為黨與。」應劭曰：「言屈原襲陽侯之罪，而欲折中求舜，未必獨見然許之也。」舒，伸展；抒發。中情，內心隱藏著的思想感情。煩或，煩悶、困惑。或，通「惑」。不纍與，不讚許屈原。與，讚許。「纍」為「與」的前置賓語。陵，乘；駕。陽侯，應劭曰：「古之諸侯也，有罪自投江，其神為大波。」屈原〈九章·哀郢〉：「淩陽侯之氾濫兮，忽翱翔之焉薄？」素波，潔白的波浪。陵陽侯之素波兮，在這裡指屈原步陽侯之後塵，投江自殺。見，被。㊶精瓊靡與秋菊兮四句　顏師古曰：「此又譏屈原，云瓊靡秋菊，將以延年，崦嵫忽迫，喜於未暮，何乃自投汨羅，言行相反！」精，精細。瓊，美玉。靡，屑；粉末。〈離騷〉云：「折瓊枝以為羞兮，精瓊靡以為粻。」王逸注：「精鑿玉屑以為儲糧。」秋菊，〈離騷〉云：「朝飲木蘭之墜露兮，夕餐秋菊之落英。」延，延長。夭年，壽命。隕，通「殞」。死亡。恐日薄於西山，〈離騷〉有「老冉冉其將至」，「日忽忽其將暮」，以及「恐年歲之不吾與」的話，皆為此意。說明屈原本不願意老，更不想死。薄，迫近。㊷解扶桑之總轡兮四句　此四句隱括〈離騷〉語，言已縱其轡，使之奔馳，其行之速，鸞皇、鳳鳥、飛廉、雲師都跟不上了。譏屈原自殞汨羅江與總轡扶桑以留日行之意是矛盾的。扶桑，神木，生於東海暘谷。《淮南子·天文》：「日出於暘谷，浴於咸池，拂於扶桑。」總轡，〈離騷〉云：「飲余馬於咸池兮，總余轡乎扶桑。折若木以拂日兮，聊逍遙以相羊。」王逸注：「總，結也。結我車轡於扶桑，以留日行，幸得不老，延長年壽也。」轡，繫馬的韁繩。縱，放開。令，使；讓。之，指代駕馬。遂，竟；終。鸞皇騰，〈離騷〉云：「前望舒使先驅兮，後飛廉使奔屬。鸞皇為余先戒兮，雷師告余以未具。吾令鳳鳥飛騰兮，繼之以日夜。」鸞皇，鳳凰一類的鳥。騰，飛騰；飛翔。飛廉，風伯，神話中風神。雲師，豐隆，神話中的雲神。㊸卷薜芷與若蕙兮四句　此責屈原將香草香木自投於湘江，而喪其芳香。顏師古曰：「〈離騷〉云『貫薜荔之落蕊』，『雜杜衡與芳芷』，

『又樹蕙之百畝』，『雜申椒與菌桂』，皆以自喻德行芬芳也。今何為自投江湘而喪此芳乎？」卷，收裹成束。薜，薜荔。蔓生植物，攀附於樹或牆、岩壁上，葉卵圓形，毬果，可做涼粉。芷，白芷。香草名。若，杜若。香草名。蕙，蕙草。香草名。湘淵，湘水的深潭。指汨羅江。棍，束；捆。申椒，當指花椒。香木名。花椒在古代有蜀椒、秦椒等名目。菌桂，即月桂。香木名。漚，浸漬。如同今之漚麻。❹費椒稰以要神兮四句　顏師古曰：「既不從靈氛之占，何為費椒稰而勤瓊茅也？」此四句責屈原既費了精米而求神示，又取瓊茅而占卦，神皆告以應遠逝求合，何以不聽從吉占，反而自沉江中呢。費椒稰以要神，〈離騷〉有「巫咸將夕降兮，懷椒稰而要之」的話。費，花費。稰，通「糈」。祭神的精米。雜以花椒曰椒稰，用以祭神。要，要求。勤，企望。《詩・召南・江有汜》序：「勤而不怨。」疏：「勤者，必企望之。」索，索取；討取。瓊茅，靈草，古時用以占卜。靈氛，古代善於占卜的人。這裡指占卜者。索瓊茅、違靈氛等語，皆出自〈離騷〉所云：「索瓊茅以莛篿兮，命靈氛為余占之。」及「欲從靈氛之吉占兮，心猶豫而狐疑。」湛，通「沉」。江皋，江邊之水灣。按，〈離騷〉敘屈原兩次占卜，第一次靈氛告曰：「勉遠逝而無狐疑兮，孰求美而釋女？何所獨無芳草兮，爾何懷乎故宇？」第二次神告曰：「勉陞降以上下兮，求矩矱之所同。」❺纍既𠬸夫傳說兮二句　師古曰：「既攀援傳說，何不信其所行，自見用而遂去？」此二句責屈原既羡慕傳說因德才見用，何以不相信自己也會重新被用，而去自殺。𠬸，顏師古曰：「古攀字。」援引；羡慕。傳說，名說，殷商時人。遭遇刑罰，操版築於傅巖。殷高宗武丁舉以為相，出現殷商中興的局面。因得於傅巖，故號傅說。〈離騷〉有「說操築於傅巖兮，武丁用之而不疑」的話。奚，何；為何；怎麼。❻徒恐鷤䳏之將鳴兮二句　〈離騷〉云：「恐鵜鴂之先鳴兮，使夫百草為之不芳。」此二句言屈原自沉的行為與〈離騷〉所言相違背。顏師古曰：「雄言終以自沉，何惜芳草而憂鷤䳏也？」鷤䳏，即鵜鴂，鳥名。一名子規，一名杜鵑，顏師古曰：「常以立夏鳴，鳴則眾芳皆歇。」❼初纍棄彼虙妃兮二句　顏師古曰：「〈離騷〉云『吾命豐隆乘雲兮，求虙妃之所在』，又曰『望瑤臺之偃蹇兮，見有娀之佚女』。此又譏其執心不定也。虙妃，古神女。有娀女，即簡狄也。」虙妃，又作宓妃、伏妃。《文選》五臣注以為「喻賢臣」。瑤臺，美玉砌成的樓臺。極言其華麗精巧。逸女，同「佚女」。超群出眾的女子，屈原用以比喻賢明的君主。❽抨雄鳩以作媒兮二句　顏師古曰：「〈離騷〉云『吾令鴆為媒兮，鴆告余以不好，雄鳩之鳴逝兮，余猶惡其佻巧』，故云百離不一耦也。」王念孫認為「雄鳩」當作「雄鴆」。抨，通「怦」。派遣；使。離，乖離。壹，「一」字的大寫。耦，通「偶」。合也。❾乘雲蜺之旖柅兮四句　〈離騷〉云「朝吾將濟於白水兮，登閬風而緤馬。忽反顧以流涕兮，哀高丘之無女。」又云「覽相觀於四極兮，周流乎天余乃下。」又云「邅吾道夫崑崙兮，路脩遠以周流。揚雲霓之晻藹兮，鳴玉鸞之啾啾。」此四句責屈原既然在楚國找不到賢君，又何必急於仕楚。雲蜺，雲和虹。旖柅，通「旖旎」。輕盈柔美的樣子。昆侖，也作崑崙，山名。西起帕米爾高原，向東延伸到青海，長約二千五百公里，海拔六千公尺左右。它是中國古代神話中的名山。樛流，猶周流。即四處遊走。四荒，四方荒遠之地。顧懷，瞻望；想念。女，嫁女。借指出仕（做官）。高丘，指代楚國。(50)既亡鸞車之幽藹兮二句　顏師古曰：「言既無鸞車，則不得云駕八龍也。」此二句言既無晻藹之鸞車，何得有八龍之駕。譏屈原言詞誇張，不符合實際。鸞車，帝王或神仙乘坐的車輛。四馬四鑣八鸞，行則鈴聲如鸞鳥鳴叫般動聽，故曰鸞車。幽藹，猶晻藹，蓊鬱蔽日的樣子，言鸞車之氣派。駕八龍之委蛇，〈離騷〉云：「駕八龍之蜿蜿兮，載雲旗之委蛇。」委蛇，雍容自得的樣子。(51)臨江瀕而掩涕兮二句　顏師古曰：「此又譏其哀樂不相副也。」臨江瀕而掩涕，〈離騷〉有「攬茹蕙以掩涕兮，霑余襟之浪浪」之語。瀕，通「濱」。水邊。掩涕，掩面流淚。九招與九歌，〈離騷〉有「奏〈九歌〉而舞〈韶〉兮，聊假日以媮樂」的話。九招，也稱〈九韶〉或〈韶〉，相傳是虞舜的樂曲，因樂曲有九章，故名。九歌，相傳是夏禹的樂曲，因主題為歌頌九德，故名。這裡所指不是屈原自己的作品〈九歌〉。舜、禹之樂是太平之樂，屈原遭遇坎坷，故顏師古謂之不相副。(52)夫聖哲之遭兮四句　顏師古曰：「雄言自古聖哲，皆有不遇。屈原雖自歎於邑，而楚王終不改寤也。」遭，遭遇，這裡指沒有遭逢好的際遇。時命，時運與天命。增欷以於邑，〈離騷〉有「曾歔欷余鬱邑兮，哀朕時之不當」的話。增，重；累累不斷。欷，唏噓；歎氣。於邑，因憤懣而氣結、抽噎。不纍改，不為屈原而改悟。(53)昔仲尼之去魯兮四句　此四句言孔子不為季桓子所用，遲遲繫戀，去其本邦，心裡始終懷念故都；及季康子召之，就回到魯國。屈原可以等待時機，何必赴湘江大波以自沉呢。顏師古曰：「言孔子去其本邦，遲遲繫戀，意在舊都，裴回反覆。屈原何獨不懷鄢郢而赴江湘也？」仲尼（西元前五五一—前四七九年），孔丘之字，魯國陬邑（今山東曲阜）人。春秋末期思想家、教育家，儒家的創始者。曾任司寇。因不被重用，政治主張不能實行，曾周遊列國。晚年又回到魯國，致力於教育。整理修訂《詩》、《書》、《易》、《春秋》等典籍。魯，周代封國名。開國君主是周公之子伯禽。地在今山東西南部，建都曲阜（今曲阜）。春秋時，國勢衰弱，戰國時成為小國，西元前二五六年為楚國滅亡。斐斐，徘徊往來的樣子。遲遲，緩慢行走的樣子。周邁，周遊。邁，遠行。濤，大波浪。瀨，急流。(54)溷漁父之餔歠兮二句　《楚辭・漁父》云：屈原行吟澤畔，漁父曰：「聖人不凝滯於物，而能與世推移。世人皆濁，何不淈其泥而揚其波？眾人皆醉，何不餔其糟而歠其醨？何故深思高舉，自令放為？」屈原曰：「吾聞之，新沐者必彈冠，新浴者必振衣。安能以身之察察，受物之汶汶者乎？寧赴湘流，葬於江魚之腹中。安能以皓皓之白，而蒙世俗之塵埃乎？」此二句言屈原不聽取漁父的建議，以餔糟歠醨為汙濁，以沐浴振彈為高潔。溷，通「混」。混濁；汙濁。餔，吃。歠，飲。絜，清潔；高潔。沐，洗髮。浴，洗身。振衣，抖擻衣服。

㊺棄由聃之所珍兮二句　顏師古曰：「此又非屈原不慕由、聃高蹤，而遵彭咸遺蹟。」由，許由，堯時高士。堯讓天下於許由，許由不受，隱耕於箕山。聃，老聃，即老子，名耳，字聃。周之柱下史。周衰，老子騎牛出關西去。著《道德經》五千言（即《老子》）。許由、老聃二人守道，不為時俗所汙，保己全身，無殘辱之醜。所珍，所珍視的生活經驗、原則。蹠，蹈。彭咸，殷商時的賢大夫，不得其志，投江而死。〈離騷〉云：「雖不周於今之人兮，願依彭咸之遺則。」

【語　譯】 在他之前，蜀郡有個司馬相如，作賦很弘偉華麗，溫潤典雅。揚雄認為他的賦很宏偉雄壯，自己每次作賦，經常模仿它，把它作為標準、範式。又詫異屈原為文超過司馬相如，竟至不能容於世，創作〈離騷〉，自己投江而死。揚雄悲歎屈原的文章，讀它的時候，沒有一次不流淚的。認為君子碰上好的際遇就要從容施展自己的抱負，不能得到施展才能的機會，就要像龍蛇潛藏一樣，靜以求動，等待機遇，能否得到施展的機會，是命運決定的，何必投水自殺呢！於是就撰寫文章，往往摘引〈離騷〉的文句而反用其意，從嶓山投入岷江水中，以悼念屈原，題名為〈反離騷〉；又依傍〈離騷〉續作一篇，題名為〈廣騷〉；又依傍〈惜誦〉以下直到〈懷沙〉續作一卷，題名為〈畔牢愁〉。〈畔牢愁〉、〈廣騷〉文辭太多，這裡不便引載，只引載〈反離騷〉，其文辭說：

2 周王朝的後代子孫啊，始祖居於汾水之濱。譜牒最早始自伯僑啊，後裔子孫有揚侯。繼承周、楚的美好業績啊，長途跋涉經歷江河。我在江邊投放文辭啊，敬弔楚國屈原的冤魂。

3 天道不昭明啊，為什麼使純潔高尚的人遭受災難！小人以穢濁之物汙亂你啊，讒毀交加，使你的名聲晦暗無光。

4 漢朝第十代的陽朔年間啊，北斗星指向周曆的正月。正當上天實現了清明的法制啊，我生活在廣大方正的國度。想起你承襲的是楚國王族的血統啊，再觀看你的優美文辭。你身佩方圓平正之物，品格方正啊，卻踏著彗星的足跡，遭遇讒言迫害。平素一直注意修身蓄德，就像積蓄華美的服飾啊，你為什麼德行高尚如繁盛的花紋，卻性情脆弱如服飾鬆懈的質地！這就像攜帶美女珍貴漂亮的頭髮啊，去到九戎販賣，必然不能成功。

鳳凰在野草叢生的小洲中飛翔啊，哪裡比得上野鵝敏捷！駿馬在崎嶇彎曲的小路上奔馳啊，驢騾也能夠一瘸一跛地與之並駕齊驅。荊棘生長得是那麼叢密啊，猿猴都遲疑不敢下來。楚王既然聽信子椒、子蘭的讒言啊，你為什麼輕忽而沒有早發現？

束著荷葉般的綠衣啊，穿著荷花般的紅裙；芳香濃烈卻無人聞到啊，不如把它折疊起來深藏於別房。閨房中眾女爭妍鬥豔啊，競為美態以超過對方；知道那些美女們嫉妒你的美貌啊，你何必還顯揚自己的秀色？

神龍的美德在於能夠潛伏深淵，等待風雲出現才騰空升起。沒有春風的吹拂啊，誰會知道神龍的所在？可憐你有那麼多的美德啊，如香氣濃郁的花草；遭逢季夏的嚴霜啊，摧折憔悴而凋零、喪生。

橫渡過長江、湘江而南下啊，將奔往那蒼梧山；走過汪洋浩淼的江水啊，要去向虞舜請求公斷。抒發內心的煩悶和迷惑啊，恐怕虞舜不會讚許你；隨陽侯而投江啊，難道你會特別受到稱讚？

精粹的玉屑和菊花啊，將用來延長壽命；來到汨羅江投水自殺的啊，曾是唯恐生命如日薄西山而變老的人。解開繫結在扶桑樹上的韁繩啊，放手讓它一直奔馳，鸞皇飛騰也追不上啊，哪裡只是飛廉與雲師！

紮一束薜荔、白芷和杜若、蕙草啊，投入湘江的深淵；捆一把花椒和月桂啊，投入江湖去漚爛。花費椒實精米去求神問卜啊，又認真尋找那靈驗的蓍草；卻違背靈氛的吉占不聽從啊，反而自沉於江灣！

你既然羨慕傳說能被提拔為相啊，為什麼不相信自己也終被重用而去自沉？徒然擔心杜鵑鳥鳴叫時眾芳草隕落啊，卻搶先在百草之前凋零。

當初你拋棄那伏妃啊，改戀瑤臺上的絕色女子，派雄鳩去作媒啊，為何總是乖離而竟無一次成功！乘輕柔的雲霞虹霓啊，遙望昆侖而四處遊走，遠眺四方而遐想啊，何必說出仕要在楚國？

既然沒有華麗氣派的鸞車啊，怎麼能駕馭雍容自得的八龍？到江邊而掩面流涕啊，哪裡還談得上〈九韶〉與〈九歌〉？

聖賢哲人不遭逢際遇啊，本來是時運與天命所決定的；即便反覆歎息以至於流淚啊，我怕楚王也不會為你而感悟。從前孔仲尼離開魯國啊，徘徊遲緩很久才遠行周遊；孔子最終返回到魯國啊，你何必投入湘水的急流大浪！你認為漁父吃糟喝酒、與時浮沉的說法汙濁啊，以為像沐浴之後振彈衣冠一樣才能保持高潔。拋棄許由、老聃明哲保身的珍貴經驗啊，卻以彭咸為榜樣投水自殺！

1 孝成帝❶時，客❷有薦雄文似相如者。上方郊祠甘泉泰畤、汾陰后土❸，以求繼嗣❹，召雄待詔承明之庭❺。正月❻，從上甘泉，還奏甘泉賦以風❼。其辭曰：

2 惟漢十世，將郊上玄❽，定泰畤，雍神休，尊明號❾，同符三皇，錄功五帝❿，卹胤錫羨，拓迹開統⓫。於是迺命群僚，歷吉日，協靈辰⓬，星陳而天行⓭。詔招搖與泰陰兮，伏鉤陳使當兵⓮；屬堪輿以壁壘兮，梢夔魖而抶獝狂⓯。八神奔而警蹕兮，振殷轔而軍裝⓰；蚩尤之倫帶干將而秉玉戚兮，飛蒙茸而走陸梁⓱。齊總總撙撙其相膠葛兮，猋駭雲訊奮以方攘⓲。駢羅列布鱗以雜沓兮，柴虒參差魚頡而鳥昕⓳。翕赫曶霍霧集蒙合兮，半散照爛粲以成章⓴。

3 於是乘輿迺登夫鳳皇兮翳華芝㉑，駟蒼螭兮六素虯㉒，蠖略蕤綏，灕虖幓纚㉓。帥爾陰閉，霅然陽開㉔。騰清霄而軼浮景兮，夫何旟旐郅偈之旖柅也㉕！流星旄以電爥兮，咸翠蓋而鸞旗㉖。敦萬騎於中營兮，方玉車之千乘㉗。聲駍隱以陸離兮，輕先疾雷而馺遺風㉘。陵高衍之嵱嵷兮，超紆譎之清澄㉙。登椽

4 欒而羾天門兮，馳閶闔而入凌兢(30)。

是時未轃夫甘泉也，迺望通天之繹繹(31)。下陰潛以慘廩兮，上洪紛而相錯(32)；直嶢嶢以造天兮，厥高慶而不可虖疆度(33)。平原唐其壇曼兮，列新雉於林薄(34)；攢并閭與茇苦兮，紛被麗其亡鄂(35)。崇丘陵之駊騀兮，深溝嶔巖而為谷(36)；迣迣離宮般以相燭兮，封巒石關施靡虖延屬(37)。

5 於是大夏雲譎波詭，摧嶉而成觀(38)。仰撟首以高視兮，目冥眴而亡見(39)。正瀏濫以弘惝兮，指東西之漫漫(40)。徒回回以徨徨兮，魂固眇眇而昏亂(41)。據軨軒而周流兮，忽軮軋而亡垠(42)。翠玉樹之青蔥兮，璧馬犀之瞵㻞(43)。金人仡仡其承鍾虡兮，嵌巖巖其龍鱗(44)。揚光曜之燎燭兮，乘景炎之炘炘(45)。配帝居之縣圃兮，象泰壹之威神(46)。洪臺掘其獨出兮，㩻北極之嶟嶟(47)。列宿乃施於上榮兮，日月纔經於柍桭(48)。雷鬱律而巖突兮，電倏忽於牆藩(49)。鬼魅不能自還兮，半長途而下顛(50)。歷倒景而絕飛梁兮，浮蔑蠓而撇天(51)。

6 左欃槍右玄冥兮，前熛闕後應門(52)；陰西海與幽都兮，涌醴汩以生川(53)。蛟龍連蜷於東厓兮，白虎敦圉虖昆侖(54)。覽樛流於高光兮，溶方皇於西清(55)。前殿崔巍兮，和氏瓏玲(56)。炕浮柱之飛榱兮，神莫莫而扶傾(57)。閌閬閬其寥廓兮，似紫宮之崢嶸(58)。駢交錯而曼衍兮，嵯峨隗虖其相嬰(59)。乘雲閣而上下兮，紛蒙籠以棍成(60)。曳紅采之流離兮，颺翠氣之宛延(61)。襲琁室與傾宮兮，若登高妙遠，肅虖臨淵(62)。

7
回猋肆其碭駭兮，翍桂椒，鬱栘楊(63)。香芬茀以窮隆兮，擊薄櫨而將榮(64)。薌呹肸以掍根兮，聲駍隱而歷鍾(65)。排玉戶而颺金鋪兮，發蘭蕙與穹窮(66)。惟弸環其拂汨兮，稍暗暗而靚深(67)。陰陽清濁穆羽相和兮，若夔、牙之調琴(68)。般、倕棄其剞劂兮，王爾投其鉤繩(69)。雖方征僑與偓佺兮，猶仿佛其若夢(70)。

8
於是事變物化，目駭耳回(71)，蓋天子穆然珍臺閒館琁題玉英蜵蜎蠖濩之中(72)，惟夫所以澄心清魂，儲精垂恩(73)，感動天地，逆釐三神者(74)。迺搜逑索耦皋、伊之徒，冠倫魁能(75)，函甘棠之惠，挾東征之意(76)，相與齊虖陽靈之宮(77)。靡薜荔而為席兮，折瓊枝以為芳(78)，噏清雲之流瑕兮，飲若木之露英(79)，集虖禮神之囿，登乎頌祇之堂(80)。建光燿之長旓兮，昭華覆之威威(81)。攀琁璣而下視兮，行遊目虖三危(82)。陳眾車於東阬兮，肆玉釱而下馳(83)。漂龍淵而還九垠兮，窺地底而上回(84)。風傱傱而扶轄兮，鸞鳳紛其御蕤(85)。梁弱水之濎濙兮，躡不周之逶蛇(86)。想西王母欣然而上壽兮，屏玉女而卻虙妃(87)。玉女無所眺其清盧兮，虙妃曾不得施其蛾眉[88]。方攣道德之精剛兮，侔神明與之為資[89]。

9 於是欽柴宗祈，燎熏皇天，招繇泰壹[90]。舉洪頤，樹靈旗[91]。樵蒸焜上，配藜四施[92]，東燭倉海，西燿流沙，北爌幽都，南煬丹厓[93]。玄瓚觩鏐，秬鬯泔淡[94]，肸嚮豐融，懿懿芬芬[95]。炎感黃龍兮，熛訛碩麟[96]。選巫咸兮叫帝閽，開天庭兮延羣神[97]。儐暗藹兮降清壇，瑞穰穰兮委如山[98]。

10 於是事畢功弘，回車而歸，度三巒兮偈棠棃[99]。天閫決兮地垠開，八荒協兮萬國諧[100]。登長平兮雷鼓磕，天聲起兮勇士厲[101]，雲飛揚兮雨滂沛，于胥德兮麗萬世[102]。

11 亂[103]曰：崇崇圜丘，隆隱天兮[104]，登降峛施，單埢垣兮[105]。增宮參差，駢嵯峨兮[106]，岭巆嶙峋，洞亡厓兮[107]。上天之縡，杳旭卉兮[108]，聖皇穆穆，信厥對兮[109]。倈祇郊禋，神所依兮[110]，俳佪招搖，靈遲迟兮[111]。煇光眩燿，隆厥福兮[112]，子子孫孫，長亡極兮[113]。

12 甘泉本因秦離宮[114]，既奢泰[115]，而武帝復增通天、高光、迎風。宮外近則洪厓、旁皇、儲胥、弩阹，遠則石關、封巒、枝鵲、露寒、棠棃、師得[116]，遊觀屈奇瑰偉[117]，非木摩而不彫，牆塗而不畫[118]，周宣所考[119]，般庚所遷[120]，夏卑宮室[121]，唐虞採椽三等之制[122]也。且其為已久矣，非成帝所造，欲諫則非時，欲默則不能已[123]，故遂推而隆之[124]，迺上比於帝室紫宮[125]，若曰此非人力之所為，黨鬼神可也[126]。又是時趙昭儀方大幸[127]，每上甘泉，常法從[128]，在屬車間豹尾中[129]。故雄聊盛言車騎之眾[130]，參麗之駕[131]，非所以感動天地，逆釐三神[132]。又言「屏玉女，卻虙妃」，以微戒齊肅之事[133]。賦成奏之，天子異[134]焉。

【章旨】以上載錄揚雄的〈甘泉賦〉。此賦極力描寫甘泉宮的華麗、臺觀的高峻華貴、宮中景物之繁美，以及祭祀的隆重。全文以批判暴秦和漢武帝的方式，勸誡漢成帝立即停止自己的過分奢侈行為，不要為女色所迷惑。

【注釋】❶孝成帝　漢成帝劉驁（西元前五一—前七年），西元前三三—前七年在位。詳見卷十〈成帝紀〉。❷客　指尚書郎楊莊。揚雄〈答劉歆書〉曰：「(雄)先作〈縣邸銘〉、〈王佴頌〉、〈階闥銘〉及〈成都城四隅銘〉，蜀人有楊莊者，為郎，誦之於成帝，成帝好之，以為似相如，雄遂以此得見。」或以為此客指王音、王根、王商。錄以備考。❸上方郊祠甘泉泰畤汾陰后土　皇上正要去祭祀甘泉宮的泰畤和汾陰縣的后土祠。上，皇上。指漢成帝。郊祠，在郊外祭祀天神、地神。甘泉，宮殿名。原為秦朝林光宮，漢武帝擴建改名。因其在當時雲陽縣境內，故又稱雲陽宮。舊址在今陝西淳化西北甘泉山。泰畤，帝王祭祀天神的壇址。這裡指漢武帝在甘泉宮南面建立的泰畤。汾陰，縣名。在今山西萬榮西南。后土，本指地神。這裡指漢武帝在汾陰脽上建立的后土祠。❹繼嗣　繼承人。漢成帝無子，故祭禱以求繼嗣。❺待詔承明之庭　在承明殿等候詔命。待詔，漢時，有才能的人，皇帝命在承明殿等候，有詔即見，故曰待詔。承明，西漢宮殿名，在長安城未央宮內。❻正月　王先謙《漢書補注》曰：「按〈成帝紀〉，永始四年（西元前一四年）正月、元延二年（西元前一一年）正月、四年正月，俱有行幸甘泉事。據雄本傳下云：其三月將祭后土，其十二月羽獵，不別年頭，則為一年以內事，奏〈甘泉賦〉當在元延二年，與〈紀〉文方合。」王說是。元延二年，揚雄四十三歲。❼風　通「諷」。以委婉的語言示意、勸告或指責。❽郊上玄　祭祀天神。郊，祭祀名。上玄，上天。玄，指高空的深青色，因以代指天。❾定泰畤三句　言祭祀泰畤，擁聚神靈之休美而尊泰一之神號。定泰畤，宣帝時，罷甘泉泰畤，至此復祭，故曰定。雍神休，晉灼曰：「言見祐護以休美之祥也。」雍，通「擁」。聚集；會合。休，美；吉祥。明號，明神之號，指泰一之號。❿同符三皇二句　言定泰畤時，獲得與三皇相同的受命符瑞，而總領五帝一樣的功業。符，符命。古代把所謂祥瑞徵兆附會為君主得到天命的憑證，叫作符命。三皇，傳說中的遠古帝王，說法不一，一說為天皇、地皇、泰皇；一說為天皇、地皇、人皇；一說為伏羲、女媧、神農；一說為伏羲、神農、祝融。錄，總領；統括。五帝，傳說中的上古帝王，也有數說。《世本》、《史記》皆以為即黃帝、顓頊、帝嚳、唐堯、虞舜。他們是原始社會末期部落或部落聯盟的首領。⓫卹胤錫羨二句　應劭曰：「時成帝憂無繼嗣，故修祠泰畤、后土，言神明饒與福祥，廣跡而開統也。」卹，憂念；憂慮。胤，後代。錫，賜與；賞賜。羨，豐饒；多。拓，拓廣。迹，王業。統，帝統。⓬於是迺命群僚三句　顏師古曰：「歷選吉日而合善時也。」此言命群臣選擇吉日而行事。於是，於此。群僚，百官。歷，選擇。協，合；符合。靈辰，良辰；吉祥的時辰。⓭星陳而天行　師古曰：「如星之陳，象天之行也。」星陳，謂群臣隨駕陳列如星宿。天行，謂天子出行如天之運行。此句領起下文，下文即以星為喻。⓮詔招搖與泰陰兮二句　命令天矛星和天駟星，派遣鉤陳星讓它統領士兵。招搖、泰陰、鉤陳，皆星名。招搖、泰陰，分別為天矛星、天駟星。本書卷二十六〈天文志〉云：「北斗……杓端有兩星：一內為矛，招搖。」孟康曰：「近北斗者招搖，招搖為天矛。」〈志〉又云：「房為天府，曰天駟。」《宋書・天文志》云：「房南二星為太陽道，北二星為太陰道。」鉤陳六星，在紫微宮中。《星經》：鉤陳「主天子六軍將軍，又主三公。」《禮記》鄭注：「當，主也。主謂典領也。」伏，驅使。⓯屬堪輿以壁壘兮二句　言使堪輿之神掌管壁壘，打退惡鬼，使天地肅清。屬，委託。堪輿，天地代稱。堪，天道。輿，地道。木石之怪曰夔，夔神如龍，有角，人面，獨足。魖，虛耗財物的鬼，俗稱魑鬼。獝狂，惡鬼；無頭鬼。梢，打擊。抶，笞打；鞭打。⓰八神奔而警蹕兮二句　言八方之神各奮起其眾，武裝奔走警戒。八神，八方之神。顏師古曰：「自招搖至獝狂，凡八神也。」警蹕，指天子出行，為警戒非常，清除道路，禁止行人。振，奮起；振奮。殷轔，盛多的樣子。軍裝，軍事裝飾；武裝。⓱蚩尤之倫帶干將而秉玉戚兮二句　此言使戰神蚩尤之輩帶劍執斧往來奔走於前後左右。比喻衛士迅捷勇猛。蚩尤，傳說中東方九黎族的首領。能製造金屬兵器，並能興雲作霧、呼風喚雨。曾與黃帝戰於涿鹿之野。後常用以指軍神或戰神。天上晝見蚩尤星，則主征伐。干將，本為春秋時吳國的鑄劍名工，所鑄劍鋒利無比。後用以指代寶劍。秉，執持。戚，是一種長柄斧，柄上裝飾以玉，則稱為玉戚。飛蒙茸而走陸梁，晉灼曰：「飛者蒙茸而亂，走者陸梁而跳也。」蒙茸，亂飛的樣子。陸梁，跳躍。⓲齊總總撙撙二句　此言武士們分合迅疾，方聚集交加，忽如雲飛風飄般分散奔離。總總撙撙，聚集的樣子。膠葛，交錯糾纏的樣子。猋駭，像暴風一樣迅疾。猋，通「飆」。雲訊，像飄雲一樣迅速。訊，通「迅」。方攘，分散奔離。⓳駢羅列布鱗以雜沓兮二句　此言眾神前後布列，如魚游上，如鳥飛下。駢羅，並列。列布，分布。鱗，像魚鱗般密密地排列。雜沓，眾多雜亂的樣子。柴虒，參差不齊。參差，不整齊的樣子。魚頡，魚向上游。鳥䀮，鳥向下飛。䀮，通「頏」。⓴翕赫曶霍霧集蒙合兮二句　此言天子出行時人多兵眾，行動迅疾，如霧之集，如蒙之合，分布羅列，光輝燦爛，富有文采。翕赫，隆盛的樣子。曶霍，一開一合迅疾的樣子。霧集，古人認為地氣上升凝聚成霧。蒙合，古人認為天氣下降凝聚成為雺。蒙，通「雺」。半散，分散；分布。半，通「泮」。融解。照爛，光輝燦爛。粲，鮮豔；燦爛。章，文章；文采。㉑乘輿迺登夫鳳皇兮翳華芝　皇上登上鳳凰車，豎起華麗的車蓋。乘輿，帝王的車馬。常用以指代皇帝。鳳皇，指繪飾以鳳凰的車輛。翳，遮蔽。華芝，華麗的傘蓋。芝，代指傘蓋。㉒駟蒼螭兮六素虬　謂駕馭四條青龍和六條白龍。駟，通「四」。古代一車駕四馬，稱為駟。四、六，駕馬之數。天子車駕六馬。當時漢成帝與趙昭儀同來，故一駕六白馬，一駕四蒼馬。螭、虬，龍子有角為虬，無角為螭，這裡比喻馬。蒼螭，青色的馬。素虬，白色的馬。㉓蠖略蕤綏二句　此言車馬聲貌華美。顏師古曰：「蠖略蕤綏，虬螭貌也。灕虖幓纚，車飾貌也。」李善曰：「蠖略蕤綏，龍行之貌也。灕虖幓纚，龍翰下垂之貌也。」蠖略，指龍馬行步進止，像蠖蟲一樣有節奏分寸。蕤綏，龍鬚下垂的樣子。灕虖幓纚，描寫車飾眾多壯盛的樣子。㉔帥爾陰閉二句　此形容成帝車騎旌旗忽聚忽合，如陰陽之變化。晉灼曰：「帥，聚也。霅，散也。」王先謙《漢書補注》曰：「帥與率同，帥爾即率爾，猶言倏爾也。」霅然，王先謙曰：「猶颯然也。」帥爾、霅然，皆迅疾的樣子。陰閉，隨陰氣閉藏。陽開，隨陽氣開啟。李善注引《文子》曰：「與陰俱閉，與陽俱開。」㉕騰清霄而軼浮景兮二句　此寫旌旗搖空，蓋過日光；旗桿森立，旗幟隨風飄揚。騰，升。清霄，清明的雲氣；晴朗的天空。霄，天空。軼，超過。景，日光。旗幟上畫鳥隼曰旟，龜蛇曰旐。郅偈，形容旗桿森立的樣子。旖柅，旌旗隨風飄揚的樣子。通常作「旖旎」。㉖流星旄以電燭兮二句　此言星旄揮動，如電光閃耀，到處都是翠羽裝飾的車蓋和繡有鸞鳥的赤旗。流星旄以電燭，顏師古曰：「如星之流，如電之照也。」星旄，張銑曰：「旄，以旄牛尾為之，飾以星文，其光如電，懸於竿上，以指麾也。」李善曰：「言星旄之流，如電之光也。《周書》曰：『樓煩星旄者，羽旄也。』」電燭，如電光照耀。燭，照耀。咸，皆；都。翠蓋，以翠鳥羽毛裝飾的車蓋。〈高唐賦〉曰：「蜺為旌，翠為蓋。」鸞旗，皇帝儀仗中的旗幟，赤色，繡有鸞鳥。㉗敦萬騎於中營兮二句　此言上萬的騎兵集合在營中，上千輛的玉車並行。敦，通「屯」。屯聚；

集合。騎，一人一馬稱為一騎。中營，漢代都城警備部隊的駐地北軍中壘。或說即營中。方，兩車相併。玉車，用玉裝飾的車。乘，一車駕四馬為一乘。㉘聲駍隱以陸離兮二句　此言車騎奔馳，聲響巨大而參差，行走輕捷，能搶先於雷聲，能追上疾風。駍隱，形容盛大的車馬聲。陸離，錯綜雜亂，參差不齊的樣子。輕，形容車騎行駛輕捷。先，先於；在先。疾雷，迅雷。馺，疾馳而追。遺風，疾風。遺，通「逸」。意為奔跑。㉙陵高衍之嵱嵸兮二句　此言車駕奔馳於崎嶇曲折的道路上，如履平地。陵，經過；越過。衍，廣大無邊。嵱嵸，山峰眾多的樣子。紆譎，曲折多變。清澄，清澈。這裡指溪澗、山澗。㉚登椽欒而羾天門兮二句　此謂車駕登上了甘泉南山，好像到達了天門，進入令人寒涼戰慄之處。椽欒，山名，在甘泉宮南。羾，至；到達。閶闔，天門。這裡指宮門。凌兢，顏師古曰：「寒涼戰栗之處也。」《文選》李善注：「恐懼貌。」張銑曰：「寒涼之處。」張震澤《揚雄集校注》認為，舊說皆非，曰：「近年發現的漢初簡帛書，境皆作競，或作兢。凌兢，當即凌境，謂凌高的境界。」張說可取。㉛是時未轃夫甘泉也二句　顏師古曰：「言雖未至甘泉，則遙望見通天臺也。」李周翰曰：「言雖未至甘泉宮，望見通天臺繹繹然高也。」轃，通「臻」。至；到達。通天，即通天臺。本書卷六〈武帝紀〉及《三輔黃圖》均有記載。在甘泉宮中，武帝元封二年建。《漢舊儀》云高三十丈，能望見長安。繹繹，顏師古曰：「相連貌。」李周翰曰：「高貌。」應以李說為是，指高大的樣子。㉜下陰潛以慘廩兮二句　此言通天臺高，其下陰冷寒涼，暗淡不明；其上高大廣闊，色彩繽紛。陰潛，陰暗的樣子。慘廩，寒涼的意思。洪，大。紛，亂雜。錯，相互交錯。㉝直嶢嶢以造天兮二句　顏師古曰：「言此臺至天，其高不可究竟而量度也。」嶢嶢，高峻的樣子。造，至；到。慶，發語詞。而，王先謙認為是衍文。疆，境。度，測量；度量。㉞平原唐其壇曼兮二句　顏師古曰：「言平原之道壇曼然廣大，又列樹辛夷於林薄之間也。」平原，指甘泉山之廣平地方。唐，《白虎通義》：「唐，蕩蕩也。」形容廣大。其，形容詞詞尾。壇曼，平坦而寬廣的樣子。司馬相如〈子虛賦〉：「其南則有平原廣澤，登降紘靡，案衍壇曼。」司馬彪注曰：「壇曼，平博也。」新雉，即辛夷（木蘭或玉蘭），香木，其木枝葉皆香。林薄，草木叢生的地方。《楚辭・涉江》亂曰：「露申辛夷，死林薄兮。」王逸注曰：「叢木曰林，草木交錯曰薄。言重積辛夷，露而暴之，使死於林薄之中。猶言取賢明君子，棄之山野，使之顛墜也。」揚雄在這裡說「列新雉於林薄」，蓋含有諷意。㉟攢并閭與茇苦兮二句　言棕櫚、薄荷之屬多而茂盛，一望無際。攢，聚集；集中。并閭，棕櫚樹。茇苦，草名。即薄荷。紛，盛多；雜亂。被麗，通「披離」。分披；四面散開。亡，通「無」。鄂，通「堮」。界限；邊際；盡頭。㊱崇丘陵之駊騀兮二句　此言山陵很高，溝谷深險。崇，高大。駊騀，高大的樣子。嶔巖，深險的樣子。㊲逴逴離宮般以相燭兮二句　此言到處都是離宮別館，相互映照，封巒、石闕等宮觀連綿不絕。逴，「往」的古字。往往，言所在之處則有之。離宮，帝王出行臨時居住的宮室。應劭曰：「言秦離宮三百，武帝復往往修治之。」般，通「班」。分布；分散。燭，映照。封巒石闕，皆宮觀名。《三輔黃圖》卷五記載，甘泉宮有石闕觀、封巒觀。施靡、延屬，都是連綿不斷的樣子。㊳大夏雲譎波詭二句　廈屋構造精巧，如雲氣水波之多變。孟康曰：「言夏屋變巧，乃為雲氣水波相譎詭也。」大夏，大屋。雲譎波詭，像雲氣和波浪一樣變幻。比喻房屋構造精巧，千態萬狀。摧嗺，通「崔巍」。高大宏偉的樣子。觀，指樓臺宮闕。㊴仰撟首以高視兮二句　抬起頭來向高處仰望，頭暈目眩，什麼也看不到。撟，舉起；仰起。冥眴，顏師古曰：「視不諦也。」即目光混亂而看不清。㊵正瀏濫以弘惝兮二句　正面看，高樓廣大寬闊，東西望則無邊無涯。正，指從正面看樓宇。瀏濫，通「瀏覽」。泛觀；約略地觀看。弘惝，高大。惝，通「敞」。寬廣；廣闊。漫漫，無邊無際的樣子。㊶徒回回以徨徨兮二句　此言驚駭其深博而感到迷惑。徒，只有。回回，旋轉。徨徨，心神不安的樣子。回回、徨徨，形容舉止不寧，猶疑不定。眇眇，遙遠；深遠；遼闊高遠。形容神志不清。㊷據軨軒而周流兮二句　憑依長廊上的欄杆向四周眺望，忽然感到天地廣闊，無邊無垠。據，憑；依。軨軒，有窗格的高閣或長廊。顏師古曰：「軨，軒間小木也，字與櫺同。」周流，周視；環顧。軮軋，廣大無邊的樣子。亡垠，無邊際。㊸翠玉樹之青蔥兮二句　碧綠的玉樹多麼青翠啊，宮殿牆壁裝飾著瑪瑙、犀角，色彩斑斕。翠，青綠色的玉石。顏師古曰：「玉樹者，武帝所作，集眾寶為之，用供神也，非謂自然生之。而左思不曉其意，以為非本土所出，蓋失之矣。」李善引《漢武故事》曰：「上起神屋，前庭植玉樹，珊瑚為枝，碧玉為葉。」壁，裝飾牆壁。《漢書補注》引《文選》作「璧」，認為當作「璧」。按《文選》及李善注俱作「璧」。然李善注云：「璧馬犀，言作馬及犀為璧飾也。」據此注，「璧」應通「壁」，是指牆壁而非璧玉。馬犀，瑪瑙及犀角。以此二種飾殿之壁。瞵㻞，猶言斑斕，玉色彩繽紛的樣子。㊹金人仡仡其承鍾虡兮二句　壯健的銅人支撐著鐘架，雕刻的龍鱗高高張開。金人，銅鑄造的人像。仡仡，勇敢強健的樣子。鍾虡，懸掛鐘的架子。嶔巖巖其龍鱗，言其鱗甲開張，若真龍之形。嶔，開張的樣子。巖巖，高峻的樣子。㊺揚光曜之燎燭兮二句　此言宮觀裝飾華美，放射光輝，如火炬照耀；太陽光芒下垂，燦爛奪目。揚，舉起；高舉。光曜，光耀；光亮。指宮觀華飾放著光亮。燎燭，燃燒的火炬。燎，燃燒。燭，火炬。乘，加上。景，日光。炎，通「焰」。火光。炘炘，火焰熾盛的樣子。㊻配帝居之縣圃兮二句　此言宮觀可與上帝的縣圃相匹配，取象於泰壹天神之所居。配，匹敵；媲美。帝居，天帝的居所。縣圃，即懸圃，一作玄圃。服虔曰：「曾城、縣圃、閬風，昆侖之山三重也，天帝神在其上。」《水經．河水注》引《崐崘記》：「崐崘之山三級，下曰樊桐，一曰板桐；二曰玄圃，一名閬風；三曰增城，一名天庭，是為太帝之居。」象，像；類比。泰壹，也作「太一」。最高天神名。㊼洪臺掘其獨出兮二句　顏師古曰：「言高臺特出乃至北極，其狀竦峭，嶟嶟然也。」洪臺，高大的臺子。指郊祭泰壹的祭臺。掘，通「崛」。特起的樣子。其，形容詞詞尾。掇，至；到。北極，指北極星。嶟嶟，竦峭峻秀的樣子。

㊽列宿乃施於上榮兮二句　此言宮觀很高，眾星日月都從它的屋簷間經過。列宿，眾星宿。施，顏師古曰：「施，延也。音弋豉反。一曰施，直謂安施之耳，讀如本字。」榮，屋翼；屋簷兩端上翹的部分。今通稱飛簷。抰，中間；中央。振，通「宸」。屋宇簷端。日月才經過半簷，極言宮觀之高。顏師古曰：「凡此者，言屋宇高大之甚。」

㊾雷鬱律而巖突兮二句　此言雷電在宮觀附近響動、閃耀，也是形容宮觀之高大。鬱律，形容雷聲小。「律」下「而」字，《文選》各本作「於」，是。巖突，《文選》李善注本作「岩窔」。王先謙《漢書補注》認為「突」是誤字。張震澤云「突」字不誤，認為岩突指廊陛戶柱之類。岩的本義為高峻，漢代又指廊陛。羽林郎號岩郎，即因其宿殿陛岩下室中。突，《爾雅．釋宮》：「植謂之傳，傳謂之突。」《一切經音義》引《三蒼》曰：「戶旁柱曰植。」是「突」指戶柱。廊陛皆在殿下，這裡說雷在廊陛下響而聽起來聲猶輕小，形容宮觀之高。倏忽，電光閃忽；一閃而過。牆，土牆。藩，籬笆。

㊿鬼魅不能自還兮二句　顏師古曰：「言屋之高深，雖鬼魅亦不能至其極而反，故於長途之半而顛墜也。」魅，鬼怪。還，《文選》各本作「逮」。逮，及也。「逮」古作「遝」，與「還」字形近而誤。顛，墜落。

(51)歷倒景而絕飛梁兮二句　此言樓臺很高，穿過倒影，越過飛梁，超出天空中的遊氣而拂於天。歷，經過。倒景，即倒影。《文選》李善注：「張揖曰：『《陵陽子明經》曰：倒景氣去地四千里，其景皆倒在下。』如淳《郊祀志注》曰：『在日月之上，日月返從下照，故其景倒。』」絕，跨過；超越。飛梁，凌空修建的橋梁。浮，超過。蔑蠓，《文選》李善注引孫炎《爾雅》曰：「蠛蠓，蟲，小於蚊。」呂向注：「蔑蠓，遊氣也。」撇，拂。

(52)左欃槍右玄冥兮二句　此寫甘泉宮，以天堂為比。晉灼曰：「〈大人賦〉：『欃槍以為旌』。又曰：『左玄冥而右黔雷』。雄擬相如故云爾。熛闕，赤色之闕，南方之帝曰赤熛怒，應門正在熛闕之內也。」欃槍，彗星別名。玄冥，北方水神，一謂雨師。闕，宮殿前的高臺狀建築物，通常左右各一座，形成闕門。應門，宮殿的正門曰應門。應門前有赤色雙闕。

(53)陰西海與幽都兮二句　此寫宮殿很高，遮蔽了西海與幽都；醴泉湧出，水流很急，匯集成河。陰西海與幽都，如淳曰：「言闕之高乃陰西海也。」顏師古曰：「蔭映西海也，以及幽都。幽都，北方絕遠之地也。」陰，通「蔭」。遮蔽。西海，泛指西方大海。涌醴，醴泉噴湧而出。醴，指甘泉。醴是甜酒，此言泉水甘甜如醴。汩，水流很急的樣子。川，河流。

(54)蛟龍連蜷於東厓兮二句　此以天帝居處的昆侖山，左青龍，右白虎，象徵甘泉宮樓臺的威嚴。蛟龍，即蛟。傳說中龍一類的動物，但有四隻腳。連蜷，捲曲的樣子。厓，山邊。敦圉，盛怒。服虔曰：「象昆侖山在甘泉宮中也。」顏師古曰：「言甘泉宮中皆有此象也。」呂延濟曰：「昆侖山，天帝所居，左青龍，右白虎，此中象而為之。」

(55)覽樛流於高

光兮二句　在高光宮環顧周覽四方，在清靜的西廂悠閒自得地徘徊。覽，看。樛流，繚繞、屈折的樣子。高光，即高光宮，在甘泉苑中。溶，閒暇的樣子。方皇，通「彷徨」。這裡有逍遙、遊樂的意思。李善以為宮名，非是。西清，西廂清靜之處。56前殿崔巍兮二句　此言前殿雄偉高大，上面裝飾的寶玉光亮閃耀。崔巍，高峻的樣子。和氏，指和氏璧。春秋時楚國人卞和發現的一塊寶玉，當時人稱為「和氏璧」，後世藉以泛指寶玉。當時甘泉宮的壁帶都用金、玉、珠寶製成。瓏玲，也作「玲瓏」。孟康曰：「以和氏璧為梁壁帶也，其聲玲瓏也。」晉灼曰：「以黃金為壁帶，含藍田璧。瓏玲，明見貌也。」顏師古曰：「瓏玲，晉說是也。」瓏玲，玉光明亮的樣子。57炕浮柱之飛榱兮二句　顏師古曰：「言舉立浮柱而駕飛榱，其形危竦，有神於闇莫之中扶持，故不傾也。」炕，通「抗」。舉；豎立。浮柱，梁上的短柱。因其所處高，如浮在空中一般，故稱浮柱。飛榱，椽子。因其淩空而架，有飛動之勢，故稱飛榱。莫莫，隱蔽在暗中。58閌閬閬其寥廓兮二句　此言殿宇高大空曠，就像天神居住的紫微宮那樣深邃虛靜。閌，門高的樣子。閬閬，高大空虛的樣子。寥廓，高曠、宏遠的樣子。紫宮，又稱「紫微宮」。神話中天帝之宮。崢巆，高峻深邃。59駢交錯而曼衍兮二句　此言棟宇分布連綿不斷，樓臺宮觀與高峻的山峰相互環繞。顏師古曰：「言宮室臺觀相連不絕也。」駢，並列。交錯，交叉錯雜的樣子。曼衍，分布；連綿不斷。崣，山脈綿延的樣子。嵲隗，通「崔巍」。高大的樣子。嬰，纏繞。60乘雲閣而上下兮二句　此言臺閣高連雲霄，上下朦朧，與山渾然一體，如同自然生成。乘，登。雲閣，閣名。《三輔黃圖》卷一：「二世所造，起雲閣欲與南山齊。」顏師古曰：「雲閣，亦言其高入於雲也。」蒙籠，分辨不清的樣子。劉良曰：「言上下蒙籠與山同體。」棍成，通「混成」、「渾成」。渾然一體，如自然生成一般。61曳紅采之流離兮二句　此言宮觀很高，好像光怪陸離、色彩繽紛的雲光霞氣都在它的身邊蜿蜒拖曳、飄揚。顏師古曰：「言宮室曠大，自然有紅翠之氣。」李善曰：「言宮觀之高，故紅采翠氣，流離宛延，在其側而曳颺之。」曳，拖。紅采，紅色光彩。流離，通「陸離」。形容光色不定。颺，飛揚。宛延，通「蜿蜒」。曲折延伸的樣子。62襲琁室與傾宮兮三句　襲，因襲；繼承。琁室，用琁玉修飾而成的宮室。相傳是夏桀建造的。琁，美玉。傾宮，高大巍峨的宮殿。因其高聳，就好像要傾倒一樣，所以叫傾宮。相傳是商紂王所建。《晏子春秋》曰：「夏之衰也，其王桀作為璿室；殷之衰也，其王紂作為傾宮。」服虔曰：「桀作琁室，紂作傾宮，以此微諫也。」妙遠，向遠處仔細看。妙，通「眇」。遠眺。肅，嚴肅；警惕。臨淵，警惕禍患之意。《詩經・小雅・小旻》：「戰戰兢兢，如臨深淵，如履薄冰。」應劭曰：「登高遠望，當以亡國為戒，若臨深淵也。」63回猋肆其碭駭兮三句　顏師古曰：「言回風放起，過動眾樹，則桂椒披散而栘楊鬱聚也。」回猋，迴旋的狂風。肆，放縱。碭駭，搖動；振盪。碭，通「蕩」。桂椒，皆香木。猦，通「披」。披散。鬱，叢聚。栘，唐棣樹。楊，楊樹。(64)香芬茀以窮隆兮二句　香氣濃郁，遍布梁柱與屋簷。顏師古曰：「言桂椒香氣乃擊薄櫨及屋翼也。」芬茀，即芬馥。香氣馥郁；香氣濃郁。窮隆，盛大的樣子。擊，拍擊；拂擊。薄櫨，柱上的方木，即斗拱。將，送；及。榮，屋簷兩端上翹的部分，即飛簷。(65)薌呹肸以掍根兮二句　顏師古曰：「又言風之動樹，聲響振起眾根合，駍隱而盛，歷入殿上之鍾也。」薌，通「響」。風吹動樹的聲音。呹肸，散的樣子。掍根，搖動根株。駍隱，形容聲音氣勢浩大。歷鍾，有二解：一、聲響振動宮殿的掛鐘。見顏師古注。二、聲響多種多樣，旋律協調，組成樂曲。王先謙《漢書補注》曰：「香風駍殷，曆十二鐘而成聲，言諧合律呂也。」鐘指鐘律，即樂理。(66)排玉戶而颺金鋪兮二句　顏師古曰：「言風之所至，又排門揚鋪，擊動鍰鈕，迴旋入宮，發奮眾芳。」排，推開。玉戶，用玉裝飾的門戶。颺，吹動。金鋪，鑲金的鋪首。鋪首，門上的獸面形帶環紐的底盤，用以銜門環。發，吹拂；吹動。穹窮，即芎藭。蘭、蕙、芎藭，皆香草名。(67)惟弸環其拂汨兮二句　此謂風吹動帷帳發出聲音，帷帳飄拂，過了一會兒，又復歸平靜，顯得幽隱深空。惟，《文選》作「帷」。弸環，風吹帷帳的聲音。拂汨，風鼓動帷帳的樣子。稍，少頃；一會兒。暗暗，幽隱深空的樣子。靚，通「靜」。安詳；寧靜。王先謙曰：「以上六句言香風之深入。」(68)陰陽清濁穆羽相和兮二句　此言陰陽清濁，指風聲的特色，即高低、輕重、緩急等。李善注引《莊子》曰：「黃帝曰：一清一濁，陰陽調和。」陰陽，指陰律（大呂、夾鐘、中呂、林鐘、南呂、應鐘等六呂）和陽律（黃鐘、太簇、姑洗、蕤賓、夷則、無射等六律）。清濁，指清音（羽聲最清）和濁音（宮聲最濁）。穆羽相和，《漢書補注》引王引之曰：「穆，變音也。羽，正音也。《淮南子・天文篇》說律曰：『徵生宮，宮生商，商生羽，羽生角，角生姑洗，姑洗生應鐘，比於正音，故為和。應鐘生蕤賓，不比正音，故為繆。』繆與穆同。和穆，謂變宮變徵也。穆在變音之末，言穆而和可知矣。羽在正音之末，言羽而宮商角徵可知矣。變聲與正聲相應，故曰穆羽相和。以律管言之，則變宮為和，變徵為穆。以琴弦言之，則當以少宮為和，少商為穆。琴有和穆二音，而風聲似之，故曰穆羽相和，若夔、牙之調琴也。」相和，互相配合、協調。夔，人名，舜之典樂官，精通音樂。牙，春秋時俞伯牙，善鼓琴。(69)般倕棄其剞劂兮二句　言甘泉宮建築雕飾精美，即使是公輸般、共工倕、王爾這樣的能工巧匠也只能放棄手中的工具，自愧弗如。顏師古曰：「言土木之功窮極巧麗，故令般、倕之徒棄其常法也。」般，公輸般（般，又作「班」、「盤」）。相傳為春秋時魯國的著名建築工匠。倕，傳說中古代的巧匠，一說黃帝時人，一說唐堯、虞舜時人，曾任共工（官名），見《莊子・胠篋》、《呂氏春秋・離謂》及《尚書・堯典》等。剞劂，木工刻鏤用的刀子和鑿子。王爾，傳說中古代的巧匠，見《韓非子・姦劫弒臣》、《淮南子・本經》。鉤繩，木工用來量曲直的曲尺和墨線。(70)雖方征僑與偓佺兮二句　此言即使神仙並行甘泉宮上，也會驚異其精巧，而彷彿若夢。晉灼曰：「言宮觀之高峻，雖使仙人常行其上，恐遽不識其形觀，猶仿佛若夢也。」方，並；一起。征僑，仙人名，姓征名伯僑。司馬相如〈大人賦〉作「征伯僑」，本書卷二十五〈郊祀志〉作「正伯喬」。一說即王子僑。偓佺，亦仙人名。《列仙傳》云：偓佺，槐里采藥父也，食松實，形體生毛數寸，能飛行，逮走馬。仿佛，《文選》五臣注本作「髣佛」。好像；看不真切。其，殆。情態副詞。(71)於是事變物化二句　此言樓臺宮觀的建築千變萬化，使人耳目驚駭。顏師古曰：「言驚視聽也。」事變物化，事物變化。指上述宮觀雕飾之複雜變化。目駭，目視之則目驚。駭，驚駭；詫異。耳回，耳聞之則耳亂。回，回皇；驚疑不定。(72)蓋天子穆然句　言天子威嚴莊重地住在寬廣幽深、雕梁畫棟的珍臺閒館之中。穆然，顏師古曰：「天子之容也。」威嚴、莊重、美好的樣子。珍臺，珍寶裝飾的樓臺。閒館，幽靜的館舍。琁題，用玉裝飾的椽頭。題，椽的頭端。玉英，玉的光華。《孝經援神契》曰：「玉有英華之色。」蜵蜎蠖濩，都是形容皇宮建築上的雕刻形狀。顏師古注曰：「言屋中之深廣也。」(73)惟夫所以澄心清魂二句　顏師古曰：「言絜精以待，冀神降福。」惟，思考；謀劃。夫，那。澄心清魂，使心神清靜。儲精垂思，儲蓄精神，傾注思慮。(74)感動天地二句　言用祭祀之事感動天地，到三神那裡迎福。逆，迎接。釐，通「禧」。福。三神，天神、地神、人神。(75)迺搜逑索耦皋伊之徒二句　顏師古曰：「言選擇賢臣，可匹耦於古賢皋陶、伊尹之類，冠等倫而魁桀。」搜、索，都是尋求的意思。逑、耦，都是配偶的意思。皋，皋陶。虞舜時的賢臣，曾掌管刑法之職。伊，伊尹。商湯時的賢臣，曾任阿衡。徒，指同類的人。冠倫魁能，應劭曰：「冠其群倫魁桀也。」冠倫，冠於群輩。倫，儕輩；同類。魁能，居於能者之首。魁，為首；居於第一。(76)函甘棠之惠二句　言尋求到的大臣包含召公一樣的仁愛，懷揣周公一樣的忠誠。函，通「含」。包含。甘棠之惠，相傳周初召公（姬奭）曾巡視南國（今河南、湖北一帶），傳布周朝的政令，在一棵甘棠（棠梨）樹下休息過，後人懷念他的德行，便愛護那棵樹不忍加以傷害，作詩美之。參見《詩．召南．甘棠》。挾，懷抱。東征之意，周武王死後，成王年幼登位，由叔父周公（姬旦）攝政。成王另外的叔父管叔等勾結商紂的兒子武庚在東方發動叛亂。周公率軍東征，平定了叛亂，維護了新建的周王朝。(77)相與齊虖陽靈之宮　此言大臣共同在祭天神的宮殿齋戒。相與，共同；一起。齊，通「齋」。齋戒。一說，齊，同也，同集於此也。兩說皆通。陽靈之宮，祭天之處，即泰畤，在甘泉宮。陽靈，指天神。(78)靡薜荔而為席兮二句　分鋪薜荔作座席，採摘瓊枝作香料。靡，分散平鋪。薜荔，香草名。〈離騷〉：「貫薜荔之落蕊。」席，座席；墊席。瓊枝，〈離騷〉：「折瓊枝以為羞。」《補注》：「瓊枝生昆侖西流沙濱，大三百圍，高萬仞，其華食之長生。」(79)噏清雲之流瑕兮二句　此言齋戒時，呼吸天空中流動的霞氣，啜飲神木上的露珠。顏師古曰：「言其齋戒自新，居處飲食皆芳絜也。」噏，同「吸」。流瑕，流動的彩色雲氣。瑕，通「霞」。若木，神話中的樹木，生長在日落處，幹紅，葉青，花紅。露英，花葉之上的露珠。(80)集虖禮神之囿二句　此言聚集在祭神的地方，作歌來頌揚天地神明。禮神，祭神。禮，祭神以求福。囿，原指帝王畜養禽獸的園林。這裡借指祭神壇址的周圍地區。頌祇，作歌頌揚地神。祇，地神。(81)建光燿之長旓兮二句　言豎立起閃光的有長旒的大旗，鮮明的華蓋上翠羽華麗。建，豎立。光燿，閃光。旓，旌旗下面懸垂的裝飾物，一名燕尾。昭，鮮明。華覆，華蓋。威威，即「威蕤」。形容羽毛裝飾眾多而華麗。(82)攀琁璣而下視兮二句　此言攀上北斗星向下觀看，瀏覽的目光達到三危山。琁璣，本指北斗星的斗魁部分，這裡指北斗星。遊目，目光由近至遠，向四面八方隨意觀覽瞻望。三危，神話中的仙山，在極西的地方。《尚書·禹貢》：「導黑水至於三危。」(83)陳眾車於東阬兮二句　言陳列眾車於東岡，放縱車輛飛奔而下。東阬，東岡。阬，通「岡」。丘陵。肆，放縱。玉釱，用玉裝飾的車軸頭。釱，通「軑」。車軸頭。(84)漂龍淵而還九垠兮二句　言從東岡下馳，浮龍淵，繞其涯岸，乃窺地底而上歸。漂，浮。龍淵，古人所說藏龍的地方，實指深潭。還，通「旋」。旋轉；環繞。九垠，九涯，指龍淵邊岸。九謂數之多。垠，邊；岸；界限。或認為九垠指九垓，謂九重天，不確。窺，向深隱處察看。(85)風從從而扶轄兮二句　言天風迅疾，推動車輛前進，鸞鳳紛紛駕御拉繩。從從，風疾行的樣子。扶轄，推動車輪前進。鸞鳳，傳說中的兩種瑞鳥。御，駕御。蕤，指綏，即車上所繫供登車者拉手用的繩索。一說指纓蕤，即車子上下垂的裝飾物。(86)梁弱水之濎濙兮二句　言眾車輛渡過弱水，踏過不周山。梁，古代渡水的橋、船以及堤都可以叫「梁」，這裡借用作「渡水」的意思。弱水，古人稱淺水或地僻不通舟船的水流為弱水，意思是說水的浮力太弱，不能負重，輾轉訛傳，遂有某水浮不起鴻毛的說法。這裡指昆侖山東的所謂弱水。服虔曰：「昆侖之東有弱水，度之若濎濙耳。」濎濙，小水流動的樣子。躡，踩；踏。不周，傳說中的山名，在昆侖山西北。逶蛇，通作「逶迤」。形容山脈彎彎曲曲、延續不斷的樣子。(87)想西王母欣然而上壽兮二句　言到西王母居住的地方後，想起西王母的高壽，於是悟出好美色會敗壞德行，故將玉女和虙妃等神女都摒棄。西王母，神話人物，在西方。也稱王母、金母或西姥。見於《山海經》、《穆天子傳》、《漢武內傳》等神話故事書中。上壽，高壽。屏，斥退；退避。玉女，仙女。卻，屏退；排除。虙妃，傳說中的洛水神女名。玉女、虙妃，這裡都借指美女。(88)玉女無所眺其清盧兮二句　言玉女、虙妃等被摒棄後，其美目蛾眉無法施展魅力。眺，遠望。清盧，清亮的瞳眸。盧，通「矑」。瞳人。施，施展；施逞。蛾眉，女子細長而美麗的眉毛，因其彎曲細長如蠶蛾的觸鬚，所以叫蛾眉。(89)方擥道德之精剛兮二句　言謀取道德精微的義理，效法神明，為自己所用。李周翰曰：「言擥取道德精微之理，法神明以為資用也。」擥，通「攬」。攝取；採取。精剛，精微剛毅。侔，取法；效法。(90)於是欽柴宗祈三句　言恭敬地以燒柴祭天，尊崇天神，祈求保佑。燒柴祭祀上天，在桔槔上焚燒祭品祭祀泰壹神。欽，恭敬；欽敬。柴，通作「祡」。即柴祭。

古代祭祀之一，積柴並加牲玉於其上而焚之，使氣味上升以歆天神。宗，尊敬。祈，祈禱求福。燎熏，古代祭祀名稱，即柴祭。招繇，《文選》李善注本作「皋搖」，並引如淳曰：「皋，挈（桔）皋（槔）也。積柴於挈（桔）皋（槔）頭，置牲玉於其上，舉而燒之，欲近天也。」如淳說是。張晏以「招搖」為神名，不正確。泰壹，天神名。91舉洪頤二句　舉起洪頤旗，樹立靈旗。洪頤，旗幟名。靈旗，旗幟名。李奇曰：「欲伐南越，告祈太一，畫旗樹太一壇上，名靈旗，以指所伐之國也。」本書卷二十五〈郊祀志〉：武帝元鼎五年，「其秋，為伐南越，告禱泰一，以牡荊畫幡日月北斗登龍，以象太一三星，為泰一鋒旗，命曰『靈旗』。為兵禱，則太史奉以指所伐國。」92樵蒸焜上二句　祭祀的木柴熊熊燃燒，火光明亮，照耀四方。顏師古曰：「言以樵及蒸燎火，炎上於天，又披離四出。」樵蒸，柴薪。大者曰薪，如木柴；小者曰蒸，如麻稈之類。焜，又作「昆」。火燃燒的樣子。配藜，通「披離」。火光四散的樣子。四施，散布於四方。93東燭倉海四句　顏師古曰：「言柴燎之光遠及四表也。」燭，照。倉海，大海。因海水深而呈青綠色，故稱「倉海」。倉，通「滄」、「蒼」。燿，照耀。流沙，古代指我國西北的沙漠地區。或謂指流沙澤，後世居延海，今淤積成嘎順淖爾與蘇古淖爾兩湖，在今內蒙古額濟納旗北。爌，古「晃」字。明亮；照明。幽都，古代指北方絕遠之地。煬，烘烤。丹厓，丹水之涯岸。傳說中的南方地名。《呂氏春秋・召類》：「堯戰於丹水之浦，以服南蠻。」94玄瓚觩⿰角翏二句　言用黑玉酒杓盛滿香酒。瓚，是一種玉杓，用以舀酒，容量為五升，口徑八寸，以玄玉之圭為柄，故稱玄瓚。玄，黑色。這裡指黑玉。觩⿰角翏，獸角彎曲的樣子。這裡指玄瓚形狀。秬鬯，用黑黍和鬱金草釀造的一種香酒，用於祭祀。泔淡，盛滿。一說美味。95肸嚮豐融二句　秬鬯酒味醇美，芳香彌漫。顏師古曰：「言秬鬯之芬烈也。」肸嚮，散布；彌漫。指聲音或氣味的傳播。豐融，香氣豐盛。懿懿芬芬，形容酒味芳香濃烈。96炎感黃龍兮二句　言火光熾盛，感動神物，出現為祥瑞。炎，火光。熛，迸飛的火花。訛，動；震動。碩，大。黃龍、碩麟，皆為神物，漢代以為祥瑞之應。97選巫咸兮叫帝閽二句　令巫咸叫來天宮守門人打開天門，迎接群神。巫咸，古神巫之名。《太平御覽》卷七十九引《歸藏》曰：「黃神與炎神爭鬥涿鹿之野，筮於巫咸。」《山海經・大荒西經》：「有靈山，巫咸、巫即、巫肦、巫彭、巫姑、巫真、巫禮、巫抵、巫謝、巫羅十巫，從此升降，百藥爰在。」〈離騷〉也說：「巫咸將夕降兮。」帝閽，天宮的守門人。帝，指天帝。閽，守門人。〈離騷〉：「吾令帝閽開關兮。」天庭，神話中天帝居住的宮殿。延，延請。98儐暗藹兮降清壇二句　此言神靈眾多，紛紛降臨在高潔的神壇上，降下的福瑞堆積如山丘。儐，引導；迎接賓客。這裡指隨神而來的儐相，即贊禮者。暗藹，形影隱隱綽綽，形容神很多的樣子。清壇，清潔的祭壇。瑞，祥瑞；福瑞；吉祥。穰穰，很多。委，積。99於是事畢功弘三句　謂祭祀完畢，功德宏偉，返車回京，經過三巒觀，在棠梨宮休息。弘，宏偉。度，經過。

三巒，觀名，即封巒觀，漢武帝建元中建，在雲陽甘泉宮外。偈，通「歇」。休息。棠梨，宮名，即棠梨宮，在雲陽東南三十里。⑩天閫決兮地垠開二句　天地之門開通，皇帝德澤普洽，致使四面八方的國家無不和合。顏師古曰：「言德澤普洽無極限也。」天閫，天門。閫，門檻。決，開。地垠，大地的邊際、界限。八荒，四面八方的荒遠之地。協，和睦。諧，調和；和合。⑩登長平兮雷鼓磕二句　言登上長平阪後，雷鼓響起，勇士勇猛。長平，涇河邊的阪名。雷鼓，鼓名。八面張革，祭祀天神時用。磕，擊鼓聲。天聲，如天雷之聲，指鼓聲。厲，嚴肅威猛。⑩雲飛揚兮雨滂沛二句　言天賜的恩澤很多，像雲行雨施，君臣都有聖德，相輔相成，故其華麗長至於萬代。滂沛，下大雨的樣子。于，發語詞。胥，皆；都。麗，光彩煥發。這裡作動詞用。⑩亂　整理的意思。顏師古曰：「亂者，理也，總理一賦之終也。」案，古代樂曲的最後一章叫亂。辭賦篇末總結全篇要旨的話也叫亂。⑩崇崇圜丘二句　祭壇很高，遮住了天。崇崇，高大的樣子。圜丘，古代祭祀天神的壇址。土之高者為丘，造圓形的丘為大壇，象天之圓，故稱圜丘。隆，高。隱，潛藏；藏匿。⑩登降峛崺二句　言圜丘有道路供人上下，其周圍有彎曲的圍牆。登，上。降，下。峛崺，上下之道路。一說指土丘。單，周圍。埢垣，彎曲的圍牆。⑩增宮參差二句　言宮殿重重疊疊，並列而高聳。增宮，指宮殿重重疊疊。增，重疊。參差，高低不齊的樣子。駢，並列。嵯峨，高峻的樣子。⑩岭巆嶙峋二句　言宮殿幽深重疊，深無止境。岭巆，形容宮觀深邃峭拔。嶙峋，形容重疊高聳的樣子。洞，深。亡厓，即無涯。厓，邊際。⑩上天之縡二句　言上天的事情高遠幽深。縡，通「載」。事情。《詩・大雅・文王》：「上天之載，無聲無臭。」杳，高遠。旭卉，李善注曰：「幽昧之貌。」意為天道若明若暗。旭，明。卉，通「晦」。顏師古曰：「旭卉，疾速也。」不知何據。⑩聖皇穆穆二句　言天子威容盛美，可與天帝相匹配。穆穆，儀表威嚴盛美，舉止端莊恭敬。信，確實。對，匹配。《詩・大雅・皇矣》：「帝作邦作對，自太伯王季。」就是說上帝作了周邦，又選擇太伯王季等為匹配，作為地上之王。此二句意同。⑩倈祇郊禋二句　言恭敬地舉行郊禋祭禮，天神就來依附。倈，同「來」。前來。祇，恭敬。郊禋，即祭祀。郊，郊祀；祭祀天神。禋，清潔地恭敬地祭祀。依，依附；憑依。⑪俳佪招搖二句　顏師古曰：「言神久留安處，不即去也。」俳佪，同「徘徊」。招搖，逍遙；遨遊。這裡意為彷徨。靈，神。遲迡，通「棲遲」。遊息。⑫煇光眩燿二句　言神靈的光輝燦爛，賜予很多福祿。煇光，神的光輝。眩燿，通「炫耀」。光彩耀眼。隆，大。厥，其。⑬子子孫孫二句　言神靈賜福隆盛，子子孫孫永享無盡。亡極，沒有極限；沒有窮盡。亡，通「無」。⑭甘泉本因秦離宮　顏師古曰：「本秦之林光宮也。」因，沿襲。⑮奢泰　奢侈過甚。⑯而武帝復增通天三句　句中所提：通天、高光、迎風、洪厓、旁皇、儲胥、弩陆、石關、封巒、枝鵲、露寒、棠梨、師得，都是宮觀名。顏師古曰：「棠梨宮在甘泉苑垣外，師得宮在櫟陽（今陝西富平東南）界，其餘皆甘泉苑垣內之宮觀也。」弩阹是畜養牛馬的苑囿。117遊觀屈奇瑰偉　遊覽所見景物皆獨特奇偉。遊觀，遊覽，這裡指遊覽的景物。屈奇，獨特奇異。屈，通「崛」。瑰偉，奇偉；卓異。118木摩而不彫二句　梁柱刮磨而不雕刻，牆壁塗抹而不繪畫。言建築之簡樸。摩，通「磨」。刮磨。彫，雕刻。塗，用泥塗抹。畫，繪製圖畫。119周宣所考　周宣王所建造宮室。《詩・小雅・斯干》序曰：「宣王考室也。」周宣，即周宣王姬靜。西元前八二七—前七八二年在位。相傳他在周朝中興之後曾修建宮室，但並不奢侈。考，建造；建成。120般庚所遷　般庚所遷居的宮室。般庚，通作「盤庚」。商代國王。當時商朝國勢衰落，他為擺脫困境，避免災害，遷都到殷（今河南安陽西北），商復興。因新都草創，沒有宮室，曾遭到很多人的反對，但他還是堅決實行了。121夏卑宮室　夏禹的卑陋宮室。夏，朝代名。約在西元前二十一到前十六世紀左右。相傳為夏后氏部落領袖夏禹的兒子夏啟所建立，先後建都陽城（今河南登封東南）、安邑（今山西夏縣西北）等地。傳到夏桀，為商湯所滅亡。卑，低矮簡陋。122唐虞棌椽三等之制　唐堯、虞舜的柞木椽子、土階分三級的制度。唐，陶唐氏。堯的國號。虞，有虞氏。舜的國號。棌椽，相傳唐堯、虞舜時的宮室用柞木椽子，而且不加刮削。棌，柞木。三等，宮室前的土階只有三級。

123欲默則不能已　想保持緘默卻又不能忍住。默，緘默。已，止住；忍住。124推而隆之　順勢加以誇張，從而引起警惕。推，順勢加助。隆，抬高；誇張。125上比於帝室紫宮　上比於天帝的宮室——紫微宮。帝，天帝。紫宮，紫微宮。天帝所居宮殿。

126黨鬼神可也　或許鬼神能夠做到。黨，通「儻」、「倘」。或者。127趙昭儀方大幸　趙昭儀正大受寵幸。趙昭儀，指漢成帝寵妃趙合德。昭儀，漢代嬪妃的最高稱號，僅次於皇后。幸，受到帝王的寵愛。128法從　顏師古曰：「法從者，以言法當從耳，非失禮也。一曰從法駕也。」129在屬車間豹尾中　服虔曰：「大駕屬車八十一乘，作三行，尚書御史乘之。最後一乘縣豹尾，豹尾以前皆為省中。」屬車，皇帝出行時的隨從車輛。130聊盛言車騎之眾　姑且極力誇張車馬的眾多。聊，姑且。盛，極力誇張。131參麗之駕　指車隊有時分三道、有時分雙道並行。參，通「三」。麗，偶；成對。132逆釐三神　迎接三神降福。逆，迎接。釐，通「禧」。福。三神，天神、地神、人神。133微戒齊肅之事　隱微地勸誡齋戒是嚴肅的事。微戒，隱微地勸誡。齊肅之事，指齋戒是嚴肅的事。134異　驚異；詫異。

【語　譯】漢成帝時，有人推薦說揚雄的文章類似司馬相如。成帝正要去祭祀甘泉宮泰畤和汾陰縣的后土祠，祈禱得到繼承人，就宣召揚雄，要揚雄在承明殿等候詔命。正月間，隨從皇上到了甘泉宮，回京後奏呈〈甘泉賦〉進行諷諫。其文辭說：

2 漢朝第十代皇帝，將要祭祀上天，重新祭奠泰畤，擁聚神靈之休美，尊奉泰一之神號，獲得與三皇相同的受命符瑞，並總領五帝一樣的功業，卻憂慮沒有繼嗣，故求神明多賜福祥，以拓廣基業，開張帝統。當時就命令百官選擇吉日，符合良好時辰，然後天子出行，群臣隨駕，如星宿般陳列。命令天矛星和天駟星啊，派遣鉤陳星統領士兵；把壁壘警戒交給天地之神啊，打退惡鬼，使天地肅清。八方之神奔走警戒啊，振奮強大雄壯的軍威；蚩尤那班人帶寶劍、執玉斧啊，往來奔走於前後左右。武士們聚集交錯啊，忽如雲飛風飄般分散奔離。行列如魚鱗般密集地排列啊，參差錯落，如魚游上，如鳥飛下。隊伍壯盛，行動迅疾，如霧雺之會合啊，光華四散，文采燦爛鮮豔。

3 於是皇上便登上鳳凰車啊豎起華麗的車蓋，駕馭四條青龍啊和六條白龍，行步有節，鬍鬚下垂，車駕富麗堂皇。車騎旌旗忽聚忽合，如陰陽變化之迅疾。旌旗搖空，高過日影，旗桿森立，旗幟隨風飄揚！星旄揮動，如電光閃耀，到處都是翠羽裝飾的車蓋和繡有鸞鳥的赤旗。上萬的騎兵集合在營中啊，上千輛的玉車並行。聲勢浩大而參差錯落的車騎啊，輕快迅捷，能超疾雷，能追疾風。越過崎嶇多山的道路啊，跨過曲折多變的山澗。登上椽欒山就到達了天門啊，馳入宮門就進入至高的境界。

4 這是還未到達甘泉宮，就望見通天臺高高聳立。其下陰冷寒涼，暗淡不明啊，其上高大廣闊，色彩繽紛；高聳矗立直達雲天啊，其高度不能夠測量。平原之地寬廣平坦啊，玉蘭樹立於叢林；棕櫚、薄荷生長茂密啊，四面蔓延無邊無際。山陵很高啊，溝谷深險；到處都是離宮別館啊，相互映照，封巒、石關等宮觀連綿不絕。

5 這裡廈屋千態萬狀，如雲氣水波之多變，高大宏偉的宮觀成群。抬起頭來向高處仰望啊，頭暈目眩，什麼也看不到。正面看，高樓廣大寬闊啊，東西望則無邊無涯。只感到天旋地轉啊，心馳神搖，魂驚魄駭。憑依長廊上的欄杆向四周眺望啊，忽然感到天地廣闊，無邊無垠。碧綠的玉樹多麼青翠啊，牆壁上裝飾的瑪瑙、犀角，色彩斑斕。壯健的銅人支撐著鐘架啊，雕刻的龍鱗高高張開。宮觀華美的裝飾放射光輝，如火炬照耀啊，太陽光芒下垂，燦爛奪目。與上帝的縣圃相匹配啊，模擬泰壹天神之所居。高臺特然突出啊，高至北極星，竦峭峻秀。眾星連接它的屋簷啊，日月才經過半簷。雷聲在廊陛戶柱間震響啊，電光在牆藩間閃耀。鬼怪都不能爬到頂端啊，中途就會顛墜下來。穿倒影而越飛梁啊，超出遊氣而拂於天。

6 左邊彗星右邊雨神啊，前面赤闕後面應門；遮蔽了西海與幽都啊，甘泉噴湧而成河。蛟龍蟠踞於東山啊，白虎咆哮於昆侖。環顧周覽於高光宮啊，逍遙遊樂於西廂。前殿雄偉高大啊，寶玉光亮閃耀。舉立浮柱而架飛椽啊，神人在暗中扶持，使不傾倒。門戶高大而空曠啊，就像紫微宮那樣深邃虛靜。並列交錯連綿不斷啊，與連綿高峻的山峰相互環繞。登上高連雲霄的臺閣啊，上下與山渾然一體，如同自然而成。紅色的光彩搖曳不定啊，青翠的雲氣飄拂蜿蜒。沿襲琁室和傾宮啊，應如登高望遠，如臨深淵，戒懼警惕。

7 旋風勁吹，猛烈搖動眾樹啊，桂樹、椒樹披散，叢栘、楊樹鬱聚。香氣濃郁充溢啊，掠過斗拱，送到屋簷。風聲震響振動樹根啊，聲勢浩大地吹進殿上震動金鐘。推開玉門，搖動鋪首門環啊，吹拂蘭花、蕙草和芎藭。帷帳砰砰地飄拂啊，漸漸隱約而清靜幽深。陰呂陽律、清音濁音、正聲變聲配合協調啊，像樂正夔和伯牙調的琴。公輸般、共工倕會拋棄他們的刀鑿啊，王爾會扔掉他的曲尺和墨繩。即使征伯僑與偓佺同來啊，也會彷彿如夢幻。

8 這裡的建築千變萬化，使人耳驚目駭。天子威嚴莊重地住在寬廣幽深、雕梁畫棟的珍臺閒館之中，思考如何潔淨心靈，蓄養精神，傾注思慮，感動天地，迎接三神降福。於是尋求能夠媲美皋陶、伊尹那樣的人，其才能在同輩中居於第一，包含召公一樣的仁愛，懷揣周公一樣的忠誠，共同在祭天神的宮殿齋戒。分鋪薜荔作座席啊，採摘瓊枝作香料，呼吸天空中流動的霞氣啊，啜飲神木上的露珠，聚集在祭神的地方啊，作歌來頌揚天地神明。豎立起閃光的有長旒的大旗啊，鮮明的華蓋上翠羽華麗。攀上北斗星向下觀看啊，瀏覽的目光達到三危山。車輛陳列在東岡上啊，放縱車子往下飛馳。漂浮於龍潭繞其岸邊啊，窺看到地底再往上返回。天風迅疾，推動車輛前進啊，鸞鳳紛紛駕御拉繩。渡過涓涓流動的弱水啊，踏過綿延曲折的不周山。想西王母的高壽啊，摒棄玉女和虙妃。玉女無法賣弄她的媚眼啊，虙妃竟不得施逞她的蛾眉。正要獲得道德的精髓啊，效法神明而為自己所用。

9 恭敬地以燒柴禮祭天，尊崇天神，在桔槔上焚燒祭品祭祀泰壹神。舉起洪頤旗，樹立靈旗。祭祀的木柴熊熊燃燒，火光明亮，照耀四方，東邊照到滄海，西邊照到流沙，北邊照到幽都，南邊照到丹厓。黑玉酒杓彎彎，盛滿了黑黍香酒，酒味醇美，芳香彌漫。火光感動黃龍啊，火花震動大麒麟。挑選巫咸啊去喊來天宮守門人，敞開天宮啊迎接群神。神靈眾多啊，降臨在高潔的神壇上，降下的福瑞很多啊，堆積如山。

10 於是祭祀完畢，功德宏偉，返車回京，經過三巒觀啊在棠棃宮休息。天門敞啊地界開，八方協調啊萬國和諧。登上長平阪啊雷鼓響，雷聲響起啊勇士勇猛，雲飛揚啊雨滂沱，君臣皆有聖德啊流芳萬代。

11 尾聲：高高的圜丘聳入雲霄啊，上下有道路，周圍牆垣彎曲啊。重重疊疊的宮殿參差錯落，並列巍峨啊，幽深重疊，深無止境啊。上天的事情，高遠幽深啊，天子威容盛美，是天帝的匹配啊。前來恭敬地祭祀上天，神靈就來依附啊，徘徊彷徨久留不去，神靈遊息啊。光輝燦爛，賜予很多福祿啊，子子孫孫，永遠享用沒有窮盡啊。

12 甘泉宮本來是沿襲秦朝的離宮，原已過於奢侈，而漢武帝又增建通天、高光、迎風等宮觀。宮外近處則有洪厓、旁皇、儲胥、弩阹，遠處則有石關、封巒、枝鵲、露寒、棠棃、師得等宮觀，遊覽的景物獨特奇偉，本不是梁柱刮磨而不雕刻，牆壁塗抹而不繪畫，像周宣王所建造，商盤庚所遷居，夏禹的卑陋宮室，唐堯、虞舜的柞木椽子、土階分三級的制度。而且因為它們歷時已久，並不是漢成帝所建造，想要進諫則不是恰當的時候，想要緘默則又不能忍住，所以順勢加以誇張，竟至上比於天帝的居室紫微宮，好像說這些不是人力所能建造的，或許鬼神能夠做到。又這時趙昭儀正大受寵幸，每次上甘泉宮，常常以法伴隨車駕，坐在豹尾車前面的隨從車輛中。所以揚雄姑且極力說車馬的眾多，三列兩列的車隊，並不是用來感動天地，迎接三神降福的辦法。又說到「摒棄玉女和虙妃」，藉以隱微地勸誡齋戒祭祀是嚴肅虔誠之事。〈甘泉賦〉寫成後奏呈上去，天子感到詫異。

1 其三月❶，將祭后土❷，上迺帥群臣橫大河，湊汾陰❸。既祭，行遊介山❹，回安邑❺，顧龍門❻，覽鹽池❼，登歷觀❽，陟西岳以望八荒，迹殷周之虛，眇然以思唐虞之風❾。雄以為臨川羨魚，不如歸而結罔❿，還，上河東⓫賦以勸，其辭曰：

2 伊年暮春⓬，將瘞后土，禮靈祇，謁汾陰于東郊⓭，因茲以勸崇垂鴻，發祥隤祉，欽若神明者，盛哉鑠乎，越不可載已⓮！

3 於是命群臣，齊法服，整靈輿，迺撫翠鳳之駕，六先景之乘⓯，掉犇星之流旃，彏天狼之威弧⓰。張燿日之玄旄，揚左纛，被雲梢⓱。奮電鞭，驂雷輜⓲，鳴洪鍾，建五旗⓳。羲和司日，顏倫奉輿⓴，風發飆拂，神騰鬼趡㉑；千乘霆亂，萬騎屈橋㉒，嘻嘻旭旭，天地稠嶅㉓。簸丘跳巒，涌渭躍涇㉔。秦神下讋，跖魂負沴㉕；河靈矍踢，爪華蹈衰㉖。遂臻陰宮，穆穆肅肅，蹲蹲如也㉗。

4 靈祇既鄉，五位時敘㉘，絪縕玄黃，將紹厥後㉙。於是靈輿安步，周流容與，以覽虖介山㉚。嗟文公而愍推兮，勤大禹於龍門㉛，灑沉菑於豁瀆兮，播九河於東瀕㉜。登歷觀而遙望兮，聊浮游以經營。樂往昔之遺風兮，喜虞氏之所耕㉝。瞰帝唐之嵩高兮，眽隆周之大寧㉞。汩低回而不能去兮，行睨陔下與彭城㉟。濊南巢之坎坷兮，易豳岐之夷平㊱。乘翠龍而超河兮，陟西岳之嶢崝㊲。雲霏霏而來迎兮，澤滲灕而下降㊳。鬱蕭條其幽藹兮，滃汎沛以豐隆㊴。叱風伯於南北兮，呵雨師於西東㊵。參天地而獨立兮，廓盪盪其亡雙㊶。

遵逝虖歸來㊷。以函夏之大漢兮，彼曾何足與比功㊸？建乾坤之貞兆兮，將悉總之以羣龍㊹。麗鉤芒與驂蓐收兮，服玄冥及祝融㊺。敦眾神使式道兮，奮六經以攄頌㊻。隃於穆之緝熙兮，過清廟之雝雝㊼；軼五帝之遐迹兮，躡三皇之高蹤㊽。既發軔於平盈兮，誰謂路遠而不能從㊾？

【章　旨】以上載錄〈河東賦〉。此賦描寫漢成帝前往汾陰祭祀后土之後，登上西嶽華山，泛覽三代遺跡，因而浮想聯翩，對先聖無限仰慕。揚雄抓緊時機，因勢利導，勸諫成帝上追三皇五帝之治，效法前代聖賢。這是揚雄諷諫的一種方式。

【注　釋】❶其三月　指元延二年（西元前一一年）三月。本書卷十〈成帝紀〉：「(元延)二年春正月，行幸甘泉，郊泰畤。三月，行幸河東，祠后土。」是年，揚雄四十三歲，從行。❷后土　土地神，周秦為社祭之，至漢武帝元鼎四年（西元前一一三年）十一月甲子，立后土祠於汾陰脽上，帝親望拜如上帝禮。以後諸帝常祭如禮。成帝建始二年（西元前三一年），一度移祠長安北郊，永始三年（西元前一五年）恢復汾陰后土，至是復祭。❸橫大河二句　橫渡黃河，奔赴汾陰縣。橫，橫渡。大河，指黃河。湊，趨；奔赴。汾陰，漢縣名，屬河東郡。故城在今山西萬榮廟前村北古城，其地有土堆，名脽。自長安至汾陰需渡河，故云「橫大河」。❹行遊介山　遊覽介山。介山，山名。介山有二：一在今山西介休東南。又名綿山，因春秋晉人介之推隱居在此地，故名介山。一在今山西汾陰南。漢成帝所遊當是汾陰之介山。❺回安邑　繞過安邑。回，繞過。

安邑，縣名，當時為河東郡治所。在今山西夏縣西北。❻顧龍門　瞻望龍門。龍門，山名。在今陝西韓城東北、山西河津西北黃河兩岸。❼覽鹽池　遊覽鹽池。鹽池，在今山西運城南，以出產池鹽而著名。❽登歷觀　登上歷山觀。歷觀，歷山上的觀。歷山又名雷首山。相傳虞舜曾在這裡種過地。在今山西永濟南。❾陟西岳以望八荒三句　登上西嶽華山，眺望八方，追尋商朝、周朝的蹤跡，遙想唐堯、虞舜的遺風。陟，升；登。西岳，華山。在今陝西華陰南，主峰太華山，海拔近兩千公尺。迹，追尋蹤跡。虛，通「墟」。舊址；遺跡。眇然，遙遠或高遠的樣子。眇，通「渺」。風，教化；風氣。顏師古曰：「西嶽華山之上高峻，故言以望八荒。殷都河內，周在岐豐，堯都平陽，舜都蒲阪，皆可想見，故云跡殷周之墟，思唐虞之風也。」❿臨川羨魚不如歸而結罔　此為古人成語，言空有思想或願望，而不去實幹，則於事無補。這裡比喻思唐虞之風，不如行其政。顏師古曰：「言成帝追觀先代遺跡，思欲齊其德號，故雄勸令自興至治，以儗帝皇之風。」罔，通「網」。⓫河東　漢郡名。治安邑（今山西夏縣西北）。地在今山西西南部。漢成帝此次祭祀遊覽活動全在河東郡界內，故以「河東」為賦題。⓬伊年暮春　這年春末。伊年，謂祠祀甘泉泰一之年。伊，此。暮春，春末，農曆三月。此句交代此次祠后土的時間。⓭將瘞后土三句　言將要祭祀地神，禮敬靈神，到京城東的汾陰朝拜后土神。瘞，祭地曰瘞薶，故曰瘞后土。禮，敬神，祭祀求福佑。靈祇，對地神的敬稱。靈，神靈。謁，拜謁。東郊，京城長安以東，指汾陰縣。⓮因茲以勒崇垂鴻五句　顏師古曰：「言發祥降福、敬順神明，其事盛美，不可盡載。」茲，此。勒崇垂鴻，勒崇名而垂鴻業。勒，銘刻。這裡是留與青史的意思。崇，崇名；高名。垂，流傳。鴻，鴻業；大業。隤，降下。祉，福。欽，敬；恭敬。若，順從。鑠，通「爍」。光輝美盛的樣子。越，發語詞。⓯齊法服四句　言皇上命令臣子整齊制服，整頓軨車，安排好車駕馬匹。齊，使整齊。法服，禮法規定的標準服裝，這裡指祭神時所穿的服裝。整，整備。靈輿，天子所乘坐的車。撫，據。翠鳳之駕，天子所乘車，雕畫有鳳的圖形，裝飾以翠羽。六，指駕六匹馬。先景，形容馬跑得極快，常在影之前。景，通「影」。⓰掉犇星之流旃二句　言如流星般迅疾地搖動紅色旌旗，快速地拉開威懾敵寇的強硬弓弩。掉，搖動。犇星，即「奔星」。形容旌旗飄動如流星閃光。流旃，飄揚的旗子。流，飄揚。旃，赤色曲柄的旗子。彏，急張弓。天狼，星名。天空最亮的恆星。古人常用它來比喻壞人或敵人。在它的東南方有一個弧星官（包括九顆星），古人認為它的目標是對準天狼星的。⓱張燿日之玄旄三句　言懸掛映照光輝的黑犛大旗，揚起帝車左側的纛旗，旗上披著飛雲似的旗旒。玄旄，用犛牛尾裝飾的黑旗。玄，黑色。左纛，天子乘輿，車衡之左有纛，謂之左纛。纛，古代儀仗隊大旗，以犛牛尾為之，大如斗。被，通「披」。雲梢，像雲一樣飄拂的旗旒。比喻大旗之高。梢，通「旓」。旌旗之旒。⓲奮電鞭二句　揮動閃電似的馬鞭，駕馭轟雷似的輜重車。奮，揮動。電鞭，閃電般揮動迅速的馬鞭。駿，套三馬駕車。雷輜，行走時像雷一樣轟響的載重車。輜，有帷幔的載重車。顏師古曰：「《淮南子》云『電以為鞭策，雷以為車輪』，故雄用此言也。」⑲鳴洪鍾二句　敲響大鐘，樹立五色彩旗。洪，大。《尚書大傳》云：「天子左右五鍾，天子將出則撞黃鍾之鍾，左五鍾皆應，入則撞蕤賓之鍾，右五鍾皆應。」五旗，《漢舊儀》云：（皇帝車駕）「建五旗，丞相、九卿執兵奉引。」顏師古曰：「蓋謂五色之旗也，以木牛承其下，取其負重致遠。」⑳羲和司日二句　羲和與顏倫駕馭車乘。羲和，神話傳說中為太陽駕車的人。司日，掌管太陽（的車駕）。顏倫，古代傳說中善於駕車的人。奉輿，掌管車駕。輿，原指車箱，因即指車。㉑風發飆拂二句　此言車行迅疾，如疾風吹拂，如鬼神奔走。飆，回旋的大風。拂，擊。趡，奔跑。㉒千乘霆亂二句　成千上萬的車騎奔馳、騰躍。霆亂，如雷霆一樣壯盛紛亂。屈橋，通「倔矯」。壯捷的樣子。㉓嘻嘻旭旭二句　言人馬歡欣自得，天地都震動起來。嘻嘻旭旭，歡欣自得的樣子。稠嶅，動搖的樣子。㉔簸丘跳巒二句　車騎雄偉，聲音盛大，使得丘巒顛簸跳動，涇渭波濤奔湧翻騰。顏師古曰：「言車騎之威，訇隱之盛，至於湧躍涇、渭，跳簸丘山者也。」簸，搖動。丘，小丘。巒，小而尖的山。渭，水名。即渭河。發源於今甘肅渭源鳥鼠山，流經陝西中部，至潼關注入黃河。涇，水名。即涇河。發源於寧夏自治區六盤山，流經甘肅、陝西，至高陵注入渭河。㉕秦神下讋二句　秦神因恐懼而逃入水中，靈魂跳躍跑到河中的小洲作為依靠。顏師古曰：「言此神怖讋，下入水中，自蹈其魂而負沴渚。蓋戚懼之甚也。」秦神，傳說為西周時秦國的精怪。蘇林曰：「秦文公時庭中有怪化為牛，走到南山梓樹中，伐梓樹，後化入豐水，文公惡之，故作其象以厭焉。今之茸頭是也，故曰秦神。」下讋，因恐懼而逃入水中。讋，懼怕。跖魂負沴，王先謙曰：「跖與蹠同字，《說文》：『楚人謂跳躍為跖。』言秦神讋懼，其靈魂跳躍遠避而負倚坻岸也。」跖，蹈；踐踏。負，依仗；依靠。沴，渚，即河中的小洲。㉖河靈矍踢二句　言河靈驚恐，掌擊華山，腳踏衰山，於是二山分而黃河通。河靈，巨靈；河神。矍踢，驚懼；驚動。爪，「掌」的古字。用手掌擊打。華，華山。蹈，踩；踏。衰，衰山。㉗遂臻陰宮三句　言車騎到達汾陰的行宮時，肅靜莊敬，行進安詳。陰宮，汾陰之宮。穆穆，肅靜。肅肅，莊敬。蹲蹲，行步穩重而有節奏。如，形容詞詞尾。㉘靈祇既鄉二句　后土神已經祭祀完畢，五方神靈都按照次序歆享了祭祀。靈祇，指后土。地神曰祇。鄉，借為「饗」。祭獻。五位，五方的神靈。時，是。表示賓語前置。敘，按次序享受祭祀。㉙絪縕玄黃二句　顏師古曰：「言天地之氣大興發於祭祀之後。」絪縕，天地陰陽二氣會合。《易．繫辭》曰：「天地絪縕，萬物化淳。」玄黃，天玄色（青蒼色），地黃色。後用為天地的代稱。〈坤．文言〉曰：「玄黃者，天地之雜色也。天玄而地黃。」將，盛大。紹，繼續；接著。厥，其。指代祭祀。㉚於是靈輿安步三句　言皇帝車駕平安行進，愉快地周遊各地，遊覽介山。靈輿，指皇帝的車駕。安步，行進平穩。周流，轉動。容與，安閒自得的樣子。與，通「豫」。㉛嗟文公而愍推兮二句　言漢成帝歎息晉文公，憐憫介之推，並到龍門山慰勞大禹。嗟文公而愍推，春秋時晉公子重耳因國難出亡，介之推（介子推）一直追隨他。後來重耳復國為晉文公，賞賜隨從諸臣，忘了介之推，他隱居綿山（今山西介休東南）而死。後人因稱綿山為介山。後來，晉文公想找他而沒有找到，便把綿山附近作為他名義上的封地。傳說晉文公曾燒山逼他出來，他因不願出來而被燒死。至於汾陰附近的介山本名汾山，後人移花接木，把介之推的故事搬遷到這裡，實則兩地相距很遠。文公，即晉文公重耳。愍，哀憐。推，介之推。勤大禹於龍門，相傳穿通龍門山的黃河水道是夏禹開鑿成功的，故慰勞之。勤，勞問；慰勞。龍門山，禹鑿之以通河水，故勤勞之。㉜灑沉菑於豁瀆兮二句　顏師古曰：「禹分治洪水之災，通之四瀆，布散九河於東海之瀕也。」灑，分流。沉菑，洪水。菑，古「災」字。豁，開通。瀆，大河。古代稱長江、黃河、淮河、濟水為四瀆。播，分散。九河，古代黃河流到河北平原中部後分為九河，據《爾雅·釋水》說是徒駭、太史、馬頰、覆釜、胡蘇、簡、潔、鉤盤、鬲津九河，今已不能逐條確指。東瀕，東海之濱。瀕，通「濱」。㉝登歷觀而遙望兮四句　言登上歷山觀遙望，往來漫遊。因仰慕古代的遺風，故來到舜所耕的地方遊覽。歷觀，即歷山觀。是虞舜所耕處。聊，姑且。浮游，漫遊。經營，往來。《楚辭·九歎·怨思》：「經營原野，杳冥冥兮。」王逸注：「南北為經，東西為營。言已放行山野之中。」喜，通「嬉」。遊戲；玩賞。虞氏，指虞舜。顏師古曰：「舜耕歷山，故云然。」㉞瞰帝唐之嵩高兮二句　堯都平陽，周都豐鎬，此言望其地而思其崇高偉大。瞰，俯視。帝唐，指唐堯。嵩高，崇高。嵩，高。《論語·泰伯》「子曰：大哉堯之為君也，巍巍乎唯天為大，唯堯則之！」這裡是暗用其語。眽，凝望。隆周，指周文王、武王時。隆，興盛。大寧，太平、安寧。《詩·大雅·文王》云：「濟濟多士，文王以寧。」㉟汨低回而不能去兮二句　言往返流連而不願離開此地，今後看到垓下和彭城只能投以輕蔑的目光。汨，往。低回，盤桓；流連。行，且；將。睨，斜視；輕蔑地去看。陔下，地名。即垓下。在今安徽靈璧東南，是項羽最後戰敗的地方。彭城，縣名。是項羽建都的地方。㊱濊南巢之坎坷兮二句　言望見南巢，想到夏桀被放，遭受坎坷，而以為汙濁；望見豳和岐山，就想到周先公政治清平，國家興盛，而感到快樂。濊，通「穢」。汙濁；骯髒。南巢，地名。在今安徽巢湖市西南，是夏桀被流放的地方。坎坷，道路不平的樣子。這裡指夏桀的沒落。易，樂；悅。豳，同「邠」。地名。在今陝西旬邑西南，周武王的十二代祖公劉遷居到這裡，是周朝發祥的地方。岐，山名。在今陝西岐山東北。夷平，平坦。這裡指周朝的興起。㊲乘翠龍而超河兮二句　言駕乘駿馬跨過黃河，登上險峻的華山。翠龍，穆天子所乘駿馬名。這裡指漢成帝所駕駿馬。陟，登上。西岳，即華山。嶢崝，高峻的樣子。崝，通「崢」。㊳雲霏霏而來迎兮二句　言登上華山，雲霧來迎，雨露沾溼，似有神在，故下云叱風伯、呵雨師。霏霏，雲紛起的樣子。澤，雨露。滲灕，流動的樣子。㊴鬱蕭條其幽藹兮二句　雲氣蕭條而昏暗，雨水充沛而豐盈。鬱，雲雨茂盛。蕭條，雲雨凋零的樣子。幽藹，雲氣深暗。滃，雲氣湧起的樣子。汎沛，雨水充盈的樣子。豐隆，雲雨繁盛的樣子。㊵叱風伯於南北兮二句　言呵斥指揮風伯、雨師。顏師古曰：「言皆從命也。」叱，呵斥；喝令。風伯，興風之神。南北，泛指四方，與下句「西東」互文見義。呵，呵斥。雨師，行雨之神。㊶參天地而獨立兮二句　言西嶽之高峻，可以參天地而獨立無雙。參天地，參天立地，高出空際。顏師古曰：「天地曰二儀，王者大位，與之合德，故曰參天地。參之言三也。」廓，廣大。盪盪，空曠廣大的樣子。㊷遵逝虖歸來　遵循原路而歸京師。遵逝，遵循前來的路。㊸以函夏之大漢兮二句　言統一天下的大漢朝功業超過了堯、舜、商、周。函夏，包含諸夏，即統一了全中國的意思。函，包容。彼，指堯、舜、殷、周四朝。㊹建乾坤之貞兆兮二句　此言漢朝建立天下，群龍為帝，符合卦爻貞兆。乾坤，《周易》二卦名。古以〈乾〉為天，〈坤〉為地。占卦時，依卦爻。《周易．乾卦》六爻悉稱龍，如「初九，潛龍勿用」，「九二，見龍在田」等。龍又象徵皇帝或聖人，漢高帝就是以龍瑞稱帝的。貞兆，正兆；吉兆。總，統領。㊺麗鉤芒與驂蓐收兮二句　言四方賓服。麗，駕雙馬。驂，有二義：一為同駕一車的三匹馬；一為駕車時位於兩旁的馬。這裡應指後者。又《漢書補注》引王念孫說，認為「驂」為衍文。服，居中駕轅的馬。《漢書補注》引王念孫說，認為「服」應作「驂」。鉤芒，東方之木神。蓐收，西方之金神。玄冥，北方之水神。祝融，南方之火神。㊻敦眾神使式道兮二句　此言使眾神或清理道路，或發其志讀《六經》，作〈頌〉以頌盛德。敦，敦促；勸勉。式，標誌；標記。漢代職官有式道候，執金吾屬官。皇帝車駕出行時，掌清道；還，持麾至宮門，宮門乃開。六經，謂《易》、《詩》、《書》、《春秋》、《禮》、《樂》。攄，舒散；抒發。頌，顏師古曰：「謂《詩》頌，所以美盛德之形容也，言發其志而為歌頌也。」㊼喻於穆之緝熙兮二句　言漢德之盛，超過周代。喻，逾越；超過。於穆，讚美之詞。於，歎詞。緝熙，光明的樣子。《詩．周頌．敬之》曰：「學有緝熙於光明。」清廟，《詩．周頌》的首篇，內容是歌頌周文王，為周朝的祭祀樂歌，有「於穆清廟，肅雍顯相」的話。雝雝，和諧；和樂。㊽軼五帝之遐迹兮二句　言漢之功業超過了三皇五帝。軼，亦過也。遐迹，遙遠的事跡。躡，追蹤。高蹤，崇高的事跡。蹤，蹤跡；事跡。㊾既發軔於平盈兮二句　言漢成帝既然是從平地出發，誰說因為路遠而不能前行呢。發軔，啟程；出發。軔，剎車的木塊。車輛啟程時需先抽去軔，稱為「發軔」。平盈，平坦。比喻和平時期。

【語譯】這年三月，將要去祭祀后土神，皇上就率領群臣渡過黃河，奔赴汾陰縣。祭祀完畢後，遊覽介山，繞過安邑，瞻望龍門，遊覽鹽池，登上歷山觀，又登上華山而眺望八方，追尋商朝、周朝的舊址，遙想唐堯、虞舜的遺風。揚雄認為站在河邊空想吃魚，不如回家去織網，回來後，獻上〈河東賦〉進行勸諫，其文辭如下：

2 這年春末，將要祭祀地神，禮敬靈神，到京城東的汾陰朝拜后土祠，藉此來銘刻高名，流傳大業，發起吉祥，降賜福祉，敬順神明的大典，隆盛而美好，描寫不盡！

3 這時，皇上命令群臣整齊制服，整頓軨車，於是安排翠蓋鳳輿的車駕，套上六匹駿馬，如流星般迅疾地搖動紅色旌旗，快速地拉開威懾敵寇的強硬弓弩。懸掛映照光輝的黑犛大旗，揚起帝車左側的纛旗，旗上披著飛雲似的旗旒。揮動閃電似的馬鞭，駕馭轟雷似的輜重車，敲響大鐘，樹立五色彩旗。羲和駕馭車馬，顏倫掌管車駕，如狂風吹拂，如鬼神奔騰；成千的車輛奔馳，上萬的騎兵騰躍，歡欣鼓舞，天搖地動。山丘振動，岡巒跳蕩，渭水湧出，涇水躍起。秦神恐懼逃避，靈魂跳躍跑去依靠洲渚；河神震驚，掌擊華山，腳踏衰山。於是到達汾陰的行宮，肅靜莊敬，行進安詳。

4 后土神已經祭祀完畢，五方神靈都按照次序歆享了祭祀，天地陰陽二氣會合，大興於祭祀之後。這時，皇帝車駕平安行進，愉快地周遊各地，遊覽介山。歎息晉文公而哀憐介之推啊，慰勞大禹於龍門山，引導洪水到開通的大河啊，疏導九河到東邊的海濱。登上歷山觀遙望啊，姑且往來而漫遊。仰慕古代的遺風啊，遊覽舜所耕之地。俯視唐堯之地而思其崇高啊，凝望周之遺址而想文王、武王的偉大。往返流連而不願離開啊，將輕蔑地去看陔下和彭城。夏桀在南巢沒落的可恥啊，喜悅於周先公在豳、岐興盛。駕乘駿馬跨過黃河啊，登上險峻的華山。雲霧霏霏來迎接啊，雨露淋漓而布施。雲氣蕭條而昏暗啊，雨水充沛而豐盈。喝令風神於南北啊，呵斥雨神於西東。參天立地高出天際啊，廣闊浩渺舉世無雙。

5 遵循原路而歸京師。一統天下的大漢啊，堯舜商周的功業哪能比得上？得到〈乾〉、〈坤〉的吉兆啊，全都仰賴於群龍。內駕鉤芒與蓐收啊，兩側駕玄冥及祝融。敦促眾神清理道路啊，闡發《六經》來讚美盛德。超過〈周頌〉讚美的光明啊，超過〈清廟〉歌頌的和樂；超越五帝的遙遠事跡啊，追趕三皇的崇高動業。既然從坦途發車啊，誰說路遠而不能前進？

1 其十二月羽獵❶，雄從。以為昔在二帝三王❷，宮館臺榭，沼池苑囿，林麓藪澤，財足以奉郊廟，御賓客，充庖廚而已❸，不奪百姓膏腴穀土桑柘之地❹。女有餘布，男有餘粟，國家殷富，上下交足❺，故甘露零其庭，醴泉流其唐，鳳皇巢其樹，黃龍游其沼，麒麟臻其囿，神爵棲其林❻。昔者禹任益虞而上下和，中木茂❼；成湯好田而天下用足❽；文王囿百里，民以為尚小❾；齊宣王囿四十里，民以為大❿：裕民之與奪民也⓫。武帝廣開上林⓬，南至宜春、鼎胡、御宿、昆吾⓭，旁南山而西，至長楊、五柞⓮，北繞黃山，瀕渭而東⓯，周袤⓰數百里。穿昆明池象滇河⓱，營建章、鳳闕、神明、馺娑⓲，漸臺、泰液象海水周流方丈、瀛洲、蓬萊⓳。游觀侈靡，窮妙極麗⓴。雖頗割其三垂以贍齊民㉑，然至羽獵，田車戎馬，器械儲偫，禁禦所營，尚泰奢麗誇詡㉒，非堯、舜、成湯、文王三驅之意㉓也。又恐後世復修前好，不折中以泉臺㉔，故聊因校獵賦以風㉕，其辭曰：

2 或稱戲農，豈或帝王之彌文哉㉖？論者云否，各亦並時而得宜，奚必同條而共貫㉗？則泰山之封，烏得七十而有二儀㉘？是以創業垂統者俱不見其爽，遐邇五三孰知其是非㉙？遂作頌曰：麗哉神聖，處於玄宮，富既與地虖侔訾，貴正與天虖比崇㉚。齊桓曾不足使扶轂，楚嚴未足以為驂乘㉛；陿三王之阸薜，嶠高舉而大興㉜；歷五帝之寥廓，涉三皇之登閎；建道德以為師，友仁義與為朋㉝。

3

於是玄冬季月，天地隆烈，萬物權輿於內，徂落於外㉞，帝將惟田于靈之囿㉟，開北垠，受不周之制，以終始顓頊、玄冥之統㊱。迺詔虞人典澤，東延昆鄰，西馳閶闔㊲。儲積共偫，戍卒夾道㊳，斬叢棘，夷野草㊴，禦自汧、渭，經營酆、鎬㊵，章皇周流，出入日月，天與地沓㊶。爾迺虎路三嵏以為司馬，圍經百里而為殿門㊷。外則正南極海，邪界虞淵㊸，鴻濛沆茫，碣以崇山㊹。營合圍會，然后先置虖白楊之南，昆明靈沼之東㊺。賁育之倫，蒙盾負羽，杖鏌邪而羅者以萬計㊻。其餘荷垂天之畢，張竟壄之罘，靡日月之朱竿，曳彗星之飛旗㊼。青雲為紛，紅蜺為繯，屬之虖昆侖之虛㊽。渙若天星之羅，浩如濤水之波，淫淫與與，前後要遮㊾。欃槍為闉，明月為候，熒惑司命，天弧發射㊿，鮮扁陸離，駢衍佖路(51)。徽車輕武，鴻絧緁獵(52)，殷殷軫軫，被陵緣阪，窮冥極遠者，相與迾虖高原之上(53)；羽騎營營，昈分殊事(54)，繽紛往來，轠轤不絕，

4 若光若滅者，布虖青林之下[55]。

於是天子迺以陽鼂[56]始出虖玄宮，撞鴻鍾，建九旒，六白虎，載靈輿[57]，蚩尤並轂，蒙公先驅[58]。立歷天之旂，曳捎星之旃[59]，辟歷列缺，吐火施鞭[60]。萃傱允溶，淋離廓落，戲八鎮而開關[61]；飛廉、雲師，吸嚊潚率，鱗羅布列，攢以龍翰[62]。秋秋蹌蹌，入西園，切神光，望平樂[63]；徑竹林，蹂蕙圃，踐蘭唐[64]。舉烽烈火，轡者施披，方馳千駟，校騎萬師[65]。虓虎之陳，從橫膠輵，猋泣雷厲，驞駍駖磕，洶洶旭旭，天動地岋[66]。羨漫半散，蕭條數千萬里外[67]。

5 若夫壯士忼慨，殊鄉別趣，東西南北，騁耆奔欲[68]。拕蒼豨，跋犀犛，蹶浮麋。斮巨狿，搏玄蝯[69]。騰空虛，距連卷，踔夭蟜，娭澗門，莫莫紛紛，山谷為之風猋，林叢為之生塵[70]。及至獲夷之徒，蹶松柏，掌疾棃；獵蒙龍，轔輕飛；履般首，帶修蛇；鉤赤豹，摼象犀；跇巒阬，超唐陂[71]。車騎雲會，登降闇藹[72]，泰華為旒，熊耳為綴[73]。木仆山還，漫若天外，儲與虖大溥，聊浪虖宇內[74]。

6 於是天清日晏[75]，逢蒙列眥，羿氏控弦[76]。皇車幽輵，光純天地[77]，望舒彌轡，翼乎徐至於上蘭[78]。移圍徙陳，浸淫蹵部，曲隊堅重，各按行伍[79]。壁壘天旋，神抶電擊，逢之則碎，近之則破，鳥不及飛，獸不得過[80]。軍驚師駭，刮野埽地[81]。及至罕車飛揚，武騎聿皇[82]；蹈飛豹，絹嘄陽；追天寶，出一方；應駍聲，擊流光[83]。壄盡山窮，囊括其雌雄[84]，沈沈容容，遙噱虖紭中[85]。三軍芒然，窮冘閼與[86]。亶觀夫票禽之紲隃，犀兕之抵觸，熊羆之挐攫，虎豹之凌遽[87]，徒角搶題注，蹴竦讋怖，魂亡魄失，觸輻關脰[88]。妄發期中，進退履獲[89]，創淫輪夷，丘累陵聚[90]。

7 於是禽殫中衰[91]，相與集於靖冥之館，以臨珍池[92]。灌以岐梁，溢以江河[93]，東瞰目盡，西暢亡厓[94]，隨珠和氏，焯爍其陂[95]。玉石嶜崟，眩燿青熒[96]，漢女水潛，怪物暗冥，不可殫形[97]。玄鸞孔雀，翡翠垂榮，王雎關關，鴻鴈嚶嚶，群娭虖其中，噍噍昆鳴[98]。鳧鷖振鷺，上下砰磕，聲若雷霆[99]。乃使文身之技，水格鱗蟲[100]。凌堅冰，犯嚴淵，探巖排碕，薄索蛟螭，蹈獱獺，據黿鼉，抾靈蠵[101]。入洞穴，出蒼梧，乘鉅鱗，騎京魚[102]，浮彭蠡，目有虖[103]。方椎夜光之流離，剖明月之珠胎[104]，鞭洛水之虙妃，餉屈原與彭胥[105]。

8 於茲虖鴻生鉅儒，俄軒冕，雜衣裳，修唐典，匡雅頌，揖讓於前[106]。昭光振燿，蠁曶如神[107]，仁聲惠於北狄，武義動於南鄰[108]。是以旃裘之王，胡貉之長，移珍來享，抗手稱臣109，前入圍口，後陳盧山110。群公常伯楊朱、墨翟之徒喟然稱曰111：「崇哉乎德，雖有唐、虞、大夏、成周之隆，何以侈茲！太古之覲東嶽，禪梁基，舍此世也，其誰與哉112？」

9 上猶謙讓而未俞113也，方將上獵三靈之流，下決醴泉之滋，發黃龍之穴，窺鳳皇之巢，臨麒麟之囿，幸神雀之林114；奢雲夢，侈孟諸，非章華，是靈臺115，罕徂離宮而輟觀游，土事不飾，木功不彫116。承民乎農桑，勸之以弗迨，儕男女使莫違117；恐貧窮者不偏被洋溢之饒，開禁苑，散公儲，創道德之囿，弘仁惠之虞118，馳弋乎神明之囿，覽觀乎群臣之有亡119；放雉菟，收罝罘，麋鹿芻蕘與百姓共之，蓋所以臻茲也120。於是醇洪鬯之德，豐茂世之規，加勞三皇，勗勤五帝，不亦至乎121！乃祗莊雍穆之徒，立君臣之節，崇賢聖之業，未皇苑囿之麗，游獵之靡也122，因回軫還衡，背阿房，反未央123。

【章旨】以上載錄〈羽獵賦〉（又名〈校獵賦〉）。此賦描寫苑囿之大、田獵之盛。揚雄作此賦的目的在於勸諫漢成帝去奢從儉。賦中指出，國家政治之優劣，不在於禮文形式之繁儉，而在於仁義道德之高下。

【注釋】❶十二月羽獵　十二月，指元延二年十二月。羽獵，君王打獵，使士卒負羽箭隨行。羽，箭翎。指羽箭。❷二帝三王　二帝，指堯、舜。三王，指夏禹、商湯、周文王。❸宮館臺榭六句　此言古代帝王，池臺林藪僅足需用，並不多事羽獵。榭，建在高土臺上的敞屋。沼池，一般用以養魚種藕。沼，小池。苑囿，古代帝王貴族用以種植樹木，畜養禽獸之處。林麓，山腳的林木。藪，淺水湖；湖。澤，湖。財，通「纔」。奉，進獻。郊廟，祭祀天地、祖宗的處所。御，進獻；招待。充，充實；備用。庖廚，廚房。❹膏腴穀土桑柘之地　言肥沃的土地。膏腴，指土地肥沃。穀土，糧田。桑柘，兩種樹木名，其葉皆可養蠶。❺交足　共同富足。交，共；俱。❻甘露零其庭六句　此所言甘露、醴泉、鳳皇、黃龍、麒麟、神爵等出現皆為古代所謂祥瑞。甘露，甜美的雨露。零，落。醴泉，甘美的泉水。唐，指朝堂前或宗廟中的大路。鳳皇、黃龍、麒麟、神爵皆為神物，天下太平則出。巢，鳥巢；做巢。臻，到；聚。神爵，大如雞，有斑文。爵，通「雀」。❼禹任益虞而上下和二句　言禹以益為虞官，高山平地都滋潤，草木茂盛。任，任用；任命。益，伯益，虞舜、夏禹時的賢臣。虞，官名。掌管山林川澤的職官。上，指山嶽。下，指平地。和，指和諧繁盛。中，古草字。❽成湯好田而天下用足　言商湯善於打獵，不多傷害，故能使天下用度足。田，同「畋」。打獵。相傳商湯看見百姓打獵，四面張網圍獵，便命令撤開三面的網，以保護禽獸，保留資源。用，以；因。❾文王囿百里二句　相傳周文王的苑囿占地縱橫各百里，但由於與百姓共同利用，百姓都覺得太小。❿齊宣王囿四十里二句　相傳戰國時齊宣王的苑囿只有四十里，但由於禁止百姓通行，百姓都覺得太大。⓫裕民之與奪民也　是使民眾富足還是從民眾那裡掠奪的區別。裕，富饒。這裡是使動用法。奪，掠奪；強取。⓬上林　苑名。秦始皇設置，阿房宮就建在裡面。漢初荒廢，曾准許百姓開墾。漢武帝又收為苑囿，周圍至二百多里，建宮館七十處。舊址在今陝西西安以西。⓭宜春鼎胡御宿昆吾　皆漢宮館或苑囿名。宜春，宮名、苑名。舊址在今陝西長安南。鼎胡，也作「鼎湖」。宮名。舊址在今陝西藍田境。御宿，宮名、苑名。舊址在今陝西西安南。昆吾，晉灼曰：「地名也，有亭。」今地不詳。⓮旁南山而西二句　沿著終南山向西，到達長楊宮、五柞宮。旁，通「傍」。挨著。南山，山名。即終南山。秦嶺山脈主峰之一。在今陝西西安南。長楊五柞，並為漢宮名。舊址在今陝西周至東南。⓯北繞黃山二句　向北繞過黃山宮，沿著渭河岸邊向東。黃山，宮名。舊址在今陝西興平西南。瀕，通「濱」。瀕渭，言渭水之濱。顏師古曰：「循渭水涯而東也。」⓰周袤　周長。袤，長。⓱穿昆明池象滇河　漢武帝為訓練水軍以征伐昆明國，並為解決長安水源問題，類比滇池開鑿昆明池。周圍四十里，至唐代已乾涸。舊址在今陝西西安西南斗門鎮東南。象，類比。滇河，指滇池。在今雲南昆明西南。⓲建章鳳闕神明馺娑　皆為漢宮殿、闕名。建章，建章宮，漢武帝所建，周圍二十多里，在當時長安城外西南角。鳳闕，建章宮闕名。神明，建章宮臺名。上有承露盤。馺娑，建章宮殿名。⓳漸臺泰液象海水周流方丈瀛洲蓬萊　言作漸臺、泰液池，中有三山，像海水周繞三神山。漸臺，在泰液池中，高二十餘丈。漸，浸，言為池水所浸。泰液，也作「太液」。池名。在建章宮北，面積達十頃，中起三山，類比三神山。周流，環繞而流。方丈瀛洲蓬萊，古代傳說東海中的三座神山，為神仙所居，以黃金、白銀為宮闕，有長生不老藥。⑳游觀侈靡二句　言景觀奢侈華麗，極其精妙美麗。游觀，指各種景觀。侈靡，奢侈華麗。窮，極；盡。㉑割其三垂以贍齊民　言劃出了各處苑囿的邊緣地帶來給予平民。三垂，泛指邊緣地帶。三，泛指多數。垂，邊緣；旁邊。贍，供給。齊民，平民。㉒然至羽獵五句　言羽獵用的各種車馬用品，仍過於浮誇浪費。田車，打獵用的車子。戎馬，戰馬；軍馬。器械，生活用具和狩獵用具。儲偫，儲備。禁禦，禁苑。周圍有籬落，禁人往來。禦，《漢書補注》引宋祁說，認為應作「籞」。指苑囿周圍的牆垣、籬落。營，圍守。詡，說大話；自我吹詡。㉓非堯舜成湯文王三驅之意　不是堯、舜、商湯、周文王每年打獵三次的用意。三驅，即三田。古代打獵時先包圍獵場，驅趕獵物，故稱田獵為驅。相傳古代帝王諸侯每年打獵三次，一次供祭祀，一次待賓客，一次充膳食。㉔恐後世復修前好二句　擔心後代又重複前代的奢侈愛好，不借鑑泉臺的歷史教訓。泉臺，春秋時，魯莊公築泉臺，不合乎禮制，至文公，毀之，《公羊傳》譏之云：「先祖為之，而毀之，勿居而已。」意思是，先祖已經築成泉臺，不合乎禮法，廢而不用也就可以了，何必毀壞它呢？揚雄的意思是武帝時修建宮殿，舉行羽獵，已經是既成事實，成帝應以《公羊傳》所譏泉臺事為折中，不再繼續修建舉行，也就是了。㉕聊因校獵賦以風　姑且借助〈校獵賦〉來諷勸。校獵，圍守禽獸而大獵。風，通「諷」。勸諫。㉖或稱戲農二句　有人稱讚伏戲、神農，哪裡有後世帝王那樣繁縟的文飾呢。或，不定代詞。有人。稱，稱讚。戲，指伏羲（也作「犧」）氏。傳說中的遠古聖王，曾教民漁獵畜牧，製作八卦。農，指神農氏。傳說中的遠古聖王，曾發明農業和醫藥。豈，難道；哪裡。彌文，指文飾繁縟。㉗論者云否三句　李善曰：「言帝王文質各並時而得宜，何必同條而共貫乎？言必不然也。」論者，立論者。實即揚雄自己。並時，隨著時代。奚，何；怎麼。同條而共貫，事理相通，脈絡連貫。意即前朝後代一模一樣。㉘泰山之封二句　意思是封禪的儀制各代也不相同。孟康曰：「言封禪各異也。」顏師古曰：「若不如是，於何得七十二儀也？」泰山，山名。在今山東中部，主峰玉皇頂在泰安城北，古稱東嶽，為五嶽之首。封，古代傳說漢代以前已有七十二家帝王在泰山舉行祭禮。有，通「又」。用於整數與零數之間。儀，禮儀；儀式。㉙是以創業垂統者俱不見其爽二句　言古代帝王之禮各有繁簡，但不見其優劣的差別；時代有遠近的五帝三王禮文不同，但不能說誰是誰非。顏師古曰：「創業垂統，皆無差忒。五帝三王，誰是誰非，言文質政教各不同也。」是以，以是；因此。創業，創建基業。垂統，把基業傳給子孫後代，多指皇位的繼承。爽，過時；差錯。遐邇，遠近。五三，指五帝三王。孰，誰；哪個。㉚麗哉神聖四句　言成帝偉大神聖，其德可與天地相比配。麗，壯麗。神聖，指成帝。玄宮，清淨的宮殿，有道之君所居。指未央宮。侔訾，程度相當。侔，相等。訾，通「貲」、「資」。資財；財物；財富。

㉛齊桓曾不足使扶轂二句　言成帝尊貴，連春秋五霸也不配跟車陪乘。齊桓，齊桓公。春秋時齊國國君，西元前六八五—前六四三年在位。春秋五霸之首。扶轂，扶持車輪，意即跟車、推車。轂，車輪中心的插軸圓孔，用以指代輪或車。楚嚴，楚莊王。春秋時楚國國君。因避漢明帝劉莊名諱而改「莊」為「嚴」。西元前六一三—前五九一年在位。春秋五霸之一。驂乘，古代乘車時在車右陪同以防傾側兼任保衛。㉜陿三王之陒薜二句　言漢之大，夏商周比之已覺太小，而且這個大漢正在高舉興起。陿，通「狹」。窄小。三王，指夏、商、周。陒，通「隘」。狹窄。薜，通「僻」。僻陋；偏邪。嶠，本指尖而陡峭的高山。這裡的意思是向上高舉。㉝歷五帝之寥廓四句　言從仁義道德方面將涉歷五帝，達到三皇的偉大境界。寥廓，空曠；氣量遠大。涉，經歷。或作「陟」，義較允當。登閎，高大；高遠。友，相友；親近。㉞玄冬季月四句　十二月時萬物始萌動於地內，草木凋零於外。以此表明羽獵的季節特點。玄冬，古以四季屬四方，東春、南夏、西秋、北冬。北方水，色黑，故曰玄冬。玄冬季月，指陰曆十二月，即成帝元延二年十二月。隆烈，指陰氣極盛、高寒。隆，高。烈，通「冽」。寒冷。萬物權輿於內二句，顏師古曰：「言草木萌牙始生於內，而枝葉凋毀死傷於外也。」權輿，開始。這裡指草木萌芽。徂落，死亡；消亡。這裡指枝葉枯萎凋落。㉟帝將惟田于靈之囿　皇帝將要到上林苑打獵。帝，指漢成帝。田，田獵。靈囿，有靈德之苑囿。《詩・大雅・靈臺》曰：「王在靈囿。」這裡指上林苑。㊱開北垠三句　言順應時宜而打獵。開北垠，呂延濟注曰：「冬尚北，故曰開北垠。」這裡應指上林苑的北邊入口。垠，涯；邊際。不周，呂延濟注曰：「不周，西北方之風。其風殺物，故王者取之以為制法也。」終始，貫徹完成。顓頊，古說顓頊以水德王天下，號高陽氏，死而為北方水德之帝。玄冥，官名。少皞之子修為玄冥師，死而為水神。顓頊玄冥，皆北方之神，主殺戮，所以宜於打獵。統，綱紀；法則。㊲迺詔虞人典澤三句　言詔令虞人清理山澤，東至昆明之邊，西至閶闔門。虞人，古代管理山林川澤之官，借指漢代的上林令、丞、尉等。典，掌管；管理。延，及。昆鄰，昆明池邊。馳，往。闉闔，通「閶闔」。本指天門，這裡借指宮門。㊳儲積共偫二句　儲備供給物資，士兵夾道排列。儲，積蓄。積，粱垛。共，通「供」。供給。偫，備品。四者統言儲備物品。戍卒，駐防的士兵。㊴斬叢棘二句　言清理出狩獵隊伍行走的道路。夷，削平。㊵禦自汧渭二句　言西至汧水、渭水，東至酆、鎬，皆為獵場，禁止行人及禽獸逃出。顏師古曰：「將獵其中，故止禁不得人行及獸出也。汧、渭以東，酆、鎬以西，皆為獵圍也。」禦，禁止。汧，水名。今名千河。源於甘肅六盤山南麓，東南經今陝西隴縣、千陽，在寶雞東注入渭河。渭，即渭河。經營，規劃；謀劃。酆，也作「豐」。通稱「豐京」。周文王建設的都城，舊址在今陝西西安西灃水西岸。鎬，通稱鎬京。周武王建設的都城，舊址在今陝西西安西灃水東岸。㊶章皇周流三句　顏師古曰：「章皇周流，言匝遍也，謂苑囿之大，遙望日月皆從中出入，

而天地之際杳然縣遠也。」章皇，彷徨；盤旋；回轉。周流，周匝流行；周遊各地。出入日月，言苑囿很大，日月好像是從中出入一樣。杳，幽暗深遠，看不到邊際。㊷爾迺虎路三嵕以為司馬二句　言以連綿的山嶺設置籬笆作為外門，周圍百里作為內門。爾，「如是」的合音詞。虎路，通「虎落」。保護城堡或營寨的籬笆。三嵕，多峰並峙的山。司馬，即司馬門。原指皇宮的外門，這裡借指圍獵區的外門。圍經，周圍；周長。經，通「徑」。殿門，宮殿正門。借指圍獵區的內門。㊸外則正南極海二句　言狩獵範圍廣大，向南望，目極於南海，斜與虞淵為界。極，至。邪，通「斜」。界，以……為界限。虞淵，神話傳說中太陽落入的地方。㊹鴻濛沆茫二句　言廣闊無邊，高山聳峙。鴻濛沆茫，都是指廣大的樣子。碣，通「揭」。標出的意思。一說山聳立的樣子。崇山，高山。㊺營合圍會三句　言營圍已經會合，然後首先在白楊觀以南、昆明池靈沼以東張設狩獵器具。營，圍繞。合，會合。置，設置（獵具）。一說通「罝」。捕獸用的網。白楊，觀名。昆明，昆明池。靈沼，在昆明池中。㊻賁育之倫三句　言如孟賁、夏育的勇士萬人，皆身蒙盾牌，背負羽箭，手握寶劍，羅列遮截禽獸。賁，孟賁。育，夏育。都是戰國秦武王時的勇士，後用以泛指勇士。倫，類；同類。蒙，包裹；遮蔽。盾，盾牌。羽，羽箭。杖，執持。鏌邪，通「莫邪」。寶劍名。羅，羅列圍遮禽獸。㊼其餘荷垂天之畢四句　言其餘士兵執持捕獸用的網，揮動旗子。荷，背負。垂天之畢，形容畢很大，就像天的四邊垂下來一樣。畢，古代打獵時用以捕捉野獸的長柄網。竟壄之罘，形容網很大，能蓋滿原野。罘，張掛地上捕兔子的網。靡，搖動。日月之朱竿，指太常旗。太常旗上畫日月，旗桿用朱漆。曳，揮舞。彗星之飛旗，古人認為彗星是天地的旗幟。這裡用彗星的閃光來比擬飄揚的旗幟。㊽青雲為紛三句　言其餘的人守執旗，其多連至最西的昆侖山，旗上的飾物如青雲，如彩虹。紛，旗上的旒。紅蜺，即虹蜺。繯，旗上的繫帶。屬，連接；連綴。虛，通「墟」。大丘為墟。㊾渙若天星之羅四句　言旗之眾多。渙，分散。天星之羅，天上星辰羅布。比喻旗之眾多。羅，列；布列。浩，浩渺；廣大。濤水之波，比喻旗之廣大。淫淫與與，來往行走的樣子。淫淫，流動的樣子。與與，行步舒緩的樣子。要遮，攔截；阻擋。要，通「邀」。㊿欃槍為闉四句　欃槍，彗星的別名。闉，城門外女垣。這裡指狩獵時使用的障蔽物。候，古代觀察瞭望敵情的人。熒惑，火星的別名。因時隱時現，使人迷惑，故名。司命，發號施令。古人認為火星執法，又說火星「出，則有兵」。天弧，星名。古人認為它主弓矢。(51)鮮扁陸離二句　言鮮明燦爛，參差錯綜。鮮扁，鮮明燦爛。扁，通「斒」、「斑」。斑斕。陸離，參差錯綜的樣子。駢衍，連接的樣子。佖，依次排列；鋪滿。(52)徽車輕武二句　言特勤車輛，輕捷勇武，接連奔馳。徽車，標有徽幟的車。輕武，輕快武健。鴻絧，相連的樣子。一說是直馳的樣子。緁獵，前後依次銜接的樣子。(53)殷殷軫軫四句　言車輛人馬聲勢浩大，布滿丘陵山坡，走得極遠，正在高原之上搜索。殷殷軫軫，形容車聲盛大的樣子。殷殷，眾多。軫軫，盛大。被陵，布滿丘陵。緣阪，爬滿山坡。窮冥，窮盡幽深。比喻走得極其遙遠。迾，遮攔；搜索。54羽騎營營二句　言羽林騎士往來奔馳，服飾分明，各不相同。羽騎，羽林騎士。漢武帝創設的禁衛軍。騎，騎兵。一人合一馬為一騎。營營，周旋的樣子，即往來奔馳的意思。昈分殊事，服飾分明，各不相同。昈，文采鮮明的樣子。55繽紛往來四句　言騎士來來往往奔馳於綠色樹林之下，時隱時現。繽紛，眾多且來往很快。轠轤，連續不斷。若光若滅，即乍明乍暗，或乍隱乍現。56陽鼂　陽朝；日出之後；清朗的早晨。鼂，通「朝」。57撞鴻鍾四句　言天子的車駕出動。鴻鍾，大鐘。鍾，通「鐘」。天子將出，則撞黃鐘之鐘。九旒，天子龍旗九旒。旒，旗上的懸飾物。六白虎，指為天子駕車的六匹白馬。靈輿，指皇帝的車駕。58蚩尤並轂二句　言天子車駕有陪車，有前驅。蚩尤，古代九黎族部落首領，能製造金屬兵器，並能興雲作霧、呼風喚雨。曾與黃帝戰於涿鹿之野。後常用以指軍神或戰神。這裡應指大將軍等高級軍事將領。並轂，兩車並進。蒙公，一說指蒙恬，秦始皇大將，曾率兵驅逐匈奴，在北邊築長城。一說指旄頭郎，即帝王儀仗中的前驅騎士。59立歷天之旂二句　言旗幟很高，與天同高，能拂掠天上的星辰。歷天，經天；齊天。旂，古代的一種旗幟。旗幅全赤色，竿頭掛許多鈴鐺，飄帶上畫兩龍相交。曳捎，飄拂。旃，赤色彎柄的旗幟。60辟歷列缺二句　言天子的威德，能役使雷電吐火施鞭以開道。顏師古曰：「言獵火之燿，及馳騎奮鞭，如電吐光，及象其疾。」辟歷，即「霹靂」。迅雷；驚雷。列缺，天上濃雲的裂縫發出閃光。列，通「裂」。吐火，指閃電光。施鞭，指雷響的聲音。61萃從允溶三句　言人馬眾多、壯觀，又指揮八方之神打開關隘通行。萃從，聚集的樣子。允溶，盛多的樣子。淋離，壯盛的樣子。廓落，空闊；遼遠。戲，通「麾」、「揮」。指揮。八鎮，八方的警戒線。62飛廉雲師四句　風神、雲師，呼吸吞吐；眾神如魚鱗般羅列，聚集在龍駕周圍。吸嚊，張口喘息。潚率，聚攏的樣子。鱗羅，像魚鱗一樣羅列。攢，聚集。龍翰，指天子的車駕。翰，白馬。63秋秋蹌蹌四句　言駿馬飛躍奔騰，進入西園，接近神光宮，望見平樂館。秋秋蹌蹌，馬飛躍奔騰的樣子。切，接近。神光，宮名。平樂，館名。64徑竹林三句　徑，穿過；經過。竹林，指長門園之竹林。蕙圃，蕙草之圃。蘭唐，陂塘之上多生蘭草，故稱蘭塘。唐，通「塘」。65舉烽烈火四句　燃舉烽火，駕馭車者施展其技能，成千上萬的車騎整齊並列。烽，烽火；報警之火。這裡指圍獵時聯繫信號之火。烈，燃燒。轡者，執轡駕車的人。轡，韁繩。披，是誤字，當作「技」。施技，即施展其駕馭車輛的技能。方馳，並駕齊驅。駟，指一輛車所套的四匹馬或四匹馬所拉的一輛車。校騎，按照部校編制起來的騎兵。校，古代軍隊的編制單位，人數從七百到一千二百不等。師，古代軍隊的編制單位，周代為二千五百人。66虓虎之陳六句　言軍陣威猛，如風發，如雷震，發出各種聲音，使天地為之動搖。虓虎，咆哮的老虎。比喻將士勇猛。陳，通「陣」。戰鬥行列。從橫，通「縱橫」。指縱向與橫向的行列。

膠輵，交錯糾纏的樣子。猋，即飇。狂風；疾風。泣，風吹聲，比喻狂風迅疾。厲，猛烈。驞駍駖磕，聲響多而大。洶洶旭旭，激勵奮發的口號聲。岋，動搖。(67)羨漫半散二句　言震天動地的聲響向四周擴散，使得周圍數千萬里外都顯得寂寞冷落。羨漫，散漫。半散，分散；分布。半，通「泮」。分散。蕭條，寂寞；冷落。指圍獵場所熱烈壯觀的場面所產生的反襯效果。(68)若夫壯士忼慨四句　言壯士情緒高昂，各隨所欲四處奔取獵物。若夫，句首語助詞，表提示。忼慨，形容將士情緒高昂。鄉，通「向」。方向；路徑。趣，通「趨」。奔赴；追逐。騁，奔向。耆，通「嗜」。愛好。欲，欲望。(69)拕蒼豨五句　描寫壯士們勇敢矯健地捕捉各種野獸。拕，通「拖」。蒼豨，黑色的野豬。跋，扭住反轉。犀，犀牛。犛，犛牛。蹶，跌倒。這裡為使動用法，意為使跌倒，即擊倒。浮麋，從面前跑過的大鹿。浮，過。麋，麋鹿（即四不像）。斮，斬；砍。狿，玃狿。傳說中一種身軀特別長的野獸。搏，搏擊。玄蝯，黑色的猿。蝯，猿的本字。(70)騰空虛七句　騰空虛，即騰空搏擊野獸。歫，通「距」。跳過。連卷，彎曲的樣子。指彎曲的樹枝。踔，奔騰跳躍。夭蟜，通「夭矯」。指草木枝柯高張。娭，通「嬉」。遊戲；玩樂。澗門，山間流水的出口處。《漢書補注》引宋祁說，認為當作「澗間」，義較長。莫莫，塵埃飛揚的樣子。紛紛，塵埃四起雜亂的樣子。李善曰：「莫莫紛紛，風塵之貌。」呂延濟曰：「言風塵昏昧於山谷叢林之間。」風，起風；颳風。猋，通「飆」。(71)及至獲夷之徒十一句　言獵陣中有勇如烏獲、夷羿之人，能折斷松柏，敢掌擊荊棘；獵取叢林中的野獸，馳車追逐飛鳥；踩踏虎豹，捕捉長蛇；鉤住赤豹，牽住大象、犀牛；跨過岡巒，超越堤壩。獲，烏獲，戰國秦武王時的勇士。夷，夷羿，即后羿，夏代東夷首領，善射。蹶，通「決」。折斷。松柏木堅硬，能折斷之，言勇士之力大。掌，以掌擊之。疾棃，通「蒺藜」。植物名。生於沙地，蔓生遍地，其果實堅硬有刺，常礙行路。獵蒙蘢，言能在灌木叢中打獵。蒙蘢，草木所蒙蔽處。轔，車輪碾過，引申為車輛追逐。輕飛，代指輕捷的飛鳥。履，踐踏；踩踏。般首，虎頭。這裡指虎豹之類。般，通「斑」。帶修蛇，以長蛇為腰帶。帶，以動用法。有馴服、盤繞的意思。修，長。鉤赤豹，言能捕赤豹而以其骨為帶鉤。鉤，鉤取。一說為拖曳之意。掔，古「牽」字。跐，跨越。唐陂，即陂塘。堤岸；圩岸。唐，通「塘」。(72)車騎雲會二句　言車騎如雲，或上或下，不易分明。雲會，像雲一樣聚集。登降，登岡巒，降陂塘。闇藹，樹木繁茂，模糊隱約。(73)泰華為旒二句　言遠望華山與熊耳山，僅如一旒一繩。泰華，指太華山，即華山。泰，通「太」。熊耳，山名。在今河南西部，秦嶺東段支脈。以東西兩峰對峙，狀如熊耳而名。主峰全寶山，海拔超過兩千公尺。又一在今湖南，與此無關。旒，古代旌旗下面所懸飾物。綴，旗幟上面用以懸旒的繩。(74)木仆山還四句　言車騎如履平地，樹木彷彿盡倒，高山為之回旋，無邊無際，如在天外，如同徜徉於海洋，如同漫步於宇內。仆，向前跌倒。還，回旋；旋轉。漫，漫漫；無邊無際的樣子。儲與，徜徉；自由自在地來往。大溥，大洋；大海。溥，通「浦」。水邊。聊浪，放蕩的樣子；無拘無束地自由活動。宇內，天下；宇宙空間。(75)天清日晏　言天晴無雲。晏，晴朗無雲。(76)逢蒙列眥二句　逢蒙、后羿注視目標開弓。逢蒙，夏代的著名射手，相傳是后羿的徒弟。列眥，張大眼睛注視。列，通「裂」。眥，眼眶。羿，即后羿。夏代時有窮國君主。控弦，開弓。(77)皇車幽輵二句　言皇車偉大，光耀天地。皇車，天子之車。幽輵，顏師古曰：「車聲也。」王先謙曰：「幽輵即轇輵。〈東京賦〉注：轇輵，廣大貌。」純，王念孫曰：「純曰焞。焞，明也。光焞天地，猶言光耀天地也。」(78)望舒彌轡二句　言神靈望舒勒住韁繩，安閒緩慢地達到上蘭觀。望舒，神話中為月亮駕車的神。彌轡，即弭轡。按轡徐行。彌，通「弭」。按住；勒緊。翼，安閒的樣子。上蘭，觀名。在上林苑中。(79)移圍徙陳四句　言調動軍陣，改換圍獵的地方，使散開的隊伍逐漸聚攏起來，使部曲行列保持堅強穩重，各按行伍次序歸隊。移圍，改換圍獵的地方。徙陳，調動軍陣。浸淫，逐漸。蹵，通「蹙」。收攏；集中。部、曲，都是古代軍隊的編制單位，部下有曲。堅重，堅強穩重。按，依據；依照。行伍，古代軍隊的編制單位，五人為伍，五伍為行。這裡泛指行列、隊伍。(80)壁壘天旋六句　言壁壘移動如天體旋轉，士卒皆如神打電擊，遇之者無不破碎，鳥來不及飛起，獸不能通過。壁壘，星名。軍隊的防禦工事仿此而設，亦稱壁壘。天旋，天之旋轉。壁壘如天之旋轉，比喻帝命移圍徙陣。神抶電擊，比喻士卒行動迅捷威猛，如鬼神雷電一般。抶，鞭打。顏師古曰：「言所抶擊如鬼神雷電也。」(81)軍驚師駭二句　言軍威之盛，動如驚駭，殺獲皆盡，如刮野掃地一般，沒有遺餘。埽，通「掃」。(82)罕車飛揚二句　言獵車飛駛，騎兵奔馳。罕車，載裝畢罕的車輛。罕，又稱畢。捕鳥用的長柄小網。天上有罕車星，即畢宿，天子出獵象之，以車載罕，名罕車。聿皇，輕捷的樣子。(83)蹈飛豹六句　言捕獲到飛豹、狒狒，又要捕捉神雉天寶。蹈，踩踏。飛豹，行走如飛之豹。絹，通「罥」。縛繫；網捕。嘄陽，獸名，即狒狒。天寶，即陳寶。傳說中春秋時秦國的雉神。《史記·秦本紀》《正義》引《晉太康地志》云：「秦文公時，陳倉人獵得獸，若彘，不知名，牽以獻之。逢二童子，童子曰：『此名為媦，常在地中，食死人腦。』即欲殺之，拍捶其首。媦亦語曰：『二童子名陳寶，得雄者王，得雌者霸。』陳倉人乃逐二童子，化為雉，雌上陳倉北阪，為石，秦祠之。」《史記·封禪書》云：「其神或歲不至，或歲數來，來也常以夜，光輝若流星，從東南來集於祠城，則若雄雞，其聲殷云，野雞夜雊。」按此乃神物，故賦改曰天寶。一方，指天寶來處的一方。傳說當時神雉出現在陳倉山，在今陝西寶雞東。駍聲、流光，傳說天寶來時有聲響、有光輝。(84)壄盡山窮二句　傳說當時神雉有雌雄一對，獲得雄雉者可以稱王，獲得雌雉者可以稱霸。秦穆公曾經獲得雌雉，結果成為霸主。漢成帝這次圍獵，達到了「壄盡山窮」的地步，應當能雌雄並獲，成就帝王偉業。囊括，用袋子裝起來，包羅的意思。(85)沉沉容容二句　言眾多的禽獸狂奔亂突，疲倦至極，皆遙遙張口喘息於羅網中。沉沉容容，形容鳥獸眾多的樣子。《漢書補注》引王念孫說，認為「沉沉」當作「沇沇」。噱，口腔。這裡是張口吐舌的意思。一說通假字，疲倦的意思。紭，網。(86)三軍芒然二句　言三軍強盛，窮追逃跑者，攔截徘徊者，使不得逸漏。三軍，周代諸侯大國建制三軍，後用以泛指軍隊。芒然，眾多壯盛的樣子。窮，窮追。冘，行進。閼，阻止。與，通「豫」。猶豫。(87)亶觀夫票禽之紲隃四句　言各類禽獸奔竄、搏擊，試圖逃避被捕獵的命運。亶，通「但」。僅；只。票，輕捷的樣子。紲隃，超越；越過。紲，通「跇」。度過。隃，通「踰」。兕，犀牛一類的動物。一說指母犀。抵觸，撞擊。羆，熊的一種。挐，通「拏」。牽引。攫，搏擊。凌，戰慄。遽，惶恐。(88)徒角搶題注四句　言野獸被捕後掙扎之狀。徒，但；只。搶，刺；撞。題，頭額。注，投；擊。蹴竦，畏縮恐懼。讋怖，懼怕。關脰，頸項。(89)妄發期中二句　顏師古曰：「言矢雖妄發而必有中，進則履之，退則獲之。」妄發，無目的地射箭。期，必定。(90)創淫輪夷二句　言受刀劍創傷流血和被車輪碾壓傷的禽獸，堆積起來如丘陵一般。創淫，指獵物受創傷流血。淫，流血的樣子。輪夷，指被車壓傷。夷，傷。丘累陵聚，言獲禽獸之多，累聚如丘陵。(91)禽殫中衰　言禽獸已盡，無獵物可打。殫，竭盡。中，射中。這裡指射中的目標物。衰，減少。(92)相與集於靖冥之館二句　言君臣上下共同集合於幽深閒靜的宮館，然後來到珍池。靖冥，幽深閒靜之館。珍池，池名。即琳池。王先謙引梁章鉅曰：「《黃圖》：昭帝始元元年，穿琳池，廣千步，池南起桂臺以望遠，東引太液之水。昭帝有〈琳池歌〉。《玉海》以為臨珍池即此。」(93)灌以岐梁二句　言引岐山、梁山的水源注入珍池，溢出之水流往岐山、梁山下的河流。灌，注入。岐，岐山。在今陝西岐山北。梁，梁山。在今陝西乾縣西北。引岐、梁二山之水下注池中，故曰灌以岐梁。溢，水滿外流。以，通「於」。江河，指岐、梁山下之水。(94)東瞰目盡二句　指在桂臺上遠望。瞰，遙望；遠視。目盡，盡目而望。暢，暢望；盡情望去。亡厓，無邊無際。(95)隨珠和氏二句　言珍珠寶玉在堤岸上閃耀光彩。隨珠，傳說中的明珠。相傳周代隨侯曾為蛇治傷，蛇從江中銜珠以報答。和氏，和氏璧。相傳是春秋時楚國和氏（卞和）所得的寶玉。焯爍，光彩閃耀的樣子。陂，攔水的堤岸。(96)玉石嶜崟二句　言高聳尖銳的玉石閃耀青色螢光。玉石，石之似玉者。也有人認為是石和玉。嶜崟，高而尖銳的樣子。眩耀，通「炫耀」。光彩奪目。青熒，青色的微弱光輝。(97)漢女水潛三句　言珍池中潛有神女和珍怪之物，但暗冥不見，不能盡述其形狀。漢女，神話中漢水的神女。劉向《列仙傳》記載：「鄭交甫到漢皋臺下，見二女，佩兩珠，大如荊雞卵，二女解與之。既行，反顧二女不見，佩珠亦失。」水潛，潛入水中。暗冥，潛隱而不可見。不可殫形，不能夠把形象完全描繪出來。(98)玄鸞孔雀六句　言玄鸞、孔雀和翡翠鳥的羽毛散發光彩，雎鳩、鴻雁相互唱和，成群地在池水裡嬉遊，嘰嘰喳喳，百鳥齊鳴。玄鸞，黑色鸞鳥。翡翠，鳥名。羽毛很美麗。垂榮，言其毛羽有光彩。王雎，鳥名。也稱雎鳩。關關，鳥相和的鳴聲。嚶嚶，鳥相和的鳴聲。娭，通「嬉」。戲樂。噍噍，通「啾啾」。鳥鳴的細碎聲。昆，齊同。(99)鳧鷖振鷺三句　言野鴨、海鷗和鷺鷥，上下飛翔，振翅的聲響有如雷霆。顏師古曰：「言其群飛上下，翅翼之聲若雷霆也。」鳧，水鳥，即今之野鴨。鷖，鷗鳥的別名。振鷺，振翼飛翔的鷺鷥。振，振羽翼而飛。上下，鳥兒飛翔，或上或下。砰磕，聲音宏大。指鳥振翅的聲響。(100)使文身之技二句　言使紋身的越人入水表演與水族格鬥。文身，古代南方越族人有在身體上刺繪花紋的習俗。這裡指代紋身的越族人。技，指越人潛水取物的特長。水格，入水擊打或捕捉。鱗蟲，指水生動物。(101)凌堅冰七句　言入水的越人在水中勇猛搏鬥。淩，冒犯。嚴淵，危險的深潭。巖，指水岸深峻的地方。排，衝擊。碕，曲折的堤岸。薄，逼迫。索，搜求。蛟螭，傳說中蛟龍一類的動物。蹈，踏。獱，水獺的一種，形體小。獺，水獺。兩棲類動物。據，捕捉。黿，水生動物。也稱綠團魚，頭上有疙瘩，俗稱癩頭黿。鼉，水生動物。也稱揚子鱷，俗稱豬婆龍。抾，撈取。靈，古人因為龜甲能用以占卜，因此對龜類（特別是大龜）常冠以「靈」字。蠵，大龜。一種海龜。雄曰毒冒（玳瑁），雌曰觜蠵。(102)入洞穴四句　言深入洞庭穴，前往蒼梧山，乘坐大魚，騎跨長鯨。洞穴，深穴。古代傳說今江蘇太湖中有座包山，山下有條洞庭穴道，潛行水底，無所不通，稱為「地脈」。蒼梧，漢有蒼梧郡，郡治在今廣西梧州。郡中有蒼梧山，即九嶷山。《山海經・海內經》曰：「南方蒼梧之丘，蒼梧之淵，其中有九嶷山，舜之所葬，在長沙零陵界中。」鉅鱗，大魚。京魚，泛指大魚。京，大。或指鯨，水棲哺乳動物，俗稱鯨魚。(103)浮彭蠡二句　此言浮游於彭蠡澤而遙望虞舜陵。浮，游泳；浮游。彭蠡，古澤名。大致即今江西鄱陽湖。目，視；望。有虞，指虞舜。舜葬於蒼梧山。此言由彭蠡而遙望蒼梧山上的虞舜陵墓。(104)方椎夜光之流離二句　言剖蚌取珠。方，且；將要。椎，擊打。夜光，玉名。流離，即琉璃，本指天然的有光寶石，後指人工製造的彩色玻璃。這裡指蚌殼如琉璃者。剖，裂。明月，即明月珠。胎，珠生蚌殼中，如人懷胎，故曰珠胎。(105)鞭洛水之虙妃二句　此暗示應摒退女色，而求賢以自輔。鞭，驅逐；斥逐。洛水，水名。即今洛河。發源於陝西華山南麓，流到河南鞏義境注入黃河。虙妃，洛水的女神，也稱洛嬪。傳說為伏羲氏之女，因溺死於洛水，遂為洛水之神。鞭虙妃，即〈甘泉賦〉「屏玉女而卻虙妃」之意。餉，贈送；賞賜。這裡有進用的意思。彭，彭咸。胥，即伍子胥，名員，春秋時楚人。因其父兄被楚平王所殺而奔吳，藉吳復仇。後因諫夫差而不從，被迫自殺。屍首被吳王投入江中。屈原、彭咸、伍子胥皆忠臣賢士，作者在這裡把他們聯在一起，用來指當代的賢人，希望漢成帝親近並任用這樣的人。(106)鴻生鉅儒六句　言公卿大儒皆乘軒車，戴禮帽，按照古法舉行朝拜之禮，揖讓於帝前。鴻生鉅儒，都是學識淵博的儒生。俄，通「峨」。高昂的樣子。軒冕，古代貴族卿大夫的車服。軒，有車棚、帷幕的車子。冕，禮帽。雜衣裳，指衣與裳各有不同的顏色。唐典，唐堯的典章制度。匡雅頌，言以周的禮樂為正。匡，匡正；糾正。雅頌，即《詩經》之〈雅〉、〈頌〉，原用於禮樂。這裡指禮樂制度。揖讓，古代賓主相見的禮節。[107]昭光振耀二句　言顯揚禮義的光輝，快速如神。昭光振耀，指禮義的光輝耀發起來。蠁曶，通「響忽」。快速。[108]仁聲惠於北狄二句　言北方、南方的少數民族都感受到了仁義和武力的力量。仁聲，仁義賢惠之名聲。惠，施予恩惠。北狄，古代稱北方的狄族，後用以泛稱北方各部族。這裡指匈奴。武義，軍事威力。動，震動。南鄰，泛指南方各部族。[109]旃裘之王四句　言少數民族的酋長紛紛來進貢稱臣。旃裘之王胡貉之長，泛指少數民族的君長。旃裘，也作「氈裘」。指西北各部族用獸皮、獸毛等製成的衣服。胡，我國古代對北方及西域少數民族的泛稱。有時特指匈奴。貉，即貊。古代對東北以至北方各部族的泛稱。移珍，給予珍寶。享，進獻。抗手，舉手；作揖。顏師古注引如淳曰：「言其肅恭合掌而拜也。」[110]前入圍口二句　言稱臣奉獻的人絡繹不絕，前面的人已經進入圍獵場口，後面的人還在盧山。圍口，圍獵場所的出入口。盧山，山名。在當時匈奴單于駐地的南邊。可能即指今內蒙古自治區境內的陰山。[111]群公常伯楊朱墨翟之徒喟然稱曰　言群臣與賢達人物皆讚歎稱頌。常伯，古官名。漢代作為侍中的別稱。楊朱，魏國人，戰國初期哲學家。墨翟，宋國人，戰國初期思想家，墨家學派的創始人。後長住魯國。這裡代指賢達之士。喟，歎息聲。[112]崇哉乎德七句　藉群公眾人之口稱頌漢德。大夏，指夏朝。成周，原指周朝的東都洛邑。這裡指周朝。侈，張大；超過。茲，現在。覲東嶽禪梁基，即封泰山、禪梁父。古代帝王在泰山上堆土築壇祭天，稱為封；然後到南面的梁父山上闢基地祭地，稱為禪。覲，朝見。這裡指祭祀。舍此世也其誰與哉，言除漢世外，還有誰能同太古的封禪大禮比類呢。舍，除了。與，列入；在其中。[113]俞　答允之詞。然。[114]方將上獵三靈之流六句　上段群公頌說漢德已超過唐、虞、夏、商、周，而上比於上古。此六句說天子謙讓，沒有同意，正要進一步修德，以取得各種瑞應的顯現。方，正當。獵，追逐；追求。三靈，日月星垂象之應，代表天地人。流，顏師古曰：「言其和液下流。」決，開通引導。醴泉，甘甜醇美的泉水。《禮記·禮運》：「故天降膏露，地出醴泉。」滋，滋湧潤澤。發，打開。黃龍，古代傳說中的神物，漢代以為祥瑞之應。鳳皇，傳說中的吉祥鳥。麒麟，傳說中的一種仁獸。幸，指帝王來到。神雀，古代傳說中的神物，天下太平則出。漢代認為日月星辰垂象，醴泉湧出，黃龍、鳳凰、麒麟、神雀的出現，都是瑞應，即德治所感的徵象。[115]奢雲夢四句　言以雲夢、孟諸為奢侈，以楚靈王章華之臺為非，以周文王靈臺為是。奢，認為奢侈。雲夢，古澤名。名稱和範圍，說法很多。狹義的雲夢澤在今湖北潛江以南；廣義的雲夢澤則包括江漢平原的所有湖泊直到洞庭湖。侈，認為奢侈。孟諸，古澤名。在今河南商丘東北，現已堙塞。非，認為不對。章華，臺名。春秋時楚靈王所建，舊址在今湖北監利西北。是，認為正確。靈臺，臺名。周文王所建。《詩·大雅·靈臺》：「經始靈臺，經之營之。」鄭箋：「觀臺而曰靈者，文王化行似神之精明，故以名焉。」(116)罕徂離宮而輟觀游三句　言天子注意修德，很少去離宮別館遊覽，所居宮室土木皆不雕飾。罕，稀少。徂，往。離宮，古代帝王除京城正殿外，在其他各地所建的宮殿。輟，停止。觀游，遊觀之事。土事不飾木功不彫，言所居的宮室土牆不修飾，木材不雕刻。土事，土建工程。木功，木材工藝和木器製造。(117)承民乎農桑三句　言舉民於農桑，鼓勵之使不懈怠；讓男婚女嫁莫失時宜。承，《文選》各本作「丞」。承、丞皆通假「拯」。上舉；救助。勸，提倡；勉勵。弗，不；不要。迨，《文選》各本作「怠」。儕，偶；匹配。違，指婚姻失時。(118)恐貧窮者不偏被洋溢之饒五句　言擔心貧窮者不能普遍沾受恩惠，所以開放禁苑，散發公儲，使禁苑、山澤成為道德、仁惠之地。被，領受；承受。洋溢，充滿；充足；廣泛播及。饒，富足。公儲，公家的積儲。創，五臣注《文選》作「制」。創制；建立。弘，弘揚；擴充。虞，古代掌山林川澤之官。此代指山澤。(119)馳弋乎神明之囿二句　言在神明的苑囿中奔馳射獵，取其聖德；觀察百官的有無而施加恩澤。弋，原指用繫繩索的箭射獵，後泛指射獵。(120)放雉菟四句　言雉兔不獵，罝罘不用，鳥獸柴草都與百姓共同享有，這就是達到德隆唐虞夏周而與太古比類的原因。雉，通稱野雞。雄的羽毛很美，尾長。雌的為淡黃褐色，尾較短。善走，不能久飛。羽毛可做裝飾品。菟，通「兔」。罝罘，都是捕獸的網。這裡泛指獵網。芻蕘，割草打柴。也指草和柴。臻，至；達到。玆，此。指上文所說德隆唐虞夏周而與太古比類的境界。(121)醇洪鬯之德五句　言培養精純偉大通達的德性，擴大太平之世的景象，憂勞過於三皇，勤勉過於五帝，從而達到至德的境界。醇，通「純」。精純。這裡為使動用法，使之精純。洪，大；偉大。鬯，通「暢」。通達。豐，豐富。使動用法。茂世，盛世。規，規制；景象。加，更加。勗，勉勵。(122)祗莊雍穆之徒五句　言莊敬和睦的臣子立君臣之儀節，崇聖賢之功業，無暇留戀苑囿、遊獵等奢華之事。祗莊，恭敬而嚴肅。雍穆，和睦。節，法度；禮儀制度。未皇，沒有空閒。皇，通「遑」。餘裕；空閒。靡，奢侈；鋪張。(123)回軫還衡三句　言將車轉回頭，離開獵所，返回王朝。回軫還衡，回轉車駕。前後互文見義。軫，車後的橫木。衡，轅前橫木，可以套馬。這裡以「軫衡」代指車駕。背，轉身離開。阿房，秦代宮殿名。秦惠文王始造而未完。至秦始皇時，擴大其規模，覆三百餘里，亦未竣工，後為項羽所焚。舊址在今陝西西安西。作者這裡引用阿房宮，意在勸告漢成帝不要走秦朝滅亡的老路。反，通「返」。未央，宮名。漢朝主要宮殿，在長安城內西南隅。舊址在今西安西北郊。返未央，即回朝廷勤政。

【語譯】這年十二月舉行大獵，揚雄隨從。他認為從前在二帝三王的時候，宮館臺榭，沼池苑囿，山林湖澤，只要足以供奉祭祀，招待賓客，供給膳食就罷了，不占用百姓肥沃的糧田桑地。因此婦女紡織的布帛用不完，男子生產的糧食吃不完，國家殷富，上上下下共同富裕，所以甘露降到他們的庭院，醴泉流到他們的走道，鳳凰在他們的樹上巢居，黃龍在他們的池沼游動，麒麟來到他們的苑囿，神雀在他們的林子棲息。從前夏禹任命伯益做虞官，高山平地都和諧繁盛，草木茂盛；商湯愛好打獵，但不多傷害，故能使天下用度足；周文王的苑囿方圓百里，民眾還認為太小；齊宣王的苑囿方圓四十里，民眾認為太大了：這是使民眾富足還是從民眾那裡掠奪的區別。武帝擴展上林苑，南邊到達宜春宮、鼎胡宮、御宿宮、昆吾亭，沿著終南山向西到達長楊宮、五柞宮，向北繞過黃山宮，沿著渭河岸邊向東，周圍數百里。開挖昆明池類比滇池，營造建章宮、鳳闕、神明臺、馺娑殿，漸臺、太液池的設計布局模擬海水環繞方丈、瀛洲、蓬萊三座神山。景觀奢侈華麗，極其精妙美麗。雖然略微劃出了它的邊緣地帶來給予民眾，可是至於田獵用的獵車、戰馬和各種用具的儲備，禁苑所圍守，還是十分奢侈華麗，講排場，擺闊氣，不是唐堯、虞舜、商湯、周文王每年打獵三次的用心啊。又擔心後代重複前代的奢侈愛好，不借鑑泉臺的歷史教訓，所以姑且通過〈校獵賦〉去勸諫，文辭如下：

2 有人稱讚伏戲、神農，哪裡有後世帝王那樣繁縟的文飾呢？立論者認為不對，帝王各自隨著時代而採取合適的形式，怎麼一定要前朝後代一模一樣呢？那麼泰山的祭祀，哪裡會有七十二代帝王的禮儀？因此創建基業傳給子孫的君主各隨時而立制，文質繁簡不同，都不見其過失，遠近推於五帝三王，誰能知道他們的是非？於是撰作頌詞說：壯麗啊神明聖哲的皇帝，住在清靜的宮殿裡，其富庶可與大地的財富相比，其尊貴可與上天的崇高相比。齊桓公不配來跟車，楚莊王不足來陪乘；鄙棄三王的狹隘與僻陋，昂揚地高舉而大興；經歷五帝的開闊，升登三皇的高大境界；以道德為師，以仁義為友。

3 時當冬季末月，天地凜冽，草木根株在地下萌芽，枝葉在地上凋落，皇帝將要到上林苑去打獵，打開北邊，接受西北風殺物之制，來貫徹顓頊、玄冥的原則。於是命令虞人清理山澤，東邊延伸至昆明池邊，西邊達到閶闔門。儲備供給物資，士兵夾道排列，砍伐荊棘，削除野草，警戒從自汧水、渭水起，一直到酆京、鎬京，周旋回轉，日月都在園囿裡東升西落，天與地杳無邊際。這樣就以連綿的山嶺設置籬笆作為外門，周圍百里作為內門。圍獵區外面，正南直至大海，左邊到達虞淵，廣闊無邊，高山聳峙。營圍已經會合，然後首先在白楊觀以南、昆明池靈沼以東張設狩獵器具。如孟賁、夏育般的勇士們有萬人，身蒙盾牌，背負羽箭，手握寶劍，羅列遮截禽獸。其餘的人肩扛大如垂天的畢，張開廣包四野的網，揮動畫有日月、竿為朱紅色的太常旗，搖曳如彗星般閃光的飛旗。青雲作飄帶，彩虹作繫帶，連接到昆侖山。分散像天星的羅列，浩蕩像海水的波濤，來來往往，前遮後擁。彗星作護衛，明月作偵察，火星發號施令，天弧星張弓搭箭，鮮明燦爛，參差錯綜，絡繹不絕，魚貫蟬聯。特勤車輛，輕捷勇武，接連奔馳，聲勢浩大，布滿丘陵山坡，走得極遠，正在高原之上搜索；羽林騎士，往來奔馳，服飾分明，各不相同，交錯往來，連續不斷，在綠樹林間忽隱忽現。

4 這時，天子便在清朗的早晨從玄宮出發，撞響大鐘，豎起九旒旗，駕上六匹白色駿馬，拉動車駕，大將軍陪車駕，旄頭郎為前驅。豎立齊天的大旗，搖曳拂星的長旗，驚雷閃電，閃耀震響。人馬聚集眾多，壯觀雄偉，指揮八方之神打開關隘；風神、雲師，呼吸吞吐，眾神如魚鱗般羅列，聚集在龍駕周圍。駿馬飛躍奔騰，進入西園，接近神光宮，望見平樂館；穿過竹林，踩過蕙圃，踏過蘭塘。舉烽燃火，駕馭手施展本領，成千輛獵車並駕齊驅，上萬隊騎兵行列整齊。勇猛將士的隊伍，行列交錯，疾如狂飆，猛如迅雷，聲勢浩大，昂揚振奮，驚天動地。輻射擴散，使周圍數千萬里外都顯得寂寞冷落。

5 那些慷慨激昂的壯士，分途異路，東西南北，各隨所欲奔取獵物。拖住黑色的野豬，扭住犀牛、犛牛，擊倒從面前跑過的大鹿。斬殺長長的玃狿，搏擊黑色的猿猴。馳走騰空，跳過彎曲的樹木，騰越高揚的枝柯，輕鬆跨越溪澗，塵土飛揚，山谷因而颳起大風，叢林因而揚起塵土。至於勇如烏獲、夷羿之人，能折斷松柏，敢掌擊荊棘；獵取叢林中的野獸，馳車追逐飛鳥；踩踏虎豹，捕捉長蛇；鉤住赤豹，牽住大象、犀牛；跨過岡巒，超越堤壩。車馬雲集，上下叢林，太華山如旗子的飄帶，熊耳山如懸旄之繩。樹木彷彿盡倒，高山為之迴旋，無邊無際，如在天外，如同徜徉於海洋，如同漫步於宇內。

6 當時天清日朗，逢蒙、后羿注視目標開弓。皇車偉大，光耀天地，神靈望舒勒住韁繩，安閒緩慢地達到上蘭觀。轉移圍場，調動軍陣，隊伍逐漸集中，隊列堅強穩重，各自按照行伍的次序。壁壘移動如同天體旋轉，士卒皆如神打雷擊，碰到他們就粉碎，接近他們就破裂，鳥來不及起飛，獸不能夠逃脫。軍兵動作威盛，如受驚駭，殺獲皆盡，如刮野掃地。等到獵車飛駛，騎兵奔馳；踩踏飛豹，捕捉狒狒；追逐神雉天寶，向天寶出現的陳倉山出動；對準神雉的聲響，射向神雉閃動的光輝。山野中的禽獸都捕殺盡，雌雄神雉都被捉住，眾多的野獸，遠遠地在網羅中張口吐舌喘息。三軍強盛，窮追逃跑者，攔截徘徊者。試看那些野禽飛竄，雌雄犀牛撞擊，熊羆搏鬥，虎豹惶恐，只是用角刺、用頭碰，畏縮恐懼而驚惶，魂飛魄散，頭觸車輻而被卡住脖子。獵手們胡亂發箭，都能射中目標，前進就能踩著獵物，後退就能獲得獵物，受刀劍創傷流血和被車輪碾壓傷的禽獸，堆積起來如丘陵一般。

7 這時鳥獸竭盡，獵物減少，君臣上下共同集合於幽深閒靜的宮館，然後來到珍池。引岐山、梁山的水源匯入珍池，溢出之水流往岐山、梁山下的河流，東望目光無盡，西望天地無涯，珍珠寶玉在堤岸上閃耀光彩。玉石高聳尖銳，閃耀青色螢光，神女潛在珍池水中，怪物也潛隱而不可見，沒法把形象描述出來。玄鸞、孔雀和翡翠鳥的羽毛散發光彩，雎鳩、鴻雁相互唱和，成群地在池水裡嬉遊，嘰嘰喳喳，百鳥齊鳴。野鴨、海鷗和鷺鷥，上下飛翔，振翅的聲響有如雷霆。於是派越人使出潛水特技，入水格鬥、捕捉水生動物。衝破堅硬的冰層，冒犯危險的深潭，探索深峻的岩穴，衝擊曲折的堤岸，追捕蛟龍，踏踩水獺，捕捉黿鼉，撈取靈龜。深入洞庭穴，前往蒼梧山，乘坐大魚，騎跨長鯨，浮游於彭蠡澤，遙望虞舜陵。且捶擊如夜光如琉璃般的蚌殼，剖取出明月之珠，驅逐洛水的虙妃，賞賜屈原、彭咸、伍子胥。

8 在這裡，儒生大師坐軒車，戴禮帽，身穿各種顏色的衣服，遵行唐堯的典章制度，以周代的禮樂為正，揖讓於皇上面前。顯揚禮義的光輝，快速如神，仁名施恩於北國，軍威震動於南邦。因此外國的國王，異族的酋長，紛紛送珍寶來進貢，作揖稱臣，前面的人已經進入圍獵場口，後面的人還站列在盧山。大臣和侍中以及楊朱、墨翟之類的賢達人物皆感歎、稱頌道：「漢朝的德行崇高啊，即使是唐堯、虞舜、夏朝、周朝的興隆，哪裡能超過現在！遠古帝王的朝拜泰山，祭祀梁父山，除了本朝，有誰能匹配呢？」

9 皇上仍在謙讓，沒有同意，正要進一步修德，以使日月星辰垂象，醴泉流出，黃龍、鳳凰、麒麟、神雀等祥瑞都顯現；認為雲夢澤太奢侈，認為孟諸澤太奢華，認為修建章華臺是錯誤的，認為修建靈臺是正確的，很少去離宮而停止遊覽，土牆不裝飾，木件不雕畫。鼓勵農民努力於農桑生產，勸勉他們不要怠惰，讓男婚女嫁莫失時宜；恐怕窮苦百姓不能普遍享受豐厚的福利，因而開放禁苑，發放公家儲積的錢糧，創建道德的苑囿，擴大仁愛的山澤，奔馳射獵於神明的苑囿，觀察百官的有無；放開鳥獸，收起獵網，讓鳥獸柴草都與百姓共同享有，這就是漢朝德行超過堯舜夏周的原因。這樣培養精純偉大通達的德性，擴大太平之世的景象，憂勞過於三皇，勤勉過於五帝，不是達到至德的境界了嗎！於是莊敬和睦的臣子們，確立君臣的法度，尊崇聖賢的功業，沒有閒暇留戀苑囿的華麗、遊獵的奢侈，因而回轉車駕，背離亡國的阿房宮，返回創業的未央宮。

卷八十七下

揚雄傳第五十七下

1 明年❶，上將大誇❷胡人以多禽獸，秋，命右扶風發民入南山，西自褒斜，東至弘農，南敺漢中❸，張羅罔罝罘，捕熊羆豪豬虎豹狖玃狐菟麋鹿❹，載以檻車，輸長楊射熊館❺。以罔為周阹，縱禽獸其中，令胡人手搏之，自取其獲❻，上親臨觀焉。是時，農民不得收斂❼。雄從至射熊館，還，上長楊賦，聊因筆墨之成文章，故藉翰林以為主人，子墨為客卿以風❽。其辭曰：

2 子墨客卿問於翰林主人曰：「蓋聞聖主之養民也，仁霑而恩洽，動不為身❾。今年獵長楊，先命右扶風，左太華而右褒斜❿，椓嶻嶭而為弋，紆南山以為罝⓫，羅千乘於林莽，列萬騎於山隅⓬，帥軍踤阹，錫戎獲胡⓭。搤⓮熊羆，拕⓯豪豬，木雍槍纍，以為儲胥⓰，此天下之窮覽極觀⓱也。雖然⓲，亦頗擾于農民。三旬有餘，其廑至矣，而功不圖⑲，恐不識者，外之則以為娛樂之遊，內之則不以為乾豆之事，豈為民乎哉⑳！且人君以玄默為神，澹泊為德㉑，今樂遠出以露威靈㉒，數搖動以罷車甲㉓，本非人主之急務也。蒙竊或㉔焉。」

3 翰林主人曰：「吁㉕，謂之茲邪㉖！若客，所謂知其一未睹㉗其二，見其外不識其內者也。僕嘗倦談，不能一二其詳㉘，請略舉凡，而客自覽其切焉㉙。」

4 客曰：「唯唯㉚。」

5 主人曰：「昔有彊秦，封豕其士，窫窳其民㉛。鑿齒之徒相與摩牙而爭之㉜，豪俊麋沸雲擾，群黎為之不康㉝。於是上帝眷顧高祖㉞，高祖奉命，順斗極，運天關㉟，橫鉅海，票昆侖㊱，提劍而叱㊲之，所麾城擲邑，下將降旗㊳，一日之戰，不可殫記㊴。當此之勤，頭蓬不暇疏，飢不及餐，鞮鍪生蟣蝨，介胄被霑汗㊵，以為萬姓請命㊶虖皇天。迺展民之所詘，振民之所乏㊷，規億載，恢帝業㊸，七年之間而天下密如也㊹。

6 「逮至聖文，隨風乘流，方垂意於至寧，躬服節儉㊺，綈衣不敝，革鞜不穿㊻，大夏不居，木器無文㊼。於是後宮賤瑇瑁而疏珠璣㊽，卻翡翠之飾，除彫瑑㊾之巧，惡麗靡而不近，斥芬芳而不御㊿，抑止絲竹晏衍之樂，憎聞鄭衛幼眇之聲[51]，是以玉衡正而太階平[52]也。

7 「其後熏鬻作虐，東夷橫畔[53]，羌戎睚眦，閩越相亂[54]，遐萌為之不安，中國蒙被其難[55]。於是聖武勃怒，爰整其旅[56]，迺命票、衛[57]，汾沄沸渭，雲合電發，猋騰波流，機駭蠭軼，疾如奔星，擊如震霆[58]，砰轒輼，破穹廬，腦沙幕，髓余吾，遂獵乎王廷[59]。敺橐它，燒熐蠡[60]，分梨單于，磔裂屬國[61]，夷阬谷，拔鹵莽，刊山石[62]，蹂屍輿廝，係累老弱[63]，兗鋋瘢耆、金鏃淫夷者數十萬人[64]，皆稽顙樹頷，扶服蛾伏[65]，二十餘年矣，尚不敢惕息[66]。夫天兵四臨，幽都先加[67]；回戈邪指，南越相夷[68]；靡節西征，羌僰東馳[69]。是以遐方疏俗殊鄰絕黨之域，自上仁所不化，茂德所不綏，莫不蹻足抗手，請獻厥珍[70]，使海內澹然，永亡邊城之災，金革之患[71]。

8 「今朝廷純仁，遵道顯義，并包書林，聖風雲靡[72]。英華沉浮，洋溢八區，普天所覆，莫不沾濡[73]。士有不談王道者，則樵夫笑之[74]。故意者以為事罔隆而不殺，物靡盛而不虧[75]，故平不肆險，安不忘危[76]。迺時以有年出兵，整輿竦戎[77]，振師五莋，習馬長楊，簡力狡獸，校武票禽[78]。迺萃然登南山，瞰烏弋，西厭月窟，東震日域[79]。又恐後世迷於一時之事，常以此取國家之大務，淫荒田獵，陵夷而不禦也[80]。是以車不安軔，日未靡旃，從者仿佛，骫屬而還[81]。亦所以奉太宗之烈，遵文武之度，復三王之田，反五帝之虞[82]。使農不輟耰，工不下機[83]，婚姻以時，男女莫違[84]；出愷弟，行簡易，矜劬勞，休力役[85]；見百年，存孤弱，帥與之，同苦樂[86]。然後陳鐘鼓之樂，鳴鞀磬之和，建碣磍之虡，拮隔鳴球，掉八列之舞[87]；酌允鑠，肴樂胥[88]，聽廟中之雍雍，受神人之福祜[89]；歌投頌，吹合雅[90]。其勤若此，故真神之所勞也[91]。方將俟元符，以禪梁甫之基，增泰山之高，延光于將來，比榮乎往號[92]，豈徒欲淫覽浮觀，馳騁稉稻之地，周流梨栗之林，蹂踐芻蕘，誇詡眾庶，盛狖玃之收，多麋鹿之獲哉[93]！且盲不見咫尺，而離婁燭千里之隅[94]；客徒愛胡人之獲我禽獸，曾不知我亦已獲其王侯[95]。」

9 言未卒[96]，墨客降席再拜稽首[97]曰：「大哉體[98]乎！允非小子之所能及也[99]。迺今日發矇，廓然已昭矣[100]！」

【章旨】以上載錄〈長楊賦〉。此賦通過子墨客卿與翰林主人的對話，先歌頌漢高帝奉天之命，勤勞征戰，滅秦朝，平項羽，建立漢朝帝業的功勞。又歌頌文帝節儉之德，文治而天下太平，歌頌漢武帝征討四方，使海內安定的功績。最後敘述成帝仁德，舉行遊獵不是為了淫覽浮觀，而是為了檢閱武力，顯示禮樂，感化胡人歸附。實際上成帝並非如此，這是揚雄的暗示諷諫。

【注釋】❶明年　即元延二年（西元前一一年）。❷誇　誇耀。❸命右扶風發民入南山四句　言命令右扶風徵發平民到終南山裡去打獵。右扶風，漢郡名。與京兆尹、左馮翊並稱曰三輔。發，徵發；派遣。南山，即終南山。在今陝西西安南。褒斜，終南山的兩條河谷，即褒水和斜水，二水同發源於秦嶺主峰太白山，褒水南流入漢江，斜水北流入渭河。弘農，郡名。在今河南黃河以南和陝西交界地區，治弘農（今河南靈寶東北）。敺，通「驅」。驅趕。漢中，郡名。在今陝西西南部和湖北西北部，治西城（今陝西安康西北）。❹張羅罔罝罘二句　言張設各種羅網，捕捉各種野獸。羅，捕鳥的網。罔，通「網」。罝罘，捕獸的網。豪豬，獸名。又稱「箭豬」、「刺豬」。狖，黑色的長尾猿。玃，大母猴。❺載以檻車二句　言把捕獲的野獸裝進籠車內，運送到長楊宮射熊館。檻車，有木籠的車子。長楊，宮名。舊址在今陝西周至東南，其中有射熊館。❻以罔為周阹四句　言置野獸於圍欄內，令胡人徒手搏擊野獸，捕獲到手就歸自己。周阹，封閉起來的圍欄，用於圍獵禽獸。縱，釋放。手，徒手。搏，擊。❼收斂　收穫莊稼；收割莊稼。❽藉翰林以為主人二句　言借「翰林」作為故事的主人，「子墨」作為客人，進行諷諫。藉，通「借」。翰林，文翰之林，形容文翰之多。這裡是揚雄虛擬的人名。客卿，原指在本國做官的外國人。這裡用作對客人的敬稱。風，通「諷」。❾仁霑而恩洽二句　言君主的仁恩如雨露普及滋潤，行動不是為自己打算。霑，滋潤。洽，普遍。動不為身，一舉一動不為自己，言憂慮百姓。身，自己。❿左太華而右褒斜　太華即西嶽華山，華山有太華、少華二峰。太華在弘農郡，位於長安東，故言左。褒斜道在長安西，故言右。⓫椓嶻嶭而為弋二句　言山上都立橛繫網。椓，敲擊；槌築。嶻嶭，山名。又名嵯峨山。在長安城北，今陝西三原西北。與南山對舉，言圍獵地域寬廣。弋，通「杙」。小木樁。紆，繫。使動用法。⓬羅千乘於林莽二句　言千車萬騎布列山林，準備捕捉禽獸。羅，列。乘，車。莽，草木叢生之地。騎，騎兵。隅，角落。⓭帥軍踤阹二句　言率領軍隊踏進獵場，把圍獵圈中的禽獸賞賜外族自由手搏獲取。帥，通「率」。踤，蹴踏；踢。一作「萃」，聚集。錫戎獲胡，言以阹中禽獸，賜予戎狄，讓他們手搏獲取。⓮搤　通「扼」。捉住。⓯拕　通「拖」。⓰木雍槍纍二句　言編連竹木作為柵欄，以蓄禽獸。木雍槍纍，編織連結竹木以為柵欄。雍，聚集。槍，削木如槍。纍，以繩連結。儲胥，木柵欄；屏障；藩籬。軍事上行營圍守多用之。⓱窮覽極觀　最好的景觀。前後互文見義。⓲雖然　雖然如此。⓳其廑至矣二句　言勞而無益。廑，通「勤」。勤勞辛苦。至，極。而功不圖，即勞而無功的意思。圖，謀劃；謀取。⓴恐不識者四句　言恐怕不了解情況的人對這次遊獵，從外表上看就是娛樂，從內容上看，又不是為了獲取野味作祭品，哪裡是為了人民呢。外之，從外表上看。內之，從內容上看。乾豆，用豆盛乾肉以祭神，為民祈福。乾，乾肉。豆，祭器。形似高足盤，有蓋。㉑人君以玄默為神二句　言君主以深沉靜默為神明，以恬淡寡欲為德性。玄默，深沉靜默。澹泊，恬淡寡欲。㉒露威靈　暴露皇帝的精神面貌。露，暴露。威靈，威嚴神明。指皇帝的精神面貌。㉓數搖動以罷車甲　言多次出動以致車馬士兵疲憊不堪。數搖動，多次出動。罷，通「疲」。疲憊；疲敝。車甲，泛指車馬士兵。甲，戰鬥用的防護衣。㉔蒙竊或　我私下裡很迷惑不解。蒙，愚蠢。自稱的謙詞。竊，謙敬副詞。或，通「惑」。㉕吁　歎氣聲，表示疑怪。㉖謂之茲邪　猶言何為如此耶。茲，此。邪，通「耶」。㉗睹　見；知。㉘僕嘗倦談二句　我懶於談話，不能一一詳細說明。僕，翰林主人謙稱自己。倦談，懶於談話。一二，猶言一一。其詳，王先謙曰乃「具詳」之誤。詳，詳細的情況。㉙請略舉凡二句　言為客略舉大旨，客自觀覽其要義就可以了。凡，大旨；大概。切，要旨。㉚唯唯　表示順從的應答詞。㉛封豕其士二句　言秦殘暴，害其士民。封豕、窫窳，皆惡獸名。封豕，大豬。常用以比喻殘暴的首惡分子。這裡比喻秦朝。窫窳，傳說中的怪獸，臉像人，體像牛，紅色，腳像馬，吃人。也比喻秦朝。㉜鑿齒之徒相與摩牙而爭之　言秦末各武裝力量紛紛起兵反秦。鑿齒，古代傳說中的怪獸，齒長三尺，像鑿子，能使用武器。常用以比喻暴亂首領。這裡借指陳勝、項羽等人。摩，通「磨」。㉝豪俊麋沸雲擾二句　言局勢動盪，百姓不得安寧。麋沸雲擾，比喻豪傑紛紛起兵，局勢動盪。麋沸，像粥在鍋裡沸騰。王先謙《漢書補注》認為「麋」當作「糜」，是正確的。雲擾，像雲一樣紛擾。群黎，群眾；百姓。黎，眾多。康，安寧。㉞上帝眷顧高祖　言上天垂愛漢高祖。眷顧，關心垂愛。高祖，漢高祖劉邦（西元前二五六—前一九五年），西漢王朝的建立者。西元前二〇二—前一九五年在位。詳見卷一〈高帝紀〉。㉟高祖奉命三句　言高祖奉天命平天下，順應了北斗星、北極星的運轉，莫能改易。順斗極，《文選》李善注引《洛書》曰：「聖人受命，必順斗極。」斗極，即北斗星和北極星。古人認為北極星居於天空中央，北斗星拱衛著它，成為宇宙主宰。天關，北極星的別稱。㊱橫鉅海二句　言高祖兵威東阻大海，西搖昆侖。橫，橫阻。鉅，大。票，通「漂」。搖盪。㊲叱　大聲呼喝。㊳麾城摲邑二句　言攻略城邑，戰敗敵軍將，使之投降。麾，通「揮」。指揮；號令。摲，芟除；攻取。各本原作「摲」，王先謙《漢書雜志》認為當作「摲」，據改。下，使之下；攻下；打敗。降，使之降；降服。旗，代指軍隊。㊴一日之戰二句　言每天的戰鬥很多，無法備記。殫記，全都加以記載。㊵當此之勤五句　言當這樣辛勤勞苦之時，頭髮散亂無暇梳理，肚子餓了來不及吃飯，頭盔長出了蝨子，甲衣沾滿了汗水。當，正值……之時；正當……之時。勤，勞累；辛苦。蓬，蓬鬆；散亂。疏，通「梳」。梳理。鞮鍪，兜鍪；頭盔。介冑，甲衣和頭盔。指披甲戴盔。霑汗，淋漓的汗水。㊶請命　請求保全生命或解除災難。㊷展民之所詘二句　伸張百姓的冤屈，救濟百姓的貧困。展，伸張；申訴。詘，通「屈」。寃屈。振，通「賑」。救濟。乏，缺少；貧困。㊸規億載二句　言漢高帝規劃擴大千萬年的帝王事業。規，規劃。恢，擴大；發揚。㊹七年之間而天下密如也　言漢高帝滅項羽後，天下安定。七年，漢高帝五年（西元前二〇二年）滅項羽，自六年至十二年崩，凡七年。密如，安靜。㊺逮至聖文四句　言漢文帝順從高祖的流風，留意天下安寧，親自實行節儉。逮，及；到。聖文，指漢文帝劉恆（西元前二〇三－前一五七年）。西元前一八〇－前一五七年在位。詳見卷四〈文帝紀〉。隨風乘流，指順從漢高祖的流風。垂意，注意；留意。躬，親自；親身。服，使用；履行。㊻綈衣不敝二句　言衣服和鞋子沒有穿破就不換新的。綈，粗厚平滑無花紋的絲綢。敝，破舊。革鞜，生皮做的鞋。穿，磨穿。㊼大夏不居二句　言不居住高大的屋子，不使用有文飾的木器。夏，大屋子。文，繪畫雕刻的花紋。㊽後宮賤瑇瑁而疏珠璣　言妃嬪也實行節儉，不看重玳瑁，疏遠珠璣。後宮，妃嬪居住的地方。借指妃嬪。賤，賤視；輕看。瑇瑁，也作「玳瑁」。海龜的一種。牠的甲殼可以製作裝飾品。疏，疏遠；排斥。珠璣，圓者為珠，不圓之珠為璣。㊾彫瑑　雕刻。瑑，在玉器上雕刻花紋。㊿惡麗靡而不近二句　言厭惡華麗，排斥芳香。惡，厭惡。麗靡，奢華；華麗。近，親近。斥，廢棄；排斥。芬芳，香氣。御，使用。(51)抑止絲竹晏衍之樂二句　言不欣賞腔調怪異和邪淫的音樂。抑，遏止。絲竹，絃樂器和管樂器。泛指樂器，代指音樂。晏衍，邪聲；腔調怪異。憎，厭惡。鄭衛，指春秋戰國時鄭國和衛國的民間音樂，富於浪漫情調。因為與儒家提倡的雅樂相違背，所以受到儒家的排斥，後世因而用作淫靡音樂的代稱。幼眇，微妙曲折。(52)玉衡正而太階平　言天象正常，昭示天下太平。玉衡正，天象正常，象徵人事正常。玉衡，古代天文儀器渾天儀的主要部件。太階，通作「泰階」。即三台星，共有六顆星，分三排，每排兩顆星。古人認為，三排平列，天下就太平。(53)其後熏鬻作虐二句　言匈奴侵擾，東夷反叛。熏鬻，匈奴的古稱。作虐，指匈奴侵害漢朝邊境。東夷，古代漢族對東方諸族的稱呼。李善以為指東越，王先謙以為指朝鮮。橫畔，縱橫叛亂。畔，通「叛」。(54)羌戎睚眦二句　言羌族、戎族不和，閩越國與南越國之間爭戰。羌戎，都是我國古代西方的少數民族。睚眦，怒目而視。借指因小怨而不和、仇恨。閩越，我國古代東方民族，南越人的一支，居住在今福建境內。漢武帝時，閩越王興兵擊南越王，故曰相亂。(55)遐萌為之不安二句　言邊緣之民既不安，內地也蒙受災難。遐萌，遠方的百姓。遐，遠。萌，通「氓」。指遠方歸附之民或居住郊野之民。中國，指內地，漢朝統治區域。蒙被，遭受。(56)聖武勃怒二句　言武帝怒而發兵征討。聖武，漢武帝劉徹（西元前一五六－前八七年）。詳見卷六〈武帝紀〉。勃怒，勃然而怒。勃，勃然；發怒變色的樣子。爰，乃；於是。整，整飭。旅，軍隊。(57)票衛　票，通「驃」。指驃騎將軍霍去病（西元前一四〇－前一一七年），西漢名將，曾六次出擊匈奴，取得勝利。衛，指大將軍衛青，西漢名將，曾七次出擊匈奴，取得勝利。詳見卷五十五〈衛青傳〉。58汾沄沸渭六句　此數句寫軍隊壯盛勇武，行動迅捷。汾沄，通「紛紜」。眾多的樣子。沸渭，猶「薈蔚」。壯盛的樣子。雲合電發，如雲合攏，如雷電霆擊。形容迅疾。猋騰波流，形容軍隊眾多，源源不斷而勢不可擋。猋，疾風；旋風。騰，升舉。機駭，如機之駭，言扣弩機發箭如驚駭而出，比喻急速。機，弩機，弩上發箭的裝置。蠭軼，言發射出的箭矢如蜂聚飛而過，也是比喻疾速。軼，後車超過前車曰軼，引申為過、飛過。疾，快捷。奔星，流星。震，雷擊。霆，疾雷之聲。59砰轒轀五句　言破其大車，壞其氈帳，斬其頭顱，腦塗沙漠，折其骨，髓流水中，並踐踏匈奴王庭。砰，發大聲。這裡指開動兵車。轒轀，攻城用的兵車。穹廬，稱游牧民族居住的帳篷。腦，腦血塗抹。沙幕，即「沙漠」。髓，同「髓」。骨髓流入。余吾，水名。在今蒙古國烏蘭巴托以西。獵，狩獵。借指征伐。一說通「躐」。踐踏。王廷，匈奴單于的朝廷。60敺橐它二句　言驅趕駱駝，焚燒乾酪。橐它，即駱駝。熐蠡，乾酪，造酪母的原料。61分梨單于二句　宰割單于之屍，車裂屬國之君。分梨，分割剝裂。梨，通「剺」。分割；劃開。磔，分裂屍體。屬國，漢朝在西北邊境設置的管理歸附部族的政區，主官為屬國都尉。62夷阬谷三句　言鏟平其岡谷，使其無藏身之處；拔除其草莽，使其不能牧獵；砍削其山石，使道路通暢。夷，平。阬，通「岡」。鹵莽，鹽鹼地叢草。刊，砍；削。63蹂屍輿廝二句　言被殺死者則踐其屍，年老幼弱者則捆綁為俘虜。蹂屍，踐踏其屍體。輿廝，服賤役的人。輿，輿隸。廝，廝徒。顏師古曰：「言破傷者則輿之而行也。廝，破折也。」係累，用繩捆綁。64宄鋋瘢耆句　言戰爭中匈奴未死而負傷者有數十萬人。宄，《漢書補注》引張佖說，認為當作「鈗」，兵器名。鋋，鐵柄小矛。瘢耆，馬背上的瘡瘢。瘢，創傷的疤痕；創傷。耆，通「鬐」。馬脊。鏃，箭頭。淫夷，過傷；嚴重的創傷。淫，過度；甚。夷，通「痍」。創傷。65稽顙樹頷二句　言匈奴人下跪磕頭，爬行降服。稽顙，屈膝下跪，前額觸地。樹頷，叩頭時頸根向上。扶服，即「匍匐」。伏地爬行。蛾伏，像蟲蟻一樣的屈服。蛾，通「蟻」。66愓息　戰兢恐懼，不敢發聲息。67天兵四臨二句　言漢軍四處征討，首先打擊北方的匈奴。天兵，漢兵，言兵威之盛如天。幽都，北方，指匈奴地區。先加，先加以兵。68回戈邪指二句　言漢軍回轉南向，平定南越。回，回轉。戈，兵器，指軍隊。邪指，隨便地指向。南越，部族名、國名。南方越人的一支，居住在今廣東、廣西一帶。夷，平定。69靡節西征二句　言漢軍分部西征，使羌族、僰族歸順。靡，分散。節，符節。使者所持以作為憑證的信物。這裡指將帥或軍隊。僰，部族名。居住在今四川南部和雲南東部。東馳，東來入朝。70遐方疏俗殊鄰絕黨之域五句　言那些絕遠的遠方民族，自來大仁大德所不能感化安撫的，今皆願歸服漢朝，並走來朝拜，獻納珍貴的貢品。遐方，遠方。疏俗，遠方不同的風俗。殊鄰絕黨，遠方異域。鄰、黨，都是古代的居民組織單位，分別為五家和五百家。遐、疏、殊、絕，都是遠的意思。自，雖；即使。茂德，盛德；大德。綏，安撫。蹻，跐起腳跟。含有企望的意思。蹻，通「蹺」。舉；抬。抗手，舉手合十為禮。表示歸順。厥，相當於「其」。珍，珍貴物品。(71)使海內澹然三句　言使天下安寧，永無戰爭禍患。海內，古代傳說我國四周都有大海環繞，因稱國境以內為「海內」。澹然，安靜的樣子。金革，兵器和盔甲。代指戰爭。(72)朝廷純仁四句　言朝廷善良仁慈，遵循王道，彰顯正義，廣泛包容文人學士，聖風吹拂，散向四方。純仁，清純仁義。道，王道。義，正義；大義。并包，普遍包括；廣泛包容。書林，數學之林。比喻讀書者極多。這裡指文人學者群。聖風，聖人之風。雲靡，如雲一般分散。(73)英華沉浮四句　言帝王美德布滿天下，廣泛傳播四面八方，普天之下沒有人不領受恩澤。英華，原指草木之美者，比喻帝王美德。沉浮，猶上下，言帝王之德布滿天下。洋溢，盈滿；充滿。八區，八方之區。沾濡，浸溼；恩澤普及；沾受恩澤。(74)士有不談王道者二句　言士人若不講談王道，山野之人也會笑話他。王道，儒家稱以仁義治天下的政治主張為「王道」，與霸道相對立。樵夫，打柴的人。這裡指山野之人。(75)故意者以為事罔隆而不殺二句　言萬事萬物皆達到鼎盛之後就走向衰落。故，《漢書補注》據《文選》，認為無「故」字，較允當。意者，看來；想來。罔，無；沒有。隆，隆盛；繁盛。殺，衰敗。靡，無。虧，減損。(76)平不肆險二句　和平時不能忘記危險，安定時不能忘記危難。平，和平。肆，當為「肄」之訛。忘記。(77)時以有年出兵二句　言適時因豐年而出兵，整頓車馬，鼓舞士兵。時，適時。有年，有收成之年，即豐年。整輿，整頓兵車。竦戎，勸勵軍事；鼓舞士兵。(78)振師五莋四句　言於五莋宮整頓軍隊，於長楊宮訓練戰馬，以校獵禽獸來檢閱武力。振，整頓；整備。師，師旅；軍隊。五莋，即五莋宮。因宮前有五棵莋樹而得名，在上林苑，今陝西周至東南。習，練習。簡力，檢查勇力。狡獸，健獸；猛獸。校武，比較武藝。票禽，輕疾之禽。票，疾；輕捷。(79)萃然登南山四句　言人馬集聚登上南山，遠看漢朝所制服的四方遙遠之國。萃，集合。瞰，俯視。烏弋，西域國名。三十六國之一，在最西邊。地在今阿富汗坎大哈一帶。厭，通「壓」。壓制。月蜎，月窟；月的歸宿處。借指極西之地。日域，日初出之處。借指極東之地。(80)恐後世迷於一時之事四句　《文選》五臣注，呂向曰：「言主上既出獵，欲以示兵於外國，乃一時之事耳，又恐後代子孫迷惑不知，反以國之大務荒淫畋獵，遂至陵夷，亦不能禁禦。此雄微諷之詞矣。」取，《漢書補注》引《文選》作「為」，認為當作「為」。淫荒，荒淫；過分沉溺。陵夷，衰落。禦，禁止。(81)車不安軔四句　言皇帝車輛沒有停下，日影沒有移動，隨從人員也只做做田獵的樣子，跟隨車駕返回。安，息。軔，車輛停下後，用來支架車子的木頭。靡旃，移動旌旗的影子。從者仿佛，言隨從者彷彿只做做樣子。骫，通「委」。委屬，追隨。還，通「旋」。回轉。(82)亦所以奉太宗之烈四句　言漢成帝想以此表明自己繼承高帝的功業，遵循文帝、武帝的法度，恢復五帝三王的田獵制度，通過田獵檢閱武力，顯示禮樂，化胡來歸。太宗，《漢書補注》引《文選》作「太尊」，指漢高帝，較合理。太宗是漢文帝的廟號，與下句重複。烈，功業。文武，指漢文帝、武帝。度，規矩；法度。田，田獵。虞，虞人，掌山澤之官。(83)農不輟耰二句　言不誤農耕、紡織之時。耰，古農具，形似木椎，用以碎土平田覆種。這裡泛指耕作。工，女功。機，織布機。(84)婚姻以時二句　言男女按時婚嫁，各自順心，不違其志。以，按照。時，時節。(85)出愷弟四句　外出慈祥和易，巡行輕裝簡從，同情勞苦，停止勞役。出，出門在外。愷弟，和易近人。弟，通「悌」。順從。行，旅行。矜，通「憐」。憐憫。劬，勞累；勞苦。休，停止。力役，舊時平民為政府所服的無償勞役。(86)見百年四句　言存問老人和孤弱者，悉與之同憂樂。見，拜見；訪問。百年，指百歲老人。存，慰問。帥，通「率」。一概；都。(87)陳鐘鼓之樂五句　言陳設樂器，奏樂、舞蹈。鐘鼓之樂，《文選》五臣本作「鐘鼓之懸」。鞀，有柄的小鼓；撥浪鼓。這裡泛指鼓。磬，打擊樂器，用石或玉雕成。碣磍之虡，雕刻有猛獸的懸掛樂器的木架。碣磍，猛獸發威的樣子。拮隔，敲打。鳴球，玉磬。掉，搖身而舞蹈。八列之舞，皇家的舞隊，由八行八列共六十四人組成。(88)酌允鑠二句　言酌誠信美好以當酒，食和平歡樂以作菜餚。酌，斟酌；以……為酒。允，誠信；信實。鑠，美好。肴，以……為酒菜。樂胥，和樂。胥，詞尾。這裡把這種抽象的心理概念比擬為肴。(89)聽廟中之雍雍二句　聆聽宗廟裡和諧的音樂，接受神靈和人民的祝福。雍雍，和諧的樂聲。祜，福氣。(90)歌投頌二句　言歌唱和合的頌詩，吹奏和合的雅樂。歌，唱。投頌，和合的頌詩。合雅，和合的雅樂。(91)其勤若此二句　言君主很勤勞，所以得到神靈的慰勉。勤，辛苦；辛勞。神，天神。勞，慰勞；勸勉。(92)方將俟元符五句　言將等待有大的符瑞出現，就舉行封禪，使光輝榮耀上比三皇五帝，而下延傳將來。方，正要。俟，等待。元符，大的符瑞。梁甫，即梁父山。在今山東泰安東南。增泰山之高，指在泰山上築壇祭天。延，推延。光，光輝。往號，指三皇五帝的名號。(93)豈徒欲淫覽浮觀七句　言皇帝田獵不是只為了進行過分無益的遊覽，不是為了奔馳稻田麥地，周遊果樹叢林，踐踏柴草，向百姓誇耀，不是為了增加猿猴麋鹿的獵獲。豈，難道。徒，只是。淫覽浮觀，過分無益的遊覽。淫，過分。浮，過分。稉，稻類作物。周流，周遊。梨栗之林，指果樹之林。蹂踐，踐踏。芻蕘，割草打柴的人。誇詡，吹噓；誇耀。眾庶，庶民；眾民。盛，豐盛。(94)盲不見咫尺二句　言盲人看不見一尺遠的東西，而離婁能夠察見千里之外的角落。盲，《漢書補注》引《文選》此下有「者」字，較允當。咫尺，比喻距離很近。咫，古代長度名，周制八寸。離婁，傳說為黃帝時人，視力極強，能於百步之外看見秋毫之末。燭，照耀。引申為察見。千里之隅，千里外之角落。(95)客徒愛胡人之獲我禽獸二句　言你只知道捨不得禽獸讓胡人獵獲而去，卻不知道胡人王侯已經被我們獲取而來了。意思是通過遊獵，胡人沾受恩惠，羨慕大漢禮儀，其王侯便歸附，常來朝拜，實際上為我們所獲了。徒，徒然；只。愛，吝惜。曾，竟然。獲，俘獲。引申為征服。(96)卒　終結；完畢。(97)降席再拜稽首　挪退座席，叩頭連拜兩次。降席，把座席挪退一步。再拜，連續下拜兩次。稽首，叩頭到地。是古代九拜中最恭敬的一種。98體　通「禮」。指田獵的禮制。99允非小子之所能及也　確實不是我想像得到的。允，信然；確實。小子，自稱的謙詞。100今日發矇二句　今天啟發蒙昧，豁然明白。發矇，啟發蒙昧。矇，愚昧無知。廓然，開闊明朗的樣子。昭，明白。

【語　譯】第二年，皇上準備向匈奴人誇耀我國有很多飛禽走獸，秋季裡，命令右扶風徵發百姓進入終南山打獵，西起褒斜谷，東到弘農郡，南到漢中郡，張設各種羅網，捕捉熊、羆、豪豬、虎、豹、猿猴、狐狸、兔子和麋鹿，用籠車裝載，運到長楊宮射熊館。用羅網作為圍獵圈，把飛禽走獸放到裡面，讓胡人徒手搏擊牠們，各自拿取自己所獲得的獵物，皇上親自前往觀看。這時，農民不能收穫。揚雄跟隨皇上到了射熊館，回來後，獻上〈長楊賦〉，因用筆墨寫成文章，所以借「翰林」作為故事的主人，「子墨」作為客人，進行諷諫。其文辭說：

2 子墨客人向翰林主人問道：「聽說聖明的君主撫養百姓，仁愛滋潤，恩惠普遍，一舉一動都不是為自己。今年到長楊宮打獵，首先命令右扶風，左邊達到太華山，右邊達到褒斜谷，構築巀嶭山作為柱樁，編織終南山作為羅網，在叢林中布置上千輛獵車，在山的角落排列上萬名騎士，率領軍隊踏進獵場，把圍獵圈中的禽獸賞賜外族自由手搏獲取。捉住熊羆，拖著豪豬，編連竹木作為藩籬，這真是天下最宏偉壯觀的場面。雖說如此，對農民也很騷擾。歷時一個月有餘，百姓很是辛苦，但是勞而無功，恐怕不了解的人，從外表看就認為是娛樂的遊獵，從內裡看則不能認為是祭祀之類的大事，難道能說是為了百姓嗎！再說君主以深沉靜默為神明，以恬淡寡欲為德性，如今喜歡遠出而顯露威嚴神明，多次出動以致人員車馬疲憊不堪，本不是君主的緊要事務。我私下裡對此感到迷惑不解。」

3 翰林主人說：「啊，怎麼這麼說呢！像你，是所謂知其一不知其二，只看到外表而沒有看到實質的人。我不願多說話，不能一一詳細說明，讓我約略舉出概要，請你自己去領會要旨吧。」

4 客人說：「欸，欸。」

5 主人說：「從前有個強暴的秦朝，像大豬一樣對待它的士人，像野獸一樣對待它的百姓。強梁的首領們共同起來磨牙礪齒跟它作鬥爭，豪強俊傑風起雲湧，百姓因此不得安寧。這時上帝看重漢高帝，高帝奉承天命，順應北斗星和北極星的運轉，兵威東阻大海，西搖昆侖，手提寶劍而呵叱群雄，攻城掠地，斬將拔旗，每天的戰鬥都無法備記。這樣地辛勤勞苦之時，頭髮散亂無暇梳理，肚子餓了來不及吃飯，頭盔長出了蝨子，甲衣沾滿了汗水，來為百姓向上天請命求救。才得以伸張百姓的冤屈，救濟百姓的貧困，規劃萬年，弘揚帝業，經過七年，天下安定。

6 「等到文帝，順從高帝的流風，注意於太平，親自履行節約儉樸，穿綈衣只要不破舊即可，穿皮鞋只要不磨穿就不換，大廈不居住，木器不雕畫。這時的後宮妃嬪不看重玳瑁，遠離珠璣，摒棄翡翠之類的飾物，拒絕雕琢精巧的器物，厭惡華麗而不接近，排斥芳香而不使用，禁止怪腔怪調的器樂，不喜歡聽鄭衛靡靡之音聲，因此，天象正常，天下太平。

7 「後來匈奴侵略，朝鮮反叛，羌族、戎族相互仇恨，閩越國與南越國發生戰爭，邊緣地區的百姓因此不安寧，中國遭受它們的禍害。這時武帝勃然發怒，於是整頓軍隊，命令衛青、霍去病出征，浩浩蕩蕩，像風雲會合，雷電迸發，像狂飈奔騰，浪濤洶湧，像弩機突發，飛矢掠過，迅疾如流星，打擊如驚雷，開動兵車，碾破帳篷，腦漿灑在沙漠，骨髓流入余吾水，於是踐踏匈奴王廷。驅趕駱駝，焚燒乾酪，宰割單于之屍，車裂屬國之君，鏟平其山岡溝谷，拔除其叢草，砍削其山石，踩踏其被殺死者的屍體，拘禁其老年幼弱，受刀槍箭矢創傷的還有幾十萬人，都下跪磕頭，爬行降服，已經二十多年了，還在戰兢恐懼，不敢吭聲。天朝軍隊四處征討，首先打擊北方的匈奴；回軍南向，南越平定；分部西征，羌族、僰族歸順。因此遠方異俗、遠鄉異域的地區，即使至仁所不能感化，大德所不能安撫，也無不踮起腳跟，舉起雙手，請求奉獻他們的珍寶，使天下安寧，永遠沒有了邊城的災難、戰爭的禍患。

8 「如今朝廷善良仁慈，遵循王道，彰顯大義，廣泛包容文人學士，聖風吹拂。教化濃厚，廣泛傳播四面八方，普天之下沒有人不領受恩澤。士人有不講談王道的，就連樵夫也會笑話他。看來人們認為萬事沒有達到興隆就轉而衰落的，萬物沒有不達到鼎盛就轉而減損的，所以平靜時不能忘記危險，安定時不能忘記危難。於是適時趁豐年出兵，整治車馬，鼓舞士兵，到五莋宮整頓軍隊，到長楊宮訓練戰馬，挑選猛獸檢查勇力，利用猛禽比較武藝。才興師動眾登上南山，遠望烏弋國，西可以控制西域，東可以震懾東夷。又恐怕後代誤解了這一時一事，而常把這當作國家的大事，沉溺於田獵，一直衰落下去而不能停止。因此車輛沒有停下，日影沒有移動，隨從人員只彷彿做做樣子，跟隨車駕返回。也是用以表明繼承漢高帝的功業，遵循文帝、武帝的法度，恢復五帝三王的田獵制度。務必使農民不停止耕種，婦女不停止紡織，婚姻能夠適時，男女不會失偶；外出慈祥和易，巡行輕裝簡從，同情勞苦，停止勞役；拜見百歲老人，慰問鰥寡孤獨，和他們同憂樂。然後陳設鐘鼓樂器，敲響鼓磬的和聲，建置樂器的架子，敲打玉磬，表演八行八列的舞蹈；把誠信美好當作酒，把和平歡樂當作菜餚，聆聽宗廟裡和諧的音樂，接受神靈和人民的祝福；歌唱和合的頌詩，吹奏和合的雅樂。君主勤勞如此，所以得到神靈的慰勉。正要等待善良的符瑞降臨，去梁父山闢場祭地，去泰山上築壇祭天，迎接光輝的未來，媲美三皇五帝的稱號，難道只是想要進行過分無益的遊覽，奔馳稻田麥地，周遊果樹叢林，踐踏柴薪野草，向百姓平民誇耀，使猿猴麋鹿的獵獲增加嗎！再說瞎子連一尺遠的東西都看不見，而離婁能夠察見千里之外的角落；你只會吝惜胡人獵獲了我們的禽獸，竟不知我們已經擒獲了他們的王侯。」

9 話沒說完，子墨客人挪退座席，叩頭連拜兩次說：「禮制多麼盛大啊！真不是我所能想像得到的呢。今天才啟發了蒙昧，豁然明白啦！」

1 哀帝時丁、傅、董賢用事❶，諸附離之者或起家至二千石❷。時雄方草太玄❸，有以自守，泊如❹也。或謿雄以玄尚白❺，而雄解❻之，號曰解謿。其辭曰：

2 客謿揚子曰：「吾聞上世之士，人綱人紀❼，不生則已，生則上尊人君，下榮父母⑧，析人之圭，儋人之爵，懷人之符，分人之祿，紆青拕紫，朱丹其轂⑨。今子幸得遭明盛之世，處不諱之朝，與群賢同行⑩，歷金門，上玉堂，有日矣⑪，曾不能畫一奇，出一策，上說人主，下談公卿，目如燿星，舌如電光，壹從壹衡，論者莫當⑫；顧而作太玄五千文，支葉扶疏，獨說十餘萬言⑬，深者入黃泉，高者出蒼天，大者含元氣，纖者入無倫⑭。然而位不過侍郎，擢纔給事黃門⑮。意者玄得毋⑯尚白乎！何為官之拓落⑰也？」

3 揚子笑而應之曰：「客徒欲朱丹吾轂，不知一跌將赤吾之族⑱也！往者周罔解結，群鹿爭逸⑲，離為十二，合為六七⑳，四分五剖，並為戰國㉑。士無常君，國亡定臣，得士者富，失士者貧㉒，矯翼厲翮，恣意所存㉓，故士或自盛以橐，或鑿坏以遁㉔。是故騶衍以頡亢而取世資㉕，孟軻雖連蹇，猶為萬乘師㉖。

4 「今大漢左東海，右渠搜，前番禺，後陶塗㉗。東南一尉，西北一候㉘。徽以糾墨，製以質鈇㉙。散以禮樂，風以詩、書㉚，曠以歲月，結以倚廬㉛。天下之士，雷動雲合，魚鱗雜襲，咸營于八區㉜，家家自以為稷契，人人自以為咎繇㉝，戴縰垂纓而談者皆擬於阿衡㉞，五尺童子羞比晏嬰與夷吾㉟。當塗者入青雲，失路者委溝渠，旦握權則為卿相，夕失勢則為匹夫㊱。譬若江湖之雀，勃解之鳥，乘鴈集不為之多，雙鳧飛不為之少[37]。昔三仁去而殷虛[38]，二老歸而周熾[39]，子胥死而吳亡[40]，種、蠡存而粵伯[41]，五羖入而秦喜[42]，樂毅出而燕懼[43]，范雎以折摺而危穰侯[44]，蔡澤雖噤吟而笑唐舉[45]。故當其有事也，非蕭、曹、子房、平、勃、樊、霍則不能安[46]；當其亡事也，章句之徒相與坐而守之[47]，亦亡所患。故世亂，則聖哲馳騖而不足[48]；世治，則庸夫高枕而有餘[49]。

5 「夫上世之士，或解縛而相[50]，或釋褐而傅[51]；或倚夷門而笑[52]，或橫江潭而漁[53]；或七十說而不遇[54]，或立談間而封侯[55]；或枉千乘於陋巷[56]，或擁帚彗而先驅[57]。是以士頗得信其舌而奮其筆，窒隙蹈瑕而無所詘也[58]。當今縣令不請士，郡守不迎師，群卿不揖客，將相不俛眉[59]；言奇者見疑，行殊者得辟[60]，是以欲談者宛舌而固聲，欲行者擬足而投迹[61]。鄉使上世之士處虖今，策非甲科，行非孝廉，舉非方正[62]，獨可抗疏，時道是非，高得待詔，下觸聞罷，又安得青紫[63]？

6 「且吾聞之，炎炎者滅，隆隆者絕。觀雷觀火，為盈為實，天收其聲，地藏其熱[64]。高明之家，鬼瞰其室[65]。攫挐者亡，默默者存[66]；位極者宗危，自守者身全[67]。是故知玄知默，守道之極；爰清爰靜，游神之廷；惟寂惟寞，守德之宅[68]。世異事變，人道不殊。彼我易時，未知何如[69]。今子迺以鴟梟[70]而笑鳳皇，執蝘蜓[71]而嘲龜龍，不亦病乎！子徒笑我玄之尚白，吾亦笑子之病[72]甚，不遭臾跗、扁鵲[73]，悲夫！」

7 客曰：「然[74]則靡[75]玄無所成名乎？范、蔡[76]以下何必玄哉？」

8 揚子曰：「范雎，魏之亡命也，折脅拉髂，免於徽索，翕肩蹈背，扶服入橐，激卬萬乘之主，界涇陽抵穰侯而代之，當也[77]。蔡澤，山東之匹夫也，顉頤折頞，涕涶流沫，西揖彊秦之相，搤其咽，炕其氣，附其背而奪其位，時也[78]。天下已定，金革已平，都於雒陽，婁敬委輅脫輓，掉三寸之舌，建不拔之策，舉中國徙之長安，適也[79]。五帝垂典，三王傳禮，百世不易，叔孫通起於枹鼓之間，解甲投戈，遂作君臣之儀，得也[80]。甫刑靡敝，秦法酷烈，聖漢權制，而蕭何造律，宜也[81]。故有造蕭何律於唐虞之世，則誖[82]矣；有作叔孫通儀於夏殷之時，則惑[83]矣；有建婁敬之策於成周之世，則繆矣[84]；有談范、蔡之說於金、張、許、史之間，則狂矣[85]。夫蕭規曹隨，留侯畫策，陳平出奇，功若泰山，嚮若阺隤，唯其人之贍知哉，亦會其時之可為也[86]。故為可為於可為之時，則從[87]；為不可為於不可為之時，則凶[88]。夫藺先生收功於章臺[89]，四皓采榮於南山(90)，公孫創業於金馬(91)，驃騎發迹於祁連(92)，司馬長卿竊訾於卓氏(93)，東方朔割炙於細君(94)。僕(95)誠(96)不能與此數公者並(97)，故默然獨守吾太玄。」

【章旨】以上敘述揚雄作〈解謿〉的背景並載錄〈解謿〉全文。〈解謿〉是揚雄自述情懷之作，賦中寫他不願趨炎附勢去作官，而自甘淡泊來撰寫《太玄》。該賦揭露了當時朝廷擅權、傾軋的黑暗局面，對庸夫充斥而奇才異行之士不能見容的狀況深表憤慨，可見賦中寄寓了作者對社會現實的強烈不滿。這篇賦雖然受東方朔〈答客難〉的影響，但縱橫馳說，辭鋒銳利，在思想和藝術上仍表現出它的特點。

【注釋】❶哀帝時丁傅董賢用事　言漢哀帝時，丁家、傅家和董賢把持朝政。哀帝，即漢哀帝劉欣（西元前二六—前一年），西元前七—前一年在位。詳見卷十一〈哀帝紀〉。丁，定陶丁姬，哀帝母。兄丁明為大司馬驃騎將軍。丁氏一門凡侯者二人，大司馬一人，將軍、九卿、二千石六人，侍中諸曹十餘人。傅，傅太后，哀帝祖母。漢哀帝封太后同產弟四人之子皆為侯。傅氏一門凡侯者四人，大司馬二人，九卿、二千石六人，侍中諸曹亦十餘人。董賢（西元前二三—前一年），字聖卿。漢哀帝的寵臣。曾任大司馬衛將軍，封高安侯。賢父、弟及妻父親屬皆為大官。哀帝甚至要效法堯舜禪位於賢。詳見卷九十三〈董賢傳〉。用事，當權；控制朝政。❷諸附離之者或起家至二千石　言依附丁家、傅家和董賢權勢的人，起家為二千石的高官。附離，依附。起家，起用於家；自平民起用。二千石，漢代官吏俸祿等級，內自九卿郎將，外至郡守，都是二千石。二千石又分為四等，即中二千石、真二千石、二千石、比二千石。這裡用俸祿等級指代官職。❸草太玄　起草《太玄經》。草，起草；起稿。太玄，也稱《太玄經》。體裁類比《周易》，內容是儒、道、陰陽諸家的混合體。❹泊如　安靜的樣子。❺或謿雄以玄尚白　有人譏笑揚雄作《太玄經》而未得到祿位。或，有人。謿，同「嘲」。譏笑。玄尚白，譏笑揚雄的人認為揚雄寫作「玄」還沒有成功，本色還是白的。「玄」的含義雙關，一方面指「太玄」，一方面有黑色的意思。白，白身，指沒有官爵的人。顏師古曰：「玄，黑色也。言雄作之不成，其色猶白，故無祿位也。」❻解　解釋；辯解。❼上世之士二句　言上古士人為眾人之典範。上世，上古時代。人綱人紀，為眾人之綱紀（典範、準則）。❽上尊人君二句　尊人君，謂之忠。榮父母，謂之孝。榮，顯要；榮耀。這裡是使動用法。❾析人之圭六句　言人應該取得高官厚祿，從而實現上尊人君，下榮父母的理想。析，分得；分到。圭，玉製的禮器，長條形，上尖下方。古代王侯朝聘祭祀時所執的玉器。儋，通「擔」。負荷；享有。爵，爵位。懷，懷藏。符，朝廷傳達命令或徵調兵將用的憑證，用金、玉、銅等製成，有關雙方各執一半，拼合以驗真假。祿，俸祿；官吏的薪金。紆，繫結。青，指繫結銀印的青色綬帶。在漢代為二千石秩級的官吏所佩戴使用。拕，通「拖」。紫，指繫結金印的紫色綬帶。漢代為丞相、太尉（大司馬）所佩戴使用。官印皆以綬帶繫懸於腰間，故曰紆曰拕。朱丹其轂，漢代公卿貴人所乘坐的馬車，車轂、車輪、兩轓皆以朱丹漆成紅色，以示尊貴。❿處不諱之朝二句　言身處無所避忌的朝廷，跟許多賢人同居官位。處，居。不諱之朝，指時代清明，無所避忌。同行，同列。行，行列。⓫歷金門三句　言經過金馬門，登上玉堂，時間很久了。歷，經過。金門，金馬門。漢代宮門名，在未央宮內，因門旁有銅馬，故稱金馬門。為宦者署所在地，應徵召而才能優異的士人，常在此待詔。玉堂，建章宮殿名。《三輔黃圖》卷二：「建章宮南有玉堂……階陛皆玉為之。」有日矣，猶言已久。揚雄經待詔，為侍郎，故言歷金馬門，上玉堂。⓬曾不能畫一奇八句　言揚雄不能出謀劃策，以辯說求得高位。畫，謀劃。奇，指特異出眾的計謀。策，策略；謀略。說，勸說別人，使他能夠聽從自己的意見。人主，國君。談，談話；講論。公卿，原指三公九卿，後泛指朝廷的高級官員。目如燿星，形容目光有神，如閃耀的星星。舌如電光，指言詞辯論迅速，就像閃電之光一樣。壹從壹衡，指口才雄辯，應對如流。壹，通「一」。從，通「縱」。衡，通「橫」。莫，沒有人。當，抵擋；抵敵。⓭顧而作太玄五千文三句　言揚雄不能以辯說求得高位，反而默默撰寫深奧的《太玄經》。顧而，《文選》各本「顧」下有「默」字。王先謙《漢書補注》曰：「有『默』字是，『顧而』文不成義。」五千文，五千字。文，字。支葉扶疏，以樹為比喻，言文章豐茂。支葉，比喻闡述發揮的文辭。支，通「枝」。扶疏，枝葉茂盛分披的樣子。獨說，獨創性的理論。言，字。《漢書補注》引王鳴盛曰：「今《太玄經》具存，晉范望叔明所注，共十卷，正文大約與五千文之數合。《法言》凡十三篇，分為十卷，正文不及萬言，此云十餘萬言，不可解。」張震澤曰：「《文選》各本作數十餘萬言，為數更大。蓋揚雄《太玄》正在草創，尚未刪定，故枝葉扶疏，至於數十萬言耳。」⓮深者入黃泉四句　言《太玄經》的言詞含義有的深奧，有的崇高，有的廣大，有的纖微。黃泉，地下深處的泉水。比喻深入的程度。元氣，古代哲學概念，指天地陰陽混沌未分的實體，大致相當於今天所說的「宇宙」。纖，細小。無倫，無與倫比。這裡指極小的實體，類似今天所說的「微粒子」。《文選》作「無間」，言極其微小。⓯位不過侍郎二句　言揚雄官位不過侍郎，經過提拔才到黃門供職。侍郎，官名。漢代郎官的第三等，為宮廷的近侍，隸屬於郎中令（光祿勳）。擢，選拔；提升。給事黃門，黃門為供應宮廷生活物資的官署，其中設有黃門侍郎、給事黃門侍郎等官職。給事就是供職或服務的意思。⓰得毋　也作「得無」。莫非；豈不是。⓱拓落　也作「落拓」、「落托」。窮困失意。也，通「耶」。表示反詰的語氣詞。⑱一跌將赤吾之族　言一旦失足就會使我的家族受到血洗。跌，失足；摔倒。顏師古曰：「見誅殺者必流血，故云赤族。」赤，流血染紅；被殺戮。使動用法。⑲往者周罔解結二句　言戰國時周王朝走向衰亡，諸侯國相互爭戰。周罔解結，指戰國時期周王朝的統治衰落以至於崩潰的過程。罔，通「網」。比喻統治權力。群鹿，指戰國時的各諸侯國。爭逸，指各諸侯國脫離周王朝的控制而各自為政，爭奪霸權。⑳離為十二二句　言周末諸侯離亂反叛周王朝，分為十二大國，經過兼併，合為七國。十二，指春秋末戰國初的大國魯、衛、齊、楚、宋、鄭、燕、秦、韓、趙、魏、中山。合為六七，言諸侯互相兼併，至戰國後期合併為七國，即秦、齊、趙、韓、魏、燕、楚。但秦處西方，東制諸侯，故別言之為六國，併秦言之則為七國。㉑四分五剖二句　言諸侯國四分五裂，並為爭戰之國。四分五剖，《文選》五臣注張銑曰：「天下喪亂，諸侯各保山河，故四瀆五嶽，各為分剖。」按四瀆為江、淮、河、濟，五嶽為嵩、岱、華、衡、恆。但解為四方五方也講得通。戰國，時代名。因為當時各諸侯國之間連年戰爭，故有此稱。戰國開始的年限說法不一，現在通常把周元王元年（西元前四七五年）到秦始皇二十六年（西元前二二一年）統一中國為止，稱為戰國時期。㉒士無常君四句　言戰國時期士人來去自由，他們憑藉自己的才能得到各國君主的重視。常君，終身侍奉的君主。定臣，任用終身的臣子。㉓矯翼厲翮二句　言遊士如鳥，舉翼振翮而飛，自由選擇合意的君主而事之。矯翼厲翮，振翅而飛，來去自由。矯，通「撟」。翹起。厲，激發。翮，羽毛；翅膀。恣意，任意。存，居留。㉔士或自盛以橐二句　言戰國時的士人有的想盡辦法投靠某君主，有的則堅決不接受某君主的聘用。作者以此作為上一句「恣意所存」的進一步說明。自盛以橐，謂春秋時伍員（子胥）。伍員為逃脫楚平王的追捕，曾把自己裝在袋子裡乘車混出昭關，逃往吳國，後受到吳王闔閭的重用。鑿坏以遁，謂戰國時顏闔。魯國君聽說顏闔賢能，想要任用他為相，派使者前往聘請。顏闔聽到消息，鑿開後牆逃走了。坏，屋子的後牆。㉕騶衍以頡亢而取世資　言騶衍著書發表奇怪的言論，尚且被世人取資以為師。騶衍（約西元前三〇五—前二四〇年），也作「鄒衍」，戰國末齊國人。陰陽家的代表人物，所言皆天事，故齊人稱之曰「談天衍」。嘗仕於齊，位至卿。鄒衍創「五德終始」說，用當時流行的五行學說解釋社會歷史變動和王朝興廢的規律，影響頗大。頡亢，上下不定。指鄒衍變幻莫測的奇怪之辭。取世資，為世所取資以為師。㉖孟軻雖連蹇二句　言孟軻雖然一生坎坷，其所著作《孟子》七篇，終究為王者所師法。孟軻（約西元前三七二—前二八九年），戰國末年鄒國人。著名的思想家、教育家。曾遊歷齊、魏、宋、滕等國，一度任齊國客卿。連蹇，也作「蹇連」。艱難；遭遇坎坷。萬乘，戰國時期指能出動萬輛兵車的大國。這裡指擁有萬輛兵車的君主。㉗今大漢左東海四句　言漢朝之疆域。東海，泛指我國東部的大海。渠搜，西域國名。在今葱嶺以西。番禺，縣名。在今廣東廣州。陶塗，北方國名。在今俄羅斯貝加爾湖附近。顏師古曰：「騊駼馬出北海上。今此云後陶塗，則是北方國名也。本國出馬，因以為名。今書本陶字有作椒者，流俗所改。」㉘東南一尉二句　此言邊防鞏固，四方安定。東南一尉，指設在會稽郡回浦縣（今浙江臨海東南）的都尉。一說指設在會稽郡治縣（今福建福州）的都尉。西北一候，指設在敦煌郡玉門關的候官。㉙徽以糾墨二句　此言刑法嚴明。顏師古曰：「言有罪者則繫於徽墨，尤惡者則斬以鈇質也。」徽，束縛；捆綁。糾，三股的繩索。墨，通「纆」。繩索。製，裁斷；斬斷。質，通「鑕」。古代斬人的砧板。鈇，斧；鍘刀。㉚散以禮樂二句　言以禮、樂、《詩》、《書》普遍教化。散，布施。這裡有潛移默化影響的意思。禮樂，禮制和樂教。風，教化。詩，也稱《詩經》。我國最早的詩歌總集，儒家重要經典之一。共三〇五篇，分為〈風〉、〈雅〉、〈頌〉三大類。它對我國文學的發展有深遠的影響，而且是很珍貴的史料。書，儒家重要經典之一。先秦時稱《書》，西漢稱《尚書》。尚，通「上」。意思是上古的書。漢武帝獨尊儒術，置《五經》博士，《書》為《五經》之一而被列於學官，故又稱《書經》。為上古歷史文件和部分追述古代事跡著作的彙編，其中保存了商、周時代的一些重要史料。㉛曠以歲月二句　言長年累月以喪服之禮凝聚束縛人心。曠，歷時長久。結，連結；凝聚。倚廬，古代為父母服喪時所住的屋子，以示盡孝之意。《禮·喪服大記》：「父母之喪，居倚廬，不塗。」疏曰：「居倚廬者，謂於東門之外，東牆下，倚木為廬。……不塗者，但以草夾障，不以泥塗之也。」古人最重喪禮，應劭曰：「漢律以不為親行三年服不得選舉。」㉜天下之士四句　言天下的士人像響雷、風雲一樣動作迅速地會合，像密集的魚群一樣從四面八方聚集而來。雷動，如響雷一樣行動，形容迅速。雲合，如雲一樣聚合，形容眾多。魚鱗雜襲，如魚鱗排列般眾多雜亂。雜襲，眾多雜亂。營，謀求（富貴）。八區，八方。㉝家家自以為稷契二句　言人人自以為才能如同古代的賢人。稷，后稷。周朝的始祖。種植糧食的專家，曾在唐堯、虞舜時代做農官，教民耕種。契，一作卨。商朝的始祖。曾在唐堯、虞舜時代任司徒，掌管教化。咎繇，一作皋陶。曾在唐堯、虞舜時代做士官，掌管刑法。㉞戴縰垂纓而談者皆擬於阿衡　言衣冠之徒高談闊論，皆自比於伊尹。㉟五尺童子羞比晏嬰與夷吾　言小兒也都不願做晏嬰、管仲那樣的人。師古曰：「夷吾，管仲也。羞比之也，以其不為王者之佐。」㊱當塗者入青雲四句　言走對了路子的做高官；走錯了路子的就如同被棄溝渠，無人一顧；早上當權即為卿相，晚上就失勢則成平民。㊲譬若江湖之雀四句　揚雄在此以鳥為喻，認為自己生逢盛世，群才畢集，有一人不為多，無一人不為少。應劭曰：「乘鴈，四鴈也。」師古曰：「雀字或作厓。鳥字或作島。島，海中山也，其義兩通。」㊳三仁去而殷虛　言商朝失去微子、箕子、比干三位仁人而滅亡。三仁，商紂王時的三位賢臣，微子逃走，箕子被囚禁，比干因極諫而被殺害。孔子稱他們為「三仁」。商紂王不用忠諫，故滅亡。虛，空虛。一說通「墟」，言紂王亡國，段都成為廢墟。㊴二老歸而周熾　言周朝因得到伯夷、太公望兩位老人來歸而興盛。二老，伯夷、太公望。他們分別從北海之濱和東海之濱去投奔周文王。熾，火旺；火盛。㊵子胥死而吳亡　言吳王不聽伍子胥的勸諫，反而賜之死，因而滅亡。子胥，伍員之字。伍子胥先輔佐吳王闔閭成就了霸業，接著輔佐吳王夫差又取得了報復越國的勝利。後來夫差聽信讒言，拒絕伍子胥的忠告，並迫使他自殺，吳國終於被越滅亡。㊶種蠡存而粵伯　言越王句踐因為重用文種、范蠡而稱霸諸侯。種蠡，即文種、范蠡，為越王句踐的兩位大臣。越國被吳國打敗後，二人輔佐越王句踐挽救危局，經過長期的生聚教訓，終於復興，滅亡吳國。粵，通「越」。指越王句踐。伯，通「霸」。諸侯盟長。這裡指稱霸爭當諸侯盟長。㊷五羖入而秦喜　言百里奚入關到了秦國，秦君高興。五羖，指百里奚。春秋時虞國大夫，曾忠諫虞公，虞公不聽。虞國滅亡，他輾轉逃到楚國，被楚國人捉住。秦穆公知其賢能，用五張黑色公羊皮把他贖買出來，任為大夫，故稱為五羖大夫。百里奚在幫助秦穆公建立霸業的過程中起了很大的作用。羖，黑色的公羊。㊸樂毅出而燕懼　言樂毅自燕國出逃到趙國導致燕王恐懼。樂毅，戰國時名將。曾輔佐燕昭王攻齊，大勝。燕惠王繼位，聽信齊國的反間，迫使樂毅出奔趙國。惠王恐怕趙國用樂毅伐燕，又封樂毅之子為昌國君。㊹范雎以折摺而危穰侯　范雎，戰國時魏國人，事魏大夫須賈，須賈懷疑他私通齊國，告知魏相魏齊。魏齊大怒，笞擊范雎，折脅摺齒，幾至於死。後在他人幫助下，更改姓名，逃亡到秦國。當時，秦昭王母宣太后弟魏冉為秦相，封穰侯。范雎勸說昭王廢太后，逐穰侯。而范雎為相，封應侯。摺，通「折」。折斷。危，不安全。這裡為使動用法。㊺蔡澤雖噤吟而笑唐舉　蔡澤，戰國時燕國人。當他未得志時，請著名相士唐舉看相，詢問自己的前途。唐舉譏笑他。他十分自信，笑而謝之。後入秦，秦昭王任之為相。噤吟，有兩解：一、閉口沉思。二、下巴上翹的樣子。㊻當其有事也二句　言當天下動盪之時，非此諸人不能安國家。有事，指國家處於動亂之時。蕭，蕭何。漢初三傑之一。曾任相國，封酇侯。詳見卷三十九〈蕭何傳〉。曹，曹參。漢初曾任相國，封平陽侯。詳見卷三十九〈曹參傳〉。子房，張良的表字，漢初三傑之一，封留侯。詳見卷四十〈張良傳〉。平，陳平。漢初曾任丞相，封曲逆侯。詳見卷四十〈陳平傳〉。勃，周勃。漢初曾任太尉、丞相，封絳侯。詳見卷四十〈周勃傳〉。樊，樊噲。漢初曾任左丞相，封舞陽侯。詳見卷四十一〈樊噲傳〉。霍，霍光。漢昭帝、宣帝時曾任大司馬大將軍，封博陸侯。詳見卷六十八〈霍光傳〉。安，安定國家、社稷。㊼當其亡事也二句　言當天下安定之時，普通儒生就足以守成。章句之徒，指只懂章句之學而不懂治國之道的儒生，所謂小儒。章句，章節句讀。這裡指漢人析古書章節句讀的治經方法。相與，共同。㊽世亂二句　言世亂，聖哲不能獨濟，仍需借助於賢士，故曰不足。馳騖，奔走。騖，疾速。㊾世治二句　言世治，庸夫賢者皆高枕而閒，故曰有餘。高枕，「高枕而臥」的略語，表示無所操心。㊿解縛而相　謂管仲。

管仲原跟隨齊國公子糾，公子糾在與公子小白（齊桓公）爭權的鬥爭中失敗被殺，管仲也被俘。由於鮑叔牙的推薦，齊桓公釋放管仲，並任為相。管仲相齊九合諸侯，一匡天下。51釋褐而傅　有三說，一說謂傅說。商王武丁把他從版築奴隸中提拔上來，任為相。一說謂春秋時衛國人甯戚。他為人駕牛車，路過齊國，扣擊牛角而歌。齊桓公聽到，認為其非常人，任為客卿。一說為戰國時趙國人甯越。甯越原為農民，後來苦學十五年，成為西周威公的師傅。釋褐，脫下粗布短衣，換上官服。即做官之意。褐，粗麻編織的衣服，平民所穿。傅，任為師傅。52倚夷門而笑　為信陵君魏無忌與侯嬴的典故。戰國時魏國隱士侯嬴，為都城大梁夷門監者，魏公子信陵君十分優待他。秦伐趙，趙求救，信陵君率車騎百餘乘，欲赴秦軍拼命。辭別侯嬴時，侯嬴無送別之語。信陵君心中不悅，遂回轉，問侯嬴。侯嬴倚夷門而笑，把竊兵符救趙的良策告訴信陵君。夷門，魏國都城大梁的東門。53橫江潭而漁　屈原賦〈漁父〉中的故事人物漁父，屈原被放逐，在江邊遇到了漁父，漁父給屈原解答了無所適從的人生觀問題。一說指太公呂尚。《史記・齊太公世家》：「呂尚蓋嘗窮困，年老矣，以魚釣奸周西伯。……於是周西伯獵，果遇太公於渭之陽。」54七十說而不遇　孔子周遊列國，遊說七十餘位國君而無一知遇。說，遊說。55立談間而封侯　指戰國時虞卿。《史記・平原君虞卿列傳》：「虞卿者，遊說之士也。躡蹻簷簦說趙孝成王。一見，賜黃金百鎰，白璧一雙；再見，為趙上卿，故號為虞卿。」56枉千乘於陋巷　春秋時齊國有個名稷的士人，齊桓公一日三次去拜見他都沒有見到，隨從人員勸桓公不要再去了，桓公堅持前去，終於見到了稷。枉，委屈。千乘，借指齊桓公。春秋以前只有周王才能稱「萬乘」，像齊國這樣的大國只能稱「千乘」。到戰國時，齊就可稱「萬乘」了。57擁帚彗而先驅　戰國時鄒衍遊說到燕國，燕昭王到郊外迎接，為鄒衍執帚清道，列弟子座而受其業。擁，執持。帚彗，掃帚。先驅，即打前站、引導。58士頗得信其舌而奮其筆二句　言士人言論自由，彌補君主欠缺和過失而不會受到委屈。信，通「伸」。馳騁；隨意發表。舌，代指言詞、意見。筆，用筆寫作。窒，堵塞。隙，空隙，指政治上的欠缺。蹈，踐踏。瑕，過失；錯誤。詘，通「屈」。屈服。59當今縣令不請士四句　言如今當政者因天下太平而輕視士人。縣令，縣的長官。秦漢時萬戶以上的縣，其長官稱令，不滿萬戶的稱長。郡守，郡太守。郡的行政長官。揖客，行拱手禮迎接客人。俛眉，低眉，謙恭的樣子。俛，通「俯」。低下。60言奇者見疑二句　言論、行為與眾不同，就會受到懷疑、厭惡，甚至懲罰。李善曰：「言世尚同而惡異。」言奇，指言論與眾不同。見疑，被懷疑而招致厭惡。行殊，指行為不一般。得辟，觸法犯罪。辟，罪罰；法律。61欲談者宛舌而固聲二句　意為想說話的人都不言語，等別人說過之後而仿效、附和；想行步的人也抬腳比劃不前，等待別人先行而後隨行。李善曰：「言不敢奇異。」宛舌，《文選》作「捲舌」。指不言語。固聲，《文選》作「同聲」。《漢書補注》認為當作「同聲」。指待別人說過之後而仿效之、附和之。擬足而投迹，比劃自己的腳去投合前人的腳印。[62]鄉使上世之士處虖今四句　言按照今天選拔人才的標準去衡量以前的士人，他們都無法符合。鄉，通「向」。假若。策，對策。漢代選拔人才的科目之一，由天子主持考試，要求被策試者就政治、經濟等時務作答。對策按照內容程度分為甲、乙等科。孝廉，漢代舉薦人才的科目之一，對象是士人，標準是倫理道德。漢武帝元光元年，初令郡國舉孝（孝子）和廉（清正廉潔之人）各一人，西漢末到東漢，二者漸合為孝廉。方正，漢代為解決特定問題而選拔官吏的科目。對象多是中下級官吏，方式是就具體問題提出意見。[63]獨可抗疏五句　言這樣的人在漢代只能依照漢代制度上疏言事，說些是非，好的僅得待詔，不好的聞罷了事，哪能得到提拔重用。抗疏，上疏直言。疏，分條陳述意見的奏章。時道，隨時機發表議論。下觸聞罷，漢代士民上書，如未獲得皇上允准，批覆的大意就是「知道了，讓上書的人回去」，當時稱為「報罷」或「聞罷」。安，哪裡；怎麼。青紫，指青綬、紫綬。這裡借代高官。[64]炎炎者滅六句　顏師古曰：「炎炎，火光也。隆隆，雷聲也。人之觀火聽雷，謂其盈實，終以天收雷聲，地藏火熱，則為虛無。言極盛者亦滅亡也。」《漢書補注》引李光地云：「此段全釋〈豐卦〉義。炎炎者火也；當其炎炎隆隆，以為盈且實也。然〈豐卦〉雷居上，則是天收其聲；火居下，則是地藏其熱；此其盛不可久、而滅且絕之徵也。〈豐〉之義如此，故卦爻俱發日中之戒，至窮極，則曰『豐其屋，蔀其家，闚其戶，闃其無人』，即揚子所謂『高明之家，鬼瞰其室』也。揚子是變《易》辭象以成文，自王輔嗣以來，未有知之者。」[65]高明之家二句　言富貴顯赫之家會招致鬼神的注意。《文選》五臣注，劉良曰：「是知高明富貴之家，鬼神窺望其室，將害其滿盈之志矣。故知天道惡盈，鬼神害盈。」高明之家，指富貴之家，言如雷之高，如火之明。鬼瞰其室，言鬼瞰望其家而害其滿盈之志。室，家。瞰，窺望。[66]攫挐者亡二句　言爭權奪利者將滅亡，靜默者可保存。攫挐，爭奪、執持權利。攫，搏持。挐，牽引。[67]位極者宗危二句　言官位最高的人，會危及他的宗族，自持節操者則能保全生命。位，官位。極，最高。宗，宗族。自守，自持節操。[68]知玄知默六句　言清靜無為是最好的人生準則。玄、默，精微奧妙，深沉靜默。二字互文見義。極，最高準則；終極道理。爰，語首助詞。廷、宅，謂精神道德之所居處。[69]世異事變四句　言古今世異事變，人道大體不殊，若使古人處今，我處古時，未必不能勝之。[70]鴟梟　即鴟鴞。鳥類的一種。如貓頭鷹、鵂鶹等。[71]蝘蜓　類似蜥蜴的動物。古人把二者混而為一。[72]病　指認識上的毛病，即不通事理的意思。[73]與跗扁鵲　二人都是古代的良醫。戰國時良醫秦越人也稱為扁鵲。[74]然　如此。指示代詞。[75]靡　無；沒有。[76]范蔡　指范雎、蔡澤。[77]范雎九句　言范雎在魏被打折肋骨和腰骨，幸未被囚繫。遂改名張祿，得秦昭王使者王稽把他裝進口袋，匍匐車上，偷運到秦。在秦王面前激昂陳辭，離間秦王兄弟，而代穰侯為相。這是適當其會。魏，戰國時國名。在今陝西、山西交界地區直到河南東北部，建都安邑（今山西夏縣西北），後遷都大梁（今河南開封），因而魏國也被稱為梁國。亡命，改名換姓，逃亡在外。脅，肋骨所在的部位。髂，腰骨。徽索，繩索。翕，斂縮；收攏。蹈，踩踏。扶服，通「匍匐」。伏地爬行。橐，盛物的口袋。有底曰囊，無底曰橐。激卬，激勵。卬，通「昂」。界，離間。涇陽，指涇陽君嬴市。秦昭襄王的胞弟，當時任將軍。抵，通「扺」。從側邊予以打擊。當，正當其機會。78蔡澤九句　言蔡澤不過是山東的一個平常人，其貌不揚，西入強秦，說秦相范雎以功成身退禍福之機，言談辯利，使范雎啞不能言，氣不能出，因歸相印，薦蔡澤代替自己。這時正值范雎所舉薦的鄭安平、王稽皆有重罪，范雎內慚之時。山東，秦漢時稱崤山或華山以東地區為山東，與當時所謂「關東」含義相同。頷頤，下巴上翹。折頞，皺眉頭，愁苦的樣子。頞，鼻梁。涕，流淚；流。涶，通「唾」。唾液。沫，涎水；汁液。彊秦之相，指范雎。范雎任秦相近十年，遇上了嚴重的政治危機。蔡澤乘機入秦，勸說范雎急流勇退，向秦昭襄王推薦蔡澤接替自己，范雎依計行事。搤，通「扼」。卡住。炕，通「亢」。斷絕。附其背，意為隨其背後而就相位。附，通「拊」。時，遇其時。79天下已定八句　言漢初使天下一統之後，婁敬向劉邦獻計策，都城由洛陽改定於長安。金革，指戰爭。都，定都；建都。雒陽，都邑名。即今河南洛陽。漢朝初年，高帝劉邦本擬定都洛陽，後來由於婁敬的倡議，張良的附和，才改都長安。婁敬，漢高帝時，由於倡議改都，封奉春君。詳見卷四十三〈婁敬傳〉。委、脫，皆卸去之意。輅，車前的橫木，用來橫在胸前以拉車。輓，拉車的繩子。掉，搖動。不拔之策，計策穩妥，不可動搖。中國，指國都、京師。長安，西漢都城。在今陝西西安西北郊。適，適時；適合政治情勢。80五帝垂典七句　言由五帝三皇傳下來的典章制度，世世代代沒有改易。叔孫通在戰爭中開始得到重用，戰爭一結束，便按照五帝三皇的制度制定漢朝的君臣朝會的禮儀，這是看準了形勢。垂典，流傳典章制度。傳禮，流傳禮儀制度。叔孫通，魯薛（秦漢縣名，治今山東滕州）人，曾為秦博士，後逃回薛，項梁起義，叔孫通跟隨。漢二年，率弟子百餘人降漢。高帝已定天下，他主持制定了漢朝的禮儀制度，先後任奉常、太子太傅。詳見卷四十三〈叔孫通傳〉。枹鼓，戰鼓，戰陣所用，借指戰爭。枹，通「桴」。鼓槌。投，棄；扔掉。君臣之儀，指朝會時的禮儀制度。叔孫通制禮是從這一步開始。得，得其時宜。81甫刑靡敝五句　甫刑，又稱〈呂刑〉。周穆王時司寇呂侯奉命製作頒布的刑法，後泛指周代刑法。靡敝，敗壞；陳舊而有散失。酷烈，刑罰殘暴嚴峻。權制，臨時制定的法令、措施。如漢高祖初到關中時所頒布的「約法三章」。蕭何造律，史稱蕭何曾參考秦律制定《九章律》，成為漢朝的法律。宜，合其時宜。82詩　乖謬；謬誤。83惑　糊塗；迷惑。84有建婁敬之策二句　言東周為避犬戎之亂而東遷洛陽，若建議復歸豐、鎬，就乖謬了。成周，指東周。鎬京經犬戎之亂後而殘破，東周遂遷都洛邑。繆，通「謬」。錯誤；荒謬。85有談范蔡之說二句　若如范雎、蔡澤之流在金、張、許、史之間遊談，奪其權位，則必定是瘋狂了。金，指金日磾和他的兒子金賞、姪子金安上等。詳見卷六十八〈金日磾傳〉。張，指張安世。詳見卷五十九〈張安世傳〉。許，指許延壽、許嘉父子。參見卷九十七〈孝宣許皇后傳〉。史，指史高、史丹父子。詳見卷八十二〈史丹傳〉。金、張、許、史四家都是西漢的貴盛勢高之家。

(86)蕭規曹隨七句　言此數人皆功勞高而名聲大，雖然是因他們富有才能和智慧，也是他們遇上了能有所作為的時代。蕭規曹隨，漢初蕭何為相國，定律令制度。蕭何死後，曹參繼任為相國，辦事一概遵循蕭何的約束。當時民謠說：「蕭何為法，講若畫一；曹參代之，守而勿失。載其清靜，民以寧壹。」留侯，張良。畫，謀劃；籌劃。陳平出奇，陳平曾六出奇計，例如離間項羽君臣，解滎陽之圍，誘擒韓信，解平城之圍等，《史記·太史公自序》稱為六奇。嚮若阺隤，聲響就像山崖之石墜落下來一樣。比喻這幾個人的聲譽高遠。嚮，通「響」。阺，山崖突出的部分。隤，墜落。唯，雖然。瞻知，豐富的智慧。知，通「智」。會，適逢；恰值。

(87)從　順利。

(88)凶　不順利；兇險。

(89)藺先生收功於章臺　此指藺相如完璧歸趙之事。戰國趙惠文王時，秦王詭稱割讓秦地換趙的「和氏璧」。藺相如帶璧入秦，在章臺會見秦王。秦不與趙地，相如用計取回璧，並當面力爭，又派人懷璧歸趙。章臺，秦宮名。在今陝西長安故城西南隅。

(90)四皓采榮於南山　秦末，東園公、綺里季、夏黃公、甪里先生，隱居商山（今陝西商縣東南，與終南山屬於同一山脈），年皆八十餘，鬚眉皓白，故稱商山四皓。漢高帝召之不至。後高帝欲廢太子。呂后用張良計，迎輔太子。一日，四皓侍太子見高帝，高帝見到後，認為太子羽翼已成，決定不廢太子。榮者，謂聲名。一曰，榮謂草木之英，採取以充食。

(91)公孫創業於金馬　漢武帝時，公孫弘年已七十，應徵賢良文學，至太常對策，得第一名，復拜為博士，待詔金馬門。遷左內史，官至丞相，封平津侯。詳見卷五十八〈公孫弘傳〉。

(92)驃騎發迹於祁連　霍去病在漢武帝元狩三年為驃騎將軍，率萬騎出隴西；後又出北地，至祁連山，捕首虜甚多，立下顯赫戰功。益封五千四百戶。從此，霍去病日益親貴。發迹，指人由隱微而得志發達。

(93)司馬長卿竊訾於卓氏　司馬相如，字長卿，蜀郡成都人。出身窮困。與臨邛富人卓王孫之女卓文君私奔，賣酒於成都市中。卓王孫不得已，分與鉅資。後以辭賦成名，被任為郎，通使邛、筰有功。詳見卷五十七〈司馬相如傳〉。訾，通「資」。錢財。

(94)東方朔割炙於細君　東方朔，字曼倩。武帝時上書自譽，待詔公車，以滑稽為常侍郎。伏日，詔令向隨從官員賞賜肉，主管分肉的官員遲遲未到，東方朔就自己拔劍割下一塊肉回家了。武帝知道後，責問他的無禮，他說：「朔來！朔來！受賜不待詔，何無禮也！拔劍割肉，壹何壯也！割之不多，又何廉也！歸遺細君，又何仁也！」武帝笑著說：「使先生自責，乃反自譽！」另外賞賜給他酒一石，肉百斤。詳見卷六十五〈東方朔傳〉。細君，一說是東方朔妻子的名字；一說是小君的意思，東方朔自比於諸侯，仿照古代稱諸侯之妻為小君的慣例而稱他的妻子為「細君」。炙，烤肉。

㊺僕　揚雄對客謙稱自己。㊻誠　確實；的確。㊼並　比；相提並論。

【語　譯】漢哀帝時期，丁家、傅家和董賢當權，所有依附他們的人，有的從平民起用做到二千石的高官。這時，揚雄正在起草《太玄經》，自己有所寄託，淡然處之。有人用「玄依然是白的」來詘笑他沒有獲得官爵，揚雄寫文章辯解，題為〈解嘲〉。其文辭說：

2 客人嘲笑揚先生說：「我聽說上古時代的士人，是眾人的典範，不生存於世間就罷了，生存於世間就要對上尊崇君主，對下顯揚父母，分得君主的玉圭，享有君主的爵位，懷藏君主的符節，分享君主的俸祿，繫青色綬帶、拖紫色綬帶，坐紅漆的車子。如今你幸而能夠遭遇明盛的時代，處在無所避忌的朝廷，跟許多賢人同居官位，穿過金馬門，登上玉堂已經有好些日子了，竟然沒能提出一條奇計，獻出一項良策，對上說服君主，對下與公卿大臣談論政事，表現出明星似的目光，電光似的談鋒，縱橫馳騁，應對如流，使參加議論的沒有人能夠抵擋；反而默默地寫作《太玄經》五千字，闡述發揮，廣博豐富，形成獨家理論十多萬字，精深的達到黃泉，崇高的超出青天，宏大的包含宇宙，細微的進入微粒子。然而官位沒超過侍郎，經過提拔才做到給事黃門。看樣子「玄」莫非還是白的吧！怎麼做官這麼不走運呢？」

3 揚先生笑著回答他說：「你只想要漆紅我的車子，不知道一失足會要血洗我的家族呢！從前周朝的統治權力解體，諸侯們爭奪霸權，分散為十二國，合併成六七國，四分五裂，成為戰國時期。當時士人沒有固定的君主，各國沒有固定的臣子，得到士人的國家就富強，失去士人的國家就貧弱，士人們展開翅膀，來去自由，任意居留，所以士人有的用袋子裝盛自己去尋求國君，有的鑿開後牆逃避國君。因此，鄒衍所言皆奇詭之辭，卻受到世人取用效法，孟軻雖然遭遇艱難，仍是大國君主之師。

4 「如今大漢左到東海，右到渠搜國，前到番禺，後到陶塗國。東南有一個都尉，西北有一個候官。有罪的則用繩索捆綁，罪惡嚴重的用斧砧斬殺。用禮樂感化，用《詩》、《書》去教育，長年累月，以喪服之禮凝聚束縛人心。天下的士人，像響雷、風雲一樣動作迅速地會合，像密集的魚群一樣從四面八方聚集而來，人人都認為自己是周稷、商契，個個都認為自己是皐陶，衣冠楚楚發表議論的人都自比於伊尹，五尺高的兒童都不願做管仲和晏嬰。當權的直上青雲，失意的拋棄溝渠，早上掌權就是大臣，晚上失勢就是平民。好像大江大湖中的雀，勃海上的鳥，四隻大雁飛來不因此增多，一對野鴨飛走不因此減少。從前三位仁人失去而商朝滅亡，兩位老人來歸而周朝昌盛，伍子胥死了而吳國滅亡，文種、范蠡存在而越國稱霸，百里奚來到而秦君歡喜，樂毅出逃而燕王恐懼，范雎以屈辱的身分而取代魏冉為相，蔡澤雖閉口沉思而詘笑唐舉。所以當國家多事的時候，不是蕭何、曹參、張良、陳平、周勃、樊噲、霍光就不能安定；當國家無事的時候，普通儒生共同坐守成業，也沒有什麼憂患。所以時局混亂，那麼聖賢東奔西走還不夠；時局安定，那麼凡夫高枕而臥也有餘。

5 「那些上古時代的士人，有的解開捆綁就成為宰相，有的脫下粗布衣服就成為君王的師傅；有的倚靠夷門而暗笑，有的橫船於江潭而捕魚；有的遊說七十國君而沒遇到明君，有的站立談一次話就博得封侯；有的能使大國君主屈尊到小巷子裡來拜訪，有的能讓國君手持掃帚為之清掃道路。因此士人們很能夠暢所欲言，暢所欲寫，彌補君主欠缺，消除君主過失，而不會受到委屈。當今縣令不延請士人，郡守不迎接師傅，群卿不接待賓客，將相不對下屬謙恭；言論奇特的受到懷疑而招致厭惡，行為特殊的受到刑罰，因此想要說話的人不再言語而隨聲附和，想要行動的人抬腳比劃而在人後隨行。假使上古時代的士人處在今天，對策得不到甲科，行為不符合孝廉，不能被舉薦為方正，只能上書，人云亦云地說長論短，好的被任命為待詔，不好的落個相應不理，又哪裡能得到高官厚祿？

6 「而且我聽說過，炎炎的火光終究要熄滅，隆隆的雷聲終究要停歇。聽雷聲看火光，表象充盈而實在，可是上天要收斂它的聲響，大地要閉藏它的熱能。富貴顯赫的人家，鬼神會注視他的家。爭奪權利者會滅亡，清靜無為者才能保存；權位最高的人，其家族會面臨危險，自守本分的人，其自身會得到保全。這就是懂得玄默才能夠守住大道的最高準則；樂於清靜，才能遊歷神明的殿廷；安於寂寞，才能守住聖德的基地。時代變化了，形勢變化了，人的基本原則卻沒有不同。如果他們和我換一個時代，那就不知道誰更高明。如今你竟用鴟梟來嘲笑鳳凰，拿蜥蜴來譏諷龜龍，不也太荒謬了嗎！你只會譏笑我撰寫《太玄》而仍未得到祿位，我也譏笑你的荒謬，未遇到聖手良醫診治，可悲啊！」

7 客人說：「這樣說來，沒有《太玄經》就無法成名嗎？范雎、蔡澤以下哪裡用《太玄經》呢？」

8 揚先生說：「范雎是魏國的逃亡者，折斷了肋骨，拉斷了腰骨，逃脫了捆綁，收攏肩膀，伏地爬行鑽進袋子，激勵大國的君主，離間涇陽君，打擊穰侯，從而取代他們，這是碰上了機會。蔡澤是山東的平民，翹起下巴，皺著眉頭，淌著唾沫，流著涎水，到西方去拜見秦國的宰相，卡住他的喉嚨，斷絕他的氣息，跟在他的背後去奪取他的職位，這是遇上了時機。天下已經平定，戰爭已經平息，建都雒陽，婁敬放下車子，脫下挽擔，憑著一張嘴，獻出長治久安的計策，把都城遷徙到長安，這是切合了政治情勢。五帝留下典章，三王傳下禮制，百代不能更換，叔孫通在戰爭中開始得到重用，戰爭一結束，便制定君臣朝會的禮儀，這是看準了形勢。周朝的刑法陳舊散失，秦朝的刑法嚴峻殘暴，漢朝開始只有臨時的法令，因此蕭何創制法律，這是切合了時宜。所以如果有人在唐虞時代創制蕭何的法律，那就荒謬了；如果有人在夏商時代制定叔孫通的禮儀，那就迷亂了；如果有人在東周時代提出婁敬的方案，那就錯誤了；如果有人在金家、張家、許家、史家當權的時候談論范雎、蔡澤的說法，那就狂妄了。蕭何制定規章，曹參沿襲不變，張良定謀略，陳平出奇計，他們的功勳像泰山一樣崇高，名聲像山崩一樣響亮，雖說這些人有豐富的智慧，也是恰好遇上了能夠大有可為的時代。所以，在大有可為的時代去做可以做的事情，就能順遂；在無可作為的時代去做不可以做的事情，就會兇險。藺相如在章臺建立了功勳，四皓在南山贏得了好名聲，公孫弘在金馬門對策創業，霍去病在祁連山建立顯赫戰功，司馬相如從卓家弄到財產，東方朔割肉交給妻子。我的確不能向這些先生們看齊，所以默默地獨自守著我的《太玄經》。」

1 雄以為賦者，將以風❶之，必推類❷而言，極麗靡之辭，閎侈鉅衍，競於使人不能加也❸，既迺歸之於正，然覽者已過矣❹。往時武帝好神仙❺，相如上大人賦❻，欲以風，帝反縹縹有陵雲之志❼。繇❽是言之，賦勸而不止，明矣。又頗似俳優淳于髡、優孟之徒，非法度所存，賢人君子詩賦之正也，於是輟不復為❾。而大潭思渾天❿，參摹而四分之⓫，極於八十一⓬。旁則三摹九据⓭，極之七百二十九贊⓮，亦自然之道也。故觀易者，見其卦⓯而名之；觀玄者，數其畫而定之。玄首四重者，非卦也，數也。其用自天元推一晝一夜陰陽數度律曆之紀，九九大運，與天終始⓰。故玄三方、九州、二十七部、八十一家、二百四十三表、七百二十九贊，分為三卷，曰一二三，與泰初歷相應，亦有顓頊之曆焉⓱。揲之以三策⓲，關之以休咎⓳，絣之以象類⓴，播之以人事㉑，文之以五行㉒，擬㉓之以道德仁義禮知。無主無名㉔，要合五經㉕，苟非其事，文不虛生㉖。為其泰曼漶而不可知㉗，故有首、衝、錯、測、攡、瑩、數、文、掜、圖、告㉘十一篇，皆以解剝玄體，離散其文㉙，章句㉚尚不存焉。玄文多，故不著㉛；觀之者難知，學之者難成。客有難玄大深㉜，眾人之不好㉝也，雄解之，號曰解難。其辭曰：

2 客難揚子曰：「凡著書者，為眾人之所好也。美味期乎合口，工聲調於比耳㉞。今吾子迺抗辭幽說，閎意眇指㉟，獨馳騁於有亡之際，而陶冶大鑪，旁

3

薄群生(36)。歷覽者茲年矣，而殊不寤(37)。亶(38)費精神於此，而煩學者於彼，譬畫者畫於無形，弦者放於無聲，殆不可乎(39)？

揚子曰：「俞(40)。若夫閎言崇議，幽微之塗，蓋難與覽者同也(41)。昔人有觀象於天，視度於地，察法於人者，天麗且彌，地普而深，昔人之辭，迺玉迺金(42)。彼豈好為艱難哉？勢不得已也。獨不見夫翠虯絳螭之將登虖天，必聳身於倉梧之淵(43)；不階浮雲，翼疾風，虛舉而上升，則不能撠膠葛，騰九閎(44)。日月之經不千里，則不能燭六合，燿八紘(45)；泰山之高不嶕嶢，則不能浡滃雲而散歊烝(46)。是以宓犧氏之作易也，緜絡天地，經以八卦，文王附六爻，孔子錯其象而彖其辭，然後發天地之臧，定萬物之基(47)。典、謨之篇，雅、頌之聲，不溫純深潤，則不足以揚鴻烈而章緝熙(48)。蓋胥靡為宰，寂寞為尸(49)；大味必淡，大音必希(50)；大語叫叫，大道低回(51)。是以聲之眇者不可同於眾人之耳，形之美者不可棍於世俗之目，辭之衍者不可齊於庸人之聽(52)。今夫弦者，高張急徽，追趨逐耆，則坐者不期而附矣(53)；試為之施咸池，揄六莖，發簫韶，詠九成，則莫有和也(54)。是故鍾期死，伯牙絕弦破琴而不肯與眾鼓(55)；獿人亡，則匠石輟斤而不敢妄斲(56)。師曠之調鍾，竢知音者之在後也(57)；孔子作春秋，幾君子之前睹也58。老聃有遺言，貴知我者希59，此非其操60與！」

【章　旨】以上敘述揚雄認識到賦難以真正對帝王產生諷諫的作用，不再作賦，專心撰寫《太玄》。因為《太玄》過於深奧，眾人不喜歡，揚雄就撰寫〈解難〉，以主客問答的方式，舉比喻，引事實，說明《太玄》講的是高深的道理，所以難以使人理解，但後世總會有知音者。正因為其高深，所以理解的人少；正因為理解的人少，所以可貴。

【注　釋】❶風　通「諷」。諷喻；諷諫。❷推類　根據同類事物推論；類推。❸極麗靡之辭三句　言作賦者窮盡華麗的辭藻，競相運用誇張的文辭，使別人無以復加。極，窮盡。麗靡，華麗。閎侈鉅衍，都是廣大的意思。言作賦辭藻過分華麗、誇張。競，比賽；爭逐。加，超過。❹既迺歸之於正二句　顏師古曰：「言其末篇反從之正道，故觀覽之者但得浮華，而無益於諷諫也。」過，過去；忽略。意思是閱讀的人只會注意到辭藻所描述的華麗和誇張，反而忽略了諷諫的用意。❺好神仙　主要是追求長生不老的方術或藥物。❻大人賦　司馬相如賦篇名。漢武帝讀了很高興，不僅沒有打消求仙的念頭，反而感到飄飄然有凌雲氣、遊天地的想法。❼帝反縹縹有陵雲之志　縹縹，通「飄飄」。得意的樣子。陵雲，直上雲霄。陵，通「淩」。升上。❽繇　通「由」。❾頗似俳優淳于髡優孟之徒四句　言揚雄認為作辭藻華麗的賦者類似俳優，不合乎法度，不是賢人君子作詩賦的正道，因此擱筆不再作賦。俳優，古代以樂舞諧戲為業的藝人。淳于髡，戰國時齊國學者，曾任大夫，喜歡用滑稽的方式進諫。優孟，春秋時楚國藝人，擅長滑稽諷諫。法度，規矩；制度。存，包含；寄託。❿大潭思渾天　言揚雄的思想馳騁翱翔，上天入地。大潭，大而深。指思想的廣度和深度。潭，深。渾天，古代的一種天文學說。認為天地的關係好像卵白包裹卵黃一樣，天的形體渾圓如彈丸，所以稱「渾天」。天空和日月星辰每天繞南北兩極不停地旋轉。⓫參摹而四分之　從三個方面探求而分為四個層次。參摹，指「玄」首一、二、三，即天、地、人。參，通「三」。摹，廣求。四分，指「玄」首四重，即方、州、部、家。⓬極於八十一　指家每首就變，三首而復初；州三首一變，九首而復初；部九首一變，二十七首而復初；方二十七首一變，八十一首而復初；八十一首以上不可復加，所以說「極於八十一」。⓭旁則三摹九据　「玄」一摹而得天，稱為有天；再摹而得地，稱為有地；三摹而得人，稱為有人。天、地、人為三位。天三據而成，其過程稱為始、中、終；地三據而形，其過程稱為下、中、上；人三據而著，其過程稱為思、禍、福。天、地、人各經歷三變。⓮極之七百二十九贊　「玄」有八十一首，每首有九贊，故有七百二十九贊。首，類似《易經》的卦。贊，類似《易經》的爻。⓯卦　古人用來象徵自然現象和人事變化的一套符號。構成卦的基本符號是陽爻（⚊）和陰爻（⚋），每三爻合成一卦，可以組成八卦；兩卦重疊，可以組成六十四卦。⓰其用自天元推一晝一夜陰陽數度律曆之紀三句　言其運用從冬至開始，推算晝夜、季節、數目、度量衡、樂律、曆法的體系，九九循環，與周天相終始。天元，以冬至為一年的起點。一晝一夜，「玄」以每二贊合為一日，一贊為晝，一贊為夜。陰陽，指寒暑季節。數，指數目。度，指度量衡。律，指樂律（五聲十二律）。曆，指曆法。紀，體系；系統。九九大運，指八十一首符合周天一年的循環。⓱故玄三方五句　三方，指天、地、人。以下九州、二十七部、八十一家、二百四十三表、七百二十九贊，都由「玄」統轄，按「三」的乘方遞進。一二三，指「玄」的縱繫天、地、人三方。泰初歷，即《太初曆》。漢武帝時由司馬遷等主持制定的曆法。詳見卷二十一〈律曆志〉。顓頊之曆，通稱《顓頊曆》。傳說中的古六曆之一，秦代和漢初曾在全國通用。⓲揲之以三策　用三枚籌策計數。揲，通「揲」。分點數目。三策，三枚籌策。⓳關之以休咎　包含以吉凶禍福。關，交通。休咎，吉凶。⓴絣之以象類　錯雜以吉凶徵兆。絣，錯雜。象類，預示吉凶禍福的徵兆、跡象。㉑播之以人事　參證以人的善惡。播，參證；結合。人事，指當事人的善惡等品性。㉒文之以五行　修飾以五行學說。文，文飾；修飾。五行，指水、火、木、金、土五種物質。古代陰陽家把它們神祕化，跟人事的吉凶禍福聯繫起來。㉓擬　揣測；估量。㉔無主無名　沒有固定的形態和概念。主，指固定的形態。名，指固定的概念。㉕要合五經　要旨符合《五經》。要，要旨。㉖文不虛生　解說的文字不會憑空產生。㉗泰曼漶而不可知　過於隱約模糊而難懂。泰，通「太」。過甚。曼漶，也作「漫漶」。模糊；不分明。㉘首衝錯測攡瑩數文掜圖告　《太玄經》篇目的簡稱。㉙解剝玄體二句　解釋《太玄經》的本體，闡析它的文辭。解剝，解剖；解釋。體，本體。離散，闡析。㉚章句　指闡述發揮的文辭。揚雄另有相關章句，不在此十一篇之內。㉛著　著錄；記錄。㉜難玄大深　責難說《太玄經》過於深奧。難，責問；駁問。大，通「太」。㉝好　喜好；喜歡。㉞美味期乎合口二句　言美好的滋味希望能合乎他人的口味，美妙的音樂希望能讓人感到悅耳動聽。此以美味、妙曲為比喻，進一步說明著書應該讓人讀得懂，能理解。期，希望。工聲，精妙的音樂。調，調和；使和諧。比，親和；合乎。㉟抗辭幽說二句　大肆談論高深的學問，內容宏大，旨意奧妙。抗辭，高言。幽說，深奧的學問。閎意，宏大的內容。眇指，奧妙的旨意。眇，通「妙」。指，通「旨」。㊱獨馳騁於有亡之際三句　獨自在有無之際構思運筆，在天地之間撰寫完成，普及人類。馳騁，比喻文章的構思運筆不受任何拘束。有亡之際，有無是古代哲學範疇，有指事物的存在，有「有形、有名、實有」等義；無指事物的不存在，有「無形、無名、虛無」等義。《老子》說：「天下萬物生於有，有生於無。」故曰有無之際。陶冶，比喻作育裁成。大鑪，比喻天地或宇宙。旁薄，廣被；普及。群生，泛指一切生物。這裡特指人類。㊲歷覽者茲年矣二句　有人通讀多年了，還很不理解。歷覽，通讀。茲年，多年；很久。茲，通「滋」。加多。殊，很。寤，通「悟」。了解；明白。㊳亶　通「但」。徒然；空。㊴譬畫者畫於無形三句　好比畫家繪畫而沒有形象依據，樂師彈奏而沒有聲音依據，是不可以的。弦者，安裝或彈撥絃樂器的人。放，通「仿」。依據。殆，大概；恐怕。㊵俞　然；是。表示答應。㊶若夫閎言崇議三句　高深的言論是幽深微妙之道，難與觀覽者同道。閎，宏大。崇，高。微，精妙。塗，通「途」。道路；道理。蓋，有「原來」的意思。同，指認識和理解而言。㊷昔人有觀象於天七句　言昔人研究天地人的規律，然後撰寫出著作，真實美麗，如金玉之不可破。昔人，主要指《易經》的作者，即傳說的伏羲氏、周文王、孔丘等人。觀象，觀測天文星象。視度，觀察地理形勢。察法，考察政治法律的根據。麗，附著。《易．離》：「日月麗乎天，百骨草木麗乎土。」這裡指日月星辰附著在天上。彌，廣大。普，普遍。玉、金，比喻高貴美麗。㊸翠虯絳螭之將登虖天二句　翠虯，傳說中青綠色的有角小龍。絳螭，傳說中赤色的無角龍。聳身，將身立起。倉梧，即蒼梧。在漢代為山名和郡名，作者用在這裡，當另有典故，待考。㊹不階浮雲五句　言只有借助浮雲疾風而上升，才能接觸清氣而到達天門。比喻不借助高深的文字，不能表達高深的道理。階，以為階梯。翼，以為翅膀。虛舉，憑虛而飛起。撠，接觸。膠葛，空曠深遠的樣子。借指天空。九閎，九天之門。閎，高門。㊺日月之經不千里三句　言日月有千里之大，故能夠普照天地四方。經，通「徑」。直徑。六合，指天地四方。八紘，八方的綱維，大地的極限。㊻泰山之高不嶕嶢二句　泰山不崇高，就不能產生雲氣。嶕嶢，高聳的樣子。浡滃，空中雲氣四起的樣子。浡，興起。滃，四面湧起的雲氣。歊烝，上升的熱氣。㊼宓犧氏之作易也七句　言《周易》的完成，先後經過了伏羲氏、周文王、孔子三人，從而揭開天地的奧祕，奠定認識萬物的基本理論。宓犧氏，即伏羲氏。傳說中的上古帝王。曾教民結網，從事漁獵畜牧；並曾製作八卦。緜絡，聯絡；結合。經，貫串；貫通。八卦，《易經》中的八種基本圖形，由陰陽二爻組成。名稱是乾、坤、震、巽、坎、離、艮、兌，分別象徵天、地、雷、風、水、火、山、澤八種自然現象。文王，指周文王姬昌，商代末年周族領袖，曾任西伯。附六爻，相傳周文王把八卦的每兩卦（六爻）重疊組成六十四卦，共有三百八十四爻，並作了卦辭、爻辭（一說爻辭為周公所作）。附，增加。爻，組成卦的符號，「⚊」為陽爻，「⚋」為陰爻。孔子錯其象而彖其辭，相傳孔子為《周易》作〈彖辭上下〉、〈象辭上下〉、〈繫辭上下〉、〈文言〉、〈序卦〉、〈說卦〉、〈雜卦〉，共十篇，總稱「十翼」。據近代人研究，皆為戰國時人的作品。象，卦爻的外形。彖，《周易》中總括一卦的話。發，闡明。臧，通「藏」。

蘊藏的奧祕。㊽典謨之篇四句　言《書》、《詩》文辭溫柔深潤，彰明了《易》的光輝。典謨之篇，「典謨訓誥」的略語，指《書經》中的一些篇章，如〈堯典〉、〈大禹謨〉等。這裡代指《書經》中古代聖賢的訓誡之辭。雅頌，與〈風〉、賦、比、興合稱《詩經》六義。這裡代指《詩經》。鴻烈，偉大的功業。章，通「彰」。彰顯；顯揚。緝熙，光明。㊾蓋胥靡為宰二句　言虛無空寂是天地主宰。胥靡，空無所有。宰，主宰。寂寞，空靜。尸，主。古代祭祖，祖無形象，以孫代之受祭，稱為尸。引申為主體。㊿大味必淡二句　美好的滋味必定清淡，高雅的音樂一定簡單。大味，美妙的滋味。淡，清淡。大音，高雅的音樂。希，不繁雜；簡單。一說大音謂大的聲音，希謂無聲。51大語叫叫二句　講大道理的話聽起來好像很遙遠，大的道理看起來迂迴曲折。大語，指講大道理的話。叫叫，遙遠的若有若無的聲音。大道，大的道理。低回，迂迴曲折。52聲之眇者三句　美妙的聲音不能被眾人聽懂，美好的形象不能被俗人看明白，流傳廣泛的文辭不能被庸人理解。眇，通「妙」。精妙。同、棍、齊，都是混同的意思。棍，通「混」。衍，廣博；廣大。53今夫弦者四句　言琴曲專隨世俗眾人所好，則眾人不約而同都來聚聽。弦者，彈琴的人。高張急徽，把琴絃拉得很緊，音調設得很高。徽，琴徽，繫絃的繩，用來調節絃的鬆緊。急徽，調絃緊調高。追趨，追逐世俗趣味。趨，通「趣」。興趣；趣味。逐者，隨眾人的喜好。耆，通「嗜」。嗜好；喜好。期，相約。附，附和。54試為之施咸池五句　言若多次演奏最美的古樂，則無人來應和。施，施行；演奏。咸池，相傳為黃帝或唐堯時的樂曲。揄，引，用手彈奏。六莖，相傳為顓頊時的樂曲。簫韶，簡稱〈韶〉。相傳為虞舜時的樂舞。九成，奏樂一曲為一成。〈簫韶〉共有九成，故又稱〈簫韶九成〉或〈九成〉。和，應和；唱和。55鍾期死二句　相傳春秋時鍾子期精於音律，著名琴師伯牙彈奏，志在高山流水，鍾子期都能領會。後來鍾子期去世，伯牙就絕絃破琴，終生不再鼓琴。56獿人亡二句　服虔曰：「獿，古之善塗塈者也。施廣領大袖以仰塗，而領袖不汙。有小飛泥誤著其鼻，因令匠石揮斤而斲，知匠石之善斲，故敢使之也。」獿人，用泥塗抹牆壁的人。匠石，木工名石。斤，斧頭。妄，隨便。斲，砍削。57師曠之調鍾二句　應劭曰：「晉平公鍾，工者以為調矣，師曠曰：『臣竊聽之，知其不調也。』至於師涓，而果知鍾之不調。是師曠欲善調之鍾，為後世之有知音。」師曠，字子野，春秋時晉國著名樂師，天生目盲，善辨聲樂。竢，等待。58孔子作春秋二句　相傳孔子作《春秋》的目的是為後王提供歷史經驗教訓。春秋，為魯國編年史，上起魯隱公元年（西元前七二二年），下止魯哀公十四年（西元前四八一年），共二百四十二年的史事。幾，通「冀」。希望。前睹，鑑往知來，即根據歷史經驗而預知未來。59老聃有遺言二句　老聃有遺言說，可貴在於了解我的人很少。老聃，即老子。春秋時思想家，道家學派的創始人。著有《道德經》五千言，通稱《老子》。貴知我者希，《道德經》有「知我者希，則我貴矣」的話。希，稀少。60操　操守；風格。

【語　譯】揚雄認為辭賦是用來諷諫的，一定要根據同類事物加以推論，窮盡華麗的辭藻，使用誇張的文辭，爭相追求使別人不能超過，然後才歸到正道，可是閱讀者已經忽略諷諫的用意了。過去，漢武帝愛好神仙，司馬相如獻上〈大人賦〉，想要用它進行諷諫，武帝讀了，反而飄飄然有登天的想法。由此說來，用辭賦勸諫而不能阻止，是很明白的了。又很像俳優淳于髡、優孟之類的人，不合乎法度，不是賢人君子作詩賦的正道，從此擱筆不再作賦。但是他的思想馳騁翱翔，上天入地，從天、地、人三個方面廣泛而深刻地探求，分為四個層次，以八十一首作為循環的極限。廣度則分三個系統、九個變位，以七百二十九贊作為極限，也符合天地運行的自然規律。所以讀《周易》的人，看到它的卦象，就能說出它的名稱；讀《太玄經》的人，計算它的畫數，就能確定它的含義。《太玄經》每首的四個層次，不是卦象，而是數目。它的運用從冬至開始，推算晝夜、季節、數目、度量衡、樂律、曆法的體系，九九循環，與周天相終始。所以《太玄經》包含三方、九州、二十七部、八十一家、二百四十三表、七百二十九贊，分為三卷，名為一二三，與《太初曆》相符合，也有《顓頊曆》的原理。用三枚籌策計數，包含以吉凶禍福，錯雜以吉凶徵兆，參證以人事的善惡，修飾以五行學說，聯繫以道德仁義禮智。沒有固定的形態和概念，要旨符合《五經》，如果不是正當的事情，就不會有解說的文字。因為它太隱約模糊而難懂，所以有〈玄首〉、〈玄衝〉、〈玄錯〉、〈玄測〉、〈玄攡〉、〈玄瑩〉、〈玄數〉、〈玄文〉、〈玄掜〉、〈玄圖〉、〈玄告〉十一篇，都用來解釋《太玄經》的本體，闡析它的文辭，另有相關章句還不包括在內。《太玄經》文字多，所以沒著錄；閱讀它的人難以弄懂，學習它的人難以有成就。有人責難《太玄經》太深奧，眾人都不喜歡閱讀，揚雄解答這種責難，題為〈解難〉。其文辭說：

2　有客人責難揚先生說：「大凡著書的目的，是為了符合眾人的喜好。美好的滋味希望能合乎他人的口味，美妙的音樂希望能讓人感到悅耳動聽。如今，你竟然發表高深的文辭，深奧的議論，內容宏大，旨意微妙，獨自在虛無縹緲的境界裡構思運筆，在天地之間撰寫完成，普及人類。有人通讀多年了，還很不理解。作者只在這裡白費精力，而讀者在那裡空討麻煩，比如畫家繪畫而沒有形象依據，樂師彈奏而沒有聲音依據，恐怕不行吧？」

3

揚先生說：「是。那些高言大論，幽深微妙的道理，原本難以跟讀者們相通。古代的聖哲從天空觀測天文星象，從大地觀察地理形勢，從人類社會考察政治法律的依據，天空廣闊，列星浮懸，大地廣深，普載萬物，古人的文辭，好比金玉一樣真實美麗而不可破。他們難道愛寫艱深的文辭嗎？客觀形勢不得不這樣做啊。難道沒看見那些蒼龍、赤龍將要上天，一定要從倉梧的深淵裡聳身而上；如果不用浮雲做階梯，不用疾風做翅膀，憑空而上升，就不能夠接觸太空，從而升到九霄天上。太陽、月亮的直徑不上千里，就不能夠照亮宇宙，照遍大地；泰山的高度不是那樣地巍峨，就不能夠興起濃雲，散發熱氣。因此，伏羲氏創作《易經》，結合天地陰陽，用八卦去貫通，周文王重疊六爻，組成六十四卦，孔子寫作了〈象〉、〈彖〉等十翼，然後才揭開天地的奧祕，奠定萬物的基本理論。《書經》的「典」、「謨」、「訓」、「誥」，《詩經》的「風」、「雅」、「頌」，不溫柔純厚，不深沉潤澤，就不足以發揚偉業而彰顯光明。本來空虛是宇宙的主宰，寂寞是道化的主體；好滋味一定是清淡的，好音樂一定是簡單的；包含哲理的語言聽起來好像很遙遠，大的道理看起來迂迴曲折。因此，美妙的聲音不可能適合眾人的聽覺，美好的形象不可能適合俗人的視覺，廣泛流傳的文辭不可能適合庸人的理解。如今那些彈琴的人，把琴絃安得高，繃得緊，迎合大眾的趣味和愛好，那麼在座的人不約而同的附和起來了；試著給他們演奏〈咸池〉，領唱〈六莖〉，彈奏〈簫韶〉，歌唱〈九成〉，那就沒有人應和了。因此，鍾子期死了，伯牙斷絕絲絃、摔破古琴而不肯給眾人彈奏；善於塗泥的獿人死了，木匠石就放下斧頭而不敢亂砍。師曠調試新鐘，等待後代的內行人來鑑定；孔子著作《春秋》，希望君子看到前車之鑑。老聃留下一句話說，可貴在於了解我的人很少，這不是他的風格嗎！」

1

雄見諸子各以其知舛馳❶，大氐詆訾聖人，即為怪迂，析辯詭辭，以撓世事❷，雖小辯，終破大道而或眾，使溺於所聞而不自知其非也❸。及太史公記六國❹，歷楚漢，訖麟止[5]，不與聖人同，是非頗謬於經[6]。故人時有問雄者，常用法[7]應之，譔[8]以為十三卷，象論語[9]，號曰法言[10]。法言文多不著，獨著其目[11]：

天降生民[12]，倥侗顓蒙[13]，恣[14]于情性，聰明不開，訓諸理[15]。譔學行第一。

降周迄孔，成于王道[16]，終後誕章乖離，諸子圖微[17]。譔吾子第二。

事有本真，陳施於億[18]，動不克咸，本諸身[19]。譔修身第三。

芒芒天道，在昔聖考[20]，過則失中，不及則不至，不可姦罔[21]。譔問道第四。

神心曶怳[22]，經緯萬方[23]，事繫諸道德仁誼[24]禮。譔問神第五。

明哲煌煌[25]，旁燭亡疆[26]，遜于不虞[27]，以保天命[28]。譔問明第六。

假言周于天地[29]，贊于神明[30]，幽弘橫廣[31]，絕于邇言[32]。譔寡見第七。

聖人聰明淵懿[33]，繼天測靈[34]，冠于群倫[35]，經諸范[36]。譔五百[37]第八。

立政鼓[38]眾，動化[39]天下，莫上於中和[40]，中和之發，在於哲[41]民情。譔先知第九。

仲尼[42]以來，國君將相卿士名臣參差不齊[43]，壹概諸聖[44]。譔重黎[45]第十。

仲尼之後，訖于漢道，德行顏、閔[46]，股肱蕭、曹[47]，爰及名將尊卑之條，稱述品藻㊽。譔淵騫㊾第十一。

13 君子純終領聞㊿，蠢迪檢押(51)，旁開聖則(52)。譔君子第十二。

14 孝莫大於寧親，寧親莫大於寧神，寧神莫大於四表之驩心(53)。譔孝至第十三。

【章旨】以上敘述揚雄模仿《論語》撰寫《法言》的原因，以及《法言》的目錄。

【注釋】❶諸子各以其知舛馳　諸子各憑所知背道放言。知，通「智」。舛，相背。❷大氐詆訾聖人四句　顏師古曰：「言諸子之書，大歸皆非毀周孔之教，為巧辯異辭以撓亂時政也。」大氐，大抵；大都。詆訾，非議；非毀。即，或。迂，遠離實際。析辯，分辯；巧辯。詭辭，怪異的言詞。撓，擾亂。世事，當代的政治社會。❸雖小辯三句　言小辯能破壞大道，迷惑眾人，使之信其所聞，而不能覺察其謬誤。或，通「惑」。溺，沉溺；迷惑。❹太史公記六國　言司馬遷記載戰國史事。太史公，指司馬遷。漢代史學家，著有《史記》。詳見卷六十二〈司馬遷傳〉。六國，指戰國時東方的楚、齊、燕、韓、趙、魏六國，加上西方的秦國，則稱七國，含義與「戰國」相類似。❺歷楚漢二句　言《史記》記載史事包括楚漢，一直記到漢武帝元狩元年（西元前一二二年）獵獲白麟為止。楚漢，指秦朝滅亡（西元前二〇六年）以後到漢高帝統一中國（西元前二〇二年）為止楚漢紛爭的這段時間。訖麟止，實際上，《史記》記事下限至於太初（西元前一〇四—前一〇一年），距離獲麟已二十餘年，仍曰「麟止」，大約是取象於《春秋》止於獲麟。❻不與聖人同二句　班固《漢書・司馬遷傳贊》亦曰：「至於采經摭傳，分散數家之事，甚多疏略，……又其是非頗繆於聖人。」謬，相抵觸；相違反。經，指儒家經書、經義。❼法　指儒家的道德規範禮法。❽譔　通「撰」。❾象論語　模仿《論語》。象，模仿；類比。論語，儒家經典之一，記錄了孔子弟子和再傳弟子關於孔子的言行。❿法言　書名本於《孝經・卿大夫》，含義是符合先王禮法的言論。⓫目　綱目；目錄。⓬生民　眾民；眾人。⓭倥侗顓蒙　蒙昧無知。倥侗，無知。顓蒙，頑愚。⓮恣　放縱；放任。⓯訓諸理　用道理教誨他們。訓，教誨；開導。諸，「之於」的合音。⓰降周迄孔二句　顏師古曰：「言自周公以降至於孔子，設教垂法，皆帝王之道。」降，以下。周，指周公姬旦。周初大政治家，周文王之子，儒家尊奉的聖人典型之一。孔，孔子。⑰終後誕章乖離二句　顏師古曰：「言其後澆末，虛誕益章，乖於七十弟子所謀微妙之言。」終，《漢書補注》引有數種版本作「然」，義較允當。誕章乖離，荒誕之言彰明而乖離於周、孔王道。乖離，背離；抵觸。諸子，指孔子的弟子們。圖微，探求微妙的道理。《法言》「微」作「徽」。吳祕注曰：「圖，謀也。徽，美也。辯其異端而謀其徽美。」⑱事有本真二句　言事物有真理，布陳於億萬事物中。本真，本質；真理。陳施，分布；存在。億，數詞，有四說：十萬為億，百萬為億，千萬為億，萬萬為億。現在以萬萬為億。這裡指多種多樣的形態。⑲動不克咸二句　言對萬事萬物不可能皆作探求，追溯根源，從自身探求。克，能夠。咸，都；全部。本，返本；追溯根源。⑳芒芒天道二句　李奇曰：「聖人能成天道。」芒芒，通「茫茫」。大而渺遠；渺茫。考，考見；考究得知。㉑不可姦罔　蘇林曰：「言不可作姦誣於聖道。」姦罔，造作奸偽，誣衊欺騙天道。罔，誣。㉒曶怳　通「忽恍」。即恍惚。隱約模糊，難以辨認和捉摸。㉓經緯萬方　統領萬端。經緯，比喻統領。經，直。緯，橫。萬方，萬端；萬事萬物。㉔誼　通「義」。㉕煌煌　明亮的樣子。㉖旁燭亡疆　普照無邊。旁，廣。燭，照。亡疆，無極；無邊。亡，通「無」。㉗遜于不虞　避免意外之事。遜，逃避。不虞，沒有預料到的事情。㉘天命　天賜的性命。㉙假言周于天地　含義深遠的言論在天地之間普遍適用。假言，含義深遠的言論。假，通「遐」。周，通達；普遍適用。㉚贊于神明　得到神明的贊助。贊，贊助；說明。㉛幽弘橫廣　幽深廣大。幽，深。弘，大。橫，遠。廣，寬。㉜絕于邇言　李奇曰：「理過近世人之言也。」超過道理淺近的俗言。絕，超越；超過。邇言，道理淺近的言談。謂世人的俗言。㉝聰明淵懿　天資敏銳，心思深美。淵，深。懿，美。㉞繼天測靈　繼承天命，體察神靈。繼，繼承。測，體察。㉟冠于群倫　超越同輩；在眾人之上。群倫，同輩。㊱經諸范　謂聖人聰明為諸法之常經。經，經常。范，典範；法式。㊲五百　關於此篇題的意思，鄧展曰：「五百歲聖人一出。」古人認為五百年是天命的一個大週期，會有聖人出現。㊳鼓　鼓動。㊴動化　感化。㊵莫上於中和　沒有超過中和的。上，通「尚」。超過。中和，儒家認為實行中庸之道，可以使一切事物都達到和諧的境界。㊶哲　知；知道。㊷仲尼　孔丘的表字。㊸參差不齊　顏師古曰：「言志業不同也。」一說指世論有不實，褒貶有失中。㊹壹槩諸聖　顏師古曰：「以聖人大道概平。」壹，通「一」。一概；一律。槩，古代量穀物時刮平斗斛的器具。引申為刮平、削平。諸，「之於」二字合音。㊺重黎　傳說中古代兩個主管天地祭禮的官。㊻德行顏閔　顏，指顏回，字子淵。閔，指閔損，字子騫。顏回、閔損是孔子的兩個以德行著稱的弟子。㊼股肱蕭曹　蕭，指蕭何。曹，指曹參。二人都是漢高帝的得力大臣。股肱，大腿和上臂。常用來比喻帝王左右的得力大臣。㊽品藻　評論優劣；定其差品及文質。㊾淵騫　摘取顏回、閔損的表字作篇名。㊿君子純終領聞　顏師古曰：

「言君子之道，能善於終而不失令名。」純，善。領聞，美好的名聲。領，通「令」。美好。聞，名聲。❺❶蠢迪檢押　行動遵循規矩。蠢，行動。迪，經由；依照。檢押，通作「檢柙」。規矩；法度。❺❷旁開聖則　廣泛履行聖人的準則。旁，廣泛。則，準則；規範。❺❸孝莫大於寧親三句　顏師古曰：「寧，安也。言大孝之在於尊嚴祖考，安其神靈。所以得然者，以得四方之外驩心。」神，指祖宗的神靈，如宗廟、墳墓等。四表，指四方極遠的地方。驩，通「歡」。

【語　譯】揚雄看到各派學者各憑自己的學識背道而馳，大致是非議詆毀聖人，或者遠離實際，巧辯怪論，擾亂當時的政治社會，雖然微不足道，終究能破壞大道而迷惑大眾，使人迷惑於道聽途說而不能覺察他們的謬誤。等到司馬遷記述歷史，從戰國起，經過楚漢紛爭，直到漢武帝元狩獲麟為止，觀點與聖人不同，是非標準很是背離《五經》。所以人們常有詢問揚雄的，揚雄常根據禮法回答他們，撰寫為十三卷，模仿《論語》，題為《法言》。《法言》文字很多，不便著錄，只著錄它的目錄：

2 天生眾人，蒙昧愚頑，放任性情，天賦的聰明不開啟，需以理開導他們。作〈學行篇〉第一。

3 周公孔子，成就王道，可是到後來，荒誕之言彰明而乖離於周、孔王道，孔門弟子，探求隱微之道。作〈吾子篇〉第二。

4 事物有真理，存在於各種事物中，不可能皆作探求，追溯根源，從自身探求。作〈修身篇〉第三。

5 茫茫天道，古聖考見，過則失中，不及則不至，不可造作奸偽及誣蠛欺騙。作〈問道篇〉第四。

6 神心恍惚，統領萬端，關鍵在於道德仁義禮。作〈問神篇〉第五。

7 明哲輝煌，普照無邊，避免意外，保全性命。作〈問明篇〉第六。

8 真理至言在天地之間普遍適用，得到神明贊助，深隱宏大遙遠寬廣，超越世俗淺近之言。作〈寡見篇〉第七。

9 聖人天資敏銳，心思深美，繼承天命，體察神靈，超越眾人，常為典範。作〈五百篇〉第八。

10 建立政教，鼓動群眾，感化天下，無過於中和，中和的孕育，在於洞察民情。作〈先知篇〉第九。

11 孔子以來，國君將相，卿士名臣，參差不齊，一概用聖道去衡量。作〈重黎篇〉第十。

12 孔子以後，直到漢朝，德行算顏回、閔損，功勳數蕭何、曹參，以及名將高低的規格，論述評論他們。作〈淵騫篇〉第十一。

13 君子善終，保持美名，行動遵循規矩，廣泛履行聖人的準則。作〈君子篇〉第十二。

14 孝行最重要的是讓祖宗安寧，要讓祖宗安寧最重要的是讓他們的神靈安寧，要讓他們的神靈安寧最重要的是贏得四方遠地人的歡心。作〈孝至篇〉第十三。

1 贊曰❶：雄之自序云爾❷。初，雄年四十餘❸，自蜀來至游京師❹，大司馬車騎將軍王音奇其文雅❺，召以為門下史❻，薦雄待詔。歲餘，奏羽獵賦，除為郎，給事黃門❼，與王莽、劉歆並❽。哀帝之初，又與董賢同官。當成、哀、平間，莽、賢皆為三公，權傾人主，所薦莫不拔擢，而雄三世不徙官❾。及莽篡位，談說之士用符命稱功德獲封爵者甚眾，雄復不侯❿，以耆老久次轉為大夫⓫。恬⓬於勢利迺如是。實好古而樂道，其意欲求文章成名於後世，以為經莫大於易，故作太玄；傳⓭莫大於論語，作法言；史篇莫善於倉頡⓮，作訓纂⓯；箴莫善於虞箴⓰，作州箴⓱；賦莫深於離騷，反而廣之⓲；辭莫麗於相如⓳，作四賦⓴；皆斟酌其本，相與放依而馳騁云㉑。用心於內，不求於外，於時人皆曶㉒之；唯劉歆及范逡㉓敬焉，而桓譚以為絕倫㉔。

2 王莽時，劉歆、甄豐皆為上公[25]，莽既以符命自立，即位之後欲絕其原以神前事，而豐子尋、歆子棻復獻之[26]。莽誅豐父子，投棻四裔[27]，辭所連及，便收不請[28]。時雄校書天祿閣上[29]，治獄事使者[30]來，欲收雄，雄恐不能自免，迺從閣上自投下，幾[31]死。莽聞之曰：「雄素不與事，何故在此[32]？」間請問其故[33]，迺劉棻嘗從雄學作奇字[34]，雄不知情[35]。有詔勿問。然京師為之語曰：「惟寂寞，自投閣；爰清靜，作符命。」

3 雄以病免，復召為大夫。家素[36]貧，耆[37]酒，人希[38]至其門。時有好事者載酒肴從游學，而鉅鹿侯芭[39]常從雄居，受[40]其太玄、法言焉。劉歆亦嘗觀之，謂雄曰：「空自苦！今學者有祿利[41]，然尚不能明易，又如玄何？吾恐後人用覆醬瓿[42]也。」雄笑而不應。年七十一[43]，天鳳五年卒，侯芭為起墳，喪之三年[44]。

4 時大司空王邑、納言嚴尤[45]聞雄死，謂桓譚曰：「子常稱揚雄書，豈能傳於後世乎？」譚曰：「必傳。顧[46]君與譚不及見也。凡人賤近而貴遠[47]，親見揚子雲祿位容貌不能動人[48]，故輕其書。昔老聃著虛無之言兩篇[49]，薄仁義，非禮學，然後世好之者尚以為過於五經，自漢文景之君[50]及司馬遷皆有是言。今揚子之書文義至深，而論不詭於聖人[51]，若使遭遇時君，更閱賢知，為所稱善，則必度越諸子矣52。」諸儒或譏以為雄非聖人而作經，猶春秋吳楚之君僭號稱王，蓋誅絕之罪也53。自雄之沒54至今四十餘年，其法言大行，而玄終不顯，然篇籍具存55。

【章　旨】以上為本傳的「贊」語，此贊語與其他各傳不同，是對揚雄自序的補充，補充了揚雄的生平經歷，通過記述其仕途履歷，寫他不汲汲於權位祿利，甘於清貧寂寞，堅守學問。寫他在王莽時牽連進甄尋、劉棻獻符命一案。最後寫當時人對揚雄的評價及其著述在後世的流傳。

【注　釋】❶贊曰　《漢書補注》引錢大昕曰：「予謂自『雄之〈自序〉云爾』以下至篇終，皆〈傳〉文，非〈贊〉也。〈司馬遷傳〉亦稱『遷之〈自序〉云爾』，然後別述遷事以終其篇，與此正同。遷有〈贊〉而雄無〈贊〉者，篇終載桓譚及諸儒之言，褒貶已見，不必別為贊也。此『贊曰』二字，後人妄增，非班史本文。」❷雄之自序云爾　揚雄的〈自序〉是這樣說的。指本傳的取材大都出自揚雄的〈自序〉。顏師古曰：「自《法言》目之前，皆是雄本〈自序〉之文也。」云爾，句末助詞。相當於「如此而已」。❸雄年四十餘　此處「四」字疑為「三」字之誤。詳參注❻。❹京師　京城；首都。這裡指長安。京，大。師，眾。京城一般城邑大而且人口眾多，故稱京師。❺大司馬車騎將軍王音奇其文雅　言王音讚賞他的文學才華。大司馬，相傳為周朝天子所置執政三官之一。三官即大司徒、大司馬、大司空。西漢武帝元狩四年（西元前一一九年）置為加官，常加在大將軍、驃騎將軍、車騎將軍等前。成帝末，成為正式職官，秩萬石，與丞相（大司徒）、大司空並為三公，同號宰相。東漢光武帝建武二十七年（西元五一年）改名太尉。車騎將軍，將軍名號。漢代為重要武職，典領禁兵，參與朝政。秩萬石。地位在驃騎將軍之下。王音，漢成帝的堂舅父，輔政七年，封安陽侯。奇，以為奇。文雅，指文學才華。雅，正；不俗。❻門下史　官府中與主官關係親近的小吏。漢代，官府諸曹中親近者常冠「門下」二字。掾、史一類的小吏主要負責文書的擬定、抄錄、收發等工作，類似現在的祕書。此處說揚雄四十餘歲時到京城，得到大司馬車騎將軍王音的賞識，記載有誤。《漢書補注》引錢大昕曰：「雄以天鳳五年（西元一八年）卒，年七十一，則成帝永始四年（西元前一三年）始四十有一。而王音之薨乃在永始二年正月，使果為音所薦，則遊京師之年尚未四十也。」又引周壽昌曰：「據此書，雄卒於莽之天鳳五年戊寅，年七十一，則雄生適當宣帝甘露元年戊辰（西元前五三年），至成帝即位，甫二十二歲。陽朔三年己亥（西元前二二年），王音始拜大司馬車騎將軍，雄年三十二。永始二年丙午（西元前一五年），音薨，雄年三十九，與書中所云四十餘自蜀游京師為王音門下史語不合。案，古『四』字作『三』，傳寫時由『三』字誤加一畫。應正作『三十餘』始合。」此說可取。或疑舉薦揚雄者不是王音，而是王根。如《漢書補注》引宋祁曰：「《通鑑考異》云，雄〈自序〉云上方郊祠甘泉泰畤，召雄待詔承明之庭，奏〈甘泉賦〉。其十二月奏〈羽獵賦〉。事在元延元年，時王音卒已久。蓋王根也。」或說是王商，如張震澤《揚雄集校注・前言》。說是王商、王根，都不對，此二人所任職務都不是車騎將軍，王商先後為大司馬衛將軍、大司馬大將軍，王根為大司馬驃騎將軍，只有王音為大司馬車騎將軍。❼除為郎二句　言揚雄被任命為郎官，在黃門供職。郎，秦漢時皇帝宮殿門戶的守衛者，隸屬於郎中令（光祿勳）。漢初有郎中、中郎，以後有侍郎和議郎，郎或郎官是其總稱。郎平時持戟宿衛殿門、殿廊，皇帝出行則充車騎扈從。郎任職滿一定期限後，經過考核合格，可遷為令、長等地方官。揚雄當時為侍郎。給事黃門，黃門為供應宮廷生活物資的官署，其中設有黃門侍郎、給事黃門侍郎等官職。給事就是供職的意思。❽與王莽劉歆並　與王莽、劉歆並列。王莽在陽朔三年拜為黃門郎，不久即遷射聲校尉。劉歆在成帝初即為黃門郎。估計揚雄被任為黃門郎的時間大約在陽朔三年、四年左右，時三十二、三歲。王莽（西元前四五—西元二三年），成帝的表弟，曾任大司馬，封新都侯。平帝時任宰衡、太傅、大司馬，封安漢公。後奪取漢朝政權，建立新朝。詳見卷九十九〈王莽傳〉。劉歆，西漢末年古文經學派的開創者、目錄學家、天文學家。王莽時曾任國師，封新嘉公。詳見卷三十六〈楚元王傳〉附〈劉歆傳〉。❾當成哀平間五句　言漢成帝至平帝時期，王莽、董賢先後都做過三公一級的高官，權力勝過皇帝，經他們舉薦的人，沒有不被提拔任用的，而揚雄一直沒有升職。三公，漢代丞相（大司徒）、太尉（大司馬）、御史大夫（大司空）合稱三公。傾，超越；勝過。人主，君主；皇帝。薦，推薦；舉薦。拔擢，提拔重用。徙官，調動官職；提升官職。❿及莽篡位三句　言王莽篡位時，很多人借用符命來稱頌王莽的功德，都得到封拜爵位，而揚雄又沒有在這時獲得封侯。篡位，指臣子奪取君位。符命，古代把所謂祥瑞的徵兆附會為君主得到天命的憑證，稱符命。封爵，封拜爵位。漢代的爵位分列侯、關內侯等二十級。王莽復古，採用周朝的公、侯、伯、子、男五等爵位。不侯，未得封侯。侯，封侯。⓫以耆老久次轉為大夫　因為年老有資歷而轉任為大夫。耆老，特指受人尊敬的老人。耆，六十歲以上的人。久次，年資。大夫，王莽時官名。共設二十七大夫，位次於九卿。⓬恬淡然。⓭傳　古代稱對儒家經典的闡述解釋為傳。⓮史篇莫善於倉頡　字書以《倉頡篇》為最好。史篇，專門用來識字用的書籍。倉頡，又作《蒼頡》，稱《倉頡篇》或《蒼頡篇》。漢代識字課本。漢以前，秦丞相李斯作《蒼頡》七章、車府令趙高作《爰歷》六章、太史令胡母敬作《博學》七章，合稱「三蒼」。漢人合併「三蒼」，以首句作「蒼頡作書，以教後嗣」，故仍取名曰《蒼頡》。四字為句，六十字為一章，共五十五章，便於幼童記誦。書已失傳。清人馬國翰等皆有輯本。近代以來出土漢簡中也有不少《蒼頡篇》的佚文。⓯訓纂　又稱《訓纂篇》。揚雄所作字書，共收錄二千零四十字。已失傳。⓰箴莫善於虞箴　言箴文最好的是〈虞箴〉。箴，文體的一種。用於規誡。虞箴，相傳周武王時太史辛甲命令百官各作箴辭，虞人因以帝王田獵為箴，後世稱為〈虞箴〉。⓱州箴　即〈十二州箴〉。揚雄所作〈五箴〉之一。漢平帝元始五年（西元五年），王莽奏請將漢天下十三州改為十二州，以合經義，並正定十二州州名。王莽始建國四年（西元一二年），復依〈禹貢〉改十二州為九州。據此，〈十二州箴〉當作在平帝元始五年至王莽始建國四年之間。⓲反而廣之　指〈反離騷〉和〈廣騷〉。⓳相如　指司馬相如。⓴四賦　即〈甘泉賦〉、〈河東賦〉、〈校獵賦〉、〈長楊賦〉。㉑皆斟酌其本二句　都考慮吸收它們的主旨，模仿它們而加以發揮。斟酌，反覆考慮。放依，仿照；模仿。馳騁，發揮；引申。㉒曶　通「忽」。輕視。㉓范逡　王莽時曾任諫議祭酒，封封德侯。㉔桓譚以為絕倫　桓譚認為無人能與揚雄相比。桓譚，哲學家、經學家。著有《新論》，已失傳。絕倫，遠超同輩人。㉕劉歆甄豐皆為上公　劉歆、甄豐先後居四輔之位，故稱上公。甄豐，漢平帝時任大司空，封廣陽侯。王莽時任更始將軍，封廣新公。上公，秩位名稱。在三公之上。《周禮》稱太師、太傅、太保出封時加位上公。西漢平帝時以宰衡王莽當之。新莽以太師、太傅、國師、國將當之。東漢以太傅當之。㉖莽既以符命自立三句　言王莽通過偽造符命而自立為皇帝，即位之後，為使以前的符命顯得神聖，禁止再出現符命之事，而甄尋、劉棻違背王莽意願又獻符命。即位，帝王登位。神，使之神祕；神化。前事，指王莽為奪取漢朝政權而指使人假造有利於自己的符命祥瑞等事。尋，甄尋。王莽時任京兆大尹，封茂德侯。棻，劉棻。王莽時任東通靈將、五司大夫，封隆威侯。㉗投棻四裔　王莽在殺了甄尋、劉棻之後，模仿虞舜懲罰四凶的做法，把甄尋的屍體送到三危山，把劉棻的屍體送到幽州去示眾。四裔，四方邊遠的地方。㉘辭所連及二句　供詞牽連到的人，立即逮捕，不需奏請。辭，審訊供詞。收，逮捕；拘押。請，奏請；請示。㉙時雄校書天祿閣上　這時揚雄正在天祿閣上校書。校書，校勘書籍。天祿閣，西漢宮中藏書的殿閣。㉚治獄事使者　皇帝委派的負責辦理專門案件的人員。㉛幾　幾乎；將近。㉜雄素不與事二句　言揚雄平常不參與任何其他事情，何故牽連進這一案件。與，參與；干預。何故在此，王先謙曰：「言何故在獻符命事中得相連及。」此，指甄尋、劉棻獻符命之事。㉝間請問其故　顏師古曰：「使人密問之。」間，乘間；祕密地。㉞奇字　指先秦古文字的異體字，為王莽時「六書」之一。㉟雄不知情　顏師古曰：「不知獻符命之事也。」情，內情；實情。㊱素　一向；向來。㊲耆　通「嗜」。喜好；愛好。㊳希　稀少；很少。㊴鉅鹿侯芭　鉅鹿人侯芭。鉅鹿，漢郡名、縣名。在今河北滹沱河以南地區，治鉅鹿縣（今平鄉西南）。侯芭，字鋪子。㊵受　學習。㊶祿利　指《易經》博士和弟子享受俸祿。㊷瓿　古代盛酒、醬的器皿，銅製或陶製，類似現在的罈子。㊸年七十一　揚雄生於漢宣帝甘露元年（西元前五三年），死於王莽天鳳五年（西元一八年）。㊹侯芭為起墳二句　侯芭為他堆土起墳，守喪三年。《文選》卷五十九任彥升〈劉先生夫人墓誌〉，李善注引《七略》曰：「揚雄卒，弟子侯芭負土作墳，號曰玄塚。」喪之，為之居喪；為之守孝。之，指揚雄。㊺大司空王邑納言嚴尤　王莽時的兩位大臣。大司空，相傳為周朝所置執政三官之一。《周禮》六卿亦有大司空，掌土木工程。西漢成帝綏和元年（西元前八年）把御史大夫改名為大司空，秩萬石，與丞相（大司徒）、大司馬並為三公。東漢光武帝建武二十七年（西元五一年）改名司空。王邑，漢平帝時任步兵將軍，襲爵成都侯。王莽時任大司空，封隆新公。納言，官名。新莽時改大司空為納言。嚴尤，王莽時曾任大司馬，封武建伯。㊻顧　特；但。㊼凡人賤近而貴遠　大凡常人輕視近世而重視遠古。賤，輕視；認為不重要。貴，重視；認為重要。㊽親見揚子雲祿位容貌不能動人　親自看到揚雄的官位俸祿和容貌不能引人注意。祿位，指官位俸祿。動人，指引人注意。㊾老聃著虛無之言兩篇　指老子著作《道德經》。《道德經》分上下兩篇，上篇〈德經〉，下篇〈道經〉。㊿漢文景之君　指漢文帝、景帝。(51)詭於聖人　指言論與聖人的觀點相違背。詭，違背。聖人，指周公、孔子。(52)若使遭遇時君四句　謂揚雄的著述如果遇到賢明君主和賢人智士賞識，對其評價就一定會超過先秦諸子。時君，識時務的君主。更閱，經過；經歷。這裡指得到注意、關注。知，通「智」。度越，超過。諸子，指先秦諸子。(53)諸儒或譏三句　儒生們批評揚雄的著述，認為他不是聖人，卻著作「經」，就好像春秋時吳、楚的君主稱王一樣，應受到聲討棄絕。吳，周代封國名。始祖太伯居吳，在今江蘇無錫。至十九世孫壽夢始興盛稱王，據有淮泗以南至浙江太湖以東地區。傳至夫差，為越所滅。楚，周代封國名。始封君熊繹，周成王時受封，立國於荊山一帶，居丹陽（今湖北秭歸）。後建都於郢。春秋戰國時，國勢強盛，疆域擴大。其後漸弱，屢敗於秦。至王負芻，為秦所滅。僭號，超越本分而冒稱尊號。誅，有二義，一指聲討，一指殺死。絕，顏師古曰：「謂無胤嗣也。」《漢書補注》引劉敞曰：「絕，讀如《春秋》貶絕之絕。」誅絕，這裡應是在道義上予以聲討棄絕。(54)沒　通「歿」。死亡。(55)篇籍具存　謂揚雄的著作完整地保存下來。具，通「俱」。完全；都。

【語　譯】史官評議說：以上揚雄的〈自序〉是這麼說的。起初，揚雄四十多歲了，從蜀郡來京城謀求官職，大司馬車騎將軍王音讚賞他的才華，召來任命為門下史，推薦他到朝廷候命任用。過了一年多，奏獻上〈羽獵賦〉，被委任做郎官，在黃門署供職，跟王莽、劉歆並列。漢哀帝初年，又與董賢共事。當漢成帝、哀帝、平帝年間，王莽、董賢都擔任三公，權力超過皇帝，他們所舉薦的人沒有不受提拔的，而揚雄經歷三代皇帝沒有升遷官職。等到王莽篡奪帝位，談論政事的士人靠進獻符命、頌揚功德而獲得封爵的人很多，揚雄又沒有封侯，因為年老有資歷而轉任為大夫。他輕視權勢利祿竟然如此。他真誠地喜好古籍，樂守聖道，他的願望是想通過文章在後代成名，認為經書最偉大的是《易》，所以撰寫《太玄》；解說經書最偉大的是《論語》，所以撰寫《法言》；字書最好的是《倉頡篇》，所以撰寫《訓纂篇》；箴文最好的是〈虞箴〉，所以撰寫〈州箴〉；楚辭最精深的是〈離騷〉，反用其意並推廣之，撰寫〈反離騷〉和〈廣騷〉；漢賦最華麗的要算是司馬相如，所以撰寫了四篇賦：都考慮吸收它們的主旨，模仿它們而加以發揮。把心思用在學問上，而不做表面工夫，當時人都輕視他；只有劉歆和范逡敬重他，而桓譚認為他無人能比擬。

2 王莽時，劉歆、甄豐都位居上公，王莽已經通過符命自立為皇帝，即位之後，想要斷絕它的來源，從而使以前的符命顯得神聖，而甄豐的兒子甄尋、劉歆的兒子劉棻又獻上符命。王莽誅殺甄豐父子，把劉棻等人的屍體送到遠方示眾，供詞牽連到的人，立即逮捕，不需請示。這時揚雄在天祿閣上校勘古書，辦案特使來到，要逮捕揚雄，揚雄害怕自己不能脫身，就從閣上跳下，幾乎死掉。王莽聽說這件事，說：「揚雄一向不干預他事，為什麼捲入這件事？」派人祕密地問他受牽連的原因，是劉棻曾經向揚雄學寫奇字，揚雄不知內情。王莽下令不予追究。然而京城裡的人編成順口溜說：「講寂寞，自跳閣；講清靜，作符命。」

3 揚雄因為疾病免官，又徵召擔任大夫。家裡一向貧困，喜好喝酒，很少有人到他的家來。間或有好奇的人攜帶酒菜跟他學習，而鉅鹿人侯芭常跟隨揚雄生活，學習他的《太玄經》、《法言》。劉歆也曾經看過這兩本著作，他對揚雄說：「徒然自討苦吃！如今學官的《易》博士弟子都有俸祿，可是還不能弄明白《易》，又怎麼能了解《太玄經》呢？我擔心後人會用它來蓋醬缸呢。」揚雄微笑而不作回答。七十一歲時，即天鳳五年去世，侯芭為他堆起墳堆，給他守喪三年。

4 當時大司空王邑、納言嚴尤聽到揚雄死了，對桓譚說：「你曾經稱讚揚雄的書，難道能傳到後代嗎？」桓譚說：「一定會流傳。但是你和我是看不到的。大凡常人輕視近世人而重視古人，親眼看到揚雄的官位、容貌不能引人注意，所以輕視他的書。從前，老聃撰寫闡述虛無的言論兩篇，鄙薄仁義，否定禮學，而後代喜好他的著述的人還認為超過《五經》，自漢文帝、景帝那樣的君主一直到司馬遷，都有這樣的說法。如今揚先生的書含義極深，而論說沒有違背聖人，如果遇到識時務的君主，又遇到賢人智士，受到他們稱讚，對他的著述的評價就一定會超過先秦的那些學者們。」儒生們有的譏刺，認為揚雄不是聖人而著作經書，好比春秋時代吳國、楚國的國君冒名稱王，犯了應受到聲討、斷絕其後代的罪名。從揚雄死去到現在四十多年，他的《法言》廣泛流傳，而《太玄經》始終不出名，然而書篇都保存下來。

【研　析】〈揚雄傳〉是班固以揚雄〈自序〉為基礎而撰寫的一篇關於揚雄的完整傳記。自《法言》目錄之前，皆為班固移錄揚雄〈自序〉而成，沒有增改一字，故所記事實比較可靠。這篇傳記的價值表現在三個方面：

一、較為客觀地記載了揚雄一生的主要事跡。揚雄一生大致分四個階段，即在家讀書學習，在辭賦創作上初有成績的階段；三十餘歲時，到長安，受到王音賞識、任用，後被召入宮廷，創作四賦的階段；任黃門郎二十餘年，自甘淡泊，專心著述的階段；王莽稱帝以後的十年左右是揚雄晚年的最後階段，此時他家境貧困，門庭冷落，只有侯芭向他學習《太玄》，因與劉棻偶有交往而牽連入獻符命一案，從而有跳樓閣自殺一事。

二、揚雄畢生從事於著述，其作品既有成書，如《太玄》、《法言》、《方言》、《蜀王本紀》等，也有散篇的賦、頌、箴、銘及上書等數十篇。他的作品當時就流傳很廣，影響很大。他的文學成就主要在辭賦，建立了漢賦的蘊藉風格，詞多隱約，意旨深婉，是古代文學史上的重要人物。班固在這裡用相當的篇幅引錄了揚雄著名的四篇賦（〈甘泉賦〉、〈河東賦〉、〈校獵賦〉、〈長楊賦〉）及反映其思想的〈反離騷〉、〈解嘲〉、〈解難〉，撮錄了《太玄經》的主旨和《法言》的目錄，也記錄了他對賦這種文體的觀點，為後人了解揚雄的思想和文學成就保存了重要資料。

三、傳記最後，班固記錄了當時人對揚雄著述的不同評價，對全面了解揚雄以及他所處的時代環境很有幫助。

卷八十八

儒林傳第五十八

【題解】〈儒林傳〉是對《史記・儒林列傳》的擴充和發展，敘述了漢代儒學發展、傳授脈絡。如果不包括最後的贊語，本傳主要由兩部分構成，首先是對先秦至西漢末儒學發展歷史的通論，然後重點介紹了西漢的二十七位經師。前者以時間為經，對儒學在不同時期與統治者的關係做了提綱挈領的敘述，也涉及儒學傳授淵源、官方教育的興衰；後者則依次介紹《易》、《書》、《詩》、《禮》、《春秋》五經的傳授脈絡，勾勒出一幅漢代經學傳授圖，而經學各派興衰、演變與朝廷的政策緊密相聯，有時天子的態度直接決定了一部經書以及其後的經學派別的政治、社會地位，經學內部的矛盾紛爭不斷出現，宣帝年間召開的石渠閣會議便是這種爭論的充分體現。

1 古之儒者，博學虖六蓺之文❶。六學❷者，王教❸之典籍，先聖所以明天道❹，正人倫❺，致至治之成法❻也。周道❼既衰，壞於幽厲❽，禮樂征伐自諸侯出❾，陵夷二百餘年而孔子興❿，以聖德遭季世⓫，知言之不用而道不行，迺歎曰：「鳳鳥不至，河不出圖，吾已矣夫⑫！」「文王既沒，文不在茲乎⑬？」於是應聘諸侯，以答禮行誼⑭。西入周，南至楚⑮，畏匡厄陳⑯，奸⑰七十餘君。適齊聞韶⑱，三月不知肉味；自衛反魯，然後樂正，雅頌各得其所⑲。究觀古今之篇籍，迺稱曰：「大哉，堯之為君也。唯天為大，唯堯則之。巍巍乎其有成功也，煥乎其有文章也⑳。」又曰：「周監於二代，郁郁乎文哉！吾從周㉑。」於是敘書則斷堯典㉒，稱樂則法韶舞㉓，論詩則首周南㉔。綴㉕周之禮，因魯春秋㉖，舉十二公㉗行事，繩之以文武之道㉘，成一王法㉙，至獲麟而止㉚。蓋晚而好易，讀之韋編三絕㉛，而為之傳㉜。皆因近聖之事，已立先王之教，故曰：「述而不作，信而好古㉝。」「下學而上達，知我者其天乎㉞！」

2 仲尼既沒，七十子之徒㉟散遊諸侯，大者為卿相師傅，小者友教㊱士大夫，或隱而不見㊲。故子張㊳居陳，澹臺子羽㊴居楚，子夏居西河㊵，子貢㊶終於齊。如田子方、段干木、吳起、禽滑氂之屬㊷，皆受業於子夏之倫，為王者師。是時，獨魏文侯㊸好學。天下並爭於戰國，儒術既黜焉，然齊魯之間學者猶弗廢，至於威、宣㊹之際，孟子、孫卿之列咸遵夫子之業而潤色之㊺，以學顯於當世。

3 及至秦始皇兼天下㊻，燔詩書，殺術士㊼，六學從此缺矣。陳涉之王㊽也，魯諸儒持孔氏禮器往歸之，於是孔甲為涉博士[49]，卒與俱死。陳涉起匹夫，敺適戍[50]以立號，不滿歲而滅亡，其事至微淺，然而搢紳[51]先生負禮器往委質[52]為臣者何也？以秦禁其業，積怨而發憤[53]於陳王也。

4 及高皇帝誅項籍[54]，引兵圍魯，魯中諸儒尚講誦習禮[55]，弦歌之音不絕，豈非聖人遺化[56]好學之國哉？於是諸儒始得修其經學，講習大射鄉飲之禮[57]。叔孫通[58]作漢禮儀，因為奉常[59]，諸弟子共定者，咸為選首[60]，然後喟[61]然興於學。然尚有干戈[62]，平定四海，亦未皇庠序之事[63]也。孝惠、高后[64]時，公卿皆武力功臣。孝文時頗登用[65]，然孝文本好刑名之言[66]。及至孝景[67]，不任儒，竇太后又好黃老術[68]，故諸博士具官[69]待問，未有進者。

5 漢興，言易自淄川田生[70]；言書自濟南伏生[71]；言詩，於魯則申培公[72]，於齊則轅固生[73]，燕則韓太傅[74]；言禮，則魯高堂生[75]；言春秋，於齊則胡毋生[76]，於趙則董仲舒[77]。及竇太后崩[78]，武安君田蚡[79]為丞相，黜黃老、刑名百家之言，延文學儒者以百數，而公孫弘[80]以治春秋為丞相封侯，天下學士靡然鄉風[81]矣。

6 弘為學官，悼道之鬱滯[82]，迺請曰：「丞相、御史[83]言：制[84]曰：『蓋聞導民以禮，風[85]之以樂。婚姻者，居室之大倫[86]也。今禮廢樂崩，朕甚愍焉[87]，故詳延天下方聞之士[88]，咸登諸朝。其今禮官勸學，講議洽聞[89]，舉遺興禮[90]，以為天下先。太常議，予博士弟子[91]，崇鄉里之化[92]，以厲賢材[93]焉。』謹與太常臧、博士平[94]等議，曰：聞三代之道，鄉里有教[95]，夏曰校，殷曰庠，周曰序。其勸善也，顯之朝廷；其懲惡也，加之刑罰。故教化之行也，建首善[96]自京師始，繇[97]內及外。今陛下昭至德[98]，開大明[99]，配天地，本人倫，勸學興禮，崇化厲賢，以風四方，太平之原[100]也。古者政教未洽[101]，不備其禮，請因舊官[102]而興焉。為博士官置弟子五十人，復[103]其身。太常擇民年十八以上儀狀端正者，補博士弟子。郡國縣官[104]有好文學，敬長上，肅政教，順鄉里，出入不悖，所聞，令相長丞上屬所二千石[105]。二千石謹察可者，常與計偕[106]，詣太常，得受業如弟子。一歲皆輒課[107]，能通一藝以上，補文學掌故[108]缺；其高第可以為郎中[109]，太常籍[110]奏。即有秀才[111]異等，輒以名聞。其不事學若下材，及不能通一藝，輒罷之，而請諸能稱者[112]。臣謹案詔書律令下[113]者，明天人分際[114]，通古今之誼，文章爾雅[115]，訓辭深厚，恩施甚美。小吏淺聞，弗能究宣，亡以明布諭下。以[116]治禮掌故以文學禮義為官，遷留滯[117]。請選擇其秩比二百石[118]以上及吏百石通一藝以上補左右內史、大行卒史[119]，比百石以下補郡太守卒史[120]，皆各二人，邊郡一人。先用誦多者，不足，擇掌故以補中二千石[121]屬，文學掌故補郡屬，備員[122]。請著功令[123]。它如律令。」

7 制曰：「可[124]。」自此以來，公卿大夫士[125]吏彬彬[126]多文學之士矣。

8 昭帝時舉賢良文學[127]，增博士弟子員滿百人，宣帝[128]末增倍之。元帝[129]好儒，能通一經者皆復。數年，以用度不足，更為設員千人，郡國置五經百石卒史。成帝[130]末，或言孔子布衣[131]養徒三千人，今天子太學弟子少，於是增弟子員三千人。歲餘，復如故。平帝時王莽秉政[132]，增元士[133]之子得受業如弟子，勿以為員[134]，歲課甲科四十人為郎中，乙科二十人為太子舍人[135]，丙科四十人補文學掌故云。

【章　旨】以上為第一部分，敘述先秦到西漢末儒學的發展脈絡，與統治者的關係，官學的興廢。其中竇太后死，漢武帝於元光元年（西元前一三四年）舉賢良文學是轉折點，奠定了儒學獨尊的地位，而元朔五年（西元前一二四年）公孫弘的上奏則為經學的發展提供了制度保障。

【注　釋】❶博學虖六蓺之文　虖，古「乎」字。蓺，同「藝」。六蓺，指《詩》、《書》、《易》、《禮》、《樂》、《春秋》六種先秦經典，自從儒家成為主流意識形態之後，這六種經典成為中國古代知識學習的最重要著作，也是歷代王朝治理國家的理論依據。❷六學　即前面所說的《六蓺》。❸王教　王道教化。❹先聖所以明天道　先聖，古代的聖人，如堯、舜、禹、商湯、周文王等聖君明主。天道，天理，即自然、宇宙的運行規律。❺人倫　指處理人與人的關係的行為準則。❻致至治之成法　致，達到；實現。至治，最完善的政治。成法，既定之法。❼周道　指周代的治國之道。❽幽厲　指周幽王、周厲王。幽王是西周的末代君主，因寵幸褒姒，廢申后與太子宜臼，為博得褒姒一笑，隨意點燃烽火，戲弄諸侯。後來申后之父聯絡犬戎攻入鎬京，幽王自殺，平王東遷，西周結束。厲王也是西周中後期統治比較黑暗的君主，他令人監視國人，不許人們議論國事，西元前八四二年，國人暴動，厲王被迫出逃。❾禮樂征伐自諸侯出　禮樂，指禮樂制度。周代只有中央朝廷有制禮作樂、主持征討的權力，出自諸侯，說明正常的政治秩序也被打亂。❿陵夷句　陵夷，衰落。孔子（西元前五五一—前四七九年），姓孔名丘，字仲尼，魯國陬邑人。春秋末年著名的思想家、教育家，儒家的創始人。漢武帝「罷黜百家，獨尊儒術」之後，孔子提倡的學說成為封建王朝的正統思想。⓫季世　末世；衰世。⓬鳳鳥不至三句　語出《論語·子罕》。鳳鳥，即鳳凰，古人認為是吉祥的神鳥，是天下太平的象徵。河出圖，據傳伏羲氏時，有一匹龍馬從黃河裡出現，背負有圖，人稱河圖，後世以之為聖明時代的象徵。已，完了。孔子這句話是說天下已無太平的希望，自己這輩子恐怕是完了。⓭文王既沒二句　語出《論語·子罕》。文王即周文王姬昌，商代末期周國的統治者，他任用周公旦、姜尚等人，使政治清明，國力不斷強大，為其子武王滅商打下良好基礎。沒，死。玆，這裡。意思是周文王死後，所有文化遺產都在我這裡。⓮以答禮行誼　答禮，回答當時人對禮制的詢問。行誼，推行道義。誼，通「義」。⓯西入周二句　周，指春秋時的東周，孔子曾到東周的都城洛陽學習禮樂。楚，指春秋時的楚國，都城在郢（今湖北江陵），據《史記·孔子世家》，孔子在楚昭王時曾至楚地。⓰畏匡戹陳　畏，拘因，被動用法。匡，邑名，在今河南長垣西南。戹，災難，用作動詞。陳，指春秋時的陳國，都於陳（今河南淮陽）。據《史記·孔子世家》，孔子從衛國前往陳國，路經匡地，匡人誤將孔子當成曾經禍害當地的陽虎，孔子因此被囚禁五天。後來孔子接受楚國邀請，想去楚國，陳蔡地區的士大夫害怕孔子不利於自己，將他圍困在陳地，絕糧多日。⓱奸　通「干」。請求他人任用自己。⓲適齊聞韶　適，到；至。齊，指春秋時的齊國，都城在臨淄（今山東淄博東北）。韶，虞舜時期的樂曲。⓳自衛反魯三句　衛，指春秋時的衛國，都城在今河南濮陽西南。魯，即春秋時的魯國，都曲阜（今山東曲阜）。據《史記·孔子世家》，孔子於魯定公十四年離開魯國，周遊列國，歷經艱苦，試圖推行自己的主張而不得，於魯哀公十一年（西元前四八四年）返魯，前後十四年。樂正，音樂得到訂正。雅頌，《詩經》的〈雅〉、〈頌〉兩部分，前者為周王畿的樂歌，後者是宗廟祭祀、頌揚祖先功德的樂歌。各得其所，各自得到合適的位置，即整理之意。⓴大哉六句　語出《論語·泰伯》。則，效法。巍巍，崇高偉大。煥，明亮。㉑周監於二代三句　語出《論語·八佾》。監，借鑑。二代，夏代、商代。代原作「世」，依景祐本改。郁郁，繁盛。從，跟從；跟隨。㉒敘書則斷堯典　書，先秦儒家典籍，漢代又稱《尚書》、《書經》。「尚」即上，是說書中所載都是上古史事，稱為「經」是因為漢武帝時置《五經》博士，《尚書》是其中之一。《尚書》主要是商周時期的統治者一些講話記錄和文告，部分篇目由春秋戰國時人根據古代資料編撰而成。自漢代開始《尚書》分今文和古文兩個本子，其中今文二十八篇，古文二十五篇，對於二者的文字釋讀、思想內容、真偽問題、史料價值等方面的討論，一直是學術界關注的問題。〈堯典〉是《尚書》的一篇，斷〈堯典〉，即始於〈堯典〉。㉓韶舞　舜時的樂曲。㉔論詩則首周南　詩，即《詩經》，我國最早的詩歌總集，收集了西周至春秋的詩歌三百零五篇。〈周南〉是《詩經》中〈國風〉的一部分，主要是今陝西、河南、湖北交界處的民歌，多歌頌周德。《詩經》的第一篇即〈周南·關雎〉。㉕綴　編集。㉖春秋　魯國的編年體國史，相傳為孔子據魯國國史編撰而成，記載了魯隱公元年（西元前七二二年）至魯哀公十四年（西元前四八二年）的史事，為儒家經典之一。㉗十二公　春秋時魯國十二個君主，依次為隱公、桓公、莊公、閔公、僖公、文公、宣公、成公、襄公、昭公、定公、哀公。㉘繩之以文武之道　繩，糾正；治正之。文武之道，即周文王、武王的治國之道。㉙一王法　一代的王道。㉚至獲麟而止　獲麟，《春秋·哀公十四年》記載，「西狩獲麟。孔子曰：『吾道窮矣。』」麟即麒麟，是傳說中的仁獸。麒麟出現預示聖王臨世，天下太平，而當時並無聖王，所以孔子聽說魯哀公西狩獲麟，便感傷祥瑞沒有應驗，周道難以復興，有「吾道窮矣」之歎。據說孔子作《春秋》，至此而止。㉛好易二句　易，即《周易》，亦稱《易經》，用八卦來闡述自然與社會的法則，包括經、傳兩部分，儒家認為傳由孔子撰寫，是對經的闡釋。韋編，編綴竹簡的牛皮繩，一說韋通「緯」，即橫編在竹簡上的絲麻線。絕，斷。㉜傳　解釋，據說現存《周易》的〈上彖〉、〈下彖〉、〈上象〉、〈下象〉、〈上繫〉、〈下繫〉、〈文言〉、〈序卦〉、〈說卦〉、〈雜卦〉都是由孔子所作，人稱「十翼」。㉝述而不作二句　語出《論語·述而》。述，闡述。作，創作。㉞下學而上達二句　語出《論語·憲問》。下學指下學人事，上達指上達天命。㉟七十子之徒　據說孔子有弟子三千人，優秀的有七十餘人，《孟子·公孫丑上》說是七十人，《史記·孔子世家》則說為七十二人，《史記·仲尼弟子列傳》又為七十七人，這裡說「七十子」，是取其整數。㊱友教　朋友兼老師，即亦師亦友的身分。㊲見　通「現」。顯露。㊳子張　姓顓孫，名師，字子張，春秋時陳國人。㊴澹臺子羽　姓澹臺，名滅明，字子羽，春秋時魯國武城（今山東費縣）人。後來在楚地有弟子三百多人。㊵子夏居西河　子夏，姓卜名商，字子夏，春秋時衛國人。以善於文獻著稱，據過去的記載和出土文獻，他對於儒家的《詩》、《春秋》等典籍的傳播貢獻很大。西河，戰國時屬於魏國，相當於今山西、陝西間黃河兩岸，一說為今河南安陽及其附近地區。子夏在戰國初曾為魏文侯師，講學於西河。㊶子貢　姓端木，名賜，字子貢，春秋時衛國人。以善於言詞、經商著稱，曾任魯國和衛國的相，最後死於齊。㊷如田子方句　田子方，名無擇，字子方，戰國初魏國著名的文士，曾為魏文侯師。段干木，複姓段干，名木，戰國初魏國人。與田子方齊名，隱居不仕，為魏文侯所敬重和禮遇。吳起，戰國時衛國人，著名的軍事家、政治家，曾受業於孔子弟子曾參。吳起擔任魯國將軍時曾打敗齊軍，後輔佐魏文侯守西河，被魏相所忌，出奔楚國，輔佐楚悼王變法，使楚國富強，但悼王死後，被楚國貴族殺害。禽滑氂，即禽滑釐，戰國初期人，曾受業於子夏，後為墨子弟子，成為墨家代表人物之一。㊸魏文侯　名都（一說名斯），戰國初魏國的國君，西元前四四五年即位，在位五十年（一說三十八年）。他在位時以子夏、段干木、田子方為師，任用李悝、吳起、西門豹等進行改革，使魏國成為當時最富強的國家之一。㊹威宣　威，指齊威王，姓田，名因齊，西元前三七八至前三四三年在位。宣，指威王之子齊宣王，名辟疆，西元前三四二至前三二四年在位。二人都在齊國都的稷下設立學宮，招攬天下學者，以備顧問，成為當時的學術中心之一。㊺孟子孫卿句　孟子（約西元前三七二—前二八九年），名軻，字子輿，鄒（今山東鄒縣）人。戰國著名思想家、教育家，儒家代表人物，後來被稱為「亞聖」，其言論主要保存在《孟子》中。孫卿（約西元前三一三—前二三八年），即荀子，名況，戰國時趙人。卿是當時對人的尊稱，避漢宣帝劉詢之諱所以又改稱孫卿。荀子也是儒家的代表人物之一，與孟子齊名，在秦漢時期影響很大，有《荀子》一書傳世。關於二人的事跡，可參考《史記·孟子荀卿列傳》。夫子，古代對人的一種敬稱，後來專指孔子。潤色，修飾、闡發。㊻秦始皇兼天下　秦始皇（西元前二五九—前二一〇年），姓嬴名政。他在位時滅六國，統一中國，稱皇帝，自為始皇帝。兼，兼併；統一。㊼燔詩書二句　燔，焚燒。術士，包括方術之士與儒士，後世多強調其為儒士。西元前二一三年，秦始皇採納李斯的建議，下令除秦記、醫藥、卜筮、種樹的書外，焚毀民間所藏《詩》、《書》和百家之書，談論《詩》、《書》者處死，以古非今的族誅，禁止私學，以吏為師。次年，盧生、侯生等方士、儒生批評秦始皇，始皇遂下令追查，將四百六十多名方士、儒生坑殺在咸陽，史稱「焚書坑儒」。詳參《史記·秦始皇本紀》。㊽陳涉之王　陳涉，名勝，陽城（今河南登封）人。與吳廣於秦二世元年（西元前二〇九年）七月在蘄縣大澤鄉（今安徽宿州東南）率領戍卒九百人起義，占領陳縣（今河南淮陽），建立張楚政權。王，用作動詞，稱王。事詳本書卷三十一〈陳勝傳〉。㊾孔甲為涉博士　孔甲，名鮒，字甲，孔子八世孫。博士，官名，戰國時已設置，至漢初其職掌皆為管理文獻典籍，備君主顧問，武帝之後博士專掌儒家經學傳授。㊿適戍　即獲罪被遣送到邊地擔任守衛的戍卒。適，通「謫」。責罰；流放。(51)搢紳　搢，插。紳，束腰的大帶。古代士大夫上朝持笏，插笏於帶，因稱士大夫為「搢紳」，這裡指儒生。(52)委質　歸順。質，指形質，身體。委質即彎腰下拜，以示恭敬。(53)發憤　發洩怨恨。(54)高皇帝誅項籍　高皇帝，指漢高祖劉邦，詳見本書卷一〈高帝紀〉。項籍，即項羽，名籍字羽，下相（今江蘇宿遷）人。秦末起兵反秦，自立為西楚霸王，後與劉邦爭奪天下，失敗自殺，詳見本書卷三十一〈項籍傳〉。(55)講誦習禮　誦讀演習禮樂。(56)遺化　遺存的教化。(57)大射鄉飲之禮　大射，古代射禮之一，祭祀時舉行。鄉飲，又稱鄉飲酒禮，古代鄉學之士學業有成，賢能者則被薦於君主。於是由鄉大夫做主人，設宴送行，飲酒酬酢，都有一定儀式。關於兩種禮儀的具體儀式，可見《儀禮》的〈大射〉篇和〈鄉飲酒禮〉篇。(58)叔孫通　薛（今山東滕州）人，秦時博士，後投奔漢高祖。漢初，他主持制定禮儀制度，曾任奉常、太子太傅等職，詳見本書卷四十三〈叔孫通傳〉。59奉常　官名，秦漢九卿之一，掌宗廟禮儀，兼掌選試博士。景帝中元六年（西元前一四四年）改稱太常。60選首　選官時優先任命者。61喟　感歎、歎息聲。62干戈　指戰爭。本意為兩種常用兵器，干用於防禦，戈用於進攻。63未皇庠序之事　無暇顧及學校教育。皇，通「遑」。閒暇。庠序，指學校。據說殷代的學校稱「庠」，周代的學校稱「序」。64孝惠高后　孝惠，漢惠帝劉盈，見本書卷二〈惠帝紀〉。高后，即呂后，姓呂名雉，劉邦的皇后，惠帝在位期間，她掌握實權，並在惠帝死後直接臨朝稱制（西元前一八八—前一八〇年），見本書卷三〈高后紀〉。65孝文時頗登用　孝文，即孝文帝劉恒，漢高祖之子，西元前一八〇至前一五七年在位，詳見本書卷四〈文帝紀〉。登用，進用。66刑名之言　指戰國法家中以申不害為代表的一派學說，主張循名責實，君主以術駕馭臣下。67孝景　漢景帝劉啟，文帝之子，西元前一五七—前一四一年在位，詳見本書卷五〈景帝紀〉。68竇太后又好黃老術　竇太后，清河觀津（今河北武邑）人，呂后時入宮為文帝皇后，生景帝、梁孝王和長公主嫖，景帝即位後尊為太后，在景帝和武帝前期甚有權勢，見本書卷九十七上〈外戚傳上〉。黃老術，指道家學說，自稱其思想源出黃帝、老子，實則兼採道家、陰陽、法家、刑名之學，主張無為而治，亦重視君主以術駕馭臣下，漢初黃老與刑名並稱，武帝獨尊儒術之後逐漸衰落。69具官　謂備員而已。70淄川田生　淄川，漢郡國名，都劇（今山東壽光南），轄境約相當於今山東淄博及附近壽光、益都等縣部分地區。田生，相當於田先生，生是「先生」的省稱，即後文的田何子裝，是西漢今文《易》的開創者。71濟南伏生　濟南，漢郡名，治東平陵（今山東章丘西），轄境約相當於今山東濟南及章丘、濟陽、鄒平等地。伏生，名勝，字子賤，西漢《今文尚書》的最早傳授者。72於魯則申培公　魯，指以曲阜為中心的春秋、戰國時期魯國的故地，相當於西漢的魯郡。申培公，姓申名培，即後文的「申公」，西漢今文魯詩學的開創者，文帝時任博士。73於齊則轅固生　齊，指以臨淄為中心的春秋、戰國時期齊國的故地，相當於漢代的齊國及其鄰近諸郡。轅固生，姓轅名固，景帝時任博士。74燕則韓太傅　燕，指以薊（今北京城區西南）為中心的春秋、戰國時期燕國的故地，相當於西漢的燕國及其鄰近諸郡。韓太傅，名嬰，即下文的韓生，文帝時任博士，著有《韓詩內傳》、《外傳》。75言禮二句　禮，指古《禮經》，儒家經典之一，後世稱為《儀禮》，共十七篇。高堂生，姓高堂，字伯。76胡毋生　複姓胡毋，字子都，治《春秋公羊傳》，景帝時任博士。77於趙則董仲舒　趙，指以邯鄲（今河北邯鄲）為中心的戰國時趙國故地，相當於西漢趙國及鄰近諸郡國地區。董仲舒（西元前一七九—前一〇四年），廣川（今河北棗強）人。治《春秋公羊傳》，景帝時為博士，有〈賢良對策〉、《春秋繁露》傳世，傳見本書卷五十六。78竇太后崩　事在武帝建元六年（西元前一三五年）。崩，對帝后死的諱稱。79武安君田蚡　長陵（今陝西咸陽）人，漢武帝母王太后同母異父弟，武帝時封武安（今河北武安西南）侯，先後擔任太尉、丞相，傳見本書卷五十二。(80)公孫弘　字季，菑川薛（今山東滕州）人。少時為獄吏，後學《春秋》雜說。武帝時徵為博士，曾任御史大夫、丞相等職，建議設《五經》博士，置弟子員，傳見本書卷五十四。(81)靡然鄉風　順風歸化。意為學習儒家學說，風靡一時。靡然，一邊倒下的樣子。鄉風，同「向風」。(82)悼道之鬱滯　悼，哀傷。道，指儒生進用之道。鬱滯，阻塞不通。(83)御史　官名，即御史大夫的省稱，與丞相、太尉並為朝廷三公，主管監察、執法，兼掌圖書文籍。當時的御史大夫是番係，這份建言上奏的時間是元朔五年（西元前一二四年）。(84)制　皇帝命令的一種形式。(85)風　通「諷」。教化；感化。(86)居室之大倫　居室，指夫婦同居。大倫，最基本的人倫之一。《孟子・萬章上》稱，「男女居室，人之大倫也」。(87)朕甚愍焉　朕，古代自稱代詞，從秦始皇起，只有皇帝才能用。愍，通「憫」。憂傷。(88)詳延天下方聞之士　詳，悉；周遍；廣泛地。延，延請；引進。方聞，博聞多見。(89)洽聞　多聞；博聞。(90)舉遺興禮　舉，薦舉。興，振興。(91)予博士弟子　予，給予，這裡是為之配備的意思。博士弟子，武帝設《五經》博士，各置弟子五十名從學，由郡國選拔，後員數大增。(92)崇鄉里之化　崇，推崇。化，教化。(93)厲賢材　厲，通「勵」。勸勉。材，通「才」。(94)太常臧博士平　太常臧，指當時的太常孔臧，為孔子後裔，武帝元朔二年（西元前一二七年）為太常，後因罪免官。博士平，生平不詳。(95)教　教育組織、機構。(96)首善　教化的開始與榜樣。(97)繇　通「由」。(98)昭至德　昭，宣揚；彰顯。至德，最高的德行。(99)開大明　開，顯示。大明，偉大的光輝。(100)原　根本；本源。(101)洽　周遍；普及。(102)因舊官　因，根據；依據。舊官，過去的學官。(103)復　免除賦稅勞役。(104)郡國縣官　郡國，漢代地方行政區劃為郡、縣兩級，郡直屬於朝廷，下轄縣。國，指諸侯王國，與郡平行。縣官，據《漢書補注》，當從《史記》作「縣道邑」，道與縣同級，在少數民族聚居處設置。邑指列侯、公主等的封邑。(105)令相長丞句　令相長丞，指縣級行政單位的長官。漢制，萬戶以上的大縣設縣令一人，萬戶以下的縣則設縣長一人。丞，指縣丞，為縣令或縣長的副職。相，指侯國相，處理侯國政務，由於侯國封地相當一個縣，所以侯國相的地位與縣令、縣長同。二千石，指郡守或諸侯王國的相，二者秩祿皆為二千石（月俸一百二十斛穀）。(106)計偕　指與上計吏一起到京師去。計，上計吏，漢代郡國在每年年終要派遣官吏至京師，向朝廷彙報地方的人口、錢糧、盜賊、獄訟等情況，稱為上計。(107)課　考核。(108)文學掌故　學官名，熟悉某種文獻和國家禮樂制度的舊例。(109)其高第可以為郎中　高第，高等。郎中，官名，屬郎中令，為皇帝近侍，秩比三百石。(110)籍　名籍；名單。(111)秀才　才能優異，後來成為人才選拔的科目之一，又稱茂才。(112)請諸能稱者　請，奏請。稱，指被推薦者的才能相稱的。(113)案詔書律令下　案，考查。下，頒布。(114)天人分際　指天道與人事之間的相互關係。分際，分界；界限。(115)爾雅　典雅；雅正。(116)以據《漢書補注》，此字為衍文。[117]遷留滯　升遷之途滯阻不通。[118]比二百石　漢代官吏秩祿等級之一，月得俸穀二十七斛。比，近。[119]左右內史大行卒史　左右內史，官名，始置於秦，為京師行政長官，一名，至景帝中二年（西元前一四八年），分置左右內史，秩皆二千石。武帝時改稱京兆尹和左馮翊。大行，官名，即大行令，九卿之一，掌朝覲典禮，接待賓客，武帝太初元年（西元前一〇四年）改稱大鴻臚。卒史，官名，官員之屬吏，當時九卿、左右內史的卒史秩二百石。[120]郡太守卒史　郡太守，官名，郡的最高行政長官，秩二千石。原稱郡守，景帝中二年（西元前一四八年）以後改稱太守，亦稱郡太守。郡太守的卒史秩百石。[121]擇掌故以補中二千石　掌故，官名，太常屬官，掌禮樂制度故實。中二千石，漢代官吏秩祿等級之一，月俸穀一百八十斛，漢九卿與列卿之中尉皆為中二千石。中，滿。[122]備員　候補待用，不必赴實職。[123]著功令　寫進法規、條令之中。[124]可　同意。皇帝對大臣奏章簽署的意見。[125]公卿大夫士　古人認為周代天子之下百官分成四個等級：公、卿、大夫、士，權力、禮制等各不相同，這裡通指官員與知識分子。[126]彬彬　指內在的修養與外在的文辭、禮儀很協調。[127]昭帝時舉賢良文學　昭帝，劉弗陵，西元前八六—前七四年在位，統治期間曾多次擊敗北方匈奴，見本書卷七〈昭帝紀〉。賢良文學，是漢代選拔官吏的科目之一，始於文帝時，又稱「賢良方正」，或「賢良」、「文學」，被選拔者須通古今，善文墨，能對策。[128]宣帝　劉詢，西元前七四—前四九年在位，見本書卷八〈宣帝紀〉。[129]元帝　劉奭，西元前四九—前三三年在位，統治期間宦官專權，西漢由盛而衰，見本書卷九〈元帝紀〉。[130]成帝　劉驁，西元前三三—前七年在位，統治期間王氏開始專權，見本書卷十〈成帝紀〉。[131]布衣　即平民。古代未仕者穿白色布衣，故以之代稱其身分。[132]平帝時王莽秉政　平帝，劉衎（一說欣），西元前一—五年在位，統治期間由王太后攝政，王莽掌握實權。王莽，字巨君，元帝王皇后之姪，平帝時把持朝政。平帝死，王莽立孺子嬰為帝，自稱假皇帝、攝皇帝，並於西元八年稱帝，建立新朝，對各項制度進行了一系列改革，史稱「王莽改制」。西元二三年，新朝為農民起義軍推翻，王莽亦被人所殺。傳見本書卷九十九。[133]元士　周代稱天子之士為元士，以別於諸侯之士，後亦指低級官吏。[134]員　指常員。[135]太子舍人　官名，太子屬官。

【語　譯】古代的儒生，廣泛地學習《六藝》之文。《六藝》，是王道教化的經典，古代聖人用來闡明天道，匡正人倫道德，實現太平盛世的有效法則。周朝的治國之道衰落之後，敗壞於幽王、厲王時期，禮樂制度、征討大權都出自諸侯，衰敗了二百多年才有孔子出現，以聖明的德行遇到末世，知道自己的主張不會被採納，王道難以實行，於是歎息道：「鳳凰不來，黃河不再出現河圖，我也該完了啊！」「周文王死後，周朝的文化不就在我這裡嗎？」孔子就應諸侯的聘請，讓他們踐行禮義。往西到周，往南到楚，在匡被拘禁，在陳被圍困，遊說了七十多個國君。到齊國聽到〈韶〉樂，他陶醉得三個月吃肉都不知滋味；從衛國返回魯國，然後使音樂回到正道，〈雅〉和〈頌〉各自有合適的位置。研究考查古今文獻，於是稱讚道：「真偉大啊，堯作為國君。只有天最高最大，只有堯能夠效法它。他的功績太崇高了，他的禮儀制度也太輝煌了。」又說：「周代借鑑了夏商兩代，禮儀制度多麼豐富多彩！我順從周代的。」於是講授《尚書》就從〈堯典〉篇開始，稱頌音樂則效法〈韶舞〉，討論《詩》則以〈周南〉為首。編纂周代的禮制，依託魯國的《春秋》，列舉魯國十二個國君的事跡，用周文王、武王的王道來衡量，成為一代王道的準則，寫到「獲麟」就結束了。到了晚年則喜愛《易》，讀得穿書簡的繩子都斷了三回，然後給《易》撰寫了解釋。這些都是利用近代聖人的事跡，來樹立先王的教化，所以說：「闡述而不創作，以相信的態度喜愛古代的文化。」「下學人事而上達天命，只有上天才能理解我吧！」

2 孔子去世後，他的那些被後人稱為「七十子」的弟子們就分散各地，遊說諸侯，大的做到諸侯的卿相師傅，小的也能做士大夫的老師、朋友，也有的隱居起來，不顯露自己。所以子張在陳國，澹臺子羽在楚國，子夏在西河，子貢終老於齊國。像田子方、段干木、吳起、禽滑釐這些人，都是子夏等人的受業弟子，成為國君的老師。當時，諸侯中只有魏文侯喜好學問。戰國時天下紛爭，儒學被廢棄，但齊魯一帶的學者們仍不荒廢儒學，到了齊威王、宣王時期，孟子、孫卿等人都遵奉孔子的學說而又有所發揮創造，憑藉自己的學問在當時聲名顯赫。

3 等到秦始皇統一天下，焚燒《詩》《書》，活埋儒生術士，《六經》從此殘缺。陳涉稱王，魯地的儒生們帶著孔氏的禮器前去投奔，於是孔甲做了陳涉的博士，最終和陳涉一起死於戰事。陳涉出身平民，率領一批因罪被罰去防守邊境的人建立政權，不到一年就滅亡了，他的事業說來微不足道，但是那些儒生們背著禮器，前去歸順稱臣，這是什麼原因呢？是因為秦朝禁止傳授他們的學問，於是將胸中對秦朝的怨憤通過陳王發洩出來。

4 到高皇帝殺死項羽，率軍圍困魯地時，魯地的儒生們仍在講解誦讀儒家經典，演習禮樂，彈奏歌唱的聲音不絕於耳，這難道不是保存著聖人的教化、愛好經學的國度嗎？於是儒生們才能夠研究他們的經學，講解演習大射、鄉飲等禮儀。叔孫通制定漢朝的禮儀制度，從而做了奉常，跟隨他一起制定禮制的弟子們也都在選官時被優先任用，然後人們感歎要立志向學。但當時還有戰事，要平定天下，也就沒空顧及興辦學校的事。惠帝和高后時期，公卿等都是武將出身的功臣。孝文帝時，也任用了一些儒生，但孝文帝本來喜好法家刑名之學。等到景帝時，不再任用儒生，竇太后又喜愛黃老之學，所以那些博士們只是備員等待皇上顧問，沒有被提拔進用的。

5 漢朝建立後，講《易》的從淄川田生開始；講《書》的從濟南伏生開始；講《詩》的，在魯地是申培公，在齊地是轅固生，在燕地是韓太傅；講《禮》的，是魯地的高堂生；講《春秋》的，在齊地有胡毋生，在趙地有董仲舒。等到竇太后去世，武安侯田蚡做了丞相，廢棄黃老、刑名等各家學說，延請文學儒生上百人，公孫弘因為研究《春秋》做了丞相，封為侯爵，天下的讀書人也就隨風倒，全歸向儒學了。

6 公孫弘擔任學官，擔憂儒生們的進身之路仍不順暢，於是上書請求：「丞相和御史大夫報告：皇上有詔書說：『聽說治國應該用禮儀來引導百姓，用音樂來感化他們。婚姻，是日常生活中最重要的一種倫常。如今禮樂制度廢棄敗壞，我十分擔憂，所以廣泛延請天下博聞多見的人，讓他們都到朝廷做官。命令禮官要鼓勵人們學習，講論經典，廣博見聞，薦舉遺逸，振興禮制，作為天下的榜樣。命令太常商議，給博士配備弟子，倡導鄉里的教化，以激勵優秀人才。』我們同太常臧、博士平等商議，認為：聽說三代治國之道，鄉里都有教育機構，夏代稱作校，殷代稱作庠，周代稱作序。那時鼓勵行善者，就使他在朝廷中顯耀；懲辦惡行者，就使他身受刑罰。所以推行教化，應該先把京師建成最好的模範地區，再由內到外。現今陛下彰顯最高的道德，宣揚偉大的光輝，與天地相配，以人倫為本，鼓勵學習，振興禮制，崇尚教化，激勵賢人，從而感化天下四方，這是太平的根本。過去政治和教化不全面，禮制不完備，現在請准許利用原有的學官來興學。建議為博士配置弟子五十人，免除他們的勞役和賦稅。由太常挑選百姓中年齡十八歲以上，容貌端正的人作為博士弟子。郡、國、縣、道、邑，如果有愛好文獻之學，尊敬長上，能認真遵守政教法令，與鄉里和睦相處，表裡內外如一的，發現有這樣的人才，縣令、侯國相、縣長、縣丞上報所屬二千石官員，二千石官員認真考察，確實好的，應當讓他們同上計吏一起進京，到太常那裡，允許他們像博士弟子一樣受業學習。一年後就都參加考試，能通曉一部經書以上的，可以補上文學掌故的官缺；那些成績名列前茅的可以任命為郎中，由太常開具名單上奏。如果有才能特別優秀的，隨時把姓名報告給皇上。不努力學習或才能低下，不能通曉一部經書的，就打發回去，而為那些推薦與才能相稱的申請補授官職。我們認為皇上所頒布的詔書律令，辨明了天道與人事之間的微妙關係，貫通著古今的義理，文章典雅，內容深奧，恩德完美。但下面的官吏見識淺陋，不能深刻理解並宣揚其中的深義，無法明確地將之傳達下去。研究禮法、掌故之學，因為通曉文獻和禮儀任官之人，升職往往很不順利。現請挑選其中俸祿比二百石以上或者俸祿只有一百石卻通曉一部經書以上的小吏，任命為左右內史或大行的卒史，俸祿為比一百石以下的，任命為郡太守的卒史，每郡各二人，邊郡一人。先任用背誦經文較多的，如人數不夠，就挑選掌故補為中二千石級官員的屬吏，挑選文學掌故補為郡太守的屬吏，都讓他們候補待用。請皇上將此寫入法規。其他則照原有的法令執行。」

7 皇帝的詔書說：「可以。」從此以後，公卿大夫士吏有許多是文質彬彬熟悉經典的人士了。

8 昭帝時舉薦賢良文學，博士弟子名額增加到一百名，宣帝末又增加了一倍。元帝愛好儒學，能夠通曉一部經書的都免除賦稅徭役。幾年後，因為朝廷財政不足，改為設置博士弟子名額一千人，郡國設置《五經》百石卒史。成帝末年，有人說孔子身為平民培養弟子三千人，現在天子太學的弟子名額太少，於是增博士弟子名額為三千人。一年多以後，又恢復原狀。平帝時王莽執掌朝政，讓官員們的兒子可以像博士弟子一樣受業，不限定名額，每年考試成績為甲科的四十人為郎中，乙科二十人為太子舍人，丙科四十人任文學掌故。

1 自魯商瞿❶子木受易孔子，以授魯橋庇子庸。子庸授江東❷馯臂子弓。子弓授燕周醜子家。子家授東武❸孫虞子乘。子乘授齊田何子裝❹。及秦禁學，易為筮卜之書，獨不禁，故傳受者不絕也。漢興，田何以齊田徙杜陵❺，號杜田生，授東武王同子中、雒陽❻周王孫、丁寬、齊服生，皆著易傳❼數篇。同授淄川楊何，字叔元，元光中徵為大中大夫❽。齊即墨成❾，至城陽相❿。廣川孟但，為太子門大夫⓫。魯周霸、莒⓬衡胡、臨淄主父偃⓭，皆以易至大官。要言易者本之田何⓮。

2 丁寬，字子襄，梁⓯人也。初梁項生從田何受易，時寬為項生從者，讀易精敏，材過項生，遂事何。學成，何謝⓰寬。寬東歸，何謂門人曰：「易以東矣。」寬至雒陽，復從周王孫受古義，號周氏傳⓱。景帝時，寬為梁孝王將軍距吳楚⓲，號丁將軍，作易說三萬言，訓故舉大誼⓳而已，今小章句⓴是也。寬授同郡碭㉑田王孫。王孫授施讎、孟喜、梁丘賀。繇是易有施、孟、梁丘之學。

3 施讎，字長卿，沛㉒人也。沛與碭相近，讎為童子，從田王孫受易。後讎徙長陵㉓，田王孫為博士，復從卒業，與孟喜、梁丘賀並為門人。謙讓，常稱學廢，不教授。及梁丘賀為少府㉔，事多，迺遣子臨分將門人張禹㉕等從讎問。讎自匿不肯見，賀固請，不得已乃授臨等。於是賀薦讎：「結髮㉖事師數十年，賀不能及。」詔拜讎為博士。甘露㉗中與五經諸儒雜論同異於石渠閣㉘。讎授張禹、琅邪[29]魯伯。伯為會稽[30]太守，禹至丞相。禹授淮陽彭宣[31]、沛戴崇子平。崇為九卿[32]，宣大司空[33]。禹、宣皆有傳。魯伯授太山[34]毛莫如少路、琅邪邴丹曼容，著清名。莫如至常山[35]太守。此其知名者也。繇是施家有張、彭之學。

4 孟喜，字長卿，東海蘭陵[36]人也。父號孟卿[37]，善為禮、春秋，授后蒼、疏廣[38]。世所傳后氏禮、疏氏春秋，皆出孟卿。孟卿以禮經多，春秋煩雜，乃使喜從田王孫受易。喜好自稱譽，得易家候[39]陰陽災變書，詐言師田生且死時枕喜厀，獨傳喜，諸儒以此耀[40]之。同門梁丘賀疏通證明之[41]，曰：「田生絕於施讎手中，時喜歸東海，安得此事？」又蜀人趙賓好小數書[42]，後為易，飾易文，以為「箕子明夷，陰陽氣，亡箕子；箕子者，萬物方荄茲也[43]」。賓持論巧慧，易家不能難，皆曰「非古法也」。云受孟喜，喜為名之[44]。後賓死，莫能持其說。喜因不肯仞[45]，以此不見信。喜舉孝廉為郎[46]，曲臺署長[47]，病免，為丞相掾[48]。博士缺，眾人薦喜。上聞喜改師法，遂不用喜。喜授同郡白光少子、沛翟牧子兄[49]，皆為博士。繇是有翟、孟、白之學。

5 梁丘賀，字長翁，琅邪諸[50]人也。以能心計[51]，為武騎[52]。從大中大夫京房[53]受易。房者，淄川楊何弟子也。房出為齊郡[54]太守，賀更事田王孫。宣帝時，聞京房為易明，求其門人，得賀。賀時為都司空令[55]，坐事，論免為庶人[56]。待詔黃門數入說教侍中[57]，以召賀。賀入說[58]，上善之，以賀為郎。會八月飲酎[59]，行祠孝昭廟[60]，先敺旄頭劍挺墮墜[61]，首垂泥中[62]，刃鄉乘輿車，馬驚。於是召賀筮[63]之，有兵謀[64]，不吉。上還，使有司侍祠。是時霍氏外孫代郡太守任宣坐謀反誅[65]，宣子章為公車丞[66]，亡在渭城[67]界中，夜玄服[68]入廟，居郎間，執戟立廟門，待上至，欲為逆。發覺，伏誅。故事，上常夜入廟，其後待明而入，自此始也。賀以筮有應，繇是近幸，為大中大夫，給事中[69]，至少府。為人小心周密，上信重之。年老終官。傳子臨，亦入說，為黃門郎[70]。甘露中，奉使問諸儒於石渠。臨學精孰[71]，專行京房法。琅邪王吉通五經[72]，聞臨說，善之。時宣帝選高材郎十人從臨講，吉乃使其子郎中駿[73]上疏從臨受易。臨代五鹿充宗君孟為少府[74]，駿御史大夫[75]，自有傳。充宗授平陵[76]士孫張仲方、沛鄧彭祖子夏、齊衡咸長賓。張為博士，至揚州牧[77]，光祿大夫[78]，給事中，家世傳業；彭祖，真定太傅[79]；咸，王莽講學大夫[80]。繇是梁丘有士孫、鄧、衡之學。

6 京房[81]受易梁人焦延壽[82]。延壽云嘗從孟喜問易。會喜死，房以為延壽易即孟氏學，翟牧、白生不肯，皆曰非也。至成帝時，劉向[83]校書，考易說，以為諸易家說皆祖田何、楊叔元、丁將軍，大誼略同，唯京氏為異，黨[84]焦延壽獨得隱士之說，託[85]之孟氏，不相與同。房以明災異[86]得幸，為石顯所譖誅[87]，自有傳。房授東海殷嘉、河東姚平、河南乘弘[88]，皆為郎、博士。繇是易有京氏之學。

7 費直，字長翁，東萊[89]人也。治易為郎，至單父[90]令。長於卦筮，亡章句，徒以彖象系辭十篇文言解說上下經[91]。琅邪王璜[92]平中能傳之。璜又傳古文尚書[93]。

8 高相，沛人也。治易與費公同時，其學亦亡章句，專說陰陽災異，自言出於丁將軍。傳至相，相授子康及蘭陵毋將永[94]。康以明易為郎，永至豫章都尉[95]。及王莽居攝[96]，東郡太守翟誼[97]謀舉兵誅莽，事未發，康候知東郡有兵，私語門人，門人上書言之。後數月，翟誼兵起，莽召問，對受師高康。莽惡之，以為惑眾，斬康。繇是易有高氏學。高、費皆未嘗立於學官。

【章旨】以上為第二部分，寫田何以下漢代《易》學的傳授脈絡，由此可知，西漢的《易》學派別，大抵可分為四派：故舉大義、陰陽候災變、章句守師說、「十翼」解經義。

【注釋】❶商瞿　字子木，魯人。孔子弟子。❷江東　當時指長江下游南岸地區。❸東武　漢縣名，在今山東諸城，為當時琅邪郡治所。❹子裝　《史記》作「子莊」，《漢書》避漢明帝諱而改莊為「裝」。❺齊田徙杜陵　漢高帝九年（西元前一九八年），將戰國時齊國大族昭氏、屈氏、景氏、懷氏、田氏五姓遷入關中，既可充實關中，又能加強控制，削弱地方豪強。杜陵，縣名，在今陝西西安東南，本名杜縣，因宣帝陵在此，故改名為杜陵。❻雒陽　即洛陽，在今河南洛陽東北。❼易傳　指注釋《易》的著作。❽元光中徵為大中大夫　元光，漢武帝年號（西元前一三四—前一二九年）。大中大夫，官名，屬郎中令，為皇帝侍從，備顧問應對，太初元年（西元前一〇四年）後改稱光祿大夫。❾即墨成　複姓即墨，名成。❿城陽相　城陽，漢諸侯國名，都於莒（今山東莒縣），轄境約相當於今山東莒縣、沂南及蒙陰東部。相，即丞相。漢初，諸侯國仿照朝廷設置丞相，統率王國官員，景帝中五年，改稱相。⓫廣川二句　廣川，縣名，在今河北景縣西南。太子門大夫，官名，為太子屬官，秩六百石。⓬莒　漢縣名，屬城陽國，即今山東莒縣。⓭臨淄主父偃　臨淄，漢縣名，屬齊國，在今山東淄博東。主父偃，複姓主父，名偃，初習縱橫家術，又通《易》、《春秋》，曾向武帝建議削弱諸侯王勢力，設置朔方郡以防禦匈奴，均為武帝採納。本書卷六十四有傳。⓮要言易者本之田何　要，總之。本，來源；出自。⓯梁　漢諸侯國名，都睢陽（今河南商丘東南），轄境約相當於今河南商丘和虞城、民權及安徽碭山地區。⓰謝　辭別；告辭。⓱周氏傳　周王孫解釋《易》的著作，本書〈藝文志〉著錄有《易傳周氏》，共二篇。⓲為梁孝王將軍距吳楚　梁孝王，漢文帝之子劉武，傳見本書卷四十七。距，通「拒」。抵抗。吳楚，指吳楚七國之亂，漢景帝前三年（西元前一五四年），吳王劉濞聯合楚王劉戊、膠東王劉雄渠、膠西王劉卬、菑川王劉賢、濟南王劉辟光、趙王劉遂等發動叛亂，三個月後被平定。⓳訓故舉大誼　訓故，即「訓詁」，對古書字詞之義的解釋。訓是用較多的文字疏通一字之義，進行形象的描繪和說明；詁是用今語釋古語，包括用通用語釋方言。⓴小章句　本書〈藝文志〉著錄丁寬《易傳丁氏》八篇。章句，對古書的一種注釋形式，以疏通文義為中心，同時涉及對詞語、地名、人物的注釋。㉑碭　縣名，在今河南永城北。㉒沛　縣名，在今江蘇沛縣。㉓長陵　縣名，在今陝西咸陽東北，因漢高祖劉邦陵墓長陵在此置縣。㉔少府　官名，九卿之一，始設於戰國，執掌山海池澤收入和皇室手工業製造。㉕張禹　河內軹縣（今河南濟源）人，成帝時任丞相，本書卷八十一有傳。㉖結髮　即束髮，指年少。古人二十束髮加冠。㉗甘露　漢宣帝年號（西元前五三—前五〇年）。㉘雜論同異於石渠閣　石渠閣為漢朝皇宮藏書之處，在未央宮北。事在甘露三年（西元前五一年），共召集《五經》博士及有關官員二十餘人，討論《五經》及其解釋的異同，以統一思想，史稱「石渠閣會議」。㉙琅邪　漢郡名，治東武（今山東諸城）。㉚會稽　郡名，治吳縣（今江蘇蘇州）。㉛淮陽彭宣　淮陽，諸侯國名，都於陳縣（今河南淮陽）。彭宣，傳見本書卷七十一。㉜崇為九卿　九卿，西漢指太常（初稱奉常）、光祿勳（初稱郎中令）、衛尉、太僕、廷尉、大鴻臚（初稱典客、大行令）、宗正、大司農（初稱治粟內史、大農令）、少府。據〈張禹傳〉，戴崇曾任少府。㉝大

司空　成帝時改御史大夫為大司空，與大司徒、大司馬合稱三公，後改易不常。㉞太山　郡名，治博縣（今山東泰安東）。㉟常山　郡名，治元氏（今河北元氏西北）。㊱東海蘭陵　東海，郡名，治郯縣（今山東郯城西北）。蘭陵，縣名，屬東海郡，在今山東蒼山縣西南。㊲孟卿　下文有傳。卿是當時對男子的敬稱，相當於「公」。㊳疏廣　字仲翁，傳見本書卷七十一。㊴候占驗；預測。㊵耀　意動用法，以之為榮。㊶同門句　同門，即同師受業之人，類似於「同學」。疏通，分別、條理化。證明之，據實以證明其真偽。㊷又蜀人趙賓好小數書　蜀，郡名，治成都（今四川成都）。小數，指術數，即陰陽方術之學。㊸箕子明夷五句　出自《易．明夷》六五之爻辭，「箕子明夷，利貞」，傳統的解釋是，爻辭借用商代末期紂王叔父箕子被紂囚禁、裝瘋而自守其志之事，來比喻六五一爻最近昏君，利於守正不移，不被昏暗所害。趙賓的解釋是以箕通「其」、「荄」，即草根，子有「滋」之義，箕子成了植物之根生長之意。荄茲，草根茂盛。茲，通「滋」。㊹為名之　即承認之。㊺仞　通「認」。承認。㊻舉孝廉為郎　孝廉，漢代選拔官吏的科目，包括孝子與廉潔之士兩方面，被舉者通常任郎官。郎，為皇帝侍從官的通稱，光祿勳屬官。㊼曲臺署長　曲臺，秦漢宮殿名，漢代作為皇帝射宮，又立為署。署長，官名，掌管曲臺署事務。㊽掾又稱掾史，丞相府各曹的辦事官吏。㊾翟牧子兄　姓翟，名牧，字子兄。㊿諸　縣名，在今山東諸城西南。(51)心計　謀劃；謀略。(52)武騎　騎士。(53)大中大夫京房　大中大夫，官名，光祿勳屬官，始設於秦，掌議論。京房，西漢中晚期《易》學家，並非下文焦延壽弟子京房。(54)齊郡　郡名，治臨淄（今山東淄博東北）。(55)都司空令　官名，宗正寺屬官，執掌宮殿建築及宗室外戚之犯法者。(56)論免為庶人　論，審判定罪。庶人，平民。(57)待詔句　待詔，即等待皇帝詔命的意思，類似一種候補官員。秦時已有待詔博士。漢代待詔多出於上書求試，或出於皇帝的徵召，在未正式委任官職以前，由皇帝臨時指定待詔官署，等待詔命，故稱待詔。待詔的地點一般在公車署，特別受器重者則待詔於金馬門，甚至待詔於宮殿之中。黃門，官署名。侍中，官名，為列侯至郎中的加官，侍從皇帝左右，出入宮廷。武帝至西漢末，侍中參與朝廷重大政務的決策、顧問。(58)入說入宮給皇帝講說。(59)飲酎　飲純濃的酒。漢制，八月飲酎於宗廟。酎，經過兩次以上反覆釀製的醇酒。(60)行祠孝昭廟　祠，祀；祭祀。孝昭，漢昭帝的謚號。(61)先敺句　先敺旄頭，指皇帝儀仗人員的先行者。挺，脫；脫出。墬，同「地」。(62)首垂泥中　首，劍頭。垂，落入。(63)筮　用蓍草占問吉凶。(64)兵謀　軍事方面的陰謀。(65)代郡太守任宣坐謀反誅　任宣，霍氏之婿，見本書卷六十八〈霍光傳〉。據近人楊樹達，「坐謀反誅」是班固自注之文，其後之「宣」字乃後人不得其解而妄增。代郡，漢郡名，治代縣（今河北蔚縣東北）。(66)公車丞　官名，公車司馬丞之省稱，屬衛尉。(67)亡在渭城　亡，逃亡。渭城，縣名，在今陝西咸陽東北。(68)玄服　黑色的衣服，祭服皆玄色，故以玄服代指祭服。(69)給事中　漢加官名，可以給事殿中，備顧問應對，討論政事。(70)黃門郎　官名，指黃門侍郎或給事黃門郎。(71)孰　通「熟」。(72)王吉通五經　王吉，字子陽，琅邪人。傳見本書卷七十二。五經，指漢武帝設《五經》博士後受推崇的五種儒家經典：《易》、《書》、《詩》、《禮》、《春秋》。(73)郎中駿　郎中，官名，郎中令（後為光祿勳）屬官，執掌皇帝車騎門戶，侍衛左右。駿，王吉之子王駿，〈王吉傳〉附其傳。(74)臨代五鹿充宗句　代，為「傳」之誤，傳授。五鹿充宗，複姓五鹿，名充宗，字君孟，元帝時任少府，因與石顯勾結擔任尚書令。後文稱「自有傳」，實則本書無其傳，據卷六十七〈朱雲傳〉，充宗通曉《梁氏易》，憑藉權勢與諸儒論《易》，莫敢爭，朱雲折之。(75)御史大夫　官名，秦朝始設，為全國最高監察長官，地位僅次於丞相。漢代沿置，為丞相之副，參與國家大事的決策。主要執掌司法和監察，與丞相、太尉合稱三公。(76)平陵　縣名，在今陝西咸陽西北。(77)揚州牧　揚州，漢十三刺史部之一，轄區相當於今福建、江西、浙江三省及江蘇、安徽南部地區。牧，州牧，原為刺史，成帝改為州牧，後時廢時置不常設。(78)光祿大夫　官名，光祿勳屬官，執掌顧問應對。(79)真定太傅　真定，諸侯國名，治真定（今河北正定南）。太傅，官名，指王國太傅，執掌輔導諸侯王。(80)講學大夫　王莽建立新朝後所設官名。(81)京房　字君明，東郡頓丘（今河南清豐）人。元帝時博士，善於以災異推論政事，彈劾石顯等專權，下獄死，著作今存《京氏易傳》三卷，詳見本書卷七十五。(82)焦延壽　姓焦，名贛，字延壽。(83)劉向　本名更生，字子政，西漢散文家、今文經學家，曾負責整理國家藏書，對於先秦文獻的保存和流傳貢獻很大，所撰《別錄》是目錄學名著，也是班固編寫本書〈藝文志〉的主要依據。本書卷三十六〈楚元王傳〉附其傳。(84)黨　通「倘」。或許；或者。(85)託　依託；假託。(86)明災異　明，通曉。災異，指自然界的異常現象，古人認為與人事密切相關，京房「明災異」即善於根據自然現象的變異推測政治、社會動向。(87)為石顯所譖誅　石顯，字君房，濟南（今山東章丘西）人。元帝時為中書令，權傾一時，本書卷九十三〈佞幸傳〉有傳。譖，誣陷。(88)房授東海殷嘉句　殷嘉，本書〈藝文志〉作「段嘉」。河東，郡名，治安邑（今山西夏縣西北）。河南，郡名，治洛陽（今河南洛陽）。(89)東萊　郡名，治掖縣（今山東掖縣）。(90)單父　縣名，在今山東單縣南。(91)徒以句　徒，只；但。彖象系辭十篇文言，指闡釋《易經》大義的十翼。文言，據今人楊樹達說，為「之言」傳寫之誤。上下經，《易》的經文分為上下兩部分，第一部分從〈乾〉至〈離〉，共三十卦，為上經；第二部分從〈咸〉至〈未濟〉，共三十四卦，為下經。(92)王璜　本書〈溝洫志〉作「王橫」。(93)古文尚書　用秦漢以前的古文字體寫成的《尚書》文本，武帝末年魯恭王在孔子住宅的牆壁中發現，與自伏生以來傳授的用漢代時的隸書體寫成的《今文尚書》相對，在詞語、字句、解釋等都有出入，比《今文尚書》多十六篇，只流傳下篇目名和部分佚文，今本《十三經注疏》中的《古文尚書》非漢代原文。(94)蘭陵毋將永　蘭陵，縣名，在今山東蒼山縣西南。毋將永，姓毋，名將永。❾❺豫章都尉　豫章，郡名，治南昌（今江西南昌）。都尉，官名，秦設郡尉，至漢景帝改稱都尉，為郡守輔佐，掌全郡軍事。❾❻王莽居攝　指王莽代行皇帝職權。元始五年（西元五年）平帝死去，王莽立孺子嬰為帝，自稱攝皇帝，執掌朝政。❾❼東郡太守翟誼　東郡，郡名，治濮陽（今河南濮陽西南）。翟誼，即翟義，翟方進之子，王莽居攝時，他起兵反莽，兵敗被殺，事詳本書卷八十四〈翟方進傳〉。

【語譯】 自從魯國的商瞿（字子木）向孔子學習《易》，傳授給魯國的橋庇（字子庸）。子庸傳授給江東的馯臂（字子弓）。子弓傳授給燕國的周醜（字子家）。子家傳授給東武的孫虞（字子乘）。子乘傳授給齊國的田何（字子裝）。等到秦朝禁止私學，《易》是占卜的書，唯獨不禁，所以傳授與學習者沒有間斷。漢朝建立，田何因為是齊國的田氏，被遷到杜陵縣，稱為杜田生，傳授給東武王同（字子中）、雒陽人周王孫、丁寬和齊國的服生，他們都撰寫《易傳》數篇。王同傳授給淄川的楊何（字叔元），元光年間徵召到朝廷做太中大夫。齊國的即墨成，官至城陽國相。廣川孟但，擔任太子門大夫。魯地周霸、莒縣的衡胡、臨淄的主父偃，都憑著《易》學做了大官。總而言之，講《易》的都出自田何。

2 丁寬，字子襄，梁地人。起初梁地的項先生跟隨田何學習《易》，當時丁寬是項先生的隨從，誦讀《易》精當敏銳，資質超過項先生，於是師事田何。學成後，田何辭別丁寬。丁寬回到東方，田何對弟子們說：「《易》從此傳到東方了。」丁寬到雒陽，又跟隨周王孫學習《易》的舊解，即《周氏傳》。景帝年間，丁寬擔任梁孝王的將軍，抵抗吳楚叛軍，人稱「丁將軍」。丁寬撰寫《易說》三萬多字，只注釋《易》的大義，就是現在的《小章句》。丁寬傳授給同郡碭縣的田王孫，田王孫傳授給施讎、孟喜、梁丘賀。從此《易》有施、孟、梁三家之說。

3 施讎，字長卿，沛縣人。沛縣與碭縣鄰近，施讎從小跟田王孫學習《易》。後來施讎遷居長陵，田王孫任博士，又跟隨他完成學業，與孟喜、梁丘賀一道都是田王孫的弟子。施讎很謙虛，常常稱學業荒廢，不肯收弟子教授。等到梁丘賀擔任少府，事務多，於是派他兒子梁丘臨分幾次帶著他的弟子張禹等去向施讎請教。施讎躲著不肯見，梁丘賀堅持請求，不得已只好教授梁丘臨等人。於是梁丘賀向朝廷舉薦施讎，說：「從小拜師學習幾十年，我不如他。」皇帝命令授予博士之位。甘露年間，施讎與研治《五經》的眾儒生在石渠閣共同討論經文、經義的異同。施讎傳授張禹、琅邪人魯伯。魯伯任會稽太守，張禹做到丞相。張禹傳授淮陽人彭宣、沛縣人戴崇（字子平）。戴崇任九卿，彭宣官至大司空。禹、宣在本書都有傳。魯伯傳授太山人毛莫如（字少路）、琅邪人邴丹（字曼容），都有好名聲。毛莫如官至常山太守。這些都是其中知名的。從此施家又有張、彭兩家之說。

4　孟喜，字長卿，東海郡蘭陵縣人。父親叫孟卿，精通《禮經》、《春秋》，傳授給后蒼、疏廣。現在流傳的《后氏禮》、《疏氏春秋》都源自孟卿。孟卿認為《禮經》篇目多，《春秋》繁雜，便讓孟喜跟隨田王孫學習《易》。孟喜喜歡自誇，得到治《易》者預測陰陽災異的書，謊稱老師田先生臨死時枕著他的膝蓋，單獨傳授給他的。儒生們因此認為他很光彩。同門梁丘賀逐條辯明，說：「田先生死時由施讎服侍，當時孟喜去東海了，哪裡有那種事？」又有蜀郡人趙賓喜好方術書，後來學習《易》，附會《易》中的文字，認為「箕子明夷，說的是陰陽之氣，沒有箕子這個人；箕子指萬物的根正在滋長」。趙賓立論很巧妙，研究《易》的各派學者不能駁倒他，都說「不是古代的解法」。趙賓稱學自孟喜，孟喜便認可了。後來趙賓死，無人能主張他的看法，孟喜於是又不肯承認，因此不被人信任。孟喜被舉薦為孝廉，擔任郎官，做曲臺宮的署長，因病免職，任丞相掾。博士有空缺時，大家推薦孟喜，皇上聽說他更改老師的觀點，便不任用他。孟喜傳授給同郡的白光（字少子）、沛郡的翟牧（字子兄），都曾擔任博士，從此有翟、孟、白三家之說。

5　梁丘賀，字長翁，琅邪郡諸縣人。因工於心計，做了武騎。跟隨太中大夫京房學習《易》。京房是淄川楊何的弟子。京房出任齊郡太守後，梁丘賀轉投田王孫為師。宣帝時，朝廷得知京房研究《易》很高明，尋訪他的弟子，找到梁丘賀。梁丘賀當時任都司空令，因事違法，判決免官為平民。梁丘賀曾經在黃門待命，多次進宮給侍中們講解《易》經，於是召見他。梁丘賀進宮給皇上講經，皇上認為講得好，便任命他做郎官。正趕上八月舉行飲酎之禮，皇帝前往昭帝廟祭祀。儀仗中先行騎兵的劍脫落掉在地上，劍頭插入泥中，劍刃朝著皇帝坐的車子，馬因此受驚。於是召梁丘賀來卜筮吉凶。賀認為有軍事陰謀，不吉利。皇上便返回宮中，令有關官員主持祭祀。當時霍光的外孫代郡太守任宣因謀反被殺，任宣的兒子任章擔任公車丞，逃亡在渭城地區，晚上穿著黑色衣服潛入昭帝廟，混在郎官中間，拿著戟守在廟門邊，等候皇上駕到，便要行刺。發現後，被處死。以往的慣例，皇上常晚上入宗廟，後來都等天明進去，就是從這件事開始的。梁丘賀因為卜筮應驗，所以被寵幸，任命為太中大夫，加官給事中，官至少府。梁丘賀為人謹慎，細心周密，皇上很信任看重他。年紀大了，死在任上。傳授《易》學給他的兒子梁丘臨，也進宮為皇上講經，擔任黃門郎。甘露年間，奉命在石渠閣向與會儒生們詢問《五經》異同。梁丘臨學問精通，專門主張京房的《易》學。琅邪人王吉通曉《五經》，聽說梁丘臨的觀點，認為有道理。當時宣帝挑選有才華的郎官十人去聽梁丘臨講經，於是王吉派他兒子郎中王駿向皇帝上奏，要求跟隨梁丘臨學習《易》。梁丘臨傳授給任少府的五鹿充宗（字君孟）和任御史大夫的王駿，本書另有傳。五鹿充宗傳授給平陵人士孫張（字仲方）、沛郡人鄧彭祖（字子夏）、齊郡人衡咸（字長賓）。士孫張任博士，官做到揚州牧，光祿大夫給事中，學業世代相傳；鄧彭祖曾任真定國太傅；衡咸曾任王莽的講學大夫。從此梁丘氏《易》學有士孫、鄧、衡三家之說。

6 京房的《易》學傳自梁國人焦延壽。延壽自稱曾經向孟喜請教《易》。正好孟喜去世了，京房認為焦延壽的《易》說即是孟氏《易》學，翟牧、白先生不認可，都說不是。到成帝年間，劉向校勘書籍，考察《易》學各家學說，認為各家《易》說都源自田何、楊叔元、丁寬，主要觀點基本相同，只有京房的觀點與眾不同，或許焦延壽獨自得到隱士的《易》說，假託於孟喜，所以與其他各家不同。京房因為通曉災異之說獲得寵幸，後來遭石顯誣陷被殺，本書另有傳。京房傳授給東海人殷嘉、河東人姚平、河南人乘弘，都做了郎官、博士。從此《易》有京氏一家之說。

7 費直，字長翁，東萊郡人。因研究《易》做了郎官，官至單父縣令。擅長卜筮，沒有自己對《易》的闡釋，只是用〈彖〉、〈象〉、〈繫辭〉等十篇《易》傳的文字來解釋《易》的上、下經。琅邪人王璜（字平中）能夠傳授它。王璜還能傳授《古文尚書》。

8 高相，沛郡人，研習《易》與費直同時，他的學問也沒有對《易》的章句注釋，專門說陰陽災異，自稱學問出自丁寬。傳授到高相，他又傳授給兒子高康和蘭陵人毋將永。高康因為通曉《易》任郎官，毋將永官至豫章都尉。王莽攝政時，東郡太守翟誼計劃起兵討伐王莽，還未起事，高康預測東郡有兵事，私下裡告訴弟子，弟子上奏朝廷。過了幾個月，翟誼起兵，王莽召上書者詢問，回答說是老師高康所說。王莽厭惡這種事，認為是蠱惑民心，處死了高康。從此《易》有高氏之學。高氏學、費氏學都未曾在學官立為博士。

1 伏生，濟南人也，故為秦博士。孝文時，求能治尚書者，天下亡有，聞伏生治之，欲召。時伏生年九十餘，老不能行，於是詔太常，使掌故朝錯❶往受之。秦時禁書，伏生壁藏之，其後大兵起❷，流亡。漢定，伏生求其書，亡數十篇，獨得二十九篇❸，即以教於齊、魯之間。齊學者❹由此頗能言尚書，山東大師❺亡不涉尚書以教。伏生教濟南張生及歐陽生。張生為博士，而伏生孫以治尚書徵，弗能明定❻。是後魯周霸、雒陽賈嘉❼頗能言尚書云。

2 歐陽生，字和伯，千乘❽人也。事伏生，授兒寬❾。寬又受業孔安國❿，至御史大夫，自有傳。寬有俊材，初見武帝⓫，語經學。上曰：「吾始以尚書為樸學⓬，弗好，及聞寬說，可觀。」乃從寬問一篇。歐陽、大小夏侯氏學皆出於寬。寬授歐陽生子，世世相傳，至曾孫高子陽，為博士。高孫地餘長賓以太子中庶子⓭授太子⓮，後為博士，論石渠。元帝即位，地餘侍中，貴幸，至少府。戒其子曰：「我死，官屬即送汝財物，慎毋受。汝九卿儒者子孫，以廉潔著，可以自成。」

及地餘死，少府官屬共送數百萬，其子不受。天子聞而嘉之，賜錢百萬。地餘少子政為王莽講學大夫。由是尚書世有歐陽氏學。

3 林尊，字長賓，濟南人也。事歐陽高，為博士，論石渠。後至少府、太子太傅⑮，授平陵平當⑯、梁陳翁生。當至丞相，自有傳。翁生信都太傅⑰，家世傳業。由是歐陽有平、陳之學。翁生授琅邪殷崇、楚國龔勝⑱。崇為博士，勝右扶風⑲，自有傳。而平當授九江⑳朱普公文、上黨鮑宣㉑。普為博士，宣司隸校尉㉒，自有傳。徒眾尤盛，知名者也。

4 夏侯勝㉓，其先夏侯都尉㉔，從濟南張生受尚書，以傳族子始昌㉕。始昌傳勝，勝又事同郡蕳㉖卿。蕳卿者，兒寬門人。勝傳從兄子㉗建，建又事歐陽高。勝至長信少府㉘，建太子太傅㉙，自有傳。由是尚書有大小夏侯之學。

5 周堪，字少卿，齊人也。與孔霸㉚俱事大夏侯勝。霸為博士㉛。堪譯官令㉜，論於石渠，經為最高，後為太子少傅㉝，而孔霸以大中大夫授太子。及元帝即位，堪為光祿大夫，與蕭望之並領尚書事㉞，為石顯等所譖，皆免官。望之自殺，上愍之，迺擢堪為光祿勳㉟，語在劉向傳㊱。堪授牟卿及長安許商長伯。牟卿為博士。霸以帝師賜爵號褒成君，傳子光，亦事牟卿，至丞相，自有傳。由是大夏侯有孔、許之學。商善為算，著五行論曆[37]，四至九卿，號其門人沛唐林子高為德行[38]，平陵吳章[39]偉君為言語，重泉[40]王吉少音為政事，齊炔欽幼卿為文學。王莽時，林、吉為九卿，自表上師家，大夫博士郎吏為許氏學者，各從門人，會車數百兩，儒者榮之。欽、章皆為博士，徒眾尤盛。章為王莽所誅。

6 張山拊，字長賓，平陵人也。事小夏侯建，為博士，論石渠，至少府。授同縣李尋、鄭寬中少君、山陽張無故子儒、信都秦恭延君、陳留假倉子驕[41]。無故善修章句，為廣陵[42]太傅，守小夏侯說文[43]。恭增師法至百萬言，為城陽內史[44]。倉以謁者論石渠，至膠東相[45]。尋善說災異，為騎都尉[46]，自有傳。寬中有雋材，以博士授太子，成帝即位，賜爵關內侯[47]，食邑[48]八百戶，遷光祿大夫，領尚書事，甚尊重。會疾卒，谷永[49]上疏曰：「臣聞聖王尊師傅，褒賢雋，顯有功，生則致[50]其爵祿，死則異其禮諡[51]。昔周公薨[52]，成王葬以變禮[53]，而當天心[54]。公叔文子[55]卒，衛侯加以美諡，著為後法。近事，大司空朱邑、右扶風翁歸德茂夭年[56]，孝宣皇帝愍冊厚賜，贊命之臣靡不激揚[57]。關內侯鄭寬中有顏子[58]之美質，包商、偃[59]之文學，嚴然總五經之眇論[60]，立師傅之顯位，入則鄉唐虞之閎道[61]，王法納乎聖聽，出則參冢宰[62]之重職，功列[63]施乎政事，退食自公[64]，私門不開，散賜九族[65]，田畝不益，德配周召[66]，忠合羔羊，未得登司徒[67]，有家臣[68]，卒[69]然早終，尤可悼痛！臣愚以為宜加其葬禮，賜之令[70]諡，以章尊師褒賢顯功之德。」上弔贈寬中甚厚。由是小夏侯有鄭、張、秦、假、李氏之學。寬中授東郡趙玄，無故授沛唐尊，恭授魯馮賓。賓為博士，尊王莽太傅，玄哀帝御史大夫，至大官，知名者也。

7 孔氏有古文尚書，孔安國以今文字[71]讀之，因以起其家逸書[72]，得十餘篇，蓋尚書茲[73]多於是矣。遭巫蠱[74]，未立於學官。安國為諫大夫[75]，授都尉朝[76]，而司馬遷[77]亦從安國問故。遷書載堯典、禹貢、洪範、微子、金縢諸篇，多古文說。都尉朝授膠東[78]庸生。庸生授清河[79]胡常少子，以明穀梁春秋為博士、部刺史[80]，又傳左氏[81]。常授虢[82]徐敖。敖為右扶風掾[83]，又傳毛詩[84]，授王璜、平陵塗惲子真。子真授河南桑欽君長。王莽時，諸學皆立。劉歆為國師[85]，璜、惲等皆貴顯。世所傳百兩篇[86]者，出東萊張霸，分析合[87]二十九篇以為數十，又采左氏傳、書敘為作首尾，凡百二篇。篇或數簡，文意淺陋。成帝時求其古文者[88]，霸以能為百兩徵，以中書[89]校之，非是[90]。霸辭[91]受父，父有弟子尉氏[92]樊並。時太中大夫平當、侍御史周敞勸上存之[93]。後樊並謀反[94]，迺黜[95]其書。

【章　旨】以上為第三部分，寫漢代今古文《尚書》的傳授脈絡。《今文尚書》都由伏生一系傳授下來，其中歐陽、大小夏侯三家立為學官；《古文尚書》源自景帝時魯恭王在孔子住宅的牆壁中發現的經書，由孔安國整理，但西漢一直未能立為學官。

【注　釋】❶朝錯　即鼂錯，潁川（今河南禹州）人，早年曾習法家刑名之學，後隨伏勝學習《尚書》，文帝時為太子家令，人稱智囊。景帝初任御史大夫，主張削諸侯王封地以加強中央政權。景帝前三年（西元前一五四年）吳楚七國以誅鼂錯為名反叛，景帝採納爰盎之策，殺鼂錯以安撫叛軍。詳見本書卷四十九〈鼂錯傳〉。❷大兵起　《史記》作「起大兵」，當從，指兵亂大起。❸二十九篇　本書〈藝文志〉作「二十九卷」。❹齊學者　當為「齊魯學者」（《漢書補注》）。❺山東大師　山東，秦漢時指崤山或華山以東廣大地區。大師，對學者、專家的尊稱。❻弗能明定　不能確切解釋。❼賈嘉　賈誼之孫，官至太守。❽千乘　漢郡名，治千乘（今山東高青東北），轄境約當今山東博興、高青、濱縣等地。❾兒寬　也作「倪寬」。姓倪名寬，本書卷五十八有其傳。❿孔安國　字子國，為孔子十二世孫，魯恭王在孔子住宅的牆壁中發現《古文尚書》後，交給孔安國整理，由此開出《古文尚書》一派，但在漢代一直未能立為博士，只能在民間流傳，並一度中斷。所以後世學者都很懷疑今傳《古文尚書》並非孔安國整理之《尚書》。⓫武帝　指漢武帝劉徹，西元前一四〇—前八七年在位，統治期間採納董仲舒「罷黜百家，獨尊儒術」的建議，儒家學說成為正統思想，詳見本書卷六〈武帝紀〉。⓬樸學　質樸之學，意為只重字詞解釋、考證的學問。⓭太子中庶子　太子之侍從官。⓮太子　即劉奭，後為元帝。⓯太子太傅　官名，太子屬官，職責為輔導太子。⓰平當　字子思，本書卷七十一有傳。⓱信都太傅　信都，漢諸侯國名，都信都（今河北冀州）。太傅，官名，漢代中央政府也有太傅，為三公之一，負責輔佐君主，各封國的太傅由朝廷任命，執掌輔導諸侯王。⓲楚國龔勝　楚國，漢諸侯國名，都於彭城（今江蘇徐州），轄境約當今江蘇北部，山東南部以及安徽東北部一小部分地區。龔勝，字君賓，彭城人。本書卷七十二有傳。⓳右扶風　官名，漢武帝時改主爵都尉置，分右內史西半部渭城以西二十一縣為其轄區，相當於郡太守。⓴九江　郡名，治壽春（今安徽壽縣）。㉑上黨鮑宣　上黨，郡名，治長子（今山西長子西）。鮑宣，傳見本書卷七十二。㉒司隸校尉　官名，置於武帝時，掌糾察京師百官及附近各郡。㉓夏侯勝　東平（今山東東平）人，漢代《今文尚書》大夏侯學的開創者，曾任博士，以陰陽災異推論時政得失，本書卷七十五有傳。㉔夏侯都尉　複姓夏侯，史佚其名。都尉，官名。㉕族子始昌　族子，同族兄弟之子，自高祖四代以上為族子，自曾祖以下三代稱從子。始昌，本書卷七十五有其附傳。㉖簡　通

「簡」。姓。㉗從兄子　即堂姪子。㉘長信少府　官名，長信宮少府，管理長信宮事務。長信宮為漢代太后居住的宮殿。㉙建太子太傅　據本書卷七十五〈夏侯建傳〉，建未曾擔任太子太傅，只擔任過太子少傅。㉚孔霸　孔子第十三代孫，曾任博士、太中大夫等職，封關內侯，號褒成君，詳參本書卷八十一〈孔光傳〉。㉛霸為博士　事在昭帝末年，見〈孔光傳〉。㉜譯官令　官名，屬大鴻臚。㉝太子少傅　官名，掌輔導太子，為太子太傅的副職，秩二千石。㉞與蕭望之句　蕭望之，東海蘭陵（今山東蒼山縣）人，徙杜陵，曾任左馮翊、大鴻臚等職，甘露三年主持石渠閣的《五經》討論，本書卷七十八有傳。領尚書事，官名，後稱錄尚書事，通常由朝廷二千石以上高官充任，負責處理尚書的各類文書，向皇帝提出參考意見以供決策。武帝以後領尚書事的權力不斷擴大。㉟擢堪為光祿勳　擢，提拔。光祿勳，官名，九卿之一，原名郎中令，武帝時改稱光祿勳，侍從皇帝左右，屬官有大夫、郎、謁者等。㊱劉向傳　見本書卷三十六。㊲五行論曆　本書〈藝文志〉有許商《五行傳記》一篇，《算術》二十六卷。㊳唐林子高為德行　唐林，字子高，沛郡人。本書卷七十二有傳。德行，指德行超人，許商將弟子分為四科，是模仿孔子的做法。言語指語言能力強，政事指善於處理政務，文學指通曉文獻學術。㊴吳章　字偉君，扶風平陵人。據本書卷六十七〈云敞傳〉稱，「章為當世名儒，教授尤盛，弟子千餘人」。㊵重泉　縣名，在今陝西蒲城東南。㊶授同縣李尋句　李尋，本書卷七十五有傳。山陽，縣名，在今河南焦作東南。陳留，郡名，治陳留（今河南開封東南）。㊷廣陵　諸侯國名，都地廣陵（今江蘇揚州西北）。㊸守小夏侯說文　守，遵守；奉行。說文，指夏侯氏對《尚書》的解說文字。㊹內史　官名，執掌諸侯王國民政。㊺以謁者論石渠二句　謁者，官名，屬光祿勳（郎中令），掌賓贊事宜。膠東，諸侯國名，治即墨（今山東萊西西南）。㊻騎都尉　武官名，漢武帝時設，執掌皇帝護衛部隊，地位略低於將軍。㊼關內侯　爵位名，秦漢爵位共二十等，關內侯為第十九級，僅次於列（徹、通）侯。㊽食邑　漢代受朝廷爵位封賜者同時給予食邑或采邑若干戶，以這些民戶的賦稅任用爵祿，無具體的統屬關係。㊾谷永　傳見本書卷八十五。㊿致　給予。(51)禮謚　指喪禮和謚號。謚號是古代由朝廷根據死者生前行為給予的稱號，意在表示褒貶，後世民間也有為死者起謚號的，被稱為私謚。(52)周公薨　周公，姬旦，周文王之子，武王之弟，輔佐武王滅商，其封地在周，故稱周公。相傳他曾制禮作樂。薨，周代諸侯死的隱諱說法。(53)成王葬以變禮　成王，周武王之子，即位時年幼，由周公攝政。變禮，不合常規的禮儀。據顏師古注引《尚書大傳》云：「周公死，成王欲葬之于成周。天乃雷雨以風，禾盡偃，大木斯拔。國人大恐。王乃葬周公于畢，示不敢臣也。」(54)天心　天意。(55)公叔文子　春秋時衛國大夫公叔發。據《禮記・檀弓下》，文子死，其子請謚於君。衛君曰：「昔者衛國凶饑，夫子為粥與國之餓者，不亦惠乎？衛國有難，夫子以其死衛寡人，不亦貞乎？夫子聽衛國之政，修其班制，以與四鄰交，衛國社稷不辱，不亦文乎？謂夫子貞惠文子。」(56)大司空朱邑句　朱邑，廬江舒（今安徽廬江縣）人，曾任太守、大司農等職，傳見本書卷八十九。據《漢書補注》，大司空當為「大司農」。翁歸，即尹翁歸，河東平陽（今山西臨汾）人，傳見本書卷七十六。夭年，早年而死。(57)孝宣皇帝二句　冊，冊書，皇帝用於官員任免、封贈的文書。厚賜，指宣帝賜給朱邑、尹翁歸之子各黃金百斤。贊，輔佐。激揚，激勵振奮。(58)顏子　顏回，字子淵，孔子最得意的弟子，德行突出。(59)商偃　指孔子的弟子子游和子夏，二人以文學著稱。(60)嚴然句　嚴，通「儼」。眇，通「妙」。(61)鄉唐虞之閎道　鄉，通「嚮」。嚮往。唐虞，指唐堯和虞舜，都是傳說中的部落聯盟首領，被後世認為是上古聖君明主的典範。堯為陶唐氏，舜為有虞氏。閎，大。(62)參冢宰　參，參與。冢宰，官名，《尚書》稱「冢宰掌邦治，統百官，均四海。」《周禮》亦有天官冢宰之職，為輔佐帝王的最高官職，故後世以之代指宰相。(63)功列　功績。列，通「烈」。(64)退食自公　語出《詩經・召南・羔羊》，指退朝回家就餐，以示節儉。自公，順從公道。(65)九族　包括父族四、母族三、妻族二，一說指自己以上的高、曾、祖、父及自己之下的玄、曾、孫、子。(66)周召　指周公旦和召公奭，都是輔佐武王、成王的重要賢臣。召公的采邑在召（今陝西岐山西南），故稱之為召公或召伯。(67)司徒　官名，《周禮》六卿之一，主管教化。(68)家臣　漢武帝之後，凡拜相封侯者，可以立家丞、門大夫、庶子諸官。(69)卒　通「猝」。突然。(70)令　善；美。(71)今文字　指漢代流行的隸書，與戰國文字相對，被稱為今文。(72)起其家逸書　起，指疏通整理。逸，散逸。(73)茲　通「滋」。增加。(74)巫蠱　指巫蠱之禍。征和二年（西元前九一年），江充誣告太子劉據在宮中埋有木偶，詛咒漢武帝和太后，太子殺死江充，並與武帝派來追捕的軍隊交戰，兵敗自殺，可參本書卷四十五〈江充傳〉和卷六十三〈戾太子傳〉。(75)諫大夫　官名，光祿勳屬官，掌議論。(76)都尉朝　有二說：一說，朝名，都尉姓（服虔說）。一說，都尉，官名，名朝，亡其姓（周壽昌說）。(77)司馬遷　西漢著名史學家、文學家，著有《史記》，傳見本書卷六十二。(78)膠東　漢諸侯國名，治即墨（今山東平度東南）。(79)清河　郡國名，治清陽（今河北清河東南）。(80)以明句　穀梁春秋，即《春秋穀梁傳》，也稱《穀梁傳》，《春秋》三傳之一，由穀梁赤所撰，闡釋《春秋》大義，後來亦成為儒家十三經之一，今存。部刺史，官名，武帝時將全國分為十三部、州，各設刺史，監察州中地方官，成帝時曾改名為州牧。這裡的部刺史指青州刺史，見本書卷八十四〈翟方進傳〉。(81)左氏　即《春秋左氏傳》，又稱《左氏春秋》、《左傳》，《春秋》三傳之一，相傳為春秋末年魯國太史左丘明所撰。該書利用豐富的史料，將《春秋》中簡要的敘述加以充實，後成為儒家十三經之一，今存。(82)虢　縣名，在今陝西寶雞西。(83)右扶風掾　右扶風的屬吏。(84)毛詩　漢初毛亨、毛萇所傳《詩》說，據說出自孔子的弟子子夏。(85)劉歆為國師　劉歆，字子駿，劉向之子，西漢末年著名的古文經學家。他在其父校書的基礎上撰成《七略》，是本書〈藝文志〉的主要史料來源。王莽時劉歆任國師，位居上公，本書卷三十六有其附傳。國師，王莽所設官名。86百兩篇　指《尚書》一百零二篇。87分析合　分析，拆分。合，據王引之說，當為「今」之誤。88求其古文者　意為求訪能為古文者。89中書　皇宮所藏之書。90非是　指張霸的百二篇《尚書》與中書所藏不同。91辭　託辭。92尉氏　縣名，在今河南尉氏。93侍御史周敞勸上存之　侍御史，官名，御史大夫屬官，奉朝廷之令督察、處理京師或郡國違法事件。存之，指不廢棄其書。94樊並謀反事在永始三年（西元前一四年）十一月，見本書卷十〈成帝紀〉。95黜　廢黜。

【語譯】伏先生，濟南郡人，原來是秦朝博士。文帝時，尋訪能夠研習《尚書》的人，全國沒有，聽說伏先生研究《尚書》，想要召見他。當時伏先生已經九十多歲，年老不能遠行，於是下令太常派掌故朝錯前去學習。秦朝禁止傳授《書》，伏先生將它藏在牆壁中，後來兵亂大起，逃亡他鄉。漢朝建立，天下安定，伏先生找到他藏的《書》，丟失了幾十篇，只得到二十九篇，就用它在齊魯地區傳授。齊（魯）地區的學者因此很能講說《尚書》，山東的大學者們講學時無不涉及《尚書》。伏先生傳授給濟南人張先生和歐陽先生。張先生任博士。伏先生的孫子也因為研究《尚書》被朝廷徵召，但不能確切解釋它。後來魯地人周霸、雒陽人賈嘉很能夠講解《尚書》。

2　歐陽先生，字和伯，千乘人。師事伏先生，傳授給倪寬。倪寬又向孔安國學習，官至御史大夫，本書另有傳。倪寬才華傑出，第一次見到武帝，談論經學。武帝說：「我原先以為《尚書》是樸學，不喜歡，等到聽了倪寬的講解，才知很有可觀。」於是向倪寬請教了《尚書》中的一篇。歐陽、大小夏侯氏的《尚書》學都出自倪寬。倪寬傳授給歐陽先生的兒子，世代相傳，至曾孫歐陽高（字子陽），任博士。歐陽高的孫子歐陽地餘（字長賓）任太子中庶子，傳授太子《尚書》，後來任博士，參加石渠閣的《五經》討論。元帝即位，歐陽地餘任侍中，尊貴寵幸，官至少府。告誡他兒子說：「如果我去世，官員們送給你財物，千萬不可接受。你是九卿、儒家學者的子孫，將來以廉潔聞名，就可以自立。」等到歐陽地餘死時，少府的官吏總共送了幾百萬錢財，他兒子不接受。元帝聽了很讚賞，賜給他錢一百萬。歐陽地餘的小兒子歐陽政任王莽的講學大夫。於是《尚書》世代有歐陽氏一家之說。

3 林尊，字長賓，濟南人。師從歐陽高，任博士，參加石渠閣的《五經》討論。後來官至少府、太子太傅，傳授給平陵人平當、梁人陳翁生。平當官至丞相，本書另有傳。陳翁生任信都國太傅，學業在家族中世代相傳。於是歐陽氏的《尚書》學有平、陳兩家之說。翁生傳授給琅邪殷崇、楚國龔勝。殷崇任博士，龔勝任右扶風，本書另有傳。而平當傳授給九江人朱普（字公文）、上黨人鮑宣。朱普任博士，鮑宣任司隸校尉，本書另有傳。弟子特別多，是很知名的人。

4 夏侯勝，他的祖先夏侯都尉師從濟南張先生學習《尚書》，傳授給族子夏侯始昌。夏侯始昌傳授給夏侯勝，夏侯勝又拜同郡蕳卿為師。蕳卿是倪寬的弟子。夏侯勝傳授給堂姪夏侯建，夏侯建又師事歐陽高。夏侯勝官至長信宮少府，夏侯建官至太子少傅，本書另有傳。從此《尚書》有大小夏侯氏之說。

5 周堪，字少卿，齊地人。與孔霸一起師從大夏侯勝。孔霸任博士。周堪任譯官令，參加石渠閣的《五經》討論，經學水平最高，後來任太子少傅，而孔霸任太中大夫，教導太子。等到元帝即皇帝位，周堪任光祿大夫，與蕭望之一起領尚書事，被石顯等人誣陷，都被罷官。蕭望之自殺，皇上很傷感，於是提拔周堪為光祿勳，這事記錄在本書〈劉向傳〉。周堪傳授給牟卿和長安許商（字長伯）。牟卿任博士。孔霸因為做過皇帝的老師賜給爵號叫褒成君。孔霸傳授給兒子孔光，也師從牟卿，官至丞相，本書另有其傳。於是大夏侯的《尚書》學有孔、許兩家之說。許商擅長算術，寫了《五行論曆》一書，四次擔任九卿，稱他的弟子沛人唐林（字子高）為德行，平陵人吳章（字偉君）為言語，重泉人王吉（字少音）為政事，齊人炔欽（字幼卿）為文學。王莽時期，唐林、王吉都擔任九卿，各自上奏要去給老師上墳，學習許氏《尚書》學的大夫、博士、郎官，各自帶著弟子，參加集會者的車輛有幾百輛，儒生們引以為榮。炔欽、吳章都擔任博士，弟子尤其多。吳章被王莽所殺。

6 張山拊，字長賓，平陵縣人。師從小夏侯建，任博士，參加石渠閣會議，官至少府。傳授給同縣人李尋、鄭寬中（字少君）、山陽人張無故（字子儒）、信都人秦恭（字延君）、陳留人假倉（字子驕）。張無故擅長章句注釋，擔任廣陵國的太傅，奉行小夏侯對《尚書》的解說文字。秦恭增加老師的解說上百萬字，擔任城陽國內史。假倉以謁者身分參加石渠閣《五經》討論，官至膠東國相。李尋善於談論災異，擔任騎都尉，本書另有傳。鄭寬中才華俊逸，以博士身分教授太子，成帝即位後，賜給關內侯的爵位，食邑八百戶，提升為光祿大夫，領尚書事，很受尊重。正好得病去世，谷永上奏說：「我聽說聖明的帝王尊敬老師，表彰賢才，稱讚功臣，活著就授予他爵位俸祿，死了便給他特別的禮儀和諡號。從前周公去世，成王用特殊的喪禮安葬，從而符合了天意。公叔文子去世，衛侯賜給他美好的諡號，成為後世的法則。最近的事例，大司農朱邑、右扶風尹翁歸道德高尚，英年早逝，宣帝頒布哀悼的冊書，賞賜很多，輔佐大臣們無不受到激勵。關內侯鄭寬中有顏回優良品質，兼有子游、子夏的文學修養，幾乎總括了《五經》的妙論，曾經身居天子老師的顯耀地位，進宮則嚮往堯舜之大道，使天子聽到聖王的法則，在朝則參與宰臣的重要職事，功績體現在政事之中，退朝回家就餐，一心為公，營私請託之門緊閉不開。將自己的財產分給親族，不去增加田產。德行可以和周公、召公相比，忠誠之心與〈羔羊〉相合。未能榮升司徒之職而擁有家臣，突然過早去世，尤其令人哀痛！我認為應該使葬禮隆重，賜給他美好的諡號。以彰顯尊敬老師，褒獎賢能，讚揚功臣的德行。」皇上前去弔念時，對鄭寬中家的賞賜很豐厚。於是小夏侯氏的《尚書》學有鄭、張、秦、假、李五家之說。鄭寬中傳授給東郡人趙玄，張無故傳授給沛郡人唐尊，秦恭傳授給魯人馮賓。馮賓任博士，唐尊任王莽太傅，趙玄在哀帝時任御史大夫，做到大官，是知名的人物。

7 孔氏有《古文尚書》，孔安國用今文去釋讀它，因而疏通整理家中失傳的《書》，共有十餘篇，《尚書》篇數增加可能就在於此。遇到巫蠱之禍，《古文尚書》未能立為博士。孔安國任諫大夫，傳授給都尉朝，司馬遷也曾向他請教《尚書》的解釋。司馬遷在《史記》中記載〈堯典〉、〈禹貢〉、〈洪範〉、〈微子〉、〈金縢〉等篇，多按照古文的解釋。都尉朝傳授給膠東人庸先生。庸先生傳授給清河人胡常（字少子），胡常因為通曉《穀梁春秋》擔任博士和青州刺史，又傳授《左氏春秋》。胡常傳授給虢縣人徐敖。徐敖任右扶風的屬官，又傳授《毛詩》，他將《尚書》傳授給王璜和平陵人塗惲（字子真）。子真傳授給河南人桑欽（字君長）。王莽時期，各家經學都立為博士。劉歆任國師，王璜、塗惲等都尊貴顯赫。世上所傳的一百零二篇《尚書》出於東萊張霸，將今文二十九篇拆成數十篇，又節取《左氏傳》和《書敘》的內容為首尾，一共一百零二篇。有些篇只有幾枝簡，文意淺陋。成帝時求訪能通古文的學者，張霸因為能研究一百零二篇《尚書》被徵召，用皇宮藏書和它校勘，不一樣。張霸稱是從父親那兒傳授下來的，他父親有弟子尉氏人樊並。當時太中大夫平當、侍御史周敞勸皇上不要毀掉它。後來樊並謀反，於是將這部書廢棄。

1 申公❶，魯人也。少與楚元王❷交俱事齊人浮丘伯❸受詩。漢興，高祖過魯，申公以弟子從師入見于魯南宮❹。呂太后時，浮丘伯在長安，楚元王遣子郢與申公俱卒學。元王薨，郢嗣立為楚王，令申公傅太子戊❺。戊不好學，病❻申公。及戊立為王，胥靡❼申公。申公愧❽之，歸魯退居家教，終身不出門。復謝❾賓客，獨王命召之乃往。弟子自遠方至受業者千餘人，申公獨以詩經為訓故以教，亡傳❿，疑者則闕弗傳⓫。蘭陵王臧既從受詩，已通，事景帝為太子少傅，免去。武帝初即位，臧乃上書宿衛，累遷，一歲至郎中令⓬。及代⓭趙綰亦嘗受詩申公，綰為御史大夫。綰、臧請立明堂⓮以朝諸侯，不能就⓯其事，乃言師申公。於是上使使束帛加璧⓰，安車以蒲裹輪⓱，駕駟⓲迎申公，弟子二人乘軺傳⓳從。至，見上，上問治亂之事。申公時已八十餘，老，對曰：「為治者不在多言，顧力行何如耳。」是時上方好文辭，見申公對，默然。然已招致，即以為大中大夫，舍魯邸[20]，議明堂事。太皇竇太后喜老子言[21]，不說[22]儒術，得綰、臧之過，以讓[23]上曰：「此欲復為新垣平[24]也！」上因廢明堂事，下綰、臧吏[25]，皆自殺。申公亦病免[26]歸，數年卒。弟子為博士十餘人，孔安國至臨淮[27]太守，周霸膠西[28]內史，夏寬城陽內史，碭魯賜東海太守，蘭陵繆生長沙[29]內史，徐偃膠西中尉[30]，鄒人闕門慶忌膠東內史[31]，其治官民皆有廉節稱。其學官弟子行雖不備[32]，而至於大夫、郎、掌故以百數。申公卒以詩、春秋授，而瑕丘[33]江公盡能傳之，徒眾最盛。及魯許生、免中[34]徐公，皆守學教授。韋賢[35]治詩，事博士大江公[36]及許生，又治禮，至丞相。傳子玄成，以淮陽中尉論石渠，後亦至丞相。玄成及兄子賞以詩授哀帝，至大司馬車騎將軍[37]，自有傳。由是魯詩有韋氏學。

2 王式，字翁思，東平新桃[38]人也。事免中徐公及許生。式為昌邑王[39]師。昭帝崩，昌邑王嗣立，以行淫亂廢，昌邑群臣皆下獄誅，唯中尉王吉、郎中令龔遂以數諫減死論[40]。式繫獄當死，治事使者責問曰：「師何以亡諫書？」式對曰：「臣以詩三百五篇朝夕授王，至於忠臣孝子之篇，未嘗不為王反復誦之也；至於危亡失道之君，未嘗不流涕為王深陳[41]之也。臣以三百五篇諫，是以亡諫書。」使者以聞，亦得減死論，歸家不教授。山陽[42]張長安幼君先事式，後東平唐長賓、沛褚少孫[43]亦來事式，問經數篇，式謝曰：「聞之於師具是[44]矣，自潤色之。」不肯復授。唐生、褚生應博士弟子選，詣博士，摳衣[45]登堂，頌禮[46]甚嚴，試誦說，有法，疑者丘蓋不言[47]。諸博士驚問何師，對曰事式。皆素聞其賢，共薦式。詔除下[48]為博士。式徵來，衣博士衣而不冠，曰：「刑餘之人[49]，何宜復充禮官？」既至，止舍中，會諸大夫博士，共持酒肉勞[50]式，皆注意高仰[51]之。博士江公世為魯詩宗[52]，至江公著孝經說[53]，心嫉式，謂歌吹[54]諸生曰：「歌驪駒[55]。」式曰：「聞之於師：客歌驪駒，主人歌客毋庸歸[56]。今日諸君為主人，日尚早，未可也。」江翁曰：「經何以言之？」式曰：「在曲禮。」江翁曰：「何狗曲也[57]！」式恥之，陽醉遏墬[58]。式客罷，讓諸生曰：「我本不欲來，諸生彊勸我，竟為豎子[59]所辱！」遂謝病免歸，終於家。張生、唐生、褚生皆為博士。張生論石渠，至淮陽中尉。唐生楚太傅。由是魯詩有張、唐、褚氏之學。張生兄子游卿為諫大夫，以詩授元帝。其門人琅邪王扶為泗水[60]中尉，陳留[61]許晏為博士。由是張家有許氏學。初，薛廣德[62]亦事王式，以博士論石渠，授龔舍[63]。廣德至御史大夫，舍泰山太守，皆有傳。

3 轅固，齊人也。以治詩孝景時為博士，與黃生爭論於上前。黃生曰：「湯武湯武非受命，迺殺也[64]。」固曰：「不然。夫桀紂[65]荒亂，天下之心皆歸湯武，湯武因天下之心而誅桀紂，桀紂之民弗為使[66]而歸湯武，湯武不得已而立，非受命為何？」黃生曰：「『冠雖敝必加於首，履雖新必貫[67]於足。』何者？上下之分[68]也。今桀紂雖失道，然君上也；湯武雖聖，臣下也。夫主有失行，臣不正言匡過[69]以尊天子，反因過而誅之，代立南面[70]，非殺而何？」固曰：「必若云[71]，是高皇帝代秦即天子之位，非邪？」於是上曰：「食肉毋食馬肝[72]，未為不知味也；言學者毋言湯武受命，不為愚。」遂罷。竇太后好老子書，召問固。固曰：「此家人[73]言耳。」太后怒曰：「安得司空城旦書[74]乎！」迺使固入圈擊彘[75]。上知太后怒，而固直言無辠，迺假固利兵[76]。下，固刺彘正中其心，彘應手而倒。太后默然，亡以復辠。後上以固廉直，拜為清河太傅，疾免。武帝初即位，復以賢良徵。諸儒多嫉毀曰固老，罷歸之。時固已九十餘矣。公孫弘亦徵，仄[77]目而事固。固曰：「公孫子，務正學以言，無曲學以阿世[78]！」諸齊以詩顯貴，皆固之弟子也。昌邑太傅夏侯始昌最明[79]，自有傳。

4 后蒼，字近君，東海郯[80]人也。事夏侯始昌。始昌通五經，蒼亦通詩禮，為博士，至少府，授翼奉[81]、蕭望之、匡衡[82]。奉為諫大夫，望之前將軍，衡丞相，皆有傳。衡授琅邪師丹[83]、伏理斿君、潁川滿昌君都。君都為詹事[84]，理高密[85]太傅，家世傳業。丹大司空，自有傳。由是齊詩有翼、匡、師、伏之學。滿昌授九江張邯、琅邪皮容，皆至大官，徒眾尤盛。

5 韓嬰，燕人也。孝文時為博士，景帝時至常山[86]太傅。嬰推詩人之意，而作內外傳[87]數萬言，其語頗與齊、魯間殊，然歸[88]一也。淮南[89]賁生受之。燕趙間言詩者由韓生。韓生亦以易授人，推易意而為之傳。燕趙間好詩，故其易微，唯韓氏自傳之。武帝時，嬰嘗與董仲舒論於上前，其人精悍，處事分明，仲舒不能難[90]也。後其孫商為博士。孝宣時，涿郡[91]韓生其後也，以易徵，待詔殿中，曰：「所受易即先太傅所傳也。嘗受韓詩，不如韓氏易深，太傅故專傳之。」司隸校尉蓋寬饒[92]本受易於孟喜，見涿韓生說易而好之，即更從受焉。

6 趙子，河內[93]人也。事燕韓生，授同郡蔡誼[94]。誼至丞相，自有傳。誼授同郡食子公[95]與王吉。吉為昌邑王中尉，自有傳。食生為博士，授泰山栗豐。吉授淄川長孫順。順為博士，豐部刺史。由是韓詩有王、食、長孫之學。豐授山陽張就，順授東海髮福，皆至大官，徒眾尤盛。

7 毛公[96]，趙人也。治詩，為河間獻王[97]博士，授同國貫長卿。長卿授解延年。

延年為阿武98令，授徐敖。敖授九江陳俠，為王莽講學大夫。由是言毛詩者，本之徐敖。

【章　旨】以上為第四部分，寫漢代《詩》學傳授脈絡。漢代《詩》的傳授，共分四派：齊之轅固生，魯之申培，燕之韓嬰，趙之毛亨、毛萇，簡稱《齊詩》、《魯詩》、《韓詩》、《毛詩》。齊、魯、韓三家被立為學官，但三家詩先後亡佚。毛詩晚出，而且在西漢未被立為學官，但在民間廣泛傳授，最終壓倒了三家詩，也就是今傳《詩經》的本子。

【注　釋】❶申公　名培，即前文所說申培公。❷楚元王　劉邦的同父異母弟劉交，漢六年被封為楚王，都彭城，封地為碭郡、薛縣、郯郡的三十六縣，地域包括今山東西南部和南部、江蘇東北部、安徽北部、河南東部。傳見本書卷三十六〈楚元王傳〉。❸浮丘伯　秦時儒生，荀子的弟子。❹從師入見于魯南宮　從，跟隨。南宮，在魯國國都曲阜南（今山東曲阜南）。❺太子戊　劉郢之子劉戊，文帝前五年（西元前一七五年）繼位為楚王，至景帝前三年（西元前一五四年）與吳王劉濞等共同發動叛亂，兵敗自殺。❻病　憎恨。❼胥靡　古代奴隸的一種，用繩索捆綁手腳，同時要服勞役。這裡意思為把申公當作奴僕役使。❽愧　以之為愧；羞愧。❾謝　謝絕；辭謝。❿亡傳　沒闡釋經義的著作。亡，通「無」。⓫闕弗傳　闕，通「缺」。傳，傳授。⓬郎中令　官名，九卿之一，掌管宮殿禁衛，秩中二千石。武帝太初元年（西元前一〇四年）改稱光祿勳。⓭代　漢郡名，治代（今河北蔚縣西南），轄境約相當於今河北懷安、蔚縣以西，山西陽高、渾源以東的內外長城間地以及長城外的東洋河流域。⓮明堂　據傳為西周天子頒布政教大典的場所，如祭祀祖先、朝會慶賞、選士命官，乃至教學、養老等都在此舉行。但其形制至漢代已失傳，儒者將恢復明堂之制作為效法三代王道政治的一項重要措施。⓯就　完成；實現。⓰束帛加璧　束帛之外又加玉璧，這是古代帝王徵聘賢士時最高貴的禮物。⓱安車以蒲裹輪　安車，一種小型的馬車，可以坐乘（古代一般的馬車都是立乘）。以蒲裹輪，用蒲草包裹車輪，使車子行走時更安穩。⓲駟　指用四匹馬駕車，一般安車駕一馬，禮尊者駕四馬。⓳軺傳　驛站為使者提供的車子，駕一馬或二馬。⓴魯邸　指魯國諸侯王在京師設立的官邸，供其朝覲時居住之用。㉑太皇竇太后句　太皇竇太后，近人楊樹達認為「太皇」二字疑在「竇」字下，或是誤添。老子，書名，又稱《道德經》，相傳春秋時老聃所著，是道家最重要的經典。(22)說 通「悅」。(23)讓 責備。(24)新垣平 姓新垣，名平，文帝時的方士，以望氣之術欺騙文帝，文帝受騙後在渭陽修築了五帝廟，新垣平因此貴幸，後騙術敗露被殺。竇太后意為王臧、趙綰提出修建明堂與新垣平騙文帝修建五帝廟相似。(25)下綰臧吏 將趙綰、王臧交給有關官員審判。(26)病免 藉口有病將其罷免。(27)臨淮 漢郡名，治徐（今江蘇泗洪南）。(28)膠西 諸侯國名，都於高密（今山東高密西南）。(29)長沙 諸侯國名，都於臨湘（今湖南長沙）。(30)中尉 官名，執掌諸侯王國治安及軍事，相當於郡的都尉，秩比二千石。(31)鄒人句 鄒，縣名，在今山東鄒縣東南。膠東，諸侯國名，都即墨（今山東平度東南）。(32)行雖不備 行，德行。備，完備；完美。(33)瑕丘 縣名，在今山東兗州東北。(34)免中 縣名，今地不詳。(35)韋賢 魯國鄒人，傳見本書卷七十三。(36)大江公 即瑕丘江公，以別於下文的博士江公。(37)大司馬車騎將軍 大司馬，官名，漢武帝改太尉為大司馬，多授給掌權的外戚，常兼大將軍、驃騎將軍、車騎將軍之號。車騎將軍是漢代諸將軍之一，位在大將軍之下。(38)東平新桃 東平，諸侯國名，治無鹽（今山東東平東北）。新桃，鄉名，即桃鄉，在今山東汶上東北。(39)昌邑王 漢武帝孫劉賀，昭帝無子，死後劉賀立為帝，因荒淫無道，不久被廢，見本書卷六十三。(40)論 審判定罪。(41)陳 陳述。(42)山陽 郡國名，治昌邑（今山東金鄉西北）。(43)褚少孫 潁川（今河南禹州）人，曾任博士，續《史記》。(44)具是 都在於此。(45)摳衣 以手提著衣襟，以示恭敬。(46)頌禮 儀容禮節。頌，通「容」。(47)疑者丘蓋不言 據顏師古注云：「《論語》載孔子曰：『蓋有不知而作之者，我無是也。』欲遵此意，故效孔子自稱丘耳。蓋者，發語之辭。」意思是有懷疑之處則保留。(48)詔除下 任官的詔書頒布。(49)刑餘之人 指受過刑的人。(50)勞 慰勞。(51)注意高仰 注意，關注。高仰，敬仰。(52)江公世為魯詩宗 江公，指瑕丘江公之孫。宗，宗主。(53)孝經說 本書〈藝文志〉著錄《孝經》有《江氏說》一篇。孝經，儒家經典，漢代列為《七經》之一，主要論述儒家倫理中的孝道。(54)歌吹 歌唱吹奏。(55)驪駒 失傳的《詩》篇名，客人要告辭時唱之，據文穎說，歌辭為：「驪駒在門，僕夫具存；驪駒在路，僕夫整駕。」(56)客毋庸歸 歌曲名，主人留客時歌唱，勸客人不必離去。(57)何狗曲也 這是江翁斥責王式的話，據近人楊樹達說：「《禮記・曲禮上》云：『侍坐于君子，君子欠伸，撰杖履，視日早暮，侍坐者請出矣。』此殆式所指也。然〈曲禮〉侍坐於君子之禮，非謂客自身之事，故江翁斥其『狗曲』，謂其曲解經義也。」(58)陽醉逷墜 陽，通「佯」。假裝。逷，跌倒。(59)豎子 小子。(60)泗水 諸侯國名，都淩縣（今江蘇泗陽西北）。(61)陳留 據宋祁、楊樹達說，其上當有「授」字。(62)薛廣德 沛郡相（今安徽濉溪縣）人，本書卷七十一有傳。(63)龔舍 武原（今江蘇邳州）人，本書卷七十二有傳。(64)湯武非受命二句 湯武，指商代的開國之君湯和周代的開國之君武王，是古代聖君明主的典範，他們分別推翻殘暴的夏桀和商紂，被後世認為是「順乎天而應乎人」，既符合天命（上天的意志），也順應民心。殺，《史記》作「弒」，指以臣殺君，不合正道。65桀紂 歷史上著名的暴君，桀即帝履癸，夏代最後一個王，被湯推翻後放逐到南巢（今安徽巢湖市）；紂即帝辛，商代最後一個王，周武王伐商，紂兵敗自焚。66使 役使。67貫 穿。68分 名分；本分。69正言匡過 正言，直諫。匡過，糾正過錯。70南面 古代以坐北面南的位置為最尊，天子接見諸侯群臣，皆南面而坐，故以「南面」代指稱帝。71必若云 必如黃生這樣說。72馬肝 相傳馬肝有毒，不可食用。73家人 庶人；眾人。74司空城旦書 司空，官名，宗正寺和少府皆有其官，負責管理服勞役的囚徒。城旦，漢代的一種刑罰，築城戍邊四年。司空城旦書，本指處罰罪犯的文書，這裡是竇太后對儒家經典的一種看法，在她看來，應該遵循道家的清靜無為，儒家刻意求治，禮法太多，所以她把儒家學說比作「司空城旦書」。75彘 豬。這裡指野豬。76假固利兵 假，給予。利兵，鋒利的兵器。77仄 通「側」。78曲學以阿世 曲學，歪曲自己所學。阿世，迎合世俗。79夏侯始昌最明 夏侯始昌，本書卷七十五有傳。明，通達；高明。80鄒 縣名，在今山東鄒城北。81翼奉 東海下邳（今江蘇睢寧）人，本書卷七十五有傳。82匡衡 東海承（今山東棗莊）人，本書卷八十一有傳。83師丹 琅邪東武人，本書卷八十六有傳。84詹事 官名，始置於秦，漢代掌皇后、太子家事。85高密 諸侯國名，治高密（今山東高密西南）。86常山 漢諸侯國名，都元氏（今河北元氏西北）。此時常山王為景帝子劉舜。87內外傳 據本書〈藝文志〉，著錄韓嬰《內傳》四卷，《外傳》六卷。《內傳》闡述經義，兩宋之際亡佚。《外傳》今存，但為十卷本，與〈藝文志〉所載不同，應該不是原書。今存《外傳》與《詩》義無關，大抵列舉故事，以詩為證。《內傳》有清人趙懷玉輯本，附於《外傳》之後。88歸 宗旨。89淮南 諸侯國名，都壽春（今安徽壽縣）。90難 難住；駁難。91涿郡 郡名，治涿縣（今河北涿州）。92蓋寬饒 本書卷七十七有傳。93河內 郡名，治懷縣（今河北武陟西南）。94蔡誼 即蔡義，河內溫縣（今河南溫縣）人，本書卷六十六有傳。95食子公 據《隸釋》卷七〈馮緄碑〉云：「治《春秋》嚴，《韓詩》食氏。」可能食子公也有《韓詩章句》，本書〈藝文志〉不載（陳直說）。96毛公 即毛萇，一作毛長，從毛亨（大毛公）學《詩》，人稱小毛公。97河間獻王 指景帝子劉德，本書卷五十三有其傳。河間，諸侯國名，都樂城（今河北獻縣東南）。98阿武 縣名，在今河北獻縣西北。

【語譯】申培是魯國人。年輕時與楚元王劉交一起師事齊國浮丘伯學習《詩經》。漢朝建立，高祖劉邦經過魯地。申培以弟子身分隨從老師在魯王城南宮拜見高祖。呂太后時，浮丘伯居住長安，楚元王送兒子劉郢與申培一起完成學業。楚元王逝世後，劉郢繼位為楚王，讓申培為太子師傅教導太子劉戊。劉戊不喜歡學習，憎恨申培。等劉戊立為王以後，逼申培帶上刑具服勞役。申培以此為恥辱，返回魯國家中教書，從此不出家門。又謝絕來訪的賓客，只有魯恭王召見他時才前往。從遠方來跟隨他學習的學生有一千多人，申培只以《詩經》正文來作解釋進行教學，沒有闡述經義的文字，有疑義的地方就空著不予教授。蘭陵王臧師從申培學習《詩經》，精通以後，用它事奉漢景帝，做了太子少傅，後來免職。漢武帝剛剛即位，王臧就上書請求在宮中宿衛皇帝，多次被提拔，一年就做到了郎中令。此外，代國趙綰也曾經跟隨申培學習《詩經》，當上了御史大夫。趙綰、王臧請求皇上建立明堂來召集諸侯舉行朝會，不能做成這件事，就向皇上推薦他們的老師申培。於是皇上派使臣帶著束帛和玉璧，駕著用蒲草裹著車輪的駟馬安車迎接申培，弟子二人乘坐供使者專用的車跟隨。到京城，拜見了皇上，皇上問及國家政事。這時，申培已八十多歲，人老了，回答說：「治理國家的人不在多說話，只看努力做得怎麼樣罷了。」這個時候，皇上正愛好文辭，見申培如此回答，沒有說什麼。然而已經把他招到京城，就讓他擔任太中大夫，住在魯國在京城的官邸，商議建立明堂的事情。太皇竇太后喜歡《老子》的言論，不喜歡儒術，尋得趙綰、王臧的過錯，就以此責備皇上說：「這是想重新做新垣平呀！」皇上因此廢止建立明堂的事情，把趙綰、王臧交給司法官吏去審問治罪，後來二人都自殺了。申培也因病免官回家，幾年以後去世。申培的學生當了博士的有十多人，孔安國官至臨淮郡太守，周霸官至膠西國內史，夏寬官至城陽國內史，碭縣魯賜官至東海郡太守，蘭陵繆生官至長沙國內史，徐偃官至膠西國中尉，鄒縣闕門慶忌官至膠東國內史，他們治理官民都廉潔有節操，為人稱道。申培詩學的博士官弟子德行雖然不夠完備，但官至大夫、郎中令、掌故的，也有數百人。申培終生傳授《詩經》、《春秋》，而瑕丘的江公能全部承傳，追隨的學生最多。此外，魯國的許生，免中的徐公，都持守老師的詩學教授學生。韋賢研究《詩經》，師事江公和許生，又研究《禮經》，官至丞相。他傳授兒子玄成，玄成以淮陽中尉之職在石渠閣講論儒學，後來也官至丞相。玄成和侄子韋賞傳授哀帝《詩經》，韋賞官至大司馬車騎將軍，自己有傳。因此，《魯詩》有韋氏之學。

2 王式，字翁思，東平新桃人。師從免中人徐公和許先生。王式任昌邑王的老師。昭帝死，昌邑王繼位，因行為淫亂被廢，昌邑王的群臣都入獄，被殺，只有中尉王吉、郎中令龔遂因為多次勸諫減免死刑判罪。王式關在獄中，判了死刑。判案的使者責問他說：「你為什麼沒有諫書？」王式回答說：「我用《詩》三百零五篇每天早晚向昌邑王傳授，每到關於忠臣孝子的詩篇，沒有不反覆為昌邑王誦讀的；每到關於危亡無道的君主的詩篇，沒有不流涕為昌邑王深切陳述的。我用三百零五篇勸諫，所以沒有諫書。」使者上奏，王式也得以減免死刑判罪，回家後停止授徒講學。山陽人張長安（字幼君）原先師從王式，後來東平人唐長賓、沛郡人褚少孫也來師從王式，請教經書數篇，王式向他們婉拒說：「從老師那裡聽到的只有這些，自己去闡發吧。」不肯再傳授。唐先生、褚先生參加博士弟子的選拔，拜見博士們時，提著衣襟上堂，儀容禮節很莊重，應試誦讀經說，有法度，有疑問的地方便避而不談。博士們吃驚地問老師是誰，回答說師從王式。博士們向來都聽說王式賢能，一起推薦他。皇帝任命的詔書頒發，任為博士。王式應召到京師，穿著博士的衣服，但不戴博士的帽子，說：「受過刑罰的人，怎麼適合再擔任禮官？」到京師後，住在館舍中，與各位大夫、博士聚會，他們一起帶著酒和肉來慰問王式，都很重視敬仰他。博士江公世代是《魯詩》的權威，到江公還撰寫了《孝經說》，心中嫉妒王式，對唱歌吹奏的儒生說：「唱〈驪駒〉。」王式說：「聽我的老師說：客人唱〈驪駒〉，主人唱〈客毋庸歸〉。今天大家是主人，時間還早，不可唱〈驪駒〉。」江公說：「經書上哪裡說過？」王式說：「在〈曲禮〉上。」江公說：「是什麼歪解！」王式覺得受到羞辱，假裝喝醉倒地。王式做完客後，責備儒生們說：「我本不想來，大家硬要勸我來，竟被這小子羞辱！」於是託病辭官回家，死在家裡。張先生、唐先生、褚先生都擔任博士。張先生參加石渠閣《五經》討論，官至淮陽中尉。唐先生官至楚國太傅。從此《魯詩》有張、唐、褚氏三家之說。張先生兄長的兒子張游卿任諫大夫，用《詩》傳授元帝。張游卿的弟子琅邪人王扶任泗水中尉，陳留人許晏任博士。於是張氏的《詩》學有許氏之說。起初，薛廣德也師從王式，以博士身分參加石渠閣會議，傳授給龔舍。薛廣德官至御史大夫，龔舍官至泰山太守，本書皆有傳。

3　轅固是齊人。因為研究《詩經》，孝景帝時任博士。他曾與黃先生在景帝前辯論。黃先生說：「商湯和周武王不是承受天命獲得天下，而是弒君篡位。」轅固說：「不對。夏桀和商紂殘暴昏亂，天下的人心都歸向商湯和周武王。商湯和周武王順應天下的人心誅殺夏桀和商紂，夏桀、商紂的百姓不願為他們效力而歸向商湯和周武王，商湯和周武王不得已而登上王位，這不是承受天命又是什麼？」黃先生說：「『帽子雖然破舊，一定要戴在頭上；鞋子雖然嶄新，一定要穿在腳下。』為什麼呢？因為有上下的分際。夏桀商紂雖然無道，但他們是君上；商湯、周武王雖然聖明，但他們是臣下。君主的行為有不對，臣子不用正直的言論來糾正補救，以尊崇君主，反而趁著君主的過失殺了他，取代他自立稱王，這不是弒君篡位又是什麼？」轅固說：「一定要照你這麼說，那高皇帝取代秦朝即位為天子，也不對嗎？」於是景帝說：「吃肉不吃馬肝，不能算不懂得享受美味；研究學問不談商湯、周武王承受天命，不能說是愚蠢。」於是結束了爭辯。竇太后喜歡《老子》一書，召見轅固來問。轅固說：「這不過尋常人的言論而已。」太后發怒，說：「難道你有處罰刑徒罪犯的書嗎！」於是讓轅固到獸欄去與野豬搏鬥。景帝知道太后很生氣，而轅固只是說話直率並無罪過，就給轅固鋒利的兵器。轅固到獸欄刺野豬，一下刺中野豬的心臟，野豬應手倒地。太后沉默不語，無法再給他加罪。景帝認為轅固廉潔正直，任命他為清河王太傅，後因病免官。武帝即位不久，又以賢良的名義徵召轅固。儒生們大多嫉妒詆毀他，說轅固太老了。於是罷免回家。當時轅固已經九十多歲了。公孫弘也被徵召，他不敢正視轅固，小心服侍他。轅固說：「公孫先生，你要堅守儒家的正確學說向皇上進言，不要歪曲自己的所學去逢迎世俗！」齊地因為《詩經》而顯貴起來的那些人，都是轅固的弟子。昌邑王太傅夏侯始昌最高明，本書另有傳。

4 后蒼，字近君，東海郯縣人。師從夏侯始昌。夏侯始昌通曉《五經》，后蒼也精通《詩》、《禮》，任博士，官至少府，傳授給翼奉、蕭望之、匡衡。翼奉任諫大夫，蕭望之任前將軍，匡衡任丞相，本書皆有傳。匡衡傳授給琅邪人師丹、伏理（字斿君）、潁川人滿昌（字君都）。君都任詹事，伏理任高密王太傅，學業世代相傳。師丹任大司空，本書另有傳。於是《齊詩》有翼、匡、師、伏四家之說。滿昌傳授給九江人張邯、琅邪人皮容，都做了大官，弟子特別多。

5 韓嬰是燕地人。漢文帝時任博士，景帝時官至常山王太傅。韓嬰推論作詩者的本意，撰成《內傳》、《外傳》幾萬字，文字與《齊詩》、《魯詩》很不一樣，但宗旨是相同的。淮南人賁先生學到了它。燕、趙地區講說《詩》的都源自韓先生。韓先生也向人傳授《易》，推論《易》的大意而為它作傳。燕、趙一帶喜歡《詩》，所以《易》學衰落，只有韓氏自家傳授下來。武帝時，韓嬰曾經和董仲舒在皇上面前辯論，韓嬰精明能幹，處事分明，董仲舒難不倒他。後來他的孫子韓商任博士。宣帝時，涿郡人韓先生是他的後代，因為《易》學被徵召，在殿中待命，說：「我所學的《易》是祖先韓太傅傳授下來的。曾經學習《韓詩》，不如《韓氏易》深奧，太傅因而單獨傳授。」司隸校尉蓋寬饒本來從孟喜那裡學習《易》，見涿郡韓先生講說《易》學，很喜歡，便轉而向他學習。

6 趙子是河內人。師從燕人韓先生，傳授給同郡人蔡誼。蔡誼官至丞相，本書另有傳。蔡誼傳授給同郡食子公和王吉。王吉擔任昌邑王中尉，本書另有傳。食先生任博士，傳授給泰山人栗豐。王吉傳授給淄川人長孫順。長孫順任博士，栗豐任部刺史。從此《韓詩》有王、食、長孫三家之說。栗豐傳授給山陽人張就，長孫順傳授給東海人髮福，都做了大官，弟子特別多。

7 毛公是趙人。研究《詩》，任河間獻王的博士，傳授給同國貫長卿。貫長卿傳授給解延年。解延年任阿武縣令，傳授給徐敖。徐敖傳授給九江人陳俠，陳俠曾任王莽的講學大夫。於是講說《毛詩》的，來源於徐敖。

漢興，魯高堂生傳士禮[1]十七篇，而魯徐生善為頌[2]。孝文時，徐生以頌為禮官大夫[3]，傳子至孫延、襄。襄，其資性善為頌，不能通經；延頗能，未善也。襄亦以頌為大夫，至廣陵內史。延及徐氏弟子公戶滿意、桓生、單次皆為禮官大夫。而瑕丘蕭奮以禮至淮陽太守。諸言禮為頌者由徐氏。

孟卿，東海人也。事蕭奮，以授后倉、魯閭丘卿。倉說禮數萬言，號曰后氏曲臺記❹，授沛聞人通漢子方、梁戴德延君、戴聖次君❺、沛慶普孝公。孝公為東平太傅。德號大戴，為信都❻太傅；聖號小戴，以博士論石渠，至九江太守。由是禮有大戴、小戴、慶氏之學。通漢以太子舍人❼論石渠，至中山❽中尉。普授魯夏侯敬，又傳族子咸，為豫章太守。大戴授琅邪徐良斿卿，為博士、州牧、郡守，家世傳業。小戴授梁人橋仁季卿、楊榮子孫。仁為大鴻臚❾，家世傳業，榮琅邪太守。由是大戴有徐氏，小戴有橋、楊氏之學。

【章　旨】以上為第五部分，寫漢代《禮》的傳授脈絡。《禮》的傳授包括文本與實踐兩個方面，這在漢初的徐生身上表現得很明顯，但後來二者分途，後世的大小《戴禮》較多的是文本與禮意。相對於其他經典，《禮》學顯得有點寂寞。

【注　釋】❶士禮　《儀禮》的別稱。❷頌　儀容；禮儀。❸禮官大夫　官名，掌禮儀，備顧問。❹后氏曲臺記　本書〈藝文志〉著錄《曲臺后倉》九篇。漢代曲臺有二：一是未央宮之曲臺殿；一是秦之故宮，漢天子以為射宮。據《七略》記載，宣帝時行射禮，博士后倉加以記錄，即《后氏曲臺記》（王先謙說）。❺授沛聞人句　聞人通漢子方，姓聞人，名通漢，字子方。戴德，字延君，梁人。曾任信都王劉囂太傅，宣帝時立為博士，他編集學者們關於禮的論述為《大戴禮記》，共八十五篇，今存三十八篇。戴聖，字次君，宣帝時任博士，他將古代關於禮的論述編集成《小戴禮記》，共四十九篇，今存，為儒家十三經之一。❻信都　諸侯國名，治信都（今河北冀州）。❼太子舍人　官名，太子屬官，為太子親隨。❽中山　諸侯國名，治盧奴（今河北定州）。❾大鴻臚　官名，秦設典客，掌管朝覲典禮，接待賓客，秩中二千石，為九卿之一。至景帝中六年（西元前一四四年）改名大行令，武帝太初元年（西元前一〇四年）又改稱大鴻臚。

【語　譯】漢朝建立，魯人高堂生傳授《儀禮》十七篇，而魯人徐先生擅長禮儀。文帝時，徐先生憑藉禮儀擔任禮官大夫，傳授給兒子到孫子徐延、徐襄。徐襄，天性擅長禮儀，不能通曉經學；徐延能夠，但不精。徐襄也憑藉禮儀擔任禮官大夫，官至廣陵國的內史，徐延和徐氏的弟子公戶滿意、桓生、單次都曾擔任禮官大夫。而瑕丘人蕭奮因為研究《禮》官至淮陽太守。那些講說《禮》，演習禮儀的都出自徐氏。

孟卿是東海人。師從蕭奮學《禮》，傳授給后倉、魯人閭丘卿。后倉講解《禮》幾萬字，稱為《后氏曲臺記》，傳授給沛人聞人通漢（字子方）、梁人戴德（字延君）、戴聖（字次君）、沛人慶普（字孝公）。孝公任東平王太傅。戴德人稱大戴，任信都王太傅；戴聖人稱小戴，作為博士參加石渠閣會議，官至九江太守。於是《禮》有大戴、小戴、慶氏三家學說。聞人通漢以太子舍人的身分參加石渠閣會議，官至中山中尉。慶普傳授給魯人夏侯敬，又傳授給族子慶咸，擔任豫章太守。大戴傳授給琅邪徐良（字斿卿），任博士、州牧、郡守，學業在家中世代相傳。小戴傳授給梁人橋仁（字季卿）、楊榮（字子孫）。橋仁擔任大鴻臚，學業在家中世代相傳，楊榮任琅邪太守。於是大戴禮學有徐氏，小戴禮學有橋氏、楊氏之說。

1 胡毋生，字子都，齊人也。治公羊春秋❶，為景帝博士。與董仲舒同業❷，仲舒著書稱其德。年老，歸教於齊，齊之言春秋者宗事之，公孫弘亦頗受焉。而董生為江都❸相，自有傳。弟子遂之❹者，蘭陵褚大，東平嬴公，廣川段仲，溫❺呂步舒。大至梁相，步舒丞相長史❻，唯嬴公守學不失師法，為昭帝諫大夫，授東海孟卿、魯眭孟❼。孟為符節令❽，坐說災異誅，自有傳。

2 嚴彭祖❾，字公子，東海下邳❿人也。與顏安樂俱事眭孟。孟弟子百餘人，唯彭祖、安樂為明，質問疑誼，各持所見。孟曰：「春秋之意，在二子矣！」孟死，彭祖、安樂各顓門⑪教授。由是公羊春秋有顏、嚴之學。彭祖為宣帝博士，至河南、東⑫郡太守。以高第入為左馮翊⑬，遷太子太傅，廉直不事權貴。或說曰：「天時不勝人事，君以不脩小禮曲意，亡貴人左右之助，經誼雖高，不至宰相。願少自勉彊。」彭祖曰：「凡通經術，固當脩行先王之道，何可委曲從俗，苟求富貴乎！」彭祖竟以太傅官終。授琅邪王中⑭，為元帝少府，家世傳業。中授同郡公孫文、東門雲。雲為荊州⑮刺史，文東平太傅，徒眾尤盛。雲坐為江賊拜⑯辱命，下獄誅。

3 顏安樂，字公孫，魯國薛人⑰，眭孟姊子也。家貧，為學精力⑱，官至齊郡⑲太守丞，後為仇家所殺。安樂授淮陽泠豐次君、淄川任公。公為少府，豐淄川太守。由是顏家有泠、任之學。始貢禹⑳事嬴公，成於眭孟，至御史大夫，疏廣㉑事孟卿，至太子太傅，皆自有傳。廣授琅邪筦路，路為御史中丞㉒。禹授潁川堂谿惠，惠授泰山冥都，都為丞相史。都與路又事顏安樂，故顏氏復有筦、冥之學。路授孫寶，為大司農㉓，自有傳。豐授馬宮㉔、琅邪左咸。咸為郡守九卿，徒眾尤盛。宮至大司徒㉕，自有傳。

4 瑕丘江公受穀梁春秋及詩於魯申公，傳子至孫為博士㉖。武帝時，江公與董仲舒並。仲舒通五經，能持論，善屬文[27]。江公吶[28]於口，上使與仲舒議，不如仲舒。而丞相公孫弘本為公羊學，比輯[29]其議，卒用董生。於是上因尊公羊家，詔太子受公羊春秋，由是公羊大興。太子既通，復私問穀梁而善之。其後浸微[30]，唯魯榮廣王孫、皓星公二人受焉。廣盡能傳其詩、春秋，高才捷敏，與公羊大師眭孟等論，數困之，故好學者頗復受穀梁。沛蔡千秋少君、梁周慶幼君、丁姓子孫皆從廣受。千秋又事皓星公，為學最篤。宣帝即位，聞衛太子好穀梁春秋[31]，以問丞相韋賢、長信少府夏侯勝及侍中樂陵侯史高，皆魯人也，言穀梁子本魯學，公羊氏迺齊學也，宜興穀梁。時千秋為郎，召見，與公羊家並說，上善穀梁說，擢千秋為諫大夫給事中，後有過，左遷[32]平陵令。復求能為穀梁者，莫及千秋。上愍其學且絕，迺以千秋為郎中戶將[33]，選郎十人從受。汝南[34]尹更始翁君本自事千秋，能說矣，會千秋病死，徵江公孫為博士。劉向以故諫大夫通達待詔，受穀梁，欲令助之。江博士復死，迺徵周慶、丁姓待詔保宮[35]，使卒授十人。自元康[36]中始講，至甘露元年[37]，積十餘歲，皆明習。迺召五經名儒太子太傅蕭望之等大議殿中，平[38]公羊、穀梁同異，各以經處[39]是非。時公羊博士嚴彭祖、侍郎申輓、伊推、宋顯，穀梁議郎尹更始、待詔劉向、周慶、丁姓並論。公羊家多不見從，願請內[40]侍郎許廣，使者[41]亦並內穀梁家中郎[42]王亥，各五人，議三十餘事。望之等十一人各以經誼對，多從穀梁。由是穀梁之學大盛。慶、姓皆為博士。姓至中山太傅，授楚申章昌曼君，為博士，至長沙太傅，徒眾尤盛。尹更始為諫大夫、長樂戶將[43]，又受左氏傳，取其變理合者[44]以為章句，傳子咸及翟方進[45]、琅邪房鳳。咸至大司農，方進丞相，自有傳。

5 房鳳，字子元，不其[46]人也。以射策乙科為太史掌故[47]。太常舉方正，為縣令都尉[48]，失官。大司馬票騎將軍王根[49]奏除補長史，薦鳳明經通達，擢為光祿大夫，遷五官中郎將[50]。時光祿勳王龔以外屬內卿[51]，與奉車都尉[52]劉歆共校書，三人皆侍中。歆白左氏春秋可立，哀帝納之，以問諸儒，皆不對。歆於是數見丞相孔光[53]，為言左氏以求助，光卒不肯。唯鳳、龔許歆，遂共移書責讓太常博士，語在歆傳[54]。大司空師丹奏歆非毀先帝所立[55]，上於是出龔等補吏，龔為弘農[56]，歆河內[57]，鳳九江太守，至青州[58]牧。始江博士授胡常，常授梁蕭秉君房，王莽時為講學大夫。由是穀梁春秋有尹、胡、申章、房氏之學。

6 漢興，北平侯張蒼及梁太傅賈誼、京兆尹張敞[59]、大中大夫劉公子皆脩春秋左氏傳。誼為左氏傳訓故，授趙人貫公，為河間獻王博士，子長卿為蕩陰[60]令，授清河張禹長子[61]。禹與蕭望之同時為御史，數為望之言左氏，望之善之，上書數以稱說。後望之為太子太傅，薦禹於宣帝，徵禹待詔，未及問，會疾死。授尹更始，更始傳子咸及翟方進、胡常。常授黎陽[62]賈護季君，哀帝時待詔為郎，授蒼梧[63]陳欽子佚，以左氏授王莽，至將軍[64]。而劉歆從尹咸及翟方進受。由是言左氏者本之賈護、劉歆。

【章　旨】以上為第六部分，寫《春秋》學在漢代的傳授脈絡。《春秋》經學在漢代主要分為公羊、穀梁、左氏三家，前兩家均立為學官，西漢末年《左氏傳》爭立學官，引起宣帝年間的石渠閣會議，成為經學史上的一件大事。

【注　釋】❶公羊春秋　亦稱《春秋公羊傳》，即公羊高的《春秋》學，相傳其人是戰國時齊人，曾為《春秋》作傳，世稱《春秋公羊傳》，實際可能由公羊高口述，景帝時由其玄孫公羊壽和胡毋子都編集成書。該書以闡發《春秋》「微言大義」為特徵，武帝、宣帝時由於董仲舒等人的鼓吹，一度盛行。❷同業　學業相同。❸江都　諸侯國名，治江都（今江蘇揚州西南）。❹遂之　楊樹達引吳承仕云：「遂之」疑當作「之遂」，傳寫誤倒。遂，登進，此指功成名就。❺溫　縣名，在今河南溫縣西。❻丞相長史　丞相府屬官，是丞相的主要輔佐，共二人，相當於丞相府的總管，負責為丞相出謀劃策，或奉命代表丞相外出，處理重大事務。❼眭孟　姓眭，名弘，字孟，魯國蕃縣（今山東滕州）人。本書卷七十五有傳。❽符節令　官名，少府屬官，執掌朝廷符節，遣使則負責授節。❾嚴彭祖　本姓莊，班氏因避漢明帝諱改之（陳直說）。❿下邳　縣名，在今江蘇邳州西南。⓫顓門　即「專門」，自成一家。⓬東　此字衍。據本書卷十九〈百官公卿表〉：「元帝初元五年，河南太守劉彭祖為左馮翊。二年，遷太子太傅。」王先謙指出「劉」為「嚴」字之誤。據〈表〉，「東」字當為衍文。⓭左馮翊　官名，相當於郡太守，轄京畿地區的長陵以上二十四縣。⓮中　同「仲」。⓯荊州　漢十三刺史部之一，轄區約相當於今湖北、湖南及河南、貴州、廣東、廣西部分地區。⑯為江賊拜　指遇見江賊而拜。⑰顏安樂三句　公孫，一作「翁孫」（宋祁說）。薛，縣名，在今山東滕州南。⑱精力　一作「積力」（宋祁、施之勉說）。⑲齊郡　漢郡名，治臨淄（今山東淄博東北）。⑳貢禹　琅邪人，官至御史大夫，本書卷七十二有傳。㉑疏廣　本書卷七十一有傳。㉒御史中丞　官名，御史大夫之佐，執掌督察部刺史、劾奏公卿章奏中存在的問題，兼掌圖籍。㉓路授孫寶二句　孫寶，本書卷七十七有傳。大司農，官名，執掌賦稅、錢穀、鹽鐵等。㉔馬宮　東海戚（今山東微山）人，本書卷八十一有傳。㉕大司徒　官名，漢哀帝時，罷丞相，設大司徒，與大司馬、大司空並稱三公。㉖孫為博士　即上文之博士江公。㉗屬文　撰著文章。㉘吶　言語遲鈍，不流暢。㉙比輯　排比編纂。㉚浸微　逐漸衰微。㉛衛太子好穀梁春秋　衛太子即武帝之子戾太子劉據，為衛皇后所生。漢武帝好《公羊傳》，所以令衛太子學《公羊》，但太子對《公羊》有一定研究之後，私自向江公請教《穀梁春秋》。後來太子因巫蠱之禍自殺。見本書卷六十三。㉜左遷　貶官；降職。古代曾以右為尊，故後世相沿以左遷代指降官。㉝郎中戶將　官名，郎中有車、騎、戶三將，戶將執掌戶衛，屬郎中令（光祿勳）。㉞汝南　漢郡名，治上蔡（今河南上蔡西南）。㉟保宮　官署名，本名居室，屬少府管轄，保宮令執掌審問二千石及將相大臣的詔獄，以及部分太子家事（陳直說）。㊱元康　漢宣帝年號，西元前六五—前六一年。㊲甘露元年　即西元前五三年。甘露，漢宣帝年號。㊳平　通「評」。議論。㊴處　判斷。㊵內　通「納」。㊶使者　指當時奉皇帝命令監督議論的官員。㊷中郎　官名，屬郎中令（光祿勳），皇帝侍從官之一。㊸長樂戶將　官名，執掌太后所居長樂宮的門戶守衛，疑屬長樂衛尉。㊹取其變理合者　變理，指變通之理。合，謂與《穀梁春秋》相符。㊺翟方進　汝南上蔡人，本書卷八十四有傳。㊻不其　縣名，在今山東即墨西南。㊼以射策乙科為太史掌故　射策，漢代選拔官吏的一種以經術為內容的考試方法。主考人將若干考題寫在策上，覆置案頭，受試人拈取其一，叫作「射」；按所射的策上的題目作答。西漢時射策分甲、乙、丙三科，一說是根據出題之難易而分（顏師古說），一說是依評卷成績高下分科（《漢書音義》說）。太史掌故，官名，太史令屬官。㊽都尉　官名，輔佐郡守，掌一郡之軍事。㊾票騎將軍王根　票騎將軍，即「驃騎將軍」，相當於大將軍，漢武帝時設。王根，王莽的叔父，在成帝時曾輔政多年。㊿五官中郎將　官名，秩比二千石，屬郎中令（光祿勳）。(51)以外屬內卿　外屬，外戚，王龔是宣帝王皇后的親屬。內卿，光祿勳治宮中事務，故稱內卿。(52)奉車都尉　官名，漢武帝設，掌皇帝車馬。(53)孔光　本書卷八十一有其傳。(54)歆傳　指本書卷三十六〈楚元王傳〉所附〈劉歆傳〉。(55)先帝所立　指以前的皇帝所立的學官，包括《公羊》和《穀梁》兩家《春秋》經學。(56)弘農　漢郡名，治弘農（今河南靈寶東北）。(57)河內　漢郡名，治懷縣（今河南武陟西南）。(58)青州　漢代十三刺史部之一，轄區約當今山東北部地區。(59)北平侯句　張蒼，陽武（今河南原陽）人，為秦朝御史，歸漢後封為北平侯，本書卷四十二有傳。賈誼，雒陽人，本書卷四十八有傳。京兆尹，官名、政區名，管轄京畿地區的長安以東十二縣，其長官相當於郡太守。張敞，本書卷七十六有傳。(60)蕩陰　縣名，在今河南湯陰。(61)張禹長子　姓張，名禹，字長子。(62)黎陽　縣名，在今河南浚縣東北。(63)蒼梧　漢郡名，治廣信（今廣西梧州）。(64)將軍　陳欽曾任王莽的厭難將軍。

【語　譯】胡毋先生字子都，是齊地人。研究《公羊春秋》，任景帝博士。與董仲舒學業相同，董仲舒寫文章稱讚他很賢德。年老之後，回到齊地講學授徒，齊地講說《春秋》的都以他為宗師，公孫弘也得到不少傳授。董仲舒擔任江都相，本書另有傳。胡毋生的弟子顯達的有：蘭陵人褚大，東平人嬴公，廣川人段仲，溫縣人呂步舒。褚大官至梁國相，呂步舒為丞相長史，只有嬴公堅守學業不違背師法，任昭帝的諫大夫，傳授給東海人孟卿、魯人眭孟。眭孟任符節令，因談論災異得罪被殺，本書另有傳。

2 嚴彭祖，字公子，東海郡下邳縣人。和顏安樂一起師從眭孟。眭孟的弟子一百多人，只有嚴彭祖、顏安樂二人高明，質問疑義，各自堅持自己的見解。眭孟說：「《春秋》的微言大義，全靠你們兩位了！」眭孟去世，嚴彭祖、顏安樂各立門戶傳授。於是《公羊春秋》有顏、嚴兩家之說。嚴彭祖任宣帝博士，官至河南郡太守。因為政績優秀進京當左馮翊，又提拔為太子太傅，廉潔正直不依附權貴。有人勸他說：「天時勝不過人際關係，你不講究小節奉承別人，沒有權貴幫助，經義雖然高明，做不到宰相。希望稍微勉強一下自己。」嚴彭祖說：「凡是通曉經學的人，本來應當奉行先王的正道，怎麼可以歪曲所學去迎合世俗，苟且貪求富貴！」嚴彭祖最終死在太傅任上。傳授給琅邪人王中，任元帝少府，學業在家中世代相傳。王中傳授給同郡公孫文、東門雲。東門雲擔任荊州刺史，公孫文任東平王太傅，跟從他們學習的人特別多。東門雲因為向江賊下拜有辱朝廷之命，入獄被殺。

3 顏安樂，字公孫，魯國薛縣人，是眭孟姊姊的兒子。家裡很窮，學習勤奮，官至齊郡太守，後來被仇家所殺。顏安樂傳授給淮陽人泠豐（字次君）、淄川人任公。任公擔任少府，泠豐擔任淄川太守。於是顏氏公羊學有泠、任兩家之說。起初貢禹師從嬴公，到眭孟那兒完成學業，官至御史大夫，疏廣師從孟卿，官至太子太傅，本書另有傳。疏廣傳授給琅邪人筦路，筦路曾任御史中丞。貢禹傳授給潁川人堂谿惠，堂谿惠傳授給泰山人冥都，冥都任丞相史。冥都與筦路又師從顏安樂，所以顏氏公羊學又有筦、冥兩家之說。筦路傳授給孫寶，任大司農，本書另有傳。泠豐傳授給馬宮、琅邪人左咸。左咸曾任郡守、九卿，弟子尤其多。馬宮任大司徒，本書另有傳。

4 瑕丘人江公從魯申公那裡學到《穀梁春秋》和《詩》，自己又傳給兒子到孫子，孫子任博士。武帝時，江公與董仲舒齊名。董仲舒精通《五經》，善於辯論，會寫文章。江公口才不好，皇上讓他和董仲舒辯論，不如董仲舒。丞相公孫弘本來是研究《公羊》學的，整理編纂兩人的議論，最終採納了董仲舒的觀點。於是武帝便尊崇《公羊》家，命太子學習《公羊春秋》，因此《公羊》學大興。太子對《公羊》了解之後，又私自請教《穀梁》，認為很有道理。後來《穀梁》學逐漸衰微，只有魯人榮廣（字王孫）、皓星公兩人學到了。榮廣能完全傳授他所學的《詩》、《春秋》，才華出眾，反應敏捷，和《公羊》學大師眭孟等辯論，多次難住他們，所以不少喜歡學問的人又來學習《穀梁》學。沛郡人蔡千秋（字少君）、梁地人周慶（字幼君）、丁姓（字子孫）都跟隨榮廣受業。蔡千秋又師從皓星公，治學最為篤實。宣帝即位，聽說衛太子愛好《穀梁春秋》，便詢問丞相韋賢、長信少府夏侯勝和侍中樂陵侯史高，他們都是魯地人，說穀梁子所傳本來是魯學，公羊氏所傳是齊學，應該振興《穀梁》學。當時蔡千秋是郎官，皇上命他和《公羊》學者一起講論，皇上贊同《穀梁》學，提拔蔡千秋為諫議大夫給事中，後來有過錯，貶為平陵縣令。再找能夠研究《穀梁》學的人，沒有比得上蔡千秋的。皇上擔心這門學問會滅絕，於是任命蔡千秋為郎中戶將，挑選郎官十人跟他學習。汝南人尹更始（字翁君）本來師從蔡千秋，已經能夠講學了，正逢蔡千秋病死，徵召江公的孫子做博士。劉向原來做過諫大夫，通曉經書，正做待詔，學習《穀梁》學，想讓他幫助（江博士）。江博士又去世了，於是徵召周慶、丁姓待詔於保宮，讓他們教完了這十個人。從元康年間開始講授，至甘露元年，一共十多年，都通曉經義。於是召集《五經》名儒太子太傅蕭望之等人在殿中集體辯論，評議《公羊》、《穀梁》的異同，各自根據經文判定是非。當時《公羊》學有博士嚴彭祖、侍郎申輓、伊推、宋顯，《穀梁》學有議郎尹更始、待詔劉向、周慶、丁姓一起辯論。《公羊》學家的觀點大多不被採納，希望讓侍郎許廣參加，使者也讓《穀梁》學家中郎王亥參加，雙方各有五人，辯論了三十多個問題。蕭望之等十一人各自用經義對比，多聽從《穀梁》學家的意見。於是《穀梁》學大為興盛。周慶、丁姓都做了博士。丁姓官至中山王太傅，傳授給楚申章昌（字曼君），任博士，官至長沙王太傅，弟子尤其眾多。尹更始任諫大夫、長樂戶將，又學習《左氏傳》，節取其中義理變通，與《穀梁》相符的撰寫成章句注釋，傳給兒子尹咸和翟方進、琅邪人房鳳。尹咸官至大司農，翟方進官至丞相，本書另有傳。

5 房鳳，字子元，不其縣人。因參加射策考試定為乙科當上太史掌故。被太常舉薦為方正，擔任縣令和都尉，免官。大司馬驃騎將軍王根上奏皇帝，任命他為長史，又推薦房鳳通曉經書，提拔為光祿大夫，升為五官中郎將。當時光祿勳王龔以外戚身分擔任內卿，同奉車都尉劉歆一起校勘宮中書籍，三人都加侍中之銜。劉歆上奏《左氏春秋》可以立為博士，哀帝採納這個建議，拿它詢問各位儒者，都不回答。劉歆於是多次拜見丞相孔光，向他講說《左傳》，請他支持，孔光最終沒答應。只有房鳳、王龔贊同劉歆，於是一道寫文章去責備太常博士，內容記載在〈劉歆傳〉中。大司空師丹上奏說劉歆詆毀先帝所立的學官，皇上於是調出王龔等人做地方官，王龔任弘農太守，劉歆任河內太守，房鳳任九江太守，官至青州牧。起初江博士傳授給胡常，胡常傳授給梁地人蕭秉（字君房），王莽時做講學大夫。於是《穀梁春秋》有尹、胡、申章、房氏四家之說。

6 漢朝建立後，北平侯張蒼和梁王太傅賈誼、京兆尹張敞、太中大夫劉公子都研究《春秋左氏傳》。賈誼撰寫了《左氏傳》的注釋，傳授給趙地人貫公。貫公做了河間獻王的博士，他兒子貫長卿做了蕩陰縣令，傳授給清河人張禹（字長子）。張禹和蕭望之同時擔任御史，多次給蕭望之講解《左傳》，蕭望之認為很好，多次上書稱讚。後來蕭望之擔任太子太傅，向宣帝推薦張禹，皇上徵召張禹待詔，還沒來得及見面，得病去世。張禹傳授給尹更始，尹更始傳授給兒子尹咸和翟方進、胡常。胡常傳授給黎陽人賈護（字季君），哀帝時待詔任郎官。賈護傳授給蒼梧人陳欽（字子佚），陳欽用《左傳》傳授給王莽，官至將軍。而劉歆從尹咸和翟方進那裡學得《左傳》。於是講說《左傳》的都以賈護、劉歆為依據。

贊曰：自武帝立五經博士，開弟子員，設科射策，勸❶以官祿，訖於元始❷，百有餘年，傳業者寖盛，支葉蕃滋，一經說至百餘萬言，大師眾至千餘人，蓋祿利之路然也❸。初，書唯有歐陽，禮后，易楊❹，春秋公羊而已。至孝宣世，復立大小夏侯尚書，大小戴禮，施、孟、梁丘易，穀梁春秋。至元帝世，復立京氏易。平帝時，又立左氏春秋、毛詩、逸禮、古文尚書，所以罔羅❺遺失，兼而存之，是❻在其中矣。

【章旨】以上是作者的總論，對西漢經學博士的設立做了一個扼要的敘述，至於漢代經學的繁榮，班固認為是「官祿」、「祿利之路」使然，十分精闢。

【注釋】❶勸　勸勉；鼓勵。❷訖於元始　訖，通「迄」。到；至。元始，漢平帝年號，西元一—五年。❸蓋祿利之路然也　蓋，大概；或許。推測之詞。祿利之路，指研究經學可以得到爵祿的好處。❹易楊　楊氏《易》學未立博士，漢代言《易》學都源出田何，「《易》楊為《易》田之訛」（沈欽韓說）。❺罔羅　同「網羅」。搜羅；搜集。❻是　正確的；真的。

【語譯】史官評議說：自從漢武帝設立《五經》博士，設置博士弟子名額，創立經學考試科目，用官職俸祿來鼓勵經學，到元始年間，有一百多年，經學傳授逐漸興盛，學派增加，一部經典的解釋上百萬字，經學大師的弟子多達千餘人，大概是有官僚爵祿的好處造成的。起初，《書》只有歐陽氏，《禮》只有后氏，《易》只有楊氏，《春秋》只有公羊氏幾家而已。到宣帝時，又設立《大小夏侯尚書》、《大小戴禮》、《施易》、《孟易》、《梁丘易》、《穀梁春秋》為學官。到元帝時，又立《京氏易》為學官。平帝時，又立《左氏春秋》、《毛詩》、逸《禮》、《古文尚書》為學官，以便將失傳的經書網羅無遺，一併保存下來，正確的也就在其中了。

【研　析】自漢武帝「罷黜百家，獨尊儒術」以來，儒家學說一直是中國歷代王朝的統治思想，對儒家經典的學習也成為傳統士大夫們的必需課程。不過，在近年來出土文獻中發現戰國儒家經典之前，我們所推尊的儒家經典實際上是漢代的經學，先秦儒家經典篇章、內容的存捨去取，甚至具體字、詞、句的隸定都要經過漢儒這道關口，他們的解釋路向也直接影響到後世的儒者，包括當代的學者。於是，漢代經學成為理解傳統儒家思想的重要環節，本書〈儒林傳〉為我們認識儒家思想的這個中間樞紐提供了寶貴資料。

〈儒林傳〉首先是一幅漢代《五經》的傳授圖。如果閱讀時將時、空兩個維度加以考慮，注意到漢代經學的空間分布、過程演變，這幅平面圖將變成立體的、流動的，由於作者的陳述富有條理且十分詳密，這一目標完全能夠實現。

其次，〈儒林傳〉在《漢書》內部編織了一張大網。由於儒學在漢代逐漸成為主流思想，許多公卿大夫都是經學家，他們在《漢書》中立有專傳，於是〈儒林傳〉中出現了二十多次「自有傳」，由此，我們可以看到一張廣闊的以經學為線索的人際關係網絡，這對於了解漢代儒學和漢代社會同樣重要。

第三，經學與政治的密切關係也很突出。如竇太后生前死後儒學地位的巨大變化，武帝尊《公羊》，於是「《公羊》大興」，宣帝因衛太子和大臣中魯人好《穀梁》，於是有石渠閣會議的召開。經典的學習與利祿，也自然與政治密切相關，這些在本傳中都有所體現，如果將那二十多位「自有傳」的重要人物一同考慮，這個特點將更加明顯。

卷八十九

循吏傳第五十九

【題解】本卷是西漢六位循吏文翁、王成、黃霸、朱邑、龔遂、召信臣的合傳。文翁精通《春秋》，漢景帝末年出任蜀郡太守，針對當地僻陋的落後情況，致力於發展地方教育，漢代地方郡國設立學官從文翁開始，數年之內移風易俗，死後蜀地百姓為之立祠。王成曾為膠東相，治理頗有聲望，八萬多流民主動歸附，受到漢宣帝的褒獎。黃霸從小學習律令，西漢武昭時期，官吏均以嚴酷為能，黃霸獨以寬和顯名，受到漢宣帝的重用，其為政務在發展生產，實行先教化而後誅罰，極得百姓人心。朱邑年輕時為吏就表現出廉平不苛的特點，後升為北海太守、大司農，雖然身為列卿，但生活節儉，俸祿賞賜均分與族裡鄉黨，家中無餘財。龔遂因明經而為官，為渤海太守時帶頭儉約，勸民農桑，發展副業，致使吏民皆富，獄訟也止。召信臣以明經為郎，任郡太守時視民如子，為民興利，務在富之，深得百姓敬愛，稱之為召父。班固通過六人，表彰所謂的良吏應有的作為。《史記》也有《循吏傳》，但班固於本傳所彰顯的思想與精神，與《史記》有很大的不同。

1 漢興之初，反秦之敝❶，與民休息❷，凡事簡易❸，禁罔疏闊❹，而相國蕭、曹以寬厚清靜為天下帥❺，民作「畫一」之歌❻。孝惠垂拱❼，高后女主❽，不出房闥[9]，而天下晏然[10]，民務稼穡[11]，衣食滋殖[12]。至於文、景[13]，遂[14]移風易俗。是時循吏如河南守吳公[15]、蜀[16]守文翁之屬[17]，皆謹身帥先[18]，居以廉平[19]，不至於嚴[20]，而民從化[21]。

2 孝武之世[22]，外攘四夷[23]，內改法度[24]，民用彫敝[25]，姦軌不禁[26]。時少能以化治稱者[27]，惟江都相董仲舒[28]、內史公孫弘[29]、兒寬[30]，居官可紀[31]。三人皆儒者[32]，通於世務[33]，明習文法[34]，以經術潤飾吏事[35]，天子器[36]之。仲舒數謝病去[37]，弘、寬至三公[38]。

3 孝昭幼沖[39]，霍光秉政[40]，承奢侈師旅[41]之後，海內虛耗[42]，光因循守職[43]，無所改作[44]。至於始元、元鳳[45]之間，匈奴鄉化[46]，百姓益富[47]，舉賢良文學[48]，問民所疾苦，於是罷酒榷而議鹽鐵[49]矣。

4 及至孝宣[50]，繇仄陋而登至尊[51]，興于閭閻[52]，知民事之艱難。自霍光薨後始躬萬機[53]，厲精為治[54]，五日一聽事[55]，自丞相已下各奉職而進[56]。及拜刺史[57]守相，輒[58]親見問，觀其所繇，退而考察所行以質[59]其言，有名實不相應，必知其所以然。常稱曰：「庶民所以安其田里而亡歎息愁恨之心者，政平訟理也[60]。與我共此者，其唯良二千石[61]乎！」以為太守[62]，吏民[63]之本也，數變易則下[64]不安，民知其[65]將久，不可欺罔[66]，迺服從其教化。故二千石有治理效，輒以璽書[67]勉厲，增秩[68]賜金，或爵至關內侯[69]，公卿缺則選諸所表以次用之[70]。是故漢世良吏，於是為盛，稱中興[71]焉。若趙廣漢[72]、韓延壽[73]、尹翁歸[74]、嚴延年[75]、張敞[76]之屬，皆稱其位[77]，然任[78]刑罰，或抵罪誅[79]。王成、黃霸、朱邑、龔遂、鄭弘[80]、召信臣等，所居[81]民富，所去見思[82]，生有榮號[83]，死見奉祀[84]，此廩廩庶幾德讓君子之遺風矣[85]。

【章　旨】以上為本卷的前言，概括地敘述了漢朝從建立到漢宣帝時期的歷史發展狀況，從高祖到惠帝、呂后，從文帝到景帝，從武帝到昭帝、宣帝，顯示其階段性的政治特點，據此闡釋西漢循吏產生多寡盛微的時代原因，推崇了文景和漢宣兩個時期的循吏政治。

【注　釋】❶反秦之敝　反，糾正；批判。敝，通「弊」。弊病；害處。❷與民休息　與，給與；讓。休息，休養生息。❸凡事簡易　凡，所有；一切。簡易，簡略便易。❹禁罔疏闊　禁罔，法網。罔，同「網」。疏闊，簡略不周密。❺而相國句　而相國蕭何、曹參通過實行寬鬆厚道、清靜無為的統治辦法成為天下的表率。相國，官名，原為相邦，漢朝建立後，因避漢高祖劉邦名諱，改稱相國，是國家最高政務官，居宰輔之位，為百官之長，與丞相職權相同但地位更為尊貴，後改為丞相。蕭，即蕭何（西元前？—前一九三年），沛縣（今安徽沛縣）人。佐助漢高祖定天下，被劉邦認定是功勞第一，漢朝建立後為首任相國，封酇侯，也是中國歷史上著名的宰相之一，其事詳見卷三十九〈蕭何傳〉。曹，即曹參（西元前？—前一九〇年），沛縣人。佐助漢高祖定天下，漢朝建立後其先任齊國相國，封平陽侯，漢惠帝時接替蕭何為漢朝相國，是西漢初期實行清靜無為的黃老政治的代表人物，其事詳見卷三十九〈曹參傳〉。帥，表率。❻民作畫一之歌　是指曹參接替蕭何做漢朝相國後，做事情都是按照蕭何生前制定的制度法令辦，沒有什麼變易，使天下少事，休養生息，老百姓為此編了一首「畫一歌」，唱道：

「蕭何為法，講若畫一；曹參代之，守而勿失。載其清靖，民以寧壹。」（見本書卷三十九〈蕭何曹參傳〉）畫一，整齊；一律。❼孝惠垂拱　孝惠，即漢惠帝劉盈，漢高祖劉邦與呂后之子，西漢第二任皇帝，性情仁弱，被呂后挾制，其事詳見卷二〈惠帝紀〉。垂拱，垂衣拱手，形容不親理事務。❽高后女主　高后（西元前？—前一八〇年），名呂雉，秦末漢初單父（今山東單縣）人。漢高祖劉邦的皇后，又稱呂后，為人殘忍而富於謀略，佐助漢高祖定天下，剷除韓信等異姓王，劉邦死後，獨攬大權，殘害戚夫人母子，惠帝死後，更是臨朝稱制，封王諸呂，但在她統治天下期間，人民生活安定，社會經濟發展，其事詳見卷三〈高后紀〉。女主，女性君主。❾房闥　房門。闥，宮中的小門，也泛指門。❿晏然　安逸、安寧的樣子。⓫稼穡　種植和收割，泛指種莊稼，從事農業生產。⓬滋殖　滋，更加；越益。殖，增加；增長。⓭文景　文，即漢孝文帝劉恆（西元前二〇三—前一五七年），漢高祖劉邦與薄姬所生之子，初封代王，呂后死後，諸呂被平定，大臣們迎立劉恆為皇帝，在位期間實行無為政治，輕徭薄賦，與民休息，與其後的漢景帝時期一起被稱為「文景之治」，其事詳見卷四〈文帝紀〉。景，即漢景帝劉啟（西元前一八八—前一四一年），在位期間（西元前一五六—前一四一年）實行輕徭薄賦、與民休息的政策，平定吳楚七國之亂，加強中央集權，與其父漢文帝時期一起被稱為「文景之治」，其事詳見卷五〈景帝紀〉。⓮遂　竟；於是。⓯是時句　是時，這個時期。河南，郡名，治雒陽（今河南洛陽東北）。守，官名，郡守，漢景帝時又改稱太守，一郡之中最高行政長官。吳公，上蔡（今河南上蔡）人，曾經師事過李斯，漢文帝初立，聽說時任河南守的吳公治郡和平為天下第一，故徵召他為廷尉。⓰蜀　郡名，治成都（今四川成都）。⓱屬　類；等輩。⓲謹身帥先　謹身，謹慎自身，嚴於律己。帥先，即率先，在前面帶領。⓳居以廉平　居，處於某種地位或某個地方，這裡指居官。廉平，清廉公平。⓴嚴　嚴厲；嚴苛。㉑從化　從，聽從；順從。化，感化；教化。㉒孝武之世　孝武，即漢武帝劉徹（西元前一五六—前八七年），在位五十四年（西元前一四〇—前八七年），對外攘卻四夷，拓疆斥境，對內改革制度，加強集權，是中國古代最富雄才大略的皇帝，其事詳見卷六〈武帝紀〉。世，時代。㉓攘四夷　攘，排斥；排除。四夷，古代對華夏族之外的四方少數民族的蔑視的泛稱，具體化時稱東方少數民族為東夷，西方少數民族為西戎，北方少數民族為北狄，南方少數民族為南蠻。㉔法度　法令制度。㉕民用彫敝　民生凋敝。彫，通「凋」。㉖姦軌不禁　姦軌，也作「奸宄」，犯法作亂的歹徒。不禁，不能禁止。㉗時少能句　當時稍微能夠通過教化而治績有聲的官員。時，當時。少，稍微。稱，稱道；顯名。㉘惟江都相董仲舒　惟，惟有；只有。江都，諸侯王國名，原為吳國，劉濞謀反失敗後，漢景帝改置江都國，徙汝南王劉非為江都王，治廣陵（今江蘇揚州西南）。相，王國官名，漢高祖時名相國，漢惠帝時改名丞相，漢景帝時改名相，秩二千石，個別成績突出者秩中二千石，是諸侯王國最高行政官，由天子代為諸侯王派置。董仲舒（西元前一七九—前一〇四年），西漢廣川（今河北棗強）人。漢武帝時獻著名的〈天人三策〉，提出獨尊儒術和大一統等政治主張，被採納和受到重用，其思想對漢代儒學的正統化和經學化起了十分重要的作用，他是漢代儒學的代表，主治公羊春秋學，代表著作為《春秋繁露》，其事詳見卷五十六〈董仲舒傳〉。㉙內史公孫弘　內史，官名，京師地方行政長官，秩中二千石，與朝廷中的九卿相同，漢景帝時分為左內史和右內史，這裡所說應是左內史。後漢武帝又將左內史改為左馮翊，右內史改為京兆尹，與右扶風一起並稱為三輔。公孫弘（西元前二〇〇—前一二一年），姓公孫，名弘，字季，又字次卿，菑川薛縣（今山東滕州）人。年輕時為獄吏，四十多歲時才開始學習《春秋》雜說，漢武帝時為博士，為人圓滑，不肯廷爭，因熟悉文法吏事，又善緣飾以儒術，受到漢武帝賞識，連連升遷，並於元朔五年（西元前一二四年）官拜丞相，封為平津侯，開漢代由布衣為相和因宰相封侯之始，曾建議漢武帝為博士置弟子員，提拔儒生為官吏，生活節儉，家無餘財，但為人外寬內忌，睚眥必報，著有《公孫弘》十篇，已亡佚，其事詳見卷五十八〈公孫弘傳〉。㉚兒寬　兒寬（西元前？—前一〇三年），西漢千乘（今山東高青高苑鎮）人。主治《尚書》，因通曉經學受到漢武帝的賞識，擢為中大夫，遷左內史，治民務勸農桑，緩刑罰，興修水利，灌溉農田，徵收租稅依當年豐歉而增減，深受百姓敬愛，上交租稅也最多，後升任御史大夫，其事詳見卷五十八〈兒寬傳〉。㉛可紀　能夠抓住綱要綜合治理。㉜儒者　通曉儒學的知識分子。㉝通於世務　通，精通；懂得。世務，時務；時局。㉞明習文法　明習，了解；熟悉。文法，法令條文。㉟以經術潤飾吏事　經術，即經學，儒家思想學說。潤飾，潤澤修飾。吏事，官吏處理行政司法事務。㊱器　器重。㊲謝病去　謝病，稱病引退。去，離開；離職。㊳三公　官名合稱，輔佐天子掌握最高行政、軍事、司法大權的官員，漢代一般說是指丞相（大司徒）、太尉（大司馬）、御史大夫（大司空），不同時期又有變化。㊴孝昭幼沖　孝昭，即漢昭帝劉弗陵（西元前九四—前七四年），漢武帝少子，在位時間為西元前八七至前七四年，即位時年僅八歲，由霍光等人輔政，針對漢武帝末年嚴重的社會危機，實行輕徭薄賦、與民休息的政策，與其後的漢宣帝時期一起被譽為「昭宣中興」，其事詳見卷七〈昭帝紀〉。幼沖，幼小；年輕。㊵霍光秉政　霍光（西元前？—前六八年），西漢河東平陽（今山西臨汾）人。漢代抗匈奴名將霍去病的異母弟，出入禁闥二十餘年，小心謹慎，為漢武帝所親信，武帝臨終時任命其為大司馬大將軍，封博陸侯，受遺詔與金日磾等三人共同輔政，昭帝時期剷除異己，獨專朝政，廢立皇帝，黨親連體，烜赫一時，但能夠針對漢武帝末年嚴重的社會危機，實行輕徭薄賦、與民休息的政策，致使社會安定，宣帝時去世，死後其家族被誅滅，其事詳見卷六十八〈霍光傳〉。秉政，執掌朝政。㊶奢侈師旅　奢侈，揮霍浪費。師旅，古代軍隊五百人為一旅，二千五百人為一師，故以師旅為軍隊的通稱，也用以指代戰爭。㊷虛

耗　空虛虧損。㊸因循守職　因循，沿襲。守職，遵守職責。㊹改作　改革創新。㊺始元元鳳　始元，漢昭帝的年號，從西元前八六至前八一年。元鳳，漢昭帝的年號，從西元前八〇至前七五年。㊻匈奴鄉化　匈奴，部族名，秦漢時期生活在中國北方的少數部族，詳細見卷九十四〈匈奴傳〉。鄉化，仰慕漢朝風俗教化。鄉，通「向」。歸向；仰慕。化，教化，感化，又引申為風俗，風氣。㊼益富　漸漸富裕。益，漸漸；逐漸。㊽舉賢良文學　舉，推舉。賢良文學，賢良和文學是漢代察舉選官的科目名稱，經常連稱，後來也分開單列。賢良，指才幹優秀出眾。文學，指精通儒學的儒生。㊾罷酒榷而議鹽鐵　罷，停止；取消。酒榷，酒類產銷的國家專營。榷，專營；專賣。議，議論；討論。鹽鐵，指鹽鐵的產銷經營。按：漢武帝時，實行鹽、鐵、酒的國家壟斷經營，漢昭帝時召開鹽鐵會議，討論是否廢除鹽、鐵、酒的專營，結果酒類專營被取消，鹽、鐵兩類繼續官營。㊿孝宣　即漢宣帝劉詢（西元前九一—前四九年），在位時間是西元前七四至前四九年，漢武帝曾孫，戾太子孫，幼遭巫蠱之禍，生長於民間，後被霍光等人立為皇帝，霍光死後，誅除霍氏家族，重用文法吏，減輕刑罰，發展生產，和好匈奴，被稱為漢代的中興之主，其事詳見卷八〈宣帝紀〉。51繇仄陋而登至尊　繇，通「由」。從；自。仄陋，卑賤，地位低下，此處指流落民間。仄，地位低下或不得志。至尊，最尊貴的位置，特指皇位。52閭閻　里巷的門，泛指民間。閭，里門。閻，里中門。53躬萬機　躬，親自。萬機，萬事；各種紛繁的事務。54厲精為治　振奮精神治理好國家。厲，通「勵」。激勵；勉勵；振奮。55聽事　聽取奏報，處理政事。56自丞相已下各奉職而進　丞相，官名，是國家最高政務官，居宰輔之位，為百官之長，秩萬石，與太尉、御史大夫合稱為三公。已，同「以」。奉職，遵奉職守。進，進諫，進言。57拜刺史　拜，任命官員，授以官職。刺史，官名，在漢代一般屬於監察官，監察對象是地方郡守、諸侯相等二千石官員和大姓豪強，也監察諸侯王、列侯，秩祿為六百石，漢武帝時開始設置，到東漢末年演變為地方行政官。58輒　總是。59質　對質；對證；評判。60庶民二句　老百姓之所以能夠安心於田裡生產生活而沒有歎息、愁苦、怨恨的心情，是由於政治清明，獄訟處理公平的原因。庶民，平民；老百姓。亡，通「無」。政平，政治清明。訟理，獄訟處理公平，沒有冤滯。61二千石　漢代的官秩等級，因所得俸祿以米穀為準，故以「石」稱之，朝廷中的諸卿、地方的郡守和王國相均屬於這個等級的官員，這裡是指地方上的郡守和王國相。62太守　官名，原稱守、郡守，漢景帝時改稱太守，一郡之中最高行政長官。63吏民　官吏和百姓。64下　指下面的官吏和百姓。65其　指太守。66欺罔　欺騙。67璽書　皇帝的詔書。68秩　官吏的俸祿。69爵至關內侯　爵，即爵位。關內侯，爵位名，秦漢時期實行二十等爵制度，關內侯是第十九級爵，僅次於第二十級的列侯。70公卿句　朝廷中的三公官和諸卿官的職位如有空缺，就選擇那些因治理有成效而被增加俸祿、賜與黃金和爵位者，按照次序任用他們。公，即三公官，一般是指丞相、太尉和御史大夫。卿，即傳統所謂的九卿官，實際不止九個，所以也可以稱為諸卿官。缺，空缺無人。所表，對官吏進行考核要列表登記，作為獎懲的依據，此處是指前面所說的那些因治理有成效而被增加俸祿、賜與黃金和爵位者。以次用之，按照次序任用他們。❼❶中興　王朝經過危機和衰落後重新興盛。❼❷趙廣漢　（西元前？—前六五年），西漢涿郡蠡吾（今河北博野）人。漢宣帝時先後出任潁川太守和京兆尹，打擊豪強，不懼權貴，精通吏治，後因殺害無辜及告發丞相被彈劾，下獄腰斬，其事詳見卷七十六〈趙廣漢傳〉。❼❸韓延壽　（西元前？—前五七年），西漢燕（今北京）人。先後任潁川太守、東郡太守、左馮翊等，所在尚禮儀，重教化，斷獄大減，後因放散官錢等罪，棄市而死，其事詳見卷七十六〈韓延壽傳〉。❼❹尹翁歸　（西元前？—前六二年），西漢河東郡平陽（今山西臨汾）人。從小吏逐漸升至東海太守、右扶風，所在捕殺豪猾，郡中大治，與公卿交往語不及私，享譽朝廷，死後家無餘財，其事詳見卷七十六〈尹翁歸傳〉。❼❺嚴延年　（西元前？—前五八年），西漢東海下邳（今江蘇睢寧）人。漢宣帝初因劾奏大將軍霍光擅廢立而使朝廷敬憚，任涿郡太守和河南太守，以族滅大姓、摧折豪強為治，後因誹謗罪棄市，其事詳見卷九十〈嚴延年傳〉。❼❻張敞　（西元前？—前四七年），西漢河東郡平陽（今山西臨汾）人。漢昭帝時因切諫昌邑王而顯名，漢宣帝時先後任豫州刺史、太中大夫、山陽太守、膠東相、代理京兆尹等職，其治理京師地區，頗有成效，因其為妻子畫眉，時人非之，故沒能夠做更高的官職，其事詳見卷七十六〈張敞傳〉。❼❼皆稱其位　都與他們的職位相稱。❼❽任　憑藉；依靠。❼❾抵罪誅　抵，至。罪誅，因犯罪而被殺。❽⓿鄭弘　（西元前？—前三七年），西漢泰山郡剛縣（今山東寧陽）人。因明習儒家經典和通曉律令政務任南陽太守、右扶風、御史大夫，後被宦官陷害免官。❽❶所居　任官的地方。❽❷所去見思　去，離開。見，被。❽❸榮號　榮耀的稱號。❽❹奉祀　供奉祭祀。❽❺此廩廩句　這種漸進的風格或許就是古代有道德能謙讓的君子所遺傳下來的風範了。廩廩，漸進的樣子。庶幾，或許；差不多；可能。德讓，有道德能謙讓。遺風，遺傳下來的風範。

【語譯】漢朝建國的初期，糾正秦朝統治天下的弊病，讓老百姓休養生息，辦任何事情都依據簡略便易的原則，法網簡略不周密，而相國蕭何、曹參通過實行寬鬆厚道、清靜無為的統治辦法成為天下的表率，老百姓為此編了一首「畫一歌」。漢惠帝無為而治，高太后是女性君主，足不出戶門，而天下安寧，老百姓都致力於農業生產，衣食不斷增加。到了漢文帝、漢景帝時期，竟達到了移風易俗。這個時期的循吏如河南郡守吳公、蜀郡郡守文翁之類，都是以身作則，帶頭謹慎，居官清廉公平，卻不至於嚴苛，而老百姓都順從他們的教化。

2 漢武帝時期，對外斥逐四夷，對內改革法令制度，民生凋敝，犯法作亂者不能禁止。當時稍微能夠通過教化而治績有聲的官員，只有江都國相董仲舒、內史公孫弘和兒寬，擔任官職能夠抓住綱要綜合治理。這三個人都是通曉儒學之士，精通時務，熟悉法令條文，用儒家的思想學說修飾解說行政司法事務，天子非常器重他們。董仲舒多次稱病引退辭職，公孫弘、兒寬的官職都達到了三公。

3 漢昭帝即位時年幼，由霍光執掌朝政，承繼武帝時期的揮霍浪費和戰爭攻伐之後，海內空虛虧損，霍光沿襲武帝時期的制度法令，遵守職責，沒有什麼改革創新。到了始元、元鳳年間，匈奴仰慕漢朝的風俗教化，老百姓漸漸地富裕，推舉才幹優秀出眾和精通儒學的賢良文學之士，訪察老百姓的疾苦，於是廢除了酒類的國家專賣，討論鹽鐵官營的利弊得失。

4 等到了漢宣帝，從流落民間而登上天子的尊位，由於興起於里閭民間，故了解老百姓生存的艱難。從霍光去世後開始親自處理各種繁雜的政務，勵精圖治，五日一聽取奏報，處理政事，自丞相以下的官員們各個遵奉職守積極進言。至於任命州刺史、郡太守和王國相時，總是親自召見詢問，了解他們任職後所要採取的措施辦法，上任之後就要考察他們施行的情況以此評判其當初所言，如果有名實不相符的，一定要了解出現這種情況的原因。漢宣帝常常稱道說：「老百姓之所以能夠安心於田裡的生產生活而沒有歎息、愁苦、怨恨的心情，是由於政治清明、獄訟處理公平的原因。與我共同做到這一點的，難道不就是那些好的郡太守、王國相等二千石官員嗎！」漢宣帝認為郡太守是一郡之中官吏百姓所依賴的根本，如果經常變動換人，那麼下面的官吏百姓就會不安定，相反的老百姓知道那些太守將會長期在任，不可以欺騙，就會服從他們的教化。所以那些郡太守、王國相等二千石官員一旦有治理地方見成效者，就賜給他們詔書加以勉勵，增加俸祿，賞賜黃金，有的人還被賜予爵位，直至關內侯，朝廷中的三公官和諸卿官的職位如有空缺，就選擇那些因治理有成效而被增加俸祿、賜與黃金和爵位者，按照次序任用他們。正是由於這個原因，漢代德才兼備的好官，以這個時期為最多，被稱讚是西漢王朝經過危機和衰落後重新興盛的「中興」時期。譬如趙廣漢、韓延壽、尹翁歸、嚴延年、張敞等一批官員，都是與其所擔任的職位相稱的，然而他們過於依靠刑罰，有的甚至自己因此而獲罪被殺。而王成、黃霸、朱邑、龔遂、鄭弘、召信臣等人，他們任官的地方，老百姓富裕，他們離開後，被老百姓思念，活著的時候，他們有榮耀的稱號，死去之後，他們被供奉祭祀，這種漸進的風格或許就是古代有道德能謙讓的君子所遺傳下來的風範了。

文翁，廬江舒❶人也。少好學，通春秋❷，以郡縣吏察舉❸。景帝末，為蜀郡守，仁愛好教化。見蜀地辟陋有蠻夷風❹，文翁欲誘進之❺，乃選郡縣小吏開敏有材者張叔等十餘人親自飭厲❻，遣詣❼京師，受業博士❽，或❾學律令。減省少府用度❿，買刀布蜀物⓫，齎計吏以遺博士⓬。數歲，蜀生皆成就還歸⓭，文翁以為右職⓮，用次⓯察舉，官有至郡守刺史者。

又修起學官⓰於成都市⓱中，招下縣⓲子弟以為學官弟子，為除更繇⓳，高⓴者以補郡縣吏，次為孝弟力田㉑。常選學官僮子㉒，使在便坐受事㉓。每出行縣，益從學官諸生明經飭行者與俱㉔，使傳教令㉕，出入閨閣㉖。縣邑㉗吏民見而榮之㉘，數年，爭欲為學官弟子，富人至出錢以求之。繇是大化㉙，蜀地學於京師㉚者比齊魯㉛焉。至武帝時，乃令天下郡國皆立學校官，自文翁為之始云。

文翁終㉜於蜀，吏民為立祠堂㉝，歲時㉞祭祀不絕。至今巴蜀好文雅㉟，文翁之化也。

【章旨】以上為〈文翁傳〉，主要記述其擔任蜀郡太守的作為和特點，即興辦學校，培養人才，重視教化，給巴蜀地區的人文風俗以長期的歷史影響。

【注釋】❶廬江舒　廬江，郡名，治舒。舒，縣名，在今安徽廬江西南。❷春秋　書名，中國現存最早的編年體史書，是孔子根據魯國史官所編的《魯春秋》，又吸收周王室及各國史官的歷史記載修撰而成，記載了從魯隱公元年（西元前七二二年）到魯哀公十四年（西元前四八一年）之間二百四十二年的歷史大事，自西漢以來，被儒家奉為經典。❸以郡縣吏察舉　以，由。郡縣吏，即郡縣屬吏，不是朝廷任命的官員，而是由郡縣行政長官辟任的職役人員，一般都是由本郡縣人士充當。察舉，漢代選拔官吏的制度，始於漢文帝，到漢武帝時系統完備，該制規定，公卿、列侯、州刺史、郡太守、王國相等負責推舉人才，經朝廷考核後任以官職，其中又分為歲舉和詔舉，歲舉每年一次，察舉的科目主要是孝廉和茂才（秀才），詔舉則按照皇帝詔令的要求進行推舉，察舉的科目主要有賢良方正、文學、明經等，對策合格者授以官職。❹辟陋有蠻夷風　辟陋，偏遠簡陋。蠻夷，古代對華夏族之外的四方少數民族的蔑視的泛稱，如具體化，稱南方少數民族為蠻，稱東方少數民族為夷，稱北方少數民族為狄，稱西方少數民族為戎。❺誘進之　誘導他們進步。誘，誘導；引導；啟發。❻乃選句　於是就在郡縣小吏中選擇通惠聰敏有才幹者張叔等十餘人親自告誡勉勵。開敏，通惠聰敏。飭厲，告誡勉勵。飭，通「敕」。❼遣詣　派遣去。❽受業博士　受業，從師學習。博士，學官名，隸屬於太常，博通天地古今，以備皇帝及有關部門顧問。❾或　有的人。❿少府用度　少府，官名，本為九卿之一，秩祿中二千石，掌管皇室財政，以供宮廷開支，同時負責宮廷手工業，但此處是指郡中掌管財務的機構和官吏。用度，費用開支。⓫刀布蜀物　刀，即金馬刀，由蜀郡官府手工業製作，馬形刀環內，以金鏤之。布，蜀地所產的布，質地細密，好於其他地區。蜀物，蜀地特產。⓬齎計吏以遺博士　齎，交給。計吏，郡中屬吏，負責前往京師報送年度人口、耕地、賦稅、獄訟等情況。遺，贈送。⓭成就還歸　成就，學業成功。還歸，返回蜀郡。⓮右職　郡中官吏中的高職。按：當時以右為尊，以左為卑。⓯用次　按照次序。⓰學官　官辦的學府、學校。⓱市　城鎮；集鎮。⓲下縣　即四郊之縣，不是郡治所在之縣。⓳除更繇　免除更役徭戍。更，即更役，當時的一種力役，每月一更換，故稱更，主要是在地方從事土木建築等勞作。繇，內涵更為廣泛的徭役，既包括力役，也包括兵役，是國家強迫老百姓所出的無償勞役。⓴高　學習得好，治事能力強。㉑孝弟力田　漢代法定和專職的民間代表，不屬於國家正式官吏，沒有俸祿，但地位重要，掌管勸導鄉里居民孝順父母、敬愛兄長、致力於農耕。㉒僮子　同「童子」。未成年的男子。㉓便坐受事　便坐，別坐，坐於別室，可以視事，但不是正廷。受事，處理政事。㉔每出二句　每次出去巡察屬縣，多從學官中挑選那些明習經書、謹飭言行的學生們和自己一起前往。行，巡察；巡視。益，多。明經，明習經書。飭行，謹飭言行。飭，通「敕」。㉕教令　命令；指示。㉖閨閤　內室。㉗縣邑　縣城。㉘榮之　認為他們很榮耀。㉙繇是大化　因此而實現了大規模教化。繇，通「由」。是，這。大化，大規模教化。㉚京師　國都。㉛齊魯　地區名，先秦時期的諸侯國齊國與魯國的故地，分居今山東的北部和南部，這裡有太公和周公的遺風，又是孔子、孟子的故鄉，所以這一帶地區思想文化最為進步，教育最發達。㉜終　生命終結；去世。㉝祠堂　供奉和祭祀祖先和先賢的廟堂。㉞歲時　一年中的季節。歲，年。時，春夏秋冬四季。㉟巴蜀好文雅　巴，郡名，治江州（今重慶北嘉陵江北岸）。好，喜好；崇尚。文雅，藝文（書籍）禮樂。

【語　譯】文翁，是廬江郡舒縣人。年輕時喜歡學習，精通《春秋》，由郡縣的屬吏而被察舉為官。漢景帝末年，被任命為蜀郡太守，對百姓仁愛，喜歡通過德教感化他們。看到蜀地偏遠簡陋，有少數民族的落後風氣，文翁想要啟發引導使他們進步，於是就在郡縣小吏中選擇通惠聰敏有才幹者張叔等十餘人親自告誡勉勵，派遣他們去京師，從師於博士學習儒學，其中有的人學習法律令典。為了減少和節省郡府的費用開支，就讓人購買金馬刀、蜀布等蜀地特產之物，交給郡中到京師報送情況的計吏，贈送給京師的博士。幾年之後，這些蜀郡諸生都學習成功後返回蜀郡，文翁任命他們為郡中官吏中的高職，依次推薦他們做官，其中有的人官做到郡守和刺史。

文翁又在成都集鎮中建造起學官校舍，招來四方邊遠郊縣的子弟作為學官中的弟子，為他們免除更役繇成，其中學習好能力強的人，補缺為郡縣屬吏，稍差的做鄉官孝弟力田。經常挑選學官中未成年的學子，讓他們在正廷之外的別室處理政事。每次出去巡察屬縣，多從學官中挑選那些明習經書、謹飭言行的學生們和自己一起前往，讓他們傳達命令，出入內室。縣城中的官吏和百姓看見後都認為他們很榮耀，經過幾年，都爭著想成為學官弟子，富人甚至出錢來謀求實現。由此實現了大規模教化，在京師中的蜀地學者比得上自先秦以來文化最為發達的齊魯地區。等到武帝時期，就詔令天下郡縣和封國都建立學校官舍，應該說是從文翁開始這樣做的。

文翁是在蜀郡去世的，官吏和老百姓為他建立了祠堂，一年四季祭祀不斷。至今巴蜀地區崇尚藝文禮樂，這與文翁當初施行的教化有關。

王成，不知何郡人也。為膠東❶相，治甚有聲❷。宣帝最先褒❸之，地節三年❹下詔曰：「蓋❺聞有功不賞，有罪不誅❻，雖唐虞不能以化天下❼。今膠東相成，勞來不怠❽，流民自占❾八萬餘口，治有異等之效❿。其⓫賜成爵關內侯，秩中二千石⓬。」未及徵用⓭，會病卒官⓮。後詔使丞相御史問郡國上計長吏守丞以政令得失⓯，或對言⓰前膠東相成偽自增加⓱，以蒙顯賞⓲，是後⓳俗吏⓴多為虛名云。

【章　旨】以上為〈王成傳〉，主要記述了他任膠東相時招撫流民八萬多人的突出政績，以及漢宣帝對他的表揚和獎賞，遺憾的是他的政績有造假的嫌疑。

【注　釋】❶膠東　諸侯王國名，都城在即墨（今山東平度東南）。❷聲　名聲；影響。❸褒　讚譽；誇獎。❹地節三年　即西元前六七年。地節，漢宣帝的年號，從西元前六九至前六六年。❺蓋　句首語氣詞，表示開始議論。❻誅　懲罰；殺戮。❼雖唐虞句　唐虞，即唐堯、虞舜，傳說中的兩位上古聖主。化，感化，教化，引申為治理好。❽勞來不怠　勞來，勸勉招撫百姓。不怠，不懈怠；不鬆懈。❾流民自占　流民，因戰亂、災荒或不堪忍受過重的賦稅徭役負擔而脫離戶籍、流亡在外的民戶。自占，主動進行戶籍登記，接受地方政權的管理，承擔賦稅和徭役、兵役等負擔。❿治有異等之效　治理地方具有異乎尋常的功效。治，治理；管理。異等，異於常等，即特殊，異乎尋常。⓫其　句中語氣詞，表示命令的語氣。⓬中二千石　漢代官員的一個秩祿等級，即滿二千石，銀印青綬，朝廷中的九卿都是這個等級的官員，郡守和王國相一般只是二千石，特殊者也有中二千石的。⓭徵用　徵召提拔任用。徵，徵召，特指君主徵召臣民。⓮會病卒官　會，正趕上。官，官位。⓯後

詔使句　御史，官名，即御史大夫，地位僅次於丞相，秩祿為中二千石，其職責有三：負責全國的監察工作；佐助丞相處理天下政務；掌管國家圖籍、祕書、檔案。上計，各地官府於年終派官吏向朝廷報告戶籍、田賦、役刑等情況作為考核依據的制度。長吏，據宋人劉攽考證，此處的「吏」應為「史」，長史是諸侯王國相及邊郡太守的主要佐官，秩祿從數百石至一千石不等。守丞，即郡丞，是郡太守主要佐官，秩祿從數百石至一千石不等。政令，政策法令。⑯對言　回答的話、言論。⑰偽自增加　用造假的辦法增加自己的政績。偽，人為；作偽；造假。⑱蒙顯賞　蒙，受到；矇騙到。顯賞，顯赫的獎賞。⑲是後　這以後；從此之後。⑳俗吏　庸俗無能的官吏。

【語　譯】王成，不清楚是何郡人士。出任膠東王國相，治理地方非常有聲望影響。漢宣帝最先褒獎他，於地節三年下詔令說：「有言說，如果有功勞不獎賞，有罪惡不誅罰，即便是唐堯虞舜也不能因此而治理好天下。現在膠東王國相王成，勸勉招撫百姓毫不鬆懈，流民主動回來進行戶籍登記者達八萬多人，治理地方具有異乎尋常的功效。賜予王成關內侯的爵位，秩祿為中二千石。」尚未來得及徵召提拔任用，遇上王成生病，死在現任官位上。後來漢宣帝下令，讓丞相和御史大夫詢問各郡與諸侯王國前來上計的長史、郡丞有關政策法令的利弊得失，有人在回答中談到，前膠東王國相王成用造假的辦法增加自己的政績，以矇騙到顯赫的獎賞，從此以後庸俗無能的官吏就更多地致力於虛名。

1 黃霸，字次公，淮陽陽夏①人也，以豪桀役使徙雲陵②。霸少學律令，喜為吏③，武帝末以待詔入錢賞官④，補侍郎謁者⑤，坐同產有罪劾免⑥。後復入穀沈黎⑦郡，補左馮翊二百石卒史⑧。馮翊以霸入財為官，不署右職⑨，使領郡錢穀計⑩。簿書正⑪，以廉稱⑫，察補河東均輸長⑬，復察廉為河南⑭太守丞。霸為人明察內敏⑮，又習文法⑯，然溫良有讓⑰，足知⑱，善御⑲眾。為丞，處議當⑳於法，合人心，太守甚任之，吏民愛敬[21]焉。

2 自武帝末，用法深[22]。昭帝立，幼，大將軍霍光秉政[23]，大臣爭權，上官桀等與燕王謀作亂[24]，光既[25]誅之，遂遵武帝法度，以刑罰痛繩群下[26]，繇[27]是俗吏尚[28]嚴酷以為能[29]，而霸獨用寬和為名。

3 會宣帝即位，在民間時知百姓苦吏急也[30]，聞霸持法平[31]，召以為廷尉正[32]，數決疑獄[33]，庭中[34]稱平。守丞相長史[35]，坐公卿大議庭中知長信少府夏侯勝非議詔書大不敬，霸阿從不舉劾[36]，皆下廷尉[37]，繫獄當死[38]。霸因從勝受尚書[39]獄中，再踰冬[40]，積[41]三歲迺出，語在勝傳[42]。勝出，復為諫大夫[43]，令左馮翊宋畸舉霸賢良[44]。勝又口薦霸於上[45]，上擢霸為揚州刺史[46]。三歲，宣帝下詔曰：「制詔御史[47]：其以賢良高第[48]揚州刺史霸為潁川[49]太守，秩比二千石[50]，居官賜車蓋[51]，特高一丈[52]，別駕主簿[53]車，緹油屏泥於軾前[54]，以章[55]有德。」

4 時上垂意於治[56]，數下恩澤[57]詔書，吏不奉宣[58]。太守霸為選擇良吏[59]，分部宣布[60]詔令，令民咸[61]知上意。使郵亭鄉官皆畜雞豚[62]，以贍鰥寡[63]貧窮者。然後為條教[64]，置父老師帥伍長[65]，班行[66]之於民間，勸以為善防姦之意，及務耕桑，節用殖財[67]，種樹畜養，去食穀馬[68]。米鹽靡密[69]，初若煩碎[70]，然霸精力能推行之。吏民見者，語次尋繹[71]，問它陰伏[72]，以相參考。嘗欲有所司察[73]，擇長年廉吏遣行[74]，屬令周密[75]。吏出，不敢舍[76]郵亭，食於道旁，烏攫其肉[77]。民有欲詣府口言事者適見之，霸與語道此[78]。後日吏還謁霸[79]，霸見迎勞之[80]，曰：「甚苦！食於道旁乃為烏所盜肉。」吏大驚，以霸具知其起居，所問豪氂[81]不敢有所隱。鰥寡孤獨有死無以葬者，鄉部書言[82]，霸具為區處[83]，某所大木可以為棺[84]，某亭豬子可以祭[85]，吏往皆如言。其識[86]事聰明如此，吏民不知所出[87]，咸稱神明。姦人去入它郡[88]，盜賊日少。

5 霸力行教化而後誅罰[89]，務在成就全安長吏[90]。許丞[91]老，病聾，督郵白欲逐之[92]，霸曰：「許丞廉吏，雖老，尚能拜起送迎，正頗重聽[93]，何傷[94]？且善助之[95]，毋失賢者意[96]。」或問其故，霸曰：「數易[97]長吏，送故迎新之費及姦吏緣絕簿書盜財物[98]，公私費耗甚多，皆當出於民，所易新吏又未必賢，或不如其故，徒相益為亂[99]。凡治道[100]，去其泰甚者耳[101]。」

6 霸以外寬內明[102]得吏民心，戶口歲增，治為天下第一。徵守京兆尹[103]，秩二千石。坐發民治馳道不先以聞[104]，又發騎士詣北軍馬不適士[105]，劾乏軍興[106]，連貶秩[107]。有詔歸潁川太守官，以八百石居治如其前。前後八年，郡中愈治。是時鳳皇神爵(108)數集郡國，潁川尤多。天子以霸治行終長者(109)，下詔稱揚曰：「潁川太守霸，宣布詔令，百姓鄉化(110)，孝子弟弟貞婦順孫(111)日以眾多，田者讓畔(112)，道不拾遺，養視(113)鰥寡，贍助(114)貧窮，獄或(115)八年亡重罪囚，吏民鄉于教化，興於行誼(116)，可謂賢人君子矣。書(117)不云乎？『股肱良哉(118)！』其賜爵關內侯，黃金百斤，秩中二千石。」而潁川孝弟、有行義民(119)、三老(120)、力田皆以差(121)賜爵及帛。後數月，徵霸為太子太傅(122)，遷(123)御史大夫。

7 五鳳三年(124)，代丙吉(125)為丞相，封建成(126)侯，食邑(127)六百戶。霸材長於治民，及為丞相，總綱紀號令(128)，風采不及丙(129)、魏(130)、于定國(131)，功名損(132)於治郡。時京兆尹張敞舍鶡雀(133)飛集丞相府，霸以為神雀，議欲以聞。敞奏霸(134)曰：「竊(135)見丞相請與中二千石博士雜問(136)郡國上計長吏(137)守丞，為民興利除害成大化(138)條其對(139)，有耕者讓畔，男女異路，道不拾遺，及舉孝子弟弟貞婦者為一輩，先上殿(140)，舉而不知其人數者次之，不為條教者在後叩頭謝(141)。丞相雖口不言，而心欲其為之也。長吏守丞對，時臣敞舍有鶡雀飛止丞相府屋上，丞相以下見者數百人。邊吏(142)多知鶡雀者，問之，皆陽(143)不知。丞相圖議(144)上奏曰：『臣聞上計長吏守丞以興化條，皇天報下(145)神雀。』後知從臣敞舍來，乃止。郡國吏竊笑丞相仁厚有知略[146]，微信[147]奇怪也。昔汲黯[148]為淮陽守，辭去之官，謁大行李息[149]曰：『御史大夫張湯懷詐阿意[150]，以傾[151]朝廷，公不早白[152]，與俱受戮[153]矣。』息畏湯，終不敢言。後湯誅敗，上聞黯與息語，乃抵息罪而秩黯諸侯相[154]，取其思竭忠[155]也。臣敞非敢毀丞相也，誠恐群臣莫白[156]，而長吏守丞畏丞相指[157]，歸舍法令，各為私教[158]，務相增加[159]，澆淳散樸[160]，並行偽貌[161]，有名亡實，傾搖解怠[162]，甚者為妖[163]。假令京師先行讓畔異路，道不拾遺，其實亡益廉貪貞淫之行[164]，而以偽先天下，固[165]未可也；即諸侯先行之，偽聲軼[166]於京師，非細事也。漢家承敝通變[167]，造起[168]律令，即以勸善禁姦，條貫詳備[169]，不可復加。宜令貴臣明飭[170]長吏守丞，歸告二千石，舉三老孝弟力田孝廉廉吏務得其人，郡事皆以義法令檢式[171]，毋得擅為條教；敢挾詐偽以奸[172]名譽者，必先受戮，以正明好惡[173]。」天子嘉納[174]敞言，召上計吏，使侍中臨飭[175]如敞指意。霸甚慙。

8 又樂陵侯史高以外屬舊恩侍中貴重[176]，霸薦高可太尉[177]。天子使尚書[178]召問霸：「太尉官罷久矣，丞相兼之，所以偃武興文[179]也。如國家不虞[180]，邊境有事，左右之臣皆將帥也。夫宣明[181]教化，通達幽隱[182]，使獄亡冤刑，邑無盜賊，君之職也。將相之官，朕[183]之任焉。侍中樂陵侯高帷幄[184]近臣，朕之所自親，君何越職而舉之？」尚書令[185]受丞相對，霸免冠謝罪，數日乃決[186]。自是後不敢復有所請[187]。然自漢興，言治民吏，以霸為首。

為丞相五歲，甘露三年[188]薨，諡曰定侯。霸死後，樂陵侯高竟為大司馬[189]。霸子思侯賞嗣[190]，為關都尉[191]。薨，子忠侯輔嗣，至衛尉九卿[192]。薨，子忠嗣侯，訖[193]王莽迺絕。子孫為吏二千石者五六人。

始[194]霸少為陽夏游徼[195]，與善相人者共載出[196]，見一婦人，相者言：「此婦人當富貴，不然，相書不可用也。」霸推問[197]之，乃其鄉里巫家[198]女也。霸即娶為妻，與之終身[199]。為丞相後徙杜陵[200]。

【章　旨】以上為〈黃霸傳〉，主要記述了黃霸任地方郡太守的傑出政績和表現，他先教化而後誅伐，外寬內明而深得官吏百姓之心，是漢興以來治民的第一好官。同時也記述了黃霸升任丞相後的簡要情況，他總理天下的風采遠不如治理地方。

【注　釋】❶淮陽陽夏　淮陽，郡、國名，治陳（今河南淮陽）。陽夏，縣名，在今河南太康。❷以豪桀句　因為犯了身為豪桀而役使鄉里人的罪行，被遷徙到雲陵。豪桀，豪強，即依仗其勢力橫行一方的人。徙，遷徙；謫徙；因罪被遷徙。雲陵，縣名，在今陝西淳化東南。❸喜為吏　喜，喜歡；愛好。為吏，做官。❹待詔入錢賞官　待詔，應皇帝的徵召，隨時待命，以備顧問。入錢賞官，因為捐錢被賞給官職。❺補侍郎謁者　補，補缺。侍郎，官名，皇帝的侍從官，為郎官之一，隸屬於光祿勳，負責戍衛宮禁，保衛皇帝。謁者，官名，隸屬於光祿勳，是皇帝身邊的侍從官，掌管通內外，導引賓客，有時也奉命出使。❻坐同產有罪劾免　坐，被處罰的原因。同產，同母所生。劾免，被彈劾免官。❼沈黎　郡名，治笮都（今四川漢源東北）。❽左馮翊二百石卒史　左馮翊，一是官名，漢武帝改左內史置，西漢京師地區的地方行政長官之一，與郡守職掌相同，但地位要更高，同於九卿，秩祿為中二千石；二是京師地方行政區名，漢武帝改左內史置，相當於郡，治長安（今陝西西安西北角）。卒史，吏名，漢代官府中的屬吏，秩祿一般是一百石，故有百石卒史之稱，但包括左馮翊在內的三輔地區官府中的卒史卻是二百石。❾署右職　署，委任。右職，級別高的官職。按：當時以右為尊，以左為卑。❿領郡錢穀計　領，統領；負責掌管。錢穀計，錢糧收支的統計。⓫簿書正　簿書，記載錢糧收支的統計情況的冊子。正，詳實清楚，不侵隱，不造假。⓬以廉稱　因清廉而著稱。⓭察補河東均輸長　察，即察舉。補，遷補；升職補缺。河東，郡名，治安邑（今山西夏縣西北）。均輸長，官名，漢武帝時開始設置，主管各地貢物的調劑流通，互相轉運，以便節省運費，增加收入。⓮河南　郡名，治洛陽（今河南洛陽東北）。⓯內敏　思慮敏捷。⓰文法　法令條文。⓱溫良有讓　溫和、善良、富於謙讓精神。⓲知通「智」。智慧；智謀。⓳御　駕馭；統領。⓴當　符合。㉑愛敬　愛戴尊敬。㉒深　深刻；嚴酷；苛重。㉓大將軍霍光秉政　大將軍，官名，高級軍事統帥，非常設官職。秉政，主持政事，掌握朝政。㉔上官桀句　上官桀（西元前？—前八〇年），西漢隴西郡上邽縣（今甘肅天水市）人。年輕時任羽林期門郎，有材力，頗為漢武帝所賞識，升任侍中、太僕等職，武帝臨終封其為左將軍、安陽侯，與大將軍霍光等一起受遺詔輔佐少主，漢昭帝即位後，立其子上官安的女兒為皇后，安為驃騎將軍、桑樂侯，上官父子與霍光爭權結怨，遂結交燕王謀反，失敗後滅族，其事參見卷六十八〈霍光傳〉。燕王，即燕剌王劉旦（西元前？—前八〇年），漢武帝之子，博學經學雜說，招納遊士，自認為應繼承皇位，漢昭帝即位後，先後兩次謀劃反叛，企圖廢昭帝自立，最終失敗後自殺而死，封國被廢除，其事詳見卷六十三〈燕剌王劉旦傳〉。㉕既　已經。㉖痛繩群下　痛，狠狠地；盡情地。繩，糾正。群下，眾僚屬。㉗繇　同「由」。㉘尚　崇尚。㉙能　有能力；能幹。㉚在民間句　在民間的時候了解百姓苦於吏治的嚴苛。吏急，吏治嚴苛。㉛平　公平寬和。㉜廷尉正　官名，漢代國家最高司法官廷尉的副手，地位相當於諸卿手下的丞，屬於高級審判官，負責審理和判決疑難案件，代表廷尉參加詔獄會審，秩祿為一千石。㉝決疑獄　決，判斷；判決。疑獄，複雜疑難的案件。㉞庭中　指廷尉官署內部。庭，官署。㉟守丞相長史　守，代理；試任。丞相長史，官名，漢文帝時期開始設置，秩祿一千石，是丞相府中的高級僚屬，協助署理丞相府中諸曹事務，可以出席朝議，參與重大案件的會審，也有資格奉詔干預地方事務。㊱坐公卿二句　由於公卿們在朝廷大會上議論政事時，明知道長信少府夏侯勝批評皇上的詔書是犯了大不敬的罪行，黃霸卻偏袒附和，而不舉報彈劾。大議，大會；全體會議。廷，朝廷。長信少府，官名，漢景帝時期改長信詹事而置，掌管皇太后宮中事務，秩祿為二千石。長信，漢代宮名，供皇太后居住，也成為皇太后的代稱。夏侯勝，西漢東平（今山東東平）人，曾師事夏侯始昌、歐陽生等，為學精湛，尤其在《尚書》學方面，世稱其為「大夏侯」，曾先後擔任博士、光祿大夫、長信少府、太子太傅等職，中間因批評漢武帝濫用民力、窮兵黷武的政策而被下獄，夏侯勝有一句名言：「士病不明經術；經術苟明，其取青紫如俛拾地芥耳。學經不明，不如歸耕。」其事詳見卷七十五〈夏侯勝傳〉。非議，批評。大不敬，刑律名目，屬於重罪，應判死刑。阿從，偏袒附和。舉劾，舉報彈劾。㊲皆下廷尉　皆，指黃霸和夏侯勝一起。下，交給。廷尉，官名，位列九卿，秩祿中二千石，掌管刑獄，修訂法律，是全國最高司法審判機構的長官，受理全國大、要、疑難案件。㊳繫獄當死　繫獄，關押在監獄中。當死，被判處死刑。㊴從勝受尚書　從，師從；跟隨。受，學習。尚書，也稱《書》，是上古帝王之書，中國最早的政治論文集，漢代儒學經學化以後，又稱為《書經》。㊵再踰冬　再，二；兩次。踰，通「逾」。越過；經過。㊶積　多；久；長達。㊷勝傳　即卷七十五〈夏侯勝傳〉。㊸諫大夫　官名，漢武帝時期開始設置，秩祿比八百石，隸屬於光祿勳，掌管論議。㊹宋畸舉霸賢良　宋畸，人名。舉，舉薦。賢良，漢代察舉選官的科目。㊺口薦霸於上　口薦，口頭推薦。上，皇上。㊻上擢霸句　擢，提拔。揚州，州名，漢武帝時期開始設置的十三刺史部之一，當時屬於監察區劃，轄區相當於今安徽淮水、江蘇長江以南及江西、浙江、福建三省和湖北、河南小部分相鄰地區。㊼制詔御史　制詔，皇帝的命令。御史，即御史大夫。㊽高第　考試或者考核官員成績優等者。㊾潁川　郡名，治陽翟（今河南禹州）。㊿秩比二千石　秩，官員的俸祿等級。比二千石，官秩等級，次於二千石，銀印青綬，月得穀百斛，一年共計一千二百石。(51)車蓋　車上用以遮陽避雨的傘形篷子。(52)特高一丈　特，特令。一丈，長度單位，十尺為一丈，一尺約合今天二十三公分。(53)別駕主簿　別駕，官名，亦稱別駕從事、別駕從事史，刺史的佐吏，因隨刺史行部，別乘傳車，故曰別駕。主簿，官名，漢代中央和地方州郡官府皆置，典領文書簿籍，錄省眾事，職權甚重。(54)緹油屏泥於軾前　緹油，橘紅色的漆料。屏泥，擋泥板。軾，車廂前供手扶持的橫木。(55)章　同「彰」。表彰；彰顯。(56)垂意於治　垂意，注意，關懷，多用於上對下。治，對天下的治理。(57)恩澤　恩惠，比喻皇帝給與百姓的恩惠猶如雨露滋潤草木一樣。(58)奉宣　奉旨宣傳，使百姓知道。(59)良吏　指那些奉公守法、恪盡職守的官吏。(60)分部宣布　分部，分別不同地區。宣布，宣傳布告。(61)咸　皆；全都。(62)郵亭鄉官皆畜雞豚　郵亭，古代報警、傳遞公文以及供歇宿的處所，近似驛站、驛館。鄉官，漢代地方行政機構郡下為縣，縣下為鄉，鄉下為里，鄉官是指鄉一級的小吏，主要包括嗇夫、游徼等，這裡是指鄉官們的辦公處所。畜，飼養。豚，豬。(63)贍鰥寡　贍，贍養。鰥寡，年老沒有配偶的男女，男子無妻為鰥，女子無夫為寡，也泛指老弱孤苦之人。(64)為條教　為，制定。條教，條例化的教令。(65)父老師帥伍長　父老，古代鄉里管理公共事務的人，多由年老而德高望重者擔任。

師帥，師表；教人為善的表帥。伍長，里中居民五戶編為一伍，設有負責的伍長。(66)班行　班，通「頒」。頒布。行，實行；施行。(67)殖財　增加資財。(68)去食穀馬　禁除用穀物餵養馬匹。去，禁除；取締。食，餵養。(69)米鹽靡密　像米粒、鹽粒一樣細小繁密。靡密，細小繁密。(70)初若煩碎　開始時看似繁雜瑣碎。若，像；如。(71)語次尋繹　在談話之間推求探索事情的癥結脈絡。語次，談話之間。尋繹，推求探索。(72)陰伏　隱蔽不為人知的情況。陰，隱蔽；暗中。(73)嘗欲有所司察　嘗，曾經。司察，探察。司，通「伺」。探察；偵察。(74)擇長年廉吏遣行　擇，選擇；挑選。長年，年長；年齡大。廉吏，廉潔的屬吏。遣行，派遣前往。(75)屬令周密　屬，通「囑」。告誡；叮囑。周密，不洩漏；保密。(76)舍　食宿止歇。(77)烏攫其肉　烏鴉搶食了他準備吃的肉。攫，禽獸用爪抓取，也泛指用強力手段奪取。(78)民有欲二句　有一個要到郡府親口稟報事情的百姓恰好看到了這一情景，黃霸在和他的談話中他說到了這件事。詣，到；前往。府，指郡守官府。口言，親口稟報。適，正；恰好。(79)後日句　後日，後天；第三天。謁，拜見。(80)霸見迎勞之　黃霸接見他時迎上前去慰勞他。迎，起身迎上前。勞，慰勞。(81)豪釐　絲毫；微小。豪，通「毫」。(82)鄉部書言　鄉部，鄉官署。書言，書面報告。(83)具為區處　具，全部。區處，分別給以處理。(84)某所大木可以為棺　某所，某個地方。大木，大樹。為棺，製作棺材。(85)某亭豬子可以祭　亭，即郵亭。豬子，豬崽；小豬。祭，祭祀。(86)識　記。(87)不知所出　不知道他是通過什麼辦法做到這一點的。(88)姦人去入它郡　姦人，違法盜竊之徒。去入它郡，逃離進入其他的郡國。(89)霸力行句　黃霸努力實行用德教感化官吏百姓，如果有不聽從的，再使用刑法誅罰。力行，努力實行；盡力實現。(90)務在成就全安長吏　務在，致力於。全安，保護。長吏，官職俸祿較高的官吏，一般說二百石以上均可稱之為長吏，一百石以下稱為斗食少吏，這裡應該指縣令、縣長以及郡、縣兩級的丞、尉等官吏。(91)許丞　許，縣名，在今河南許昌東。丞，官名，即縣丞，是縣令或縣長的副手，佐助掌管縣政，特別是文書和倉儲方面事務，秩祿四百石到二百石。(92)督郵白欲逐之　督郵，官名，是督郵書掾（或督郵曹掾）的省稱，為郡府屬吏，其職掌除督送郵書外，還代表郡守督察各縣，宣達教令，催繳賦稅，案繫盜賊，點錄囚徒等，權力很大。白，稟告；報告。逐之，罷免他。(93)正頗重聽　正，只。頗，稍微；略微。重聽，耳聾。(94)傷　妨礙；損害。(95)且善助之　且，還是。善助之，好好地幫助他。(96)毋失賢者意　不要讓賢德之人失望。毋，表示禁止或勸阻，可以翻譯為「別」、「不要」。失……意，使……失望、不得志、不如意。(97)數易　頻繁更換。(98)送故句　歡送故吏迎接新吏的費用，以及一些邪惡巧詐的官吏趁新舊交接之機，銷毀登記有錢糧物品等的簿籍文書而盜竊官府財物。姦吏，邪惡巧詐的官吏。緣，因；趁機。絕，銷毀。簿書，登記有錢糧物品等的簿籍文書。(99)徒相益為亂　徒，只是；僅僅。相，新舊交互。益，更加。為亂，變得混亂。(100)凡治道　大凡治理政事之道。凡，凡是；大凡；大概。(101)去其泰甚者耳　去，除去；免去。泰，同「太」。甚者，指嚴重不稱職的官吏。(102)外寬內明　外寬，外表寬容。內明，內心精明。(103)京兆尹　官名，漢武帝時改右內史置，職掌同於郡太守，但由於地處京師，為三輔之一，故稱謂特殊，治長安（今陝西西安西北）。(104)發民治馳道不先以聞　發民，徵發老百姓。馳道，專供皇帝馳行的道路。先以聞，事先報告。(105)詣北軍馬不適士　詣，加入到。北軍，漢代衛戍京師的屯兵，因其營壘設在未央宮和長樂宮的北面，故名。馬不適士，馬的數量不能滿足騎士的需要，即馬少騎士多。適，滿足；足夠。(106)劾乏軍興　彈劾其軍需徵調不足。乏，缺少；匱乏。(107)貶秩　降低官吏級別，減少俸祿。(108)鳳皇神爵　鳳皇，即「鳳凰」，傳說中的鳥名，雄為鳳，雌為凰。神爵，也叫神雀，傳說中的鳥名。按：古人認為鳳凰、神爵的出現是一種祥瑞。(109)治行終長者　治行，治績和品行。終，終歸；到底。長者，居於首位，優秀。(110)鄉化　歸向教化。鄉，通「向」。歸向；景仰；仰慕。(111)弟弟貞婦順孫　弟弟，前面的弟通「悌」，弟弟敬愛兄長稱為悌。貞婦，守貞操的婦女。貞，貞操，貞節，特指婦女恪守節操的行為和品德，主要是從一而終，夫死不再嫁。順，順從；和順。(112)讓畔　謙讓田界。(113)養視　奉養照看。(114)贍助　供給救助。(115)或　有。(116)興於行誼　喜歡幫助他人，助人為樂。興，喜歡。誼，友誼，幫助他人。(117)書　即《尚書》。(118)股肱良哉　這句話源自〈虞書．益稷〉，意思是股肱之臣非常賢良啊。股肱，大腿和上臂，比喻輔佐君主的得力大臣。(119)有行義民　具有善行義舉的百姓。(120)三老　漢代法定和專職的各級民間代表，不屬於國家正式官吏，沒有俸祿，但地位重要，其職責主要有二：一是掌管教化，為眾民之師，率民為善；二是對同級行政官吏有建議權，甚至可越級上書皇帝。(121)差　等級差別。(122)太子太傅　官名，掌管保養、監護、輔翼、教育訓導太子，並與太子少傅一起同領東宮官署，秩祿二千石。(123)遷　升遷；升任。(124)五鳳三年　西元前五五年。五鳳，漢宣帝的年號，從西元前五七至前五四年。(125)丙吉　（西元前？—前五五年），也作「邴吉」，人名，西漢魯國魯縣（今山東曲阜）人。熟習律令，曾為獄吏，漢宣帝幼小遭巫蠱之禍時得到其精心護衛，宣帝即位後，被賜爵關內侯，後又晉封為博陽侯，先後任太子太傅、御史大夫、丞相等官職，為政崇尚寬大，不過問小事，其事詳見卷七十四〈丙吉傳〉。(126)建成　縣名，在今河南永城東南。(127)食邑　列侯的封地，食用按戶收取的租稅，故稱食邑多少戶。(128)總綱紀號令　總，總攬；統領。綱紀，綱要法律。號令，制度命令。(129)風采不及丙　風采，風度文采。丙，即丙吉。(130)魏　即魏相（西元前？—前五九年），人名，西漢濟陰郡定陶縣（今山東定陶）人。少學《易》，漢昭帝時先後任縣令、郡守、州刺史、諫大夫等職，漢宣帝時期先後任大司農、御史大夫、丞相，封高平侯，其事詳見卷七十四〈魏相傳〉。(131)于定國　（西元前？—前四〇年），人名，西漢東海郡郯縣（今山東郯城）人。從小學習法律，年輕時為獄吏，漢宣帝時先後任光祿大夫、廷尉、丞相等職，封西平侯，漢元帝時因關東發生嚴重的自然災害，民多流亡，遂自劾歸侯印，引咎辭相職。其事詳見卷七十一〈于定國傳〉。(132)損　減少；不及。(133)舍鷊雀　舍，住所。鷊雀，鳥名，雀類。(134)奏霸　把黃霸這件事奏報皇上。(135)竊　這是一種謙辭，可譯為私自，私下。(136)雜問　共同詢問。(137)長吏　據前人考證，此處的「吏」應為「史」，長史是諸侯王國相及邊郡太守的主要佐官，秩祿從數百石至一千石不等。(138)成大化　成就大規模的道德教化。(139)條其對　列成條條報告。(140)殿　指丞相府的殿堂，當時房屋高大森嚴的，都可以呼之為殿，不一定非得皇宮之中。(141)不為句　報告不出實行教化的具體條例的在最後面叩頭謝罪。(142)邊吏　來自邊疆地區的官吏。(143)陽　表面上；假裝。(144)圖議　計議；計劃。(145)報下　報，回報；感應。下，降下；派來。(146)郡國吏句　郡國吏，來自郡國的上計吏。竊，私下；暗地裡。知略，智慧謀略。(147)微信　有點相信。微，略微；有點。(148)汲黯　（西元前？—前一一二年），西漢濮陽（今河南濮陽）人。漢武帝時先後任謁者、東海太守、主爵都尉、淮陽太守等職，為人性倨，敢於直諫，被漢武帝稱為「社稷之臣」，他有一句批評漢武帝的名言：「內多欲而外施仁義，奈何欲效唐虞之治乎」，其事詳見卷五十〈汲黯傳〉。(149)大行李息　大行，即大行令，官名，漢景帝時改典客而置，漢武帝時又改為大鴻臚，掌管少數民族方面事務。李息，西漢北地郡郁郅縣（今甘肅慶陽）人，漢武帝時初為材官將軍，隨大將軍衛青打匈奴，封關內侯，後任大行令，其事詳見卷五十五〈李息傳〉。(150)張湯懷詐阿意　張湯（西元前？—前一一五年），西漢杜陵（今陝西西安）人。漢武帝時期著名酷吏，因窮治陳皇后獄和淮南、衡山謀反事件得到漢武帝的賞識，先後任太中大夫、廷尉、御史大夫，制定《越宮律》、《朝律》，執法嚴酷，斷案以皇帝意旨為準繩，又用《春秋》一書加以文飾，後因被陷害自殺而死，死後家產不足五百金，其事詳見卷五十九〈張湯傳〉。懷詐，心懷狡詐。阿意，阿附皇上之意。(151)傾　傾倒；倒塌。(152)白　稟奏；稟報。(153)戮　殺戮。(154)抵息罪句　抵，抵償。秩黯諸侯相，讓汲黯享受諸侯王國相的俸祿。按：諸侯王國相位在郡守上，秩祿為真二千石。每月得糧食一百五十斛，全年得一千八百石，郡守為二千石，每月得糧食一百二十斛，全年得一千四百四十石。(155)取其思竭忠　取，看中；肯定；擇取。思，想；考慮。竭忠，竭盡忠心。(156)莫白　沒有人稟奏。(157)指　通「旨」。意旨；意圖；旨意。(158)歸舍二句　回去後廢棄朝廷的法律，各自實行私自制定的教令。舍，捨棄；廢掉；廢棄。私教，自己制定的教令。(159)務相增加　致力於互相攀比地增加教令條款。務，致力於。(160)澆淳散樸　澆薄流散淳厚樸實的社會風氣。澆，澆薄；輕薄。散，流散；離散；驅散。(161)並行偽貌　全都以虛偽的面貌行事。(162)傾搖解怠　傾斜，搖擺，鬆懈，怠慢。解，通「懈」。鬆懈。(163)妖　怪異、邪惡的人或事。(164)其實句　其實對於人們行為的廉潔而不貪賄、貞節而不淫蕩，沒有實在的益處。(165)固　一定；本來。(166)偽聲軼　偽聲，虛偽的名聲。軼，勝；超過。(167)漢家承敝通變　漢家，漢朝。承敝，承繼破敗。通變，通達變革。(168)造起　開始制定。(169)條貫詳備　條理貫通，詳細完備。(170)宜令貴臣明飭　宜令，應該讓。貴臣，顯貴的大臣。明飭，明確的告誡。飭，通「敕」。告誡；教導。(171)以義法令檢式　義法令，漢朝統一的法令。義，公共的；共同的。檢式，約束的標準。檢，限制；約束。式，標準；榜樣。(172)奸　通「干」。求。(173)以正明好惡　以此端正、顯明朝廷的喜好和厭惡。正，端正。明，顯明。(174)嘉納　讚許和採納。(175)侍中臨飭　侍中，本官之外的加官名，列侯、將軍、卿大夫、將、都尉、尚書以至於郎中，均可以加此官職，出入宮禁，侍從皇帝左右，沒有定員。臨飭，前來訓誡。(176)又樂陵侯句　另外樂陵侯史高因為是外戚，又對皇帝有舊恩，因此在皇帝身邊為侍中，尊貴被重用。又，另外。樂陵，縣名，在今山東陽信西。史高（西元前？—前四三年），西漢魯國魯縣（今山東曲阜）人。漢宣帝時因外戚為侍中，因告發大司馬霍禹謀反有功，被封為樂陵侯，宣帝臨終拜其為大司馬車騎將軍，領尚書事，受遺詔與蕭望之等人共同輔政。外屬，外戚。舊恩，指漢宣帝小時候曾受到過史高祖母和父親的撫養。(177)太尉　官名，秦漢時期最高軍事長官，秩祿萬石。(178)尚書　官名，原本為掌管文書的小官，漢武帝以後由於發展內朝官勢力，其權力漸重，掌奏章機要，是重要的宮官。(179)偃武興文　停止戰爭，發揚文德。偃，停止；止息。興，興盛；振興；發揚。文，與武功相對的文德，即用禮樂教化進行統治。(180)如國家不虞　如，若；如果；假如。虞，猜度；料想。(181)宣明　宣揚使之顯明。(182)通達幽隱　通達，洞明事理。幽隱，幽深隱祕之處。(183)朕　皇帝的自我稱謂。(184)帷幄　原意是指室內懸掛的帳幕，而皇帝居處必設帳幕，故經常喻指皇帝所處的宮廷。(185)尚書令　官名，尚書官署的長官，隸屬於少府，秩祿開始時為六百石，後職權漸重，升為一千石，掌管記錄傳達詔令、遞送管理奏章等，是內朝重要官員。(186)乃決　事情才解決，指被寬赦原諒。(187)請　請求，指請求皇上批准什麼事情。(188)甘露三年　即西元前五一年。甘露，漢宣帝的年號，從西元前五三至前五〇年。(189)竟為大司馬　竟，終了；還是。大司馬，官名，漢武帝最初設置時為加官，以冠大將軍、驃騎將軍、車騎將軍等，一般授予功勳卓著者，後來則授予顯貴的外戚，成為中朝的首腦官員，並單置為官，設置官署，秩祿萬石，與丞相（大司徒）、御史大夫（大司空）並為宰相，位列三公之首，東漢時改名太尉。(190)嗣　繼承爵位。(191)關都尉　官名，中級武官，掌管守衛關隘，稽查行人，徵收關稅，西漢時期函谷關、武關、玉門關、陽關都設有都尉。(192)衛尉九卿　衛尉，官名，九卿之一，掌管宮門守衛，秩祿中二千石。九卿，漢代朝廷中二千石卿官的合稱，不是確定的九種官職，而是泛指，所以又稱諸卿或列卿，主要包括：太常（奉常）、光祿勳（郎中令）、太僕、廷尉、大鴻臚（典客）、宗正、大司農（治粟內史）、少府、衛尉、執金吾（中尉）等。(193)訖　通「迄」。至；到。(194)始　開始；當初。(195)游徼　官名，由縣派往各個鄉部，負責巡查和捕捉盜賊。(196)與善相人者共載出　和善於給人相面的人同乘一輛車出行。善，善於；擅長。相人，給人相面，觀察人的相貌以預測其命運。共載，同乘一輛車。197推問　探求詢問。198鄉里巫家　鄉里，同鄉。巫家，古代以求神、占卜為職業的人家。199與之終身　與她共度了一生。200杜陵　縣名，原名杜縣，後因漢宣帝的陵墓修在此而改名，其地在今陝西西安東南。

【語譯】黃霸，表字次公，是淮陽郡陽夏縣人士。他的家因為犯了身為豪桀而役使鄉里人的罪行，被遷徙到雲陵。黃霸年輕時學習法律條令，喜歡做官，漢武帝末年以待詔的身分捐錢被賞給官職，補缺擔任了侍郎、謁者，之後由於同母兄弟犯罪被彈劾免官。後來又為沈黎郡捐獻穀物，補缺擔任左馮翊手下俸祿為二百石的卒史。左馮翊因為黃霸是由於捐獻財物而做官的，所以不委任他職位高的官職，讓他負責郡中錢糧收支的統計。黃霸所造的記載錢糧收支統計情況的冊子，詳實清楚，不侵隱，不造假，因清廉而著稱，通過察舉補缺擔任河東郡的均輸長，之後又通過察舉，因清廉被任命為河南郡太守丞。黃霸為人善於觀察，思維敏捷，熟習法律條文，卻又溫和、善良、具有謙讓精神，富於智慧，擅長統領眾人。他擔任郡丞，討論和處理事情既符合法令條文，又合乎人心，所以太守特別信任他，官吏百姓愛戴尊敬他。

2 自從漢武帝末年以來，用法嚴酷，苛重。漢昭帝即位後，年齡幼小，由大將軍霍光掌管朝政，大臣之間爭奪權力，上官桀等人與燕王劉旦謀劃叛亂，霍光誅殺他們之後，於是就遵照漢武帝時期的法令制度，用刑罰嚴厲約束眾僚屬，因此俗吏們紛紛崇尚嚴刑酷法，認為這樣是能幹，而只有黃霸通過採用寬和的統治辦法而揚名。

3 正趕上漢宣帝即皇帝位，宣帝在民間的時候就了解老百姓苦於吏治嚴苛，聽說黃霸執法公平寬和，就徵召他擔任廷尉正，多次判決疑難案件，廷尉官署內部都稱讚公平。代理丞相長史，由於公卿們在朝廷大會上議論政事時，明知道長信少府夏侯勝批評皇上的詔書是犯了大不敬的罪行，黃霸卻偏袒附和，而不舉報彈劾，黃霸與夏侯勝一起都被交給廷尉判罪，關押在監獄中並被判處死刑。黃霸於是就在監獄之中師從夏侯勝學習《尚書》，度過了兩個冬天，長達三年才出獄，這些記載在〈夏侯勝傳〉中。夏侯勝出獄後，又擔任了諫大夫，他讓左馮翊宋畸舉薦黃霸為賢良。夏侯勝自己又向皇上口頭推薦黃霸，皇上提拔黃霸為揚州刺史。經過了三年，漢宣帝下詔說：「命令御史大夫：以賢良科目中的優秀者揚州刺史黃霸出任為潁川太守，秩祿為比二千石，任職期間賜予他乘坐有篷蓋的車，特令高一丈，他的別駕和主簿的車，把用橘紅色漆過的擋泥板放置在車廂軾木的前面，以此表彰他所具有的德行。」

4 此時皇上留意於天下的治理，多次下達對老百姓施與恩惠的詔書，但是官吏們卻不能奉旨宣傳，使百姓知道。太守黃霸為此挑選一些奉公守法、恪盡職守的官吏，讓他們分別去不同的地區宣傳布告皇帝的詔令，讓老百姓都知道皇上的恩惠之意。又讓郵亭鄉官都飼養雞和豬，用這些來贍養鰥寡孤獨及貧窮的人。然後又制定條例性的教令，設置父老、師帥、伍長等，並將這些頒布施行於民間，表現了勸勉百姓力行善事，謹防作惡的用意，以及致力於種田養蠶，節省費用，增加資財，種植樹木，飼養家畜，禁除用穀物餵養馬匹。這些像米粒、鹽粒一樣細小繁雜的事情，開始時看似繁雜瑣碎，然而黃霸用自己的精神和力量卻能夠把它們推廣施行。接見官吏和百姓時，他在談話之間推求探索事情的癥結脈絡，再詢問其他隱蔽不為人知的情況，以供相互參考。曾經想要祕密探察一件事情，挑選了一名年長且廉潔的屬吏，派遣其前往，叮囑讓他一定保密。這名屬吏出發後，不敢在郵亭中食宿止歇，在馬路旁邊吃飯，結果被烏鴉搶食了他準備要吃的肉。有一個到郡府親口稟報事情的百姓恰好看到了這一情景，黃霸在和他的談話中他提到了這件事。三天後這名屬吏返回拜見黃霸，黃霸接見他時迎上前去慰勞他，說道：「你實在太辛苦了！在馬路旁邊吃飯還被烏鴉搶走了肉。」屬吏大吃一驚，以為黃霸全部了解了他的起居等各方面情況，於是對黃霸所詢問的事情不敢有絲毫的隱瞞。凡是有鰥寡孤獨的人死去無法埋葬的，就讓鄉官署遞交書面報告，黃霸全部分別給以處理，告訴下面人什麼地方的大樹可以做棺材，哪個郵亭的小豬可以用來祭祀，屬吏前往一看，全部如其所言。他對事情的強記和精明就是如此，官吏和百姓不知道他是通過什麼辦法做到這一點的，都驚呼他神明。於是違法盜竊之徒都紛紛逃離，竄入其他的郡國，盜賊一天天地減少。

5 黃霸努力實行用德教感化官吏百姓，如果有不聽從的，再使用刑法誅罰，致力於成就和保護長吏。許縣的縣丞年紀大，耳朵聾了，督郵向黃霸稟報，想要罷除他的官職，黃霸說：「許縣縣丞是一位廉潔的官吏，雖然年紀大了，還是能夠跪拜起立送往迎來的，只是稍微有點耳聾，有什麼妨礙呢？還是好好地幫助他，不要讓賢德之人失望。」有人問黃霸這樣做的原因，黃霸回答說：「頻繁更換長吏，歡送故吏迎接新吏的費用，以及一些邪惡巧詐的官吏趁新舊交接之機，銷毀登記有錢糧物品等的簿籍文書而盜竊官府財物，致使公私費用消耗太多，這些全部都是出在老百姓的身上，而且所更換的新吏也未必就賢德，有的甚至會不如那些故吏，新舊交互僅僅是變得更加混亂。大凡治理政事之道，只是除去那些嚴重不稱職的官吏而已。」

6 黃霸因外表寬容內心精明而深得官吏和百姓的敬愛，戶口數連年增加，治績為天下第一。徵召其為代理京兆尹，秩祿為二千石。因為徵發老百姓修治專供皇帝馳行的馳道卻沒有事先稟報，另外又徵發騎士加入衛戍京師的北軍卻發生馬匹少於騎士的情況，被彈劾其軍需徵調不足，連續被降低官吏級別，減少俸祿。皇帝下詔將其調回到潁川太守的官職，俸祿只有八百石，但其居官治政像以前一樣。前後又經過了八年，郡中治理得更加好了。這段時期，鳳凰神爵多次飛集一些郡國，其中潁川郡中尤為多。天子認為黃霸的治績和品行終歸是最為優秀的，於是下詔稱讚和表揚他說：「潁川太守黃霸，宣傳布告詔令，百姓歸向教化，孝子、悌弟、貞婦、順孫日益眾多，耕田者謙讓田界，馬路上不拾遺，奉養照看鰥寡，供給救助貧窮，監獄中已有八年沒有重罪犯，官吏百姓都仰慕教化，喜歡幫助他人，黃霸真可謂是賢人君子啊。《尚書》中不是說過嗎？『股肱之臣非常賢良啊！』賜與黃霸關內侯爵位，黃金一百斤，秩祿為中二千石。」而潁川郡的那些孝悌、有善行義舉的百姓、三老、力田也都按照等級差別被賜予爵位和絹帛。幾個月後，徵召黃霸擔任太子太傅，又升任為御史大夫。

7 漢宣帝五鳳三年，黃霸接替丙吉擔任丞相，被封為建成侯，食邑六百戶。黃霸的才能是擅長於治理百姓，等到他做了丞相，總攬綱要法律、制度命令，風度文采卻不及丙吉、魏相、于定國，功績和名聲都不及治理潁川郡時。當時京兆尹張敞住所的鶡雀飛集到丞相府，黃霸誤以為是神雀，商議要奏報給皇帝。張敞把黃霸這件事奏報皇上說：「我私下看到丞相與召請來的中二千石、博士們一起，詢問各個郡和諸侯王國來彙報情況的長史、守丞，並讓他們把為百姓興利除害，成就大規模道德教化的做法，列成條條進行彙報，凡是寫有農民謙讓田界，男女分別在不同的道路上行走，道不拾遺，以及列舉出孝子、悌弟貞婦姓名人數的為第一等，首先登上丞相府的殿堂，列舉以上各項，但沒有具體姓名人數的為次一等，報告不出實行教化的具體條例的在最後面叩頭謝罪。丞相雖然口上不說，但其心裡是想讓他們這樣做的。郡和諸侯王國的長史、守丞們報告時，臣張敞我的住所有鶡雀飛集到丞相府的屋子上，丞相以下看見的有數百人之多。來自邊疆地區的官吏大多知道鶡雀，但詢問他們時，都假裝不知道。丞相計議上奏皇上說：『臣正在聽取郡和諸侯王國的長史、守丞有關他們實行教化的條例，皇天感應降下神雀。』後來知道鶡雀是從臣張敞我的住所飛來的，就停止了這件事。那些郡和諸侯王國來彙報的上計吏都暗笑丞相仁義敦厚富於智慧謀略，但卻有點相信稀奇古怪的事情。從前汲黯被任命為淮陽太守，辭行離去前往上任，對大行令李息說：『御史大夫張湯心懷狡詐阿附皇上的旨意，以此禍亂朝廷，你不及早稟奏皇上，就要與他一起遭受殺戮啊。』但李息畏懼張湯，最終也不敢說。後來張湯被懲罰敗亡，皇上聽說了汲黯與李息說的話，就把李息判了罪，而獎勵汲黯享受諸侯王國相的俸祿，看中的是汲黯想竭盡忠心。臣張敞我不敢詆毀丞相，實在是擔心群臣中沒有人稟報皇上，而郡和諸侯王國的長史、守丞又畏懼丞相的旨意，回去後廢棄朝廷的法律，各自實行私自制定的教令，致力於互相攀比地增加教令條款，澆薄流散淳厚樸實的社會風氣，全都以虛偽的面貌行事，有名無實，傾斜搖擺，鬆懈怠慢，更為厲害的搞些怪異、邪惡的事情。假使讓京師地區首先實行地主讓田界，男女異路行，道不拾遺，其實對於人們行為的廉潔而不貪賄、貞節而不淫蕩，是沒有實在益處的，反而以虛偽為天下第一，這肯定是不可以的；即使是讓諸侯王國首先實行這些條例，虛偽的名聲會勝過京師，這可不是小事情。漢朝承繼秦朝的破敗，通達變革，開始制定法律條令，用來勸導行善禁止奸惡，條理貫通，詳細完備，不可以再增加。應該讓顯貴的大臣明確的告誡長史、守丞，回去後轉告郡和諸侯王國的二千石官員，推舉三老、孝弟、力田、孝廉、廉吏，所推舉之人務必要名副其實，郡和諸侯王國中的事情都要用漢朝統一的法令作為約束的標準，不能擅自制定教令。敢於用欺詐和虛偽的手段獵取名譽的人，一定首先遭到殺戮，以此來端正顯明朝廷喜歡什麼和厭惡什麼。」天子讚許和採納了張敞的意見，召集郡和諸侯王國來彙報的上計吏，按照張敞的意見讓侍中前來訓誡他們。黃霸非常慚愧。

8 另外樂陵侯史高由於是外戚和對皇帝有舊恩的原因，在皇帝身邊為侍中，尊貴被重用，黃霸推薦史高可以擔任太尉。天子派尚書召來黃霸問話說：「太尉的官職已經撤銷很久了，由丞相兼領其職，所以這樣是為了停止戰爭，發揚文德。如果國家有意外之事，邊境發生戰事，身邊的大臣都是將帥。宣揚教化，洞明幽深隱祕之處的問題，使得監獄中沒有冤案，城邑中沒有盜賊，這是你的職責。至於將相等官員的任用，那是朕的職責啊。侍中樂陵侯史高為宮廷近臣，是朕所親自了解的，你為什麼要超越職權而舉薦他呢？」尚書令受命要求丞相回答，黃霸於是脫去官帽，承認有罪，好幾天之後才被寬赦原諒。從這以後黃霸不敢再對皇帝有什麼請求。然而自從漢朝建立以來，談論起治理百姓的官吏，還是以黃霸為第一。

9 黃霸做了五年丞相，於甘露三年去世，諡號稱為建成定侯。黃霸死後，樂陵侯史高還是做了大司馬。黃霸的兒子建成思侯黃賞繼承了爵位，官為關都尉。黃賞死後，他的兒子建成忠侯黃輔繼承爵位，官至衛尉，成為九卿之一。黃輔死後，他的兒子黃忠繼承侯爵，到王莽時才斷絕。黃霸的子孫中官做到二千石的有五六人。

10 當初黃霸年輕時曾經擔任陽夏縣的游徼，一次和一位善於給人相面的人同乘一輛車出行，途中看見一個婦女，擅長相面的人說：「這個婦女應當富貴，如果不是這樣的話，相面的書就不可以使用了。」黃霸探求詢問她是何人，原來是他的同鄉一戶巫家的女兒。黃霸就娶她做了自己的妻子，與她共度了一生。黃霸做丞相後，他們遷徙到了杜陵。

1 朱邑，字仲卿，廬江舒人也。少時為舒桐鄉嗇夫❶，廉平不苛，以愛利❷為行，未嘗笞辱❸人，存問耆老孤寡❹，遇之有恩，所部吏民愛敬焉。遷補❺太守卒史，舉賢良為大司農丞❻，遷北海❼太守，以治行第一入為大司農。為人淳厚❽，篤於故舊❾，然性公正，不可交以私❿。天子器⓫之，朝廷敬焉。

2 是時張敞為膠東相，與邑書曰：「明主游心太古⓬，廣延茂士⓭，此誠忠臣竭思⓮之時也。直敞遠守劇郡⓯，馭於繩墨⓰，匈臆約結⓱，固亡奇⓲也。雖有，亦安所施⓳？足下⓴以清明之德，掌周稷㉑之業，猶饑者甘糟糠，穰歲餘粱肉㉒。何則？有亡之勢異也。昔陳平㉓雖賢，須魏倩㉔而後進；韓信㉕雖奇，賴蕭公而後信㉖。故事各達其時之英俊㉗，若必伊尹、呂望㉘而後薦之，則此人不因足下而進矣。」邑感敞言，貢薦賢士大夫㉙，多得其助者。身為列卿，居處儉節，祿賜以共九族鄉黨㉚，家亡餘財。

3 神爵元年㉛卒。天子閔惜㉜，下詔稱揚曰：「大司農邑，廉潔守節，退食自公㉝，亡疆外之交㉞，束脩之餽㉟，可謂淑人君子㊱。遭離凶災㊲，朕甚閔之。其賜邑子黃金百斤，以奉其祭祀。」

4 初邑病且死，屬㊳其子曰：「我故為桐鄉吏，其民愛我，必葬我桐鄉。後世子孫奉嘗㊴我，不如桐鄉民。」及死，其子葬之桐鄉西郭㊵外，民果然共為邑起冢立祠㊶，歲時㊷祠祭，至今不絕。

【章　旨】以上為〈朱邑傳〉，簡要記述了朱邑從鄉吏到佐官、郡守、九卿的過程，重點記述了他任大司農的情況，突出了他為官清廉，居處節儉，薦舉賢士，以私奉公，特別是通過敘述老百姓對他的敬愛，來塑造他的循吏形象。

【注　釋】❶桐鄉嗇夫　桐鄉，鄉名，在今安徽桐城北。嗇夫，鄉官名，掌管鄉里的賦稅和訴訟，知民善惡，為役先後，知民貧富，為賦多少，評其差品，一般秩祿百石。❷愛利　對人仁愛有利益。❸笞辱　鞭打羞辱。笞，用鞭、杖、竹板抽打。❹存問耆老孤寡　存問，慰問；問候。耆老，年壽已高的老人。孤，幼年喪父。寡，喪失丈夫的婦女。❺遷補　升遷補任。❻大司農丞　官名，大司農的副手。大司農，官名，漢武帝時改大農令而設置，九卿之一，秩祿中二千石，掌管全國的稅收和財政支出。丞，輔佐官的統稱。❼北海　郡、國名，治營陵（今山東昌樂東南）。❽淳厚　質樸厚道。❾篤於故舊　尤其是對於老朋友。篤，甚；特別；尤其。故舊，故交；老朋友。❿不可交以私　在交往中不肯徇私情。⓫器　器重；看重。⓬明主游心太古　明主，英明的君主，指當今皇上。游心，留心；專心。太古，遠古；上古。⓭廣延茂士　廣延，廣泛地延攬。延，延攬；招納。茂士，優秀的士人。茂，優秀；優異。⓮誠忠臣竭思　誠，確實；實在；的確。竭思，竭盡才智。⓯直敞遠守劇郡　直，通「值」。適逢；正趕上。劇郡，大郡。⓰馭於繩墨　馭，駕馭；統治；控制。繩墨，木匠打直線的工具，比喻規矩、法度。⓱匈臆約結　匈臆，心胸；胸懷。匈，同「胸」。臆，心；心中。約結，約束；束縛。⓲固亡奇　固，本來。奇，新奇；特別。⓳亦安所施　又在什麼地方施展呢。⓴足下　古代下對上或對同輩的敬稱。㉑周稷　又稱「后稷」，傳說為周族的始祖，善於種植百穀百蔬，在堯舜時期曾為農官，引導人們從事農耕，被後世尊奉為農神，因大司農掌管農業稅收，所以用周稷指代大司農。㉒猶饑者二句　就好像饑餓的人感覺糟糠也是甘甜的，而豐收之年粱肉也會感到多餘一樣。猶，如；好像。甘，覺得甘甜。糟糠，造酒剩下的渣滓和脫穀餘下的穀皮，比喻非常粗劣的食物。穰歲，豐收的年頭。粱肉，精細的糧食和肉類。粱，精米。㉓陳平　（西元前？—前一七八年），秦末陽武（今河南原陽）人。少時家貧，治黃老之術，秦末起事時，先追隨魏王咎、項羽，後歸附劉邦，屢出奇謀建立功業，離間項羽君臣、偽遊雲夢捉拿韓信、收買閼氏解平城之圍等，封曲逆侯，漢惠帝時任丞相，呂后死後，與周勃等大臣一起，誅滅諸呂，迎立漢文帝，其事詳見卷四十〈陳平傳〉。㉔魏倩　人名，即魏無知，漢高祖劉邦身邊的近臣。㉕韓信　（西元前？—前一九六年），秦末淮陰（今江蘇淮陰）人。中國古代著名軍事家，早年家貧，常寄食於人，曾受胯下之辱，天下反秦後，先從項羽，後歸附劉邦，在蕭何的保薦下，被拜為大將軍，屢建大功奇功，是劉邦戰勝項羽的最大功臣，與蕭何、張良一起被劉邦稱為三位「人傑」，曾先後被封為齊王、楚王、淮陰侯，漢初被逼謀反，被呂后與蕭何設計斬殺，著有《兵書》三篇，亡佚，其事詳見卷三十四〈韓信傳〉。㉖賴蕭公而後信　蕭公，即蕭何。信，信任，重用，指得到漢高祖劉邦的信任和重用。㉗故事句　所以賢良之士各自都要薦舉他那個時代的傑出人才，讓他們顯貴。事，應為「士」，是指賢士，優秀的知識分子。達，薦舉，使之顯貴。其時，他那個時代。英俊，傑出人物。㉘伊尹呂望　伊尹，名摯，商初大臣，傳說其本為陪嫁的奴隸，後被商湯不拘一格提拔重用，輔佐商湯滅夏建商，稱為阿衡或保衡，曾先廢復立商王太甲。呂望，又稱呂尚、姜尚、姜子牙、姜太公、太公望，姜姓，呂氏，名望，字牙。西周開國功臣。傳說商朝末年，不滿紂王暴虐，隱居東海之濱，後西行投奔周國，與周文王相遇在渭水之濱，文王說：「吾太公望子久矣。」故號稱「太公望」，輔佐文、武兩代周王，滅商而有天下。因功被分封在齊地建國。㉙貢薦賢士大夫　貢薦，舉薦。貢，薦舉，這裡指向天子推薦人才。士大夫，社會中的一個階層，是知識分子與官僚的混合體，有時指在位的官吏，有時則指具有一定社會地位的文人。㉚共九族鄉黨　共，通「供」。供給。九族，九代家族，包括高祖輩、曾祖輩、祖輩、父輩、自己一輩、子輩、孫輩、曾孫輩、玄孫輩。鄉黨，鄉里；同鄉。㉛神爵元年　即西元前六一年。神爵，漢宣帝的年號，從西元前六一至前五八年。㉜閔惜　哀憐，可惜。閔，哀憐；同情。㉝退食自公　退還俸祿，以私奉公。食，俸祿。㉞亡疆外之交　沒有多餘的公事以外的私下交往。疆，指某一界限。交，交往，指私下交往。㉟束脩之餽　束脩，本義是十條乾肉，是古代相互饋贈的一種禮物，特別是學子拜師的見面禮物，這裡泛指饋送禮物。餽，同「饋」。贈送。㊱淑人君子　淑人，清廉之人。君子，有道德的人。㊲遭離凶災　離，通「罹」。遭遇。凶災，指患病去世。㊳屬　通「囑」。囑咐。㊴後世子孫奉嘗　後世子孫，指朱家的子孫後代。奉嘗，供奉祭祀。嘗，祭祀名稱，秋季的祭祀稱為嘗祭。㊵郭　外城。㊶起冢立祠　冢，高大的墳墓。祠，供奉有神主的廟堂。㊷歲時　每年按季節。

【語　譯】朱邑，表字仲卿，是廬江郡舒縣人。年輕時做舒縣桐鄉的嗇夫，廉潔公平不苛刻，以對人仁愛有利益為做事的原則，沒有鞭打羞辱過人，慰問年壽已高的老人和孤兒寡母，對待他們有恩德，受到所在鄉部官吏和老百姓的愛戴和尊敬。升遷補任為太守卒史，通過舉薦賢良成為大司農丞，又升遷為北海郡太守，因為治績第一而進入朝廷擔任大司農。朱邑為人質樸厚道，尤其是對於老朋友，然而其秉性公正，在交往中不肯徇私情。天子非常器重他，朝廷上下也都尊敬他。

2 這個時候，張敞任膠東王國相，給朱邑寫信說：「當今聖明的主上傾心於上古時代的歷史，廣泛地延攬優秀的士人，這實在是忠臣竭盡才智的時機。適逢此時我張敞在遠方守護朝廷的大郡，受制度法令的約束，心胸受到束縛，原本也沒有什麼出奇才華。即便是有的話，又在什麼地方施展呢？而足下憑藉清明的德行，掌管著后稷率民農耕的事業，就好像飢餓的人感覺糟糠也是甘甜的，而豐收之年粱肉也會感到多餘一樣。為什麼會這樣呢？是因為有客觀形勢和沒有客觀形勢的不同。從前，陳平雖然具有賢良之才，須待魏倩推薦之後才得以進用，韓信雖然具有軍事奇才，有賴蕭何的保薦之後才得以信用。所以賢良之士各自都要舉薦他那個時代的傑出人才，如果一定得是伊尹、呂望之類的人才才推薦他們，那麼這種人恐怕不用靠足下的推薦而自己就進用顯貴了。」朱邑因張敞信中所言而感悟，舉薦優秀的士大夫，許多人得到了他的幫助。朱邑身為朝廷九卿之一，居處儉約節省，俸祿和皇帝的賞賜都送給了九族同宗以及鄉里鄰居，家中沒有多餘的錢財。

3 朱邑在神爵元年病逝。天子哀憐可惜，頒布詔令稱讚褒揚他說：「大司農朱邑，為官廉潔恪守節操，甚至退還俸祿，以私奉公，沒有多餘的公事以外的私下交往，財禮饋贈，真可以稱得上是清廉有道德之人。遭遇不幸，朕非常憐惜他。賞賜朱邑的兒子黃金一百斤，以供給他的祭祀之用。」

4 當初，朱邑病重將要去世時，囑咐他的兒子說：「我原來在桐鄉為吏，那裡的老百姓敬愛我。到我死之後，一定把我埋葬在桐鄉，後代子孫供奉祭祀我，還不如桐鄉的老百姓。」等到朱邑死後，他的兒子把他埋葬在桐鄉西面郭城的外面，老百姓果然共同為朱邑修起了高大的墳墓，建造了祠堂，每年按季節在祠堂中祭祀，直到如今都沒有斷絕。

1 龔遂，字少卿，山陽南平陽❶人也。以明經❷為官，至昌邑郎中令❸，事王賀❹。賀動作多不正，遂為人忠厚，剛毅有大節，內諫爭❺於王，外責傅相❻，引經義❼，陳[8]禍福，至於涕泣，蹇蹇亡已[9]。面刺[10]王過，王至掩耳起走，曰：「郎中令善媿人[11]。」及國中皆畏憚焉[12]。王嘗久與騶奴宰人[13]游戲飲食，賞賜亡度，遂入見王，涕泣厀行[14]，左右侍御[15]皆出涕。王曰：「郎中令何為哭？」遂曰：「臣痛社稷[16]危也！願賜清閒竭愚[17]。」王辟[18]左右，遂曰：「大王知膠西王[19]所以為無道亡乎？」王曰：「不知也。」曰：「臣聞膠西王有諛臣侯得[20]，王所為儗於桀紂[21]也，得以為堯舜[22]也。王說其諂諛[23]，嘗與寢處[24]，唯得所言，以至於是。今大王親近群小[25]，漸漬[26]邪惡所習，存亡之機[27]，不可不慎也。臣請選郎通經術有行義[28]者與王起居，坐則誦詩書[29]，立則習禮容[30]，宜有益。」王許之。遂迺選郎中[31]張安等十人侍王。居數日，王皆逐去安等。久之，宮中數有妖怪[32]，王以問遂，遂以為有大憂，宮室將空[33]，語在昌邑王傳[34]。會昭帝崩[35]，亡子，昌邑王賀嗣立，官屬皆徵入。王相安樂遷長樂[36]衛尉，遂見安樂，流涕謂曰：「王立為天子，日益驕溢[37]，諫之不復聽，今哀痛未盡[38]，日與近臣飲食作樂，鬭虎豹，召皮軒[39]，車九流[40]，驅馳東西，所為誖道[41]。古制寬，大臣有隱退，今去不得，陽狂恐知[42]，身死為世戮[43]，奈何？君，陛下故相，宜極諫爭。」王即位二十七日，卒[44]以淫亂廢。昌邑群臣坐陷王於惡不道，皆誅，死者二百餘人，唯遂與中尉[45]

王陽以數諫爭得減死，髡為城旦(46)。

2 宣帝即位，久之，勃海左右郡歲饑(47)，盜賊並起，二千石不能禽制(48)。上選能治者，丞相御史舉遂可用，上以為勃海太守。時遂年七十餘，召見，形貌短小，宣帝望見，不副(49)所聞，心內輕(50)焉，謂遂曰：「勃海廢亂(51)，朕甚憂之。君欲何以息其盜賊，以稱(52)朕意？」遂對曰：「海瀕遐遠(53)，不霑聖化(54)，其民困於饑寒而吏不恤(55)，故使陛下赤子盜弄陛下之兵於潢池中耳(56)。今欲使臣勝之(57)邪，將安之(58)也？」上聞遂對，甚說(59)，答曰：「選用賢良，固欲安之也。」遂曰：「臣聞治亂民猶治亂繩，不可急也；唯緩之，然後可治。臣願丞相御史且無拘臣以文法(60)，得一切便宜從事(61)。」上許焉，加賜黃金，贈遣乘傳(62)。至勃海界，郡聞新太守至，發兵以迎，遂皆遣還，移書敕屬縣悉罷逐捕(63)盜賊吏。諸持鉏鉤(64)田器者皆為良民，吏毋得問，持兵者迺為盜賊。遂單車獨行至府，郡中翕然(65)，盜賊亦皆罷(66)。勃海又多劫略(67)相隨，聞遂教令，即時解散，棄其兵弩而持鉤鉏。盜賊於是悉平，民安土樂業。遂迺開倉廩假(68)貧民，選用良吏，尉安牧養(69)焉。

3 遂見齊俗奢侈，好末技(70)，不田作，迺躬率(71)以儉約，勸民務農桑，令口種一樹榆(72)、百本䪥(73)、五十本蔥、一畦(74)韭，家二母彘(75)、五雞。民有帶持刀劍者，使賣劍買牛，賣刀買犢，曰：「何為帶牛佩犢[76]！」春夏不得不趨[77]田畝，秋冬課收斂[78]，益畜果實菱芡[79]。勞來循行[80]，郡中皆有畜積[81]，吏民皆富實。獄訟止息。

4 數年，上遣使者徵遂，議曹[82]王生願從。功曹以為王生素耆酒[83]，亡節度[84]，不可使。遂不忍逆[85]，從至京師。王生日飲酒，不視[86]太守。會遂引[87]入宮，王生醉，從後呼，曰：「明府且止[88]，願有所白[89]。」遂還問其故[90]，王生曰：「天子即[91]問君何以治勃海，君不可有所陳對，宜曰『皆聖主之德，非小臣之力也』。」遂受其言。既至前[92]，上果問以治狀，遂對如王生言。天子說其有讓[93]，笑曰：「君安得長者之言而稱之[94]？」遂因前曰：「臣非知此，乃臣議曹教戒[95]臣也。」上以遂年老不任公卿，拜為水衡都尉[96]，議曹王生為水衡丞[97]，以褒顯遂云。水衡典上林禁苑[98]，共張宮館[99]，為宗廟取牲[100]，官職親近，上甚重之，以官壽卒[101]。

【章　旨】以上為〈龔遂傳〉，記載了龔遂從為昌邑王諫臣到為漢宣帝重臣的為官經歷，重點記述了他在昌邑王國任郎中令時，對昌邑王劉賀的聲淚俱下的直言強諫，以及任勃海郡太守時以躬身節儉、勸民農桑、賣刀買犢、豐衣足食的辦法，從根本上解決了讓皇帝頭疼的渤海盜賊的難題。

【注　釋】❶山陽南平陽　山陽，郡名，治昌邑（今山東金鄉西北）。南平陽，縣名，在今山東鄒城。❷明經　通曉經術。

❸昌邑郎中令　昌邑，諸侯王國名，以山陽郡設置，治昌邑縣（今山東巨野南）。郎中令，諸侯王國官名，侍從左右，戍衛王宮，其職甚重，統領大夫、郎官等，秩祿初為二千石，後降為一千石、六百石。❹事王賀　事，侍奉。王賀，昌邑王劉賀（西元前？—前五九年），漢武帝之孫，昌邑哀王劉髆之子，漢昭帝死後無嗣，被大將軍霍光迎立為帝，旋被廢黜，漢宣帝即位後，封海昏侯食邑，死後國除，其事詳見卷六十三〈昌邑哀王劉髆傳〉。❺諫爭　直言勸諫。諫，用言語勸說君主或長輩改正錯誤。爭，通「諍」。勸說；規勸。❻責傅相　責，責讓；指責；埋怨。傅相，昌邑王的傅和相。傅，西漢前期稱太傅，後期改名傅，是諸侯王的老師，職責在於輔王，不預國政，秩祿二千石。相，初名相國，又為丞相，再改為相，輔佐諸侯王，是諸侯王國中最高行政長官，總綱紀，統眾官，必要時典兵，秩祿二千石，特殊的也有中二千石。❼經義　儒家經書中的義理。❽陳　陳述；分析。❾蹇蹇亡已　蹇蹇，通「謇謇」。忠貞；忠言。亡已，沒有停止；無休止。亡，通「無」。已，止；完了。❿面刺　當面指責。刺，指責；諷刺。⓫媿人　使人羞愧。媿，同「愧」。慚愧，羞愧，愧辱，或者是使人慚愧、羞愧、愧辱。⓬及國中皆畏憚焉　昌邑王以及王國中的人都畏懼他。畏憚，畏懼；害怕。⓭騶奴宰人　騶奴，養馬駕車的奴僕。宰人，掌管膳食的人；廚子。⓮厀行　跪地前行，表示尊敬、畏服，這裡是強諫。⓯侍御　侍奉的人。⓰社稷　國家。社，土神。稷，穀神。古代以社稷指代國家。⓱願賜清閒竭愚　希望大王能夠賜給我一個清閒的地方以便竭盡我的愚直。閒，同「閑」。愚，愚直；愚而耿直。⓲辟　通「避」。避開；躲開；迴避。⓳膠西王　即膠西王劉卬（西元前？—前一五四年），漢高祖劉邦之孫，齊悼惠王劉肥之子，漢文帝時以平昌侯立為膠西王，漢景帝時響應吳王劉濞，參與吳楚七國反叛，兵敗被殺，封國被廢除，其事詳見卷三十八〈齊悼惠王劉肥傳〉。⓴諛臣侯得　諛，阿諛；諂媚。侯得，人名。㉑儗於桀紂　儗於，比於；同於。桀，即夏桀，中國古代著名的暴君，中國歷史上第一個王朝夏朝的最後一個國王，生活於西元前十六世紀，與商紂王一起合稱「桀紂」，成為暴虐君主的代名詞。紂，商紂王，也稱帝辛，商朝末代君主，以暴虐聞名，牧野戰敗後，自焚而死。㉒堯舜　即唐堯、虞舜，傳說中的兩位上古聖主。㉓說其諂諛　說，通「悅」。喜歡。諂諛，諂媚阿諛。㉔寢處　同床共寢。㉕群小　一幫小人，指地位和道德都非常低下的人。㉖漸漬　逐漸沾染。㉗機　有關事務的關鍵和樞要。㉘郎通經術有行義　郎，官名，即君主身邊侍從官的通稱。行義，具有德行和道義。㉙詩書　詩，中國最早的詩歌總集，漢代儒學經學化以後，又稱為《詩經》。書，又稱《尚書》，即上古帝王之書，中國最早的政治論文集，漢代儒學經學化以後，又稱為《書經》。㉚習禮容　習，練習；學習；熟悉。禮容，禮制儀容。㉛郎中　官名，宮廷中的近侍官，隸屬於郎中令。㉜妖怪　怪異、不祥的事物。㉝空盡；沒有。㉞語在昌邑王傳　他的話詳細記載在〈昌邑哀王劉髆傳〉中。昌邑王傳，即本書卷六十三〈昌邑哀王劉髆傳〉。㉟崩

古代天子死稱為崩，又稱駕崩。㊱長樂　即長樂宮，西漢王朝最大的宮殿建築群，幾乎占了長安城的四分之一，位於都城長安的東南隅，在今陝西西安西北郊。漢初劉邦在此聽朝，惠帝以後遷到未央宮，此處改為太后居住。㊲驕溢　驕縱過度。溢，水滿溢出，引申為過度。㊳哀痛未盡　指漢昭帝駕崩，全國處在哀悼悲痛時期，居喪尚未結束。㊴召皮軒　呼喚獸皮圍製的遊車。㊵車九流　車駕九乘。㊶詩道　違背禮儀孝道。詩，違背。㊷陽狂恐知　假裝瘋癲離去，恐怕被人知道。陽，通「佯」。假裝。㊸世戮　被世人羞辱。戮，侮辱；羞辱。㊹卒　終；最終。㊺中尉　官名，諸侯王國軍事長官，掌王國軍隊和王國治安，秩祿二千石。㊻髡為城旦　髡，刑罰名，剃去頭髮。城旦，刑名，因旦起築城而得名，實際上是一種從事各種苦役的刑罰，其中又分為不同類型，如：城旦、完為城旦、髡鉗為城旦、黥為城旦、黥劓為城旦、刑為城旦，刑期是四至六年。㊼勃海左右郡歲饑　勃海，郡名，治浮樸（今河北滄州東南）。左右郡，旁邊鄰近的郡。歲饑，連年鬧饑荒。㊽禽制　擒拿制止。禽，通「擒」。擒拿；捕捉。㊾副　符合；相稱。㊿輕　輕視。(51)廢亂　長期動亂。廢，通「癈」。長期不能治癒的病。(52)稱　符合；滿足。(53)海瀕遐遠　瀕，通「濱」。靠近水；水邊。遐，遠。(54)不霑聖化　霑，浸潤；浸淫。聖化，聖上的教化。(55)恤　體恤；憐憫；救濟。(56)故使句　所以才使得陛下的子民盜用陛下的武器在水池中玩弄一下罷了。赤子，本義是指嬰兒，新生嬰兒皮膚紅潤，心地純正，故稱赤子，這裡指代尊奉皇帝為父母的天下子民百姓。盜弄，盜用玩弄。兵，武器；兵器。潢池，水池。潢，積水。(57)勝之　指用武力戰勝他們。(58)將安之　將，還是。安之，安撫他們。(59)說　通「悅」。喜悅；高興。(60)且無拘臣以文法　且，姑且；暫且。拘，束縛；限制。文法，規章制度，法令條文。(61)得一切便宜從事　得，能夠；可以。便宜從事，因利乘便，見機行事。(62)贈遣乘傳　贈遣，贈送。乘傳，四匹馬拉的驛車。(63)移書勑屬縣悉罷逐捕　移書，發布和傳遞文書。勑，告誡；吩咐。屬縣，渤海郡所屬各縣。罷，取消；停止；撤掉。逐捕，追捕捉拿。(64)鉤　鐮刀。(65)翕然　安定的樣子。(66)罷　通「疲」。指因時間長久厭倦為盜賊了。(67)又多劫略　又多，另外還有許多。劫略，搶劫掠奪。略，通「掠」。掠奪。(68)廩假　廩，官府發放糧食。假，借或者貸。(69)尉安牧養　尉，通「慰」。慰問。安，安撫。牧養，管理；治理。(70)末技　手工業和商業方面的技能技巧。末，指末業，當時以農業為本業，以工商業為末業。(71)躬率　親自率領，身體力行，以身作則。躬，自身；親自。(72)口種一樹榆　口，人的統計單位，每一個人。一樹榆，即一棵榆樹。(73)百本韰　本，草木的統計單位，類似棵、株。韰，一種草本植物，可以食用，又名藠頭。(74)畦　長條的田壟。(75)家二母彘　家，每一家；每一戶。母彘，母豬。(76)何為帶牛佩犢　是說為什麼把可以換成牛和犢的劍和刀佩帶在身上。(77)趨　走向；奔向。(78)課收斂　課，督促。收，收穫。斂，聚集收藏。(79)益畜果實蔆芡　盡量儲藏植物的果實、菱角、芡實等可以食用的東西。畜，通「蓄」。儲存。

蔆，水生植物名，即菱角。芡，又名雞頭，也是一種水生植物，其種子叫芡實，可以食用，也可以入藥。80 勞來循行 勞來，慰勉；撫慰。循行，巡視；巡查。81 畜積 即蓄積。82 議曹 郡太守身邊的屬吏。83 功曹句 功曹，官名，郡太守手下的佐官，掌管選拔舉薦官吏，兼參與諸曹事務。素，一向；平素。耆酒，喜歡飲酒。耆，通「嗜」。喜歡；愛好。84 亡節度 沒有節制。85 逆 忤逆；拒絕。86 視 看；照看；照顧。87 引 邀請；召見。88 明府且止 明府，漢朝時對郡太守的尊稱。且止，暫且停一下。89 願有所白 我希望有所告白，即我想告訴您一句話。90 還問其故 轉身回來詢問他是什麼事情。還，回；轉回。故，事情。91 即 如果。92 前 即皇帝面前。93 說其有讓 說，通「悅」。高興；喜歡。讓，謙虛辭讓。94 君安得句 你是從哪裡學到用長者的謹慎厚道之語來回答啊。安得，從哪裡得到。長者，性情謹慎厚道之人。95 教戒 教授告誡。96 水衡都尉 官名，漢武帝時期開始設置，最初掌管鹽鐵事務，之後掌管上林苑中農田、水池、禽獸、祭祀所用犧牲等所有事務，國家壟斷鑄錢後，掌管鑄錢，兼管皇室財物，屬於皇家私府，秩祿二千石。97 水衡丞 水衡都尉的佐官。98 上林禁苑 上林，皇家禁苑名，秦朝始建，漢武帝時擴建，方圓三百里，有離宮七十多座，苑中種植樹木，豢養禽獸，供皇帝打獵，其故址在今陝西西安西渭水以南。禁苑，種植樹木，豢養禽獸，建有離宮，專供帝王遊玩打獵的場所。99 共張宮館 共張，備辦陳設各種器物。宮館，離宮別館。100 為宗廟取牲 負責供給宗廟祭祀所用犧牲。宗廟，古代天子或諸侯祭祀祖先的場所。101 以官壽卒 因壽終而死在水衡都尉的官任上。

【語 譯】龔遂，表字少卿，山陽郡南平陽縣人。因為通曉經術被任命為官，升到了昌邑王國的郎中令，侍奉昌邑王劉賀。劉賀言行舉止大多不正當，龔遂為人忠厚，剛毅有大節，在宮內直言勸諫昌邑王劉賀，在宮外指責埋怨昌邑王的太傅和國相，他引用儒家經書中的道理，陳述得失禍福，以至於痛哭流涕，忠言不絕。龔遂當面指責昌邑王劉賀的過失，直至昌邑王捂著耳朵站起來走開，說：「郎中令喜歡羞辱人。」昌邑王劉賀以及昌邑國中的人都畏懼龔遂。昌邑王曾經長時間地和養馬駕車的奴僕及掌管膳食的廚子在一起遊戲吃喝，給他們的賞賜沒有限度，龔遂入宮晉見昌邑王，哭泣著跪地前行，左右侍奉昌邑王的人都流下了眼淚。昌邑王說：「郎中令為什麼哭泣？」龔遂回答說：「臣悲痛昌邑社稷危險啊！希望大王能夠賜給我一個清閒的地方以便竭盡我的愚直。」昌邑王讓左右的人全都迴避，龔遂說：「大王知道膠西王劉卬所以會無道敗亡的原因嗎？」昌邑王回答說：「不知道。」龔遂說：「我聽說膠西王劉卬有一個阿諛之臣叫侯得，膠西王劉卬的所作所為本來酷似夏桀和商紂，侯得卻認為他是唐堯虞舜一樣的君主。膠西王喜歡他諂媚阿諛，曾經和侯得同床共寢，只有侯得說的話才聽，以至於人死國亡。現在大王親近一幫地位和道德都非常低下的小人，漸漸沾染上了許多邪惡的習性，這是生死存亡的重要事情，不可以不謹慎啊。我請求選擇那些通曉經術、有良好德行和道義的郎官陪侍大王生活起居，坐下來就誦讀《詩經》《尚書》，站起來就練習禮節儀容，這樣應該是有好處的。」昌邑王答應了。龔遂就挑選了郎中張安等十人侍奉昌邑王。僅僅過了幾天，昌邑王就把張安等人全部驅逐離開。過了很長時間，王宮中多次出現怪異、不祥的事物，昌邑王就這些事詢問龔遂，龔遂認為將要有大的憂患，昌邑王的宮室將要消失，龔遂的話詳細記載在〈昌邑哀王劉髆傳〉中。當時遇上漢昭帝駕崩，沒有兒子，昌邑王劉賀繼承大統被立為皇帝，昌邑國的官屬全都被徵召進入漢朝廷。昌邑王的國相安樂升遷為長樂宮衛尉，龔遂去見安樂，哭泣著對他說：「大王被立為天子，一天比一天驕縱無度，勸諫他也不再聽，眼下全國還處在哀悼悲痛時期，居喪尚未結束，大王卻每天與身邊的近臣吃喝玩樂，觀賞虎豹之鬥，呼喚獸皮遊車，車駕九乘，驅趕著東西奔馳，所作所為完全違背禮儀孝道。古代的制度寬鬆，大臣有辭官隱退的權力，現在不可以辭官離去，假裝瘋癲離去，恐怕被人知道，身死且為世人所羞辱，怎麼辦呢？您是陛下原來王國的相，應該極力勸說諫爭。」昌邑王劉賀即皇帝位僅二十七天，終於因為淫亂而被廢掉。昌邑國的群臣由於犯了使昌邑王陷於邪惡不道之中的罪行，全都被誅殺，死者達二百多人，只有龔遂和中尉王陽因多次直言強諫得以減刑免死，被判處剃去頭髮，服四到六年的苦役刑罰。

2 漢宣帝即皇帝位，過了很長時間，勃海及其左右相鄰的一些郡連年鬧饑荒，盜賊並起，那些郡的二千石官員不能擒拿制止。皇上要挑選能夠治理這些地方的官員，丞相和御史大夫舉薦說龔遂可以任用，皇上任命他為勃海太守。此時龔遂的年齡已經七十多了，皇帝召見他，龔遂身材矮小，宣帝看見他，感覺與所聽說的不符，心中有些輕視他，對龔遂說：「勃海郡長期混亂，朕非常擔憂那裡。你想用什麼辦法平息那裡的盜賊，以稱朕的心意？」龔遂回答說：「勃海郡地處海濱距離遙遠，沒能浸潤聖上的教化，那裡的百姓被飢餓寒冷所困，而官吏又不體恤救濟他們，所以才使得陛下的子民盜用陛下的武器在水池中玩弄一下罷了。現在是想讓臣用武力平定他們呢，還是安撫他們呢？」皇上聽到龔遂的回答，非常高興，回答說：「挑選任用賢良的官員前往，當然是要安撫了。」龔遂說：「臣聽說治理騷亂的民眾就如同整理散亂在一起的麻繩，不能夠著急；只能慢慢來，然後才能夠治理好。臣希望丞相和御史大夫姑且不要用規章制度、法令條文限制臣，讓臣能夠一切都因利乘便，見機行事。」皇上答應了，並多加賞賜給他黃金，贈送他四匹馬拉的驛車。行至勃海郡界，郡中聽說新太守已到達，就發兵去迎接，龔遂把他們都遣還了，頒布和傳遞文書，吩咐告誡勃海郡所屬各縣，全部撤掉追捕捉拿盜賊的官吏。所有手持鋤頭和鐮刀等農具的都被認為是良民，官吏不得查問，手持武器的才被認為是盜賊。龔遂僅乘一輛車獨自來到郡太守府，郡中安定井然，一些盜賊也都因時間長久厭倦為盜賊了。勃海郡中另外還有許多互相追隨搶劫掠奪的人，聽到龔遂發布的教令後，當時就解散了，丟掉手中的刀劍弓弩而拿起鐮刀鋤頭。盜賊於是全部平息，老百姓安居樂業。龔遂於是打開糧倉向貧民發放或者借貸糧食，又選擇任用優秀的屬吏，慰問、安撫和治理百姓。

3 龔遂看到齊地的風俗比較奢侈，喜歡從事工商末業，不願意從事農耕，就身體力行地提倡勤儉節約，勸老百姓致力於種田養蠶，命令每一個人要種一棵榆樹、一百株薤頭、五十棵蔥、一壟韭菜，每一家要養兩頭母豬、五隻雞。老百姓有人攜帶刀劍的，就讓他賣掉劍買耕牛，賣掉刀買小牛犢，說：「為什麼要把可以換成牛和犢的劍和刀佩帶在身上！」老百姓春季和夏季不可以不到農田中去幹活，秋季和冬季督促他們收穫和儲藏，讓他們盡量儲藏植物的果實、菱角、芡實等可以食用的東西。慰勞巡視，全郡中的人家都有了積蓄，官吏百姓都很富裕充足。犯罪和訴訟也停止平息了。

4 幾年之後，皇上派遣使者徵召龔遂，郡守府中一個被稱為王生的議曹希望照顧龔遂陪同前往。功曹認為王生這個人一向喜歡喝酒，沒有節制，不能夠派他去。但龔遂不忍心拒絕王生，就讓他跟隨著來到京師。王生每天都喝酒，也不照看太守。當龔遂被召見進宮時，王生喝醉了，他從後面呼喊，說：「明府暫且停一下，我想告訴您一句話。」龔遂轉身回來詢問他是什麼事情，王生說：「天子如果問您是用什麼辦法治理好勃海郡的，您不可以用在勃海郡的所為進行回答，而是應該說『這都是聖明君主您的恩德，不是小臣我的力量』。」龔遂接受了他的勸告，來到了皇帝面前，皇上果然詢問他治理勃海郡的情況，龔遂就照王生所說的那樣回答。天子很喜歡他有謙虛辭讓的品德，笑著說：「你是從哪裡學到用長者的謹慎厚道之語來回答啊？」龔遂於是走上前說：「臣本來不知道這些，而是臣的議曹教授告誡臣的。」皇上因為龔遂年老不宜擔任公卿，就任命他為水衡都尉，議曹王生擔任水衡丞，以此褒獎和宣揚龔遂的治績。水衡都尉執掌皇家上林禁苑，負責備辦各種器物陳設離宮別館，供給宗廟祭祀所用犧牲，屬於皇帝身邊的親近官職，皇上非常器重他。龔遂最後是以高壽而死在水衡都尉的官任上。

1 召❶信臣，字翁卿，九江❷壽春人也。以明經甲科❸為郎，出補穀陽長❹。舉高第❺，遷上蔡❻長。其治視民如子，所居見稱述。超❼為零陵❽太守，病歸。復徵為諫大夫，遷南陽❾太守，其治如上蔡。

2 信臣為人勤力有方略❿，好為民興利，務在富之。躬勸耕農⓫，出入阡陌⓬，止舍離鄉亭⓭，稀有安居時。行視郡中水泉，開通溝瀆⓮，起水門提閼⓯凡數十處，以廣溉灌，歲歲增加，多至三萬頃。民得其利，畜積有餘。信臣為民作均水約束⓰，刻石立於田畔，以防分爭⓱。禁止嫁娶送終奢靡，務出於儉約。府縣⓲吏家子弟好游敖⓳，不以田作為事，輒斥罷⓴之，甚者案㉑其不法，以視好惡㉒。其化大行㉓，郡中莫不耕稼力田，百姓歸之，戶口增倍，盜賊獄訟衰止㉔。吏民親愛㉕信臣，號之曰召父。荊州㉖刺史奏信臣為百姓興利，郡以殷富，賜黃金四十斤。遷河南太守，治行常為第一，復數增秩賜金。

3 竟寧㉗中，徵為少府，列於九卿，奏請上林諸離遠宮館稀幸御㉘者，勿復繕治共張，又奏省樂府黃門倡優㉙諸戲，及宮館兵弩什器減過太半㉚。太官㉛園種冬生蔥韭菜茹㉜，覆以屋廡㉝，晝夜難蘊火㉞，待溫氣乃生，信臣以為此皆不時㉟之物，有傷於人，不宜以奉供養，及它非法㊱食物，悉奏罷，省費歲數千萬。信臣年老以官卒。

4 元始四年㊲，詔書祀百辟卿士㊳有益於民者，蜀郡以文翁，九江以召父應詔書。歲時郡二千石率官屬㊴行禮，奉祠㊵信臣冢，而南陽亦為立祠。

【章旨】以上為〈召信臣傳〉，主要記述了他從縣長到郡太守，從郡太守又到少府的為官歷程，重點記述了他任南陽太守時為民興利、躬勸農耕、大興水利、崇儉禁奢、郡以殷富的傑出政績，其次是任少府時，減少上林苑開支的大膽作為，以及身後被官吏和百姓立祠奉祀的情況。

【注釋】❶召　姓，也作「邵」。❷九江　郡名，治壽春（今安徽壽縣）。❸明經甲科　明經，漢代選拔官吏的科目之一，就是把通曉經學之人推薦給朝廷，經考察對策後授以官職，開始多補郎官。甲科，漢代考試錄用官員的等級，始於漢武帝時期設《五經》博士，置弟子員，歲末考試，按照成績優劣分定成甲、乙、丙三科，其中最高等的是甲科。❹出補穀陽長　出，指離開京師到外地為官。補，補缺。穀陽，縣名，在今安徽固鎮西北。長，官名，縣級行政長官，當時規定，萬戶以上縣的行政長官稱縣令，萬戶以下稱縣長。❺舉高第　舉，舉薦，漢代選拔官吏的主要途徑，又分察舉、薦舉、奏舉等名目。高第，選官考試或官吏考核成績優等。❻上蔡　縣名，在今河南上蔡西南。❼超　越級；破格。❽零陵　郡名，治零陵縣（今廣西全州西南）。❾南陽　郡名，治宛縣（今河南南陽）。❿勤力有方略　勤力，勤懇，努力。方略，方法；策略。⓫躬勸耕農　親自勸勉百姓致力於農耕。⓬阡陌　也作「仟伯」，田間的小道，南北向的稱阡，東西向的稱陌。⓭止舍離鄉亭　止舍，停留，休息。離，離開；脫離。鄉，縣之下的一級行政機構，設有鄉官，鄉官不是朝廷正式任命的官吏，但地位重要，直接面臨老百姓。亭，供人停留和食宿的處所。⓮溝瀆　溝渠。⓯水門提閼　水門，水閘。提閼，堤堰。⓰均水約束　均平用水的公約。⓱分爭　即紛爭。⓲府縣　郡縣。⓳游敖　遊樂。⓴輒斥罷　輒，就。斥罷，斥責罷免。罷，免去吏職。㉑案　追究；查辦。㉒視好惡　視，通「示」。顯示；表示。好惡，喜好與憎惡。㉓其化大行　化，教化；風氣；風俗。大行，大力推行；大規模推行。㉔衰止　衰，衰減；減少。止，停止；止息。㉕親愛　親近愛戴。㉖荊州　漢代監察區名，漢武帝時開始設立的十三州之一，轄境大約相當於今天湖北、湖南兩省和河南、貴州、廣東、廣西幾個省區的部分地方，西漢時沒有治所。㉗竟寧　漢元帝年號，只有一年，西元前三三年。㉘稀幸御　皇帝很少駕臨。㉙省樂府黃門倡優　省，減少。樂府，主管音樂的官署。黃門，官署名，負責皇室的物資供應管理。倡優，古代以樂舞戲謔為業的藝人。㉚兵弩什器減過太半　兵，武器。弩，用機械發射箭矢的弓。什器，日常生活用具。太半，大半。㉛太官　官名，掌管皇帝的飲食御宴，隸屬於少府。㉜茹　蔬菜的總稱。㉝覆以屋廡　覆，覆蓋。屋廡，堂下周圍的廊屋。㉞蘊火　蓄火。㉟不時　不合自然的季節時令。㊱非法　不是用正常方法製造產生。㊲元始四年　即西元四年。元始，漢平帝的年號，從西元一至五年。㊳百辟卿士　百辟，即百官。卿士，泛指大臣。㊴官屬　佐官屬吏。㊵奉祠　供奉祭祀。

【語譯】召信臣，表字翁卿，是九江郡壽春縣人。因為通曉經學被推薦到朝廷，考察對策成績為優等甲科，做了郎官，後離開京師到外地為官，補為穀陽縣長。官吏治績考核為優等，升遷為上蔡縣長，他治理上蔡縣時把老百姓看成是自己的孩子，所在之處受到人們的稱道。被越級提升為零陵郡太守，後因患病返回家鄉。後來又被徵召為諫大夫，升遷為南陽郡太守，其治理南陽郡如同治理上蔡時一樣。

2 召信臣為人勤懇、努力而且有方法策略，喜歡為老百姓興辦福利，致力於讓老百姓富裕。他親自勸勉百姓致力於農耕，總是出入田間地頭，滯留休息也不在鄉署亭舍，很少有安心休息的時候。巡視郡中的水泉，開通溝洫，建起水閘、堤堰，大約有數十處之多，用來擴大灌溉，年年都有增加，最多達到三萬頃。老百姓從中得到了利益，積蓄有餘。召信臣又為老百姓制定了均平用水的公約，刻在石碑上豎立在田邊地頭，以防止紛爭。又下令禁止嫁娶送終時奢侈浪費，務必要從儉樸節約出發。郡縣官吏家的子弟們喜歡遊樂，不把種田當正經事做，召信臣就或者斥責，或者免去他們的吏職，嚴重的則追究查辦他們所犯之罪，以此顯示官府喜好或憎惡的態度。這種教化被大力推行，郡中沒有人不努力從事農耕的，老百姓都來歸附他，戶口增加了一倍，盜賊、訴訟、犯罪都減少甚至止息了。官吏百姓親近愛戴召信臣，稱他為召父。荊州刺史向皇帝奏報召信臣為百姓興辦福利，南陽郡因此殷富，皇上賞賜召信臣黃金四十斤。升遷為河南太守，治績常常是全國第一，又多次被增加俸祿和賞賜黃金。

3 漢元帝竟寧那一年中，召信臣被徵召任命為少府，官職列於九卿之中，上奏皇帝請求把上林苑中那些偏遠的皇上很少駕臨的離宮別館，不要再修繕、整治、備辦陳設各種器具，又奏請減少樂府、黃門官署中歌舞藝人，以及各離宮別館中的弓弩武器、日常生活用具等減少超過了一大半。太官園中種植有冬天生長的大蔥、韭菜等各種蔬菜，覆蓋著廊屋，白天黑夜不停地燒火蓄熱，等達到一定的氣溫才會生長。召信臣認為這些都是不合自然的季節時令的東西，對人是有傷害的，不適合用它們奉獻供養皇上，此外其他不是用正常方法製造出來的食物，也一律奏請取締，節省的費用每年高達數千萬。召信臣因年老在少府的官任上去世。

4 漢平帝元始四年，皇帝下詔書要祭祀那些曾經造福於百姓的百官大臣，蜀郡呈報了文翁、九江郡呈報召父以響應皇帝的詔書。每年按季節郡中的二千石率領佐官屬吏舉行典禮，供奉祭祀召信臣的墳墓，而且南陽郡也為他建立了祠堂。

【研析】班固所記的循吏，除文翁外，基本是漢宣帝和漢元帝時期的人物，而這恰是一個產生循吏的時代。

對比《史記》和《漢書》的〈循吏傳〉，可以發現司馬遷與班固的循吏觀是有著明顯的區別的。司馬遷主張「奉法循理之吏，不伐功矜能，百姓無稱，亦無過行」（引自《史記・太史公自序》），即不求有功，但求無過，按照這樣的思想，循吏只能是庸官俗吏，這應該說是司馬遷的道家過分消極無為的思想使然。而班固則不同，他主張循吏不是酷吏，但也不是庸吏、俗吏，而是有所作為的良吏，即他們應該是「所居民富，所去見思，生有榮號，死見奉祀」的好官。儘管司馬遷的《史記》在許多方面都優於班固的《漢書》，但就循吏觀而言，卻明顯不如班固，這其中有時代的原因，同時也表現出司馬遷的道家思想不如班固的儒家思想更富於積極的進取精神，而這種進取精神，既非武帝的好大喜功，又不是酷吏的貪戀刑罰，而是務在安民、富民、化民。

《漢書·循吏傳》雖然是一篇多人的合傳，但在《漢書》百篇中是相對較短的一篇，有限的文字分攤到六個傳主身上，就顯得更簡略了，基本是用重點事例來寫人物，所以在一定意義上我們可以說，《漢書·循吏傳》不是傳人，而是傳事，通過記述這些人物的典型事例，藉以表達作者班固的吏治思想和主張，〈循吏傳〉是《漢書》中最能表達班固理想的國家統治狀況的篇目之一。

班固〈循吏傳〉所記西漢一代的循吏，綜合他們的典型事例來看，西漢循吏具有四個明顯的特點：一是寬緩待民，重在安之；二是躬勸耕織，重在富之；三是移風易俗，重在教之；四是廉潔執法，重在治之。

孔子說「富之」而後「教之」（《論語·子路》），管子說「倉廩實則知禮節，衣食足則知榮辱」（《管子·牧民》），西漢時期的循吏繼承了先秦以來傑出思想家的這一治民主張，不是簡單地用嚴酷的手段對付那些因衣食無著而淪為盜賊的百姓，而是想方設法讓老百姓安於田里，耕織禽畜以富裕之，再通過教化而移風易俗，從而達到在較高層次上的安民、治民。西漢循吏是治民之吏，也是教民之師，他們視民如傷，愛民如子，這不僅是漢代老百姓，也是古往今來人民所渴望的父母官。

卷九十

酷吏傳第六十

【題解】本卷是西漢十三位酷吏的合傳。在這十三人之中，除少數酷吏外，其餘大多生活於漢武帝時期，所以這篇合傳既反映出這些人物為吏時嚴峻執法的共性特點，更凸顯出漢武帝時代政治的嚴酷特色。其中郅都敢於直諫君主，面折大臣，誅殺不法豪強，執法不避宗室權貴，終因得罪竇太后，被殺而死。甯成執法嚴峻，治民如狼牧羊，人稱「寧見乳虎，無直甯成之怒」。周陽由本姓趙，因父親封為周陽侯而以為氏，暴酷驕恣，所愛枉法活之，所憎曲法滅之，終因犯罪棄市而死。趙禹任職期間家無食客，絕賓客摯友之請，以清廉倨傲著稱。義縱執法嚴酷，且不避權貴，誅殺甚多，曾一日報殺四百餘人，令郡中不寒而慄，終因犯法棄市而死。王溫舒曾捕斬郡中豪猾，連坐者千餘家，血流十多里，漢武帝認為他有能力，獎掖升遷，終因犯罪自殺，被滅「五族」。尹齊執法不避貴戚勢家，誅殺族滅者甚多。楊僕先後為御史、主爵都尉，以嚴酷著稱，以樓船將軍征南越，有功封侯，後又征東越、朝鮮，因損失慘重當誅，贖為庶人。咸宣曾奉命治主父偃和淮南王謀反案，殺戮甚眾。田廣明以敢於殺伐稱能，最終因打匈奴逗留不進之罪，自殺而死。田延年曾助霍光迎立漢宣帝，以誅除豪強著稱，後因盜取錢三千萬被追查，自殺而死。嚴延年摧折誅滅豪強大姓，冬月判決罪囚，血流數里，終因怨望誹謗政治不道之罪，被棄市而死。尹賞整治收捕長安中的不法少年、商賈、持刀兵者，頗見成效，誅殺吏民甚多。本傳中的十三人，是西漢酷吏的代表和著名者，但又不是西漢時期著名酷吏的全部，西漢一代最大最有名的兩名酷吏不在其中，那就是張湯和杜周，班固在本卷的贊語中說「湯、周子孫貴盛」，因此特別為張湯和杜周別立專傳，見卷五十九、六十。

孔子[1]曰：「導之以政，齊之以刑，民免而無恥；導之以德，齊之以禮，有恥且格[2]。」老氏[3]稱：「上德不德，是以有德；下德不失德，是以無德[4]。」「法令滋章，盜賊多有[5]」。信哉是言也[6]！法令者，治之具[7]，而非制治清濁之源也[8]。昔天下之罔[9]嘗[10]密矣，然姦軌[11]愈[12]起，其極[13]也，上下相遁[14]，至於不振[15]。當是之[16]時，吏治若救火揚沸[17]，非武健[18]嚴酷，惡[19]能勝其任而媮快[20]乎？言道德者，溺於職[21]矣。故曰：「聽訟吾猶人也，必也使無訟乎[22]！」「下士聞道大笑之[23]。」非虛言也。

漢興，破觚而為圜，斲琱而為樸[24]，號為罔漏吞舟之魚[25]。而吏治蒸蒸[26]，不至於姦，黎民艾[27]安。由是觀之，在彼不在此[28]。高后[29]時，酷吏獨[30]有侯封[31]，刻轢[32]宗室[33]，侵辱功臣。呂氏已敗[34]，遂夷[35]侯封之家。孝景[36]時，鼂錯[37]以刻深[38]頗用術輔其資[39]，而七國之亂[40]發怒於錯，錯卒被戮[41]。其後有郅都、甯成之倫[42]。

【章　旨】以上是本卷的前言，先是將法律、政治手段和道德手段進行對比，得出安治民眾必以德治的結論。其次以侯封、鼂錯二人作為酷吏政治的引子，引出本卷各酷吏的傳記。

【注釋】❶孔子　即孔丘（西元前五五一—前四七九年），字仲尼，春秋魯國陬邑（今山東曲阜）人。其言論見於《論語》一書中。❷導之以政六句　出自《論語‧為政》。是說治理百姓之術，行政命令、嚴刑酷法不如道德禮義的方法更為奏效，道德禮義能使人有羞恥之心從而最終達到行為端正。導，引導。政，行政命令。齊，整齊、整頓，有約束之意。免，避免犯罪。無恥，沒有羞恥之心。德，道德。禮，禮義。格，方正、感化。❸老氏　即老子，春秋時的思想家，道家學派的創始人。一說姓李名耳，字伯陽，亦稱老聃。楚國苦縣（今河南鹿邑）厲鄉曲仁里人，曾做過周朝管理藏書的史官，著書《老子》五千言，亦稱《道德經》，後來成為道教經典之一。❹上德不德四句　出自《老子》三十八章。是說有無德行取決於是否合乎自然，而不在於表面上裝作有德行的樣子。德，德行。上德，德行高尚的人。下德，德行低下的人。❺法令滋章二句　出自《老子》五十七章。是說法令明白具體了反而使得巧詐行為有機可乘，盜賊犯法的現象增多。滋，益；更加。章，通「彰」。明白。❻信哉是言也　即「是言信哉也」。表示肯定前句老子的言論。信，的確；實在。是，這，表示指定。言，言語；言論。❼治之具　治，治理國家。具，工具。❽制治清濁之源也　制，裁斷。清，政治清明。濁，政治混濁。源，本源。❾罔　通「網」。法網。❿嘗　曾經。⓫軌　通「宄」。指犯法作亂的人。⓬愈　更加。⓭極　極點。⓮遁　欺騙。⓯振　奮發；振作。⓰之　語助詞，連接定語和中心語。⓱揚沸　揚，舀起再傾下。沸，鍋裡的開水。⓲武健　勇武剛健。⓳惡　怎麼。⓴媮快　愉快。㉑溺於職　溺，沉溺；喪失。職，本職。㉒聽訟二句　出自《論語‧顏淵》。意為（如果）一定要找出（我和別人）不同的地方，那就是沒有案件，而達到這樣的效果就是要靠立政施德。訟，案件。聽訟，審判案件。猶，和……一樣。必，一定。㉓下士聞道大笑之　出自《老子》四十一章。原義是下士不能理解玄言至深的老子《道經》所說的話，反而笑話老子。此處的引用表示對孔子上述言論的肯定。㉔破觚而為圜二句　比喻法令寬緩，提倡忠厚樸實。觚，有棱角的酒器。圜，通「圓」。這裡指圓形的酒器。斲，砍；削。琱，刻劃；雕琢。樸，樸素敦厚。㉕號為句　漢初法律寬疏的程度就像吞舟大魚都能漏掉的漁網。比喻法網寬疏。號，稱得上。㉖吏治蒸蒸　吏治，官吏辦事的成績。蒸蒸，同「烝烝」。淳厚美盛的樣子。㉗艾　同「乂」。治理。㉘在彼不在此　彼，指任德。此，指任刑。㉙高后　即呂后（西元前二四一—前一八〇年），名雉，秦末單父（今山東單縣）人。詳見卷三〈高后紀〉。㉚獨　只有。㉛侯封　郃（今陝西彬縣）人，呂后時酷吏。㉜刻轢　苛刻欺淩。㉝宗室　同一祖宗的貴族，指帝王的宗族，即皇族。這裡指劉姓宗室皇族。㉞呂氏已敗　西元前一八〇年，呂后駕崩，諸呂欲奪權柄，周勃、陳平等先發制人，誅殺諸呂平定內亂，擁立文帝，恢復了劉漢政權。㉟夷　平，表示削平。㊱孝景　即漢景帝劉啟（西元前一八八—前一四一年），漢文帝子。詳見卷五〈景帝紀〉。㊲鼂錯　（西元前二〇〇—前一五四年），漢潁川（今河南禹州）人。西漢政論家。詳見卷四十九〈鼂錯傳〉。㊳刻深　苛刻嚴峻。㊴資　才能。㊵七國之亂　也稱吳楚七國之亂。西漢初，諸侯王國割據勢力逐漸強大，威脅中央集權。景帝採用鼂錯建議，削減諸侯王封地。吳王劉濞勾結齊、楚、趙、膠西、濟南、菑川等六國，於景帝三年（西元前一五四年），以「清君側」、「誅鼂錯」為藉口，發動武裝叛亂，後為周亞夫平定。㊶卒被戮　卒，最終。戮，斬殺。㊷倫　類；等輩。

【語　譯】孔子說：「用政令來引導百姓，用刑罰來約束百姓，百姓只是能夠避免犯罪而並沒有羞恥之心；用道德來教導百姓，用禮義來約束百姓，百姓不但有羞恥之心而且行為端正。」老子說：「德行高尚的人不在形式上裝作有德行，因此是真正的有德行；德行低下的人只是在形式上看起來不失德行，實際上他沒有合乎本性的德行。」「法令越是明白具體，盜賊反而越多」。這些話說得很中肯呀！法令這個東西，只是治理天下的工具，而不是裁斷政治好壞的本原。從前天下的法網曾經十分繁密，然而犯法作亂的人越來越多，到了極點的時候，上下相騙，國家不能振作。在這個時候，官吏的治理就像是揚湯止沸，無濟於事，沒有勇武剛健嚴厲殘酷的手段，怎麼能勝任其職而心情愉快呢？此時如果僅僅用道德的手段，就不能勝任其職了。所以孔子說：「在辦理案件方面我和別人一樣，如果硬要找出我和別人不同的地方，那麼就是靠立政施德來杜絕訴訟的事情發生了呀！」「下士聽到就會哈哈大笑」。這說的不是假話。

漢朝興起，廢苛嚴而行寬緩，抑奸巧而倡忠厚，法網寬疏得可以漏掉吞舟大魚。但吏治厚美，沒有奸邪之事，黎民百姓安居樂業。由此來看，國家的治理在於道德的教化而不在於法令行使的多麼嚴酷。呂后把持政權的時期，酷吏只有侯封一人，他欺凌皇族，凌辱功臣。等到呂氏垮臺，朝廷便誅滅了侯封一家。漢景帝時，鼂錯帶著苛刻嚴峻的態度，用心權術展示自己的才能，削弱諸侯王國，因而引發了吳楚七國叛亂，鼂錯最終被斬殺。從那以後漢朝便出現了郅都、甯成等酷吏。

1 郅都，河東大陽❶人也。以郎❷事❸文帝❹。景帝時為中郎將❺，敢直諫❻，面折❼大臣於朝。嘗從入上林❽，賈姬❾在廁❿，野彘⓫入廁，上目⓬都，都不行⓭。上欲⓮自持兵⓯救賈姬，都伏⓰上前曰：「亡一姬復一姬進⓱，天下所少寧⓲姬等邪？陛下縱自輕⓳，奈宗廟太后何⓴？」上還㉑，彘亦不傷賈姬。太后㉒聞之，賜都金百斤，上亦賜金百斤，由此重㉓都。

2 濟南㉔瞷氏宗人㉕三百餘家，豪猾㉖，二千石㉗莫能制，於是景帝拜㉘都為濟南守㉙。至則誅瞷氏首惡㉚，餘皆股栗㉛。居歲餘㉜，郡中不拾遺㉝，旁㉞十餘郡守畏㉟都如大府㊱。

3 都為人，勇有氣㊲，公廉㊳，不發私書㊴，問遺無所受㊵，請寄無所聽㊶。常稱㊷曰：「己背親而出㊸，身固當㊹奉職死節㊺官下，終不顧妻子㊻矣。」

4 都遷㊼為中尉㊽，丞相㊾條侯㊿至貴居[51]也，而都揖[52]丞相。是時民樸[53]，畏罪自重[54]，而都獨先[55]嚴酷，致[56]行法不避貴戚，列侯[57]宗室見都側目而視，號曰「蒼鷹」。

5 臨江王[58]徵詣中尉府對簿[59]，臨江王欲得刀筆[60]為書謝[61]上，而都禁吏弗與[62]。魏其侯[63]使人間予[64]臨江王。臨江王既[65]得，為書謝上，因[66]自殺。竇太后聞之，怒，以危法中[67]都，都免[68]歸家。景帝迺使使即拜都為鴈門[69]太守，便道之官[70]，得以便宜從事[71]。匈奴[72]素聞郅都節[73]，舉邊為引兵去[74]，竟[75]都死不近鴈門。匈奴至為偶人象都[76]，令騎馳射[77]，莫能中[78]，其見憚[79]如此。匈奴患[80]之。乃中都以漢法。景帝曰：「都忠臣。」欲釋[81]之。竇太后曰：「臨江王獨非[82]忠臣乎？」於是斬都也。

【章　旨】以上為〈郅都傳〉。記述了郅都以不救賈姬受到重用、平定濟南瞯氏為人所懼、奉守公事不顧妻子兒女、不阿條侯不避戚貴、禁給臨江王刀筆終而遭謗殺的事跡，展示了郅都剛正不阿、用法嚴酷的行事特點，用筆頗精，要言不煩。

【注　釋】❶河東大陽　河東，郡名。在今山西西南部，治安邑（今山西夏縣西北）。大陽，河東郡有楊縣和大陽縣，周壽昌《漢書注校補》考證洪洞縣（唐時楊縣改名）城東南二十里有郅都墓，即郅都應為楊縣人。❷郎　官名。帝王侍從官的通稱，主掌守門戶，出充車騎，有議郎、中郎、侍郎、郎中，皆無員，多至千人，屬郎中令。❸事　事奉。❹文帝　（西元前二〇二—前一五七年），即劉恆，漢高祖子。曾被立為代王。周勃等平定諸呂之亂後，他被迎立為帝。詳見卷四〈文帝紀〉。❺中郎將　官名。秦置。西漢時，皇帝的衛侍分置五官、左、右三中郎署，各設中郎將統率之，故有五官中郎將的名號。位次於將軍，也省稱中郎。❻直諫　即直言進諫。諫，規勸君主、尊長或朋友，使之改正錯誤或過失。❼面折　當面批評使之屈服。❽上林　苑名。漢武帝擴建，周圍至三百里，有離宮七十所，苑中養禽獸，是秦漢時皇帝春秋遊玩射獵的場所，在今陝西西安西至戶縣、周至縣界。漢司馬相如曾有名賦〈上林賦〉。❾賈姬　景帝妃妾，即賈夫人，生有趙敬肅王彭祖、中山靖王勝。❿廁　廁所。⓫野彘　野豬。⓬目　對……使眼色。皇帝對郅都使眼色讓他去救賈姬。⓭行　執行。⓮欲　想要。⓯持兵　持，拿。兵，兵器。⓰伏　趴。⓱亡一姬復一姬進　亡，失去。復，又。進，進宮。⓲寧　難道。⓳縱自輕　縱，即使。

自輕，不愛惜自己。⑳奈宗廟句　奈……何，怎麼辦。宗廟，天子、諸侯祭祀祖先的處所。古代帝王把天下據為一家所有，世代相傳，故常以宗廟作為王室、國家的代稱。這裡指皇室成員之類。㉑還　返回。㉒太后　指竇太后。㉓重　看重。㉔濟南　郡名。漢呂后元年，以濟南為呂國。文帝初復故，文帝十六年，別為濟南國。景帝三年國除為濟南郡。歷代相因。在今山東中部，治東平陵（今章丘西）。㉕宗人　同族的人。㉖豪猾　豪強橫行霸道，不守法紀。㉗二千石　漢代內自九卿郎將，外至郡守尉的俸祿等級，都是二千石。分三等：中二千石，月得百八十斛；二千石，月得百二十斛；比二千石，月得百斛。東漢二千石稱真二千石。後因稱郎將、郡守和知府為二千石。這裡指太守。㉘拜　用一定的禮節授予官職。㉙守　一個郡的行政長官，即郡守，本為戰國時對郡守的尊稱，漢景帝時改稱太守。郡守始置於戰國時，初為武職，防守邊郡，後逐漸成為地方官。秦統一後，以郡為地方的最高行政區劃，每郡置守，掌治其郡。㉚至則誅瞯氏首惡　至，到任。則，就。首惡，首惡分子。㉛餘皆股栗　餘，其餘的人。股栗，兩腿發抖，形容恐懼到了極點。㉜居歲餘　過了一年多。㉝不拾遺　路不拾遺，形容社會秩序十分良好。㉞旁　附近。㉟畏　畏懼。㊱大府　高級官署。㊲勇有氣　勇，勇敢。氣，有氣力。㊳公廉　公正廉潔。㊴不發私書　因私事而來的信件不拆看。㊵問遺無所受　問遺，贈送的禮物。受，接受。㊶請寄無所聽　請寄，請託。聽，聽從。㊷稱　宣稱。㊸背親而出　背，背離。出，出來做官。㊹身固當　身，自己。固，本來。當，應當。㊺死節　守節。㊻終不顧妻子　終，到底。妻子，妻子兒女。㊼遷　升職。㊽中尉　官名。戰國時趙國設置，負責選任官吏。秦漢時是武職，掌管京師治安。武帝時，改稱執金吾。漢各諸侯王國也設置中尉，維持治安。㊾丞相　官名。秦漢三公之首，萬石之官，金印紫綬，掌丞天子助理萬機。秦有左右相，高帝即位後置一丞相。孝惠、高后時又置左右丞相，文帝二年改回置一丞相。㊿條侯　即周亞夫（西元前？—前一四三年），沛縣（今江蘇沛縣）人。周勃之子。初封條（今河北景縣南）侯。漢文帝六年匈奴南犯，他任河內太守兼將軍駐守細柳（今陝西咸陽西南）。漢景帝三年任太尉鎮壓吳楚七國反叛。景帝七年拜為丞相。景帝中元三年稱疾免相。景帝後元元年因子私買御物獲罪，受牽連下獄，絕食而死。詳見卷四十〈周亞夫傳〉。(51)至貴居　至，最。貴，高貴。居，怠傲；傲慢。(52)揖　作揖。(53)樸　敦厚。(54)畏罪自重　害怕犯罪。(55)獨先　獨，單獨。先，率先。(56)致　極。(57)列侯　爵名。戰國時楚、秦所置。金印紫綬，是最高爵。秦及漢初多以軍功封授。秦稱徹侯，漢沿用，後因避武帝諱（武帝名徹），改稱通侯，或曰列侯。(58)臨江王　漢景帝原太子劉榮，景帝中元元年因其母栗姬失寵而被廢為臨江王，景帝中元四年又因侵占宗廟餘地罪而被徵至中尉府對簿，後自殺。詳見卷五十三〈景十三王傳〉。臨江，封國名，都江陵（今湖北荊州）。(59)對簿　受審訊。簿，文狀，起訴書之類。(60)得刀筆　得，獲得。刀筆，紙張普及使用以前，古代人的文字載體是簡牘，每逢有誤則用刀刮去，用筆重寫。61謝　謝罪。62禁吏弗與　禁，禁止。弗，不。與，給。63魏其侯　竇嬰（西元前？—前一三一年）的封號。字王孫，觀津（今河北衡水縣）人。竇太后堂姪。漢景帝三年因鎮壓吳楚七國反叛有功，封為魏其（縣名，在今山東臨沂東南）侯。詳見卷五十二〈竇嬰傳〉。64間予　間，夾縫、空隙，隱祕的途徑。予，給。65既　已經。66因　於是；就。67危法中　危法，重法。中，中傷。68免　免職；免官。69鴈門　郡名。在今山西北部和內蒙古自治區南部，治善無（今山西右玉東南）。70便道之官　不必到朝廷拜謝以避免竇太后阻撓，而直接從家赴任太守之職。71便宜從事　不必上奏請示，自行處理當地事務。72匈奴　秦漢時期北方部族，也稱胡，是秦漢政府主要的防禦對象。漢初，不斷南下侵擾，漢朝基本採取防禦戰略。武帝時，轉而採取攻勢，多次進軍漠北，匈奴受到打擊，勢力逐漸衰落。詳見卷九十四〈匈奴傳〉。73節　有節操。74舉邊為引兵去　帶領軍隊離開邊境。75竟　終了；直到。76為偶人象都　為，製作；雕刻。偶人，刻木偶類人形。象，像；類似。77令騎馳射　令，命令。騎，騎兵。馳，奔馳。射，射箭。78莫能中　莫，沒有人。中，射中；中的。79憚　畏懼。80患　擔心。81釋　赦免，以不咎其過。82獨非　難道不是。

【語　譯】郅都，河東郡楊縣人。以郎的身分侍奉文帝。景帝時期，他擔任中郎將，敢於直諫，在朝廷上當面批評大臣。曾經有一次他跟隨皇上到上林苑，賈姬在廁所時，有野豬進入廁所，皇上對郅都使眼色，郅都不動。於是皇上想親自持兵器入廁救賈姬，郅都趴在皇帝面前說：「失去一個美姬又有一個美姬進宮而來，天下缺少的難道是賈姬這類的人嗎？陛下縱然自輕，那麼祖廟皇室朝廷太后怎麼辦呢？」皇上這才折回，野豬也不傷害賈姬。太后聽到這件事情後，賞賜郅都黃金百斤，皇上也賞賜他黃金百斤，從此對他特別看重。

2　濟南瞯氏宗族有三百家，橫行霸道不守法紀，歷任太守都不能制服他們，在這個時候景帝授予郅都以濟南太守的職位。郅都到任後，首先誅殺瞯氏的首惡分子，其他人都為他的舉動懾服而雙腿發抖。過了一年後，郡中路不拾遺，鄰近十餘郡的太守都像害怕上級官府一樣畏懼郅都。

3　郅都為人勇敢而有氣力，公正廉潔，因私事而來的信件從不拆看，問候饋贈的物品從不接受，別人託事從不搭理聽從。他經常宣稱：「我拋開雙親出來做官，本來應當盡職守節最終死於官任上，到底不能顧念妻子兒女了。」

4 郅都升任到中尉的時候，此時的丞相條侯周亞夫居貴傲慢，而郅都見了他仍然只是作揖而不下拜。這個時期百姓忠厚，害怕犯罪，而郅都單獨率先執法嚴酷，極致用法不避皇親國戚，列侯和皇族看見郅都都側目而視，給他起綽號為「蒼鷹」。

5 臨江王被叫到中尉府審問，臨江王想獲得刀筆寫信向皇上謝罪，而郅都禁止手下官吏給他刀筆一類的用具。魏其侯竇嬰卻祕密把刀筆拿給臨江王。臨江王得到刀筆，寫信謝罪於皇上後，就自殺了。竇太后聽到後，十分生氣，用重法中傷郅都，致使郅都被罷官回家。景帝認為他很有才能於是派使者授予郅都為鴈門太守，不用回京，直接赴任，根據情況獨立處理政事。匈奴平素了解郅都有節操，引兵離邊，直到郅都死去都不敢靠近鴈門郡。匈奴人雕刻了一個像郅都的木偶，令騎兵奔馳射箭，誰都無法射中，匈奴人畏懼他到了這樣的地步。匈奴擔心郅都便用了離間計，使得太后以漢法再次中傷他。景帝求情道：「郅都是忠臣。」便想釋放他。竇太后答道：「臨江王難道不是忠臣嗎？」於是斬殺郅都。

甯成，南陽穰❶人也。以郎謁者❷事景帝。好氣❸，為少吏，必陵其長吏❹；為人上，操❺下急如束濕❻。猾賊任威❼。稍❽遷至濟南都尉❾，而郅都為守。始前數都尉步入府❿，因吏謁守如縣令⓫，其畏都如此。及⓬成往，直凌⓭都出其上。都素聞其聲⓮，善遇⓯，與結驩⓰。久之，都死，後長安⓱左右宗室多犯法，上召⓲成為中尉。其治效⓳郅都，其廉弗如⓴，然宗室豪桀㉑人皆惴恐㉒。

武帝㉓即位，徙㉔為內史㉕。外戚多毀成之短㉖，抵罪㉗髡鉗㉘。是時九卿㉙死即死㉚，少被刑㉛，而成刑極㉜，自以為不復收㉝，迺解脫㉞，詐刻傳㉟出關歸家。

稱曰：「仕㊱不至二千石，賈㊲不至千萬㊳，安㊴可比人乎！」迺貰貣㊵陂田㊶千餘頃，假㊷貧民，役使㊸數千家。數年，會赦㊹，致產數千萬，為任俠㊺，持㊻吏長短㊼，出從數十騎。其使民，威㊽重於郡守。

【章　旨】以上為〈甯成傳〉。展示了甯成好氣凌人的品性，他行法甚於郅都，受到外戚詆毀，歸家經營地產，威勢蓋過郡守。較之郅都，多有不法。

【注　釋】❶南陽穰　南陽，郡名。在今河南、湖北交界地區，治宛縣（今河南南陽）。穰，縣名，在今河南鄧州。❷謁者　官名。始設於春秋戰國時，為國君掌管傳達等事務。漢代為郎中令屬官，掌管賓贊事宜。❸好氣　好勝。❹為少吏二句　陵，通「淩」。欺淩。少吏、長吏，漢制，縣令長及丞尉二百石以上為長吏，百石以下有斗食佐史之類等級的吏員為少吏。❺操　控制。❻束濕　捆縛濕物，形容官吏對下屬的嚴酷急切。❼猾賊任威　猾賊，狡猾狠毒。任威，任性使威。❽稍　逐漸；慢慢的。❾都尉　官名。戰國時始置，是比將軍略低的武官。職位頗重，秩二千石。漢景帝時改郡尉為都尉，輔佐郡守掌管軍事。❿始前數都尉步入府　始前，起初在這之前。數，數名。步，步行而非乘車馬。⓫因吏謁守如縣令　因，通過。謁，拜見。縣令，縣的長官。秦漢縣官轄區在萬戶以上稱令，在萬戶以下稱長。⓬及　等到。⓭直淩　直，徑直。淩，越過。⓮聲　名聲。⓯善遇　好好對待。⓰與結驩　與之結歡，即與甯成結為好友。驩，通「歡」。⓱長安　漢都城，在今陝西西安西北。⓲召　呼喚使來。⓳效　效仿。⓴其廉弗如　廉，廉潔。弗如，比不上。㉑豪桀　豪傑；豪強。㉒惴恐　恐懼。惴，發愁害怕的樣子。㉓武帝　漢武帝劉徹（西元前一五六—前八七年），漢景帝子。承文景之業，對內實行政治經濟改革，對外用兵，開拓疆土。尊儒術，倡仁義，而罷黜百家，建太學，置《五經》博士。在位五十四年，為前漢軍事政治經濟文化的極盛時期。但迷信神仙大興土木，急徵斂，重刑誅，連年用兵，使海內虛耗，人口減半。詳見卷六〈武帝紀〉。㉔徙　調任。㉕內史　官名。秦時設置，掌管京畿，漢景帝時分為左右內史。武帝太初元年改右內史為京兆尹，左內史為左馮翊。漢以來諸王國都置內史，負責政務，漢武帝改為京兆馮翊時，惟王國不改。㉖外戚多毀成之短　外戚，帝王的母族和妻族。毀，詆毀。短，短處。㉗抵罪　抵償所應付的罪責。㉘髡鉗　刑罰名。剃去頭髮為髡，用鐵圈束頸為鉗。㉙九卿　秦漢中央各機關長官的總稱。

一般認為有奉常（太常）、郎中令（光祿勳）、衛尉、太僕、廷尉、典客（大鴻臚）、宗正、治粟內史（大司農）、少府。實際上「九」為虛數，九卿不只九個卿位的官職，實即中央各機關長官的總稱。㉚死即死　罪當處死就處死。㉛少被刑　很少受一般刑罰。武帝之前大臣有罪當死都是自殺，而入獄受刑自甯成始。㉜而成刑極　意思是說外戚對甯成恨之入骨，給他披髡鉗之類的刑具。㉝收　錄用。㉞解脫　解去刑具。㉟詐刻傳　詐，偽。刻傳，雕刻通行證。㊱仕　做官。㊲賈　經商。㊳千萬　千萬錢。㊴安　怎麼。㊵貰貣　貰，租借。貣，通「貸」。乞貸；向人求物。㊶陂田　附有水利設施的田。陂，池塘。㊷假　租賃。㊸役使　奴役使用。㊹會赦　會，等到。赦，赦免。㊺任俠　抑強扶弱。俠，舊時指抑強扶弱的行為。㊻持掌握。㊼長短　官吏的陰私。㊽威　威風。

【語　譯】甯成，南陽郡穰縣人。以郎官謁者的身分事奉漢景帝。他爭強好勝，做小吏的時候，一定會欺侮他的長官；做別人的上司，對下級就像捆縛溼的薪柴一樣嚴酷急切。他狡猾狠毒，任性使威。等到升官到濟南都尉的時候，恰逢郅都為太守。在這之前，數名歷任都尉都是步行進入郡府的，傳達進見太守的姿態就像縣令一樣，他們畏懼郅都都到了這等地步。等到甯成前去，甯成卻直接越過郅都走到上位毫不畏懼。郅都平素聽到過甯成的名聲，此時便好好的對待甯成，與他結為好友。過了很久，郅都死了，後來長安附近的宗室皇族多有犯法的行徑，皇上徵召甯成做掌管京師治安的中尉之職。甯成的治理效仿郅都，只是他在廉潔方面不如郅都，皇族豪強都惶恐不安。

武帝即位後，甯成被調任為內史。外戚中很多人都詆毀甯成的短處，根據罪行判處了他剃髮束頸的刑罰。當時九卿之官罪當處死就處死，很少遭受剃髮束頸一類的刑罰，而甯成被處以這樣的刑罰，他自己認為不能再被任用，就私自解脫刑具，假刻通行證出關回家。聲稱：「做官做不到二千石，經商做不到千萬錢，怎麼可以與別人相比啊！」於是借錢購置水田一千多頃，出租給貧民，奴役幾千家。幾年之後，恰逢得到皇帝大赦，此時他已經有數千萬錢。他為人專打抱不平，把持當地官員的陰私，出門就有隨從幾十騎。他役使民眾，比郡守還有威勢。

周陽由，其父趙兼❶以淮南王舅侯周陽❷，故因氏❸焉。由以宗家❹任❺為郎，事文帝。景帝時，由為郡守。武帝即位，吏治尚修謹❻，然由居二千石中最為暴酷驕恣❼。所愛者，撓❽法活之；所憎者，曲法❾滅之。所居郡，必夷其豪。為守，視都尉如令❿；為都尉，陵太守，奪之治⓫。汲黯⓬為忮⓭，司馬安⓮之文惡⓯，俱⓰在二千石列，同車未嘗敢均茵馮⓱。後由為河東都尉，與其守勝屠公⓲爭權，相告言⓳，勝屠公當抵罪，議⓴不受刑，自殺，而由棄市㉑。自甯成、周陽由之後，事益多，民巧法㉒，大抵吏治類多成、由等矣。

【章　旨】以上為〈周陽由傳〉。突出了他暴虐的品性。周陽由與勝屠公爭權雙亡後，漢代吏治從此多行酷政。末尾總括已述酷吏對施政風氣的影響。

【注　釋】❶趙兼　趙國人，漢高帝趙美人的弟弟。❷侯周陽　侯，封侯。周陽，邑名，在今山西絳縣西南。❸因氏　改趙姓而為周陽氏。❹宗家　帝王親戚，此處即指外戚身分。❺任　保舉。❻尚修謹　尚，崇尚。修謹，《史記》同傳作「循謹」，意為遵理守法，辦事謹慎。❼暴酷驕恣　暴酷，暴虐殘酷。驕恣，驕橫放縱。❽撓　屈曲；曲解。❾曲法　歪曲法律。❿令　縣令。⓫奪之治　侵奪其權。⓬汲黯　（西元前？—前一一二年），字長孺，西漢濮陽（今河南濮陽）人。武帝時任東海郡太守，繼為主爵都尉，位列九卿，好黃老之術，常直言切諫，敢於面折廷諍。武帝外雖敬重，內頗不悅。因主張與匈奴和親，為武帝疏遠。後出為淮陽太守，七年而卒。詳見卷五十〈汲黯傳〉。⓭忮　剛愎。⓮司馬安　汲黯姊子。少與汲黯同為太子洗馬。文深巧善宦，四任九卿，昆弟以安故，至二千石者十人。以河南守卒。⓯文惡　利用法令條文傷害人。⓰俱　全；都。⓱均茵馮　均，同樣的。茵，車墊子。馮，設在車廂前供人憑依的橫木。⓲勝屠公　人名。勝屠，同「申屠」。複姓。⓳相告言　互相告發。⓴議　劉敞、王先謙都說當作「義」。指合宜的主張、行為。㉑棄市　刑罰名，在鬧市執行死刑，屍體暴露街頭。㉒巧法　用巧詐的手段對付法律。

【語譯】周陽由，他的父親趙兼以淮南王舅舅的身分在周陽這個地方封侯，因而隨地名改姓周陽。周陽由以外戚的身分保舉為郎官，事奉文帝。景帝時，周陽由做了郡守。武帝即位後，官吏治理民眾崇尚遵理守法辦事謹慎，然而周陽由在郡太守中最為暴虐殘酷、驕橫放縱。他所喜愛的人，曲解法律也要讓這個人活下來；所憎惡的人，他想方設法也要處死這個人。他所在的郡，一定要消滅那裡的豪強。做太守的時候，對待都尉就像對待縣令一樣；做都尉的時候，就欺凌太守，侵奪職權。汲黯剛愎自用，司馬安用法狠毒，他們都在二千石級別的官位上，然而三人同車，這兩人卻不敢與他同坐。後來周陽由做了河東郡都尉，與太守勝屠公爭奪權力，互相告發。勝屠公應當處以應得的懲罰，但是勝屠公顧全自己的人格不肯接受刑罰，自殺了，周陽由則被處以棄市的刑罰。從甯成、周陽由以後，國家事情日益繁多，奸民巧詐，一般官吏治理方法都像甯成、周陽由他們這樣了。

趙禹，斄❶人也。以佐史補中都官❷，用❸廉為令史❹，事太尉❺周亞夫。亞夫為丞相，禹為丞相史❻，府❼中皆稱其廉平。然亞夫弗任❽，曰：「極❾知禹無害❿，然文深⓫，不可以居大府。」武帝時，禹以刀筆吏⓬積勞⓭，遷為御史⓮。上以為能⓯，至中大夫⓰。與張湯⓱論定律令⓲，作見知⓳，吏傳相⓴監司㉑以法，盡自此始。

禹為人廉裾㉒，為史㉓以來，舍無食客㉔。公卿㉕相造請㉖，禹終㉗不行報謝，務㉘在絕知友賓客之請，孤立行一意而已。見法輒㉙取，亦不覆案求官屬陰罪㉚。嘗中廢㉛，已為廷尉㉜。始條侯以禹賊深，及禹為少府㉝九卿，酷急。至晚節㉞，事益多。吏務㉟為嚴峻，而禹治加緩㊱，名為平㊲。王溫舒㊳等後起，治峻㊴禹。禹以㊵老，徙為燕㊶相。數歲，誖亂㊷有罪，免歸。後十餘年，以壽卒㊸于家。

【章　旨】以上為〈趙禹傳〉。趙禹是和張湯並稱的漢代著名酷吏，以刀筆吏的身分升遷後，與張湯論定律令，奠定了酷吏政治的法律基礎。晚年執法寬緩，名聲清平，免官壽卒。

【注　釋】❶斄　縣名，在今陝西武功西南。❷以佐史補中都官　佐史，漢地方官屬吏。中都官，漢京師官署統稱。❸用　因為。❹令史　掌管文書的官員。❺太尉　秦官，金印紫綬，掌軍事。漢沿襲，與丞相、御史大夫並稱三公。西漢武帝建元二年省。元狩四年改為大司馬。東漢光武帝復名太尉。❻史　輔佐官員。❼府　這裡指丞相府。❽任　信任。❾極　非常。❿無害　無人能比得過他。⓫文深　文法深刻，苛細嚴峻。⓬刀筆吏　主辦文案的官員。⓭積勞　積有功勞。⓮御史　官名。御史大夫屬官，漢代根據職務不同，有侍御史、符璽御史、治書御史、監察御史等名稱。御史大夫是秦漢三公之一，位僅次於丞相。主管彈劾、糾察以及掌管圖籍祕書。後改稱大司空、司空。⓯能　有才能、能幹。⓰中大夫　大夫分為上、中、下三級。⓱張湯　（西元前？—前一一五年），漢杜陵（今陝西西安）人。酷吏。武帝時拜為太中大夫，與趙禹共定律令。為廷尉，遷御史大夫。治獄嚴峻。曾建議造白金及五銖錢，國家專賣鹽鐵，以限制富商大賈，出告緡令，摧抑豪富兼併之家。後為朱買臣等所陷，自殺。詳見卷五十九〈張湯傳〉。⓲律令　法令。即趙禹的《朝律》六篇和張湯的《越宮律》二十七篇。⓳見知　見知法，凡官吏知道他人犯罪不檢舉的，與之同罪。⓴傳相　彼此互相。傳，同「轉」。㉑監司　通「監伺」。互相監視。㉒裾　通「倨」。倨傲。㉓史　汲古閣本作「吏」。㉔舍無食客　舍，家。食客，古代寄食於豪貴而為之服務的門客。㉕公卿　三公九卿，這裡泛指高級官員。㉖造請　造，到……去。請，拜訪。㉗終　始終。㉘務　致力；從事。㉙輒　就。㉚覆案求官屬陰罪　覆案，審查。官屬，主管的屬吏。陰罪，隱祕的罪行。㉛中廢　中途被罷官。㉜廷尉　官名。秦始置，九卿之一，掌刑獄。漢承秦制，秩中二千石。漢景帝中元六年更名大理，武帝建元四年復稱廷尉。㉝少府　官名。秦始置，九卿之一，掌管山海地澤的稅收，供皇帝享用，屬於皇帝的私府。㉞晚節　晚年。㉟務　致力於；盡力。㊱加緩　更加寬緩。㊲名為平　名，名聲。平，清平。㊳王溫舒　酷吏，見本傳。㊴峻　比……嚴酷。㊵以　因為。㊶燕　漢時常用戰國諸侯國名指稱舊地。燕，大概指河北北部、遼寧西端、北京一帶。㊷誖亂　昏亂違理。㊸卒　古代稱士大夫死或年老壽終。

【語　譯】趙禹，斄縣人。以地方官屬吏的身分出任京師官員，因為正直調任令史，服事太尉周亞夫。周亞夫為丞相時，趙禹擔任丞相史，丞相府中都稱讚他廉明公正。然而周亞夫不信任他，說道：「我非常了解趙禹的才能沒人比得上，然而他執法苛刻，不可以在大官府工作。」武帝時，趙禹以刀筆吏積有功勞，升職到御史。皇上認為他很有能力，讓他做到中大夫。與張湯制定律令，如「見知法」，官吏依照法律彼此監督，都是從這時開始。

趙禹為人廉潔而倨傲，做官以來，家中沒有食客。公卿拜訪他，趙禹都不答謝，目的在於隔絕與知心朋友及賓客的來往，以便獨立實行自己的主張。看到法令就採用，也不審查主管屬吏隱祕的罪行。做官期間曾經中途被罷官，但不久就擔任了廷尉。起初，條侯周亞夫就看出趙禹殘酷苛刻，等到趙禹做了少府，名列九卿之時，更加殘酷急迫。到了晚年，公事更多，官吏們放肆推行嚴酷峻法，而趙禹的治理反而寬鬆下來，因而得到了清平的名聲。王溫舒等後起的官吏，執法比趙禹更為嚴酷。趙禹因為年老，被調任燕國做相國。過了幾年，因為昏亂糊塗觸犯法律，免官回家。之後過了十幾年，在家中年老壽終。

1 義縱，河東人也。少年時常與張次公❶俱攻剽❷，為群盜。縱有姊，以醫幸❸王太后❹。太后問：「有子兄弟為官者乎？」姊曰：「有弟無行❺，不可。」太后迺告上，上拜義姁❻弟縱為中郎❼，補上黨❽郡中令❾。治敢往❿，少溫籍⓫，縣無逋事[12]，舉[13]第一。遷為長陵[14]及長安令，直法行治，不避貴戚。以捕按[15]太后外孫脩成子中[16]，上以為能，遷為河內[17]都尉。至則族滅其豪穰氏之屬，河內道不拾遺。而張次公亦為郎，以勇悍從軍，敢深入，有功，封為岸頭[18]侯。

2 甯成家居，上欲以為郡守，御史大夫弘[19]曰：「臣居山東為小吏時，甯成為濟南都尉，其治如狼牧羊。成不可令治民。」上迺拜成為關都尉[20]。歲餘，關吏稅肄[21]郡國出入關者，號[22]曰：「寧[23]見乳虎[24]，無直[25]甯成之怒。」其暴[26]如此。義縱自河內遷為南陽太守，聞甯成家居南陽，及至關，甯成側行[27]送迎，然縱氣盛[28]，弗為禮。至郡，遂按甯氏，破碎其家。成坐[29]有罪，及[30]孔、暴[31]之屬皆奔亡，南陽吏民重足[32]一迹。而平氏朱彊、杜衍杜周[33]為縱爪牙[34]之吏，任用，遷為廷尉史。

3 軍數出[35]定襄[36]，定襄吏民亂敗[37]，於是徙縱為定襄太守。縱至[38]，掩[39]定襄獄中重罪[40]二百餘人，及賓客昆弟[41]私入相視[42]者亦二百餘人。縱壹切捕鞠[43]，曰「為死罪解脫[44]」。是日皆報殺四百餘人。郡中不寒而栗，猾民[45]佐吏為治[46]。

4 是時趙禹、張湯為九卿矣，然其治尚寬，輔法而行，縱以鷹擊毛摯[47]為治。後會更五銖錢白金[48]起，民為姦，京師尤甚，迺以縱為右內史，王溫舒為中尉。

溫舒至惡㊾，所為弗先言縱，縱必以氣陵之㊿，敗壞(51)其功。其治，所誅殺甚多，然取(52)為小治，姦益不勝(53)，直指(54)始出矣。吏之治以斬殺縛束為務，閻奉(55)以惡用矣。縱廉，其治效郅都。上幸鼎湖(56)，病久，已而卒(57)起幸甘泉(58)，道不治(59)。上怒曰：「縱以(60)我為不行此道乎？」銜(61)之。至冬，楊可(62)方(63)受告緡(64)，縱以為此亂民，部(65)吏捕其為可使者(66)。天子聞，使杜式(67)治，以為廢格沮事(68)，棄縱市。後一歲，張湯亦死。

【章　旨】以上為〈義縱傳〉。義縱執法不避權貴，首捕脩成子中，次懲以酷見長的甯成，再殺重罪賓客四百餘人，手段殘酷，令人不寒而慄。反映了義縱不同於趙禹、張湯尚寬的執法風格，反襯了他的好殺氣盛。他嚴酷過分，最終因為觸怒龍顏，遭到了棄市懲罰。

【注　釋】❶張次公　漢河東人。武帝元朔二年以校尉從衛青擊匈奴，以功封岸頭侯。其後為將軍，將北軍，後坐法失侯。詳見卷五十五〈衛青霍去病傳〉。❷攻剽　搶劫。❸幸　原義為帝王寵愛，這裡指受到太后的寵愛。❹王太后　漢武帝母親王娡，右扶風槐里（今陝西興平）人。漢景帝王夫人，詳見卷九十七〈外戚傳·孝景王皇后〉。❺無行　品行不佳。❻義姁　即義縱姊名。❼中郎　即中郎將。❽上黨　郡名。在今山西東南部，治長子（今長子西）。❾郡中令　郡中某個縣的縣令，史書沒有記載下來。❿治敢往　敢作敢為。⓫溫籍　蘊藉，寬和有涵容。⓬逋事　拖延的事情。⓭舉　推舉。⓮長陵　縣名，因漢高祖劉邦的陵墓所在而命名，在今陝西咸陽東北。⓯捕按　捕，逮捕。按，同「案」。審理。⓰脩成子中　脩成，王太后與前夫金王孫所生女兒的封號。中，脩成君的兒子名「中」，當時橫行京師。⓱河內　郡名。在今河南境內黃河以北地區，治懷縣（今河南武陟西南）。⓲岸頭　亭名，岸頭亭在今山西河津南。⓳弘　公孫弘（西元前二〇〇—前一二一年），字季，一字次卿，西漢菑川薛（今山東滕州）人。少為獄吏。年四十餘始治《春秋公羊傳》。曾建議設《五經》博士，置弟子員。以熟習文法吏治，被武帝任為丞相，封平津侯。詳見卷五十八〈公孫弘傳〉。⑳關都尉　官名。掌收斂貨物稅，稽查旅客往來，主要設在函谷關和武關。㉑稅肄　稅，收稅，這裡引申為勒索。肄，查看。㉒號　揚言。㉓寧　寧可。㉔乳虎　哺乳期間的母虎，此時最為兇猛。㉕無直　無，不要。直，通「值」。遭遇。㉖暴　殘暴。㉗側行　身子側轉一邊前行，表示尊重。㉘氣盛　態度驕橫。㉙坐　連坐。㉚及　以及。㉛孔暴　南陽兩豪族之姓。㉜重足　腳疊在一起，形容非常恐懼的樣子。㉝平氏朱彊杜衍杜周　平氏，縣名，在今河南唐河東南。朱彊，人名。杜衍，縣名，在今河南南陽西南。杜周（西元前？—前九五年），西漢南陽杜衍人。初為南陽太守義縱爪牙，因縱薦，為廷尉史，事張湯，受其賞識。後擢廷尉，以用法刻深著名，專以人主意旨為獄。天漢三年（西元前九八年），官至御史大夫。始為廷尉史，僅有一馬，及任三公，家資累巨萬。其事詳見卷六十〈杜周傳〉。㉞爪牙　幫手。㉟數出　數，屢次。出，經過。㊱定襄　郡名。在今內蒙古自治區長城以北和林格爾一帶，治成樂（今和林格爾西北）。㊲亂敗　紊亂不治，社會秩序不好。㊳至　到達。㊴掩　乘人不備而進襲或逮捕。㊵重罪　罪行嚴重的罪犯。㊶昆弟　兄弟，引申為友好親愛。㊷私入相視　私入探監。㊸壹切捕鞠　壹切，一切；一起。捕鞠，逮捕審問。鞠，通「鞫」。審問；審訊。㊹為死罪解脫　私自解脫桎梏會加罪一等，而做解脫之事的人與受解脫者同罪。義縱以此律給探望者定死罪，尤見其手段之殘酷。㊺猾民　狡猾的人。㊻佐吏為治　佐助官吏治理。㊼鷹擊毛摯　形容嚴酷。摯，通「鷙」。兇猛的鳥。毛摯，猛禽將擊必張其羽。㊽五銖錢白金　五銖錢，漢武帝元狩五年，罷半兩錢，始鑄五銖錢。銖，重量單位，二十四分之一兩。十六兩為一斤。白金，銀錫合金，元狩四年，漢武帝命令以白金鑄幣，圓形，圖案為龍者值三千枚五銖錢，為馬者值五百，為龜者值三百。㊾至惡　最為兇惡。㊿所為二句　說明王溫舒很酷惡，義縱則更甚一籌。(51)敗壞　破壞。(52)取　通「趣」。急促。(53)不勝　層出不窮。(54)直指　官名。直接派往地方督促地方官鎮壓的官員，全權特派大員。(55)閻奉　人名。元封元年，為水衡都尉。他以嚴惡的處理事務的風格而被任用。(56)鼎湖　宮名，近宜春苑，在今陝西藍田境。(57)卒　通「猝」。突然。(58)甘泉　宮名。秦漢甘泉宮。秦始皇二十七年作甘泉前殿，漢武帝建元中擴建，建通天、高光、迎風諸殿。該宮又名雲陽宮，在今陝西淳化西北甘泉山。(59)道不治　道路沒有整修。(60)以　以為。(61)銜　懷恨。(62)楊可　西漢時主持告發隱匿緡錢的官員。他根據法令遍告天下，舉報隱匿緡錢者。中等產業以上大家，大部受告。因審理匿緡案而將大量資財沒入官府。詳見卷二十四〈食貨志〉。(63)方　正在。(64)告緡　漢武帝元狩四年，政府命令工商業者對自己擁有的動產與不動產作出估算，稱為緡錢。商人按緡錢二千文徵收一算緡稅，而一算為一百二十文，手工業者按緡錢四千徵收一算。如果不估算財產折合緡錢，或者少估算，就沒入緡錢，罰戍邊一歲。以上即算緡。有告發者，以緡錢一半賞賜。但隱瞞財產的人很多，元鼎三年，漢武帝令楊可主持告緡，發動人們告發，結果得民財物以億計，奴婢以千萬數。緡，穿銅錢的繩子。(65)部　部署。(66)使者　此處指為楊可派出行告緡之事的人。(67)杜式　人名。《漢書》僅此一見。(68)廢格沮事　廢格，對詔令擱置不行。沮，阻止。

【語　譯】義縱，河東郡人。年輕時曾與張次公一起搶劫，結成匪幫。義縱有一個姊姊，因為做王太后的御醫受到禮遇。太后問道：「你有兒子或是兄弟做官的嗎？」姊姊說道：「有一個弟弟，但品性不端，不能夠做官。」太后於是告訴皇上，皇上任命義姁的弟弟即義縱做了中郎將，補任上黨郡中的一個縣令。義縱治理敢作敢為，很少寬和包容，所管轄的縣沒有拖延的事情，被推舉為第一名。後被調任長陵及長安做縣令，嚴格依照法律進行治理，從不迴避皇親國戚。因為逮捕、審理太后的外孫脩成子中而被皇上認為很有能力，升遷為河內郡都尉。他一到任就族滅郡內穰氏豪族，河內郡路不拾遺。而張次公也做了郎官，憑藉勇敢強悍的本領從軍，作戰敢於深入，立下戰功，被封為岸頭侯。

2　甯成在家，皇上想要任命他為郡守，御史大夫公孫弘說：「我在山東做小吏時，甯成在做濟南都尉，他的治理就像惡狼牧羊一樣。所以不可讓甯成治理民眾。」皇上就命甯成為關都尉。一年多後，關上的屬吏勒索盤查郡國出入關的人，揚言說：「寧可見到處於哺乳期的母虎，也不要見到甯成發怒。」甯成的殘暴可見一斑。義縱從河內調任為南陽太守，聽到甯成在南陽居住，等到到了關口，甯成側行送迎，然而義縱態度驕橫，不以禮對待他。到了郡治之後，就查究甯家，毀破了他的家庭。甯成連坐有罪，而該郡孔氏、暴氏等大姓都逃亡，南陽官吏民眾嚇得一動也不敢動。而平氏縣的朱彊、杜衍縣的杜周做了義縱的爪牙，受到信用，升任為廷尉史。

3　軍隊屢次經過定襄，定襄的社會秩序紊亂不治，於是調任義縱為定襄太守。義縱到任以後，逮捕定襄罪行嚴重的罪犯二百餘人，以及他們的賓客、兄弟私入探監的二百餘人。義縱一律逮捕審問，以「為死罪的人解脫與之同罪」定下罪名。這天一共上報殺了四百多人。郡中的人不寒而慄，奸猾的豪民害怕義縱反而幫助官吏進行治理。

4 這個時候趙禹、張湯已經擔任九卿，他們的治理還算寬鬆，依照法律行事，而義縱卻用猛禽捕食的手段進行治理。後來正值五銖錢銀幣發行，豪民奸邪，京師尤其厲害，於是以義縱為右內史，王溫舒為中尉。王溫舒最為兇惡，做事從來不事先與義縱商討，義縱則一定會逞意氣壓抑他，破壞他的功績。他們的治理，所誅殺的人很多，然而辦事急促，治標不治本，奸邪之事更加層出不窮，因此全權特派大員開始出現了。官府的治理以斬殺捆縛當作要務，如閻奉就是以嚴惡兇悍而被委以重職。義縱廉潔，他的治理效仿郅都。皇上駕臨鼎湖，病了好久，之後突然駕臨甘泉宮，道路沒有修好。皇上發怒道：「義縱以為我不再走這條路嗎？」由此對他懷恨在心。到了冬天，楊可主持告緡，義縱認為這樣做是擾亂百姓，部署官吏逮捕為楊可派出行告緡之事的人。皇帝聽到了，派杜式查辦，認為義縱的舉動是妨礙詔令的執行，給義縱處以棄市的刑罰。一年後，張湯也死了。

1 王溫舒，陽陵❶人也。少時椎埋❷為姦。已而試❸縣亭長❹，數廢。數為吏，以治獄❺至廷尉史。事張湯，遷為御史，督❻盜賊，殺傷甚多。稍❼遷至廣平❽都尉，擇郡中豪敢往吏❾十餘人為爪牙，皆把其陰重罪❿，而縱使督⓫盜賊，快其意所欲得。此人雖有百罪，弗法；即⓬有避回⓭，夷⓮之，亦滅宗⓯。以故齊趙之郊⓰盜不敢近廣平，廣平聲為⓱道不拾遺。上聞，遷為河內太守。

2 素⓲居廣平時，皆知⓳河內豪姦之家。及往，以九月至，令郡具⓴私馬五十疋，為驛㉑自河內至長安，部㉒吏如㉓居廣平時方略㉔，捕郡中豪猾，相連坐千餘家。

上書請，大者至族[25]，小者乃死，家盡沒入償臧[26]。奏行不過二日，得可，事論報[27]，至流血十餘里。河內皆怪[28]其奏，以為神速。盡[29]十二月，郡中無犬吠之盜。其頗[30]不得，失[31]之旁郡，追求[32]，會[33]春，溫舒頓足[34]嘆曰：「嗟乎！令冬月益展[35]一月，足吾事矣！」其好殺行威不愛人如此。

3 上聞之，以為能，遷為中尉[36]。其治復放[37]河內，徒[38]請召猜禍[39]吏與從事，河內則楊皆、麻戊，關中楊贛、成信等[40]。義縱為內史，憚[41]之，未敢恣治[42]。及縱死，張湯敗後，徙為廷尉。而尹齊為中尉坐法抵罪，溫舒復為中尉。為人少文，居它[43]惛惛不辯[44]，至於中尉則心開[45]。素習關中俗[46]，知豪惡吏，豪惡吏盡復為用[47]。吏苛察淫惡少年[48]，投缿[49]購告言姦[50]，置伯落長[51]以收司[52]姦。溫舒多諂[53]，善事有勢者；即無勢，視之如奴。有勢家，雖有姦如山，弗犯；無勢，雖貴戚，必侵辱。舞文巧請[54]下戶之猾[55]，以動[56]大豪。其治中尉如此。姦猾窮治，大氐[57]盡靡爛[58]獄中，行論[59]無出者。其爪牙吏虎而冠[60]。於是中尉部中[61]中猾以下皆伏，有勢者為遊[62]聲譽，稱治[63]。數歲，其吏多以權貴富。

4 溫舒擊東越[64]還，議有不中意[65]，坐以法免。是時上方欲作通天臺[66]而未有人，溫舒請覆中尉脫卒[67]，得數萬人作。上說，拜為少府。徙右內史，治如其故，姦邪少禁。坐法失官，復為右輔㊳68，行中尉，如故操。

歲餘，會宛軍發69，詔徵豪吏。溫舒匿其吏華成，及人有變告溫舒受員騎70錢，它姦利事，罪至族，自殺。其時兩弟及兩婚家71亦各自坐它罪而族。光祿勳徐自為72曰：「悲夫！夫古有三族，而王溫舒罪至同時而五族乎！」溫舒死，家絫73千金。

【章　旨】以上為〈王溫舒傳〉。記述了他少時為奸卻最終官至中尉、不斷受到重用的仕途歷程。是本卷酷吏中手段特別嚴酷兇狠的一位，他毫無愛人之心，且貪贓枉法，培植親黨，專以刑殺為務，導致吏治敗壞，最終自殺被滅「五族」，展示了酷吏政治的弊端和走向。

【注　釋】❶陽陵　縣名，在今陝西高陵西南，因漢景帝陵墓陽陵在此而命名置縣。❷椎埋　以槌捶殺人並埋掉。❸試　補任。❹亭長　秦漢時十里一亭，設亭長一人，掌管治安警衛訴訟等事。漢高祖劉邦就做過泗水亭長。❺治獄　審理案件。❻督　監督；責罰。❼稍　逐漸。❽廣平　郡名。在今河北南部滏陽河流域，治廣平（今雞澤東）。❾豪敢往吏　豪民和敢於前往無所畏懼的吏員。❿把其陰重罪　把，把持。陰，隱祕。重罪，大罪。⓫縱使督　縱，發；放。督，察視。⓬即　如果。⓭避回　不全力捕擊。⓮夷　殺。⓯滅宗　滅族，古有「株連九族」之說，即此意。⓰齊趙之郊　齊趙，漢時仍指今山東北部和河北南部地區為齊、趙，沿用戰國齊國、趙國之名，類同前面的燕地之名。郊，泛指鄉村地區。⓱聲為　號稱。⓲素　平素；平常。⓳知　知道；了解。⓴具　準備。㉑驛　驛站。漢制，三十里置驛。是掌投遞公文、轉運官物及供來往休息的機構。㉒部　部署。㉓如　如同。㉔方略　策劃；計謀。㉕族　滅族。㉖沒入償臧　沒，沒收。償，賠償。臧，通「贓」。貪汙或盜竊所得的財物。㉗事論報　案件判決上報。㉘怪　詫異；以……為怪。㉙盡　終止。㉚頗　偏差。㉛失　通「逸」。逃跑。㉜追求　追而求之；追捕搜求。㉝會　適逢。㉞頓足　跺腳。㉟令冬月益展　按漢代規定，春夏兩季不執行死刑。展，延長。

㊱遷為中尉　此事發生在元狩四年。㊲放　通「倣」。效仿。㊳徒　只。㊴猜禍　猜，疑。禍，禍害。㊵河內則二句　揚皆、麻戊、楊贛、成信，四人名。關中，地名。相當於今陝西渭河流域一帶。《史記集解》徐廣注：「東函谷，南武關，西散關，北蕭關。」故稱關中。還有一說認為東自函關，西至隴關，兩關之間謂之關中。㊶憚　害怕。㊷恣治　濫施刑罰。㊸居它處在其他官位。㊹惛惛不辯　惛惛，糊塗；神志不清。辯，通「辨」。辨別。㊺心開　心智開啟。㊻習關中俗　習，熟悉。俗，習俗；風俗。㊼豪惡吏盡復為用　強橫兇惡的官吏又全都為他賣力。㊽少年　青年男子。㊾缿　古時接受告密文件的器具，狀如瓶，為小孔，可入而不可出。㊿購告言姦　收買密告奸罪情報。購，重賞徵求；重金收買。(51)伯落長　街道鄉村的長官。伯，長帥之稱。落，村落。落長，邑落之長。(52)收司　監察。(53)諂　諂媚；巴結。(54)請　奏請懲辦。(55)下戶之猾　貧民的奸猾。(56)動　驚動；震懾。(57)大氐　同「大抵」。大概。(58)靡爛　糜爛。(59)行論　作出判決。(60)虎而冠　殘暴如虎而戴著人的帽子，類似披著羊皮的狼。(61)部中　所管轄的地方。(62)遊　到處宣揚。(63)稱治　號稱得到很好的治理。(64)東越　古代越人一支，相傳為越王句踐的後裔，居今福建浙江一帶。漢高帝五年，立無諸為閩越王，都東冶；惠帝三年立搖為東海王，都東甌。武帝建元六年又立閩越的餘善為東越王，元封元年為下所殺，漢於是遷其民於江淮間。(65)議有不中意　議，發表議論。不中意，不合皇上心意。(66)通天臺　臺名。在陝西淳化西北甘泉山故甘泉宮中。漢武帝元封二年建，《漢書補注》：「通天臺者，言此臺高，上通于天。」(67)覆中尉脫卒　覆，查核。脫卒，逃避服兵役的士兵。(68)右輔　漢京兆尹、左馮翊、右扶風為畿內三輔，右扶風別稱右輔，今為陝西鳳翔。(69)會宛軍發　太初元年出兵征伐大宛的軍事行動。宛，大宛。(70)員騎　正額的騎士。(71)婚家　姻親家。(72)徐自為　人名。武帝時為光祿勳。元狩四年，以校尉從霍去病擊匈奴有功，賜爵大庶長。太初中奉命出五原郡榆林塞築亭鄣以備匈奴。(73)纍　同「累」。

【語　譯】王溫舒，陽陵縣人。年輕的時候曾捶殺人並埋掉而幹盡壞事。不久補任縣裡的亭長，屢次被罷免。屢次為小吏，以審理案件見長，官至廷尉史。服事張湯，升官至御史，督察盜賊，殺傷盜賊很多。逐漸升遷到廣平郡都尉，挑選郡中豪民和敢作敢為的十餘人為爪牙，把持著他們隱祕的重大罪行，而驅使他們督察盜賊，滿意地抓到他想要捕獲的盜賊。這些人中有的人雖然犯有一百項罪過也沒有加以法辦；如果有所迴避不聽從王溫舒的命令，就會誅殺他，滅掉相關連的家族。由於這個原因，齊、趙等地的盜賊不敢接近廣平郡，廣平郡因此號稱路不拾遺。皇上聽到了，升遷他為河內郡的太守。

2 平時在廣平郡的時候，王溫舒就了解河內豪奸的人家。等到九月赴任之時，他就令郡府準備專用馬五十匹，以便在河內和長安之間建立驛站，部署官吏如同在廣平郡裡的辦法，逮捕郡中的豪強奸猾，加之連坐的人約有一千多家。上書請求治罪，大的滅族，小的殺本人，家產全部用來賠償過去所取的贓物。奏章發出不過兩天，得到批准，案件判決就開始上報，以至流血十餘里。河內的人都對他奏行的速度感到詫異，認為有如神速。到了十二月，郡中再沒有引起犬吠的盜賊。有些沒有捉到的罪犯逃到旁邊的郡國裡去了，他就會派人追捕搜求，等到春天來了，王溫舒跺腳歎息：「唉！如果讓冬月再延長一個月，我的事情就可以完全辦完了！」他喜歡殺戮不惜人命到了如此地步。

3 皇上聽到了他的事情，認為他很有才能，提升他為中尉。他治理的方法又效仿河內，只願召請好猜疑作禍害的官吏來跟他共事，河內有揚皆、麻戊，關中則有楊贛、成信等人。義縱為內史的時候，王溫舒有所畏懼，不敢濫施刑罰。等到義縱死了，張湯故去，王溫舒調任廷尉。而尹齊做中尉因犯法撤職之後，王溫舒再次擔任中尉。他為人很少文辭，居於其他官位時，神志不清沒有辨別，等到做了中尉的職位，就心智開啟了。他平素熟悉關中的習俗，了解強橫兇惡的官吏，強橫兇惡的官吏因此全都為他賣力。官吏們苛察淫亂兇惡的青年，用投書告密箱的形式收買情報，設置街長、村長監察奸邪之人。王溫舒經常巴結，善於與有權勢的人交往；而對沒有權勢的人，對待他們就像奴僕一樣。有勢力的人家，即使罪惡如山，也不去觸犯；沒有勢力的人，即使是皇親國戚也一定要凌辱。取巧地玩弄法律奏請懲辦下層奸猾的貧民，以此震懾較大的豪強勢力。他擔任中尉職務就是這樣。奸猾的傢伙深追窮究，大概都在獄中被打得皮開肉綻，一經查出就沒有活著出來的。他的爪牙就像戴著帽子的老虎。於是中尉所轄區域中小的奸邪之徒消失殆盡，有勢力的人為他宣揚名譽，稱讚治理得好。幾年之後他的屬吏也仗勢發了大財。

4 王溫舒出征東越歸來，因為發表議論不合皇上心意，犯法判罪丟了官。這個時候，皇上想要建造通天臺而沒有人力，王溫舒請求查核中尉部中逃役的士兵，查得幾萬人用來建造通天臺。皇上很高興，任命他為少府。後調任右內史，治理方法和原來一樣，奸邪之事稍微得到抑制。又因犯法失官，復官為右輔，兼理中尉事務，像原來做法一樣。

一年後，適逢發兵征大宛，皇上下詔徵發豪強官吏。王溫舒隱匿他的吏員華成，等到有人告發王溫舒收受正額的騎士的贓款以及其他撈錢的事，罪行要滅族的時候，他就自殺了。這時他的兩個弟弟和兩個姻親家也各自犯了別的罪而滅族。光祿勳徐自為說：「可悲呀！古代有滅三族的說法，而王溫舒的罪大到同時滅五族了！」王溫舒死後，家產累計上千金黃金。

尹齊，東郡茌平❶人也。以刀筆吏稍遷至御史。事張湯，湯數稱以為廉。武帝使督盜賊，斬伐❷不避❸貴勢。遷關都尉，聲甚於❹甯成。上以為能，拜為中尉。吏民益彫敝❺，輕齊木彊少文❻，豪惡吏伏匿❼而善吏不能為治❽，以故❾事多廢，抵罪❿。後復⓫為淮陽⓬都尉。王溫舒敗⓭後數年，病死，家直⓮不滿五十金。所誅滅淮陽甚多⓯，及⓰死，仇家欲燒其尸，妻亡⓱去，歸葬⓲。

【章　旨】以上為〈尹齊傳〉，記載不多。進一步展示酷吏政治的弊端，從吏民和仇家兩個角度展示了時人對酷吏的態度。

【注　釋】❶東郡茌平　東郡，郡名。在今河南、山東交界地區，治濮陽（今河南濮陽西南）。茌平，縣名，在今山東茌平西南。❷斬伐　斬殺。❸避　迴避。❹甚於　比……還厲害。❺彫敝　困苦衰敗。❻木彊少文　質直剛強缺少文辭。木，質直。少文，少文辭。❼伏匿　隱藏起來。❽善吏不能為治　善吏與尹齊治事方式不合，因此不能很好的處理事務。❾以故　因為這個原因。❿抵罪　因公事廢弛而丟官。⓫復　復官。⓬淮陽　諸侯王國名、郡名。在今河南東部，治陳縣（今河南淮陽）。本為劉邦子劉友的封國，惠帝元年（西元前一九四年）改為淮陽郡，此後或為國或為郡。⓭敗　垮臺。⓮直　通「值」。

財產。⑮所誅滅淮陽甚多　意即在淮陽他仍行法嚴酷，誅滅之家甚多。⑯及　等到。⑰亡　逃走。⑱歸葬　回老家安葬。

【語譯】尹齊，東郡茌平人。以刀筆吏逐漸升到御史。服事張湯，張湯屢次稱讚他廉潔。武帝派他督察盜賊，他殺人不避顯貴權勢。升任關都尉，名聲超過甯成。皇上認為他有才能，任命他為中尉。官吏民眾困苦衰敗，輕視尹齊質直剛強少文辭，強橫兇惡的吏員躲藏起來而任用善良的吏員又不能有效地進行治理，因為這個原因公事多廢弛，他也因此而犯罪丟官。後來又復官為淮陽都尉。王溫舒垮臺後數年，尹齊病死，家裡的財產加起來不滿五十金。由於所誅滅的淮陽人太多，等到他死了，仇家都想燒掉他的屍體，他的妻子帶著他的屍體，逃回老家安葬。

楊僕，宜陽①人也。以千夫②為吏。河南守舉③為御史，使督盜賊關東，治放尹齊，以敢擊行④。稍遷至主爵都尉⑤，上以為能。南越⑥反，拜為樓船將軍⑦，有功，封將梁⑧侯。東越反，上欲復使將⑨，為其伐⑩前勞，以書敕責⑪之曰：「將軍之功，獨⑫有先破石門、尋陿⑬，非有斬將搴⑭旗之實⑮也，烏⑯足以驕人哉！前破番禺⑰，捕降者以為虜⑱，掘死人以為獲⑲，是一過⑳也。建德、呂嘉㉑逆罪不容於天下，將軍擁精兵不窮追，超然以東越為援㉒，是二過也。士卒暴㉓露連歲，為朝會㉔不置酒，將軍不念其勤勞，而造佞巧，請乘傳㉕行塞，因用㉖歸家，懷銀黃，垂三組㉗，夸㉘鄉里，是三過也。失期內顧㉙，以道惡為解㉚，失尊尊之序㉛，是四過也。欲請蜀刀，問君賈㉜幾何，對曰率㉝數百，武庫日出兵而陽不知㉞，挾偽干君㉟，是五過也。受詔不至蘭池宮，明日又不對㊱。假令將軍之吏問之不對，令之不從，其罪何如？推此心㊲以在外，江海之間可得信乎？今東越深入，將軍能率眾以掩過㊳不㊴？」僕惶恐，對曰：「願盡死贖罪！」與王溫舒俱破東越。後復與左將軍荀彘㊵俱擊朝鮮，為彘所縛，語在朝鮮傳。還，免為庶人，病死。

【章　旨】以上為〈楊僕傳〉。主要記述了漢武帝在任用楊僕為樓船將軍征伐少數民族問題上的政策，說明了酷吏存在合理性在於皇帝的需要。

【注　釋】❶宜陽　縣名。在今河南宜陽西。❷千夫　漢武帝時所設武功爵名。千夫是武功爵十七級（一至八級可以買賣）中的第七級。❸舉　舉薦。❹以敢摯行　以兇悍的風格治理這一地區。❺主爵都尉　官名。漢景帝中元元年改主爵中尉為主爵都尉，掌封爵之事。武帝太初元年更名為右扶風，治內史右地，為三輔行政長官之一，職掌全異。汲黯、朱買臣曾為主爵都尉，列於九卿。❻南越　也作南粵。今廣東廣西一帶地。秦始皇三十三年置桂林、南海、象郡。秦朝末年，趙佗自立為南越武王。漢元鼎六年置南海、蒼梧等九郡。❼樓船將軍　官名。漢武帝根據特點訓練各兵種，在江淮以南訓練水軍稱為樓船，楊僕被封為樓船將軍。❽將梁　邑名，在今河北清苑西南。❾將　領兵。❿伐　誇耀。⓫以書敕責　書，文書。敕，告誡。責，責備。⓬獨　僅僅；只。⓭石門尋陿　南越國中地名，地勢險峻。石門，在今廣州西北。尋陿，在今廣東韶關。⓮搴　拔取。⓯實　實績。⓰烏　怎麼；哪裡。相當於「於何」。⓱番禺　縣名，今廣州。⓲虜　俘虜。⓳掘死人以為獲　掘，挖掘；掘出。獲，俘獲。⓴過　過錯。㉑建德呂嘉　建德，南越王名，尉佗玄孫。呂嘉，南越相。㉒將軍二句　意思是說楊僕沒有盡力追殺敵人，致使建德逃走得到東越的援助。超然，遠離。㉓暴　同「曝」。晒。㉔朝會　聚會。㉕乘傳　古代驛站用四匹下等馬拉的車。㉖因用　因，於是。用，憑藉。㉗懷銀黃二句　銀，銀印。黃，金印。三組，三條繫印的綬帶，楊僕攜帶主爵都尉、樓船將軍、將梁侯三種印章，因此有三條綬帶。㉘夸　誇耀。㉙失期內顧　失期，超過預定的期限。內顧，思念妻妾。㉚以道惡為解　道惡，道路險惡。解，辯解。㉛尊尊之序　尊尊，尊敬應該尊敬的，這裡指尊敬朝廷。序，禮節。㉜賈　價錢。㉝率　大概。㉞武庫日出兵而陽不知　武庫，武器庫。兵，兵器。陽，通「佯」。佯裝；假裝。㉟挾偽干君　挾偽，懷藏奸偽。干君，冒犯君主。㊱對　應對；回答。㊲推此心　類推這種心思。㊳掩過　補救過失。㊴不　通「否」。用於句尾表示反問。㊵荀彘　（西元前？—前一〇八年），山西太原廣武（今山西代縣）人。以善御車為侍中。後任校尉，曾多次從大將軍衛青出擊匈奴。元封二年，為左將軍，與樓船將軍楊僕從水陸兩道進攻朝鮮，遭到朝鮮的堅決抵抗。次年，朝鮮王為其大臣所殺，漢朝趁機滅朝鮮。他因爭功相嫉，擅捕楊僕，征還被殺。詳見卷九十五〈西南夷兩粵朝鮮傳〉。

【語譯】楊僕，宜陽縣人。以千夫的身分做了吏員。河南太守舉薦他為御史，使他監督關東地區的盜賊，他效仿尹齊，以兇悍的風格聞名。逐漸做到主爵都尉，皇上認為他很有才幹。南越反叛，他被授予樓船將軍，立下大功，封為將梁侯。東越反叛，皇上想讓他再次率領軍隊，因為他誇耀前功，所以皇上用文書告誡他：「將軍的功勞，只有領先攻下石門、尋陿的名聲，沒有斬殺對方將軍拔出對方軍旗的實績，怎麼可以驕傲呢！前次攻下番禺，捉捕投降的人作為俘虜，挖掘死人作為俘獲，這是一錯。建德、呂嘉叛逆，天下人都不能容忍，將軍擁有精兵卻不盡力去追殺，讓他們遠逃而去得到東越的援助，這是二錯。士兵連年野外日晒，舉行聚會卻不設置酒席，將軍不顧念士兵的勤勞，而虛造花言巧語，請求坐乘傳車巡視邊塞，藉此回家，懷帶三印，誇耀鄉里，這是三錯。超過預定期限卻思念妻妾，以道路險阻作為辯解，失去尊敬朝廷的禮節，這是四錯。將軍想要請求購置蜀刀，問你價錢多少，答曰大概數百錢，武庫每天拿出武器，你卻假裝不知道，懷藏奸偽冒犯皇上，這是五錯。收到詔書卻不到蘭池宮，第二天又沒有回答。假使將軍的吏員被問詢後沒有回答，命令了卻不聽從，罪責如何呢？類推這種心思，江海之間，你能得到信任嗎？現在東越深入內地，將軍能夠率眾征討補救過失嗎？」楊僕惶恐不安，對答道：「願盡死力贖罪！」楊僕與王溫舒一起擊敗了東越。後又與左將軍荀彘一起攻打朝鮮，被荀彘捆縛，記載在〈朝鮮傳〉。返回後，楊僕被免了官，降為平民，病死了。

咸宣，楊人也。以佐史給事❶河東守。衛將軍青❷使買馬河東，見宣無害，言上，徵為廄丞❸。官事辦❹，稍遷至御史及中丞❺，使治主父偃❻及淮南反獄❼，所以微文深詆❽殺者甚眾，稱為敢決疑。數廢數起，為御史及中丞者幾二十歲。王溫舒為中尉，而宣為左內史。其治米鹽❾，事大小皆關❿其手，自部署縣名曹⓫寶物，官吏令丞弗得擅搖⓬，痛以重法繩之。居官數年，壹切為小治辯，然獨宣以小治大，能自行之，難以為經⓭。中廢為右扶風，坐⓮怒其吏成信，信亡藏上林中，宣使郿⓯令將吏卒，闌入⓰上林中蠶室⓱門攻亭格殺信，射中苑門，宣下吏，為大逆⓲當族，自殺。而杜周任用。

【章旨】以上為〈咸宣傳〉。記載了咸宣不平常的仕途歷程。他治理瑣碎，有著極強的權力欲望。最終仍然逃不出過分嚴酷犯罪自殺的悲劇命運，進一步展示了酷吏們的一個側面。

【注釋】❶給事　供職。❷衛將軍青　衛青（西元前？—前一〇六年），字仲卿，西漢河東平陽（今山西臨汾）人。官至大將軍。本姓鄭，以同母姊得幸武帝為皇后，遂冒姓衛。自元朔二年至元狩四年，前後七次出擊匈奴，屢立戰功，收河南地，置朔方郡。封長平侯。詳見卷五十五〈衛青霍去病傳〉。❸廄丞　管馬的小官，隸屬於太僕。❹辦　治理。❺中丞　中字原缺，據《史記》卷一百二十二〈酷吏列傳〉補。即御史中丞。❻主父偃　（西元前？—前一二七年），漢臨淄（今山東淄博臨淄，因城臨淄水得名）人。詳見卷六十四〈嚴朱吾丘主父徐嚴終王賈傳〉。❼淮南反獄　指淮南王劉安叛亂一事。文帝時，淮南王劉長因謀反被廢，文帝六年死於徙蜀途中。文帝十六年又封劉長之子劉安為淮南王，但劉安對朝廷始終懷有異心。他在封國內招致四方賓客集體編撰雜家著作《淮南子》，以此擴大影響，為日後叛亂作準備。接到武帝元朔五年削二縣的詔令後更加不滿，並與衡山王劉賜約定共同舉兵。但元狩元年正待伺機舉兵之際，不料被人揭發，武帝令人搜查，查出謀反的武器、璽印，證據俱在，劉安畏罪自殺。❽微文深詆　微文，細微的條文，就是說靠繁細的條文想方設法治罪於人。深詆，深刻陰毒的進行誣陷。❾米鹽　形容治理方式像米粒、鹽粒那樣瑣碎。❿關　把關。⓫曹　古時分職治事的官署或部門。⓬擅搖　擅自變動。⓭經　常規。⓮坐　因為。⓯郿　縣名，今陝西眉縣東。⓰闌入　擅自闖入。漢制，凡是入宮殿門者皆著籍，無籍而擅自入宮門，謂之闌入。⓱蠶室　獄名。宮刑者所居之室。⓲大逆　臣子觸犯皇帝稱為大逆。

【語譯】咸宣，楊縣人。以佐史的身分服事於河東太守。將軍衛青奉派到河東買馬，見到咸宣很有才幹，向皇上稟報，徵調為大廄丞。公事辦得很好，逐漸升到御史中丞，皇上讓他審理主父偃及淮南王叛亂的案件，因此他利用細微的條文進行深刻陰毒的誣陷，所殺死的人很多，號稱敢於判決疑難案件。屢次被罷官屢次復官，做御史及御史中丞將近二十年。王溫舒做中尉的時候，咸宣做左內史。他的治理如同米粒、鹽粒那樣瑣碎，事情無論大小都經過他的手，親自部署縣裡各大部門的貴重財物，官吏縣令縣丞不能隨便變動，否則就以重法懲辦。當官幾年，其他各郡辦些小事有效，可只有咸宣能夠從小事到大事都憑藉自己的能力去辦，雖然這難以作為常法。中途罷官又做了右扶風，因為對他的吏員成信發怒，使得成信逃到上林苑中，咸宣讓郿縣縣令帶領官兵擅自闖入上林苑中蠶室門攻打崗亭擊殺成信，射中上林苑門，咸宣被交給官員問罪，判處大逆不道的罪行，罪當族滅，咸宣於是自殺了。接著杜周得到任用。

是時郡守尉諸侯相二千石欲為治者，大抵盡效王溫舒等，而吏民益輕犯法，盜賊滋起。南陽有梅免、百政，楚有段中、杜少，齊有徐勃，燕趙之間有堅盧、范主之屬。大群至數千人，擅自號，攻城邑，取庫兵，釋死罪，縛辱❶郡守都尉，殺二千石，為檄❷告縣趨具食；小群以百數，掠鹵❸鄉里者不可稱數。於是上始使御史中丞、丞相長史使督之，猶弗能禁，乃使光祿大夫范昆、諸部都尉及故九卿張德等衣繡衣持節❹，虎符❺發兵以興❻擊，斬首大部或至萬餘級。及❼以法誅通行飲食❽，坐相連郡，甚者數千人。數歲，迺頗得其渠率❾。散卒失亡，復聚黨阻❿山川，往往而群，無可奈何。於是作沉命法⓫，曰：「群盜起不發覺，發覺而弗捕滿品⓬者，二千石以下至小吏主者皆死。」其後小吏畏誅，雖有盜弗敢發，恐不能得，坐課⓭累府，府亦使不言。故盜賊寖⓮多，上下相為匿，以避文法焉。

【章　旨】以上是本卷的第一次小結，具體記載了酷吏王溫舒後的吏治和社會狀況。嚴酷手段的運用不能消除犯法的根源，相反會增加盜賊的興起和反抗手段的嚴酷。官府的以暴治暴和新加的沉命法也無濟於事，以時人的具體表現呼應卷首觀點。

【注　釋】❶縛辱　捆綁並加以侮辱。❷檄　古代用以徵召、曉諭或聲討的文書。❸鹵　通「虜」。掠奪。❹衣繡衣持節　穿著繡衣拿著符節。❺虎符　兵符，古代調兵遣將的信物。銅鑄，虎形，背有銘文，分兩半，右半留中，左半授予統兵將帥或地方長官。調兵時由使臣持符驗合，方能生效。❻興　軍興法。漢代軍法一種，為進行戰爭而徵調人力物資的有關法令。凡違反軍興法者，軍隊長官或有關官吏可直接審理治罪，不受一般司法程序限制，且多從重懲處。❼及　並且。❽通行飲食　給盜賊供給飲食的人。❾渠率　渠帥；首領。❿黨阻　黨，朋黨。阻，倚恃。⓫沉命法　即以下「群盜起不發覺，發覺而弗捕滿品者，二千石以下至小吏主者皆死」所言之事。⓬滿品　達到標準。品，比率。⓭課　考核。⓮寖　漸漸。

【語　譯】這時每郡太守、都尉和諸侯國相等想要進行治理的，大都效法王溫舒，而官吏民眾更加輕易犯法，盜賊屢有興起。南陽有梅免、百政，楚有段中、杜少，齊有徐勃，燕趙之間有堅盧、范主之流。大的盜群達到幾千人，擅自稱號，攻打城邑，奪取武庫中的兵器，釋放判處死罪的人，捆縛並凌辱郡守都尉，殺死二千石官員，發出檄文宣告各縣迅速準備食品；小的盜群以百來計算，搶劫鄉村的數不清。於是皇上派遣御史中丞、丞相長史督察，還是不能制止，於是派遣光祿大夫范昆、諸部都尉以及曾任過九卿的張德穿著繡衣，拿著符節，用虎符調動軍隊按動員令進擊，斬首達到一萬人。以及按照法律誅殺給盜賊送酒飯的人，連坐各郡，多的有幾千人。幾年之後抓到盜賊的首領。而分散的盜賊散失流亡，重新聚集黨徒阻隔山川，往往成群結隊，官府無可奈何。於是制定「沉命法」，內容就是：「群盜興起而沒有發覺，發覺後抓捕的盜賊數量不能達到標準的，二千石以下至小吏員都得處死。」在這之後小吏害怕被誅殺，即使有了盜賊也不敢揭發，恐怕不能捕得，而怕考核之後連累官府，官府也不敢言。因此盜賊漸漸增多，上下互相隱瞞，以此迴避文法。

田廣明，字子公，鄭❶人也。以郎為天水❷司馬❸。功次❹遷河南❺都尉，以殺伐❻為治。郡國盜賊並❼起，遷廣明為淮陽太守❽。歲❾餘，故城父令❿公孫勇⓫與客⓬胡倩等謀反，倩詐稱光祿大夫⓭，從⓮車騎數十，言⓯使督盜賊，止⓰陳留⓱傳舍⓲，太守謁⓳見，欲收取⓴之。廣明覺知，發兵皆捕斬焉。而公孫勇衣㉑繡衣，乘駟馬車㉒至圉㉓，圉使小史㉔侍之，亦知其非是，守尉㉕魏不害㉖與廄嗇夫㉗江德㉘、尉史㉙蘇昌㉚共收捕之。上㉛封不害為當塗㉜侯，德轑陽㉝侯，昌蒲侯。初，四人俱拜於前，小史竊㉞言。武帝問：「言何？」對曰：「為侯者得東歸不㉟？」

上曰：「女欲不？貴矣㊱。女鄉名為何？」對曰：「名遺鄉。」上曰：「用遺㊲汝矣。」於是賜小史爵關內侯㊳，食遺鄉六百戶。

上以廣明連禽㊴大姦，徵入為大鴻臚㊵，擢㊶廣明兄雲中代為淮陽太守。昭帝㊷時，廣明將兵擊益州㊸，還，賜爵關內侯，徙衛尉㊹。後出為左馮翊㊺，治有能名。宣帝㊻初立，代蔡義㊼為御史大夫㊽，以前為馮翊與㊾議定策㊿，封昌水侯。歲餘，以祁連(51)將軍將兵擊匈奴，出塞至受降城(52)。受降都尉前死，喪柩在堂(53)，廣明召其寡妻與姦。既出不至質(54)，引軍空還。下太守杜延年(55)簿責(56)，廣明自殺闕下(57)，國除。兄雲中為淮陽守，亦敢誅殺，吏民守闕告之，竟坐棄市。

【章旨】以上為〈田廣明傳〉。重點記敘他發跡和敗亡的過程，對於田廣明的嚴酷，卻沒有什麼詳細的記載，只用「以殺伐為治」一句一筆帶過。

【注釋】❶鄭 縣名，春秋秦武公十一年（西元前六八七年）置，治今陝西華縣。❷天水 郡名，治平襄（今甘肅通渭西北）。❸司馬 官名，兩漢時大將軍、將軍、校尉屬下及宮門皆設司馬，邊郡亦設千人司馬，專管軍事，為中級武將。❹次 次序；位次。❺河南 郡名，本為秦三川郡，西漢高帝二年（西元前二〇五年）改名，治雒陽縣（今洛陽東北）。❻殺伐 殺戮。❼並 一起；一併。❽太守 官名，秦設郡守，管理一郡政事，漢景帝時更名太守。為一郡最高行政長官，得自辟僚屬，秩二千石。❾歲 一年。❿城父令 城父縣縣令。城父，縣名，治今安徽亳州東南城父集。令，官名，縣級行政機構長官。⓫公孫勇 （西元前？—前九一年），淮陽（今河南淮陽）人。西漢武帝時官吏。曾任城父縣令，征和二年（西元前九一年），因謀反，被捕殺。⓬客 寄食於豪門貴族之人。⓭光祿大夫 官名，掌天子顧問應對，在大夫中地位最尊，秩比二千石。⓮從跟從。⑮言　號稱；詐言。⑯止　留；留住。⑰陳留　縣名，治今河南開封東南陳留城。⑱傳舍　設置於交通線上之旅舍、客舍，供官員和行人休息之所。⑲謁　拜見。⑳收取　拘捕；捕取。㉑衣　穿……的衣服。㉒駟馬車　即四匹馬拉的車。駟，通「四」。㉓圉　縣名，治今河南杞縣西南圉鎮。屬淮陽國（郡）。㉔小史　即「小吏」，漢代及魏晉郡縣屬吏中最卑微的職吏。㉕守尉　指代理縣尉。守，臨時代理。㉖魏不害　（西元前？—前九一年），西漢列侯，武帝時為淮陽圉縣尉，征和二年（西元前九一年），因捕殺反者公孫勇、胡倩有功，封當塗侯。同年卒，諡「康」。㉗廄嗇夫　官名，郡縣管理牲畜飼料的小官。㉘江德　西漢官吏，武帝時為淮陽圉縣廄嗇夫，征和二年（西元前九一年），因捕殺反者公孫勇、胡倩有功，封為轑陽侯，昭帝始元六年（西元前八一年）為太常。元鳳四年（西元前七七年）以大不敬治其罪，恰逢昭帝大赦天下，遂免為庶人。㉙尉史　官名，縣尉屬吏，掌捕盜賊及更卒服役之事，秩斗食。㉚蘇昌　西漢列侯，武帝時為淮陽圉縣尉史，征和二年（西元前九一年），因捕殺反者公孫勇、胡倩有功，封蒲侯。㉛上　皇上，這裡指漢武帝劉徹。㉜當塗　縣名，治今安徽懷遠東南馬頭城。㉝轑陽　縣名，今山西左權。㉞竊　偷偷地，暗地裡。㉟不　同「否」。㊱女欲不二句　意即你想回去嗎？我今天賜你爵位，使你顯貴了。女，同「汝」。你。㊲遺　贈送。㊳關內侯　爵名，為二十等爵之第十九級，位徹侯之下。㊴禽　同「擒」。捉；逮住。㊵大鴻臚　官名，九卿之一，秩中二千石。掌少數民族君長、諸侯王、列侯的迎送、封受、襲爵及奪爵削土等事務。㊶擢　選拔，提拔。㊷昭帝　劉弗陵（西元前九四—前七四年），西漢皇帝，西元前八六—前七四年在位。武帝少子。其事詳見卷七〈昭帝紀〉。㊸益州　州名，西漢武帝以〈禹貢〉梁州益以新開闢西南夷地置，故名。漢武帝元封五年設十三個部（州）刺史，用以監督郡國，檢舉不法，益州即為這十三個部刺史之一，監察八個郡。㊹衛尉　官名，九卿之一，掌管宮門守衛，秩祿為中二千石。㊺左馮翊　官名、政區名，職掌如太守，因其地屬三輔，故不稱郡，秩中二千石（一說秩二千石）。轄區相當於一郡，治長安（今陝西西安西北郊）。㊻宣帝　劉詢（西元前九一—前四九年），字次卿，西漢皇帝，西元前七四—前四九年在位。戾太子孫。幼遭巫蠱之禍，生長在民間。其統治期間號稱「中興」。其事詳見卷八〈宣帝紀〉。㊼蔡義　（西元前？—前七一年），西漢河內溫（今河南溫縣）人。昭帝時，以明經給事大將軍霍光幕府，後擢為光祿大夫，給事中，進授昭帝。後任少府，遷御史大夫。天平元年（西元前七四年）為丞相，封陽平侯。為相四年卒。㊽御史大夫　官名，秦置。其位僅次於丞相，主管彈劾、糾察以及掌管圖籍祕書。漢沿之，與丞相（大司徒）、太尉（大司馬）合稱三公。為丞相副貳，秩中二千石，協調處理天下政務，而以監察、執法為主要職掌，為全國最高監察、執法長官，位上卿。後改稱大司空、司空。㊾與　參與。㊿定策　此事指霍光廢昌邑王而立宣帝。詳見卷六十八〈霍光傳〉。(51)祁連　古山名，又名天山、白山。在今甘肅酒泉至張掖之南，東西二百餘里，南北百餘里，即今祁連山脈中段。漢代常封祁連將軍派去攻打匈奴。52受降城　西漢元封六年（西元前一〇五年）為接受匈奴投降，武帝令將軍公孫敖所築，在今內蒙古烏拉特中旗東陰山上。53堂　臺階之上的室外叫堂。54質　預定的處所；預定的目的地。55杜延年　（西元前？—前五二年），字幼公，西漢南陽杜衍人（今河南南陽）人。杜周少子，明習法律，其事詳見卷六十〈杜周傳〉附〈杜延年傳〉。56簿責　指根據記錄口供罪行的簿冊來審問（罪犯）。簿，登記用的冊子，又為官府的文書，記錄口供罪行的簿冊。57闕下　帝王宮闕之下。闕，古代皇宮或宗廟門前兩邊的高建築物，左右各一，中間是通道。

【語　譯】田廣明，字子公，鄭縣人。以郎官做了天水司馬，按功績等次升為河南都尉，用殺伐的方法進行治理。各郡縣侯國的盜賊一起發生，田廣明被提升為淮陽太守。過了一年多，原城父縣令公孫勇與他的食客胡倩等人謀反，胡倩詐稱自己為光祿大夫，帶領車騎數十輛，號稱自己作為使者督捕盜賊，住在陳留縣的傳舍裡，太守去拜見他，胡倩想要捉拿他。田廣明知道了這件事，派兵把他們全部抓起來斬首。而公孫勇穿著刺繡的衣服假裝為繡衣使，坐著四匹馬拉的車到了圉縣，圉縣縣令派小史侍候他，也知道他不是高官，守尉魏不害和廄嗇夫江德、尉史蘇昌一起將他抓捕。皇上封魏不害為當塗侯，江德為轑陽侯，蘇昌為蒲侯。之前，魏不害、江德、蘇昌和小史一起跪在皇上面前，小史偷偷的說話。漢武帝問他：「說什麼呢？」他說：「封了侯還能回東方去嗎？」皇上說：「你想要回去嗎？我今天賜你爵位，使你顯貴了。你的家鄉叫什麼名字？」小史回答說：「叫遺鄉。」皇上說：「我就把它送給你。」於是賜小史為關內侯，把遺鄉六百戶作為他的食邑。

皇上因為田廣明接連擒住大的奸賊，徵召他入京做了大鴻臚，提升他的哥哥田雲中代替他做淮陽太守。漢昭帝的時候，田廣明帶兵攻打益州，回來後，被賜封為關內侯，調為衛尉。後來調出朝廷擔任左馮翊，治理有能幹的名聲。漢宣帝剛繼位的時候，他接替蔡義做了御史大夫，因為從前做左馮翊時曾經參與議定了廢昌邑王而立宣帝的事，被封為昌水侯。過了一年多，以祁連將軍的身分帶兵攻打匈奴，走出邊塞到達受降城。受降城的都尉前些時候死了，靈柩還停在堂裡，田廣明招來他的寡居妻子與她通姦。已經出塞卻沒有到達預定的地方，帶領軍隊一無所獲的回來了。皇上把他交給太守杜延年，讓杜延年根據登記罪狀的簿冊來審訊他，田廣明在宮闕門下自殺，他的封國被移除。他的哥哥田雲中為淮陽太守，也敢於誅殺，百姓和官吏守在宮闕門前告發他，終於因此被處決於鬧市。

田延年，字子賓，先齊①諸田也，徙陽陵②。延年以材略③給事④大將軍⑤莫府⑥，霍光⑦重之，遷為長史⑧。出為河東⑨太守，選拔尹翁歸⑩等以為爪牙⑪，誅鉏⑫豪彊⑬，姦邪不敢發。以選⑭入為大司農⑮。會昭帝崩，昌邑王⑯嗣立，淫亂，霍將軍憂懼，與公卿議廢之，莫⑰敢發言。延年按劍，廷叱⑱群臣，即日議決，語在光傳。宣帝即位，延年以決疑⑲定策⑳封陽成㉑侯。

先是㉒，茂陵㉓富人焦氏、賈氏以數千萬陰㉔積貯炭葦諸下里㉕物。昭帝大行㉖時，方上㉗事暴起㉘，用度㉙未辦，延年奏言：「商賈或㉚豫㉛收方上不祥器物，冀其疾用，欲以求利，非民臣所當為。請沒入㉜縣官㉝。」奏可㉞。富人亡財者皆怨，出錢求延年罪。初㉟，大司農取㊱民牛車三萬兩㊲為僦㊳，載沙便橋㊴下，送致方上，車直㊵千錢，延年上簿㊶詐增僦直㊷車二千，凡六千萬，盜取其半。焦、賈兩家告其事，下丞相府㊸。丞相議奏延年「主守㊹盜三千萬，不道㊺」。霍將軍召問延年，欲為道地㊻，延年抵㊼曰：「本出將軍之門，蒙此爵位㊽，無有是㊾事。」

光曰：「即無事，當窮竟(50)。」御史大夫田廣明謂太僕(51)杜延年：「春秋(52)之義，以功覆過。當廢昌邑王時，非田子賓之言大事不成。今縣官出三千萬自乞之何哉(53)？願以愚言白大將軍。」延年言之大將軍，大將軍曰：「誠然(54)，實勇士也！當發大議時，震動朝廷。」光因舉手自撫心曰：「使我至今病悸(55)！謝(56)田大夫曉(57)大司農，通往就獄，得公議之(58)。」田大夫使人語延年，延年曰：「幸(59)縣官寬我耳，何面目入牢獄，使眾人指笑我，卒徒唾吾背乎！」即閉閤(60)獨居齊舍(61)，偏袒(62)持刀東西步(63)。數日，使者召延年詣廷尉(64)。聞鼓聲，自刎(65)死，國除。

【章　旨】以上為〈田延年傳〉，記述了田延年因為嚴酷而升官、因為擁立宣帝而封侯，並重點記述了他因貪汙而自殺的詳細過程。

【注　釋】❶齊　周初分封的諸侯國。姜姓，在今山東東北部，建都營丘（後稱臨淄，今山東淄博東北）。春秋末年君權逐漸為陳氏（即田氏）所奪。西元前三八六年，周安王承認田和為齊侯，傳至齊威王，開始稱王，為戰國七雄之一。西元前二二一年被秦所滅。❷陽陵　縣名。漢左馮翊有弋陽縣，景帝前四年於此建陵，稱陽陵，並更縣名。在今陝西高陵西南。❸材略　才能與謀略。材，通「才」。❹給事　供職。❺大將軍　官名。始於戰國，漢代沿置，為將軍的最高稱號，執掌統兵征戰。事實上多由貴戚擔任，掌握政權，職位甚高。亦有在大將軍之上冠以稱號者，如驃騎大將軍之類。❻莫府　同「幕府」。古代將帥駐所門施帷帳，因稱將帥治事之所為「莫府」。莫，通「幕」。帷幕。❼霍光　（西元前？－前六八年），字子孟，西漢河東平陽（今山西臨汾）人。為武帝所親信，在武帝臨終受詔輔佐少主。後專朝政，前後秉政二十年，遵循武帝法度。因承奢侈餘敝師卒之後，故注意輕傜薄賦，與民休息，百姓生活較為安定。宣帝即位後歸政，但仍掌大權，地節二年（西元前六八年）病卒。其事詳見卷六十八〈霍光傳〉。❽長史　官名。戰國秦置。西漢時丞相、太尉、御史大夫府及大將軍、車騎將軍等主要將軍幕府皆置，為所在府署諸掾屬之長，秩皆千石。❾河東　郡名，在今山西西南部，治安邑，在今山西夏縣西北。❿尹翁歸（西元前？—前六二年），字子兄，漢河東平陽人。初為獄小吏，宣帝時任河東太守，執法嚴謹。後升任右扶風，死後家無餘財。其事詳見卷七十六〈尹翁歸傳〉。⓫爪牙　爪和牙，引申為得力的助手、親信、黨羽。⓬鉏　同「鋤」。農具名，引申為誅殺。⓭豪彊　地方上有勢力的人。⓮選　量才授官。⓯大司農　官名，九卿之一。秦有治粟內史，掌穀貨。漢景帝後元年，更名大農令，武帝太初元年，更名大司農，掌管租稅、錢穀、鹽鐵等事。⓰昌邑王　即劉賀。西漢天漢四年（西元前九七年），漢武帝以山陽郡封皇子劉髆為昌邑王，治昌邑縣（今山東巨野南）。髆死，子賀立，元平元年（西元前七四年），繼昭帝為帝，尋被廢，國除為山陽郡。⓱莫　沒有人。⓲叱　大聲呵斥。⓳決疑　解決疑難之事。⓴定策　指擁立皇帝。策，竹簡，把擁立皇帝的事，寫在簡上，告於祖廟，稱定策。㉑陽成　當為「陽城」，縣名。西漢時，陽城有二，一為春秋鄭陽城邑，秦置縣。因陽城山得名。治今河南登封東南告成；一為西漢置，治今河南商水縣西北，屬汝南郡，宣帝時曾封劉德為陽城侯於此。前一說為佳。㉒先是　在此之前，用作追述前事之詞。㉓茂陵　縣名。在今陝西興平。漢初為茂鄉，屬槐里縣，武帝葬此，因置為縣，屬右扶風。㉔陰　暗中；暗地裡。㉕下里　人死歸葬之所，隨葬之物叫下里物。㉖大行　一去不返。臣下因諱言皇帝死亡，故用大行作比喻。漢以後稱皇帝死為大行，停棺未葬者為大行皇帝。㉗方上　墓穴。㉘暴起　突然興起。因為昭帝暴卒，故其事倉猝。㉙用度　費用；開支。這裡指安葬用的各種器物。㉚或　有的。㉛豫　事先；預先。㉜沒入　沒收犯罪者的家屬或財產入官。沒，沒收。㉝縣官　指朝廷。有時也專指皇帝。㉞可　許可；贊成。㉟初　從前。㊱取調用。㊲兩　通「輛」。㊳僦　雇用；租賃。㊴便橋　即西渭橋，漢稱便門橋，也稱便橋。在長安城西北、咸陽宮東南的渭水上。㊵直　通「值」。價值；報酬。㊶簿　登記、書寫所用的冊籍。㊷僦直　運輸費。㊸府　官署的通稱。㊹主守　主持監管財物者。㊺不道　即無道，漢以來以「不道」作為刑律的名目，至隋列為十大罪惡之一。㊻道地　代人疏通，以留餘地。㊼抵　抵賴。㊽本出二句　我本出自於將軍之門，承受如此重的爵位。田延年曾經在大將軍府供職，所以才這樣說。㊾是　這；此。㊿窮竟　查辦徹底。窮，終極。竟，窮究其事曰竟。(51)太僕　官名，西周置。秦漢時為九卿之一，掌御用車馬和畜牧業，秩中二千石。(52)春秋　古籍名。為編年體史書，相傳孔子據魯史修訂而成。所記起魯隱公元年，迄魯哀公十四年西狩獲麟，凡十二公，二百四十二年。敘事多極簡，以用字為褒貶，今傳已有闕文。傳《春秋》者有《左氏》、《公羊》、《穀梁》三家，《左氏》詳事實，《公羊》《穀梁》釋義例。宋胡安國撰《春秋傳》三十卷，為元明所崇尚，通稱《胡傳》。(53)今縣官句　如果朝廷拿出三千萬給他怎麼樣。今，假設；假如。自乞之，自，當為「丐」字，給與。乞，給與。一說「乞」字為後人所加。54誠然　的確是這樣。55病悸　驚懼，心跳。56謝　感謝，引申為請。57曉　告訴；諭告。58通往二句　經過公家的方式去監獄，會對他公正地議決的。通，趨向；接近。此指按照公家通常的道理，因為霍光氣他抵賴，所以不護佑他。59幸　希望。60閤　古代著於門上防止自闔的長木。61齊舍　齋戒的房間。齊，通「齋」。62偏袒　解衣袒露一臂。63東西步　從（房子的）東邊走到西邊，又從西邊走到東邊。東西，向東西。步，行走；步行。64廷尉　官名，秦始置，為九卿之一。掌刑獄，漢承秦制，秩中二千石。此處指廷尉府。65自刎　割頸自殺。

【語　譯】田延年，字子賓，是原齊國王族田氏的後人，遷徙到陽陵。田延年憑藉才能和謀略供職於大將軍霍光的幕府，霍光很器重他，把他提升為長史。出調做了河東郡的太守，選拔尹翁歸等人作為自己的親信，誅殺在當地有勢力的人，奸邪的人不敢有所活動。根據他的才能，任命他入朝做了大司農。恰好遇上昭帝駕崩，昌邑王繼承帝位，荒淫昏亂，霍將軍擔心這件事，與公卿商議廢掉他，沒有人敢發言。田延年按著劍，在朝廷上大聲呵斥群臣，當天就商議做出決定，這件事記載在〈霍光傳〉裡。宣帝即位，田延年因為解決疑難擁立皇帝被封為陽成侯。

此前，茂陵的富人焦氏、賈氏用數千萬錢暗地裡積聚木炭蘆葦等隨葬用的物品。昭帝駕崩的時候，墓穴中的事務突然進行，安葬用的各種物品還沒有辦妥，田延年上奏說：「商賈有的預先收取墓穴裡所用不祥的器具物品，希望它們被急用，想要以此來牟利，這不是百姓、臣子應該做的事情。請求將它們沒入官府。」奏議被許可了。失去了錢財的富人都怨恨他，出錢探訪田延年犯罪的證據。當初，大司農租賃百姓的牛車三萬輛，運載著沙子到便橋底下，送到墓穴裡，每輛車的報酬是一千錢，延年上報登記冊籍時，謊增租賃費每輛車二千錢，共六千萬錢，盜取其中的一半。焦、賈兩家告發了這件事，朝廷把這件事下交給丞相府審理。丞相議決奏報，說田延年「利用職權盜取三千萬錢，是不道之罪」。霍將軍召見延年，想要替他疏通，延年抵賴說：「我本是出自將軍的門下，蒙受這樣的爵位，沒有這件事。」霍光說：「如果沒有這件事，就應當查個究竟。」御史大夫田廣明對太僕杜延年說：「《春秋》的義理，是用功勞來覆蓋過錯。當廢昌邑王的時候，要是沒有田子賓的話，大事也不能成功。如果朝廷出三千萬錢給他，怎麼樣？希望把我的話告訴大將軍。」

杜延年告訴大將軍，大將軍說：「的確是這樣，他真是個勇士啊！當他發表宏論的時候，朝廷都震動了。」霍光於是舉起手撫摸自己的心說：「讓我現在還心跳害怕！請田大夫告訴大司農，按照公家的規矩去監獄，會公正的議決他的。」田大夫派人告訴田延年，田延年說：「希望官府寬恕我就行了，有什麼面目進監獄，讓眾人指笑我，獄卒和囚徒對我的後背吐唾沫！」於是關上室門，獨自住在齋戒的房間裡，解衣袒露一臂，拿著刀，從房子的東邊走到西邊，又從西邊走到東邊。過了好多天，使者召田延年前往廷尉府。田延年聽見鼓聲，自己割頸自殺。封國被移除。

1 嚴延年，字次卿，東海❶下邳❷人也。其父為丞相掾❸，延年少學法律丞相府，歸為郡吏。以選除❹補御史掾，舉侍御史❺。是時大將軍霍光廢昌邑王，尊立宣帝。宣帝初即位，延年劾奏光「擅廢立，亡人臣禮，不道」。奏雖寢❻，然朝廷肅焉敬憚。延年後復劾大司農田延年持兵❼干❽屬車❾，大司農自訟不干屬車。事下御史中丞，譴責❿延年何以不移書⓫宮殿門禁止大司農，而令得出入宮。於是覆⓬劾延年闌內⓭罪人⓮，法至死。延年亡命⓯。會赦出，丞相御史府徵書⓰同日到，延年以御史書先至，詣御史府，復為掾。宣帝識⓱之，拜為平陵⓲令，坐⓳殺不辜⓴，去㉑官。後為丞相掾，復擢好時㉒令。神爵㉓中，西羌㉔反，彊弩將軍㉕許延壽㉖請延年為長史，從軍敗西羌，還為涿郡㉗太守。

2 時郡比[28]得不能[29]太守，涿人畢野白等由是廢亂[30]。大姓西高氏、東高氏[31]，自郡吏以下皆畏避之，莫敢與牾[32]，咸曰：「寧負[33]二千石，無負豪大家[34]。」賓客放[35]為盜賊，發[36]，輒入高氏，吏不敢追。浸浸[37]日多，道路張弓拔刃，然後敢行，其亂如此。延年至，遣掾蠡吾[38]趙繡按[39]高氏得其死罪。繡見延年新將[40]，心內懼，即為兩劾[41]，欲先白[42]其輕者，觀延年意怒，迺出其重劾。延年已知其如此矣。趙掾至，果白其輕者，延年索[43]懷中，得重劾，即收送獄。夜入，晨將至市論[44]殺之，先所按者[45]死，吏皆股弁[46]。更[47]遣吏分考[48]兩高，窮竟其姦[49]，誅殺各數十人。郡中震恐，道不拾遺。

3 三歲，遷河南太守，賜黃金二十斤。豪彊脅息[50]，野無行[51]盜，威震旁郡。其治務[52]在摧折[53]豪彊，扶助貧弱。貧弱雖陷法[54]，曲文[55]以出之；其豪桀[56]侵小民者，以文內[57]之。眾人所謂當死者，一朝出之；所謂當生者，詭殺[58]之。吏民莫能測其意深淺，戰栗不敢犯禁。按其獄[59]，皆文致[60]不可得反[61]。

4 延年為人短小精悍[62]，敏捷[63]於事，雖子貢[64]、冉有[65]通藝[66]於政事，不能絕[67]也。吏忠盡節[68]者，厚遇之如骨肉，皆親鄉[69]之，出身[70]不顧，以是治下無隱情。然疾惡泰[71]甚，中[72]傷者多，尤巧[73]為獄文，善史書[74]，所欲誅殺，奏成於手，中主簿[75]親近史不得聞知。奏可論死，奄忽如神[76]。冬月，傳屬縣囚，會[77]論府上，流血數里，河南號曰「屠伯[78]」。令行禁止，郡中正清[79]。

是時張敞[80]為京兆尹[81]，素[82]與延年善[83]。敞治雖嚴，然尚頗有縱舍[84]，聞延年用刑刻急[85]，迺以書諭之曰：「昔韓盧之取菟[86]也，上觀下獲，不甚多殺。願次卿少[87]緩誅罰，思行此術[88]。」延年報[89]曰：「河南天下喉咽，二周餘斃[90]，莠盛苗穢[91]，何可不鉏也？」自矜伐[92]其能，終不衰止。時黃霸[93]在潁川[94]以寬恕為治，郡中亦平，婁[95]蒙豐年，鳳皇[96]下，上賢焉，下詔稱揚其行，加金爵[97]之賞。延年素輕霸為人，及比郡[98]為守，褒賞反在己前，心內不服。河南界中又有蝗蟲，府丞[99]義出行蝗，還見延年，延年曰：「此蝗豈鳳皇食邪？」義又道司農中丞[100]耿壽昌[101]為常平倉[102]，利百姓，延年曰：「丞相御史不知為也，當避位去。壽昌安得權[103]此？」後左馮翊缺，上欲徵延年，符[104]已發，為其名酷復止。延年疑少府梁丘賀[105]毀之，心恨。會琅邪[106]太守以視事[107]久病，滿三月免，延年自知見廢[108]，謂丞曰：「此人尚能去官，我反不能去邪？」又延年察獄史[109]廉，有臧不入身[110]，延年坐選舉不實貶秩[111]，笑曰：「後敢復有舉人者矣！」丞義年老頗悖[112]，素畏延年，恐見中傷。延年本嘗與義俱為丞相史，實親厚之，無意毀傷也，饋遺[113]之甚厚。義愈益恐，自筮[114]得死卦，忽忽[115]不樂，取告[116]至長安，上書言延年罪名十事。已拜奏，因飲藥自殺，以明不欺。事下御史丞[117]按驗，有此數事，以結[118]延年，坐怨望[119]非謗[120]政治[121]不道棄市。

6 初[122]，延年母從東海來，欲從延年臘[123]，到雒陽[124]，適見報囚[125]。母大驚，便止都亭[126]，不肯入府[127]。延年出至都亭謁母，母閉閤不見。延年免冠[128]頓首[129]閤下，良久，母乃見之，因數[130]責延年：「幸得備[131]郡守，專治[132]千里，不聞仁愛教化[133]，有以全安[134]愚民，顧[135]乘[136]刑罰[137]多刑殺人，欲以立威，豈為民父母意哉！」延年服罪，重頓首謝[138]，因自為母御，歸府舍。母畢正臘[139]，謂延年：「天道[140]神明[141]，人不可獨殺[142]。我不意[143]當老見壯子被刑戮也！行矣！去女東歸，埽除墓地耳[144]。」遂去。歸郡，見昆弟宗人[145]，復為言之。後歲餘，果敗。東海莫不賢知其母[146]。延年兄弟五人皆有吏材[147]，至大官，東海號曰「萬石嚴嫗[148]」。次弟彭祖[149]，至太子太傅[150]，在儒林傳。

【章旨】以上為〈嚴延年傳〉，詳細記述了嚴延年得官、用嚴刑治理涿郡和河南的過程，點明了他精明強幹但略有些剛愎自用的性格，並由此而獲罪被殺的事實。此外，還兼記了嚴延年的母親和他的兄弟的大致情況。

【注釋】❶東海　郡名。秦薛郡地，楚漢間稱郯郡。漢初改為東海郡，郡治在郯，即今山東郯城。❷下邳　縣名。在今江蘇宿遷境。❸丞相掾　丞相府的屬吏。掾，屬官統稱。漢代三公府及其他重要官府皆置掾、史、屬，分曹治事。掾為曹長，史、屬為副官。❹除　授官。❺侍御史　官名。周有柱下史，秦改稱侍御史。漢沿秦制，在御史大夫下，行監察等職，或奉使出外執行指定任務。❻寢　止息。❼兵　兵器。❽干　冒犯；抵觸。❾屬車　皇帝的侍從車子。秦漢以來，皇帝大駕屬車八十一乘；法駕屬車三十六乘，分中、左、右三列行進。❿譴責　斥責。⓫移書　官文書的一種，用於平行官署之間。這裡指移送文書。⓬覆　反；顛倒；反而。⓭闌內　擅自放人。闌，無符傳擅自出入。內，通「納」。⓮罪人　指大司農田延年。⓯亡命　逃亡在外。⓰徵書　徵召的文書。⓱識　記得。⓲平陵　縣名。漢昭帝死，葬平陵，因置平陵縣，故地在今陝西興平東北。⓳坐　因；由於。⓴不辜　無罪的人。㉑去　離開，此處指被免官。㉒好畤　縣名。在今陝西乾縣東南。㉓神爵　漢宣帝的第四個年號，西元前六一—前五八年。爵，通「雀」。㉔西羌　我國少數民族羌族，居地在國之西境，漢代泛稱西羌。㉕彊弩將軍　官名。西漢元朔五年（西元前一二四年）置，以李沮任之，統兵伐匈奴。兩漢時為雜號將軍，省置無常。㉖許延壽　（西元前？—前五二年），又稱「許翁孫」，昌邑（今山東金鄉）人。西漢外戚、大臣。元康元年（西元前六一年），任彊弩將軍，率軍出擊西羌，得勝而還，遷光祿勳。㉗涿郡　郡名。在今河北中部，治涿縣（今涿州）。㉘比　頻頻；屢屢。㉙不能　無能。㉚廢亂　不顧法紀，胡作非為。㉛西高氏東高氏　指兩個高氏各以所居的方位為號。㉜牾　抵觸；不順從。㉝負辜負；背棄。㉞豪大家　強橫的大戶。豪，強橫。㉟放　放縱。㊱發　被人揭發罪行。㊲浸浸　漸漸。㊳蠡吾　縣名。漢置，屬涿郡。故城在今河北博野西南。㊴按　考察；查究。㊵新將　新為郡將的意思。郡將，即郡守。㊶兩劾　兩份揭發的罪狀。㊷白　稟告；陳述。㊸索　尋求；探尋。㊹論　判決。㊺所按者　所考察探究的人，此處指兩高氏。㊻股弁　大腿發抖。股，大腿。弁，顫抖。㊼更　再；重新。㊽考　考察。㊾姦　罪惡。㊿脅息　斂縮氣息，表示恐懼。(51)行　流動；傳布。(52)務　致力；從事。(53)摧折　挫折；打擊。(54)陷法　犯法。(55)曲文　曲解法令條文。曲，曲解；歪曲。(56)豪桀　依仗權勢橫行一方的豪強。桀，通「傑」。(57)內　通「納」。(58)詭殺　違背正理而殺。(59)獄　訟案。(60)致　緻密，指嚴延年的文案整密。(61)反　通「翻」。翻案。(62)短小精悍　身材短小而精明強幹。(63)敏捷　靈敏迅速。(64)子貢　（西元前五二〇—前？年），也作子贛。姓端木，名賜，字子貢，春秋衛人。孔子弟子。能言善辯，善經商，家累千金，所至之處和王侯貴族分庭抗禮。曾任魯、衛相。(65)冉有　字子有，春秋魯人。孔子弟子。為季孫氏家臣，幫助季孫氏發展新興地主階級勢力。(66)通藝　通曉熟練。(67)絕　超過；斷絕。(68)盡節　盡心竭力，保全節操。(69)鄉　通「向」。偏向；接近。(70)出身　個人最早的身分或經歷。(71)泰　太；

過分。(72)中　為外物所著，遭受。引申為攻擊、陷害。(73)巧　技藝高明。(74)史書　漢代稱令史所習之書，即當時通用的隸書。書，書法；文字。(75)中主簿　官名，類似現在的機要祕書。(76)奏可論死二句　他判決的死罪奏章被批准，倏忽就像有神助一樣。奄忽，倏忽；快速。(77)會　會集；會合。(78)屠伯　宰殺畜牲的能手，多比喻濫殺人的酷吏。(79)正清　政治清明。正，通「政」。(80)張敞　（西元前？—前四七年），字子高，漢河東平陽人。早年官太僕丞，宣帝時為太中大夫、守京兆尹，整頓京師治安，頗有成效。朝廷每議大事，應奏得體，多為宣帝採納。曾經為妻子畫眉，為時人詬病，因此不得大位。因案殺掾屬而被免為庶人，後復起任冀州刺史，守太原太守等職。其事詳見卷七十六〈張敞傳〉。(81)京兆尹　官名，政區名。漢三輔之一，秦置內史官，掌治京師。漢景帝二年，分置左右內史，武帝太初元年，改右內史為京兆尹，下轄十二縣。其長官也稱京兆尹。(82)素　平素。(83)善　親善；友好。(84)縱舍　指對罪犯從寬處理。縱，放出。舍，釋放，不予辦理。(85)刻急　苛刻，急迫。(86)韓盧之取菟　韓盧犬去抓兔子。韓盧，古韓國良犬名。菟，通「兔」。(87)少　稍微；稍稍。(88)術　方法；策略。此處指韓盧取兔之術。(89)報　回信。(90)二周餘斃　西周和東周的流弊。二周，指西周和東周。餘斃，流弊。斃，通「弊」。(91)莠盛苗穢　雜草茂盛而禾苗荒蕪。莠，草名，似稷而無實，又名狗尾草。穢，荒蕪。(92)矜伐　誇耀。(93)黃霸　（西元前？—前五一年），字次公，漢淮陽陽夏人。少學律令，官至御史大夫、丞相，封建成侯，其事詳見卷八十九〈循吏傳·黃霸〉。(94)潁川　郡名。春秋鄭地，戰國時為韓都，秦始皇十七年置郡。地在今河南中部和東南部，漢時治陽翟（今禹州）。(95)婁　通「屢」。多次。(96)鳳皇　也作「鳳凰」。傳說中的鳥名，雄曰鳳，雌曰凰。(97)金爵　謂佩以金印紫綬的爵位。(98)比郡　鄰郡。(99)府丞　府中的佐吏。(100)司農中丞　大司農屬官，秩千石，掌財政收支的統計財會事務。(101)耿壽昌　西漢人。宣帝時任大司農中丞，時行漕運，每歲用卒六萬，自關東輸京師。耿壽昌奏改由三輔弘農等郡就近供應，省卒過半。又建議於邊郡置常平倉，穀賤買進，穀貴賣出，民以為便。以功封關內侯。耿壽昌又精於天文、算學。曾刪補《九章算術》，自著有《月行帛圖》、《月行度》，皆佚。(102)常平倉　漢宣帝時，耿壽昌建議於邊郡置糧倉，穀賤買進，穀貴賣出，稱為常平倉。漢以後，在「調節糧價，備荒賑恤」的名義下，常設這種糧倉。(103)權　利用權力辦事。(104)符　朝廷用以傳達命令的憑證。(105)梁丘賀　字長翁，漢琅邪諸人。從京房、田王孫學《易》，官至少府。其事詳見卷八十八〈梁丘賀傳〉。(106)琅邪　郡名。在今山東半島東南部，治東武（今諸城）。(107)視事　治事；辦公。(108)見廢　被廢置。(109)察獄史　察舉管理監獄的小吏。察，察舉。獄史，管理監獄的小吏。(110)有臧不入身　有贓罪，只是贓物還沒有到手。臧，通「贓」。(111)貶秩　貶官。秩，官吏的俸祿、職位或品級。(112)悖　心思惑亂。(113)饋遺　贈送。(114)筮　占卜。(115)忽忽　迷惑；恍惚；失意貌。(116)取告　請假。告，休假。(117)御史丞　官名。御史大夫屬官，漢御史大夫下設兩丞，一稱御史丞，一稱御史中丞。[118]結　決斷；結案判決。[119]怨望　心懷不滿；怨恨。[120]非謗　刑法名目。指揑造、歪曲事實詆毀他人的行為，秦漢時，常將指責、批評皇帝的行為定為「非謗」，並處以嚴刑。[121]政治　指治理國家所實行的措施。[122]初　當初。[123]臘　祭祀名。周時臘與大蜡各為一祭，臘祭祖先，蜡祭百神，秦漢改為臘。漢臘祭行於農曆十二月。[124]雒陽　地名。即洛陽，為河南郡治，在今洛陽東。[125]報囚　判決罪人。[126]都亭　秦、漢以十里為一亭，郡縣治所的城郊則置都亭。[127]府　指嚴延年的郡守府。[128]免冠　摘下帽子表示謝罪。[129]頓首　周禮九拜之一。頭叩地而拜。[130]數　責備；數說。[131]備　備官；居官。[132]專治　獨當一面地治理。專，獨當一面。[133]教化　教育感化。[134]全安　保全，安撫。[135]顧　反而。[136]乘　利用。[137]刑罰　古代刑與罰有區別，刑，指肉刑，死刑。罰，指用金錢贖罪。[138]謝　認錯；道歉。[139]正臘　在臘祭之日所舉行的祭禮叫做正臘。[140]天道　自然的規律。古人認為天道是支配人類命運的天神意志。[141]神明　無所不知，洞察是非。[142]人不可獨殺　指上天洞察是非，會給那些多殺人者以報應。[143]意　料想；猜測。[144]埽除墓地耳　為嚴延年掃除墓地，指等著嚴延年被殺。[145]昆弟宗人　兄弟和同族的人。[146]賢知其母　認為嚴延年的母親賢能智慧。知，通「智」。[147]材　通「才」。[148]萬石嚴嫗　嚴母五子，五子皆官至二千石級，故總云「萬石」。嫗，老婦人。[149]彭祖　嚴彭祖，字公子，漢東海下邳人。其事詳見卷八十八〈儒林傳・嚴彭祖〉。[150]太子太傅　官名。西漢置，掌保養、監護、輔翼太子。昭宣以後，兼掌教諭訓導，並與太子少傅同領東宮官署，管理眾務，秩二千石。

【語譯】嚴延年，字次卿，是東海郡下邳縣人。他的父親是丞相府的屬吏，延年年少的時候，在丞相府學習刑法和律令，回到本郡做了郡吏。通過選拔出任御史的屬吏，被舉薦為侍御史。這時，大將軍霍光廢掉了昌邑王，擁立宣帝為皇帝。宣帝剛剛即位，嚴延年劾奏霍光「擅自廢立皇帝，沒有做臣子的禮節，是不道之罪」。他的奏議雖然被扣下了，但是整個朝廷都對他肅然敬畏。嚴延年後來又劾奏大司農田延年拿著兵器冒犯屬車，大司農自己申訴沒有冒犯屬車。事情交給御史中丞辦理，斥責嚴延年為什麼不發送文書給宮殿門，叫他們阻止大司農，而讓他得以出入宮門。於是反而劾奏嚴延年擅自放入罪人之罪，依法應該判死刑。嚴延年出外流亡。恰逢大赦令才出面，丞相府和御史大夫府徵召的文書在同一天到達，嚴延年因為御史大夫府的文書先到，前往御史大夫府，又做了屬吏。宣帝記得他，任命他做平陵縣令，因為殺了無辜的人，被免官。後來又做了丞相府的屬吏，又被提拔為好畤縣令。神爵年間，西羌造反，彊弩將軍許延壽請嚴延年做他的長史，跟隨軍隊打敗了西羌，回來擔任涿郡太守。

2 當時涿郡頻頻碰到沒有才能的太守，涿郡人畢野白等人因此敗壞法紀，胡作非為。大姓西高氏、東高氏，從郡府官吏以下都害怕躲避著他們，沒有人敢跟他們相抵觸，都說：「寧願背棄二千石的太守，也不能得罪強橫的大戶。」他們的賓客放縱成為盜賊，罪狀被人揭發，就逃到高家，官吏們不敢追捕。盜賊漸漸一天天多起來，道路上需張開弓，拔出刀才敢行走，那裡就亂到這種地步。嚴延年到任，派遣掾吏蠡吾人趙繡查究高氏，得到了他們犯死罪的罪狀。趙繡看嚴延年是新任太守，心裡害怕，於是就準備了兩份揭發的罪狀，想先稟告罪行輕的那份，看到嚴延年生氣了，才拿出那份重的。嚴延年已經知道他要這麼做了。趙屬吏回來，果然稟告輕的那份，嚴延年搜索他的懷中，得到了罪行重的那份，立即將罪犯逮捕，送進監獄。夜裡抓進監獄，早晨就把他拉到鬧市判決處死，比其他要查究的高氏族人先處死，官吏們都嚇得大腿發抖。又派遣官吏分別考察兩個高氏，徹底查究他們的罪惡，兩家各被殺了好幾十人。整個郡都震動驚恐，路不拾遺。

3 過了三年，遷他為河南太守，賜給黃金二十斤。豪強們都嚇得摒住呼吸，田野裡沒有流竄的盜賊，他的聲威震動附近的郡。他的治理致力於打擊豪強，扶助貧弱。貧弱的人雖然犯法，曲解法令條文釋放他們；侵犯小民的豪強，利用法令條文把他們納入法網。大家認為該判死刑的人，只一個早晨就放出去了；認為該放的人，卻違背正理而殺了。官吏和百姓沒有人能測出他心意的深淺，害怕得發抖不敢違犯禁令。查究他所審理的案件，都是文案整密不能翻案的。

4 嚴延年為人身材短小，精明強幹，辦事靈敏迅速，即使是子貢、冉有這樣精通政事的人也不能超過他。屬吏中忠心、盡心竭力保全節操的人，嚴延年像對待親骨肉一樣的厚待他們，親近信任他們，不在乎他們的出身，因此他的屬下對他不隱瞞實情。但是他憎恨壞人太過分了些，攻擊、陷害的人很多，尤其精通於寫案卷，擅長隸書，他想要殺的罪犯，奏章都親自寫成，中主簿和親近的屬吏都不能了解。他判決死罪的奏章被批准，快得就像有神助一樣。冬天的時候，傳令將各屬縣的囚徒會集到郡府，判罪誅殺，血流好幾里，河南郡的人都管他叫「屠伯」。命令做的就立即做，禁止的就立即禁止，郡中政治清明。

5 這時張敞為京兆尹，平素與延年交好。張敞治理雖然嚴酷，但是也有對罪犯從寬處理的時候，聽說嚴延年用刑苛刻，就寫信告訴他說：「當初韓盧犬去抓兔子，向上看到主人的意思才去抓，並不殺太多。希望次卿你能稍微減緩刑罰和誅殺，考慮一下使用韓盧取兔之術。」嚴延年回信說：「河南郡是天下的咽喉，西周和東周的流弊尚在，雜草茂盛而禾苗荒蕪，怎麼可以不剷除呢？」自己誇耀自己的能耐，始終不曾減弱、停止。當時黃霸在潁川用寬恕的方法進行治理，郡中也平靜，多次蒙受豐年，鳳凰出現在潁川，皇上認為他很賢能，下詔稱頌表揚他的行為，賜給他金印紫綬的爵位。嚴延年素來看不起黃霸的為人，等到在相鄰的郡做太守，朝廷對黃霸的褒賞反而在自己的前面，心裡很不服。河南郡境內又出現蝗災，府丞義出去視察災情，回來見嚴延年，嚴延年說：「這蝗蟲難道是鳳凰的食物嗎？」義又說司農中丞耿壽昌置常平倉，使百姓獲利，嚴延年說：「丞相和御史大夫不知道要做什麼，應當避位而去。耿壽昌有什麼權力這樣做呢？」後來左馮翊空缺，皇上想要徵召嚴延年，符信已經發出了，因為他的名聲酷烈又作罷。嚴延年懷疑是少府梁丘賀詆毀自己，心裡恨他。恰逢琅邪太守因為在職期間長時間得病，滿了三個月之期，被免職，嚴延年自己知道被廢置，對府丞說：「此人還能離開官職，我反而不能離開？」又嚴延年察舉管理監獄的小吏廉潔，其實他有贓物，只是還沒到手，延年因為察舉不符合事實被貶官，他笑著說：「以後誰還敢再舉薦人才呢！」府丞義年紀老邁，心思惑亂，平素害怕延年，恐怕被他中傷。嚴延年本來與他都是丞相府的屬吏，其實很親近他、厚待他，沒有心意要詆毀他，贈送給他的東西很豐厚。義更加害怕，自己占卜得到死卦，悶悶不樂，請假到長安，上書陳述嚴延年犯罪的十件事實。已經跪拜上奏，就服藥自殺，藉以表明不是欺騙。此事交給御史丞驗證，確實有這些事，據以判處嚴延年，因為怨恨、指責皇帝治理國家的措施、不道等罪行，在鬧市上被處死。

6 當初，嚴延年的母親從東海郡來，想要跟嚴延年一起過臘祭，走到雒陽的時候，恰好看到判決罪人。母親大為吃驚，便留在了都亭，不肯進郡守府。嚴延年出府到都亭拜見母親，他母親關著門不肯見他。嚴延年在門下摘下帽子磕頭謝罪，過了好長時間，他母親才見他，於是數落責備他說：「有幸能夠居郡守之位，獨當一面地治理千里的土地，沒聽見用仁愛的辦法來教育感化百姓，有用來保全安撫百姓的方法，反而利用刑罰懲辦和殺害了很多人，想要藉此來樹立威信，難道這是作為百姓父母的本意嗎！」嚴延年服罪，又磕頭謝罪，因而親自為他的母親駕車，回到了郡守府。母親過完了正臘節之後，對嚴延年說：「上天是洞察是非、無所不知的，殺人多的人，自己也會有報應，我想不到在老了的時候會看見健壯的兒子被殺死！我走了！離開你回到東方去，為你掃除墓地。」於是就離開了。回到東海郡，見到嚴延年的兄弟和同族的人，又對他們說起這件事。過了一年多，嚴延年果然敗滅。東海郡的人沒有不認為嚴延年的母親賢能智慧的。嚴延年兄弟五個人都有做官的才能，都做了大官，東海郡的人都稱他的母親為「萬石嚴嫗」。他的二弟嚴彭祖，官至太子太傅，記載在〈儒林傳〉裡。

1 尹賞，字子心，鉅鹿❶楊氏❷人也。以郡吏察廉❸為樓煩長❹。舉茂材❺，粟邑❻令。左馮翊薛宣❼奏賞能治劇❽，徙為頻陽❾令，坐殘賊❿免。後以御史舉為鄭令。

2 永始⓫、元延⓬間，上怠⓭於政，貴戚驕恣⓮，紅陽長仲⓯兄弟交通輕俠⓰，臧⓱匿亡命。而北地⓲大豪浩商等報怨，殺義渠⓳長妻子⓴六人，往來長安中。丞相御史遣掾求逐黨與，詔書召捕㉑，久之迺得。長安中姦猾浸多，閭里㉒少年群輩殺吏，受賕㉓報讎，相與探丸為彈㉔，得赤丸者斫㉕武吏，得黑者斫文吏，白者主治喪㉖；城中薄暮㉗塵起，剽劫㉘行者，死傷橫道，枹鼓㉙不絕。賞以三輔㉚高第㉛選守[32]長安[33]令，得壹切便宜從事[34]。賞至，脩治[35]長安獄，穿地方深[36]各數丈，致[37]令辟[38]為郭[39]，以大石覆其口，名為「虎穴」。乃部[40]戶曹[41]掾史，與鄉[42]吏、亭長[43]、里正、父老[44]、伍人[45]，雜[46]舉長安中輕薄少年惡子[47]，無市籍[48]商販作務[49]，而鮮衣[50]凶服[51]被鎧扞[52]持刀兵者，悉籍記[53]之，得數百人。賞一朝會長安吏，車數百兩，分行收捕，皆劾以為通行飲食[54]群盜。賞親閱，見十置[55]一，其餘盡以次內虎穴中，百人為輩[56]，覆以大石。數日壹發[57]視，皆相枕藉[58]死，便輿[59]出，瘞[60]寺[61]門桓[62]東，楬[63]著其姓名，百日後，迺令死者家各自發取其尸。親屬號哭，道路皆歔欷[64]。長安中歌之曰：「安所求子死[65]？桓東少年場。生時諒[66]不謹，枯骨後何葬？」賞所置皆其魁宿[67]，或故吏善家子[68]失計[69]隨輕黠願自改者，財[70]數十百人，皆貰[71]其罪，詭[72]令立功以自贖。盡力有效者，因親用之為爪牙，追捕甚精，甘[73]耆[74]姦惡，甚於凡吏，賞視事數月，盜賊止，郡國亡命散走，各歸其處，不敢闚[75]長安。

3 江湖中多盜賊，以賞為江夏[76]太守，捕格[77]江賊及所誅吏民甚多，坐殘賊免。

4 南山[78]群盜起，以賞為右輔都尉，遷執金吾[79]，督大姦猾。三輔吏民甚畏之。數年卒官[80]。疾病[81]且[82]死，戒其諸子曰：「丈夫為吏，正[83]坐殘賊免，追思其功效，則復進用矣。一(84)坐軟弱不勝任免，終身廢棄無有赦時，其羞辱甚於貪汙坐臧。慎毋然(85)！」賞四子皆至郡守，長子立為京兆尹，皆尚威嚴，有治辯(86)名。

【章　旨】以上為〈尹賞傳〉，重點記述了他在任代理長安令時用殺伐治理的經過，並通過他臨終前對兒子們的告誡，反映出他為官必須要嚴酷的觀念，也反映了當時做官的現實情況，為了保住官位，嚴酷是一條捷徑。

【注　釋】❶鉅鹿　郡名。秦置，漢因之。約當今河北南自平鄉、任縣至晉縣、藁城一帶地區。治鉅鹿（今平鄉西南）。❷楊氏　縣名。在今河北寧晉。❸察廉　考察舉薦。察，選拔；舉薦。廉，考察；查訪。❹樓煩長　樓煩縣縣長。樓煩，縣名。漢置，屬雁門郡。故地在今山西神池、五寨二縣境。長，縣長。秦漢時縣官轄區萬戶以上的叫「令」，萬戶以下的叫「長」。❺茂材　即「秀才」。東漢時，為避光武帝劉秀的名諱，改「秀」為「茂」。材，通「才」。❻粟邑　縣名。西漢置，屬左馮翊，在今陝西白水縣西北。❼薛宣　字贛君，漢東海郯人。官至丞相，封高陽侯。因其子薛況殺人罪，免為庶人。其事詳見卷八十三〈薛宣傳〉。❽治劇　處理繁重難辦的事情。❾頻陽　縣名。故城在今陝西富平東北。❿殘賊　兇殘殺戮。⓫永始　漢成帝的第五個年號（西元前一六—前一三年）。⓬元延　漢成帝的第六個年號（西元前一二—前九年）。⓭怠　懈怠。⓮恣　放縱；胡作非為。⓯紅陽長仲　有四種說法：1.複姓紅陽，名長仲；2.紅陽，縣名，在今河南葉縣東南。姓長，名仲；3.複姓紅陽，兄名長，弟名仲；4.紅陽侯王立德長子和次子。後一說較為可信。⓰輕俠　輕佻的俠士。⓱臧　同「藏」。⓲北地　郡名。在今甘肅東南部和寧夏南部一帶。治馬嶺（今甘肅慶陽西北）。⓳義渠　縣名。故城在今寧縣西北。⓴妻子　妻子和兒女。㉑詔書召捕　當為「詔書名捕」之誤，意即對浩商等人下詔書指名抓捕。㉒閭里　鄉里，泛指民間。㉓受賕　接受賄賂。㉔探丸為彈　摸取彈丸，猶抓鬮。為彈，疑為衍文。㉕斫　擊；砍削。㉖主治喪　指為被殺的同夥辦理喪事。㉗薄暮　傍晚。薄，迫近。㉘剽劫　搶劫。㉙枹鼓　鼓槌和鼓。這裡指警鼓。㉚三輔　指西漢京畿地區的三個職官。西漢建都長安，京畿官統稱內史。景帝時分置左右內史及都尉，即有三輔的名稱。武帝太初元年（西元前一〇四年），改右內史為京兆尹，治長安以東；左內史為左馮翊，治長陵以北；都尉為右扶風，治渭城以西。㉛高第　舊時考試或官吏考績列入優等叫「高第」。㉜守　代理。㉝長安　古都城，西漢建都於此。故城在今陝西西安西北。㉞便宜從事　可斟酌事勢，自行處理，不必請示。㉟脩治　修理；修整。㊱方深　面積和深度。㊲致　密緻，指將磚一塊一塊的砌上。㊳令辟　同「瓴甓」。磚。㊴郭　物體的外框或外殼。此指用磚砌成的洞穴的外層。㊵部　部署；指揮。㊶戶曹　掌管民戶、祀祠、農桑的官署。㊷鄉　古代基層行政區劃。史書記載十里一亭，十亭一鄉。但近年來大量簡牘的出土，訂正了史書的謬誤。鄉里是地方行政機構，秦漢時期縣以下基層政權定型為鄉、里兩級，鄉下轄里，但一鄉之下轄多少個里沒有定數，不同地方有較大差別。鄉設鄉長，里設里正，他們的職能主要有分配土地，組織生產；監督戶口，攤派徭役，徵收田賦；受理訴訟，維持治安；主持鄉學，教化鄉民。亭與鄉里是不同性質，不同系統的地方行政組織。亭是治安機構，亭長的主要職責是典武備，警盜賊，但亭又是一個交通機構，有著客舍和郵傳的作用。㊸亭長　秦漢時在鄉村每十里設一亭，亭有亭長，掌治安警衛，兼管停留旅客，治理民事，多以服兵役已滿期之人充任。㊹父老　古時鄉里管事人。多由有名望的老人充任。㊺伍人　古代軍隊或戶籍編在同伍的人。這裡指五戶之長。伍，古代軍隊或戶籍的基本單位，軍隊，五人為伍；戶籍，五戶為伍。㊻雜　混合；攙揉。㊼惡子　不聽父母教誨的壞小子。㊽市籍　商人的戶籍。㊾作務　工匠。㊿鮮衣　華美的衣服。51凶服　便於格鬥的衣服。52扞　臂衣，古時射者所著之皮質袖套。53籍記　用名冊登記。籍，名冊；名籍。54飲食　供給……飲食。55置　釋放。56輩　等第，類，引申為「群」，「隊」。57發　揭開（大石）。58枕藉　縱橫相枕而臥。59輿　抬；負荷。60瘞　埋葬。61寺　官署；官舍。62桓　桓表，亦稱「華表」。古時用以表示納諫或指路的木柱。63楬　作標誌用的小木柱。64歔欷　哀歎哭泣聲。65死　通「屍」。屍體。66諒　推想；想必。67魁宿　老頭目。宿，久；舊。68善家子　良家子，清白人家的子弟。69失計　考慮不周。70財　通「才」。只有。71貰　通「赦」。赦免。72詭　則稱；要求。73甘　情願；樂意。74耆　通「嗜」。愛好；欲望。75闚　偷看。76江夏　郡名。漢高帝六年置，地在今湖北東北部和河南交界地區。治西陵（今湖北新洲西）。77格　打擊；抗拒。78南山　山名，即終南山。屬秦嶺山脈，在今陝西西安南。79執金吾　官名，掌管京師治安的長官。金吾，鳥名，主辟不祥。手執形象如金吾的兵器為皇帝出行時開道前行，故名執金吾。80卒官　死在官位上。81疾病　病重。82且　將；將要。83正　即使；縱使。84一　一旦。85慎毋然　千萬不要這樣。毋，通「無」。86治辯　治理；處理政事合宜得體。

【語　譯】尹賞，字子心，鉅鹿郡楊氏縣人。以郡吏的身分被考察選拔為樓煩縣長。被舉薦為秀才，粟邑縣令。

左馮翊薛宣上奏說尹賞有能力處理繁重難辨的事情，被調為頻陽縣令，因為兇殘殺戮被免官。後來憑藉御史的身分被舉薦為鄭縣縣令。

2 永始、元延年間，皇上怠於政事，顯貴的皇親國戚驕橫放縱，紅陽侯的長子和次子勾結輕佻的俠士，藏匿亡命之徒。而北地郡的大豪強浩商等人為了報仇，殺死了義渠縣長妻子和兒女六個人，來往於長安城中。丞相和御史派遣屬吏追捕他們的黨羽，下詔書指名追捕，很久才抓到他們。長安城中奸猾的人漸漸增多，鄉里的少年成群結夥殺死官吏，接受賄賂替人報仇，聚集起來摸取彈丸，得到紅色彈丸的人殺武職官吏，得到黑色彈丸的殺文職官吏，得到白色彈丸的給被殺的同夥辦理喪事；城中傍晚塵土飛揚，搶劫行路人，死的和受傷的人橫滿道路，警鐘不絕於耳。尹賞憑藉三輔地區的優等政績被選拔為代理長安令，得到一切公事可酌情處理的權力。尹賞到任後，修治長安城中的監獄，在地上挖面積和深度都數丈的坑，用磚頭密緻的砌成圍牆，用大石蓋住出口，名叫「虎穴」。於是部署戶曹小吏和鄉吏、亭長、里正、父老、伍人，分別舉出長安城中輕薄的少年壞小子，沒有市籍的商人、工匠，以及穿華麗的衣服和便於格鬥的衣服的、披著鎧甲戴著臂衣、拿著兵器的人，統統用名冊記下來，有好幾百人。一天，尹賞召集長安城中的官吏，車幾百輛，分頭捕捉，全都告他們溝通、供給盜賊飲食的罪名。尹賞親自察看，每十個人就釋放一個，其餘的全都按次序關進虎穴之中，一百人為一組，用大石蓋上洞口。過了許多天，統一揭開大石觀看，全都一個挨一個，縱橫相枕而死，便把屍體抬出來，埋在衙門前華表的東面，把他們的名字寫在小木樁上。一百天後，才令死者的家屬各自挖出取回屍體。親屬號啕大哭，道路行人都歎息。長安城中唱道：「哪裡去找兒子的屍體？華表東面埋葬少年的地方。活著的時候想必是行為不謹，死後枯骨又埋葬到哪呢？」尹賞所釋放的人，全是他們中的老頭目，或者是清白人家的子弟，因為考慮不周跟隨輕佻狡黠之徒而願意改過自新的，總共才幾十個不到一百人，全都赦免他們的罪過，責令他們立功贖罪。盡力且有成效的，便親信任用他們作為幫手，這些人追捕盜賊很是精通，樂意捉拿奸惡之徒，勝過一般的官吏。尹賞理事幾個月，盜賊就沒有了，各郡國的亡命之徒分散逃走，各自回到自己的家鄉，不敢偷看長安一眼。

3 江湖一帶多有盜賊，任命尹賞為江夏太守，捕捉、打擊江湖中的盜賊和所誅殺的官吏百姓很多，因為兇殘狠毒被免官。終南山的盜賊蜂起，任命尹賞為右輔都尉，升遷為執金吾，監督大的奸猾之徒。三輔的官吏和百姓都很怕他。

4 過了幾年尹賞死在了官位上。病重將要死的時候，告誡他的兒子們說：「大丈夫做官，即使因為兇殘狠毒被免官，朝廷追思你治理的功效，就會再次起用你。一旦以為軟弱不能勝任而被免官，就終生被廢置沒有被赦免的時候。那種羞辱比貪汙受賄還厲害。千萬不要這樣！」尹賞的四個兒子都做官做到太守，長子尹立做過京兆尹，都崇尚威嚴，有處理政事合宜得體的名聲。

贊曰：自郅都以下皆以酷烈❶為聲，然都抗直❷，引❸是非，爭大體❹。張湯❺以知阿邑❻人主，與俱上下❼，時辯當否❽，國家賴其便❾。趙禹據法守正❿。杜周⓫從諛⓬，以少言為重⓭。張湯死後，罔⓮密事叢⓯，寖以秏⓰廢，九卿奉職，救過不給⓱，何暇論繩墨⓲之外乎！自是以至哀⓳、平⓴，酷吏眾多，然莫足數，此其知名見紀者也。其廉者足以為儀表㉑，其汙者方略教道㉒，壹切禁姦，亦質有文武㉓焉。雖酷，稱㉔其位矣。湯、周子孫貴盛，故別傳。

【章　旨】以上為班固的評論和感言，通過對本卷中主要人物進行點評，指出自張湯以後酷吏逐漸增多的原因，並引出寫作這篇傳記的目的，其中廉潔者可以為儀表，不廉潔者治理也是有章可依的。

【注　釋】❶酷烈　嚴酷。❷抗直　剛直。抗，通「亢」。❸引　明辨。❹大體　大局。❺張湯　（西元前？—前一一五年），漢杜陵人。其事詳見卷五十九〈張湯傳〉。❻阿邑　阿諛迎合。❼與俱上下　指觀察皇帝的臉色而辦事。❽當否　得失。❾便便利；好處。❿守正　堅守正道。⓫杜周　（西元前？—前九五年），西漢南陽杜衍（今河南南陽）人。初為南陽太守義縱爪牙，因縱薦，為廷尉史，事張湯，受其賞識。後擢廷尉，以用法刻深著名，專以人主意旨為獄。天漢三年（西元前九八年），官至御史大夫。始為廷尉史，僅有一馬，及任三公，家資累巨萬。其事詳見卷六十〈杜周傳〉。⓬從諛　順從諂諛；阿諛奉承。⓭重　穩重。⓮罔　王綱；法網。⓯叢　眾；多。⓰耗　通「眊」。昏亂。⓱不給　不足；不夠。給，供給。⓲繩墨　匠人以繩濡墨打直線的工具，喻規矩或法度。⓳哀　漢哀帝劉欣（西元前二五—前一年），西元前七—前一年在位。其事詳見卷十一〈哀帝紀〉。⓴平　漢平帝劉衎（西元前九—五年），西元前一—五年在位。其事詳見卷十二〈平帝紀〉。㉑儀表　立木以示人謂之「儀」，也叫「表」。引申為「標準」、「榜樣」、「表率」。㉒道　通「導」。㉓質有文武　治理的大體格局是文武結合，剛柔並濟。質，本體，這裡指治理的大體格局。文，教化。武，刑罰。㉔稱　符合。

【語　譯】史官評議說：從郅都以下都因為嚴酷出名，但是郅都剛直，明辨是非，爭國家大局。張湯憑乖巧迎合皇帝，看皇帝的臉色辦事，當時辯論政治得失，國家靠他得到好處。趙禹根據法律堅守正道。杜周順從阿諛，靠少說話表示穩重。張湯死後，法網嚴密罪案叢生，政治漸漸昏亂敗壞，九卿奉守職位，防止自己發生過錯還來不及，哪裡還有工夫考慮法律之外的事情！從這時到哀帝、平帝時期，酷吏眾多，但是沒有值得談論的，這些人都是聞名而史傳記載了的。其中廉潔的人可以為儀表，而行為汙穢的，他們的籌謀教導，禁止奸邪，治理的大體格局也可以說是文武結合，剛柔並濟。雖然殘酷，但是也勝任其位了。張湯、杜周的子孫顯貴昌盛，所以另行立傳。

【研　析】《漢書‧酷吏傳》所記酷吏十三人，其中漢武帝以前有九人，即從郅都到咸宣，基本承繼或者可以說基本轉載了司馬遷《史記》的〈酷吏列傳〉，只是個別人物的記事或文字略有增加，而這種增加有些顯然是必要的。至於漢武帝以後的四人，即田廣明、田延年、嚴延年和尹賞的傳文，則是班固新作。

西漢酷吏問題不是個人的行為，而是具有明顯的時代特色和深刻的社會根源的。在〈酷吏傳〉中，我們屢屢看到酷吏們在嚴酷執法之後，在誅殺甚多之後，在流血十餘里之後，得到的是皇帝的褒獎。所以在一定意義上我們可以說，酷吏之所以為酷吏，是皇帝使之為酷吏也。從《史記》《漢書》〈酷吏傳〉的字裡行間，我們能夠體味出，不論是司馬遷還是班固，對於酷吏過嚴的執法、過多的殺伐是不滿的，但即便如此，司馬遷卻還是說：「雖慘酷，斯稱其位。」班固也說：「雖酷，稱其位矣。」這就更讓我們深切感覺到，酷吏不是個別人的問題，而是那個時代的問題。

《漢書·酷吏傳》中所記的酷吏，就執法嚴酷而言，他們是相似的，但就其道德人格來說，又是有極大差異的，難以籠統肯定或者是否定，其中不乏為官清廉者，如郅都不拆私信，不接受饋贈，不答應任何人的請託，常常說：「自己既然背離父母出來做官，就一定要在官位上恪盡職守，為節操而死，終究不能顧及妻子兒女了。」趙禹為官廉潔，家中無賓客，斷絕與公卿大夫們的禮尚往來，以便於自己一意孤行於國法。尹齊廉潔奉公，死後家產竟然不到五十金。這些酷吏著實令人肅然。與之相反，酷吏中也有一批人一隻手浸染鮮血，一隻手沾滿銅臭，如王溫舒收受賄賂，因權貴而富累千金，田延年監守自盜三千萬，即屬於後一類。大體來說，班固對張湯以前的酷吏多褒，寫他們雖然嚴酷，但廉潔正直，死後家中沒有幾個錢，「其廉者足以為儀表」，張湯之後，酷吏多與貪官豪強勾結，死後家財成千累萬，「其汙者足以為戒」。

西漢酷吏的結局，一般說有兩種，一種是殺人之後自己被殺，一種是殺人之後榮及子孫，其差別的原因在於是否善於體察、阿諛君主之心意，如著名酷吏杜周所言所行「專以人主意指為獄」。不過，酷吏中的多數是漢代政治舞臺上的悲劇人物，他們不但不能榮蔭子孫，就連自身都不能善終。酷吏的結局之所以多數悲慘，與皇帝把他們放在京畿地區，利用他們收拾宗室貴戚豪強，因此得罪了太后或其他權貴有關，再加上皇帝的軟弱、隨意、此一時彼一時的反覆無常，被用作工具使喚的酷吏，最終往往落個兔死狗烹的可悲結局。

卷九十一

貨殖傳第六十一

【題解】「貨殖」二字語出《論語・先進》：「賜不受命，而貨殖焉。億則屢中。」二字意指「經商」或「經商的人」。《史記》有〈貨殖列傳〉，記載古代特出的工商業者及各地經濟活動狀況。班固仿效司馬遷作〈貨殖傳〉，同中而有異。本傳主要記載了周代土地國有制逐漸破壞與私有制逐漸產生、發展的過程；以及從春秋戰國到秦西漢時期，全國各地工商業、採礦業、畜牧業、冶鐵業、煮鹽業、運輸業等各行各業中富豪產生與發展的情況。這對了解中國古代社會經濟的發展等問題具有重要意義。

昔先王之制，自天子公侯[1]卿[2]大夫[3]士[4]至于皁隸[5]抱關[6]擊柝[7]者，其爵祿[8]奉養[9]宮室車服[10]棺槨[11]祭祀死生之制各有差品[12]，小不得僭[13]大，賤不得踰[14]貴。夫然，故上下序[15]而民志定。於是辯[16]其土地川澤丘陵衍[17]沃[18]原[19]隰[20]之宜，教民樹種[21]畜養[22]；五穀[23]六畜[24]及至魚鼈鳥獸雚[25]蒲[26]材幹[27]器械[28]之資，所以養生送終之具[29]，靡[30]不皆育。育之以時[31]，而用之有節。草木未落，斧斤不入於山林[32]；豺獺未祭[33]，罝網[34]不布於壄澤；鷹隼[35]未擊，矰[36]弋[37]不施於徯隧[38]。既順時而取物，然猶山不茬蘖[39]，澤不伐夭[40]，蝝魚[41]麛卵[42]，咸[43]有常禁。所以順時宣氣[44]，蕃阜[45]庶物[46]，稸足功用[47]，如此之備也。然後四民[48]因其土宜[49]，各任智力，夙興夜寐[50]，以治[51]其業[52]，相與通功易事，交利[53]而俱贍[54]，非有徵發[55]期會[56]，而遠近咸足。故易曰「后以財成輔相天地之宜，以左右民」[57]，「備物致用[58]，立成器[59]以為天下利，莫大乎聖人」，此之謂也。管子[60]云古之四民不得雜處[61]，士[62]相與言仁誼[63]於閒宴[64]，工相與議技巧於官府，商相與語財利於市井[65]，農相與謀稼穡[66]於田壄[67]，朝夕從事，不見異物[68]而遷[69]焉。故其父兄之教不肅[70]而成，子弟之學不勞而能，各安其居而樂其業，甘[71]其食而美其服，雖見奇麗紛華[72]，非其所習，辟猶[73]戎[74]翟[75]之與于越[76]，不相入[77]矣。是以欲寡而事節，財足而不爭。於是在民上者，道[78]之以德，齊[79]之以禮，故民有恥而且敬，貴誼而賤利[80]。此三代之所以直道[81]而行，不嚴[82]而治之大略[83]也。

【章　旨】以上為第一部分，敘述三代——主要寫西周社會制度與社會經濟等方面的發展情況及其管理制度與辦法。

【注釋】❶公侯　古代五等爵位（公、侯、伯、子、男）中的第一等與第二等爵。❷卿　官名。周代周天子與諸侯皆有卿，分上、中、下三級。秦漢有九卿。❸大夫　官名。周代大夫分上、中、下三級。秦漢有御史大夫、諫大夫、光祿大夫、太中大夫等。❹士　古代士農工商四民之一；或古代的官名。周代諸侯有官曰士，位次大夫，有上士、中士、下士之官。❺皁隸　指服賤役的人。後專稱衙門裡的差役。❻抱關　看守關門者。❼擊柝　擊木梆以報時、報警。柝，木梆。❽爵祿　爵位與俸祿。❾奉養　供養；贍養。❿車服　車子與禮服。⓫棺槨　內棺與外槨。槨，套在棺外的大棺。⓬差品　等差；等級。⓭僭　超越本分。⓮踰　超過。⓯上下序　上下按等次而有秩序。⓰辯　通「辨」。辨別；區別。⓱衍　低下、平坦的土地。⓲沃　有水灌溉的土地。⓳原　廣而平的土地。⓴隰　低而潮溼的土地。㉑樹種　栽種；種植。㉒畜養　飼養。㉓五穀　指麥、稻、黍、稷、菽五種糧食作物。㉔六畜　指馬、牛、羊、雞、犬、豬六種家畜。㉕萑　草名，即荻。㉖蒲　水生植物名，可製蓆。㉗材幹　木材。㉘器械　用具的總稱。㉙具　物資；器物。㉚靡　無；沒有。㉛時　時令；季節。㉜草木未落二句　指秋季之後，才能進山伐林木。《禮記・月令》云：「季秋之月，草木黃落，乃伐薪為炭。」斧斤，斧與斤，均為斧頭。㉝豺獺未祭　古代打獵捕魚之前有「獺祭」與「豺祭」。春天獺捕魚陳列於水邊如同祭祀，故稱「獺祭」；秋天豺殺獸類陳列於四周，被稱為「豺祭」。㉞罝網　泛指捕魚獸的網具。罝，網的總稱。另一說為「兔網」。㉟鷹隼　鷹隼都是兇猛的鳥。隼，鶻屬也。鷹隼常在深秋擊殺鳥類。㊱矰　繫絲繩射鳥雀的短箭。㊲弋　以繩繫箭而射。㊳徯隧　小路。徯，同「蹊」。㊴茬蘖　斜砍樹木重生的枝葉。㊵夭　幼小的禽獸草木。㊶蝝魚　幼魚。蝝，未生翅的幼蝗。引申為幼小。㊷麛卵　麛，幼鹿。卵，鳥卵。引申為「幼鳥獸」。㊸咸　都；全。㊹順時宣氣　適應時令節氣和氣候變化。㊺蕃阜　繁茂。蕃，多。阜，盛。㊻庶物　眾多的。庶，眾多。㊼稸足功用　使國家得到蓄積充足的功效。稸，同「蓄」。㊽四民　指士、農、工、商。㊾土宜　不同的土壤適宜不同生物生長。意指根據不同條件從事不同的職業。㊿夙興夜寐　早起遲睡。夙，早。寐，睡眠。(51)治　從事。(52)業　職業。(53)交利　從互相交易中得利。(54)俱贍　都得到好處。(55)徵發　官府徵集動用民力與物力。(56)期會　規定期限會合。(57)易曰二句　《易經・泰卦・象辭》原文為「后以財成天地之道，輔相天地之宜，以左右民」。后，君。財，同「裁」。輔相，輔助。相，助也。左右，助也。大意是：王者憑藉財用以成天地的化育，以救助眾庶也。(58)備物致用　準備各種物資而極盡其用。致，盡；極。(59)立成器　製成器物。立，即時。(60)管子　書名，相傳為春秋時齊國管仲所作，實係後人假託。(61)雜處　混合居住。(62)士　四民之一，有知識和技能。(63)誼　通「義」。(64)閒宴　閒幽安逸之處。宴，安逸；閒適。(65)市井　交易做買賣的地方。(66)稼穡　指農業生產。(67)田壄　田地。(68)不見異物　不見本業以外別的事物。(69)遷　改變。(70)不肅　不嚴肅；

不嚴厲。71甘　甜美。72紛華　繁華盛麗。73辟猶　譬如。辟，通「譬」。74戎　古代西北各部族的泛稱。75翟　通「狄」。古代北方各族的泛稱。76于越　越族。于，語助詞，無義。77相入　相合。78道　通「導」。引導。79齊　整齊；整治。80貴誼而賤利　重視義而輕視利。81直道　正直之道。師古曰：「以德禮率下，不飾偽也。」82不嚴　不嚴苛。83大略　大概。

【語　譯】從前先王的制度，自天子、公侯、卿大夫、士，直到服賤役的皁隸、守關的、敲梆子的巡夜人，他們的爵祿、奉養、宮室、車服、棺槨、祭祀及養生送死的制度，各有不同的等級，小的不能僭越大的，卑賤的不能超越尊貴的。由於這樣，所以上下有序，民心安定。於是辨別土地、川澤、丘陵、平地可灌溉的、寬廣的平原、低窪的溼地等各種土地的適應性，教民種田、植樹、養動物；五穀、六畜以及魚鱉、鳥獸、蘆蒲、木材、器械等類物資，所有用來養生送死的東西，沒有不培育的。培育它們要按時令季節，而使用它們要有節制。草木未落葉時，斧斤不能進入山林砍伐；豺未咬死野獸、獺未咬死魚類時，羅網不安放在山野與川澤；鷹隼未擊殺鳥類之時，弓矢不施於山間小路。要順應時令季節而取物，然而又不能砍伐山上的樹木幼枝，在川澤中不捕殺幼小禽獸；幼小的魚、鳥、蟲、獸都有一定的禁令禁止捕殺。所以順時令季節氣候的變化使眾物繁多茂盛，蓄積有用的物資，是如此的完備。然後士農工商四民都能依據不同條件從事不同的職業，各自發揮聰明才智，早起晚睡，做好自己的本業，互通成果，交流經驗，彼此得利，共同受益，不必透過徵發人力與定期會合，而遠近各地都能富足。所以《易經》說「帝王要掌握利用天地自然界適宜的條件，以幫助民眾」，「備齊萬物，極盡其用，製成各種器物以為天下人謀利，沒有誰比聖人更偉大」，說的就是這種情況。《管子》說，古代的士農工商不能混雜居住，士人在安閒的地方互相談論仁義，工人在官府互相議論技術，商人在市場上互相議論財利，農民在田野裡互相謀劃農業生產，從早到晚從事本業，對本業以外的事物不去觀望，專精其業，心志不移。因此，他們父兄之教不嚴而成，子弟之學不勞而能，各自安居樂業，吃得滿意，穿得漂亮，雖然看見了奇麗繁華的事物，因為不是自己所習以為常的，就像北方的戎狄與南方的百越，彼此不相交流融合。因此他們的欲望少而事事節儉，財用充足而不爭奪。當時的統治者用德治來引導民眾，用禮制來整齊民眾，所以民眾有廉恥心而且恭敬，重視仁義而輕視財利。這就是夏商周三代以德禮統治直道而行，不嚴而治的大概情況。

1 及周室[1]衰，禮法[2]墮[3]，諸侯[4]刻桷丹楹[5]，大夫山節藻梲[6]，八佾[7]舞於庭，雍徹於堂[8]。其流[9]至乎士庶人[10]，莫不離制[11]而棄本[12]，稼穡之民少，商旅[13]之民多，穀不足而貨[14]有餘。

2 陵夷[15]至乎桓、文[16]之後，禮誼大壞，上下相冒[17]，國異政[18]，家殊俗[19]，耆欲[20]不制，僭差[21]亡極[22]。於是商通[23]難得之貨，工作亡用之器，士設[24]反道之行，以追時好而取世資[25]。偽民[26]背實而要名，姦夫[27]犯害[28]而求利，篡弒[29]取國者為王公，圉奪[30]成家者為雄桀。禮誼不足以拘[31]君子，刑戮[32]不足以威小人。富者木土[33]被[34]文錦[35]，犬馬餘肉粟[36]，而貧者裋褐[37]不完[38]，唅[39]菽[40]飲水。其為編戶[41]齊民[42]，同列[43]而以財力相君[44]，雖為僕虜[45]，猶亡慍[46]色。故夫飾[47]變詐[48]為姦軌[49]者，自足[50]乎一世之間；守道循理[51]者，不免於饑寒之患。其教[52]自上[53]與，繇[54]法度[55]之無限也。故列[56]其行事[57]，以傳世變[58]云[59]。

3 昔粵[60]王句踐[61]困於會稽[62]之上，迺用范蠡[63]、計然[64]。計然曰：「知鬭則脩備，時[65]用[66]則知物，二者[67]形[68]則萬貨之情可得見矣。故旱則資舟，水則資車[69]，物之理也。」推此類而脩[70]之，十年國富，厚賂[71]戰士，遂報彊吳，刷[72]會稽之恥。范蠡歎曰：「計然之策，十用其五而得意。既以[73]施[74]國，吾欲施之家。」迺乘扁舟[75]，浮[76]江湖，變姓名，適[77]齊為鴟夷[78]子皮，之[79]陶[80]為朱公。以為陶天下之中，諸侯四通，貨物所交易也，迺治產積居[81]，與時逐[82]而不責於人[83]。故善治產者，能擇人[84]而任時[85]。十九年之間三致千金，而再散分與貧友昆弟[86]。後年衰老，聽子孫脩業[87]而息[88]之，遂至鉅萬。故言富者稱陶朱。

4 子贛[89]既學於仲尼[90]，退而仕衛[91]，發貯[92]鬻財[93]曹、魯之間。七十子之徒[94]，賜最為饒[95]，而顏淵[96]簞食[97]瓢飲[98]，在于陋巷[99]。子贛結駟連騎[100]，束帛[101]之幣[102]聘享諸侯，所至，國君無不分庭與之亢禮[103]。然孔子賢顏淵而譏子贛，曰：「回也其庶[104]乎，屢空[105]。賜不受命[106]，而貨殖[107]焉，意[108]則屢中[109]。」

5 白圭[110]，周人也。當魏文侯[111]時，李克[112]務盡地力，而白圭樂觀時變[113]，故人棄我取，人取我予。能薄[114]飲食，忍嗜欲，節衣服，與用事[115]僮僕同苦樂，趨時[116]若[117]猛獸摯鳥[118]之發。故曰：「吾治生[119]猶伊尹[120]、呂尚[121]之謀，孫[122]吳[123]用兵，商鞅[124]行法是也。故智不足與權變[125]，勇不足以決斷，仁不足以取予，彊不能以有守，雖欲學吾術[126]，終不告也。」蓋[127]天下言治生者祖[128]白圭。

6 猗頓(129)用盬鹽起，邯鄲(130)郭縱(131)以鑄冶成業，與王者埒富(132)。

7 烏氏臝(133)畜牧，及眾，斥賣(134)，求奇(135)繒(136)物，間獻(137)戎王。戎王十倍其償(138)，予畜(139)，畜至用谷量牛馬(140)。秦始皇令臝比封君(141)，以時(142)與列臣朝請(143)。

8 巴(144)寡婦清(145)，其先(146)得丹穴(147)，而擅(148)其利數世，家(149)亦不訾(150)。清寡婦能守其業，用財自衛，人不敢犯。始皇以為貞婦(151)而客之(152)，為築女懷清臺(153)。

【章　旨】以上為第二部分，寫春秋戰國社會狀況的變化與私人富豪的出現。

【注　釋】❶周室　周王朝。❷禮法　禮儀制度與規章。❸墮　同「隳」。毀壞。❹諸侯　指分封國的國君。❺刻桷丹楹　指雕梁畫棟。桷，方形的椽子。楹，廳的前柱。春秋時，魯莊公曾在魯桓公廟的柱子上塗紅漆，後又在椽上雕花。這些都違背了當時的禮制。❻山節藻梲　魯國大夫臧文仲在建築裝飾上曾用違反禮制的山節藻梲。山節，雕刻有山形的斗拱。節，柱上的斗拱。藻梲，畫有文采的梁上的短柱。梲，梁上短柱。❼八佾　古時樂舞的行列用八行，每行八人，共六十四人，為天子的規格。諸侯六佾，大夫四佾。魯國大夫季平子曾用八佾是違反禮制的行為。❽雍徹於堂　雍，詩篇名。雍徹，指唱著〈雍〉詩撤除祭品，這是天子的禮儀。魯國季氏等大夫也用此禮，破壞了禮制。徹，通「撤」。❾流　流傳；傳布。❿庶人　平民。⓫離制　離開禮制。⓬棄本　指棄離農業。⓭商旅　行商。⓮貨　指金玉布帛。⓯陵夷　衰頹。陵，大土山；丘陵。夷，平；倒塌。⓰桓文　齊桓公、晉文公。⓱冒　侵犯；衝犯。⓲國異政　諸侯各自為政，不尊王法。⓳家殊俗　指大夫家不尊公室，各有不同習俗。⓴耆欲　嗜好與欲望。㉑僭差　超越等級。㉒亡極　無止境；無盡頭。㉓通　流通。㉔設　設計；籌劃。㉕世資　社會資財；世代資財。㉖偽民　指欺詐作偽之人。㉗姦夫　指違法犯禁之徒。㉘犯害　指危害社會。㉙簒弒　殺君奪位。簒，奪取。弒，以下殺上。㉚圉奪　劫持其主，奪取其財。圉，師古曰：「圉謂禁守其人也。」指劫持。㉛拘　約束；限制。㉜刑戮　刑殺。戮，殺。㉝木土　指房屋等建築物。㉞被　同「披」。㉟文錦　指彩繪等裝飾品與絲織品。㊱犬馬餘肉粟　犬與馬吃剩的肉和粟。㊲裋褐　貧窮人穿的粗布短衣。褐，粗麻製的短衣。㊳不完　不完好，指破破爛爛。㊴唅　通「含」。

指口中含物。㊵菽　豆類的總稱。㊶編戶　編入戶籍的民戶。㊷齊民　平民。㊸同列　同等地位。㊹相君　指君臨其上，可引申為淩駕其上。㊺僕虜　奴僕。㊻慍　含怒；怨恨。㊼飾　文過飾非；修飾。㊽變詐　變，指隨機應變。詐，指欺詐。㊾姦軌　同「奸宄」。指犯法作亂之人。㊿足　富足。(51)守道循理　指守正道循公理。(52)教　指教化風氣。(53)上　指朝廷。(54)繇通「由」。(55)法度　法令制度。(56)列　指排列。(57)行事　指事跡。(58)世變　世道的變化。(59)云　語末助詞。(60)粵　同「越」。(61)句踐　春秋時越國國君。句，也作「勾」。(62)會稽　即會稽山，在今浙江紹興東南。(63)范蠡　字少伯，楚國宛（今河南南陽）人。春秋時越國名臣。(64)計然　又作「計研」、「計倪」，衛國濮上人。曾遊越，范蠡拜其為師。(65)時　時令季節。(66)用用途。(67)二者　指「時」與「用」。(68)形　顯。(69)旱則資舟二句　師古曰：「旱極則水，水極則旱，故于旱時預蓄舟，水時預蓄車，以待其貴，收其利也。」(70)脩　指施行、運行。(71)厚賂　用豐厚的財物去收買。(72)刷　洗刷；拭除。(73)既以　已經。(74)施　施行；施用。(75)扁舟　小船。(76)浮　航行。(77)適　到；去。(78)鴟夷　用牛皮做的大囊，形似鴟鳥，多所容受，用以盛酒。鴟，鷂鷹。(79)之　往；到。(80)陶　邑名，今山東定陶西北。當時的經濟、交通中心，著名的商業城市。(81)積居　囤積居奇。(82)與時逐　隨時逐利。(83)不責於人　不責求於人。責，責求。(84)擇人　挑選；區別。(85)任時　指抓住時機，隨時逐利。(86)昆弟　兄弟；後裔。(87)脩業　指經營商業。(88)息　生；生息。(89)子贛　即子貢。姓端木，名賜，字子貢，春秋時衛國人。孔子門生，曾經商致富。(90)仲尼　（西元前五五一—前四七九年），姓孔，名丘，字仲尼。儒家的創始人。(91)仕衛　在衛國做官。(92)發貯　指多有積貯，趨時而發。(93)鬻財　出賣貨物。(94)七十子之徒　泛指孔子的著名弟子。(95)饒　富有。(96)顏淵　（西元前五二一—前四九〇年），名回，字子淵，春秋末魯國人。孔子學生。(97)簞食　一竹筐飯。簞，竹製或葦製的盛器。(98)瓢飲　用瓢飲水。(99)陋巷　陋，狹小簡陋。(100)結駟連騎　車前套駟馬，四馬相連，齊頭並進。駟，馬四匹為駟。騎，指馬匹。(101)束帛　古代帛五匹為一束（合二十丈）。每匹從兩端捲起，共十端。稱束帛。多用來做聘問的禮物。(102)幣　泛稱禮物。(103)分庭與之亢禮　指賓客與主人各立於庭的兩側行禮，言其地位平等。亢，通「抗」。對等；匹敵。(104)庶　差不多。(105)空　貧窮。(106)不受命　指不安本分。(107)貨殖　販貨生財。殖，生也。(108)意　預料；猜測。(109)屢中　常常猜中。(110)白圭　戰國時東周（今河南洛陽）人，長於經濟理論的大商人。(111)魏文侯　姓魏名斯，戰國魏國建立者，西元前四四五—前三九六年在位。(112)李克　又稱李悝，子夏弟子，曾任魏文侯相。(113)時變　市場行情和年景豐歉的變化。(114)薄　不講究。(115)用事　做事。(116)趨時　指抓住時機。(117)若　像。(118)摯鳥　兇猛的鳥。摯，通「鷙」。(119)治生　謀生。(120)伊尹　名伊，尹為官名。商初大臣。曾助湯滅夏。(121)呂尚　即師尚父，又稱太公望。曾助周滅商，封於齊。(122)孫　孫武，齊國人，春秋末軍事家，曾為吳將。(123)吳　吳起，戰國時軍事家。[124]商鞅　姓公孫，名鞅，戰國中期衛國人。曾輔佐秦孝公變法，使秦強大。被封於商，故稱商鞅。[125]權變　權宜機變；隨機應變。[126]術　方術；方法。[127]蓋　所以；因此。[128]祖　師古曰：「祖，始也。」[129]猗頓　戰國時魯國人，以經營河東（今山西運城）鹽池發家致富。[130]邯鄲　今河北邯鄲。[131]郭縱　大富豪，以冶鐵成富。[132]埒富　等富。[133]烏氏贏　秦國以畜牧業致富的大富豪。烏氏，姓也；一說烏氏為秦安定郡的縣名。贏，名也。[134]斥賣　出售。[135]求奇　收求奇異之物。[136]繒　絲織品。[137]間獻　找機會私自獻給。[138]十倍其償　給予十倍的報酬。[139]予畜　給予牲畜。[140]用谷量牛馬　用山谷作為計算牛馬數量的單位。[141]比封君　指依照封君的樣子。[142]以時　按規定時間。[143]朝請　朝見。古禮，諸侯謁見皇帝，春曰朝，秋曰覲。漢改為春朝秋請。[144]巴　郡名，治江州，今重慶市嘉陵江北岸。[145]清　以其行潔，故號曰清。[146]先　先人；祖先。[147]丹穴　丹砂礦。[148]擅　專有。[149]家　家產。[150]不訾　指資財眾多，無限數。[151]貞婦　貞潔的寡婦。[152]客之　以其為客。[153]女懷清臺　臺名。

【語　譯】 等到周王朝衰微，禮法毀壞，有的諸侯做不應該做的，在祖廟的椽上雕花，在柱子上塗紅漆；有的大夫還在房屋上雕刻著山形的斗拱，在梁上的短柱上繪著文采；有的大夫在庭院排演只有周天子才能用的「八佾」舞；有的祭祖時用周天子才能唱的〈雍〉詩撤除祭品。這種現象傳至士人、平民，也都跟著背離禮制、拋棄本業，從事農耕的人少了，在外經商的人多了，糧食不足而金玉布帛等貨物有餘。

2 衰落到了齊桓公、晉文公以後，禮儀大為敗壞，上下互相侵犯，諸侯國各為異政，大夫家各有殊俗，嗜好、欲望不能節制，僭級越制沒有限制。於是商人販賣難於買到的奇貨，工人製造無用的器物，士人做著違背正道的行徑，以追求時髦撈取錢財。欺騙詐偽之民背離實際追求名譽，奸人危害社會而謀求財利，殺害國君篡奪國家政權的人成為王公，劫持主人、奪取家邑的人成了豪傑。禮義不足以約束君子，刑殺不足以威脅小人。富有的人房屋中的梁柱上與牆上都披著綢緞或繪著文采，犬馬都有吃不完而剩餘的肉、粟；而窮人穿著的粗布短衣破破爛爛，吃豆類、喝白開水。那些作為編戶齊民的平民，同等地位有的卻憑財力君臨其上，有的雖然淪為了奴僕，也無怨怒的表示。因此那些虛偽狡詐為非作歹的人，能一生滿足其所欲；守正道循公理的人，卻不能免除飢寒之患。這種風氣是從上面興起的，因為法令制度不加以限制。所以列敘他們的事跡，以傳述世道的變化。

3 從前越王句踐被圍困於會稽山上，就任用了范蠡、計然。計然說：「知道要打仗，就要做好準備工作，知道了時機與用途就會了解物品的價值，掌握了『時』與『用』顯示的規律，那麼萬事萬物的運行情況就可以看清楚了。所以乾旱時要儲備船隻，水澇時要準備車輛，以備需要時用，這是事物發展的規律。」句踐以此類推而加以實行，十年間國家富強，用豐厚的財物收買了士兵，終於報復了強橫的吳國，洗刷會稽的恥辱。范蠡感歎地說：「計然的計謀，十條用五條就實現了報仇的願望。既然施用於國家有效，我要施用於治家。」於是乘坐一隻小船，浮遊江湖，改換姓名，到齊國改名為鴟夷子皮，到定陶時改名為朱公。范蠡認為定陶是天下的中心，交通四通八達，是貨物交易之地，於是就在這裡購置產業、囤積居奇，隨時逐利，而不責求於人。他本是善於治理產業的人，善於選擇人而掌握時機。十九年之內三次積累了千金，又再次散發錢財給貧窮友人與兄弟。後來年老力衰，聽任子孫經營商業而生財取息，遂至萬萬。因此人們談論富翁時都稱讚陶朱公。

4 子貢曾在孔子門下學習，後離去在衛國當官，又在曹、魯兩國之間經商。孔子七十多位有名的弟子中，子貢最為富有，而顏淵則一筐飯，用瓢飲水，住在狹小簡陋的小巷裡。子貢卻結駟連騎，帶著絲織品作禮物到處拜訪、饋贈諸侯，所到之處，諸侯無不以賓主之禮平等相待。然而，孔子卻稱讚顏淵而譏笑子貢說：「顏回的學問道德差不多了吧，卻常常貧窮得沒有辦法。子貢不安本分，去經商謀利，猜測生意行情，卻屢屢猜中。」

5 白圭是周人。當魏文侯時，李克致力於發揮土地的增產潛力，而白圭喜歡觀察時機的變化，所以別人拋售他收購，別人收購他拋售。他能不講究吃喝，克制自己的嗜好和欲望，節省穿戴，做事與奴僕同甘共苦，抓時機像兇猛的野獸與鷙鳥撲捉食物一樣迅速、準確。因此，他說：「我做生意就如同伊尹、呂尚策劃謀略，孫武、吳起用兵打仗，商鞅行法一樣。所以智謀不足以通權達變，勇氣上不能夠做出決斷，對仁義又不能加以取捨，毅力也不能加以堅持的，雖然想學我的韜略，我終究也不能告訴他。」所以天下談謀生治產的人都以白圭為始祖。

6 猗頓經營鹽池致富，邯鄲郭縱靠冶鑄鐵器成業，他們的財富可與國君相等。

7 烏氏贏經營畜牧業，牲畜繁殖多了，出售獲利，購求奇異的絲織品，找機會獻給戎王。戎王回報給他十倍於所獻物品的價值，給的牲畜，多到用山谷來計算牛馬的數量。秦始皇下令烏氏贏的地位比照封君，按規定時間與大臣們一同朝見。

8 巴郡寡婦清，其祖先得到丹砂礦，而專有其利好幾代，家產多得數不清。清作為寡婦能守住家業，能用錢財保衛自己，人們不敢侵犯。秦始皇認為她是貞婦而以賓客相待，為她修築了女懷清臺。

1 秦漢之制，列侯[1]封君[2]食租稅，歲率戶二百[3]。千戶之君則二十萬[4]，朝覲[5]聘享[6]出其中[7]。庶民[8]農工商賈[9]，率[10]亦歲萬息二千[11]，百萬之家即二十萬，而更繇租賦[12]出其中，衣食好美矣。故曰陸地牧馬二百蹏[13]，牛千蹏角[14]，千足羊[15]，澤中千足彘[16]，水居千石魚波[17]，山居千章[18]之萩[19]。安邑[20]千樹棗；燕、秦[21]千樹栗[22]；蜀[23]、漢[24]、江陵[25]千樹橘；淮北滎[26]南河[27]濟[28]之間千樹萩；陳、夏[29]千畝桼；齊、魯千畝桑麻；渭川[30]千畝竹；及名國萬家之城，帶郭[31]千畝畝鍾[32]之田，若[33]千畝卮[34]茜[35]，千畦[36]薑韭：此其人皆與千戶侯等[37]。

2 諺[38]曰：「以貧求富，農不如工，工不如商，刺繡文[39]不如倚[40]市門。」此言末業，貧者之資也[41]。通邑大都酤一歲千釀[42]，醯醬千瓨[43]，漿千儋[44]，屠牛羊彘千皮，穀糴千鍾[45]，薪稾[46]千車，舡長千丈[47]，木千章，竹竿萬个，軺車[48]百乘，牛車千兩[49]；木器桼者千枚[50]，銅器千鈞[51]，素木鐵器[52]若[53]巵茜千石[54]，馬蹏噭千[55]，牛千足[56]，羊彘千雙[57]，童手指千[58]，筋角[59]丹砂[60]千斤，其帛絮細布千鈞，文采[61]千匹，荅布[62]皮革千石，桼千大斗[63]，蘖麴[64]鹽豉[65]千合，鮐[66]鮆[67]千斤，鮿[68]鮑[69]千鈞，棗栗千石者三之[70]，狐[71]貂[72]裘[73]千皮，羔羊裘千石，旃席[74]千具，它果采[75]千種[76]，子貸金錢[77]千貫[78]，節[79]駔儈[80]，貪賈三之，廉賈五之[81]，亦比千乘之家[82]，此其大率[83]也。

3 蜀卓氏之先，趙人也，用[84]鐵冶富。秦破趙，遷[85]卓氏之蜀[86]，夫妻推輦[87]行。諸遷虜[88]少[89]有餘財，爭與[90]吏，求近處[91]，處葭萌[92]。唯卓氏曰：「此地陿薄[93]。吾聞崏山[94]之下沃壄，下有蹲鴟[95]，至死不饑。民工作布[96]，易賈[97]。」乃求遠遷。致[98]之臨邛[99]，大憙[100]，即[101]鐵山鼓鑄，運籌算[102]，賈滇、蜀[103]民，富至童八百人，田池射獵之樂擬[104]於人君[105]。

4 程鄭，山東[106]遷虜[107]也，亦冶鑄，賈魋結[108]民，富埒卓氏。

5 程、卓既衰，至成、哀間[109]，成都羅裒訾至鉅萬[110]。初，裒賈京師，隨身數十百萬[111]，為平陵[112]石氏持錢[113]。其人[114]彊力。石氏訾次如、苴[115]，親信，厚資遣

之，今往來巴蜀，數年間致千餘萬。裒舉其半賂遺曲陽、定陵侯116，依其權力，
賒貸117郡國，人莫敢負118。擅119鹽井之利，期年120所得自倍，遂殖121其貨。

6 宛122孔氏之先，梁123人也，用鐵冶為業。秦滅魏，遷孔氏南陽124，大鼓鑄，規125
陂田126，連騎127游諸侯，因通商賈之利，有游閒128公子129之名。然其贏得130過當131，
瘉132於纖嗇133，家致數千金，故南陽行賈盡法孔氏之雍容134。

7 魯人俗儉嗇135，而丙氏尤甚，以鐵冶起136，富至鉅萬137。然家自父兄子弟約138，
俛139有拾，仰140有取，貰貸141行賈徧郡國。鄒142、魯以其故，多去143文學144而趨利。

8 齊俗賤145奴虜146，而刁閒147獨愛貴148之。桀黠奴149，人之所患，唯刁閒收取，
使之逐150魚鹽商賈之利，或連車騎交守相151，然愈益152任之153，終得其力，起數千
萬。故曰「寧爵無刁154」，言能使豪奴155自饒，而盡其力也。刁閒既衰，至成、哀
間，臨淄156姓偉157訾158五千萬。

9 周人既纖159，而師史160尤甚，轉轂161百數162，賈郡國，無所不至。雒陽163街居
在齊秦楚趙之中164，富家相矜165以久賈，過邑166不入門。設用167此等，故師史能致
十千萬168。

10 師史既衰，至成、哀、王莽169時，雒陽張長叔、薛子仲訾170亦十千萬。莽皆

以為納言士(171)，欲法武帝，然不能得其利。

11 宣曲(172)任氏，其先為督道(173)倉吏(174)。秦之敗也，豪傑爭取金玉，任氏獨窖倉粟(175)。楚漢相距滎陽，民不得耕種，米石至萬，而豪傑金玉盡歸任氏，任氏以此起富。富人奢侈，而任氏折節(176)為力(177)田畜。人爭取賤賈(178)，任氏獨取貴善(179)，富者數世。然任公(180)家約(181)，非田畜所生不衣食，公事不畢則不得飲酒食肉。以此為閭里率(182)，故富而主上(183)重之。

12 塞之斥(184)也，唯橋桃(185)以致(186)馬千匹，牛倍(187)之，羊萬，粟以萬鍾計。

13 吳楚兵之起(188)，長安中列侯封君行從(189)軍旅，齎貣(190)子錢家(191)，子錢家以為關東成敗未決，莫(192)肯予(193)。唯毋鹽(194)氏出捐(195)千金貸(196)，其息十之(197)。三月，吳楚平。一歲之中，則毋鹽氏息十倍，用此富關中(198)。

14 關中富商大賈，大氏(199)盡諸田(200)，田牆、田蘭。韋家(201)栗氏、安陵(202)杜氏亦鉅萬。前富者既衰，自元、成訖王莽，京師富人杜陵(203)樊嘉，茂陵(204)摯網，平陵(205)如氏、苴氏，長安丹王君房(206)，豉樊少翁、王孫大卿(207)，為天下高訾(208)。樊嘉五千萬，其餘皆鉅萬矣。王孫卿以財養士，與雄桀交，王莽以為(209)京(210)司市師(211)，漢司東市令(212)也。

15 此其章章[213]尤[214]著者也。其餘郡國富民兼業顓[215]利，以貨賂[216]自行，取重[217]於鄉里者，不可勝數[218]。故秦楊以[219]田農而甲[220]一州[221]，翁伯以販脂[222]而傾[223]縣邑，張氏以賣醬而隃侈[224]，質氏以洒削[225]而鼎食[226]，濁氏以胃脯[227]而連騎，張里以馬醫而擊鍾[228]，皆越法[229]矣。然常循[230]守事業，積累贏利，漸有所起。至於蜀卓，宛孔，齊之刁間，公擅山川銅鐵魚鹽市井之入，運其籌策[231]，上爭王者之利，下錮[232]齊民之業，皆陷不軌[233]奢僭之惡。又況掘冢[234]搏掩[235]，犯姦[236]成富，曲叔、稽發、雍樂成之徒，猶復齒列[237]，傷化[238]敗俗，大亂之道也。

【章　旨】以上為第三部分，寫了秦與西漢時期各行業和私人富豪發展的情況。

【注　釋】❶列侯　秦漢二十等爵制最高一級為徹侯，後改為通侯，又稱列侯。西漢列侯食邑，大者萬戶，小者五六百戶。❷封君　受封邑的公主及列侯一類人。❸歲率戶二百　封君在封邑內收租稅，大體上為每戶二百錢。❹千戶之君則二十萬　指有千戶封邑的封君每年在封邑的收入為二十萬錢。❺朝覲　臣子朝見君主。春見曰朝，秋見曰覲。❻聘享　聘問獻納。諸侯間的通問修好為聘，諸侯向天子進獻方物為享。❼出其中　指費用從封邑所收租稅出。❽庶民　平民，包括農工商賈。❾商賈　流動販賣叫商；居賣貨物叫賈。❿率　大概；一般。⓫歲萬息二千　指每年本錢萬錢可生息兩千。⓬更繇租賦　指更役、田租、口賦等。更役，漢代成年男子每年到本縣服役一個月，納錢代役叫更賦。繇，通「傜」。租，田租。賦，口賦。⓭馬二百蹏　蹏，同「蹄」。一馬四蹄，二百蹄為五十匹。⓮牛千蹏角　一百六十頭牛，一頭牛蹄角為六，蹄角一千零二為一百六十頭。言千者，取整數也。⓯千足羊　二百五十頭羊。⓰千足彘　二百五十頭豬。⓱千石魚波　一歲能產千石魚的魚池。波，同「陂」。池塘。⓲千章　千枚。師古曰：「大材曰章。」⓳萩　通「楸」。高大的落葉喬木，高可達三十公尺。可作家具與造船用。⓴安邑　縣名，今山西夏縣西北。㉑燕秦　指戰國時燕秦兩國境內。㉒栗　板栗。㉓蜀　古國名，都成都，秦置郡。

[24]漢　指漢中郡。[25]江陵　秦置江陵縣，在湖北中部，沿長江。[26]滎　澤名。在今河南境。[27]河　黃河。[28]濟　濟水。在今山東境。[29]陳夏　陳，指陳縣，在今河南淮陽。夏，指陽夏縣，今河南太康。[30]渭川　指陝西渭水流域。[31]帶郭　指城市附近。[32]畝鍾　每畝產糧一鍾。一鍾為六斛四斗。[33]若　以及。[34]巵　同「梔」。植物名，花可製胭脂，紫赤色。[35]茜　茜草，黃紅色，可入藥，作染料。[36]畦　菜圃中的小區。[37]此其人皆與千戶侯等　指這些人每歲收二十萬錢，與千戶侯的收入相等。[38]諺　諺語；俗語。[39]刺繡文　刺繡文采。指婦女從事的一種手工業生產。[40]倚　依賴；憑藉。[41]此言末業二句　指上述諺語說，商業是窮人所憑藉的行業。[42]酤一歲千釀　酒家一年釀酒千甕出賣。酤，賣酒。[43]醯醬千瓨　醋千缸。醯，醋。瓨，瓦器，一說缸，一說為長頸瓶。[44]儋　通「擔」。口小腹大可容一石的瓦器。[45]穀糴千鐘　糴取而積存的穀一千鍾。一鍾為六斛四斗。鐘，同「鍾」。[46]稾　通「藁」。草。[47]舡長千丈　指所有各船的總長度數。舡，同「船」。[48]軺車　一匹駕馬的輕便車。[49]兩　通「輛」。[50]千枚　千件。[51]鈞　三十斤為一鈞。[52]素木鐵器　木把鐵器。[53]若　及；如。[54]石　一百二十斤為一石。[55]馬蹏噭千　噭，口。一馬四蹄一口，共一千，則為二百匹馬。[56]牛千足　二百五十頭牛。[57]千雙　兩千。[58]童手指千　童，通「僮」。奴隸。一人十指，則手指千，為一百人。[59]筋角　筋，指動物肌腱與韌帶。角，有蹄類動物頭部所生的角。[60]丹砂　朱砂。可用作藥物與紅色染料。[61]文采　有花紋的彩色絲織品。[62]荅布　粗厚之布。[63]大斗　漢代有大斗與小斗之別，小斗一石為大斗六斗。[64]蘖麴　釀酒的酵母。[65]鹽豉　鹹豆豉。[66]鮐　鯖魚，又名青花魚。[67]鮆　鱭魚，又名刀魚。[68]鮿　淡乾魚。[69]鮑　鹹醃魚。[70]棗栗千石者三之　棗栗三千石。[71]狐　狐狸。[72]貂　貂鼠。[73]裘　毛皮，或毛皮衣服。[74]旃席　氈毯。旃，通「氈」。[75]果采　師古曰：「果采，謂于山野採取菓實也。」《補注》先謙曰：「官本注菓作果，是。」[76]千種　言採果的種類多。又《史記・貨殖列傳》作「千鍾」。[77]子貸金錢　有利息的貸款。[78]貫　古錢中有孔，用繩索穿成串，一千錢為一貫。[79]節　調節物價貴賤。[80]駔儈　牲畜交易的經紀人。後泛指市場經紀人。[81]貪賈三之二句　貪婪的商人得利十分之三，廉實的商人得利十分之二。[82]千乘之家　擁有千乘馬車之家。[83]大率　大概。[84]用　因；靠。[85]遷　遷徙；放逐。[86]之蜀　往蜀；到蜀。[87]輦　指手推車。[88]虜　指趙國降民。[89]少　不多；稍微。[90]與　給與。[91]處　地方。[92]葭萌　縣名。漢屬廣漢郡。今四川廣元南。[93]陿薄　地方小，土地瘠薄。[94]崏山　今四川北部。[95]踆鴟　指土地肥沃，出產大芋頭。因芋頭形如蹲著的鴟鳥，故名。踆，通「蹲」。[96]工作布　擅長於作布。布，一說麻、葛類織物稱布；另一說，古代稱貨幣為布。《史記・貨殖列傳》作「工于市」，即善於做買賣。[97]易賈　便於做買賣。[98]致　遷到；送到。[99]臨邛　縣名，在今四川邛崍。[100]憙　喜歡。憙，同「喜」。[101]即　就也。[102]運籌算　運算籌劃。[103]賈滇蜀　在滇蜀之間經商。[104]擬　類似。[105]人君

國君。(106)山東　戰國、秦漢時，稱崤山或華山以東為山東，即關東。指山東六國。(107)遷虜　從山東遷來的降民。(108)魋結　椎髻。魋，通「椎」。如椎形的髻，古時西南少數民族的一種髮飾，此處泛指西南夷。(109)成哀間　指漢成帝（西元前三三－前七年）、漢哀帝（西元前七－前一年）在位期間。(110)鉅萬　同「巨萬」。萬萬。(111)數十百萬　數十萬至百萬。(112)平陵　漢昭帝陵墓，縣名，今陝西咸陽西北。(113)持錢　掌管錢財。(114)其人　指羅裒。(115)石氏訾次如苴　指石氏富的等次同如氏、苴氏一樣。次，次第；等次。(116)曲陽定陵侯　曲陽侯王根、定陵侯淳于長。淳于長乃元帝皇后王政君姊姊的兒子。(117)賒貸　放高利貸。(118)負　虧欠；抵賴。(119)擅　占有。(120)期年　一年。(121)殖　繁殖；聚集。(122)宛　縣名。今河南南陽。(123)梁　指魏。魏惠王遷都大梁（今河南開封）後，魏也被稱為梁。(124)南陽　郡名，治宛縣，今河南南陽。(125)規　規劃；謀劃。(126)陂田　池塘旁邊的田地。陂，池塘；澤畔障水之岸。(127)連騎　一人一馬為一騎，一騎一騎相連為連騎。(128)閒　同「閑」。言其志寬大，不在急促。(129)公子　公侯貴人之子。(130)贏得　賺得的錢。(131)過當　贏利甚多。當，相當；對等。(132)瘉　同「愈」。勝過。(133)孅嗇　吝嗇；斤斤計較。孅，同「纖」。(134)雍容　指態度大方，從容不迫。(135)儉嗇　儉，儉省。嗇，少花費。《韓非子・解老》：「少費之謂嗇。」(136)起　起家；發財。(137)鉅萬　萬萬。形容數目極大。(138)約　約定；規定。(139)頫　低頭；向下。(140)卬　通「仰」。抬頭。(141)貰貸　貰，租借；賒欠。貸，借入；借出。(142)鄒　國名，曹姓。在今山東鄒縣等地。(143)去　離開；拋棄。(144)文學　指儒學。(145)賤　賤視；輕視。(146)奴虜　奴僕。(147)刁閒　人名，姓刁，名閒。(148)貴　重視。(149)桀黠奴　狡猾而兇暴的奴僕。(150)逐　追逐；追求。(151)守相　指郡守、王國相。(152)愈益　更加。(153)任之　任用；信任。(154)寧爵無刁　寧可不做有爵位的庶民，也不能不追隨刁閒當奴僕致富。(155)豪奴　強橫的奴僕。(156)臨淄　齊地都會，今山東淄博東北。(157)姓偉　人名，姓姓，名偉。(158)訾　資。(159)孅　細小；吝嗇。(160)師史　人名，姓師，名史。(161)轂　車輪中心能轉動的軸，此處代稱車輛。(162)百數　以百計。(163)雒陽　今洛陽古名。(164)在齊秦楚趙之中　指在各國的中心。(165)相矜　互相誇耀。矜，自以為賢能。(166)邑　指雒陽。(167)設用　任用；置用。(168)十千萬　即萬萬錢或一億錢。或曰至千萬者十次。(169)王莽　新朝建立者，西元八－二三年為新朝皇帝。(170)訾　同「貲」、「資」。(171)納言士　納言所屬辦事官員。納言，官名，掌出納王命，下言上達，上言宣於下。(172)宣曲　地名。在今陝西西安西南。(173)督道　師古曰：「于京師四方諸道督其租也。」長安有北、西、南、東諸道。道，通「導」。或說「督道」為地名或倉名。(174)倉吏　掌管倉庫的官吏。(175)窖倉粟　取倉粟窖藏起來。(176)折節　降低身分，屈己下人。(177)為力　致力。(178)賤賈　便宜的價格。賈，通「價」。(179)貴善　言其不計貴賤，重視質量。(180)任公　任氏家長。(181)家約　家中的規定。(182)率　表率；榜樣。(183)主上　皇帝。(184)塞之斥　指邊塞開發。斥，開發。(185)橋桃　姓橋名桃。《史記》作橋姚。(186)致　取得；達到。

(187)倍 加倍。(188)吳楚兵之起 指漢景帝時吳楚七國叛亂發生時。(189)行從 跟從。(190)齎貣 借貸。(191)子錢家 放高利貸者。(192)莫不。(193)予 借給。(194)毋鹽 複姓。(195)出捐 拿出借款。(196)貸 借人。(197)其息十之 十倍的利息。(198)關中 指秦都咸陽、漢都長安附近地區。因東有函谷關，西有散關，南有武關，北有蕭關，故稱關中。(199)氐 通「抵」。(200)諸田 眾多的田姓人家。如田牆、田蘭。(201)韋家 疑為地名。不詳。(202)安陵 縣名。漢惠帝陵墓，在此置縣。(203)杜陵 縣名。漢宣帝陵墓，在此置縣。(204)茂陵 縣名。漢武帝陵墓，在此置縣。(205)平陵 縣名。漢昭帝陵墓，在此置縣。(206)丹王君房 指賣丹砂的王君房。(207)豉樊少翁王孫大卿 指樊少翁、王孫大卿賣豆豉。(208)高訾 多資財。(209)以為 以其為；以他為。(210)京 京城。(211)司市師 主管市場的首長。(212)司東市令 掌管長安東市市場的首長。(213)章章 顯著。章，通「彰」。(214)尤 特殊的；突出的。(215)顓 同「專」。(216)貨賂 用財貨賄賂人。(217)取重 贏得尊重。(218)勝數 盡數。(219)以 憑；靠。(220)甲 冠於；占第一。(221)州 漢武帝在京師附近以外設十三個監察區，稱十三州。(222)脂 油脂。(223)傾 欽佩；傾慕。(224)踰侈 越制奢侈。(225)洒削 洒，通「洗」。削，書寫刀。(226)鼎食 列鼎而食。古代貴族飲食的排場。(227)胃脯 煮羊胃為脯，食用。(228)擊鍾 指鳴鐘佐食。也是古代貴族飲食的排場。(229)越法 超越了法度。(230)循 遵循；依照。(231)籌策 運籌策劃。(232)錮 專取；壟斷。(233)不軌 不合法度；越出常規。(234)掘冢 掘墳盜墓。(235)博掩 搏擊別人搶奪錢財。或說為博掩，即賭錢。(236)犯姦 作奸犯法。(237)齒列 指有罪的人與善良的人齊齒並列。(238)化 教化；風化。

【語譯】按秦漢的制度，列侯、有封邑的封君衣食租稅，大致是每年每戶繳納二百錢。封邑有一千戶則每年收入有二十萬錢，朝拜皇帝、貢獻方物及於列侯互相拜訪等費用都要從這裡開支。庶民農、工、商賈，大致上每年一萬錢可得到二千錢的利息，有一百萬錢的人家每年可得到利息二十萬，更役、田租、口賦等賦稅都從這裡開支。這樣的人家衣食是美好的。所以說陸地牧馬五十匹，養牛一百六十頭，養羊二百五十隻，草澤養豬二百五十頭，有水面能蓄養一千石魚的魚池，在山裡居住的有千株楸樹。安邑一千株棗樹；燕、秦一千株栗樹；蜀郡、漢中、江陵一千株橘樹；淮北、滎南和黃河、濟水之間的一千株楸樹；陳縣、夏縣的一千株漆樹；齊、魯的一千畝桑麻；渭水流域的一千畝竹子；以及大國有名的上萬家城市，近郊有一千畝畝產一鍾的良田；以及有一千畝卮、茜；一千畦生薑、韭菜：擁有上述某一項財富的人，其收入都可與千戶侯的收入相等。

2 諺語說：「以貧求富，農不如工，工不如商，刺繡文采不如憑藉市場。」此言商業，是窮人求富所憑藉的手段。在交通四通八達的大都市裡，釀酒一年賣出千甕，醋醬一千缸，漿一千擔，屠宰牛羊豬一千張皮，買穀一千鍾，柴草一千車，船長一千丈，木材一千根，竹竿萬個，軺車百乘，牛車千輛，油漆木器一千件，銅器千鈞，本色木器、鐵器或卮子、茜草一千石，馬二百匹，牛二百五十頭，羊、豬兩千隻，奴隸一百人，筋角、丹砂一千斤，帛絮細布一千鈞，有花紋的彩色絲織物一千匹，粗布、皮革一千石，漆一千大斗，酒麴、鹹豆豉一千盒，青花魚、鱭魚一千斤，淡乾魚、鹹魚千鈞，棗、栗子三千石，狐皮、貂皮毛皮一千件，羔羊皮衣一千石，氈毯一千條，其他野果一千種，利息錢一千貫，除去經紀人的費用和稅款外，貪財的商人獲利十分之三，正直的商人獲利十分之二。擁有以上財富和收入的人，也可以與千乘之家相比，這是其大概的情況。

3 蜀郡卓氏的祖先是趙國人，靠冶鐵致富。秦國滅趙國後，遷徙卓氏到蜀郡，夫妻二人推著小車前去。被遷徙的趙人都有些餘財，爭著送給官吏，請求遷到近處，被安置在葭萌縣。只有卓氏說：「葭萌地方狹小，土地貧瘠。我聽說崏山之下有沃野，地下長大芋頭，有芋頭充飢，至死也不會挨餓。民眾擅長鑄造財貨，容易經商。」於是請求遷到遠處。他們被遷到臨邛縣，非常高興，就在鐵礦山冶鐵，善於運籌規劃，在雲南、四川之間經商，富有到有奴隸八百人，享受的田池射獵的快樂，可與國君相比。

4 程鄭，是從山東地區遷來的降民，也從事冶鑄業，在西南夷民眾中做買賣，其財富與卓氏相等。

5 程氏、卓氏衰落以後，到成帝、哀帝時，成都人羅裒資財達到一萬萬多。當初，羅裒到京城經商，隨身帶著數十萬至上百萬錢，為平陵縣石氏掌管錢財。羅裒身體好能力強。石氏資財與豪富的如氏、苴氏屬於同一等次，很信任羅裒，給予很多錢並派遣他往來巴、蜀經商，幾年間賺取了千餘萬。羅裒拿出了其中的一半贈送給曲陽侯王根、定陵侯淳于長，憑藉他們的權力，在各郡國賒貸金錢，人們都不敢虧欠。羅裒又占有鹽井之利，一年所得可以成倍增長，於是繁殖財貨而致富。

6 宛縣孔氏的祖先，是魏國人，以冶鐵為業。秦國滅魏國後，把孔氏遷到南陽，孔氏就大力經營鼓鑄業，規劃開墾陂田，車馬連騎交遊諸侯，藉著交通商賈的利益，得到了游閒公子的美名。然而他賺得的錢相當的多，勝過那些斤斤計較的商人，家產達到數千金，所以南陽做生意的都效法孔氏的雍容大度。

7 魯國人風俗節儉，而丙氏尤甚，丙氏靠冶鐵起家，財富達到萬萬。然而，他們家從父兄到子弟都要遵守一條家規，低頭、抬頭都要取得一定的收益，其家借貸、經商遍及各郡國。由於這個緣故，鄒、魯之地有很多人都拋棄文學而追求財利。

8 齊地風俗賤視奴僕，而刀閒唯獨喜歡、重視他們。狡猾兇猛的奴僕，人們會感到害怕，只有刀閒收留他們，讓他們去追逐魚鹽商賈的利益，或以成群結隊的車馬去交往郡守、國相，而刀閒卻更加任用他們，終於得到了他們的助力，積累了幾千萬錢。所以奴僕說「寧可不當有爵位的庶民，也不能不當刀閒能發財致富的奴僕」，這說明刀閒能使用豪奴致富的方法，充分發揮他們的作用。刀閒衰落以後，至成帝、哀帝之時，臨淄有個叫姓偉的人，資財達到了五千萬。

9 周人本來小氣吝嗇，而師史尤其厲害，他有轉運貨物的車子上百輛，到各郡國去經商，無處不到。雒陽地理位置處於齊秦楚趙的中間，富人之家以長時間的在外經商而互相誇耀，路過雒陽家門也不進去看望。師史能任用這樣的人經商，所以賺了上億的錢。

10 師史衰落以後，到漢成帝、漢哀帝、王莽時期，雒陽張長叔、薛子仲資財也至萬萬錢。王莽都任命他們為納言士，想效法漢武帝任用商人當官，然而沒有收到效益。

11 宣曲任氏，他的祖先做督導各方租穀入倉的官吏。秦朝滅亡的時候，豪傑爭著奪取珠玉財寶，而任氏獨自窖藏倉庫中的糧食。後楚漢兩軍相持於滎陽之時，百姓無法耕種，每石米價至萬錢，而豪傑的珠玉盡歸任氏，任氏從此發財。富人過奢侈的生活，而任氏折節屈己下人，致力於農田畜牧。人們爭著購買價格便宜的東西，而任氏卻獨自收購價格貴但質量好的物品，因此幾代人富有。然而，任氏家有一條家規：不是自己家種田、養畜得來的東西不得吃穿，官府的公事沒有完畢不飲酒食肉。以此為鄉里的表率，所以富有且受到了皇帝的尊重。

12 在邊塞開發方面，唯有橋桃達到有馬一千匹，牛二倍於馬，羊萬隻，穀子以萬鍾計。

13 吳楚七國之亂發生時，長安城中列侯、封君隨軍出征，用費要向放高利貸者借貸，放高利貸者認為，關東戰爭成敗未決，不肯給。唯有毋鹽氏拿出千金出借，利息為本錢的十倍。三個月後，吳楚之亂被平定。一年之中，毋鹽氏獲得十倍的利息，以此成為關中的富豪。

14 關中地區的富商大賈，大抵都是姓田的，如田牆、田蘭等。韋家栗氏、安陵杜氏也有上億家產。先前的富翁已經衰落，從元帝、成帝到王莽，京師的富人杜陵樊嘉、茂陵摯網，平陵如氏、苴氏，長安賣丹砂的王君房，賣豆豉的樊少翁和王孫大卿，都是天下的富豪。樊嘉有五千萬，其餘都有上億的錢。王孫卿以錢財收養士人，與英雄豪傑交往，王莽用他做京師的司市師，就是漢朝的司東市令。

15 上述這些富豪都是西漢一些顯赫的著名人物。其餘郡國富民兼營商業專利獨占，用財貨賄賂他人，因而贏得鄉里尊重的人，不可勝數。所以秦楊以種田務農而冠於一州，翁伯以販賣油脂而獲得縣邑的傾慕，張氏以賣醬而逾制奢侈，質氏以磨洗刀而列鼎佐食，濁氏以經營胃脯而車馬連騎，張里以醫馬而擊鐘助餐，這些都是超越法度的行為。然而他們都能循守本分經營事業，積累贏利，漸漸成了富人。至於蜀郡的卓氏，宛縣的孔氏，齊地的刀閒，公然占有名山大河出產的銅鐵魚鹽市場的收入，運籌策劃，對上爭奪國君的利益，向下獨占百姓的事業，都陷入了違反法度奢侈僭越的罪惡。又何況掘墓盜物、賭博騙錢、犯法作奸而成巨富，如曲叔、稽發、雍樂成之徒，仍然與善良百姓列齒平坐，傷害教化，敗壞風俗，實是大亂的根源啊。

【研析】《漢書》本是記載西漢歷史的斷代史，但〈貨殖傳〉卻打破斷代史的常規，記載了從三代到西漢末商業與商人發展的歷史，在這方面具有了通史的性質。它除了記載從三代到西漢中期有關的事實外，還記載了西漢中期到西漢末《史記》所沒有記載的歷史事實，從而保留了珍貴的歷史資料。

據〈貨殖傳〉記載三代是個從「天子公侯卿大夫士」及至「皁隸」有嚴格等級的社會，不能僭越。統治階級對各種自然資源都有嚴格管理，不許亂採亂伐隨意濫用，並「教民樹種畜養」，使「五穀六畜及至魚鼈鳥獸」等「養生送終之具，靡不皆育。育之以時，而用之有節」，然後讓士農工商「四民因其土宜，各任智力，夙興夜寐，以治其業」，最後達到「非有徵發期會，而遠近咸足」的目的。而統治階級則「道之以德，齊之以禮，故民有恥而且敬，貴誼而賤利」。這就是三代「直道而行，不嚴而治」的大概情況。

到周王室衰落，禮法毀壞，諸侯、大夫僭越，竟然用著周天子用的器物與樂舞。士人、庶民，都不受制度約束而棄本逐末，從事農耕的民眾少，商旅之民多，穀不足而貨有餘。由於鐵器的出現與使用，生產的發展，分工擴大，商品流通發展，貧富分化，大富豪出現。范蠡去官經商，十九年之間三致千金，子孫富至萬萬。孔子弟子子貢，在曹魯之間經商，結駟連騎，與國君分庭抗禮。周人白圭經商時，樂觀時變，人棄我取，人取我與，成為經商的祖師爺。猗頓靠鹽業致富，郭縱以鑄冶成業，與王者等富。烏氏贏靠畜牧，巴寡婦清靠開採丹穴，都成為巨富。

按秦漢的制度，列侯封君在封邑中收的衣食租稅，平均每年每戶二百錢，有一千戶的封邑每年收入二十萬。從事農工商賈的庶民，大約一萬錢每年可收到兩千錢的利息。家有一百萬錢每年可增收二十萬錢，就可過衣食美好的生活了。這樣的富豪當時各行各業中是很多的。有諺語說：「以貧求富，農不如工，工不如商，刺繡文不如倚市門。」大的都邑城市中，釀酒、釀醋、屠宰牛羊豬、賣材草、賣銅器、鐵器、木器、漆器、皮革等等行業都有成為富豪的。全國性的大富豪有：以冶鐵致富的蜀卓氏、程鄭、宛孔氏、魯丙氏；靠使用奴僕經商致富的有齊人刁閒；靠用車轉運致富的有周人師史、張長叔、薛子仲；靠高利貸致富的有長安毋鹽氏；靠囤積糧食致富的有宣曲任氏；開發邊塞致富的有橋桃；勾結官僚致富的有成都羅裒等人。又何況還有掘墓盜墳、賭博騙錢、犯法作奸而成為巨富的。這些富豪們上與王者爭利，對下霸占了民眾的財路，傷風敗俗，造成了新的社會問題。

《史記》和《漢書》都撰有〈貨殖傳〉。宋鄭樵在《通志・總序》中說班固「專事剽竊」，「盡竊遷書」。兩相對照，《漢書・貨殖傳》有百分之六十以上內容襲自《史記》。儘管如此，詬病《漢書・貨殖傳》「盡竊遷書」之論有失公允。《漢書・貨殖傳》不僅補充了大量的材料，有助於人們瞭解自三代末到王莽時期經濟發展的脈絡，而且班固對《史記》內容多有刪除和補充，反映出不同於司馬遷的貨殖觀念和著史目的，對後世的貨殖理論產生了重要影響。

《史記・貨殖列傳》以人與物質生活的關係作為考察社會經濟現象的出發點，以從歷史的、現實的關係中企圖找到「通古今之變」為目的，其考察的物件是生活、交換和消費。《漢書・貨殖傳》以「貴誼而賤利」作為出發點和目的，其考察的物件是禮義興衰和社會經濟關係。《史記・貨殖列傳》認為古代的商品經濟的發展是「自然之驗」，是歷史的進步，而《漢書・貨殖傳》則認為這是「周室衰、禮法墮」的結果。《史記・貨殖列傳》申述財富的不齊決定了人們社會身分的貴賤，並肯定農工商虞治生謀利的活動是人類生活資料的來源，從而反對官方的經濟壟斷。《漢書・貨殖傳》也與此相反，以封建等級是不可逾越的永恆秩序，說「爵祿奉養宮室車服棺槨祭祀死生之制各為差品，小不得僭大，賤不得僭貴」；以生產活動歸之於聖王之教，說「后以財成輔相天地之宜，以左右民」，要教育老百姓「有恥而且敬，貴誼而賤利」。可以說，班固是站在傳統封建社會統治者的立場，主張對經濟活動要有所管制；司馬遷則肯定工商活動自身有其規則，主張自由經濟的好處。這是他們兩人最大的不同。

卷九十二

游俠傳第六十二

【題解】古代稱好交遊而重義，勇於救人急難的人為游俠。游俠有上層與下層之分，上層游俠先秦以魏之信陵君、趙之平原君、齊之孟嘗君、楚之春申君為代表；而起於布衣的下層游俠西漢以魯朱家、郭解為代表。本篇對西漢時期著名游俠的事跡進行了敘述與評論。司馬遷在《史記・游俠列傳》稱讚游俠言必信，行必果，捨生忘死，救人急難。在本傳中班固對游俠基本持否定態度。

1 古者天子建國，諸侯立家❶，自卿大夫以至于庶人❷各有等差❸，是以民服事其上❹，而下無覬覦❺。孔子曰：「天下有道，政不在大夫❻。」百官有司❼奉法承令，以脩❽所職，失職有誅，侵官❾有罰。夫❿然⓫，故上下相順，而庶事⓬理⓭焉。

2 周室⓮既微，禮樂⓯征伐⓰自諸侯出。桓文⓱之後，大夫世權⓲，陪臣⓳執命⓴。

陵夷(21)至於戰國，合從(22)連衡(23)，力政(24)爭彊。繇(25)是列國(26)公子(27)，魏有信陵(28)，趙有平原(29)，齊有孟嘗(30)，楚有春申(31)，皆藉王公之勢，競為游俠(32)，雞鳴狗盜(33)，無不賓禮。而趙相虞卿(34)棄國捐君(35)，以周(36)窮交(37)魏齊之厄(38)；信陵無忌竊符(39)矯命(40)，戮將(41)專師(42)，以赴平原之急：皆以取重(43)諸侯，顯名天下。搤掔(44)而游談(45)者，以四豪(46)為稱首。於是背公死黨(47)之議成，守職奉上之義廢矣。

3 及至漢興，禁網(48)疏闊(49)，未之匡改(50)也。是故代相陳豨從車千乘(51)，而吳濞(52)、淮南(53)皆招賓客以千數。外戚大臣魏其、武安(54)之屬競逐於京師，布衣(55)游俠劇孟、郭解之徒馳騖(56)於閭閻(57)，權行州域，力折(58)公侯。眾庶(59)榮其名迹(60)，覬而慕之(61)。雖(62)其陷於刑辟(63)，自與(64)殺身成名，若季路(65)、仇牧(66)，死而不悔。故曾子曰：「上失其道，民散久矣。」(67)非明王(68)在上，視(69)之(70)以好惡(71)，齊之以禮法(72)，民曷(73)繇(74)知禁而反正(75)乎！

4 古之正法(76)：五伯(77)，三王(78)之辠人也；而六國，五伯之辠人也。夫四豪者，又六國之辠人也。況於郭解之倫(79)，以匹夫(80)之細，竊生殺之權，其辠已不容於誅矣。觀其溫良泛愛(81)，振窮周急(82)，謙退不伐(83)，亦皆有絕異(84)之姿。惜乎不入於道德(85)，苟(86)放縱(87)於末流(88)，殺身亡宗(89)，非不幸也！

5 自魏其、武安、淮南之後，天子[90]切齒[91]，衛、霍[92]改節[93]。然郡國豪桀[94]處處各有，京師親戚冠蓋[95]相望，亦古今常道[96]，莫足言者。唯成帝時，外家王氏[97]賓客為盛，而樓護為帥。及王莽[98]時，諸公之間陳遵為雄，閭里之俠原涉為魁[99]。

【章　旨】以上為第一部分，寫先秦與西漢時期游俠產生、發展、演變的一般狀況。

【注　釋】[1]天子建國二句　古代諸侯稱國，大夫稱家。天子建國，就是天子分封諸侯，建立諸侯國。諸侯立家，是指諸侯分采邑給卿大夫。[2]庶人　平民。[3]等差　等級差別。[4]服事其上　指服從事奉上級。[5]覬覦　企圖僥倖達到非分的希望和目的。師古曰：「覬，幸也。覦，欲也。幸得其所欲也。」[6]天下有道二句　見《論語・季氏》，意思是：天下太平時，國政不會落到大夫手裡。即「權不移于下也」。[7]有司　國家有關職能機構。[8]脩　遵循；安守。[9]侵官　越職；越權。[10]夫　發語詞。[11]然　這樣。[12]庶事　眾事。[13]理　治理。[14]周室　指周王朝（約西元前十一世紀—前二五六年）。周武王滅商，建立周朝，都鎬京，至周幽王，稱西周。從周平王東遷洛邑，史稱東周，國勢衰微。[15]禮樂　禮，禮法。樂，指音樂教化。[16]征伐　指軍事征討。[17]桓文　指齊桓公與晉文公兩位霸主。[18]世權　指大夫世代掌權。[19]陪臣　諸侯國的大夫對周王稱陪臣。[20]執命　執掌國家政權。[21]陵夷　衰落。陵，土山，帝王的墳墓。夷，削平。[22]合從　指戰國時六國聯合抗秦的策略。從，通「縱」。[23]連衡　指秦國離間各國以利各個擊破的策略。衡，通「橫」。[24]力政　致力於征戰。師古曰：「棄背禮儀專任威力也。」政，通「征」。[25]繇　由。[26]列國　諸侯各國。[27]公子　指諸侯各國國王之子。[28]信陵　魏國公子信陵君魏無忌，有食客三千。魏安僖王時，秦兵圍趙邯鄲，信陵君應趙平原君之請，曾竊符救趙，奪兵權，勝秦軍，救邯鄲。[29]平原　趙國公子平原君趙勝，趙武靈王子，惠文王弟，三任趙相，有食客三千。[30]孟嘗　齊國孟嘗君田文，齊貴族，兩度相齊，門下食客數千。[31]春申　楚國春申君黃歇，相楚二十五年，也以養士著稱。[32]競為游俠　競相羅致游俠之士。為，當作「羅致」解。[33]雞鳴狗盜　指孟嘗君半夜逃至函谷關，門客用「雞鳴」的辦法，使守門者以為天明而開關，從而逃亡出關。此前也用「狗盜」的辦法盜回獻給秦王的「狐白裘」轉獻給其愛姬而獲釋。[34]虞卿　戰國時的著名策士，曾向趙孝成王進言而被封為上卿，受相印。[35]棄國捐君　指魏國相魏齊得罪秦相范雎，當魏齊陷入末路，虞卿與他逃出趙國救出他的故事。見《史記・

平原君虞卿列傳》。(36)周　周濟；救濟。(37)窮交　患難之交。(38)厄　危難。(39)竊符　指信陵君通過如姬竊取兵符。(40)矯命　假託君命。(41)戮將　指擊殺魏將晉鄙之事。(42)專師　指奪取了兵權。(43)取重　取得諸侯的重視。(44)搤掔　握住手腕。表示激動、振奮的動作。搤，同「扼」。握持；捉住。掔，同「腕」。(45)游談　同「遊說」。(46)四豪　指信陵君等四公子。(47)背公死黨　違背國家利益，盡死力於朋黨。(48)禁網　指各種禁令布張如網。(49)疏闊　指漢初法令比較寬鬆，不如秦法嚴。(50)未之匡改　沒有改正過來。匡，正。之，代詞，代表需要改正的風氣。(51)從車千乘　指隨從賓客眾多，所以隨從車千輛。乘，輛。(52)吳濞　指吳王劉濞。見卷三十五〈吳王劉濞傳〉。(53)淮南　淮南王劉安。見卷四十四〈淮南厲王附傳〉。(54)魏其武安　指文帝竇皇后姪兒魏其侯竇嬰與景帝王皇后之弟武安侯田蚡。競逐，指二人及其賓客互相角逐爭鬥。見卷五十二〈竇田灌韓傳〉。(55)布衣　古代平民一般穿粗麻布衣服，所以布衣就成了平民的代稱。(56)馳騖　乘坐車馬奔走。騖，奔馳。(57)閭閻　指民間。閭，古代城邑近郊二十五家為一閭，也指閭巷。閻，里巷的門。(58)力折　以威力折服。折，指折服，內心佩服。(59)眾庶　古代對平民的通稱。眾，指眾人。庶，指庶民。(60)名迹　聲名事跡。(61)覬而慕之　希望、嚮往、仰慕他們的聲名和事跡。覬，希望；希求。(62)雖　即使。(63)刑辟　刑法。辟，法。(64)自與　自許；自謂。(65)季路　仲由的表字，即子路。孔子學生，先為季氏家臣，後為衛大夫孔悝家臣，在衛國內亂中被殺。(66)仇牧　春秋時宋國大夫，大臣南宮萬殺死宋閔公，仇牧與南宮萬搏鬥而死。兩人都被稱為捨生赴難的義士。(67)曾子曰三句　曾子，曾參，孔子弟子。引文見《論語・子張》。道，指治國準則。(68)明王　聖明的君主。(69)視　通「示」。(70)之　代詞，代「民」。(71)好惡　愛憎。(72)齊之以禮法　以「禮」為準則治理天下。齊，治理；整頓。(73)曷　何。(74)繇　由。(75)反正　由邪返正。反，通「返」。(76)正法　政治法則。(77)五伯　指春秋五霸。伯，通「霸」。諸侯盟主。(78)三王　指夏、商、周三代的開國君主。即禹、湯、文武（文王、武王）。(79)倫　輩；徒。(80)匹夫　平民中的男子；普通人。(81)溫良泛愛　溫和善良有愛心。(82)振窮周急　救濟貧窮，解人急難。振，通「賑」。(83)謙退不伐　謙恭禮讓，不誇耀自己。伐，誇耀。(84)絕異　非常優異。(85)道德　正統的人倫政治標準與行為規範。(86)苟　苟且；不循禮法。(87)放縱　放任。(88)末流　低下的流品；不良的習風。(89)亡宗　滅族。宗，宗族；家族。(90)天子　指漢武帝。(91)切齒　咬緊牙齒，表示極端憤恨。(92)衛霍　指衛青、霍去病。(93)節　為人處世的操守、節操。衛霍改節，見卷五十五〈衛青霍去病傳〉。(94)桀　通「傑」。(95)冠蓋　指官僚貴族的冠服與車蓋，也用作官吏貴族的代稱。(96)常道　常例。(97)外家王氏　外戚王氏賓客為盛之事，見卷九十八〈元后傳〉。(98)王莽　元帝皇后王政君弟王曼之子。(99)魁　為首。

【語　譯】古時天子分封建立諸侯國，諸侯分封卿大夫建立家邑，從卿大夫一直到平民百姓各有等級差別，所以平民百姓甘心順從侍奉上級，而下級也沒有非分的欲望與企圖。孔子說：「天下太平時，國政不會由大夫把持。」所有官吏與有關機構都按國家的法令辦事，嚴格做好本職工作，失職的人受懲處，越權的人受處罰。這樣，就能上下相安無事，而眾人的事情都能妥善治理。

2 周王朝衰弱以後，禮樂征討的大權出於諸侯。齊桓公、晉文公之後，大夫世代掌握政權，被稱為陪臣的大夫一類人掌握了國家的命運。周王朝衰弱到了戰國時期，諸侯各國採取合縱、連橫的策略，通過武力征伐，爭取成為強者。因此各國的公子，如魏國信陵君、趙國平原君、齊國孟嘗君、楚國春申君，都憑藉王公的權勢，競相羅致游俠，對於那些雞鳴狗盜之徒，也都以客禮相待。而趙國宰相虞卿為解救處於危難的朋友魏齊竟不惜脫離趙國、拋棄趙國君主；信陵君魏無忌竟然盜竊國王的兵符，假託王命，殺戮大將，擅奪兵權，以解平原君與趙國的危難：都是為了取得諸侯的重視，名顯天下。那些慷慨激昂到處遊說的策士，都以這四位公子為首領。於是違背國家利益效死朋黨的議論形成了，嚴守本職、奉順上司的原則被廢除了。

3 等到漢朝興起，法網寬鬆，沒有能夠把這種游俠的風氣改正過來。所以代國丞相陳豨隨從賓客所乘的車子上千乘，而吳王劉濞、淮南王劉安都招致了上千的賓客。外戚大臣魏其侯竇嬰、武安侯田蚡之類的人都相互競爭於京師，出身於平民的游俠劇孟、郭解之流馳騁於民間，權勢行於州郡，以以威力使公侯折服。平民百姓推崇他們的名譽和事跡，嚮往他們，仰慕他們。這些人雖然陷入刑獄仍然以殺身成名而自詡，把自己比做子路和仇牧，死了也不後悔。所以曾參說：「在上位的人不依照規矩行事，百姓就離心離德。」如果沒有聖明的君主在上面治理，以鮮明的愛憎標準來昭示他們，用禮法來整頓他們，民眾怎麼能知道哪些東西應當被禁止而改邪歸正呢！

4 按著古代的政治法則：五霸是三王的罪人，六國國君是五霸的罪人。而信陵君等四豪又是六國國君的罪人。更何況至郭解之流，以平民的低賤身分，竊取了生殺予奪之權，他們的惡行已是罪不容誅。然而看他們溫順善良，賑濟窮困，周濟急難，且謙虛退讓而不誇耀自己，也都具有獨特風姿。可惜的是他們不入於道德的規範，隨意放任自己陷入於末流，以致身遭殺戮，宗族被滅，並不是命運不好的原故啊！

自魏其侯、武安侯、淮南王所發生的事情之後，天子切齒痛恨，衛青、霍去病改變過去將相大臣招賢納士、結黨營私的作風。然而稱雄各州郡封國的豪傑處處都有，京城中皇親國戚與豪傑來往者冠蓋相望，這也是古今常道，不值得談論。至於漢成帝時，外家王氏賓客眾多，以樓護為代表。到了王莽時，公卿之間的豪傑以陳遵為首，閭里民間的俠客以原涉為首。

朱家，魯①人，高祖同時也。魯人皆以儒教，而朱家用②俠聞。所臧活③豪士以百數，其餘庸人不可勝④言。然終不伐⑤其能，歆⑥其德，諸所嘗⑦施⑧，唯恐見之。振人不贍⑨，先從貧賤始。家亡餘財，衣不兼采⑩，食不重味⑪，乘不過軥牛⑫。專趨⑬人之急，甚於己私⑭。既陰脫⑮季布之厄⑯，及布尊貴，終身不見。自關⑰以東，莫不延頸⑱願交。楚田仲以俠聞，父事⑲朱家，自以為行弗及也。田仲死後，有劇孟。

劇孟者，洛陽人也。周人⑳以商賈為資㉑，劇孟以俠顯。吳楚反㉒時，條侯㉓為太尉，乘傳東將㉔，至河南㉕，得劇孟，喜曰：「吳楚舉㉖大事㉗而不求劇孟，吾知其無能為㉘已㉙。」天下騷動㉚，大將軍㉛得之若一敵國㉜云。劇孟行大類朱家，而好博㉝，多少年之戲。然孟母死，自遠方送喪蓋㉞千乘㉟。及孟死，家無十金㊱之財。而符離㊲王孟，亦以俠稱江淮之間。是時，濟南㊳瞯氏、陳周庸亦以豪聞。景帝㊴聞之，使使㊵盡誅此屬㊶。其後，代㊷諸白㊸、梁㊹韓毋辟、陽翟㊺薛況、陝㊻寒孺㊼，紛紛復出焉。

【章　旨】以上為第二部分，寫西漢初期魯朱家、洛陽劇孟等游俠的情況與漢政權對待他們的態度。

【注　釋】❶魯　周諸侯國名。武王滅商，封周公於山東曲阜，周公留京輔政，其長子伯禽是魯國第一代國君，為魯公，轄今山東西南部。❷用　因。❸臧活　窩藏救活。臧，通「藏」。❹勝　盡。❺伐　自己誇耀。❻飲　通「隱」。隱沒；不顯示。❼嘗　曾經。❽施　施捨；給予。❾贍　供給；供養。❿衣不兼采　不同時穿兩件色彩不同的服裝。⓫食不重味　不吃兩種以上不同味道的葷菜。⓬軥牛　挽車的小牛。指朱家所乘的車為小牛所駕的車。軥，車轅前駕馬、牛的工具。⓭趨　向；奔走。⓮己私　自己的私事。⓯陰脫　暗中解脫。⓰厄　難。⓱關　指函谷關。舊址在河南靈寶東北。⓲延頸　伸長脖子。意為嚮往、仰慕。⓳父事　像對待父輩一樣侍奉朱家。⓴周人　指洛陽及其周圍地區的人，因這一帶為東周王畿之地。㉑以商賈為資　以善於經商為才能。資，資質；才能。㉒吳楚反　指吳楚七國之亂。㉓條侯　指周亞夫。見卷四十。㉔乘傳東將　王先謙曰：當從東字斷句，作「乘傳東」。乘驛站傳車東行。傳，驛站的車馬。㉕河南　郡名，在今河南伊河、洛河下游地區，治洛陽（今洛陽東北）。㉖舉　發動。㉗大事　指造反。㉘為　作為。㉙已　語助詞。同「矣」。㉚騷動　動亂。㉛大將軍　指周亞夫。㉜敵國　指與一個國家的力量相匹敵。㉝博　古代遊戲，與下棋相似。共十二子，六黑六白，兩人相博，每人六子，故又名六博。㉞蓋　車蓋。代車輛。㉟乘　古代一車駕四馬為一乘。㊱十金　形容財富不多。漢代黃金一斤為一金，一金值一萬錢。㊲符離　縣名，沛郡之縣。在今安徽宿州東北。㊳濟南　封國名。在今山東濟南一帶，都東平陵（今章丘西北）。㊴景帝　漢景帝劉啟。㊵使使　派遣使臣。㊶屬　類。㊷代　郡名。在今河北、山西交界地區。治代縣（今河北蔚縣東北）。㊸諸白　指代郡各個姓白的家族。㊹梁　封國名。在今河南、安徽交界地區。都睢陽（今河南商丘南）。㊺陽翟　縣名，屬潁川郡，今河南禹州。㊻陝　縣名，即河南陝縣。㊼寒孺　人名。《史記》作寒儒。

【語　譯】朱家，魯國人，與高帝同時。魯國人都學習儒術，而朱家卻以行俠仗義而聞名。他所藏匿救活的豪傑之士數以百計，其他普通人更是多不勝數。然而，朱家從不誇耀自己的能力，不顯示自己的德行。對於許多受過他的恩惠的人，他惟恐再見到他們。賑濟別人的困難，先從貧賤的人開始。他自己家無餘財，不穿兩件色彩不同的衣服，吃的食物沒有兩樣以上的葷菜，乘坐的是小牛拉的車子。專注奔走解決別人的困難，超過處理自己的私事。他暗地裡解脫了季布的危難，等到季布地位顯貴以後，又終身不與他相見。從函谷關以東的廣大地區，沒有人不伸長脖子希望與朱家結交的。楚地的田仲也以行俠仗義聞名，像對待父輩一樣侍奉朱家，自認俠義行為趕不上朱家。田仲死後，又出現了劇孟。

劇孟是洛陽人。洛陽人以會做生意為其才能，而劇孟卻以行俠聞名。吳楚七國之亂時，條侯周亞夫為太尉，乘坐傳車向東行，到河南時，得到了劇孟，高興地說：「吳楚發動叛亂而不爭取劇孟，我知道他們已經不能有所作為了。」天下動亂的時候，大將軍得到劇孟，就好比得到一個國家那麼大的力量。劇孟的行為與朱家極為類似，而他愛好博戲，玩的多是年輕人的遊戲。然而劇孟母親去世時，從遠方來的送喪的車子達到了上千輛。到劇孟死了以後，家中無十金之財。而這時符離縣的王孟，也以行俠聞名於長江、淮河一帶。此時，濟南郡的瞷氏、陳國的周膚也以豪俠而聞名。景帝聽說了以後，派遣使者殺盡這類人。其後，代郡諸白姓家、梁國的韓毋辟、陽翟的薛況、陝縣人寒孺，又紛紛湧現出來。

1 郭解，河內❶軹❷人也，溫善相人❸許負❹外孫也。解父任俠❺，孝文時誅死。

解為人靜悍❻，不飲酒。少時陰賊❼感槩❽，不快意，所殺甚眾。以軀借❾友報仇，臧命❿作姦⓫剽攻⓬，休乃鑄錢掘冢⓭，不可勝數。適⓮有天幸⓯，窘⓰急常得脫，若⓱遇赦。

2 及解年長，更[18]折節[19]為儉[20]，以德報怨，厚施而薄望[21]。然其自喜為俠益甚[22]。既已振[23]人之命，不矜[24]其功，其陰賊著於心本[25]發於睚眦[26]如故云。而少年慕其行，亦輒[27]為報讎，不使知也。

3 解姊子負[28]解之勢，與人飲，使之釂[29]，非其任[30]，彊[31]灌之。人怒，刺殺解姊子，去亡[32]。解姊怒曰：「以翁伯[33]時人殺吾子，賊不得！」棄其尸道旁，弗葬，欲以辱解。解使人微[34]知賊處。賊窘[35]自歸，具[36]以實告解。解曰：「公殺之當[37]，吾兒不直[38]。」遂去[39]其賊，辠其姊子[40]，收而葬之。諸公聞之，皆多[41]解之義，益附[42]焉[43]。

4 解出，人皆避，有一人獨箕踞[44]視之。解問其姓名，客[45]欲殺之。解曰：「居邑屋[46]不見敬，是吾德不脩[47]也，彼何辠！」乃陰請[48]尉史[49]曰：「是人吾所重，至踐更[50]時脫[51]之。」每至直更[52]，數過[53]，吏弗求[54]。怪[55]之，問其故，解使脫之。箕踞者迺肉袒[56]謝辠。少年聞之，愈益慕解之行。

5 洛陽人有相仇者[57]，邑中賢豪居間[58]以十數，終不聽。客[59]迺見解。解夜見仇家，仇家曲聽[60]。解謂仇家：「吾聞洛陽諸公在間[61]，多不聽。今子幸而聽解[62]，解奈何[63]從它縣[64]奪人邑[65]賢大夫權乎！」迺夜去，不使人知，曰：「且毋庸[66]，待我去，今洛陽豪居間迺聽[67]。」

6 解為人短小[68]，恭儉[69]，出未嘗有騎[70]，不敢乘車入其縣庭[71]。之[72]旁郡國，為人請求事，事可出[73]，出之；不可者，各令厭[74]其意，然後迺敢嘗酒食。諸公以此嚴重[75]之，爭為用[76]。邑中少年及旁近縣豪夜半過門[77]，常十餘車，請得解客舍養之[78]。

7 及徙豪茂陵[79]也，解貧，不中訾[80]。吏恐[81]，不敢不徙。衛將軍[82]為言[83]：「郭解家貧，不中徙。」上[84]曰：「解布衣，權至使將軍[85]，此其家不貧。」解徙，諸公送者出千餘萬[86]。軹人楊季主子為縣掾[87]，鬲[88]之，解兄子斷楊掾頭。解入關[89]，關中賢豪知[90]與不知，聞聲爭交驩。邑人又殺楊季主，季主家上書人又殺闕下[91]。上聞，迺下吏[92]捕解。解亡，置[93]其母家室夏陽[94]，身至臨晉[95]。臨晉籍少翁素不知解，因出關[96]。籍少翁已出解，解傳[97]太原[98]，所過輒告主人處。吏逐迹[99]至籍少翁，少翁自殺，口絕[100]。久之得解，窮治[101]所犯為，而解所殺，皆在赦前[102]。

8 軹有儒生侍使者[103]坐，客譽[104]郭解，生曰：「解專以姦犯公法，何謂賢？」解客聞之，殺此生，斷舌。吏以責解，解實不知殺者，殺者亦竟莫知為誰。吏奏解無辜。御史大夫[105]公孫弘[106]議曰：「解布衣為任俠行權[107]，以睚眦殺人，解不知，此皋甚於解知殺之。當[108]大逆無道[109]。」遂族[110]解。

9 自是之後，俠者極眾，而無足數者。然關中長安[111]樊中子，槐里[112]趙王孫，長陵[113]高公子，西河[114]郭翁中，太原魯翁孺，臨淮[115]兒長卿[116]，東陽[117]陳君孺，雖為俠而恂恂[118]有退讓君子之風。至若北道[119]姚氏，西道諸杜，南道仇景[120]，東道佗羽公子[121]，南陽[122]趙調之徒，盜跖[123]而居民間者耳[124]，曷足道哉！此迺鄉[125]者朱家所羞也。

【章旨】以上為第三部分，寫西漢中期以郭解為代表的游俠的事跡。

【注釋】❶河內　郡名。在今黃河以北地區，治懷縣，今河南武陟西南。❷軹　縣名。在今河南濟源東南軹城鎮。❸相人　給人相面。從面相中尋找吉凶禍福的兆頭。❹許負　許婦。負，通「婦」。許婦是漢初河內一位善相面的婦人。《史記》上說她為薄姬和周亞夫看相都應驗了。❺任俠　打抱不平而抑強扶弱。❻靜悍　性格沉靜而勇悍。❼陰賊　暗懷賊害之意。陰，暗中；內心。賊，狠毒。❽慨槩　此處指易於意氣用事。❾耤　借助。通「藉」。❿臧命　藏匿亡命之徒。臧，通「藏」。⓫作姦　犯法。⓬剽攻　劫盜。⓭休乃鑄錢掘冢　指不作奸剽攻時，就鑄錢、盜墓。掘冢，盜墓。⓮適　正好；恰逢。⓯天幸　幸運；機遇。⓰窘　困迫。⓱若　如；或者。⓲更　更改；改變。⓳折節　改變平日的志向與行事方法。⓴為儉　做出謙卑的樣子。㉑厚施而薄望　給人的好處多，希望別人回報的少。㉒自喜為俠益甚　自己喜愛為俠更甚於過去。俠，舊時指打抱不平、見義勇為的人。㉓振　通「拯」。拯救。㉔矜　自負其能。㉕著於心本　即紮根在靈魂深處。著，附著。㉖發於睚眦　發生於瞪眼睛、怒目而視等小的怨恨。㉗輒　常常；總是。㉘負　恃也；依仗。㉙釂　乾杯。《說文》：「釂，飲酒盡也。」㉚任　勝任；能夠。㉛彊　強迫；強制。㉜去亡　逃亡。王先謙曰：「《史記》作亡去，是此誤倒。」當為「亡去」。㉝翁伯　郭解的表字。㉞微　暗中打聽賊的下落。㉟窘　困急；處境困難。㊱具　全部。㊲當　恰當；應當。㊳不直　理屈；理虧。

(39)去　指去其罪也。(40)皐其姊子　指歸罪於他姊姊的兒子。(41)多　推重;讚美。(42)附　歸附。(43)焉　代詞。指郭解。(44)箕踞　坐時兩腿伸直岔開,形似簸箕。箕踞,又作「箕倨」。(45)客　門客。(46)邑屋　村舍;巷舍。(47)脩　修養。(48)陰請　暗託。(49)尉史　縣尉的屬官。(50)踐更　更役的一種。貧窮者得錢、被雇傭替人服役叫踐更。(51)脫　解脫;免除。(52)直更　輪到應服役時。直,通「值」。(53)數過　屢次輪到此人。(54)吏弗求　更不要求此人去服役。吏,指尉史一類人。(55)怪　以此為怪。(56)肉袒　袒衣露體。(57)相仇者　互相敵視的仇人冤家。(58)居間　居中調解。(59)客　指相仇者的一方。下文「仇家」為另一方。(60)曲聽　指「曲從其言」。(61)在間　指「諸公」在中間調解多不聽。(62)幸而聽解　指對方有幸聽從了郭解勸告。(63)奈何　怎樣;如何。(64)它縣　外縣。(65)人邑　他人所居城市。(66)毋庸　不用;無須。庸,用也。(67)待我去二句　師古曰:「待洛陽豪更言之,乃聽。」(68)短小　矮小。(69)恭儉　謙恭節儉。(70)騎　騎馬的隨從。一人一馬為一騎。(71)縣庭　指所屬縣的縣衙。(72)之　前往。(73)出　解脫;開脫。(74)厭　通「饜」。滿足;吃飽。(75)嚴重　敬重。嚴,尊敬。(76)為用　為他所用。(77)過門　登門拜訪。過,探訪。(78)請得解客舍養之　指請求把郭解的賓客帶到自己家中藏匿,並養活他們。舍,止也。師古曰:喜事少年「知亡命者多歸解,故夜將車來迎取其人居止而養之。」(79)徙豪茂陵　武帝元朔二年曾徙家財三百萬以上的富豪於茂陵。茂陵,縣名。以武帝生前為自己所建陵墓為縣名,在今陝西興平東北。(80)不中訾　家財不夠等級。中,合格。訾,通「資」。資財。(81)吏恐　吏恐懼,擔心隱瞞不了。(82)衛將軍　指衛青。(83)為言　為郭解說話。(84)上　皇上。指漢武帝。(85)權至使將軍　指將軍為他說話,是為其所使也。(86)千餘萬　指千餘萬銅錢。(87)掾　本為佐助之義。古代屬吏的統稱。(88)鬲　通「隔」。阻隔。(89)關　關中。指陝西東部地區,因東有函谷關、南有武關(今陝西丹鳳東南)、西有散關(今陝西寶雞西南大散嶺上)、北有蕭關(今寧夏自治區固原東南),地處四關之中,故名關中。(90)知　認識。(91)闕下　皇宮門前的宮闕之下。(92)下吏　指下令給茂陵縣的地方官吏。(93)置　安置。(94)夏陽　縣名,在今陝西韓城南。(95)臨晉　指臨晉關,武帝時改名為蒲晉關,簡稱蒲關。在今陝西大荔東黃河西岸。(96)出關　指郭解出了臨晉關。(97)傳　通「轉」。輾轉。(98)太原　郡名,在山西中部,治晉陽。(99)逐迹　追逐蹤跡。(100)口絕　因滅口而斷絕了蹤跡。(101)窮治　徹底追究懲處。(102)皆在赦前　指郭解所犯罪都在大赦以前。(103)使者　上級派來審問郭解的官吏。(104)譽　稱譽;讚揚。(105)御史大夫　官名。秦置,漢沿用。位副丞相,三公之一。(106)公孫弘　曾任御史大夫、丞相。見卷五十八〈公孫弘傳〉。(107)任俠行權　指敢於違法,以任俠動不動殺人。(108)當　指判決。(109)大逆無道　罪大惡極。(110)族　滅族。一人有罪,滅三族或九族。(111)長安　西漢都城與縣名。在今陝西西安北。(112)槐里　縣名。在今陝西興平東南。(113)長陵　縣名,在今陝西咸陽東北。因高帝陵墓在此而置縣。(114)西河　郡名。在今內蒙自治區、山西、陝西交界地區，治平定（今內蒙古自治區）。115臨淮　郡名。在今江蘇、安徽交界地區，治徐縣（今江蘇泗洪南）。116兒長卿　人名。兒，通「倪」。姓。117東陽　縣名。在今山東武城東北。118恂恂　恭敬謹慎的樣子。119北道　向北出京城長安之路。120仇景　人名，姓仇，名景。121佗羽公子　姓佗，名羽，字公子。《史記》同傳作「趙佗，羽公子」為兩人，此說較合理。當從。122南陽　郡名。在今河南、湖北交界地區，治宛縣（今河南南陽）。123盜跖　相傳跖為古代大盜。124耳　相當於「而已」、「罷了」。125鄉　通「向」。從前。

【語　譯】郭解，河內郡軹縣人，他是溫縣那個善於給人相面的許婦的外孫。郭解的父親好打抱不平，文帝時被處死了。郭解為人沉靜勇悍，不喝酒。年輕時內心狠毒，意氣用事，遇到不稱心的事，殺死了很多人。他拚命給朋友報仇，藏匿亡命之徒，作奸犯科，進行搶劫；一停住手就私自鑄錢、盜挖墳墓，這類事情多得數不清楚。他常有幸運的巧遇，每次追查緊迫時，常常能夠逃脫，或者碰上大赦。

2 等到郭解年長以後，改變以往的表現，做出節約謙讓的樣子，又以德報怨，給人的好處多，要求別人的少。然而他喜歡行俠的作為卻更甚於過去。他拯救別人的生命之後，從不誇耀自己的功勞，但他內心的狠毒仍紮根在心靈深處，為一些小的怨恨動不動就行兇殺人仍和過去一樣。年輕人仰慕他的行為，也常常為他報仇，而不讓他知道。

3 郭解的外甥依仗郭解的權勢，與人一起喝酒，要別人乾杯，別人受不了，就強行灌他。那人動怒，就刺殺了郭解的外甥，逃亡而去。郭解的姊姊大怒說：「以我弟弟翁伯此時的名氣，人家殺死我的兒子，卻連兇手也找不到！」把她兒子的屍體拋棄在大路旁，不加埋葬，想以此來羞辱郭解。郭解派人暗中打聽到了兇手隱藏之處。兇手困急而向郭解自首，把實情詳細地告訴了郭解。郭解說：「您殺他有理，我家孩子理虧。」就放走了那個兇手，而歸罪於自己的外甥，並收葬了他。豪俠們聽到這事，都稱讚郭解的義氣，更加樂意歸附他了。

4 郭解外出，一般人都迴避，卻有一人伸開雙腿、兩手搭膝傲慢地坐著看望他。郭解問知他的姓名，門客想要殺掉那個人。郭解說：「住在本鄉本土而不被人尊敬，這是我的品德修養不夠，他有什麼罪呢！」於是暗中請託尉史說：「這個人是我所倚重的，輪到他服役時免去他的服役。」服役時，幾次輪到他，尉史都不找他，那人感到奇怪，問其中緣故，才知道是郭解讓他脫免的。那個人就解衣露體向郭解請罪。年輕人聽到這件事，就更加仰慕郭解的行為。

5 洛陽有一對結仇的冤家，城邑中賢豪居中調解的好幾十人，然而最後還是不聽。一方就來求見郭解，郭解趁夜去見另一方仇家。這方勉強地聽從了勸告，郭解對仇家說：「我聽說洛陽許多賢豪在中間進行調解，多不聽從，如今你們有幸聽從了我的勸告，但我是其他縣的怎麼能跑來侵奪當地城中賢豪的權利呢！」於是當夜離開了洛陽，不讓人知道，臨行前叮囑說：「暫且不要聽我的話和解，等我走了以後，讓洛陽賢豪從中調解的人講出，才聽他們的話和解。」

6 郭解身材矮小，為人謙恭節儉，外出沒有騎馬的隨從，從不敢坐著車子進入縣衙。他前往臨近郡國，為別人請託辦事，事情可以開脫免事的，就讓他免事出來；如果不能辦妥，也要盡力使各方面感到滿意，然後才敢接受人家的酒食招待。豪傑們因此特別敬重他，爭著為他所用。縣邑中的年輕人及臨近縣邑的豪俠夜間登門來拜訪他，車子常常多達十餘輛，請求把郭解收留的賓客接到自己家中供養他們。

7 到武帝遷徙天下富豪去茂陵的時候，郭解家貧，家中的財產不夠遷徙的標準。官吏害怕出問題，不敢不遷徙他。衛青將軍為他說話道：「郭解家貧，不夠遷徙的資格。」皇上則說：「郭解一個平民，權勢能驅使將軍替他說話，這說明他家境不貧。」遷徙郭解後，豪俠為他送行，出錢財一千多萬。軹縣人楊季主的兒子是縣裡的屬官，阻攔那些送錢的人，郭解的姪兒就砍了他的頭。郭解遷入關中後，關中賢豪與他相識不相識的，聽到他的名聲，都爭相與他交結。軹縣人又殺死了楊季主，季主家上書的人也被殺於宮闕之下。皇上聽說後，就下令逮捕郭解。郭解逃亡，把他的母親和家人安置在夏陽，自己逃到了臨晉。臨晉的地方官籍少翁平素不認識郭解，因此放他出了臨晉關。郭解出了臨晉關，輾轉到了太原，每過一地總是要把自己姓名告訴居住食宿的主人。官吏追蹤到了籍少翁處，少翁自殺，斷了線索。過了好久，捕獲了郭解，徹底追查他的罪行，但是郭解殺人的事都發生在大赦以前。

8 軹縣有個儒生陪著上級派來的審問郭解的使者坐著，聽到郭解的門客稱讚郭解，儒生說：「郭解專門幹壞事觸犯國法，怎麼能叫做賢能？」郭解的門客聽到了，就殺掉了這個儒生，割斷了他的舌頭。官吏拿這件事責問郭解，郭解確實不知道殺人的是誰。殺死儒生的人是誰始終找不出來。官吏向皇帝上奏說郭解無罪。御史大夫公孫弘議論說：「郭解作為平民而行俠，玩弄權術，旁人為他動不動就殺人，雖然郭解不知道，但這種罪惡超過了他知情殺人。應當處大逆無道罪。」於是將郭解滅族。

9 從這以後，行俠的人極多，但沒有值得一提的。然而，關中長安縣的樊中子，槐里縣的趙王孫，長陵縣的高公子，西河郡的郭翁中，太原郡的魯翁孺，臨淮郡的兒長卿，東陽縣的陳君孺，雖然為俠但有恭敬謹慎、謙虛退讓的君子之風。至於像北道的姚氏，西道的諸杜，南道的仇景，東道的趙佗、羽公子，南陽郡的趙調之輩，不過是盜跖式的人物，混跡於民間罷了，哪裡值得談論呢！這些人都是以前的朱家所引以為羞恥的。

萬章，字子夏，長安人也。長安熾盛❶，街閭❷各有豪俠，章在城西柳市❸，號曰「城西萬子夏」。為京兆尹❹門下督，從至殿中❺，侍中❻諸侯❼貴人❽爭欲揖❾章，莫與京兆尹言者。章逡循❿甚懼。其後京兆不復從也。

與中書令⓫石顯⓬相善，亦得顯權力，門車常接轂⓭。至成帝初，石顯坐專權擅勢⓮免官，徙歸故郡。顯貲⓯巨萬⓰，當去，留牀席器物數百萬直⓱，欲以與章，章不受。賓客或⓲問其故，章歎曰：「吾以布衣見哀⓳於石君，石君家破，不能有以安⓴也，而受其財物，此為石氏之禍，萬氏反當以為福耶！」諸公以是㉑服而稱之。河平㉒中，王尊㉓為京兆尹，捕擊豪俠，殺章及箭張回㉔、酒市㉕趙君都、賈子光，皆長安名豪，報仇怨養刺客者也。

【章　旨】以上為第四部分，寫西漢後期元帝、成帝時長安豪俠萬章等人的事跡。

【注　釋】❶熾盛　旺盛。指游俠之風盛行。熾，昌盛。❷街閭　指街道里巷。街，街道。閭，里巷的大門。鄭玄注引鄭司農曰：「二十五家為閭。」❸柳市　細柳倉有柳市。在今陝西咸陽西南。❹京兆尹　官名，管理長安以東京畿地區十二縣，職權相當於太守。秦及漢初京師由內史治理。景帝時分置左、右內史，分管京畿地區。武帝建元六年分京畿為三輔：左內史、右內史、主爵都尉。太初元年又改為：左馮翊、京兆尹、右扶風，合稱三輔，相當於郡。其名稱是地名，也是長官名稱。❺從至殿中　萬章隨從京兆尹至殿中。❻侍中　加官名。侍從皇帝左右。❼諸侯　眾列侯。❽貴人　指公卿大夫和貴族。❾揖　古時的拱手禮。❿逡循　同「逡巡」。遲疑徘徊；不知所措。⓫中書令　官名，中朝或內朝的長官。又稱尚書令，秦與漢初為少府屬官，掌殿內文書。從武帝置中朝後，地位日漸重要。尚書令由宦官擔任，則稱中書令。⓬石顯　人名，有權勢的宦官，元帝時曾任中書令。見卷九十三〈佞幸傳〉。⓭接轂　車輛相併交錯而行。轂，車輪中間車軸貫入處的圓木。安裝在車輪兩側軸上，使輪保持直立不至於內外傾斜。⓮專權擅勢　掌握大權，獨斷專行。⓯貲　通「資」。資財。⓰巨萬　萬萬；億。⓱直　通「值」。價值。⓲或　有人。⓳見哀　指被石顯憐愛。見，被。⓴有以安　指力不能救助他，使他安全。安，保全；救助。㉑以是　因此。㉒河平　漢成帝年號（西元前二八—前二五年）。㉓王尊　見卷七十六〈趙尹韓張兩王傳〉。㉔箭張回　製作弓箭的匠人張回。張回，姓張名回。㉕酒市　指在市場上賣酒的人。

【語　譯】萬章，表字子夏，是長安人。長安游俠之風很盛行，各街道里巷都有豪俠。萬章家住長安城西的柳市，他的稱號叫做「城西萬子夏」。他擔任京兆尹的門下都督，曾隨京兆尹到皇宮宮殿中，當時侍中、列侯、公卿大夫和貴族們爭著要向萬章作揖行禮，沒有人去跟京兆尹說話。萬章為此不知所措，非常恐懼。從那以後，京兆尹再也不讓他跟著上朝了。

萬章與中書令石顯關係良好，也得到了石顯權力的支持，門前常常車輛交錯。到成帝初年，石顯因掌握大權、獨斷專行被免官，遷回原籍。石顯的家產上萬萬錢，當離去長安時，留下床席器物價值數百萬錢，想送給萬章，萬章不接受。有的賓客問萬章為什麼，萬章感歎地說：「我以一個平民受到石顯的憐愛，現在石顯家道破敗，我沒有辦法使他安全，卻去接受他的財物。這是石氏的災禍，我姓萬的怎麼能把它當作自己的福氣呢！」豪俠們以此敬服而稱讚他。

到了河平年間，王尊為京兆尹，捕殺豪強，殺死萬章與製造弓箭的工匠張回，以及酒市商人趙君都、賈子光，這些人都是長安收養刺客報仇殺人的著名豪俠。

1 樓護，字君卿，齊❶人。父世醫❷也，護少隨父為醫長安，出入貴戚家。護誦醫經❸、本草❹、方術❺數十萬言，長者❻咸❼愛重之，共謂曰：「以君卿之材，何不宦學❽乎？」繇❾是辭其父，學經傳❿，為京兆吏數年，甚得名譽。

2 是⓫時王氏⓬方盛，賓客滿門，五侯⓭兄弟爭名，其客各有所厚⓮，不得左右⓯，唯護盡入其門，咸得其驩心⓰。結⓱士大夫，無所不傾⓲，其交長者，尤見親而敬，眾以是⓳服。為人短小精辯⓴，論議㉑常依名節㉒，聽之者皆竦㉓。與谷永㉔俱為五侯上客，長安號曰「谷子雲筆札㉕，樓君卿脣舌」，言其見信用也。母死，送葬者致㉖車二三千兩㉗，閭里歌之曰：「五侯治喪樓君卿㉘。」

3 久之，平阿侯[29]舉護方正[30]，為諫大夫[31]，使[32]郡國。護假貸[33]，多持幣帛[34]，過齊，上書求上先人冢[35]，因[36]會宗族故人[37]，各以親疏與束帛[38]，一日散百金之費。使還，奏事稱意[39]，擢[40]為天水[41]太守。數歲免，家長安中[42]。時成都侯[43]商為大司馬衛將軍[44]，罷朝，欲候[45]護，其主簿[46]諫[47]：「將軍至尊，不宜入閭巷[48]。」商不聽，遂往至護家。家狹小，官屬立車下，久住[49]移時[50]，天欲雨，主簿謂西曹[51]諸掾曰：「不肯彊諫[52]，反雨立[53]閭巷！」商還，或白[54]主簿語，商恨，以它職事[55]去[56]主簿，終身廢錮[57]。

4 後護復以薦為廣漢[58]太守。元始[59]中，王莽為安漢公[60]，專政[61]，莽長子宇與妻兄呂寬謀以血塗莽第門[62]，欲懼[63]莽令歸政[64]。發覺，莽大怒，殺宇，而呂寬亡。寬父素與護相知[65]，寬至廣漢過護，不以事實語[66]也。到數日，名捕[67]寬詔書至，護執[68]寬。莽大喜，徵[69]護入為前煇光[70]，封息鄉侯[71]，列於九卿[72]。

5 莽居攝[73]，槐里大賊趙朋、霍鴻[74]等群起，延入[75]前煇光界，護坐[76]免為庶人。其居位[77]，爵祿賂遺[78]所得亦緣[79]手盡。既退居里巷，時五侯皆已死，年老失勢，賓客益衰[80]。至王莽篡位，以舊恩召見護，封為樓舊里[81]附城[82]。而成都侯商子邑[83]為大司空，貴重[84]，商故人皆敬事邑，唯護自安[85]如舊節[86]，邑亦父事之，不敢有闕(87)。時請召賓客，邑居樽下(88)，稱「賤子(89)上壽(90)」。坐者百數，皆離席伏，護獨東鄉(91)正坐，字謂邑(92)曰：「公子(93)貴如何(94)！」

6 初(95)，護有故人呂公，無子，歸(96)護。護身(97)與呂公、妻與呂嫗(98)同食。及護家居，妻子頗厭呂公。護聞之，流涕責其妻子曰：「呂公以故舊(99)窮老託身(100)於我，義所當奉。」遂養呂公終身。護卒，子嗣(101)其爵。

【章　旨】以上為第五部分，寫西漢後期游俠樓護從政的有關事跡。

【注　釋】❶齊　封國名，在今山東東北部。都臨淄（今淄博東北）。❷世醫　世代行醫的人。❸醫經　本書卷三十〈藝文志．方技〉著錄漢以前古醫書《黃帝內經》、《外經》、《扁鵲內經》、《外經》、《白氏內經》、《外經》、《旁篇》七種，總稱醫經。❹本草　即《神農本草經》，中藥學著作。❺方術　指醫、卜、星、相之術。❻長者　年長有德者或顯貴者。❼咸　皆；都。❽宦學　學習「六藝」和其他做官的學問。❾繇　同「由」。❿經傳　儒家經籍中經與傳的統稱。經，指《六經》，即《詩》、《書》、《禮》、《易》、《樂》、《春秋》。傳，即解說經書的文字，如《詩》之《毛傳》，《春秋》之《左傳》等。⓫是　這；此。⓬王氏　指元帝皇后、成帝時太后王氏一家。⓭五侯　河平二年，成帝同時封他的舅父王譚、王商、王立、王根、王逢時五人為侯，號稱「五侯」。⓮各有所厚　指賓客各有交厚的主人。⓯不得左右　指做了一家的賓客，不能再投靠另一家。⓰驩心　喜歡與賞識。⓱結　結交。⓲傾　傾心；一心嚮往。⓳以是　因此。⓴精辯　精於辯論。㉑論議　議論。㉒依名節　遵循名譽與節操。㉓竦　肅然起敬的樣子。㉔谷永　字子雲，長安縣人。博學，善於奏疏應對。見卷八十五〈谷永杜鄴傳〉。㉕筆札　公文；書信。㉖致　引致；到達。㉗兩　通「輛」。㉘五侯治喪樓君卿　指五侯為樓君卿母治喪。㉙平阿侯　王譚。平阿，縣名，在今安徽懷遠西南。㉚方正　漢代察舉選官的科目之一。文帝時「舉賢良方正能極言直諫者」，凡選中者，授予官職。武帝時，舉賢良，或舉賢良方正，或舉賢良文學，名目有別，性質相同。㉛諫大夫　官名，武帝始設，掌議論，屬光祿勳。㉜使　出使巡視。㉝護假貸　指樓護負責監督官府把貨物借貸給貧民的工作。假貸，借貸。㉞幣帛　錢幣與絲織品的總稱。財物的泛稱。㉟先人冢　祖先的墳墓。㊱因　於是；就。㊲故人　老朋友。㊳束帛　古代聘問饋贈的禮品。帛五匹為束，匹長四丈。㊴稱意　稱心如意。㊵擢　選拔；提拔。㊶天水　郡名，在今甘肅天水一帶。㊷家長安中　指在長安居住。㊸成都侯　王商的封爵。成都，又作城都。縣名，在今山東鄄城東南。㊹大司馬衛將軍　大司馬加衛將軍。大司馬，三公之一。衛將軍，漢朝對武官加官的稱號。㊺候　問候；探問。㊻主簿　官名。漢以後從中央機關到郡縣官府均設主簿，負責文書簿籍，掌管印信，為掾史屬吏之首。有公府主簿、寺監主簿、州縣主簿。大司馬主簿屬公府主簿。《左傳・隱公七年》疏：「自漢以來，三公所居謂之府，九卿所居謂之寺。」㊼諫　規勸君主、尊長，使改正錯誤。㊽閭巷　指平民居住的地方。㊾住　停留。㊿移時　過了一段時間。(51)西曹　公府公職治事部門。後文的西曹指該部門的長官。(52)彊諫　下對上力進忠言稱彊諫。(53)雨立　雨中站立。(54)白　稟告；報告。(55)以它職事　指以別的職責上的差錯為藉口。(56)去　去掉。(57)廢錮　罷官並禁止再任職。(58)廣漢　郡名，在今四川北部與陝西、甘肅交界地區，治梓潼（今四川梓潼）。(59)元始　漢平帝年號（西元一—五年）。(60)安漢公　王莽的封號。(61)專政　獨掌大權。(62)第門　住房的大門。(63)懼　使恐懼。(64)歸政　交還政權。(65)相知　互相了解。(66)語　告訴。(67)名捕　點名追捕。猶今之「通緝」。(68)執　拘捕。(69)徵　徵召。(70)前煇光　王莽把三輔改為前煇光、後丞烈兩個行政區，行政區名也是其長官名稱。(71)息鄉侯　樓護的封爵。(72)列於九卿　指地位列入九卿。(73)居攝　暫居代理皇帝之位。攝，代理。古代代理皇帝處理國政，叫攝政。王莽於漢平帝元始五年（西元五年）居攝。(74)趙朋霍鴻　王莽居攝的第二年，東郡太守翟義起兵討伐王莽，槐里人趙朋（〈王莽傳〉為趙明）、霍鴻起兵響應，失敗。(75)延入　進入；伸展。(76)坐　獲罪。(77)居位　任職期間。(78)爵祿賂遺　官爵俸祿與別人贈送的財物。(79)緣　順；隨。(80)益衰　逐漸減少。(81)樓舊里　地名。(82)附城　王莽設置的爵位，相當於秦漢的關內侯。(83)邑　王邑為王商之子，襲父爵，曾擊敗翟義與趙朋、霍鴻，王莽篡漢後，相繼任大司空、大司馬。(84)貴重　位尊權重。(85)自安　安於自己的身分。(86)節　氣節；操守。(87)闕　指王邑以父輩之禮侍奉樓護，不敢有缺失。闕，通「缺」。(88)邑居樽下　王邑的座位在樓護座位之下。樽，盛酒器。此處代指酒宴上的座位。(89)賤子　自謙的稱呼。漢代的口語。(90)上壽　祝壽。(91)東鄉　坐西朝東。古代待客的禮節：主在東，客在西。樓護獨自東向正座，接受王邑祝福。鄉，通「向」。(92)字謂邑　指用王邑的表字稱呼王邑。不稱官銜而稱字，說明樓護以長輩自居。(93)公子　王邑的表字。(94)如何　怎麼能這樣待我。這是客氣話。(95)初　從前；當初。(96)歸　依靠；依附。(97)身　親身；親自。(98)嫗　婦女的通稱，多指老婦。(99)故舊　舊交；老友。(100)託身　投靠。(101)嗣　繼承；承襲。

【語　譯】樓護，表字君卿，齊地人。他的父親是祖傳的醫生，樓護年輕時隨父親在長安行醫，出入於顯貴的皇親國戚家中。樓護誦讀了醫經、《本草經》、和有關醫、卜、星、相方術等方面的典籍數十萬言，尊長都喜愛、看重他，都對他說：「憑君卿這樣的才幹，為什麼不去學習六藝等做官的學問呢？」從此他辭別父親，學習儒家經、傳，當了京兆尹的屬吏多年，獲得了很好的聲譽。

2 當時外戚王氏的勢力正在興盛的時候，賓客滿門，王氏五個同時封侯的兄弟爭名奪利，他們的賓客各有所交厚的主人，不能腳踩兩隻船，只有樓護進了王氏各家做客，並且得到了各家的歡心。他交結士大夫，士大夫都傾心與他交往，尤其是年高有德的人，都對他敬愛和尊重，所以眾人都佩服他。樓護身材短小、精於辯論，論議常常根據名節，聽他議論的人都肅然起敬。他與谷永都是五侯家的上客，長安人稱讚說「谷子雲的文書，樓君卿的言詞」，是說他們受到了五侯兄弟的信任和重用。樓護的母親死後，前來送葬的車子達到了二三千輛，民間歌唱這件事說：「五侯治喪樓君卿。」

3 很久以後，平阿侯王譚舉薦樓護為賢良方正，擔任了諫大夫，奉命出使各郡國。樓護就通過借貸，帶了許多財禮束帛，經過齊國時，向皇帝上書，請求向祖先上墳，趁機會見同族親屬與老朋友，各按親疏分別贈與束帛，一天就花費了百金的財物。出使回京，奏報執行情況符合皇上的心意，被提拔為天水郡太守。幾年後被免官，住在長安城中。這時成都侯王商任大司馬加衛將軍稱號，退朝時，要去探問樓護，他的主簿勸他說：「將軍身分極為尊貴，不宜進入閭巷民家。」王商不聽，就前往樓護家。樓護家房屋狹小，官屬站立在車下，停留了好久，天空將要下雨了，主簿對公府屬吏們說：「你們不肯極力勸阻，反而要在下雨天站立在閭巷裡！」王商回家，有人報告了主簿說的話，王商懷恨，用其他職務上的差錯免去了主簿的職務，永不敘用。

4 後來樓護又因舉薦擔任了廣漢郡太守。元始年間，王莽當了安漢公，獨掌大權，王莽長子王宇與內兄呂寬商議，用鮮血塗抹王莽公館大門，想讓王莽害怕而把政權交還。事情被發覺，王莽大怒，殺了王宇，而呂寬逃亡了。呂寬的父親平素與樓護熟識，呂寬逃到了廣漢郡，拜訪了樓護，卻沒有把具體事實告訴他。呂寬到達幾天後，通緝呂寬的詔書到了，樓護拘捕了呂寬。王莽非常高興，徵召樓護進京擔任前煇光，封為息鄉侯，地位列於九卿。

5 王莽當了代理皇帝以後，槐里縣的大賊趙朋、霍鴻等群起反抗，進入了前煇光地界，樓護獲罪被免官成了平民。他任職時，所有俸祿與別人贈送的財物一到手就花光了。退居民間後，這時五侯兄弟都已死去，樓護年老，失去了權勢，賓客逐漸減少。到王莽篡奪帝位後，憑舊日恩情召見了樓護，封給了他樓舊里附城的爵位。這時成都侯王商的兒子擔任大司空，位尊權重，王商的老朋友都恭敬地侍奉王邑，只有樓護安於自己原來的身分，王邑也像對待父輩一樣侍奉他，禮節上不敢有缺失。有時請召賓客，王邑自己坐在樓護的下首，舉杯敬酒，稱「賤子祝壽」。賓客在座的上百人，都離開席位俯伏在地，只有樓護面朝東端正地坐著，用王邑的字稱呼道：「公子尊貴，怎麼能這樣！」

6 當初，樓護有個老朋友呂公，沒有兒子，依靠樓護養老。樓護自身與呂公、妻子與呂公夫人一起用餐。及樓護罷官居家，妻子與兒子很討厭呂公。樓護聽到後，流著眼淚責備妻、子說：「呂公因為與我是舊交，現在窮困年老，來投靠我，理當奉養。」於是供養呂公終身。樓護去世，兒子繼承了他的爵位。

1 陳遵，字孟公，杜陵❶人也。祖父遂，字長子，宣帝微時❷與有故，相隨博奕❸，數負進❹。及宣帝即位，用遂，稍遷❺至太原太守，迺賜遂璽書❻曰：「制詔❼太原太守：官尊祿厚，可以償博進❽矣。妻君寧❾時在旁，知狀❿。」遂於是辭謝⓫，因曰：「事在元平元年赦令前⓬。」其見厚⓭如此。元帝時，徵遂為京兆尹，至廷尉⓮。

2 遵少孤⑮，與張竦伯松⑯俱為京兆史⑰。竦博學通達⑱，以廉儉自守⑲，而遵放縱⑳不拘㉑，操行雖異，然相親友，哀帝㉒之末俱著名字㉓，為後進冠㉔。並入公府㉕，公府掾史率㉖皆羸㉗車小馬，不上㉘鮮明，而遵獨極輿馬衣服之好㉙，門外車騎交錯㉚。又日出㉛醉歸，曹事㉜數廢㉝。西曹㉞以故事㉟適㊱之，侍曹㊲輒詣㊳寺舍㊴白遵曰：「陳卿㊵今日以某事適㊶。」遵曰：「滿百㊷乃相聞。」故事，有百適者斥㊸，滿百，西曹白請斥。大司徒㊹馬宮㊺大儒優士，又重遵㊻，謂西曹：「此人大度士㊼，柰何以小文㊽責之？」迺舉遵能治三輔劇縣㊾，補㊿郁夷(51)令。久之，與扶風相失(52)，自免去。

3 槐里大賊趙朋、霍鴻等起，遵為校尉(53)，擊朋、鴻有功，封嘉威侯。居長安中，列侯近臣(54)貴戚皆貴重之。牧守(55)當之官(56)，及郡國豪桀至京師者，莫不相因到遵門(57)。

4 遵耆(58)酒，每大飲，賓客滿堂，輒關門，取客車轄(59)投井中，雖有急，終不得去。嘗有部刺史(60)奏事，過遵，值其方飲，刺史大窮(61)，候遵霑醉(62)時，突入見遵母，叩頭自白(63)當對(64)尚書(65)有期會(66)狀，母迺令從後閤(67)出去。遵大率(68)常醉，然事亦不廢。

5 長八尺餘，長頭大鼻，容貌甚偉。略涉傳記[69]，贍[70]於文辭。性[71]善書[72]，與人尺牘[73]，主皆臧去[74]以為榮。請求不敢逆，所到，衣冠[75]懷[76]之，唯恐在後。時列侯有與遵同姓字[77]者，每至人門[78]，曰陳孟公，坐[79]中莫不震動，既至而非，因號[80]其人曰陳驚坐云[81]。

6 王莽素[82]奇[83]遵材[84]，在位[85]多稱譽者，繇是起[86]為河南太守。既至官，當遣從史[87]西[88]，召善書吏十人於前，治[89]私書謝京師故人。遵馮[90]几[91]，口占[92]書吏，且省官事[93]，書數百封，親疏各有意，河南大驚。數月免。

7 初，遵為河南太守，而弟級為荊州[94]牧，當之官，俱過長安富人故淮陽[95]王外家左氏飲食作樂。後司直[96]陳崇[97]聞之，劾奏[98]：「遵兄弟幸得蒙恩超等歷位[99]，遵爵列侯，備郡守[100]，級州牧奉使[101]，皆以舉直察枉[102]宣揚聖化[103]為職，不正身[104]自慎。始遵初除[105]，乘藩車[106]入閭巷，過寡婦左阿君置酒謌謳[107]，遵起舞跳梁[108]，頓仆[109]坐上，暮因留宿，為侍婢扶臥。遵知飲酒飫[110]厭[111]有節，禮[112]不入寡婦之門，而湛[113]酒溷肴[114]，亂男女之別，輕辱爵位，羞汙印韍[115]，惡不可忍聞。臣請皆免。」遵既免，歸長安，賓客愈盛，飲食自若[116]。

8 久之，復為九江[117]及河內都尉[118]，凡三為二千石[119]。而張竦亦至丹陽[120]太守，封淑德[121]侯。後俱免官，以列侯[122]歸長安。竦居貧，無賓客，時時好事者從之質疑[123]問事，論道[124]經書而已[125]。而遵晝夜呼號[126]，車騎滿門，酒肉相屬[127]。

9 先是[128]黃門郎[129]揚雄[130]作酒箴[131]以諷諫[132]成帝，其文為酒客[133]難[134]法度士，譬之於物[135]，曰：「子[136]猶瓶矣。觀瓶之居[137]，居井之眉[138]，處高臨深，動常近危。酒醪[139]不入口，臧[140]水滿懷[141]，不得左右[142]，牽於纆徽[143]。一旦叀礙[144]，為瓽[145]所轠[146]，身提[147]黃泉[148]，骨肉[149]為泥。自用如此[150]，不如鴟夷[151]。鴟夷滑稽[152]，腹如大壺，盡日[153]盛酒，人復借酤[154]。常為國器[155]，託於屬車[156]，出入兩宮[157]，經營[158]公家[159]。繇是言之，酒何過乎！」遵大喜[160]之，常謂張竦：「吾與爾猶是矣。足下諷誦[161]經書，苦身[162]自約[163]，不敢差跌[164]，而我放意自恣[165]，浮湛俗間[166]，官爵功名，不減[167]於子，而差[168]獨樂，顧[169]不優[170]邪！」竦曰：「人各有性[171]，長短自裁[172]。子欲為我亦不能，吾而效子亦敗[173]矣。雖然，學我者易持[174]，效子者難將[175]，吾常道[176]也。」

10 及王莽敗[177]，二人俱客[178]於池陽[179]，竦為賊兵[180]所殺[181]。更始[182]至長安，大臣薦遵為大司馬護軍[183]，與歸德侯劉颯[184]俱使匈奴。單于[185]欲脅詘[186]遵，遵陳[187]利害，為言曲直[188]，單于大奇[189]之，遣還。會[190]更始敗，遵留朔方[191]，為賊所敗，時醉見殺。

【章　旨】以上為第六部分，寫西漢末期關中游俠陳遵等人的事跡。

【注　釋】❶杜陵　縣名。因宣帝陵墓在此，故改杜縣為杜陵。在今陝西西安東南。❷微時　未顯達時。宣帝幼時養於民間，故云「微時」。❸博奕　六博與圍棋。六博，古代的一種遊戲。共十二棋，六黑六白，兩人相博，每人六棋，故名六博。奕，通「弈」。圍棋。❹數負進　多次輸給勝者，欠下賭輸的帳。進，勝也。師古曰：「一說進，勝也，帝（宣帝）博而勝，故遂（陳遵的祖父）有所負。」❺稍遷　逐步升遷。❻璽書　古時用印章封記的文書。秦漢以後，專指皇帝用印章封記的文書。但不是詔書。璽，印章。古時尊卑通用，秦漢以後，惟皇帝印稱璽。❼制詔　詔令。❽償博進　償還賭債。❾君寧　陳遂妻名。❿知狀　了解賭博輸了及欠賭債的情況。⓫辭謝　答辭拜謝。⓬事在元平元年赦令前　欠賭債的事發生在元平元年赦令前，意思是說赦令前的事不予追究。元平，漢昭帝最後一個年號（西元前七十四年）。這一年昭帝死，宣帝即位。⓭見厚　被厚待。⓮廷尉　官名，九卿之一，掌刑獄。⓯少孤　早年喪父。⓰張竦伯松　姓張名竦字伯松。是宣帝時名臣張敞之孫，師事杜鄴，學問淵博，尤長小學（文字學）。⓱京兆史　京兆尹的屬吏。⓲通達　通曉事理。⓳自守　約束自己；自律。⓴放縱　放任自己。㉑不拘　不受約束。㉒哀帝　漢哀帝劉欣。㉓俱著名字　他們的名字都很有名。㉔後進冠　為後進人士之冠。冠，首。㉕公府　三公的官府。㉖率　大概；一般。㉗羸　瘦弱；低劣。㉘上　通「尚」。崇尚。㉙極輿馬衣服之好　極盡車馬衣服的愛好。輿，車子；車廂。㉚車騎交錯　指車馬交錯往來。㉛日出　每日必出。㉜曹事　官府的公事。㉝數廢　多次廢置。㉞西曹　三公下的分部門治事的長官。㉟故事　舊例；成規。㊱適　通「謫」。責難；責罰。㊲侍曹　曹吏的侍從。㊳詣　往；到。㊴寺舍　官舍。漢代，三公所居叫府，九卿所居叫寺。後寺舍泛指官署或官舍。㊵卿　古代對人的敬稱或愛稱。㊶以某事適　因某件事受到責難。㊷滿百　指受責難達到一百次。㊸斥　棄逐；驅逐。指開除公職。㊹大司徒　官名，三公之一。漢哀帝改丞相為大司徒。㊺馬宮　當時大儒，被尊為儒學宗師，平帝時為大司徒。㊻重遵　器重陳遵。㊼大度士　度量豁達，不拘小節的人。㊽小文　繁瑣細密的法令條文。㊾劇縣　政務繁重的縣份。漢代有劇縣與平縣之分。㊿補　委任官職。(51)郁夷　縣名。在今陝西寶雞東，屬右扶風。(52)相失　不投合。(53)校尉　武官名，職位低於將軍，可冠各種稱號。(54)近臣　君主左右親近之臣。(55)牧守　州牧、郡守，都是外官。(56)之官　前往任職之官。(57)相因到遵門　指到陳遵處去拜訪已經相沿成習了。相因，相沿。(58)耆　通「嗜」。愛好。(59)轄　固定車軸與車輪的位置，插入軸端孔穴的銷釘。拿掉銷釘，車子不能行走。(60)部刺史　武帝時設十三刺史部，督察郡國，官階低於郡守，成帝時刺史更名州牧，哀帝時又稱刺史。(61)大窮　大窘；受到困迫。62露醉　大醉。63自白　自我說明。64對　對應。65尚書　官名，始置於戰國，或稱掌書。秦為少府屬官，漢武帝設置中朝，掌文書章奏，地位日益重要。漢成帝設尚書五人，分曹辦事。66期會　約期相會。67後閤　後門；門房後的小門。68大率　大抵；大都。69略涉傳記　粗略地涉獵了儒家經傳著作。70贍　富於。71性　特性；特長。72善書　長於書法。73尺牘　書信。74臧去　收藏。去，亦為藏意。75衣冠　古代士以上的服裝。用以指士大夫、官僚身分。76懷　來也。指招來而禮遇之。77同姓字　同姓又同字。78人門　指別人家門。79坐　同「座」。80號　綽號。81云　語助詞，無義。82素　向來；一向。83奇　特殊的；奇異的。84材　通「才」。85在位　指擔任高級官位的人。86起　起用。87從史　官名。從官僚辦事。長官的僚屬，如：從事史、從事中郎、別駕從事等。88西　指西行入京。89治　製辦。90馮　通「憑」。91几　設於座前的小几。92口占　口授。93省官事　視官事，即辦理公事。94荊州　古州名。漢代荊州，在今湖北、湖南、貴州、廣西、廣東的部分地區。95淮陽　封國名。在今河南東部，建都陳縣，即今淮陽。96司直　官名，丞相屬下主管檢查的長官，協助丞相檢舉不法。97陳崇　西漢末年人，哀帝時為司直，平帝時封南鄉侯。98劾奏　對皇帝檢舉別人的罪狀。99超等歷位　超過等級提拔任職。歷，度；越過。100備郡守　居郡守。101奉使　奉命出使。102舉直察枉　舉拔正直，審查邪惡。103聖化　聖上的政教風化。104正身　修身；修正人心。105除　除去舊官，就任新官曰除。106藩車　有屏蔽的馬車。107謌謳　謳歌；歌唱。108跳梁　同「跳踉」。跳躍。109頓仆　突然仆倒。110飫　宴食。在宴會上吃飯。111厭　通「饜」。飽足。112禮　此指當時社會行為規範。113湛　通「沉」。沉溺；沉迷。114溷肴　同「混淆」。混亂；雜亂。115韍　繫官印的綬帶。郡守、州牧都是銀印青綬。116自若　像原來一樣。117九江　古郡名，即高帝所封的淮南國。武帝時恢復為九江郡，治壽春（今安徽壽縣）。118都尉　秦代郡設尉，景帝時改名都尉，帶兵，維持地方治安。119二千石　漢代官吏俸祿等級，朝中九卿、郎將至外官郡太守、都尉，均為二千石。二千石又分四等：中二千石、真二千石、二千石、比二千石。120丹陽　郡名。在今安徽南部與江蘇、浙江交界地區，治宛陵，即今安徽宣城。121淑德　封號名。122列侯　秦定二十等爵制，第二十等爵稱徹侯，漢代為避武帝劉徹諱改徹侯為通侯，或稱列侯。123質疑　指心有所疑，就正於人。124論道　指談論經書中的道理。125而已　罷了。126呼號　呼喊號叫。127屬　師古曰：「屬，連續也。」128先是　在此之前；早先。129黃門郎　在宮廷中侍候皇帝的官。130揚雄　著名漢賦作家，見卷八十七〈揚雄傳〉。131酒箴　漢賦篇名。箴，是一種以規勸告誡為主題的文體。132諷諫　用委婉含蓄的詞語進行規勸告誡。133酒客　虛擬人物。〈酒箴〉藉酒客詰難法度士來諷諫沉溺酒色的漢成帝。134難　詰難。135譬之於物　用物來打比方。譬，比喻；比方。136子　你，指法度士。137居　停留；停放。138眉　井邊地。像人目上有眉。139酒醪　指汁滓混合的濁酒。140臧 通「藏」。盛。141懷 指肚腹，汲水罐內。142左右 左右晃動。143纆徽 本指捆囚犯的繩子。此指繫瓶的繩子，即井索。144叀礙 懸空受阻。叀，懸。145甇 磚砌的井壁。146轠 碰擊。147提 師古曰：「提，擲也，擲入黃泉之中也。」或云拋擊。148黃泉 地下深處，也指葬身之處。149骨肉 比喻汲水的罐身。150自用如此 指汲水罐的作用。151鴟夷 盛酒的皮囊，用革製成，如鴟鳥形。152滑稽 古代一種圓滑的轉動自如的酒器，此處指圓滑。153盡日 整天。154借酤 借去買酒。155國器 國家的寶器。此處把酒器稱為國器，有諷諫之意。156屬車 皇帝的侍從車，車上載酒食，所以有鴟夷。157兩宮 此處指成帝與皇后趙飛燕為兩宮。兩人都沉溺酒色、放蕩荒淫，是揚雄諷諫的對象。158經營 往來周旋的意思。159公家 官家。160喜 愛好。這段話表面上盛讚酒器，陳遵斷章取義，以為符合他愛好酒貪杯的本性。161諷誦 諷，背誦。誦，朗讀。162苦身 刻苦修身。163約 約束。164差跌 失足跌倒。可引申為失誤、失敗。165放意自恣 放任自己，為所欲為。恣，任意。166浮湛俗間 追隨世俗，在世俗間隨波逐流。湛，通「沉」。167減 減少；少於。168差 欠缺；短少。169顧 念也；思量。170優勝；強。171性 個性。172長短自裁 各人所有的長短優劣都是個人個性所決定的。173敗 不能成功；失敗。174持 持久。175難將 指難於持久。將，長久。176常道 常規；一般的做法。177王莽敗 西元二十三年（地皇四年），劉玄及綠林、赤眉軍入長安，殺王莽，新亡。178客 客居。179池陽 縣名，左馮翊之縣。在今陝西涇陽西北。180賊兵 指農民軍。181所殺 指張竦為農民軍所殺。182更始 新末劉玄的年號，西元二十三—二十四年。183護軍 官名，即護軍都尉，輔佐大將軍協調各將領關係。184劉颯 人名。官居中郎將，西元二十四年與陳遵出使匈奴。185單于 指呼都而尸單于。186脅詘 威脅使屈服。詘，通「屈」。見卷九十四〈匈奴傳〉。187陳 陳述；論說。188曲直 有理與無理；是非。189奇 奇特。190會 恰逢；恰遇。191朔方 郡名。在今內蒙古自治區杭錦旗北。

【語　譯】陳遵，表字孟公，杜陵縣人。他的祖父陳遂，表字長子，宣帝微賤時與他有過交往，兩人相隨玩博戲下圍棋，陳遂多次輸給宣帝，欠下賭債，等到皇帝登了帝位，起用陳遂，逐漸升為太原郡太守，於是宣帝賜給陳遂一封用玉璽封記的文書，文書上說：「詔令太原郡太守：你現在官職尊貴、俸祿優厚，可以償還賭債了吧。你的妻子君寧當時在場，了解你欠債情況。」於是陳遂上書辭謝，說：「欠債的事發生在元平元年大赦令之前。」他被宣帝厚待到這樣的程度。元帝時，徵召陳遂任京兆尹，一直做到廷尉。

2 陳遵幼年喪父，與張竦（字伯松）都擔任京兆尹的屬吏。張竦學問淵博，通達事理，以清廉節儉約束自己，而陳遵卻放任自己，不受常規約束。二人操守品行雖然各異，但互相親近友好，哀帝末年都很出名，是年輕後進中的佼佼者。二人同時進入三公的官府任職。公府的屬吏一般乘坐的都是小馬駕的舊車，不尚華麗，但陳遵卻極盡車馬衣服的愛好，門前車馬交錯。他每天總要出去喝酒，酒醉方才回家，官府的公事經常被耽誤。西曹照慣例責難他，侍曹到官舍報告陳遵說：「陳先生今天因某一件事受到了責難。」陳遵說：「等到他責難我滿一百次時你再來告訴我。」按照慣例，一個屬吏受責難一百次才會被罷免。陳遵受責難一百次後，西曹向上面報告，要求罷免陳遵。大司徒馬宮是當代的儒學宗師，優待讀書人，又器重陳遵，對西曹說：「這個人是位度量豁達、不拘小節的人，為什麼要用瑣碎的條文來責難他呢？」於是舉薦陳遵去治理京畿三輔中政務最繁重的縣分，讓他接任郁夷縣令。過了很久，因與上級右扶風失和，自己請求免職離去。

3 槐里縣的大賊趙朋、霍鴻等起事時，陳遵擔任校尉，進攻趙朋、霍鴻立了功，被封為嘉威侯。他居住在長安城，列侯、皇帝左右的親近大臣和貴親國戚都尊重他。州牧、郡守將要離京就職時，及郡國豪傑到京師的人，沒有哪一個不到陳遵家去拜訪的。

4 陳遵嗜好飲酒，每次大宴會，到了賓客滿堂時，就關上大門，並把客人車輪上的銷釘取出丟入井中。客人即便有急事，也不能離開。曾經有一位部刺史回京報告事情，路過拜訪陳遵，遇上他正在飲酒，刺史很窘迫，只好等到他喝得大醉時，急忙進內室拜見他的母親，向她叩頭稟告，訴說自己與尚書有約期相會的事，陳遵的母親才讓他從後門出去。陳遵常常喝得大醉，然而也沒有耽誤公事。

5 陳遵身高八尺多，頭長大鼻，容貌很魁梧。粗略地涉獵了儒家經籍，寫的文章富於文辭。他擅長於書法，寫給人的書信，別人都收藏起來引以為榮。陳遵凡有所請求，人們都不敢違逆，他所到之處，士大夫都穿戴整齊前來相會，唯恐落在後面。當時列侯中，有一位與陳遵同姓、同字的人，每次到人家門前，報稱「陳孟公前來拜訪」，在座的人莫不震動，等到進來以後，才知道不是陳遵，因此給那個人起了個綽號，叫「陳驚坐」。

6 王莽一向認為陳遵是一個奇才，那些身居高位的人多有稱讚陳遵的，因此起用他擔任河南郡太守。他到職以後，本應派遣從史到京師報告，卻召集善書法的屬吏十人前來，寫私信感謝京城中的老朋友。陳遵靠著几案，一邊給寫信的官吏口述書信內容，一邊辦理公事，寫了幾百封信，有親有疏，分別表達了自己的情意，河南人大驚。到職幾個月後就免職了。

7 當初，陳遵任河南太守，弟弟陳級任荊州牧。當他們要去就任的時候，一同去拜訪長安富戶——原淮陽王的外家左氏，飲酒作樂。後來司直陳崇聽到這件事，就上書進行彈劾：「陳遵兄弟有幸蒙聖恩，超過等級提拔任職。陳遵爵封列侯，官居郡守；陳級擔任州牧，奉命出使，都應當以舉拔正直、糾察邪惡，宣揚聖主的政教風化為職責，而他們卻不知正身自慎。陳遵剛剛拜授官職，就乘坐著設置了圍屏的車子進入閭巷民家，拜訪寡婦左阿君，左家擺酒歌唱，陳遵起舞、跳躍，突然仆倒在座位上，晚上就留宿在左家，是由侍從的婢女扶持就寢的。陳遵明明知道在宴會上飲酒吃喝有一定禮節，按禮節不能進入寡婦的家中。然而他卻沉迷於飲酒作樂，混亂不堪，亂了男女之別，輕辱了官爵地位，羞汙了官印，惡行不堪入耳。臣請求把他們一起免去官職。」陳遵免官以後，回到長安，賓客越來越多，吃飯飲酒仍像以前一樣。

8 過了好久，陳遵又擔任了九江郡與河內郡都尉，總計三次擔任二千石級的官職。而張竦當到丹陽太守，封淑德侯。後來兩人都免除了官職，以列侯身分回到了長安城。張竦家境貧困，沒有賓客，只是時常有些好事的人追隨著問他各種疑難問題，一起談論儒家經典著作。而陳遵白天黑夜大聲喊叫，門前車馬滿滿的，酒肉宴席連續不斷。

9 先前，黃門郎揚雄作過一篇〈酒箴〉，用以諷諫規勸成帝。這篇文章是藉酒客詰難法度士的口吻，用器物作比喻寫成的。文中寫道：「你就像汲水的瓦罐。看你停放之處，就在那水井的邊緣，身居高處臨深井，稍微一動處境危。濁酒難入口，只能裝水滿肚皮，不能左右任擺動，井索將你緊緊牽。一旦懸空受阻礙，身為井壁所碰擊，罐身拋擲於井底，『骨肉』一變入泥土。自身作用竟如此，不如酒袋叫鴟夷。盛酒皮袋好圓滑，肚腹猶如大水壺，整日整夜裝美酒，別人借去把酒酤。常作國家之寶器，託身皇帝之屬車，經常出入在兩宮，周旋往來於官府。兩相比較來評說，試問美酒何過失！」陳遵非常喜歡這篇〈酒箴〉，常跟張竦說：「我和你就好比這瓦罐與酒袋，你誦讀經書，刻苦修養，自我約束，不敢稍犯過失，而我卻放任自己，追隨世俗而隨波逐流，官爵職位、功名利祿都不比你低，卻很能獨行其樂。我不是比你要高明嗎！」張竦說：「人各有個性，各有長短，只能個人自己評判。你想做我這樣的人也不可能，我如果仿效你也會失敗。雖然如此，我認為學我的容易持久，仿效你的難以長久，而我走的才是常道啊。」

10 等到王莽失敗，兩人皆客居池陽縣，張竦被賊兵所殺。更始帝進入長安，大臣舉薦陳遵當大司馬屬下的護軍都尉，與歸德侯劉颯一同出使匈奴。單于想威脅陳遵，使他屈服，陳遵說明利害得失，論議是非曲直，單于稱讚他有奇才，遣送他回國。這時正遇上更始帝失敗，陳遵滯留在朔方郡，被賊兵打敗，當時他喝醉了酒，被殺。

1 原涉，字巨先。祖父武帝時以豪桀自陽翟❶徙茂陵。涉父哀帝時為南陽太守。天下殷富❷，大郡二千石死官❸，賦斂送葬❹皆千萬以上，妻子通共❺受之，以定產業。時又少行三年喪❻者。及涉父死，讓還南陽賻送❼，行喪冢廬❽三年，繇是顯名京師。禮畢，扶風謁請❾為議曹❿，衣冠慕之輻輳⓫。為大司徒史丹舉能治劇⓬，為谷口⓭令，時年二十餘。谷口聞其名，不言而治。

2 先是涉季父⓮為茂陵秦氏所殺，涉居谷口半歲所⓯，自劾⓰去官，欲報仇。谷口豪桀為殺秦氏，亡命⓱歲餘，逢赦出。郡國諸豪及長安、五陵⓲諸為氣節者皆歸慕⓳之。涉遂傾身⓴與相待，人無㉑賢不肖㉒闐㉓門，在所閭里㉔盡滿客。或譏㉕涉曰：「子本吏二千石之世，結髮㉖自脩，以行喪推財禮讓為名㉗，正㉘復讎取仇㉙，猶不失仁義，何故遂㉚自放縱，為輕㉛俠之徒乎？」涉應曰：「子獨不見家人㉜寡婦邪？始自約敕㉝之時，意㉞迺慕宋伯姬㉟及陳孝婦㊱，不幸壹㊲為盜賊所汙，遂行淫失㊳，知其非禮，然不能自還㊴。吾猶此矣！」

3 涉自以為前讓南陽賻送，身得其名，而令先人墳墓儉約㊵，非孝也。迺大治起冢舍㊶，周閣重門㊷。初，武帝時，京兆尹曹氏葬茂陵，民謂其道為京兆仟㊸。涉慕之，迺買地開道，立表㊹署㊺曰南陽仟，人不肯從，謂之原氏仟。費用皆卬㊻富人長者，然身㊼衣服車馬纔具㊽，妻子內㊾困。專以振施㊿貧窮赴人之急為務。人嘗置酒請涉，涉入里門(51)，客有道涉所知母病避疾(52)在里宅(53)者。涉即往候(54)，叩門(55)。家哭，涉因入弔(56)，問以喪事。家無所有，涉曰：「但潔埽除(57)沐浴(58)，待涉。」還(59)至主人，對賓客歎息曰：「人親臥地不收，涉何心鄉(60)此！願徹(61)去酒食。」賓客爭問所當得(62)，涉迺側席而坐(63)，削牘為疏(64)，具記(65)衣被棺木，下至飯含(66)之物，分付諸客。諸客奔走市買(67)，至日昳(68)皆會。涉親閱視(69)已(70)，謂主人：「願受賜矣。」既共飲食，涉獨不飽，迺載棺物，從賓客(71)往至喪家，為棺斂(72)勞俠(73)畢葬。其周急待人如此。後人有毀(74)涉者曰「姦人之雄也」，喪家子即時刺殺言者。

4 賓客多犯法，辠過數上聞。王莽數收繫[75]欲殺，輒復赦出之。涉懼，求為卿府[76]掾史，欲以避客。文母太后[77]喪時，守[78]復土校尉[79]。已[80]為中郎[81]，后免官。涉欲上冢，不欲會賓客，密獨與故人期會。涉單車敺上茂陵，投暮[82]，入其里宅，因自匿不見人。遣奴至市買肉，奴乘[83]涉氣與屠爭言，斫[84]傷屠者，亡。是時茂陵守令[85]尹公新視事，涉未謁也，聞之大怒。知涉名豪，欲以示眾厲俗[86]，遣兩吏脅守[87]涉。至日中，奴不出，吏欲便殺涉去。涉迫窘不知所為。會涉所與期上冢者車數十乘到，皆諸豪也，共說尹公。尹公不聽，諸豪則曰：「原巨先奴犯法不得，使肉袒自縛，箭貫耳[88]，詣廷門謝辠，於君威亦足矣。」尹公許之。涉如言謝，復服[89]遣去。

5 初，涉與新豐[90]富人祁太伯為友，太伯同母弟[91]王游公素嫉涉，時為縣門下掾[92]，說尹公曰：「君以守令辱原涉如是，一日真令[93]至，君復單車歸為府吏[94]，涉刺客如雲，殺人皆不知主名[95]，可為寒心。涉治冢舍，奢僭踰制[96]，辠惡暴著[97]，主上知之。今為君計，莫若墮[98]壞涉冢舍，條奏[99]其舊惡，君必得真令。如此，涉亦不敢怨矣。」尹公如其計，莽果以為真令。涉繇此怨王游公，選賓客，遣長子初從車二十乘劫王游公家。游公母即祁太伯母也，諸客見之皆拜，傳曰「無驚祁夫人」。遂殺游公父及子[100]，斷兩頭去。

6 涉性略似郭解，外溫仁謙遜，而內隱好殺[101]。睚眦於塵中[102]，觸死者[103]甚多。王莽末，東方兵起[104]，諸王子弟多薦涉能得死士[105]，可用。莽迺召見，責以皋惡，赦貰[106]，拜鎮戎大尹[107]。涉至官無幾[108]，長安敗，郡縣諸假號起兵[109]攻殺二千石長吏[110]以應漢。諸假號素聞涉名，爭問原尹何在，拜謁之。時莽州牧使者依附涉者皆得活。傳送致涉長安[111]，更始西屏將軍申徒建[112]請涉與相見，大重之。故茂陵令尹公壞涉冢舍者為建主簿[113]，涉本不怨也。涉從建所出，尹公故遮拜涉，謂曰：「易世矣，宜勿復相怨！」涉曰：「尹君，何壹魚肉涉[114]也！」涉用是[115]怒，使客刺殺主簿。

7 涉欲亡去，申徒建內恨恥之[116]，陽言[117]：「吾欲與原巨先共鎮三輔，豈以一吏易[118]之哉！」賓客通言[119]，令涉自繫獄[120]謝，建許之。賓客車數十乘共送涉至獄。建遣兵道徼[121]取涉於車上，送車分散馳，遂斬涉，縣[122]之長安市。

8 自哀、平[123]間，郡國處處有豪桀，然莫足數。其名聞州郡者，霸陵[124]杜君敖，池陽韓幼孺，馬領[125]繡[126]君賓，西河漕[127]中叔，皆有謙退之風。王莽居攝，誅鉏[128]豪俠，名捕[129]漕中叔，不能得。素善[130]強弩將軍孫建[131]，莽疑建臧匿，泛[132]以問建。

建曰：「臣名善之，誅臣足以塞責(133)。」莽性果賊(134)，無所容忍，然重建，不竟問(135)，遂不得也。中叔子少游，復以俠聞於世云。

【章　旨】以上為第七部分，寫原涉等西漢末年豪俠的狀況。

【注　釋】❶陽翟　縣名。潁川郡之一縣。❷殷富　豐富；富足。❸死官　指二千石的郡太守死在當官的任上。❹賦斂送葬　徵收喪葬費。❺通共　全部；總共。❻三年喪　古代子為父、妻為夫要服喪三年（古制為二十五個月，後定為二十七個月）。後成為中國封建社會的基本喪制。西漢時此喪制還未完全推行。❼賻送　送葬財物。賻，以財物助喪事。❽冢廬　墓舍；供死者子孫守墓居住的房屋。❾謁請　前往會見並請求。❿議曹　漢時由郡守聘請徵召的屬吏。⓫輻輳　車輻集中於軸心。人們圍繞一個中心集中，也叫「輻輳」。⓬治劇　治理情況複雜的縣。⓭谷口　縣名。左馮翊之縣。在今陝西禮泉東北。⓮季父　叔父。古代以伯、仲、叔、季為兄弟長幼之序，季是最小的。⓯所　通「許」。表示約數。⓰自劾　檢舉自己的過錯。⓱亡命　逃亡在外。⓲五陵　指長陵、安陵、陽陵、茂陵、平陵，分別為高帝、惠帝、景帝、武帝、昭帝陵墓所在地。每立一陵墓就把豪富遷去居住，因而成為豪富顯貴聚集之地。⓳歸慕　歸附仰慕。⓴傾身　竭盡全身心。㉑無　無論；不論。㉒不肖　不才；不成器。㉓闐　充滿。㉔在所閭里　居處所在的街巷。㉕譏　責難；非議。㉖結髮　束髮。古代男子二十歲結紮頭髮，行加冠禮，以示成人，因此稱年輕時為結髮。㉗為名　成就名聲。㉘正　縱使；即使。㉙取仇　獲取仇人。㉚遂　竟然。㉛輕輕薄。㉜家人　平民人家。㉝約敕　約束告誡。㉞意　用意；本意。㉟宋伯姬　春秋時魯宣公之女，嫁宋恭公，恭公死，伯姬寡居，所居宮晚上失火，左右勸她避火，她說：「保傅不在，我晚上不能下堂，這是婦女的節義。」結果被火燒死。㊱陳孝婦　漢代著名孝婦。丈夫死在外邊，她侍奉婆母至孝，父母要她再嫁，她就要自殺。淮陽太守上奏朝廷，賜金四十斤，號為「孝婦」。㊲壹　通「一」。一旦。㊳淫失　縱慾放蕩。失，通「泆」。縱慾；放恣。㊴自還　指回到自己原來的操守。自還，相當於「自拔」。㊵儉約　節約簡樸。約，簡單；簡略。㊶冢舍　墳墓與墓旁房舍。㊷周閤重門　四周建有閣樓與多重門戶。閤，通「閣」。㊸京兆仟　京兆路。仟，通「阡」。㊹表　標誌。㊺署　題字。㊻印　通「仰」。仰仗；依賴。㊼身自己。㊽纔具　剛剛具備。㊾內　家中。㊿振施　賑濟施捨。振，通「賑」。(51)里門　古代里有里門。古聚族列里而居，稱里巷。(52)避疾　漢代因有疾病而遷居的習俗，叫避疾。(53)里宅　在里中之宅。(54)往候　前往問候。(55)叩門　登門求見。(56)弔　哀悼；慰問。(57)但潔埽除　只管清掃場地。埽，通「掃」。(58)沐浴　給死者洗浴更衣。(59)還　通「旋」。不久；迅速。(60)鄉　通「向」。朝向；方向。或通「饗」。享受。(61)徹　通「撤」。撤除。(62)所當得　指喪事應當備辦的東西。(63)側席而坐　側身坐在席位上。古禮，遇有喪事，親屬側坐席上。原涉代人辦喪事，所以側席而坐。(64)削牘為疏　把木簡用曲刀削寫成條款。牘，木簡。疏，一條一條記事。(65)具記　詳細記載。(66)飯含　古代習俗，死者入殮時以珠玉貝米之類放入死者口中，叫飯含。飯含之物，為喪禮祭品與殉葬品。(67)市買　購買；買賣。(68)日昳　中午過後。昳，午後日偏斜。(69)閱視　察看。(70)已　止；畢。(71)從賓客　帶著賓客；跟隨賓客。(72)棺斂　將屍體入棺。斂，通「殮」。(73)勞倈　慰問勸勉的意思。指慰問賓客。(74)毀　詆毀；誹謗。(75)收繫　拘禁。(76)卿府　九卿官府。(77)文母太后　即漢元帝皇后王政君，「文母太后」是王莽給她的尊號。(78)守　官吏試職。(79)復土校尉　官名。復土，掘穴下棺，以所出土蓋於棺上為墳叫復土。主持復土事宜的人，封復土校尉。這是臨時職務，故稱「守」。(80)已　已而；隨即。(81)中郎　官名。屬郎中令。分五官、左、右三個中郎署，長官稱將，也省稱中郎。(82)投暮　至暮。(83)乘　依仗。(84)斫　砍；削。(85)守令　試用的縣令。(86)示眾厲俗　警戒眾人，整肅風紀。(87)脅守　以威力強逼、控制。(88)箭貫耳　古代軍法有箭穿過耳朵上的刑罰。這裡是諸豪要原涉以軍法自罰，以求得尹公諒解。(89)復服　指讓原涉重新穿好衣服。(90)新豐　縣名。在今陝西臨潼東北。(91)同母弟　同母異父弟。(92)門下掾　縣令屬吏，由縣令辟舉，總錄門下眾事。(93)真令　正式任命的縣令。(94)單車歸為府吏　指單獨乘一輛車仍舊去擔任屬吏，不再有代任縣令時的隨從，失去了威風。(95)主名　指主事兇手姓名。(96)奢僭踰制　奢侈超過了身分應遵循的標準。僭，僭越；超越標準。(97)暴著　明白顯露。(98)隳　毀也。(99)條奏　分條上奏。(100)殺游公父及子　師古曰：「殺游公及其父。」(101)內隱好殺　內心藏匿著好殺人的心理。(102)塵中　塵世；人世。(103)觸死者　因觸犯他而被殺死的人。(104)東方兵起　王莽末年，各地紛紛起兵，均發生在關東地區或說在長安以東地區，故云「東方兵起」。(105)死士　願為他出死力之人。(106)赦貰　赦免罪過。貰，寬免。(107)鎮戎大尹　王莽改天水為「鎮戎」，改太守為「大尹」。(108)無幾　指無多時。(109)假號起兵　起兵時假借某個名號鼓動或號召民眾響應。(110)二千石長吏　俸祿等級達到二千石的官吏，「州牧使者」即屬於這一類。(111)傳送致涉長安　用驛站車馬將原涉送到長安。(112)申徒建　綠林軍將領，劉玄屬下，任西屏大將軍，封平氏王。「徒」又作「屠」。(113)為建主簿　做申徒建的主簿。主簿，官名。(114)何壹魚肉涉　為什麼專門欺凌我。壹，專一。魚肉，用刀任意宰割魚肉，比喻欺凌殘害。(115)用是　因此。(116)內恨恥之　內心仇恨原涉，並把原涉殺死自己主簿一事當作恥辱。(117)陽言　同「佯言」。說假話。(118)易　改變。(119)通言　傳話。(120)繫獄　囚禁於牢獄。(121)道徼　在途中攔截。徼，通「邀」。(122)縣　通「懸」。(123)哀平　指漢哀帝、漢平帝。(124)霸陵　漢文帝陵，縣名。在今陝西西安東北。(125)馬領　縣名。北地郡之一縣，在今甘肅慶陽西北。當時為北地郡治所。(126)繡　姓。(127)漕　姓。(128)鉏　剷除。(129)名捕　點名逮捕。師古曰：「指其名而捕之。」(130)善　友好。(131)孫建　王莽大臣。曾任右、左將軍、強弩將軍等，並封侯。王莽稱帝後，任立國將軍，封成新侯。(132)泛　廣泛地；一般地。師古曰：「泛者，以常語問之，不切責也。」(133)塞責　抵塞罪責。(134)果賊　果決而狠毒。(135)竟問　徹底追究查問。竟，窮盡。

【語　譯】原涉，表字巨先。他的祖父在漢武帝時以豪傑身分從陽翟縣遷到茂陵縣。原涉的父親在漢哀帝時擔任南陽郡太守。當時天下富裕，大郡二千石的太守死在任上，徵收的喪葬費都在千萬以上，由死者的妻與子共同接受它，用以定下家業的基礎。當時很少有人實行服三年喪的制度。到原涉父親去世，他退還南陽郡送葬的財禮，在墓舍守喪三年，由此揚名京城。服喪禮期滿後，右扶風官員前往會見他並聘請他擔任議曹，士大夫仰慕他就好像車輻向軸心聚集一樣。後大司徒史丹推薦，說原涉能治理政務繁劇的縣分，所以擔任了谷口縣令，當時他二十餘歲。谷口縣的人聽到了他的聲名，因此不用言詞教化便治好了谷口縣。

2　先是原涉的叔父被茂陵姓秦的人殺死。原涉擔任谷口縣令半年左右，就自己檢舉自己的過失辭去官職，想替叔父報仇。谷口縣的豪傑替他殺死那個姓秦的人，原涉在外逃亡一年多，遇上大赦才露面。郡國的豪傑及長安、五陵講究氣節的人都歸附與仰慕他。原涉就盡心盡意地接待他們，不論是賢能的人還是不正派的人都來到他家，他的住所及所在閭里都住滿了他的客人。有人批評他說：「你本是二千石家的後代，從年輕時自己就嚴格禮儀修養，以守喪行孝、退還送葬的財禮這些禮讓的品德而成名，即使為了報仇取下仇人的人頭，也還沒有違背仁義，何故從此放縱自己，成為輕薄的游俠呢？」原涉回答說：「您難道沒有看到平民家中的寡婦嗎？開始她們約束告誡自己的時候，本意是要仰慕宋伯姬與陳孝婦的為人，不幸一旦被盜賊所玷汙之後，就縱慾放蕩，明知這種行為不符合禮儀，然而已經不能自拔了。我就像這種情況一樣！」

3　原涉自己認為以前退還南陽郡送葬禮的行為，雖然自身博得了好名聲，卻令先人的墳墓節儉簡樸，不合孝道。於是就大修墳墓和墓旁的房舍，周圍建起閣樓和多重門戶。以前，漢武帝時有位姓曹的京兆尹安葬在茂陵，老百姓稱那條路為「京兆仟」。原涉羨慕此事，就買地開路，樹立華表，提名刻字稱曰「南陽仟」，人們不肯依從，稱為「原氏仟」。他修墓開路的費用全部倚賴富人中年高有德的長者，而他自己僅僅置辦了必用的車馬和衣服，家中的妻兒生活陷入困境。他專門賑濟施捨貧窮的人、前往救助有急難的人作為自己的義務。曾經有人置酒宴請原涉，原涉進入里巷大門，客中有人告訴原涉，說他認識的某人的母親生病而住在里的宅院內。原涉立即前往問候，登門求見。這時聽到全家哭泣，原涉就進去弔唁，並問及喪事的辦理情況。喪家一無所有，原涉說：「你只管清掃場地，給死者沐浴更衣，等著我來。」隨即來到酒宴主人家，對賓客歎息地說：「人家的親人死了，躺在地上不能安葬，我還有什麼心思享受這酒宴！希望撤去酒菜。」賓客爭著問他辦喪事所應準備的東西，原涉就側身坐在席位上，削牘做成木簡，寫成購物單，記載需用的衣被棺木，包括飯含等祭品，分別給賓客去採辦。賓客四出到市場去購買，到中午過後都回來會合。原涉親自察看過後，才對主人說：「事情辦妥了，我願接受您的賜宴了。」大家共同吃喝完畢，只有原涉沒有吃飽，就裝載著棺木等物，帶著賓客們前往喪家，幫他家裝棺入殮，慰勞客人，辦完喪事。他就是這樣周濟急難對待別人的。後來有個詆毀原涉的人說「他是壞人中的一個梟雄」，喪家的兒子當即刺殺了這個人。

4 原涉的賓客犯法的很多，罪過多次上報給皇上。王莽屢次拘捕他，想殺掉他，又常常因赦免而放掉他。原涉恐懼，要求擔任卿府的屬吏，想藉以迴避賓客。文母太后治喪時，原涉臨時擔任復土校尉。喪事過後擔任中郎將，後來被罷免了官職。原涉想給先人上墳，不想會見賓客，只想單獨祕密地與老朋友約期相會。原涉獨自乘車趕往茂陵，到了傍晚，進入墓舍內宅，藉此深自隱匿不見外人。原涉派遣奴僕到市集上買肉，奴僕依仗原涉的氣勢與屠戶爭執，砍傷了屠戶而逃亡。這時茂陵縣代理縣令尹公剛開始理事，原涉沒有去拜訪他，聽到這件事，尹公大怒。他知道原涉是著名豪俠，想藉此事警戒眾人，整肅社會風氣，就派遣兩個屬吏脅迫看守原涉。到了中午，奴僕還沒有露面，屬吏想殺掉原涉離去。原涉窘迫得不知如何是好。正好與原涉相約前來上墳的老朋友的幾十輛車子來到，這些人都是豪俠，一同勸說尹公。尹公不聽，豪俠們就說：「原巨先的奴僕犯法沒有抓住，就讓他袒衣露體，自己綁住，以箭穿耳，前往縣衙請罪，對你來說也夠威風了吧。」

尹公同意這樣做。原涉照豪俠們說的謝了罪，又穿好衣服，尹公放他走了。

5 起初，原涉與新豐縣富人祁太伯是好朋友，祁太伯的同母異父弟王游公一向嫉妒原涉。當時王游公擔任茂陵縣衙的門下掾，勸尹公說：「您以代理縣令的身分羞辱原涉到這種程度，一旦正式任命的縣令到了，您又得坐單車仍舊擔任縣府的屬吏。原涉手下刺客如雲，殺了人都不知道兇手是誰，確實令人膽寒。原涉修建祖墳墓舍，奢侈鋪張，超越了制度標準，罪惡明顯，皇上早就知道。現在替您打算，不如毀壞他的祖墳墓舍，逐條上奏他過去的罪行，這樣您一定會擔任正式的縣令。如此，原涉也不敢再埋怨您了。」尹公照著他說的去做，王莽果然任命他為正式的縣令。原涉因此怨恨王游公，選擇賓客，派遣他的大兒子原初帶領二十輛車子打劫了王游公家。王游公母親就是祁太伯的母親，賓客們看見她都向她行問候禮，傳話說「不要驚嚇了祁夫人」。於是殺了王游公父親和他本人，砍下了兩個腦袋離去。

6 原涉的性格大略與郭解相似，外表溫和、仁義、謙遜，而內心隱藏著殺機。他在社會上小怨必報，因觸犯他被殺死的人很多。王莽末年，東方各地紛紛起兵反抗王莽，王氏的子弟中很多人舉薦原涉，說他能得到豪俠為他效死力，可以利用。於是王莽召見了原涉，責備他過去所犯的罪惡，然後予以赦免，再委任他擔任鎮戎大尹。原涉到任不久，長安失敗，各郡縣那些打著漢朝旗號起兵的人，攻殺二千石長官來響應漢軍。那些起兵的首領平素知道原涉的名聲，爭著打聽原大尹在什麼地方，要前去拜訪他。當時王莽任命的州牧刺史，凡是依附原涉的都能夠活命。用驛站的傳車把原涉送到長安，更始帝的西屏將軍申徒建請原涉與他相見，特別器重他。原先那個毀壞原涉祖墳墓舍的前茂陵縣令尹公擔任申徒建的主簿，原涉本來已不怨恨他。原涉從申徒建的住所出來，尹公故意攔道與原涉行見面禮，對他說：「改朝換代了，應該不要互相怨恨了！」原涉說：「尹先生，為何專門欺凌我呢！」原涉因此發怒，派刺客刺殺了申徒建的主簿尹公。

7 原涉想逃離京城。申徒建內心仇恨他，並認為原涉刺殺尹公是自己的恥辱，但表面上卻說：「我正要與原巨先鎮守京畿三輔，怎麼會因一屬吏被殺而改變主意呢！」原涉的賓客傳話說，可令原涉自繫到獄中謝罪，申徒建答應了他。賓客們乘坐幾十輛車子共同送原涉去獄中。申徒建派兵在途中攔截，從車上抓走原涉，送原涉的車子四散奔馳，於是斬了原涉，把他的首級懸掛在長安市上。

8 自從哀帝、平帝年間起，各郡國處處都有豪傑，然而大都不值得加以述說。其中名聲遠播於州郡的，如霸陵縣的杜君敖，池陽縣的韓幼孺，馬領縣的繡君賓，西河郡的漕中叔，都有謙虛退讓的風度。王莽居攝期間，誅鋤豪俠，點名追捕漕中叔，抓不到。漕中叔向來與強弩將軍孫建要好，王莽懷疑孫建隱藏了他，以平常口氣問孫建這件事。孫建說：「臣對他好的名聲已傳開了，殺了臣就可以抵塞罪責。」王莽的性格果決而狠毒，不能容忍人，但很器重孫建，沒追查下去，最終沒有抓獲漕中叔。漕中叔的兒子漕少游，又以行俠聞名於世。

【研　析】遊俠是中國古代的一個特殊群體，為數不多，但卻有一定的影響力。他們樂善好施，張揚灑脫，鄙薄財物，對身外之物抱以忽視和超脫的態度。但是他們桀驁不馴，唯我獨尊。意氣用事，輕視生命，對異己者任意殺戮。他們的種種行為不符合當時的禮法和道德觀，所以一直遊離在社會的邊緣。《史記》《漢書》的作者卓然遠見，對這一特殊群體給予了高度的關注，分別從各自的立場出發，選取不同的角度，為遊俠們立傳，向人們展示了一幅幅形態各異、栩栩如生的群俠圖。《史記・游俠列傳》與《漢書・游俠傳》都認為游俠是在戰國時期產生的，而且所列舉的游俠中的魏國孟嘗君等四位代表人物都是戰國後期人。而同一現象，由於歷史條件不同，所起的作用不同，人們的認識、評價也有差異。

戰國中後期兼併戰爭激烈進行，秦國雖然對統一中國有功，但在兼併戰爭中十分殘暴。而當時東方各國國君腐敗無能，不能有效抗擊秦國。所以信陵君竊符救趙之舉、孟嘗君利用雞鳴狗盜之徒逃出函谷關，符合了人民的利益與願望，所以成了千古流傳的佳話。而平原君、春申君在救危濟困方面也受到民眾的歡迎。所以，這四位公子就成為受到民眾好評的歷史人物。

西漢時期歷史條件不同，當時經濟殘破，社會需要安定與發展經濟。而當時的諸侯王為發展自己的勢力，不惜與匈奴勾結，反抗漢中央政權。而布衣豪俠，目無國法，任意殺人。他們的行為是不利於社會安定與發展經濟要求的。在這種情況下，漢中央政權對諸侯王叛亂的平定，對豪俠的誅殺，就是正義的，符合社會發展需要和民眾利益的。同時，也就適應了社會安定和發展經濟的要求。所以，應予肯定。

班固因為不認同《史記》「序游俠則退處士而進奸雄」的做法，因而重新撰寫取捨不同、風格迥異的〈游俠傳〉。《史記・游俠列傳》將布衣之俠、喜好賓客的貴人與恣欲自快的豪暴嚴格地加以區分，稱頌布衣之俠「設取予然諾，千里誦義，為死不顧世」的行為，以與「竊鉤者誅，竊國者侯，侯之門仁義存」之虛偽的封建道德相對照。《漢書・游俠傳》正相反，是把結賓客、廣交遊，能形成一種社會勢力的人都叫作游俠，而把孟嘗君、淮南王安、魏其侯竇嬰、效忠於王莽的樓護和陳遵、再三以報自己私仇著名的原涉，同布衣之俠劇孟、郭解等同列，一律譴責他們「背公死黨」，說他們廢棄了「守職奉上之義」。可見《史記》、《漢書》雖各有〈游俠傳〉，篇名同，篇內材料也多相同，但精神面貌卻大不相同。

卷九十三

佞幸傳第六十三

【題解】《史記》有〈佞幸列傳〉，《漢書》有〈佞幸傳〉。二者主旨相同，唯《漢書・佞幸傳》補充了漢武帝以後的事實。所謂佞幸是指靠諂媚、美色得到皇帝寵幸的人。本傳雖然提到了西漢皇帝的各位「佞」臣，但主要敘述的是鄧通、趙談、韓嫣、李延年、石顯、淳于長、董賢七人的事跡，以及七個人的作用和最終的結果。人們讀後可以從中受到啟迪。

漢興，佞幸❶寵臣，高祖❷時則有籍孺，孝惠❸有閎孺。此兩人非有材能，但以婉媚❹貴幸❺，與上❻臥起，公卿皆因❼關說❽。故孝惠時，郎❾侍中皆冠鵔鸃❿，貝帶⓫，傅脂粉⓬，化⓭閎、籍之屬⓮也。兩人徙家安陵⓯。其後寵臣，孝文時士人⓰則鄧通，宦者⓱則趙談、北宮伯子⓲；孝武時士人則韓嫣，宦者則李延年；孝元時宦者則弘恭、石顯；孝成時士人則張放、淳于長；孝哀時則有董賢。孝景、昭⑲、宣⑳時皆無寵臣。景帝唯有郎中令周仁㉑。昭帝時，駙馬都尉秺㉒侯金賞嗣父車騎將軍日磾㉓爵為侯，二人之寵㉔取過庸㉕，不篤㉖。宣帝時，侍中中郎將張彭祖少與帝微時㉗同席研書，及帝即尊位，彭祖以舊恩封陽都㉘侯，出常參乘㉙，號為愛幸。其人謹敕㉚，無所虧損，為其小妻所毒薨㉛，國除㉜。

【章　旨】以上為第一部分，記載西漢各個時期因諂媚而受到寵幸的寵臣的狀況。

【注　釋】❶佞幸　因美色與諂媚而受到寵幸。❷高祖　漢高帝劉邦，泗水郡沛縣（今江蘇沛縣）人。西漢王朝的創始人。見卷一〈高帝紀〉。❸孝惠　指漢惠帝。見卷二〈惠帝紀〉。下文有孝文、孝景、孝武、孝元、孝成、孝哀，分別指文帝、景帝、武帝、元帝、成帝、哀帝。❹婉媚　順從、諂媚。婉，順也。媚，悅也。❺貴幸　顯貴、寵幸。❻上　皇上。此處指漢高帝、漢惠帝。❼因　因此；通過。❽關說　即通關節，說人情。關，通。❾郎　官名，郎中令屬官，有議郎、中郎、郎中等。侍中，加官名。加此官名後，可出入宮中，侍候皇帝。❿鵔鸃　鵔鸃冠。即用彩色花紋錦雞羽毛裝飾的頭冠。⓫貝帶　用貝殼裝飾的腰帶。⓬傅脂粉　塗抹胭脂粉。傅，敷；塗抹。⓭化　學習；效法。⓮屬　類；輩。⓯安陵　漢惠帝陵邑。在今陝西咸陽東北。⓰士人　即士民。古代四民之一。一般指未取得功名的知識分子和學習技藝者。⓱宦者　指宦官。⓲北宮伯子　姓北宮，名伯子。⓳昭　指漢昭帝劉弗陵。西元前八十七—前七十四年在位。⓴宣　指漢宣帝劉詢。西元前七十四—前七十九年在位。㉑周仁　人名。見卷四十六〈周仁傳〉。㉒秺　縣名。在今山東成武西北。㉓日磾　金日磾，匈奴休屠王之子，被俘後為漢武帝重用。見卷六十八〈金日磾傳〉。㉔寵　寵愛。㉕庸　平常。㉖篤　深厚。㉗微時　微賤時；未顯貴時。㉘陽都　縣名。在今山東沂南南。㉙參乘　指陪乘的人。起保護主人的作用。㉚謹敕　謹慎；嚴整。㉛薨　周代諸侯和高官死稱薨。㉜國除　封國被廢除。

【語　譯】漢朝興起以後，以獻媚而得到寵幸的寵臣，高祖時有籍孺，漢惠帝時有閎孺。這兩人並非有才能，而是靠順從獻媚的伎倆得到了顯貴寵幸，與皇上同睡同起，公卿大臣也要通過他們去打通關節。所以漢惠帝時，在宮廷中侍候的郎官都戴著用錦雞羽毛裝飾的頭冠，繫著用貝殼裝飾的腰帶，臉上也搽著胭脂水粉，仿效閎孺、籍孺這般人的做法。後來兩人都搬到了安陵。這以後得寵的臣子，漢文帝時士人有鄧通，宦官有趙談和北宮伯子；漢武帝時士人有韓嫣，宦官有李延年；漢元帝時宦官有弘恭和石顯；漢成帝時士人有張放和淳于長；漢哀帝時則有董賢。漢景帝、漢昭帝、漢宣帝時都沒有受寵幸的臣子。漢景帝時只有郎中令周仁。漢昭帝時，駙馬都尉秺侯金賞，繼承父親車騎將軍金日磾的爵位，做了列侯，他們兩人受到的寵愛超過一般情形，但不深厚。漢宣帝時，侍中中郎將張彭祖，年少時與未顯貴的宣帝同學讀書，等到宣帝登了皇位，張彭祖以有舊恩封為陽都侯，宣帝外出常常陪乘，稱為愛幸。張彭祖這個人謹慎，沒有什麼缺陷，被他的小妻毒死，廢除了封國。

1 鄧通，蜀郡❶南安❷人也，以濯❸船為黃頭郎❹。文帝嘗夢欲上天，不能，有一黃頭郎推上天，顧❺見其衣尻❻帶後❼穿❽。覺❾而之漸臺❿，以夢中陰自⓫求推者郎，見鄧通，其衣後穿，夢中所見也。召問其名姓，姓鄧，名通。鄧猶登也，文帝甚說，尊幸之，日日異。通亦愿謹⓬，不好外交⓭，雖賜洗沐，不欲出。於是文帝賞賜通鉅萬⓮以十數⓯，官至上大夫⓰。

2 文帝時間⓱如⓲通家游戲，然通無他技能⓳，不能有所薦達⓴，獨自謹身以媚上㉑而已。上使善相㉒人者相通，曰：「當貧餓死。」上曰：「能富通者在我，何說貧？」於是賜通蜀嚴道㉓銅山，得自鑄錢。鄧氏錢布天下，其富如此。

3 文帝嘗㉔病癰㉕，鄧通常為上嗽吮㉖之。上不樂，從容問曰：「天下誰最愛我者乎？」通曰：「宜㉗莫㉘若㉙太子㉚。」太子入問疾，使太子齰㉛癰。太子齰癰而色難㉜之。已而㉝聞通嘗為上齰之，太子慙，繇是㉞心恨通。

4 及文帝崩㉟，景帝立，鄧通免，家居。居無何㊱，人有告通盜出徼㊲外鑄錢，下吏驗問㊳，頗有，遂竟案㊴，盡沒入之，通家尚負責㊵數鉅萬。長公主㊶賜鄧通，吏輒㊷隨沒入之，一簪㊸不得著㊹身。於是長公主乃令假㊺衣食。竟不得名㊻一錢，寄死人家。

5 趙談者，以星氣㊼幸，北宮伯子長者㊽愛人，故親近，然皆不比鄧通。

【章旨】以上為第二部分，寫文帝的佞幸之臣鄧通、趙談、北宮伯子的事跡。

【注釋】❶蜀郡 郡名，地在四川中部，治成都，今成都。❷南安 縣名，今四川樂山市。❸濯 通「櫂」、「棹」。搖船；划船。❹黃頭郎 漢代掌管船行駛的官員，因頭戴黃帽，故名。一說船頭有黃色旄牛尾裝飾的旗子，故名。❺顧 回頭看。❻尻 脊骨的末端；臀部。❼帶後 腰帶下的背縫。❽穿 空洞。❾覺 睡醒。❿漸臺 臺名，在未央宮西南蒼池中，四面環水。⓫陰自 當為「陰目」，指默默看著。⓬愿謹 老實謹慎。⓭外交 與外人交往。⓮鉅萬 萬萬；億。⓯數 計數。⓰上大夫 官名，指太中大夫。⓱間 空隙；時間。⓲如 往。動詞。⓳技能 技藝；技巧。⓴薦達 推薦；引進。㉑上 指漢文帝。㉒相 通過觀察人的相貌斷定其命運。㉓嚴道 歸蜀郡管轄，有少數民族雜居的縣稱道。嚴道，在今四川滎經。㉔嘗 曾經。㉕癰 癰疽，一種毒瘡。㉖嗽吮 吸吮。㉗宜 應當。㉘莫 沒有人。㉙若 如。㉚太子 指後來的景帝。㉛齰 咬。咬出其膿血。㉜難 為難。㉝已而 不久；隨即。㉞繇是 由此。繇，通「由」。㉟崩 古代稱皇帝死為崩，借「山陵崩」作比喻。㊱無何　沒多久。㊲徼　邊界。㊳驗問　審問；考問。㊴竟案　結案；定案。㊵責　通「債」。㊶長公主　指文帝長女、景帝姊劉嫖，封館陶公主，皇帝姊稱長公主。㊷輒　總是；就。㊸簪　插髮髻的長針，可用金玉製作。㊹著　穿戴。㊺假　借給；給予。㊻名　占有之意。㊼星氣　占星望氣以卜吉凶之術。㊽長者　性情謹慎寬厚的人。

【語譯】鄧通，蜀郡南安縣人，以會划船當了黃頭郎。文帝曾作夢想要上天，不能上，有一黃頭郎把他推上了天，回頭看他腰帶的臀部背縫下穿了一個洞。夢醒後前往漸臺，默默地觀察尋找在夢中推他上天的黃頭郎，看到鄧通，他的衣服後面有個洞，正是夢中所看到的。於是召見問他的姓名，他姓鄧名通。鄧猶登也，文帝聽了很高興，尊寵他，一天比一天不同。鄧通的性格也誠實謹慎，不好與人交往，雖賜他休假，也不想外出。於是文帝賞賜鄧通上億的金錢，總共十多次，官做到了上大夫。

2 漢文帝常常趁閒暇往鄧通家遊玩，然而鄧通沒有其他技藝，又不能推薦引進人才，只能自身敬謹逢迎獻媚討好皇帝罷了。文帝讓善於相面的人給鄧通相面，相面的人說：「鄧通會因貧困餓死。」文帝說：「能讓鄧通富足的是我，為什麼說他會貧困？」於是賞賜鄧通蜀郡嚴道的銅山，允許他自己可以鑄錢。鄧氏錢流行天下，鄧通竟富足到了這樣的程度。

3 文帝曾經患過毒瘡，鄧通常常為他吸吮膿血。文帝悶悶不樂，從容問道：「天下誰最愛我呢？」鄧通回答說：「應當沒有比太子更愛您的了。」太子進宮探問病情，文帝要他吸吮毒瘡，太子為文帝吸吮毒瘡時卻面有難色，事後聽說鄧通常常為文帝吸吮毒瘡，心中慚愧，從此怨恨鄧通。

4 等到文帝逝世，景帝即位，鄧通免官，在家閒居。過了不久，有人告發鄧通偷出境外鑄錢，於是把鄧通交給有關官吏驗證審問，證實確有此事，隨即結案，全部沒收其財產充公，鄧通家還欠官府的債好幾億。長公主賜財物給鄧通，官吏就隨即沒收，以抵償所欠債款，連一隻簪子也不能戴在身上。於是長公主就令人借給他衣食。鄧通竟然不能占有一個錢，寄居在別人家裡一直到死。

5 趙談，因占星望氣之術而受到寵幸，北宮伯子是個長者能愛人，所以文帝跟他親近，然而都不能與鄧通相比。

1 韓嫣，字王孫，弓高侯穨當之孫也。武帝為膠東❶王時，嫣與上❷學書相愛。及上為太子，愈益親嫣。嫣善騎射，聰慧。上即位❸，欲事❹伐胡❺，而嫣先習兵，以故益尊貴，官至上大夫，賞賜儗❻鄧通。

2 始時，嫣常與上共臥起。江都王❼入朝，從上獵上林❽中。天子車駕蹕道❾未行，先使嫣乘副車❿，從⓫數十百騎馳視獸。江都王望見，以為天子，辟⓬從者，伏謁⓭道旁。嫣驅不見。既過，江都王怒，為⓮皇太后泣，請得歸國⓯入宿衛⓰，比⓱韓嫣。太后繇此銜⓲嫣。

3 嫣侍，出入永巷⓳不禁⓴，以姦聞皇太后。太后怒，使使㉑賜嫣死。上為謝㉒，終不能得，嫣遂死。

4 嫣弟說，亦愛幸，以軍功封案道侯，巫蠱㉓時為戾太子㉔所殺。子增封龍雒㉕侯，大司馬車騎將軍，自有傳㉖。

5 李延年，中山㉗人，身㉘及父母兄弟皆故倡㉙也。延年坐法㉚腐刑㉛，給事㉜狗監㉝中。女弟㉞得幸於上，號李夫人，列外戚傳。延年善歌，為新變聲。是時上方興天地諸祠㉟，欲造樂，令司馬相如等作詩頌。延年輒承意弦歌㊱所造詩，為之新聲曲。而李夫人產昌邑王㊲，延年繇是貴為協律都尉㊳，佩二千石㊴印綬㊵，而與上臥起，其愛幸埒㊶韓嫣。久之，延年弟季與中人㊷亂㊸，出入驕恣㊹。及李夫人卒後，其愛弛㊺，上遂誅延年兄弟宗族。

6 是後寵臣，大氐㊻外戚㊼之家也。衛青㊽、霍去病㊾皆愛幸，然亦以功能自進。

【章　旨】以上為第三部分，寫漢武帝的寵幸之臣韓嫣、李延年的事跡。

【注　釋】❶膠東　封國名。在今山東東部，都即墨，今山東平度東南。❷上　指漢武帝。❸即位　指登皇帝位。❹事　從事；進行。❺胡　指匈奴。❻儗　比；類似。❼江都王　劉非，景帝子，武帝異母兄。❽上林　苑名，秦漢皇帝遊玩射獵的場所。周圍幾百里，內有離宮幾十處。❾趨道　皇帝出行，清道路，禁行人，叫趨道。❿副車　皇帝外出時的從車。⓫從　跟從；跟隨。⓬辟　避去；排除。⓭謁　拜見。⓮為　對；向。⓯歸國　歸還封國。⓰宿衛　在宮禁中值班警衛。⓱比　指與韓嫣相比。⓲銜　懷恨；怨恨。⓳永巷　宮中長巷，妃嬪居住的地方。⓴不禁　指皇上沒有禁止。㉑使使　派出使者。前使為動詞，後使為名詞。㉒謝　謝罪；認錯。㉓巫蠱　把木人埋在地下用巫術詛咒害人。㉔戾太子　漢武帝太子，衛皇后所生，亦稱衛太子。因宣帝時諡其曰戾，故稱戾太子。㉕雒　一說作「額」。㉖自有傳　見卷三十三〈韓王信傳〉附傳。㉗中山　封國名。治盧奴，今河北定州。㉘身　自身。㉙倡　古代的歌舞藝人。㉚坐法　犯罪。㉛腐刑　即宮刑。男閹割生殖器，女幽閉。㉜給事　供事；供職。㉝狗監　掌管皇帝養狗的機構。㉞女弟　妹妹。㉟天地諸祠　祭祀天地的廟宇。㊱弦歌　和著樂曲唱歌。㊲昌邑王　即昌邑哀王。見卷六十三〈武五子傳‧昌邑哀王〉。㊳協律都尉　官名，掌管音樂。㊴二千石　俸祿為二千石級的官員。㊵印綬　印和繫印的絲帶。㊶埒　等同。㊷中人　指宮女。㊸亂　淫亂。㊹驕恣　驕傲放縱。㊺弛　減弱。㊻大氐　大抵；大都。㊼外戚　皇帝的母族與妻族。㊽衛青　衛皇后的弟弟，大軍事家。其事跡見卷五十五〈衛青霍去病傳〉。㊾霍去病　衛皇后的外甥，大軍事家，其事跡見卷五十五〈衛青霍去病傳〉。

【語　譯】韓嫣，表字王孫，是弓高侯韓穨當的孫子。武帝當膠東王時，韓嫣與皇上一起學習讀書寫字而友好相愛。等到皇上當了太子，更加親近韓嫣。韓嫣善於騎射，聰明有智慧。皇上登位，打算討伐匈奴，而韓嫣先前學習過軍事，因此更加尊貴，官至上大夫，皇上給他的賞賜可與鄧通相比。

2 開始時，韓嫣常常與皇上同睡同起。有次江都王進京朝見，韓嫣隨從皇上到上林苑打獵。天子車駕因清道還未起行，就先派韓嫣乘副車，跟從幾十上百名騎兵奔馳前往觀看野獸。江都王望見，以為是天子，就摒退隨從，在路上伏地朝拜。韓嫣卻直驅而過，視而不見。韓嫣過去以後，江都王怨怒，對著皇太后哭泣說，請求把封國爵位歸還給天子，入宮值班宿衛，與韓嫣做同樣的事情。太后由此怨恨韓嫣。

3 韓嫣侍奉皇上，出入宮中妃嬪居住的地方不受禁止，因有姦情被皇太后知道。皇太后發怒，派遣使者賜韓嫣死。皇上替他認錯，終竟不能挽回，韓嫣終於死去。

4 韓嫣的弟弟韓說，也受到皇上的寵愛，因軍功封為案道侯，在巫蠱之禍時，被戾太子所殺。後來，他的兒子韓增被封為龍雒侯，擔任過大司馬車騎將軍，他自己有傳。

5 李延年是中山國人，他自己和父母兄弟都是歌舞藝人。李延年因犯罪而受腐刑，在狗監供職。他的妹妹受到皇帝的寵幸，號稱李夫人，列入〈外戚傳〉。李延年善於歌唱，能創作新變聲曲，這時皇上正興起祭祀天地諸神的事，想創作樂曲，令司馬相如等人創作頌詩。李延年常常秉承皇上意旨為頌詩作歌曲，稱為新聲曲。而李夫人生了昌邑王後，李延年由此顯貴做了協律都尉，佩著二千石的官印，與皇上同睡同起，所受到的愛幸與韓嫣相同。過了一段時日之後，延年弟李季跟宮女淫亂，出入驕恣放縱。等到李夫人去世後，他們受的寵幸減少，漢武帝就誅滅了李延年兄弟和家族。

6 此後受寵愛的臣子，大都是外戚之家。衛青、霍去病都受到寵愛，然而也是憑著自己的功績和才能上進的。

1 石顯，字君房，濟南人；弘恭，沛❶人也。皆少坐法腐刑，為中黃門❷，以選為中尚書❸。宣帝時任中書官，恭明習法令故事❹，善為請奏，能稱其職。恭為令，顯為僕射⑤。元帝即位數年，恭死，顯代為中書令⑥。

2 是時，元帝被⑦疾，不親政事，方隆好⑧於音樂，以顯久典事，中人⑨無外黨⑩，精專可信任，遂委以政。事無小大，因⑪顯白⑫決，貴幸傾朝，百僚皆敬事顯。顯為人巧慧習事，能探得人主微指⑬，內深賊⑭，持⑮詭辯⑯以中傷⑰人，忤⑱恨睚眦⑲，輒被⑳以危法㉑。初元中，前將軍㉒蕭望之㉓及光祿大夫㉔周堪、宗正㉕劉更生㉖皆給事中。望之領尚書事，知顯專權邪辟㉗，建白㉘以為「尚書百官之本，國家樞機㉙，宜以通明公正處之。武帝游宴後庭，故用宦者，非古制也。宜罷中書宦官，應古不近刑人㉚」。元帝不聽，繇是大與顯忤。後皆害焉，望之自殺，堪、更生廢錮㉛，不得復進用，語㉜在望之傳。後大中大夫㉝張猛㉞、魏郡㉟太守京房㊱、御史中丞㊲陳咸㊳、待詔㊴賈捐之㊵皆嘗奏封事㊶，或召見，言顯短㊷。顯求索其辠，房、捐之棄市㊸，猛自殺於公車㊹，咸抵辠，髡㊺為城旦㊻。及鄭令蘇建得顯私書奏之，後以它事論死。自是公卿以下畏顯，重足一迹㊼。

3 顯與中書僕射牢梁、少府㊽五鹿充宗結為黨友，諸附倚㊾者皆得寵位。民歌之曰：「牢邪石邪，五鹿客邪！印何纍纍㊿，綬若若(51)邪！」言其兼官據勢(52)也。

4 顯見左將軍馮奉世父子為公卿著名，女又為昭儀(53)在內，顯心欲附之，薦言昭儀兄謁者[54]逡脩敕[55]宜侍帷幄[56]。天子召見，欲以為侍中，逡請間[57]言事。上聞逡言顯顓[58]權，天子大怒，罷逡歸郎官。其後御史大夫缺，群臣皆舉逡兄大鴻臚[59]野王行[60]能第一，天子以問顯，顯曰：「九卿無出野王者。然野王親昭儀兄，臣恐後世必以陛下[61]度越[62]眾賢，私後宮親以為三公[63]。」上曰：「善，吾不見是。」迺下詔嘉美野王，廢而不用，語在野王傳。

5 顯內自知擅權事柄在掌握，恐天子一日納用左右耳目[64]，有以間己[65]，迺時[66]歸誠[67]，取一言以為驗[68]。顯嘗使至諸官有所徵發[69]，顯先自白，恐後漏盡[70]宮門閉，請使詔吏開門。上許之。顯故投[71]夜還，稱詔開門入。後果有人上書告顯顓命矯詔[72]開宮門，天子聞之，笑以其書示顯。顯因泣曰：「陛下過私[73]小臣，屬[74]任以事，群下[75]無不嫉妒欲陷害臣者，事類如此非一，唯獨明主知之。愚臣微賤，誠不能以一軀稱快萬眾，任[76]天下之怨，臣願歸樞機職，受後宮掃除之役，死無所恨，唯[77]陛下哀憐財[78]幸，以此全活小臣。」天子以為然而憐之，數[79]勞勉顯，加厚賞賜，及賂遺[80]訾一萬萬。

6 初，顯聞眾人匈匈[81]，言己殺前將軍蕭望之。望之當世名儒，顯恐天下學士姍[82]己，病[83]之。是時，明經[84]著節士[85]琅邪貢禹為諫大夫[86]，顯使人致意，深自結納。顯因薦禹天子，歷位九卿，至御史大夫，禮事之甚備。議者於是稱顯，以為不妬(87)譖(88)望之矣。顯之設變詐(89)以自解免取信人主者，皆此類也。

7 元帝晚節(90)寢疾(91)，定陶恭王(92)愛幸，顯擁祐太子頗有功。元帝崩，成帝初即位，遷(93)顯為長信(94)中太僕(95)，秩(96)中二千石(97)。顯失倚，離權數月，丞相御史條奏(98)顯舊惡，及其黨牢梁、陳順皆免官。顯與妻子徙歸故郡，憂滿(99)不食，道病死。諸所交結，以顯為官，皆廢罷。少府五鹿充宗左遷(100)玄菟(101)太守，御史中丞伊嘉為鴈門(102)都尉。長安謠曰：「伊徙鴈，鹿徙菟，去牢與陳實無賈(103)。」

【章旨】以上為第四部分，寫元帝時寵臣石顯一生的事跡。

【注釋】❶沛　縣名，今江蘇沛縣。❷中黃門　指宦官。❸尚書　官名。少府屬官。掌管文書奏章。❹故事　成例；舊日的典章制度。❺僕射　官名。指石顯為中書僕射乃是中書令弘恭的副手。❻中書令　官名，以宦官為尚書令稱中書令，掌文書奏章傳宣詔命。❼被　遭；受。❽隆好　深愛。❾中人　宮中之人，指宦官。❿外黨　指宦官少骨肉之親，無婚姻之家，所以宮外無黨。⓫因　依據。⓬白　稟告。⓭指　通「旨」。旨意。⓮賊　歹毒。⓯持　操持；依仗。⓰詭辯　違背正理的辯解。⓱中傷　攻擊和陷害別人。⓲忤　抵觸；不順從。⓳睚眦　瞪眼睛、怒目而視。比喻小的仇根。⓴被　加上。㉑危法　兇險的法律。㉒前將軍　將軍的稱號。㉓蕭望之　人名。見卷七十八〈蕭望之傳〉。㉔光祿大夫　官名，光祿勳屬官，掌顧問應對。㉕宗正　官名。九卿之一，多由皇族中人充任。為皇族事務機關長官。㉖劉更生　即劉向，見卷三十六〈楚元王傳〉附傳。㉗邪辟　不正派；不誠實。辟，通「僻」。㉘建白　提建議而明白說出。㉙樞機　朝廷的重要關鍵機構。㉚刑人　受刑之人。《禮・曲禮》載：「刑人不在君側。」指朝廷不能重用宦官。㉛廢錮　指革職後永不任用。㉜語　指記載這些事情的語言。㉝大中大夫　官名。光祿勳屬官，掌論議。㉞張猛　人名，張騫之孫。㉟魏郡　郡名。治鄴，今河北南部臨漳西南。

㊱京房　人名。見卷八十八〈儒林傳·京房〉。㊲御史中丞　官名。御史大夫屬官，掌監察彈劾、文書圖籍。㊳陳咸　人名。見卷六十六〈陳萬年傳〉附〈陳咸傳〉。㊴待詔　漢代以才學、技能徵召沒有正式官職的人，稱為待詔。㊵賈捐之　人名。見卷六十四〈賈捐之傳〉。㊶封事　古代臣下上書奏事，為防洩密，用袋封緘。㊷短　指過錯。㊸棄市　古代在鬧市執行死刑，屍體暴露街頭，稱為棄市。㊹公車　官署名。《漢官儀》：「公車掌殿司馬門，天下上事（上書言事）及徵召皆總領之。」㊺髡　古代一種剃去頭髮的刑罰。㊻城旦　刑罰名。服築城等勞役，完成旦四年刑，髡鉗城旦為五年刑。㊼重足一迹　一隻腳踩在另一隻腳上，只有一個足跡。形容非常恐懼的樣子。㊽少府　官名，九卿之一。掌山海池澤收入與皇室手工業製造，為皇帝私府。㊾倚　依也。㊿纍纍　多貌；重疊貌。51若若　長貌。52據勢　擁有權勢。53昭儀　妃嬪的稱號，妃嬪中的第一級，元帝時始設。54謁者　官名。光祿勳屬官。掌管傳達。55脩敕　修整。56帷幄　指宮中帳幕。57間　間隙；空檔。58顓　通「專」。專權。59大鴻臚　官名。九卿之一。武帝時改典客為大鴻臚，原掌接待少數民族之事，後變為贊襄禮儀之官。60行　品行。61陛下　皇帝的代稱。詳解見前。62度越　越過。63三公　西漢時以丞相（大司徒）、太尉（大司馬）、御史大夫（大司空）為三公。64耳目　指偵察消息的人。65間己　離間自己。66時　伺；伺機。67歸誠　表示忠誠。68驗　驗證；證明。69徵發　徵調人力或物資。70漏盡　指深夜。漏，古代滴水計時的儀器，一晝夜為一百刻。71投　到；臨。72矯詔　假託君命，發布詔令。矯，假託。詔，皇帝命令。73過私　過度偏愛。74屬　通「囑」。託付。75群下　指百官。76任　當。77唯　表示希望。78財　通「才」。79數　屢次。80遺　贈與；致送。81匈匈　通「洶洶」。議論紛紛。82姍　通「訕」。譏議。83病　擔憂；病態。84明經　通曉經學。85著節士　以氣節著稱的士人。86諫大夫　官名。掌論議，屬光祿勳。87妬　同「妒」。88譖　進讒言；說人壞話。89變詐　機變狡詐。90晚節　晚年之時。91寢疾　臥病；臥病不起。92定陶恭王　元帝次子劉康。93遷　調動官職叫遷。94長信　漢宮名，太后所居。長樂宮的組成部分，在長安城東南。95太僕　官名。掌皇帝的輿馬及馬政。96秩　官吏俸祿。97中二千石　月俸穀一百八十斛，二千石的最高級。中，滿的意思。98條奏　分條上奏。99滿　通「懣」。悶。100左遷　古代尊右卑左，故稱貶職為左遷。101玄菟　郡名。在今遼寧東部至朝鮮咸鏡道一帶。102鴈門　郡名。在今山西北部與內蒙古南部。治善無，今山西右玉南。103賈　通「價」。

【語　譯】石顯，表字君房，是濟南人；弘恭是沛縣人。他們都在年少時因犯罪受了腐刑，做了中黃門，被選為中尚書。宣帝時擔任中書官，弘恭熟悉法令和典章制度，善於寫請求奏章，能與其職位相稱。弘恭擔任中書令，石顯擔任僕射。元帝即位數年後，弘恭死了，石顯代替他擔任了中書令。

2 這時，漢元帝患有疾疫，不能親自處理政事，正對音樂非常愛好，由於石顯長期掌管重要工作，宦官外無親族，精通與專注可以信任，於是皇上就把政事委託給他。事無大小，都依照石顯的稟告來決定。其顯貴寵幸傾倒朝廷，百官都恭敬地侍奉石顯。石顯為人精巧智慧熟悉事理，能探出君主細小的旨意，內心非常狠毒，能拿詭辯中傷別人，對忤逆他和稍有怨恨的人，常常施以重法。初元年間，前將軍蕭望之和光祿大夫周堪、宗正劉更生都在宮中供職。蕭望之兼領尚書事，知石顯專權不正派，向上表達建議，認為「尚書是百官的根本，國家的關鍵職位，應當用通明公正的人擔任這個職務。武帝在後宮遊宴，所以任用宦官，這不是古代的制度。應當罷免擔任中書職務的宦官，依照古制不用受過刑罰的宦官」。漢元帝不聽，從此與石顯大為抵觸。後來這些人都遭到了陷害，蕭望之自殺，周堪、劉更生被革去職務，永不錄用，這些事情記載在〈蕭望之傳〉中。後來太中大夫張猛、魏郡太守京房、御史中丞陳咸、待詔賈捐之都曾經密封奏事，或被皇上召見，說了石顯的短處。石顯搜求他們的罪過，京房、賈捐之被棄市，張猛自殺於公車署，陳咸被罰剃去頭髮、服城旦苦役抵罪。還有鄭縣令蘇建得到石顯的私信上奏，後來石顯拿其他的事把他處死了。從此，公卿以下的人都畏懼石顯，如兩足重疊而立，不敢動彈。

3 石顯與中書僕射牢梁、少府五鹿充宗結為黨派，凡依附他們的都得到了顯要的官位。百姓唱歌說：「牢也石也，五鹿客也！官印何其多，印綬多麼長啊！」這是說他們兼的官位多擁有權勢。

4 石顯見左將軍馮奉世父子擔任公卿又很著名，女兒又是昭儀居於宮內，石顯想攀附他們，向皇上推薦說昭儀的兄長謁者馮逡嚴肅謹慎適宜在宮中侍奉。皇上召見馮逡，想讓他擔任侍中，馮逡利用機會向皇上建言。皇上聽馮逡說石顯專權，大為惱怒，罷去馮逡現任官職回去當郎官。以後御史大夫空缺，群臣都推薦馮逡長兄大鴻臚馮野王品行才能第一，皇上問石顯這件事情，石顯說：「九卿中沒有超過馮野王的。可是馮野王是昭儀的親兄長，我恐怕後人一定認為皇上越過眾多賢能，偏私後宮親屬來做三公。」皇上說：「你說得對，我沒有想到這裡。」於是下詔書表揚馮野王，廢棄而不任用，這件事情記載在〈馮野王傳〉中。

5 石顯內心知道自己掌握了權柄，恐怕天子一旦採納左右通風報信人的意見，被人離間皇上與自己的關係，於是就伺機表現忠誠，以獲取皇上的話作為驗證。石顯曾為使者到諸官府徵發人力與物資，自己先稟告皇上，恐怕因漏盡深夜宮門關閉，請求皇上許可他叫門吏開宮門。皇上同意了他的請求。石顯故意深夜回宮，聲稱皇上有詔令讓門吏開門放他進宮。後來果然有人告發石顯假託詔書開了宮門，天子聽到這件事，笑著把這一奏疏給石顯看。石顯因此哭泣著說：「陛下過於偏愛小臣，把政事委託給臣，群臣沒有不嫉妒想要陷害臣的，類似這樣的事情不止一次，只有明主知道。愚臣地位微賤，誠然不能拿一個人的身軀讓萬眾稱快，承受天下人的怨恨，臣願辭去重要職位，接受到後宮擔任掃除的雜役差事，至死也無遺恨，只希望皇上哀憐才是幸運，請用此辦法保全小臣。」天子相信並同情哀憐他，多次慰勞勉勵他，加倍賞賜，皇上賞賜與百官贈送的錢財達一萬萬。

6 起初，石顯聽到眾人議論紛紛，說他殺了前將軍蕭望之。蕭望之是當代的名儒，石顯恐怕天下學士譏議自己，十分擔憂。這時，通曉經學以有氣節著名的士人琅邪貢禹任諫大夫，石顯派人表示敬意，並與他深自結交。石顯因此向皇上推薦貢禹，貢禹職位歷經九卿，官至御史大夫，石顯以禮待他甚為齊備。輿論於是稱讚石顯，以為他沒有妒忌和誹謗蕭望之。石顯設下機變狡詐的手段來解脫自己取信皇上，都類似這種情況。

7 漢元帝晚年臥病在床，定陶恭王雖然受到愛幸，但石顯擁護太子頗為有力。元帝逝世，漢成帝初即位，遷石顯為長信中太僕，俸祿中二千石。石顯失去依靠，離開權勢幾個月，丞相、御史分條上奏石顯原來的罪惡，及其黨羽牢梁、陳順都被免官。石顯與妻子兒女徙回原郡，憂鬱煩悶，不吃東西，病死在路上。凡是他結交的朋友，依靠石顯之力當官的，都遭罷免。少府五鹿充宗貶為玄菟郡太守，御史中丞伊嘉貶為鴈門郡都尉。長安的民謠說：「伊嘉貶鴈門，五鹿貶玄菟，罷免牢梁與陳順，功勞實無價。」

1 淳于長，字子孺，魏郡元城❶人也。少以太后姊子為黃門郎❷，未進幸。會大將軍王鳳病，長侍病，晨夜扶丞❸左右，甚有甥舅之恩。鳳且終，以長屬❹託太后及帝。帝嘉長義，拜為列校尉❺諸曹❻，遷水衡都尉❼侍中，至衛尉❽九卿。

2 久之，趙飛燕貴幸，上❾欲立以為皇后，太后以其所出❿微⓫，難⓬之。長主⓭往來通語⓮東宮⓯。歲餘，趙皇后得立，上甚德之，迺追顯長前功，下詔曰：「前將作大匠⓰解萬年奏請營作昌陵，罷弊⓱海內，侍中衛尉長數白宜止徙家反⓲故處，朕以長言下⓳公卿，議者皆合長計。首建至⓴策，民以康寧。其㉑賜長爵關內侯㉒。」後遂封為定陵㉓侯，大見信用，貴傾㉔公卿。外交諸侯牧守㉕，賂遺賞賜亦絫鉅萬。多畜㉖妻妾，淫於聲色㉗，不奉法度。

3 初，許皇后坐㉘執左道㉙廢處長定宮，而后姊㉚孊為龍雒思侯夫人，寡居。長與孊私通，因取㉛為小妻。許后因孊賂遺㉜長，欲求復為倢伃㉝。長受許后金錢乘輿㉞服御物㉟前後千餘萬，詐許為㊱白㊲上，立以為左皇后。孊每入長定宮，輒與孊書，戲侮許后，嫚易㊳無不言。交通書記㊴，賂遺連年。是時，帝舅曲陽㊵侯王根為大司馬㊶票騎㊷將軍，輔政數歲，久病，數㊸乞骸骨㊹。長以外親居九卿㊺位，次第㊻當代根。根兄子新都侯王莽心害長寵，私聞長取許孊，受長定宮賂遺。莽侍曲陽侯疾，因㊼言「長見將軍久病，意喜，自以當代輔政，至對衣冠㊽議語署置[49]」。具[50]言其辠過。根怒曰：「即[51]如是，何不白也？」莽曰：「未知將軍意，故未敢言。」根曰：「趣[52]白東宮。」莽求見太后，具言長驕佚，欲代曲陽侯，對莽母上車[53]，私與長定貴人姊通[54]，受取其衣物。太后亦怒曰：「兒至如此！往白之帝！」莽白上，上迺免長官，遣就國[55]。

4 初，長為侍中[56]，奉[57]兩宮[58]使，親密。紅陽侯立獨不得為大司馬輔政，立自疑為長毀[59]譖，常怨毒[60]長。上知之。及長當就國也，立嗣子[61]融從長請車騎[62]，長以珍寶因[63]融重遺[64]立，立因為長言。於是天子疑焉，下[65]有司[66]案驗[67]。吏捕融，立令融自殺以滅口。上愈疑其有大姦，遂逮長繫洛陽詔獄[68]窮治[69]。長具服[70]戲侮長定宮，謀立左皇后，辠至大逆，死獄中。妻子當[71]坐[72]者徙合浦[73]，母若[74]歸故郡。紅陽侯立就國。將軍卿大夫郡守坐長免罷者數十人。莽遂代根為大司馬。久之，還長母及子酺於長安。後酺有辠，莽復殺之，徙其家屬歸故郡。

5 始長以外親親近[75]，其愛幸不及富平[76]侯張放[77]。放常與上臥起，俱為微行[78]出入。

【章　旨】以上為第五部分，寫漢成帝時的寵臣淳于長一生的事跡。

【注　釋】❶元城　縣名。在今河北大名東。❷黃門郎　官名。秦及西漢給事於宮門之內者，稱黃門郎或黃門侍郎。其職為侍從皇帝，傳達詔命。❸扶丞　扶持；扶助。丞，通「承」。❹屬　通「囑」。❺校尉　武官名。位次將軍。❻諸曹　加官名。受理尚書事務。❼水衡都尉　官名。掌上林苑，兼管皇室財物及鑄錢。❽衛尉　官名。九卿之一，掌管宮門警衛。❾上　指漢成帝。❿所出　出身。⓫微　微賤。⓬難　為難。⓭主　專。⓮通語　傳話。⓯東宮　指太后所居長樂宮。⓰將作大匠　官名。掌宮室、宗廟、陵寢及其他土木營建。⓱罷弊　疲勞困乏。罷，疲。⓲反　指返回原處。⓳下　下達。⓴至　指最好。㉑其　當。㉒關內侯　爵位名。二十等爵制的第十九等爵。㉓定陵　縣名。在今河南郾城西北。㉔傾　勝過；超越。㉕牧守　指州牧與郡太守。㉖畜　畜養；儲藏。㉗聲色　指歌舞與女色。㉘坐　因犯法而獲罪。㉙左道　邪道。㉚姊　姊姊。㉛取　通「娶」。㉜賂遺　贈送賄賂。遺，贈送。㉝倢伃　妃嬪的一種稱號。㉞乘輿　指皇后所用車馬。㉟服御物　指皇后所用衣物用具。㊱為　替。㊲白　稟告。㊳嫚易　猥褻；輕侮。㊴書記　書信。㊵曲陽　縣名。在今安徽淮南東南。㊶大司馬　漢武帝廢太尉，置大司馬，最高武官。㊷票騎　同「驃騎」。漢代將軍名號。㊸數　多次。㊹乞骸骨　古代年老請退休稱「乞骸骨」，或「乞身」。㊺九卿　三公以下的朝廷高級官員。㊻次第　依次。㊼因　於是。㊽衣冠　借指官職。㊾署置　設置官職與任用官吏。㊿具　都；完全。(51)即　倘若。(52)趣　趕快。(53)上車　在長輩面前上車，於禮不敬。王莽母為淳于長的舅媽。(54)通　通姦。(55)遣就國　派遣淳于長歸封國。指在免去其官職之後，又發送其歸封國。這是對淳于長的懲罰。遣，派遣；發送。(56)侍中　加官名。有此加官，可出入宮禁，侍從皇帝。(57)奉　敬受。(58)兩宮　指太后所居東宮長樂宮與皇帝所居西宮未央宮。(59)毀　誹謗；說人壞話。(60)怨毒　怨恨；憎惡。(61)嗣子　嫡長子。(62)車騎　指車馬。(63)因　經由。(64)遺　贈給。(65)下　交給。(66)有司　有關機構和官吏。古代設官分職，事各有專司，故稱有司。(67)案驗　查明案情，驗明證據。(68)詔獄　奉詔令拘禁犯人的監獄。(69)窮治　徹底追查。(70)具服　完全招供認罪。(71)當　應當判罪。(72)坐　連坐；株連。(73)合浦　郡名。在今廣東與廣西交界地區。治今廣西合浦東北。(74)若　人名。(75)親近　指近幸於天子。(76)富平　縣名，治今山東惠民東北。(77)張放　人名。見卷五十九〈張湯傳〉。(78)微行　皇帝或高官隱藏身分，便裝出行。

【語　譯】淳于長，表字子鴻，是魏郡元城縣人。年輕時以皇太后姊姊兒子的身分做了黃門郎，沒有受到進用。適逢大將軍王鳳有病，淳于長侍奉王鳳養病，日夜在王鳳身邊侍候，甚有甥舅的恩情。王鳳臨終前，把淳于長囑託給皇太后和漢成帝。成帝嘉獎淳于長的恩義，任命他為校尉加諸曹，又升為水衡都尉加侍中，一直做到了衛尉九卿。

2 過了好久，趙飛燕受到了寵幸，皇上想要立她做皇后，皇太后認為她出身微寒，有意為難。淳于長專門往來太后住的東宮傳話。一年多以後，趙飛燕立為皇后，皇上很感激他，於是就追溯他的前功，下詔說：「前將作大匠解萬年奏請營建昌陵，使全國百姓疲敝困乏，侍中衛尉淳于長數次建議應當停止遷徙百姓，讓他們返回原處，朕把淳于長說的話下達公卿，議論的人所說都符合淳于長的意思。首先提出最好的計策，使民眾康樂安定。因此賞賜淳于長爵位關內侯。」後來又封他為定陵侯，很被信用，顯貴超越了公卿大臣。對外結交諸侯、州牧、郡守，贈送和賞賜的錢財累計上萬萬。他還蓄養了很多妻妾，沉溺在歌舞女色之中，不遵守法令制度。

3 起初，許皇后犯了搞邪道詛咒的罪行被廢黜居住在長定宮，而許皇后的姊姊許孊是龍雒思侯的夫人，守寡。淳于長與許孊通姦，因而娶她為小妻。許皇后通過許孊賄賂淳于長，想要求再做倢伃。淳于長接受許皇后贈給的金錢、乘輿、服御物前後千餘萬，以欺騙的方法答應為她稟告皇上，立她為左皇后。許孊每次到長定宮廢后住的地方，淳于長就給許孊書信，戲弄欺騙許皇后，輕侮不實的話無所不說。如此互通書信，受饋贈好幾年。這時，成帝的舅父曲陽侯王根擔任大司馬驃騎將軍，輔佐政事幾年，長久患病，屢次請求退休。淳于長憑皇太后親戚的身分處在九卿的地位，依次應當接替王根。王根兄長的兒子新都侯王莽嫉妒淳于長得到寵幸，私下聽到淳于長娶了許孊，接受了許皇后的饋贈。有次王莽侍奉王根的疾病，於是對他說「淳于長見將軍久病，內心喜歡，自認為應當代替您輔佐政事，以至議論到官職的設置與官吏的任用」。對淳于長的罪過全都說了。王根發怒說：「倘若如此，為什麼不早稟告？」王莽說：「不了解將軍的意圖，所以沒敢說。」王根說：「趕快稟告東宮皇太后。」王莽求見皇太后，全部說了淳于長驕奢淫逸的生活，想代替王根輔政，極不禮貌地當著王莽母親面前上車的事情，私與長定宮許皇后姊姊許孊通姦的事情，及接受許皇后錢財衣物等。太后也發怒說：「我們家孩子竟到了這般地步！去稟告皇帝！」王莽給皇上陳述了情況後，皇上罷免了淳于長的官職，發送他去封國居住。

4 起初，淳于長做侍中，奉命為太后與皇帝的使者，關係親密。紅陽侯王立唯獨不能擔任大司馬輔政，王立自己懷疑受了淳于長的誹謗，常常怨恨淳于長。皇上知道這件事情。等到淳于長被懲罰應回封國去，王立的嫡長子王融向淳于長要車馬，淳于長用珍寶通過王融重重地饋贈王立，王立因此為淳于長說好話。於是皇上懷疑這件事情，交給有關官吏查明案情。官吏逮捕了王融，王立叫王融自殺滅口。皇上更加懷疑他們有大奸，於是就逮捕淳于長關在洛陽詔獄徹底追查。淳于長全部供認戲弄欺騙長定宮許皇后，陰謀立她為左皇后，罪至大逆不道，死在監獄中。他的妻、子應當連坐者徙合浦郡，母親王若遷回原籍。紅陽侯王立遷歸封國。將軍、卿大夫、郡守因淳于長一案牽連罷免官職者達數十人。王莽終於代替了王根當了大司馬。時間久了，徙還淳于長的母親及兒子王酺於長安。後來王酺有罪，王莽又殺了他，徙他的家屬回歸故郡。

5 起初淳于長以外戚身分得到皇上的親近，但他得到的愛幸還比不上富平侯張放。張放常與皇上同睡同起，還一起藏匿自己的身分，便裝出入宮庭。

1 董賢，字聖卿，雲陽❶人也。父恭，為御史❷，任賢為太子舍人❸。哀帝立，賢隨太子官為郎❹。二歲餘，賢傳漏❺在殿下，為人美麗自喜，哀帝望見，說其儀貌，識❻而問之，曰：「是舍人董賢邪？」因引上與語，拜❼為黃門郎，繇是始幸。問及其父為雲中❽侯，即日徵❾為霸陵令，遷光祿大夫❿。賢寵愛日甚，為駙馬都尉⓫侍中，出則參乘⓬，入御⓭左右，旬月⓮間賞賜絫鉅萬，貴震朝廷。常與上臥起。嘗晝寢，偏藉⓯上褎，上欲起，賢未覺，不欲動賢，迺斷褎而起。其恩愛至此。賢亦性柔和便辟⓰，善為媚以自固。每賜洗沐，不肯出，常留中⓱視醫藥。上以賢難歸，詔令賢妻得通引籍[18]殿中，止[19]賢廬[20]，若吏妻子居官寺舍[21]。又召賢女弟以為昭儀[22]，位次皇后，更名其舍為椒風[23]，以配椒房[24]云[25]。昭儀及賢與妻旦夕上下[26]，並侍左右。賞賜昭儀及賢妻亦各千萬數。遷賢父為少府，賜爵關內侯，食邑[27]，復徙為衛尉。又以賢妻父為將作大匠[28]，弟為執金吾[29]。詔將作大匠為賢起大第[30]北闕[31]下，重殿[32]洞門[33]，木土之功[34]窮極技巧，柱檻[35]衣以綈[36]錦[37]。下至賢家僮僕皆受上賜，及武庫[38]禁兵[39]，上方[40]珍寶。其選物上第[41]盡在董氏，而乘輿所服[42]迺其副[43]也。及至東園[44]祕器[45]，珠襦玉柙[46]，豫[47]以賜賢，無不備具。又令將作[48]為賢起冢塋[49]義陵旁，內為便房[50]，剛柏[51]題湊[52]，外為徼道[53]，周垣[54]數里，門闕罘罳[55]甚盛。

2 上欲侯[56]賢而未有緣[57]。會待詔孫寵、息夫躬等告東平[58]王雲[59]后[60]謁[61]祠祀祝詛，下有司治，皆伏其辜[62]。上於是令躬、寵為因賢告東平事者，迺以其功下詔封賢為高安[63]侯，躬宜陵[64]侯，寵方陽[65]侯，食邑各千戶。頃之，復益封[66]賢二千戶。丞相王嘉內疑東平事冤，甚惡躬等，數[67]諫爭[68]，以賢為亂國制度，嘉竟坐言事下獄死。

3 上初即位，祖母傅太后、母丁太后皆在，兩家先貴。傅太后從弟[69]喜先為大司馬[70]輔政，數諫，失太后指，免官。上舅丁明代為大司馬，亦任職，頗害賢寵，及丞相王嘉死，明甚憐之。上寖[71]重賢，欲極其位，而恨明如此，遂冊[72]免明曰：「前東平王雲貪欲上位，祠祭祝詛，雲后舅伍宏以醫待詔，與校祕書郎[73]楊閎結謀反逆，禍甚迫切。賴宗廟神靈，董賢等以聞[74]，咸伏其辜[75]。將軍從弟侍中奉車都尉[76]吳[77]、族父[78]左曹[79]屯騎校尉[80]宣皆知宏及栩丹諸侯王后[81]親，而宣除用丹為御屬[82]，吳與宏交通厚善，數稱薦宏。宏以附吳得興其惡心，因醫技進，幾[83]危社稷[84]，朕以恭皇后[85]故，不忍有云。將軍位尊任重，既不能明威立義，折消未萌[86]，又不深疾雲、宏之惡，而懷非君上[87]，阿[88]為宣、吳，反痛恨雲等揚言為群下所冤，又親見[89]言伍宏善醫，死可惜也，賢等獲封極幸。嫉妒忠良，非毀有功，於戲[90]傷哉！蓋『君親無將[91]，將而誅之』，是以季友[92]鴆[93]叔牙[94]，春秋賢[95]之；趙盾不討賊，謂之弒君[96]。朕閔將軍陷于重刑，故以書飭[97]。將軍遂非不改，復與丞相嘉相比[98]，令嘉有依，得以罔[99]上。有司致法將軍請獄治[100]，朕惟噬膚[101]之恩未忍，其[102]上[103]票騎將軍印綬，罷歸就第。」遂以賢代明為大司馬衛將軍[104]，冊曰：「朕承天序[105]，惟稽古[106]建[107]爾于公[108]，以為漢輔。往[109]悉[110]爾心，統[111]辟[112]元戎[113]，折衝[114]綏[115]遠，匡正庶事[116]，允[117]執其中[118]。天下之眾，受制於朕，以將為命，以兵為威，可不慎與[119]！」是時賢年二十二，雖為三公，常給事中，領尚書，百官因賢奏事。以父恭不宜在卿位，徙為光祿大夫，秩中二千石。弟寬信代賢為駙馬都尉。董氏親屬皆侍中諸曹奉朝請[120]，寵在丁、傅之右[121]矣。

4 明年，匈奴單于[122]來朝，宴見[123]，群臣在前。單于怪賢年少，以問譯[124]，上令譯報曰：「大司馬年少，以大賢居位。」單于迺起拜，賀漢得賢臣。

5 初，丞相孔光為御史大夫[125]，時賢父恭為御史，事光。及賢為大司馬，與光並為三公，上故令賢私過光。光雅[126]恭謹，知上欲尊寵賢，及聞賢當來也，光警戒[127]衣冠出門待，望見賢車迺卻[128]入。賢至中門，光入閤[129]，既下車，迺出拜謁[130]，送迎甚謹，不敢以賓客鈞敵[131]之禮。賢歸，上聞之喜，立拜光兩兄子為諫大夫常侍。賢繇是權與人主侔[132]矣。

6 是時，成帝外家王氏衰廢，唯平阿侯譚子去疾，哀帝為太子時為庶子[133]得幸，及即位，為侍中騎都尉[134]。上以王氏亡在位者，遂用舊恩親近去疾，復進其弟閎為中常侍[135]。閎妻父蕭咸，前將軍望之子也，久為郡守，病免，為中郎將[136]。兄弟並列，賢父恭慕之，欲與結婚姻。閎為賢弟駙馬都尉寬信求咸女為婦，咸惶恐不敢當[137]，私謂閎曰：「董公為大司馬，冊文言『允執其中』，此迺堯禪舜之文，非三公故事[138]，長老[139]見者，莫不心懼。此豈家人[140]子所能堪[141]邪！」閎性有知略，聞咸言，心亦悟。迺還報恭，深達咸自謙薄之意。恭歎曰：「我家何用[142]負天下，而為人所畏如是！」意不說。後上置酒麒麟殿[143]，賢父子親屬宴飲，王閎兄弟侍中中常侍皆在側。上有酒所[144]，從容視賢笑，曰：「吾欲法堯禪舜，何如？」閎進曰：「天下迺高皇帝天下，非陛下之有也。陛下承宗廟[145]，當傳子孫於亡窮。統業[146]至重，天子亡戲言！」上默然不說，左右皆恐。於是遣閎出，後不得復侍宴。

7 賢第新成，功堅[147]，其外大門無故自壞，賢心惡[148]之。後數月，哀帝崩。太皇太后召大司馬賢，引見東廂，問以喪事調度。賢內憂，不能對，免冠謝[149]。太后曰：「新都侯莽前以大司馬奉送先帝大行[150]，曉習故事，吾令莽佐君。」賢頓首幸甚。太后遣使者召莽。既至，以太后指使尚書劾[151]賢帝病不親醫藥，禁止賢不得入出宮殿司馬中。賢不知所為，詣[152]闕免冠徒跣[153]謝。莽使謁者以太后詔即[154]闕下冊賢曰：「間者以來，陰陽不調，菑害並臻[155]，元元[156]蒙辜[157]。夫三公，鼎足之輔也，高安侯賢未更[158]事理，為大司馬不合眾心，非所以折衝綏遠也。其收大司馬印綬，罷歸第。」即日[159]賢與妻皆自殺，家惶恐夜葬。莽疑其詐死，有司奏請發[160]賢棺，至獄診[161]視。莽復風[162]大司徒[163]光[164]奏賢「質性巧佞，翼[165]姦以獲封侯，父子專朝，兄弟並寵，多受賞賜，治第宅，造冢壙[166]，放[167]效無極，不異王制，費以萬萬計，國為空虛。父子驕蹇[168]，至不為使者禮[169]，受賜不拜，辠惡暴著[170]。賢自殺伏辜[171]，死後父恭等不悔過，乃復以沙[172]畫棺[173]四時之色，左蒼龍，右白虎，上著金銀日月[174]，玉衣珠璧以棺[175]，至尊無以加。恭等幸得免於誅，不宜在中土[176]。臣請收沒入財物縣官[177]。諸[178]以賢為官者皆免」。父恭、弟寬信與家屬徙合浦，母別歸故郡鉅鹿[179]。長安中小民讙譁[180]，鄉[181]其第哭，幾[182]獲[183]盜之。縣官斥賣[184]董氏財凡[185]四十三萬萬。賢既見發，贏[186]診其尸，因埋獄中。

8 賢所厚[187]吏沛[188]朱詡自劾去大司馬府，買棺衣收賢尸葬之。王莽聞之而大怒，以它辠擊殺詡。詡子浮建武[189]中貴顯，至大司馬，司空，封侯。而王閎王莽時為牧守[190]，所居見紀[191]，莽敗乃去官。世祖[192]下詔曰：「武王克殷，表商容[193]之閭。閎脩善謹敕，兵起[194]，吏民獨不爭其頭首。今以閎子補吏。」至墨綬[195]卒官，蕭咸外孫云。

【章　旨】以上為第六部分，寫哀帝時寵臣董賢一生的事跡。

【注釋】❶雲陽 縣名，在今陝西淳化西北。❷御史 官名。御史大夫屬官，秦以前一般為史官。漢御史有不同職務，有侍御史、符璽御史、治書御史、監軍御史等。❸舍人 家臣。❹為郎 指哀帝即位，董賢當了郎官。❺傳漏 報告時刻。漏，滴漏的計時器，一晝夜時間一百刻。❻識 認識；記得。❼拜 用一定禮節授予官職。❽雲中 縣名，在今內蒙古托克托東北。❾徵 徵召；徵聘。❿光祿大夫 光祿勳屬官。掌論議。⓫駙馬都尉 官名。掌皇帝車駕中的副車馬。駙馬，副馬。非正駕車皆曰副馬。⓬參乘 陪乘。古代乘車，主人居左，馭手居中，參乘居右。起衛護主人與平衡重心的作用。⓭御 保衛；護衛。⓮旬月 滿月；一個月。旬，遍。十天為一旬。⓯藉 以物襯墊，身臥其上。⓰便辟 善於逢迎諂媚。⓱中 指宮禁中。⓲引籍 指登記名冊於殿門門衛處，以使看守者導引入宮殿。⓳止 住宿。⓴廬 大臣在宮中辦事住宿的專用屋舍。㉑官寺舍 官衙的房舍。㉒昭儀 宮中女官名，位次皇后。㉓椒風 宮中殿房名。㉔椒房 皇后的殿房名。用椒泥塗抹牆，有芳香味，故稱椒房。㉕云 語末助詞。㉖上下 指出入宮禁。㉗食邑 指衣食封邑。㉘將作大匠 原名將作少府，景帝改名將作大匠，負責修建土木工程。㉙執金吾 官名。原名中尉，領北軍，負責三輔治安。武帝改名執金吾。皇帝出行，執金吾手執形似金吾鳥的兵器在前開道，故名執金吾。㉚大第 大公館。第，房屋。㉛北闕 未央宮北面正門。㉜重殿 因前殿、後殿相重，故名。㉝洞門 重重相對而相通的門。㉞功 通「工」。㉟檻 欄杆；柵欄。㊱綈 厚綢。㊲錦 有花紋的絲織品。㊳武庫 儲藏武器的倉庫。㊴禁兵 皇帝武庫中的兵器。㊵上方 同「尚方」。官府名。掌管供應製造帝王所用器物。㊶上第 上等住宅。㊷服 使用。㊸副 次要的；附帶的。㊹東園 官署名，屬少府。為皇上專造葬喪器物。㊺祕器 棺材。㊻珠襦玉柙 帝王喪服，用金線聯貫珍珠製成上衣，又用金線連接玉片製成連衣裙，即金鏤玉衣。㊼豫 通「預」。預先。㊽將作 即將作大匠。㊾冢塋 高大墳墓。㊿便房 墳墓中供祭弔者休息的小房。(51)剛柏 堅剛的柏木。剛，堅硬。(52)題湊 用厚木累積而成的槨室。題，頭也。湊，聚也。木頭皆內向積累為槨蓋，稱題湊。(53)徼道 巡邏警戒的道路。(54)周垣 圍牆。(55)罘罳 古代設在宮闕上和城角上的屏牆，上面有孔，形似網，用於守望和防禦。(56)侯 指封侯。(57)緣 機緣；機會。(58)東平 王國名。都無鹽，在今山東東平東南。(59)雲 東平王之名。(60)后 王的正妻。(61)謁 王后之名。(62)辜 罪。(63)高安 不詳。此處為封號。(64)宜陵 侯國名。杜衍縣劃置。在今河南南陽西南。(65)方陽 封國名。龍亢縣劃置，在今安徽蒙城西南。(66)益封 加封。(67)數 屢次。(68)諫爭 對上級極力勸阻。(69)從弟 堂弟。(70)大司馬 官名。漢武帝時罷太尉，設大司馬。(71)寖 增長；逐漸。(72)冊 也作「策」。皇帝對臣下升遷、封土、授爵、免官的文告稱策書。(73)校祕書郎 官名，西漢蘭臺設。掌校勘書籍，訂正訛誤。(74)以聞 以之聞於皇上。即彙報給皇上。(75)伏其辜 伏罪；處死。辜，罪。(76)奉車都尉 官名。掌管皇帝車馬。(77)吳　人名。(78)族父　同族叔伯父。(79)左曹　加官名。受理尚書事務。(80)屯騎校尉　官名。掌管騎兵。(81)諸侯王后　指東平王雲后謁。(82)御屬　主管公車的官員。(83)幾　幾乎。(84)社稷　社為土神，稷為穀神。此處代表國家。(85)恭皇后　指丁后，哀帝母。(86)未萌　未發生的禍患。(87)懷非君上　內心以皇上為非。(88)阿　偏袒；庇護。(89)見　指見皇帝。(90)於戲　同「嗚呼」。感歎詞。(91)將　指心懷叛意，將為逆亂。(92)季友　魯宣公少子，莊公同母弟。(93)鴆　有毒的鳥，羽毛泡酒，其毒酒可毒死人。(94)叔牙　亦是桓公子。莊公有疾，叔牙欲立同母兄慶父，故季友使人鴆之。(95)賢　指《春秋》一書認為季友賢。(96)弒君　趙盾是趙大夫趙宣子。靈公欲殺之，宣子將出奔，而趙穿攻殺靈公，宣子未出國境而返回。太史書曰：「趙盾弒其君。」宣子曰：「不然。」太史曰：「子為正卿，亡不越境，反不討賊，非子而誰？」弒，古代臣、子殺君、父為弒。(97)飭　通「敕」。告誡。(98)比　勾結。(99)罔　欺騙。(100)獄治　監禁治罪。(101)噬膚　猶切膚。指關係極密切。(102)其　當。(103)上　交上。(104)大司馬衛將軍　大司馬加衛將軍。(105)天序　上天安排的皇位。(106)稽古　考古。(107)建　安置；安排。(108)公　指三公地位。(109)往　以後；以下。(110)悉　盡。(111)統　率領。(112)辟　君主。(113)元戎　大眾；大軍。(114)折衝　使敵人的戰車後撤。即擊退敵軍。衝，指戰車。(115)綏　安定；安撫。(116)庶事　眾事。(117)允　公平。(118)中　適中；不偏不倚。(119)與　通「歟」。語氣助詞。(120)奉朝請　指朝見皇帝。春曰朝；秋曰請。(121)右　古代以右為上，左為下。(122)單于　匈奴的最高首領。(123)宴見　舉行宴會接見單于。(124)譯　翻譯。(125)御史大夫　官名。秦漢時是僅次於丞相的最高長官，為副丞相。後為三公之一。(126)雅　向來；平素。(127)警戒　戒備。(128)卻　退；退入。(129)閣　古代的一種樓房；側門。(130)拜謁　以禮會見。(131)鈞敵　同等；相當。(132)侔　齊；等。(133)庶子　官名。太子屬官。(134)騎都尉　官名。掌管衛騎，侍衛皇帝。(135)中常侍　加官名。出入宮廷，侍從皇帝。(136)中郎將　官名。統領中郎，隸屬光祿勳。(137)當　承擔。(138)故事　舊事；舊例。(139)長老　年高者。(140)家人　猶言平民。(141)堪　勝任；能。(142)用　因。(143)麒麟殿　殿名。在未央宮中。(144)酒所　酒意。(145)宗廟　皇帝的祖廟。此指宗廟的繼承祭祀權。(146)統業　一脈相承的帝業，即天下統治權。(147)功堅　指盡功力而作，極堅固。(148)惡　討厭。(149)謝　認錯；道歉。(150)大行　皇帝初死稱「大行」。(151)劾　揭發罪狀。(152)詣　往。(153)徒跣　赤腳行走。(154)即　就地。(155)臻　至。(156)元元　庶民；百姓。(157)蒙辜　受罪。(158)更　經歷；經過。(159)即日　當日。(160)發　挖出；打開。(161)診　查驗。(162)風　通「諷」。勸告；示意。(163)大司徒　官名。哀帝時罷丞相，設大司徒，與大司馬、大司空並稱三公。(164)光　指孔光。(165)翼　進。(166)壙　墓穴。(167)放　通「仿」。依。(168)驕蹇　驕慢；不順從。(169)不為使者禮　不禮敬皇帝的使者。(170)暴著　顯露；明顯。(171)伏辜　伏罪。(172)沙　朱砂。(173)畫棺　用朱砂塗棺，又雕畫。(174)金銀日月　即金日銀月。(175)棺　殯殮。(176)中土　中原地區。(177)縣官　官府；朝廷。(178)諸　凡；所有。(179)鉅鹿　郡名。在今河北滹沱河以南，治鉅鹿，在今平鄉西南。[180]讙譁　同「喧譁」。[181]鄉　通「向」。[182]幾　通「冀」。希望。[183]獲　能夠。[184]斥賣　猶變賣、拿去賣掉。[185]凡　共；總計。[186]臝　裸體；赤身裸體。[187]厚　優待。[188]沛　縣名。今江蘇沛縣。[189]建武　東漢光武帝劉秀的年號。[190]牧守　州牧郡守。[191]紀　記載。[192]世祖　東漢光武帝劉秀的廟號。[193]商容　商代的賢人。武王滅商，曾在其閭里加以表彰。[194]兵起　指綠林軍起義。[195]墨綬　黑色的印綬，指比六百石級以上官吏。

【語　譯】董賢，表字聖卿，是雲陽縣人。父親董恭，擔任御史大夫的屬官，舉任董賢為太子舍人。哀帝即位，董賢跟隨太子當了郎官。兩年多以後，董賢在殿下報時刻，長得一表人才，面帶微笑，哀帝看見他，喜歡他的儀表，認得他並問他道：「你是舍人董賢嗎？」因而引他上殿說話，任命他為黃門郎，從此開始受到寵幸。哀帝問知他父親做雲中侯，當天就徵召他為霸陵縣令，又升遷為光祿大夫。董賢受到的寵愛一天超過一天，做了駙馬都尉加侍中，外出就給皇上陪乘，入宮就在皇上身邊侍奉，一個月得到的賞賜累計上萬萬，顯貴震驚朝廷。董賢常常與皇帝同睡同起。曾在白天睡覺，董賢偏睡在皇上的衣袖上，皇上想起床，董賢未醒來，不想驚動董賢，就割斷衣袖起床。皇上對董賢的恩愛竟到了這種地步。董賢也性情溫柔而邪僻，善於用諂媚來鞏固自己的地位。皇上每次給他例假，都不肯出宮休息，常常留在宮中侍候皇上醫病吃藥。皇上因董賢難得回家，下令董賢的妻子可以隨嚮導憑門籍到殿中來，在董賢的住房中居住，像官吏的妻子女兒居住在官衙宿舍。漢哀帝又徵召董賢的妹妹為昭儀，地位僅次於皇后，把她住的房舍改名叫椒風，以與皇后住的椒房相匹配。董昭儀及董賢和妻子朝夕相處，一起在皇上左右侍候。賞賜董昭儀與董賢妻子的錢財也各以千萬數。又提升董賢的父親為少府，賜給關內侯的爵位，可以衣食封邑，再調任衛尉。皇上又讓董賢妻子的父親為將作大匠，又用董賢的內弟為執金吾。命令將作大匠為董賢在未央宮北闕下建造大公館，前殿後殿重重門戶相對相通，建築工程的技巧達到了極點，屋柱的欄杆用厚的錦緞包裹著。下到董賢家的奴僕都受到了皇上的賞賜，賞賜的財物中有皇上武庫中的兵器，尚方的珍寶。那些挑選出來的上等物品，全部在董賢家裡，而皇帝乘輿所使用的竟然是那裡面的次品了。甚至東園的棺材，金鏤玉衣，都預先賜給了董賢，沒有不齊備的。又命令將作大匠為董賢在義陵旁邊建造墳墓，墓內有休息室，用堅硬的柏木作外棺題湊，墓外修了巡警的道路，圍牆長數里，門樓和屏牆都顯得很威嚴。

2 皇上想封董賢為侯而沒有機會，正逢待詔孫寵、息夫躬等人告發東平王劉雲與王后謁祭祀時詛咒了皇上，皇上把他們交給有關官吏懲治，都伏了法。皇上於是讓息夫躬、孫寵說是通過董賢才告發了東平王的事，就憑這個功勞皇上下詔書封董賢為高安侯、息夫躬為宜陵侯、孫寵為方陽侯，食邑各一千戶。沒有多久，又加封董賢二千戶。丞相王嘉心裡懷疑東平王的事是冤枉的，很憎惡息夫躬等人，屢次向皇帝諫爭，認為董賢擾亂了國家制度，王嘉竟然因申辯這件事而被下獄死去。

3 皇上初即位，祖母傅太后、母親丁太后都在世，兩家首先顯貴。傅太后的堂弟傅喜先擔任大司馬輔佐政事，屢次規諫，違背了傅太后的意旨，免了官職。皇上的舅父丁明代替當了大司馬，亦很重視職權，很忌刻董賢受到寵幸，到丞相王嘉死去，丁明十分哀痛。皇上日益重用董賢，想把他的地位提到最高，而憎恨丁明這種態度，就冊免丁明說：「前東平王劉雲貪圖皇上的地位，祭祀詛咒，劉雲王后的舅父伍宏憑醫術待詔，與校祕書郎楊閎勾結陰謀叛逆，禍害很迫近。賴祖宗神靈，董賢等人聽到後上報了這件事，都伏法了。將軍的堂弟侍中奉車都尉丁吳、族父左曹屯騎校尉丁宣都知道伍宏和栩丹是諸侯王后的親戚，而丁宣任用栩丹做御屬，丁吳與伍宏來往親密，多次稱讚推薦伍宏。伍宏因依附丁吳才興起惡念，憑藉醫術進用，幾乎危害國家，朕因為母親恭皇后的緣故，不忍心說什麼。將軍職位尊貴，責任重大，既不能樹立權威與正義，消除萌芽中的禍患，又不能深刻痛恨劉雲、伍宏的罪惡，而內心則以君為非，反而庇護丁宣、丁吳，痛惜劉雲等，宣稱他們被下屬所冤枉，又親自對朕說伍宏善醫術，處死可惜，董賢等人受到封賞極為僥倖。嫉妒忠良，非議誹謗有功的人，實在是太令人傷心了！所謂『對君親不能懷叛逆的意圖，有叛逆的意圖就會被殺掉』，因此季友鴆殺叔牙，《春秋》認為他是賢臣；趙盾不討伐叛臣，說是他殺害了國君。朕憐惜將軍陷入重刑，所以下詔書告誡。將軍不但堅持錯誤不改，又與丞相王嘉勾結，使王嘉有了依靠，得以欺騙皇上。有關官吏根據法律要求懲辦將軍，朕想到與將軍有骨肉之親不忍法辦，應該立即交上驃騎將軍印綬，罷官回家。」於是就用董賢接替丁明做了大司馬衛將軍，冊書說：「朕繼承上天安排的皇位，依據古制安排你任公位，作為漢朝的輔政大臣。以後盡你的心，統率皇帝的大軍，抵禦敵人、安撫邊遠地區，匡正各種政事，信守中正之道。天下的百姓，受朕的控制，憑統帥發布命令，憑軍隊立威嚴，怎麼能不謹慎！」這時董賢年僅二十二歲，雖然擔任三公之職，但常常在宮中供職，兼領尚書事務，百官通過董賢向皇上報告工作。因董賢的父親不宜任九卿的職務，調任光祿大夫，薪俸二千石級。他的弟弟董寬信接替董賢擔任駙馬都尉。董家的親屬都擔任侍中或諸曹，參加朝會，受寵幸在丁、傅兩家之上了。

4 第二年，匈奴單于來朝賀，漢哀帝舉行宴會接見單于，群臣站立在前面。單于驚怪董賢年紀輕，問翻譯，皇上叫翻譯回答說：「大司馬年紀輕，憑賢能而任職。」單于才下拜，祝賀漢朝得到了賢臣。

5 起初，丞相孔光擔任御史大夫，當時董賢的父親董恭做御史，事奉孔光。等到董賢擔任大司馬，與孔光並列三公，皇上故意讓董賢私下拜訪孔光。孔光一向謹慎，知道皇上想尊寵顯耀董賢，等到聽說董賢要來，孔光慎重地穿好禮服出門等待，望見董賢的車子到了才退進門去。董賢到達中門，孔光進入閣門，等董賢已經下車，才出來拜見，迎送很恭謹，不敢以賓客對等的禮節來對待。董賢回去，皇上聽到這些情況很高興，立即任命孔光兩個哥哥的兒子為諫大夫常侍。董賢的權力從此與君主等齊了。

6 這時，漢成帝的外祖家王氏衰微了，只有平阿侯王譚的兒子王去疾，在哀帝做太子時擔任庶子得到寵幸，等到哀帝即位，擔任了侍中騎都尉。哀帝認為外戚王氏沒有當官的人了，就用舊日的恩情去親近王去疾，又提拔他弟弟王閎擔任中常侍。王閎的岳父蕭咸，是前將軍蕭望之的兒子，做了很久的郡太守，因病免職，做了中郎將。王去疾、王閎兄弟並列做官，董賢的父親董恭羨慕他們，想與他們結成婚姻。王閎替董賢的弟弟駙馬都尉董寬信求蕭咸的女兒做妻子，蕭咸恐懼不安，不敢答應，私下對王閎說：「董公擔任大司馬，冊文說『信守中正之道』，這乃是堯禪讓給舜的冊文，不是三公的舊例，年高的官員看到了，心中無不恐懼。這難道是平民家的女兒能夠配對的嗎！」王閎生性有智慧，有謀略，聽到蕭咸的話，心中也有所領悟，就回報董恭，深切地表達了蕭咸自己謙讓的意思。董恭歎息道：「我家因什麼虧負了天下人，而讓人家如此畏懼！」心裡不高興。後來皇上在麒麟殿設酒宴，董賢父子親屬一同吃酒席，王閎兄弟侍中中常侍都在旁邊。皇上有了酒意，從容看著董賢笑著說：「我想效法唐堯禪讓給虞舜的美德，怎麼樣？」王閎上前說：「天下是高皇帝的天下，不是陛下的天下。陛下繼承宗廟大業，應當傳於子孫到無窮世代。一脈相承的帝業至關重要，天子不能有遊戲之言！」皇上默默地不高興，左右的人都很惶恐。於是打發王閎出去，以後再也不讓他陪酒。

7 董賢的房第新建成，建築堅固，外面的大門卻無故自己壞了，董賢內心很厭惡。過後幾個月，哀帝逝世了。太皇太后召見大司馬董賢，在東廂房接見，就喪事如何安排問董賢。董賢內心憂傷，不能回答，免冠而道歉。太后說：「新都侯王莽從前以大司馬身分護送先帝安葬，通曉熟悉辦喪事的舊例。我令王莽輔佐您。」董賢磕頭，心裡很慶幸。太后派遣使者召見王莽。王莽到後，以太后旨意讓尚書揭發董賢在哀帝患病時不親自侍奉醫藥的罪狀，禁止董賢不得出入宮殿司馬門。董賢不知該怎麼辦，到宮闕前免冠赤腳認罪。王莽派謁者拿太后詔書就在宮闕下冊免董賢說：「一段時間以來，陰陽不調，災害並至，百姓蒙受禍害。三公是不可或缺的輔佐大臣，高安侯董賢不懂事理，擔任大司馬不符合大家的心意，不能依靠他防禦敵人安撫邊遠。應當收回他的大司馬印綬，罷官回家。」當天董賢和妻子都自殺了，家人也恐懼不安乘夜就埋葬了。王莽懷疑他裝死，有關官員奏請挖出董賢的棺材，到監獄中驗屍。王莽又示意大司徒孔光上奏董賢「本性奸巧諂媚，施奸詐來獲得封侯，父子專橫朝廷，兄弟同時受到寵幸，受賞賜多，修建房宅，營造墓室，仿效追求無止境，與帝王的形制沒有兩樣，耗費錢財以萬萬計，國家財政為之空虛。父子驕慢，以至不給皇上的使者行禮，接受賞賜不朝拜，罪惡昭著。董賢自殺伏罪，死後他的父親董恭還不知悔過，竟用朱砂在棺材上畫出四季的顏色，左青龍，右白虎，上面還畫著金色的太陽，銀色的月亮，還用玉衣珠璧殯殮，至尊無以復加。董恭等人僥倖被免於誅殺，不適宜留在中原地區。臣請求沒收他家的財產歸官府。凡是依靠董賢做官的人都加以罷免」。董賢的父親董恭，弟弟董寬信和家屬流放合浦，母親回原籍鉅鹿郡。長安城中的百姓聞訊喧譁了起來，向著董賢的宅第假裝啼哭，妄想搶掠他們家的財物。官府變賣了他們家的財物共得四十三萬萬錢。董賢的棺柩既然已被打開，裸露著驗明了屍體，就埋在了監獄裡面。

8 董賢所優待的官吏沛縣人朱詡，自告罪狀後去大司馬官府，買了棺材衣服收拾董賢屍體安葬。王莽聽到這個消息大怒，以其他罪名殺死朱詡。朱詡的兒子朱浮在建武年間顯貴，官至大司馬、司空，封侯。而王閎在王莽當政時任州牧郡守，所居官職見記載，王莽失敗後就離了職。世祖光武帝下詔書說：「周武王滅了商朝後，表彰了商容的閭里。王閎修養善行品德良好，為人謹慎，義兵興起，官吏百姓唯獨不爭殺他的頭。現在用王閎的兒子補缺做官。」王閎的兒子做到六百石級的官職而死在任上，他是蕭咸的外孫。

贊曰：柔曼❶之傾意❷，非獨女德，蓋亦有男色焉。觀籍、閎、鄧、韓之徒非一，而董賢之寵尤盛，父子並為公卿，可謂貴重人臣無二矣。然進不繇道❸，位過其任，莫能有終，所謂愛之適足以害之者也。漢世衰於元、成，壞於哀、平。哀、平之際，國多釁❹矣。主疾無嗣，弄臣❺為輔，鼎足❻不彊，棟幹微撓❼。一朝帝崩，姦臣擅命❽，董賢縊死，丁、傅流放，辜及母后，奪位幽廢❾，咎❿在親便嬖⓫，所任非仁賢。故仲尼著⓬「損者三友⓭」，王者⓮不私人以官，殆⓯為此也。

【章旨】以上是對〈佞幸傳〉一篇的評論與總結，指出這些佞臣是靠「姿容婉媚」，即美色諂媚得到皇帝寵幸的，然而由於用人不從正道、職位超過德才，最終給國家與社會造成極大的禍害。

【注釋】❶柔曼　姿容婉媚。曼，澤。指皮膚質柔而有色理光澤。❷傾意　竭盡誠意；一心嚮往。❸進不繇道　指不以德進。❹釁　間隙；破綻。❺弄臣　皇帝狎近戲弄之臣。❻鼎足　指三公。❼撓　弱。❽擅命　專權。❾辜及母后二句　指廢黜成帝趙飛燕皇后和哀帝傅皇后，後二人都被迫自殺。❿咎　罪責；過錯。⓫便嬖　皇帝親近寵幸的小人。⓬著　明白闡述。⓭損者三友　指友便嬖、友善柔（善於阿諛奉承的小人）、友便佞（花言巧語的小人）。損，傷害。⓮王者　有德的君主。⓯殆大概；恐怕。

【語　譯】史官評議說：姿容婉媚使人一心嚮往，不只是女子有這樣的女色，男子也有這種美色。看來籍孺、閎孺、鄧通、韓嫣這類人不止一個，而董賢受到的寵幸更加突出，父子同時擔任公卿，可以說人臣的貴重沒有第二個了。然而進用不由正道，職位超過他們的德才，最終沒有好的結果，這就是俗話所說的愛他恰足以害了他。漢朝衰落於元帝、成帝時期，敗壞於哀帝、平帝時期。哀帝、平帝時期，國家的弊病多。君主有疾病，沒有繼承人，狎近戲弄的臣子充當輔佐，三公力量不強，骨幹大臣微弱。一旦皇帝逝世，奸臣專權，董賢自縊而死，丁、傅兩家被流放，罪惡牽連到母后，遭到廢黜幽禁，過錯全在於親近奸佞之臣，任用沒有德才的人。所以孔子明白闡述「與三種人交朋友要受損害」，明君不拿官職私自授人，這些話大概就是針對這種情況而發的吧。

【研　析】本篇是對西漢時期佞幸受寵現象的記載、評論與總結。所謂「佞」是指用花言巧語諂媚人；所謂「幸」是指受到皇帝寵愛的臣子。封建時代，女人有美色，男人也有美色。所以有的男美色就成了皇帝的男寵。一個是善於諂媚人，一個是美色，有這兩個條件很容易成為皇帝寵幸的臣子。〈佞幸傳〉所記載的人物大多數都具備這兩個條件。

中國古代皇帝的職責就是要治理好國家社會。為此就要選拔德才兼備的人才，委任以官，授之以事。這方面國家有關的制度與傳統習慣是有規定的。皇帝可以有自己私人的愛好，但是國事與私事在一般情況下是有區別的。所以在西漢中期以前，皇帝寵愛的「佞幸」還不能把持朝政，如高祖時的籍孺、惠帝時的閎孺、文帝時的鄧通、武帝時的李延年等人就是如此。但到元帝、成帝以後情況大變，造成了石顯等人專權。及至哀帝的「佞幸」董賢不僅把持一切，而且哀帝還要效法堯舜禪讓，把漢朝的天下禪讓給董賢，出現了極不正常的情況。這種情況的出現是皇帝與皇權的腐敗造成的，也是整個封建統治集團的腐敗造成的。歷史上出現的這種情況，是值得人們警惕的。

佞幸，代有其人，非漢僅見，《漢書》繼承《史記・佞幸列傳》專取漢代之佞幸入傳，不似前二卷還論及先秦以前，其用意十分明顯，即對「以色事君」之男寵之貶抑。一方面，作者通過記述佞幸之事跡，闡明以色選人、寵幸佞臣之亂政亡國之弊。〈佞幸傳〉中記載最為詳備者當首推董賢，成帝因寵愛董賢而「斷袖」，並欲效法堯舜禪讓帝位，其受寵幾乎危及到漢之根本。此風不去，貽害後世，班固以撰述〈佞幸傳〉的方式，告誡君主一定要懂得「王者不私人以官」的道理，當正身理國，以免荒唐誤國。另一方面，通過記載佞幸「非逐即誅」的悲慘下場，告誡後世人們，不做佞幸之臣。

當然，〈佞幸傳〉也為人們瞭解西漢社會生活和習俗提供了寶貴資料；為人們研究帝王的多面性提供了真實資料。如為漢代人尊奉和後世稱頌的高祖、文帝、武帝等均有喜好「男色」的一面，同時也再一次體現出作者著史「不為尊者諱」的「實錄」精神。

卷九十四上

匈奴傳第六十四上

【題解】〈匈奴傳〉分上、下兩分卷，敘述了匈奴族發展的歷史，以及漢族與匈奴族長期的歷史關係，尤詳於西漢一代的漢匈政治關係史與軍事鬥爭史。司馬遷生當武帝之世，耳聞目睹匈奴之侵擾，武帝興功付出的重大代價，故對漢匈關係，內心實以「和親」為貴。班固生於東漢，除承襲《史記·匈奴列傳》的成果外，又詳記武帝以後的漢匈關係史，並論析漢朝對策之當否，既不簡單地肯定「和親」，亦不侈言征伐，主張審度雙方強弱，適時應付，「來則懲而御之，去則備而守之。其慕義而貢獻，則接之以禮讓」，是為難能可貴的歷史經驗的總結。〈匈奴傳〉綜論漢廷對匈奴之策略，實為一篇重要的議論文章。

匈奴❶，其先夏后氏之苗裔❷，曰淳維❸。唐虞❹以上有山戎❺、獫允❻、薰粥❼，居于北邊❽，隨草畜牧而轉移。其畜之所多則馬、牛、羊，其奇畜則橐佗❾、驢、驘❿、駃騠⓫、騊駼⓬、驒奚⓭。逐水草遷徙，無城郭⓮常居耕田之業，然亦各有分地⓯。無文書⓰，以言語為約束⓱。兒能騎羊，引弓射鳥鼠，少長則射狐菟⓲，肉食⑲。士力能彎弓⑳，盡為甲騎㉑。其俗，寬㉒則隨畜田獵禽獸為生業㉓，急㉔則人習戰攻以侵伐，其天性㉕也。其長兵㉖則弓矢，短兵㉗則刀鋌㉘。利則進，不利則退，不羞遁走㉙。苟㉚利所在，不知禮義。自君王以下咸㉛食畜肉，衣㉜其皮革，被旃裘㉝。壯者食肥美，老者飲食其餘。貴壯健，賤老弱。父死，妻其後母㉞；兄弟死，皆取㉟其妻妻之。其俗有名不諱㊱而無字㊲。

【章　旨】此段主要記述匈奴族的源起及習俗。

【注　釋】❶匈奴　中國古族名。亦稱「胡」。中國北方古代民族之一。在先秦典籍中，如《逸周書》、《山海經》，早有記載。戰國秦漢時活動於北方地區，成為中國北方游牧地區的主體民族，並不斷南侵。東漢時一部分西遷。❷其先夏后氏之苗裔　匈奴的先祖是夏后氏之後裔。先，祖先。夏后氏，古部落名。在今山西南部和河南西部。相傳禹之子啟建立夏朝，故夏后氏為夏之別稱。苗裔，子嗣後裔；後代。❸淳維　相傳匈奴始祖名。傳說夏桀無道，湯放之鳴條，三年而死。其子獯粥妻桀之眾妾，避居北野，隨畜移徙，中國謂之匈奴。又有淳維於殷時奔北邊的說法，因此，淳維和獯粥，可能是一人。這種傳說，為主張匈奴先祖是夏后氏苗裔的人引為依據。❹唐虞　唐堯與虞舜的合稱。亦指堯舜時代。❺山戎　又作「北戎」。中國古代北方民族名。相傳為匈奴別號。春秋戰國時則稱其為「狄」、「戎」或「胡人」。王國維〈鬼方昆夷玁狁考〉對此有詳細考證。梁啟超也認為，古代獯鬻、獫狁、鬼方、昆夷、犬戎，皆同族異名。多數民族學學者贊同以上說法。❻獫允　又作「玁狁」、「獫狁」。中國古代北方民族名。相傳為匈奴別號。❼葷粥　又作「熏鬻」、「熏育」、「葷粥」、「獯粥」。中國古代北方民族名。相傳為匈奴別號。樂產《括地譜》云：「夏桀無道，湯放之鳴條，三年而死。其子獯粥妻桀之眾妾，避居北野，隨畜移徙，中國謂之匈奴」。又服虔云：「堯時曰葷粥，周曰獫狁，秦曰匈奴。」顏師古合注「山戎」、「獫允」、「葷粥」曰：「皆匈奴別號。」❽北邊　泛指北方邊境地區。《史記・匈奴列傳》作「北蠻」。❾橐佗　又作「橐駝」、「橐它」、「橐他」、「橐馳」。即駱駝。顏師古注：「橐佗，言能負橐囊而馱物也。」❿贏　通「騾」。顏師古注：「驢種而馬生也。」《說文・馬部》：「贏，驢父馬母。」即公驢與母馬交配所生的後代。⑪駃騠　良馬名。亦稱「驢騾」。顏師古注：「俊馬也，生七日而超其母。」《史記・匈奴列傳》《索隱》引《發蒙記》云：「刳其母腹而生。」引《說文》云：「馬父贏子。」即公馬與母驢所生的力畜。⑫騊駼　良馬名。顏師古注：「馬類也。生北海。」《史記・匈奴列傳》《集解》引徐廣曰：「似馬而青。」《山海經》云：「北海有獸，其狀如馬，其名騊駼。」⑬驒奚　亦作「驒騱」。一種野馬。似馬而小。⑭城郭　古時都邑四周用作防禦的牆垣。內城的牆稱為「城」，外城的牆稱為「郭」。此處泛指都邑。⑮分地　此處泛指分占的牧場。⑯文書　文字圖籍。⑰以言語為約束　用言語進行限制與約束。匈奴沒有文字，雖在《鹽鐵論・論功篇》裡有「刻骨卷木，百官有以相記」的說法，但其僅為一種簡單符號，所以語言具有絕對的權威和信用，《後漢書・南匈奴傳》云：「主斷獄訟，當決輕重，口白單于，無文書簿領。」可證。約束，泛指各種禁令限制。⑱少長則射狐菟　年紀漸長後則可以射獵狐兔。少長，年齡漸大。菟，通「兔」。⑲肉食　以牲畜之肉為食物。顏師古注：「言無米粟，唯食肉。」⑳士力能彎弓　身材強壯的男子都能力挽強弓。士，對男子的一種稱呼。此處泛指匈奴男子。彎弓，挽弓；拉弓。㉑甲騎　披甲的騎兵。此處泛指戰士。㉒寬　和緩。泛指平常無事之日。㉓隨畜田獵禽獸為生業　以驅逐牲畜游牧，射獵飛禽走獸，為謀生之業。田，通「畋」。打獵。生業，謀生之業。㉔急　泛指形勢緊急之時。㉕天性　本性。㉖長兵　即長兵器，與短兵相對言。此處專指可以及遠的兵器。㉗短兵　即短兵器，與長兵相對言。㉘鋋　鐵柄短矛。㉙不羞遁走　不以逃跑為羞恥。羞，羞恥。意動用法。遁走，逃跑；逃走。㉚苟　假如；只要。㉛咸　都。㉜衣　穿。使動用法。㉝被旃裘　披著旃裘。被，通「披」。搭衣於肩背。旃裘，用獸毛等製成的衣服。㉞妻其後母　謂使後母改嫁為己妻。即以其後母為妻。古代群婚制的殘餘。妻，娶為配偶。使動用法。後母，指繼母或非生身之母。㉟取　通「娶」。㊱諱　古時對君王或尊長不敢直稱其名為「諱」，或稱「避諱」。㊲字　表字。根據人名的字義另起的別名。古時男子二十歲行冠禮取表字，女子十四歲取表字，以示成人。平輩相稱呼字不呼名，以示尊重。《史記・匈奴列傳》作「而無姓字」。《漢書》以為「單于姓攣鞮氏」。故無「姓」字。

【語　譯】匈奴的先祖是夏后氏之後裔，名叫淳維。在堯舜之前的時代，就有山戎、獫允、葷粥等部族，居住在北方邊遠地帶，隨著水草畜牧轉移住地。他們的牲畜以馬、牛、羊為主，奇異的牲畜則有駱駝、驢、騾、駃騠、騊駼、驒奚。為尋找豐茂水草四處遷徙，沒有城邑建築、定居室舍，以及農耕生產，然有各自分占的牧地。沒有文字與圖籍，用言語進行限制與約束。少兒就能騎羊，彎弓射殺鳥鼠，年紀漸長後則可以射獵狐兔，以牲畜之肉為食物。身材強壯的男子都能力挽強弓，盡數編入甲騎為戰士。其風俗習慣是，平常安居之時驅逐牲畜游牧，同時射獵飛禽走獸，以此為謀生之業；形勢緊急時則人人習練攻戰之術，以便侵掠財物，這是他們的天性。他們使用的可以射遠的武器是弓箭，近戰的武器是刀矛。侵掠之時，有利可圖，則奮勇前進，無利則退，不以退避遁逃為可恥。只要有利可圖就不顧一切，不知禮義為何物。從君王以下，人人都吃畜肉，穿的戴的是獸皮，披的蓋的是毛氈。壯年人享用美味，老年人則飲食剩餘部分。健壯受到器重，老弱受到歧視。父親死去，兒子便娶其後母為妻；兄弟死去，活著的弟兄們娶死者的妻子為妻。他們的習俗是每個人都有自己的名字，不避名諱，而且沒有表字。

夏道衰❶，而公劉失其稷官❷，變于西戎❸，邑于豳❹。其後三百有餘歲，戎狄❺攻太王亶父❻，亶父亡走于岐下❼，豳人悉從亶父而邑焉❽，作周❾。其後百有餘歲，周西伯昌❿伐畎夷⓫。後十有餘年，武王⓬伐紂⓭而營雒邑⓮，復居于酆鎬⓯，放逐戎夷涇⓰、洛⓱之北，以時⓲入貢，名曰荒服⓳。其後二百有餘年⓴，周道衰，而周穆王㉑伐畎戎，得四白狼四白鹿以㉒歸。自是㉓之後，荒服不至。於是作呂刑之辟㉔。至穆王之孫懿王㉕時，王室遂衰，戎狄交侵，暴虐中國㉖。中國被㉗其苦，詩人始作㉘，疾㉙而歌之，曰「靡室靡家，玁允之故㉚」；「豈不日戒，玁允孔棘㉛」。至懿王曾孫宣王㉜，興師命將以征伐之，詩人美大㉝其功，曰「薄伐玁允，至於太原㉞」；「出車彭彭㉟」，「城彼朔方㊱」。是時四夷賓服㊲，稱為中興。

至于幽王(38)，用寵姬褒姒之故(39)，與申侯有隙(40)。申侯怒而與畎戎共攻殺幽王于麗山(41)之下，遂取周之地焦獲(42)，而居于涇渭(43)之間，侵暴中國。秦襄公(44)救周，於是周平王(45)去(46)酆鎬而東徙于雒邑。當時秦襄公伐戎至郂(47)，始列為諸侯。後六十有五年(48)，而山戎越燕(49)而伐齊(50)，齊釐公(51)與戰于齊郊(52)。後四十四年，而山戎伐燕。燕告急齊(53)，齊桓公(54)北伐山戎，山戎走。後二十餘年，而戎翟至雒邑(55)，伐周襄王(56)，襄王出奔(57)于鄭(58)之氾邑(59)。初(60)，襄王欲伐鄭，故取翟女為后，與翟共伐鄭。已而黜翟后(61)，翟后怨，而襄王繼母曰惠后(62)，有子帶(63)，欲立之，於是惠后與翟后、子帶為內應，開(64)戎翟，戎翟以故得入，破逐(65)襄王，而立子帶為王。於是戎翟或(66)居於陸渾(67)，東至于衛(68)，侵盜尤甚。周襄王既居外四年(69)，迺使使告急於晉(70)。晉文公(71)初立，欲脩(72)霸業，迺興師伐戎翟，誅子帶，迎內(73)襄王于雒邑。

當是時，秦(74)晉為彊國。晉文公攘(75)戎翟，居于西河(76)圁(77)、洛之間，號曰赤翟、白翟(78)。而秦穆公(79)得由余(80)，西戎八國服於秦。故隴(81)以西有緜諸(82)、畎戎(83)、狄獂(84)之戎，在岐、梁(85)、涇、漆(86)之北有義渠(87)、大荔(88)、烏氏(89)、朐衍(90)之戎，而晉北有林胡91、樓煩92之戎，燕北有東胡93、山戎。各分散谿谷94，自有君長，往往95而聚者百有餘戎，然莫能相壹96。

【章　旨】以上部分主要敘述春秋時期以前中原各國，特別是周朝和秦晉等國，同犬戎族之鬥爭關係以及造成的影響。

【注　釋】❶夏道衰　夏朝國運衰落。指太康荒淫失國之事。夏，即夏后氏。中國歷史上第一個朝代。相傳為啟所建立的國家。建都陽城（今河南登封東南）、斟鄩（今登封西北）、安邑（今山西夏縣西北）等地。約當西元前二十一至前十六世紀左右。道，指國運。❷公劉失其稷官　公劉失去了掌管農業的官職。《史記・周本紀》云：「不窋以失其官而犇戎狄之間。」此則云公劉，未詳。公劉，古代周部族之祖先，相傳為后稷之曾孫。稷官，掌農業之官。相傳周始祖后稷（棄）在唐堯時始任此職，教民耕種。❸變于西戎　同化於西戎。《鹽鐵論・和親篇》曰：「故公劉處西戎，戎狄化之。」瀧川資言《考證》亦曰：「公劉從西戎之俗。」顏師古注：「變，化也，謂行化於其俗。」西戎，中國古代西北戎族之總稱。❹邑于豳　在豳地建立都邑。邑，聚居；建立都邑。動詞。豳，亦作「邠」，古地名，在今陝西彬縣東。開始在豳建立都邑的是公劉之子慶節。❺戎狄　泛指西、北兩方之部族。狄，古時北方部族名。❻太王亶父　即古公亶父，上古周族之領袖。周文王之祖父，周武王時尊之為太王。顏師古注：「自公劉至亶父凡九君也。」❼亡走于岐下　逃奔岐山之下。亡走，逃跑；逃奔。岐下，即岐山之下的周原（今陝西岐山縣東北）。岐，山名。指岐山，在今陝西岐山縣北。❽悉從亶父而邑焉　都跟著亶父到那裡聚居。悉，全部。從，跟隨。焉，在這裡；在那裡。❾作周　周國開始建立。作，興立；開始建立。周，古部族名、朝代名。姬姓。古公亶父定居於周原後，周遂成為部族名。周武王滅商後建立周朝，建都於鎬。分為西周、東周兩時期。西元前二五六年為秦所滅。❿西伯昌　即周文王姬昌。季歷之子。商紂王時為西伯（西方諸侯之長）。⓫畎夷　即犬戎（獫允）。⓬武王　即周武王姬發。文王之子。西元前十一世紀初，敗紂而代有天下，都鎬京，建立周朝。在位十九年崩，諡曰武。⓭紂　姓子名受，號帝辛。帝乙之子。商朝亡國之君。歷史上著名之暴君。⓮營雒邑　營建雒邑。營，營建。雒邑，即洛邑。在今河南洛陽。按，洛邑並非武王時所營，而為成王時周公所築之東都成周城。戰國時改成周城為洛陽城。⓯復居于酆鎬　回去又住在酆京、鎬京。復，回去；回來；又。酆鎬，周之舊都，稱為「宗周」。又有酆京、鎬京之稱。兩者均在今陝西西安西。⑯涇　水名。即涇河。渭水支流。在今陝西境。⑰洛　水名。即洛河（北洛河）。渭水支流。在今陝西境。⑱以時　按時。⑲荒服　謂荒遠而能服事帝王之地區。凡京畿之外的地區皆名「服」。相傳古有五服。《國語・周語》云：「夫先王之制，邦內甸服，邦外侯服，侯衛賓服，蠻夷要服，戎狄荒服。」故荒服乃指離京畿最遠之地區。⑳二百有餘年　過了二百多年。按，自武王放逐戎夷至穆王伐畎戎，大約相距百餘年，「二」字疑衍。㉑周穆王　即姬滿。周昭王之子。西周建國後第五代君主。曾擊敗犬戎。㉒以　相當於「而」。連詞。㉓是　此；這。㉔作呂刑之辟　制定了〈呂刑〉這一法律。顏師古注：「即《尚書・呂刑篇》是也。辟，法也。」呂刑，又稱「甫刑」，《尚書》篇名。㉕懿王　即姬囏。周恭王之子。西周第七代國君。據今本《紀年》，其在位時間為西元前八九九至前八八二年。㉖暴虐中國　蹂躪中原地區。暴虐，侵擾殘害；蹂躪。中國，指華夏族居住的中原地區，泛指黃河中下游一帶。㉗被　遭受；蒙受。㉘詩人始作　詩人開始興起。《史記・周本紀》云：「懿王之時，王室遂衰。詩人作刺。」作，興起；起來。㉙疾　痛恨；厭惡。㉚靡室靡家二句　沒有妻室沒有家，都是獫允造成的。見《詩經・小雅・采薇》。靡，無也。靡室靡家，謂征人遠離家鄉，有家猶如無家。故，原因；緣故。㉛豈不日戒二句　哪敢不天天警惕著，獫允之患太厲害。見《詩經・小雅・采薇》。日戒，日日警戒。孔，甚也。棘，荊棘，此謂棘手。一說通「亟」，急。㉜宣王　即姬靜（一作靖）。周厲王之子。西元前八二八至前七八二年在位。曾屢用兵於戎夷獫允，損失人力物力頗多，於是「料民於太原」。㉝美大　大加讚美。㉞薄伐獫允二句　討伐獫允，直達太原。見《詩經・小雅・六月》。薄，借為「搏」，擊也。一說為發語詞，無實義。太原，地區名。在今甘肅東部鎮原一帶。㉟出車彭彭　戰車出動，兵強將勇。見《詩經・小雅・出車》。彭彭，馬強壯貌，形容車馬盛多。㊱城彼朔方　在那朔方築城。見《詩經・小雅・出車》。顏師古注：「言獫允既去，北方安靜，乃築城以守。」城，築城。動詞。朔方，北方。㊲賓服　指邊遠部族順從，按時入貢。㊳至于幽王　傳到周幽王時。幽王，即姬宮涅（一作湦）。西周末代君主。西元前七八一至前七七一年在位。歷史上著名之昏君。被犬戎所殺。㊴用寵姬褒姒之故　由於寵姬褒姒的緣故。用，因為；由於。姬，古時對婦女之美稱或對妾之稱呼。褒姒，褒國美女，姓姒。幽王寵妃，後被立為后。犬戎攻殺幽王時被俘。㊵與申侯有隙　跟申侯有了仇隙。申侯，姜姓。西周末年西申之國君。封邑申城，在今河南南陽北。㊶麗山　山名。即驪山，亦作酈山。因係古時驪戎所在地，故名。在今陝西臨潼東南。㊷焦獲　原作「鹵獲」，與下句連讀。王先謙說當作「焦獲」。《詩經・小雅・六月》與《史記・匈奴列傳》均作「焦獲」。據改。焦獲，古湖澤名，即涇水下游之焦獲澤。在今陝西涇陽西北。《史記・匈奴列傳》《正義》引《括地志》云：「焦獲亦名瓠口，亦曰瓠中，在雍州涇陽縣城北十數里。周有焦獲也。」㊸渭　水名。即渭河。黃河最大支流。㊹秦襄公　嬴姓。西周末秦國君主。西元前七七七至前七六六年在位。春秋時列為諸侯之第一代秦國君主。幽王之亂時，犬戎進攻鎬京，秦襄公以兵救周。因護送平王東遷有功，始封為諸侯。㊺周平王　姬姓，名宜臼，一作宜咎。幽王之子。東周第一代王。㊻去　離開。㊼當時秦襄公伐戎至郂　當時，疑作「當是時」。《史記・匈奴列傳》作「當是之時」。郂，古「岐」字。山名。即岐山。又名天柱山、鳳凰山。在今陝西岐山東北。㊽後六十有五年　時為周桓王十四年（西元前七〇六年）。㊾燕　封國名。周代諸侯之一。姬姓。開國君主為周初名臣召公奭之後人。其疆域大致在今河北、遼寧一帶，建都薊（今北京附近）。後為戰國七雄之一，西元前二二二年為秦所滅。㊿齊　封國名。周代諸侯之一。姜姓。開國君主為周初功臣呂望。其疆域在今山東境內，建都營丘（後稱臨淄，今淄博東北）。春秋末年君權漸為大臣田（陳）氏所奪，田齊後為戰國七雄之一。西元前二二一年為秦所滅。51齊釐公　亦作齊僖公。姜姓，名祿甫（一作祿父）。齊莊公之子。西元前七三〇至前六九八年在位。曾大敗山戎。52郊　上古指國都城外百里之內。此處泛指城外、郊野。53告急齊　向齊國告急。疑齊字上脫「于」字。《史記・匈奴列傳》有「于」。54齊桓公　姜姓，名小白。齊僖公子、襄公弟。春秋時齊國君，五霸之一。西元前六八五至前六四三年在位。55戎翟至雒邑　戎狄來到雒邑。事在周襄王十六年（西元前六三六年）。翟，通「狄」。56周襄王　名鄭。周惠王之子。西元前六五一至前六一九年在位。57出奔　逃到外面。奔，逃奔；逃往。58鄭　封國名。周代諸侯國之一。姬姓。開國君主為周宣王弟鄭桓公姬友。始封於鄭（今陝西華縣東），後遷至今河南新鄭一帶。春秋初為強國，後漸衰，西元前三七五年為韓所滅。59氾邑　古邑名。又名襄城，在今河南襄城南。60初　當初。常用以追述往事。61已而黜翟后　不久廢了狄后。已而，隨即；不久。黜，廢；貶退。62惠后　惠王之妻，襄王後母。即《左傳》之陳媯。生子帶。63有子帶　有個兒子叫子帶。疑有下脫「子」字。《史記・匈奴列傳》有「子」。子帶，人名。襄王異母弟。惠后所生，有寵於惠王，亦曰「叔帶」，封於甘，《左傳》稱為「甘昭公」。64開　打開城門使進人。使動用法。65破逐　打敗並驅逐。66或　有的；有的人。虛指代詞。67陸渾　地名。又稱「陸邑」。在今河南嵩縣西南。此處則指陸渾之戎，活動於今陝西寶雞東南。68衛　封國名。周代諸侯國之一。姬姓。開國君主為周武王弟康叔。其疆域在今河南北部，建都朝歌（今淇縣）。春秋中期以後成為小國，先後遷都楚丘（今滑縣東）、帝丘（今濮陽西南）。西元前二〇九年為秦二世所滅。69既居外四年　已經在外住了四年。既，已經。居外四年，周襄王居外實際只有一年，即於十六年（西元前六三六年）出居鄭而於十七年四月歸王城復位。70使使告急於晉　派使者向晉國告急。使使，派遣使者。前「使」為動詞，後「使」為名詞。晉，封國名。周代諸侯國之一。姬姓。開國君主為周成王弟叔虞。其疆域在今山西西南部，建都於唐（今翼城西），後遷都於絳（翼城東南），再遷至新田（今侯馬西）。西元前四〇三年為韓、趙、魏三家瓜分。(71)晉文公名重耳。春秋時晉國君，五霸之一。西元前六三六至前六二八年在位。(72)脩　建立；創立。(73)內　通「納」。納入。(74)秦　古部落名、國名。嬴姓。相傳為伯益之後代。非子做首領時，以善養馬，被周孝王封於秦（今甘肅張家川東）。襄公時始受封為諸侯。春秋時都雍（今陝西鳳翔東南）。穆公時稱霸西戎。戰國時為七雄之一。至秦王政（即秦始皇）滅六國，於西元前二二一年建立秦朝。(75)攘　排除；征伐。(76)西河　古稱西部地區南北流向的黃河為西河。此指今陝西、山西界上自北而南的一段黃河。《史記・匈奴列傳》作「河西」。(77)圁　水名。即闇水，今陝北禿尾河。(78)號曰赤翟白翟　即赤狄、白狄。赤翟、白翟在今陝西、山西。顏師古注：「《春秋》所書晉師滅赤狄潞氏，郤缺獲白狄子者。」(79)秦穆公　嬴姓，名任好。春秋時期秦國君主，春秋五霸之一。西元前六五九至前六二一年在位。任用百里奚、蹇叔、由余為謀臣，擊敗晉國，俘晉惠公，滅梁芮兩國。後在崤（今河南三門峽東南）被晉軍襲擊，大敗。轉而向西發展，「益國十二，開地千里」，稱霸西戎。(80)由余　一作繇余。曾在戎任職，轉入秦，任上卿，助秦穆公稱霸。(81)隴　山名。即隴山。在今陝西隴縣西。為關中平原西部屏障。(82)緜諸　古西戎部落名。蓋活動在隴西、天水一帶。(83)畎戎　即犬戎。亦稱「畎夷」、「昆夷」、「緄夷」等。蓋分布在今陝西彬縣、鳳翔一帶。西元前七七一年，與申侯聯合攻殺幽王，迫使周室東遷。後一部分北遷，一部分遂與鄰族融合。(84)狄獂　古西戎部落名。蓋活動於今甘肅隴西東南。《史記・匈奴列傳》作「翟獂」。認為翟和獂為兩支，本書卷二十八〈地理志〉隴西郡有狄道、天水郡有獂道，當為這兩支戎狄活動之地。(85)梁　山名。即梁山。在陝西韓城與洛川之間。(86)漆　水名。即漆水。其流入沮水而匯於渭水。(87)義渠　古西戎部落名。在今甘肅寧縣西北。《史記・匈奴列傳》《索隱》韋昭云：「義渠本西戎國，有王，秦滅之。今在北地郡。」(88)大荔　古西戎部落名。在今陝西大荔東。《史記・匈奴列傳》《集解》徐廣曰：「後更名臨晉，在馮翊。」《索隱》按：〈秦本紀〉厲共公伐大荔，取其王城，後更名臨晉。故〈地理志〉云臨晉故大荔國也。(89)烏氏　古西戎部落名。在今甘肅平涼西北甘寧交界處。《史記・匈奴列傳》《集解》徐廣曰：「在安定。」(90)朐衍　古西戎部落名。在今寧夏鹽池一帶。《史記・匈奴列傳》《集解》徐廣曰：「在北地。」《索隱》按：〈地理志〉朐衍，縣名，在北地。(91)林胡　古部族名。戰國時為李牧所滅，歸於趙。秦置馬邑縣。漢屬雁門郡。《史記・匈奴列傳》《索隱》如淳云：「林胡即儋林，為李牧所滅也。」《正義》引《括地志》云：「朔州，春秋時北地也。如淳云即澹林也，為李牧滅。」(92)樓煩　古部族名。在今河套以東之晉北及內蒙古部分地區。《史記・匈奴列傳》《索隱》：〈地理志〉樓煩，縣名，屬鴈門。(93)東胡　古部族名。在今內蒙古東部。(94)谿谷　山谷。(95)往往　常常；各處。(96)莫能相壹　不能相互統一。莫，不；沒有誰。相壹，相互統一。壹，

《史記·匈奴列傳》作「二」。

【語譯】夏朝國運衰落，公劉失去掌管農業的官職，同化於西戎，在豳地建立都邑。三百餘年後，戎狄進攻周太王亶父，亶父逃奔到岐山之下，豳地的人都跟著亶父到那裡聚居，開始創建周國。此後過了一百多年，周君西伯姬昌征伐畎夷氏。十餘年後，周武王打倒商紂王而營建雒邑，仍回酆京、鎬京居住。他把戎夷驅逐到涇水、洛水之北，規定他們按時入貢，稱之為「荒服」。又往後二百餘年，周朝國運衰落，而周穆王攻打畎戎，僅僅俘獲四隻白狼和四頭白鹿而還。從此以後，荒服不再來朝貢。這時候周朝制定〈呂刑〉這一法律條文。到周穆王之孫懿王的時候，王室進一步衰弱，戎狄交侵，蹂躪中國。中國遭受其苦，詩人們開始寫詩表達對戎狄的憎惡，詩歌中說「沒有妻室沒有家，都是獫允造成的」；「哪敢不天天警惕著，獫允之患太厲害」。到懿王曾孫宣王時，興兵命將以征伐戎狄，詩人們高度評價並讚美這一功勞，作詩說「討伐獫允，直達太原」；「戰車出動，兵強將勇」，「在那朔方築城」。當時四方蠻夷順從周天子，按時朝貢，宣王時被稱為「中興之世」。

傳到周幽王時，由於寵姬褒姒的緣故，跟申侯有了仇隙。申侯一生氣，便與畎戎結盟，攻殺幽王於驪山之下，進而奪取了周朝焦獲這個地方，盤踞在涇水和渭水之間，經常侵擾蹂躪中國。秦襄公興兵援救周朝，於是周平王離開酆、鎬二京而東遷於洛邑。當時，秦襄公討伐戎夷，打到岐山，開始被封為諸侯。往後六十五年，山戎越過燕國，攻打齊國，齊釐公跟山戎交戰於齊都郊外。四十四年後，山戎攻打燕國，燕國向齊國告急求援，齊桓公北伐山戎，山戎敗走。二十多年後，戎狄進兵雒邑，攻打周襄王，襄王出奔到鄭國的氾邑。在這以前，周襄王打算討伐鄭國，特地娶了狄人之女為王后，以便與狄人聯合一起伐鄭。不久，襄王廢了狄后，狄后懷恨在心；而襄王繼母惠后有個兒子叫子帶，她想立子帶為王。於是，惠后與狄后、子帶聯合一起為內應，給戎狄打開了城門，戎狄因而得以入城，打敗並趕跑了周襄王，而立子帶為天子。這樣，戎狄有的就遷居到陸渾，向東到衛國境內，侵擾劫掠更加猖狂。周襄王已經在外流亡了四年，才派使者告急於晉。晉文公初登大位，一心要建立霸業，便興師動眾討伐戎狄，殺死子帶，迎回周襄王，讓他住進洛邑。

在這個時候，秦、晉是強國。晉文公打擊戎狄，戎狄住在河西地區的圁水和洛水之間，稱為赤狄、白狄。而秦穆公得到由余為謀臣，使西戎八國歸服秦國。自此，隴山以西有緜諸、畎戎、狄獂各支戎族，在岐山、梁山、涇水、漆水之北有義渠、大荔、烏氏、朐衍各支戎族，而晉國的北面有林胡、樓煩各支戎族，燕國北面有東胡、山戎。它們各自分散住在山谷裡，各自立有自己的君長，往往聚族而居的戎族部落有一百多個，但沒有哪個能把大家統一起來。

自是之後百有餘年[1]，晉悼公[2]使魏絳和戎翟[3]，戎翟朝晉。後百有餘年，趙襄子踰句注而破之[4]，并代以臨胡貉[5]。後與韓[6]魏[7]共滅知伯[8]，分晉地而有[9]之，則[10]趙[11]有代、句注以北，而魏有西河[12]、上郡[13]，以與戎界[14]邊。其後，義渠之戎築城郭以自守，而秦稍[15]蠶食之，至於惠王[16]，遂拔義渠二十五城。惠王伐魏，魏盡入西河及上郡于秦。秦昭王[17]時，義渠戎王與宣太后[18]亂[19]，有[20]二子。宣太后詐而殺義渠戎王於甘泉[21]，遂起兵伐滅義渠。於是秦有隴西[22]、北地[23]、上郡，築長城以距[24]胡。而趙武靈王[25]亦變俗胡服，習騎射，北破林胡、樓煩，自代並陰山下至高闕為塞[26]，而置雲中[27]、鴈門[28]、代郡[29]。其後燕有賢將秦開[30]，為質[31]於胡，胡甚信之。歸而襲破[32]東胡，東胡卻[33]千餘里。與荊軻[34]刺秦王[35]秦舞陽[36]者，開之孫也。燕亦築長城，自造陽[37]至襄平[38]，置上谷[39]、漁陽[40]、右北平[41]、遼西[42]、遼東[43]郡以距胡。當是時，冠帶戰國七[44]，而三國邊於匈奴[45]。其後趙將李牧[46]時，匈奴不敢入趙邊。後秦[47]滅六國，而始皇帝[48]使蒙恬[49]將[50]數十萬之眾北擊胡，悉收河南[51]地，因河為塞[52]，築四十四縣城臨河，徙適戍以充之[53]。而通直道[54]，自九原[55]至雲陽[56]，因邊山險[57]，塹[58]谿谷，可繕[59]者繕之，起臨洮[60]至遼東萬餘里。又度[61]河據陽山[62]北假[63]中。

當是時，東胡強而月氏[64]盛。匈奴單于[65]曰頭曼[66]，頭曼不勝秦，北徙。十有餘年而蒙恬死[67]，諸侯[68]畔[69]秦，中國擾亂，諸秦所徙適邊者皆復去，於是匈奴得寬，復稍度河南與中國界於故塞[70]。

【章旨】此一部分主要敘述戰國及秦朝時期中原王朝與匈奴之關係。

【注釋】❶自是之後百有餘年　按：據《左傳》記載，自秦霸西戎至魏絳和戎翟，僅五十餘年，「百有餘年」有誤。❷晉悼公　名周。春秋時晉國君。西元前五七二至前五五八年在位。任用魏絳等賢臣，大敗鄭秦，和戎狄，多次會合諸侯。《左傳·成公十八年》明言其「復霸」。❸使魏絳和戎翟　派魏絳去跟戎狄和好。魏絳，即魏莊子，春秋時晉國大夫。❹趙襄子踰句注而破之　趙襄子越過句注山攻破戎狄。趙襄子，即趙無恤。春秋末年晉國大夫。與韓、魏兩家共滅知伯。句注，山名。在今山西代縣西北。❺并代以臨胡貉　吞併代地，進逼胡、貉。并，吞併。代，國名。在今河北蔚縣一帶。西元前四七五年為趙襄子所滅。臨，進逼；逼近。胡，古時泛稱北方和西方各部族，有時特指匈奴。貉，一作「貊」。古時指東北方部族。❻韓　姬姓。晉國大夫。祖先封於韓原（今陝西韓城東北，一說在今晉南），因以韓為氏。西元前四五三年與趙、魏共滅知氏，三分晉國。後為戰國七雄之一。疆域最初在今山西東南部，後漸擴大至今河南中部。建都陽翟（今河南禹州），後遷至鄭（今河南新鄭）。西元前二三〇年為秦所滅。❼魏　晉國大夫。西元前四五三年與韓、趙共滅知氏，三分晉國。後為戰國七雄之一。其疆域包括今山西南部、河南北部和陝西、河北部分地區。建都安邑（今山西夏縣西北），後遷都至大梁（今河南開封）。西元前二二五年為秦所滅。❽知伯　即知瑤。一稱荀瑤，又稱智襄子。晉國大夫。滅范氏和中行氏。後向趙襄子索地遭拒，怒而脅迫韓、魏共圍晉陽（今山西太原），引水灌城。襄子說韓、魏反擊知氏，知伯戰敗被殺，地為三家瓜分。❾有　占有；據有。❿則　於是；就這樣。⓫趙　晉國大夫。西元前四五三年，與韓、魏共滅知氏，三分晉國。後為戰國七雄之一。其疆域包括今陝西、山西、河北等地。建都晉陽（今山西太原東南），後遷都邯鄲（今河北邯鄲）。西元前二二二年為秦所滅。⓬西河　郡名。在今陝西東北部。戰國時魏置，吳起曾為西河守。後地入秦。⓭上郡　郡名。在今陝西北部。戰國時魏置。⓮界　相鄰；連接。⓯稍　逐漸；慢慢地。⓰惠王　即秦惠文王（惠文君），嬴姓，名駟。戰國時秦國君。秦孝公之子。西元前三三七至前三一一年在位。⓱秦昭王　嬴姓，名稷，一名則。惠文王之子。西元前三〇六至前二五一年在位。任用魏冉、范雎為相，白起為將，採取遠交近攻之謀略，大破趙、韓、魏、楚軍，奪取鄧、宛、河東之地，攻取楚都，建立南郡，破齊，大敗趙軍於長平（今山西高平北），奠定秦統一之基礎。⓲宣太后　羋姓，號羋八子，楚人。秦相穰侯魏冉之異父妹。為惠文王妃，生昭襄王。王即位，尊為太后，臨朝四十餘年。⓳亂　淫亂；私通。⓴有　生有；生下。㉑甘泉　山名。在今陝西淳化西北。秦在此山上建有離宮。㉒隴西　郡名。在今甘肅東部。㉓北地　郡名。在今甘肅東北部及寧夏東部。㉔距　通「拒」。抵禦；抗拒。㉕趙武靈王　即趙雍。戰國時趙國君。西元前三二五至前二九九年在位。曾推行「胡服騎射」政策。㉖並陰山下至高闕為塞　從代地沿陰山山麓直到高闕，修築長城作為邊塞。並，通「傍」。依傍；沿著。陰山，山名。即今內蒙古中部陰山山脈。高闕，高闕塞。在今內蒙古杭錦後旗北。陰山山脈至此中斷，成一缺口，望若門闕，故名。為塞，修築長城作為邊塞。㉗雲中　郡名。在今內蒙古呼和浩特西南地區。㉘鴈門　郡名。在今山西西北部。㉙代郡　郡名。在今山西東北部及河北西北部分地區。㉚秦開　戰國時人，燕國名將。㉛為質　做人質。㉜襲破　攻破。㉝卻　退避；退卻。㉞荊軻　衛國人。戰國末年刺客。西元前二二七年謀刺秦王政未遂被殺。㉟秦王　指秦王政。即秦始皇嬴政。因生於趙地邯鄲，故亦稱趙政。秦莊襄王中子。西元前二四六至前二一〇年在位。西元前二二一年統一中國，建立秦朝，稱始皇帝。㊱秦舞陽　燕國人。太子丹使他為荊軻助手行刺秦王，事敗身死。㊲造陽　邑名。在今河北官廳水庫南。㊳襄平　邑名。在今遼寧遼陽。㊴上谷　郡名。在今河北西北部。㊵漁陽　郡名。在今河北北部及北京地區。㊶右北平　郡名。在今河北東北部。㊷遼西　郡名。在今遼寧西部。㊸遼東　郡名。主要在今遼寧東部。㊹冠帶戰國七　具有先進文明的戰國七雄。冠帶，戴帽束帶為古時士大夫以上之裝束，引申為文明之義。戰國七，指戰國七雄。㊺三國邊於匈奴　三國都與匈奴相鄰。三國，指秦、趙、燕三國。邊，接壤；靠近。動詞。㊻李牧　戰國時趙國名將，為繼廉頗、趙奢之後趙國重要將領。長期在趙北邊防禦匈奴。破東胡，降林胡，敗匈奴。因秦將王翦使反間計，遭權臣郭開等讒毀，被誣謀反，自盡（一說被捕殺）。㊼秦　朝代名。中國歷史上第一個統一的多民族的專制集權國家。始於始皇帝嬴政，終於秦二世胡亥，歷十五年（西元前二二一至前二〇七年）。㊽始皇帝　即嬴政。見前注㉟。㊾蒙恬　秦朝著名將領。秦初，其率兵三十萬退匈奴，匈奴不敢犯。後為中書令趙高誣陷，服毒自殺。㊿將　帶領；率領。(51)河南　指今河套地區黃河以南之地。(52)因河為塞　以黃河為邊塞。因，憑藉；依靠。河，河水。今黃河。(53)徙適戍以充之　遷徙被罰守邊的人去充實那些縣城。適戍，以罪徙至邊地而戍守。適，通「謫」。充，充實。(54)直道　古道路名。秦始皇時所開，自九原至雲陽，為聯結關中平原至河套地區的主要通道。(55)九原　縣名。在今內蒙古包頭西北。(56)雲陽　縣名。在今陝西淳化西北。(57)因邊山險　沿著邊境山嶺險要之處。(58)塹　挖掘壕溝、通道。(59)繕　修補；整治。(60)臨洮　縣名。在今甘肅岷縣。《史記・匈奴列傳》《索隱》韋昭云：「臨洮，隴西縣。」《正義》引《括地志》云：「秦隴西郡臨洮縣，即今岷州城。本秦長城首，起岷州西十二里，延袤萬餘里，東入遼水。」(61)度　通「渡」。(62)陽山　山名。在今內蒙古烏加河西北，狼山、陰山之南。(63)北假　地區名。在今內蒙古陰山之南，烏梁素海與烏加河等地區。(64)月氏　亦作「月支」。中國西北古民族名。據《史記・大宛列傳》、本書卷九十六〈西域傳〉載：其秦漢之際「居敦煌、祁連間」，約今甘肅蘭州以西直到敦煌的河西走廊一帶。(65)單于　匈奴君主之稱號。《史記・匈奴列傳》《集解》引《漢書音義》曰：「單于者，廣大之貌，言其象天單于然。」(66)頭曼　中國文獻記載匈奴第一代單于。約生於戰國末年。(67)十有餘年而蒙恬死　二世殺蒙恬，在始皇三十七年（西元前二一〇年），《史記・蒙恬列傳》謂恬攻匈奴在始皇二十六年（西元前二二一年）。(68)諸侯　指秦末各路起義軍領袖和楚、燕、趙、韓、魏、齊六國舊貴族起事者。(69)畔　通「叛」。反叛。(70)故塞　原有之邊塞。此處指河套以南原秦朝所築長城。

【語　譯】自此以後一百餘年，晉悼公派魏絳到戎狄去修好，戎狄首領也來朝見晉君。一百多年以後，趙襄子派兵越過句注山攻破戎狄，吞併代國，進逼胡、貉。後來，趙襄子與韓魏兩家聯盟，攻滅知伯，瓜分了晉國的土地。這樣，趙國據有代和句注山以北地區，而魏國據有西河郡和上郡，與戎人接壤。其後，義渠之戎修築城郭以自守，而秦國則逐漸蠶食其領地，到惠王時，奪取義渠之戎二十五座城池。惠王攻打魏國，魏國把西河郡和上郡都割讓給秦國。秦昭王時，義渠戎王與宣太后私通，生有二子。宣太后採用欺詐的手段在甘泉宮殺死義渠戎王，接著起兵伐滅義渠戎國。於是，秦國占有隴西郡、北地郡和上郡，修築長城以抵禦胡人。而趙武靈王也在趙國改革舊俗，改穿胡人的服裝，練習騎馬射箭，向北打敗林胡和樓煩，並從代地沿陰山山麓直到高闕，修築長城作為邊塞；又設置雲中郡、雁門郡和代郡。在此之後，燕國有一位賢能的將軍秦開，曾經在胡人那裡做過人質，甚得胡人信任。他返回燕國後，率軍襲擊並打敗東胡，東胡退卻千餘里。隨荊軻一起前去行刺秦王嬴政的那個秦舞陽，就是秦開的孫子。燕國亦修築長城，從造陽東至襄平，設置上谷、漁陽、右北平、遼西、遼東諸郡以防禦胡人。在這個時候，號稱文明之邦的戰國七雄，其中燕、趙、秦三國都與匈奴相鄰。其後，趙將李牧鎮守邊塞時，匈奴不敢入侵趙國邊境。後來秦滅六國，秦始皇派遣蒙恬率領數十萬大軍北擊匈奴，將黃河河套以南的地方全部收取，並以黃河為邊塞，修築了四十四座縣城面臨黃河，遷徙那些被罰守邊的人去充實之。又從九原到雲陽，修通了直道，沿著邊境山嶺險要之處，就溪谷挖掘壕溝、通道，可以修治之處加以修治，西起臨洮縣東至遼東郡，築長城連綿一萬餘里。又渡過黃河，占據陽山和北假地區。

當此時，東胡是強國，月氏也興盛。匈奴單于名叫頭曼。頭曼打不過秦朝，便向北遷徙。十餘年後，蒙恬去世，各路諸侯反叛秦朝，中國擾攘混亂，那些被秦朝罰守邊疆的刑徒紛紛離去。於是匈奴得到喘息之機，又漸漸渡過黃河，來到南岸，與中國以原先的邊塞為界。

單于有太子❶，名曰冒頓❷。後有愛閼氏❸，生少子❹，頭曼欲廢冒頓而立少子，迺使冒頓質❺於月氏。冒頓既質，而頭曼急擊月氏。月氏欲殺冒頓，冒頓盜其善馬，騎亡歸❻。頭曼以為壯❼，令將萬騎❽。冒頓迺作鳴鏑❾，習勒其騎射❿，令⓫曰：「鳴鏑所射而不悉射者斬⓬。」行獵獸⓭，有不射鳴鏑所射輒⓮斬之。已而，冒頓以鳴鏑自射善馬，左右[15]或莫敢射，冒頓立[16]斬之。居頃之[17]，復以鳴鏑自射其愛妻，左右或頗恐，不敢射，復斬之。頃之，冒頓出獵，以鳴鏑射單于善馬，左右皆射之。於是冒頓知其左右可用[18]，從其父單于頭曼獵，以鳴鏑射頭曼，其左右皆隨鳴鏑而射殺頭曼，盡誅其後母與弟及大臣不聽從者。於是冒頓自立為單于。

冒頓既立，時東胡強，聞冒頓殺父自立，迺使使謂冒頓曰：「欲得頭曼時號千里馬[19]。」冒頓問群臣，群臣皆曰：「此匈奴寶馬也，勿予[20]。」冒頓曰：「奈何與人鄰國愛一馬乎[21]？」遂與之。頃之，東胡以為冒頓畏[22]之，使使謂冒頓曰：「欲得單于一閼氏。」冒頓復問左右，左右皆怒曰：「東胡無道[23]，迺求[24]閼氏！請擊之。」冒頓曰：「奈何與人鄰國愛一女子乎？」遂取所愛閼氏予東胡。東胡王愈驕，西侵。與匈奴中間有棄地莫居千餘里[25]，各居其邊為甌脫[26]。東胡使使謂冒頓曰：「匈奴所與我界甌脫外棄地，匈奴不能至[27]也，吾欲有之。」冒頓問群臣，或曰：「此棄地，予之。」於是冒頓大怒，曰：「地者，國之本也，奈何予人！」諸言與者[28]，皆斬之。冒頓上馬，令國中有後者[29]斬，遂東襲擊東胡。東胡初輕[30]冒頓，不為備。及冒頓以兵至，大破滅東胡王，虜其民眾畜產。既歸，西擊走月氏㉛，南并樓煩、白羊河南王㉜，悉復收秦所使蒙恬所奪匈奴地者，與漢關㉝故河南塞，至朝那㉞、膚施㉟，遂侵燕、代㊱。是時漢方㊲與項羽㊳相距㊴，中國罷於兵革㊵，以故冒頓得自彊，控弦之士㊶三十餘萬。

【章　旨】此部分主要敘述冒頓射殺其父頭曼即位匈奴單于，破滅東胡，並趁中原兵戰之際獨霸北方地區。

【注　釋】❶太子　預定繼承君位的帝王之子。通常為嫡長子，但亦有例外。❷冒頓　秦末漢初時期匈奴之單于。約西元前二〇九至前一七四年在位，東滅東胡，西逐月支，北服丁零，南征樓煩、白羊，並進占秦之河南地，統一北方廣大地區，擁有控弦之士三十餘萬，為匈奴族中傑出人物。❸後有愛閼氏　後來有一位寵愛的閼氏。閼氏，匈奴單于妻之稱號。此指頭曼單于之妻。❹少子　小兒子。❺質　當人質；做人質。動詞。❻騎亡歸　騎著牠逃回匈奴。為「騎之亡歸」之省語。❼以為壯　認為膽氣豪壯。❽令將萬騎　任命他統帥一萬騎兵。令，任命。將，統帥。❾鳴鏑　古時一種射出有響聲的箭。❿習勒其騎射　訓練約束他的騎兵射箭。習勒，訓練約束。⓫令　下達命令。⓬鳴鏑所射而不悉射者斬　意謂若有鳴鏑所射之物而不跟著盡力去射者就殺頭。所射，指所射之目標。悉，盡；盡力。⓭行獵獸　出外獵取鳥獸。行，外出。⓮輒　立即；就。⓯左右　指手下親信。⓰立　立刻；立即。⓱居頃之　過了不久。⓲可用　可以信任利用。⓳千里馬　謂日行千里的良馬。⓴勿予　不能給予。㉑奈何與人鄰國愛一馬乎　怎能與人相鄰而吝惜一匹馬呢。「鄰國」後疑脫一表轉折關係之「而」字。《史記・匈奴列傳》此處有「而」字。㉒畏　畏懼；害怕。㉓無道　沒有德行或德政；不講道理。㉔迺求　竟然索求。迺，竟然。㉕與匈奴中間有棄地莫居千餘里　與匈奴當中之間隙為一片荒棄之地，無人居住，寬千餘里。莫居，無人居住。㉖各居其邊為甌脫　各在其邊緣地帶建立守望哨所。甌脫，指邊境上瞭望用的土堡或雙方中間之緩衝地帶。㉗至　到達；統治範圍之內。㉘諸言與者　那些說可以把荒棄之地給東胡之人。㉙有後者　有後退者。後，後退。㉚初輕　一開始輕視。初，起初；一開始。㉛西擊走月氏　向西打跑了月氏。月氏人原住於河西走廊、祁連山一帶，被匈奴所逼，西遷至伊犁河流域，建立大月氏國。過數十年，大月氏又被匈奴所支援之烏孫人所逼，遷至幼水（今阿姆河）一帶。㉜南并樓煩白羊河南王　向南吞併了樓煩和白羊河南王。白羊，北方一部族。居住在河套以南地區。河南王，樓煩王、白羊王皆居於「河南」，故名。㉝漢關　漢朝之邊關。關，邊關。㉞朝那　縣名。在今寧夏固原東南。㉟膚施　縣名。在今陝西榆林東南。㊱遂侵燕代　進而侵擾燕、代地區。燕代，指原戰國時燕國地和趙國代郡。㊲方　正在。㊳項羽　名籍，字羽，秦下相（今江蘇宿遷）人。從叔父項梁起兵反秦。西元前二〇七年，在鉅鹿之戰中大敗秦軍，成為各路諸侯軍之領袖。後被劉邦圍於垓下，自刎於烏江畔。詳見卷三十一〈項籍傳〉。㊴相距　相互抗拒。此處指楚漢戰爭。距，通「拒」。㊵罷於兵革　因戰爭而疲憊不堪。罷，通「疲」。兵革，指軍隊或戰爭。兵，兵器。革，用獸皮製作之甲冑。㊶控弦之士　能彎弓射箭之戰士。

【語譯】頭曼單于立有太子，名叫冒頓。後來頭曼有一位受寵的閼氏生了個小兒子，頭曼打算廢黜冒頓而改立小兒子為太子，就打發冒頓到月氏那裡去當人質。冒頓作為人質到了月氏之後，頭曼就立即攻擊月氏。月氏想殺死冒頓，冒頓偷了一匹月氏的好馬，騎著逃回匈奴。頭曼認為冒頓膽氣豪壯，任命他統率一萬騎兵。冒頓便製造了鳴鏑，訓練約束他的騎兵射箭，下令說：「我的鳴鏑射向哪裡而不跟著盡力去射的人，就殺頭。」出獵鳥獸時，發現有不跟著去射鳴鏑所射目標的人，立即將其人斬首。不久，冒頓用鳴鏑射自己的良馬，部下有人不敢跟著去射，冒頓馬上殺了他。過了些時候，冒頓又用鳴鏑自射其愛妻，部下有人很害怕，不敢跟著射，冒頓又殺了他們。又過了些日子，冒頓外出打獵，用鳴鏑射單于的良馬，部下都跟著去射。這時，冒頓知道他的部下都可以信任利用了。他便跟隨父親頭曼單于出獵，用鳴鏑射頭曼，他的部下都跟著鳴鏑而射殺了頭曼，他又殺盡後母和弟弟以及不聽從他的那些大臣。於是冒頓自立為單于。

冒頓既立為單于，當時東胡強大，聽說冒頓殺父自立，東胡便派使者對冒頓說：「我們想得到頭曼單于在世時的千里馬。」冒頓徵求臣下的意見，眾臣都說：「這匹馬是匈奴的寶馬，不能給他們。」冒頓說：「怎能與人相鄰而吝惜一匹馬呢？」便把千里馬送給了東胡。過不久，東胡以為冒頓畏懼他們，就又派使者對冒頓說：「想得到單于的一位閼氏。」冒頓又詢問左右，左右都怒氣沖沖地說：「東胡無禮，竟然索求閼氏！請出兵攻打他們。」冒頓說：「怎能跟人家相鄰立國卻吝惜一個女人呢？」就選了一個自己所心愛的閼氏送給東胡。東胡王越發驕橫起來，不時向西侵略。東胡與匈奴當中之間隙橫亙著一片荒棄之地，無人居住，寬千餘里，雙方各在其邊緣地帶建立守望哨所。東胡派使者對冒頓說：「匈奴同我們邊界守望哨所以外的那塊荒棄之地，匈奴到不了那裡，我們想占有它。」冒頓詢問眾臣，有的臣下說：「這是荒棄之地，可以給他們。」這時，冒頓大怒，說：「土地是國家的根本，怎能送給別人！」那些說可以把荒棄之地給東胡的人，都被殺了。冒頓跨上戰馬，下令國中有後退者就殺頭，於是揮師向東，襲擊東胡。東胡起初輕視冒頓，沒有進行防備。等到冒頓率兵一打來，就大破東胡軍，消滅了東胡王，並虜掠其民眾和畜產。冒頓率軍歸來後，又向西進軍打跑了月氏，渡河向南吞併了樓煩和白羊河南王，全部收復了當年秦朝派蒙恬所奪去的匈奴土地，與漢朝以原河南關塞為界，到達朝那、膚施，進而侵擾燕、代地區。當時漢王劉邦正在與項羽相持不下，中國因為戰爭而疲憊不堪，因此冒頓趁機得以自強，手下有能夠彎弓射箭的戰士三十多萬。

自淳維以至頭曼千有餘歲，時大時小，別散分離，尚矣❶，其世傳不可得而次❷。然至冒頓，而匈奴最彊大，盡服從北夷❸，而南與諸夏❹為敵國，其世姓官號可得而記云❺。

單于姓攣鞮氏，其國稱之曰「撐犁孤塗單于」。匈奴謂天為「撐犁」，謂子為「孤塗」，單于者，廣大之貌也，言其象天單于然也❻。置左右賢王，左右谷蠡❼，左右大將，左右大都尉，左右大當戶，左右骨都侯❽。匈奴謂賢曰「屠耆」，故常以太子為左屠耆王❾。自左右賢王以下至當戶，大者萬餘騎，小者數千，凡二十四長❿，立號曰「萬騎」。其大臣皆世官⓫。呼衍氏⓬，蘭氏⓭，其後有須卜氏⓮，此三姓，其貴種⑮也。諸左王將居東方，直⑯上谷以東，接濊貉⑰、朝鮮⑱；右王將居西方，直上郡以西，接氐⑲、羌⑳；而單于庭㉑直代、雲中。各有分地，逐水草移徙。而左右賢王、左右谷蠡最大國㉒，左右骨都侯輔政。諸二十四長，亦各自置千長㉓、百長、什長、裨㉔小王、相㉕、都尉、當戶、且渠之屬㉖。

歲㉗正月，諸長少會㉘單于庭，祠㉙。五月，大會龍城㉚，祭其先㉛、天地、鬼神。秋，馬肥，大會蹛林㉜，課校人畜計㉝。其法㉞，拔刃尺者死㉟，坐盜者沒入其家㊱；有罪，小者軋㊲，大者死。獄㊳久者不滿十日，一國之囚不過數人。而單于朝出營㊴，拜日之始生㊵，夕㊶拜月。其坐㊷，長左而北向㊸。日上戊己㊹。其送死㊺，有棺槨㊻金銀衣裳，而無封樹㊼喪服㊽；近幸臣妾從死者㊾，多至數十百人㊿。舉事常隨月(51)，盛壯(52)以攻戰，月虧(53)則退兵。其攻戰，斬首虜賜一卮酒(54)，而所得鹵獲(55)因以予之(56)，得人以為奴婢(57)。故其戰，人人自為趨利(58)，善為誘兵以包敵(59)。故其逐利，如烏之集(60)；其困敗(61)，瓦解雲散(62)矣。戰而扶轝(63)死者，盡得死者家財。

【章　旨】此部分主要敘述冒頓單于以後可以確切知道的匈奴世姓、官號、建制以及社會習俗。

【注釋】❶尚矣　年代久遠。尚，通「上」。❷其世傳不可得而次　它的世襲傳承無法依次排列出來。世傳，世代傳承。指代代相傳的世系。❸盡服從北夷　迫使北方各蠻夷都服從它的統治。言將北方各部族都征服了。❹諸夏　原指周王室分封之諸國。後亦泛稱中國。此處指中原之政權。❺其世姓官號可得而記云　它的世襲傳承、貴族大姓和職官稱號可以記述下來了。❻象天單于然也　單于像天那樣廣大無邊。按此所言，「撐犁孤塗單于」乃天子之義。象，好像；相似。然，語氣助詞，表示比擬，猶言「一般」。❼谷蠡　匈奴官名。職位在賢王之下，管理軍事和行政，由單于子弟擔任。《史記·匈奴列傳》作「谷蠡王」。❽骨都侯　匈奴官名。由異姓大臣擔任。為單于近臣，下有「骨都侯輔政」一語。❾常以太子為左屠耆王　常由太子來擔任左屠耆王。匈奴習俗尚左，故常以太子為左屠耆王。❿長　首領。⓫世官　官職世襲。⓬呼衍氏　匈奴異姓貴族。擔任骨都侯，居左位。主斷獄訟，輔政。⓭蘭氏　匈奴異姓貴族。擔任骨都侯，居右位。主斷獄訟，輔政。⓮須卜氏　匈奴異姓貴族。擔任骨都侯，居右位。主斷獄訟，輔政。⓯貴種　顯貴氏族或家族。⓰直　通「值」。當；面對。⓱濊貉　也作「穢貊」。古部族名。居住在東北及朝鮮半島北部。⓲朝鮮　國名。地在朝鮮半島北部。詳見卷九十五〈西南夷兩粵朝鮮傳〉。⓳氐　古部族名。居住在今甘肅、陝西一帶。⓴羌　古部族名。分布在今甘肅、青海一帶。㉑單于庭　單于王庭。匈奴單于居留之地。在今蒙古烏蘭巴托附近。《史記·匈奴列傳》《索隱》按：謂匈奴所都處為「庭」。樂產云：「單于無城郭，不知何以國之。穹廬前地若庭，故云庭」。㉒最大國　國土最大。《漢書補注》引劉攽說衍「國」字。《史記·匈奴列傳》則作「最為大國」。㉓千長　千騎長。下文百長、什長即百騎長、十騎長。㉔裨　指副職。㉕相　為百官之長。陳直《漢書新證》按：「相調相邦，出土有『匈奴相邦』玉印可證。本傳文因相邦之邦字避高祖諱，故省去邦字。〈景武昭宣功臣表〉趙禽，則作匈奴相國。」㉖且渠之屬　且渠之類官職。且渠，顏師古曰：「今之沮渠姓，蓋本因此官。」屬，類。㉗歲　每年。㉘少會　暫時、小規模之集會。少，通「稍」。㉙祠　通「祀」。春祭；祭祀。㉚龍城　一作「籠城」、「龍庭」。在單于庭範圍內，為匈奴大會祭祀之處。在今蒙古國鄂爾渾河西側和碩柴達木湖附近。《史記·匈奴列傳》《索隱》崔浩云：「西方胡皆事龍神，故名大會處為龍城」。㉛祭其先　祭祀匈奴之祖先。先，祖先。㉜蹛林　一說即森林，一說為匈奴秋社之處。服虔曰：「匈奴秋社八月中皆會祭處也。」㉝課校人畜計　核算人口、牧畜的數目以徵稅。課校，考核計算；核算徵稅。計，數目。㉞其法　指匈奴之習慣法。㉟拔刃尺者死　拔刀傷人並造成傷口達一尺者，處以死刑。一說凡有意殺人，即使刀出鞘達一尺者亦處以死刑。刃，指刀。泛指兇器。㊱坐盜者沒入其家　犯盜竊罪者，沒收其家屬和財產。坐盜，犯有盜竊之罪。坐，犯罪，特指犯罪之因由。沒入其家，將其家屬、財產沒收入官。㊲小者軋　罪輕微者，處以軋刑。軋，碾壓。指一種壓碎人骨節之酷刑。

疑為輾趾之刑，以防止罪人逃亡和反抗。㊳獄　入獄；坐牢。㊴朝出營　在早晨走出營帳。朝，早晨；早上。㊵拜日之始生　禮拜剛升起之太陽。拜，禮拜。日之始生，指剛升起之太陽。生，疑為「出」。㊶夕　傍晚；晚上。㊷其坐　指匈奴聚坐時之規矩、習俗。㊸長左而北向　尊長居左，面向北。長左，謂尊長者在左。因匈奴人以左為尊之故。㊹日上戊己　以戊己日為吉，即尊崇戊己之日。《後漢書・匈奴傳》載有「匈奴俗，歲有三龍祠，常以正月、五月、九月戊日祭天神」之說，為其「日上戊己」之證。上，通「尚」。尊崇；崇尚；重視。戊己，戊日和己日。古人以干支紀日，但時亦只用天干，此處即是。㊺其送死　指匈奴喪葬之習俗。㊻棺槨　即棺材。棺，即裝殮死者之器具。槨，套在「棺」外之大棺材，有一重或多重。㊼封樹　泛指墳墓。封，堆土築墳。樹，在墳旁植樹以為標誌。㊽喪服　居喪之衣服制度。根據生者與死者之親疏關係而不同。㊾近幸臣妾從死者　指身邊親信之奴婢跟隨殉葬的。近幸臣妾，身邊的近臣和奴婢。從死，殉葬。㊿數十百人　或數十人，或百人。《史記・匈奴列傳》作「數千百人」。(51)舉事常隨月　興兵打仗，通常要根據月亮的出沒盈縮情況來決定。舉事，此處特指打仗，發動戰爭。隨月，根據月亮之出沒盈縮情況。(52)盛壯　指月亮滿圓之時，即夏曆每月十五前後。(53)月虧　指月亮缺虧之時，即夏曆每月之初和月終。(54)斬首虜賜一卮酒　誰有所斬獲就賜給他一卮酒。斬首虜，殺敵或俘敵。首，首級，指被砍下之人頭。虜，俘虜。卮，古時之盛酒器，杯狀。(55)鹵獲　戰利品，鹵，通「虜」。掠奪。(56)因以予之　就把所得戰利品也賞給他。因，於是。(57)以為奴婢　作為奴婢。以為，作為；當作。奴婢，古代稱罪人之男女家屬沒入官中為奴者。(58)自為趨利　自動馳驅逐利。趨利，追逐利益。(59)善為誘兵以包敵　善於運用誘敵戰術以包圍敵軍。包，包圍；包抄。(60)如鳥之集　如鳥雀之飛集一般。(61)困敗　受挫潰敗。(62)瓦解雲散　土崩瓦解、風消雲散。意謂潰散而各自逃命。(63)扶轝　扶喪。意謂將死者屍體拉回歸葬。轝，同「輿」。用車運載。《史記・匈奴列傳》作「輿」。

【語　譯】 從淳維到頭曼歷經千餘年，匈奴時而大，時而小，時而解散，時而分離，年代太久遠了，它的世襲傳承的情況無法依次排列出來。但是到了冒頓單于之時，匈奴最為強大，迫使北方各蠻夷都服從它的統治，而南與中原王朝為敵國，它的世襲傳承、貴族大姓和職官稱號才得以記述下來。

單于姓攣鞮氏，匈奴國人稱之為「撐犁孤塗單于」。匈奴人把天稱為「撐犁」，把兒子叫做「孤塗」，所謂單于，意思是廣大的樣子，整個意思是說單于像天那樣廣大無邊。單于之下設左右賢王、左右谷蠡、左右大將、左右大都尉、左右大當戶和左右骨都侯。匈奴語稱賢明為「屠耆」，所以常由太子來擔任左屠耆王。從左右賢王以下直到當戶的各級首領，大者領騎兵萬餘，小者也有數千，總共有二十四個首領，設立官號為「萬騎」。其大臣都世襲官職。呼衍氏，蘭氏，後來有須卜氏，這三姓乃顯貴家族。左方各王、將居於東方，面對上谷郡以東地區，東接穢貉、朝鮮；右方各王、將居於西方，面對上郡以西地區，西接氐族、羌族；而單于王庭面對代郡、雲中郡。他們各有自己的駐牧分地，尋找水草游牧遷徙。而左右賢王、左右谷蠡所占地盤最大，左右骨都侯輔政。二十四個首領也都各自設置有千騎長、百騎長、什騎長、裨小王、相、都尉、當戶、且渠之類官職。

每年正月，眾首領在單于王庭小集會，舉行春祭之禮。五月，在龍城大集會，祭祀匈奴之祖先、天地和鬼神。秋季，馬長肥了，他們在蹛林大集會，核算人口、牧畜的數目以徵稅。匈奴之習慣法為：拔刀傷人並造成傷口達一尺者，處以死刑；犯盜竊罪者，沒收其家屬和財產。有罪輕微者，處以軋刑，罪重的被處死刑。入獄服刑，至多不超過十天，全國在押的犯人不過幾個人。單于每天早晨走出營帳，禮拜剛升起的太陽，晚上禮拜月亮。他們聚坐之規矩為：尊長居左，面向北。尊崇戊日和己日。他們喪葬之習俗為：有棺槨、金銀、衣裳，而無墳堆、墓樹和喪服制度；為單于殉葬的近臣和奴婢多至數十人或百人。興兵打仗，通常要根據月亮的出沒盈縮情況行事，月亮滿圓之日就發動戰爭，月亮虧缺之日就退兵。在戰鬥中，誰有所斬獲就賜給他一卮酒，把所得戰利品也賞給他，抓到的俘虜便作為奴婢。所以他們在作戰時，人人自動馳驅逐利，善於運用誘敵戰術以包圍敵軍。因此，他們見到敵人就向前逐利，如鳥雀飛集一般；而當受挫潰敗之時，他們便土崩瓦解、風消雲散了。打仗時誰搬運戰死者之屍體歸葬，誰就可以得到戰死者之全部家產。

後北服❶渾窳❷、屈射❸、丁零❹、隔昆❺、新犛❻之國。於是匈奴貴人大臣皆服❼，以❽冒頓為賢。

是時⑨，漢初定⑩，徙韓王信於代⑪，都馬邑⑫。匈奴大攻圍馬邑，韓信降匈奴。匈奴得信，因引兵南踰句注，攻太原⑬，至晉陽下⑭。高帝⑮自將兵往擊之。會冬大寒雨雪⑯，卒之墮指者十二三⑰，於是冒頓陽敗走⑱，誘漢兵。漢兵逐擊冒頓，冒頓匿⑲其精兵，見⑳其羸弱㉑，於是漢悉㉒兵，多步兵，三十二萬，北逐之。高帝先至平城㉓，步兵未盡到，冒頓縱㉔精兵三十餘萬騎圍高帝於白登㉕，七日，漢兵中外不得相救餉㉖。匈奴騎，其西方盡白㉗，東方盡駹㉘，北方盡驪㉙，南方盡騂馬㉚。高帝乃使使間厚遺㉛閼氏，閼氏迺謂冒頓曰：「兩主不相困㉜。今得漢地，單于終非能居之㉝。且漢主有神㉞，單于察㉟之。」冒頓與韓信將王黃㊱、趙利㊲期㊳，而兵久不來，疑其與漢有謀，亦取㊴閼氏之言，迺開圍一角。於是高皇帝令士皆持滿傅矢外鄉㊵，從解角㊶直出，得與大軍合，而冒頓遂引兵去㊷。漢亦引兵罷㊸，使劉敬㊹結和親㊺之約。

是後韓信為匈奴將，及趙利、王黃等數背約，侵盜代、鴈門、雲中。居無幾何㊻，陳豨㊼反，與韓信合謀擊代。漢使樊噲㊽往擊之，復收代、鴈門、雲中郡縣，不出塞。是時匈奴以漢將數率眾往降㊾，故冒頓常往來侵盜代地。於是高祖患㊿之，迺使劉敬奉宗室女翁主(51)為單于閼氏，歲奉匈奴絮繒酒食物各有數(52)，約為兄弟以和親，冒頓迺少止[53]。後燕[54]王盧綰[55]復反，率其黨[56]且[57]萬人降匈奴，往來苦上谷以東[58]，終高祖世。

【章旨】以上部分主要敘述漢高祖時期，匈奴冒頓單于對周邊的征戰以及和漢朝的關係，重點記載了白登之圍與和親政策。

【注釋】❶服　征服。❷渾窳　古部族名或國名。在匈奴之北。《史記・匈奴列傳》作「渾庾」。故地在今蒙古國至俄羅斯西伯利亞貝加爾湖一帶。❸屈射　古部族名或國名。在匈奴之北。在今蒙古國至俄羅斯西伯利亞貝加爾湖一帶。❹丁零　古部族名或國名。在匈奴之北。與「丁靈」、「丁令」、「狄曆」、「敕勒」、「鐵勒」皆同名異譯。魏人稱為高車部，居於大漠南北，東起貝加爾湖，西抵中亞，部落眾多，姓氏各別。❺隔昆　古部族名或國名。在匈奴之北。又稱「堅昆」。唐代稱作「黠戛斯」，為突厥民族的一支。今吉爾吉斯族是其後裔。故地在今鄂畢河上游和葉尼塞河一帶。❻新犂　古部族名或國名。在匈奴之北。故地在今蒙古國至俄羅斯西伯利亞貝加爾湖一帶。❼服　佩服。❽以　認為；以為。❾是時　當時。此處承上文冒頓東滅東胡，西擊走月氏，南併樓煩、白羊河南王，謂正準備染指中原之時。❿初定　指剛剛平定中原。⓫徙韓王信於代　把韓王信遷到代地。韓王信，又稱韓信。楚漢相爭時之分封王。韓襄王庶出之孫。因其被封在韓國，史稱「韓王信」。詳見卷三十三〈韓王信傳〉。代，封國名。非指代郡。⓬馬邑　縣名。在今山西朔州。⓭太原　郡名。治晉陽（今山西太原西南古城）。⓮晉陽下　晉陽城下。晉陽，縣名。即今山西太原西南古城。下，城下。⓯高帝　即漢高帝（高祖）劉邦，字季（一說為小名），沛縣（今江蘇沛縣）人。滅秦後與西楚霸王項羽爭奪天下，最後滅楚建漢，成為漢朝開國皇帝。詳見卷一〈高帝紀〉。⓰會冬大寒雨雪　碰上冬天大寒下雪。會，碰上；適逢。雨雪，下雪。⓱卒之墮指者十二三　十分之二、三的士兵凍掉了手指頭。卒，士卒；步兵。墮，毀。十二三，十分之二、三。⓲陽敗走　假裝敗逃。陽，通「佯」。《史記・匈奴列傳》作「詳」。佯敗以誘敵，是匈奴善用之戰術。上文云「善為誘兵以包敵」，即指此。⓳匿　藏匿；隱蔽。⓴見　通「現」。顯示；暴露。㉑羸弱　泛指老弱殘兵。羸，瘦弱。㉒悉　盡其所有。此處指全部出動。㉓平城　縣名。在今山西大同東北。㉔縱　放任；放出。㉕白登　山名。在平城東北。㉖中外不得相救餉　內外不能相互救濟軍糧。中外，內外。相救餉，相互以軍糧救濟。餉，軍糧。

㉗白　白色。此處指白色馬。㉘駹　青色馬。一說黑馬白面。㉙驪　純黑色馬。項羽坐騎烏錐馬即是。㉚騂馬　赤色馬。一說為赤黃相間，而以赤色為主之馬。㉛間厚遺　伺機重重賄賂。間，間道；伺機；暗中。或作離間解。厚遺，送厚禮。遺，送給；給予。㉜相困　相互逼困。困，圍困；逼迫。㉝終非能居之　終究也不能居住在那裡。終，終究；最後。㉞有神　謂有神靈保佑。㉟察　考慮。㊱王黃　人名。上郡白土縣（今陝西神木）人。為韓王信舊部，韓王信逃亡匈奴時，其與曼丘臣共立趙利為王。曾策反代相國陳豨，叛漢擾邊。後被漢軍俘虜。㊲趙利　人名。戰國趙國趙王之後代。㊳期　約定時間會師。㊴取　聽取；採納。㊵持滿傅矢外鄉　全部拉滿弓，搭上箭，面朝外。顏師古注：「言滿引弓弩注矢外捍，從解圍之隅角直以出去。」㊶解角　解圍之一邊。㊷去　撤離。㊸罷　停止；罷戰。㊹劉敬　人名。本姓婁，齊地人。原為軍中運送糧草之車夫。建議高祖都關中有功，賜姓劉，拜為郎中，封奉春君。與匈奴作戰時，因正確分析敵情而為高帝所重。首倡與匈奴「和親」。詳見卷四十三〈婁敬傳〉。㊺和親　指漢族所建王朝與其他少數民族首領之間具有一定政治目的之聯姻。㊻無幾何　沒有多久；無多時。㊼陳豨　宛朐（山東菏澤）人。高帝時封為列侯，以相國守代。高帝十年（西元前一九七年）七月，稱病不赴召。九月與韓王信部將王黃等反，自立為代王，劫略趙、代。後失敗被殺。㊽樊噲　人名。沛縣（今江蘇沛縣）人，與高帝同鄉里，少以屠狗為業。初從高帝起義，以戰功封賢成君，後官至左丞相，封舞陽侯。詳見卷四十一〈樊噲傳〉。㊾漢將數率眾往降　漢朝將領們頻頻率眾前去投降。漢將降匈奴，一時有韓信、王黃、曼丘臣、陳豨、盧綰等人。㊿患　憂慮。(51)奉宗室女翁主　奉，進獻。宗室女，皇族之女。翁主，諸侯王之女。即後世之郡主。顏師古注：「諸王女曰翁主者，言其父自主婚。」《史記・匈奴列傳》則作「公主」。西漢帝王女稱「公主」。宗室女應為「翁主」，此云「公主」，實乃為表明其蒙公主之名下嫁之義。本傳則據實作「翁主」。(52)歲奉匈奴絮繒酒食物各有數　每年送給匈奴絲棉、綢絹、酒類和食物各有一定數量。絮，粗絲綿。繒，絲織品之統稱。數，一定數量。(53)少止　稍稍停止侵擾。少，通「稍」。稍微；暫時。(54)燕　封國名。秦亡後項羽封臧荼置。在今北京市及河北北部地區，都薊（今北京城區西南）。後為高帝所滅，改封盧綰。(55)盧綰　人名。沛縣（今江蘇沛縣）人，與高帝同鄉里且同日生。官至太尉，立為燕王。後率眾降匈奴。匈奴封之為東胡盧王。不久，病死在匈奴。詳見卷三十四〈盧綰傳〉。(56)黨　黨羽；部眾。(57)且　將近。(58)往來苦上谷以東　謂荼毒上谷以東地區之生靈。苦，通「荼」。荼毒。亦可作「騷擾」、「困苦」解。

【語　譯】後來，冒頓單于向北征服了渾窳、屈射、丁零、隔昆和新犛諸國。於是匈奴貴人大臣都佩服他，稱道冒頓單于的才幹和賢能。

當時，漢朝剛剛平定天下，把韓王信遷到代地，建都於馬邑。匈奴大舉進攻並包圍馬邑，韓王信投降匈奴。匈奴冒頓單于得到韓王信，便率兵向南越過句注山，進攻太原，兵臨晉陽城下。漢高帝親自率兵前往攻打匈奴。正值冬天嚴寒下雪，十分之二、三的士兵凍掉了手指頭。這時，冒頓假裝敗逃，引誘漢軍。漢軍追擊冒頓，冒頓匿其精兵，而將老弱殘兵暴露在外，於是漢軍出動全部兵馬，多為步兵，共三十二萬人，向北追趕冒頓單于。漢高帝率先趕到平城，而步兵沒有全部跟到，冒頓放出精銳部隊三十餘萬騎兵把高帝圍困在白登，前後連續被圍困了七日，漢軍內外不能相互救濟軍糧。匈奴之騎兵，在西方的全部騎著白馬，在東方的全部騎著青馬，在北方的全部騎著黑馬，在南方的全部騎著紅馬。高帝便派使者伺機厚贈禮物給閼氏，閼氏因而對冒頓單于說：「兩國之主交兵，不應相互逼困。現在即使奪得漢之土地，單于終究也無法居住在那裡。況且漢主亦自有神靈保佑，請單于仔細考慮考慮。」冒頓單于與韓王信部將王黃、趙利約定好了會師的時間，而他們很久不到，冒頓單于懷疑他們與漢軍有什麼密謀，因此聽取閼氏的勸說，便解開包圍圈之一角。於是高皇帝命令士兵全部拉滿弓，搭上箭，面朝外，從解圍之一角直衝而出，得與大軍會合，而冒頓單于便率兵離去了。漢高帝也率軍撤歸罷戰，派劉敬去跟匈奴締結和親之約。

這以後，韓王信當了匈奴將領，和趙利、王黃等屢次違背和約，侵掠代郡、鴈門郡和雲中郡。過了不久，陳豨反叛，跟韓王信合謀進攻代郡。漢朝派樊噲前往攻打他們，重新奪回代、鴈門和雲中各郡縣。漢軍沒有出邊塞窮追。這時候，匈奴因為有漢朝的將領頻頻率眾前去投降，所以冒頓單于經常得以往來侵掠代地。漢高祖對此感到頭痛，便派劉敬奉送宗室女翁主去做單于閼氏，每年送給匈奴一定數量的絲棉、綢絹、酒類和食物等，與匈奴約為兄弟關係，實行和親。冒頓單于這才稍稍停止侵擾。後來，燕王盧綰又反叛漢朝，率領他的黨羽近萬人投降匈奴，往來蹂躪上谷以東地區，荼毒那裡的人民。高祖在世時一直如此。

孝惠❶、高后❷時，冒頓寖❸驕，迺為書❹，使使遺高后曰：「孤僨❺之君，生於沮澤之中❻，長於平野牛馬之域，數至邊境，願遊中國。陛下❼獨立❽，孤僨獨居。兩主不樂，無以自虞❾，願以所有，易其所無❿。」高后大怒，召丞相⓫平⓬及樊噲、季布⓭等，議斬其使者，發兵而擊之。樊噲曰：「臣願得十萬眾，橫行匈奴中。」問季布，布曰：「噲可斬也！前陳豨反於代⓮，漢兵三十二萬，噲為上將軍⓯，時匈奴圍高帝於平城，噲不能解圍。天下歌之曰：『平城之下亦誠⓰苦！七日不食，不能彀弩⓱。』今歌唫⓲之聲未絕，傷痍者甫起⓳，而噲欲搖動⓴天下，妄言㉑以十萬眾橫行，是面謾㉒也。且匈奴何與得失㉓，得其善言不足喜，惡言不足怒也。」高后曰：「善㉔。」令大謁者㉕張澤㉖報書㉗曰：「單于不忘弊邑㉘，賜之以書，弊邑恐懼。退日自圖㉙，年老氣衰，髮齒墮落，行步失度㉚，單于過聽㉛，不足以自汙㉜。弊邑無罪，宜在見赦㉝。竊有御車二乘㉞，馬二駟㉟，以奉常駕㊱。」冒頓得書，復使使來謝曰：「未嘗㊲聞中國禮義，陛下幸㊳而赦之。」因㊴獻馬，遂和親。

【章　旨】此部分敘述了惠帝高后時期，漢朝同匈奴間之關係，重點記載了匈奴送給高后的無狀書信及漢朝對此的論辯。

【注釋】❶孝惠　即漢孝惠帝劉盈，高帝劉邦子。西元前一九五至前一八八年在位。詳見卷二〈惠帝紀〉。❷高后　即呂雉。漢高帝皇后，孝惠帝之母。孝惠帝時掌握實權，孝惠帝崩後親政，前後操縱政權凡十六年，西元前一八〇年卒於未央宮。詳見卷三〈高后紀〉。❸寖　逐漸。❹為書　寫信。書，書信。《資治通鑑》繫此事於惠帝三年（西元前一九二年），說「辭極褻嫚」。《史記・匈奴列傳》亦僅作「冒頓乃為書遺高后，妄言」。本書下文則全部記載之。❺孤僨　孤獨無倚之意。僨，仆也，猶言不能自立。❻生於沮澤之中　生於草澤之中。❼陛下　對帝王之尊稱。秦以後專稱皇帝。❽獨立　謂寡居、單身獨處。下文「獨居」義同。❾虞　通「娛」。快樂。❿願以所有二句　希望我們以其所有，易其所無。謂希望結為夫妻。⓫丞相　官名。為百官之長。亦稱相邦。秦以後為官僚組織中最高官職，輔佐皇帝，綜理全國政務。西漢初稱為相國，後改丞相，與掌軍之太尉、掌監察之御史大夫合稱三公。⓬平　人名。即陳平。陽武縣（今河南原陽）人。足智多謀，用奇計輔佐劉邦奪得天下。漢初封曲逆侯，後官至丞相。高后死後，與周勃定計，誅滅諸呂，迎立文帝。詳見卷四十〈陳平傳〉。⓭季布　人名。楚人。原為項王將，屢困高帝。漢朝建立，高帝召拜其為郎中。孝惠時為中郎將。呂后以為河東守。文帝時召為御史大夫，未拜罷，令還郡。詳見卷三十七〈季布傳〉。⓮前陳豨反於代　按：前人疑「陳豨」二字乃傳寫之訛。「陳豨」應作「韓王信」。⓯上將軍　即主帥。將軍之最高封號，多由貴戚充任。將軍，武官名。⓰誠　實在；的確。⓱不能彀弩　拉不開弓弩。顏師古注：「彀，張也。」弩，弓屬。⓲唫　古「吟」字。⓳傷痍者甫起　受傷之人剛能起身活動。傷痍者，指受傷者。傷痍，創傷。甫，開始；剛剛。⓴搖動　撼動；動搖。㉑妄言　胡說。妄，荒誕不經；虛妄不實。㉒面謾　當面說謊騙人。謾，欺騙。㉓且匈奴何與得失　意謂與匈奴沒有必要計較得失。此句《補注》本作「且夷狄譬如禽獸」。㉔善　好。表示贊同。㉕大謁者　指中大謁者。屬少府，閹人任之，掌賓贊受事。此非指郎中令屬官謁者。㉖張澤　即張釋、張釋卿。高帝、呂后時宦官，後封建陵侯。㉗報書　回信。㉘弊邑　稱自己國家之謙辭。㉙退日自圖　退而自念。楊樹達《漢書窺管》引朱一新說「日」當作「而」。圖，謀劃；考慮。㉚行步失度　謂腿腳不靈、走路不穩。㉛過聽　誤聽。㉜自汙　自取汙辱。㉝宜在見赦　理應得到寬恕赦免。宜，應當；應該。見，被；加以。赦，寬恕赦免。㉞竊有御車二乘　私下裡有御車二乘。竊，私下。自謙之詞。御車，帝王專用之車輛。乘，一車四馬稱一乘。㉟駟　同駕一輛車之四匹馬；套著四匹馬的車。㊱奉常駕　供日常駕用。奉，供給；供養。常駕，平時駕用。駕，特指帝王之車駕。㊲未嘗　未曾。嘗，曾經。㊳幸　敬辭。表示對方這樣做自己感到幸運。㊴因　趁著；同時。

【語譯】孝惠帝、高后時期，冒頓單于逐漸驕傲狂妄，竟然寫了封信派使者送給高后，信中說：「孤獨無偶之君，生於草澤之中，長於平野牛馬之域，屢至邊境，很想到中國一遊。現在陛下寡居，而我也單身獨處。兩主都不快樂，無以自娛，希望我們以其所有，易其所無。」高后大怒，召丞相陳平及樊噲、季布等進宮，商議要斬匈奴使者，出兵攻打匈奴。樊噲說：「臣願統帥十萬將士，橫行於匈奴之中。」問季布，季布說：「樊噲可斬！從前陳豨在代地反叛朝廷，漢朝出兵三十二萬，樊噲擔任上將軍，當時匈奴將高帝圍困於平城，而樊噲不能解圍。天下流傳這樣的歌謠：『平城之下也實在太受苦！將士們七日吃不上飯，餓得拉不開弓弩。』至今歌吟之聲尚未斷絕，受傷之人剛能起身活動，而樊噲卻要擾亂動搖天下，胡說什麼以十萬之眾橫行匈奴之中，這是當面說謊騙人。況且沒有必要與匈奴計較得失，得到其好話不值得高興，得到其壞話也不值得氣惱。」高后說：「好。」她命令大謁者張澤回信說：「單于不忘弊邑，賜給書信，弊邑誠惶誠恐。我退而自念，年老氣衰，髮脫齒落，腿腳不靈，走路不穩。單于誤聽傳言，不值得自取汙辱。弊邑無罪，理應得到您的寬恕赦免。我這裡有御車二乘，馬二駟，送給您供日常駕用。」冒頓得到這封回信，又派使者前來道歉說：「未曾聽說過中國之禮義，希望陛下赦免我的過錯。」同時進獻馬匹，雙方遂又和親。

至孝文❶即位，復脩和親。其三年❷夏，匈奴右賢王入居河南地為寇❸，於是文帝下詔❹曰：「漢與匈奴約為昆弟❺，無❻侵害邊境，所以輸遺匈奴甚厚❼。今右賢王離其國，將眾居河南地，非常故❽。往來入塞，捕殺吏卒，歐侵上郡保塞蠻夷❾，令不得居其故❿。陵轢⓫邊吏，入盜，甚驁⓬無道，非約⓭也。其發邊吏車騎八萬詣高奴⓮，遣丞相灌嬰⓯將擊⓰右賢王。」右賢王走出塞⓱，文帝幸太原⓲。

是時，濟北王⑲反，文帝歸，罷丞相擊胡之兵。

其明年⑳，單于遺漢書曰：「天所立匈奴大單于敬問皇帝無恙㉑。前時皇帝言和親事㉒，稱書意合驩㉓。漢邊吏侵侮右賢王，右賢王不請㉔，聽㉕後義盧侯㉖難支㉗等計，與漢吏相恨㉘，絕二主之約，離昆弟之親。皇帝讓書再至㉙，發使以書報㉚，不來㉛，漢使不至。漢以其故不和，鄰國不附㉜。今以少吏之敗約㉝，故罰㉞右賢王，使至西方求月氏擊之㉟。以天之福㊱，吏卒良，馬力強，以滅夷㊲月氏，盡斬殺降下定之㊳。樓蘭㊴、烏孫㊵、呼揭㊶及其旁二十六國皆已為匈奴㊷。諸引弓之民并為一家㊸，北州以定㊹。願寢兵休士養馬㊺，除前事㊻，復故約，以安邊民，以應古始㊼，使少者得成其長，老者得安其處㊽，世世平樂。未得皇帝之志㊾，故使郎中㊿係虖淺(51)奉書請，獻橐佗一，騎馬(52)二，駕(53)二駟。皇帝即(54)不欲匈奴近塞，則且詔吏民遠舍(55)。使者至，即遣之(56)。」六月中，來至新望(57)之地。書至，漢議擊與和親孰便(58)，公卿(59)皆曰：「單于新破月氏，乘勝，不可擊也。且得匈奴地，澤鹵(60)非可居也，和親甚便。」漢許之。

孝文前六年(61)，遺匈奴書曰：「皇帝敬問匈奴大單于無恙。使係虖淺遺朕(62)書，云(63)『願寢兵休士，除前事，復故約，以安邊民，世世平樂』，朕甚嘉(64)之。

此古聖王之志也。漢與匈奴約為兄弟，所以遺單于甚厚。背約離兄弟之親者，常在匈奴65。然66右賢王事已在赦前，勿深誅67。單于若稱書意，明告諸吏，使無負約，有信68，敬如單于書69。使者言單于自將并國有功70，甚苦兵事。服繡袷綺衣71、長襦72、錦袍73各一，比疏74一，黃金飭75具帶76一，黃金犀毗77一，繡十匹，錦二十匹，赤綈78、綠繒各四十匹，使中大夫79意80、謁者令81肩82遺單于。」

【章　旨】此部分敘述漢孝文帝時期與匈奴冒頓單于之關係，重點記載了雙方的來往書信，主張維持和親政策。

【注　釋】❶孝文　即漢孝文帝劉恆。高祖中子，惠帝劉盈弟。母薄姬，初被立為代王，建都晉陽。呂后死後，在周勃、陳平支持下誅滅諸呂勢力，登上帝位。西元前一八〇至前一五七年在位。在位期間，繼續執行漢初與民休息和輕徭薄賦政策，使經濟發展，政治穩定。詳見卷四〈文帝紀〉。❷其三年　即漢文帝三年（西元前一七七年）。❸為寇　進行寇掠活動。❹詔　皇帝所下之詔令。下文詔令內容《史記・孝文本紀》亦有載，而《史記・匈奴列傳》未錄。❺昆弟　兄弟。❻無　通「毋」。不要；不可以。❼所以輸遺匈奴甚厚　所用來輸送給匈奴之物品非常豐厚。所以，指用來做某事之東西。輸遺，贈送；送給。指送給匈奴之財物。❽非常故　這是不正常的。言不是原先那樣。❾保塞蠻夷　居守邊塞之少數民族部落。保塞，當為西漢習俗語。❿令不得居其故　迫使他們不能住在原地正常生活。令，使；讓。此處謂迫使。故，原有之地。⓫陵轢　欺凌；欺負。⓬驁　通「傲」。傲慢。⓭非約　違背了雙方之和約。非，違背；不遵守。⓮高奴　縣名。在今陝西延安東北。⓯灌嬰　人名。睢陽（今河南商丘）人。西漢開國功臣，以力戰驍勇著稱。歷任漢車騎將軍、御史大夫、太尉、丞相等職。詳見卷四十一〈灌嬰傳〉。⓰將擊　率軍出擊。⓱走出塞　逃出邊塞。走出，逃出。⓲文帝幸太原　文帝自甘泉到高奴，抵達太原。幸，指帝王到某地去。⓳濟北王　即原東牟侯劉興居。高祖庶長子齊悼王劉肥之子。因清除諸呂有功，立為濟北王。文帝三年反，不久兵敗自殺。⓴其明年　第二年。即漢文帝四年（西元前一七六年）。單于遺漢書，按本傳行文敘事次第，「其明年」

當承「是時，濟北王反，文帝歸，罷丞相擊胡之兵」之後而言。濟北王反為文帝三年（西元前一七七年）五月以後事，故「明年」當為文帝前四年。惟下文漢朝復書，明言為文帝前元六年之事，來書未有繫年，以常理推論，亦應在當年。故《資治通鑑》載匈奴單于來書於文帝前元六年。「其明年」之前，疑有一段敘事佚失，致使前後不能一貫。此可另備為一說。㉑無恙　平安無事。古人書信中之常用問候語。猶今「您好」。恙，災禍；疾病。㉒前時皇帝言和親事　疑指漢文帝即位後主張「復修和親」之事。㉓稱書意合驩　謂所遺書意與自己的希望相符，雙方皆大歡喜。㉔不請　不告。謂右賢王沒有向單于請示報告。㉕聽　聽信；聽從。㉖後義盧侯　匈奴人名。亦作「俊儀盧侯」。一說為單于所封侯號。㉗難支　匈奴將名。《史記・匈奴列傳》作「難氏」。㉘相恨　互相鬥爭。恨，通「狠」。爭強鬥狠。《史記・匈奴列傳》作「相距」。㉙讓書再至　責備我們之書信兩次送來。讓書，責問之信函。再至，再次收到。㉚發使以書報　謂匈奴再次收到漢皇帝的責問信後，派出使者帶著書信前往漢朝說明情況。報，回答；回覆。㉛不來　不得歸來。謂漢扣留匈奴使者不讓回去。㉜鄰國不附　鄰國，相鄰之國。此為匈奴自指。附，歸附。㉝以少吏之敗約　因為小吏破壞和約之緣故。謂右賢王聽從後義盧侯和難氏而敗壞二主之約。少吏，小吏。㉞罰　懲罰；責罰。㉟使至西方求月氏擊之　派他到西方去尋找月氏予以打擊。求，尋找；尋求。自戰國至漢初，匈奴與月氏間戰爭，見諸本傳者凡四次。㊱福　保佑；庇護。㊲滅夷　猶言夷滅。夷，平定；消滅。㊳盡斬殺降下定之　殺盡頑抗者，降服其全體臣民。《史記・匈奴列傳》作「盡斬殺降下之」。王先謙《漢書補注》謂：「《史記》『之』在『定』上，是。」據王氏說，「之」字屬上句，「定」字屬下句。即「降下之，定樓蘭」云云。㊴樓蘭　西域國名。後改名鄯善。在今新疆羅布泊西北岸，地屬西域中西方通道上。㊵烏孫　西域部族名、國名。在今天山山脈北廣大地區。最早居住在河西走廊，後被匈奴攻擊，西徙。西北與康居，西與安息，南與城郭諸國接。首府赤谷城，在今中亞伊什提克一帶。㊶呼揭　西域部族名、國名。亦作「烏揭」。在今阿爾泰山脈一帶。或以為乃突厥之祖先。㊷已為匈奴　謂已隸屬於匈奴，皆人匈奴一國。《史記・匈奴列傳》作「以為匈奴」。㊸引弓之民并為一家　彎弓射箭之各游牧民族合為一家。㊹北州以定　北方地區已經安定。北州，泛指北方。即匈奴及其所征服之區域。以，通「已」。㊺願寢兵休士養馬　希望停止戰爭，休養士兵，牧養馬匹。㊻除前事　消除不愉快之往事。指以前雙方相互攻占之事。㊼以應古始　謂繼承雙方自古以來友好之傳統。㊽處　居住；生活。㊾未得皇帝之志　不知皇帝之想法如何。志，意見；想法。㊿郎中　官名。其職為管理宮廷車、騎、門戶，擔任皇帝侍衛和隨從。初分為車郎、戶郎、騎郎三類，長官則設有車、戶、騎三將，其後逐漸不加區分。(51)係雩淺　匈奴人名。(52)騎馬　可騎乘之馬；戰馬。(53)駕　謂可駕車之馬。(54)即　若；如果；假設。(55)且詔吏民遠舍　暫且下令吏民遠離邊塞居住。此為匈奴提出之交換條件：若皇帝不讓匈奴接近邊塞，亦必須詔告自己居住在邊塞之吏民後撤，遠離現居之地。(56)即遣之　即刻打發他們回來。此為匈奴在來書中提出之另一要求：不要扣留匈奴使者。(57)新望　漢界內邊塞地名。(58)孰便　哪種做法於國有利。(59)公卿　三公九卿。泛指朝中大臣。(60)澤鹵　鹽鹼之地。亦作「潟鹵」、「斥鹵」。(61)孝文前六年　即西元前一七四年。漢文帝共在位二十三年，中途改元一次，前元十六年，後元七年。前六年即前元六年。(62)朕　古時不分貴賤，都自稱朕。自秦始皇始專用為皇帝自稱，皇太后臨朝，亦稱「朕」。此處為漢文帝自稱。(63)云　說到；言及。(64)嘉　讚賞；表揚。(65)常在匈奴　多在匈奴方面。謂違背和約者，多是匈奴造成的。(66)然　但是；不過。(67)勿深誅　不要過分追究責備。誅，責也；責備。(68)有信　言而有信。信，信用。(69)敬如單于書　慎重地按照單于來信之意辦。敬，慎重。(70)自將并國有功　親自率軍兼併鄰近邦國，有功勞。自將，親自率軍。并國，兼併鄰近之邦國。功，功勞；功績。(71)服繡袷綺衣　禮服繡夾綺衣。服，衣服。此處指文帝自己穿的衣服，賜給冒頓以示隆寵。繡袷綺衣，繡面綺裡之夾衣。袷，同「夾」。夾衣。綺，織素為文曰綺。(72)長襦　長襖。《史記・匈奴列傳》作「繡袷長襦」。(73)錦袍　錦長袍。《史記・匈奴列傳》作「錦袷袍」。(74)比疎　理髮之工具。即篦子和梳子（陳直說）。疎，他本作「疏」。一說為黃金製作的裝飾髮辮的飾品（顏師古說）(75)飭　通「飾」。裝飾。《史記・匈奴列傳》作「飾」。(76)具帶　謂飾貝之腰帶。具，疑當作「貝」。帶，腰帶。卷九十三〈佞幸傳〉顏師古注：「貝帶，海貝飾帶。」然王國維《觀堂集林》十八〈胡服考〉則云：「胡地乏水，得貝綦難，且以黃金飾，不容更以貝飾，當以作具為是。」(77)犀毗　帶鉤。顏師古注：「犀毗，胡帶之鉤也。亦曰鮮卑，亦謂師比，總一物也，語有輕重耳。」《史記・匈奴列傳》作「胥紕」。(78)綈　一種厚而光滑之絲織品。(79)中大夫　官名。掌議論，後改名光祿大夫。(80)意　人名。漢文帝此次派出之使者。(81)謁者令　官名。即中書謁者令。掌禮贊進退之事，秩比六百石。後改名中謁者令。(82)肩　人名。漢文帝此次派出之使者。

【語　譯】到孝文帝即位後，繼續奉行和親政策。孝文帝三年夏天，匈奴右賢王入居河南地進行寇掠活動。於是文帝下詔說：「漢朝與匈奴相約結為兄弟，匈奴答應不侵擾禍害邊境，所以漢朝輸送給匈奴的東西非常豐厚。現在右賢王離開他的國家，率眾入居河南地，這是不正常的。往來入塞，捕殺吏卒，驅逐和侵擾上郡地區保衛邊塞之蠻夷，迫使他們不能住在原地正常生活。右賢王欺凌邊塞官吏，入塞為盜，傲慢囂張，無法無天，違背了漢朝和匈奴兩方所訂立之和約。茲調發邊地吏卒車騎八萬開往高奴，委派丞相灌嬰率領，攻打右賢王。」右賢王逃出邊塞，孝文帝駕臨太原。這時候，濟北王反叛，孝文帝回京師，停止了丞相反擊匈奴的軍事行動。

第二年，單于給漢朝來信說：「天所立匈奴大單于敬問皇帝平安。前些時候皇帝所說和親之事，所遣書意與自己的希望相符，雙方皆大歡喜。漢朝邊境將吏侵侮右賢王，右賢王沒有向我請示，而聽信後義盧侯、難支等人的意見，同漢朝將吏發生衝突，爭強鬥狠，破壞兩國君主所訂立之盟約，背離兩族兄弟之親密關係。皇帝兩次來信責讓。我派出使者帶著書信前往漢朝說明情況，使者被扣留，不得歸來，而漢朝也不派使者回聘。漢朝因為這個緣故採取不肯同我們和解的態度，我們作為鄰國也不能歸附漢朝。現在因為小吏破壞和約之緣故，我懲罰了右賢王，派他到西方去尋找月氏並予以打擊。託上天的福佑，加上我們將士精良，戰馬強壯，得以消滅月氏，全部斬殺敢於反抗的敵人，降服其全體臣民。又平定了樓蘭、烏孫、呼揭及其附近二十六國，全都已歸匈奴統轄。彎弓射箭之各游牧民族合為一家，北方地區已經安定下來。我希望停息干戈，休養士兵，牧養馬匹，以往之事不必計較，恢復過去的盟約，以安定邊境之民，繼承我們雙方自古以來友好之傳統，讓少年人得以健康成長，老年人能夠安穩生活，世世代代，和平安樂。不知道皇帝意下如何？所以派郎中係虖淺呈信請教，並獻上駱駝一頭，騎馬二匹，駕車之馬八匹。皇帝如果不希望匈奴靠近邊塞，那就暫且下令吏民遠離邊塞居住。使者到後，請即刻打發他們回來。」匈奴使者於六月中旬來到新望之地。單于之書信送達朝廷，漢朝便商議攻打與和親哪種做法於國有利。公卿大臣都說：「單于新近打敗了月氏，正處在勝利之勢頭上，是不可去攻打的。況且奪得匈奴之地，那裡都是鹽鹼地，不能去居住。和親對我們很有好處。」漢朝答應了匈奴之請求。

孝文帝前元六年，漢朝派人送信給匈奴，信中說：「皇帝敬問匈奴大單于平安。單于派郎中係虖淺送給朕書信，信中說『希望停止戰爭，休養士兵，消除不愉快之往事，恢復過去之盟約，以安定邊境之民，世世代代和平安樂』，朕對此十分讚賞。此乃古代聖王之用心。漢朝與匈奴相約為兄弟之國，所以贈送單于之財物十分豐厚。違背和約、背棄兄弟親密情義者，多在匈奴方面。但右賢王的事前已經赦免，請不要過分追究責備。單于若能按照來信所示之意去做，那就請明確告知匈奴大小官員，責成他們不再違背和約，言而有信。

朕會慎重地按照單于來信之意去辦理。使者說，單于親自率軍兼併鄰近邦國，有功勞，也以打仗為苦。現有御用禮服繡夾綺衣、繡夾長襖、錦夾袍各一件，比疏一件，飾貝之黃金腰帶一條，黃金帶鉤一個，繡十匹，錦二十匹，赤綈、綠繒各四十匹，特派中大夫意、謁者令肩帶去贈給單于。」

1 後頃之，冒頓死，子稽粥❶立，號曰老上單于。

2 老上稽粥單于初立，文帝復遣宗人女❷翁主為單于閼氏，使宦者❸燕人中行說❹傅❺翁主。說不欲行，漢強使之❻。說曰：「必❼我也，為漢患者❽。」中行說既至，因降單于，單于愛幸❾之。

3 初，單于好漢繒絮食物，中行說曰：「匈奴人眾不能當漢之一郡❿，然所以強之者，以衣食異，無卬⓫於漢。今單于變俗好漢物⓬，漢物不過什二，則匈奴盡歸於漢矣⓭。其⓮得漢絮繒，以馳草棘中⓯，衣袴皆裂弊⓰，以視⓱不如旃裘堅善⓲也；得漢食物皆去之⓳，以視不如重酪⓴之便美也。」於是說教單于左右㉑疏記㉒，以計識其人眾畜牧㉓。

4 漢遺單于書，以尺一牘㉔，辭㉕曰「皇帝敬問匈奴大單于無恙」，所以遺物及言語云云㉖。中行說令單于以尺二寸牘，及印封㉗皆令廣長大㉘，倨驁㉙其辭曰「天地所生日月所置匈奴大單于敬問漢皇帝無恙」，所以遺物言語亦云云。

漢使或言匈奴俗賤[30]老，中行說窮[31]漢使曰：「而漢俗屯戍從軍[32]當發者，其親豈不自奪溫厚肥美齎送飲食行者乎[33]？」漢使曰：「然[34]。」說曰：「匈奴明以攻戰為事[35]，老弱不能鬭[36]，故以其肥美飲食壯健[37]以自衛，如此父子各得相保，何以言匈奴輕老也？」漢使曰：「匈奴父子同穹廬臥[38]。父死，妻其後母；兄弟死，盡妻其妻。無冠帶之節[39]，闕庭之禮[40]。」中行說曰：「匈奴之俗，食畜肉，飲其汁，衣其皮；畜食草飲水，隨時轉移。故其急則人習騎射，寬則人樂無事。約束徑[41]，易行[42]；君臣簡[43]，可久[44]。一國之政猶一體[45]也。父兄死，則妻其妻，惡種姓之失[46]也。故匈奴雖亂，必立宗種[47]。今中國雖陽不取其父兄之妻，親屬益疏則相殺，至制易姓[48]，皆從[49]此類也。且禮義之敝[50]，上下交怨[51]，而室屋之極[52]，生力屈焉[53]。夫力耕桑[54]以求衣食，築城郭以自備，故其民急則不習戰攻，緩則罷於作業[55]。嗟[56]土室之人[57]，顧無喋喋佔佔[58]，冠固何當[59]！」自是之後，漢使欲辯論者，中行說輒曰：「漢使毋[60]多言，顧漢所輸匈奴繒絮米糱[61]，令其量中[62]，必善美而已，何以言為[63]乎？且所給備善則已[64]，不備善而苦惡[65]，則候秋孰[66]，以騎馳蹂迺稼穡[67]也。」日夜教單于候利害處[68]。

孝文十四年[69]，匈奴單于十四萬騎入朝那蕭關[70]，殺北地都尉[71]卬[72]，虜人民畜產甚多，遂至彭陽[73]。使騎兵入燒回中宮[74]，候騎至雍甘泉[75]。於是文帝以中尉[76]周舍[77]、郎中令[78]張武[79]為將軍，發車千乘，十萬騎，軍長安旁以備胡寇[80]。而拜[81]昌[82]侯盧卿[83]為上郡將軍，甯[84]侯魏遬[85]為北地將軍，隆慮[86]侯周竈[87]為隴西將軍，東陽[88]侯張相如[89]為大將軍[90]，成[91]侯董赤[92]為將軍，大發車騎往擊胡[93]。單于留塞內月餘，漢逐出塞即還，不能有所殺。匈奴日以[94]驕，歲入邊，殺略[95]人民甚眾，雲中、遼東最甚，郡萬餘人。漢甚患之，迺使使遺匈奴書，單于亦使當戶報謝[96]，復言和親事。

7 孝文後二年[97]，使使遺匈奴書曰：「皇帝敬問匈奴大單于無恙。使當戶且渠[98]雕渠難[99]、郎中韓遼[100]遺朕馬二匹，已至，敬受。先帝制[101]，長城以北引弓之國受令[102]單于，長城以內冠帶之室朕亦制[103]之，使萬民耕織，射獵衣食，父子毋離，臣主相安，俱無暴虐。今聞渫惡民貪降其趨[104]，背義絕約，忘萬民之命，離兩主之驩，然其事已在前矣。書[105]云『二國已和親，兩主驩說[106]，寢兵休卒養馬，世世昌樂，翕然更始[107]』，朕甚嘉之。聖者日新[108]，改作[109]更始，使老者得息，幼者得長，各保其首領[110]，而終其天年[111]。朕與單于俱由[112]此道，順天恤民[113]，世世相傳，施之無窮[114]，天下莫不咸嘉[115]。漢與匈奴鄰敵之國[116]，匈奴處北地，寒，殺氣早降[117]，故詔吏遺單于秫[118]蘗金帛[119]綿絮它物歲有數。今天下大安，萬民熙熙[120]，獨朕與單于為之父母。朕追念前事，薄物細故[121]，謀臣計失[122]，皆不足以離昆弟之驩。朕聞天不頗覆，地不偏載[123]。朕與單于皆捐細故，俱蹈大道[124]也，墮壞前惡[125]，以圖長久，使兩國之民若一家子[126]。元元[127]萬民，下及魚鱉，上及飛鳥，跂行[128]喙息[129]蠕動[130]之類，莫不就安利，避危殆[131]。故來者不止[132]，天之道也。俱去[133]前事，朕釋逃虜民[134]，單于毋言章尼等[135]。朕聞古之帝王，約分明而不食言[136]。單于留志[137]，天下大安，和親之後，漢過不先[138]。單于其察之。」

8 單于既約和親，於是制詔御史[139]：「匈奴大單于遺朕書，和親已定，亡人不足以益眾廣地[140]，匈奴無入塞，漢無出塞，犯今約[141]者殺之，可以久親，後無咎，俱便[142]。朕已許。其布告[143]天下，使明知之。」

【章旨】此部分敘述了漢孝文帝時期與匈奴老上單于之戰和關係。重點記載了中行說對漢匈關係的挑撥以及雙方的戰和狀況。

【注釋】❶稽粥　人名。冒頓單于之子。漢文帝六年（西元前一七四年）冒頓單于死，繼立為單于。號老上單于。❷宗人女　指劉姓諸侯王之女。《史記・匈奴列傳》作「宗室女」。❸宦者　宦官。❹中行說　人名。複姓中行，名說。❺傅　輔佐；師傅。❻強使之　強迫他去做。強，強迫；強行。❼必　一定；一定要。❽為漢患者　做漢朝的災星。顏師古注：「言我必於漢生患。」患者，製造禍害之人。❾幸　寵愛；寵幸。❿匈奴人眾不能當漢之一郡　匈奴人口抵不上漢朝之一郡。⓫印通「仰」。依賴；依靠。⑫漢物　漢朝所費之物。⑬漢物不過什二二句　漢朝給予的東西不過其總數的十分之二，那麼整個匈奴就要全歸漢朝所有了。謂漢只要以十分之二財物，就可使匈奴眾心歸漢。⑭其　應當。以下為中行說向匈奴單于所提之建議。⑮以馳草棘中　在原野荊棘中縱馬馳奔。草棘，泛指有刺的草木。⑯衣袴皆裂弊　衣褲都開裂破爛。袴，通「褲」。⑰視通「示」。展示；顯示。下文用法同。⑱堅善　結實好用。⑲得漢食物皆去之　得到漢朝的食物就統統扔掉。按匈奴本不習慣中原食物。⑳重酪　乳汁；乳漿。重，通「湩」。《史記・匈奴列傳》作「湩」。酪，乳製品。猶今奶酪。㉑左右　指侍從人員或近臣。㉒疏記　分條記事。疏，分門別類。㉓計識其人眾畜牧　記錄和統計匈奴的人口和牲畜等。本傳上文云：「秋，馬肥，大會蹛林，課校人畜計。」疑為中行說歸匈奴以後之事。識，記也。《史記・匈奴列傳》作「課」。㉔以尺一牘　用一尺一寸之木札。《史記・匈奴列傳》作「牘以尺一寸」。以，用。尺一牘，一尺一寸長之木札。牘，書版；竹、木簡。古人書記文書之工具。後漸為帛、紙所代替。㉕辭　指書信開頭語。㉖所以遺物及言語云云　所贈送的物品和要說的話等等。所以遺物，與下文相應。㉗印封　印章和封泥。㉘皆令廣長大　都製做得很大，尺寸又寬又長。廣，橫長；寬度。㉙倨驚　同「倨傲」。傲慢。倨，不恭。驚，傲慢自大。㉚賤　輕視；鄙視。㉛窮　追問；詰問。㉜屯戍從軍　從軍駐防。㉝其親豈不自奪溫厚肥美齎送飲食行者乎　他們的父母長輩難道會有不讓出自己的暖衣美食來供養外出當兵的子弟嗎。奪，去掉；讓出。齎，付與；送給。㉞然　是的；對。表示贊同某人之觀點或看法。㉟明以攻戰為事　明確以攻戰為大事。㊱鬭　戰鬥。㊲壯健　健壯。此處指年輕力壯之子弟。㊳父子同穹廬臥　父子同在一個氈帳中睡覺。穹廬，旃帳。即今蒙古包。其形似穹隆起，故名穹廬。㊴冠帶之節　戴帽束帶等服飾禮節。冠，戴帽。帶，束帶。㊵闕庭之禮　朝廷禮儀。謂文明國家之規章制度。闕庭，朝廷。㊶約束徑　法紀約束簡便。徑，直；捷便；直截了當。《史記・匈奴列傳》作「輕」。㊷易行　容易做到。行，做到；實行。㊸君臣簡　君臣關係簡單。謂君臣之間沒有繁文縟節。㊹可久　可以持久。㊺一國之政猶一體　一國之政猶如一個人的身體。猶，如同；好像。㊻惡種姓之失　怕宗族斷了後代。惡，厭惡；不願意。種姓，種族；宗族。㊼宗種　宗嗣；嫡派子孫。按匈奴世系，自頭曼單于到蒲奴單于，世代皆父子兄弟相承，不失其宗種。㊽至制易姓　甚至延續到改名換姓、改朝換代。至制，直到。易姓，改換姓氏；改朝換代。㊾從　由於。㊿敝　通「弊」。流弊；毛病。(51)上下交怨　上下相互仇怨。交，相互。(52)室屋之極　追求宮室的華美以至窮奢極欲。極，頂點。謂窮奢極侈到了極端。(53)生力屈焉　人們的氣力被用盡。言營建居室，勞民傷財。(54)夫力耕桑　致力耕田植桑。夫，發語詞。力，致力；竭力。耕桑，耕田植桑；耕織。(55)罷於作業　疲於勞動生產。罷，通「疲」。作業，所從事之勞作。(56)嗟　感歎詞。猶如「唉」。(57)土室之人　居於室屋之人（指漢人）。與住在穹廬之匈奴人相對而言。土室，謂土木結構的房屋。(58)顧無喋喋佔佔　不要總那樣喋喋不休，沾沾自喜。顧，但；考慮。顏師古注：「喋喋，利口也。佔佔，衣裳貌也。言漢人且當思念，無為喋喋佔佔耳。」(59)冠固何當　言衣冠楚楚，又管何用。顏師古注：「雖自謂著冠，何所當益也。」(60)毋　不要；不必。(61)顧漢所輸匈奴繒絮米糵　只記著漢朝所送匈奴之綢絹絲綿和精米酒曲。糵，酒曲。(62)令其量中　使它們數量充足。量中，滿其數。謂數量達到規定。(63)何以言為　何必搬唇弄舌呢。言，言論；辯論。(64)且所給備善則已　再說你們所給的東西保質保量便罷。(65)苦惡　粗劣。苦，通「盬」。粗糙。本書卷四十五〈息夫躬傳〉云：「器用盬惡。」盬惡即苦惡。(66)候秋孰　等到秋熟之際。(67)以騎馳蹂迺稼穡　用騎兵往來馳驅踐踏你們的莊稼。迺，你們；你們的。稼穡，播種和收穫。借指莊稼。(68)候利害處　窺伺要害之處。候，窺伺。利害，地形險要。(69)孝文十四年　西元前一六六年。孝文帝即位後，三年五月，匈奴入北地、河南為寇，丞相灌嬰擊走之。十一年夏，匈奴寇狄道。十四年冬，是匈奴自文帝即位以來第三次大舉入寇。(70)蕭關　關名。在今寧夏固原東南。(71)都尉　武官名。秦時名郡尉，景帝時改稱都尉，輔佐郡守，掌管全郡軍事。(72)卬　人名。姓孫。孫卬死事有功，文帝十四年（西元前一六六年）三月封其子孫單為缾侯。(73)彭陽　縣名。在今甘肅鎮原東南。(74)使騎兵入燒回中宮　派騎兵攻入並焚燒回中宮。騎兵，《史記・匈奴列傳》作「奇兵」。回中宮，宮名。在今陝西隴縣西北。(75)候騎至雍甘泉　探馬直抵雍地甘泉宮。候騎，即探馬。雍，邑名。在今陝西鳳翔南。甘泉，宮名。(76)中尉　武官名。戰國時已有此官。漢因秦制。武帝太初元年（西元前一〇四年），更名執金吾。本書卷十九〈百官公卿表〉云「掌徼循京師」，亦即京師衛戍部隊長官，掌京師治安。(77)周舍　人名。文帝時任中尉，至景帝時任御史大夫。(78)郎中令　官名。九卿之一。秦置官，武帝時改名光祿勳。其執掌管理宮殿門戶，但實際權力很大，為皇帝禁內重要職能官員。(79)張武　人名。文帝為代王時，張武為代郎中令。後大臣迎立代王，代王即天子位，復以張武為郎中令。(80)軍長安旁以備胡寇　駐紮在長安附近，以防備匈奴的侵襲。(81)拜　授予官職或爵位。(82)昌　縣名。在今山東諸城北。(83)盧卿　人名。卷十六〈高惠高后文功臣表〉作「昌圉侯旅卿」。高帝時功臣。(84)甯　縣名。在今河北萬全。(85)魏遫　人名。遫，古「速」字。高帝時功臣，高帝八年四月封甯遠侯。(86)隆慮　縣名。在今河南林州。(87)周竈　人名。高帝功臣。(88)東陽　縣名。在今山東武城東北。(89)張相如　人名。高帝六年為中大夫，以河間守擊陳豨，力戰有功。高帝十一年封為東陽武侯。(90)大將軍　武官名。軍中地位最為尊貴之稱號，位僅次於丞相。(91)成　一作郕。縣名。在今山東寧縣東北。(92)董赤　人名。本書卷四〈文帝紀〉和《史記・文帝本紀》皆作「董赫」。(93)大發車騎往擊胡　大規模地出動戰車、騎兵前去攻打匈奴。按：此處指以上所列將軍所率之軍隊。(94)日以　猶日益。(95)略　掠奪；奪取。(96)報謝　答謝。(97)孝文後二年　西元前一六二年。此年六月，文帝遺書匈奴，結和親之約。98當戶且渠　皆匈奴官號。兩者連稱當為一人任二官。且渠，《史記・匈奴列傳》作「且居」。99雕渠難　人名。此人既官當戶，又兼任且渠。100郎中韓遼　可能為漢郎中沒入匈奴者。101先帝制　先帝規定。先帝，對已故皇帝之稱呼。謂漢高祖劉邦。102受令　接受管理；服從統治。103制　控制；掌握。104渫惡民貪降其趨　邪惡之徒貪利圖財。《史記・匈奴列傳》作「渫惡民貪降其進取之利」。渫惡民，邪惡不正之民。指中行說。渫惡，邪惡。貪降，貪圖。降，陷於（利欲）。趨，趨向；進取。謂趨利。105書　指單于以前之來信。106驩說　歡喜快樂。驩，通「歡」。歡喜。說，通「悅」。快樂。107翕然更始　安定和好的局面重新開始。翕然，安定狀。更始，重新開始；重新做起。108聖者日新　聖人日日更新。語出《禮記・大學》，意謂不斷前進，不斷創新。109改作　改造；改絃更張。110首領　頭頸。此處指性命。111終其天年　終享天年。天年，指人的自然壽命。112由　經由；遵循。113順天恤民　順應天意，體恤民情。恤，體恤；安撫。114施之無窮　延續無窮。施，延續。115莫不咸嘉　天下萬民無不稱頌。言順天恤民，天下皆安。116鄰敵之國　勢均力敵之鄰邦。敵，匹敵。117殺氣早降　肅殺之氣早早降臨。秋冬之間之天氣，稱為肅殺之氣。118秫　稷之黏者。可釀酒。119帛　絲織品之總稱。120熙熙　和樂貌。121薄物細故　微細之事端。細故，小事情。122謀臣計失　謀臣計議失當。失，失當；失誤。123天不頗覆二句　天不只蓋某處，地不偏載某物。意謂天地覆載萬物，沒有偏頗和不公道之處。語出《莊子・大宗師》：「天無私覆，地無私載。」124皆捐細故二句　都要捐棄細微嫌隙，一起遵循天地大道。捐，放棄。蹈，遵循；實行。125墮壞前惡　消除以前的糾紛。墮壞，毀壞；破除。墮，通「隳」。126若一家子　親如一家。子，子女；子孫。127元元　平民；民眾。128跂行　蟲類爬行。有足而行曰「跂行」。129喙息　動物用口呼吸。喙，鳥獸的嘴。有口而息曰「喙息」。130蝡動　像蚯蚓那樣爬行。蝡，爬行貌。131就安利二句　趨利避害，就安離險。就，靠近；跟從。避，躲避。132來者不止　即來者不拒。意謂對來投奔的人不予阻止。133去　放棄。134釋逃虜民　謂寬待逃亡及被掠之民。釋，謂捨而不問。逃，謂亡入匈奴者。虜，戰爭中或掠邊時虜獲的人。135毋言章尼等　謂不要責難降漢的章尼等人。章尼，人名。背單于降漢的匈奴人。136約分明而不食言　訂約分明而不食言。約分明，謂十分清楚其承擔的義務。食言，謂不履行諾言、背棄諾言。137留志　留意；記住。謂留心和親大計。138漢過不先　言漢不先背棄信約。139制詔御史　命令御史。亦稱「制詔丞相御史」。在漢代公牘中最習見。制詔，二者均為皇帝的命令。140亡人不足以益眾廣地　收留逃亡的人民不足以增加人口和擴大地盤。亡人，指上文所謂「逃虜民」及章尼等一類之人。141令約　指律令和原來之「故約」。142後無咎二句　意謂以後不要互相敵視，對大家都好。咎，敵對；災禍。143布告　宣告；公告。

【語譯】後來不久，冒頓死去，其子稽粥繼位，稱為老上單于。

2 老上稽粥單于剛即位，孝文帝又派遣宗室女翁主為單于閼氏，並派宦官燕地人中行說輔佐翁主。中行說不願意去，漢朝朝廷強迫他去。中行說揚言：「一定要我去的話，我就要做漢朝的災星。」中行說到了匈奴那裡，就向單于投降了，單于很是親近寵信他。

3 起初，單于喜好漢朝之綢絹絲綿和食物。中行說說：「匈奴人口抵不上漢朝的一個郡，但匈奴之所以很強大，原因在於衣食不同於漢朝，沒什麼要依賴漢朝的。現在單于改變匈奴之習俗，喜好漢朝的東西，漢朝只要拿出物產的十分之二，匈奴就全部歸屬於漢朝了。建議將得自漢朝的絲綿綢絹做成衣褲，穿著它們在原野荊棘中縱馬馳奔，讓衣褲都開裂破爛，藉以顯示它們不如氈裘結實好用；得到漢朝食物就統統扔掉，藉以表示它們不如乳酪美味有益。」於是中行說開始教單于身邊的人學習分類記數的方法，以便記錄和統計匈奴的人口和牲畜等。

4 漢朝寫給匈奴單于的書信，用一尺一寸之木札，開頭語是「皇帝敬問匈奴大單于平安」，接著寫所贈送的物品和要說的話等等。中行說教單于給漢朝寫信使用一尺二寸的木札，印章和封泥都做得很大，又寬又長，信的開頭語傲慢不遜，寫的是「天地所生日月所置匈奴大單于敬問漢皇帝平安」，接著也寫所贈送的物品和要說的話語等等。

5 漢朝使者中有人說匈奴習俗輕視老人，中行說追問漢朝使者說：「按照你們漢朝的習俗，屯戍邊地的戰士出發時，他們的父母長輩，難道有不解下輕暖的衣服，省下肥美的食物，送給守邊的戰士享用的嗎？」漢朝使者回答說：「是這樣的。」中行說說：「匈奴明確以攻戰為大事，而老弱之人不能參加戰鬥，所以用家裡的肥肉美食供養年輕力壯的子弟。這是為了守衛國家，這樣父子才都能得到長期的保護。憑什麼說匈奴人輕視老人呢？」漢朝使者說：「匈奴人父子同在一個氈帳中睡覺。父親死去，兒子就娶後母做妻子；兄弟死去，活著的弟兄都娶死者的妻子為妻。沒有戴帽束帶等服飾禮節和朝廷禮儀。」中行說說：「匈奴之習俗，吃畜肉，喝畜乳，穿畜皮；牲畜吃草飲水，隨時轉移。所以遇到緊急狀況時，他們就人人練習騎馬射箭，平常日子則人人快樂無事。法紀約束簡便，容易做到；君臣關係和上下禮儀簡單，可以持久。一國之政猶如一個人的身體。父兄死亡，就娶他們的妻子為妻，那是怕宗族斷了後代。因此匈奴雖然倫常很亂，卻一定要立宗嗣。現在中國人雖然假裝正經，不娶自己父兄之妻，但親屬關係越來越疏遠，往往相互仇殺，甚至延續到改名換姓、改朝換代，都由這類假裝正經造成的。況且禮儀的弊端，會導致上下相互仇怨；而追求宮室的華美以至窮奢極欲，耗盡生民的財力物力。致力從事耕田種桑，滿足衣食所需，修築城郭以自衛，可是一旦進入戰時，老百姓卻不會打仗。平常日子則疲於勞動生產。唉，你們這些住在土木房子裡的人，不要總那樣喋喋不休，沾沾自喜，衣冠楚楚，又有何用啊！」從此以後，漢朝使者中有誰想辯論，中行說就說：「漢使不要多言語了，只要記著漢朝所送匈奴的綢絹絲綿，精米酒曲，使它們數量充足，而且一定要保證質量好，這就行了，何必搬唇弄舌呢？再說你們所給的東西保質保量便罷，如果數量不足而且質量又粗劣的話，那就等到秋熟之際我們用騎兵往來馳驅踐踏你們的莊稼吧。」中行說日夜教單于窺伺要害之處。

6　孝文帝十四年，匈奴單于率領十四萬騎兵入朝那蕭關，殺死了北地郡都尉孫卬，虜掠人民和畜產甚多，進而打到彭陽縣。單于派騎兵攻入並焚燒回中宮，探馬直抵雍地甘泉宮。這時，漢文帝任命中尉周舍、郎中令張武為將軍，出動戰車千輛，騎兵十萬，駐紮在長安附近，以防備匈奴的侵襲；又任命昌侯盧卿為上郡將軍，甯侯魏遬為北地將軍，隆慮侯周竈為隴西將軍，東陽侯張相如為大將軍，成侯董赤為將軍，大規模地出動戰車、騎兵前去攻打匈奴。單于在邊塞以內逗留一個多月，漢軍將他趕出邊塞，不久就回來了，不能有所斬殺。匈奴一天天驕悍起來，年年侵入邊塞，殺掠人民很多，雲中、遼東兩郡受害最甚，每郡被殺掠的百姓多達萬餘人。漢朝對此感到非常憂慮，於是派使者送信給匈奴，單于也派當戶答謝，重談和親之事。

7　孝文帝後元二年，派使者送信給匈奴，信中說：「皇帝敬問匈奴大單于平安。單于派當戶且渠雕渠難、郎中韓遼送給朕二匹馬，已經來到，敬謹受領。先帝規定：長城以北彎弓射箭之游牧國家受單于領導，長城以內戴帽束帶之室，歸朕掌管。要使數以萬計耕田織帛、射雕獵兔的老百姓豐衣足食，父子團聚，君臣安寧，都沒有暴虐叛逆的事。現在聽說有品德敗壞，邪惡無行的人，貪求謀取個人私利，背棄信義，破壞和約，不顧萬民的身家性命，離間兩國君主的親密關係，然而這些事情已經過去了。單于來信說『兩國已經和親，兩國君主歡喜快樂，要停息干戈，休養士兵，牧養馬匹，世世代代，昌盛安樂，安定和好的局面重新開始』。朕非常讚賞您說的這些話。聖明的君主應該日日更新，不斷進步；要改絃更張，使老者得以安養，幼者得以成長，各保其頭顱性命，而終享天年。朕與單于都應遵循這一正道，順應天意，體恤民情，世世相傳，延續無窮，天下萬民無不稱頌。漢朝與匈奴為勢均力敵的鄰邦，而匈奴地處北方，氣候寒冷，肅殺之氣早早降臨，所以朕命令官吏每年送給單于一定數量的秫蘗、金帛、綿絮和其他物品。現在天下太平安定，萬民和樂，只有朕和單于做他們的父母。朕追念從前那些不愉快的事情，不過為微細之事端，加上謀臣計議失當所造成的，都不足以破壞兄弟之間的友好。朕聽說過『天不只蓋某處，地不偏載某物』這樣的話。朕與單于都要捐棄細微嫌隙，一起遵循天地大道，消除以前的糾紛，謀求長久友好相處，使兩國人民親如一家。千千萬萬善良的人民，下及水下的魚鱉，上及天上的飛鳥，所有跂行、喙息、蠕動等的生物，無不趨利避害，就安離險，躲避危險和災害。所以對來歸者不予制止，乃是上天好生之道。我們都要放棄以前的做法，朕寬赦逃亡及被掠之民，單于也不要再責備投奔漢朝的章尼等人。朕聽說古代的帝王，與人訂約分明而不背棄諾言。請單于留意，天下太平，實行和親之後，漢朝不先負約。希望單于仔細考慮這些問題。」

8 與單于訂約和親以後，於是文帝命令御史說：「匈奴大單于來信給朕，說和親的盟約已經定下，收留逃亡的人民不足以增加人口和擴大地盤，匈奴不再入塞，漢人也不得出塞，違反律令和條文的人應處死，如此可以永久相親，以後不要互相敵視，對大家都有好處。朕已經允准此事。茲令布告天下，使吏民明確知道此事。」

後四年❶，老上單于死，子軍臣單于立，而中行說復❷事❸之。漢復與匈奴和親。

軍臣單于立歲餘，匈奴復絕和親，大入上郡、雲中各三萬騎，所殺略甚眾❹。於是漢使三將軍軍屯❺北地，代❻屯句注，趙❼屯飛狐口❽，緣邊❾亦各堅守以備❿胡寇。又置三將軍，軍長安西細柳⓫、渭⓬北棘門⓭、霸上⓮以備胡。胡騎入代句注邊，烽火⓯通於甘泉、長安。數月，漢兵至邊，匈奴亦遠⓰塞，漢兵亦罷⓱。後歲餘，文帝崩，景帝⓲立，而趙王遂⓳迺陰使⓴於匈奴。吳楚反㉑，欲與趙合謀入邊。漢圍破趙，匈奴亦止。自是後，景帝復與匈奴和親，通關市㉒，給遺㉓單于，遣翁主如故約㉔。終景帝世，時時小入盜邊，無大寇㉕。

【章　旨】此部分主要講的是繼位的軍臣單于對漢朝邊境的侵擾和漢朝的軍事防禦行動，以及漢景帝採取的和親政策。

【注　釋】❶後四年　漢文帝後元四年，即西元前一六〇年。❷復　又。❸事　奉事；侍奉於人。❹眾　多。❺屯　指軍隊駐防。❻代　封國名。故地在今山西北部和河北西北部，治中都（今山西平遙西南）。師古曰：「險阨之處，在代郡之南，南衝燕趙之中。」❼趙　封國名。故地在今河北南部和河南、山東交界處，治邯鄲（今河北邯鄲）。❽飛狐口　要隘名（今河北淶源北、蔚縣南）。在古代為華北平原和北方邊郡間的交通咽喉。❾緣邊　沿著邊境。❿備　防備。⓫細柳　地名（今陝西咸陽西南渭河北岸）。⓬渭　渭水（今陝西中部之渭河）。⓭棘門　本是秦宮門名（今陝西咸陽東北）。⓮霸上　地名，又稱灞頭（今陝西西安東白鹿原北首）。⓯烽火　邊境報警的煙火。⓰遠　遠離。⓱罷　停止用兵。⓲景帝　漢景帝劉啟，生於西元前一八八年，死於西元前一四一年，西元前一五六—前一四一年在位。在其統治期間，他繼續奉行漢初的「與民休息」的政策，社會安定，經濟繼續發展。他與文帝統治時期，史稱「文景之治」。詳見卷五〈景帝紀〉。⓳趙王遂　即劉遂，曾參與「吳楚七國之亂」，兵敗後自殺。生年不詳，死於西元前一五四年。⓴陰使　暗中派人。㉑吳楚反　漢景帝三年（西元前一五四年），吳王劉濞為反對朝廷削藩，聯合楚及膠西、膠東、菑川、濟南、趙，起兵發動叛亂。史稱「吳楚七國之亂」。㉒通關市　開放邊境市場，進行經濟貿易往來。㉓給遺　送東西給人。㉔如故約　按以前的和約辦事。㉕大寇　大規模的軍事侵略行動。

【語譯】文帝後元四年，老上單于死去了，他的兒子軍臣單于繼位，而中行說又侍奉軍臣單于。漢王朝又跟匈奴和親。

軍臣單于繼位一年多，匈奴又絕斷與漢王朝的和親，各以三萬鐵騎大舉進攻上郡和雲中郡，殺了很多漢人，搶掠了很多財物。於是為防備匈奴入侵，漢王朝派遣張武、蘇意、令勉三位將軍率兵分別駐防北地郡、代國的句注山和趙國的飛狐口，漢匈邊境地區的軍民也都各自堅守其地。漢王朝又增派周亞夫、徐厲、劉禮三位將軍，分別駐防長安城西細柳、渭水北岸棘門和霸上三個地方以防備匈奴入侵。匈奴騎兵攻入代國句注山附近，連甘泉宮和長安都接到了烽火警報。過了幾個月，漢軍到達漢匈邊境，匈奴軍也遠離邊塞而去，於是漢軍也停止軍事行動。又過了一年多，漢文帝去世，漢景帝繼位，而趙王劉遂居然暗中派人與匈奴勾結。吳楚七國之亂時，匈奴就想聯合趙國入侵邊境。趙軍被漢軍圍困，遭遇大敗，匈奴也就停止了軍事活動。從此以後，漢景帝又採取與匈奴和親的政策，開放邊境互市市場，向匈奴單于進貢，把翁主嫁給單于，漢匈按照以前的和約辦事。整個景帝時期，雖然匈奴時常對邊境有小規模的軍事侵擾，但沒有發生大規模的軍事入侵事件。

武帝❶即位，明❷和親約束❸，厚遇❹關市，饒給❺之。匈奴自單于以下皆親❻漢，往來長城下。

漢使馬邑人聶翁壹❼間❽闌❾出物與匈奴交易，陽為賣馬邑城以誘單于❿。單于信之，而貪馬邑財物，迺以十萬騎入武州⑪塞。漢伏兵三十餘萬馬邑旁，御史大夫⑫韓安國⑬為護軍將軍⑭，護四將軍以伏單于⑮。單于既入漢塞，未至馬邑百餘里，見畜布野而無人牧者，怪之，乃攻亭⑯。時鴈門尉史⑰行徼⑱，見寇，保此亭，單于得，欲刺之。尉史知漢謀，迺下⑲，具⑳告單于。單于大驚，曰：「吾固㉑疑之。」乃引兵還。出㉒曰：「吾得尉史，天也㉓。」以尉史為天王。漢兵約㉔單于入馬邑而縱兵㉕，單于不至，以故㉖無所得。將軍王恢㉗部出代㉘擊胡輜重㉙，聞單于還，兵多，不敢出。漢以恢本建造兵謀㉚而不進，誅恢。自是後，匈奴絕和親，攻當路塞㉛，往往入盜於邊，不可勝㉜數㉝。然匈奴貪，尚樂㉞關市，耆㉟漢財物，漢亦通關市不絕以中㊱之。

【章旨】此部分寫漢武帝即位之初對匈奴的政策，以及漢朝「馬邑之謀」的全部過程。

【注釋】❶武帝　指漢武帝劉徹，於西元前一四〇—前八七年在位。西漢王朝在他統治時期，國力空前強盛。漢武帝對匈奴採取強硬的政策，發動對匈奴數十年的戰爭。詳見卷六〈武帝紀〉。❷明　申明；明確。❸約束　指有關和親的規定。❹厚遇　優待。❺饒給　供給豐足。❻親　親近。❼聶翁壹　馬邑地方豪強。師古曰：「姓聶名壹。翁者，老人之稱也。」《漢書新證》說「翁壹」為名。❽間　暗中；祕密。❾闌　擅自出入。❿陽為賣馬邑城以誘單于　武帝元光元年（西元前一三四年），聶翁壹獻引誘匈奴之計，被漢武帝採納。史稱「馬邑之謀」。漢兵伏擊匈奴之計失敗。陽，通「佯」。假裝。⓫武州　縣名。在今山西左雲。⓬御史大夫　官名。秦漢時僅次於丞相的中央最高長官，主要職務為監察、執法，兼掌重要文書圖籍。⓭韓安國　生年不詳，死於西元前一二七年。⓮護軍將軍　武官名。有督領其他將領的權力。⓯護四將軍以伏單于　指護國將軍韓安國督率李廣、公孫賀、王恢、李息四位將軍以伏擊單于。⑯亭　指亭障，邊境上觀察敵情的崗哨。⑰尉史　邊郡負責巡邏的低級武官。⑱行徼　巡察；行邊巡邏。⑲下　指下亭。師古曰：「尉史在亭樓上，虜欲以矛戟刺之，懼，乃自下以謀告。」⑳具　詳細；詳盡。㉑固　本來。㉒出　指出塞。㉓天也　意即這是天意啊。㉔約　約定。㉕縱兵　縱兵出擊。㉖以故　因此；所以。㉗王恢　燕人，武帝時任大行令。後獻馬邑之計，為匈奴察覺，無功，下獄死。㉘出代　出代國。㉙輜重　行軍時由運輸部隊攜帶的武器、糧草等物資，這裡指後勤部隊。㉚建造兵謀　建議出擊匈奴並制定軍事計劃。當時王恢力主進擊匈奴。㉛當路塞　直通要道的邊塞。㉜勝　盡。㉝數　計算。㉞樂　樂意；喜歡。㉟耆　通「嗜」。嗜好；喜好。㊱中　迎合；投合。

【語　譯】漢武帝繼承皇位後，申明和親有關約定，對匈奴待遇優厚，並互通關市進行貿易往來，還送給匈奴豐足的財物。自單于以下的匈奴人都親近漢朝，在長城之下往來頻繁。

漢朝派遣馬邑人聶翁壹偷偷私運貨物出塞與匈奴做買賣，佯裝要出賣馬邑城以引誘單于上當。單于相信了聶翁壹的話，又對馬邑城的財物垂涎三尺，於是就率領十萬騎兵入侵武州塞。漢朝在馬邑城附近設下三十餘萬伏兵，御史大夫韓安國為護軍將軍，督領驍騎將軍李廣、輕車將軍公孫賀、將屯將軍王恢、材官將軍李息以伏擊單于。單于進入漢朝邊塞以後，在離馬邑城還有一百多里的地方，就敏銳地發現散布四野的牲畜無人看管，感到奇怪，就去攻打當地的一個守望亭障。當時，正在鴈門郡巡邏的一個尉史發現了敵人，就登上亭樓進行反擊。最終單于抓住了他，想殺掉他。這個尉史對漢朝的軍事計劃知之甚詳，因害怕被誅殺，就下亭把漢軍的計劃向單于和盤托出。單于聽後大吃一驚，說：「我本來就有些懷疑。」於是率軍返回。等出了邊塞，單于說：「我能得到尉史，真是天意。」於是封那個尉史為天王。漢軍本來是這樣計劃的，等單于進入馬邑後就縱兵痛擊，但單于沒有來，所以伏擊單于的計劃落空，一無所得。將軍王恢率部出代國，本來是打算襲擊匈奴的輜重部隊，但聽說單于率大軍返回，便不敢出擊。漢廷因為王恢原先建議和策劃馬邑伏兵之謀，又畏敵不能進擊，犯了死罪，就誅殺了王恢。從此以後，匈奴就斷絕同漢朝的和親，進攻直通大路的要塞，經常襲擾邊境進行殺掠，屢造事端。但是，匈奴貪婪成性，還是樂意和漢朝互通關市，喜歡漢朝的財物，漢朝也投其所好，不斷絕關市貿易。

自馬邑軍後五歲之秋❶，漢使四將各萬騎擊胡關市❷下。將軍衛青❸出上谷，至龍城，得胡首虜七百人。公孫賀❹出雲中，無所得。公孫敖❺出代郡，為胡所敗七千❻。李廣❼出鴈門，為胡所敗，匈奴生得❽廣，廣道亡歸❾。漢囚敖、廣，敖、廣贖為庶人❿。其冬，匈奴數千人盜邊，漁陽尤甚。漢使將軍韓安國屯漁陽備胡。其明年秋⓫，匈奴二萬騎入漢，殺遼西太守⓬，略二千餘人。又敗漁陽太守軍千餘人，圍將軍安國。安國時千餘騎亦且⓭盡，會⓮燕⓯救之，至，匈奴迺去，又入鴈門殺略千餘人。於是漢使將軍衛青將三萬騎出鴈門，李息⓰出代郡，擊胡，得首虜數千。其明年，衛青復出雲中以西至隴西，擊胡之樓煩、白羊王於河南，得胡首虜數千，羊百餘萬。於是漢遂取河南地，築⓱朔方⓲，復繕⓳故⓴秦時蒙恬所為㉑塞，因㉒河而為固。漢亦棄上谷之斗辟縣㉓造陽㉔地以予胡。是歲，元朔㉕二年也。

【章旨】此部分記述的是馬邑軍事事件發生五年後，漢匈之間發生的幾次戰爭。

【注釋】❶自馬邑軍後五歲之秋　當為漢武帝元光六年（西元前一二九年）。❷關市　指漢朝與匈奴邊境貿易市場。❸衛

青　字仲卿，河東平陽（今山西臨汾）人。西漢名將，衛皇后之弟，官至大將軍，封長平侯。曾前後七次出擊匈奴，解除匈奴對漢王朝的威脅。詳見卷五十五〈衛青傳〉。❹公孫賀　官至丞相，兩次封侯，七次任將軍。後因子犯法被株連，死於獄中，族滅。詳見卷六十六〈公孫賀傳〉。❺公孫敖　四次任將軍，封侯。後被滅族。詳見卷五十五〈衛青霍去病傳〉。❻為胡所敗七千　意即被匈奴打敗死傷七千人。❼李廣　西漢名將。元狩四年隨大將軍衛青攻匈奴，以失道被責，自殺。詳見卷五十四〈李廣傳〉。❽生得　生擒；生俘。❾廣道亡歸　意即李廣從半路上逃回。❿庶人　平民；百姓。⓫其明年秋　時為武帝元朔元年（西元前一二八年）秋。⓬太守　官名。為一郡的最高行政長官。⓭且　即將；快要。⓮會　適逢；恰逢。⓯燕　漢初封國名。領地常有變化，這時只有廣陽郡地，在今北京大興和河北固安。建都薊（今北京西南）。⓰李息　郁郅（今甘肅慶陽）人。西漢名將。官至大行，三次任將軍。詳見卷五十五〈衛青霍去病傳〉。⓱築　修築城池。⓲朔方　郡名。西漢元朔二年（西元前一二七年）設置。治朔方（今杭錦旗北），轄境相當於今內蒙古河套西北和後套地區。⓳復繕　重新修繕。⓴故　以前；從前。㉑為　修築。㉒因　憑藉。㉓斗辟縣　指與匈奴地區犬牙交錯突入匈奴的偏僻縣份。斗，曲折。辟，通「僻」。偏僻。㉔造陽　在今河北沽源南獨石口附近。㉕元朔　漢武帝的第三個年號，前兩個年號依次是建元、元光。相當於西元前一二八—前一二三年。

【語　譯】馬邑軍事事件發生五年後的秋天，漢王朝派遣四位將軍各自率領一萬騎兵到漢匈邊境貿易市場地帶攻打匈奴。將軍衛青從上谷郡出兵，一路所向披靡，一直打到龍城，斬殺、俘虜七百名匈奴兵士。將軍公孫賀從雲中郡出兵，無所斬獲。將軍公孫敖從代郡出兵，被匈奴打敗，損失七千人。將軍李廣從鴈門郡出兵，被匈奴打敗，李廣被匈奴活捉，後僥倖從半路上逃回。公孫敖和李廣被漢廷拘禁，這兩位敗軍之將出錢物贖罪，身分被降為平民。當年冬天，數千匈奴人入侵邊塞，進行燒殺搶掠，受害最嚴重的是漁陽郡。於是漢朝派遣將軍韓安國駐守漁陽郡以防禦匈奴攻擊。第二年秋天，二萬匈奴騎兵又侵入漢境，殺死遼西郡太守，劫掠兩千多漢人。又打敗漁陽郡太守一千餘人的部隊，圍困將軍韓安國。將軍韓安國所率領的一千多騎兵也即將被消滅殆盡，這時正碰上燕國的救兵來救韓安國，匈奴見到燕國的救兵後，就引兵離去。匈奴又攻入鴈門郡，殺了一千多人。於是漢朝派遣將軍衛青率三萬騎兵出鴈門郡，派將軍李息率兵出代郡，攻擊匈奴，斬殺、俘獲數千匈奴兵士。第二年，衛青又率軍出雲中郡以西直到隴西郡，在河南這一帶攻打歸屬匈奴的樓煩、白羊王，斬獲敵軍數千人，奪得一百餘萬隻羊。這樣，漢朝就奪取了河南地，又修築朔方城，還對從前秦朝時候蒙恬所修築的要塞進行重新修繕，並以黃河為屏障，鞏固邊防。同時漢朝也放棄了上谷郡與匈奴犬牙交錯突入對方的偏僻縣份造陽一帶，把這些地方讓給匈奴。這一年，正是元朔二年。

1 其後冬❶，軍臣單于死，其弟左谷蠡王伊稺斜自立為單于，攻敗軍臣單于太子於單❷。於單亡降漢，漢封於單為陟安❸侯，數月死。

2 伊稺斜單于既立，其夏❹，匈奴數萬騎入代郡，殺太守共友❺，略千餘人。秋，又入鴈門，殺略千餘人。其明年，又入代郡、定襄❻、上郡，各三萬騎，殺略數千人。匈奴右賢王怨漢奪之❼河南地而築朔方，數❽寇盜邊，及入河南，侵擾朔方，殺略吏民甚眾。

3 其明年❾春，漢遣衛青將六將軍❿十餘萬人出朔方高闕。右賢王以為漢兵不能至，飲酒醉。漢兵出塞六七百里，夜圍右賢王。右賢王大驚，脫身逃走，精騎⓫往往隨後去。漢將軍得右賢王人眾男女萬五千人，裨小王十餘人。其秋，匈奴萬騎入代郡，殺都尉⓬朱央，略千餘人。

4 其明年春，漢復遣大將軍衛青將六將軍⓭，十餘萬騎，仍再⓮出定襄數百里擊匈奴，得首虜前後萬九千餘級[15]，而漢亦亡[16]兩將軍，三千餘騎。右將軍建[17]得以身脫[18]，而前將軍翕[19]侯趙信兵不利，降匈奴。趙信者，故胡小王，降漢，漢封為翕侯，以前將軍與右將軍并軍，介[20]獨遇單于兵，故盡沒[21]。單于既得翕侯，以為自次王[22]，用其姊妻[23]之，與謀漢[24]。信教單于益北[25]絕幕[26]，以誘罷[27]漢兵，徼極[28]而取之，毋近塞[29]。單于從[30]之。其明年[31]，胡數萬騎入上谷，殺數百人。

5 明年春，漢使票騎將軍[32]去病[33]將[34]萬騎出隴西，過焉耆山[35]千餘里，得胡首虜八千餘級，得休屠王[36]祭天金人[37]。其夏，票騎將軍復與合騎侯[38]數萬騎出隴西、北地二千里，過居延[39]，攻祁連山[40]，得胡首虜三萬餘級，裨小王以下十餘人。是時，匈奴亦來入代郡、鴈門，殺略數百人。漢使博望侯[41]及李將軍廣出右北平，擊匈奴左賢王。左賢王圍李廣，廣軍四千人死者過半，殺虜亦過當[42]。會博望侯軍救至，李將軍得[43]脫，盡亡其軍[44]。合騎侯後[45]票騎將軍期[46]，及博望侯皆當死[47]，贖為庶人。

6 其秋，單于怒昆邪王[48]、休屠王居西方為漢所殺虜數萬人，欲召誅之。昆邪、休屠王恐，謀降漢，漢使票騎將軍迎之。昆邪王殺休屠王，并將[49]其眾降漢，凡四萬餘人，號十萬。於是漢已得昆邪，則隴西、北地、河西[50]益少胡寇，徙關東[51]

貧民處所奪匈奴河南地新秦中(52)以實(53)之，西(54)減北地以西戍卒半。明年春，匈奴入右北平、定襄各數萬騎，殺略千餘人。

【章旨】此部分記述的是自元朔三年伊稺斜自立為單于後，直至元狩三年漢匈之間發生的戰爭。

【注釋】❶冬　指元朔三年（西元前一二六年）冬。❷於單　人名。❸陟安　〈景武昭宣元成功臣表〉和《史記・建元以來侯者年表》及《史記・匈奴列傳》皆作「涉安」。❹其夏　指元朔三年（西元前一二六年）夏。❺共友　師古曰：「共友，太守姓名也。共讀曰龔。」❻定襄　郡名。治成樂（今內蒙古和林格爾西北土城子）。轄境相當於今內蒙古長城以北的卓資、和林格爾、清水河等一帶。❼之　其；他（們）的。❽數　屢次；多次。❾其明年　指元朔五年（西元前一二四年）。❿六將軍　指游擊將軍蘇建、強弩將軍李沮、騎將軍公孫賀、輕車將軍李蔡（此四將軍歸衛青直接統率，皆出朔方郡）以及將軍李息、張次公（此二將出右北平郡）。衛青親自統領三萬騎兵出高闕塞。⓫精騎　精壯騎兵。⓬都尉　官名。西漢景帝時改郡尉為都尉，輔佐郡守並掌全郡的軍事。⓭六將軍　指中將軍公孫敖、左將軍公孫賀、前將軍趙信、右將軍蘇建、後將軍李廣、強弩將軍李沮。⓮仍再　接連兩次。指當年春二月、夏四月先後兩次出兵。⓯級　首級。⓰亡　損失。⓱建　蘇建。杜陵（今陝西西安）人。蘇武之父。因攻擊匈奴有功而被封為平陵侯。詳見卷五十四〈蘇建傳〉。⓲脫　指逃回。⓳翕　地名。在今河南內黃北。⓴并軍介　師古曰：「介，特也。本雖并軍，至遇單于時特也。」《漢書補注》引王念孫說：「介即獨也。既言獨不必又言介。且既與右將軍並軍，何以獨遇單于？今按：『並軍介』當依《史記》作『並軍分行』。謂始而並軍，繼而分行，故獨遇單于兵，而盡沒也。『分』誤為『介』，又脫去『行』字。師古以介、獨二字連讀，非也。」此說有理。但「並軍分行」並非始而並軍，繼而分行，而是蘇、趙二軍合在一起，同其餘諸軍分開自行。後文「獨遇單于兵」，亦非專指趙軍獨遇，蘇軍亦同時遇之。卷五十五〈衛青傳〉載「蘇建、趙信並軍三千餘騎，獨逢單于兵，與戰一日餘」之語，義甚明。㉑沒　覆滅；滅亡。㉒自次王　指地位僅次於單于自己的王。師古曰：「自次者，尊重次於單于。」㉓妻　做……的妻子。名詞作動詞用。㉔與謀漢　一起謀劃對付漢朝。㉕益北　更往北方去。㉖絕幕　渡過大沙漠。師古曰：「直度曰絕。」幕，通「漠」。沙漠。㉗誘罷　誘而不戰，使之疲於奔命。㉘徼極　使之（疲勞）達到極點。徼，通「邀」。求得。㉙毋近塞　不要靠近邊塞。㉚從聽從。㉛其明年　指漢武帝元狩元年（西元前一二二年）。㉜票騎將軍　武官名。為漢代高級軍事長官之一。票，亦作「驃」。㉝去病　就是霍去病，河東平陽（今山西臨汾）人。西漢名將。官至驃騎將軍，封冠軍侯。他前後六次出擊匈奴，解除匈奴對漢朝的威脅。詳見卷五十五〈霍去病傳〉。㉞將　統率；統領。㉟焉耆山　山名。就是燕支山，又作焉支山、胭脂山。在今甘肅永昌西、山丹東南，水草豐茂，適宜放牧。㊱休屠王　匈奴休屠部的王。休屠部居今甘肅武威一帶。㊲祭天金人　孟康曰：「匈奴祭天處本在雲陽甘泉山下，秦擊奪其地，後徙之休屠王右地，故休屠有祭天金人象也。」㊳合騎侯　公孫敖爵號。㊴居延　古縣名。本漢初匈奴中地名，指居延澤附近一帶，為當時河西地區與漠北往來要道所經。西漢置縣，故城在今甘肅額濟納旗東南。西漢為張掖都尉治所。㊵祁連山　山名。在今甘肅酒泉以南。㊶博望侯　張騫的爵號。張騫，官至大行，封博望侯。建元二年（西元前一三九年），奉漢武帝之命出使大月氏，相約共同夾攻匈奴。元狩四年（西元前一一九年）又奉漢武帝之命出使烏孫。他兩次出使西域，加強了中原和西域少數民族、中亞各地經濟文化的交流和發展。詳見卷六十一〈張騫傳〉。博望，縣名。在今河南南陽東北。㊷過當　指斬獲敵人的數量超過己方損失的人數。㊸得　得以；能夠。㊹盡亡其軍　與前文「四千人死者過半」有出入。《史記》作「失亡數千人」。《漢書補注》謂蓋餘者或逃或降以至盡亡其軍。㊺後　後於；遲於。㊻期　指原先約好的時間。㊼當死　判為死刑。當，判罪；判刑。㊽昆邪王　匈奴昆邪部的王。昆邪部居地與休屠部臨近，在今甘肅張掖一帶。降漢後被安置在隴西等五郡塞外，因其故俗為屬國。昆，通「渾」。㊾并將　一併率領。㊿河西　地區名。指今甘肅及青海黃河以西地區（主要指河西走廊）。漢武帝先後於其地置酒泉、武威、張掖、敦煌郡，合稱「河西四郡」。(51)關東　地區名。秦、漢、唐等定都今陝西的王朝，稱函谷關或潼關以東地區為關東。(52)新秦中　地區名。即河南（今內蒙古河套一帶），南及今寧夏清水河流域、甘肅環縣和陝西吳旗一帶。(53)實　充實。(54)西　《史記・匈奴列傳》作「而」。

【語　譯】此後一年的冬天，軍臣單于去世，他弟弟左谷蠡王伊稺斜自立為單于，並打敗軍臣單于太子於單。於單兵敗逃走，投降漢朝，被漢朝封為陟安侯。幾個月過後，於單就死了。

2　伊稺斜單于繼位以後，就在當年夏天，數萬匈奴騎兵入侵代郡，殺死代郡太守共友，劫掠了一千多人。就在這一年秋天，匈奴又侵入鴈門郡，殺掠一千多人。第二年，匈奴又分別以三萬鐵騎入侵代郡、定襄郡、上郡，劫殺數千人。匈奴右賢王對漢朝奪占其河南地方並修築朔方城懷恨在心，多次入侵，襲擾漢朝邊境。還攻入河南地區，襲擾朔方，劫殺漢朝很多官吏百姓。

3 其後一年的春天，漢朝派遣衛青統領蘇建、李沮、公孫賀、李蔡、李息、張次公六位將軍共十餘萬大軍，浩浩蕩蕩出朔方郡高闕塞攻打匈奴。匈奴右賢王以為漢軍不能到來，喝得酩酊大醉。漢軍出塞六七百里，以夜色為掩護，圍攻右賢王。右賢王一時大驚失色，倉皇脫身逃走，手下精壯騎兵紛紛尾隨其後倉皇逃離。漢朝將軍俘獲右賢王部眾男女一萬五千人、裨小王十餘人。匈奴一萬騎兵於這年秋天又攻入代郡，殺死都尉朱央，劫掠了一千多人。

4 其後一年的春天，漢朝又派遣大將軍衛青統領公孫敖、公孫賀、趙信、蘇建、李廣、李沮六位將軍共十多萬騎兵，連續兩次出定襄郡數百里攻打匈奴，前後斬殺、俘獲一萬九千多人，不過漢朝也損失了兩位將軍及其所轄部隊三千餘騎兵。其中右將軍蘇建隻身逃回，而前將軍翕侯趙信也被匈奴打敗，投降匈奴。趙信本是匈奴的一個小王，投降漢朝後被漢朝封為翕侯，他作為前將軍與右將軍蘇建兩軍合在一起同大軍分開行進，單獨遇上了單于統率的匈奴主力部隊，所以全軍覆沒。單于得到翕侯趙信後，封他為「自次王」，權位僅次於單于。單于還把自己的姊姊嫁給趙信，和他一起謀劃對付漢朝。趙信建議單于更往北退卻，渡過大沙漠，以引誘漢軍深入，藉此拖垮漢軍。自己不靠近邊塞，趁漢軍疲憊不堪時再攻打漢軍。單于聽從了他的計謀。次年，匈奴數萬騎兵侵入上谷郡，殺害好幾百人。

5 其後一年的春天，漢朝派遣驃騎將軍霍去病率領一萬騎兵出隴西郡，越過焉耆山一千多里，斬殺、俘獲匈奴八千多人，奪得休屠王祭天金人。這年夏天，驃騎將軍霍去病又和合騎侯公孫敖率領數萬騎兵出隴西郡、北地郡二千里，途經居延，進攻祁連山，斬殺、俘獲匈奴三萬餘人，還包括裨小王以下匈奴頭目十多人。當時，匈奴也來入侵代郡和鴈門郡，劫殺數百人。漢朝派博望侯張騫和將軍李廣出右北平郡，攻打匈奴左賢王。匈奴左賢王包圍了李廣，李廣所統領的四千漢軍死者過半，所殺敵人的數量也超過漢軍犧牲的數量。這時正好博望侯張騫救兵來到，李廣才僥倖得以逃脫，其部眾全軍覆沒。合騎侯公孫敖耽誤了驃騎將軍的軍期，他和博望侯皆被判為死罪，贖罪成為平民。

6 同年秋天，單于對昆邪王、休屠王居於西方被漢朝斬俘數萬人一事很惱火，就打算殺掉他們。昆邪王、休屠王害怕被殺，就私下商議投降漢朝，漢朝派遣驃騎將軍前去迎接。昆邪王殺死休屠王，兼併其部眾一起投降漢朝，共計四萬餘人，號稱十萬。這樣，漢朝得到了昆邪王以後，隴西郡、北地郡和河西地區受到匈奴的侵擾就更少了。為了充實邊疆，漢朝就把關東地區的貧民遷徙到從匈奴手裡奪來的河南新秦中地區，又把駐防在北地郡以西的士兵減員一半。次年春天，匈奴分別以數萬騎兵侵入右北平、定襄兩郡，殺掠一千多人。

1 其年春❶，漢謀以為「翕侯信為單于計❷，居幕北，以為漢兵不能至」。乃粟馬❸，發十萬騎，私負從馬❹凡十四萬匹，糧重不與❺焉。令大將軍青、票騎將軍去病中分軍❻，大將軍出定襄，票騎將軍出代，咸約❼絕幕擊匈奴。單于聞之，遠其輜重❽，以精兵待於幕北。與漢大將軍接戰一日，會暮，大風起，漢兵縱左右翼圍單于。單于自度戰不能與漢兵❾，遂獨與壯騎數百潰漢圍❿西北遁走。漢兵夜追之不得，行捕斬⓫首虜凡萬九千級，北至窴顏山⓬趙信城⓭而還。

2 單于之走，其兵往往與漢軍相亂⓮而隨單于。單于久不與其大眾相得⓯，右谷蠡王以為單于死，乃自立為單于。真單于⓰復得其眾，右谷蠡乃去號，復其故位。

3 票騎之出代二千餘里，與左王⓱接戰，漢兵得胡首虜凡七萬餘人，左王將皆遁走。票騎封⓲於狼居胥山⓳，禪⓴姑衍㉑，臨翰海㉒而還。

4 是後匈奴遠遁，而幕南無王庭。漢度河自朔方以西至令居㉓，往往通渠置田官，吏卒五六萬人，稍蠶食，地接匈奴以北㉔。

【章　旨】此部分記述的是在元狩四年，衛青、霍去病率領漢軍大敗匈奴，解除了匈奴對漢朝北方邊境的威脅。

【注　釋】❶其年春　指漢武帝元狩四年（西元前一一九年）。「其」下脫一「明」字。《史記・匈奴列傳》作「其明年春」。❷計　出謀劃策。❸粟馬　用粟餵馬。❹私負從馬　意即志願攜帶軍需用品參軍的騎兵。負，負擔；承擔。❺糧重不與　意即運輸糧食的輜重車馬不計算在內。與，計算在其中。❻中分軍　將全軍對半分開，各領一半。❼咸約　共同約定。❽遠其輜重　將其輜重運到遠方。❾單于自度戰不能與漢兵　意即匈奴單于自己料定打不過漢朝軍隊。度，揣度；推測。與，比得上。❿潰漢圍　衝破漢朝軍隊包圍。⓫行捕斬　一邊進軍，一邊捕獲斬殺。⓬窴顏山　又作闐顏山，山名。在今蒙古國境內杭愛山脈東南。⓭趙信城　趙信修築的城池，在窴顏山西。孟康曰：「趙信所作，因以名城。」⓮相亂　相混雜。⓯相得　相遇。⓰真單于　指伊稺斜單于。⓱左王　左賢王及左方諸王。⓲封　在山上築壇祭天。⓳狼居胥山　山名。即今蒙古國肯特山（在烏蘭巴托東）。一說在今內蒙古克什克騰旗西北至阿巴嘎旗一帶。⓴禪　在山上闢場祭地。㉑姑衍　山名。在狼居胥山西。㉒翰海　一作瀚海。水泊名。或疑為今俄羅斯西伯利亞貝加爾湖；或疑為今呼倫湖或貝爾湖。當在今蒙古高原東北境。㉓令居　縣名。在今甘肅永登西北。㉔匈奴以北　指匈奴舊地以北。

【語　譯】第二年春天，漢朝群臣商議認為「翕侯趙信為單于出謀劃策，讓匈奴住在漠北，以為漢軍不能達到那裡」。於是用粟餵養馬匹，出動十萬騎兵，加上自帶衣糧和馬匹出征的兵士，共十四萬人，運輸糧食的輜重車馬不計算在內。漢武帝命大將軍衛青、驃騎將軍霍去病各自統領一半人馬，大將軍衛青出定襄郡，驃騎將軍霍去病出代郡，一起約定渡過大漠攻打匈奴。匈奴單于聞訊，就將其輜重運到遠方，並陳精銳部隊於漠北，以等待漢軍到來。匈奴單于和漢朝大將軍交戰一天，恰好天快黑的時候颳起大風，漢朝軍隊從左右兩翼對單于實行包圍。單于自知不是漢軍的對手，便獨自帶著數百名精壯騎兵衝破漢軍包圍圈，向西北方向倉皇逃去。漢軍連夜追捕單于，沒有捉到單于。漢軍一路上斬俘敵軍共一萬九千人，一直打到寘顏山趙信城才返回。

2 單于逃亡的時候，他的士兵往往與漢軍混雜在一起，亂哄哄地尾隨單于倉皇而逃。由於單于很長時間沒能和他的大隊人馬相會合，右谷蠡王以為單于已經死了，就自立為單于。真單于後來又得到他的部眾，右谷蠡王這才去掉單于稱號，恢復他原先的王位。

3 驃騎將軍霍去病出代郡兩千餘里，與左賢王等展開激戰，斬殺、俘獲匈奴共七萬餘人，左方王將都紛紛逃亡。驃騎將軍霍去病在狼居胥山上築壇祭天，在姑衍山上闢場祭地，臨抵翰海而還。

4 從此以後，匈奴逃往遙遠的漠北，而漠南不再有匈奴王庭。這樣，漢朝勢力就越過黃河，從朔方郡以西直到令居縣，在這些地方修通河渠，設置管理墾田的官吏，共有官吏、士卒五六萬人，漸漸向外蠶食，邊境和匈奴故地以北臨接。

初，漢兩將大出圍單于，所殺虜八九萬，而漢士物故❶者亦萬數，漢馬死者十餘萬匹。匈奴雖病❷，遠去，而漢馬亦少，無以復往。單于用趙信計，遣使好辭❸請和親。天子下其議❹，或言和親，或言遂臣之❺。丞相長史❻任敞曰：「匈奴新困，宜使為外臣，朝請❼於邊。」漢使敞使於單于。單于聞敞計，大怒，留之不遣。先是漢亦有所降匈奴使者，單于亦輒留漢使相當❽。漢方❾復收士馬，會❿票騎將軍去病死，於是漢久不北擊胡。

【章　旨】此部分講述的是自元狩四年漢朝大敗匈奴後，漢匈之間進一步的矛盾摩擦，以及霍去病的死對漢匈關係的影響。

【注　釋】❶物故　死亡。❷病　疲病；困乏。❸好辭　好言；好話。❹下其議　將其事下交群臣討論商議。❺臣之　以之為臣。❻長史　官名。西漢三公和前、後、左、右將軍等都有長史以輔佐。❼朝請　漢朝制度，諸侯王在春季朝見皇帝叫朝，在秋季朝見皇帝叫請。這裡泛指朝見、朝拜。❽相當　相抵。❾方　正在。❿會　恰逢；適逢。

【語　譯】當初，漢朝兩位將軍大舉出兵圍攻單于，斬殺、俘獲匈奴八九萬人，而漢朝也損失數以萬計的士兵，還損失了十多萬匹馬。匈奴雖然疲憊困乏，逃得遠遠的，但漢朝也缺少戰馬，無力再去攻擊匈奴。匈奴單于採納趙信的計策，派遣使者到漢朝說好話請求和親。漢武帝將這件事情交給群臣商議討論，有人主張和親，有人主張讓匈奴稱臣。丞相長史任敞說：「匈奴新近戰敗，走投無路，可以叫單于做外臣，到邊塞朝拜。」漢朝派遣任敞出使到單于那裡。單于聽了任敞的話後，勃然大怒，扣留任敞，不放他走。在這之前，漢朝也留有投降不歸的匈奴使者，單于也總是扣留一些漢朝使者相抵。正當漢朝重新聚集兵馬，準備再次進攻匈奴時，驃騎將軍霍去病去世了，於是漢朝很長時間不再北擊匈奴。

數歲，伊稺斜單于立十三年死，子烏維立為單于。是歲，元鼎❶三年也。烏維單于立，而漢武帝始出巡狩❷郡縣。其後漢方南誅❸兩越❹，不擊匈奴，匈奴亦不入邊。

烏維立三年，漢已滅兩越，遣故太僕❺公孫賀將萬五千騎出九原二千餘里，至浮苴井❻，從票侯趙破奴❼萬餘騎出令居數千里，至匈奴河水❽，皆不見匈奴一人而還。

【章旨】此部分講的是烏維繼立單于一事及烏維繼單于之位的開始幾年，漢匈之間的相持態勢。

【注釋】❶元鼎　漢武帝第五個年號。即西元前一一六—前一一一年。❷巡狩　同「巡守」。古時諸侯為天子守土，天子到諸侯那裡去視察稱為「巡守」，意謂巡視其守土情況。❸誅　誅伐；討伐。❹兩越　指南越和東越。越，也作「粵」。南越，古族名、國名。秦漢之際趙佗立南越國，統治南越人（古代越人南方的一支），占有今兩廣、海南及越南中、北部，北及今湖南、貴州南部，建都番禺（今廣東廣州）。東越，古代東南地區越人的一支，漢初立其首領為閩越王、東海王（東甌王）。地在今福建及浙江南部，建都東冶（今福建福州）。元鼎六年（西元前一一一年），漢滅南越，以其地為南海等九郡。東甌人於建元三年（西元前一三八年）、其餘東越人於元封元年（西元前一一〇年）先後被漢朝遷徙到江淮間。詳見卷九十五〈西南夷兩粵朝鮮傳〉。❺太僕　官名。始於春秋時。秦漢沿置，為九卿之一，掌皇帝的輿馬和馬政。❻浮苴井　地名。在今蒙古國境內。❼趙破奴　九原（今內蒙古包頭）人。因擊匈奴有功，前後兩次被封侯。曾經被匈奴俘虜，在匈奴中生活數年，後逃回。後因巫蠱事被滅族。❽匈奴河水　水名。《史記》卷一百十〈匈奴列傳〉和本書卷五十五〈衛青霍去病傳〉附〈趙破奴傳〉皆作「匈河水」，此處衍「奴」字。就是趙信城以西的匈奴河，在今蒙古國杭愛山南麓姑且水西。

【語譯】幾年過後，在位十三年的伊穉斜單于去世，他的兒子烏維繼立為單于。這一年是元鼎三年。烏維繼承單于之位後，漢武帝開始出京師到各郡縣進行巡視，其後漢朝又忙於南征兩越，沒有攻打匈奴，匈奴也沒有入侵漢朝邊境。

烏維單于繼位三年後，漢朝已經消滅了兩越，便派遣前太僕公孫賀率領一萬五千名騎兵出九原縣二千餘里，抵達浮苴井，從票侯趙破奴率領一萬餘名騎兵出令居縣數千里，一直到匈河水，都沒有看到一個匈奴人，於是返回。

是時❶，天子巡邊，親至朔方，勒兵❷十八萬騎以見武節❸，而使郭吉風告❹單于。既至匈奴，匈奴主客❺問所使❻，郭吉卑體❼好言曰：「吾見單于而口言❽。」單于見吉，吉曰：「南越王❾頭已縣❿於漢北闕⓫下，今單于即⓬能與漢戰，天子自將兵待邊；即不能，亟⓭南面⓮而臣⓯於漢。何但⓰遠走⓱，亡匿於幕北寒苦無水草之地為？」語卒⓲，單于大怒，立斬主客見者，而留郭吉不歸，遷辱之北海上⓳。而單于終不肯為寇於漢邊，休養士馬，習射獵，數使使好辭甘言⓴求和親。

【章　旨】此部分主要講的是元封元年十月郭吉出使匈奴一事及匈奴對漢朝採取的退守言和策略。

【注　釋】❶是時　指元封元年（西元前一一〇年）十月。❷勒兵　統領軍隊。❸見武節　顯示軍威。見，通「現」。❹風告　諷告。風，通「諷」。❺主客　匈奴官名。主管接待賓客事宜。❻所使　所肩負的使命。❼卑體　低頭折腰，以示謙恭。❽口言　當面談。❾南越王　趙建德。南越相呂嘉所立國王。❿縣　通「懸」。⓫北闕　未央宮正門。⓬即　如果。⓭亟　急忙；趕快。⓮南面　面向南。因匈奴在北，漢朝在南，所以這樣說。⓯臣　稱臣；臣服。⓰但　只是；徒然。⓱遠走　遠遠地逃亡。⓲卒　結束；完畢。⓳遷辱之北海上　意即把他放逐到北海邊上加以折磨、羞辱。遷，放逐。辱，羞辱；折磨。北海，指今俄羅斯西伯利亞貝加爾湖。上，岸邊。⓴好辭甘言　甜言蜜語。

【語　譯】元封元年十月，漢武帝巡視邊境各地，親自來到朔方郡，統帥十八萬騎兵以顯示軍威，並派遣郭吉去諷告單于。郭吉到達匈奴後，匈奴禮賓官員詢問他出使的任務，郭吉屈身行禮，講了些好話，說道：「我要見單于，當面和他談。」單于接見郭吉，郭吉說：「南越王的頭顱已經被掛在漢朝未央宮的正門上了。現在，單于如果能夠和漢軍交戰，漢朝天子將親自率軍在邊境等著；如果不能，就請趕快向漢朝南面稱臣。為什麼只會遠遠地逃亡，躲藏到又冷又苦又無水草的漠北呢？」單于聽了郭吉的話後，勃然大怒，馬上將那位禮賓官員殺了，把郭吉也扣留了，不放他回去，並把郭吉放逐到北海邊上加以折磨、羞辱。而單于也始終不侵擾漢朝邊境，只是休兵養馬，練習射獵，並多次派遣使者到漢朝，甜言蜜語請求和親。

漢使王烏等闚❶匈奴。匈奴法，漢使不去節❷，不以墨黥❸其面，不得入穹廬。王烏，北地人，習❹胡俗，去其節，黥面入廬。單于愛之，陽❺許❻曰：「吾為❼遣其❽太子入質於漢，以求和親。」

漢使楊信使於匈奴。是時漢東拔濊貉、朝鮮以為郡❾，而西置酒泉郡❿以隔絕胡與羌通之路。又西通月氏、大夏⓫，以翁主⓬妻烏孫⓭王，以分匈奴西方之援國⓮。又北益廣田至眩雷⓯為塞，而匈奴終不敢以為言。是歲⓰，翕侯信死，漢用事者⓱以⓲匈奴已弱，可臣從⓳也。楊信為人剛直屈彊⓴，素㉑非貴臣也，單于不親。欲召入，不肯去節，迺坐穹廬外見楊信。楊信說㉒單于曰：「即欲和親，以單于太子為質於漢。」單于曰：「非故約。故約，漢常遣翁主，給繒絮食物有品㉓，以和親，而匈奴亦不復擾邊。今乃欲反古㉔，令吾太子為質，無幾㉕矣。」匈奴俗，見漢使非中貴人㉖，其㉗儒生㉘，以為欲說，折㉙其辭辯㉚；少年，以為欲刺㉛，折其氣。每漢兵㉜入匈奴，匈奴輒報償㉝。漢留匈奴使，匈奴亦留漢使，必得當㉞

迺止。

楊信既歸，漢使王烏等如㉟匈奴。匈奴復讇以甘言㊱，欲多得漢財物，紿㊲王烏曰：「吾欲入漢見天子，面相結為兄弟。」王烏歸報漢，漢為單于築邸㊳于長安。匈奴曰：「非得漢貴人使，吾不與誠語㊴。」匈奴使其貴人至漢，病，服藥欲愈之，不幸而死。漢使路充國佩二千石㊵印綬㊶，使㊷送其喪，厚幣㊸直㊹數千金㊺。單于以為漢殺吾貴使者，迺留路充國不歸。諸所言者，單于特㊻空紿王烏，殊㊼無意入漢，遣太子來質。於是匈奴數使奇兵侵犯漢邊。漢迺拜郭昌㊽為拔胡將軍，及浞野侯㊾屯朔方以東，備胡。

【章旨】此部分主要記述的是漢朝幾次派使者出使匈奴的情況，以及漢匈之間時和時戰的局面。

【注釋】❶闚　窺探；窺視。❷節　符節。古代使者用作憑證的信物，用竹、木、玉或銅製成。❸黥　用刀刺刻面額並塗上墨。❹習　熟悉。❺陽　假裝；佯裝。陽，通「佯」。❻許　許諾；承諾。❼為　《漢書補注》引王念孫曰：「為，猶將也。」將要。❽其　疑為衍字，當刪。❾東拔濊貉朝鮮以為郡　此事發生在元封三年（西元前一〇八年）。漢朝於濊貉、朝鮮居地置樂浪、臨屯、玄菟、真番四郡。❿酒泉郡　郡名。漢武帝元狩二年（西元前一二一年）以原匈奴昆邪王地置。治祿福（今甘肅酒泉），元鼎後轄境相當今甘肅疏勒河以東、高臺以西地區。⓫西通月氏大夏　建元三年（西元前一三八年）張騫出使西域，歷經大月氏、大夏等地，至元朔三年（西元前一二六年）才回到漢朝。元狩四年（西元前一一九年）他又出使西域，至烏孫，其副使至大夏、大宛、安息等地，至元鼎二年張騫還，西域由是通於漢。大夏，國名。在今阿富汗北部，建都藍市城（今瓦齊拉巴德）。⓬翁主　指漢景帝孫江都王劉建之女劉細君。⓭烏孫　部族名，國名。初居敦煌、祁連間，西元前一六一年前後西遷至今伊犁河和伊塞克湖一帶，建都赤谷城（今中亞伊塞克湖東南）。漢武帝曾兩次以宗室女為公主嫁其王，後屬西域都護。⑭援國 《漢書窺管》：「按《翰苑注》引無『國』字，是也。」⑮眩雷 地名。在今新疆塔城附近。⑯是歲 指元封四年（西元前一〇七年）。⑰用事者 執政者；當權者。⑱以 以為；認為。⑲臣從 臣服；順從。⑳屈彊 倔強。屈，通「倔」。彊，通「強」。㉑素 一向；本來。㉒說 勸說；說服。㉓品 等級；等差。㉔反古 指違反以前和親送給財物的做法。㉕無幾 師古曰：「言遣太子為質，則匈奴國中所餘者無幾，皆當盡也。」㉖中貴人 亦稱「中貴」，指為帝王寵幸的宦官。㉗其 如果；假如。㉘儒生 泛指文人學士。㉙折 摧折；壓抑。㉚辭辯 辯說；辯辭。㉛刺 刺殺；行刺。㉜漢兵 《漢書補注》：「《史記》『兵』作『使』，是。」㉝報償 本意為回報。這裡意為報復。㉞得當 求得對等。㉟如 到；往。㊱甘言 甜言蜜語。㊲紿 以謊言欺騙。㊳邸 諸侯王或地方高級官吏朝見皇帝期間在京城的住所。㊴與誠語 給對方說實話。㊵二千石 漢制除三公以外的高級官吏的俸祿等級之一。常以「二千石」作為官階（如郡太守級）的代稱。㊶印綬 古代官吏的印和繫印的絲帶。㊷使 前往出使。㊸幣 古人用作禮物的絲織品。泛指用作禮物的玉、馬、皮、帛等物。㊹直 通「值」。價值。㊺金 漢代以黃金一斤（合今二五八．二五克）為一金。㊻特 只不過是。㊼殊 根本就。㊽郭昌 雲中（今內蒙古托克托）人。當時任太中大夫。後因擊昆明無功，被奪印削職。㊾浞野侯 趙破奴後來的爵號。

【語 譯】漢朝派遣王烏等人去窺探匈奴虛實。匈奴有這樣的規定：如果漢朝使臣不放下符節並用墨汁自塗其面的話，就不允許進入氈帳。王烏是北地郡人，對匈奴習俗很熟悉。於是他去掉符節，用墨塗面，這樣得以進入單于的氈帳。單于表現出對王烏的喜愛，但還是假裝許諾說：「我將派太子到漢朝做人質，以求得和親。」

漢朝派遣楊信出使匈奴。此時漢朝攻下了東方的濊貉、朝鮮，並在那裡設置了幾個郡；為割斷匈奴和羌人來往的通路，又在西方設置了酒泉郡；為分化匈奴在西方的與國，又西通月氏、大夏，把翁主嫁給烏孫王；又更向北方增墾農田，直到眩雷，作為邊塞。匈奴對漢朝的這些行為始終不敢指手畫腳、說三道四。元封四年，翕侯趙信死了，漢朝執政者認為匈奴已經衰弱，可以使它臣服順從漢朝。楊信為人剛直倔強，又向來不是顯貴大臣，所以單于對他很冷淡。單于想召請他進氈帳，但楊信不肯去掉符節，所以單于只好坐在氈帳外面接見他。楊信勸告單于說：「如果想和親，就請把單于太子送到漢朝做人質。」單于說：「從前的和親盟約沒有這樣的內容。按照從前和親盟約的規定，漢朝要經常把翁主嫁給匈奴，還要送給我們一定數量的綢絹絲綿和食物，憑藉這些東西來和親，而匈奴也就不再襲擾漢朝邊境。現在你們的要求，和從前的傳統做法不合，叫我的太子去當人質，那匈奴國中就沒有什麼人了。」匈奴同漢朝打交道，有一個習慣：看到使者不是皇帝寵幸的宦官，如果是文人學士，就以為他是來遊說的，就設法駁倒其辯辭；如果是年輕人，就認為他是來行刺的，就設法挫殺他的銳氣。每當漢軍攻擊匈奴，匈奴都要進行報復。漢朝扣留匈奴使者，匈奴也扣留漢朝使者，一定要求得雙方對等才肯罷休。

楊信出使匈奴回來後，漢朝又派遣王烏等人到匈奴去。匈奴又用甜言蜜語奉承他們，想要多得到一些漢朝財物，單于以謊言欺騙王烏說：「我打算到漢朝拜見大漢天子，和他當面結為兄弟。」王烏回來向漢廷作了彙報，漢朝便在長安特為單于修建了公館。匈奴單于說：「如果不是漢朝的貴人做使者來訪，我就不給你們說實話。」匈奴派了一個貴人到漢朝，貴人病了，漢朝給他藥吃，想治好他的病，而他卻不幸病死。於是漢朝派路充國佩帶二千石印綬出使匈奴，護送匈奴貴人的靈柩，又贈送價值數千金的豐厚禮物。單于認為漢朝殺害了匈奴的尊貴使者，便扣留路充國，不放他回去。單于原先所說的那些話，只不過是欺騙王烏的謊言，他根本就無意入漢拜見天子，也無意派遣太子來漢朝當人質。此時匈奴又多次派遣奇兵侵犯漢朝邊境。漢朝便任命郭昌為拔胡將軍，和浞野侯趙破奴屯駐在朔方郡以東，防備匈奴進犯。

1 烏維單于立十歲死，子詹師廬❶立，年少，號為兒單于。是歲，元封❷六年也。自是後，單于益西北，左方兵直❸雲中，右方兵直酒泉、敦煌❹。

2 兒單于立，漢使兩使，一人弔❺單于，一人弔右賢王，欲以乖❻其國。使者入匈奴，匈奴悉將致❼單于。單于怒而悉留漢使。漢使留匈奴者前後十餘輩❽，而匈奴使來漢，亦輒留之相當。

3 是歲❾，漢使貳師將軍❿西伐大宛⓫，而令因杅將軍⓬築受降城⓭。其冬，匈奴大雨雪⓮，畜多飢寒死，而單于⓯年少，好殺伐，國中多不安。左大都尉欲殺單于，使人間告⓰漢曰：「我欲殺單于降漢，漢遠，漢即來兵⓱近我，我即發。」初漢聞此言，故築受降城，猶以為遠。

4 其明年春，漢使浞野侯破奴將二萬騎出朔方北二千餘里，期至浚稽山⓲而還。浞野侯既至期，左大都尉欲發而覺⓳，單于誅之，發兵擊浞野侯。浞野侯行捕首虜數千人。還，未至受降城四百里，匈奴八萬騎圍之。浞野侯夜出自求水，匈奴生得浞野侯，因⓴急擊其軍。軍吏畏亡將而誅㉑，莫相勸而歸㉒，軍遂沒於匈奴。單于大喜，遂遣兵攻受降城，不能下，乃侵入邊而去。明年，單于欲自攻受降城，未到，病死。

【章旨】此部分講述的是詹師廬繼位後，漢匈之間的外交和軍事摩擦。

【注釋】❶詹師廬　《史記》作「烏師廬」。❷元封　漢武帝的第六個年號，西元前一一〇—前一〇五年。❸直　正對著；面對。❹敦煌　郡名。治敦煌（今甘肅敦煌西）。轄境相當於今甘肅疏勒河以西及以南地區。❺弔　慰問喪家。❻乖　離間。❼致　送達；送交。❽輩　批。❾是歲　指漢武帝太初元年（西元前一〇四年）。❿貳師將軍　即李廣利。武帝時，為貳師將軍。率漢軍越過葱嶺攻破大宛，取得善馬三千餘匹。後出擊匈奴，兵敗投降，不久為匈奴貴族所殺。⓫大宛　西域國名。

在今中亞費爾干納盆地。建都貴山城（今吉爾吉斯國卡散賽）。其地盛產葡萄、苜蓿，以汗血寶馬著名。西元前一〇二年投降漢朝。⑫因杅將軍　即公孫敖。因杅，匈奴地名，被漢朝用作將軍名號。⑬受降城　故址在今內蒙古巴彥淖爾盟狼山西北。乃漢朝為接應匈奴降者而築。⑭雨雪　下雪。雨，降下。⑮而單于　當從《史記》作「兒單于」。⑯間告　暗中告知。⑰來兵　派兵。⑱浚稽山　山名。在今蒙古國境內戈壁阿爾泰山脈中段。⑲覺　被發覺。⑳因　趁勢。㉑軍吏畏亡將而誅　指漢軍將吏害怕因丟失主將而被朝廷誅殺。亡將，丟失主將。誅，被誅殺。㉒莫相勸而歸　《漢書補注》引王念孫說「而」字衍。

【語譯】烏維單于在位十年死去，他的兒子詹師廬繼立單于之位。因年紀尚幼，所以被稱為兒單于。這一年是元封六年。從此以後，單于更加往西北遷徙，其左方軍隊面對雲中郡，右方軍隊面對酒泉和敦煌郡。

2 兒單于繼位後，漢朝派出兩位使者分別去弔唁單于和右賢王，以離間匈奴君臣關係。漢朝使者到了匈奴那裡，匈奴人把他們都送到單于王庭。單于很生氣，就把漢朝使者扣留下來。漢朝使者被扣留在匈奴的前後有十餘批，而匈奴使者前來漢朝，漢朝也總是加以扣留作為相抵。

3 這一年，漢朝派遣貳師將軍李廣利西伐大宛，又命令因杅將軍公孫敖修築受降城。這年冬天，匈奴那裡下了大雪，很多牲畜被凍死、餓死。兒單于年輕氣盛，喜好殺人打仗，匈奴國中很多人對他表示不滿。左大都尉想殺掉單于，暗中派人告知漢朝說：「我想把單于殺掉，投降漢朝，可是漢朝離得遠。漢朝如果能派兵來接應我，我就發難。」當初，漢朝聽到這些話，所以修築了受降城，但還是認為受降城離匈奴太遠。

4 第二年春天，漢朝派遣浞野侯趙破奴率領兩萬騎兵出朔方郡以北二千餘里，約好到浚稽山後再回軍。浞野侯按期行動，至浚稽山而還，但此時左大都尉要發難一事被單于發覺，單于就殺了左大都尉，並出兵攻打浞野侯。浞野侯一路斬殺、俘獲匈奴數千人。返回到離受降城四百里的地方，被八萬匈奴騎兵包圍。浞野侯在夜裡自己出營房找水，被匈奴人活捉，匈奴趁勢對漢軍發動猛烈攻擊。漢軍將吏害怕因丟失主將而被朝廷誅殺，沒有人互相勉勵回歸漢朝，這樣，漢朝軍隊全部投降匈奴。匈奴兒單于欣喜若狂，於是又派兵進攻受降城，久久不能攻克，便侵入漢朝邊境而去。後一年，單于想親自率兵攻打受降城，行軍還未到目的地，就病死了。

兒單于立三歲而死。子少，匈奴迺立其季父❶烏維單于弟右賢王句黎湖為單于。是歲，太初❷三年也。

句黎湖單于立，漢使光祿❸徐自為出五原塞❹數百里，遠者千里，築城障❺列亭❻至盧朐❼，而使游擊將軍韓說❽、長平侯衛伉❾屯其旁，使強弩都尉路博德❿築居延澤⓫上。

其秋，匈奴大入雲中、定襄、五原、朔方⓬，殺略數千人，敗數二千石而去，行壞光祿所築亭障。又使右賢王入酒泉、張掖⓭，略數千人。會任文⓮擊救⓯，盡復失其所得而去。聞貳師將軍破大宛，斬其王還，單于欲遮⓰之，不敢，其冬⓱病死。

【章　旨】此部分主要記述的是句黎湖繼立單于之位後，漢匈之間發生的戰爭。

【注　釋】❶季父　叔父。❷太初　漢武帝的第七個年號，西元前一〇四—前一〇一年。❸光祿　《漢書窺管》說〈王溫舒傳〉和〈武帝紀〉作「光祿勳」，此處脫「勳」字。光祿勳，官名。秦稱郎中令，漢武帝時改稱光祿勳。東漢末年復稱郎中令。掌領宿衛侍從之官，為九卿之一。其屬官光祿大夫，掌顧問應對。❹五原塞　指五原郡榆林塞。在今陝西東北角。一說在今內蒙古河套東北岸。❺障　小城堡。❻亭　哨所。❼盧朐　山名。指今內蒙古狼山北麓。一說水名，指今克魯倫河上游。❽韓說　弓高侯韓穨當（韓王信後代，以匈奴相國降漢）庶孫，官至光祿勳。後被武帝太子劉據殺死。❾衛伉　衛青子。後坐巫蠱被殺。❿路博德　官至衛尉，以擊匈奴有功，封符離侯。後坐法失侯。詳見卷五十五〈衛青霍去病傳〉。⓫居延澤　古澤名。故址在今內蒙古額濟納旗北部，為弱水匯聚之處。後來逐漸淤塞。⓬五原朔方　《史記》卷一百十〈匈奴列傳〉和本書卷六

〈武帝紀〉皆無此四字。《漢書補注》亦疑此四字為衍文。五原，郡名。治九原（今內蒙古包頭西北）。地在今內蒙古包頭和後套之間。⓭張掖　郡名。治觻得（今甘肅張掖西北）。漢元鼎六年（西元前一一一年）分武威郡置。⓮任文　漢將。⓯擊救　攻打匈奴，救脫漢人。⓰遮　截擊；阻擊。⓱其冬　指太初四年冬。

【語譯】兒單于在位三年死去。他的兒子年紀很小，於是匈奴便擁立兒單于的叔父——烏維單于的弟弟右賢王句黎湖為單于。這年是太初三年。

句黎湖單于繼位後，漢朝派遣光祿勳徐自為出五原塞數百里，遠到千里，修築城堡哨所直到廬朐。又派遣游擊將軍韓說、長平侯衛伉屯兵於其左右，派遣強弩都尉路博德在居延澤邊修築城堡。

當年秋天，匈奴大舉入侵雲中、定襄、五原、朔方四郡，殺掠數千人，打敗好幾個二千石級的官將揚長而去，一路上又破壞光祿勳徐自為所修築的城堡哨所。又派遣右賢王攻入酒泉、張掖二郡，掠走數千人。剛好碰上漢將任文截擊匈奴，救脫漢人，匈奴右賢王又喪失所劫掠的人和財物而去。聽說貳師將軍攻破大宛，斬殺大宛國王而還，單于打算中途截擊他，但又不敢輕易出兵。這年冬天，單于得病死去。

1 句黎湖單于立一歲死，其弟左大都尉且鞮侯立為單于。

2 漢既誅❶大宛，威震外國，天子意欲遂困❷胡，迺下詔曰：「高皇帝遺❸朕平城之憂❹，高后時單于書絕❺悖逆❻。昔齊襄公復九世之讎❼，春秋大之❽。」是歲，太初四年也。

3 且鞮侯單于初立，恐漢襲之，盡歸漢使之不降者路充國等於漢。單于迺自謂「我兒子❾，安❿敢望⓫漢天子！漢天子，我丈人行⓬」。漢遣中郎將⓭蘇武⓮厚幣賂遺單于，單于益驕，禮甚倨⑮，非漢所望⑯也。明年⑰，浞野侯破奴得亡歸漢。

4 其明年，漢使貳師將軍將三萬騎出酒泉，擊右賢王於天山⑱，得首虜萬餘級而還。匈奴大圍貳師，幾⑲不得脫。漢兵物故什六七⑳。漢又使因杅將軍出西河㉑，與強弩都尉會涿邪山㉒，亡㉓所得。使騎都尉㉔李陵㉕將步兵五千人出居延北千餘里，與單于會，合戰，陵所殺傷萬餘人，兵食盡，欲歸，單于圍陵，陵降匈奴，其兵得脫歸漢者四百人。單于迺貴陵，以其女妻之。

5 後二歲㉖，漢使貳師將軍㉗六萬騎，步兵七萬，出朔方；強弩都尉路博德將萬餘人，與貳師會；游擊將軍說㉘步兵三萬人，出五原；因杅將軍敖㉙將騎萬㉚，步兵三萬人，出鴈門。匈奴聞，悉遠其累重㉛於余吾水㉜北，而單于以十萬㉝待水南，與貳師接戰。貳師解㉞而引歸，與單于連鬬十餘日。游擊亡所得。因杅與左賢王戰，不利，引歸。

【章旨】此部分講述的是且鞮侯繼立單于之位後，漢匈之間的和戰。

【注釋】❶誅　征服。❷困　圍困。❸遺　遺留。❹平城之憂　指漢高祖劉邦被匈奴圍困於平城一事。憂，憂患。❺絕　極其；非常。❻悖逆　違禮忤逆。❼昔齊襄公復九世之讎　據《公羊傳・莊公四年》載，齊襄公九世祖被紀（今山東壽光南紀臺村一帶的姜姓古國）侯誣陷，被殺於周。西元前六九〇年，齊襄公滅紀。齊襄公，即姜諸兒，春秋時齊國君，西元前六九七—前六八六年在位，後被殺。❽春秋大之　謂《春秋》對此事深加讚賞。❾我兒子　我是兒輩。❿安　怎麼；哪裡。⓫望相比。⑫丈人行　對年輩較長者的尊稱。⑬中郎將　官名。秦置中郎，至西漢分五官、左、右三署，各置中郎將以統領皇帝侍衛，隸屬光祿勳。⑭蘇武　字子卿，杜陵（今陝西西安）人。蘇建子。出使匈奴被扣留，寧死不降，被遷往北海邊牧羊，十九年後歸漢。官至典屬國。詳見卷五十四〈蘇建傳〉附〈蘇武傳〉。⑮倨　傲慢。⑯望　期望。⑰明年　指天漢元年（西元前一〇〇年）。⑱天山　山名。即今新疆境內的天山。⑲幾　幾乎。⑳什六七　十分之六、七。㉑西河　郡名。治平定（今內蒙古東勝），轄境相當於今內蒙古伊克昭盟東部，山西呂梁山、蘆芽山以西、石樓以北及陝西宜川以北黃河沿岸地帶。㉒涿邪山　一作涿塗山。山名。在今蒙古國阿爾泰山脈東南滿達勒戈壁附近。㉓亡　通「無」。沒有。㉔騎都尉　武官名。兼領羽林軍，屬光祿勳。㉕李陵　字少卿，西漢隴西成紀（今甘肅秦安）人。李廣孫。善騎射。武帝時為騎都尉，率兵出擊匈奴貴族，戰敗投降，後病死於匈奴。詳見卷五十四〈李廣傳〉附〈李陵傳〉。㉖後二歲　指天漢四年（西元前九七年）。㉗貳師將軍　後脫一「將」字。㉘說　即韓說。後脫一「將」字。㉙敖　即公孫敖。㉚騎萬　猶萬騎。㉛累重　拖累笨重之物。師古曰：「累重謂妻子資產也。」㉜余吾水　水名。即今蒙古國境內土拉河。㉝十萬　後脫一「騎」字。㉞解　謂（與敵）脫離接觸。

【語譯】句黎湖單于在位一年死去，他弟弟左大都尉且鞮侯繼立單于之位。

2 漢朝征服大宛，威震外國，天子於是企圖進而圍困匈奴，便頒布詔書說：「高皇帝給朕留下平城被圍困的憂患，高后時單于來信所言極其荒謬悖逆。從前齊襄公不忘報九世祖之仇，《春秋》表揚了這件事。」這一年是太初四年。

3 剛繼位的且鞮侯單于，因害怕漢朝攻打匈奴，於是就將漢朝使者中不肯投降匈奴的路充國等人都放歸漢朝。單于甚至說「我是兒輩，哪敢和大漢天子相比！大漢天子是我的長輩呢」。漢朝派中郎將蘇武送厚禮給單于，單于變本加厲，更加驕傲起來，對漢朝使者的禮節甚為倨傲，不是漢朝所期望的態度。第二年，浞野侯趙破奴得便從匈奴逃回漢朝。

4 第二年，漢朝派遣貳師將軍李廣利率領三萬騎兵出酒泉郡，在天山攻打右賢王，斬殺、俘獲匈奴一萬餘人而還。匈奴對貳師將軍進行大舉圍攻，貳師將軍差點兒被活捉。漢朝兵士死了十分之六、七。漢朝又派因杅將軍公孫敖出西河郡，與強弩都尉路博德在涿邪山會師，沒有什麼戰果。又派遣騎都尉李陵率領五千步兵出居延北一千餘里，與單于遭遇，雙方展開激戰，李陵所部殺死殺傷匈奴一萬多人，而自己的兵器和糧食也用完了，於是打算往回走，被匈奴包圍，李陵投降匈奴，其部下有四百人得以逃回漢朝。單于尊重李陵並使其顯貴，把自己的女兒嫁給他做妻子。

5 又過了兩年，漢朝派遣貳師將軍李廣利率領騎兵六萬人、步兵七萬人出朔方郡；強弩都尉路博德率領一萬餘人，相約與貳師將軍會師；游擊將軍韓說率領步兵三萬人出五原郡；因杅將軍公孫敖率領騎兵一萬人、步兵三萬人出雁門郡。匈奴聞訊，就把他們的家口財物全都運到余吾水以北，而單于以十萬之眾在余吾水以南等待漢軍，誓與貳師將軍決一死戰。貳師將軍與敵脫離接觸，引兵南歸，與單于連續激戰十多天。游擊將軍韓說沒有什麼戰果。因杅將軍公孫敖與左賢王交戰，戰鬥不利，引軍而歸。

明年，且鞮侯單于死，立五年，長子左賢王立為狐鹿姑單于。是歲，太始元年❶也。

初，且鞮侯兩子，長為左賢王，次為左大將，病且❷死，言立左賢王。左賢王未至，貴人以為有病，更立❸左大將為單于。左賢王聞之，不敢進❹。左大將使人召左賢王而讓位焉。左賢王辭以病，左大將不聽，謂曰：「即不幸死，傳之於我。」左賢王許之，遂立為狐鹿姑單于。

狐鹿姑單于立，以左大將為左賢王，數年病死，其子先賢撣不得代❺，更以為日逐王。日逐王者，賤於❻左賢王。單于自以其子為左賢王。

【章　旨】此部分講述的是狐鹿姑單于繼立匈奴單于之位一事。

【注　釋】❶太始元年　西元前九六年。太始，漢武帝的第九個年號，相當於西元前九六－前九三年。❷且　將；將要。❸更立　改立。❹進　指向單于王庭進發。❺代　代立。這裡指繼立。❻賤於　指地位低於。

【語　譯】第二年，在位五年的且鞮侯單于死去。他的長子左賢王繼立為狐鹿姑單于。這一年是太始元年。

起初，且鞮侯單于有兩個兒子，長子為左賢王，次子為左大將。且鞮侯病重快要死的時候，說是要立左賢王為單于。左賢王遲遲未到，匈奴貴族們以為他有病，就打算改立左大將為單于。左賢王聽到這個消息，就不敢向單于王庭進發。左大將派人召請左賢王而讓位於他。左賢王以自己有病相推辭，左大將不聽，對他說：「假如你不幸而死，再傳位給我。」左賢王於是答應了，這樣他就被立為狐鹿姑單于。

狐鹿姑單于繼位後，封左大將為左賢王，幾年後左賢王病死，其子先賢撣未能繼立為左賢王，改立為日逐王。日逐王地位低於左賢王。狐鹿姑單于封自己的兒子為左賢王。

單于既立六年❶，而匈奴入上谷、五原，殺略吏民。其年❷，匈奴復入五原、酒泉，殺兩部都尉❸。於是漢遣貳師將軍七萬人出五原，御史大夫商丘成❹將三萬餘人出西河，重合❺侯莽通❻將四萬騎出酒泉千餘里。單于聞漢兵大出，悉遣❼其輜重，徙趙信城北邸❽郅居水❾。左賢王驅其人民度❿余吾水六七百里，居兜銜山⓫。單于自將精兵左安侯⓬度姑且水⓭。

御史大夫軍至追邪徑⓮，無所見，還。匈奴使大將與李陵將三萬餘騎追漢軍，至浚稽山合，轉戰九日，漢兵陷陳卻敵⓯，殺傷虜甚眾。至蒲奴水⓰，虜不利，還去。

重合侯軍至天山，匈奴使大將偃渠與左右呼知王⓱將二萬餘騎要⓲漢兵，見漢兵彊，引去。重合侯無所得失。是時，漢恐車師⓳兵遮重合侯，迺遣闓陵侯⓴將兵別㉑圍車師，盡得其王民眾而還。

【章　旨】此部分主要記述征和二年和征和三年漢匈之間的幾次戰爭。

【注　釋】❶單于既立六年　時在漢武帝征和二年（西元前九一年）。❷其年　當作「其明年」，即征和三年（西元前九〇年）。❸兩部都尉　《漢書補注》王先謙說「部」字衍。❹商丘成　曾任大鴻臚，官至御史大夫，後因罪自殺。❺重合　縣名。在今山東樂陵西北。❻莽通　即馬通。以功封侯。後與兄何羅、弟安成謀反，被殺。❼遣　送走。❽邸　通「抵」。到達。❾郅居水　水名。即今蒙古國色楞格河。❿度　通「渡」。渡過。⓫兜銜山　山名。⓬左安侯　其意不詳，疑為匈奴封號。⓭姑且水　水名。在今蒙古東南麓，蒲奴水西。⓮追邪徑　地名。⓯漢兵陷陳卻敵　意即漢軍陷入敵陣，打退敵人。陷，深入。陳，通「陣」。⓰蒲奴水　水名。在今蒙古國杭愛山東南麓。⓱呼知王　匈奴王號。⓲要　通「邀」。半路攔截。⓳車師　西域國名。有車師前國、車師後國、車師後城長國，皆在今新疆東北部。⓴闓陵侯　一作開陵侯。即成娩。原為匈奴介和王，降漢封侯。當時奉命率樓蘭等西域六國兵別擊車師。闓陵，今地不詳。㉑別　另；又。

【語　譯】狐鹿姑單于繼位第六年，匈奴舉兵入侵上谷和五原二郡，殺掠漢朝官吏百姓。第二年，匈奴又舉兵入侵五原和酒泉二郡，殺死兩名都尉。正當此時，漢朝派遣貳師將軍李廣利率領七萬人出五原郡，御史大夫商丘成率領三萬餘人出西河郡，重合侯莽通率領四萬騎兵出酒泉郡一千餘里。單于聽說漢軍大規模出動，馬上將其輜重全都運走，轉移到趙信城以北抵達郅居水。左賢王則驅趕其人民渡過余吾水，遠走六七百里，住到兜銜山那裡。單于親自統領精兵左安侯部渡過姑且水。

御史大夫商丘成所部進抵追邪徑，沒有發現敵人，空手而還。匈奴派其大將和李陵率領三萬餘騎兵追擊漢軍，追到浚稽山和漢軍交戰，轉戰九天，漢軍深入敵陣，打退敵人，殺傷敵軍很多。雙方轉戰到蒲奴水，匈奴戰鬥不利，便離開戰場回去了。

重合侯莽通所部進抵天山，匈奴派大將偃渠和左右呼知王率領兩萬多騎兵截擊漢軍，看見漢軍兵強馬壯，便引兵離開。重合侯無所獲，也無所失。當時漢朝害怕車師國軍隊攔截重合侯，便派遣闓陵侯成娩率軍另又包圍了車師，盡得其國王和民眾而還。

貳師將軍將出塞，匈奴使右大都尉與衛律❶將五千騎要擊漢軍於夫羊❷句山❸狹❹。貳師遣屬國❺胡騎二千與戰，虜兵壞散❻，死傷者數百人。漢軍乘勝追北，至范夫人城❼，匈奴奔走，莫敢距敵。會貳師妻子❽坐❾巫蠱❿收⓫，聞之憂懼。其掾⓬胡亞夫亦避罪從軍，說貳師曰：「夫人⓭室家⓮皆在吏，若還⓯不稱意⓰，適與獄⓱會，郅居以北可復得見乎⓲？」貳師由是狐疑⓳，欲深入要⓴功，遂北至郅居水上。虜已去，貳師遣護軍㉑將二萬騎度郅居之水㉒。一日，逢左賢王左大將，將二萬騎與漢軍合戰一日，漢軍殺左大將，虜死傷甚眾。軍長史與決眭都尉㉓煇渠侯㉔謀曰：「將軍懷異心，欲危眾求功，恐必敗。」謀共執㉕貳師。貳師聞之，斬長史，引兵還至速邪烏㉖燕然山㉗。單于知漢軍勞倦，自將五萬騎遮擊貳師，相殺傷甚眾。夜塹㉘漢軍前，深數尺，從後急擊之，軍大亂敗，貳師降。單于素知其漢大將貴臣，以女妻之，尊寵在衛律上。

【章　旨】此部分主要講述的是貳師將軍征伐匈奴及最後投降匈奴的全過程。

【注　釋】❶衛律　其父本是胡人，從小在漢朝長大。曾出使匈奴，歸來後又降匈奴，受到單于寵愛，被封為丁靈王。又曾奉命逼迫蘇武投降匈奴，遭到蘇武唾罵。❷夫羊　地名。❸句山　山名。在今河北宣化東北龍關鎮東南之西山。❹狹　峽谷；山口。❺屬國　指匈奴五屬國。❻壞散　潰散。❼范夫人城　應劭曰：「本漢將築此城。將亡，其妻率餘眾完保之，因以為名也。」在今內蒙古百靈廟北。❽妻子　妻與子。❾坐　因犯某罪或錯誤被定罪。❿巫蠱　古人迷信說法，以為用巫術詛咒及將木偶人埋地下，可以害人，稱為「巫蠱」。漢武帝晚年多病，疑其左右巫蠱所致，牽連到丞相公孫賀和太子劉據等，引起了嚴重的宮廷內亂，殺戮甚多。史稱「巫蠱之禍」。⓫收　逮捕。⓬掾　屬官的通稱。⓭夫人　漢代稱列侯之妻。也用作對婦人的尊稱。⓮室家　家人。⓯還　返回，此指歸朝。⓰稱意　指合皇帝心意。⓱獄　官司；案件。⓲郅居以北可復得見乎　意即在郅居水以北還能見到你嗎。⓳狐疑　意即遇事猶豫不決。⓴要　求取。㉑護軍　官名。秦漢時軍隊出征臨時設護軍都尉或中尉。㉒郅居之水　《漢書補注》言「之」字當為衍字。㉓決眭都尉　都尉名號。㉔煇渠侯　即雷電（《史記・建元以來侯者年表》作「電」）。其父僕朋（《史記》作「僕多」）本匈奴人，降漢後以征伐匈奴有功被封為煇渠侯。雷電嗣侯爵。當時以五原屬國都尉與李廣利擊匈奴，沒於軍。㉕執　拘捕；捉拿。㉖速邪烏　地名。㉗燕然山　山名。即今蒙古國杭愛山。㉘塹　挖溝。這裡指挖掘戰壕。

【語　譯】貳師將軍將要率兵出塞，匈奴派右大都尉和衛律率領五千騎兵在夫羊句山山谷截擊漢軍。貳師將軍派出屬國胡人兩千騎兵同敵軍交戰，敵軍潰敗，死傷數百人。漢軍乘勝追擊，北抵范夫人城，匈奴兵紛紛逃亡，無人敢於抵抗。這時恰巧貳師將軍的妻子和兒子因犯巫蠱之罪被逮捕收押，貳師將軍聽到這個消息後，心裡憂慮恐懼。他的掾吏胡亞夫也是因為避罪而從軍的，他勸貳師將軍說：「您的夫人和家裡其他人都在執法官那裡拘押受審，如果回去後有什麼不合皇上心意，就難免不受牽連。到那時候，我們在郅居水以北還能見到您嗎？」貳師將軍聽後猶豫不決，心裡忐忑不安，想深入敵境求功，於是率軍北抵郅居水岸邊。敵軍已經離去，貳師將軍派護軍率領兩萬騎兵渡過郅居水。有一天，遇上左賢王左大將率領的兩萬騎兵，雙方進行了一天的激戰。漢軍殺死匈奴左大將，匈奴軍死傷嚴重。漢軍的長史和決眭都尉煇渠侯雷電密謀說：「將軍心懷異念，想危害部眾以求取戰功，恐怕必遭失敗。」他們一起策劃把貳師將軍抓起來。貳師將軍聞訊後，殺掉了長史，領兵往回走到速邪烏燕然山。單于得知漢軍勞累困頓，便親自率領五萬騎兵攔擊貳師將軍，雙方展開激戰，傷亡都很嚴重。匈奴連夜挖掘戰壕直到漢軍陣營前，深達數尺，從後面對漢軍發動突然襲擊；漢軍大亂而敗，貳師將軍也投降了匈奴。單于向來就知道貳師將軍是漢朝的大將和貴臣，便把自己的女兒嫁給他做妻子，對他的尊崇勝過衛律。

其明年❶，單于遣使遺漢書云：「南有大漢，北有強胡。胡者，天之驕子❷也，不為小禮❸以自煩❹。今欲與漢闓大關❺，取漢女為妻，歲給遺我糵酒萬石，稷米五千斛❻，雜繒萬匹，它如故約，則邊不相盜矣。」漢遣使者報送其使，單于使左右難❼漢使者，曰：「漢，禮義國也。貳師道❽前太子發兵反❾，何也？」使者曰：「然。迺丞相私與太子爭鬬，太子發兵欲誅丞相，丞相誣之，故誅丞相。此子弄父兵❿，罪當笞⓫，小過耳⓬。孰與⓭冒頓單于身⓮殺其父代立，常妻後母，禽獸行也！」單于留使者，三歲迺⓯得還。

【章旨】此部分主要講的是征和四年漢匈之間的一次外交摩擦。

【注釋】❶其明年　指征和四年（西元前八九年）。❷驕子　受到嬌寵的兒子。❸小禮　細微的禮儀、禮節。❹煩　煩擾。❺闓大關　指開通關市。❻歲給遺我糱酒萬石二句　意即匈奴要漢朝每年送給他們一萬石糱酒、五千斛稷米。石，容量單位，十斗為一石（西漢一石合今三四・二五公升）；重量單位，一百二十市斤為一石（西漢一石合今三〇・九九公斤）。稷，一說稷即粟的別稱。斛，容量單位，一斛十斗。❼難　詰難。❽道　說；講。❾前太子發兵反　指戾太子（即衛太子）劉據（西元前一二八—前九一年）發兵誅殺江充一事。劉據，衛皇后所生，漢武帝太子。征和二年（西元前九一年），遭江充誣陷行巫蠱，遂發兵誅充，並與丞相劉屈氂等戰於長安，交戰五日，死者數萬人。太子兵敗逃亡，不久為吏圍捕，自殺。❿兵　兵器。⓫笞　鞭打；杖擊。⓬耳　而已；罷了。⓭孰與　意為與某人、物或事比較，哪個更如何如何。⓮身　親自；親手。⓯迺　方；才。

【語譯】第二年，單于派使者送信給漢朝，信中說：「南有大漢，北有強胡，胡人是天帝的驕子，不為細小的禮儀禮節所拘束而自尋煩擾。現在想同漢朝大開關市，娶漢家女子為妻，要漢朝每年送給我們糱酒一萬石、穀米五千斛、雜繒一萬匹，其他條件遵照從前的盟約，那麼我們就不劫掠漢朝的邊境了。」漢朝派使者回訪匈奴並護送其來使。單于叫手下人詰難漢朝使者，問道：「漢朝是禮儀之國。但貳師將軍說先前太子曾發兵造反，這是為什麼？」漢朝使者回答說：「有這麼一回事。那是丞相跟太子私下爭鬥，太子想發兵殺丞相，丞相誣衊他要造反，所以要誅殺丞相。這是兒子玩弄父親的兵器，其罪當施笞刑，不過是小小的過錯罷了，哪裡像冒頓單于親手殺死自己的父親而代立，把娶後母為妻視為常事，這都是禽獸之行啊！」單于扣留了使者，三年後才放回。

貳師在匈奴歲餘，衛律害❶其寵，會❷母❸閼氏病，律飭❹胡巫❺言先單于❻怒，曰：「胡故時祠兵❼，常言得貳師以社❽，今何故不用？」於是收❾貳師，貳師罵曰：「我死必滅匈奴！」遂屠貳師以祠。會連雨雪數月，畜產死，人民疫病，穀稼不孰❿，單于恐，為貳師立祠室。

【章旨】此部分主要講述的是貳師將軍被衛律陷害致死一事。

【注釋】❶害　嫉妒。❷會　恰逢；適逢。❸母　指單于母親。❹飭　通「敕」。告誡；（帝王）命令。❺胡巫　匈奴女巫。❻先單于　指且鞮侯單于。❼祠兵　祭兵。臨征戰時為祈求勝利的祭神活動。❽社　祭祀土地神。❾收　搜捕；拘捕。❿孰　通「熟」。指莊稼成熟。

【語譯】貳師將軍在匈奴一年多，衛律嫉妒他受單于尊寵，這時恰逢單于母親病了，衛律乘機叫匈奴女巫詐稱先前死去的單于發怒了，說：「匈奴以前祭兵時，常說抓到貳師將軍，要用他的人頭祭祀社神，現在為什麼不用？」於是把貳師將軍抓了起來，貳師將軍破口大罵道：「我死後一定要滅掉匈奴！」匈奴就殺了貳師將軍以祭社神。恰巧連續下了幾個月的雪，匈奴牲畜被凍死，有很多百姓都染上疾病，莊稼也不能成熟，單于心中很害怕，便為貳師將軍設立了祠室。

自貳師沒後❶，漢新失大將軍士卒數萬人，不復出兵。三歲，武帝崩❷。前此者，漢兵深入窮追二十餘年，匈奴孕重墮殰❸，罷極❹苦❺之。自單于以下常有欲和親計❻。

【章旨】此部分主要講述自貳師將軍敗降匈奴後，漢匈之間暫時和平的局面。

【注釋】❶自貳師沒後　指李廣利兵敗降匈奴以後。❷三歲二句　自征和三年（西元前九〇年）夏李廣利敗降匈奴至後元二年（西元前八七年）春武帝死，總共為三年。❸孕重墯殰　意即難以生兒育女和繁殖牲畜。孕重，懷孕（者）。墯殰，墮胎；流產。❹罷極　疲憊困窘到極點。❺苦　苦惱。❻計　打算；念頭。

【語　譯】自從貳師將軍兵敗投降匈奴以後，漢朝新近損失大將軍士卒數萬人，不再出兵攻擊匈奴。三年後，漢武帝駕崩。在這之前，漢軍深入窮追匈奴二十多年，匈奴被擾亂得難以生兒育女和繁殖牲畜，疲憊窮困到極點，無不厭苦。從單于以下，大小首領常有想跟漢朝和親的念頭。

後三年，單于欲求和親，會病死。初，單于有異母弟為左大都尉，賢，國人鄉❶之，母閼氏恐單于不立子而立左大都尉也，迺私使❷殺之。左大都尉同母兄怨，遂不肯復會單于庭。又單于病且死，謂諸貴人：「我子少❸，不能治國，立弟右谷蠡王。」及單于死，衛律等與顓渠閼氏❹謀，匿❺單于死，詐撟❻單于令，與貴人飲盟❼，更立子左谷蠡王為壺衍鞮單于。是歲，始元二年❽也。

【章　旨】此部分記述的是左谷蠡王被立為壺衍鞮單于一事。

【注　釋】❶鄉　通「向」。向著；趨向。這裡指眾心所歸。❷私使　私下派人。❸少　年紀小。❹顓渠閼氏　單于正妻號。❺匿　隱匿；隱瞞。❻詐撟　詐稱。撟，通「矯」。❼飲盟　聚飲訂盟。❽始元二年　西元前八五年。始元，漢昭帝的第一個年號，西元前八六—前八一年。

【語　譯】又過了三年，單于想謀求和漢朝和親，不巧得病而死。起初，單于有一個異母弟任左大都尉，為人賢明，深得匈奴國人擁護。單于生母害怕單于不立子而立左大都尉，便私下派人殺了左大都尉。左大都尉的同母兄怨恨，便不肯再到單于庭相會。另一方面，單于病危臨死前對各位匈奴貴人說：「我兒子小，不能治理國家，請立我弟右谷蠡王為單于。」等到單于死後，衛律等人與顓渠閼氏密謀，把單于已死之事隱瞞起來，並詐稱單于命令，通過與貴人們飲酒訂盟，改立其子左谷蠡王為壺衍鞮單于。這一年是昭帝始元二年。

壺衍鞮單于既立，風謂❶漢使者，言欲和親。左賢王、右谷蠡王以不得立怨望❷，率其眾欲南歸漢。恐不能自致，即脅❸盧屠王❹，欲與西降烏孫，謀擊匈奴。盧屠王告之，單于使人驗問❺，右谷蠡王不服❻，反以其罪罪盧屠王❼，國人皆冤❽之。於是二王去居其所，未嘗❾肯會龍城❿。

【章　旨】此部分記述的是左賢王和右谷蠡王欲叛匈奴一事。

【注　釋】❶風謂　含蓄相告。師古曰：「風讀曰諷，謂不正言也。」❷怨望　怨恨責望。❸脅　威脅；脅迫。❹盧屠王　匈奴王名。❺驗問　審訊驗證。❻不服　不認罪。❼罪盧屠王　指單于治盧屠王之罪。罪，判罪；懲處。❽冤　冤枉；冤屈。此為意動用法。❾未嘗　未曾；從不。❿會龍城　指參加龍城祭祀活動。

【語　譯】壺衍鞮單于繼位後，對漢朝使者含蓄表示，說他想和漢朝和親。左賢王和右谷蠡王因為自己未能繼立為單于而怨恨責望，率領他們的部眾想南去投降漢朝。他們害怕自己不能辦成這件事，就脅迫盧屠王，打算和他一起西降烏孫，合謀攻打匈奴。盧屠王告發了這一陰謀，單于派人來審訊驗證有關事實，右谷蠡王不認罪，單于反而以謀逆罪懲處盧屠王，國人都為盧屠王叫屈。於是，左賢王和右谷蠡王各自到他們原先的地方居住，未曾去參加龍城祭祀活動。

後二年❶秋，匈奴入代，殺都尉。單于年少初立，母閼氏不正❷，國內乖離❸，常恐漢兵襲之。於是衛律為單于謀「穿井❹築城，治樓❺以藏穀，與秦人❻守之。漢兵至，無柰我何」。即穿井數百，伐材❼數千。或曰胡人不能守城，是❽遺漢糧也，衛律於是止，迺更謀歸❾漢使不降者蘇武、馬宏等。馬宏者，前副光祿大夫❿王忠使西國⓫，為匈奴所遮，忠戰死，馬宏生得⓬，亦不肯降。故匈奴歸此二人，欲以通善意。是時，單于立三歲矣。

【章　旨】此部分講述的是匈奴對漢朝代郡的入侵和對漢朝的防禦行動，及匈奴爭取與漢朝和解的努力。

【注　釋】❶後二年　指漢昭帝始元四年（西元前八三年）。❷不正　不正派；淫邪不正。❸乖離　離心離德。乖，背離；違背。❹穿井　鑿井；掘井。❺治樓　建築樓房。❻秦人　古時（大體在秦至晉代）西、北方鄰族鄰國對中國人的一種稱呼。師古曰：「秦時有人亡入匈奴者，今其子孫尚號秦人。」❼材　木材；木料。❽是　指代上述那種做法。❾歸　放歸。❿光祿大夫　官名。光祿勳屬官。漢武帝改中大夫置，掌議論政事。⓫西國　指西域各國。⓬生得　生擒；活捉。

【語　譯】過後兩年的秋天，匈奴入侵代郡，殺死代郡都尉。單于剛繼位，年紀尚幼，其母閼氏淫邪不正，不得人心，匈奴國人常常害怕漢軍打來。於是，衛律替單于出主意說「鑿井築城，蓋樓以儲藏穀物，與秦人一起防守。就是漢軍來攻，也不能把我們怎樣」。匈奴隨即挖掘數百口井，砍伐數千根木材。有人說胡人不會守城，這種做法的後果將是把糧食白白送給漢朝。衛律於是停止了這些活動，另外想了一個計策，就是把漢朝使者中不肯投降的蘇武、馬宏等人放歸漢朝。馬宏這個人，曾在光祿大夫王忠出使西域諸國時擔任副使，半路上被匈奴攔截，王忠戰死，馬宏被活捉，也不肯投降。所以，匈奴把他們二人放回，想藉以表達和傳遞他們對漢朝的善意。這時，壺衍鞮單于繼位已經有三年了。

明年❶，匈奴發左右部二萬騎，為四隊，並入邊為寇。漢兵追之，斬首獲虜九千人，生得甌脫王❷，漢無所失亡。匈奴見甌脫王在漢，恐以為道❸擊之，即西北遠去，不敢南逐水草，發人民屯甌脫。明年，復遣九千騎屯受降城以備漢，北橋❹余吾❺，令可度，以備奔走。是時，衛律已死。衛律在時，常言和親之利，匈奴不信，及死後，兵數困，國益貧。單于弟左谷蠡王思衛律言，欲和親而恐漢不聽，故不肯先言，常使左右風漢使者。然其侵盜益希❻，遇漢使愈厚，欲以漸致和親，漢亦羈縻❼之。其後，左谷蠡王死。

【章　旨】此部分講述的是元鳳元年和元鳳二年，漢匈之間的攻防情勢，以及漢匈之間和解的趨勢。

【注　釋】❶明年　指漢昭帝元鳳元年（西元前八〇年）。❷甌脫王　匈奴王號。甌脫為匈奴、東胡等少數民族用語，意即邊境屯守處，亦指代屯守邊境之官兵或邊界。❸道　通「導」。引導。❹橋　架橋。❺余吾　余吾水。❻希　通「稀」。稀少。❼羈縻　籠絡。

【語　譯】第二年，匈奴出動左右二部兩萬騎兵，分兵四路，一起入侵漢朝邊境劫掠。漢軍追擊敵兵，斬殺、俘獲九千人，活捉甌脫王，而漢軍沒有什麼傷亡。匈奴見甌脫王在漢朝，害怕漢軍會在他的引導下來攻打他們，就向西北方遠遠遷徙，不敢南下尋找水草，徵發人民屯駐於其邊界地帶。第二年，又派遣九千騎兵駐紮在受降城，以防備漢朝；又在北面的余吾水上架橋，使之可以通行，以備奔逃。這時候，衛律已經死去。衛律在世時，經常談論和親的好處，匈奴人不相信；到他死去以後，匈奴軍隊屢遭困敗，國家日益貧窮。單于之弟左谷蠡王回想衛律的話，打算和漢朝和親，又擔心漢朝不理睬，所以他不肯先開口，常叫手下人暗示漢朝使者。然而匈奴入侵劫掠漢朝邊境的行為越來越少，對漢朝使者的待遇也更加優厚，想以此逐漸達到和親的目的，漢朝也籠絡匈奴。後來，左谷蠡王死了。

明年❶，單于使犁汙王❷窺邊，言酒泉、張掖兵益弱，出兵試擊，冀可復得其地。時漢先得降者，聞其計，天子詔邊警備。後無幾❸，右賢王、犁汙王四千騎分三隊，入日勒、屋蘭、番和❹。張掖太守、屬國都尉❺發兵擊，大破之，得脫者數百人。屬國千長❻義渠王騎士射殺犁汙王，賜黃金二百斤，馬二百匹，因封為犁汙王。屬國都尉郭忠封成安❼侯。自是後，匈奴不敢入張掖。

【章　旨】此部分記述了元鳳三年漢匈之間的戰爭。

【注　釋】❶明年　指元鳳三年（西元前七八年）。❷犁汙王　匈奴王名。❸無幾　不久。❹日勒屋蘭番和　皆縣名。皆在今甘肅中部。日勒在今山丹東南，屋蘭在今山丹西北，番和在今永昌。❺屬國都尉　官名。漢武帝時置。掌屬國軍政。❻千長　武官名。統率千人。《漢書補注》引沈欽韓曰：「《續志》張掖郡屬國有千人官。」❼成安　縣名，屬潁川郡，在今河南臨汝東南。

【語　譯】第二年，單于派遣犁汙王窺探漢朝邊境，犁汙王報告單于說漢軍在酒泉、張掖二郡實力更加弱小，如果出兵攻打一下，有希望重新奪回其地。當時漢朝事先得到降歸的匈奴人，因此知道匈奴的計劃，天子命令邊郡加強戒備。其後不久，右賢王和犁汙王率領四千騎兵，兵分三路，侵入日勒、屋蘭、番和三縣，張掖郡太守和屬國都尉發兵出擊，大敗匈奴，匈奴只有數百人逃脫。屬國千長義渠王騎士射死犁汙王，皇帝賞賜他黃金二百斤、馬二百匹，即封其為犁汙王。屬國都尉郭忠被封為成安侯。從此以後，匈奴不敢入侵張掖郡。

其明年❶，匈奴三千餘騎入五原，略殺數千人，後數萬騎南旁塞獵❷，行攻❸塞外亭障，略取吏民去。是時漢邊郡烽火候望精明，匈奴為邊寇者少利，希復犯塞。漢復得匈奴降者，言烏桓❹嘗發先單于家❺，匈奴怨之，方發二萬騎擊烏桓。大將軍霍光❻欲發兵邀擊之，以問護軍都尉趙充國❼。充國以為：「烏桓間❽數犯塞，今匈奴擊之，於漢便。又匈奴希寇盜，北邊幸無事。蠻夷自相攻擊，而發兵要❾之，招寇生事，非計也。」光更問中郎將范明友❿，明友言可擊。於是拜明友為度遼將軍，將二萬騎出遼東。匈奴聞漢兵至，引去。初，光誡⓫明友：「兵不空出，即後匈奴⓬，遂擊烏桓。」烏桓時新中⓭匈奴兵，明友既後匈奴，因乘烏桓敝，擊之，斬首六千餘級，獲三王首，還，封為平陵⓮侯。

【章　旨】此部分主要記述元鳳四年，漢朝、匈奴、烏桓三國之間的戰爭。

【注　釋】❶其明年　第二年（元鳳四年，西曆前七七年）。❷旁塞獵　靠近邊塞遊獵。旁，通「傍」。❸行攻　沿途進攻。❹烏桓　古族名。也作烏丸。東胡族的一支。秦末東胡遭冒頓單于擊破後，部分遷往烏桓山（今大興安嶺山脈南端），因而得名，以遊獵為生。漢初依附匈奴，漢武帝以後，依附漢朝，遷至上谷等五塞外。漢置護烏桓校尉兼領之。❺發先單于家　為報冒頓破滅其國之仇，故發掘先單于冢墓。❻霍光　字子孟，河東平陽（今山西臨汾）人。霍去病異母弟。武帝時，為奉車都尉。昭帝年幼即位，他與桑弘羊等同受武帝遺詔輔政，任大司馬大將軍，封博陸侯。昭帝死後，迎立昌邑王劉賀為帝，不久即廢，又迎立宣帝。前後執政凡二十年。詳見卷六十八〈霍光傳〉。❼趙充國　字翁孫，隴西上邽（今甘肅天水）人。西漢名將。熟悉匈奴和羌族的情況。武帝、昭帝時，率軍反擊匈奴，勇敢善戰，任後將軍。宣帝即位，封為營平侯。後與羌族作戰，在西北屯田，頗有貢獻。詳見卷六十九〈趙充國傳〉。❽間　近來。師古曰：「間即中間也，猶言比日也。」❾要　通「邀」。邀擊。❿范明友　霍光女婿。任未央衛尉，宣帝時任光祿勳。後霍氏謀反事發，自殺。⓫誡　告誡。⓬後匈奴　意即漢軍落在匈奴後邊，不能截擊之。⓭新中　剛剛遭受打擊傷害。師古曰：「為匈奴所中傷。」⓮平陵　縣名。因昭帝陵在此置縣。在今陝西咸陽西北。

【語譯】次年，匈奴三千餘騎兵入侵五原郡，殺掠數千人。其後有數萬騎兵南下靠近邊塞射獵，沿途進攻塞外亭障，掠取吏民而去。這時候，漢朝邊郡烽燧候望精細嚴明，匈奴在漢朝邊境寇掠獲利不多，因此就很少再來侵犯邊塞。漢朝又得到歸降的匈奴人，說是烏桓曾經發掘以前單于的墳墓，匈奴怨恨烏桓，正出動兩萬騎兵攻打烏桓。大將軍霍光想發兵截擊匈奴，向護軍都尉趙充國詢問對此事的意見。趙充國認為：「烏桓最近屢次侵犯邊塞，現在匈奴去攻擊它，對漢朝有好處。再者，匈奴寇掠很少，北方邊境幸而太平無事。蠻夷自相殘殺，而出兵截擊它，招寇生事，不是好計策。」霍光又問中郎將范明友，范明友回答說可以截擊。於是任命范明友為度遼將軍，率領兩萬騎兵出遼東郡。匈奴聽說漢軍來了，馬上引兵離去。漢軍出發前，霍光告誡范明友說：「軍隊不能沒有收到戰果就空手回來，如果你落在匈奴部隊後面，就不要截擊他們，順路去攻打烏桓。」烏桓這時剛剛受到匈奴軍隊的沉重打擊，范明友沒有趕上匈奴，便乘烏桓疲憊之機前去攻擊，斬首六千餘級，得到三個王的首級。回來後，范明友被封為平陵侯。

匈奴繇是❶恐，不能出兵。即使使之❷烏孫，求欲得漢公主❸。擊烏孫，取車延、惡師❹地。烏孫公主❺上書，下公卿議救，未決。昭帝❻崩，宣帝❼即位，烏孫昆彌❽復上書，言：「連為匈奴所侵削，昆彌願發國半精兵人馬五萬匹，盡力擊匈奴，唯❾天子出兵，哀救❿公主！」本始二年⓫，漢大發關東輕銳士⓬，選郡國⓭吏三百石⓮伉健⓯習騎射者，皆從軍。遣御史大夫田廣明⓰為祁連將軍，四萬餘騎，出西河；度遼將軍范明友三萬餘騎，出張掖；前將軍韓增⓱三萬餘騎，出雲中；後將軍趙充國為蒲類⓲將軍，三萬餘騎，出酒泉；雲中太守田順⓳為虎牙將軍，三萬餘騎，出五原：凡五將軍，兵十餘萬騎，出塞各二千餘里。及校尉⓴常惠㉑使護發兵烏孫西域，昆彌自將翕侯㉒以下五萬餘騎從西方入，與五將軍兵凡二十餘萬眾。匈奴聞漢兵大出，老弱犇走，毆㉓畜產遠遁逃，是以五將少所得。

度遼將軍出塞千二百餘里，至蒲離候水㉔，斬首捕虜七百餘級，鹵獲馬牛羊萬餘。前將軍出塞千二百餘里，至烏員㉕，斬首捕虜，至候山㉖百餘級，鹵馬牛羊二千餘。蒲類將軍兵當與烏孫合擊匈奴蒲類澤㉗，烏孫先期至而去，漢兵不與相及㉘。蒲類將軍出塞千八百餘里，西去候山，斬首捕虜，得單于使者蒲陰王以下三百餘級，鹵馬牛羊七千餘。聞虜已引去，皆不至期還。天子薄㉙其過，寬而不罪。祁連將軍出塞千六百里，至雞秩山㉚，斬首捕虜十九級，獲牛馬羊百餘。

逢漢使匈奴還者冉弘等，言雞秩山西有虜眾，祁連即戒㉛弘，使言無虜，欲還兵。御史屬㉜公孫益壽諫，以為不可，祁連不聽，遂引兵還。虎牙將軍出塞八百餘里，至丹余吾水㉝上，即止兵不進，斬首捕虜千九百餘級，鹵馬牛羊七萬餘，引兵還。上以虎牙將軍不至期，詐增鹵獲㉞，而祁連知虜在前，逗遛不進㉟，皆下吏自殺。擢㊱公孫益壽為侍御史㊲。校尉常惠與烏孫兵至右谷蠡庭，獲單于父行㊳及嫂、居次㊴、名王、犁汙都尉㊵、千長、將㊶以下三萬九千餘級，虜馬牛羊驢驘橐駝㊷七十餘萬。漢封惠為長羅㊸侯。然匈奴民眾死傷而去㊹者，及畜產遠移死亡不可勝數。於是匈奴遂衰耗㊺，怨烏孫。

【章旨】此部分主要講述的是本始二年，漢朝應烏孫之請，大規模出兵同烏孫合擊匈奴，使匈奴元氣大傷。

【注釋】❶繇是　由此。❷之　往；到。❸漢公主　指解憂公主，即劉解憂。楚王劉戊孫女。❹車延惡師　皆烏孫地名。❺烏孫公主　指解憂公主。❻昭帝　即劉弗陵。漢武帝之子。西元前八六－前七四年在位。詳見卷七〈昭帝紀〉。❼宣帝　即劉詢。戾太子孫。西元前七四－前四九年在位。詳見卷八〈宣帝紀〉。❽昆彌　一譯「昆莫」。烏孫王的稱號。❾唯　希望。❿哀救　哀憐救助。⓫本始二年　西元前七二年。⓬輕銳士　指裝備輕便、行動迅速的精銳騎兵。⓭郡國　漢代行郡、國並置之制，諸侯王國地位略如郡，所以郡、國連稱。⓮吏三百石　俸祿為三百石的官吏。⓯伉健　高大健壯。⓰田廣明　字子公，鄭縣（今陝西華縣）人。歷任淮陽太守、大鴻臚、衛尉、左馮翊等，官至御史大夫，封昌水侯。後自殺。詳見卷九十〈田廣明傳〉。⓱韓增　韓說之子。封龍頷侯。歷仕武、昭、宣三朝，官至大司馬車騎將軍，領尚書事。⓲蒲類　西域湖名、國名。

即今新疆東部巴里坤湖（漢名蒲類海，唐名婆悉海）。周圍地區本屬匈奴，後歸姑師，漢神爵二年（西元前六〇年）漢擊破姑師，分置前後蒲類國，屬西域都護府。此處用作將軍名號。⑲田順　長陵（今陝西咸陽）人。丞相田千秋之子。嗣父富民侯爵。後自殺。⑳校尉　武官名。地位僅次於將軍，隨其職務冠以名號。有中壘等八校尉，為專掌特種部隊的將領。㉑常惠（?—西元前四七年），太原（今山西太原）人。曾隨蘇武出使匈奴，十餘年後歸來，任光祿大夫。後任典屬國、右將軍。詳見卷七十〈常惠傳〉。㉒翕侯　烏孫侯號。㉓敺　驅趕。㉔蒲離候水　水名。在今新疆境內。㉕烏員　地名。㉖候山　山名。師古曰：「候山，山名也。於此山斬捕得人。」㉗蒲類澤　即蒲類海。㉘相及　相遇；相會合。㉙薄　微小。此為意動用法。㉚雞秩山　山名。㉛戒　通「誡」。告誡；警告。㉜御史屬　御史府屬吏。㉝丹余吾水　水名。在今蒙古國境。㉞詐增鹵獲　指用欺騙手段多報俘殺敵數和戰利品數以邀功。㉟逗遛不進　軍法術語。謂行軍途中無故停頓。按當時軍法，犯此罪者要處以極刑。逗遛，同「逗留」。㊱擢　提拔。㊲侍御史　官名。御史大夫屬員，或給事殿中，或舉劾非法，或督察郡縣，或奉使外出。西漢時定員十五人。㊳父行　父輩。叔父和伯父。㊴居次　匈奴貴族女子稱號，類似「公主」。㊵犁汙都尉　犁汙王的都尉。㊶將　上奪「騎」字。㊷橐駝　駱駝。㊸長羅　侯國名。在今河南長垣東北。㊹去　損失。㊺衰耗　減損衰弱。

【語　譯】匈奴由此恐懼起來，不能再出兵。於是派使者西往烏孫國，要求烏孫把漢朝解憂公主送給他們。匈奴攻打烏孫，奪取車延、惡師兩地。烏孫王后解憂公主上書，皇帝將是否出兵救援一事交給公卿百官商議討論，議而未決。這時昭帝駕崩，宣帝即位。烏孫昆彌又上書，書信中說：「本國接連被匈奴侵略蠶食，昆彌願意出動本國一半精兵人馬五萬，盡力攻打匈奴，懇求天子出兵，哀憐救助公主！」本始二年，漢朝大規模調發關東地區裝備輕便、行動迅速的精銳騎兵，選拔各郡國年俸三百石一級官吏中高大健壯、有騎射之術的人，要他們都從軍出征。委派御史大夫田廣明為祁連將軍，率領四萬餘騎兵，出西河郡；度遼將軍范明友率領三萬餘騎兵，出張掖郡；前將軍韓增率領三萬餘騎兵，出雲中郡；後將軍趙充國為蒲類將軍，率領三萬餘騎兵，出酒泉郡；雲中郡太守田順為虎牙將軍，率領三萬餘騎兵，出五原郡。共五位將軍，十萬餘騎兵出塞各二千餘里，另派校尉常惠使護烏孫發西域兵，烏孫昆彌親自率領翕侯以下五萬餘騎兵從西方攻入，與五位將軍兵總計二十餘萬之眾。匈奴聽說漢軍大舉出動，老弱奔走，驅趕牲畜向遠方逃遁，所以五位將軍戰果較少。

度遼將軍出塞一千二百餘里，抵達蒲離候水，斬殺、俘獲七百餘人，虜獲馬牛羊一萬餘頭。前將軍出塞一千二百餘里，到烏員，殺俘敵寇，抵達候山時斬獲一百餘人，虜掠馬牛羊兩千餘頭。蒲類將軍的部隊原定與烏孫軍隊在蒲類澤合擊匈奴，烏孫軍隊在約定時間之前到達後離去，漢軍未能與之相逢會師，蒲類將軍出塞一千八百餘里，西去候山，斬獲敵人，得單于使者蒲陰王以下三百餘人，虜掠馬牛羊七千餘頭。聽說匈奴已引兵離去，都未到預定期限回師。天子認為其過微薄，寬赦不予治罪。祁連將軍出塞一千六百里，到雞秩山，斬獲十九人，虜掠馬牛羊一百餘頭。碰上漢朝出使匈奴返回的冉弘等人，他們說雞秩山西有很多敵人，祁連將軍當即警告冉弘，叫他說沒有敵軍，打算回師。御史府屬吏公孫益壽勸告祁連將軍，認為這樣做不行，祁連將軍不聽，於是領兵返回。虎牙將軍出塞八百餘里，到達丹余吾水岸邊，就停滯不前，斬獲一千九百餘人，虜掠馬牛羊七萬餘頭，領兵返回。皇上因為虎牙將軍不到預定期限就回師，並且用欺騙手段多報殺俘敵數和其他戰利品數以邀功，而祁連將軍明知敵人在前卻逗留不進，就將他二人下交執法官審理，他們都畏罪自殺了。皇上提拔公孫益壽為侍御史。校尉常惠同烏孫軍隊進抵右谷蠡王庭，斬獲單于父輩及嫂子、居次、名王、犁汙都尉、千騎長、將以下共三萬九千餘人，虜掠馬牛羊驢騾橐駝七十餘萬頭。漢朝封常惠為長羅侯。然而匈奴經過這次打擊，民眾死傷損失和畜產遠移死亡的不可盡數。於是匈奴便日益衰落下去，對烏孫心懷怨恨。

其冬❶，單于自將萬騎擊烏孫，頗得老弱，欲還。會天大雨雪，一日深丈餘，人民畜產凍死，還者不能什一。於是丁令❷乘弱攻其北，烏桓入其東，烏孫擊其西。凡三國所殺數萬級，馬數萬匹，牛羊甚眾。又重❸以餓死，人民死者什三，畜產什五，匈奴大虛弱，諸國羈屬者❹皆瓦解，攻盜不能理❺。其後漢出三千餘騎，為三道，並入匈奴，捕虜得數千人還。匈奴終不敢取當❻，茲❼欲鄉❽和親，而邊境少事矣。

【章　旨】此部分主要講述本始三年冬，匈奴與丁零、烏桓、烏孫及漢朝間的戰爭。

【注　釋】❶其冬　《漢書補注》說是本始三年冬。❷丁令　即丁零。居在今西伯利亞貝加爾湖南部周圍一帶。❸重　加上；加重。❹羈屬者　指匈奴羈縻之國和歸屬匈奴之國。❺不能理　不能應付。❻取當　報復。❼茲　通「滋」。更加。❽鄉　通「向」。趨向；傾向。

【語　譯】本始三年冬天，單于親自率領一萬騎兵攻打烏孫，擄掠了很多老人和體弱者，準備返回。遭遇惡劣天氣，下了一天的大雪，雪深一丈多，人員和牲畜多被凍死，返回的不到十分之一。於是丁零乘匈奴虛弱之時攻打它的北面，烏桓攻打它的東面，烏孫攻打它的西面。三國殺匈奴共數萬人，搶走數萬匹馬，還掠走很多牛羊。又加上被餓死的，人員損失十分之三，畜產損失十分之五，匈奴勢力大為衰弱，受其控制的各屬國紛紛脫離，有如土崩瓦解，無法應付他國的攻掠。其後漢朝派出三千多騎兵，兵分三路，一起攻入匈奴，俘獲數千人而歸。匈奴一直不敢報復，更加傾向和親，而漢朝邊境受其襲擾的事情就更少了。

壺衍鞮單于立十七年死，弟左賢王立，為虛閭權渠單于。是歲，地節二年❶也。

【章　旨】此部分記述的是地節二年，虛閭權渠單于繼位一事。

【注釋】❶地節二年　西元前六八年。地節，漢宣帝的第二個年號。相當於西元前六九－前六六年。

【語譯】壺衍鞮單于在位十七年而死，他弟弟左賢王繼立，為虛閭權渠單于。這一年是地節二年。

虛閭權渠單于立，以右大將女為大閼氏❶，而黜❷前單于所幸顓渠閼氏。顓渠閼氏父左大且渠怨望❸。是時匈奴不能為邊寇，於是漢罷外城❹，以休❺百姓。單于聞之喜，召貴人謀，欲與漢和親。左大且渠心害❻其事，曰：「前漢使來，兵隨其後，今亦效漢發兵，先使使者入。」迺自請與呼盧訾王❼各將萬騎南旁塞獵❽，相逢俱入❾。行未到，會三騎亡降漢，言匈奴欲為寇。於是天子詔發邊騎屯要害處，使大將軍軍監❿治眾⓫等四人將五千騎，分三隊，出塞各數百里，捕得虜各數十人而還。時匈奴亡其三騎，不敢入，即引去。是歲也，匈奴飢，人民畜產死十六七。又發兩屯⓬各萬騎以備漢。其秋，匈奴前所得西嗕⓭居左地者，其君長以下數千人皆驅畜產行，與甌脫戰⓮，所戰⓯殺傷甚眾，遂南降漢。

【章旨】此部分講述的是虛閭權渠單于即位後，漢匈之間的和與戰，及西嗕部落降漢一事。

【注釋】❶大閼氏　《資治通鑑》胡三省注：「顓渠閼氏，單于之元妃也；其次為大閼氏。」❷黜　罷黜；廢黜。❸怨望　怨恨。❹外城　指塞外諸城。❺休　休養。❻害　嫉妒。❼呼盧訾王　匈奴王名。❽南旁塞獵　南下靠近邊塞地帶打獵。❾俱入　一起入塞。❿軍監　官名。軍隊中執法和負責監察的官吏，其地位次於軍正。⓫治眾　人名。師古曰：「治眾者，軍監之名。」⑫屯 指駐防部隊。⑬西嗕 部落名。被匈奴征服。居匈奴左部（東部）地區。在今蒙古東部，克魯倫河南岸。⑭與甌脫戰 「甌脫」指在邊境上屯戍守望之處的匈奴軍隊。⑮戰 衍字。

【語譯】虛閭權渠單于即位，以右大將的女兒為大閼氏，而廢黜已故單于寵愛的顓渠閼氏，顓渠閼氏的父親左大且渠很怨恨。這時候，匈奴沒有能力入寇漢朝邊境，於是漢朝撤除邊塞以外諸城的戍守，以休養百姓。單于聞訊後很高興，召集貴人們來商議，想和漢朝和親。左大且渠心裡嫉妒這事，說：「從前漢朝使者到來，漢軍緊隨其後；現在我們也效法漢朝出兵，而先派使者到漢朝去。」於是他自告奮勇，請求與呼盧訾王各率一萬騎兵，南下靠近邊塞打獵，兩軍會合後一起入塞。匈奴部隊還未行進到預定地點，恰巧有三個騎兵逃去投降了漢朝，向漢朝報告說匈奴要入侵。於是天子詔令出動邊郡騎兵屯駐各要害處，派大將軍軍監治眾等四人率領五千騎兵，兵分三路，出塞各數百里，每路軍各抓到敵軍數十人而歸。當時匈奴主將因為逃走三個騎兵，所以不敢輕易入塞，就領兵離去。這一年，匈奴發生饑荒，人口和牲畜死掉十分之六、七。又出動兩支駐防軍隊各一萬騎兵以防禦漢軍。同年秋天，以前被匈奴征服而居於東部地區的西嗕部落，其君長以下數千人都趕著牲口離開居地，路上跟匈奴邊防軍隊交戰，殺傷匈奴兵很多，於是南下降歸漢朝。

其明年，西域城郭❶共擊匈奴，取車師國❷，得其王及人眾而去。單于復以車師王昆弟兜莫為車師王，收其餘民東徙，不敢居故地。而漢益遣屯士❸分田❹車師地以實之。其明年，匈奴怨諸國共擊車師，遣左右大將各萬餘騎屯田右地，欲以侵迫烏孫西域。後二歲，匈奴遣左右奧鞬❺各六千騎，與左大將再擊漢之田車師城者，不能下。其明年，丁令比❻三歲入盜匈奴，殺略人民數千，驅馬畜去。

匈奴遣萬餘騎往擊之，無所得。其明年，單于將十萬餘騎旁塞獵，欲入邊寇。未至，會其民題除渠堂亡降漢言狀，漢以為言兵鹿奚盧侯❼，而遣後將軍趙充國將兵四萬餘騎屯緣邊九郡備虜。月餘，單于病歐❽血，因不敢入，還去，即罷兵。迺使題王❾都犁胡次等入漢，請和親，未報，會單于死。是歲，神爵二年❿也。

【章旨】此部分主要記述虛閭權渠單于在位的幾年，匈奴同漢朝、烏孫、丁令及西域其他諸國的戰爭。

【注釋】❶西域城郭　西域諸國有逐水草游牧與匈奴同俗者，叫做行國；築城而居者，叫做城郭諸國。❷取車師國　當時車師國受匈奴控制。❸屯士　屯田士卒。❹田　通「佃」。耕種。❺奧鞬　奧鞬王。匈奴王號。❻比　接連；連續。❼言兵鹿奚盧侯　言兵，謂向漢朝報告匈奴寇邊重大軍事活動消息，漢曾封差陽雕為言兵侯。大約漢設此侯號以待歸降的匈奴人。鹿奚盧，地在塞南。此處「言兵」加地名而合為侯號。❽歐　同「嘔」。嘔吐。❾題王　匈奴王號。❿神爵二年　西元前六〇年。神爵，漢宣帝的第四個年號，相當於西元前六一—前五八年。

【語譯】第二年，西域城郭諸國共同攻打匈奴，攻下車師國，虜獲車師國王和很多百姓而去。單于又立車師王兄弟兜莫為車師王，收攏車師殘餘百姓向東遷徙，不敢住在原地。而漢朝則派出更多屯田士卒分耕車師土地以充實那裡。次年，匈奴怨恨各國一起攻打車師，便派出左右大將各率一萬餘騎兵在右部地區屯田，盤算以此侵逼烏孫和西域其他諸國。過後二年，匈奴派左右奧鞬王各率六千騎兵，同左大將一起兩次攻打漢朝在車師城屯田的部隊，沒有攻下。次年，丁令已連續三年入侵匈奴，殺掠數千人，趕走馬和其他牲畜。匈奴派出一萬多騎兵前去攻打丁令，一無所獲。次年，單于統領十萬餘騎兵靠近邊塞打獵，想闖入邊塞劫掠。匈奴兵尚未到達邊塞，恰巧一個名叫題除渠堂的匈奴平民逃到漢朝投降，報告了這一情況，漢朝封他為言兵鹿奚盧侯，同時派後將軍趙充國率領四萬餘騎兵駐紮在沿邊九郡，防備敵人。過了一個多月，單于生病吐血，因而不敢侵入邊塞，率軍離去，隨即停止軍事行動。單于於是派題王都犁胡次等人到漢朝來，請求和親，未得到回音，不巧單于死了。這一年是神爵二年。

虛閭權渠單于立九年死。自始立而黜顓渠閼氏，顓渠閼氏即與右賢王私通。右賢王會龍城而去，顓渠閼氏語以單于病甚，且❶勿遠❷。後數日，單于死。郝宿王❸刑未央使人召諸王，未至，顓渠閼氏與其弟左大且渠都隆奇謀，立右賢王屠耆堂為握衍朐鞮單于。握衍朐鞮單于者，代父為右賢王，烏維單于耳孫❹也。

【章旨】此部分主要講的是握衍朐鞮單于繼立單于之位一事。

【注釋】❶且　暫且。❷遠　遠離。❸郝宿王　匈奴王號。❹耳孫　遠孫。

【語譯】虛閭權渠單于在位九年而死。他從即位開始就廢黜顓渠閼氏，顓渠閼氏即與右賢王私通。右賢王將去龍城參加祭祀聚會，顓渠閼氏告訴他單于病得很厲害，要他暫且不要遠離。單于過幾天就死了。郝宿王刑未央派人召請諸王，諸王沒有到。顓渠閼氏與她弟弟左大且渠都隆奇合謀，立右賢王屠耆堂為握衍朐鞮單于。握衍朐鞮單于原先代其父為右賢王，他是烏維單于的遠孫。

握衍朐鞮單于立，復修和親，遣弟伊酋若王❶勝之❷入漢獻見❸。單于初立，凶惡，盡殺虛閭權渠時用事❹貴人刑未央等，而任用顓渠閼氏弟都隆奇，又盡免虛閭權渠子弟近親，而自以其子弟代之。虛閭權渠單于子稽侯𤟤既不得立，亡歸妻父烏禪幕❺。烏禪幕者，本烏孫、康居❻間小國，數見侵暴，率其眾數千人降匈奴，狐鹿姑單于以其弟子❼日逐王姊妻之，使長其眾❽，居右地。日逐王先賢撣❾，其父左賢王當為單于，讓狐鹿姑單于，狐鹿姑單于許立之。國人以故頗言日逐王當為單于。日逐王素❿與握衍朐鞮單于有隙⓫，即率其眾數萬騎歸漢。漢封日逐王為歸德侯。單于更立其從兄⓬薄胥堂為日逐王。

【章　旨】此部分講的是握衍朐鞮單于繼立單于之位後，匈奴統治階層的內部矛盾。

【注　釋】❶伊酋若王　匈奴王號。❷勝之　伊酋若王之名。❸獻見　貢獻方物，進見皇帝。❹用事　當權；執政。❺烏禪幕　西域人名。同時以其名為國名。❻康居　西域國名。東界烏孫，約在今巴爾喀什湖和鹹海之間，王都在卑闐城（今中亞哈薩克斯坦塔什干附近）。❼弟子　弟弟的兒子，即姪子。❽長其眾　為其部眾首領。❾先賢禪　即先賢撣。《漢書補注》引宋祁語曰：「禪當作撣。」❿素　向來。⓫隙　過節；矛盾。⓬從兄　堂兄。

【語　譯】握衍朐鞮單于繼立單于之位後，重新和漢朝進行和親，派其弟伊酋若王勝之到漢朝進獻方物，覲見皇帝。單于一開始即位，就暴露出暴虐兇惡的本性，殺盡虛閭權渠在位時當政的貴人刑未央等人，而任用顓渠閼氏的弟弟都隆奇，又全部罷免虛閭權渠子弟近親，而以自己的子弟代之。虛閭權渠單于的兒子稽侯𤟤不能代立為單于，逃到他的岳父烏禪幕那裡去了。烏禪幕本來是烏孫和康居之間的一個小國國王，屢遭侵略蹂躪，便率領部眾數千人投降匈奴，狐鹿姑單于將其弟之子日逐王的姊姊嫁給他為妻，讓他做部眾的首領，住在右部地區。日逐王先賢撣之父左賢王本當立為單于，後讓位於狐鹿姑單于，狐鹿姑單于答應讓他繼位。匈奴國中不少人談論日逐王當為單于。日逐王一向和握衍朐鞮單于有過節，即率其部眾數萬騎兵歸附漢朝。漢朝封日逐王為歸德侯，單于另立其堂兄薄胥堂為日逐王。

明年❶，單于又殺先賢撣兩弟。烏禪幕請之❷，不聽，心恚❸。其後左奧鞬王死，單于自立其小子為奧鞬王，留庭❹。奧鞬貴人共立故奧鞬王子為王，與俱東徙。單于遣右丞相將萬騎往擊之，失亡數千人，不勝。時單于已立二歲，暴虐殺伐，國中不附。及太子、左賢王數讒左地貴人，左地貴人皆怨。其明年，烏桓擊匈奴東邊姑夕王❺，頗得人民，單于怒。姑夕王恐，即與烏禪幕及左地貴人共立稽侯狦為呼韓邪單于，發左地兵四五萬人，西擊握衍朐鞮單于，至姑且水北。未戰，握衍朐鞮單于兵敗走，使人報其弟右賢王曰：「匈奴共攻我，若❻肯發兵助我乎？」右賢王曰：「若不愛人，殺昆弟諸貴人。各自死若處，無來汙我。」握衍朐鞮單于恚，自殺。左大且渠都隆奇亡之❼右賢王所❽，其民眾盡降呼韓邪單于。是歲，神爵四年❾也。握衍朐鞮單于立三年而敗。

【章旨】此部分主要講的是握衍朐鞮單于敗亡一事。

【注釋】❶明年　指神爵三年（西元前五九年）。❷請之　指烏禪幕向單于求情。❸心恚　指烏禪幕心懷怨恨。❹留庭　留在單于庭。❺姑夕王　匈奴王號。駐牧地在今內蒙古錫林郭勒盟和哲里木盟一帶。❻若　你；你們。❼亡之　逃亡到。❽所處所。❾神爵四年　西元前五八年。

【語　譯】第二年，單于又殺了先賢撣的兩個弟弟。烏禪幕為他們求情，單于不理會，烏禪幕懷恨在心。後來，左奧鞬王死去，單于自立其小兒子為奧鞬王，留在單于庭。奧鞬貴人們共立已故奧鞬王之子為王，並跟他一起東遷。單于派右丞相率領一萬騎兵前去追擊他們，結果損失了數千人，沒有取勝。這時候，單于已繼位兩年，暴虐無道，嗜殺成性，不得國內人心。還有太子、左賢王屢屢詆毀左部地區貴人，左部地區貴人都有怨恨情緒。次年，烏桓攻打匈奴東部邊境的姑夕王，虜掠不少人口，單于很憤怒。姑夕王很害怕，即與烏禪幕以及左部地區貴人共立稽侯狦為呼韓邪單于，出動左部地區軍隊四五萬人，向西進攻握衍朐鞮單于，抵達姑且水北。雙方還未交戰，握衍朐鞮單于的部隊便敗下陣來，紛紛逃亡，單于派人告知其弟右賢王說：「匈奴各部一起攻打我，你肯發兵援助我嗎？」右賢王回答說：「你不愛人，殺害兄弟、諸位貴人。他們都一個個死在你那裡，你不要來玷汙我。」握衍朐鞮單于怒恨交加，自殺身亡。左大且渠都隆奇逃到右賢王那裡，其民眾都降歸呼韓邪單于。這年是宣帝神爵四年。握衍朐鞮單于在位三年而敗亡。

卷九十四下

匈奴傳第六十四下

呼韓邪單于歸庭數月，罷兵使各歸故地，乃收其兄呼屠吾斯在民間者立為左谷蠡王，使人告右賢貴人，欲令殺右賢王。其冬，都隆奇與右賢王共立日逐王薄胥堂為屠耆單于，發兵數萬人東襲呼韓邪單于。呼韓邪單于兵敗走，屠耆單于還，以其長子都塗吾西為左谷蠡王，少子姑瞀樓頭為右谷蠡王，留居單于庭。

明年秋❶，屠耆單于使日逐王先賢撣兄右奧鞬王為❷烏藉都尉各二萬騎，屯東方以備呼韓邪單于。是時，西方呼揭王來與唯犁當戶謀，共讒右賢王，言欲自立為烏藉單于。屠耆單于殺右賢王父子，後知其冤，復殺唯犁當戶。於是呼揭王恐，遂畔去，自立為呼揭單于。右奧鞬王聞之，即自立為車犁單于。烏藉都尉亦自立為烏藉單于。凡五單于。屠耆單于自將兵東擊車犁單于，使都隆奇擊烏藉。

烏藉、車犁皆敗，西北走，與呼揭單于兵合為四萬人。烏藉、呼揭皆去單于號，共并力尊輔車犁單于。屠耆單于聞之，使左大將、都尉將四萬騎分屯東方，以備呼韓邪單于，自將四萬騎西擊車犁單于。車犁單于敗，西北走，屠耆單于即引西南❸，留闟敦❹地。

其明年，呼韓邪單于遣其弟右谷蠡王等西襲屠耆單于屯兵，殺略萬餘人。屠耆單于聞之，即自將六萬騎擊呼韓邪單于，行千里，未至嗕姑❺地，逢呼韓邪單于兵可四萬人，合戰。屠耆單于兵敗，自殺。都隆奇乃與屠耆少子右谷蠡王姑瞀樓頭亡歸漢，車犁單于東降呼韓邪單于。呼韓邪單于左大將烏厲屈與父呼遬累❻烏厲溫敦皆見匈奴亂，率其眾數萬人南降漢。封烏厲屈為新城侯❼，烏厲溫敦為義陽侯❽。是時李陵子復立烏藉都尉為單于，呼韓邪單于捕斬之，遂復都單于庭，然眾裁❾數萬人。屠耆單于從弟休旬王將所主五六百騎，擊殺左大且渠，并其兵，至右地，自立為閏振單于，在西邊。其後，呼韓邪單于兄左賢王呼屠吾斯亦自立為郅支骨都侯單于，在東邊。其後二年❿，閏振單于率其眾東擊郅支單于。郅支單于與戰，殺之，并其兵，遂進攻呼韓邪。呼韓邪破，其兵走，郅支都單于庭。

【章　旨】此一部分主要記述匈奴「五單于」之間的爭位情景。

【注　釋】❶明年秋　指漢宣帝五鳳元年（西元前五七年）秋七月。❷為　與；和。❸引西南　引兵往西南方去。❹閫敦　匈奴地名。❺嗕姑　匈奴地名。❻呼遬累　匈奴官名。❼新城侯　〈景武昭宣元成功臣表〉作「信成侯王定」。《漢書補注》認為，「信成」即「新成」，字通用。新成侯食邑位於細陽縣（今安徽太和東南）。王定應當是烏厲屈歸漢以後所改用的漢名。❽義陽侯　〈功臣表〉和〈宣帝紀〉皆記載為「單于」來降。《通鑑考異》認為，可能是烏厲溫敦來降時自稱單于，也可能是〈表〉、〈紀〉的記載有誤。「義陽」為封號，而非地名。❾裁　通「才」。僅僅。❿其後二年　指五鳳四年（西元前五四年）。

【語　譯】呼韓邪單于回到單于庭幾個月以後，停止用兵，讓部眾各歸故地；找回了他流落在民間的哥哥呼屠吾斯，立他為左谷蠡王；又派人告知右賢王所部的貴人，命令他們殺掉右賢王。這年冬天，都隆奇和右賢王共同擁立日逐王薄胥堂為屠耆單于，發兵數萬人東襲呼韓邪單于。呼韓邪單于戰敗逃走；屠耆單于占據了單于庭，任命他的長子都塗吾西為左谷蠡王，小兒子姑瞀樓頭為右谷蠡王。

次年秋天，屠耆單于命令日逐王先賢撣的哥哥右奧鞬王和烏藉都尉各率領兩萬騎兵，屯駐於東方，以防禦呼韓邪單于。此時，西方的呼揭王來單于庭拜見，他與唯犂當戶謀劃，一起陷害右賢王，說他想自立為烏藉單于。屠耆單于殺死右賢王父子，後來，知道他們的冤情，就又殺掉唯犂當戶。於是呼揭王害怕了，便背叛屠耆單于而逃走，自立為呼揭單于。右奧鞬王聽到這個消息以後，隨即自立為車犂單于。烏藉都尉也自立為烏藉單于。這麼一來，匈奴便同時有呼韓邪、屠耆、呼揭、車犂和烏藉共五位單于。屠耆單于親自率軍向東攻打車犂單于，同時，派都隆奇攻打烏藉單于。烏藉、車犂都被打敗，逃往西北方，與呼揭單于合兵，共四萬人。烏藉、呼揭去掉了單于稱號，合力尊奉、輔佐車犂單于。屠耆單于聽說此事，派遣左大將和左大都尉率領四萬騎兵分頭駐紮在東方，以防禦呼韓邪單于，而自己則親率四萬騎兵向西攻打車犂單于。車犂單于戰敗，向西北方逃跑。屠耆單于便引兵前往西南方，留駐在閫敦地區。

次年，呼韓邪單于派他的弟弟右谷蠡王等人西襲屠耆單于的屯駐部隊，殺掠一萬餘人。屠耆單于聞訊，當即親率六萬騎兵攻打呼韓邪單于，行軍千里，尚未到達嗕姑地區，便碰上呼韓邪單于大約四萬人的部隊，雙方展開激戰。結果，屠耆單于兵敗自殺。都隆奇便與屠耆單于的小兒子右谷蠡王姑瞀樓頭逃亡到漢地，歸附漢廷。車犁單于則率眾東來，投降呼韓邪單于。呼韓邪單于帳下的左大將烏厲屈與他的父親呼遬累烏厲溫敦看到匈奴內亂不息，便率領部眾數萬人南下，投降漢朝。漢朝封烏厲屈為新城侯，封烏厲溫敦為義陽侯。此時，李陵的兒子又擁立烏藉都尉為單于，呼韓邪單于將烏藉都尉等人捕獲並殺掉。於是，呼韓邪單于再次建都單于庭，但他的部眾只有幾萬人。屠耆單于的堂弟休旬王率領所屬騎兵五六百人，攻殺了左大且渠，吞併了他的軍隊，移徙到右方地區，自立為閏振單于，割據於匈奴西部邊境地區。後來，呼韓邪單于的哥哥左賢王呼屠吾斯自立為郅支骨都侯單于，割據於匈奴東部邊境地區。兩年以後，閏振單于率領部眾東擊郅支單于。郅支單于同他交戰，將他殺死，吞併了他的軍隊，緊接著進攻呼韓邪單于。呼韓邪單于被打敗，他的軍隊四下逃散，郅支單于入據單于庭，並建都於此。

呼韓邪之敗也，左伊秩訾王為呼韓邪計，勸令稱臣入朝事漢，從漢求助，如此匈奴乃定。呼韓邪議問諸大臣，皆曰：「不可。匈奴之俗，本上❶氣力❷而下❸服役，以馬上戰鬭為國，故有威名於百蠻。戰死，壯士所有❹也。今兄弟爭國，不在兄則在弟，雖死猶有威名，子孫常長諸國❺。漢雖彊，猶不能兼并匈奴，奈何亂先古之制，臣事於漢，卑辱❻先單于，為諸國所笑！雖如是而安，何以復長百蠻！」左伊秩訾曰：「不然。彊弱有時，今漢方盛，烏孫城郭諸國❼皆為臣妾❽。自且鞮侯單于以來，匈奴日削，不能取復❾，雖屈彊❿於此，未嘗一日安也。今事漢則安存，不事則危亡，計何以過此！」諸大人⑪相難⑫久之。呼韓邪從其計，引眾南近塞，遣子右賢王銖婁渠堂入侍。郅支單于亦遣子右大將駒于利受入侍。是歲，甘露⑬元年也。

明年，呼韓邪單于款⑭五原塞，願朝三年正月⑮。漢遣車騎都尉韓昌迎，發過所⑯七郡⑰郡二千騎⑱，為陳⑲道上。單于正月朝天子于甘泉宮⑳，漢寵以殊禮，位在諸侯王上，贊謁㉑稱臣而不名㉒。賜以冠帶衣裳，黃金璽㉓盭綬㉔，玉具劍㉕，佩刀，弓一張，矢四發㉖，棨戟㉗十，安車㉘一乘㉙，鞍勒㉚一具㉛，馬十五匹，黃金二十斤，錢二十萬，衣被七十七襲㉜，錦繡綺縠㉝雜帛㉞八千匹，絮六千斤。禮畢，使使者道㉟單于先行，宿長平㊱。上自甘泉宿池陽宮㊲。上登長平㊳，詔單于毋謁㊴，其左右當戶之群臣㊵皆得列觀㊶，及諸蠻夷君長王侯數萬，咸迎於渭橋㊷下，夾道陳。上登渭橋，咸稱㊸萬歲。單于就邸，留月餘，遣歸國。單于自請願留居光祿塞㊹下，有急保㊺漢受降城。漢遣長樂衛尉㊻高昌㊼侯董忠㊽、車騎都尉韓昌將騎萬六千，又發邊郡士馬㊾以千數㊿，送單于出朔方雞鹿塞(51)。詔忠等留衛單于，助誅不服(52)，又轉(53)邊穀米糒(54)，前後三萬四千斛(55)，給贍(56)其食。是歲，郅支單于亦遣使奉獻，漢遇之甚厚。明年，兩單于俱遣使朝獻，漢待呼韓邪使有加(57)。明年(58)，呼韓邪單于復入朝，禮賜如初，加(59)衣百一十襲，錦帛九千匹，絮八千斤。以有屯兵，故不復發騎為送。

【章　旨】此部分主要記述呼韓邪所部歸附漢朝，以及呼韓邪本人兩次朝見大漢天子的情況。

【注　釋】❶上　通「尚」。崇尚；看重。❷氣力　即勇力。氣，指勇武之氣。❸下　低下；輕賤。意動用法。❹所有　即分內之事。❺長諸國　為各國的首領。❻卑辱　貶損侮辱。即侮辱並使其卑下。❼城郭諸國　指有城邑常居的西域各國。與「行國」（游牧而不定居的國家）對稱。❽臣妾　西周、春秋時期對奴隸的稱呼。男的為臣，女的為妾。也用來稱謂所屬的臣下。此處指藩臣、藩屬。❾取復　得到恢復。❿屈彊　同「倔強」。剛強不屈。⓫大人　匈奴貴族的尊稱之辭。⓬難　詰難；質問。⓭甘露　漢宣帝的第六個年號，西元前五三—前五〇年。⓮款　叩；敲。⓯朝三年正月　指參加甘露三年（西元前五一年）正旦的朝賀活動。⓰過所　猶所過。即經由之地。⓱七郡　指五原、朔方、西河、上郡、北地五郡和左馮翊、京師長安。⓲郡二千騎　每個郡出騎兵二千。⓳陳　排列為陣；列隊。⓴甘泉宮　離宮名。又名林光宮、雲陽宮。位於今陝西淳化西北部的甘泉山上。㉑贊謁　進謁之辭。謁，表奏之類；謁見。㉒不名　不稱用（說或寫出）其名。㉓璽　印章。秦以後專指皇帝的印章。㉔盭綬　綬帶名。綠色。〈百官公卿表上〉顏注引晉灼曰：「盭，草名也……似艾，可染綠，因以為綬名也。」綬，絲帶，常用於繫玉或印。㉕玉具劍　劍首、劍鼻（柄端與劍身連接處向兩旁突出的部分）都以玉製成的劍。㉖發　量詞。射箭一次稱一發。㉗棨戟　有繒衣或油漆的木戟，古代官吏出行時作前導的一種儀仗。㉘安車　古代一種可以安坐的小車。㉙乘　古時一車四馬為一乘。這裡的「乘」借指輛。㉚勒　帶嚼子的籠頭。㉛具　量詞。用於計數器物。㉜襲　量詞。用於計數器物，相當於「套」、「副」、「件」。㉝錦繡綺縠　皆絲織品名。錦繡，見本傳上注。綺，有花紋的絲織品。縠，縐紗一類的絲織品。㉞雜帛　其他各種絲織品。㉟道　通「導」。導引；引導。㊱長平　地名。位於今陝西涇陽西南、西安西北。㊲池陽宮　離宮名。位於池陽縣（今涇陽西北）。㊳登長平　因長平地勢高，為坡地，故稱「登」。㊴毋謁　指不令跪拜。毋，通「無」。㊵左右當戶之群臣　《漢書補注》引王念孫說，「臣」字是後人妄加，〈宣帝紀〉無此字，「之群」猶「之屬」。此說為是。㊶列觀　列隊觀看。㊷渭橋　橋名。本為秦橫橋，位於今陝西咸陽東北秦咸陽故城址南部的渭河上。西漢稱渭橋，武帝以後稱為中渭橋，又稱橫門橋、石柱橋。㊸稱　猶呼，高呼。㊹光祿塞　一名光祿城。武帝時光祿勳（或光祿大夫）徐自為築，位於今內蒙古包頭西北。㊺保　守；自守。㊻長樂衛尉　官名。掌管皇太后居住的長樂宮的宮門警衛。㊼高昌　縣名。位於今山東博興西南。㊽董忠　原本為期門（天子衛士），後來因告發大臣霍禹（霍光之子）謀反事有功而封侯。㊾士馬　猶兵馬。㊿數　計算。(51)雞鹿塞　關塞名，地名。位於今內蒙古杭錦後旗西南。(52)不服　不服從者。(53)轉　轉運。(54)糒　乾糧。(55)斛　容量單位。十斗為一斛。西漢時的一斛相當於今天的三四・二五升。(56)給贍　供給。(57)有加　更加（優厚）；超出通常規定或一般程度。(58)明年　指宣帝黃龍元年（西元前四九年）。(59)加　此處指增加到一定數量。

【語　譯】呼韓邪單于兵敗以後，左伊秩訾王替他出謀劃策，勸他稱臣入朝、侍奉漢廷，並向漢朝請求援助，這樣，匈奴才能安定下來。呼韓邪單于召集各位大臣商議，詢問他們的意見，大臣們都說：「不能這麼辦。匈奴的習俗，本來就是崇尚武力爭奪而賤視役使於人，我們靠著騎馬打仗建立國家，因此，才能在蠻夷中享有威名。戰死沙場是匈奴戰士分內的事。現在，兄弟爭國，國柄不在兄則在弟，即使因為爭鬥而死，我們仍能享有威名，子孫後代仍可以長久的做蠻夷各國的盟主。漢朝雖然強大，但是卻不能吞併匈奴，我們怎麼能自己搞亂祖上定下的規矩、臣服於漢朝以損辱先代單于的威靈、遭受蠻夷各國的恥笑呢！縱然，歸附漢朝能求得平安無事，但是，我們匈奴又怎能再當蠻夷各國的盟主！」左伊秩訾王反駁說：「不對！盛衰強弱，各有其時。現在，漢朝正值強盛之時，烏孫等定居的國家都成為它的藩屬、臣下。自且鞮侯單于以來，匈奴日益衰落，始終不能恢復；雖然我們苦苦掙扎、勉強支持，卻未曾過上一天的安穩日子。現在，臣事漢朝便能安定長存，不然則瀕臨滅亡，你們還能想出什麼比這個更好的辦法嘛！」王公大臣們相互詰難、爭論很長時間。最終，呼韓邪單于聽從了左伊秩訾王的意見，率領部眾南下至漢朝邊塞附近，派遣其子右賢王銖婁渠堂入朝侍衛。郅支單于也派遣其子右大將駒于利受入朝侍衛。這一年是漢宣帝甘露元年。

　第二年，呼韓邪單于到五原郡塞下拜見守將，希望能夠入朝參加甘露三年正旦的朝賀活動。漢朝派遣車騎都尉韓昌前來迎接，又調發沿途七個郡每郡各兩千名騎兵，列隊在道路上歡迎、護送。三年正月，呼韓邪單于在甘泉宮朝見天子，天子用超規格的禮儀接待他，讓他位列諸侯王之上，贊謁稱「臣」而不稱其名。天子還賞賜給他冠帶衣裳、黃金璽綠綬、玉具劍、佩刀、弓一張、箭四發、戟十枝、安車一輛、鞍勒一具、馬十五匹、黃金二十斤、錢二十萬貫、衣被七十七襲、錦繡綺羅和其他雜帛共八千匹、棉絮六千斤。朝見禮畢，朝廷派使者引導單于先走，下榻於長平的府邸中。天子則從甘泉宮移居池陽宮。後來，天子登上長平坂地，下詔單于可以不行跪拜禮，命他的左右侍者、當戶之類的屬官可以列隊仰聖，加上各國、各地區的蠻夷君長、王侯共有數萬人，都在渭橋下迎接，夾道列隊拱立。然後，天子登上渭橋，眾人齊呼「萬歲」。此後，呼韓邪單于到府邸安歇，留住了一個多月，漢廷才命令他歸國。單于請求漢廷允許他留居於光祿塞下，碰上意外的緊急情況，可以讓他進入漢朝的受降城以自保。漢朝派長樂衛尉高昌侯董忠、車騎都尉韓昌率領騎兵一萬六千人，又調發邊郡兵馬數千，護送單于直出朔方郡的雞鹿塞。天子又命令董忠等將士留居匈奴、保衛單于，幫助他誅除不服從者；朝廷又轉運邊地的穀物、乾糧，前後共計三萬四千斛，以供給呼韓邪單于所部食用。這一年，郅支單于也派使者入朝呈獻禮物，漢朝對使者給予很優厚的待遇。次年，兩位單于都派遣使者入朝呈獻禮物，而漢朝接待呼韓邪單于的使者格外優厚。黃龍元年，呼韓邪單于再次入朝拜謁，天子接見他所用的禮儀和賞賜給他的物品與前一次相同，只是增賜衣被至一百一十襲、錦帛至九千匹、棉絮至八千斤。因為已經在邊塞內外屯駐了兵馬，所以，漢朝不再調發軍隊護送呼韓邪單于回國。

始郅支單于以為呼韓邪降漢，兵弱不能復自還，即引其眾西，欲攻定右地。又屠耆單于小弟本侍呼韓邪，亦亡之右地，收兩兄餘兵得數千人，自立為伊利目單于，道逢郅支，合戰，郅支殺之，并其兵五萬餘人。聞漢出兵穀助呼韓邪，即遂留居右地。自度❶力不能定匈奴，乃益西近烏孫，欲與并力，遣使見小昆彌烏就屠❷。烏就屠見呼韓邪為漢所擁❸，郅支亡虜❹，欲攻之以稱漢❺，乃殺郅支使，持頭送都護❻在所❼，發八千騎迎郅支。郅支見烏孫兵多，其使又不反，勒兵逢擊❽烏孫，破之。因北擊烏揭❾，烏揭降。發其兵西破堅昆❿，北降丁令，并三國。數遣兵擊烏孫，常勝之。堅昆東去單于庭七千里，南去車師五千里，郅支留都之⓫。

【章　旨】此部分記述了郅支單于率部西征並建國的情況。

【注　釋】❶度　揣測；估計。❷小昆彌烏就屠　烏就屠是烏孫肥王翁歸靡之子，其母為匈奴人。他襲殺狂王泥靡，自立為昆彌（烏孫王的稱呼）。甘露年間，宣帝立肥王與解憂公主所生之子元貴靡為大昆彌，烏就屠為小昆彌，各有領地民戶。❸擁　保護；支持。❹亡虜　亡命之虜。虜，對敵方的蔑稱，亦指奴隸。❺稱漢　使漢朝稱心如意。❻都護　官名。漢宣帝時設置西域都護，為漢廷在西域地區的最高長官（都護意即總監）。首任都護為鄭吉。❼在所　所在地。指西域都護府治所烏壘城（今新疆輪臺東部的野云溝附近）。❽逢擊　遭遇敵軍而攻之；迎擊。逢，迎。❾烏揭　國名，在今新疆塔城東北一帶。❿堅昆　國名。處今北俄羅斯薩彥嶺西北的葉尼塞河上游一帶。⓫留都之　留居並建都（即設立王庭）在那裡。

【語　譯】當初，郅支單于以為呼韓邪投降了漢朝，其兵力微弱，不能再返回來。於是，他率領部眾西進，企圖攻打、平定匈奴右地。另有屠耆單于的小弟，他原本是呼韓邪單于的侍衛，也趁此時逃往右地，並把他兩個哥哥的殘兵餘卒收攏起來，得到數千人，自立為伊利目單于。伊利目單于路遇郅支單于，雙方交戰，郅支殺死伊利目，合併了他的兵馬，總共有五萬餘人。郅支聽說漢朝出兵出糧幫助呼韓邪，便留居右地。此後，郅支估計自己無力平定匈奴，就向更西的地方遷移，靠近烏孫，想與烏孫合力對付呼韓邪與漢朝。因此，郅支派遣使者去見烏孫的小昆彌烏就屠。烏就屠看到呼韓邪得到漢朝的擁護，而郅支不過是個亡命之人，便打算攻打郅支以討好漢朝。他當即殺掉郅支派來的使者，把首級送到漢朝西域都護所在地，隨後，派騎兵八千人迎擊郅支。郅支見烏孫兵多，而自己派出的使者又沒有返回，便率軍迎擊烏孫軍，並將其擊敗。於是，郅支乘勝北攻烏揭，烏揭被迫投降；又發兵向西攻破堅昆，北上降伏丁令，兼併這三個國家。後來，郅支屢次派兵攻打烏孫，經常取勝。堅昆東距單于庭七千里，南距車師五千里，郅支留居並建都於此。

元帝❶初即位，呼韓邪單于復上書，言民眾困乏。漢詔雲中、五原郡轉穀二萬斛以給焉❷。郅支單于自以道遠，又怨漢擁護❸呼韓邪，遣使上書求❹侍子❺。漢遣谷吉❻送之，郅支殺吉。漢不知吉音問❼，而匈奴降者言聞甌脫皆殺之❽。呼韓邪單于使來，漢輒簿責之甚急❾。明年❿，漢遣車騎都尉韓昌、光祿大夫⓫張猛⓬送呼韓邪單于侍子，求問吉等，因赦其罪，勿令自疑⓭。昌、猛見單于民眾益盛，塞下禽獸盡，單于足以自衛，不畏郅支。聞其大臣多勸單于北歸者⓮，恐北去後難約束，昌、猛即與為盟約曰：「自今以來，漢與匈奴合為一家，世世毋得相詐相攻。有竊盜者，相報⓯，行其誅，償其物；有寇，發兵相助。漢與匈奴敢先背約者，受天不祥⓰。令其世世子孫盡如⓱盟。」昌、猛與單于及大臣俱登匈奴諾水⓲東山，刑白馬⓳，單于以徑路刀金留犂撓酒⓴，以老上單于所破月氏王頭為飲器者㉑共飲血盟㉒。昌、猛還奏事，公卿議者以為：「單于保塞為藩，雖欲北去，猶不能為危害。昌、猛擅以漢國世世子孫與夷狄詛盟㉓，令單于得以惡言上告于天，羞㉔國家，傷威重㉕，不可得行。宜遣使往告祠天，與解盟。昌、猛奉使無狀㉖，罪至不道㉗。」上薄㉘其過，有詔昌、猛以贖論㉙，勿解盟。其後呼韓邪竟㉚北歸庭，人眾稍稍㉛歸之，國中遂定。

【章旨】此部分記述了漢使者韓昌、張猛與呼韓邪單于盟約的情況。

【注釋】❶元帝 即劉奭。宣帝之子。西元前四九—前三三年在位，其間宦官專權、賦役繁重，西漢開始由盛而衰。詳見卷九〈元帝紀〉。❷焉 代詞。相當於「之」。❸擁護 支持；推戴。❹求 索還。❺侍子 指入侍漢朝天子的單于之子。❻谷吉 當時任衛司馬（衛尉屬官）。初元四年（西元前四五年）郅支單于遣使求還侍子；明年夏，護送侍子回到匈奴，被郅支所殺。❼音問 音訊。❽聞甌脫皆殺之 謂聽說谷吉及其隨員在邊界都被殺害。《漢書補注》引王念孫說，「殺之」二字乃專謂殺吉，非兼吉之徒眾言之，故不當說「皆殺之」；「皆」字當在「言」字上，文應作「皆言聞甌脫殺之」。❾呼韓邪二句 因甌脫屬呼韓邪，漢廷誤以為谷吉被呼韓邪部眾所殺，因此嚴厲責問其使。輒，即；就。簿責，根據文書所列罪狀責問審理。❿明年 指元帝永光元年（西元前四三年）。⓫光祿大夫 漢武帝時有光祿大夫，掌顧問應對，屬光祿勳。⓬張猛 張騫之孫，經學家周堪的弟子。歷任光祿大夫給事中、槐里令、太中大夫給事中等職，後被宦官石顯逼迫自殺。⓭勿令自疑 因為呼韓邪懷疑漢朝將要討伐他，所以有此言。⓮聞其大臣句 顏師古注：「塞下無禽獸，則射獵無所得，又不畏郅支，故欲北歸舊處。」⓯相報 謂雙方互相通報。⓰受天不祥 謂受到上天的懲罰。不祥，不吉利。⓱如 按照；遵循。⓲諾水 水名。應當位於今內蒙古呼和浩特西北方、達爾罕茂明聯合旗以北的艾不蓋河。⓳刑白馬 古代締結聯盟時常殺白馬取其血，歃血為盟。刑，殺。⓴單于句 顏師古注引應劭曰：「徑路，匈奴寶刀也。金，契金也。留犂，飯匕也。撓，和也。契金著酒中，撓攪飲之。」㉑為飲器者 作為飲酒器。㉒血盟 歃血而盟。㉓詛盟 盟誓。㉔羞 羞辱。㉕威重 威望；尊嚴。㉖無狀 無善狀；無成績。㉗不道 古代刑律中所謂的十惡之一，指大逆不道的罪過。㉘薄 輕微。意動用法。㉙以贖論 定為可以贖免之罪，即以可贖類刑罰論定其罪。論，定罪。㉚竟 終於。㉛稍稍 漸漸。

【語譯】漢元帝即位初年，呼韓邪單于又上書朝廷，陳述部眾困乏的情況。元帝詔令雲中郡與五原郡轉運糧食二萬斛供給呼韓邪部眾。郅支單于認為其部離漢朝路途遙遠，又怨恨漢朝擁護呼韓邪，於是，他派遣使者上書漢廷求還侍子。漢朝派谷吉護送郅支侍子西歸，郅支竟然將谷吉殺害。漢朝得不到谷吉的音訊，而根據投降漢朝的匈奴人說，聽說谷吉及其隨從被匈奴人殺死在邊界上。呼韓邪單于的使者來朝時，漢朝就谷吉被殺之事責問他們，非常的急迫。次年，漢朝派車騎都尉韓昌、光祿大夫張猛護送呼韓邪單于的侍子北歸，求問谷吉等人的下落，同時赦免呼韓邪單于的罪過，不要讓他對漢朝產生疑慮。韓昌、張猛看到單于的民眾越發的昌盛，塞下的飛禽走獸也被狩獵一空，知道呼韓邪單于足以自衛，不怕郅支來犯。他們又聽說呼韓邪的大臣中有許多人勸他北歸舊地，兩人擔心匈奴人北去以後難以約束，便與匈奴訂立了盟約，約文說：「從今以後，漢匈合為一家，世世代代不得互相欺詐、攻打。發現盜竊對方財物者，要互相通報，同時對犯人進行懲處，賠償對方的損失；遇有敵寇，要發兵相助。漢朝與匈奴有膽敢先背約而行者，必遭上天懲罰，不得善報。讓我們的子孫後代都恪守此盟約。」韓昌、張猛同呼韓邪單于及其大臣一起登上匈奴諾水東山，殺白馬、取其血，單于以徑路刀、金留犂勺和酒，用當年老上單于攻殺月氏王以後，拿他的頭蓋骨製成的飲酒器盛酒，與漢使以及匈奴大臣共飲此酒，歃血為盟。韓昌、張猛歸來以後，向朝廷奏報了與匈奴結盟等情況，公卿大臣們認為：「呼韓邪單于守塞為藩臣，即使他打算北歸舊地，也不會做出危害朝廷的事情。韓昌、張猛二人擅自以漢國『世代子孫都要恪守盟約』等詞語與夷狄盟誓，使單于得以用惡言上告於天，致使我朝蒙受恥辱，國威受到損害，這種盟約是不能履行的。天子應該派遣使者前往匈奴祭告上天，與匈奴解除盟約。韓昌、張猛奉命出使，無事生非，所行不善，罪至大逆不道，應予嚴懲。」天子認為二人的罪過不重，下詔定為可以贖免之罪，並且沒有解除與匈奴的盟約。後來，呼韓邪還是北歸單于庭，匈奴民眾漸漸歸附他，國中便安定下來。

郅支既殺使者，自知負漢，又聞呼韓邪益彊，恐見襲擊，欲遠去。會康居❶

王數為烏孫所困，與諸翕侯❷計，以為匈奴大國，烏孫素服屬之，今郅支單于困阸在外，可迎置東邊，使合兵取烏孫以立之，長無匈奴憂❸矣。即使使至堅昆通語郅支。郅支素恐，又怨烏孫，聞康居計，大說，遂與相結，引兵而西。康居亦遣貴人，槖它❹驢馬數千匹，迎郅支。郅支人眾中寒❺道死❻，餘財❼三千人到康居。其後，都護甘延壽❽與副❾陳湯❿發兵即康居誅斬郅支，語在延壽、湯傳。

【章　旨】此部分記述了康居王與郅支單于合謀的經過。

【注　釋】❶康居　西域國名。大約位於今中亞巴爾喀什湖和鹹海之間。❷翕侯　康居國的侯爵名號。❸匈奴憂　指匈奴給予的威脅、禍害。❹槖它　駱駝。❺中寒　為風寒所傷。❻道死　途中死亡。❼財　通「才」。僅僅。❽甘延壽　曾任遼東太守、西域都護。元帝建昭三年（西元前三六年）與陳湯攻殺郅支單于，因功被封為義成侯。詳見卷七十〈甘延壽傳〉。❾副　副校尉。武官名，為西域都護的屬官。❿陳湯　以殺郅支之功，被封為關內侯。詳見卷七十本傳。

【語　譯】郅支殺害漢朝使者以後，自知有負於漢，又聽說呼韓邪越來越強盛，害怕受到襲擊，便打算遠徙。恰巧當時的康居國王因為其國屢遭烏孫困擾，便與國中的貴族商議，認為匈奴是大國，烏孫一向臣服於它；現在，郅支單于困厄在外，可以將他迎來，安置在東部邊境，與他合兵攻取烏孫，讓他在那裡立足。這樣，國家就永無匈奴之患了。計議已定，康居國王隨即派使者到堅昆向郅支說明其意。郅支身處不測之境，又怨恨烏孫，聽到康居方面的計劃，十分高興。於是，郅支與康居結交，率領部眾西進。康居王也派出貴人，趕著數千頭駱駝、驢、馬，東去迎接郅支。郅支的部眾在西進的路上遭遇暴風雪與嚴寒的襲擊，死了很多人，因此，最後抵達康居的只有三千人。後來，漢朝西域都護甘延壽和副校尉陳湯發兵到康居，斬殺郅支，具體情況記載於〈甘延壽傳〉和〈陳湯傳〉中。

郅支既誅，呼韓邪單于且喜且懼❶，上書言曰：「常願謁見天子，誠以郅支在西方，恐其與烏孫俱來擊臣，以故未得至漢。今郅支已伏誅❷，願入朝見。」竟寧❸元年，單于復入朝，禮賜如初，加衣服錦帛絮，皆倍於黃龍時。單于自言願壻漢氏❹以自親❺。元帝以後宮良家子❻王嬙❼字昭君賜單于。單于驩喜，上書願保塞上谷以西至敦煌，傳之無窮，請罷邊備塞吏卒，以休天子人民。天子令下有司議，議者皆以為便。郎中侯應習邊事，以為不可許。上問狀，應曰：「周秦以來，匈奴暴桀❽，寇侵邊境，漢興，尤被其害。臣聞北邊塞至遼東，外有陰山，東西千餘里，草木茂盛，多禽獸，本冒頓單于依阻其中，治作弓矢，來出為寇，是其苑囿也。至孝武世，出師征伐，斥奪❾此地，攘之於幕北。建塞徼❿，起亭隧⓫，築外城⓬，設屯戍，以守之，然後邊境得用⓭少安⓮。幕北地平，少草木，多大沙⓯，匈奴來寇，少所蔽隱，從塞以南，徑⓰深⓱山谷，往來差⓲難。邊長老言匈奴失陰山之後，過之未嘗不哭也。如罷備塞戍卒，示夷狄之大利，不可一也。今聖德廣被，天覆⓳匈奴，匈奴得蒙全活之恩，稽首⓴來臣。夫夷狄之情，困則卑順，彊則驕逆，天性然也。前以罷外城，省亭隧，今裁足以候望通逢火而已。古者安不忘危，不可復罷，二也。中國有禮義之教，刑罰之誅，愚民猶尚犯禁，又況單于，能必㉑其眾不犯約哉！三也。自中國尚建關梁以制諸侯，所以絕臣下之覬欲㉒也。設塞徼，置屯戍，非獨為匈奴而已，亦為諸屬國降民，本故匈奴之人，恐其思舊逃亡，四也。近西羌保塞，與漢人交通，吏民貪利，侵盜其畜產妻子，以此怨恨，起而背畔，世世不絕。今罷乘塞㉓，則生嫚易㉔分爭之漸㉕，五也。往者從軍多沒不還者，子孫貧困，一旦亡出，從其親戚，六也。又邊人奴婢愁苦，欲亡者多，曰：『聞匈奴中樂，無奈候望急何㉖！』然時有亡出塞者，七也。盜賊桀黠㉗，群輩犯法，如其窘急，亡走北出，則不可制，八也。起塞以來百有餘年，非皆以土垣㉘也，或因山巖石，木柴㉙僵落㉚，谿谷㉛水門㉜，稍稍平之，卒徒築治，功費久遠，不可勝計。臣恐議者不深慮其終始，欲以壹切㉝省繇㉞戍，十年之外，百歲之內，卒㉟有它變㊱，障塞破壞，亭隧滅絕，當更發屯繕治，累世之功不可卒復，九也。如罷戍卒，省候望，單于自以保塞守御，必深德漢㊲，請求無已。小失其意，則不可測。開夷狄之隙，虧㊳中國之固，十也。非所以永持至安，威制百蠻之長策也！」

對奏，天子有詔：「勿議罷邊塞事。」使車騎將軍㊴口諭單于曰：「單于上書願罷北邊吏士屯戍，子孫世世保塞。單于鄉慕㊵禮義，所以為民計㊶者甚厚㊷，此長久之策也，朕甚嘉㊸之。中國四方皆有關梁障塞，非獨以備塞外也，亦以防中國姦邪放縱㊹，出為寇害，故明法度以專㊺眾心也。敬諭㊻單于之意，朕無疑焉。為㊼單于怪㊽其不罷，故使大司馬㊾車騎將軍嘉㊿曉(51)單于。」單于謝曰：「愚不知大計，天子幸(52)使大臣告語(53)，甚厚(54)！」

【章旨】此部分主要記述了與呼韓邪單于請求保邊、進而希望漢廷罷除北邊防務一事密切相關的系列事件。

【注釋】❶且喜且懼　又高興又害怕。且，連用以表示兩事同時存在。❷伏誅　被殺。伏，受到罪有應得的懲罰。❸竟寧　漢元帝的最後一個年號。因郅支伏誅，呼韓邪傾心歸附，所以取邊境永遠安寧之義而改元竟寧。「竟」有邊境的意思。❹壻漢氏　當漢家天子的女婿。❺自親　使己方與漢朝的關係親密。❻良家子　指清白人家的子女。❼王嬙　字昭君，秭歸（今湖北秭歸）人。元帝時入宮，自請嫁給單于，餘見本傳後文。❽暴桀　兇暴。❾斥奪　開拓攻奪。❿塞徼　關塞。⓫亭隧　即障燧，烽火臺。隧，通「燧」。⓬外城　指長城。⓭得用　得以。⓮少安　稍稍安寧。⓯大沙　謂大片沙磧。⓰徑　小路；取道。⓱深　伸入。⓲差　稍微。⓳覆　遮蓋；覆蓋。此處指保佑，庇護。⓴稽首　古代的禮節，跪拜，叩頭至地，是「九拜」中最恭敬者。㉑必　決定；肯定。㉒覬欲　意同覬覦，非分的願望或企圖。㉓乘塞　守塞。此處指防守邊塞的軍隊，即前文所說的「邊備塞吏卒」。乘，防守。㉔嫚易　輕侮，不以禮相待。嫚，欺侮。易，輕視。㉕漸　事物的開端。㉖無奈候望急何　謂漢朝官兵嚴密監視邊人奴婢，他們對此感到無可奈何。候望，偵察瞭望，此處指監視、看管。急，緊；嚴。㉗桀黠　指兇惡狡猾。桀，兇暴。黠，狡猾。㉘土垣　土牆。㉙木柴　此處指樹木。㉚僵落　指樹木枯死或枝幹斷折而落地。僵，枯僵；倒下。㉛谿谷　山谷。㉜水門　水口，即水流橫切堅硬岩石組成的山嶺所形成的深峽河谷。此處泛指河溝。㉝壹切　顏師古注為「權時」，即權宜。結合上下文意，似應當理解為暫且、權且、僅僅。㉞繇　通「傜」。勞役。㉟卒　通「猝」。突然；倉猝。㊱它變　指意外的變故，即叛亂之類。㊲深德漢　自以為對漢朝有深恩大德。㊳虧　毀壞。㊴車騎將軍　高級將領的名號，與衛將軍及前、後、左、右將軍皆位次上卿。始設置於漢文帝元年。後來，它與衛將軍、驃騎將軍皆開府（設將軍府），置官署，掌握禁兵，與聞政務。此處的車騎將軍指許嘉。㊵鄉慕　傾慕。㊶計　著想；考慮。㊷厚　此處為周到的意思。㊸嘉　讚賞。㊹放縱　恣意妄為。㊺專　專一；純正。使動用法。㊻敬諭　表示已經明白對方意思的客氣說法。㊼為　此處為避免的意思。㊽怪　責備；責怪。㊾大司馬　官名。漢武帝罷太尉以後設置。西漢常將其授予掌權的外戚，並常與大將軍、驃騎將軍或車騎將軍等連稱，也有不兼將軍號者。㊿嘉　許嘉（？—西元前二八年）。宣帝時的輔政大臣，元帝即位之初，被封為平恩侯。他歷任左將軍、衛尉、大司馬車騎將軍，輔政，成帝建始三年（西元前三〇年）免官。(51)曉　曉諭；昭示。(52)幸　敬詞。表示對方的某種做法使自己感到榮幸。(53)告語　告訴；告知。(54)厚　厚愛；厚待。

【語　譯】郅支被殺以後，呼韓邪單于又喜又怕，上書說：「臣常想謁見天子，可是由於郅支盤踞在西方，臣擔心他勾結烏孫一起來攻打我部，所以不能來朝見天子。現在，郅支已經被誅殺，臣請求入朝拜見。」竟寧元年，呼韓邪單于又一次入朝拜謁。漢元帝接見他所用的禮儀和所賜的禮物種類與當年一樣，只是增加衣服、錦帛、棉絮的數量，相當於漢宣帝黃龍年間的二倍。單于說希望與漢朝聯姻，成為天子的女婿，使漢匈關係更加親密。元帝把後宮良家子王嬙字昭君嫁給單于。單于很高興，上書表示願意守衛上谷郡以西直到敦煌郡一帶的邊塞，子孫傳承、代代如此，並希望朝廷罷歸沿邊各郡守衛關塞的官兵，讓天子的百姓休養生息。天子詔令將呼韓邪單于的奏摺下發百官討論，大臣們都認為應允單于的請求對國家有利。郎中侯應熟悉邊防之事，認為不能答應單于的請求。天子詢問其中的道理，侯應回答說：「自周秦以來，匈奴兇暴，侵掠邊境，漢朝建立以後更受其害。臣聽說北部邊塞直至遼東，外有陰山，東西一千餘里，草木茂盛，禽獸繁多。原先，冒頓單于依憑險阻，在那裡製造弓箭，並從此地出發寇掠我朝邊境。可見，那裡是匈奴的苑囿。孝武帝在位時，出師征伐匈奴，攻奪了那一帶地區，把匈奴趕到大漠以北。後來，朝廷又在那裡建關塞，修障燧，築長城，設兵屯駐，時時守衛。如此，邊境地區才得以稍稍安寧。漠北地勢平坦，草木稀少，沙石廣布，匈奴南下寇掠，很少有什麼隱蔽之處；自邊塞以南，道路蜿蜒深入山谷之中，兵馬往來比較困難。邊地的老人們說，匈奴失去陰山以後，再經過那裡時沒有一次不傷心痛哭的。如果撤走邊塞守軍，讓夷狄看到自己可以得到大的利益，這是一不可。現在，天子的聖德廣施四方，匈奴也在其中，它承蒙漢家的活命大恩，叩首來朝，北面稱臣。然而，夷狄性情反覆無常，困頓時就謙卑恭順，強大時則驕橫逆亂，這是其天性。由於以前朝廷曾經罷撤過長城駐軍、減少亭燧守卒，所以，現在剩下的兵士數量有限，僅能確保守望、燃烽火報警而已。自古以來，帝王居安思危，因此，朝廷不能再裁撤邊防吏卒，這是二不可。中國有禮義教化和刑罰懲戒，而愚民尚且違法犯禁，更不要提匈奴了。單于怎麼能保證他的部眾一定不違犯和約呢！這是三不可。即使在國內，朝廷也要設置關卡、修築橋梁來控制諸侯，以此來杜絕臣下的非分想法。設關塞、置屯戍，並非僅僅是為防禦匈奴而已，朝廷也考慮各屬國的降服之民。他們原本是匈奴人，朝廷怕他們思舊逃亡，這是四不可。前些年，朝廷命令西羌守衛邊塞，羌人與漢人有了交往。漢人吏民貪圖利益，侵掠羌人的畜產和妻子兒女。羌人由此怨恨，進而背叛國家，叛亂之事代代不絕。現在，如果撤掉邊塞的守軍，那就會引起不同民族間的互相欺辱、爭鬥叛離等亂事，這是五不可。以前，有許多漢軍官兵身陷匈奴，他們留在漢朝的子孫後代往往生活貧困。如果撤除邊防，這些人一旦逃了出去投奔在匈奴地區的親戚，勢必對國家不利，這是六不可。還有邊人奴婢，他們憂愁、苦惱，想逃亡的人很多，相互間說：『聽說匈奴那裡日子過得挺快樂，無奈官兵看管太緊，想逃也難！』但是，仍然不時有潛逃出塞投奔匈奴的人，這是不能撤除邊防的第七個原因。盜賊兇惡狡猾，成幫結夥的犯法。如遭追捕走投無路，他們就可能利用沒有邊防之便北逃出塞，那朝廷就對他們無可奈何了，這是八不可。邊城、關塞建成已有一百餘年，它們並非全部用夯土築成，有許多地段是憑藉山嶺岩石、枯木朽枝、河谷水口，一步步的將其填平拔高而建成的。修築工程費力耗資，成年累月，代價無法計算。臣只怕議事者沒有深入考慮問題的來龍去脈、利害得失，只是一味從減少徭役兵役方面著眼。而十年以後、百年以內，如果突然發生意外事件，那時，障塞已經被破壞，亭燧也不再存在，朝廷勢必重新徵發軍民去修治。然而，此前數代的功績卻不是馬上就能恢復的，這是九不可。如果撤掉邊塞戍卒、減少守望士兵，讓匈奴去守衛邊塞，單于就會自以為對漢朝有大功大德，必然向朝廷提出種種要求，沒完沒了；如果朝廷稍微滿足不了他的心意，那將會發生什麼事情就不能預知了。給夷狄的侵擾以可乘之機，毀壞漢朝江山的牢固，這是十不可。所以，允許單于守邊的請求，撤掉邊塞吏卒，不是長治久安、威制百蠻的良策啊！」

侯應奏對以後，天子下詔說：「誰都不要再討論罷除邊塞防衛的問題了。」於是，天子派車騎將軍許嘉向呼韓邪單于口頭宣達聖上的旨意說：「單于上書表示，希望朝廷罷除北邊的屯駐官兵，讓匈奴的子孫世代保衛邊塞。單于傾慕禮儀，為天下百姓考慮得很周到，這是長久之計，朕非常讚賞。中國四面八方都有水陸關卡、障塞，這不僅是用來防禦塞外，也用來防備國內奸邪之人的恣意妄行、流竄寇亂。這是朝廷申明法度、端正民心的一個手段。朕明白單于的好意，對單于沒有絲毫的懷疑。為避免單于對朝廷不肯罷除北邊屯戍官兵的懷疑，朕特派大司馬車騎將軍許嘉，來曉諭單于。」單于聽後，表示感謝的說：「我愚昧無知，不懂得國家的大計，承蒙天子特派大臣相告。漢朝對我匈奴真是厚愛！」

初，左伊秩訾為呼韓邪畫計歸漢，竟❶以安定。其後或讒伊秩訾自伐❷其功，常鞅鞅❸，呼韓邪疑之。左伊秩訾懼誅，將其眾千餘人降漢，漢以為關內侯❹，食邑三百戶，令佩其王印綬❺。及竟寧中，呼韓邪來朝，與伊秩訾相見，謝曰：「王為我計甚厚，令匈奴至今安寧，王之力也，德豈可忘！我失王意❻，使王去❼不復顧❽留，皆我過也。今欲白❾天子，請王歸庭❿。」伊秩訾曰：「單于賴天命，自歸於漢，得以安寧，單于神靈⓫，天子之祐也，我安得力！既已降漢，又復歸匈奴，是兩心也。願為單于侍使於漢⓬，不敢聽命。」單于固請不能得而歸。

【章旨】此部分記述了匈奴左伊秩訾王的被讒降漢，及日後呼韓邪單于懇請他回歸的情況。

【注　釋】❶竟　終於；最終。❷伐　誇耀。❸鞅鞅　通「怏怏」。心懷不滿的意思。❹關內侯　秦漢時期的爵位名，為二十等爵的第十九級，位次徹侯。❺令佩其王印綬　指漢朝雖然封左伊秩訾為關內侯，但是仍然按照匈奴王號賜予他印綬。古代的官印及其綬帶的搭配有一定的制度，如金印紫綬、銀印青綬、銅印黃綬等。❻失王意　使王失意、失望。表示抱歉的用語。❼去　指離開匈奴。❽顧　顧念；思念留戀。❾白　稟告。用在下級對上級。❿庭　指匈奴單于庭。⓫神靈　聖明；英明。⓬侍使於漢　謂充當單于的使臣，留在漢朝侍奉天子，不能回到匈奴。

【語　譯】當初，左伊秩訾王為呼韓邪單于出謀劃策，讓他歸順漢朝，結果，匈奴安定下來。後來，有人進讒言說伊秩訾自誇其功，經常對單于心懷不滿。因此，呼韓邪單于對他產生懷疑。左伊秩訾王害怕被殺，便率領他的部眾一千餘人投降漢朝。漢廷封他為關內侯，食邑三百戶，仍按照匈奴王號給他佩帶印綬。竟寧年間，呼韓邪單于來朝見，與左伊秩訾王見面，並道歉說：「您為我出謀劃策，非常妥善周到，使匈奴的安寧一直延續至今。這是您的功勞，您的恩德匈奴人豈能忘懷！我錯怪了您，致使您離開匈奴而不再留戀故土，這都是我的過錯。現在，我想稟告天子，請您返回單于庭。」左伊秩訾王說：「單于仰賴天命，自己歸順漢朝，匈奴人民得以安寧。這是單于的聖明、天子的保佑，我哪裡有什麼功勞！我已經歸降漢朝，如果再返回匈奴，那就是三心二意。請允許我充任單于的使者，留在漢朝侍衛天子吧。我不敢聽從單于的命令。」呼韓邪單于一再懇請，始終沒有達到目的，便北歸了。

王昭君號寧胡閼氏❶，生一男伊屠智牙師，為右日逐王。呼韓邪立二十八年，建始二年❷死。始呼韓邪嬖❸左伊秩訾兄呼衍王❹女二人。長女顓渠閼氏❺，生二子，長曰且莫車，次曰囊知牙斯。少女為大閼氏，生四子，長曰雕陶莫皋，次曰且麋胥，皆長於且莫車，少子咸、樂二人，皆小於囊知牙斯。又它閼氏子十餘人。

顓渠閼氏貴，且莫車愛❻。呼韓邪病且❼死，欲立且莫車，其母顓渠閼氏曰：「匈奴亂十餘年，不絕如髮，賴蒙漢力，故得復安。今平定未久，人民創艾❽戰鬬，且莫車年少，百姓未附，恐復危國。我與大閼氏一家❾共子❿，不如立雕陶莫皋。」大閼氏曰：「且莫車雖少，大臣共持國事，今舍貴立賤，後世必亂。」單于卒從顓渠閼氏計，立雕陶莫皋，約令傳國與弟。呼韓邪死，雕陶莫皋立，為復株絫若鞮⓫單于。

【章　旨】此部分主要記述呼韓邪單于臨死前選定繼承人的情況。

【注　釋】❶寧胡閼氏　顏師古注：「言胡得之，國以安寧也。」❷建始二年　西元前三一年。建始，漢成帝的第一個年號，西元前三二—前二九年。❸嬖　寵愛。❹呼衍王　匈奴王號。❺顓渠閼氏　單于的正妻，第一閼氏（大閼氏為第二閼氏）。❻愛　受寵愛。❼且　將要；臨近。❽創艾　懲戒；戒懼。❾一家　謂顓渠閼氏與大閼氏為親姊妹。❿共子　謂兩人所生子女恩慈相同。⓫若鞮　匈奴語，「孝」的意思。匈奴因為與漢朝關係日益親密，見漢天子諡號冠以「孝」字，仰慕並且仿效，因此，自復株絫以後，單于的稱號皆增「若鞮」。

【語　譯】王昭君嫁給呼韓邪單于以後，號為寧胡閼氏，生了一個兒子，名叫伊屠智牙師，被封為右日逐王。呼韓邪單于在位二十八年，於漢成帝建始二年去世。以前，呼韓邪寵愛左伊秩訾兄長呼衍王的兩個女兒。長女顓渠閼氏生了兩個兒子，大的叫且莫車，小的叫囊知牙斯。小女兒為大閼氏，生了四個兒子，長子叫雕陶莫皋，次子叫且麋胥，都比且莫車年齡大；三子和小兒子分別叫做咸、樂，兩人都比囊知牙斯小。另外，其他的閼氏也生下十多個兒子。顓渠閼氏地位尊貴，且莫車受到寵愛。呼韓邪單于臨死前打算立且莫車為單于，且莫車的母親顓渠閼氏說：「匈奴內亂十餘年，瀕臨滅亡的險境如同即將斷絕的一根細頭髮，仰賴漢朝的擁護幫助，所以才轉危為安。現在，國家安定不久，人民對戰亂心有餘悸，且莫車年紀又小，百姓尚未歸附他。如果立他為單于，恐怕又要使國家遭遇危險。我和大閼氏是同胞姊妹，生的孩子都是我們共同的後代，恩慈無別，不如立雕陶莫皋為單于。」大閼氏說：「且莫車年紀雖然小，卻可以仰仗大臣們的同心輔佐而掌政。現在，單于如果捨貴而立賤，匈奴後世一定會有動亂。」最後，呼韓邪單于聽從顓渠閼氏的意見，冊立雕陶莫皋，約令他將來傳位給弟弟。呼韓邪單于去世以後，雕陶莫皋即位，號為復株絫若鞮單于。

1 復株絫若鞮單于立，遣子右致盧兒王❶醯諧屠奴侯❷入侍，以且麋胥為左賢王，且莫車為左谷蠡王，囊知牙斯為右賢王。復株絫單于復妻王昭君，生二女，長女云為須卜❸居次❹，小女為當于❺居次。

2 河平元年❻，單于遣右皋林王❼伊邪莫演❽等奉獻朝正月❾。既罷，遣使者送至蒲坂❿。伊邪莫演言：「欲降。即不受我，我自殺，終不敢還歸。」使者以聞，下公卿議。議者或言宜如故事⓫，受其降。光祿大夫谷永⓬、議郎⓭杜欽⓮以為：「漢興，匈奴數為邊害，故設金爵⓯之賞以待降者。今單于詘體⓰稱臣，列為北藩，遣使朝賀，無有二心，漢家接⓱之，宜異於往時。今既享⓲單于聘貢之質⓳，而更⓴受其逋逃㉑之臣，是貪一夫㉒之得而失一國之心，擁㉓有罪之臣而絕慕義之君也。假令㉔單于初立，欲委身㉕中國㉖，未知利害，私使㉗伊邪莫演詐降以卜㉘吉凶，受之虧德沮善㉙，令單于自疏㉚，不親邊吏；或者設為反間，欲因㉛而生隙㉜，受之適㉝合其策㉞，使得歸曲而直責㉟。此誠邊竟㊱安危之原㊲，師旅動靜㊳之首㊴，不可不詳㊵也。不如勿受，以昭日月之信，抑詐諼㊶之謀，懷㊷附親之心，便㊸。」對奏，天子從之。遣中郎將㊹王舜㊺往問降狀㊻。伊邪莫演曰：「我病狂妄言耳。」遣去。歸到，官位如故，不肯令見漢使。明年㊼，單于上書願朝河平四年正月，遂入朝，加賜錦繡繒帛二萬匹，絮二萬斤，它如竟寧時。

3 復株絫單于立十歲，鴻嘉元年㊽死。弟且麋胥立，為搜諧若鞮單于。

4 搜諧單于立，遣子左祝都韓王㊾朐留斯侯㊿入侍，以且莫車為左賢王。搜諧單于立八歲，元延元年，為朝二年發行，未入塞，病死。弟且莫車立，為車牙若鞮單于。

5 車牙單于立，遣子右於涂仇撣王(51)烏夷當(52)入侍，以囊知牙斯為左賢王。車牙單于立四歲，綏和元年死。弟囊知牙斯立，為烏珠留若鞮單于。

【章旨】此部分記述了復株絫單于至車牙單于時期，漢匈之間的關係。

【注　釋】❶右致盧兒王　匈奴王號。❷醯諧屠奴侯　匈奴人名（即復株絫若鞮單于之子）。❸須卜　匈奴貴族家族之一。❹居次　顏師古注引李奇曰：「居次者，女之號，若漢言公主也。」沈欽韓曰：「居次是其王侯妻號，猶今王妃稱福晉也，非公主之比。」❺當于　亦為匈奴貴族家族之一。顏師古注曰：「須卜、當于，皆其夫家氏族。」❻河平元年　西元前二八年。河平，漢成帝的第二個年號，西元前二八—前二五年。❼右皋林王　匈奴王號。❽伊邪莫演　匈奴人名。❾朝正月　指朝賀河平二年正月。古時禮制每年正月初一，朝廷舉行慶賀新年儀式（即賀正旦），群臣及外國使臣（即四方蠻夷的使者）、侍子等向天子拜賀；正月裡一般還有祭神祀祖等活動，在漢代，外國使臣、侍子等亦可參與。❿蒲坂　又作「蒲反」，縣名。治今山西永濟西部的蒲州鎮。⓫故事　成例；舊有的典章制度。⓬谷永　本名並，字子云，成帝時，他屢次上書言事，阿附外戚王氏，官至大司農。詳見卷八十五〈谷永傳〉。⓭議郎　官名。掌顧問應對，隸屬於光祿勳。它為郎官的一種，而不入值宿衛，秩比六百石，高於侍郎、郎中等。⓮杜欽　字子夏，南陽郡杜衍（今河南南陽）人。御史大夫杜延年之子。成帝時，他出任大將軍武庫令、議郎等職，是外戚輔政大臣王鳳的智囊。詳見卷六十〈杜周傳〉附〈杜欽傳〉。⓯金爵　泛指財物與官爵。⓰詘體　躬身屈膝，謙卑事人。詘，通「屈」。⓱接　接待；對待。⓲享　享占；領受。⓳質　委質。臣下獻禮於君主，表示獻身，如《國語・晉語九》：「委質為臣，無有貳心。」一說下拜，表示恭敬奉承之意，也用來表示歸順的意思。⓴更　另外。㉑逋逃　逃亡。㉒一夫　一個人。㉓擁　保護；護持。㉔假令　假如；也許。㉕委身　託身；以身事人。此處指誠心歸附。㉖中國　指漢朝。㉗私使　暗使。㉘卜　預卜；測度。㉙虧德沮善　虧德，損德。謂損害皇帝的聖德。虧，毀壞；損害。沮善，謂阻遏單于的向善之心與行為。沮，阻止；阻遏。㉚疏　指疏遠漢朝。㉛因　乘機。㉜生隙　製造矛盾糾紛。㉝適　正好。㉞策　計策。此處指陰謀詭計。㉟歸曲而直責　意為將理虧邪行之非推給漢朝而以正理直道來譴責漢朝。曲，邪僻不正；理虧。㊱竟　通「境」。㊲原　通「源」。根源。㊳師旅動靜　指戰爭或者和平。㊴首　開端；根源。㊵詳　審慎；慎重考慮。㊶詐諼　欺詐。㊷懷　安撫。㊸便　有利。㊹中郎將　官名。西漢郎中令（光祿勳）下屬的中郎（天子的近侍官）分為五官、左、右三署，各置中郎將以統領這些侍衛，平帝時，又設置虎賁中郎將統領虎賁郎。秩比二千石。㊺王舜　王莽的堂弟，王莽薦舉他為車騎將軍，是莽的心腹。㊻狀　情形；情況。㊼明年　指河平三年（西元前二六年）。㊽鴻嘉元年　即西元前二〇年。鴻嘉，漢成帝的第四個年號，西元前二〇—前一七年。按：復株絫單于即位於成帝建始二年（西元前三一年）夏天，至此已立十一年。「立十歲」為誤記。㊾左祝都韓王　匈奴王號。㊿朐留斯侯　匈奴人名。(51)右於涂仇撣王　匈奴王號。(52)烏夷當　匈奴人名。

【語　譯】復株絫若鞮單于即位，派遣其子右致盧兒王醯諧屠奴侯入朝侍衛，封且麋胥為左賢王，且莫車為左谷蠡王，囊知牙斯為右賢王。復株絫若鞮單于娶王昭君為妻，生了兩個女兒，長女名叫云，為須卜居次，小女兒為當于居次。

2 漢成帝河平元年，單于派右皋林王伊邪莫演等人入朝貢獻，參加河平二年正月的朝賀活動。朝賀活動結束以後，朝廷派使者護送匈奴人到蒲坂。伊邪莫演對漢使者說：「我想歸降漢朝。假如漢朝不接納我，我就自殺，無論如何也不敢回去了。」使者向朝廷報告了這個情況，天子讓公卿大臣們討論。有人認為應該按照舊例接受他的歸降。光祿大夫谷永、議郎杜欽認為：「漢朝建立以後，匈奴屢為邊患，所以朝廷特意用金錢、官爵來優待歸降者。現在，單于屈體稱臣，成為北部的藩屬國，派使者來朝賀，沒有貳心，所以，我朝對待匈奴的政策應該不同於往時。朝廷已經接納單于的朝貢之禮，卻又要接受其逃亡之臣，這種做法，只能是因為貪圖一個歸降之人而喪失一個國家的歸順之心，庇護有罪的臣子而棄絕慕義的君主啊！假如這是復株絫若鞮單于剛剛即位，打算誠心歸附中國，因不知利害得失，而暗使伊邪莫演假裝投降以探測虛實、預卜吉凶，我朝接受了他，勢必會損害天子的聖德，阻遏單于的向善之意，使得單于疏遠漢朝，不再親近邊塞將吏；也許這又是單于暗設的反間之計，想借助伊邪莫演詐降的機會製造事端，我朝接受他的投降則正中其計，讓匈奴得以歸曲於漢朝，而自己反以正理直道來譴責我朝。這件事如何處理，關係到邊境的安危，是戰爭或和平的根本，必須認真對待。不如不接受伊邪莫演投降，以彰明天地間的信義，遏制匈奴欺詐的計謀，安撫他們歸附親近的善心，這樣做對國家有利。」谷永、杜欽奏對以後，天子聽從了他們的意見。隨後，朝廷派遣中郎將王舜前往蒲坂，詢問伊邪莫演投降的原委。伊邪莫演回答說：「那只是我發瘋胡說罷了。」漢朝便打發他離開了。他回到匈奴以後，官位如故，單于不肯讓他與漢朝使者見面。第二年，復株絫若鞮單于上書，請求參加河平四年正月的朝賀活動。天子應允了他，他便入朝。朝廷把賞賜給他的錦繡繒帛增至二萬匹、棉絮增至二萬斤，其他的賞賜與竟寧年間相同。

3 復株絫若鞮單于在位十年，於漢成帝鴻嘉元年去世。其弟且麋胥即位，號為搜諧若鞮單于。

4 搜諧若鞮單于即位以後，派遣其子左祝都韓王朐留斯侯入朝侍衛，封且莫車為左賢王。搜諧若鞮單于在位八年，成帝元延元年，他為參加元延二年正月的朝賀活動自單于庭出發南下，尚未進入邊塞，便得病死去。其弟且莫車即位，號為車牙若鞮單于。

5 車牙若鞮單于即位以後，派遣其子右於涂仇撣王烏夷當入朝侍衛，封囊知牙斯為左賢王。車牙若鞮單于在位四年，於成帝綏和元年去世。其弟囊知牙斯即位，號為烏珠留若鞮單于。

烏珠留單于立，以第二閼氏子樂為左賢王，以第五閼氏子輿為右賢王，遣子右股奴王❶烏鞮牙斯❷入侍。漢遣中郎將夏侯藩、副校尉韓容使匈奴。時帝舅大司馬票騎將軍王根❸領尚書事❹，或❺說根曰：「匈奴有斗入❻漢地，直❼張掖郡，生奇材木，箭竿就❽羽，如得之，於邊甚饒，國家有廣地之實，將軍顯功，垂於無窮❾。」根為上言其利，上直❿欲從單于求之，為有不得，傷命損威。根即但⓫以上指⓬曉藩，令從藩所說⓭而求之。藩至匈奴，以語次⓮說單于曰：「竊見匈奴斗入漢地，直張掖郡。漢三都尉⓯居塞上，士卒數百人寒苦，候望久勞。單于宜上書獻此地，直斷閼之⓰，省兩都尉士卒數百人，以復⓱天子厚恩，其報⓲必大。」單于曰：「此天子詔語邪⓳，將⓴從㉑使者所求也㉒？」藩曰：「詔指也，然藩亦為單于畫善計耳㉓。」單于曰：「孝宣、孝元皇帝哀憐父呼韓邪單于，從長城以北匈奴有之。此溫偶駼王㉔所居地也，未曉其形狀㉕所生㉖，請㉗遣使問之。」藩、容歸漢。後復使匈奴，至則求地。單于曰：「父兄傳五世㉘，漢不求此地，至知㉙獨求，何也？已問溫偶駼王，匈奴西邊諸侯㉚作穹廬及車，皆仰此山材木，且先父㉛地，不敢失也。」藩還，遷為太原㉜太守。單于遣使上書，以藩求地狀聞。詔報單于曰：「藩擅稱詔從單于求地，法當死㉝，更㉞大赦二，今徙藩為濟南㉟太守，不令當匈奴㊱。」明年，侍子死，歸葬。復遣子左於駼仇撣王稽留昆入侍。

至哀帝㊲建平二年㊳，烏孫庶子卑援疐㊴翕侯人眾入匈奴西界，寇盜牛畜，頗殺其民。單于聞之，遣左大當戶烏夷泠㊵將五千騎擊烏孫，殺數百人，略千餘人，敺牛畜去。卑援疐恐，遣子趨逯㊶為質匈奴。單于受，以狀聞。漢遣中郎將丁野林、副校尉公乘㊷音使匈奴，責讓單于，告令還歸卑援疐質子。單于受詔，遣歸。

【章　旨】此部分記述了烏珠留單于在位前期，漢匈之間的關係。

【注　釋】❶右股奴王　匈奴王號。❷烏鞮牙斯　匈奴人名。❸王根　漢成帝之舅父，曾出任輔政大臣，掌政。為人庸碌、狹隘，當政時毫無作為。❹領尚書事　尚書，原本為掌管皇家文籍、律令章奏的官職，秩六百石，並不顯貴。因其長期侍奉天子左右，故與之關係親近、深得其信任。武帝始創內朝制，尚書成為加官，將軍只有加此名號方能參與實際的國政決策。此制延續至西漢末年而不變。領尚書事則指其人為朝廷之首輔大臣。❺或　有的人。❻斗入　像斗形狀的曲折伸入。❼直　正對。❽就　做；製成。❾無窮　子孫萬代。❿直　直接；徑直。⓫但　僅僅。⓬上指　天子的旨意。指，通「旨」。⓭從

藩所說 以夏侯藩個人的意思遊說（單于）。⑭語次 談話間。次，中間。⑮都尉 官名。原稱郡尉，輔佐郡守並掌全郡軍事，漢景帝時改稱都尉。有的郡不設郡守而只設都尉。武帝時又置關都尉、屬國都尉等。當時，塞上的張掖郡有兩都尉，又有農都尉。此即所謂「三都尉」。下文「省兩都尉」，指裁撤張掖郡的兩個都尉。⑯直斷閼之 意為取直割地，將其曲折伸入漢境之地獻給朝廷。斷閼，截斷。閼，阻塞；阻斷。⑰復 報答。⑱報 回報；報償。⑲邪 疑問語氣詞。相當於「嗎」、「呢」。⑳將 連詞。抑或；還是。㉑從 由；自。㉒也 句末語氣詞，表示疑問。㉓耳 語氣詞，表示肯定。㉔溫偶駼王 匈奴王號。居地位於今甘肅中部北緣和內蒙古阿拉善盟西南部一帶。㉕形狀 謂地形之險夷和是否可割等狀況。㉖所生 所產。指當地各種土特產品如材木鳥獸之類。㉗請 請允許（我做某事）。此用法在古漢語中較常見，而用為「請你做某事」者則較少見。這與現代漢語「請」後帶動詞的情況有區別。㉘五世 呼韓邪單于傳其長子復株絫單于，復株絫傳其弟搜諧單于，搜諧又傳其弟車牙單于，車牙又傳至其弟烏珠留單于，是為五世。㉙知 囊知牙斯的省稱。後文記載，王莽奏令國人皆用單名，並使人勸單于主動「慕化」改名，囊知牙斯才改名為知。㉚諸侯 指匈奴的諸位小王。顏師古認為這是「效中國之言」。㉛先父 指已故的父親。㉜太原 郡、國名。處今山西中部，治晉陽（今太原西南）。㉝法當死 依法判處死罪。當，判罪。㉞更經過。㉟濟南 郡、國名。處今山東濟南及其以東數縣，治東平陵（今章丘西）。㊱不令當匈奴 夏侯藩原本為太原太守，太原郡距離匈奴較近，後來他被調任距離匈奴甚遠的濟南郡太守，故有此說。當，面對著。㊲哀帝 劉欣，西元前七至前一年在位，漢元帝庶孫，定陶恭王劉康之子。成帝無子，故立他為太子。詳見卷十一〈哀帝紀〉。㊳建平二年 西元前五年。建平，漢哀帝的第一個年號，西元前六至前三年（此年曾經一度改元為太初元將元年）。㊴卑援疐 烏孫貴族，小昆彌安日、末振將的弟弟，與末振將合謀殺害大昆彌雌栗靡。後來，他率眾北附康居。平帝元始年間（西元三年），他殺掉反漢的康居貴族烏日領，被漢朝封為歸義侯。此後，他因為侵凌大小兩位昆彌，被漢朝西域都護孫建襲殺。㊵烏夷泠 匈奴人名。㊶趨逯 烏孫人名。㊷公乘 複姓。

【語 譯】烏珠留單于即位以後，封呼韓邪第二閼氏所生的兒子樂為左賢王，封呼韓邪第五閼氏所生的兒子輿為右賢王，派遣其子右股奴王烏鞮牙斯入朝侍衛。漢朝派中郎將夏侯藩、副校尉韓容出使匈奴。當時，成帝的舅父大司馬驃騎將軍王根當權輔政，有人勸告他說：「匈奴有一塊突兀的地方，曲折伸入漢朝境內，正對著張掖郡。那裡生長有奇樹異木，出產箭桿和可以做箭翎的羽毛。我朝如果得到了那塊地方，一定能為邊疆防務提供很多物資，國家有拓展疆土的實際利益，將軍您則功名顯赫、永垂後世。」王根於是對天子講了一番得到那塊地方的種種好處，天子想直接向單于索求，又怕遭到拒絕反而會損害天子的尊嚴和國家的威信。於是，王根將天子希望得到那塊地方的旨意告訴夏侯藩，命令他以個人名義向單于表明朝廷的求地意圖。夏侯藩到了匈奴，在與單于的談話問勸告他說：「我私下裡發現匈奴有一塊伸入漢境的地方，與張掖郡相對。漢朝在該地的邊塞上設有三個都尉，兵士數百人飽受風寒之苦，長期的戍守讓他們十分的勞累。單于應該上書獻出此地，將它取直割給漢朝，使得漢朝可以裁去兩個都尉及其部下的數百名士兵，以此來報答天子對匈奴的深厚恩澤，而您也會得到相當大的報償。」單于問道：「這是天子的旨意，還是您個人的意思呢？」夏侯藩回答說：「這是天子的聖旨，但也是我為您謀劃的好主意。」單于說：「孝宣、孝元皇帝可憐我父親呼韓邪單于，將長城以北的地方劃歸匈奴所有。您所說的那塊地方，是溫偶駼王的居住地，我不清楚那裡的地形與物產，請讓我派人去了解一下。」夏侯藩、韓容不得要領而歸。後來，夏侯藩又出使匈奴，到達以後，他便向單于索要那塊土地。單于說：「我的父兄傳位五世，漢朝都不曾求要該地，而在我囊知牙斯在位時來求取該地，這是為什麼呢？我已經問明溫偶駼王，匈奴西部各部族作穹廬、造車輛，都仰賴那裡山上的樹木；況且，這是先父留下的土地，我是不敢丟失的。」夏侯藩回朝以後，被調任為太原太守。烏珠留單于派遣使者上書，把夏侯藩索要土地的有關情況報告給朝廷。天子詔令答覆單于說：「夏侯藩擅自作主、妄稱詔命向單于求地，朝廷依法判處他死刑。經過兩次大赦，朝廷將他由太原太守調任為濟南郡太守，不讓他鄰近匈奴。」次年，匈奴侍子死去，歸葬故土。單于又派其子左於駼仇撣王稽留昆入朝侍衛。

漢哀帝建平二年，烏孫王庶子卑援疐翕侯率領部眾侵入匈奴西境，搶掠牛馬牲畜，殺人無數。烏珠留單于聞訊，派左大當戶烏夷泠率領五千騎兵攻打烏孫，殺死數百人、虜掠千餘人，驅趕他們的牛馬牲畜而去。卑援疐害怕了，讓兒子趨逯到匈奴當人質。單于接受了烏孫質子，並將此情況報告給朝廷。漢朝派中郎將丁野林、副校尉公乘音出使匈奴，責備單于，命令他歸還烏孫質子。單于接受了詔命，將趨逯送回烏孫。

1 建平四年，單于上書願朝五年❶。時哀帝被疾❷，或言匈奴從上游❸來厭人❹，自黃龍、竟寧時，單于朝中國輒有大故❺。上由是難之，以問公卿，亦以為虛費府帑❻，可且❼勿許。單于使辭去，未發。黃門郎❽揚雄❾上書諫曰：

2 「臣聞六經❿之治，貴於未亂；兵家之勝，貴於未戰。二者皆微⓫，然而大事之本，不可不察也。今單于上書求朝，國家⓬不許而辭之，臣愚以為漢與匈奴從此隙⓭矣。本⓮北地之狄，五帝⓯所不能臣⓰，三王⓱所不能制，其不可使隙甚明。臣不敢遠稱⓲，請引秦以來⓳明⓴之。

3 「以秦始皇之彊，蒙恬之威，帶甲㉑四十餘萬，然不敢窺西河㉒，迺築長城以界之㉓。會漢初興，以高祖之威靈，三十萬眾困於平城，士或七日不食。時奇譎㉔之士石畫㉕之臣甚眾，卒㉖其所以脫者，世莫得而言㉗也。又高皇后嘗忿匈奴，群臣庭議，樊噲請以十萬眾橫行匈奴中，季布曰：『噲可斬也，妄阿順指！』於是大臣權書遺之㉘，然後匈奴之結㉙解，中國之憂平。及孝文時，匈奴侵暴北邊，候騎至雍甘泉。京師大駭，發三將軍屯細柳、棘門、霸上以備之，數月迺罷。孝武即位，設馬邑之權㉚，欲誘匈奴，使韓安國將三十萬眾徼㉛於便墬㉜，匈奴覺之而去，徒費財勞師，一虜不可得見，況單于之面乎？其後深惟社稷之計，規恢㉝

萬載之策，迺大興師數十萬，使衛青、霍去病操兵㉞，前後十餘年。於是浮㉟西河，絕大幕，破寘顏，襲王庭，窮極其地，追奔逐北㊱，封狼居胥山，禪於姑衍，以臨翰海，虜名王貴人以百數㊲。自是之後，匈奴震怖，益求和親，然而未肯稱臣也。

4 「且夫前世豈樂傾無量之費，役無罪之人，快心於狼望㊳之北哉？以為不壹勞㊴者不久佚㊵，不暫費者不永寧，是以忍百萬之師以摧餓虎之喙㊶，運府庫之財填盧山㊷之壑而不悔也。至本始之初，匈奴有桀心㊸，欲掠烏孫，侵公主㊹，迺發五將㊺之師十五萬騎獵其南，而長羅侯㊻以烏孫五萬騎震其西，皆至質㊼而還。時鮮㊽有所獲，徒奮揚威武，明漢兵若雷風耳。雖空行空反㊾，尚誅兩將軍㊿。故北狄不服，中國未得高枕安寢也。逮(51)至元康、神爵之間，大化神明，鴻恩溥洽(52)，而匈奴內亂，五單于爭立。日逐、呼韓邪攜國歸死(53)，扶伏(54)稱臣，然尚羈縻之，計不顓制(55)。自此之後，欲朝者不距(56)，不欲者不彊。何者？外國天性忿鷙(57)，形容(58)魁健，負力怙氣(59)，難化以善，易隸(60)以惡，其彊難詘，其和難得。故未服之時，勞師遠攻，傾國殫(61)貨(62)，伏尸流血，破堅拔敵，如彼之難也；既服之後，慰薦撫循(63)，交接賂遺，威儀俯仰，如此之備(64)也。往時嘗屠大宛之城(65)，蹈烏桓之壘[66]，探姑繒之壁[67]，籍蕩姐之場[68]，艾朝鮮之旃[69]，拔兩越之旗[70]，近不過旬月[71]之役，遠不離二時[72]之勞，固已犁[73]其庭，掃[74]其閭[75]，郡縣而置之，雲徹席卷[76]，後無餘菑[77]。唯北狄為不然，真中國之堅敵也，三垂比之懸矣[78]，前世重之茲[79]甚，未易可輕也。

5 「今單于歸義，懷款誠之心，欲離其庭，陳見於前，此迺上世之遺策，神靈之所想望。國家雖費，不得已者也。奈何距以來厭之辭，疏以無日之期，消往昔之恩，開將來之隙！夫款[80]而隙之，使有恨心，負前言，緣往辭[81]，歸怨於漢，因以自絕，終無北面[82]之心，威之不可，諭之不能，焉得不為大憂乎？夫明者視於無形，聰者聽於無聲，誠[83]先於未然，即蒙恬、樊噲不復施，棘門、細柳不復備，馬邑之策安[84]所設，衛、霍之功何得用，五將之威安所震？不然，壹[85]有隙之後，雖智者勞心於內，辯者轂擊[86]於外，猶不若未然之時也。且往者圖西域，制車師，置城郭都護三十六國[87]，費歲以大萬計[88]者，豈為康居、烏孫能踰白龍堆[89]而寇西邊哉？迺以制匈奴也。夫百年勞之，一日失之，費十而愛一[90]，臣竊為國不安也。唯陛下少[91]留意於未亂未戰，以遏邊萌[92]之禍。」

6 書奏，天子寤[93]焉，召還匈奴使者，更[94]報單于書而許之。賜雄帛五十匹，黃金十斤。單于未發，會病，復遣使願朝明年。故事，單于朝，從名王以下及從者二百餘人。單于又上書言：「蒙天子神靈，人民盛壯，願從五百人入朝，以明天子盛德。」上皆許之。

【章旨】此部分主要記述的是揚雄針對漢廷拒絕單于的朝賀請求而對天子的上書勸諫。

【注釋】❶朝五年 謂參加建平五年正月的朝賀。按：哀帝建平僅四年，當時，單于不知道將會改元元壽，故請求朝五年正月。❷被疾 患病。❸上游 指匈奴的駐牧地位於漢朝北面的高原地區。❹厭人 壓人。謂妨害人。❺單于朝中國輒有大故 指黃龍元年正月呼韓邪朝漢，同年十二月宣帝死；竟寧元年正月呼韓邪再次朝漢，同年五月元帝死。此即所謂「厭人」的根據。大故，指國喪，即帝王去世。❻府帑 國庫中的錢財。❼且 暫且。❽黃門郎 官名。掌侍從天子左右，關通內外，導引上殿的諸侯王就座等事宜，隸屬於少府。❾揚雄 文學家、哲學家。成帝時，出任給事黃門郎，至新莽時期，官至大夫。善辭賦文章，著作除《法言》、《太玄》、《方言》外，原本有集，但已散佚。詳見卷八十七〈揚雄傳〉。❿六經 《詩》、《書》、《禮》、《易》、《樂》、《春秋》等六部儒家經典著作的合稱，有時也稱為「六藝」。⓫微 微妙。⓬國家 此處指朝廷。⓭隙 謂關係疏遠乃至結怨。《漢書補注》引王先謙曰：「言隙從此開。」⓮本 前省「匈奴」二字。《漢書補注》引錢大昕曰：「本，閩本為『夫』字。」⓯五帝 中國原始社會末期部落或部落聯盟的領袖。有多種說法，一般說是黃帝、顓頊、帝嚳、唐堯、虞舜。⓰臣 稱臣；歸服。使動用法。⓱三王 指夏禹、商湯、周文王這三位夏、商、周三代的開國君主。⓲稱 稱引；稱述。⓳秦以來 秦朝以來的史事。⓴明 闡明。㉑帶甲 春秋末年至戰國時對步兵的通稱，因為其披甲（皮製護身軍衣）戴冑（頭盔）而得名，後來用以泛指披甲將士。㉒西河 此當指北河，即今內蒙古河套之烏加河，當時為黃河主流。由下文「浮西河」一語可證。㉓以界之 以為國界；以限隔之。㉔奇譎 奇特而有計謀。㉕石畫 宏謀遠略。石，通「碩」。顏師古注引鄧展曰：「石，大也。」畫，籌劃；謀劃。㉖卒 最後。顏注為「終」。㉗莫得而言 誰也說不明白；無法說出。顏注：「謂自免之計，其事醜惡，故不傳。」指本傳上篇所載高祖派人暗中厚贈閼氏財物以求其向冒頓單于說情等等。㉘權書遺之 以權變之道寫出卑詞敬彼的書信送給單于。㉙結 癥結。此處指匈奴侵擾之患。㉚權 權謀；計策。㉛徼 通「邀」。攔截。

㉜便墜　合適的地方，指軍事上的有利之地。墜，通「地」。㉝規恢　廣謀；大謀。規，謀劃；規劃。恢，大；廣大。㉞操兵　弄兵；統率軍隊。㉟浮　渡；乘船浮渡。㊱逐北　追擊敗兵。北，指敗逃者。㊲數　計算。㊳狼望　顏注曰：「匈奴中地名。」《漢書補注》引《資治通鑑》胡注曰：「狼望，謂狼烟候望之地。」二說相較，當以胡注為勝。㊴壹勞　一勞；費一次勞力。㊵佚　通「逸」。㊶忍百萬之師以摧餓虎之喙　顏注曰：「喙，口也。摧百萬之師于獸口也。」摧，摧殘；殘害。被動用法。㊷盧山　山名。顏師古認為該山在匈奴境內；孟康認為此即指匈奴單于南庭；胡三省認為此即寘顏山。㊸桀心　桀驁不馴之心。桀，兇暴。㊹公主　指漢朝公主劉解憂。㊺五將　指祁連將軍田廣明、度遼將軍范明友、前將軍韓增、後將軍趙充國、虎牙將軍田順。㊻長羅侯　校尉常惠的封號。長羅，縣名，位於今河南長垣北部。㊼質　誠信。指軍隊預期到達之處。㊽鮮　少。㊾空行空反　往返無所得，空手而歸。反，通「返」。㊿誅兩將軍　指虎牙將軍田順和祁連將軍田廣明以罪下獄，皆自殺身亡。(51)逮　及；到。(52)溥洽　廣布。謂恩澤廣布於天下。溥，大；遍。(53)攜國歸死　舉國投降。歸死，好比是有罪來歸請死。《漢書補注》引王念孫語曰：「『歸死』二字于義不可通。『歸死』當為『歸化』字之誤也。」此說可從。(54)扶伏　匍匐。(55)顓制　顏師古注曰：「顓與專同。專制，謂以為臣妾也。」(56)距　通「拒」。拒絕。(57)忿鷙　忿戾兇狠。(58)形容　形體容貌。(59)負力怙氣　自恃力氣，不肯居人之下。負，仗恃。怙氣，猶負氣。怙，倚仗；憑藉。(60)肄　學習；練習。(61)殫　竭盡。(62)貨　財物。(63)慰薦撫循　安慰；撫慰。慰薦，同「慰藉」。撫循，同「拊循」。(64)備　完備；周到。(65)屠大宛之城　本傳上篇及卷六〈武帝紀〉、卷六十一〈李廣利傳〉、卷九十六〈西域傳上〉等所記載的貳師將軍李廣利圍大宛都城，大宛貴人斬其王毋寡降漢（事在西元前一〇二年），均無屠城記載。(66)蹈烏桓之壘　昭帝元鳳三年（西元前七八年）冬，遼東烏桓侵邊，漢廷遣度遼將軍范明友率二萬騎兵擊之，斬首六千餘。蹈，踐踏；踏平。壘，營壘。(67)探姑繒之壁　姑繒，西南夷的一種，生活在今雲南西部。壁，營壘；軍營。昭帝始元元年（西元前八六年）益州夷姑繒等數萬人起事，漢廷派遣水衡都尉呂破胡擊破之。始元四年，姑繒等再次起事。五年秋，大鴻臚田廣明與軍正王平等人大破之，斬俘五萬餘人，獲畜產十餘萬。探，掏取；搗毀。(68)籍蕩姐之場　蕩姐，為隴西（郡治在狄道，今甘肅臨洮南部）羌的一種。籍，猶蹈。場，場地；眾人聚集之地。根據卷九〈元帝紀〉、卷七十九〈馮奉世傳〉等記載，元帝永光二年（西元前四二年）秋，西羌蕩姐反，漢廷派遣右將軍馮奉世率軍擊之，又派遣奮威將軍任千秋率領五校之兵助戰。明年春，大破之。(69)艾朝鮮之旃　艾，通「刈」。割取。旃，赤色曲柄旗。漢武帝元封二年（西元前一〇九年），朝廷派遣樓船將軍楊僕、左將軍荀彘率軍水陸並進出擊朝鮮。明年夏，朝鮮大臣殺其王衛右渠降漢，漢廷在該地設置樂浪等四郡。詳見卷六〈武帝紀〉、卷五十五〈衛青霍去病傳〉附〈荀彘

傳〉、卷九十〈酷吏傳・楊僕傳〉以及卷九十五〈朝鮮傳〉等。(70)拔兩越之旗　漢武帝元鼎五年（西元前一一二年）南越國相呂嘉起事，殺其王趙興及太后與漢朝使者，漢廷派遣伏波將軍路博德等人率軍分五路擊之。明年，漢軍擊滅南越，在該地設置南海等九郡。同年，東越王餘善殺漢廷三校尉，自立為武帝，漢廷派遣楊僕及橫海將軍韓說等人率兵數道合擊之。元封元年（西元前一一〇年），越繇王等殺餘善降漢，漢廷遷徙其民於江淮之間。(71)旬月　滿一個月。(72)離二時　經歷六個月。離，經歷。時，季節，指春、夏、秋、冬四時。(73)犁　耕。此處意為剷平。(74)掃　掃除；掃蕩。(75)閭　里巷。此處泛指村落。(76)雲徹席卷　《通鑑》胡三省注曰：「如雲之徹，如席之卷，天清地淨，無纖毫之塵翳也。」(77)菑　通「災」。(78)三垂比之懸矣　垂，通「陲」。邊陲；邊疆。懸，懸殊。王先謙《漢書補注》懷疑此句有脫文。結合上下文意，蓋謂東、西、南三邊之蠻夷（即前述大宛至兩越諸少數民族）實力比北狄（匈奴）相差懸殊，即北狄比其他少數民族要強大得多。(79)茲　通「滋」。更加。胡三省訓之為「此」。(80)款　款服（歸服）；款誠。(81)緣往辭　緣，依照；憑藉。往辭，指以前漢匈之間的和好之辭。(82)北面　古代君主面南而坐，臣子朝見則面北，所以將稱臣於人為「北面」。(83)誠　如果。(84)安　哪裡（用得上）。(85)壹　一旦。(86)轂擊　使車往來交馳，其轂相互擊打。轂，車輪中心的圓木，周圍接車輻的一端，中間有圓孔，可以插車軸。此處泛指車。(87)都護三十六國　楊樹達《漢書窺管》認為應當為「都護三十六國」。宣帝神爵二年（西元前六〇年）置西域都護府，作為西漢王朝在西域地區的行政管轄機構。治烏壘城（今新疆輪臺東部的野云溝附近）。管轄玉門關、陽關以西天山南北，包括烏孫、大宛、葱嶺廣大範圍內的西域各國，初轄三十六國，後增至五十國。(88)費歲以大萬計　顏師古注曰：「財用之費，一歲數百萬也。」一說大萬即巨萬，一億。(89)白龍堆　即白龍堆沙漠，簡稱龍堆，位於今新疆羅布泊至甘肅玉門關之間。(90)費十而愛一　《通鑑》胡三省注曰：「謂向者不憚十分之費以制匈奴，今來朝之費十分之一耳，乃愛惜之。」(91)少　稍微。(92)邊萌　邊民。萌，通「氓」。百姓；群眾。(93)寤　通「悟」。(94)更　改。

【語譯】建平四年，烏珠留單于上書，請求參加五年正月的朝賀活動。當時，哀帝患病，有人說匈奴從上游南下對中原人有妨害、不吉利。早在黃龍、竟寧年間，每當單于來朝賀，中國就有大喪。天子因此而為難，他詢問公卿大臣，公卿大臣們也都認為，接待、賞賜單于要耗費大量的府庫錢財，所以，可以暫且拒絕單于的請求。單于使者便告辭，但尚未起程。黃門郎揚雄上書進諫說：

2　「臣聽說《六經》所述的治國之道，最推崇國家尚未動亂時加以治理；兵家所論的克敵之術，最推崇尚未開戰時取得勝利。『尚未動亂』、『尚未開戰』兩者都微妙難測，但卻是能否處理好國家大事的根本，必須加以研究。現在，單于上書請求參加朝賀，朝廷不允而加以辭謝，臣愚以為漢匈之間從此將產生矛盾、糾紛。匈奴本來是北方邊地的狄人，五帝不能使其臣服，三王不能使其受制，中國不能讓他們產生怨恨是很清楚的。臣不敢說得太遠，請允許臣引述秦朝以來的有關史實來說明其中的道理。

3 「秦朝憑藉始皇的強明，蒙恬的威猛，還有四十餘萬的精兵，卻不敢窺視西河，不得已修築長城將匈奴隔離在塞外。我朝建立之初，以高祖的威武聖明，卻發生了三十萬大軍被匈奴圍困於平城的事，漢軍士兵甚至七天吃不到飯。當時，高祖身邊足智多謀的奇士、韜略過人的能臣非常多，然而，被困的漢軍最終用什麼方法突圍，世人誰也說不清楚。還有，高皇后曾經因為忿恨匈奴而召集大臣們當朝議論，樊噲請求率領十萬軍隊橫行於匈奴之中。季布說：『樊噲應該殺頭，竟敢胡說八道以阿順太后的旨意！』於是，大臣們採取權變之術，寫了一封滿是謙卑之詞的書信送給單于，這樣匈奴大舉入侵的隱患才得以緩解，中國遭受蹂躪的憂慮才得以消除。到孝文帝時，匈奴侵略、摧殘我北部邊境，偵察騎兵一直侵入到雍地的甘泉山。朝廷震驚惶恐，調發三位將軍屯守細柳、棘門、霸上以防禦匈奴，持續數月才罷兵。孝武帝即位以後，籌劃了馬邑之謀，打算誘敵深入，派韓安國率領三十萬大軍埋伏在合適地點截擊匈奴，匈奴發覺了這個計劃而離去。漢朝白白的費財勞師，連一個匈奴兵也沒有見到，何況單于的面呢？此後，孝武帝和大臣為了漢家的社稷永固、萬世久安，大興兵馬數十萬，命衛青、霍去病統率軍隊，與匈奴打了十幾年的仗。漢軍渡過西河，橫穿大漠，攻破寘顏山，襲擊單于王庭，窮盡其地，追亡逐北，在狼居胥山祭天，在姑衍祭地，兵鋒直臨翰海，俘虜匈奴名王、貴人數以百計。此後，匈奴震恐，迫切要求和親，但卻始終不肯俯首稱臣。

4 「那麼，先帝難道願意傾注巨大的費用，役使無罪的百姓，建功立業於狼煙候望的邊塞以北嗎？這是因為先帝希望一勞永逸，破費以求永久安寧，所以才忍心讓百萬的軍隊受殘於餓虎之口，用府庫裡的財物去填充盧山的溝壑，而並不感到後悔啊。到本始初年，匈奴有桀驁逞兇之心，想寇掠烏孫，侵犯解憂公主，宣帝才命令五位將軍統率騎兵十五萬進擊其南部，而長羅侯率領五萬烏孫騎兵震懾其西部，各路兵馬都到達了預定地點以後才回師。當時，漢軍很少有所殺俘，此舉不過是奮威揚武，顯示漢軍的強大罷了。雖然軍隊空手而歸，也沒有損失，但天子仍然嚴懲了田廣明、田順兩位將軍。可見，如果北狄不馴服，中國的君臣百姓就不能高枕安寢。到元康、神爵年間，天子神明大化，洪恩廣布，而匈奴發生內亂，五單于爭立。日逐王和呼韓邪率領部眾投降朝廷，匍匐稱臣，但朝廷還是對他們採取羈縻策略，並不採用強制手段。此後，匈奴如果請求朝見，朝廷不予拒絕，不願來朝見，朝廷也不強求。為什麼要如此呢？因為外國之人天性忿戾兇狠，身體魁梧健壯，崇尚氣力而爭強好勝，難於以善道感化他們，而易於以兵威使其歸附，他們強暴而難以屈服，其溫順也不容易得到。所以，當他們沒有臣服的時候，中國勞師遠征，傾國竭財，伏屍流血，攻堅破敵，是何等的艱難；而當他們臣服以後，朝廷對他們安撫慰問，交接饋贈，威儀莊嚴，俯仰得體，又是何等的周到。以前，漢軍曾經屠戮大宛的城市，踏殘烏桓的營壘，搗毀姑繒的壁堡，掃平蕩姐的地域，斬斷朝鮮的旗幟，奪取兩越的軍旗，征討地近的蠻夷只不過需要個把月的時間，征伐偏遠的蠻夷最多不超過半年，便剷平他們的王庭、掃蕩他們的村落，在那裡設置郡縣，彷彿是雲撤席捲一般的容易，而且是一勞永逸。而北狄則不然，它是中國真正的強敵，東、西、南三邊蠻夷的勢力與它相差懸殊，所以，前世對它特別重視，不可掉以輕心。

5 「如今，單于歸向禮義，懷著款誠之心，打算遠離王庭前來朝見天子，這是前代諸帝留下的善策所使然，是祖宗神靈盼望的好事情。國家雖然會因為接待、賞賜匈奴而耗費錢財，但朝廷應該這麼做。我朝不能因為壓勝一類的無稽之談而拒絕匈奴的朝見，入朝時間的遙遙無期會讓匈奴變得疏遠，導致往日恩德的減弱並且開啟將來的禍端啊！單于款誠歸附而朝廷疏遠他，使他產生怨恨之心，背棄前言，根據往日雙方的和好之辭而歸咎於我朝，進而自絕於漢，最終失去稱臣之心，到時候，朝廷既不能以武力威脅他又不能以道理說服他，這怎麼成不了大患呢？明者視於無形，聰者聽於無聲，假如能夠在禍患發生之前定好善策，那麼，就是蒙恬、樊噲也可以不用出擊，棘門、細柳也可以不用防禦，又何苦費心馬邑之謀劃，勞動衛青、霍去病的出征，震耀五將之威風呢？如果做不到這一點，一旦產生嫌隙裂痕，即使足智多謀之人勞神操心於國內，能言善辯之人驅車策馬於國外，也還是不如在問題尚未發生時考慮周到的好。再有，朝廷往日謀取西域，制服車師，設置都護府監護西域三十六國，每年花費數億的錢財，難道是害怕康居、烏孫之類的國家越過白龍堆而侵略漢朝的西部邊境嗎？那是為了以此來制服匈奴啊。勞苦百年而失於一旦，從前為了制服匈奴不惜耗費十分的錢財，現在，接待、賞賜匈奴的花費還不到一分，而朝廷卻吝惜起來，臣私下裡為國家深感不安。希望陛下稍稍留心於『未亂』、『未戰』的問題，以防邊民的禍患。」

6 天子讀過揚雄的奏章以後，明白此事的關係重大，於是召回匈奴使者，改換了答覆單于的詔書，答應單于的請求。天子賞賜揚雄帛五十匹、黃金十斤。單于尚未出發，不巧患病，於是派使者來請求朝賀明年正月。舊制，單于來朝，隨行的名王以下諸位貴人及其侍從的總數為二百餘人。此次，單于上書說：「承蒙天子聖明的護佑，匈奴人民昌盛，臣想率五百人隨行入朝，以此宣揚天子的盛德。」天子應允了他的要求。

元壽二年❶，單于來朝，上以太歲厭勝所在❷，舍❸之上林苑蒲陶宮❹。告之以加敬於單于❺，單于知之。加賜衣三百七十襲，錦繡繒帛三萬匹，絮三萬斤，它如河平時。既罷，遣中郎將韓況送單于。單于出塞，到休屯井❻，北度❼車田❽盧水❾，道里回遠❿。況等乏食，單于迺給⓫其糧，失期⓬不還五十餘日。

初，上遣稽留昆隨單于去，到國，復遣稽留昆同母兄右大且方⓭與婦入侍。還歸，復遣且方同母兄左日逐王都⓮與婦入侍。是時，漢平帝⓯幼，太皇太后⓰稱制，新都侯王莽⓱秉政，欲說太后以威德至盛異於前，迺風⓲單于令遣王昭君女須卜居次云⓳入侍太后，所以賞賜之甚厚。

【章　旨】此部分記述了漢哀帝末年與漢平帝初年匈奴與漢朝的暫時和平狀態。

【注　釋】❶元壽二年　即西元前一年。元壽是漢哀帝的第二個年號。❷太歲厭勝所在　太歲，即木星。木星在天空中每十二年運行一周。其運行的方位，古人用十二地支表示，稱作「太歲在某」，用以紀年。因地支有不同的方位，太歲也有不同的方位。元壽二年，太歲在申，申為西方。厭勝，古代方術的一種，是用詛咒等方法制服人或事物。此年西方不祥，單于來訪，故需要厭勝。❸舍　住宿。使動用法。❹上林苑蒲陶宮　上林苑，秦漢時期皇家宮苑，故址在今陝西西安以西至周至、戶縣界。上林苑中建有大量離宮別館，「蒲陶宮」即其中之一。❺告之以加敬於單于　告訴單于這是對他的格外尊敬。實際是欺瞞單于。❻休屯井　地名。在塞外。今地不詳。❼度　通「渡」。❽車田　地名。今地不詳。❾盧水　地名。今地不詳。❿道里回遠　道路迂迴遙遠。⓫給　供給。⓬失期　錯過返回日期。⓭右大且方　右大且，似應作「右大且渠」。匈奴官名。方，人名。⓮都　人名。⓯漢平帝　即劉衎。漢元帝庶孫，中山孝王劉興之子。西元一至五年在位。⓰太皇太后　皇帝祖母的尊號。這裡指王政君，她是漢元帝皇后，成帝之母，哀帝、平帝祖母。⓱新都侯王莽　新都侯，王莽的封號，漢成帝永始元年（西元前一六年）封。封地在南陽郡新野縣都鄉（今河南新野東南）。王莽（西元前四五至二三年），字巨君。王政君之姪。西漢末年把持朝政，並最終稱帝，改國號為「新」。詳見卷九十九〈王莽傳〉。⓲風　通「諷」。用含蓄的話暗示或勸告。⓳須卜居次云　人名。王昭君之女。

【語　譯】元壽二年，烏珠留單于前來朝見，皇上因為此年太歲在西方要用厭勝之術鎮服，就讓單于住在上林苑的蒲陶宮。告訴單于這是對他的格外尊敬，單于知道皇帝的用意。皇帝賜給單于衣服增加三百七十件，錦繡繒帛增加三萬匹，棉絮增加三萬斤，其他的物品同河平四年時一樣。朝見結束後，皇上派遣中郎將韓況護送單于回去。單于出塞，到達休屯井，向北渡過車田的盧水，道路迂迴遙遠。韓況等人缺乏食物，單于於是供給他們糧食，他們錯過返回時間有五十多天。

當初，皇上讓稽留昆跟隨單于離開漢朝，單于歸國後，又派遣稽留昆的同母兄右大且方和他的妻子入侍漢朝。右大且方夫婦歸國後，單于又派遣右大且方的同母兄左日逐王都和他的妻子入侍漢朝。當時，漢平帝年幼，太皇太后臨朝稱制，新都侯王莽把持朝政，他想用盛異於前代的威德來取悅太皇太后，於是暗示單于派遣王昭君的女兒須卜居次云入侍太皇太后，所以用於賞賜單于的財物非常豐厚。

會西域車師❶後王句姑❷、去胡來王❸唐兜皆怨恨都護校尉，將妻子人民❹亡降匈奴，語在西域傳。單于受置左谷蠡地，遣使上書言狀曰：「臣謹已受。」詔遣中郎將韓隆、王昌❺、副校尉甄阜❻、侍中謁者帛敞、長水校尉❼王歙使匈奴，告單于曰：「西域內屬，不當得受，今遣之。」單于曰：「孝宣、孝元皇帝哀憐，為作約束❽，自長城以南天子有之，長城以北單于有之。有犯塞，輒❾以狀聞❿；有降者，不得受。臣知父呼韓邪單于蒙⓫無量之恩，死遺言曰：『有從中國來降者，勿受，輒⓬送至塞，以報天子厚恩。』此外國也，得受之。」使者曰：「匈奴骨肉相攻，國幾絕，蒙中國大恩，危亡復續⓭，妻子完安，累世相繼，宜有以報厚恩。」單于叩頭謝罪，執二虜⓮還付使者。詔使中郎將王萌侍西域惡都奴⓯界上逆受⓰。單于遣使送到國，因請其罪⓱。使者以聞，有詔不聽，會西域諸國王斬以示之。迺造設⓲四條：中國人亡⓳入匈奴者，烏孫亡降匈奴者，西域諸國佩中國印綬降匈奴者，烏桓降匈奴者，皆不得受。遣中郎將王駿⓴、王昌、副校尉甄阜、王尋㉑使匈奴，班㉒四條與單于，雜函封㉓，付單于，令奉行，因收故宣帝所為約束封函還。時，莽奏令中國不得有二名㉔，因使使者以風單于，宜上書慕化㉕，為一名，漢必加厚賞。單于從之，上書言：「幸得備藩臣，竊㉖樂太平聖制，臣故名囊知牙斯，今謹更名曰知。」莽大說，白太后，遣使者答諭，厚賞賜焉。

漢既班四條，後護烏桓使者㉗告烏桓民，毋得復與匈奴皮布稅。匈奴以故事㉘遣使者責㉙烏桓稅，匈奴人民婦女欲賈販者皆隨往焉。烏桓距㉚曰：「奉天子詔條，不當予匈奴稅。」匈奴使怒，收㉛烏桓酋豪，縛到懸之㉜。酋豪昆弟怒，共殺匈奴使及其官屬，收略㉝婦女馬牛。單于聞之，遣使發左賢王兵入烏桓責殺使者，因攻擊之。烏桓分散，或走上山，或東保塞。匈奴頗殺人民，毆㉞婦女弱小且千人去，置左地，告烏桓曰：「持馬畜皮布來贖之。」烏桓見略者㉟親屬二千餘人持財畜往贖，匈奴受，留不遣㊱。

【章旨】此部分記述了漢匈之間訂立的四條規定和由此引發的衝突。

【注釋】❶車師　西域國名。原名姑師。初元元年（西元前四八年）前後，漢分其地為車師前、後二部等，後皆屬西域都護。❷句姑　〈西域傳〉作「姑句」，楊樹達以為當從「姑句」。❸去胡來王　西域婼羌國王號。顏師古注：「為其去胡而來降漢，故以為王號。」❹將妻子人民　帶領妻子兒女和人民。將，帶領。❺王昌　王莽黨羽。先後任中郎將、中少府等職，封建威侯。居攝二年（西元七年）曾率軍擊敗起兵反莽的東郡翟義部隊。❻甄阜　王莽黨羽。後曾率軍鎮壓劉縯等起義軍，後兵敗被殺。❼長水校尉　軍官名。漢代八校尉之一，掌長水宣曲胡騎。❽約束　規定。❾輒　就。❿以狀聞　將有關情況向上級奏明。狀，情況；情形。⓫蒙　蒙受。⓬輒　立即。⓭危亡復續　經受住危亡考驗得以延續。⓮二虜　指句姑、唐兜。⓯惡都奴　西域山谷之名。⓰逆受　顏師古注：「迎而受之。」逆，迎。⓱請其罪　請求赦免其罪。⓲造設　設置。⓳亡逃跑。⓴王駿　王莽黨羽。封明義侯。曾與諸將討伐翟義，無功而免。後出使西域，在焉耆被襲殺。㉑王尋　王莽黨羽。封丕進侯。曾為新莽時大司徒、章新公，以治九廟受賞。後為起義軍所殺。㉒班　頒布。㉓雜函封　顏師古注：「與璽書同一函而封之。」㉔二名　兩個字以上的名字。㉕慕化　傾慕教化。㉖竊　私下。㉗護烏桓使者　漢武帝時設置護烏桓校尉掌管內遷烏桓人民的事務。護烏桓使者當即此官。㉘故事　過去的慣例。㉙責　索取。㉚距　拒絕。㉛收　收捕。㉜縛到懸之　捆綁著倒掛起來。縛，捆綁。到，通「倒」。㉝略　通「掠」。㉞敺　通「驅」。㉟見略者　被虜掠的人。見，被。㊱留不遣　顏師古注：「受其皮布而留人不遣。」

【語　譯】適逢西域車師國後部國王句姑、去胡來王唐兜都怨恨都護校尉，帶領妻子兒女和人民逃跑到匈奴那裡投降，這件事記載在〈西域傳〉中。單于接納了他們，把他們安置在左谷蠡王的轄地，派遣使者上書報告情況說：「臣已經謹受其降。」皇帝詔令派遣中郎將韓隆、王昌、副校尉甄阜、侍中謁者帛敞、長水校尉王歙出使匈奴，告訴單于說：「西域已經內屬漢朝，你不應該接受他們的投降，現在立即遣返他們。」單于說：「孝宣、孝元皇帝憐憫，為漢匈之間設置了規定，自長城以南歸漢天子統治，長城以北歸單于統治。如果有侵犯邊塞的，就將有關情況奏明；有投降的人，不得接受。臣知的父親呼韓邪單于蒙受漢朝無限的恩惠，臨死前遺言說：『有從中國來降者，不要接受，立即送到邊塞去，以報答天子的厚恩。』句姑和唐兜等是外國人，因此匈奴可以接受。」使者說：「匈奴之間骨肉相攻，國家幾乎滅亡，承蒙中國的大恩惠，才經受住危亡考驗得以延續，妻子兒女得以完聚平安，世代相繼，應該有所行動以報答漢朝的厚恩大德。」單于於是叩頭謝罪，將句姑和唐兜交付漢朝使者。皇帝詔令中郎將王萌在西域惡都奴邊界上迎受俘虜。單于派遣使者送到漢地，藉機請求赦免其罪。使者將情況向上奏明，皇帝詔令不聽從其請求，會集西域各國國王，將二人斬首以示懲戒。於是重新設置四條規定：中國人逃跑進入匈奴的，烏孫逃跑投降匈奴的，西域諸國佩帶中國印綬而投降匈奴的，烏桓投降匈奴的，匈奴都不得接受。派遣中郎將王駿、王昌、副校尉甄阜、王尋出使匈奴，頒布四條規定給單于，同璽書封裝在同一個信函之中，交付單于，命令其奉行，藉機收回過去宣帝時制定的規定，封入信函，持歸漢朝。當時，王莽奏令中國人不得使用兩個字以上的名字，於是派遣使者暗示單于，讓他上書以傾慕教化，改為一字之名，漢朝必然加以厚賞。單于聽從了命令，上書說：「臣有幸充任藩臣，私底下喜歡太平聖制，臣原名囊知牙斯，現在謹改名為知。」王莽非常高興，將此事上報太皇太后，派遣使者告知聖諭，加大對其的賞賜。

漢朝頒布四條規定之後，護烏桓使者通告烏桓人民，不得再向匈奴繳納皮布稅。匈奴按照慣例派遣使者索取烏桓的賦稅，想要做買賣的匈奴人民和婦女都跟隨使者一起前往。烏桓拒絕匈奴說：「承奉漢天子的詔令條文，不應當給予匈奴賦稅。」匈奴使者很生氣，收捕烏桓的酋長豪帥，把他們捆綁著倒掛起來。烏桓酋長豪帥的兄弟們很憤怒，一起攻殺匈奴使者和他的官屬，收掠一同前往的婦女和牛馬。單于聽說後，派遣使者調發左賢王的軍隊攻入烏桓責罰殺害使者的人，於是攻擊烏桓。烏桓人民四散逃跑，有的逃到山上，有的向東跑到邊塞自保。匈奴軍隊殺了很多烏桓人民，驅趕婦女和弱小者近千人而去，把他們置放在左犂汗王的土地，告知烏桓說：「拿馬畜皮布來贖回他們。」烏桓被虜掠者的親屬二千餘人拿著錢財牲畜前往贖買，匈奴收下錢財牲畜，卻沒有遣返被虜之人。

王莽之篡位也，建國元年❶，遣五威將❷王駿率甄阜、王颯、陳饒、帛敞、丁業六人，多齎❸金帛，重遺❹單于，諭曉以受命代漢狀，因易❺單于故印。故印文曰「匈奴單于璽」，莽更曰「新❻匈奴單于章」。將率❼既至，授單于印紱❽，詔令上故印紱。單于再拜受詔。譯前❾，欲解取故印紱，單于舉掖❿授之。左姑夕侯蘇[11]從旁謂單于曰：「未見新印文，宜且勿與。」單于止，不肯與。請使者坐穹廬，單于欲前為壽[12]。五威將曰：「故印紱當以時上[13]。」單于曰：「諾。」復舉掖授譯。蘇復曰：「未見印文，且勿與。」單于曰：「印文何由變更！」遂解故印紱奉上，將率受。著[14]新紱，不解視印，飲食至夜迺罷。右率陳饒謂諸將率曰：「鄉者[15]姑夕侯疑印文，幾令單于不與人。如令視印，見其變改，必求故印，此非辭說所能距也。既得而復失之，辱命莫大焉。不如椎破[16]故印，以絕禍根。」將率猶與[17]，莫有應[18]者。饒，燕士，果悍[19]，即引斧椎壞之。明日[20]，單于果遣右骨都侯當[21]白[22]將率曰：「漢賜單于印，言『璽』不言『章』，又無『漢』字，諸王已下[23]迺有『漢』言『章』。今印去『璽』加『新』，與臣下無別。願得故印。」將率示以故印，謂曰：「新室順天制作[24]，故印隨將率所自為破壞。單于宜承天命，奉新室之制。」當還白，單于知已無可奈何，又多得賂遺[25]，即遣弟右賢王輿奉馬牛隨將率入謝，因上書求故印[26]。

將率還到左犂汗王咸所居地，見烏桓民多[27]，以問咸[28]。咸具[29]言狀，將率曰：「前封四條，不得受烏桓降者，亟[30]還之。」咸曰：「請密與單于相聞，得語，歸之。」單于使咸報曰：「當從塞內還之邪，從塞外還之邪？」將率不敢顓決[31]，以聞。詔報，從塞外還之。

【章　旨】此部分記述了王莽派遣使者至匈奴更換匈奴印綬之事。

【注　釋】❶建國元年　即西元九年。建國，即「始建國」，王莽年號。❷五威將　王莽所置官名。每一將各置左右前後中五帥，衣冠車馬皆按五行說分別配色。將持節，稱太一之使；帥持幢，稱五帝之使。❸齎　攜帶。❹遺　贈送。❺易　更換。❻新　王莽國號。❼將率　指王駿等人。率，通「帥」。❽印紱　印綬。紱，繫印章或佩玉用的絲帶，其色依官品高低而不同。❾譯前　翻譯進前。譯，翻譯。前，向前。❿掖　通「腋」。腋窩。⓫左姑夕侯蘇　左姑夕侯，匈奴官名。蘇，人名。⓬為壽　祝壽。指給人敬酒或贈送禮物，表示祝人長壽。⓭以時上　及時上交。⓮著　穿。這裡指繫。⓯鄉者　從前。這裡指剛才。⓰椎破　用椎之類器物打碎。⓱猶與　即猶豫。與，通「豫」。⓲應　響應。⓳果悍　顏師古注：「果，決也。悍，勇也。」⓴明日　第二天。㉑當　人名。㉒白　告訴。㉓已下　即以下。已，通「以」。㉔新室順天制作　新朝順應天命製作新印。㉕賂遺　賄賂贈物。㉖求故印　請求重鑄舊印。㉗烏桓民多　顏師古曰：「謂前驅略得婦女弱小，贖之不還者。」㉘咸　人名。即前文呼韓邪單于之子，烏珠留若鞮單于異母弟。㉙具　全部。㉚亟　趕快。㉛顓決　自作主張。

【語　譯】王莽篡位之後，始建國元年，派遣五威將王駿率領甄阜、王颯、陳饒、帛敞、丁業共六人，多帶金帛，厚贈單于，說明他承受天命代漢稱帝之事，藉機更換單于原來的印信。原來的印文是「匈奴單于璽」，王莽更改為「新匈奴單于章」。王駿等人抵達後，授予單于新印綬，並詔令單于上交原來的印綬。單于兩次拜謝接受詔書。翻譯走向前去，想要解下舊印綬，單于抬起腋窩讓翻譯解印。左姑夕侯蘇在一旁跟單于說：「沒有看見新印文，應該暫且不要給他。」單于於是停下來，不肯上交舊印。單于請使者坐在穹廬之下，單于想要上前祝壽。五威將王駿說：「原來的印綬應當及時上交。」單于說：「好。」再次抬起腋窩讓翻譯解印。蘇又說：「沒有看見新印文，暫且不要給他。」單于說：「印文怎麼會變更！」於是解下舊印綬奉上，王駿接了下來。單于繫好新印綬，沒有解開查看印文，飲宴到夜晚才結束。右帥陳饒跟各位將帥說：「剛才姑夕侯懷疑新印文，差點讓單于不給我們舊印。如果讓他看到新印，發現印文變改，必然會索取舊印，這不是憑言詞就能拒絕的。我們如果得而復失，沒有比辱沒使命更大的罪過了。不如砸碎舊印，以絕禍根。」將帥們都很猶豫，沒有響應的。陳饒，燕地的猛士，果敢強悍，當即用斧子把舊印砸壞。第二天，單于果然派遣右骨都侯當對王駿等將帥說：「漢朝賜給單于的印信，印文稱『璽』而不稱『章』，又沒有『漢』字，賜給諸王以下的印才有『漢』字稱『章』。現在的印不稱『璽』而加上『新』字，單于就跟臣下沒有區別。希望得到舊印。」將帥把砸壞的舊印拿出來給他看，告訴他說：「新朝順應天命製作新印，舊印被將帥自己所破壞。單于應該順承天命，遵奉新朝的制度。」當回去稟告此事，單于知道已經無可奈何，又多得使者贈送賄賂，於是派遣其弟右賢王輿帶著馬牛跟隨將帥入朝致謝，並上書請求重鑄舊印。

王駿等歸途中抵達左犂汗王咸的居住地，發現那裡烏桓的民眾很多，因此向咸詢問原因。咸把情況全部說明，將帥們說：「以前函封規定的四條詔令，匈奴不得接受烏桓投降的人，趕快把他們歸還。」咸說：「請讓我祕密跟單于請示，等得到指示，就把他們歸還。」單于讓咸回報說：「應當從塞內歸還他們，還是從塞外歸還？」將帥們不敢自作主張，將情況向上奏明。詔令回報說，從塞外歸還烏桓人民。

1 單于始用❶夏侯藩求地有距漢語，後以求稅烏桓不得，因略寇其人民，釁❷由是生，重❸以印文改易，故怨恨。迺遣右大且渠❹蒲呼盧訾❺等十餘人將❻兵眾萬騎，以護送烏桓為名❼，勒兵朔方塞下。朔方太守以聞。

2 明年❽，西域車師後王須置離❾謀降匈奴，都護但欽❿誅斬之。置離兄狐蘭支將人眾二千餘人，毆畜產，舉國亡降匈奴，單于受之。狐蘭支與匈奴共入寇，擊車師，殺後成長⓫，傷都護司馬⓬，復還入匈奴。

3 時戊己校尉史⑬陳良、終帶、司馬丞⑭韓玄、右曲候⑮任商等見西域頗背畔，聞匈奴欲大侵，恐并死，即謀劫略吏卒數百人，共殺戊己校尉刁護⑯，遣人與匈奴南犁汙王南將軍相聞⑰。匈奴南將軍二千騎入西域迎良等，良等盡⑱脅略戊己校尉吏士男女二千餘人入匈奴。玄、商留南將軍所，良、帶徑至⑲單于庭，人眾別置零吾水⑳上田居。單于號㉑良、帶曰烏桓都將軍，留居單于所，數呼與飲食。西域都護但欽上書言匈奴南將軍右伊秩訾將人眾寇擊諸國。莽於是大分匈奴為十五單于，遣中郎將藺苞、副校尉戴級將兵萬騎，多齎珍寶至雲中塞下，招誘呼韓邪單于諸子，欲以次拜之。使譯出塞誘呼右犁汙王咸、咸子登、助三人，至則脅拜咸為孝單于，賜安車㉒鼓車㉓各一，黃金千斤，雜繒千匹，戲戟㉔十；拜助為順單于，賜黃金五百斤；傳㉕送助、登長安。莽封苞為宣威公，拜為虎牙將軍；封級為揚威公，拜為虎賁將軍。單于聞之，怒曰：「先單于受漢宣帝恩，不可負㉖也。今天子非宣帝子孫，何以得立？」遣左骨都侯、右伊秩訾王呼盧訾㉗及左賢王樂㉘將兵入雲中益壽塞㉙，大殺吏民。是歲，建國三年㉚也。

4 是後，單于歷告㉛左右部都尉、諸邊王，入塞寇盜，大輩㉜萬餘，中輩數千，少者數百，殺鴈門、朔方太守、都尉，略吏民畜產不可勝數，緣邊虛耗。莽新即位，怙[33]府庫之富欲立威，迺拜十二部將率[34]，發郡國勇士，武庫精兵[35]，各有所屯守，轉委輸於邊[36]。議滿三十萬眾，齎三百日糧，同時十道並出，窮追匈奴，內之于丁令[37]，因分其地，立呼韓邪十五子。

莽將嚴尤[38]諫曰：「臣聞匈奴為害，所從來久矣[39]，未聞上世[40]有必征之者也。後世三家周、秦、漢征之，然皆未有得上策者也。周得中策，漢得下策，秦無策焉。當周宣王時，獫允內侵，至于涇陽[41]，命將征之，盡境而還。其[42]視戎狄之侵，譬猶蝱蟁之螫，敺之而已。故天下稱明，是為中策。漢武帝選將練兵，約齎輕糧[43]，深入遠戍，雖有克獲之功，胡輒[44]報之，兵連禍結三十餘年，中國罷耗[45]，匈奴亦創艾[46]，而天下稱武，是為下策。秦始皇不忍小恥而輕民力，築長城之固，延袤[47]萬里，轉輸之行[48]，起於負海[49]，疆境既完，中國內竭，以喪社稷，是為無策。今天下遭陽九之戹[50]，比年[51]饑饉，西北邊尤甚。發三十萬眾，具[52]三百日糧，東援[53]海代[54]，南取江淮，然後乃備。計其道里，一年尚未集合，兵先至者聚居暴露，師老械弊[55]，勢不可用，此一難也。邊既空虛，不能奉[56]軍糧，內調郡國，不相及屬[57]，此二難也。計一人三百日食，用糒[58]十八斛，非牛力不能勝；牛又當自齎食，加二十斛，重矣。胡地沙鹵，多乏水草，以往事揆[59]之，軍出未滿百日，牛必物故[60]且盡，餘糧尚多，人不能負，此三難也。胡地秋冬甚寒，春夏甚風，多齎鬴鍑[61]薪[62]炭，重不可勝，食糒飲水，以歷四時，師有疾疫之憂，是故前世伐胡，不過百日，非不欲久，勢力不能，此四難也。輜重自隨，則輕銳者少，不得疾行，虜徐[63]遁逃，勢不能及，幸而逢虜，又累輜重，如遇險阻，銜尾相隨[64]，虜要遮[65]前後，危殆不測，此五難也。大用民力，功不可必立，臣伏憂[66]之。今既發兵，宜縱先至者，令臣尤等深入霆擊[67]，且以創艾胡虜。」莽不聽尤言，轉兵穀如故，天下騷動。

6 咸既受莽孝單于之號，馳[68]出塞歸庭，具以見[69]脅狀白單于。單于更以為於粟置支侯，匈奴賤官也。後助病死，莽以登代助為順單于。

7 厭難將軍陳欽、震狄將軍王巡屯雲中葛邪塞[70]。是時，匈奴數為邊寇，殺將率吏士，略人民，敺畜產去甚眾。捕得虜生口[71]驗問，皆曰孝單于咸子角數為寇。兩將以聞。四年[72]，莽會諸蠻夷，斬咸子登於長安市。

8 初，北邊自宣帝以來，數世不見煙火之警，人民熾盛[73]，牛馬布野。及莽撓亂匈奴，與之構難[74]，邊民死亡係獲[75]，又十二部兵久屯而不出，吏士罷弊，數年之間，北邊虛空，野有暴骨[76]矣。

【章　旨】此部分記述了王莽篡位至始建國五年這段時間漢匈之間的摩擦。王莽的政策失誤，導致北方邊境的擾亂。

【注　釋】❶用　因為；由於。介詞。❷釁　嫌隙。❸重　再加上。❹右大且渠　匈奴官名。❺蒲呼盧訾　人名。❻將　率領。❼以護送烏桓為名　顏師古注：「陽言云護送烏桓人眾，實來為寇。」❽明年　第二年。即始建國二年（西元十年）。❾須置離　人名。❿但欽　西漢末至新朝駐守西域，任西域都護。後失信於諸國，為焉耆所殺。⓫後成長　後成國的首領。後成，車師小國。⓬都護司馬　都護府之官，在都護之下綜理府事。⓭戊己校尉史　官名。戊己校尉的屬吏。⓮司馬丞　官名。戊己校尉的屬吏。⓯右曲候　官名。當時軍隊分為左右部，部下有曲，曲長稱候。⓰刁護　一作「刀護」。⓱聞　此處指聯繫。⓲盡　全部。⓳徑至　一直到達。⓴零吾水　水名。今地不詳。㉑號　封。㉒安車　古代一種可以安坐的小車。㉓鼓車　載鼓的車子。古代帝王出行的儀仗之一。㉔戲戟　顏師古注：「戲戟，有旗之戟也。」㉕傳　傳車；驛車。官府載人之車。㉖負　背叛。㉗呼盧訾　人名。㉘樂　人名。㉙益壽塞　要塞名。在今內蒙古土默特後旗。㉚建國三年　即西元十一年。㉛歷告　逐個告知。㉜輩　批次。㉝怙　倚仗。㉞十二部將率　五威將軍苗訢、虎賁將軍王況、厭難將軍陳欽、震狄將軍王巡、振武將軍王嘉、平狄將軍王盟、相威將軍李棽、鎮遠將軍李翁、誅貉將軍楊俊、討濊將軍嚴尤、奮武將軍王駿、定胡將軍王晏。㉟兵　兵器。㊱轉委輸於邊　轉運糧草到邊境地區。㊲內之于丁令　將匈奴驅逐入丁令居住的地區。㊳嚴尤　王莽時封武劍伯，任大司馬。因屢次勸諫王莽而被罷免，後投降起義軍，但最終戰敗而亡。㊴所從來久矣　自古以來已經很久了。㊵上世　指上古時期。㊶涇陽　古邑名。在今陝西涇陽。㊷其　指周宣王。㊸約齎輕糧　攜帶少量物資糧食。約，少。㊹輒　立即。㊺罷耗　疲憊虛耗。罷，通「疲」。㊻創艾　創傷。指受到損害。㊼衺　顏師古注：「衺，長也。」㊽行　隊列。㊾負海　背靠大海。這裡指沿海郡縣。負，背負。㊿陽九之戹　按照古代術數家說法，四千六百一十七歲為一元，初入元一百零六歲，外有災歲九，稱作「陽九」。戹，厄運。51比年　連年。52具　準備；備辦。53援　顏師古注：「援，引也。」54代　通「岱」。指泰山。55師老械弊　軍隊衰敗，武器破損。56奉　供給。57不相及屬　不能連續。屬，連續。58糒　乾糧。59揆　推測。60物故　死亡。61鬴鍑　鬴，古「釜」字。鍑，亦釜類，形制不一。此處指大口鍋。62薪　柴草。63徐　從容。64銜尾相隨　馬匹前後相接。銜，馬嚼。65要遮　攔截；阻留；橫腰截斷。66伏憂　俯伏擔憂。是下級對上級的敬辭。67霆擊　如雷霆般迅猛攻擊。68馳　騎馬急行。69見　被。70葛邪塞　邊塞名。今地不詳。71生口　俘虜。72四年　即始建國四年（西元十二年)。(73)熾盛　繁盛興旺。(74)搆難　作戰。(75)係獲　被捕獲。(76)暴骨　暴露在野外的屍骨。

【語譯】單于最初因為夏侯藩索求其地而有抗拒漢朝的言語，後來又因為在烏桓徵不到賦稅，因而殺掠烏桓人民，嫌隙因此產生，再加上印文改易，所以產生怨恨。於是派遣右大且渠蒲呼盧訾等十餘人率領兵馬一萬，以護送烏桓為名，勒兵朔方塞下。朔方太守將此事上奏朝廷。

2 第二年，西域車師後王須置離密謀投降匈奴，西域都護但欽把他誅殺。須置離的哥哥狐蘭支率領部眾二千餘人，驅趕著牲畜，舉國逃亡投降匈奴，單于接納了他們。狐蘭支與匈奴共同入侵，攻擊車師，殺死後成國的首領，打傷了都護司馬，又退回匈奴。

3 這時，戊己校尉史陳良、終帶、司馬丞韓玄、右曲候任商等看見西域諸國很多都背叛漢朝，聽說匈奴想要大舉入侵，害怕一起戰死，便合謀劫略吏卒數百人，一起殺死了戊己校尉刁護，派人與匈奴南犁汗王南將軍聯繫。匈奴南將軍帶領二千人馬進入西域迎接陳良等人，陳良等脅掠戊己校尉全部的吏卒和其他男女二千餘人歸入匈奴。韓玄、任商留在南將軍的住所，陳良、終帶一直到達單于的住所，所脅掠而來的民眾另外安置在零吾水邊種田居住。單于封陳良、終帶為烏桓都將軍，留居在單于的處所，幾次叫他們一起宴飲。西域都護但欽上書說匈奴南將軍右伊秩訾率領民眾攻擊其他國家。王莽於是將匈奴分為十五單于，派遣中郎將藺苞、副校尉戴級帶領一萬兵馬，帶著很多的珍寶到雲中塞附近，招誘呼韓邪單于諸子，想把他們按次序封拜。派翻譯出塞引誘來右犁汗王咸、咸的兒子登、助三人，招來就脅迫咸拜為孝單于，賜給安車、鼓車各一輛，黃金一千斤，雜繒一千匹，戲戟十枝；拜助為順單于，賜黃金五百斤；用傳車將助、登送至長安。王莽封藺苞為宣威公，拜為虎牙將軍；封戴級為揚威公，拜為虎賁將軍。單于聽說這件事，憤怒地說：「過去單于蒙受漢宣帝的恩德，不可背棄。現在天子不是宣帝的子孫，憑什麼立為皇帝？」派遣左骨都侯、右伊秩訾王呼盧訾及左賢王樂率兵攻入雲中郡益壽塞，大肆屠殺官吏百姓。這一年，是始建國三年。

4 此後，單于逐個告知左右部都尉、諸邊王，讓他們入塞搶掠，入寇部隊有的多至萬餘人，中等的數千人，少的數百人，殺死鴈門郡、朔方郡的太守、都尉，虜掠的吏民和畜產不可勝數，沿邊的地區虛耗殆盡。王莽剛剛即位，倚仗國家府庫的富有想樹立威望，於是封拜十二部將帥，徵發郡國的勇士，發放武庫精良的兵器，各自在邊地屯守，轉運糧草到邊境地區。商議兵滿三十萬之眾，就各攜帶三百天糧食，同時十道並出，窮追匈奴，將匈奴驅逐入丁令居住的地區，進而分割匈奴的土地，立呼韓邪十五個兒子各自為單于。

王莽的將軍嚴尤進諫說：「臣聽說匈奴為害，自古以來已經很久了，沒有聽說上古帝王有非要征討不可的。後世周、秦、漢三代征討匈奴，然而都沒有獲得上策的。周得中策，漢得下策，秦無策可施。在周宣王時，獫允入侵，到達了涇陽，周宣王命令大將征討，把他們打出國境而還。宣王看待戎狄的入侵，就像人被蚊虻叮咬，驅散它們即可。因此天下稱頌周的明德，這就是中策。漢武帝選將練兵，攜帶少量物資糧食，深入敵境，遠戍邊疆，雖然有戰勝斬獲之功，而匈奴就立即報復，兵連禍結三十餘年，中國疲憊虛耗，匈奴也元氣大傷，而天下稱頌他的威武，這是下策。秦始皇不忍受微小恥辱而輕視民力，修築堅固的長城，延袤萬里，轉運的隊列，起自於沿海地區，疆境得以保持完整，但中國內部枯竭，致使社稷喪失，這是無策可施。現在天下遭受陽九的厄運，連年饑饉，西北邊地尤其嚴重。要發動三十萬人眾，準備三百天的糧食，必須向東牽涉海代地區，向南取於江淮之地，然後才能完備。計算它的路程，一年也不能集合，先到達的兵士聚居露宿，軍隊衰敗，武器破損，勢不可用，這是第一個難題。邊塞既已空虛，不能供給軍糧，對內徵調郡國，又不能連續，這是第二個難題。計算一下一人三百天糧食，需用糧十八斛，非用牛力運出不能完成；又得攜帶飼牛所需的糧食，又增加二十斛，太沉重了。匈奴之地都是砂石鹽鹼之地，大多缺乏水草，以往事來推測，軍隊出發不滿百日，牛必然死亡殆盡，剩餘糧食還很多，人不能背負，這是第三個難題。匈奴地方秋冬兩季非常寒冷，春夏兩季多颳強風，攜帶過多鍋釜柴炭，沉重無法背負，吃乾糧喝冷水，歷經四季，部隊有患疾疫的擔憂，因此前世討伐匈奴，不超過一百天，不是不想持久，而是勢力不及，這是第四個難題。部隊自帶輜重行軍，則輕銳前鋒就少，不能快速前進，敵人從容逃跑，勢力不能企及，有幸碰到敵人，又為輜重所拖累，如果遇到險阻，馬匹前後相接，敵人截斷前後，則危殆不測，這是第五個難題。大肆使用民力，卻不一定取得成功，臣俯伏憂慮此事。現在既然已經發兵，應該放出先到邊塞的部隊，讓臣嚴尤等深入敵境如雷霆般迅猛攻擊，尚且可以重創匈奴。」王莽不聽嚴尤之言，照舊轉運兵穀，天下為之騷動。

6 咸接受王莽所封孝單于的封號之後，騎馬跑出關塞回到匈奴單于庭，把自己被脅迫封為單于的事情全部報告了單于。單于將他改封為於粟置支侯，這是匈奴低賤的官職。後來咸的兒子助病死，王莽以其弟登代替助為順單于。

7 厭難將軍陳欽、震狄將軍王巡駐紮在雲中郡葛邪塞。當時，匈奴幾次入侵邊境，屠殺將帥吏士，虜掠人民，牲畜被驅趕而去的很多。捕獲敵人的俘虜查驗審問，都說是孝單于咸的兒子角幾次為寇。兩位將軍把情況上奏朝廷。始建國四年，王莽集合四方蠻夷，在長安的鬧市將咸的兒子登斬首示眾。

8 當初，北方邊境自宣帝以來，數世不見煙火之警，人民繁盛興旺，牛馬遍野。等到王莽擾亂匈奴，與匈奴作戰，邊境人民死亡逃跑或被捕獲，又加上十二部兵馬久屯不出，官兵疲弊，數年之間，北方邊境虛空不堪，野外遍布無人收殮的屍骨。

1 烏珠留單于立二十一歲，建國五年❶死。匈奴用事大臣右骨都侯須卜當❷，即王昭君女伊墨居次云之壻也。云常欲與中國和親，又素❸與咸厚善，見咸前後為莽所拜，故遂越輿而立咸為烏累若鞮單于❹。

2 烏累單于咸立，以弟輿為左谷蠡王。烏珠留單于子蘇屠胡❺本為左賢王，以弟屠耆閼氏子盧渾❻為右賢王。烏珠留單于在時，左賢王數死❼，以為其號不祥，更易命左賢王曰「護于」。護于之尊最貴，次當為單于，故烏珠留單于授其長子以為護于，欲傳以國。咸怨烏珠留單于貶賤己號，不欲傳國⑧，及立，貶護于為左屠耆王。云、當遂勸咸和親。

3
天鳳元年⑨，云、當遣人之西河虎猛制虜塞⑩下，告塞吏曰欲見和親侯。和親侯王歙者，王昭君兄子也。中部都尉以聞。莽遣歙、歙弟騎都尉展德侯颯使匈奴，賀單于初立，賜黃金衣被繒帛，紿⑪言侍子登在，因購求陳良、終帶等。單于盡收四人及手殺校尉刁護賊芝音⑫妻子以下二十七人，皆械檻⑬付使者，遣廚唯姑夕王富等四十人送歙、颯。莽作焚如之刑⑭，燒殺陳良等，罷諸將率屯兵，但置游擊都尉。單于貪莽賂遺，故外不失漢故事，然內利寇掠。又使還，知子登前死，怨恨，寇虜從左地入，不絕。使者問單于，輒曰：「烏桓與匈奴無狀黠民⑮共為寇入塞，譬如中國有盜賊耳！咸初立持國，威信尚淺，盡力禁止，不敢有二心。」

4
天鳳二年⑯五月，莽復遣歙與五威將王咸率伏黯⑰、丁業等六人，使送右廚唯姑夕王，因奉歸前所斬侍子登及諸貴人從者喪，皆載以常車⑱。至塞下，單于遣云、當子男大且渠奢等至塞迎。咸等至，多遺單于金珍，因諭說改其號，號匈奴曰「恭奴」，單于曰「善于」，賜印綬。封骨都侯當為後安公，當子男奢為後安侯。單于貪莽金幣，故曲⑲聽之，然寇盜如故。咸、歙又以陳良等購金付云、當，今自差與之⑳。十二月，還入塞，莽大喜，賜歙錢二百萬，悉封黯等。

【章旨】此部分記述了烏累若鞮單于在位時匈奴與新莽政權相對緩和的關係。

【注釋】❶建國五年　西元十三年。❷須卜當　人名。❸素　一向。❹故遂越輿句　根據呼韓邪單于的遺言，咸當立為單于。但當時輿為右賢王，地位高於被烏珠留單于貶為粟置支侯的咸。因此立咸為單于是「越輿而立」。❺蘇屠胡　人名。❻盧渾　人名。❼左賢王數死　幾次封拜的左賢王都死去。❽不欲傳國　不想傳位給烏珠留單于的長子。❾天鳳元年　西元十四年。天鳳，王莽年號。❿制虜塞　邊塞名。在西河郡虎猛縣（今內蒙伊金霍洛西南）。⓫紿　欺騙。⓬芝音　人名。⓭械檻　械，戴著枷鎖。檻，裝載在囚車裡。⓮焚如之刑　王莽據《易經》創造的刑法。與火刑類同。⓯無狀黠民　無賴狡猾的民眾。⓰天鳳二年　西元十五年。⓱伏黯　曾位至光祿勳。因出使匈奴有功而被封。⓲常車　形制不詳。可能為一種前後較長的車。⓳曲　違心。⓴今自差與之　讓他們自行根據功勞獎勵。

【語譯】烏珠留單于在位二十一年，始建國五年去世。當時匈奴執政的大臣右骨都侯須卜當，是王昭君的女兒伊墨居次云的丈夫。伊墨居次云常常想與中國和親，又一向與咸厚善，看到咸受到王莽的封拜，所以越過輿而立咸為烏累若鞮單于。

2 烏累單于咸即位以後，以弟輿為左谷蠡王。烏珠留單于的兒子蘇屠胡原本就是左賢王，以其弟屠耆閼氏的兒子盧渾為右賢王。烏珠留單于在世時，幾次封拜的左賢王都死去了，單于以為這個封號不祥，改左賢王名為「護于」。護于在諸王之中地位最尊貴，是單于的繼承人選，因此烏珠留單于封他的長子為護于，想把王位傳給他。咸怨恨烏珠留單于貶賤自己的封號，不想傳位給烏珠留單于的長子，他即位後，就貶護于為左屠耆王。伊墨居次云和須卜當於是勸咸與漢朝和親。

3 天鳳元年，伊墨居次云和須卜當派人到西河郡虎猛縣制虜塞之下，告知關塞官吏說想拜見和親侯。和親侯王歙，是王昭君哥哥的兒子。中部都尉將此事上報。王莽派遣王歙、王歙的弟弟騎都尉展德侯王颯出使匈奴，祝賀烏累單于即位，賞賜匈奴黃金、衣被、繒帛，欺騙說咸的侍子登還健在，藉此購求陳良、終帶等人。

烏累單于將四人和親手殺死校尉刁護的兇手芝音和他們的妻子兒女共二十七人全部逮捕，戴上枷鎖，關在囚車裡交付使者，派遣廚唯姑夕王富等四十人護送王歙、王颯。王莽施行焚如之刑，將陳良等人燒殺，撤退各位將帥屯駐的部隊，只設置了游擊都尉。單于貪圖王莽的賄賂，因此表面上不違背與漢朝以前那種友好相處的關係，然而私下裡想著入寇虜掠的利益。再加上使者回來後，知道兒子登之前就已被王莽殺死，心中怨恨，寇虜從左地入侵，沒有斷絕之時。使者質問單于，他就說：「烏桓與匈奴的無賴和狡猾的民眾一起為寇入塞，譬如中國有盜賊一樣！咸剛剛即位治理國家，威信尚淺，我會盡力禁止，不敢有二心。」

4 天鳳二年五月，王莽再次派遣王歙與五威將王咸率領伏黯、丁業等六人，出使護送右廚唯姑夕王回國，於是奉還此前所斬殺的侍子登以及各位隨從而死的貴人的屍體，都用常車裝載。到達邊塞之下，單于派遣伊墨居次云、須卜當的兒子大且渠奢等到塞外迎候。咸等到達後，多多贈送單于金銀珍寶，乘機勸說單于更改其名號，改匈奴為「恭奴」，單于為「善于」，賜給印綬。封骨都侯當為後安公，當的兒子奢為後安侯。單于貪圖王莽的金幣，因此違心地聽信他們，然而依然寇盜如故。咸、王歙又將求購陳良等人的賞金交付伊墨居次云、須卜當，讓他們自行根據功勞獎勵。十二月，使者返回入塞，王莽非常高興，賞賜王歙二百萬錢，一一封拜伏黯等人。

單于咸立五歲，天鳳五年❶死，弟左賢王輿立，為呼都而尸道皋若鞮單于。匈奴謂孝曰「若鞮」。自呼韓邪後，與漢親密，見漢謚帝為「孝」，慕❷之，故皆為「若鞮」。

呼都而尸單于輿既立，貪利賞賜，遣大且渠奢與云女弟❸當戶居次子醯櫝王俱奉獻至長安。莽遣和親侯歙與奢等俱至制虜塞下，與云、當會，因以兵迫脅，將❹至長安。云、當小男❺從塞下得脫，歸匈奴。當至長安，莽拜為須卜單于，欲出大兵以輔立之。兵調度亦不合❻，而匈奴愈怒，並入北邊，北邊由是壞敗。會當病死，莽以其庶女陸逯任妻後安公奢❼，所以尊寵之甚厚，終為欲出兵立之者。會漢兵誅莽，云、奢亦死。

更始二年❽冬，漢遣中郎將歸德侯颯、大司馬護軍陳遵❾使匈奴，授單于漢舊制璽綬，王侯以下印綬，因送云、當餘親屬貴人從者。單于輿驕，謂遵、颯曰：「匈奴本與漢為兄弟，匈奴中亂，孝宣皇帝輔立呼韓邪單于，故稱臣以尊漢。今漢亦大亂，為王莽所篡，匈奴亦出兵擊莽，空❿其邊境，令天下騷動思漢，莽卒以敗而漢復興，亦我力⓫也，當復尊我！」遵與相牚距⓬，單于終持此言。其明年夏，還。會赤眉入長安，更始敗。

【章　旨】此部分記述了呼都而尸道皋若鞮單于即位至更始政權敗亡這段時間匈奴和內地的關係。

【注　釋】❶天鳳五年　西元十八年。❷慕　羨慕；傾慕。❸女弟　妹妹。❹將　帶領。這裡指挾持。❺小男　小兒子。王先謙《漢書補注》以為即上文的醯櫝王。❻兵調度亦不合　軍隊始終沒有調集。因當時綠林、赤眉等起義軍聲勢浩大，王莽窮於應付，因此無力向北方調集軍隊。❼莽以其庶女句　王莽讓他的庶女陸逯公主嫁給後安公奢。陸逯，顏師古以為是邑名。任，王莽時改稱公主為任。後安公奢，即前文所封「後安侯奢」，因娶公主，故進爵為公。❽更始二年　西元二四年。更始，是綠林起義軍所立西漢皇族遠親劉玄的年號。❾陳遵　曾以大司馬護軍之職出使匈奴。更始政權推翻後，他在朔方郡被當地賊寇殺死。❿空　使……空虛。使動用法。⓫力　功勞。⓬掌距　對抗。此處指相互辯難。掌，即「撐」。

【語　譯】烏累若鞮單于咸在位五年，天鳳五年死去，他的弟弟左賢王輿即位，為呼都而尸道皋若鞮單于。匈奴稱孝為「若鞮」。自呼韓邪單于之後，與漢朝關係親密，看到漢代在帝王諡號中有「孝」字，心中羨慕，因此都增加「若鞮」一詞。

呼都而尸單于輿即位後，貪圖新朝的賞賜之利，派遣大且渠奢與伊墨居次云的妹妹當戶居次的兒子醯櫝王一起到長安朝貢。王莽派遣和親侯王歙與大且渠奢等人一起到達制虜塞之下，與伊墨居次云、須卜當會面，趁機以兵迫脅，挾持到長安。伊墨居次云和須卜當的小兒子從塞下逃脫，回到匈奴轄境。須卜當到長安後，王莽拜他為須卜單于，想要派遣大軍以輔立他為王。然而軍隊始終沒有調集，而匈奴更加憤怒，一起入侵北方邊境，北方邊境從此而敗壞。正趕上須卜當病死，王莽把自己的庶女陸逯公主嫁給後安公奢，之所以厚加尊寵，是因為一直想出兵立他為單于。後來恰逢漢兵誅滅王莽，伊墨居次云和奢也死了。

更始二年冬天，漢更始帝派遣中郎將歸德侯劉颯、大司馬護軍陳遵出使匈奴，授予單于漢朝舊制璽綬，王侯以下授給印綬，同時送回和伊墨居次云、須卜當一起入漢而遺留的親屬貴族。單于輿很驕傲，對陳遵、劉颯說：「匈奴本來和漢朝是兄弟，匈奴後來內亂，孝宣皇帝輔立呼韓邪單于，因此稱臣以尊奉漢朝。現在漢朝也大亂，為王莽所篡，匈奴亦出兵攻擊王莽，使其邊境空虛，讓天下騷動、思慕漢朝，王莽最終失敗而漢朝復興，也是我的功勞，應當再尊奉我！」陳遵與單于相互辯難，單于始終堅持這種言論。第二年夏天，劉颯、陳遵返回。正趕上赤眉軍攻入長安，更始政權失敗。

1 贊曰：書❶戒❷「蠻夷猾夏❸」，詩❹稱❺「戎狄是膺❻」，春秋❼「有道守在四夷❽」，久矣夷狄之為患也。故自漢興，忠言嘉謀之臣曷嘗❾不運籌策相與爭於廟堂[10]之上乎？高祖時則劉敬，呂后時樊噲、季布，孝文時賈誼[11]、鼂錯[12]，孝武時王恢、韓安國、朱買臣[13]、公孫弘[14]、董仲舒[15]，人持所見，各有同異，然總其要，歸兩科[16]而已。縉紳[17]之儒則守[18]和親，介冑之士[19]則言征伐，皆偏見一時之利害，而未究[20]匈奴之終始也。自漢興以至于今，曠世歷年，多於春秋，其與匈奴，有脩文而和親之矣，有用武而克伐之矣，有卑下而承事之矣，有威服而臣畜[21]之矣，詘[22]伸異變，強弱相反，是故其詳可得而言也。

2 昔和親之論，發於劉敬。是時天下初定，新遭平城之難[23]，故從其言，約結和親，賂遺單于，冀[24]以救安邊境。孝惠、高后時遵而不違，匈奴寇盜不為衰止，而單于反以加驕倨[25]。逮至孝文，與通關市，妻以漢女，增厚其賂，歲以千金，而匈奴數背約束，邊境屢被其害。是以文帝中年，赫然[26]發憤，遂躬戎服，親御鞌馬，從六郡[27]良家[28]材[29]力之士，馳射上林，講習戰陣，聚天下精兵，軍於廣武[30]，顧問[31]馮唐[32]，與論將帥，喟然[33]歎息，思古名臣。此則和親無益，已然之明效[34]也。

3 仲舒親見四世之事，猶復欲守舊文[35]，頗增其約。以為「義動[36]君子，利動貪人，如匈奴者，非可以仁義說[37]也，獨可說[38]以厚利，結之於天[39]耳。故與之厚利以沒[40]其意，與盟於天以堅其約，質[41]其愛子以累[42]其心，匈奴雖欲展轉[43]，奈失重利何？奈欺上天何？奈殺愛子何？夫賦斂行賂不足以當㊹三軍之費，城郭之固無以異於㊺貞士㊻之約，而使邊城守境之民父兄緩帶㊼，稚子咽哺㊽，胡馬不窺於長城，而羽檄㊾不行於中國，不亦便於天下乎！」察仲舒之論，考諸行事，迺知其未合於當時，而有闕㊿於後世也。當孝武時，雖征伐克獲，而士馬物故亦略相當；雖開河南之野，建朔方之郡，亦棄造陽之北九百餘里。匈奴人民每來降漢，單于亦輒拘留漢使以相報復，其桀驁尚如斯，安肯以愛子而為質乎？此不合當時之言也。若不置質，空約和親，是襲(51)孝文既往之悔，而長匈奴無已之詐也。夫邊城不選守境武略之臣，脩障隧備塞之具，厲(52)長戟勁弩之械，恃吾所以待邊寇。而務賦斂於民，遠行貨賂，割剝百姓，以奉寇讎。信甘言，守空約，而幾(53)胡馬之不窺，不已過乎！

4 至孝宣之世，承武帝奮擊之威，直(54)匈奴百年之運，因其壞亂幾亡之阸(55)，權時施宜(56)，覆以威德，然後單于稽首(57)臣服，遣子入侍，三世(58)稱藩，賓於漢庭。是時邊城晏(59)閉，牛馬布野，三世無犬吠之警，藜庶(60)亡干戈之役。

5 後六十餘載(61)之間，遭王莽篡位，始開邊隙(62)，單于由是歸怨自絕，莽遂斬其侍子，邊境之禍搆(63)矣。故呼韓邪始朝於漢，漢議其儀，而蕭望之(64)曰：「戎狄荒服[65]，言其來服荒忽[66]無常，時至時去，宜待以客禮，讓[67]而不臣。如其後嗣遯逃竄伏，使於中國不為叛臣。」及孝元時，議罷守塞之備，侯應以為不可，可謂盛不忘衰，安必思危，遠見識微之明矣。至單于咸棄其愛子，昧[68]利不顧，侵掠所獲，歲鉅萬計，而和親賂遺，不過千金，安在其不棄質而失重利也？仲舒之言，漏於是矣。

6 夫規事建議，不圖萬世之固，而媮[69]恃一時之事者，未可以經遠也。若乃[70]征伐之功，秦漢行事，嚴尤論之當[71]矣。故先王度[72]土，中立封畿[73]，分九州[74]，列五服[75]，物土貢[76]，制外內[77]，或脩刑政，或昭文德，遠近之勢異也。是以春秋內諸夏而外夷狄[78]。夷狄之人貪而好利，被髮左衽[79]，人各其心。其與中國殊章服[80]，異習俗，飲食不同，言語不通，辟[81]居北垂[82]寒露之野，逐草隨畜，射獵為生，隔以山谷，雍[83]以沙幕[84]，天地所以絕外內也。是故聖王以德綏之，不與約誓，不就[85]攻伐；約之則費賂而見欺，攻之則勞師而招寇。其地不可耕而食也，其民不可臣而畜也，是以外而不內，疏而不戚[86]，政教不及其人，正朔[87]不加其國；來則懲而御之，去則備而守之。其慕義而貢獻，則接之以禮讓，羈靡[88]不絕，使曲在彼，蓋聖王制御蠻夷之常道也。

【章　旨】此部分為作者的贊語，記述了西漢時政府對待匈奴的各種不同意見，進行相關評議，最後總結提出對待夷狄該有的策略。

【注　釋】❶書　《尚書》。儒家經典之一。保存了中國上古時代重要的歷史資料。❷戒　通「誡」。告誡。❸蠻夷猾夏　蠻夷擾亂華夏。猾，擾亂。夏，華夏。❹詩　《詩經》。儒家經典之一。中國古代最早的詩歌總集。共三百零五篇。所收錄的詩作大多是周初至春秋中葉的作品。❺稱　稱頌。❻戎狄是膺　打擊戎狄。是，助詞。膺，打擊。❼春秋　儒家經典之一。相傳為孔子所作。是魯國的編年體史書。記述了從魯隱公元年（西元前七七二年）至魯哀公十四年（西元前四八一年）共二百四十二年的歷史。❽有道守在四夷　有道德以四夷守衛四方。❾曷嘗　何嘗。曷，何。❿廟堂　朝廷。⓫賈誼　西漢洛陽（今河南洛陽）人。政論家、文學家。文帝時屢次上書論政，力主削弱諸侯王、抗擊匈奴。詳見卷四十八〈賈誼傳〉。⓬鼂錯　又作「朝錯」。西漢潁川（今河南禹州）人。政論家。曾官至御史大夫。主張募民實邊，削奪諸侯王封地。後吳楚以「清君側，誅鼂錯」之名起兵反叛，景帝被迫將其處死。詳見卷四十九〈鼂錯傳〉。⓭朱買臣　字翁子，西漢吳縣（今江蘇蘇州）人。官至主爵都尉。曾與公孫弘爭論修築朔方城的利弊。詳見卷六十四〈朱買臣傳〉。⓮公孫弘　字季，西漢薛縣（今山東滕州）人。漢武帝時官至丞相，封平津侯。他曾反對修築朔方城。詳見卷五十八〈公孫弘傳〉。⓯董仲舒　西漢廣川（河北棗強）人。哲學家、經學家。他建議「罷黜百家」，為漢武帝採納。詳見卷五十六〈董仲舒傳〉。⓰兩科　兩種。⓱縉紳　代指官吏。縉，通「搢」。插。紳，腰帶。古代官員將記事的笏插於腰間，因此以「縉紳」代指官吏。⓲守　堅持。⓳介胄之士　指武將。⓴究探究。㉑畜　畜養。㉒詘　屈服。㉓平城之難　西元前二〇〇年，漢高祖劉邦親率大軍征討匈奴，被圍困在平城白登山（山西大同東北），後來用陳平之計，方才得脫。㉔冀　希望。㉕驕倨　驕橫傲慢。倨，傲慢。㉖赫然　憤怒的樣子。㉗六郡指隴西、天水、安定、北地、上郡、西河六郡。其中安定、天水、西河三郡，為漢武帝時所置，班固以其轄地而言之。㉘良家　士農工商之家稱作「良家」。㉙材　通「才」。才能。㉚廣武　縣名。在今山西代縣西南。㉛顧問　諮詢；請教。㉜馮唐內史安陵（今陝西咸陽西北）人。文帝時為郎中署長。曾勸諫漢文帝赦免因小過而受重罰的名將魏尚，文帝於是命他持節將魏尚赦免。詳見卷五十〈馮唐傳〉。㉝喟然　歎氣的樣子。㉞效　驗證；證實。㉟舊文　老辦法。㊱動　打動；感動。㊲說說服。㊳說　通「悅」。取悅。㊴結之於天　與他們對天盟誓。㊵沒　沉溺。㊶質　使……為質。使動用法。㊷累　牽連。㊸展轉　即「輾轉」。這裡指改變主意。㊹當　抵。㊺異於　勝過。㊻貞士　守信用的君子。㊼緩帶　鬆緩腰帶。這裡指休息。㊽咽哺　哺乳。㊾羽檄　古代緊急文書，上插羽毛，稱作「羽檄」。㊿闕　通「缺」。失。(51)襲　重蹈。(52)厲　通「礪」。磨礪。(53)幾　通「冀」。希望。(54)直　通「值」。正當；適逢。(55)阸　危難。(56)權時施宜　根據時勢施行恰當政策。(57)稽首　古代禮節。拱手跪拜至地。(58)三世　王先謙《漢書補注》說是「呼韓邪、復株絫、烏珠留三代單于來朝」。(59)晏　晚。(60)菞庶　百姓。菞，即「黎」。(61)後六十餘載　指漢宣帝甘露元年（西元前五三年）呼韓邪單于遣子入侍之後六十餘年。(62)隙　衝突。(63)搆　通「構」。形成。(64)蕭望之　字長倩，東海蘭陵（今山東蒼山）人。宣帝時官至太子太傅。曾主持石渠閣會議。漢元帝即位後，以為帝師而顯貴，後遭排擠，被迫自殺。詳見卷七十八〈蕭望之傳〉。(65)荒服　〈禹貢〉中劃分的「五服」之一。距離京師最為遙遠。(66)荒忽　即「恍惚」。隱約不可辨識。(67)讓　辭讓；退讓。(68)昧　貪。(69)媮　苟且。(70)若乃　語氣詞。相當於「至於說到」之意。(71)當　恰當。(72)度　規劃。(73)封畿　封，封國。畿，國都周圍的地區。(74)九州　上古傳說中我國的行政區劃。說法歷來不一。〈禹貢〉以冀、兗、青、徐、揚、荊、豫、梁、雍為九州。(75)五服　古代以京師為中心，以五百里為距，將國土劃分為五等，稱作「五服」。其名稱分別為甸服、侯服、綏服、要服、荒服。(76)物土貢　以各地出產的物品規定上繳的貢物。(77)制外內　治理五服的政策各有不同。(78)內諸夏而外夷狄　以華夏諸國為內，以夷狄之國為外。(79)被髮左衽　披散頭髮，衣襟向左邊開。被，通「披」。(80)章服　禮服。(81)辟　通「避」。(82)垂　通「陲」。(83)雍　通「壅」。阻隔。(84)沙幕　沙漠。(85)就　靠近；前往。(86)戚　親近。(87)正朔　一年之始為「正」，一月之始為「朔」。(88)羈靡　又作「羈縻」。羈，馬籠頭。靡，牛紖。引申為籠絡。

【語　譯】史官評議說：《尚書》告誡說「蠻夷擾亂華夏」，《詩經》稱頌「打擊戎狄」，《春秋》說「有道德以四夷守衛四方」，夷狄為患已經很久了。因此從漢朝興起，那些忠心上言、胸懷良謀的大臣何嘗沒有運籌劃策，相互爭論於朝堂之上呢？漢高祖時有劉敬，呂后時有樊噲、季布，孝文帝時有賈誼、鼂錯，孝武帝時有王恢、韓安國、朱買臣、公孫弘、董仲舒，他們各持己見，各有同異，然而總括他們的要旨，可歸結為兩種而已。縉紳儒臣則堅持和親，介冑之士則揚言征伐，他們都只看見一時之利害，而沒有深究匈奴的來龍去脈。自漢興以來迄於現在，曠世歷年，時間比春秋還要長，對於匈奴，有修文和親的時候，有用武討伐的時候，有卑下奉承的時候，有威服畜養的時候，其過程或屈伸變異，或強弱相反，因此其中的詳情可以說明。

2 從前和親的言論，最早由劉敬提出。當時天下初定，剛遭受平城之難，因此聽從他的意見，與匈奴約結和親，賄賂單于，希望以此解救危難、安定邊境。孝惠帝、呂后時遵守和親政策而不違背，匈奴寇盜也沒有停止，單于反而因此更加驕橫傲慢。等到孝文帝時，和匈奴互通關市，將漢朝公主嫁給匈奴，增加賄賂，每年得耗費一千斤黃金，而匈奴幾次違背約定，邊境多次受到匈奴侵害。因此到文帝中期，漢文帝赫然發憤，於是身穿戎服，親自策馬，和六郡良家勇士，在上林苑飛馳射獵，講習戰陣，聚集天下的精兵強將，駐紮在廣武，請教馮唐，和他談論將帥人選，喟然歎息，思慕古代的名臣。這就是和親沒有益處，早已被證實了。

3 董仲舒親見四世之事，仍然想墨守陳規，並且增加了盟約的內容。他以為「仁義能夠打動君子，利益可以引誘貪婪小人，像匈奴那樣的，不是可以用仁義說服的，惟獨可以用厚利來取悅他們，與他們對天盟誓。因此給與他們厚利來使他們意志沉溺，和他們對天盟誓來堅定其約，讓他們的愛子作為人質來牽制其心，匈奴雖然想變心，由此而失去重利怎麼辦？欺瞞上天怎麼辦？怕愛子被殺怎麼辦？賄賂匈奴的賦稅抵不上出動三軍的費用，修築堅固的城郭比不上守信之士的盟約，而能夠使邊城守境的人民，父老兄弟得以休息，幼兒可以哺乳成長，匈奴兵馬不窺視長城，而緊急文書不傳行於中國，不是對天下大有好處嗎！」探察董仲舒的言論，考察相關事宜，就知道他的言論不符合當時的情況，對後世的情況也有所缺失。在孝武帝之時，雖然征伐匈奴，有所克獲，然而和兵馬死亡的損失也大略相當；雖然開闢了河南地區的疆域，營建了朔方郡，也丟棄了造陽之北九百餘里的土地。匈奴人民每每有前來投降漢朝的，單于也立即拘留漢朝使者以相報復，其桀驁不馴尚且如此，哪能夠願意將其愛子入朝為質？這是不合當時情況的言論。如果不互置人質，空結和親之約，就是重蹈孝文帝以前所悔恨的事情，而助長匈奴無窮的欺詐。在邊城不選擇善守邊境、勇武多謀的大臣，不修築障隧守塞的設施，不磨礪長戟勁弩的兵械，不依靠自己的力量防禦邊寇。而務求徵收賦斂於人民，送到遠方賄賂，剝削百姓，來承奉寇仇。聽信好話，守著虛空約定，而希望匈奴兵馬不窺視中國，這樣豈不是太錯誤了嗎！

4 到了孝宣帝的時候，承襲武帝奮擊之威，正逢匈奴百年的厄運，趁其壞亂不堪、瀕於滅亡的危難，根據時勢施行恰當政策，再加以威德並施，然後單于稽首臣服，派兒子入侍，三世稱藩，成為漢庭的賓客。當時邊城很晚才關閉城門，牛馬布滿原野，三世沒有騷動的警訊，百姓沒有戰爭的勞役。

5 後來六十餘年之間，遭逢王莽篡位，開始挑起邊境衝突，單于因此怨恨朝廷而與中國斷絕關係，王莽於是斬殺單于的侍子，邊境之禍形成。因此呼韓邪初次來漢朝朝見，朝廷討論接待的禮儀，蕭望之說：「戎狄是荒服之國，是說他們前來朝見恍惚無常，時來時去，應該以客禮對待他們，表示辭讓，不以之為臣。如果他們的後代遁逃竄伏，對中國來說也不是叛臣。」到孝元帝的時候，討論罷除邊塞的防禦，侯應認為不可，可謂是盛而不忘衰，居安必思危，看得清楚、看得遠的明智之舉。至於單于咸拋棄他的愛子，貪利而不顧其他，侵掠所獲得的，每年以萬萬計，而和親所得的賄賂，不過只有千金，哪裡有不忍拋棄質子而失去重利的道理呢？董仲舒的言論，疏漏就在這裡了。

6 規劃建議國家大事，不考慮江山的萬世之固，而苟且憑靠一時事態的，是一定不可以經略久遠計劃的。如果說到征伐之功，秦漢的作為，嚴尤的言論是很恰當的。因此先王規劃疆土，中間設立封國京畿，劃分九州，列置五服，以各地出產的物品規定上繳的貢物，治理五服的政策各有不同，有的修治刑罰政令，有的宣揚文教道德，因為遠近的形勢不同。因此《春秋》以華夏諸國為內，以夷狄之國為外。夷狄之人貪婪而好利，披散頭髮，衣襟向左邊開，人人各懷不同的心思。他們和中國章服不同，習俗各異，飲食不同，言語不通，避居在北方邊陲寒冷的野外，逐水草、隨牲畜，以射獵為生，以山谷相隔，以沙漠相阻，這是天地有意隔絕內外。因此聖王以道德安撫他們，不與他們相約誓，不到他們那裡攻伐；和他們盟約就會耗費錢財而受欺騙，進攻他們就會使軍隊勞苦，招來寇患。他們的土地不可以耕種而得食，他們的人民不可以役使來養育，因此對待夷狄要摒之於外而不納於內，疏遠而不親近，政令教化不施加其民，正朔年號不強加其國；他們來犯則懲戒而抵禦，撤去則守衛防備。他們如果傾慕仁義而主動朝貢，就禮讓地接待他們，籠絡不斷絕，使理虧之事在他們一邊，這大概就是聖王駕馭控制蠻夷可常可久的策略。

【研　析】本傳是《漢書》中重要的篇章，歷來受到治史者的重視。和匈奴的關係，是西漢一朝對外政策中最為重要的內容。自漢代建立開始，漢匈之間的和戰就從來沒有停止過，匈奴始終是漢代統治者的心腹大患。班固所處的時代，政府對匈奴也相當重視，班固的親弟弟直接參與民族事務的處理，班固深明漢匈關係之利害，因此不惜筆墨，詳細記載匈奴的歷史，並對西漢的匈奴政策提出自己的看法，實有鑑古知今之意。

〈匈奴傳〉記載匈奴的歷史自匈奴源流開始，尤詳於西漢時特別是武帝時的歷史。漢匈之間的關係也可依照本篇梳理出大致的脈絡。西漢初至武帝即位初期一段時間，漢匈之間和戰兼有，但以和為主，漢政府也基本處於守勢，鑑於自己的實力，對匈奴的侵犯也一忍再忍。武帝中期至漢昭帝時一段時間，漢武帝先後發動三次大規模的戰爭，徹底挫敗匈奴的勢力，匈奴從此開始衰落。漢昭帝時對匈奴既有和親，也曾發動戰爭打擊匈奴。漢宣帝時至西漢末年一段時間，漢匈關係最為融洽。先是匈奴內部發生分裂，五單于分立，最後呼韓邪單于歸附漢朝，漢元帝時王昭君出嫁匈奴。漢匈之間和平相處達半世紀之久，雙方的人民都能夠休養生息。新莽時期，由於王莽的一系列錯誤做法，漢匈關係再度惡化。匈奴趁中原戰亂之機，大肆南侵，勢力重新得以擴張。

〈匈奴傳〉中最為精彩的地方，當是傳末班固的贊語。他寫贊語的目的可以說就是為統治者提供對匈奴政策的借鑑，歷數西漢在對匈關係中起過重要作用的人物的觀點，並針對他們的觀點做出評價，最後提出對西漢歷史經驗的總結性意見。值得注意的是，班固在傳文中不惜筆墨地記載了揚雄的一篇上書和新莽將領嚴尤對匈關係的建議。這是班固讚許二人的言論的表現，班固尤其贊同嚴尤的做法，所以在贊語中特別再次提及。

〈匈奴傳〉對於研究匈奴的歷史無疑具有重要的價值。《漢書·匈奴傳》武帝太始元年之前部分，基本承襲《史記·匈奴列傳》，但班固並沒有完全照搬《史記》的內容，而是對《史記》中記載的內容進行了相關修訂或增補，為後代了解匈奴的歷史提供了寶貴的資料。

◎新譯孫子讀本

吳仁傑／注譯

《孫子》又名《孫子兵法》，為春秋末期大軍事學家孫武所著。此書約寫成於二千五百年前，是中外現存最早的軍事理論著作。全書體大思精，內涵豐富，它所表達的思想理論，既有輝煌的軍事學術價值，也具有哲學、文學、管理學等多方面的豐富內涵，不僅在中國思想文化史上占有重要而特殊的地位，它也跨越時空和國度，成為全世界所共同擁有的文化財富。本書依據多種善本詳為校勘、注譯，並附有相關插圖和最新出土的漢簡本《孫子兵法》，允稱最適合今人閱讀之《孫子》讀本。

◎新譯司馬法

王雲路／注譯

司馬穰苴是春秋晚期的齊國名將，以治軍嚴明、精通兵法著稱，成書於戰國中期的《司馬法》所傳即其兵法。因其內容廣博、思想深邃，從問世以來，即受到歷代統治者及兵家、學者所重視，被列為「武經七書」之一，影響極為深遠。從漢唐以至於宋代，此書的重要程度絲毫不因時間而改變，甚至還流傳到海外如日、法等國，可見其價值與地位。本書根據善本重為校勘、標點、注譯，為現代人提供一詳實、易讀之文本。

◎新譯吳子讀本

王雲路／注譯

《吳子》又名《吳子兵法》，是戰國初期著名的法家與軍事家吳起傳世的兵法著作，早在戰國時期就和《孫子兵法》齊名，在先秦諸兵書特別是《孫子兵法》的基礎上有不少新的發展，其中提出的戰略、戰術、治軍思想，對後世影響很大，宋朝時更為武舉試者必讀之書。本書原文依據《百子全書》本，詳為校勘注譯，各篇均重新標點分段，有助讀者閱讀理解。書後並蒐集有與吳起及《吳子》相關的資料輯要，讀者可以藉此對今本《吳子》的思想與作者問題有進一步的認識。

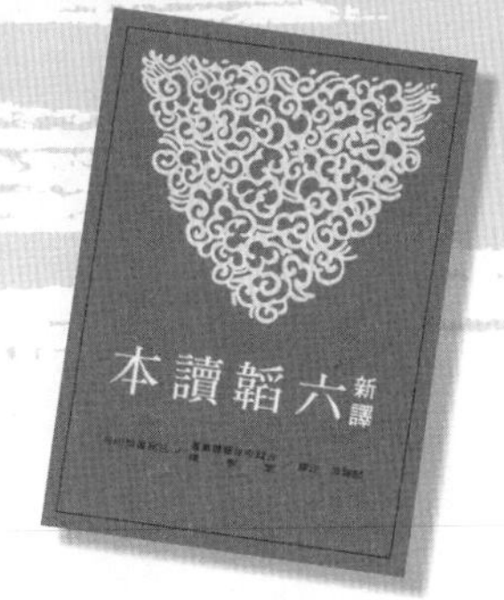

◎新譯尉繚子

張金泉／注譯

《尉繚子》是春秋戰國時期兵書的總結性論著，既對孫子、吳起所代表的先進軍事思想有所繼承和發展，又批判了當時流行的兵陰陽說。書中提出軍事條令共十二篇，為中國最早提出有系統的軍令者。本書導讀為《尉繚子》做了詳盡而系統的介紹，幫助讀者理解其中主要觀點，書後並附有《尉繚子》歷代題評選要，可供讀者深入研究參考之用。

◎新譯三略讀本

傅　傑／注譯

《三略》又稱《黃石公三略》，是中國古代一部重要的兵書，宋神宗將之納入「武經七書」之後，更受到世人的重視與研究。它還曾傳播到日本和朝鮮等國，產生了廣泛的影響。《三略》的內容汲取了先秦以來儒、法、黃老諸家思想中若干切合於世用的成分，簡明扼要地提出了一些治國治軍所應遵循的原則和方法，這些觀念至今仍具有參考與實用價值。本書原文根據南宋浙刻「武經七書」白文本，校以其他善本，注譯說解詳明。書後並收錄《太公兵法》與《素書》二種有關兵書，以供讀者參考。

◎新譯六韜讀本

鄔錫非／注譯

相傳是姜太公呂望所傳的《六韜》，是中國古代一部著名的兵書。漢初名臣張良、三國孫權、劉備及諸葛亮等人對它都十分推崇，宋神宗時更列為「武經七書」之一。《六韜》在古代被視為是指導戰爭、哺育良將的教材，在軍事理論上有一定的價值。其中論及的戰略和戰術觀點，對現代企管等其他領域，也富有啟迪意義。本書原文根據南宋浙刻「武經七書」白文本，校以其他善本，注譯詳明，書後並收錄清孫同元所輯《六韜》佚文，以供讀者參考。